繁峙年鉴

2017

繁峙县地方志编纂委员会 编

方志出版社
Publishing House of Local Records

图书在版编目(CIP)数据

繁峙年鉴.2017 / 繁峙县地方志编纂委员会编. —
北京:方志出版社, 2018.1
ISBN 978-7-5144-2969-5

Ⅰ.①繁… Ⅱ.①繁… Ⅲ.①繁峙县—2017—年鉴
Ⅳ.①Z522.54

中国版本图书馆 CIP 数据核字(2018)第 034676 号

繁峙年鉴(2017)

编　　者: 繁峙县地方志编纂委员会
责任编辑: 冯　松

出 版 人: 冀祥德
出 版 者: 方 志 出 版 社
地址　北京市朝阳区潘家园东里 9 号(国家方志馆 4 层)
邮编　100021
网址　http://www.fzph.org
发　　行: 方志出版社图书经销中心
电话　(010)67110500
经　　销: 各地新华书店
印　　刷: 山西省史志印刷厂

开　　本: 889×1194　1/16
印　　张: 38
字　　数: 831.7千字
版　　次: 2018年 1月第 1 版　2018 年 1 月第 1 次印刷
印　　数: 0001 ~ 1000 册

ISBN 978-7-5144-2969-5　定价: 180.00 元

·版权所有　翻印必究·

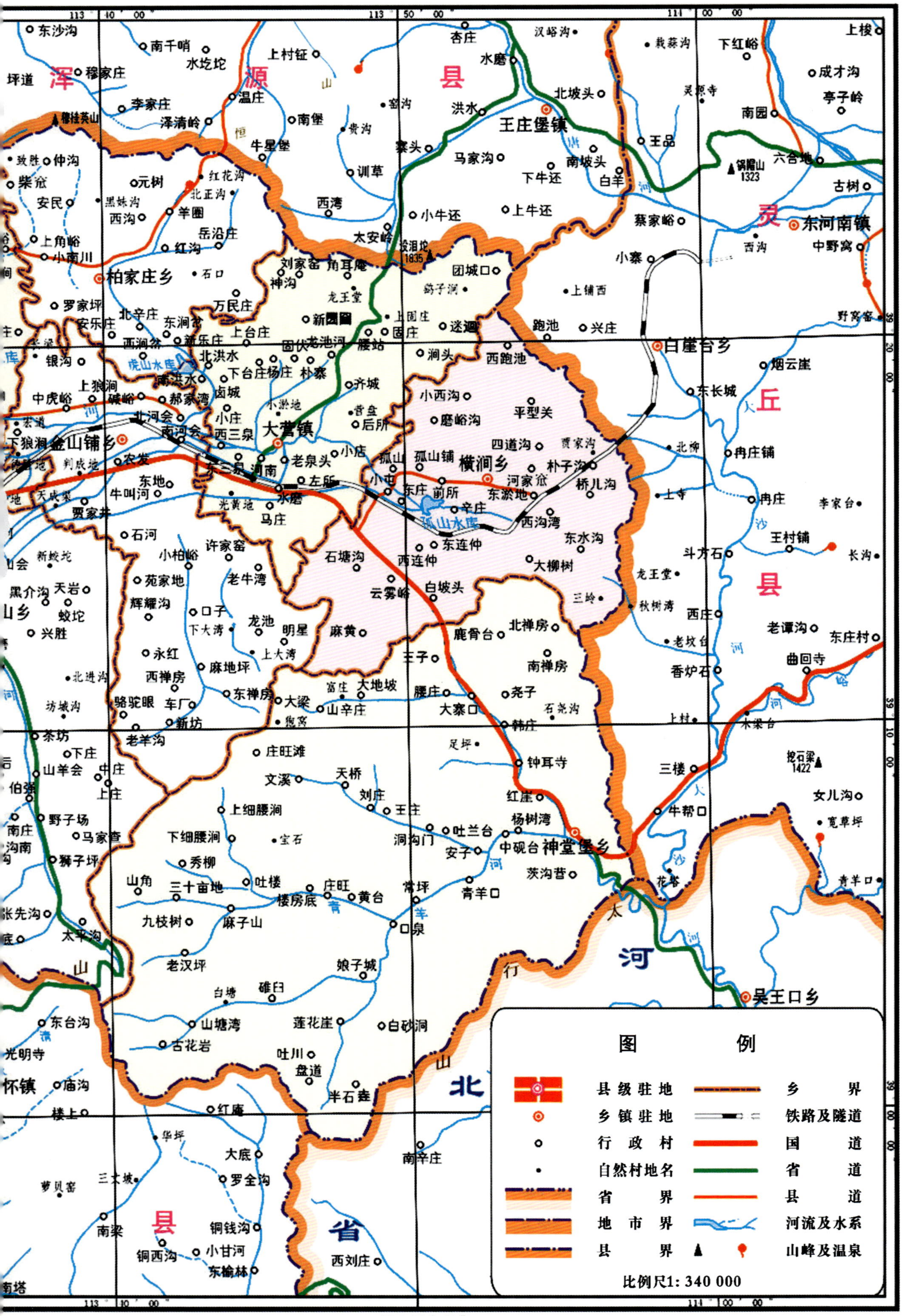

本图资料截至2007年5月

繁峙县政区图

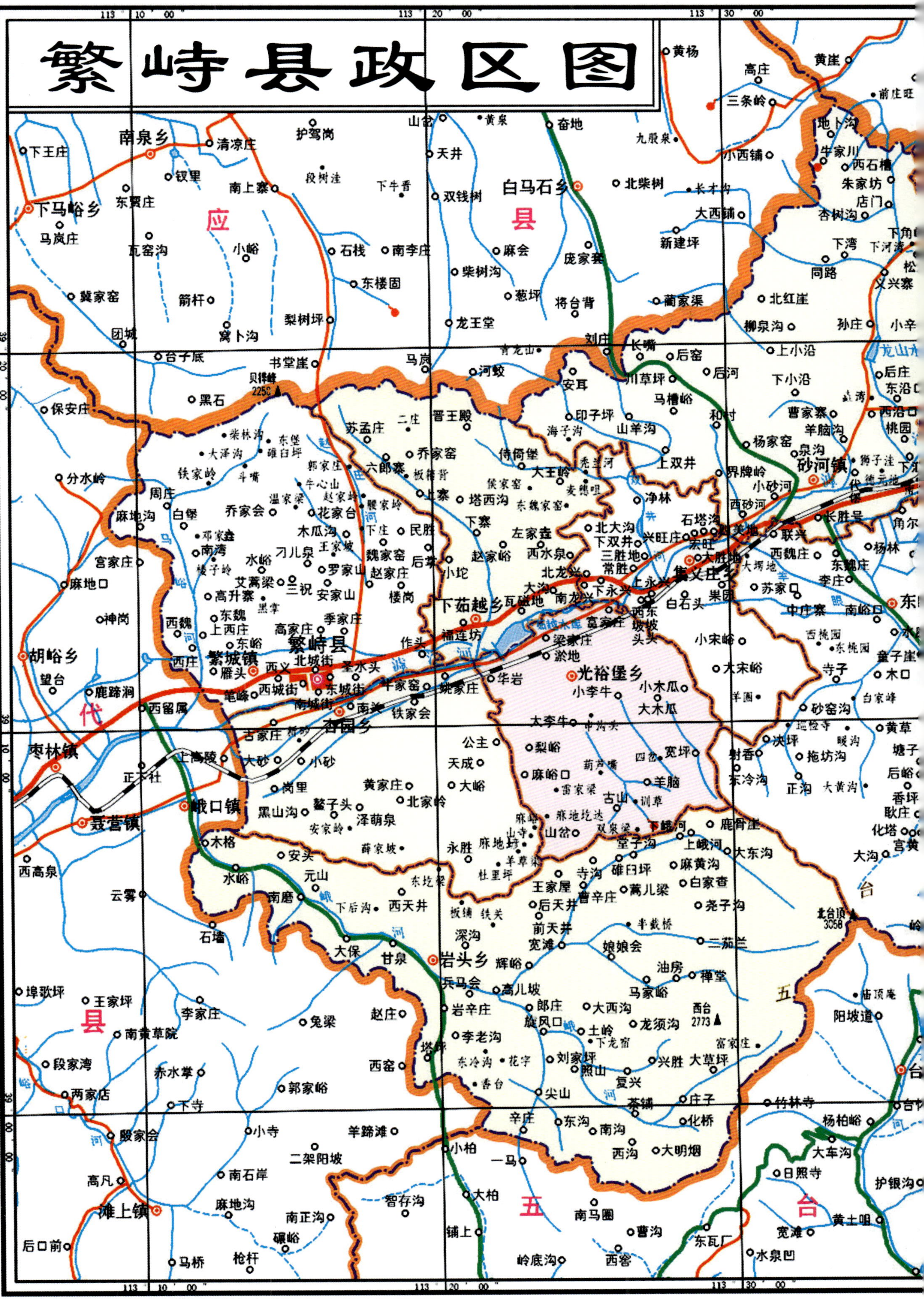

113°10′00″
113°20′00″
113°30′00″
39°20′00″
39°10′00″
39°00′00″
应
县
代
县
五
台
繁峙县
南泉乡
下马峪乡
白马石乡
胡峪乡
枣林镇
聂营镇
峨口镇
下茹越乡
繁城镇
光裕堡乡
杏园乡
集义庄乡
砂河镇
岩头乡
滩上镇
下王庄
清凉庄
钗里
南上寨
护驾岗
段树洼
下牛香
山岔
黄泉
天井
双钱树
奋地
黄杨
高庄
黄崖
三条岭
九股泉
北柴树
长才沟
大西铺
小西铺
地卜沟
牛家川
西石槽
朱家坊
店门
杏树沟
东贾庄
应
马岚庄
瓦窑沟
小峪
石栈
南李庄
东楼固
麻会
柴树沟
葱坪
庞家套
新建坪
将台背
蔺家渠
冀家窑
箭杆
梨树坪
龙王堂
刘庄
长嘴
后窑
北红崖
柳泉沟
孙庄
同路
下湾
团城
窝卜沟
台子底
书堂崖
贝锋峰 2250
马岗
青龙山
河蛟
安耳
川草坪
后河
上小沿
下小沿
黑石
保安庄
苏孟庄
二庄
晋王殿
印子坪
海子沟
山羊沟
马槽峪
曹家寨
羊脑沟
杨家窑
泉沟
分水岭
铁家岭
乔家窑
侍倚堡
大王岭
上双井
界牌岭
小砂河
西砂河
周庄
六郎寨
麻地沟
白堡
乔家会
花家台
上寨
塔西沟
净林
石塔沟
兴旺庄
联兴
长胜号
宫家庄
木瓜沟
民胜
下寨
左家垚
北大沟
下双井
三胜地
宏旺
大胜地
西魏庄
东魏庄
麻地口
罗家山
赵家峪
西水泉
常胜
南湾
水峪
刁儿泉
魏家窑
赵家庄
后莹
小坨
北龙兴
大沟
上永兴
下永兴
李庄
苏家口
神岗
高升寨
三祝
安家山
楼岗
瓦磁地
南龙兴
白石头
果园
中庄寨
南峪口
西魏
东魏
上西庄
季家庄
高家庄
福连坊
富家庄
梁家庄
西东坡
坡头
小宋峪
大宋峪
东峪
作头
淤地
寺子
西庄
雁头
西义
北城街
圣水头
东城街
华岩
小李牛
小木瓜
大木瓜
望台
鹿踏洞
笔峰
西城街
南城街
平家窑
姚家庄
南关
铁家会
西留属
羊圈
砂窑沟
下寨
吉家庄
大李牛
公主
梨峪
宽坪
射香
决坪
拖坊沟
天成
麻峪口
羊脑
东冷沟
正沟
上高陵
大砂
小砂
正下社
黄家庄
大峪
古山
岗里
北家岭
鳌子头
黑山沟
泽萌泉
安家岭
薛家坡
永胜
麻地垴
山岔
下峨河
鹿骨崖
上峨河
大东沟
木格
安头
元山
西高泉
水峪
云雾
南磨
东圪梁
王家屋
寺沟
碓臼坪
麻黄沟
白家查
曹辛庄
蔺儿梁
后天井
前天井
尧子沟
北台顶 3058
下后沟
西天井
板铺
铁关
深沟
宽滩
娘娘会
二茹兰
石墙
大保
甘泉
辉峪
兵马会
高儿坡
油房
禅堂
马家峪
郎庄
大西沟
西台 2773
旋风口
土岭
龙须沟
岩辛庄
李老沟
下龙窑
富家庄
阳坡道
埠歌坪
王家坪
李家庄
兔梁
赵庄
塔铺
刘家坪
兴胜
大草坪
南黄草院
东冷沟
花字
照山
复兴
香台
段家湾
赤水掌
西窑
尖山
茶铺
庄子
竹林寺
两家店
郭家峪
下寺
辛庄
东沟
南沟
化桥
杨柏峪
殿家会
小寺
羊蹄滩
小柏
一马
西沟
大明烟
大车沟
二架阳坡
日照寺
高凡
南石岸
大柏
护银沟
麻地沟
智存沟
南正沟
南马圈
黄土咀
滩上镇
碾峪
铺上
曹沟
东瓦厂
宽滩
后口前
马桥
枪杆
岭底沟
西窖
水泉凹

繁峙县地方志编纂委员会

顾　　问	孔保宝
主　　任	崔峥岭
常务副主任	姚力山
副 主 任	赵　琦　钟文秀　杨有成　居清平　王彦清　高瑞军　乔震宇 师天阳　郭美凤（女）　王海龙　孔国红　高清平　韩红英（女） 朱润生　荣崇明　岳岐峰　刘俊智　王国平　范吉林
委　　员	（以姓氏笔画为序） 马吉兵　马晓华　王　青　王　政　王玉盒　王世伟　王兆平 王志胜　王国元　王爱中　王阅兵　方笔计　田　野　冯满全 乔　伟　乔　哲　乔　磊　任雨田　刘　勇　刘卫红　刘玉树 刘平牢　刘秀德　刘国兵　刘爱中　闫旭光　闫晓平　孙福焕 苏建政　李　贝（女）　李　勇　李　敏　李　斐　李　强 李小宁　李云山　李金生　李俊新　李翀龙　李银锁　杨文斌 辛　岗　张　廷　张　斌　张　巍　张文胜　张巧香（女） 张世龙　张世俊　张占羽　张众益　张志强　张希恩　张国文 张国壁　张爱中　陈平德　陈维胜　陈朝旭　武培勇　周明亮 居卫星　赵　斌　赵保国　钟文权　侯　权　侯　军　侯志敏 侯来清　侯国华　宫成瑞　姚宏伟　姚晓军　贺乐天　袁绍华 柴成强　柴清亮　殷巧文　高月平　高存国　高国斌　高洪波 高鸿飞　郭文华　郭俊廷　席恒中　曹福秀　康秀文　梁　栋 彭爱国　韩乐平　韩宏恩　韩海亮　韩博益　程　巍　薛　平

繁峙年鉴编辑部

主　　编　范吉林

执行主编　冯占军

特邀编审　田秀昌　赵吉瑞

编　　辑　（按姓氏笔画排序）

冯　梅（女）　杨红霞（女）　张文生　郭　平

撰　　稿　（按姓氏笔画排序）

王　飞　王　亮　王　媛　王卫东　王太平　王月利　王竹韵
王军利　王利忠　王春林　王爱中　王淑颖　王福垒　亢仁义
古廷元　左东胜　史彩兰　冯　阳　冯占军　冯永光　冯识途
冯跃飞　乔　伟　乔彦刚　任惠芳　庄俊芳　刘　刚　刘　妍
刘　岩　刘　星　刘永宏　刘存安　刘志华　刘俊峰　刘俊智
刘炳全　刘瑜艳　刘鹏飞　齐国樑　花锦芳　杜欣慧　李　敏
李玉林　李玉德　李永峰　李林茂　李炳龙　李振华　李晓龙
李培梁　李银所　杨　芳　杨　波　杨　隼　杨玉春　杨连国
杨利云　杨建明　杨美萍　杨觐屹　何碧霞　宋秉亨　张　廷
张　宇　张　梅　张　璐　张巨国　张少敏　张巧香　张丙午
张永平　张众益　张进龙　张进怀　张志刚　张尚忠　张国文
张所廷　张俊伟　张俊庆　张莉卿　张淑花　张新文　陈振国
范君鹏　金雁华　周　楠　周　鹤　郑春平　单俊恩　赵　攀
赵　鑫　赵永宏　赵志斌　赵贵拴　赵秋水　赵保国　赵凌瑞
赵新华　胡永平　要艳芳　段晓光　侯晓河　宫　丽　姚付春
聂永胜　柴永青　柴成强　高　丹　高　鹏　高文燕　高仲秀
高晓瑞　郭　枫　郭文华　郭青桃　郭建恩　郭俊廷　郭俊明
郭维峰　郭喜春　席　鑫　黄怀林　曹亦轩　曹惠娟　崔志刚
崔贵峰　崔晓峰　梁　艳　梁伟宏　续修远　董高峰　韩　飞
韩　超　韩青恩　韩春芳　韩春亮　廉　宇　樊爱清　冀建华
魏小斌　魏俊德

《繁峙年鉴》专家评审人员

审核人员　（按姓氏笔画排序）

白　冰　张利华　赵　芳（女）　谢音呼

《繁峙年鉴》审核及审定单位

审　　核　忻州市地方志编纂办公室

审　　定　繁峙县人民政府

编纂说明

一、《繁峙年鉴》是《繁峙年鉴》编辑部编纂出版的综合资料文献，以马克思列宁主义、毛泽东思想、邓小平理论、“三个代表”重要思想、科学发展观、习近平新时代中国特色社会主义思想为指导，坚持辩证唯物主义和历史唯物主义的立场、观点和方法，全面如实地记载繁峙县自然、政治、经济、文化、社会等各个领域的基本情况和年度内的重要事项与发展变化，为县内外读者认识繁峙、研究繁峙、建设繁峙提供帮助。

二、《繁峙年鉴》2017 版记述时限为 2014 年 1 月 1 日至 2016 年 12 月 31 日，特载内容延至 2017 年。

三、《繁峙年鉴》2017 版采用分类编排法，共分四个层次编排，即类目、分目、次分目、条目。

四、《繁峙年鉴》2017 版统计资料均使用法定计量单位。涉及数据由于行业和地区统计口径等方面的原因，个别条目互有不一致之处，当以县统计局发布的统计数据为准。

五、《繁峙年鉴》2017 版稿件由繁峙县各级党、政、军机关、各企事业单位提供。统计资料来源于县统计局。

目　录

特　载

大事记

县情概览

中国共产党繁峙县委员会

繁峙县人民代表大会

繁峙县人民政府

中国人民政治协商会议繁峙县委员会

民主党派

社会团体

军 事

法 治

经济管理与监督

工业经济

农林水利

住房和城乡建设

环境保护

交通运输

邮政　通信

财政　税务

金 融

商业贸易

旅游业

科学技术

教 育

文化 体育

人口与计划生育医疗卫生

社会生活

乡（镇）和居民办概览

附 录

表　目

特　载

中共繁峙县委员会工作报告（节选）

2015年1月21日县委十二届六次全会报告

县委书记　范波涛

县委十二届五次全会以来，我们深入贯彻落实中共十八大及十八届二中、三中、四中全会精神和习近平总书记一系列重要讲话精神，按照中央、省、市的各项决策部署，坚持稳中求进、改革创新的总要求，以党的群众路线教育实践活动为统领，把工作重心东移作为新的战略要点，进一步深化“一个理念”，突出抓好“六大战略重点”，以“一区一带十大产业园区”为承载平台，以项目建设为抓手，以环境建设为保障，全力保持经济稳定增长，加快转型步伐，统筹城乡发展，做大特色城镇，增进民生福祉，全面推进经济、政治、文化、社会、生态文明建设和党的建设，各项工作稳中有为、稳中有进，取得了新的成效。

一、深入学习贯彻习近平总书记系列重要讲话精神，认真落实省委、市委各项工作要求，坚决与中央和省委、市委保持高度一致

县委常委会坚持把学习贯彻习近平总书记系列重要讲话作为重大政治任务，作为把握中央决策、与党中央保持高度一致的先导性工作来抓，切实加强思想政治建设。一年来，县委常委会始终带头学习，采取县委常委会议、县委中心组学习会等多种方式，全面系统学习习近平总书记系列重要讲话精神，学习中共十八届三中、四中全会精神，学习省委、市委各项会议精神，及时传达贯彻全省领导干部大会和省委常委会精神及省委王儒林书记在忻州调研座谈会上的讲话精神。按照省委、市委统一部署，扎实开展学习讨论落实活动。坚持立足实际，以习近平总书记系列重要讲话为根本遵循，按照省委、市委提出的新思路、新要求、新部署，科学谋划推进各项工作，积极主动与中央、省、市保持步调一致。

二、高标准高质量开展党的群众路线教育实践活动，建设了群众满意的“两大平台”

按照中央和省委、市委的部署要求，我县从2013年下半年第一批党的群众路线教育实践活动启动后，就超前谋划，提前预热。2014年3月，活动正式启动以来，全县992个党组织、10818名党员全部参加了第二批党的群众路线教育实践活动。在近八个月的时间中，我们始终把教育实践活动作为重大政治任务，紧紧围绕为民务实清廉主题，按照“照镜子、正衣冠、洗洗澡、治治病”的总要求，扎实做好三个环节的工作。在教育实践活动中，县委常委带头开展活动，认真指导联系点，有力推动了全县教育实践活动有序进行。县委派出13个督导组，加强对各乡镇、县直单位活动的领导和指导。全县各活动单位按照市委“8+2+3”的要求，组织引导广大党员干部原原本本研读中央规定书目，打牢了学习教育这个基础。先后多次进行集中“访、知、解”活动，广泛深入征求群众意见建议，全县各级领导班子及其成员通过领题调研、个别谈话、召开座谈会、发放征求意见表、驻村入户、进企走访等方式共收集到13209条意见建议，其中“四风”方面的问题有7352条。始终贯彻整风精神，认真开展批评和自我批评，10名县委常委共查摆“四风”问题163条，各级基层组织召开专题民主生活会和专题组织生活会，从严从实查摆剖析问题，广大党员干部经历了一次严格的党内政治生活锻炼。扎实抓好整改落实、建章立制工作，制定了“两方案一计划”，县委领导班子确定整改任务25项，正在通过建立整改台账、明确责任、细化措施、狠抓落实，一个一个加以解决。部署开展了21项、39个方面具体内容的专项整治任务，坚决狠刹“四风”问题，推动了党风政风明显好转。在前期已经制定出20项制度的基础上，梳理出下一步拟制定和修改完善的32项制度，正在逐步制定完善。在做好规定动作的基础上，我们丰富活动载体，精心组织实施了“五联四解三问两固化”活动，特别是通过固化“两大平台”，使群众路线教育实践活动取得了实实在在的制度成果和实践成果，切实打造成了群众满意工程。一是“全民综合服务信息平台”建设。现已建成并投入运行。城乡家庭人口信息平台共计纳入14类378项家庭人口信息，录入城乡家庭6.98万个、人口18.46万人，信息量达到502余万条；梳理群众反映问题4016个，处理1382个；解决网格长手机终端上报问题2360个。社情民意信息平台开通了群众反映问题、政策评估与建议、信息公开三类窗口，畅通了民意诉求表达渠道。二是“廉政风险防控管理平台”建设。投资1000余万元开发了涵盖“一库七平台”的“行政权力运行及廉政风险防控管理系统”，将权力清单、办事流程、廉政风险点、自由裁量权全部固化到计算机系统，进行动态监控，做到了系统操作事先预警，办理过程全程留痕，超过时限主动提醒，违规越权自动锁定，确保制度执行不受人为因素干扰，实现了“制度+科技”防控廉政风险的综合效果。同时，我们还创新开展了“重点信访案件‘四包一’”活动，将近年来群众反映强烈的51个信访重点案件全部纳入到党的群众路线教育实践活动中来，采取“四包一”工作法，即明确包案县领导、责任单位及负责人、责任单位责任人、包案民警进行解决，一批陈年积案得到有效化解。

三、主动适应经济发展新常态，努力保持经济平稳增长，全力加快转方式、调结构步伐

适应经济发展新常态，县委常委会始终坚持稳增长、促改革、调结构、惠民生的工作要求，在经济下行压力不断加大、发展形势十分严峻的情况下，我们坚决贯彻落实中央、省、市出台的一系列稳增长措施，采取领导进企、政策支持、金融帮扶等综合措施稳定工业生产，上下合力攻坚，克服重重困难，促进了经济持续平稳健康发展。初步预计，全县GDP完成63亿元，同比增长5%；工业总产值完成126.64亿元，同比增长6.8%；固定资产投资完成74.71亿元，同比增长22.4%；社会消费品零售总额完成10.38

亿元，同比增长14.5%；财政总收入完成10.11亿元，同比增长13.1%；公共财政预算收入完成4.25亿元，同比增长17.4%；城镇常住居民可支配收入完成24076元，同比增长14.8%；农村常住居民可支配收入完成6989.5元，同比增长29.9%。

（一）继续加大项目攻坚力度，不断夯实稳增长基础。我们坚持把项目建设作为扩大投资、培植产业、应对经济下行压力、实现稳定增长的重要举措，认真落实省、市“项目见效年”工作部署，在项目服务方面，实行领导包项目制、24小时直通车制、月调度会议制和月通报制度，制定了“重点项目考核办法”，做到了“一个项目、一位领导、一套班子、一抓到底”的项目推进机制，从洽谈、落地、建设、投产各个环节对项目进行全程跟踪，为项目建设快速推进提供优质高效服务，不断引深项目建设攻坚战，在项目建设方面取得了新的重大突破。全县共实施重点项目135个，计划投资79.8亿元，完成投资64.6亿元。“六位一体”项目建设考核中，储备项目78个，总投资1088亿元，完成率147%；签约项目85.88亿元，完成率101%；项目落地完成49.66亿元，落地率108%；项目开工完成47.96亿元，开工率102%；38个省市重点项目建设完成投资59.94亿元，占年度计划的107%；项目投产完成74.97亿元，完成率是131.5%。

（二）破解“一铁独大”困局，加快推进经济结构优化和产业转型升级。我们认为，造成县域经济周期性波动、不能够持续健康快速发展的根本原因是，资源依赖性太强，“一铁独大”，新兴产业占比小，经济结构严重不合理。为此，我们始终坚持稳增长与转方式并重、扩增量与调结构并举，不断推动经济结构调整优化和产业转型升级。一是改造提升传统产业。我们把延长产业链条、提高产品附加值作为工业经济结构调整的切入点，引导、扶持企业引进实施深加工项目，延伸产业链条，打造下游产品。繁峙县中兴实业有限公司年产5万吨卡盘铸件项目于去年8月投产。华茂公司淘汰落后减量置换技改升级特种钢建设项目全年累计完成投资5亿元，后峪铜钼矿项目全年累计完成投资10.62亿元。二是加快发展新兴产业。大力发展风电产业。依托我县风力资源丰富的优势，积极引进中电投、华能风电等国内大型企业开发风电产业。华能上狼涧、小庄风电项目和云雾峪风电场二期项目实现投产，分别完成投资4.39亿元、3.8亿元和4.5亿元。积极发展通用航空产业。滹源通用机场建设项目飞行程序设计、机场选址报告已编制完成，被省政府列入全省基础设施领域引入社会资本首批40个项目中。

四、以农民增收为核心，全力抓好“三农”工作，加快推进农业现代化

我们以增加农民收入为目标，全面深化农村改革，创新农业经营机制，不断推进农业产业化进程，夯实农业发展基础，农业农村面貌发生新变化。

（一）加快发展现代特色农业。全力推进设施农业示范园区提质增效。全年新发展设施农业60公顷，总面积达454.6公顷，培育设施农业示范园区7个。特别是，集义庄现代有机农业示范区三期产业配套工程完成投资3400万元，使该园区成为目前忻州市规模最大、标准最高、设施最为完善的高效设施农业生态科技示范园区，仅此一项园区内人均增收可达1.3万元。我县成功举办了全省设施蔬菜现场会。不断壮大农副产品深加工示范园区。笔峰农副产品加工园区实施三大重点项目，宝山鼎盛科技有限公司投资

9000万元实施了亚麻酸及亚麻油深化开发三期工程，宏钜大磨坊小杂粮加工基地建设项目完成投资3460万元，绿源亨通食品有限公司农产品精深加工项目完成投资4763万元。目前，全县农业产业化龙头企业发展到25家，“513”龙头企业完成销售收入2.9亿元。大力发展规模健康养殖业。抓住全省振兴畜牧业大好机遇，以建设现代规模健康养殖园区为依托，猪、牛、羊、鸡四业并重，高起点规划、大力度引进、强措施保障，畜牧业蓬勃发展。一年来，编制出台了《繁峙县现代生态畜牧业发展规划》《关于加强现代生态畜牧业发展的意见》《关于加快牛、羊产业发展的实施意见》等文件，拿出2000万元对牛羊产业进行“四补一贴”。全县共新建标准化养殖小区11个，新建各类规模养殖场36个，发展规模养殖户2857户。天洋农牧、天河牧业等建成投产，富云牧业、万锦肉牛等成功扩建，极大地推进了全县规模化养殖进程。猪、牛、羊、鸡饲养量分别达到32万头、3.3万头、72万只、100万只。同时，有序推进土地流转，发展多种形式规模经营。共流转土地200公顷，全县规范流转土地4286.67公顷。新登记注册农民专业合作社61个，全县农民专业合作社达到567个。培育“一村一品”专业村22个，全县“一村一品”专业村达到86个。

（二）不断加大扶贫开发力度。抓住我县被列入燕山—太行山集中连片特困地区的政策机遇，以移民搬迁、产业开发、劳动力转移培训等为重点，不断加大扶贫攻坚力度。坚持扶贫跟着产业走，把产业扶贫作为扶贫开发的核心，认真谋划推进百企千村产业扶贫开发项目。第一批确定的16户重点企业，已落实11家企业，上马9个项目，总投资8.2亿元。全县有67家矿产企业转产一、三产业，投资总额达52亿元，其中转型发展现代农业的有53家。太重集团建设的现代化标准化肉羊养殖项目完成投资1亿元。改进扶贫方式，实施精准扶贫，全县共识别出贫困村213个，贫困人口75140人，已录入精准扶贫建档立卡信息平台进行动态管理，并落实了帮扶单位。扎实推进易地扶贫搬迁工程，实施了砂河利民小区扶贫移民房建设工程；出台了繁城片、大营片、东山片移民房分配办法，共分配移民房1019套，安置移民3567人。整合各方面资源，集中开展教育扶贫，组织教育、扶贫、团委、工会、关工委等部门对识别出的贫困大学生统一进行资助。

（三）大力改善农村人居环境。坚持改善农村人居环境与巩固两轮“五个全覆盖”成果和办好“五件实事”相结合。按照“五美”要求，推广县城、砂河镇“创卫”经验，重点开展了13个乡镇的15个美丽宜居示范村建设。出台了《繁峙县改善农村人居环境规划（2014—2020年）》《繁峙县改善农村人居环境2014年行动计划》等文件，四大工程顺利推进，完善提质工程完成投资4.25亿元，农民安居工程完成投资0.52亿元，环境整治工程完成投资0.63亿元，美丽宜居示范村建设完成投资1.76亿元。

五、以“大干城建年”为引领，加大城镇建设管理力度，加快县域城镇化步伐

（一）大力推进城镇建设。响应市委、市政府第三个“大干城建年”的号召，坚持“完善大框架、逐年打通微循环”的总体思路，不断推进县城扩容提质。全力推进城区基础设施重点工程建设。滹沱河源头环境综合治理县城段东延伸项目实施了防洪抢险道路工程，完成投资5033万元，占总投资的97%。总投资2974万元的南关大桥于去年9

月底竣工。完成东循环工程绿化收尾工作，总投资8456万元的南循环工程基本完工。县城道路维修工程（一期）完成投资988万元。东牌楼环境整治绿化建设项目完成投资650万元。实施了光华街西延伸工程，完成投资840万元。城区公厕新建改造项目完成投资169万元，新建3座、改建2座。砂河镇共实施市政项目6个，镇区供水、供热、污水处理管网和天然气二期工程及镇区宾馆升级改造工程，已按照年初计划完成；北坡森林公园建设二期工程完成绿化面积1.3万亩。

（二）不断提高城镇管理水平。围绕迎接“国家卫生县城”二轮复检，进一步健全完善城镇管理的长效机制。加大对占道经营、乱堆乱放、乱贴广告等违规行为的长效管理力度，规范了城市秩序。强化房地产和建筑市场监管工作，依法依规办理选址意见书11项，建设用地规划许可证14项，建设工程规划许可证19项。严厉打击非法违法建设，查处县城区非法工程16处，下达《停工通知书》16份，有力地促进了我县房地产市场和建筑市场健康有序发展。

六、以促进社会和谐稳定为目标，着力改善民生和加强社会治理，人民群众的幸福指数不断提高

（一）促进教育事业优先发展。坚持把“打造繁峙教育品牌，建设晋北教育强县”作为全县最大民生工程来抓，不遗余力加大教育投入，全年安排教育支出3.93亿元。从2014年春季开始，对就读的中小学特困学生1129人发放助学金；从秋季学期开始，我县率先在全市启动普通高中教育免学费工程，为此，县财政每年投入达360余万元，每年约有4600多名普通高中在校生受益。整合各类帮扶资金对大学生进行集中统一救助。投入5100多万元，改善实验小学、东城中学、农村中小学和农村幼儿园的办学条件。积极推进新课改工作，13所试点学校形成了“整体设计—问题开启—自主学习—展示交流—梳理延伸”的繁峙课堂教学教改模式。我县成功承办全国区域推进课堂教学改革繁峙现场会。全县高考二本B类以上达线351人，创繁峙高考达线人数的历史最高纪录。

（二）大力发展卫生事业。全年用于医疗卫生事业的支出达到1.71亿元。新农合筹资标准由340元提高到390元；12类国家基本公共卫生服务项目和6类重大公共卫生项目全面实施。继续深化医药卫生体制改革，进一步巩固完善国家基本药物制度，全县13个乡镇卫生院和8个分院网上集中采购药品933.5万元。投资83万元新建了县急救中心，县中医院建设完成投资3600万元。高度重视人口计生工作，坚持“保优争先”的既定目标不放松，领导重视到位、统筹协调到位、责任考核到位，各项计生基础工作水平不断提高，全县计生优质服务水平进一步提升。

（三）千方百计扩大就业。落实更加积极的就业政策，以高校毕业生、农村转移劳动力、城镇就业困难群体为重点，全面做好各类人员的就业工作。全县城镇新增就业3165人，下岗失业再就业1064人，创业带动就业407人，转移农村劳动力3405人，就业困难群体就业302人，公益性岗位安置高校毕业生50人，城镇登记失业率控制在3.5%以内。

（四）全面加强社会保障。进一步做好城乡社保的提标扩面工作。机关事业单位养老保险参保单位202家，参保职工7669人，占市下达指标的107%。企业养老保险参保单位达到150户，覆盖率100%，参保职工8720人。新农保参保人数达到14.63万人，完成年度任务的105%。大力推进医疗保障由应保尽保到提质增效转变，城镇职工医疗保险参保人数19719人，城镇居民医疗保险参保人数12365人；新农合参合农民达到20.90万人，参合率99.94%。切实关心低收入群体生活，对2629户、4949名城市低保对象发放低保金1632.3万元，对13788户、14010名农村低保对象发放低保金2469.5万元。加快保障性住房建设，共新开工675套。

（五）加强和创新社会治理。坚持打防结合，全力维护社会治安稳定。组织政法部门深入开展了“春安利剑”“夏安利剑”“两抢一盗”“打黑除恶”等专项行动，坚持开展以城乡接合部、“城中村”、工矿区、出租房屋、“九小场所”、校园及周边为重点的社会治安“六项整治”，有效解决了治安突出问题。以项目建设为抓手，全面推进“平安建设”工作，健全完善了县、乡、村三级调解组织，与信访接待中心整合成立了矛盾纠纷联调中心，不断完善社会矛盾大调解体系；加大人力、物力、财力投入，大力推进以街面防控网、社区防控网、单位内部防控网、视频监控网、区域警务协作网、虚拟社会防控网为内容的“六网覆盖”工程，广泛开展形式多样的群防群治活动，构建立体化社会治安防控体系。以全民综合服务信息平台为依托，积极推进基层社会服务管理体系建设。围绕服务民生、平安建设，继续完善社会服务管理体系，进一步推动三级中心和网格化管理规范化、常态化运行。加强信访工作。坚持领导干部定期轮流接访、带案下访制度，积极调动社会力量参与解决信访问题，开展了信访积案化解攻坚战，107件信访积案，除10件“三跨三分离”案件外，其余97件信访案件已化解90件，息诉罢访53件，全县信访形势持续稳定。

（六）狠抓安全生产工作。认真落实上级关于安全生产的一系列决策部署，牢固树立“红线意识”，坚持党政同责、齐心协力抓安全，健全完善了“五个体系”，深入开展安全生产大检查活动，突出抓好重点领域专项整治，努力提升本质安全水平，全县安全生产形势持续稳定。

七、以提升区域竞争力为根本，持续加强环境建设，品牌繁峙逐步叫响

（一）卫生环境方面。按照省政府的要求，实施了乡村清洁工程，全县13个乡镇、402个行政村共配备保洁人员1297名，配备卫生监督人员58名，建设无害化垃圾处理场2座、简易垃圾填埋场11座，建垃圾池1341个，集中清理乡村“四堆”“四乱”4679处，建立健全了城乡卫生保洁的长效管理机制。开展了城乡环境卫生大整治，按照“四有、四无、三净”标准，集中治理“脏、乱、差”现象，为群众营造出了整洁、卫生的生产、生活环境。

（二）生态环境方面。坚持整治与建设并重，扎实推进污染减排工作。二氧化硫、化学需氧量、氨氮、氮氧化物、烟尘、工业粉尘六项主要污染物分别减排74.5吨、205.9吨、37.8吨、12.7吨、145.6吨、128吨，全年二级以上天数362天。扎实抓好造林绿化工作。围绕创建“省级园林城市”和“省级生态县”，按照“两山建体系、两丘建基地、两网建景观、整体出效益”的布局思路，提出用三年时间实施“13232”林业重点工程。全年完成投资1.2亿元，荒山造林6万亩，干果经济林建设1.5万亩，通道绿化35.58公里，山地公园提升工程2处，全县森林覆盖率达到20.59%，北部浅山区30公里形成绿色大林道、景观大廊道、生态大屏障。全市春季造林绿化、全国国有林场外造林等现场会相继在我县召开，我县整合技术、资金、土地优势，兼顾生态、经济、社会效益的造林方法，得到广泛认可，被评为省林业生态建设“三加三不减”先进县。

（三）政务环境方面。继续深入开展以“端正政风行风，优化发展环境”为主题的民主评议政风行风活动，开展了“群众评机关”活动，对全县55家单位部门共提出15条意见建议，并督促整改。在县电视台开播“政风行风公开承诺”节目专栏，组织相关单位负责人向社会做出公开承诺。持续引深市纪委“发挥职能作用、优化发展环境十大行动”，严肃查处了杏园乡发生的非法买卖土地使用权、扰乱土地征用市场秩序这一破坏发展环境的典型案件，相关人员受到责任追究。

（四）人文环境方面。大力培育和践行社会主义核心价值观，各乡镇设立大型永久性固定宣传牌，在滨河西大道制作社会主义核心价值观公益广告100余幅，城区LED电子显示屏每天滚动播放社会主义核心价值观公益广告，充分发挥宣传教育对公民道德养成的潜移默化作用。紧紧围绕文明和谐创建活动，开展了农村“五旗文明户”评选命名活动、文明示范窗口评选活动、文明卫生单位、文明卫生小区评选活动，表彰了“十行十佳”和精神文明建设先进单位，评选出10位“繁峙好人”，用先进典型激发社会正能量，弘扬新风正气，全县人文环境得到进一步改善。

八、加强民主法制建设，凝聚转型跨越发展的整体合力

一年来，我们坚持统揽全局、协调各方的原则，进一步推进民主政治建设和法制建设，充分调动各方积极性，围绕中心、服务大局、推动发展，形成了齐心协力、合力攻坚的工作格局。积极支持人大及其常委会依法行使职权。县人大积极履行职能，围绕县委决策部署及时调整加强工作，严格按照人事任免实施办法的规定，任命“一府两院”干部6人，免职5人，任命县法院人民陪审员23人。组织12次调研和执法检查，召开6次常委会，听取和审议了县政府《关于全县农资市场管理情况的报告》《关于全县治理环境污染工作情况的报告》等12个工作报告，听取和审议了法院《关于行政审判工作情况的报告》和检察院《关于反渎职侵权工作情况的报告》；立足增强监督实效，就2014年全县重点工程和15件实事完成情况进行了视察，支持和促进了“一府两院”工作。积极发挥代表作用，努力提高代表履职能力，不断加强人大及其常委会自身建设，人大工作水平进一步提高。支持政协组织履行政治协商、民主监督、参政议政职能。一年来，县政协积极关注民生民计，围绕农村居民最低生活保障、老百姓看病贵取药难等八个方面的问题，认真开展调研和视察活动，形成了有价值的调研报告。加强与委员的联系，及时反映社情民意，编发各类社情民意53篇。围绕强军新目标，进一步加强党管武装工作，及时召开县委议军会议，就加强应急力量建设、加强应征入伍兵员的优待安置工作和加强专武干部队伍建设等进行了研究，启动省级“双拥模范县”创建工作；坚持把建武装与用武装结合起来，注重发挥人武部门和民兵预备役人员在促进地方经济社会发展方面的作用，推动了军民融合深度发展。加强社会主义法制建设。加强和改进政府法制工作，支持人民法院、检察院依法独立公正行使审判权、检察权，做好法律服务和法律援助工作，维护社会公平正义。加强法制宣传教育，组织了县委理论中心组宪法专题学习和全县领导干部“弘扬宪法精神，建设法治中国”报告会，深入推进“六五”普法工作，引深法律“六进”活动，不断增强全民法治意识，推进法治繁峙建设。大力支持工会、共青团、妇联等群团组织开展工作，充分发挥党委、政府联系群众的桥梁纽带作用，调动了社会各方面的积极性、主动性，凝聚了转型跨越发展的强大合力。

九、加强和改进宣传思想文化工作，不断激发改革发展的正能量

（一）着力打好舆论宣传主动仗。坚持团结稳定鼓劲、正面宣传为主的方针，严格执行党的宣传纪律，按照新闻工作贴近实际、贴近生活、贴近群众的“三贴近”要求，紧紧围绕县委、县政府各阶段中心工作，不断创新工作方法、丰富报道形式，在各级主流媒体上大量发表反映繁峙经济社会发展的优秀新闻作品，为全县经济社会发展营造了良好的舆论环境。在市级以上纸质媒体发稿476件，其中国家级媒体发稿3件，省级媒体发稿86件；在电视媒体发稿379条，其中省台23条，发稿量排名全市第一。增强应对能力，积极主动掌控舆论。进一步建立健全网络舆情监测、引导和危机化解工作机制，坚持舆情信息一日一报、特大舆情信息即时专报，为县委及时把握舆情动态提供了有力保障。

（二）全面繁荣文化事业。继续加大“村村通”无线覆盖工作力度，在农村新建43个农村文体活动室，组建17支文艺队伍。县文化馆、图书馆继续对全社会免费开放，共免费培训、接待学员和群众2万余人。举办了繁峙县第三届“大杏奖”“三民”舞台艺术大赛，获奖作品巡演26场。完成4824场农村公益数字电影的免费放映任务。完成了市、县免费“送戏下乡”演出任务，惠民大戏台免费演出24场。对国家级非物质文化遗产“繁峙秧歌”进行了抢救保护。平型关关城东门修缮保护工程主体已完工。严格监督监管，大力整顿文化市场，严厉打击违法经营行为，文化市场健康繁荣。

（三）大力发展文化旅游产业。年初，县委、县政府将文化产业发展基金200万列入财政预算。在山西省首届文博会中，我县积极组织文化企业参展，不仅推广了产品，更拓宽了发展思路。完成文化旅游重点项目投资1.5亿元，实施了大明烟生态旅游、生态农业旅游度假区、伯强红色景区毛主席路居地开发等项目；完成了省美丽乡村旅游扶贫重点村的申报工作，将我县10个旅游重点村上报到了省旅游局，积极争取旅游扶贫项目。全县旅游总收入13.8亿元。

十、加强领导班子和干部人才队伍建设，造就转型跨越发展中坚力量

（一）认真执行民主集中制，切实加强领导班子建设。把提高领导水平和执政能力作为领导班子建设的核心内容，认真执行县委中心组学习制度，坚持每月至少组织1次集中学习，先后就习近平总书记系列重要讲话精神、十八届四中全会精神和《党章》《中国共产党纪律处分条例》以及上级重要会议精神等进行了学习，使班子成员政治上更加坚定、能力上得到进一步提升。认真贯彻民主集中制，坚持集体领导和个人分工负责相结合，坚持“三重一大”集体讨论决策制度，凡属县委重大决策部署、干部任免、重大项目安排以及大额资金使用等，均严格依照民主集中制要求，召开县委常委会集体研究，集思广益作出决定。对涉及到全县改革发展重大事项的决策，还吸纳县人大、政府、政协班子成员和乡镇、部门部分负责同志参与，进一步提高了县委决策的民主化、科学化水平。

（二）创新选人用人机制，着力建设高素质的干部队伍。县委高度重视干部队伍建设，不断加强选拔任用工作和对干部的教育、管理、监督。一是加强对党员干部的教育培训。坚持组织调训、干部选学、在线学习“三位一体”的干部教育培训模式，大力推行“干部上讲台、培训到基层、网络全覆盖”。着力抓好集中轮训和专题培训，将学习贯彻中共十八届三中、四中全会精神和习近平总书记系列重要讲话精神，新修订的《干部任用条例》，党的政治纪律、组织纪律、民主集中制等作为重要内容，纳入2014年干部教育培训计划。先后邀请省委党校、中北大学8名专家教授来我县开展专题讲座。延伸拓展“繁峙县党员干部手机报”覆盖面，实现了全县干部教育全方位、多渠道、上水平。二是注重培养选拔适应转型跨越发展要求的好干部。在干部选拔任用中，严格按照习总书记提出的好干部标准，不断提高选人用人的公信度。突出抓好新修订《干部任用条例》的学习贯彻落实，细化干部交流、干部调配、职数备案等工作流程，规范干部选任动议程序，努力形成系统完备、科学规范、有效管用、简便易行的选人用人制度体系。加强对干部的日常考察了解，加大年轻干部培养锻炼力度，进一步优化了全县各级领导班子和干部队伍结构。共调整干部13人，其中提拔干部7人，都严格按照有关程序进行，做到了从严选拔。三是始终坚持从严管理干部。坚持党管干部原则，严格按照省委组织部干部工作“八从严”和市委“三三制”选任干部的要求，建立和完善“四三二一”干部选任监督机制，切实防止干部“带病提拔”。同时，对全县机关事业单位“吃空饷”“编外人员”和借调干部等情况进行了专项清理整顿，集中开展了“工作秩序涣散、纪律松弛”专项整治，强化了对干部的约束。

（三）注重基层基础，全面加强基层党组织和党员队伍建设。认真落实基层党建工作责任，按照“书记抓、抓书记”和“联述联评联考”的要求，坚持开展基层党（工）委书记抓基层党建工作专项述职工作，以“基层组织提升年”活动为载体，全面加强各领域基层党建工作。一是持续开展农村“领头雁”延伸培训工作，共培训农村“两委”成员、骨干党员和居委会党支部书记、主任2315人，实现了“两个全覆盖”；举办了全县基层党组织书记专题培训班和大学生村干部综合素能提升等培训班。二是继续以“四诺”为抓手，扎实推进基层服务型党组织建设。全县乡镇、村两级就2014年所办实事向群众承诺、示诺，并积极践诺，接受群众评议。三是全力推进非公经济、社会组织党的组织和党的工作全覆盖，在去年全县所有非公有制经济组织党的组织和党的工作实现“两个全覆盖”的基础上，开展了“双强六好”党组织创建活动；同时，进一步加大社会组织党建工作力度，成立了繁峙县社会组织工作委员会，全县56家新社会组织按要求全部建立了党组织，实现了所有社会组织党的组织和党的工作全覆盖。四是大力实施“党的政治生命工程”。按照“三维培养”模式，在农村发展党员工作中推行“三推、两审、两公示”工作机制，形成一套农村、机关和非公企业发展党员工作科学化机制，不断规范党员发展工作，进一步加强了党员队伍建设，夯实了党的执政基础。全县共培养入党积极分子570名，发展党员187名，全部为生产、工作一线人员，其中35岁以下优秀青年党员149名，占发展总数的

80%。五是在软弱涣散基层党组织中开展“集中整顿”和“延伸整顿、巩固提高”行动，全县40个软弱涣散农村、社区党支部存在的突出问题得到了有效解决，基层党组织的领导核心作用得到充分发挥。六是认真做好第十届农村“两委”换届工作，县委提出把村“两委”换届工作作为净化全县政治生态的一次具体实践来抓，抽调纪检、组织、检察、民政和公安等有关部门组成4个县级巡回督查小组，深入一线督查指导换届选举工作，进一步严肃了换届纪律，营造了风清气正的换届环境。全县402个行政村、344个村党支部和8个社区居委会全部完成了换届选举任务，其中有36名大学生村干部当选村（社区）“两委”主干，农村“一肩挑”比例达到69.5%。

（四）创新做好人才工作。进一步加强党管人才工作，健全人才工作领导体系和党管人才运行机制，调整充实了县委人才工作领导组。制定出台了《繁峙县高层次人才引进方案》，加大高层次人才引进力度。充分发挥大型企业和重点项目对人才的需求和培养作用，实施“柔性引才”计划，先后引进7名高端人才。进一步贯彻落实《繁峙县中长期人才发展规划纲要（2010–2020年）》《繁峙县委联系的优秀专家管理办法》，着力解决各类人才的工作条件、生活环境、待遇保障等相关问题，充分发挥了专家人才在推进人才强县、强企、强村中的支撑作用，致力开创全县人才工作的新局面。

十一、认真履行党风廉政建设主体责任，不断提高反腐倡廉建设领导水平和工作成效

（一）认真落实“两个责任”。主动适应从严治党的政治新常态，立足于净化政治生态、实现弊革风清，把主要精力用在总揽全局和党风廉政建设与反腐败斗争等党务工作上，经常思考研究工作思路举措，经常过问解决难点问题，经常推动工作落实，努力构建使党员领导干部“不敢腐、不能腐、不想腐”的制度机制和工作格局。县委先后5次召开常委会，就推进党风廉政建设工作进行研究部署，切实将党风廉政建设工作摆上了重要议事日程。制定出台了《关于落实党风廉政建设党委主体责任和纪委监督责任的实施意见（试行）》和签字背书、责任分工、分析研判等10项约束制度，强化了刚性约束。

（二）全力支持纪检监察机关“三转”，保证纪检监察机关专心履行监督职能。大力支持纪委、纪检组履行监督责任，推动纪检监察机关“三转”，全面清理参与和牵头的议事协调机构，把原本不该管的工作交还主责部门，全面清理纪委书记、纪检组长兼职和分管其他业务工作，保证专司监督之职。县委专门下发了《关于对县纪委（监察局）牵头或参与的议事协调机构进行调整精简的通知》，将纪委牵头或参与的各类议事协调机构由115个调整精简为12个；下发了《关于乡镇纪委书记、县直各派驻纪检组长不分管其他业务工作的通知》，明确纪委书记、纪检组长在党委、党组中不分管其他业务工作，真正使纪检监察机关的职能回归到执纪监督问责的本位上来。全力支持纪委查办案件，对重大案件加强督办。

（三）加强作风建设，坚决纠正损害群众利益的行为。紧密结合第二批党的群众路线教育实践活动的开展，推动作风建设向加强党性修养、坚定理想信念延伸，教育和引导党员领导干部自觉践行“三严三实”的要求。更加强化问题导向，深入查找“四风”问题的具体表现，找准症结，瞄准目标、专项整治。按照中央、省、市要求，部署了21

项、39个方面具体内容的专项整治任务，一项一项攻坚，一个一个突破，不见成效不松手，集中整治“门难进、脸难看、事难办”、文山会海泛滥、“三公”经费开支过大、超标超配办公用车和办公用房、借婚丧嫁娶之机收红包敛财等问题，狠刹公款送月饼、节礼等行为。全县共取消行政审批项目3项，调整为管理服务项目的1项。查办“四风”方面案件18件。查实享受低保对象中财政供养人员31户45人，追缴最低生活保障金31.05万元。查实新农合运行过程中存在的冒名顶替住院骗保、医疗机构虚假住院骗保等六类问题，对10名责任人进行了责任追究。对金山铺乡政府、县交运局在街巷硬化过程中收取承包方杨某管理费的乱收费问题进行了查处，10名相关责任人受到党政纪处分。清理腾退办公用房面积1471.7平方米。“三公”经费中，公务接待费、公务车购置和运行维护费的预算比上年实际支出压缩了5%，因公出国（出境）经费未安排预算，党风政风明显好转，让广大干部群众感受到作风建设带来的实实在在的成效。

（四）标本兼治，着力构建“不敢腐、不能腐、不想腐”的反腐败制度体系。按照十八届三中全会和中共十八届中央纪委三次全会精神，结合省委“六权治本”要求，综合施策，多方发力，努力构建使党员领导干部“不敢腐、不能腐、不想腐”的制度机制和工作格局。在使领导干部“不想腐”方面，不断加强廉洁自律教育、警示教育，坚持用身边事教育身边人，组织录制了警示教育片《金钱的桎梏》和《末路·歧途》；规划建设了繁峙县党风廉政建设警示教育基地。在使领导干部“不敢腐”方面，主要是加大查办案件力度，以治标来为治本创造条件。共查处各类违法违纪案件111件（次），其中移送司法机关4件，涉及乡科级案件30件，乡科级撤职以上重处分3人。在使领导干部“不能腐”方面，我们借助省、市纪委把我县作为试点县的机遇，先行先试，将打造廉政风险防控管理平台作为教育实践活动着力构建的“两大平台”之一，作为规范权力运行、实现公权晾晒的重要抓手，采取“分类推进、立体防控”的办法，以点带面，全面推行廉政风险防控管理工作，开展了清权确权工作，排查了廉政风险，制定了相应防控措施，固化了权力清单，构建了纵向贯通县、乡、村，横向涵盖重点领域对象和权力运行关键环节的全方位、立体式廉政风险防控网络。全县132家单位和256个基层站所实现廉政风险防控工作“全覆盖”。共梳理出权力事项7241项，排查出廉政风险点18102个，制定出防控措施19912条。其中，已有51家单位，依托“一库七平台”，在网上公布权力事项5837项，共受理群众事项26360件，办结25984件；下达《电子监察问询书》144份，下发《电子监察整改建议书》39份，约谈单位“一把手”10人次，诫勉谈话16人次，实现了行政权力在网上运行，群众在网上监督，科技防腐的效果已经逐步显现。通过对2000个办结事项逐人进行回访，非常满意的占到76%，基本满意的占22%，不满意的仅占2%。

以上是县委常委会一年来的主要工作。这些工作的开展和成绩的取得，是全县各级党组织和广大人民群众共同奋斗的结果，是广大党员、干部特别是基层干部扎实工作的结果。在此，县委常委会对大家的辛勤工作和鼎力支持表示衷心的感谢！

在看到成绩的同时，对县委常委会工作存在的问题，我们也有比较清醒的认识。一是应对经济下行压力的办法不够多，适应经济新常态的主动性还不够，创新举措不多，全县经济社会发展陷入困境；二是面临发展不足与结构不优的“双重压力”和外部市场需求不足与产业结构单一的“双重制约”，转方式、调结构、增效益的任务十分繁重；三是城乡居民收入总体还不高，公共服务能力和社会管理水平与群众期望有一定差距；四是部分干部作风不够扎实，抓落实的责任意识需要强化、力度需要加大；五是不正之风和腐败现象在某些领域还不同程度存在。对这些矛盾和问题，县委常委会将采取有力措施，认真加以解决。

2015年是全面深化改革的关键之年，是全面推进依法治国的开局之年，是全面完成“十二五”规划的收官之年，也是我省全面推进“六大发展”的开局之年，做好今年各项工作意义重大。今年全县工作的总体要求是：深入贯彻中共十八大和十八届三中、四中全会精神，认真落实中央经济工作会议、省委十届六次全会、全省经济工作会议和市委三届六次全会、全市经济工作会议部署，以邓小平理论、“三个代表”重要思想、科学发展观为指导，以习近平总书记系列重要讲话精神为根本指针，全面落实省委部署要求，扎实开展“学习讨论落实”活动，主动适应经济发展新常态，坚持稳中求进、改革创新，以提高经济发展质量和效益为中心，把转方式调结构放到更加重要位置，把工作重心东移作为新的战略要点，进一步深化“一个理念”，突出抓好“六大战略重点”，以“一区一带十大产业园区”为承载平台，以项目建设为抓手，以环境建设为保障，处理好稳与增、转与培的关系，全力保持经济企稳向好，着力培育新的经济增长点，统筹城乡发展，加快城镇化建设，保障改善民生，建设法治繁峙，全面推进经济、政治、文化、社会、生态文明建设和党的建设，促进全县经济平稳健康发展、社会和谐稳定、党风政风清廉。

今年全县经济社会发展的主要指标预期是：地区生产总值增长5.5%；全社会固定资产投资增长15%；社会消费品零售总额增长10%；规模以上工业增加值增长5%；地方公共财政预算收入完成3.62亿元；城镇常住居民人均可支配收入增长7%；农村常住居民人均可支配收入增长8%。约束性指标严格按照市下达任务全面完成。

2016年2月3日县委十二届七次全会报告

县委副书记、县长　孔保宝

县委十二届六次全会以来，我们深入贯彻落实党的十八大及十八届三中、四中、五中全会精神和习近平总书记系列重要讲话精神，按照中央、省、市的各项决策部署，主动适应经济发展新常态，坚持稳中求进、改革创新，把转方式调结构放到更加重要位置，进一步深化“一个理念”，突出抓好“六大战略重点”，以“一区一带十大产业园区”为承载平台，以项目建设为抓手，以环境建设为保障，努力处理好稳与增、转与培的关系，全力保持经济企稳向好，着力培育新的经济增长点，统筹城乡发展，加快城镇化建设，保障改善民生，建设法治繁峙，全面推进经济、政治、文化、社会、生态文明建设和党的建设，促进全县经济平稳健康发展、社会和谐稳定、党风政风清廉。

一、主动适应经济发展新常态，努力保持经济平稳健康发展，不断加快转方式、调结构步伐

我们主动适应经济发展新常态，始终坚持稳增长、促改革、调结构、惠民生的工作要求，在经济下行压力不断加大的严峻形势面前，坚决贯彻落实中央、省、市出台的一系列稳增长措施，采取领导帮扶、政策支持、金融扶持等综合措施稳定工业生产，在极其困难的情况下，全县经济保持平稳向好的态势。2015年，全县GDP完成51.3亿元，同比增长0.6%；规模以上工业增加值同比下降3.3%；固定资产投资完成87.9亿元，同比增长17.6%；社会消费品零售总额完成14.9亿元，同比增长6.1%；财政总收入完成4.08亿元，同比减少59.2%；公共财政预算收入完成2.02亿元，同比减少52.5%；城镇常住居民可支配收入完成24873元，同比增长8.3%；农村常住居民可支配收入完成6474元，同比增长7.7%。在全省县域经济考核中，我县在36个贫困县中位列第6，受到省委、省政府表彰。

（一）继续加大项目攻坚力度，不断夯实稳增长基础。我们牢固树立抓项目就是抓发展，抓大项目就是抓大发展的意识，坚持把项目建设作为扩大投资、培育新动能和应对经济下行压力、实现稳定增长的重要举措，持续在项目建设上发力，夯实稳增长的基础。深入开展“项目提质增效年”活动，继续实行“八位一体”重点项目考核办法，全面抓好项目签约、落地、建设等各个环节的工作；继续实行“四个一”的“保姆”式帮扶方式，对全县所有的项目都倒排工期，项目主管部门和项目负责单位向社会作出承诺，做到了“一个项目、一位领导、一套班子、一抓到底”的项目推进机制，从洽谈、落地、建设、投产各个环节对项目进行全程跟踪，为项目建设快速推进提供优质高效服务，不断引深项目建设攻坚战，在项目建设方面取得了新的重大突破。125个县重点项目完成投资85.14亿元，完成计划的113.82%。“六位一体”目标任务全面完成。项目储备完成1058亿元，完成率147.18%。项目签约完成95.24亿元，完成率100.25%。项目落地完成56.12亿元，落地率119.41%。项目开工完成84.45亿元，开工率196.4%。50个省市重点工程项目完成投资53亿元，完成率100%。项目投产完成53.09亿元，完成率100.17%。全县重点推进的分类管理新开工产业项目共15个，总投资66.54亿元。在全市重大产业项目分类考核中，我县获得一等奖，在B类县中排名第一。

（二）破解“一铁独大”困局，加快推进经济结构优化和产业转型升级。我们认为，造成县域经济周期性波动、不能够持续健康快速发展的根本原因是，资源依赖性太强，“一铁独大”，新兴产业占比小，经济结构严重不合理。为此，我们始终坚持稳增长与转方式并重、扩增量与调结构并举，以转型综改为引领，做好铁与非铁产业两篇大文章，不断推动经济结构调整优化和产业转型升级。一是改造提升传统产业。我们把延长产业链条、提高产品附加值作为工业经济结构调整的切入点，引导、扶持企业引进实施深加工项目，延伸产业链条，打造下游产品。中兴实业5万吨卡盘铸造项目达产达效；山西紫金矿业有限公司绿色矿山综合建设项目全年完成投资2亿元，已投产；繁峙县同和磁选有限公司30万吨铁精粉建设项目全年完成投资1亿元，具备投产条件。二是加快发展新兴产业。大力发展风电产业。华能、中电投20万千瓦风电成功并网发电；

中电投山西新能源有限公司云雾峪风电场三期项目的核准支撑性文件都已齐备，协合风电有限公司乔家窑风力发电项目正在等待核准。积极发展通用航空产业，去年8月12日，繁峙县人民政府与通航空港建设投资管理有限公司成功签约。三是加快旅游业发展。平型关景区建设全面启动，繁峙县圣景旅游公司、旺发旅游开发公司成功注册，韩庄长城、茨沟营、孤山景点的开发拉开序幕，乡村旅游也开始起步。

二、切实做好“三农”工作，全力推进精准扶贫，促进农业稳定发展农民持续增收

我们以增加农民收入为目标，全面深化农村改革，创新农业经营机制和扶贫开发方式，不断推进农业产业化进程，夯实农业发展基础，农业农村面貌发生新变化。

（一）加快发展现代特色农业。全县农作物播种面积达到39333.33公顷；新发展设施农业20公顷，设施农业总面积达474.6公顷，进一步提升了集义庄现代有机农业示范园区示范带动能力。农业产业化龙头企业发展到30家，宏钜大磨坊新型小杂粮加工基地续建项目、绿源亨通食品有限公司农产品精深加工续建项目、笔峰农产品加工园区项目都顺利完成年度建设任务。农产品加工业销售收入3.65亿元，完成率108.9%。生态畜牧业发展迅猛，山西天河、山西天洋、山西恒芪、富云牧业等我县畜牧龙头企业进一步壮大，“公司+基地+农户”带动发展取得新突破。全县猪、牛、羊、鸡饲养量分别达到34万头、2.3万头、72.6万只、102万只，全县已建成各类养殖园区64个，规模养殖场（小区）125个，规模养殖户发展到15000余户，规模饲养量占到畜禽总饲养量的41.8%。

（二）继续加大扶贫开发力度。坚持多措并举，加快整体脱贫步伐，全年减少贫困人口13700人。一是扎实推进精准扶贫，认真落实精准扶贫开发机制，制定了《繁峙县精准扶贫实施方案》，准确识别扶贫对象，组织开展精准扶贫建档立卡“回头看”工作，准确识别出贫困户26440户，贫困人口72873人。二是产业扶贫推进有力。认真贯彻落实省、市产业扶贫政策，突出抓好百企千村产业扶贫开发工程，2015年完成投资2.75亿元。三是易地移民搬迁和整村推进工作进展顺利。易地移民搬迁安置房主体工程已基本完工，移民户正在认购，预计明年入住；9个村的整村推进项目全部启动。四是扶贫培训全面完成，新型职业农民培训600人。五是教育扶贫全覆盖。对考入公办本科高等院校二本B类以上的73名建档立卡贫困大学生每人一次性资助5000元。

三、加强统筹发展，着力改善城乡人居环境，提高城镇化质量和水平

（一）进一步改善城市人居环境。按照市委、市政府确定的“城市建设管理提升年”，大力推进设施提升、城市安居和环境提质。城市市政基础设施建设工程新开工11项，续建工程8项，完成投资1.86亿元；城市安居建设工程7项，完成投资11.23亿元；保障性住房工程新开工建设2240套，完成投资5.36亿元。重点建设工程有：投资1600万元完成了全长1.52千米的光华街西延伸工程，投资1100万元完成了全长0.79千米的新城街道路工程，投资2130万元实施了地下管线工程，投资1045.6万元改造城市道路9.32千米，投资708.3万元实施了全长2千米的108国道两侧环境治理绿化工程，投资280万元实施了东牌楼公园项目，投资981万元实施了污水处理中心改造提质工程。积极开展创建“省级园林城市”工作，完成绿化面积17.2万平方米，县城区绿化覆盖率达到41.67%。

（二）加快改善农村人居环境。农村危房改造工作全面完成，改造610户，完成投资1718万元。城乡清洁工程成效显著，省补助资金333万元、县补助资金333万元全部拨付到各乡镇，完成了“四堆”清理和村居整饰等重点工作。深入推进改善农村人居“四大工程”，创建11个县级美丽宜居示范村、2个市级美丽宜居示范村和2个省级美丽宜居示范村。城乡爱国卫生运动扎实开展，建成省级卫生乡2个，省级卫生村41个。

四、发展社会事业，保障改善民生，让发展成果更多惠及群众

（一）促进教育事业优先发展。坚持把“打造繁峙教育品牌，建设晋北教育强县”作为全县最大民生工程来抓。高中教育步入稳定发展轨道，高考二本B类以上达线355人，超额完成年度目标任务。应届生文史、理工两大类达线112人，首次突破100人大关。初中教育稳步提升，市直高中面向各县统招我县学生数量名列前茅。总投资5100万元的东城中学新区竣工，实现秋季招生，满足移民新区适龄儿童的入学问题。完成砂河四中附属幼儿园等5所幼儿园的建设工程，为学前教育的持续发展提供了保障。基础教育课程改革成绩斐然，在全省教研室主任会议和全省教育质量提升沁源现场会上，我县的改革经验获得肯定。

（二）大力发展卫生事业。推进县级公立医院综合改革，县中医院、县第二人民医院、县精神病院全部纳入公立医院改革范围，药品实行零差价销售，县财政通过追加预算予以补偿。全年下拨基本公共卫生经费1304.97万元，为全县农村60岁以上老年人免费健康体检，为0–6岁以下儿童提供免费健康管理服务。深入推进新农合分级诊疗工作，通过一年来分级诊疗试点工作，我县的外转病人数较上年下降了2.7%。开展县、乡医连体建设试点工作，以县人民医院、县中医院为龙头，以各乡镇卫生院、分院、村卫生室为成员单位组建了县、乡、村一体化医疗联合体。

（三）进一步加强就业和社会保障。全县新增城镇就业3163人。城镇职工基本养老保险参保人数2.6万人，城镇职工基本医疗保险参保人数2.99万人，城乡居民社会养老保险参保人数14.69万人，城镇失业保险参保人数0.96万人，工伤保险参保人数1.51万人，城镇职工生育保险参保人数1.2万人；城市低保标准提高8.2%，农村低保标准提高14.16%。

五、狠抓安全生产，抓好社会治理，创造稳定和谐的发展环境

（一）全力维护社会安全稳定。因“3·11”重大刑事案件，去年6月我县被省综治委列为重点管理县后，县委、县政府进行了认真反思剖析，深刻汲取教训，坚决扭转社会治安工作被动局面。县委先后3次召开常委会听取和研究综治工作，专门组织召开加强社会治安综合治理暨平安繁峙建设推进大会，进行全面动员部署。进一步加强保障，对政法系统队伍力量进行了充实，为村（社区）综治办、社会服务管理中心、信息平台、矛盾纠纷调解室预算经费116.15万元，为县、乡矛调中心、人民调解组织每年预算经费44.32万元。坚持“严打”开路，集中开展“打击严重暴力犯罪”“打黑除恶”和“打击电信诈骗犯罪”等专项打击整治行动，连续破获了一批重大刑事案件，形成了“打黑除恶”的高压态势。公安机关共立案刑事案件607起，破获321起，抓获网上逃犯62名。深入开展矛盾纠纷大排查大化解，出台了

《繁峙县矛盾纠纷和不稳定因素大排查工作方案》，将矛盾纠纷和不稳定因素大排查任务细化分解到全县每个乡、每个村、每一位干部，在全县402个村开展矛盾纠纷、不稳定因素大排查行动，共排查出各类矛盾纠纷、不稳定因素382条。不断强化基层基础工作，全力推进矛盾纠纷大调解体系建设，依托县信访服务中心建立县矛盾纠纷调解中心，依托乡镇司法所和居民办信访服务中心建立14个乡级矛盾纠纷调解中心，整合建设289个农村调委会和调解室、8个社区调委会和调解室；累计完成视频监控探头6470个。

（二）狠抓安全生产工作。牢固树立安全发展理念，牢记“三个决不能过高估计”，始终保持“三个敬畏”，坚持“党政同责、一岗双责、失职追责”，牢牢掌握安全生产工作的主动权，全县安全生产形势持续稳定。全县累计发生各类事故28起，死亡8人，伤6人。其中，交通事故6起，死亡7人，伤6人；非煤矿山事故1起，死亡1人，各类安全生产事故死亡人数在控制指标内。认真抓好新《安全生产法》的贯彻落实，全年共举办4期培训班，分批对260名党政领导干部、乡镇安全监管人员及企业负责人进行培训。扎实开展“企业主体责任落实年”活动，在全县8011家生产经营单位悬挂了安全生产监督管理责任牌，有106家企业成立了危险源辨识及监控领导机构，并制定了切实可行的风险预控管理体系具体实施方案。全面开展安全生产大检查，共排查各类企业3800余家，排查各类安全隐患5208处，整改5126处，整改率达到了98.4%。突出抓好重点领域的安全生产专项整治，全年出动约2800人次对各重点领域开展了全方位的检查，共下达现场检查记录600余份。

（三）切实加强信访工作。我们不断加大信访工作力度，全县信访工作继续保持平稳可控、持续向好的态势。继续开展县四大班子领导干部无节假日轮流大接访活动，四大班子领导干部按照每人每月接访、下访不少于2次的要求，有效解决了群众合理诉求。立足抓早、抓小、抓苗头，共开展11次矛盾纠纷大排查，排查出矛盾纠纷223件，全部建立台账，落实了包处责任。着力做好积案化解工作，累计化解信访案件96件；组织开展了“以群众举报乡村干部腐败为切入点集中解决群众信访诉求问题”专项治理，省交办的3件信访积案全部办结，市交办6件重点信访事项全部办结。积极推进动员社会力量参与信访工作，健全335名社会力量资源信息库和信访事项档案库。

六、加强生态建设，强化环境保护，着力打造宜居宜业发展环境

我们牢固树立生态文明、绿色发展理念，以更大的魄力、更强的措施、更多的投入，切实加强生态建设和环境保护。继续大力推进林业生态建设。按照我县“13232”林业生态建设规划，重点在北部浅山区10万亩范围内的繁城、下茹越、集义庄、砂河四个乡镇实施，完成营造林任务3740公顷。大力推进林业产业开发，以全国“一村一品”示范村赵庄村为中心，辐射带动周边15个丘陵山区村种植白水杏，总面积达到760公顷，15个村人均林果面积达到0.12公顷以上。扎实开展大气污染治理，积极推进淘汰燃煤小锅炉工作，稳步推进提标改造工作；砂河镇集中供热实现全覆盖，全县集中供热面积达370.2万平方米。集中开展“铁腕斩污”专项行动，严肃查处群众反映强烈的环境污染问题，对全县32家铁选企业开展了环保手续检查。深入推进矿山生态恢复治理，共有25家企业编制完成生态恢复方案，重点实施了大明烟矿区矿山治理和峨河河道治理项目。2015年六项主要污染物减排任务全部超额完成。

七、加强民主政治建设，推进依法治县，广泛凝聚加快发展的合力

一年来，我们坚持统揽全局、协调各方的原则，进一步推进民主政治建设和法治建设，充分调动各方积极性，围绕中心、服务大局、推动发展，形成了齐心协力、合力攻坚的工作格局。积极支持人大及其常委会依法行使职权。县人大积极履行职能，围绕县委决策部署开展工作，严格按照人事任免实施办法，依法任免"一府两院"干部10人；先后召开6次常委会，听取和审议了县政府《关于全县精准扶贫工作情况的报告》《关于全县保障性住房分配、使用工作情况的报告》《关于法治政府建设工作情况的报告》等11个工作报告，支持和促进了"一府两院"的工作；组织开展14次调研和执法检查，对18个重点项目进行了视察；继续开展"联系代表、走访选民"活动，加大了办理代表建议、意见工作力度，切实加强了代表工作；人大自身建设进一步加强，履职水平进一步提高。支持政协组织履行政治协商、民主监督、参政议政职能。一年来，县政协积极开展调研和视察活动，形成了《关于繁峙县旅游业发展情况的调研报告》；认真做好提案办理，对35件提案进行了跟踪督办，为发展凝聚了智慧和力量。围绕强军新目标，进一步加强党管武装工作，及时召开县委议军会议，就加强国防教育、应急力量建设、应征入伍兵员的优待安置和加强专武干部队伍建设等进行了研究，为人武部门解决了一些重点难点问题；坚持把建武装与用武装结合起来，注重发挥人武部门和民兵预备役人员在促进地方经济社会发展方面的作用，推动了军民融合深度发展；不断深化"双拥"创建，去年6月，我县被省委、省政府、省军区评为省级"双拥模范县"；进一步加大拥军优属力度，认真落实各项优抚安置政策，切实维护军人、军属权益。扎实推进依法治县进程，深入开展"法律宣传进乡村，服务发展惠民生"主题宣传活动，认真做好"六五"普法总结验收工作，有效推进了基层民主法治建设。大力支持工会、共青团、妇联等群团组织开展工作，充分发挥党委、政府联系群众的桥梁纽带作用，调动了社会各方面的积极性、主动性，凝聚了转型跨越发展的强大合力。

八、加强和改进宣传思想文化工作，弘扬主旋律，激发正能量

（一）着力打好舆论宣传主动仗。坚持团结稳定鼓劲、正面宣传为主的方针，严格执行党的宣传纪律，按照新闻工作贴近实际、贴近生活、贴近群众的"三贴近"要求，紧紧围绕县委、县政府各阶段中心工作，不断创新工作方法、丰富报道形式，在各级主流媒体上大量发表反映繁峙经济社会发展的优秀新闻作品，为全县经济社会发展营造了良好的舆论环境。在市级以上纸质媒体发稿306件，其中国家级媒体发稿6件，省级媒体发稿32件；在省电视台发稿60条，在市电视台发稿305条。增强应对能力，积极主动掌控舆论。进一步建立健全网络舆情监测、引导和危机化解工作机制，坚持舆情信息一日一报、特大舆情信息即时专报，为县委及时把握舆情动态提供了有力保障。

（二）全面繁荣文化事业。文化事业欣欣向荣，成功举办繁峙县第四届"大杏奖""新田杯"三民（民歌、民舞、民乐）舞台艺术大赛，参加忻州市第五届"梨花奖"舞台艺术大赛并获得三等奖。完成了4812场农村公益数字电影的免费放映任务，完成了市40场和县60场免费“送戏下乡”的演出任务。县文化馆、图书馆、乡镇文化站免费开放，接待群众2万余人次，新建农村文体活动室42个。群众文体活动方兴未艾，目前全县已拥有注册群众体育组织和协会13家，极大地推动了全社会体育活动的深入开展，全民健身氛围已经形成。

（三）大力发展文化产业。以平型关关城修复、伯强毛主席路居纪念馆为核心的红色休闲、度假、旅游区建设稳步推进。预算投资540万元的平型关关城东城门楼修缮工程顺利竣工，总投资4650万元的平型关关城、长城墙体保护修缮工程加快推进，总投资550万元的岩山寺文物保护环境整治建设项目顺利实施。去年5月6日，以“滹源明珠——繁峙”为主题的繁峙县文化旅游形象展在山西省工艺美术大厦开幕，我县旅游资源和旅游线路得到全面推介。全年旅游总收入完成16.14亿元。

九、坚持从严治吏，加强领导班子和干部人才队伍建设，努力造就转型跨越发展中坚力量

（一）认真组织开展“三严三实”专题教育。制定出台了《关于在全县县处级领导干部中开展“三严三实”专题教育实施方案》《开展“三严三实”专题教育县处级领导集中专题学习研讨方案》《关于在“三严三实”专题教育中深入开展解决基层干部不作为乱作为等损害群众利益问题专项整治的实施方案》，全面系统地作出具体部署，为全县深入开展“三严三实”专题教育提供了行动指南。在整个专题教育期间，所有县处级领导对照《关于在“三严三实”专题教育中扎实开展专题学习研讨的实施意见》，坚持个人自学与集体学习相结合，累计参加集中专题学习13次、集中专题研讨5次，增强了从严从实“修身做人、用权律己、干事创业”的意识。

（二）着力建设高素质的干部队伍。严格执行《党政领导干部选拔任用工作条例》，坚持“德才兼备、以德为先、以廉为基”的用人导向，健全完善了干部选任工作制度体系，制定出台了繁峙县县管干部动议酝酿、推荐考察、讨论决定等工作细则，严格执行“五必审”制度，把廉政审查融入干部选任工作全过程。同时加强对领导班子和领导干部的综合分析研判，将“三个一批”工作贯穿于干部选拔任用全过程，把好了选人用人考察考核关。全年共调整干部3批次95人，消化超职数配备干部22人。

（三）全面加强基层党组织和党员队伍建设。认真开展农村（社区）“领头雁”培训，对新当选的534名农村、居民办“两委”主干分两期进行了培训。集中整顿软弱涣散基层组织，对确定的58个各领域软弱涣散基层党组织进行了转化提高。进一步做好非公经济和社会组织党建工作，全县786家非公有制企业共建立党组织336个，41个社会组织组建党组织19个。全面做好党员发展、教育和管理工作。共培养入党积极分子570名，确定发展对象142名，发展党员136名。同时，配齐配强了乡镇专职组织委员，乡镇党建工作经费24万元列入财政预算。

（四）全力实施“人才强县”工程。积极转变人才工作理念，坚持“培引并重，以培为主”，从县情出发，依托重点企业，集中优势资源建立了“人才工作站”，最大限度地激发各类人才的创新潜能和创造活力。制定出台了《繁峙县人才工作2015年宣传方案》和《繁峙县高层次人才引进方案

(2015—2017年)》，积极推进“柔性引才”战略；推介6家重点企业参加了“中国海创周”活动，引进企业所需的高层次紧缺人才。落实“大众创业、万众创新”精神，实施了“溱源双创聚才行动计划”，着力打造创新创业平台，培养引进创新创业人才和高层次领军人才，充分发挥人才工作在服务全县“六大发展”中的重要作用。

十、落实“两个责任”，全面从严治党，着力打造风清气正政治生态

（一）认真落实“两个责任”。我们主动适应从严治党的政治新常态，立足于净化政治生态、实现弊革风清，坚持“四个亲自”，真正把党风廉政建设责任扛在肩上。一年来，县委先后6次召开常委会，就全年党风廉政建设总体安排、纪委“三转”、查办重要案件等进行了研究部署，切实将党风廉政建设工作摆上了重要议事日程。制定了《党委主体责任、纪委监督责任清单》，对县委班子17个方面的主体责任和纪委班子10方面的监督责任进行了明确，以制度的形式把“两个责任”固化下来，并专门下发通知，要求全县13个乡镇和50个县直单位制定明晰的责任清单并签字背书。县委集体约谈13个乡镇党委书记、纪委书记和居民办党委书记，对3起案件中履行主体责任不力的8人和履行监督责任不力的2人进行了问责，层层传导压力。我们还重点针对落实“两个责任”工作中发现的问题，以覆盖全县各乡镇、各单位的权利运行平台为基础，以实现党内组织生活正常化为目标，把党的组织生活制度和全县各级党组织、纪委（纪检组）及其班子成员的“两个责任”以时间为轴线，层层细化成责任清单并汇集为任务指标数据库，积极探索建立“职责清晰、程序固化、网上运行、全程留痕、实时监督、超时预警、失职问责”为一体的“落实党风廉政建设‘两个责任’信息化监督管理系统”。

（二）坚持把纪律挺在前面。把握运用监督执纪“四种形态”，坚持无禁区、全覆盖、零容忍，着力解决群众身边的腐败问题，保持了惩治腐败的高压态势。高度重视并大力支持县纪委、监察局查处违纪违法案件，坚持县委常委会专题研究重要案件，先后4次召开会议对重要案件作出处理决定。坚决把纪律和规矩挺在前面，出台《繁峙县纪委诫勉谈话和约谈的程序和方法》和《繁峙县乡镇纪委诫勉谈话和约谈的程序和方法》，一年来，共谈话函询23人次，对11个单位的13名同志进行了诫勉谈话，对26个单位的31名同志进行了约谈。聚焦群众关切的热点问题，聚焦群众举报的乡村干部突出问题，严肃查处基层干部侵占国家资金、侵吞集体财产、侵蚀农民利益、侵害农民权益以及挥霍浪费、大吃大喝以及“与民争利”“小官巨腐”等问题。去年1—12月，全县共立案250件，结案240件；党政纪处分235人，其中受双重处分人数10人；涉及乡科级干部47人，一般干部46人，其他人员157人；移送司法机关14人，撤职以上重处分67人。

（三）持之以恒加强作风建设。踩着不变的步伐，坚持、巩固、深化落实中央八项规定精神成果，突出问题导向、盯住重要节点、抓住具体问题，驰而不息纠正“四风”。制定了《关于对领导干部顶风大操大办婚丧喜庆等借机敛财问题开展专项整治的实施方案（试行）》和《繁峙县“收送礼金、红包”等问题开展专项整治的实施方案（试行）》，重申了婚丧嫁娶事宜的相关规定，申报范围扩大至村“两委”成员，并实行分级申报的办法；设立了廉政账户，接受党员领导干部主动上缴红包、礼金。进一步畅通监督渠道，在元旦、春节、五一、端午和中秋、国庆等重要时间节点，利用县电视台、县政府网站、各单位LED显示屏均连续播放监督检查通知，公布举报电话、电子邮箱，动员全社会对党员干部进行监督。坚持狠抓监督检查，先后对13个乡镇、居民办事处和125个单位进行了4个轮次的专项检查和明察暗访。全县共发现2件违反中央八项规定案件，给予党政纪处分5人，其中乡科级3人，点名道姓进行了通报曝光。

（四）不断加大治本工作力度。着眼于“不能腐”，强化行政权力运行平台运用，不断扎牢扎密制度的笼子，进一步促进权力规范运行，同时加强监督检查，动辄则咎、以儆效尤，倒逼各单位各部门把依法依纪依规用权的意识铭记在心。同时，利用电子监察平台对全县的权力运行情况进行监督，对在权力运行过程中存在体外循环的6家单位主要负责人进行了诫勉谈话。一年来，权力运行监督和防控信息化系统累计受理事项144227件，办结143474件。同时，着眼于“不想腐”，不断筑牢思想防线。出台了《繁峙县党风廉政建设警示教育实施方案》，先后有1327名党员干部接受了教育；组织全县副科以上干部550多人聆听了市纪委组织的关于贯彻落实“两个责任”和中央、省、市纪委全会精神的宣讲，进一步增强全县党员干部的廉洁自律意识。

（五）领导纪委推进“三转”。紧抓“三转”有利契机，立足实际、大胆创新，采取盘活存量、拓宽渠道、扩大来源的方式，全面推进纪检监察机关机构调整。一是推进内设机构调整。按照市纪委“5+6”模式，完成了机关内设机构的调整，使直接从事纪律审查人员编制增加到18个，占县纪委机关行政编制的60%。二是配强乡镇纪委力量。结合实际，认真落实市委5号文件，从乡镇公务员编制中调配了16个编制，配齐了乡镇专职纪委副书记和纪委委员，对13个乡镇纪委书记、7名派驻纪检组长进行了轮岗交流。三是调整优化全县纪检监察干部队伍。以加强乡镇纪检工作为契机，配齐了县纪委班子，为纪检监察局增加了2个行政编制和6个全额事业编制，全县新任命的纪检干部达到22名，进一步激发了工作活力。

以上是县委常委会一年来的主要工作。这些工作的开展和成绩的取得，是全县各级党组织和广大人民群众共同奋斗的结果，是广大党员、干部特别是基层干部扎实工作的结果。在此，县委常委会对大家的辛勤工作和鼎力支持表示衷心的感谢！

在总结成绩的同时，对县委常委会工作存在的问题，我们也应有比较清醒的认识。一是应对经济下行压力的办法不够多，适应经济新常态的主动性还不够，创新举措不多，一时还难以从困境中走出来；二是面临总量不足与结构不优的“双重压力”和外部市场需求不振与发展新动力不强的“双重制约”，稳增长、促转型、调结构、增效益的任务十分繁重；三是城乡居民收入总体还不高，特别是贫困面大，贫困程度深，脱贫攻坚、加快全面小康的任务相当艰巨；四是综治工作基础还需进一步加强，信访工作形势不容乐观，维护社会稳定面临新的压力；五是部分干部作风不够扎实，抓落实的责任意识需要强化、力度需要加大；六是不正之风和腐败现象在一些领域还不同程度存在，特别是群众身边的腐败问题还易发多发，反腐败形势依然严峻复杂。对这些矛盾和问题，县委常委会将采取有力措施，认真加以解决。

2016年是“十三五”开局之年，做好今

年各项工作意义重大。今年全县工作的总体要求是：全面落实中共十八大及十八届三中、四中、五中全会和中央、省、市经济工作会议精神，深入学习贯彻习近平总书记系列重要讲话精神，按照“五位一体”总体布局和“四个全面”战略布局，牢固树立“五大发展理念”，遵循省委“五句话”总要求和“六大发展”部署，全面贯彻落实市委“1661”发展战略，以全面脱贫为统揽，以加快产业转型升级为重点，坚持稳工业、稳增长、强农业、扶三产，突出抓好结构调整、扩大投资、农业增效、城镇建设、生态保护、民生改善、安全维稳等重点工作，进一步加强和改善党对经济工作的领导，从严治党、攻坚克难、务实苦干，努力实现“十三五”经济社会发展良好开局。

今年全县经济社会发展的主要指标预期是：地区生产总值增长6%左右；全社会固定资产投资增长13%以上；社会消费品零售总额增长6%左右；规模以上工业增加值增长1%；地方公共财政预算收入增长6%；城镇常住居民人均可支配收入增长7%左右；农村常住居民人均可支配收入增长7%以上。约束性指标严格按照市下达任务全面完成。

2016年8月22日县委十三届一次全会报告

县长　孔保宝

中国共产党繁峙县第十三次代表大会，是在决战脱贫攻坚、实现同步全面小康的关键时刻召开的一次重要会议。大会的主要任务是：深入学习贯彻习近平总书记系列重要讲话精神，认真贯彻落实省委、市委重大决策部署，全面总结“十二五”时期各项工作，明确提出“十三五”发展的指导思想、目标任务、具体措施，选举产生新一届县委、县纪委和我县出席忻州市第四次党代会代表，进一步动员全县各级党组织和广大党员干部，坚持五大发展理念，聚力全面脱贫攻坚，为如期全面建成小康社会而努力奋斗。

一、上下同心，砥砺奋进，十二届党代会确定的任务圆满完成

县第十二届党代会以来的五年，是繁峙经济社会发展经受重大考验、战胜重重困难、取得优异成绩的五年。五年来，在中央和省委、市委的坚强领导下，县委团结带领全县广大党员干部群众，主动适应经济发展新常态和从严治党的新要求，锐意进取，扎实工作，统筹推进稳增长、促改革、调结构、惠民生、防风险各项工作，全面加强党的建设，圆满完成了既定的目标任务，各项事业取得了新的进步。

（一）坚持稳中求进工作总基调，统筹推进稳增长、调结构、促转型，经济规模和质量稳步提升。在外部环境总体偏紧、宏观经济形势十分严峻的情况下，顶住压力、保持定力，进一步转变经济发展方式，经济发展呈现出趋稳向好的良好态势。2015年，全县GDP完成51.3亿元，“十二五”期间年均增长7.8%；规模以上工业增加值完成41.5亿元，年均增长15.8%；固定资产投资完成87.9亿元，年均增长24.5%；社会消费品零售总额完成14.9亿元，年均增长10.2%；公共财政预算由2014年的4亿元跌至2亿元，仍保持年均9.7%的较快增长；城镇常住居民可支配收入完成24873元，年均增长12.4%；农村常住居民可支配收入完成6474元，年均增长14.9%。2013年我县跻身全省县域经济发展先进县，而且连续两年获此殊荣，位次上升到C类县第三名。

（二）坚持“三农”重中之重地位不动摇，扎实开展扶贫工作，农民收入稳定增长。全面落实各项强农惠农政策，五年整合各类资金6.45亿元，落实粮食直补和综合补贴1.62亿元，农业生产条件极大改善。实施粮食高产创建、杂粮产业振兴、设施蔬菜建设、果业提质增效、中药材产业崛起、酿造业提升工程，“十二五”末，全县粮食总产量达到7373万公斤，比2010年增长4.5%；设施农业面积达到474.6公顷，比2010年增加433.53公顷；共建设“一村一品”专业村111个，农民专业合作社数量达594个。推进规模养殖，规模健康养殖园区达125个。笔峰农副产品加工示范园区建设初具规模，三大企业入驻，年产值达到1.86亿元。扎实推进扶贫开发，“十二五”期间减贫5.98万人。

（三）坚持民生优先理念，着力保障和改善民生，人民群众幸福指数进一步提升。民生支出大幅增长。“十二五”期间，民生支出年均增长16.7%，高于一般公共预算支出1.83个百分点，民生支出占一般公共预算支出的比例达到79.46%。在财力紧张的情况下，千方百计保证各项民生政策的落实。城乡养老、城乡低保、农村五保等标准逐年提高，覆盖面持续扩大，实现应保尽保。享受城乡低保1.81万人，累计支出1.95亿元；参加城乡居民养老保险14.6万人，政策托底保险7235人。累计建设各类保障性住房5736套。特别是补发历年拖欠干部职工津贴及绩效工资4亿多元，实现不拖欠工资津贴的目标。各类社会事业协调发展。确立“打造繁峙教育品牌，建设晋北教育强县”的目标，累计投入教育资金17.7亿元，新建改扩建各类学校22所，新建幼儿园13所。教育工作打了翻身仗，高考达线人数由2012年的132人稳定到近三年的350人以上；中考由全市排名第十二上升到第五。医疗卫生事业扎实推进。县医院医技大楼投入使用，新建县急救中心、县中医院。新农合参合率达到99.71%，19.81万农民享受医保，报销比例实现历史性突破。县级公立医院改革成效显著，被列为市级公立医院改革示范县。科技、文化等社会事业全面发展。安全生产形势持续稳定好转，“平安繁峙”建设基层基础进一步夯实，信访存量稳步下降，信访增量得到控制。

（四）坚持城乡统筹发展，大力推进城镇化建设，城乡环境和功能持续优化。编制了县城总体规划和控制性详规，实施市政基础设施建设工程36项，累计完成投资9.32亿元，城镇功能和品位进一步提升。县城顺利通过国家卫生县城三次复检，成功创建省级环保模范县城。砂河镇成功创建国家卫生镇和国家文明镇。全县城镇化率达到45.7%，五年提高7.7个百分点。生态环境更加宜居。五年植树造林1万公顷，打造了北山666.67公顷绿色生态屏障，城区绿化覆盖率达到41.6%，全县森林覆盖率达到20.59%。我县被评为全省林业生态建设“三加三不减”先进县。

（五）坚持总揽全局、协调各方，大力推进民主政治建设和精神文明建设，营造了团结和谐的良好局面。加强和改进党对人大、政协工作的领导，人大法律监督、工作监督和政协民主监督及参政议政水平明显提高；法院、检察院依法独立行使职权得到有效保障。爱国统一战线不断发展壮大，党的群团工作全面加强，工会、共青团、妇联、工商联、文联、科协等人民团体广泛联系群众的桥梁纽带作用充分发挥，老干部、老龄、关心下一代等工作取得新成绩。依法治县扎实推进，“六五”普法各项工作成效明显。党管武装和双拥共建工作进一步加强，被省委、省政府、省军区评为“省级双拥模范县”。加强社会主义核心价值体系建设，群众性精神文明创建活动广泛开展，社会文明程度明显提高，被省文明委评为“省级文明县城创建工作先进县”。强化县委对意识形态工作的领导，牢牢把握正确的舆论导向，宣传思想工作水平进一步提升。

（六）坚持党要管党、从严治党，全面加强党的建设，不断夯实执政基础。强化思想政治建设，扎实开展党的群众路线教育实践活动、“三严三实”专题教育、“两学一做”学习教育，广大党员干部深受教育，思想受到“洗礼”，心灵得到净化，党的意识、党员意识、群众观念普遍增强。坚持好干部标准，坚持德才兼备，进一步规范干部选任程序，开展“三个一批”工作，干部选任工作更加规范。强化干部作风建设，严格执行八项规定，干群关系进一步密切。加强党风廉政建设，落实各级党委党组主体责任，领导纪委落实监督责任，五年共查结各类违纪案件695件，处分695人；打造了廉政风险防控管理平台，建设了党风廉政建设警示教育基地，着力构建“不敢腐、不能腐、不想腐”的体制机制。

五年来，我们攻坚克难、砥砺前行，在严峻形势和多重困难下，取得的成绩实属不易。在此，我谨代表中共繁峙县委，向全县广大党员干部和人民群众，向各民主党派、各人民团体，向离退休老同志，向各驻繁单位，向所有关心支持繁峙发展的各界朋友们，表示衷心的感谢，并致以崇高的敬意！

我们也清醒地认识到，在前进中也存在不少问题，工作中也有许多薄弱环节，与省委、市委的要求和人民群众的期待还有一定差距。主要表现在：经济总量小，经济结构不优，经济增长的质量效益不高，调结构、转方式任重道远；尤其是当前经济下行压力持续加大，保增长、保民生的难度加大。农村贫困面大、贫困程度深，精准识别贫困人口全市第一，脱贫攻坚任务异常艰巨。经济问题也可能转化为社会问题，“十三五”期间，也是社会矛盾高发期、多发期，维护公共安全和社会稳定责任重于泰山。一些党员干部不能主动适应经济发展新常态，不能适应从严治党的政治新环境，责任意识、担当意识、忧患意识、机遇意识还不强，思想作风和能力水平有待进一步加强。一些乡镇和单位党的领导弱化、党的建设缺失，全面从严治党不力的现象依然不同程度地存在；极个别党员干部顶风违纪、心存侥幸，基层苍蝇式腐败还时有发生。这些问题，我们必须正确面对，要坚持目标导向、问题导向，采取更加有效措施加以解决。

二、科学研判形势，努力抢抓机遇，在新的起点上谋划好“十三五”发展蓝图

综合判断发展全局，“十三五”时期，是全面脱贫、全面建成小康社会的决胜期，是全面深化改革的攻坚期，也是繁峙加快振兴崛起的关键期。我们必须观大势、明大局，把繁峙经济社会发展放在全国、全省大局中来审视和谋划，增强前瞻性、科学性和创造性，牢牢把握工作的主动权。

展望“十三五”，我们既面临许多困难问题和风险挑战，更面临诸多重大机遇和有利条件。一方面，全球经济在“后危机”时代复苏缓慢，经济增长不确定因素增多；我国总体需求结构正在发生重大而深刻的变化，对我县现有产业结构和发展模式提出严峻挑战；受要素价格上升和销售价格下跌的

“双向挤压”，受环境约束趋紧和过剩产能化减的“双重压力”，我县传统工业企业面临日益严峻的外部环境；随着工业化、城镇化步伐加快，用地、环境等承载压力增大；绿色发展、安全发展已成为全社会的共识，环境保护、安全生产变成硬约束，一刻也不能放松；对照全面建成小康社会各项监测指标，我县还有不少短板，尤其是脱贫攻坚进入攻城拔寨的冲刺期，到 2020 年全面脱贫没有任何退路。另一方面，“十三五”时期，我国经济长期向好的基本面不会改变，能源革命方兴未艾，发展方式深刻转变，为我们这样的资源型经济和新能源发展拓展了转型升级空间。中央已明确提出把脱贫攻坚作为重大政治任务来抓，作为全面小康的重中之重来抓，强调要举全党全社会之力，坚决打赢脱贫攻坚战。我们作为集中连片特困地区，将迎来诸多政策“红利”叠加释放的新机遇。中央实行供给侧结构性改革，有利于加快新业态发展，催生新的经济增长点。省委提出，“一个指引，两手硬”的重大战略部署，把“创新驱动，转型升级”作为主要路径，有利于我县更好地推进经济转型升级。

站在新起点、面对新机遇、迎接新挑战，我们肩负的使命更重。机遇不可丧失，挑战必须应对。我们一定要增强忧患意识、责任意识，审时度势，积极适应经济发展新常态，紧紧抓住重大战略机遇，努力化解各种困难风险。必须把信心鼓得更足，把思路理得更清，把目标定得更准，把措施抓得更实，把繁峙建设得更富更美。

今后五年，全县工作的指导思想是：坚持中国特色社会主义理论，坚持党的基本路线，按照“五位一体”总体布局和“四个全面”战略布局，坚持“五大发展理念”，以习近平总书记系列重要讲话为指引，坚持“两手硬”，深入推进全面从严治党，坚持发展第一要务，以全面脱贫为统揽，以供给侧结构性改革为主线，以创新驱动、结构调整、城乡统筹、绿色生态、共建共享为五大抓手，大力实施工业强基、农业富民、文旅兴县、脱贫攻坚、民生改善、金融振兴、文明创建七大系统工程，努力加快振兴崛起，建设幸福繁峙，确保到 2020 年与全国全省同步全面建成小康社会。

经济社会发展的总体目标是：努力实现“一个提前、两个翻番、三个提升”，推进繁峙实现振兴崛起。“一个提前”，即现行标准下贫困人口 2019 年提前脱贫。“两个翻番”，即全县生产总值、城乡居民收入实现翻番。“三个提升”，即综合经济实力明显提升，全县主要经济指标总量进入全市第一阵营，经济结构优化升级，传统产业质量和效益明显提高，新兴产业占比扩大；城镇化水平显著提升，县城、砂河的承载功能和辐射带动能力明显增强，一县两城、东西互补的格局初步形成，城镇化率达到 60%；人民群众生活明显提升，生态环境质量持续好转，城乡人居环境进一步改善，社会建设和管理水平进一步提高，社会保障体系更加健全，基本公共服务能力全面增强，全县和谐稳定，人民群众幸福指数不断提高。

三、坚持五大发展理念，狠抓发展第一要务，努力实现振兴崛起

目标指引航向，理念引领未来。全面小康的号角已经吹响，振兴崛起发展的蓝图已经绘就。今后五年，我们必须科学理解和准确把握五大发展理念的丰富内涵和本质要求，坚持以新的理念引领新的发展，始终保持战略定力，从经济长周期着眼，兼顾当前稳增长与长远可持续发展，结合近期要解决的难题和长远要达到的目标，以“功成不必在我”的境界、“咬定青山不放松”的韧劲接力推进，一年一年地干，一步一个脚印地干，努力把奋斗目标变成累累硕果，把发展蓝图变成美好现实。

（一）坚持创新驱动发展，把稳增长放在更加突出位置，着力加快产业转型升级

实现新常态下的新发展，首先要解决好动力转换问题，使创新真正成为引领发展的第一动力。近年来，繁峙的发展实践告诉我们，靠低附加值资源开发、低成本要素投入、低层次产业拉动的经济增长方式已难以为继，简单重复扩大再生产已没有前途，必须走创新驱动发展的道路。要牢固树立抓创新就是抓发展、谋创新就是谋未来的理念，坚定把创新驱动发展作为核心战略，以项目建设为总抓手，努力推动全县经济持续平稳、高质量高效益地发展。

一是坚持项目带动战略，持续增加有效投资。经济发展必须要有项目做载体，抓好项目建设是经济实现转型发展的根本和命脉。在当前和今后相当长一个时期，投资对繁峙经济增长的拉动作用仍是第一位的。我们必须千方百计抓项目、增投资，通过实施项目攻坚扩总量、促转型、增实力。全县上下要把项目谋划作为项目建设的首要环节，依托市场需求谋划项目，依托循环产业链谋划项目，依托龙头企业谋剡项目，在传统产业改造、新兴产业培育、基础设施建设等领域，谋划储备一批打基础、利长远的项目。各级、各部门要牢固树立“一切围绕项目转、一切围绕项目干”的理念，强化领导包联责任，建立重大项目绿色通道，继续实行“一个项目、一位领导、一套班子、一个方案、一抓到底”的“五个一”工作机制，全力保障项目建设。

二是改造提升传统工业，促进矿产业脱困转型。当前，我县传统工业企业仍处于改革开放以来最困难的时期，全县各级、各部门要增强紧迫感，认真落实国家、省、市的一系列政策，积极开展帮扶活动，推动企业复工复产，逐步提升效益。要进一步加大县乡领导包联企业力度，精准帮扶实体企业，切实减轻企业负担；引导企业加强内部管理，削减非生产性开支，降低人工、物流、财务等综合成本，增强市场竞争力。要按照集团化、全产业链的思路，加大矿山资源和铁选企业的整合力度，推进铁矿业和金矿业兼并重组，使矿产业由数量扩张向质量提升转变，提高对县域经济的贡献力。要以供给侧结构性改革为抓手，坚决依法依规淘汰关闭落后产能，积极稳妥处置“僵尸”企业，推进其重组整合或退出市场。要深入实施矿企转型升级行动，以“规模适度、质量提升”为原则，实现铁矿、金矿、钼矿等企业健康有序和可持续发展。要努力改善产品供给，鼓励铁矿、金矿、钼矿企业采用先进的工艺、技术和装备，推动产业链条延伸并向高端发展，促进传统工业向“高新化、两型化、规模化”方向发展。要依托基地建园区，发挥集群集聚效应。突出抓好冶金铸造、有色金属采选、装备制造、清洁能源、农畜产品精深加工、旅游集散六大基地建设，培育新的经济增长动力。

三是大力发展现代农业，提高农业产业化水平。发展现代农业，是农民增收和脱贫攻坚的产业支撑。要围绕“构建现代农业产业体系”这条主线，着眼“农业产业转型升级、农民持续增收”两大任务，通过“产业结构合理化、农业生产园区化、农业产品品牌化、管理服务规范化”四个途径，大力提升农业现代化水平。要切实加强耕地保护，

稳定粮食生产面积，推进粮食高产创建工程，提高农机化综合作业水平，确保粮食总产量稳定在7800万公斤以上。要立足繁峙县农业发展条件，以市场为导向，进一步调整优化农业种植结构，抓好优质玉米、优质小杂粮、优质瓜菜、优质油料、优质果品、优质药材“六大优质产业”的集中连片种植，发展具有繁峙特色的集约化高效农业。要推进农业经营方式创新，突出“基地+合作社+企业+品牌”产业化经营，打造一批标杆性农业产业化龙头企业，“十三五”期间，重点培育壮大15个龙头企业，带动农户4万户；大力推广农业标准化生产，加大对“一村一品”的扶持力度，抓好无公害农产品.绿色食品、有机农产品及地理标志认证，全力把繁峙县小杂粮、干鲜果、豆制品等特色农产品做大做强，推向市场。“十三五”期间，全县“一村一品”专业村达到30%，新增“三品”认证10个，新增无公害产品、绿色食品、有机农产品基地面积1万亩；要加大土地流转力度，发展家庭农场、农民专业合作社等新型经营主体。要加强农业基础设施建设，推进“大水利”建设，加强农田水利设施建设，启动中小型水库建设；推进高标准农田建设，新增高标准农田15万亩，人均水浇地达到1亩以上。要着力推进具有繁峙特色的“三基五园”建设，即高效设施农业示范基地、生态畜牧业养殖加工基地、特色干鲜果产业基地、金山铺规模健康养殖园区、后河肉牛养殖园区、光裕堡蛋鸡养殖园区、集义庄万亩高效设施农业园区、繁城农副产品加工园区。加快特色小杂粮、果蔬、中药材等的精深加工、包装销售、品牌创建，将繁峙县打造成为山西省特色农畜产品精深加工基地。要因势利导，引导农业龙头企业组建产业集团，真正做大做强我县现代农业产业。

四是扶持壮大战略性新兴产业，积极培育发展新动能。发展非铁产业，是调整优化产业结构的主攻方向，是富民强县的坚实支撑。要大力发展清洁能源产业。利用繁峙丰富的风力资源和太阳能优势，加快风电、光伏、光热等新能源开发，实施“六大风电场”建设工程，力争到2020年繁峙县风能、光能发电总能力达到100万千瓦，将繁峙县打造成面向京津冀的清洁能源生产基地。要大力发展文化旅游产业。围绕发展生态观光游、关隘文化游、宗教文化游、休闲养生度假游等特色旅游，重点推进砂河禅修养生小镇、大智镜园、平型关文化旅游景区、灵岩山旅游景区等项目建设，力争到“十三五”末重点景区基本建成，旅游总收入达到2亿元。要全力推动冬季滑雪项目建设。随着2022年冬奥会的申办成功和国家发展体育产业政策的推动，中国滑雪产业迎来了重大发展机遇。繁峙县毗邻五台山风景名胜区，发展滑雪旅游产业具有得天独厚的自然资源和区位优势。我们要在国家体育总局的全力协助下，尽快完成选址、规划设计工作，力争早日立项并组织实施。要大力发展绿色生态畜牧业，把退耕还林还草与发展畜牧业结合起来，促进“粮、经、饲统筹，种、养、加一体”融合发展，形成以节粮性草食畜牛羊为主、猪鸡牛羊四业并举的绿色生态畜牧业体系。抓好辰翔牧业现代化牛羊屠宰深加工、银河奶业、富云牧业鸡蛋深加工项目建设，形成以光裕堡乡和金山铺乡为核心的生态畜牧养殖产业集聚区。要全力推进金融振兴。深化金融改革，加强财政与金融深度融合，发挥财政资金杠杆作用。改革政府投融资体制，大力推广政府与社会资本投资合作（PPP）建设模式。深化金融开放与合作，加快引进金融机构，建立科学有效的政银企协作机制。加大金融扶贫力度，创新扶贫小额贷款产品，鼓励引导各类金融机构加大对扶贫开发的支持。

（二）坚持城乡协调发展，继续加强城镇基础设施建设，进一步提升新型城镇化水平

中央城市工作会议提出坚持“一个尊重、五个统筹”，建设和谐宜居、富有活力、各具特色现代化城市的要求。我们要结合实际，创新城市建设管理理念和方法，围绕增强发展协调性、均衡性、可持续性，坚持区域协同、城乡一体，加快形成良性互动、协调共进、融合发展的城乡统筹发展新局面。

一是坚持以规划为先导，构建科学城镇体系。习近平总书记指出，规划科学是最大的效益，规划失误是最大的浪费，规划折腾是最大的忌讳。我们要按照中央和省委、市委的要求，创新城市规划理念和方法，立足我县区位、交通、资源、消费等情况，加强战略研究，完善城市设计，认真做好空间规划、产业规划、项目规划，充分发挥规划的引导、统筹和调控作用。要优化城镇空间布局，实施“东扩、西联、南统筹、中提升”区域发展战略，形成区域协调发展的新格局。全面提升中心城镇承载综合经济、政治、文化、旅游和交通枢纽的功能，将县城和砂河镇建设成为县域综合型城镇，同时引导和促进 13 个乡镇错位发展，建立和完善综合型、工矿型、旅游型、工贸型和农牧型等多类型的城镇职能体系，逐步形成结构合理、错位呼应、相互支撑的发展格局。

二是加快完善城市功能，推动中心城镇建设提质。县城和砂河镇作为全县的政治、经济、文化和旅游中心，在全县城镇化进程中具有重要的辐射带动作用，要进一步提升综合承载力和城市品质、品位。今后必须坚持集约发展模式，树立“精明增长”“紧凑城市”的理念，推动城镇发展由外延扩张式向内涵提升式转变，避免城市“摊大饼”、盲目扩张。要加快县城、砂河镇提质改造步伐，抓住国家棚户区改造的政策机遇，借鉴太原城中村改造做法，在老城区、城中村、镇中村各启动 3—5 个城中村和棚户区改造项目，彻底改变“城在村中、村在城中”及设施不全、绿地不多、空间不大、出行不便的落后面貌。要高标准规划建设县城滨河新区，规划启动砂河镇区防洪防灾工程建设，积极推进砂河镇新型城镇化建设。要加强县城和砂河公共服务设施、公园绿地、中心街市、居住社区建设，统筹布局建设中小学校、医疗卫生机构、文化设施、体育场所等公共服务体系，提高重点城镇吸纳人口、集聚产业的综合承载能力。全面推进户籍管理制度改革，有序推进农业转移人口市民化。

三是坚持“建管并重”原则，提升城市管理水平。要健全完善城市管理机制，发挥城市社区的作用，推行网格化服务管理。严厉打击违规违法建设行为，集中开展环境卫生、交通秩序、占道经营等方面的专项整治，狠抓市容市貌和环境卫生管理，加强城市绿化。围绕“五城联创”，深入开展文明县城、园林城市创建活动，大力推进智慧城市创建，运用大数据、云计算、物联网、移动互联网等新一代信息技术，整合公共服务平台，实现各职能部门数据共享和城市的精细化、智能化管理。积极化解房地产库存，稳定房地产市场。

四是推进城乡协调发展，加快美丽乡村建设。建设美丽乡村是全县广大农民群众对美好生活的追求。要以推动农村生产生活方式变革为方向，以实施农村人居环境“四大

工程”为载体，把改善农村环境与发展现代农业、搞好乡村旅游、推进脱贫攻坚结合起来，加快推进美丽乡村建设。按照分期分批、串点成线、连线成片、扩片成区的推进方法，以6处国保、1处世界遗产以及茨沟营、平型关、公主村等传统村落和老汉坪、蒿儿梁等文化村落为示范，集中力量打造一批体现时代特征、具有繁峙特色的美丽新农村，把具备条件的农村努力建成“村庄秀美、环境优美、社会和美”的美丽乡村。加强城乡交通基础设施建设，拓展对外连通水平，推进南达北通工程建设，进一步提高县域内外交通网络通达水平，加快形成“大交通”格局。

（三）坚持绿色引领发展，狠抓生态建设和环境保护，全面推进生态文明建设

良好的生态环境是最普惠的民生福祉，我们要进一步强化“绿水青山就是金山银山”的理念，着眼构建“大生态”，大力提升城乡生态建设水平，努力建设美丽家园。

一是加强生态保护和建设。按照“三加三不减”的要求，继续实施林业生态建设工程，一任接着一任干，一张“绿图”绘到底，持续加大造林绿化力度。“十三五”期间，要围绕建设北山水土保持林、南山水源涵养林的总体功能区布局，完成北部浅山砂河到横涧6666.67公顷的造林绿化工程，完成五台山景区外围6666.67公顷的封山育林工程，完成碧秀公园200公顷提升绿化工程，完成平型关景区、毛主席路居纪念馆景区造林绿化1333.33公顷；大力实施身边增绿扩绿工程，县城主次干道新增绿化面积7万平方米，全县森林覆盖率提高到24%以上。同时，要加强滹沱河流域生态修复与保护；以滹沱河源头、砂河镇区、繁峙县城为重点，实施一批重点水利工程，要同步实施峨河、赵庄河、马峪河、羊眼河、青羊河等主要河流的综合整治，加强采矿区生态环境治理与保护。

二是强化环境综合治理。严格执行环境保护法，严守环境质量底线和环保责任红线，持续开展大气、水、土壤污染综合防治，全面推进环境敏感区环境整治。加强对垃圾处理场、污水处理厂的运行管理，扎实开展工业企业污染、煤烟污染、建筑施工工地扬尘、道路扬尘治理、机动车污染等专项治理。加强对重点排污企业的污染监控防治，确保全县主要河流流域出境断面水质达标率不低于三类标准。加强水源地的保护，有效控制农业面源污染。

三是推进资源节约高效利用。严格执行国家产业政策和能效、环保标准，积极推进清洁生产，淘汰落后生产能力，支持企业通过技术改造提高节能减排水平，强化能评环评约束作用。积极推进华茂、中兴等重点能耗企业实施技术改造，进一步优化产品设计和生产工艺，降低单位产品能耗、物耗和废物排放；加强金矿资源开采过程中低品位矿、共伴生矿、难选冶矿、尾矿等的综合利用，提高矿产资源回收率；提高钼矿矿井回采率、选矿回收率、充分开发利用大量伴生矿物。加大公共机构节能，推广绿色建筑，倡导绿色低碳、文明健康的生活方式和消费模式，提高全社会生态文明意识。

（四）坚持开放助推发展，利用县内县外两种资源，努力实现借力发展

我们要积极顺应区域融合发展的新趋势，充分发挥区位、资源、产业等优势，扩大对外开放，深化互利合作，以大开放带动大发展，不断增创内外联动新优势。

一是要树立开放发展理念。全县上下要以开阔的胸襟、开放的姿态，深入实施开放

带动战略，坚持更高水平引进来和更大步伐走出去，引资和引技引智并举，发展更高层次的开放型经济。各级、各部门要强化开放意识，提高开放素质，提升开放能力，紧紧抓住国家实施“一带一路”和区域协同发展战略等重大历史机遇，积极拓展产业、产能等合作领域，主动融入环渤海、对接京津冀，承接一批新能源、新材料、环保、物流等产业项目，不断培育开放合作新优势。

二是要加大招商引资力度。要坚持把招商引资作为扩大开放的重中之重。全县各级、各部门要切实转变招商观念，创新招商策略，用系统和定向的观点改进招商引资工作，采取围绕主导产业精准招商、有的放矢上门招商、政企协作联合招商、邀请客商考察招商等多种形式，大力开展产业链招商、项目招商、园区招商，借助外力推动经济转型。要主动对接国内各产业龙头企业，着力引进文化创意企业、新兴服务业企业，千方百计引进一批大企业、大集团，引进新的大项目好项目，促进产业结构不断优化，培育持续增长新动力。要增强招商实效，注重招商选资，切实提高招商引资合同履约率、资金到位率、项目开工率和投产率。

三是要营造良好的发展环境。深化行政审批制度改革，推进简政放权和政务服务电子化，全面推行政府权力清单、责任清单，提高行政职权运行的规范化和透明化，让企业办事有章可循、简便易行，最大限度激发市场活力。积极构建“亲”“清”新型政商关系，善于调动干部和企业家两个方面的积极性，鼓励干部满腔热情服务企业，鼓励企业家专心致志发展实业。全县各级、各部门、各单位要强化服务意识，进一步转变作风，提高服务效率，提升服务质量，全面优化发展环境。

（五）坚持共享普惠发展，切实增进民生福祉，不断增强人民群众获得感

我们抓发展、奔小康，最终是为了广大老百姓生活更加美好。因此，必须坚持共建共享的原则，按照社会政策托底的要求，健全完善各项保障措施，努力让发展成果更多惠及全县人民，提高群众的获得感和幸福感。

一是促进群众就业增收。就业是民生之本，要全面落实就业创业扶持政策，最大限度安排大中专毕业生就业，鼓励大学生到民营企业就业，开辟更多公益岗位，创造更多就业机会；积极支持大众创业、万众创新，鼓励以创业带动就业，做好创业担保贷款工作，实施高校毕业生创业引领和就业促进计划。要做好职业培训，提高就业人员职业技能，统筹做好高校毕业生、城镇就业困难人员、农村剩余劳动力、退役军人等各类群体就业工作。收入是民生之源。要推动实现城乡居民收入增长和经济发展同步、劳动报酬增长和劳动生产率提高同步。完善最低工资增长机制，积极推进机关事业单位工资制度改革，突出做好中低收入者和困难家庭增收工作，稳步提高城乡居民收入水平。

二是提高社会保障水平。按照“全覆盖、保基本、多层次、可持续”的方针，实施全民参保计划，进一步建立健全城乡居民医疗保险、养老保险制度，逐步完善机关事业单位、企业职工医疗保险、养老保险、失业保险、工伤保险制度，基本实现法定人员全覆盖。完善城乡最低生活保障制度，积极推进“分类施保”，巩固动态管理下的应保尽保。大力推进农村“五保”供养服务机构、城乡老年人日间照料中心建设，逐步提高补助标准。完善社会福利体系，大力支持残疾人和慈善事业发展，鼓励支持民办养老

机构建设，用2—3年时间，至少新建一所公办老年公寓，建成一所民营老年公寓，让弱势群体、特殊人群、困难群众共享公共服务的阳光，切实感受党和政府的温暖。

三是推进各项事业协调发展。优先发展教育事业。围绕“打造繁峙教育品牌，建设晋北教育强县”发展目标，坚持促进教育公平与提高教育质量并重，办好繁峙人民更加满意的教育。大力发展学前教育，重点发展农村学前教育，补足城镇学前教育。提升义务教育质量，适龄儿童入学率达100%，义务教育完成率达99.9%以上，努力争创国家教育发展基本均衡县。全力发展普通高中教育，认真落实高中阶段免除学费政策，把繁峙中学、砂河中学建成生源充足、升学率高，在晋北地区影响较大、声誉较好的高级中学。全力推进职业教育，继续提升对口升学的数量和质量，强化职业教育技能培训。继续加大投入，改善办学条件，推进城乡学校布局调整和扩容新建。加强教师队伍建设，实施“教学新秀—骨干教师—学科带头人—教学名师”工程；深化教育教学改革，采用新课堂教学模式的课改学校覆盖率达90%以上，20%以上课改校成为市级课改先进校。大力发展医疗卫生事业。继续深化医药卫生体制改革，巩固县级公立医院综合改革成果，同步推进公立中医医院综合改革；加快推进分级诊疗，支持县乡医疗联合体建设，到2020年县域就诊率达到90%以上；巩固完善基本药物制度。加强基层医疗设施和人才队伍建设，支持县人民医院、中医院、妇幼保健院提档升级，推动全县13个乡镇卫生院和8个分院、各村卫生室标准化建设，继续提高基本公共卫生服务能力。积极稳妥实施全面“两孩”政策，促进人口均衡发展。大力推进文化体育事业。要强化文化服务功能，提高基层公共文化服务设施使用效益，更好保障群众基本文化权益。全力推进“三馆一院”工程建设，力争早日投入使用。实施全县行政村农家书屋提升工程，补充各类文学、科技类书籍。不断加强基层综合性文化服务中心建设，每年建成50个左右基层综合性文化服务中心。深入推进文化惠民工程，广泛开展群众性文化活动，倡导全民阅读形成氛围。加大重要文物、非物质文化遗产和红色遗存保护力度。大力开展群众性体育活动，加快体育设施建设，稳步发展体育产业。

四是维护社会安全稳定。深化平安繁峙建设。进一步加强社会治安防控体系建设，加快智能化社会治安视频监控、社会治安基础要素信息化管理系统建设，持续保持打黑除恶高压态势，大力整治“黄赌毒”等丑恶现象，依法严厉打击各类犯罪行为，全面提升维护公共安全的能力和水平。认真做好新形势下的信访工作，坚持滚动排查化解社会矛盾，更加注重积案化解，努力控新治旧，减少信访存量、遏制信访增量；引导群众依法上访，提高运用法治思维和法治方式解决社会矛盾的能力。加强网格化管理和基层综合服务管理平台建设，建立完善多元化矛盾纠纷调解机制和重大决策社会稳定风险评估机制。抓好安全发展，推进“党政同责、一岗双责、齐抓共管”的安全生产责任体系向基层延伸，建立健全“五级五覆盖”和“五落实五到位”安全生产责任制度，全力推动各级党委政府、部门行业安全生产监管责任和企业主体责任落到实处。要加强隐患排查，深化非煤矿山、道路交通、消防和危化品、人员密集场所等重点行业领域专项整治，推进企业安全标准化建设提档升级。保持打非治违高压态势，依法维护安全生产良好秩序。加强应急管理和防灾减灾能力建设，完善应急救援体系，切实保障人民群众生命财产安全。

四、全党动员，全社会参与，坚决打赢脱贫攻坚战

“十三五”期间，抓好脱贫攻坚，是全县各级党委、政府的重大政治任务。目前全县有贫困人口18157户、50856人。我们必须把脱贫攻坚作为“十三五”期间头等大事和第一民生工程来抓，以脱贫攻坚统揽经济社会发展全局，全面实施“3699”脱贫攻坚策略，坚决打赢这场硬仗。

（一）全面聚焦脱贫攻坚目标。全县上下必须坚持脱贫攻坚任务不动摇，围绕“四年决战、一年巩固、全面小康、不落一人”的总体目标，以213个贫困村为主战场，以50856名贫困人口为重点对象，按照中央提出的“两不愁，三保障”的要求，确保全县农民人均纯收入增长幅度高于全省全市农民人均纯收入增长幅度，贫困地区农民人均纯收入增长幅度高于全省全市贫困地区农民人均纯收入增长幅度。到2020年，繁峙县摘掉贫困县帽子。

（二）精准实施脱贫攻坚策略。脱贫攻坚贵在“精准”。全县各级、各部门要按照“九个一批”的要求，把“一村一策、一户一法、扶贫到户、措施到人”进一步具体化为项目，具体化为工作，确保精准施策、实招更实。要精准“造血”拔穷根，激发贫困人口内生动力。坚持把脱贫的基点放在产业扶贫上，实施更加精准的产业脱贫措施，每村每户都要落实具体的脱贫工程项目。重点在实施优特杂粮种植加工、规模健康养殖、设施蔬菜、生态林果、中药材、“三品一证”建设、农产品电商营销、乡村旅游、光伏风电九大扶贫产业上做文章，全力抓好万亩玉米丰产方、万亩小杂粮等七大产业基地建设和四个配套脱贫产业龙头加工项目。要精准“输血”强基础，建立财政专项扶贫资金稳定增长机制，大力整合相关涉农资金用于脱贫攻坚，加大金融支持，推进扶贫小额信贷。要精准“兜底”保基本，健全低保线和贫困线两项政策衔接增长机制，推进健康扶贫，完善大病保险、大病救助、意外伤害救助制度；落实特困供养人员全部集中供养；按照中央统一要求免除普高贫困学生学杂费，着力解决因病因学致贫和返贫。要精准脱贫保质量，按照国家和省市关于贫困县、贫困村、贫困户退出的标准、程序和后续政策，按照中央、省、市评估办法，确保脱贫真实，确保退得稳、真脱贫。

（三）努力凝聚脱贫攻坚合力。大力开展专项扶贫，加大财政投入，发挥政府投入在扶贫中的主体作用，有针对性地选择确定扶贫项目，实现精准到户到人。实施部门行业扶贫，按照《繁峙县开展脱贫攻坚资金整合工作实施方案》要求，建立形成“多个渠道引水、一个龙头放水”的扶贫投入新机制，整合各类资金捆绑集中使用。推进社会扶贫，广泛组织动员社会力量，通过多种方式参与扶贫开发，发挥社团、企业和社会各界组织的作用，形成贫困地区加快发展的强大合力，着力构建专项扶贫、行业扶贫、社会扶贫“三位一体”扶贫格局。

（四）坚决压实脱贫攻坚责任。脱贫攻坚是硬任务，必须压实责任，落实好县乡村三级书记抓扶贫责任制，落实领导挂钩联系、干部驻村帮扶、机关企事业单位定点扶贫等制度，统筹整合运用好包村干部、驻村工作队、第一书记三支力量。实行脱贫攻坚“一把手”责任制和“一票否决”制，层层签订责任书，逐级立下军令状，不摘“穷帽”就摘“官帽”。要建立完善脱贫攻坚报告和督查巡查制度，对不能按时完成脱贫任务的要进行通报约谈，确保责任到人、措施落地。要落实脱贫工作问责办法，坚决处理履职不到位、办事不力的干部。从严从重惩处脱贫攻坚领域的违纪违法行为。县委将用好考核“指挥棒”，重点考核脱贫成效，将考核成果作为干部任用的重要依据，不能按期完成扶贫开发任务的，不能调整，不得提拔。

五、全面从严治党，广泛凝心聚力，为全面建成小康社会提供精神动力和组织保障

我们要深入学习贯彻习近平总书记系列重要讲话精神，特别是认真学习贯彻习近平总书记在庆祝中国共产党成立95周年大会上的重要讲话精神，贯彻省委重大决策部署，不忘初心，继续前进，坚持一心一意谋发展，聚精会神抓党建，激发干部干事创业精气神，筑牢全面从严治党的基层基础。

（一）*加强思想政治建设，严肃党内政治生活*。思想政治建设是党的根本建设。要抓好理论武装这个根本、党性教育这个核心、道德建设这个基础，引导党员干部补精神之“钙”、筑思想之魂，牢固树立为民务实清廉的价值追求。深化学习型党组织建设，创新学习方式和载体，发挥党委（党组）中心组学习的示范作用和党校干部教育培训的主阵地作用，积极运用新媒体拓展学习平台，实现学习制度化、常态化、全覆盖。深入开展“两学一做”学习教育，推动党内教育从“关键少数”向广大党员拓展、从集中性教育向经常性教育延伸，教育广大党员干部切实增强“四个意识”，争做“四讲四有”合格党员。要严肃党内政治生活，严格落实民主集中制，健全完善党委（党组）议事决策规则，认真执行“三重一大”事项决策制度，强化权力约束，规范权力运行。严格落实民主生活会制度，经常性开展批评和自我批评、谈心谈话。严格落实“三会一课”制度，完善党员领导干部双重组织生活会等制度，推动党内组织生活规范化、制度化、常态化。

（二）*从严选好管好干部，打造干事创业的领导班子和干部队伍*。严格执行《党政领导干部选拔任用工作条例》，坚持好干部标准，坚持德才兼备、以德为先，坚持五湖四海、任人唯贤，坚持事业为上、公道正派，切实把好政治关、作风关、能力关、廉洁关，坚持原则、执行标准、履行程序，选好干部，配强班子，把政治坚定、实绩突出、作风过硬、群众信任的优秀干部选拔到各级领导岗位上来，形成激励干部干事创业的鲜明导向。大力培养和选拔优秀年轻干部，重视培养和选拔妇女干部和党外干部。要从严教育、管理和监督干部，突出党性党风党纪教育，严格执行领导干部谈话、函询、诫勉三项制度，落实个人有关事项报告，加强对领导干部特别是“一把手”的监督和管理。要认真执行《中国共产党问责条例》，坚决杜绝干与不干一个样、干好干坏一个样，以严格问责确保县委各项决策部署落到实处。坚持严管与厚爱相结合，更多关心、爱护、体谅、支持基层干部，更好地保护他们的工作积极性，让广大基层党员干部真正感受到组织的关怀和温暖。

（三）*深入推进基层组织建设，构筑坚强有力的战斗堡垒*。要牢固树立大抓基层的鲜明导向，坚持重心下移，把全面从严治党的要求贯穿到基层，把全面从严治党的责任落实到支部。强化各级党委（党组）抓基层党建主体责任，全面落实党委（党组）书记抓基层党建第一责任。要以服务型党组织建设为抓手，全面推进基层组织活动场所规范化建设，持续整顿软弱涣散村（社区）党组织，重点加强信访村、薄弱村、城中村带头人队伍建设，不断提升基层党组织服务群众的能力。进一步做好党员发展与管理工作，重视从青年工人、农民、知识分子中发展党员，完善流动党员管理制度。大力推进“两新”组织党建工作，提高党的组织和党的工作“两个覆盖”率。建立稳定的经费保障和干部待遇保障制度，健全党内激励、关怀、帮扶机制，不断增强基层党员干部和离任村干部的认同感、归属感和荣誉感。

（四）持续加强作风建设，密切党群干群关系。要不断巩固拓展党的群众路线教育实践活动、“三严三实”专题教育成果，严格执行中央八项规定和省市相关规定，盯紧重点领域、关键节点、重要问题，从严查处顶风违纪行为，加大通报曝光力度，严肃追究问责。健全完善作风建设长效机制，密切关注“四风”问题的新动向、新形式，及时出台制度规定，强化制度执行，严防“破窗效应”，用制度管权、按制度办事、靠制度管人。要大力营造干事创业的浓厚氛围，按照省委骆惠宁书记的要求，切实强化“为官必为”的意识，增强“为官会为”的能力，追究“为官不为”的责任，营造“为官能为”的环境，充分调动全县广大干部的工作积极性。要建立领导干部容错纠错机制，关心爱护勤勉干事的干部，为敢于担当的干部担当，对勇于负责的干部负责，推动形成敢作为、想作为、善作为的良好风尚。

（五）强化正风肃纪，深入推进党风廉政建设。进一步压实全面从严治党主体责任，完善和落实党风廉政建设责任清单，加大问责力度，抓好“一案双查”工作。全县各级党组织书记必须把全面从严治党作为分内之事、应尽之责，把管党治党的主体责任一级一级扛起来，把压力一级一级传下去，经常研究部署、经常强调过问、经常督促检查，着力构建良好的政治生态。要坚持纪在法前、纪严于法，严格执行《中国共产党廉洁自律准则》和《中国共产党纪律处分条例》，以“六项纪律”为尺子，严明纪律底线，真正把党的纪律和规矩立起来、严起来。坚持惩前毖后、治病救人，把握运用“四种形态”，加大谈话函询力度，教育挽救干部，减少腐败存量。要进一步加强对权力运行的监督，把权力关进制度的笼子里。坚持力度不减、节奏不变、尺度不松，持续保持惩治腐败的高压态势，加大对发生在重点领域、关键环节和群众身边腐败案件的查处力度，让群众切实感受到反腐倡廉的实际成效。县乡纪委要履行好“监督责任”，聚焦监督执纪问责主业，严格纪律审查。全县广大党员要学习《党章》、尊崇《党章》，以案为镜，举一反三，深刻反思，对标高线，严守底线，以党的纪律来检视自己，廉洁自律，真正把忠诚干净担当的形象立起来。

（六）突出精神引领，加强精神文明建设。积极推进社会主义核心价值体系建设。创新宣传思想工作方式方法，大力培育和践行社会主义核心价值观，始终把握意识形态工作的主动权和主导权。要加强中国梦和社会主义核心价值观教育，大力弘扬传统文化、红色文化和繁峙优秀地域文化，使之内化于心、外化于行。开展文明村镇、文明单位、文明家庭创建活动，推进社会公德、职业道德、家庭美德、个人品德建设，把社会主义核心价值体系建设融入公民教育和精神文明建设的全过程，凝聚全社会昂扬向上、崇德向善的正能量。加强党对意识形态工作的领导，健全完善意识形态领域情况分析研判、预警和处置机制，提高新形势下舆论引导能力，传播好繁峙声音，筑牢全县人民团结奋斗的思想基础。

（七）坚持依法治县，深入推进法治繁峙建设。制定和实施“七五”普法规划，坚持宣传教育与法治实践并重，坚持谁执法、谁普法，推进全民普法守法，努力使“办事依法、遇事找法、解决问题用法、化解矛盾靠法”成为全县人民的自觉行为。全面加强依法行政，坚持“法无授权不可为、法定职责必须为”，逐步建立政府权力清单、责任清单和负面清单，推进政府及其部门职责法定化。强化行政执法监督和执法过错责任追究。不断提高司法公信力，全面推进严格执法、公正司法，落实办案质量终身负责制，建立健全错案防止、纠正及责任追究和人民群众参与司法的机制。逐步完善领导干预司法活动、插手具体案件的责任追究制度。

（八）坚持总揽全局，充分调动各方积极性。按照《中国共产党地方委员会工作条例》的要求，县委要充分发挥好总揽全局、协调各方的领导核心作用，提高把方向、管大局、作决策、保落实的能力和水平。要坚持和完善人民代表大会制度，支持县人大及其常委会依法履行职能，保证人大依法行使重大事项决定权、监督权和人事任免权，注重加强人大常委会建设。支持政府依法行政、狠抓工作推进和落实。坚持和完善中国共产党领导的多党合作和政治协商制度，支持人民政协履行政治协商、民主监督和参政议政职能，加强同民主党派合作共事，巩固和发展爱国统一战线。加强党管武装工作，维护和发展军政军民团结。进一步加强基层民主政治建设，扩大基层民主。继续推行政务公开、村务公开，保证基层群众依法行使民主权利。加强对工会、共青团、妇联、科协、工商联、残联等群团组织的领导，支持他们依照法律和章程。创造性地开展工作。

新起点开启新征程，新机遇孕育新希望！让我们紧密团结在以习近平同志为总书记的党中央周围，在省委和市委的坚强领导下，把历史的使命化作现实的责任，把群众的期盼化作积极的行动，与全县党员干部群众一道，在全面建成小康社会的伟大征程中，共同创造无愧于时代、无愧于人民，经得起历史和群众检验的辉煌业绩！

2017 年 2 月 15 日县委十三届二次全会报告

县委书记　孔保宝

这次会议的主要任务是，全面贯彻中央经济工作会议、省委十一届二次全会暨经济工作会议、市委四届二次全会暨经济工作会议精神，深入落实省第十一次党代会、市第四次党代会、县第十三次党代会各项工作部署，回顾总结 2016 年工作，分析面临的形势，安排部署今年的经济工作，进一步动员和号召全县广大干部群众，振奋精神，改革创新，敢于担当，锐意进取，为建设“幸福繁峙、美丽繁峙”而努力奋斗！

一、咬定目标，苦干实干，全县经济社会发展取得新成效

2016 年，面对严峻复杂的宏观经济形势和艰巨繁重的发展任务，县委、县政府团结带领全县广大干部群众，全面贯彻落实中央、省、市经济工作会议精神，坚持以习近平总书记系列重要讲话为指引，按照省委“一个指引，两手硬”的重大思路和要求，以脱贫攻坚统揽经济社会发展全局，坚持新发展理念，全力实施市委“1661”发展战略，全面落实县第十三次党代会安排部署，各项工作取得明显成效，“十三五”开局良好。

一是经济企稳回升。全面落实“去降补”重点改革任务，着力稳增长、调结构，全县经济稳中有进、稳中提质、稳中向好。主要经济指标增速好于预期，经济运行的质量和效益不断提高。全县 GDP 增长 4.4%，规模以上工业增加值年终实现了正增长，公共财政预算收入在 2015 年断崖式下滑的基础上，超全省、全市增速，保持了 6%的较快增长，经济运行实现了下半年好于上半年的目标。

二是脱贫攻坚首战首胜。坚持以脱贫攻坚统揽经济社会发展全局，全面落实“3699”脱贫攻坚策略，县委、县政府扛起主体责任，四千干部投身脱贫攻坚主战场，精准施策，精准帮扶，精准脱贫，全县有 123 个村 3625 户 10541 人实现脱贫，47 个村整村退出，超额完成省定目标任务；1200 人的易地搬迁任务基本完成。代表全省接受了国务院脱贫成效考核第三方评估。脱贫攻坚统揽格局已经形成，全县上下真扶贫、扶真贫的工作氛围不断巩固，扶贫工作得到群众和社会的认可。

三是项目建设再创佳绩。牢固树立“项目至上、产业第一”的理念，全县上下坚定不移、持之以恒抓项目，充分发挥投资对经济增长的关键作用。全年共实施项目 148 个，总投资 253.45 亿元，2016 年度实际完成投资 92.85 亿元，完成计划任务的 134.78%。产业类考核项目推进有力，重点项目“六位一体”各项指标全面超额完成，我县获得了忻州市项目建设一等奖。

四是民生保障水平进一步提高。民生实事亮点纷呈，10 件民生实事全面完成；县财政用于民生支出达 15.14 亿元，同比增长 9.51%，占到总支出的 87.57%。群众收入明显增加，城乡居民人均可支配收入分别为 26664 元、6940 元，增幅均为 7.2%，城镇新增就业 3186 人。普通高考达线 353 人，其中应届生达线 234 人，创历史纪录；中考优生数 164 人，全市第二。累计投入 2000 余万元实施大型医疗设备采购、人才培养、政策性亏损等六项政策，县级公立医院的医疗服务能力明显提升；我县获得“国家计划生育优质服务县”。基本养老、医疗保险实现了全覆盖。社会大局和谐稳定，信访工作呈现“三降、两无、一好转”态势，年内全县未发生重大安全生产事故。

五是生态环境质量持续改善。坚持把生态建设、绿色发展放在突出位置，造林绿化工作力度进一步加大，完成造林 7080 公顷，森林覆盖率达到 29%。污染减排工作扎实推进，淘汰黄标车、整治环境违法违规企业等取得新进展；集中供热面积达到 402 万平方米，供热覆盖率达到 91.5%；万元生产总值能耗、主要污染物减排等约束性任务全面超额完成。

六是县乡换届圆满成功。去年是换届之年，在全县上下的共同努力下，县第十三次党代会、十六届人大一次会议、政协十一届一次会议圆满成功，既统一了思想，凝聚了共识，绘就了繁峙未来发展蓝图，又成功选举产生了新一届县委、县人大、县政府、县政协及县纪委领导班子，实现了组织意图和人民意愿的统一。乡镇党委、人大、政府换届全部圆满成功。通过换届，换出了新风气、新风貌，越来越多的干部把注意力和心思用到干事创业上，风清气正、团结和谐、干事创业、奋力拼搏的良好氛围日益浓厚。

这一年，我们坚持党的基本路线，把党的基本路线作为生命线、幸福线，认真贯彻省委“一个指引，两手硬”的重大思路和要求，坚决落实市委“1661”发展战略，加强和改善党对经济工作的领导，理直气壮抓经济发展，凝聚全社会同心同德抓经济工作的合力，县委多次组织召开县委常委（扩大）会议，专题研究全县经济发展重大问题，找准了经济工作的“切入口”和“着力点”，推动全县经济在克服困难中前行，促进了经济社会平稳健康发展。

这一年，我们坚持以人民为中心的发展思想，始终把维护人民群众利益作为一切工作的根本出发点和落脚点，大力实施“幸福繁峙”战略，不断提升人民群众的获得感、幸福感和安全感。坚持把脱贫攻坚作为第一民生工程，采取超常规举措，动员全社会力量，打赢脱贫攻坚战，努力实现贫困群众与全县人民同步小康。统筹做好教育、医疗、卫生、文化、社保、计生等各项工作，让人民群众获得更多实惠。

这一年，我们坚持改革创新，用改革的办法解决发展的问题，把创新作为推动发展的根本举措，改革创新蹄疾步稳，重点改革任务扎实推进。落实“三去一降一补”重点任务，淘汰落后钢铁产能34万吨、水泥产能8万吨，减少房地产库存895套。务实推进农业农村改革、司法体制改革、行政审批制度改革、金融体制改革等重点领域改革，进一步增强了发展的活力。

这一年，我们坚持从严治党，结合县乡同步换届和“两学一做”学习教育，全面落实从严管党治党主体责任，严格按照好干部标准选人用人，大力整治“为官不为”、“为官乱为”等问题，加强对干部的教育监督管理，对新调整选拔任用干部一律进行任前谈话。认真落实党风廉政建设责任制，从严整治“四风”，进一步规范了全县党员领导干部的从政行为。

在肯定成绩的同时，我们也清醒地看到，工作中还存在不少困难和问题，主要表现为：经济增长尚未进入合理区间，新兴产业培育不足，经济发展的内生动力不足，实体经济运行困难，矿企停产面较大；脱贫攻坚任务仍然艰巨繁重，一些贫困群众内生动力不足；个别干部不善为问题突显，等等。对这些困难和问题，我们要高度重视，认真研究，加以解决。

二、认清形势，抢抓机遇，努力做好2017年经济社会发展各项工作

今年是实施“十三五”规划的重要一年，是供给侧结构性改革的深化之年，是全面贯彻落实省第十一次党代会、市第四次党代会、县第十三次党代会精神的关键之年，做好今年经济工作，必须增强政治意识、大局意识、核心意识、看齐意识，把思想和行动统一到以习近平同志为核心的党中央关于经济工作的重大决策部署上来，把思路和举措统一到省委、省政府和市委、市政府对经济形势的判断上来和对全年经济社会发展的重要安排上来。

今年的中央经济工作会议，全面贯彻了党的十八大以来我们党治国理政的新理念新思想新战略，主要精神可以概括为五个方面：一是坚持稳中求进的总基调，特别强调稳中求进是治国理政的重要原则和做好经济工作的方法论；稳是前提和基础，进是核心和关键。二是继续坚持五大政策，即宏观政策要稳、产业政策要准、微观政策要活、改革政策要实、社会政策要托底。三是把提质增效作为根本要求，继续强调把提高经济发展的质量和效益作为中心任务。四是把推进供给侧结构性改革作为总抓手，进一步指出供给侧结构性改革的最终目的是满足需求、主攻方向是提高供给质量、根本途径是深化改革、重点任务是“三去一降一补”。五是明确了五项基本任务，即稳增长、促改革、调结构、惠民生、防风险。

省委十一届二次全会暨经济工作会议明确提出，要坚持把深化供给侧结构性改革与深化转型综改试验区建设有机结合，坚持以提高发展质量和效益为中心，全面实施创新驱动、转型升级战略，全力促进经济稳步向好和社会和谐稳定，为塑造山西美好形象、实现振兴崛起奠定更加坚实的基础。会议强调，要着眼于稳，确保经济基本面稳定，确保社会大局稳定，确保安全生产形势总体稳定，确保社会舆情稳定；着眼于进，要在提高质量和效益前提下实现经济增长，坚定不移推进转型发展，加快推进改革创新，促进干部队伍能力提升。

市委四届二次全会暨经济工作会议强调，做好今年经济工作，核心要求是强化机遇意识，关键举措是用好发展机遇，形成全市敢改善思、先行先试、竞相改革、奋力争先的浓厚氛围，明确提出要千方百计抢抓十大机遇，促进经济社会平稳健康发展。

中央、省、市的决策部署，为我们做好今年的经济工作提供了根本遵循和科学方法，我们一定要善于从这些主要精神中，科学把握前进方向，切实增强工作的预见性和主动性，特别是要敏锐地捕捉一切有利于我县发展的大好机遇。

做好今年经济工作，必须观大局、察大势、谋大事，准确研判把握形势。从外部环境看，全球经济仍处于深度调整期，既带来很大压力也蕴含新的机遇；我国继续实行积极的财政政策和稳健的货币政策，深化供给侧结构性改革，加快推进关键领域改革，从趋势上看，没有超出中央作出的“四个没有变”的基本判断。从我县情况看，繁峙处于转型发展、创新发展、振兴崛起的加速期，具有巨大增长潜力、政策叠加机遇和明显后发优势，近年发展打下的坚实基础以及“十三五”开局以来推动发展一系列新部署的效应将逐步显现，都为今年发展提供了坚实支撑。我们要认清大势，顺势而为，创新工作思路，落实工作举措，推动繁峙经济社会发展再上新台阶。

今年全县经济工作的总体要求是：深入贯彻习近平总书记系列重要讲话精神和治国理政新理念新思想新战略，全面落实中央经济工作会议、省委十一届二次全会暨经济工作会议、市委四届二次全会暨经济工作会议精神和县第十三次党代会总体部署，统筹推进“五位一体”总体布局，协调推进“四个全面”战略布局，践行“五大发展理念”，坚持“一个指引、两手硬”的重大思路和要求，牢牢把握稳中求进工作总基调，坚持以推进供给侧结构性改革与深化转型综改试验区建设为主线，认真贯彻市委“1661”发展战略，坚持以脱贫攻坚统揽经济社会发展全局，全力做好稳增长、促转型、增动能、强实体、建城乡、惠民生、保稳定各项工作，促进经济稳步向好和提质增效，加快全面脱贫、全面小康进程，以优异成绩迎接党的十九大胜利召开。

做好今年经济工作，要确立合理的增长预期目标。县委考虑，2017 年经济增长的预期目标为 5.5%左右。确定这样一个目标，综合考虑了需要与可能、速度与转型、全市与全省等因素。这一目标虽与全市、全省持平，但比去年我县实际增速高1.1个百分点。按照5.5%的增速测算，第一产业增长6%，第二产业增长4.6%（其中工业增长3.8%），第三产业增长7%，从支撑我县经济增长的因素来看，特别是从工业经济的现状来考虑，要实现今年的发展目标，需要我们付出更加艰苦的努力。这一目标，通过努力是完全可以实现的，我们一定要充满信心。

实现今年的奋斗目标，我们要千方百计抢抓七大机遇，全力以赴做好各项工作：

（一）抢抓国家政策机遇，千方百计争资金、争项目

我县是国定贫困县，有限财力保工资、保运行、保民生都十分吃力。缺资金、缺项目是制约经济社会发展的主要因素。各部门、各乡镇要积极把握国家和省市的相关政策，认真吃透“上情”，积极争取项目、争取资金，切实为全县经济社会发展提供强有力的资金支持。

一是紧紧盯住政策争取资金。要围绕保工资、保运转、保民生，积极争取省级转移支付资金，增加有效财力。特别是要加大专项转移支付资金争取力度，腾出更多的财力用于民生保障。要围绕化解政府债务、棚户区改造、生态环保、道路交通、水利基础设施建设等，积极争取省转贷地方政府债券资金和各类政府投资基金。要围绕开发区改革创新、特色现代农业，省第十一次党代会提出的“六大工程”和忻州市工业六大基地、十小基地建设，以及旅游文化产业、现代服务业发展，积极争取省促转型增动能基金。要围绕统筹使用财政资金、加快支出执行进度、调整优化支出结构、提高支出绩效、保障资金安全等做好基础工作，积极争取省财政竞争性分配资金。要主动适应省按“一因素三挂钩”法分配中央和省财政专项扶贫资金新要求（“一因素”即采取因素法分配，包括“扶贫对象规模、贫困发生率、人均可支配收入、人均财力、资金绩效考评”五个方面；“三挂钩”即与盘活滞留资金挂钩、与扶贫成效奖励挂钩、与脱贫攻坚全省统一行动挂钩），积极争取政策性、开发性金融机构扶贫小额贷款和保险扶贫资金。要抢抓中央深入推进供给侧结构性改革的政策窗口期机遇，进一步加大向上对接、立项争资力度，着力在新兴产业培育、改革试点推进、基础设施建设、生态环保治理、民生民本改善等方面争取到更大支持、更多资金。

二是依托项目争取资金。项目是资金的载体，也是向上争取资金的前提条件。各部门、各乡镇要结合国家、省、市产业政策和投资重点，抓好全县重大项目的储备、策划和包装，真正把有发展前景的优质项目、好项目纳入到项目库当中，以项目争投资，努力争取更多的项目挤进市里、省里和国家规划盘子，得到上级更多的支持。要准确把握国家金融政策取向，把支持实体经济作为重心，加强银企合作，加强金融生态环境建设和担保体系建设，积极争取银信部门的有效信贷投放，更好地发挥融资的主渠道作用，力争今年融资总量超过去年。要用好贫困地区企业上市的优惠政策，吸引更多企业落地繁峙，帮助有条件的企业实现上市融资。

三是创新方法争取资金。在资金争取中，我们要讲究方式方法，提高项目资金争取工作成效。全县各级、各部门要把向上争取项目作为一项重中之重的工作，组织骨干力量，集中精力跑项目、跑资金。主要负责同志一定要增强责任意识、大局意识，认真研究分析项目申报要求，把握国家扶持政策

和投资重点，找准自己的切入点和对接点，积极主动争取，特别是要做好基础性工作，确保争取项目资金的成功率。

（二）抢抓供给侧结构性改革机遇，加快经济结构调整步伐

推进供给侧结构性改革，是适应和引领经济发展新常态的必然要求，也是调整经济结构、实现产业转型升级、转变发展方式的治本良方。我们要以深化改革为根本路径，积极适应行业供求关系变化、市场理念行为变化，深入推进“三去一降一补”任务落实，解决影响全县经济社会发展的深层次问题。

特别是当前，我县新旧动能转换处在关键时期，传统产业所占比重仍然较大，以矿产业为主的工业经济增加值占GDP的比重高达50.2%，改变这种产业结构严重失衡的现状，必须要从供给侧结构性改革上想办法，要以“调结构、转方式”为抓手，大力实施创新驱动发展战略，培育壮大新的主导产业，构建现代产业体系。

一是大力发展新兴产业。要以扩充壮大新兴市场主体为抓手，创新产品、产业、业态，围绕省“六大工程”和市“六大基地、十小基地”的总体布局，结合我县实际，重点发展新能源、新材料、节能环保、生物医药等新兴产业，打造新的产业链、创新链、价值链，形成一批新的支柱产业和龙头企业，加快形成“重大项目—龙头企业—产业链—产业园区”的新兴产业发展格局。新能源产业要坚持风力发电、光热发电、光伏发电和生物质能发电多业并举，在积极引进有实力的外来战略投资者上下功夫，注重招商选资，争取签约一家，落地一家，不断做大新能源产业。今年要重点推进国电投-繁峙金丰新能源发电有限公司20万千瓦风电清洁供暖项目、国电投山西新能源有限公司云雾峪三期10万千瓦风电项目，同时积极争取光伏扶贫集中电站、村级电站建设项目。新材料产业要抓住市场对新型建材需求增大的机遇，争取国家废弃物利用、新型环保材料扶持等政策支持，利用环保倒逼机制，推进传统砖瓦企业转型升级，努力打造传统古建手工艺砖瓦品牌和基地，彻底淘汰黏土实心砖，发展符合行业政策的新型墙体材料，在新型建材产业发展上实现突破。要加强和科研院所的合作，努力加快玄武岩新产品的研发，实施好点石玄武科技有限公司玄武岩深加工项目。要依托县酒厂的品牌和手续，加强与国内知名酒企的合作，鼓励县内企业转型发展酒工业，重振繁峙酒业。

二是大力推动文旅产业发展。省委、省政府下决心要把文化旅游业培育成战略性支柱产业，为我们加快文化旅游融合发展提供了难得机遇。我县人文景观众多，发展文化旅游产业既有资源优势，又有区位优势，再加上近年来发展文化旅游产业的积极性空前高涨，我们要因势利导，乘势而上，按照“旅游+”思路，促进旅游与相关产业的深度融合、协同发展。要强化顶层设计，聘请一流设计团队，高水平编制完成全域旅游总体规划和重点景点的详细规划，科学指导引领旅游产业发展。要创新旅游景区管理体制机制，筹建平型关景区管委会，培育壮大旅游市场主体，促进旅游业健康发展。要搭建招商引资、项目融资平台，吸引战略投资者和社会资本对我县旅游资源进行高端策划、投资建设和运营管理。今年要全力抓好平型关景区、大智镜园、灵岩山景区等重点旅游项目建设。以传统村落保护和农村风貌整治为契机，大力发展乡村旅游，要以村为单元编制专项规划，突出文化特色，培育一批乡村

旅游示范点和旅游专业合作社。要依托县城滨河公园、繁城赵庄村白水杏产业基地，打造生态旅游新景点。同时，要大力发展刺绣、金石雕刻、金银器手工制作等传统手工艺，打造我县的文化品牌。

三是大力推动农业提质增效。以推进农业供给侧结构性改革为主抓手，谋划做好“三农”重点工作，优化我县农产品生产供给结构，把农业优势调强、产业调大、布局调优、效益调高，促进农业提质增效。

要大力调整农业种植结构。依托忻州杂粮之都的品牌效应，抓住国家粮改饲、米改豆等农业供给侧结构性改革机遇，推进农业种植结构调整，缩减玉米种植面积，增加谷子、黍类、豆类、藜麦、油料等优质杂粮种植面积，加大中药材、特色瓜菜种植面积。引导农民恢复繁峙水稻种植，重塑“繁峙大米”品牌，今年在试验示范的基础上，逐步扩大种植面积。今年力争全县杂粮种植面积超过玉米种植面积。

要大力发展功能农业。省委骆惠宁书记指出，山西农业的出路不在大而在特，不在规模而在功能。我们要抓住新一轮消费升级的机遇，立足我县特色农业资源禀赋，培育新品种、新品牌，以白水大杏、富硒杂粮、α—亚麻酸及亚麻油系列保健食品、北芪牛羊肉等为示范，开发更多特色功能性食品，努力增加高附加值、优质农产品供给，同时抓好地理标志品牌认证，打造地域特色农业品牌。

要大力培育新型农业经营主体和服务主体。农业的发展离不开龙头企业的带动，要继续扶持宏矩大磨坊、绿源亨通、天河农牧、富云牧业、银河奶业等农业龙头企业发展壮大，促进宝山鼎盛科技公司全力组织生产；大力培育家庭农场、专业大户、农民合作社、农业产业化龙头企业等新型农业经营主体，培育新型职业农民，构建“龙头企业+基地+合作社+农户”的产业化经营模式。

要深化农村产权制度改革。实施农村土地所有权、承包权、经营权分置改革，加快农村土地确权登记颁证工作。稳妥推进农村宅基地制度改革，积极开展农村集体资产股份合作制改革，推动资源变资产、资金变股金、农民变股东改革试点，激活农业农村发展活力。

四是积极推动大众创业、万众创新。“大众创业、万众创新”是发展的动力之源、富民之道，是稳增长、扩就业的重要举措。繁峙民营经济发展迅速、民间资本活跃，去年末居民储蓄存款总量达到92.2亿元，人均3.39万元。要进一步推动思想解放，激发创新、创业活力。今年要高度重视“繁峙县众创产业园区”和“星创天地”建设的引领作用，发挥共青团、妇联等群团组织的作用，打造各类创新创业基地。要完善推动“双创”的财税、金融、用地、用工等配套扶持政策，唤醒沉睡资金，激发全民创业热情，引导本土人才大胆创业、务工人员返乡创业、成功人士回乡兴业。

（三）抢抓转型综改试验区建设重大机遇，在改革创新上实现新突破

深化转型综改试验区建设是我省今年经济工作的主线，这是经济转型、结构调整的重大战略机遇，全县上下必须以转型综改为牵引，在改革创新上谋求新的更大突破。

一是推进开发区改革创新。按照全省开发区改革创新发展大会精神，我县确立了“一区三园”的发展思路，决心用三年时间打造省级经济技术开发区。今年要按照整合、改制、扩区、调规的要求，加快编制开发区总体规划和年度行动计划，积极申请组建管

理机构，推进开发区“七通一平”基础设施建设。要下大力气推进园区企业入驻工作，今年争取金都黄金冶炼、农机装备制造、生物质能发电、河南牧原30万吨饲料加工、酒厂、中药材加工等一批项目开工建设，真正把园区打造成产业洼地、企业洼地。

二是推进招商引资方法创新。当前和今后一个时期，招商引资仍然是实现繁峙转型崛起的根本出路。要突出抓好招大引强。敢于盯住全国500强、民企500强、行业百强企业，把目光放在大企业、大集团和战略投资者上，有针对性地开展与央企和知名民企的对口招商，积极对接京津冀协同发展，精心策划包装项目，组织我县民营企业到中东部地区开展专题招商活动。要坚持把产业招商作为关键，按照产业链招商和资源招商一起抓的思路，围绕矿产业链条延伸和战略性新兴产业培育，科学规划产业路径和招商路线，引进一批符合国家产业政策、贴近我县转型实际的新业态、新模式。这里我强调亲情招商、乡情招商，今年要组织好“引老乡、回故乡、建家乡”活动，鼓励和引导更多的繁峙籍成功人士投身家乡发展，造福家乡人民。要营造浓厚的招商氛围。各部门、各乡镇要自觉树立“不抓招商引资是失职，抓不好招商引资是无为”的观念，一门心思想招商、议招商、抓招商，组织好各种大型招商活动，积极走出去开阔眼界，真正在全县形成全员招商、专业招商、委托代理招商相结合的工作推进局面，努力掀起招商引资工作的新高潮。要注重招商实效。认真总结近年来招商引资工作中的成功经验，进一步完善招商机制，按照“盯住、跟上、抓牢、见效”的要求，对每一个重点招商项目，都要确定一名县级领导全程负责，负责抓谈判、抓协调、抓建设，抓生产要素配置，抓全程服务跟进，力争做到洽谈一个、引进一个、落实一个、见效一个。

三是推进外贸企业发展壮大。坚持高水平引进来，大规模走出去。注重加强外贸平台建设，组织县内企业参加广交会、农博会等国内外知名会展，加强产品推介，促进出口对接。要加强企业出口品牌建设，进一步扩大中兴华德联铸有限公司配重产品和繁峙万锦肉牛、晋绣坊刺绣的影响力和竞争力，继续开拓国际国内市场，引导更多企业开展进出口业务，培育新的出口增长点。

（四）抢抓振兴实体经济机遇，加快传统产业技术改造

实体经济是一个地区社会财富和综合实力的基础，也是改善人民生活的物质基础。实体经济强，则县域经济强。习近平总书记指出，振兴实体经济是供给侧结构改革的重要任务，供给侧结构性改革要向实体经济发力、聚力。省委、市委高度重视振兴实体经济，出台了一系列促进实体经济发展的政策措施，我们必须抓住机遇，坚定不移地发展壮大实体经济，不遗余力推进实体经济进行供给侧结构性改革。

一是重视企业家队伍建设。企业家是企业的灵魂，成功的企业靠的是优秀的企业家。我县民营企业家，诚实守信，敢闯敢干，富有创新精神，但也存在知识储备不足、视野不宽、经营理念不新等问题。发展壮大实体经济必须培育一批优秀的企业家。我们要牢固树立“产业第一、企业家老大”的理念，尊重企业家、关心企业家，帮助企业家，真正让企业家在繁峙有地位、有尊严。要建立“亲”“清”新型政商关系，营造企业家发展创业的良好社会环境；要塑造勇于创新、敢于担当、乐于奉献的企业家精

神，培育一批思想解放、富有朝气的新型企业家队伍。

二是进一步强化服务企业工作。目前，我县企业仍处于最困难的时期。我们要把服务企业继续作为今年工作的重点，全力帮助企业复工复产。要继续开展好“四长帮扶”、“干部入企”和“各类项目受理大起底”活动，实行“一企一案、一业一策”精准帮扶，真心实意帮企业解难题、渡难关、促转型、增效益。县经信局要成立服务企业办公室，将服务企业作为常态化工作，纳入目标责任考核。要把降成本与改善企业管理结合起来，进一步落实好营改增试点、中小微企业税收优惠等各项减税降费政策，引导企业加强管理，不断提升经济效益。要大胆引进企业管理人才，为我所用。

三是加速培育各类市场主体。企业的多寡强弱，结构的优化与否，决定着实体经济的兴衰成败。我县千人拥有企业数量为7.5户，远远低于全省、全国平均水平。规上企业仅有60户，去年年底有21户处于停产状态。培育壮大市场经济主体既是战略任务，也是当务之急。要围绕七大新型战略产业和“六大工程”，引进和培育各类市场主体。要加大招商引资力度新增一批、通过改造传统产业延伸产业链条孵化一批、发展新兴产业培育一批、产业重组形成一批、集群化发展带动一批，努力使我县企业的数量不断增加。同时要注重现有企业的提质增效，支持个转企、小升规、规转股、股上市，支持龙头企业做大做优做强。

四是加快传统产业技术改造。传统产业是繁峙经济的“基本面”，是支撑经济增长的基本动力。要坚定不移地推进矿产业改造升级，进一步健全完善工业技改激励扶持政策，支持企业不断提高产品技术、工艺装备、能效环保水平。省财政要拿出10亿元设立技术改造专项资金，以贴息等方式支持和引导企业开展技术改造，我们要积极争取并适当配套。要以打造全产业链产业体系为方向，加强战略投资者引进，依托华茂、中兴等骨干企业，推进矿产业由卖原矿、磨矿粉向深加工、出成品延伸，推进向材料加工、装备制造等产业链高端方向拓展，实现产业链向下游发展、价值链向高端攀升。要以供给侧结构性改革为抓手，按照市场化法治化方式，坚决依法淘汰关闭技术落后、浪费资源、破坏环境、安全风险大的小选厂。经信局要拿出矿山企业重组整合方案。对一些不纳税、不尽社会责任的企业，要坚决清理。

五是加快有色金属采选基地建设。我县以金、钼为主的有色金属矿储量丰富、发展潜力大。去年以来市场行情逐步转好，我们要以打造有色金属采选加工基地为目标，进一步加大资源整合、企业重组工作力度，促进有色金属产业做大做强。要大力支持紫金矿业加快探矿，扩大生产规模，提升技术水平，建设现代化矿井。要推动金都黄金冶炼与金矿企业的联合重组、入园搬迁工作，延伸黄金产业的生产链条。同时督促金德成信公司加快破产重组速度，早日开工建设，形成新的经济增长点。

六是积极推进国资国企改革。我县国有企业大都停产倒闭，国有资产闲置浪费、职工利益得不到保障，有些还隐藏着不稳定因素。我们要抓住全省国资国企改革的政策机遇，下定决心、敢于担当，不能再把问题留给后人，全力推进我县国资国企改革。今年，要启动县酒厂、农机修造厂的改革，积累经验、分批次全面推进，通过改革盘活国企闲置的土地、办公用房、工业厂房等存量资产，完成职工身份转换，探索新的发展模式，实现企业重生。

（五）抢抓脱贫攻坚战略机遇，提高脱贫攻坚工作成效

脱贫攻坚，既是重大的政治任务，更是农村发展、农民增收致富的千载难逢的历史机遇。我们这代人赶上这一盛世，承担这一历史责任，使命神圣，任务光荣。我们一定要抓住全党全社会全力脱贫攻坚的历史机遇，创造性地开展工作，努力使繁峙贫困群众全部脱贫，与全国人民一道步入小康社会。去年的脱贫攻坚工作，县乡都积累了丰富的经验，今年要再接再厉，进一步提高脱贫攻坚工作成效。

一是早安排早部署。今年是扎实推进脱贫攻坚的重要一年，是精准扶贫、精准脱贫的深化一年。全县脱贫任务16683人，涉及13个乡镇、169个村，其中整村退出66个贫困村。一年之计在于春。脱贫攻坚工作必须从年初就抓紧抓实。当前任务已经明确，帮扶措施基本敲定，各乡镇、各单位要动员全部扶贫力量开展“春季行动”，深入贫困户细化帮扶措施，落实帮扶措施。广大干部一定要带着感情、带着责任抓扶贫，用我们的真心、真情赢得群众的满意度。

二是创造性地落实各项扶贫政策。去年以来，中央和省市出台了一系列含金量极高的推动脱贫攻坚的政策举措，这为我们打赢脱贫攻坚战奠定了基础。全县各级、各部门要认真学习政策、掌握政策、用好政策。要在全面准确把握国家和省市各项扶贫政策、惠农政策的基础上，紧密结合工作实际，创造性地加以贯彻落实，要因地制宜、因村施策，将上级政策转换成更接地气、符合繁峙实际的具体政策措施。要进一步加大教育、民政、健康、社会保障等政策的落实力度，确保应补尽补，应保尽保，应免尽免，真正发挥好政策兜底的作用。

三是进一步培育壮大扶贫产业。要坚持“输血”与“造血”“扶志”与“扶智”并举，激发贫困群众内生动力，让广大贫困群众主动行动起来。今年尤其要突出产业主导，支持有劳动能力和产业发展意愿的贫困户参与发展特色杂粮和中药材种植、劳务输出、健康养殖、经济林建设等脱贫产业项目，让贫困户真正从产业发展中受益。当前关键是谋划和实施好扶贫产业和扶贫项目，要把扶贫产业项目落细落实，做到每个贫困村都有脱贫主导产业，每个贫困户都有脱贫项目，每个贫困人口都有帮扶措施。推进“一村一品一主体”到村到户，实现村有产业、有带动企业、有合作社，贫困户有项目、有劳动能力的贫困人口有技能的“五有”全覆盖。要高度重视繁峙特色杂粮品牌和销售平台建设，提高杂粮种植的经济效益。要着力打造“繁峙绣娘”、“繁峙师傅”等劳务输出品牌，让更多贫困户通过劳务输出实现致富。要大力发展农村电子商务，开展有针对性的培训和创业指导。要继续引导龙头企业发挥脱贫的引领作用，让更多贫困户通过企业帮扶、入股分红等方式，加强农民、农村与市场有效对接，持续增加贫困家庭收入，实现稳定脱贫。

四是大力推进易地扶贫搬迁。今年易地扶贫搬迁任务是1289人，其中建档立卡贫困人口900人，同步搬迁389人。今年我们要提高集中安置率，加快安置进度，打通移民安置与房地产去库存之间的通道，把县城和集镇作为集中安置点。要加快研究出台货币化安置方案，在确保“有房可住，有业可就”的前提下，采取货币化方式进行安置。县扶贫办、各乡镇要加大政策宣传和组织落

实工作力度，用三年时间，把“一方水土养不起一方人”的地方的群众全部进行易地搬迁。要妥善解决好搬迁户的生产生活问题，搬迁户都要有后续产业，确保实现“搬得出、留得住、能就业、有保障”的目标。

五是保障扶贫资金的投入。加大投入是打赢脱贫攻坚战的根本保障。要进一步建立健全以财政专项扶贫资金为牵引、政府专项投入为主体、金融扶贫资金和社会帮扶资金为补充的资金整合机制。今年县级财政用于扶贫的资金要继续增加，财政预算扶贫资金要单列专管。要按照“整合、集中、统一、严管”的要求，进一步整合各类涉农资金，确保各类扶贫资金直接用于贫困村、贫困户。要加强对扶贫资金的管理，严禁挤占、挪用、截留。要进一步完善扶贫资金的管理使用办法，简化程序，加快拨付进度。要创新金融扶持机制，推进政府+银行+保险+实施主体+贫困户“五位一体”的金融扶贫模式，力争产业扶贫贷款和扶贫小额信贷大幅增长；要鼓励金融机构创新发展贫困户小额扶贫信贷，进一步增加对贫困村、贫困户的信贷投放。

六是充分发挥干部帮扶和社会帮扶的作用。驻村干部是脱贫攻坚的骨干力量。今年要发挥好这支队伍的作用，继续签订帮扶责任书，实行更加严格的考核办法。帮扶单位“一把手”要亲自上手，亲自抓扶贫，要深入所包乡村，亲自研究帮扶措施，亲自解决群众的实际困难问题，一定要把本单位“两包三到”的责任压实。要进一步动员全社会力量参与扶贫，县政协、统战、群团组织等都要增强大局意识，创新工作方法，广泛组织动员自身所联系的各界人士参与脱贫攻坚，为贫困村和贫困户提供技术、信息和项目，真正形成全社会参与扶贫的格局。

（六）抢抓优化投资结构的战略机遇，持续加强项目建设

项目建设不仅关系县域经济发展，更与民生息息相关。近年来，我县持续不断加大项目建设力度，先后实施项目建设年、项目推进年、项目提质增效年等活动，项目建设的机制日益完善，项目建设对提升县域经济综合实力和竞争力发挥了积极作用。今年要抓住国家实施积极财政政策和稳健货币政策的机遇，在保持一定投资规模的基础上，更加注重优化投资结构，真正发挥固定资产投资的“双引擎”作用，进一步增强投资对产业转型升级的拉动作用，不断提高投资的综合效益。

经过认真的筛选和论证，今年我县计划实施项目159个，总投资198.97亿元，其中续建项目26个，新建项目133个，另外有策划和争取项目23个。我们要继续坚持“产业第一，项目至上”的理念不动摇，以更大的力度、更快的节奏、更好的方法，延续项目建设的好势头，进一步凝聚项目建设的强大合力。

一是创新思路谋划项目。要把项目建设放在全省全市的坐标中去定位，高标准、高水平、高品位谋划项目，认真研究国家的产业政策、投资政策，深入分析我县实际，依托资源禀赋、产业基础、区位优势等，用创新的思维、创新的办法、创新的理念来谋划项目，要按照生态环保、低碳节能、废弃利用的要求策划论证项目，充分发挥广大干部和企业家的聪明才智，切实谋划一批带动力强，具有转型综改标志意义的大项目、好项目。

二是突出重点抓好项目建设。今年项目建设的任务繁重，各部门、各乡镇要善于抓重点、攻难点，确保项目建设的进度和质

量。要重点抓好园区项目建设、新兴产业项目建设、城市基础设施建设项目以及民生项目，特别要抓好科技创新项目、工业技改项目、脱贫攻坚项目，进一步优化投资结构。要高度重视产业分类考核项目建设，不仅抓好新上项目，而且要抓好续建项目的投产达效，争取今年考核再取得好成绩。要高度重视民间投资，通过创优环境、政策激励、完善机制等有效办法，真正发挥民间投资的主力军作用。要抓住固定资产投资统计改革的机遇，降基数、调结构、保增长，发挥投资对转方式、稳增长、扩消费、惠民生的带动作用。

三是完善机制推进项目。要继续实行领导包项目责任制，进一步落实“一个项目，一名领导，一个工作班子”的工作机制。包项目领导要坚持一线指导项目建设，及时掌握项目进展情况，帮助协调解决项目推进中的具体困难和问题。要继续实行项目建设任务分解和考核办法，任务分解后，项目责任单位要进一步细化任务、责任到人，明确时限，确保进度和质量。要改进考核办法，变奖励单位为奖励个人，变单纯考核增量为增量与总量并重，充分调动各级干部抓项目建设的积极性。要继续开展项目前期手续攻坚行动，发改部门牵头，国土、环保、住建等相关部门协调配合，切实做到不推诿、不扯皮、不刁难。要坚持重大项目特事特办，开辟绿色通道，加快办理进度。干部的作风决定着项目建设的速度和质量。全县各级领导干部、项目实施主体责任人都要态度积极、勇挑重担，不畏难、不怕苦、不躲避，主动化解矛盾，推动工作，打开局面，迅速在全县掀起项目建设的热潮。

（七）抢抓国家重视民生改善的政策机遇，进一步增进民生福祉

民生连着民心，民心是最大的政治。要始终把保障改善民生放在突出位置，落实共享发展理念，想方设法补短板、兜底线、保基本，提高公共服务共建能力和共享水平，使发展成果更多、更公平惠及全县人民，让广大人民群众有更多的获得感。

一是进一步加强城乡基础设施建设。要抓住国家、省、市重点支持城镇基础设施建设的机遇，继续加大基础设施投入，积极实施一批大型城建基础设施建设项目，持续推进县城、砂河镇中心城镇建设，提升城市品质，推动新一轮城市发展。要进一步完善县城功能，以创建园林城市为牵引，开工建设向阳路北鼓楼南中心广场及两侧道路工程、光华街与兴城街东延工程、向阳路农贸市场改造项目、凌云路与万里路南延伸道路工程，以及妇幼保健大楼、区域性检验检测中心大楼和档案馆建设。全面实施县城绿化和亮化工程，把县城装扮得更加靓丽。要进一步推动砂河镇提档升级，加快砂河旧镇区改造和镇区滹沱河段治理，全力推进大智镜园文化旅游项目、滹源通用机场等工程建设，努力打造晋北旅游集散地和禅修小镇。继续推进城乡人居环境改善。启动大营镇、杏园乡国家级卫生乡镇创建，大力实施乡村清洁工程，实施好农村建筑特色风貌整治工程。要强力推进棚户区改造。抢抓政策机遇，加快推进棚户区改造步伐，加大货币化安置力度，完成砂河镇和化肥厂棚户区改造任务，让群众成为棚改的最大受益者。

二是进一步加强生态环保工作。坚持生态优先，绿色发展，进一步保护和改善环境。要继续加强生态建设，实施好新一轮退耕还林，完成好营造林建设任务。启动实施赵庄河流域综合治理和滹沱河源头生态修复工程，进一步加强重点河流流域治理。要继续推进环境综合治理。坚持以改善环境质量

为核心，全力抓好大气、水、土壤污染防治，加强重点污染企业粉尘排放提标改造，继续淘汰黄标车和各类燃煤小锅炉。加强农业面源污染防治，实施固体废弃物减量化、无害化处置。要聚焦重点任务，全面开展查漏补缺，加大整改处置力度，紧锣密鼓做好迎接国家环保巡察的各项工作。

三是进一步加强社会事业发展。坚持以重点民生实事项目为抓手，集中力量办好办成一批民生实事，民生支出要占到财政总支出的80%以上。坚持优先发展教育，紧紧扭住“打造繁峙教育品牌，建设晋北教育强县”的目标，坚决防止教育质量滑坡，教育行政主管部门要加强教学管理，使每所学校、每一学科实现一学期比一学期好，一年比一年好的总体目标，促进各级各类教育健康协调发展。今年要全力抓好薄弱学校改造和义务教育均衡发展达标验收工作。进一步贯彻全国卫生与健康大会精神，落实预防为主方针，努力提升健康服务水平。继续深化医药卫生体制改革，完善新型公共医疗卫生服务体系，加强村级卫生室标准化建设，重点抓好金山铺乡和66个整村脱贫村的村级卫生室达标工作。大力推进“全民参保计划”，做好社会保障扩面工作，实现应保尽保。完善落实创业就业政策措施，突出解决好高校毕业生、返乡农民工、贫困人口的创业就业工作。完善城乡公共文化、体育服务体系，抓好“三馆一院”建设。

四是进一步加强社会管理和安全生产工作。要全面加强平安繁峙建设，全县各部门要全力配合，努力创建省级平安县。要着力构建立体化、数字化的社会治安防控体系，依法严厉打击各类违法犯罪活动，不断提高群众安全感。深入推进法治繁峙建设，加快实施“七五”普法，推进全民学法用法守法。全面落实依法分类信访处理机制，发挥基层综治维稳信访工作中心（站）的作用，做到矛盾化解在基层、问题解决在一线。要强化安全监管。严格落实“党政同责、一岗双责、齐抓共管、失职追责”的安全生产责任制，按照“四铁”要求，以全力排查整治各类事故隐患为重点，坚决遏制重特大安全生产事故的发生。加强食品安全管理，构建严密高效的食品药品安全治理体系。

三、强化担当，履职尽责，全面提升领导和驾驭经济工作的能力和水平

做好经济工作，关键在党，关键在干部。要把全面从严治党的要求体现在加强党对经济工作的领导上，切实提高领导经济工作的能力和水平，为推动经济平稳健康发展提供坚强组织保证。

（一）增强政治意识，切实履行领导经济工作的职能。当前全县经济形势稳中有进、稳步向好，形成了企稳回升的良好局面。但同时我们必须清醒地看到，全县经济发展还面临不少困难和问题，加强和改善党对经济工作的领导十分必要和紧迫。县委必须发挥总揽全局、协调各方的领导核心作用，毫不动摇地坚持党的基本路线，紧紧围绕省委“一个指引、两手硬”重大思路和要求，进一步加强和改进对经济工作的领导，理直气壮地抓发展第一要务。县委常委会要带头加强和改进对经济工作的领导，善于谋划和推动发展，不断提高领导经济工作的能力和水平。要进一步健全完善党委领导经济工作的制度机制，参照中央、省、市的做法，县委常委会坚持每季度研究一次经济工作，分析解决全县重大经济问题。各位常委、副县长要经常深入到项目现场，深入到施工一线，及时协调解决经济运行中的具体困难，努力解决项目建设中的具体问题，把稳增长、促发展各项工作切实抓实抓好。

（二）增强学习意识，努力成为领导经济工作的行家里手。新常态下对转变经济发展方式创造了有利的环境条件，提供了更好的机遇，同时也对转变经济发展方式提出更高的要求。当前，干部队伍中乱作为的问题基本解决，一些干部不作为的问题明显好转，现在重点要解决一些干部不善为的问题。提高对经济工作的领导水平要有管用的专业知识、专业素养和专业化能力支撑。要健全和落实常态化、多样化干部学习培训制度，加强市场经济、现代管理、科技、金融等知识的学习，有效克服能力不足、本领恐慌。要注重扭转在长期粗放产业结构和生产方式下形成的思维方式和工作模式，跟上时代前进的步伐。要着力提高依法行政的能力和水平，坚持用法治思维和法治方式解决问题、推动工作。

（三）增强担当意识，努力形成勇于负责、敢于担责、人人尽责的工作氛围。全县各级领导干部要以身作则、率先垂范、亲临一线，既当指挥员、又当战斗员，对于工作推进过程中的问题和困难要亲自过问、亲自协调、亲自处理。各部门、各乡镇“一把手”要切实强化责任意识，敢抓敢管，忠于职守，勤勉尽责，面对急难险重任务和错综复杂的矛盾要迎难而上、攻坚克难。要大力整治庸、懒、散、慢、拖等不良风气，严肃追责问责。要进一步健全激励机制，匡正用人导向，重用那些勇于担当、埋头苦干、狠抓落实的干部，真正让想干事、能干事、干成事的干部有舞台、有机会。同时，要建立健全容错纠错机制，严格落实“三个区分开来”，为敢担当的干部担当，为敢负责的干部负责，让想干事的干部放开手脚大胆干事。全县各级党委和广大党员干部要把主要精力集中到经济建设主战场上来，一心一意搞建设、心无旁骛抓发展，切实把经济工作抓实抓好，真正做到为官一任、兴业一方、造福一方。

新形势催人奋进，新征程任重道远。让我们在市委、市政府的坚强领导下，坚定信心，主动作为，真抓实干，为塑造繁峙美好形象，实现繁峙振兴崛起作出新的贡献，以优异成绩迎接党的十九大胜利召开！

繁峙县人民代表大会常务委员会工作报告（节选）

2015 年 4 月 9 日繁峙县第十五届人民代表大会第五次会议报告

繁峙县人民代表大会常务委员会主任　李慧英

过去一年的主要工作

一年来，在中共繁峙县委的正确领导下和忻州市人大常委会的指导下，繁峙县人大常委会以邓小平理论和“三个代表”重要思想、科学发展观为指导，认真学习习近平总书记的系列重要讲话精神，贯彻落实中共十八大、十八届三中、四中全会精神，以党的群众路线教育实践活动为统领，转变工作作风，革弊立新，自觉把党的群众路线教育实践活动成果转化为积极履行职责的动力，依法履行宪法和法律赋予的职责，为构建和谐繁峙，促进全县经济社会各项事业持续健康快速发展做出了积极的贡献。

一、严格依法行使重大事项决定权

县人大常委会在县委的领导下，提前筹备，精心组织，周密安排，于2014年4月1日至3日组织召开了县第十五届人大四次会议，会议审查批准了县人大常委会及“一府两院”等六个工作报告，一致通过了关于县人大常务委员会工作报告、“一府两院”工作报告、2014年县国民经济和社会发展计划草案的报告、2013年财政预算执行情况与2014年财政预算草案的报告等六个决议，把党的主张，通过法定程序上升为全县人民的共同意志和一致行动，为2014年全县的经济社会发展奠定了良好基础。

常委会对2014年国民经济和社会发展计划运行情况和2013年财政预算执行情况进行了审议，审议批准了2013年度全县财务审计报告和2014年财政预算变更的报告，有效地推动了国民经济和社会发展的平稳运行，有效地维护了财政预算的严肃性。

二、监督工作有了新进展

一年来，县人大常委会共召开6次常委会，先后听取和审议了县政府关于农资市场管理、治理环境污染、饮水安全、文化建设、旅游事业发展、保障性住房使用情况等12个工作报告，听取和审议了法院《关于行政审判工作情况的报告》和检察院《关于反渎职侵权工作情况的报告》。每次常委会后，县人大常委会都将审议发言进行梳理，形成《审议意见书》，交“一府两院”进行办理落实，支持和促进了“一府两院”的工作。

增强监督实效，助推重点项目建设。2014年10月13日，县人大常委会组织常委会全体人员和部分省、市、县人大代表，就2014年全县重点工程和15件实事完成情况进行了视察。代表们深入到有关乡镇就10个项目建设实地调研。代表们既肯定了金县在工业、农业、养殖业、市政建设等方面取得的可喜成绩，也对工程建设存在的主要问题提出改进的合理化建议和意见，为确保人代会通过的各项工作目标、任务保质保量完成，积极履行职责。

促进依法行政，维护社会公平正义。人大常委会为了规范政府职能部门的权力运行，依法履行人大监督职能，组织执法检查小组着重对《行政诉讼法》《教师法》《环保法》《农业法》等4部法律法规的实施情况进行了执法检查（包括配合省、市人大常委会执法检查）。通过执法检查和听取报告，提出了意见和建议，促进了一些法律法规的落实和执法主体的依法行政。同时，常委会听取了县法院《关于行政审判工作情况的报告》，强化国家公职人员的民主法治意识。2014年县法院共受理行政诉讼案件5件，审结4件，让国家公职人员敬畏权力，敬畏法律，敬畏人民，进一步明白有权必有责，责任要担当的道理。

转变工作方式，提高工作实效。通过党的群众路线教育活动，常委会的监督方法进行了大幅度调整，作风有了明显转变。人大常委会大兴调查研究之风，对于调研内容精心研究，具体分析，努力寻找解决问题、改变现状的办法。对于常委会监督过的问题，跟踪问效，延伸监督，直到问题解决。

1. 完善规章制度，把握好监督力度

在监督工作中，诚恳接受被监督单位的意见，调整监督方法。如：在“联系代表走访选民”活动中，对群众测评满意度不高的单位，过去排倒数三名，可这些单位的工作往往是和群众的生活生产密切相关，他们做了大量的工作，还被群众不满意，自我感到委屈。在党的群众路线教育实践活动整改过程中，常委会充分考虑了被监督单位的意见，修改了监督办法，认真把握群众的满意度与被监督单位的承受度，由聚焦群众不满意的“单位”变为聚焦群众不满意的问题，变单位领导上台表态为深入一线对号入座解决具体问题。2014年12月，“联系代表走访选民”活动刚结束，常委会领导就约同相关部门分组对群众反映强烈的农村网络信号不好、居民小区用电同网不同价、新农合、水利、交通等问题，相互对接，深入实地再次调研，查找问题产生的根源，寻求解决问题的办法。这样，不仅缩短了问题解决的时间，而且增进了常委会与被监督单位的感情。

2. 坚持立行立改，灵活调整监督议题

在党的群众路线教育实践活动中，常委会自查到“列入议题死板教条”等问题，常委会及时进行整改。2014年，滨河公园没有及时进行清淤，群众对此问题反响很大。按照以往的规矩，常委会列入下一年度的监督议题。在党的群众路线教育实践活动中，常委会即行即改，经主任会议研究决定，对这个问题进行调研，然后形成报告送交政府，最终促成问题的解决。

3. 坚持依法履职，灵活调整工作方法

在党的群众路线教育实践活动过程中，坚持依法履职的原则性和工作方法的灵活性相结合。人大常委会和“一府两院”一道合力推进人民代表大会决议的落实。按照《宪法》的规定，人大干部不参与政府的具体分工。但是根据全县工作大局的需要，常委会领导干部在不分管政务工作的前提下，在各自所包的乡镇、所联系的领域，利用自身所学所长，积极参与，出谋划策，推进了政府一些重点工程的顺利进展。如项目落地、农业技术和新品种推广等。人大常委会积极组织代表，深入基层，关注困难群体，对全县“因病返贫”情况进行调研，经过初步调查，据不完全统计，全县有1198名农民因病而负债返贫，为县委政府精准扶贫提供了基础性的决策依据，并对一些因病返贫的特困户给予了力所能及的帮扶。常委会领导积极参与全县社会矛盾调处工作，除按时完成信访大厅接待任务外，还对所包乡镇的信访案件进行了大量的调解梳理工作。

4. 首次开展法律监督

对“一府两院”的《繁峙县人民政府关于进一步加强扶贫资金使用管理的意见》等4个规范文件进行了备案审查。对全县村委会换届选举法律程序进行了全覆盖全程监督指导。

三、人事任免工作有了新拓展

一年来，县人大常委会严格按照人事任免实施办法的规定，共任命“一府两院”干部6人，免职5人，任命县法院人民陪审员23人。

人大常委会就人事任免首次明确了人事职能，对被任命干部和人大代表进行了档案管理。在没有增加编制的情况下，安排了一名正科级干部专门负责人事工作。加强对被任免人员任前的监督审查力度。坚持党委考察与人大考察相结合。在人事任免中，坚持党管干部和人大常委会依法任免有机统一的原则，常委会充分发扬民主，始终坚持任前民主测评、法律知识考试、作供职报告和任命后颁发任命书等制度，进一步规范了人事任免工作，增强了被任命人员的人大意识、法律意识和公仆意识，增强了被任命人员的责任感和使命感。在法律考试内容方面，增加了宪法知识、法定职责的分量，增强了被任命人员的宪法意识。对人大常委会任命的干部的工作情况、测评结果、群众来信来访反映的问题都要进行痕迹化管理。全县人大代表履职情况也要进行登记入档。

人大任命增加了新程序。对被任命的“一府两院”国家工作人员增加了向《宪法》宣誓程序。11月27日，在人大常委会第二十五次会议上，被任命的三名检察院检察委员会委员首次在就职前进行了宣誓，表示对宪法忠诚，对案件当事人负责，对所办案件终生负责。

任后监督增加了新内容。人大常委会在党的群众路线教育实践活动过程中，充分听取群众的意见，强化了监督实效。在整改建章立制过程中，完善了人大信访工作制度，把人大信访作为监督“一府两院”的一个窗口，认真对待人民群众的来信来访。从群众来信来访中发现“一府两院”被任命干部的不作为、乱作为、慢作为，及时反馈给“一府两院”或个别约谈、质询。

任后考评有了新做法。在党的群众路线教育实践活动过程中，人大常委会进一步修改和完善了《繁峙县人大常委会关于对被任命的干部实施监督管理的暂行办法》。每年年底对被任命干部进行测评，明确了量化的标准。在2014年年底，对被任命的“一府两院”89名国家机关人员进行了工作满意度测评，合格率为100%。

四、代表工作有了新突破

1. 安排代表主题活动，强化代表意识，注重发挥闭会期间的代表作用

2014年人代会上，常委会向全县各级人大代表提出以“人民选我当代表，我当代表为人民”为主题的倡议活动。一年来，人大代表积极行动，努力参与，共收到人大代表合理化意见建议31条，调研报告12篇，共办理实事48件，进一步提升了代表的履职能力。

2. 强化服务意识，为代表履职做好后勤保障工作

强化服务保障是人大常委会支持代表依法履职的重要工作。2014年，邀请代表列席常委会会议和参加常委会组织的视察调查、执法检查等重大活动，拓宽代表知情知政渠道，以会代训，提高代表的履职能力。一年来，全县各级人大代表列席了人大常委会会议100余人次，54个代表参加了视察、执法检查。常委会为代表订阅了《人民代表报》、《山西人大》，赠阅了《繁峙人大》刊物，让代表及时了解人大工作动态，从不同渠道提高代表素质，为代表发挥作用创造条件。

常委会认真做好驻繁的省、市人大代表履职服务工作。建立了市人大代表活动之家，健全了活动制度与档案，开展了三次全体活动。市人大代表对身患重病的学生杨格格进行了集中捐款。常委会邀请省、市人大代表参加集中视察和专题调研、列席常委会会议等活动，为他们在闭会期间的活动提供了全方位的服务。

3. 认真办理代表建议、批评和意见

在县人大第十五届四次大会期间，人大代表共提出了45件建议意见。常委会及时召开了交办会，确定了重点督办建议，对办理代表建议的方法、责任、时限提出了明确具体的要求。县人大常委会多次对代表建议意见的办理情况进行了催办、督办。

10月28日，县人大常委会组织召开了县政府办理人大代表建议“面对面”答复会议。县政府高度重视代表意见，所涉及议题的县长、有关职能部门负责人都到会面对面解答落实情况。全体参会的人大代表对县政府的答复进行了满意度测评。此次会议发出测评表52份，收回52份。代表对各件建议、意见的答复满意度最高是100%、

最低是 85%。代表意见的面对面答复，既尊重了代表的主体地位，提高了代表履职积极性，又提高了政府的公信力，提高了人民群众的满意度，进一步营造了人民群众监督政府有序参与地方事务管理，人民当家做主的氛围。

4. 密切与代表的联系

密切联系代表是常委会自觉接受代表监督的重要措施。从 2008 年开始，每年 12 月，县人大常委会在全县范围内开展联系代表走访选民活动，对所有代表活动小组全覆盖，组织县人大常委会、“一府两院”的工作人员向代表、选民报告一年的工作情况，让代表、选民知情知政，并广泛征求代表和选民对当年“一府两院”和县人大常委会工作的意见以及对下一年“一府两院”和县人大常委会工作的建议，让更多的人民群众有序参与地方国家事务。2014 年的联系代表走访选民活动，人大常委会领导和全体组成人员认真落实贯彻党的十八大、十八届三中、四中全会精神，把党的群众路线教育实践活动成果及时应用到工作实践中。转变作风、扎实工作，听民声、问民意、积民智，进村入户，问需问难，聚焦因病返贫，进行了集中调研。这次活动召开 14 个座谈会，有 880 名人大代表、选民参加了座谈会，共深入 31 个村，走访了 50 多户农民。本次活动共发放测评表 880 份，收回 880 份，经过汇总整理共收集到 40 个方面的建议意见共 163 条。常委会形成调研报告及时呈送县委。2014 年“联系代表走访选民”的报告得到了县委的高度重视，范波涛书记及时批转，县委、县政府立即成立整改领导组，人民群众的建议意见已分发到各个职能部门进行整改。人民群众普遍关心的因病返贫问题，已被列入政府工作报告的为民办实事中，启动了大病保险程序。人民群众普遍关心的“两抢一盗”、环境污染、普法、贷款难、文化建设、土地确权、就业等问题在县政府报告中都有了很好的回应。人民群众关心的司法不公、反腐问题，在“两院”的工作报告中都有呼应。

五、认真办理群众的来信来访

常委会始终把热情接待和认真办理群众来信来访，作为倾听群众呼声、密切联系群众、促进社会和谐稳定、拓宽监督渠道的一项重要工作来抓。一年来，共收到来信 28 件，来访 73 人次，每次来信来访经领导批示后转有关部门办理，并要求限期回复办理结果，做到了信访案件件件有落实，事事有交代，有力地维护了社会公平正义和人民群众的合法权益。

六、自身建设有了新成效

1. 作风有了新转变

县人大常委会坚持把严守党的政治纪律作为开展一切工作的行动准则，始终坚持正确的政治方向、政治立场、政治观点，在言论和行动上，旗帜鲜明地拥护党的重大决定、维护中央和省、市、县委权威，切实遵守和维护党的政治纪律。在人大常委会工作实践中坚持民主集中制原则，机关工作做到了民主决策，廉洁从政，严格认真落实中央八项规定，克服了“一言堂”“二线思想”、散漫作风等现象。

学习成为常态，加强了思想政治建设。进一步健全了学习制度，针对不同阶段的任务，分别制定了学习计划，在学习形式上采取专题辅导学习、集体自学、领导干部授课等形式，丰富了学习内容。县人大坚持每周二、周五下午集中学习，用制度保证了人大干部经常学习、经常受教育，持续补精神之钙措施的落实。通过学习，强化了党性修养，坚定了政治立场，既增强了守纪律、守规矩的政治自觉，又不断提高了履职能力。

积极作为，工作效率不断提高。通过党的群众路线教育实践活动，党员干部在党性修养和思想灵魂上经受了一次洗礼，常委会干部提振精神，主动作为，人大各项工作有了明显改变。常委会领导在各自所包点上，主动联系群众，帮助群众，为群众解决生产生活中的难题，群众的满意度有了很大提高。

2. 建章立制完善制度，规范人大工作行为

建立台账，落实整改措施。常委会对开展党的群众路线教育实践活动中发现的问题高度重视，认真研判，扎实整改，取得了很好的成效。在群众路线教育活动结束后，坚持思想不松、力度不减，注重把整改落实工作贯穿到人大实际工作上来，持续用力抓整改，后续工作进展顺利，常委会班子整改台账中的 27 项整改事项基本按进度完成。

修改和完善了常委会六项工作制度。结合党的群众路线教育实践活动，常委会进一步规范了人大工作制度，对《繁峙县人民代表大会常务委员会议事规则》《繁峙县人大常委会关于对被任命的干部实施监督管理的暂行办法》《繁峙县人大常委会联系代表走访选民活动制度》《繁峙县人大常委会同“一府两院”工作联席会议制度》《繁峙县人大常委会关于加强县人大代表履职的意见》《繁峙县人大常委会信访工作制度》重新完善修订，并经常委会讨论通过。

3. 加强了人大制度的学习宣传阵地建设

《繁峙人大》刊物和人大网站经过几年的运行，已经成为代表选民了解、监督常委会日常工作的重要平台，也是进行人民代表大会制度宣传的一个重要阵地。但随着民主法治的推进，特别是对照党的十八届四中全会精神，存在一些明显的不足之处。常委会加大对人民代表大会制度的宣传力度，大幅度调整了《繁峙人大》栏目设置。刊物开篇卷首语，由县委领导做指示，意在加强党对人大的领导，人大要增强党的意识，自觉接受党的领导。栏目加大民主法制权重和来自人民群众的呼声，最大限度地宣传人民代表大会制度，接受人民群众的监督，引导广大人民群众依法有序参与全县经济政治文化社会生态各领域的事务，坚持突出党的领导、促进人民当家做主、国家公职人员依法履职的有机统一。加强了通讯队伍建设。2014 年邀请《人民代表报》的原主编唐宪国等多名人大方面的专家对全县 100 余名干部进行了专题培训，加强了《繁峙人大》刊物通讯员队伍建设。

4. 硬件建设有了新变化

在省人大、县委、县政府的大力支持下，县人大常委会有了专门的常委会会议室，并且安装了电子表决系统。常委会组成人员可以无顾虑表达意见，民主法制进程迈了一大步。

各位代表，过去一年，人大常委会取得的成绩，是县委正确领导、市人大正确指导的结果，是全县各级人大代表、常委会组成人员以及人大机关工作人员辛勤劳动的结果，是“一府两院”协同工作的结果，是全县人民大力支持的结果。在此，我代表县人大常委会表示衷心感谢！

我们清醒地看到，常委会的工作与《宪法》的要求，与人民的期望、代表的要求还有不小差距。比如，还有监督力度欠到位；调查研究的深度、广度不够；回应人民群众关切不及时的问题；还有面对人民群众诸多不满意无能为力的问题；常委会对代表的服务还需要进一步做细做实的问题，等等。我们将自觉接受代表、人民群众的监督，虚心听取人大代表和人民群众的意见，对以上存

在的问题和不足，常委会将在今后的工作实践中不断改进，认真加以解决，努力推动人大各项工作再上新台阶。

2015 年工作要点

2015 年，是全面深化改革的关键之年，是全面推进依法治国的重要一年，是全面完成“十二五”规划的收官之年，做好 2015 年的人大工作意义重大。2015 年人大工作的总体目标是：深入贯彻落实中共十八大和十八届三中、四中全会精神，以习近平总书记系列重要讲话精神为指导，进一步增强党的意识、宪法意识和群众意识，认真履行宪法和法律赋予的各项职责，以改革创新精神着力推动全县人大工作与时俱进，在推动依法治县的进程中做出新贡献。

一、关注民生福祉改善，进一步提高监督实效

“民有所呼，我有所应；民有所求，我有所为”。一是加强工作监督。常委会紧紧围绕政府工作报告中社会关注、群众热盼的民生问题，群众反映强烈的意见开展执法检查、听取专项工作报告、调研视察、专题询问，加强对法律法规实施情况和“一府两院”工作的监督。全年安排听取和审议县“一府两院”关于食品安全、精准扶贫、保障性住房、卫生系统人才队伍建设、预防职务犯罪、为民司法等 13 项专项工作报告，对《宪法》《村民委员会组织法》《职业教育法》落实情况开展执法检查，对全县土地确权、农村危房改造、大学生村干部就业、全县房地产、建筑市场等 11 项工作进行专题调研和视察。二是加强法律监督。2015 年人大常委会要对县、乡（镇）政府出台的规章制度进行全面备案审查，对乡（镇）、村两级工作秩序、运转机制进行全面调研，及时纠正违宪行为，努力推进基层民主和法治进程。

二、全面履行法定职能，认真做好决定和任免工作

围绕全县人民群众关心的热点、难点问题，深入调查研究，广泛集中民意，适时就人民群众特别关注、改革发展急需解决的重大问题作出决定，为推动县委决策部署落实和全县经济社会发展统一意志，凝聚力量。坚持党管干部和人大依法行使任免权的有机统一，强化对人大及其常委会选举任命人员的监督，增强被选举任命人员的责任感、使命感和公仆意识，保证人民赋予的权力始终用来为人民服务。

三、改进代表工作，充分发挥代表作用

坚持代表主体地位，不断拓展代表工作的内容和形式，健全代表发挥作用的平台和载体，完善密切联系代表的机制和制度，强化代表履职的服务保障。加强闭会期间代表活动，组织代表围绕全县重点建设项目开展视察调研。健全代表履职档案，完善代表履职情况通报制度。健全代表建议意见交办机制，推动承办单位与代表的沟通和联系，提高代表议案、建议办理质量和效率。加强代表履职培训，2015 年就宪法与立法法对人大代表进行培训，开展以“学法用法守法”为主题的代表活动，增强代表的法治意识，提高代表履职能力和水平。

四、切实加强自身建设，进一步激发人大工作活力

继续深入开展学习讨论落实活动，切实改进作风，密切联系代表和群众，不断创新工作方式方法，推进人民代表大会制度与时俱进，维护宪法和法律的尊严，树立人大的权威。加强思想政治建设，准确把握人大的政治定位、法律定位和工作定位，教育和引导人大干部严守政治纪律和政治规矩，自觉维护党纪国法的严肃性，始终做到心中有党、心中有民、心中有责，心中有戒，不断提高人大常委会的履职能力和水平。强化对乡镇人大工作的指导，努力推动全县人大工作迈上新台阶。

2015 年是充满机遇和挑战的一年。常委会任务繁重、大有可为，人大代表责任重大、使命崇高。在新的一年里，让我们紧密团结在以习近平同志为总书记的党中央周围，在中共繁峙县委的坚强领导下，以良好的精神状态，依法履职，开拓奋进，为全面建成小康社会而努力奋斗！

2016 年 8 月 29 日繁峙县第十六届人民代表大会第一次会议报告

繁峙县人民代表大会常务委员会主任　李慧英

一、本届人大常委会主要工作回顾

2011 年 6 月以来，在忻州市人大常委会的正确指导下，在县委的正确领导下，繁峙县人大常委会全面贯彻落实中共十八大和十八届三中、四中、五中全会精神，以邓小平理论、“三个代表”重要思想、科学发展观为指导，深入贯彻习近平总书记系列重要讲话精神，主动适应新常态，紧紧围绕全县经济社会发展大局，积极履行宪法和法律赋予的各项职权，监督力度进一步加大，为促进全县经济社会发展和民主法治建设做出了应有贡献。

（一）依法履行重大事项决定权

人大常委会始终贯彻坚持党的领导、保证人民当家作主、依法治国的工作方针，把每年的人代会作为贯彻这个方针的生动实践，精心组织、科学设计，努力促进人民群众依法最大限度地参与地方事务管理。本届人大常委会共组织召开人民代表大会 5 次，做出决议 31 个，组织代表提出建议意见 177 条，依法依规把党的决策和人民的希望，通过法定程序，形成了全县人民的共同意志和统一行动，为全县的经济社会发展奠定了良好的法治基础。

（二）坚持问题导向，认真履行监督权，推动经济社会全面发展

县人大常委会始终坚持“寓支持于监督之中”的工作理念，紧扣加快发展主题，突出问题导向，围绕县委重大决策、瞄准“一府两院”重点工作、事关群众切身利益的难点问题，依法开展监督工作，不断创新监督方式，增强监督实效，基本实现了人大工作与党委同向，与人民同心、与“一府两院”合力、与民主法治建设同步的目标。本届人大常委会召开 39 次常委会议，共听取和审议“一府两院”工作报告 71 个，形成审议意见 71 个，做出决定 6 个，列专题调研 30 次，形成调研报告 30 个。5 次视察涉及重点工程项目 100 个，提出视察反馈意见 100 余件。对 13 部法律法舰执行情况进行了执法检查。对“一府两院”23 件自拟文件进行了备案审查。组织代表意见建议“面对面”答复会 5 次，代表大会期间代表提出意见建议 177 件，答复率 100%，满意率 90%以上。

1. 计划财政监督。常委会坚持把计划、财政预算执行作为经济工作监督的重点，定期听取和审议计划、财政预算执行和审计工作情况的报告，根据经济发展新常态和全县经济运行实际情况，建议县人民政府加大可持续发展的财源建设力度，加大社会建设力度，加强税收征管和财政全口径预算管理，优化支出结构，加大审计力度，提高资金效益。审查批准了县级财政收支预算调整方

案，促进了全县国民经济和社会建设健康发展，财政收支平稳运行。

2. 民生领域监督。民生无小事，它与人民生活息息相关。人大常委会坚持以人民为中心的思想，高度重视民生工程的实施，努力促进各项民生指标的落实。十五届以来，常委会听取和审议了县政府关于农村合作医疗、加强卫生系统人才队伍建设、廉租住房和经济实用住房建设及使用、全县师资管理、农村电网改造、应急管理工作情况等报告。

县十五届人大常委会伴随了农村合作医疗这一新型医疗制度的发展过程。常委会根据人民群众意见，连续列专题监督。县政府及相关部门努力与上级部门协调、沟通，用足用活农合政策，人民群众普遍受益。

在对全县卫生系统人才队伍建设工作情况的调研中，人大常委会对县政府在卫生事业建设上做的大量工作。取得的成绩予以充分肯定。同时指出全县卫生人才队伍建设工作相对滞后，专业技术人才严重断档，极大地制约了全县医疗卫生事业的发展。建议县政府要增加投入，完善机制，进一步加强卫生技术人才队伍建设。利用好现有条件，合理对全县现有医疗卫生系统的人员进行全面清理整顿：启用一批有资质、有能力的技术人才，培养一批有基础、有前途的结构性人才，盘活全县人才队伍。建立完善卫生人才评价机制，激励考评制度。通过激励机制，营造竞争氛围。建立人才引进机制，引进各类领军人才，优化人才队伍结构。

关于保障性住房建设，人大常委会充分肯定了县政府及其职能部门在推动保障性住房建设方面所取得的成绩，同时针对该项工作中存在的困难和问题，提出了要进一步把好保障性住房质量关、完善廉租房使用管理办法等建议。县政府及其职能部门针对建议，强化措施，加大整改力度，有效促进了保障性住房建设、管理工作。

教育涉及千家万户，是最大的民生工程。十五届人大常委会就空壳学校、平衡教育资源、师资队伍管理等问题进行了连续监督，全县教育水平整体提升。

3. 执法监督。十五届以来，县人大常委会认真落实“四个全面”战略，加强对法治政府建设、“六五”普法工作的监督。常委会着重对《教师法》《食品安全法》《环境保护法》《物业管理条例》等法律法规的实施情况开展执法检查。在执法检查中，深入基层单位和企业，听取政府有关部门的汇报以及群众反映的意见，了解执法中存在的问题，形成执法检查报告，为常委会审议提供可靠的依据，有效地推动了全县依法治县进程。

4. 信访监督。信访工作是人大常委会联系人民群众，了解社会问题的重要渠道，也是监督“一府两院”的另一途径。常委会始终热情接待和认真办理群众来信来访，按规定认真受理公民、法人和其他组织的申诉、控告，维护当事人的合法权益。五年来，共接待来访400多人（次）、来信100余件。每次来信来访经领导批示后转有关部门办理，并要求限期回复办理结果，重点案件跟踪督办，做到了信访案件件件有落实，事事有交代，有力地维护了社会公平正义。

5. 司法监督。司法公正一直是人民群众关注的热点问题。十五届人大常委会继续把司法监督作为重点监督内容。从人民群众不满的地方列专题，提出合理化建议，并督促整改落实。对县人民法院的监督，重点针对“执行难”，加强制度建设，以公开促公正，实现阳光司法，督促落实“谁执法、谁普法”的相关条例，促进为民司法，着力从每个案件的公平中推进社会主义司法公正。对县人民检察院的监督，以预防职务犯罪为主，加强重点领域与行业的警示教育，打防并举，规范公权行为。

6. 法律监督。从 2013 年开始，人大常委会组建了备案审查办公室，对“一府两院”自拟文件进行备案审查。至目前为止共审查文件 23 件，有效地维护了宪法和法律的权威性、严肃性和统一性。

（三）搭建平台，优化服务，依法做好代表工作

人大代表是人民代表大会的主体。人大常委会积极搭建履职平台，优化服务保障，保证代表依法履职，促进了人大代表主体作用的发挥。

1. 抓培训提高代表履职能力。本届常委会共组织人大代表培训 7 次，邀请了大学教授、省市人大专职干部，对有关法律、法规、中共十八大精神等代表履职所需的法律法规以及国家大政方针、形势任务，及时进行培训。通过培训，人大代表的法律意识、履职能力普遍提高，为推进依法治县、提高依法办事能力打下了良好基础。

2. 抓服务优化代表履职环境。建立制度邀请各级人大代表列席人大常委会会议、参加视察调研，推荐代表参加各种听证会，举办代表主题活动。为代表履职扩展空间开拓视眼，最大限度地参与地方事务管理。给代表订阅《人民代表报》，赠送《繁峙人大》内部交流资料，适时通报全县政务情况，让代表知情、知政，积极献计献策。组织代表开展“联系代表走访选民”活动，听民声解民忧，回原选区向选民报告工作。依法落实各代表活动小组的经费保障，进一步拓展和保障了人民代表闭会期间的工作。

本届人大常委会注重引导人民群众有序参与地方国家事务管理，积极探索新时期人民当家作主的新途径。在人民代表大会期间设立公民旁听席，邀请各行业、各界优秀人才列席，本届人大常委会还注重吸收普通选民参加一年一度的“联系代表，走访选民”活动，五年来共有 3000 多人参加，最大限度的集中了民智，并且把群众意见及时转交县委和“一府两院”，使县委政府决策有了更好的民意基础。本届人大常委会进一步加强了对乡镇人大主席团工作的法律指导，规范了乡镇人民代表大会例会工作，进一步规范了村民委员会换届和运行工作，落实了乡人大主席团工作经费。

3. 抓督办提高代表履职热情。十五届期间，代表们共提出了 177 件建议意见，常委会及时召开了意见交办会，确定了重点督办建议，对办理代表建议的方法、责任、时限提出了明确具体的要求。县人大常委会多次对代表建议意见的办理情况进行了催办、督办。坚持以提高办理质量为重点，以代表满意为标准，创新了督办机制，代表的履职积极性普遍提高。2011 年，人大常委会与“一府两院”就代表建议意见形成“面对面”沟通机制，推动建议办理从“答复满意”向“结果满意”转变。五年来，人大代表提出的意见建议，办结率达 100%。代表满意率达 90%以上，办理质量显著提升。

（四）规范程序，注重实效，不断加强任后监督

常委会注重干部任用程序设置，不断规范和完善任免程序，建立了跟踪问效被任命干部工作制度，增强了监督实效。

1. 规范任免程序，依法开展人事任免。坚持党管干部和依法任免干部相统一的原则，严格任前法律考试、供职发言、无记名

投票表决、颁发任命书等法定程序，通过任免程序，提高地方国家权力机关人员的宪法意识、人民意识、公权意识，提高践行人民代表大会制度的理论自觉和行动自觉，为人民掌好权、用好权。五年来，共依法任免国家机关工作人员 186 人次，其中任命“一府两院”工作人员 101 名，县人民法院人民陪审员 25 名；免去“一府两院”工作人员 60 名。

2. 强化任后监督，促进工作作风转变。人大常委会对被任命的干部建立了任后跟踪监督、年底综合测评的工作制度，跟踪问效。通过开展日常工作视察、履职情况调查、听取和审议专项工作报告等活动，及时掌握干部工作情况，提出意见建议等办法，督促国家机关工作人员切实转变工作作风，全力抓好辖区内党的政策和法律法规的落实，坚决杜绝办事拖拉、得过且过、不作为、慢作为、乱作为等现象。

本届人大常委会在任命干部程序中增加了任职宣誓仪式，确保被任命的国家权力机关工作人员，牢记《宪法》精神，树立人民意识，明白权力属性，让手中的权力始终用来为人民服务，不能移为他用。

（五）落实“一岗双责”，改进工作作风，在加强自身建设上取得新成效

县人大常委会坚持不懈地抓好自身建设，落实“一岗双责”，强化思想政治建设和理论武装，牢固树立党的意识、政治意识、人民意识、大局意识、法治意识，严守政治纪律和政治规矩，切实提高了常委会组成人员和人大机关干部的履职能力和水平。

1. 强化理论武装，坚定理想信念。本届人大常委会经历了“群众路线教育”“学习讨论落实”“三严三实”“两学一做”等活动的洗礼，人大党组增强了“一岗双责”意识，提高了“党要管党，从严治党”的意识，人大常委会及机关党员经受了一次严格的党纪党规教育，党的意识、政治意识、人民意识、法律意识、责任意识、规矩意识明显增强。通过学习党章和党的纪律，人大党组班子成员紧密联系思想实际，深刻剖析理想信念淡化，工作能力弱化的思想根源，补了课，充了电，精神状态为之一振。人大党组班子成员和全体党员谈体会、讲党课，深入开展专题研讨，基本上实现了理论清醒、政治坚定和行动自觉，严守政治纪律和政治规矩，切实在思想上、政治上、行动上与党中央、省、市、县委保持高度一致，是一支党和人民放心的队伍。

2. 强化宗旨意识，开展作风建设。县人大常委会扎实开展“三严三实”专题教育，认真查摆工作中的“不严不实”问趣，深入查找根源，对症下药，综合施策，并立行立改，狠抓整改措施落实，较好地解决了常委会党组班子及班子成员“不严不实”问题，工作作风明显改进，工作效能全面提升。人大党组健全了党日活动制度，党组与机关党组分工明确、责任具体，管党治党的氛围基本形成，解决了人大机关长期存在的散、慢、拖的工作风气。

为了强化年轻党员干部的党性锻炼，每年在“七一”党的生日，组织机关党员干部开展了缅怀革命先辈，接受党的优良传统教育活动。参观伯强毛主席路居纪念馆、繁峙县抗日期间第一个人民政府遗址、全县第一个党支部遗址、平型关战役遗址、抗日模范村等活动，进一步提升了人大机关党员干部的宗旨意识和党性修养。

3. 强化教育管理，推进廉政建设。常委会认真履行“一岗双责”和党风廉政建设主体责任，加强人大机关党风廉政建设和反腐

败宣传教育，组织机关干部观看警示教育片，认真学习《中国共产党廉洁自律准则》《中国共产党纪律处分条例》《中国共产党问责条例》和党风廉政建设各项规定，不断健全完善机关各项规章制度，狠抓干部日常管理和机关财务管理，严格执行中央“八项规定”，持续抵制“四风”。从严控制“三公”经费，机关党风廉政建设进一步加强。

4. 强化人大宣传工作，努力推动人民代表大会制度落实。人大的宣传工作和程序落实同等重要。人民代表大会制度，从理论到实践都很年轻，和封建制度、资本主义制度比较，是一个年轻的国家制度。人民代表大会制度的优越性还没有充分发挥，并且在她的发展进程中，还要不断地接受着封建主义思想、资本主义制度的挑战。因此，人大常委会宣传人民代表大会制度是一个刻不容缓的大事。人大常委会和人大机关干部深刻明白这个道理，坚持道路自信、理论自信、制度自信，利用各种会议，积极宣传人民代表大会制度的理论与实践。以《繁峙人大》内部资料和繁峙人大网站为载体，大力宣传宪法与法律法规，推动全民学法懂法守法，进一步规范“一府两院”工作行为，积极推进依法行政、公正司法的进程。本届人大常委会共出版《繁峙人大》内部资料20期，组织文稿100余篇。组织人大理论研讨会2次，形成理论文章52篇。

5. 强化硬件设施，加快民主法治进程。2014年，在省人大、县委、县政府的大力支持下，县人大常委会有了专门的人大常委会会议室，并安装了电子表决系统。常委会组成人员可以无顾虑表达意见，民主法制进程迈了一大步。

（六）努力完成县委安排的中心工作

五年来，常委会始终坚持党的领导，认真落实县委工作要求，积极参与、认真完成县委安排的中心任务。人大常委会领导较好地完成了下乡包点任务。有的领导积极参与了经济建设和项目引进工作，为经济建设献计献策；有的领导利用自己的专长，引导农村经济科学发展，积极培育现代农民；在党的群众路线教育活动过程中，联系十多个农业专业合作社，试验引进种植的藜麦、“张杂谷子”“无籽西瓜”获得成功，为农民脱贫拓展了路子；为推动文化旅游产业发展，广泛调研，挖掘整理地域文化，并动员社会力量，为“农家乐”捐助行李和生活用品100余件；在救助因病返贫困难户、积极推动教育公平等方面做了一定工作；按时完成信访接待工作和“四包一”信访案件，为全县稳定做了一定工作。对全县生态文明建设，土地山体植被河流等自然环境保护与修复做过许多调研与建议。提出了加强大水系建设，趋利避害，综合利用地表径流，节约开发地下水源；加强农村农机作业机组配备，强化培训机组作业人员；强化秸秆还田，限制除草剂使用全力保护土壤安全与修复等许多合理化建议。

过去的五年，县人大常委会依法履职，积极作为，各项工作取得了新的成效。这些成绩的取得，是县委正确领导、高度重视的结果，是全县各级人大代表、常委会组成人员、人大工作者团结奋斗、扎实工作的结果，也是“一府两院”及社会各界积极协同、大力支持的结果。在此，我代表县第十五届人大常委会，向所有关心、支持人大工作的各位领导、各级代表、社会各界人士表示衷心的感谢和崇高的敬意！

在肯定成绩的同时，我们也清醒地认识到，常委会的工作还有许多不足，主要表现在：重大事项决定权的履职不够规范，监督工作欠深度，人大常委会组成人员结构欠合理，由于编制原因部分工委缺位，无法对上接规，对下入规。对于这些问题，我们将在今后的工作中，采取切实措施，认真加以改进。

二、2016 年工作建议

2016 年是全面建成小康社会决胜阶段的开局之年。县人大常委会工作的指导思想是：全面贯彻落实中共十八大和十八届三中、四中、五中全会精神，以邓小平理论、“三个代表”重要思想、科学发展观为指导，深入贯彻习近平总书记系列重要讲话精神，按照“五位一体”总体布局和“四个全面”战略布局，坚持“五大发展理念”，牢固树立创新、协调、绿色、开放、共享的发展理念，紧紧围绕中共繁峙县委十三次代表大会精神，依法履行各项监督职权，为实现“十三五”良好开局、打赢脱贫攻坚战、夺取全面建成小康社会决胜阶段的伟大胜利作出新贡献。

（一）改进监督方式，在增强监督工作实效上实现新作为

坚持程序性与实质性、日常性与随机性监督相结合，监督与跟踪问效并重的监督办法，强化监督职能，增强监督实效。全年将安排听取和审议县“一府两院”专项工作报告 15 项，执法检查 4 次，专题调研和视察 4 次。加强和改进预决算审查监督，进一步规范财政经济运行。认真开展 2015 年财政决算情况、财政预算执行及其他财政收支审计情况、2016 年上半年国民经济和社会发展计划执行情况、财政预算执行情况的专题审议。要听取和审议全县“调结构转方式”企业增效情况的工作报告，促进工业经济稳步发展；要紧盯扶贫攻坚这一最大民生工程，依法加强对精准扶贫工作的监督，组织人大常委会委员、人大代表深入基层认真开展调研视察，总结经验，发现问题，督促县人民政府和政府各部门认真落实各项扶贫措施，合力打好扶贫攻坚战，为推动我县精准扶贫的深入开展发挥重要作用；关注民生保障，开展对全县保障性住房分配、使用，全县基本公共卫生服务，对全县农机社会化服务等工作情况进行专题调研；加强和改进对环境保护工作的监督，听取和审议县人民政府“十三五”期间辖区内山体植被、河流水资源修复保护建设情况的报告，促进民生改善和生态文明建设。

（二）坚持依法办事，在行使重大事项决定权上取得新进展

强化人大常委会决定重大事项职能，紧贴国计民生、“十三五”规划实施、自然资源开发利用以及事关全县改革发展的重大问题，认真落实重大事项决定权，切实保障和推动科学、民主、依法决策。把好程序关，坚持依法行使干部任免权，进一步完善干部任前法律知识考试、供职发言和正式就职时向宪法宣誓等制度，坚持原则、完善程序。强化干部任后监督，探索建立对被任命干部的严格管理和容错机制，督促和支持被任命人员干事创业，自觉服务人民群众、服务经济社会发展。

（三）发挥主导作用，在推进民主法治建设上取得新成果

全面落实依法治国基本方略，更好地发挥县人大常委会在民主法治建设中的引领规范和推动作用，带头依法行权、依法履职，及时把县委的决策部署通过法定程序上升为国家意志和全体人民的共同意愿。切实维护宪法和法律权威，保障人民群众依法有序的参与全县工作决策、依法合理表达诉求，监督、支持和推动“一府两院”规范权力运行、依法解决社会矛盾，共同推动法治建设

稳步前进。加强法律监督，继续做好规范性文件的备案审查工作，保障国家法律在本辖区的正确实施。维护法律的严肃性和权威性。认真开展《中华人民共和国选举法》《中华人民共和国道路交通安全法》等法律进行执法检查，督促解决执法中存在的突出问题，营造加快发展的良好法治环境。

（四）强化服务保障，在改进代表工作上取得新突破

完善人大常委会组成人员和乡镇人大主席联系代表、代表联系群众制度，拓展常委会联系代表、代表联系群众的有效渠道。建立健全县乡人大代表联络机制，加强代表联络、服务和培训工作，进一步提高代表履职能力。改进和加强代表意见建议办理工作，认真落实代表意见建议办理沟通协调、重点督办、督促检查和效果评价机制，切实提高问题的解决率和代表的满意率。

（五）落实从严要求，在加强自身建设上取得新成效

全面贯彻落实中央、省、市、县委各项规定，继续巩固和拓展党的群众路线教育实践活动和“三严三实”专题教育成果，扎实开展“两学一做”教育，进一步加强常委会领导班子及机关干部队伍建设，健全完善常委会工作制度和机关管理制度，着力推进常委会及机关工作科学化、规范化、制度化，不断提升工作效能。认真履行“一岗双责”和党风廉政建设主体责任，促进人大机关党风廉政建设深入开展。加强县乡人大机构建设，改进县乡人大工作，加大人大干部培训教育和培养推荐力度，促进人大工作整体水平进一步提升。

“十三五”宏伟蓝图鼓舞人心，实现中国梦的美好前景催人奋进，做好新时期的各项工作，我们义不容辞、责无旁贷。让我们在中共繁峙县委的正确领导下，认真履行宪法和法律赋予的职责，把历史的使命化作现实的责任，把群众的期盼化作积极的行动，创造性地开展工作，努力开创我县人大工作新局面，为全面建成小康社会、建设幸福繁峙而努力奋斗！

2017年3月27日繁峙县第十六届人民代表大会第二次会议报告

繁峙县人民代表大会常务委员会主任　赵　琦

2016年的主要工作

过去的一年，是全面建成小康社会决胜阶段开局之年，是“十三五”规划起步之年，全县改革发展稳定任务十分繁重。在县委的正确领导下，繁峙县人大常委会全面贯彻中共十八大和十八届三中、四中、五中、六中全会精神，深入学习贯彻习近平总书记系列重要讲话精神，以“总结、继承、完善、提高”为原则，以强化法治深化改革为主线，着力服务全县工作大局，忠实履行宪法法律赋予的职权，圆满完成了县第十六届人大一次会议确定的各项任务，为推进我县新一轮振兴发展和依法治县进程作出了积极贡献。

一、实行正确监督、有效监督，形成加强和改进工作的合力

常委会依法行使监督职权，着力增强监督实效。一年来，县人大共召开常委会会议8次，听取和审议“一府两院”工作报告17项，提出审议意见书16份，开展执法检查4次，进行专项调研4次，开展全县重点工程建设项目视察1次，就政府部门依法行政和

服务部门的整体工作进行了年度评议和测评。

“十三五”是消除绝对贫困，向环境污染宣战以及创新驱动发展的攻坚阶段，关系着全县人民的福祉。县十六届人大一次会议，全体代表认真审查审议并通过了县“第十三个五年规划纲要”，绘就了我县十三五期间发展的“路线图”。

适应和引领经济发展新常态，着力提高经济发展质量和效益。面对错综复杂的经济形势和艰巨繁重的发展任务，常委会听取了县政府关于国民经济和社会发展计划执行情况的报告并作出了审议意见。县政府进一步加大了工作力度，创新了工作方法，积极培育了新的经济增长动力，破解了经济下行难题，统筹推进了稳增长、促改革、调结构、惠民生、防风险等各项工作。为保障全县公共财政稳健运行，常委会加强了全口径预决算的实质性审查监督。针对预算执行审计查出的问题，专门听取了整改情况报告，实现了审计监督与人大监督的有效衔接，突出强调了人代会所批准预算的严肃性。

围绕民生问题，常委会一年来对多个领域作了深入调研，并听取和审议了全县农资市场管理情况、农村教育发展情况、全县旅游工作情况、脱贫攻坚工作情况等报告，县政府及相关部门对常委会的审议意见和所作出的相关决议高度重视、积极回应，切实推动解决了关系群众切身利益的重点问题。县政府对春耕备耕前的农资市场加大了监管力度，加强了对农机补贴政策的宣传，为建设优质、高效农业奠定了基础。对我县农村教育事业，县政府及教育部门继续以“打造繁峙教育品牌，建设晋北教育强县”为引领，全面加强了农村师资力量，整合优化了农村教育资源，并重视农村幼儿教育工作，逐步推进寄宿制学校的建设，以不断提高农村教育质量和办学水平为基础，整体推动全县的教育工作，更好地满足人民群众对公平教育和优质教育的双重期盼。县政府还着力破解我县旅游景区景点分散、基础设施落后，景区总体规划不足等问题，以促进我县旅游业的发展。为打赢脱贫攻坚战，常委会与县委同向，与政府同力，与群众同心，深入基层调研，探求破解之法。县政府建立健全了扶贫成效评估和考核机制，从政策、机制、平台支撑上为社会、企业及个人参与扶贫创造了环境，为确保我县贫困人口与全省同步实现小康提供了保障。

强化权力制约，有效推进司法体制改革和司法公正，深化司法体制改革是中共十八届三中、四中全会作出的重要部署，也是“四个全面”战略布局的重要内容。常委会听取审议了县人民法院关于司法改革的专项报告和县人民检察院关于民事行政工作情况的报告。县人民法院根据常委会的审议意见，立足审判执行工作和法院队伍建设，从体制和机制改革两个方面入手，积极稳妥推进了各项司法改革工作，进一步加强了司法干部队伍思想政治建设，落实了司法人员职业保障制度，调动了他们工作的积极性。检察院根据常委会的审议意见，积极探索民事行政检察工作新方法，着力提高办案效率和质量，为维护当事人合法权益、促进司法公正、构建和谐社会、维护社会稳定发挥了积极作用。

加强对法律法规实施情况的监督。常委会围绕全县的工作重点和人民群众普遍关心的热点问题，对计生条例、交通法规、戒毒法、选举法工作进行了执法检查，促进了这些法律、法规在我县的认真贯彻落实。

二、依法行使重大事项决定和选举任免工作，完善和发展科学民主决策机制

2016 年是县乡换届之年。在县委统一领导下，常委会认真组织专题培训，加强教育、主动引导，促进换届选举风清气正、规范有序、如期完成。全县选民参选率超过91.4%，选举产生新一届县级代表163名、乡级代表653名。2017年因工作需要另选县人大代表3名。新一届代表群体结构更为优化，总体素质进一步提升。

依法规范选举任免工作，保证地方国家机关的高效运行。一年来，常委会共选举任免国家机关工作人员58人次，其中任命31人次，免去24人次，决定接受辞职3人次。这些重要人事选任的圆满完成，实现了党委人事安排意图和人民意愿的结合，为全县在经济社会发展的关键转折点上提供了坚强组织保障。特别是根据市、县委安排意见，精心组织召开了县第十六届人大一次会议，选举产生了新一届“一府两院”班子和人大班子成员。常委会还高票通过了两名副县长的任命，做到了讲政治、讲大局。在干部任命中严格按照《全国人大常委会宪法宣誓决定》，新增加了宪法宣誓仪式，进一步规范了任免程序，增强了被任命人员的宪法意识、责任意识和公仆意识。

推进监察体制改革。设立县监察委员会，建立集中统一、权威高效的监察体系，是事关全局的重大政治体制改革。常委会坚决按照中央、省、市、县委改革试点方案的要求，积极支持推进监察体制改革，认真组织实施，保证试点工作积极稳妥、工作关系依法理顺、监察改革有序推进，在深化监察体制改革上迈出重要一步。本次代表大会我们将选举产生县监察委员会主任。

三、加强和改进代表工作，充分发挥代表主体作用

加强服务保障与履职管理。2016年是换届年，新产生了县人大代表163名，市人大代表27名，这些人大代表大多数为新当选。为进一步提高代表的素质及履职能力，县人大常委会于8月24日邀请省、市人大常委会的同志就《人民代表大会理论与实践》、《代表法》的相关知识对全体县人大代表进行培训；9月28日，组织市人大代表、县十六届人大常委会组成人员以及各乡镇人大主席，就《宪法》和《代表法》再次进行培训，进一步促进人大代表了解和掌握人民代表大会制度和人大工作的基本知识以及作为一名人大代表应具备的基本素质，有力提升人大代表和人大干部的履职水平。

提高学习意识与履职水平。在对代表培训的基础上，2016年9—10月份，常委会积极组织近200名市、县、乡三级人大代表参加省人大开展“人民代表大会制度及相关法律知识竞赛”。这次活动既激发了代表的学习热情，也广泛地宣传了人民代表大会制度，收到良好社会效果。

2016年11月，县人大常委会组织全体组成人员和部分省、市、县人大代表，对2016年全县的部分重点工程项目进行了视察。视察团先后深入繁城镇万亩白水杏生态脱贫项目、滹沱河源头环境综合治理县城段园林景观工程、平型关旅游开发项目和华茂精密铸造责任公司等项目现场，实地视察项目建设进展情况，了解项目建设中遇到的困难和问题，并即时召开了座谈会。参会代表积极发言，对全县重点项目取得的成就给予了充分肯定，也针对视察中发现的问题提出了合理化建议和意见。整理汇总出的16条建议意见，及时呈送县委、反馈到县政府后，县委孔书记、政府崔县长高度重视并作出批示，要求各部门安排落实，为扎实推进全县重点工程建设，确保人代会通过确定的各项工作目标、任务，保质保量完成做出了积极努力。

加强走访代表联系选民。从11月底到12月初，县人大常委会分成五个小组由五位主任带队，在全县范围内开展“联系代表走访选民”活动，向代表和选民报告县人大常委会、“一府两院”一年来的工作情况，让代表、选民知情知政，并广泛征求代表和选民对本年度县人大常委会和“一府两院”工作的意见以及对下一年工作的建议，让更多的人民群众有序参与地方国家事务。此次活动聚焦精准扶贫，各小组听民声、问民意、集民智，进村入户，问需问难，进行了集中调研。这次活动召开14次座谈会，县乡人大代表，选民代表，村第一书记，企业代表，种植、养殖大户，乡镇机关工作人员共计有710名参加了座谈会，共发放测评表710份，收回691份，选民提出建议意见涉及方方面面的各个部门。常委会形成调研报告及时呈送县委，为县委决策提供参考。

坚持代表列席常委会会议制度。人大常委会连续邀请代表列席人大常委会会议。2016年先后邀请40名基层代表列席人大常委会会议。在增加人大常委会工作透明度的同时，加强与代表的联系，强化了代表履职尽责的意识和能力。

加大督办力度，提升代表建议、批评和意见的办理实效。把提高解决率作为办理工作的标准，健全“重点督办、跟踪督办”的代表建议督办机制。2016年人代会共收到人大代表建议意见53件。常委会始终将代表满意、群众认可作为办好建议的第一标准，年初抓及时交办，梳理确定督办重点；年中抓跟踪办理，广泛征求代表意见；年末抓问效，有效加快了办理进度，提高了办理质量。代表建议意见反映的突出问题得到了有效解决，进一步激发了代表的履职热情。

2016年年底，常委会开展“助推脱贫攻坚，人大代表在行动”活动，向全县各级人大代表发出倡议。人大代表们积极响应，共捐资52400元，慰问帮助建档立卡贫困户135户。

四、坚持和依靠党的领导，推动人大工作和建设再上新台阶

常委会始终坚持和主动接受党的领导，认真落实中央、省、市、县委关于人大工作的要求和部署，积极推动解决人大工作中的实际问题。

切实强化思想建设，牢牢把握人大工作正确的政治方向。常委会坚持把落实中共十八届三中、四中、五中、六中全会精神和习近平总书记系列讲话精神贯穿于人大工作各方面、全过程，在人大的各项工作中坚决贯彻执行中央和省、市、县委重大决策部署，坚持重大事项、重大问题向县委报告。充分发挥常委会党组的核心作用，担负起党建工作的主体责任和人大工作的领导责任，依法按程序做好相关工作，统筹安排和推进人大监督、决定、任免、代表等各项工作和重要活动，从制度上、程序上保证县委重大决策部署和重要举措的贯彻落实。

持续深化正风肃纪，努力营造风清气正、干净干事的良好氛围。常委会加强自身建设，突出建章立制，对工作制度进行全面梳理，修订完善了《繁峙县人民代表大会常务委员会议事规则》《繁峙县人民代表大会常务委员会组成人员守则》《人大代表建议、批评和意见督促办理办法》，进一步扎紧了制度的“笼子”，用制度管人管事、规范行为，有力促进了机关文风、会风、纪律作风的转变。结合“两学一做”学习教育，就加强纪律作风建设提出明确要求，强化作风整顿，在人大各项工作中把全面从严治党落到实处。

深入贯彻落实省、市、县委人大工作会议精神，不断提高常委会履职能力和成效。注意发挥县人大各专门委员会和常委会工作机构的职能作用，创新工作方法，深入开展调研，全年共形成调研报告 25 篇。认真办好人大专刊和人大网站。加强了与乡（镇）人大工作的联系与指导，全县人大工作整体水平不断提高。

过去的一年，是机遇与挑战并存，继承与创新并重的一年。总结一年的工作实践，我们有以下几点体会：

做好人大工作，必须始终坚持正确的政治方向。必须自觉服从党的领导，增强政治定力，强化“四个意识”，把关于人大工作的重要精神，学习好、领会好、贯彻好。

做好人大工作，必须始终把握服务大局的定位。人大工作紧紧围绕改革和发展的大局，按照县委提出的重大思路和要求来谋划人大工作，把县第十三次党代会精神贯彻于人大工作全过程。

做好人大工作，必须始终提高依法履职的能力。要极大地提升法治思维能力，以问题为导向，准确把握民情民意，善于运用法治手段来履职，要有担当善作为，及时回应社会关切，提高工作实效，从而达到监督和支持“一府两院”，推动经济社会平稳发展的目标。

做好人大工作，必须始终发挥代表的主体作用。人大代表是国家权力机关组成人员，分布于全县各个领域、各条战线，蕴藏着丰富的实践经验和巨大的智慧源泉。只有不断加强代表工作，积极创新人大代表的履职方式和方法，才能广泛凝聚社会共识，从人民群众中汲取动力和智慧，从而为提升人大工作质量奠定扎实根基。

做好人大工作，必须始终加强自身队伍建设。只有把人大常委会打造成一支步调一致、精诚团结、勤力同心、廉洁高效的队伍，才能心齐气顺，善作善成，提高人大常委会的整体履职水平。

常委会过去一年取得的成绩，是在县委正确领导下，全体人大代表、常委会组成人员及机关工作人员辛勤努力、扎实工作的结果，是县政府、县法院、县检察院和乡镇人大密切配合积极协作的结果，是政协委员、工商联各民主党派各界人士和全县广大干部群众充分信任、大力支持的结果。在此我代表县人大常委会向各级领导、各位代表、各界人士表示衷心的感谢！

在总结工作成绩的同时，我们也清醒地认识到，常委会的工作与新形势的要求、时代的呼唤、人民群众的期盼还有一定差距和不足。主要是监督工作的深度和实效有待拓展和提高，代表作用的发挥还不够充分，反映社情民意、回应社会关切尚有不足，常委会依法履职的能力有待进一步提高。这些问题和不足，需要我们在今后的工作中努力加以解决。

2017 年工作计划

2017 年是实施“十三五”规划的重要一年，是供给侧结构性改革的深化之年，做好今年的工作必须加强政治意识、大局意识、核心意识、看齐意识，把思想和行动统一到党中央的决策部署上来，统一到省、市、县的总体部署上来。县人大常委会总体要求是：全面贯彻党的十八大和十八届三中、四中、五中、六中全会精神，深入学习贯彻习近平总书记系列重要讲话精神和治国理政新理念新思想新战略，统筹推进“五位一体”总体布局，协调推进“四个全面”战略布局，践行“五大发展理念”，坚持“一个指引、两手硬”重大思路和要求，坚持党的领导、人民当家作主、依法治国有机统一，着眼于服务全县工作大局，认真履行宪法和法律赋予的各项职责，不断加强和改进人大工作，为加快建设幸福宜居美丽富庶繁峙提供更加有力的保障。

根据上述总体要求，2017 年常委会工作计划是：

一、聚焦重点、热点、难点问题，加强、改进监督工作

着眼于适应和引领经济发展新常态，积极推动供给侧结构性改革，听取审议全县旅游业发展情况报告。继续加大全口径预算审查监督力度，着力推动全面规范、公开透明的预算制度，听取审议计划、预算执行情况报告。以全面建成小康社会为目标，听取审议全县精准扶贫工作情况报告；持续推动民生改善，听取审议全县打击毒品犯罪工作、安全生产、卫生事业发展、文化事业建设、全县农村饮水安全工作情况的报告；以推动生态文明建设为重点，听取审议生态建设工作情况的报告；以司法体制改革和规范化建设为重点，听取审议县人民法院关于司法改革工作情况的报告和县人民检察院关于监所管理工作情况的报告；以推动法律法规实施为重点，就《农业法》《水法》《畜牧法》《食品安全法》《山西省环境保护条例》《科技进步法》贯彻执行情况进行执法检查。

对人民关注的问题进行专题调研。围绕全县人民关心的热点难点问题，将就县城内交通秩序管理情况、县乡公路建设，全县职业教育、新型农村合作医疗体制改革、全县棚户区改造、全县公立医院工作情况、县人民法院案件审结情况等工作进行深入调研，广泛集中民意，为推动县委决策的部署落实和全县经济社会发展统一意志，凝聚力量。同时常委会还要组织省、市、县人大代表对 2017 年全县重点项目建设情况进行视察。

继续深化民主法制领域改革工作。县人大作为全县民主法制领域改革小组的牵头单位，要加强参加单位沟通协作，着眼全局、合理谋划、贯彻落实县委全面深化改革领导小组的总体安排部署，围绕目标和任务，在理论创新、制度创新、工作创新上下功夫，推动我县民主法制领域改革工作。

2017 年新成立了县监察委员会。常委会要切实加强党的领导，全力支持繁峙县监察委员会的工作，并依法进行监督。

根据监督法及规范性文件备案审查工作条例，进一步做好规范性文件备案审查工作。

二、坚持“抓大事、议大事、决大事”原则，依法行使决定权

认真贯彻落实省、市、县委关于人大讨论决定重大事项的有关要求，坚持把决定重大事项作为增强监督实效的有放手段。严格执行《繁峙县人民代表大会常务委员会讨论决定重大事项规定》，结合重点监督工作，主动就改革发展、民生改善、法治建设等方面的重大问题依法作出决议决定。加强对所作决议决定落实情况的监督检查，保证决议决定的严肃性和权威性。

坚持党的领导、充分发扬民主、严格依法办事，切实行使好人事任免权。强化对常委会任命人员履职情况的监督，增强被任命人员的法律意识、人大意识、责任意识，保证人民赋予的权力始终用来为人民服务。

三、立足能力、活力、动力的增强，深化和拓展代表工作

积极探索常委会联系人大代表、人大代表联系人民群众的“双联”机制，大力推进上下级人大代表与人民群众之间的联系，保证人民代表大会制度体系内自下而上的代言渠道的畅通。加强对闭会期间代表活动的组织指导，加大代表培训力度，提升代表提出议案、建议的水平。进一步建立代表履职激励约束机制，不断激发代表履职积极性。

继续深化“助推脱贫攻坚、人大代表在行动”主题活动。紧紧围绕全县脱贫攻坚方略，组织代表开展视察促进、调研献策、听取报告、检查督促和参与奉献五项“代表在行动”活动，充分发挥代表在服务脱贫中的重要作用，夯实人大推进脱贫攻坚工作的基础。并通过人大代表的示范、引领作用，带动和激发全县人民的积极性、主动性和创造性，形成脱贫攻坚的强大合力，为全县实现全面脱贫、全面小康做出积极的贡献。

四、强化政治、协作、自律意识，不断提高常委会履职效能

继续把思想政治建设放在首位，自觉坚持党对人大工作的领导，严守政治纪律和政治规矩，紧紧围绕中央和省、市、县委决策部署履职尽责，保证党的主张通过法定程序成为国家意志。持续加强和改进作风建设，巩固深化“两学一做”专题教育，全力打造一支政治可靠、业务娴熟、纪律严明、作风优良的人大工作队伍，树立勤政务实、廉洁高效的地方国家权力机关形象。积极顺应人大工作新形势，不断提升运用法治思维和法治方式开展工作、解决问题的能力，始终保持昂扬的精神状态，全力提升人大工作质量和水平。

县委十三届二次全会绘就了繁峙发展的宏伟蓝图。面对新形势和新任务，我们深感责任重大、使命光荣。让我们紧密团结在以习近平同志为核心的党中央周围，在中共繁峙县委的坚强领导下，激发同心同德的精神和力量，凝聚决战决胜的信心和勇气，担当使命，主动作为，真抓实干，切实履行好宪法法律赋予我们的各项职权，为塑造繁峙美好形象，实现繁峙振兴崛起作出新的更大贡献，以优异成绩迎接党的十九大胜利召开！

政府工作报告（节选）

2015 年 4 月 8 日繁峙县第十五届人民代表大会第五次会议报告

县人民政府县长　孔保宝

一、2014 年工作回顾

过去的一年，在市委、市政府和县委的正确领导下，在县人大和县政协的监督支持下，县人民政府深入贯彻落实党的十八大、十八届三中、四中全会精神和习近平总书记系列重要讲话精神，主动适应经济发展新常态，审时度势，精准施策，各项工作稳中有为、稳中有进，在全面建成小康社会的道路上迈出了坚实的步伐。

一年来，我们千方百计稳增长。面对经济下行压力持续加大的影响，我们着力深化各项改革、推动转型升级、加快项目建设，各项主要经济指标稳定增长。2014 年，全县 GDP 完成 53.18 亿元，增长 5.4%；固定资产投资完成 74.72 亿元，增长 22.4%；规模以上工业增加值完成 49.88 亿元，增长 3.8%；公共财政预算收入完成 4.25 亿元，增长 17.4%；社会消费品零售总额完成 10.31 亿元，增长13.7%；城镇常住居民人均可支配收入完成22967元，增长9.5%，农村常住居民人均可支配收入完成6012元，增长11.2%；增长速度更加稳健、增长质量和效益更加优质成为我县去年经济发展的显著特点。

一年来，我们坚定不移推改革。推进转型综改，制定了《繁峙县国家资源型经济转型综合配套改革试验2014年行动计划》，扎实推进行政审批制度改革，晒出政府权力清单，网上公布权力5472项，进驻政务服务大厅的42家工作部门70个服务窗口全年累计受理业务26394件，办结率、回复率、处理率均达到100%。

推进矿山企业规费收入改革，出台了新的规费集中征收办法，全年非税收入完成1.5亿元，同比增长16.54%。实施农村土地承包经营权确权登记颁证试点改革，完成了繁城等3个乡镇的登记试点工作，共测土地面积6229.1亩，涉及农户427户。推进政府机构改革，工商、质监系统整体划转地方工作顺利完成，事业单位分类改革有序开展。

一年来，我们稳扎稳打抓项目。坚持把项目建设作为应对经济下行压力、优化产业结构、实现稳定增长的主要抓手，实行领导包项目、24小时直通车、月调度、月通报等制度，对项目从洽谈、落地、建设、投产等各个环节进行全程跟踪，做到“一个项目、一位领导、一套班子、一抓到底”。38个省市重点项目建设完成投资59.94亿元，占年度计划的107%；项目投产完成74.97亿元，完成率131.5%，“八位一体”项目建设考核走在了全市各县前列。我们还组织了全县的项目观摩，对项目建设成绩优秀的乡镇和单位进行了表彰。

一年来，我们多措并举抓“三农”。不断加大农业投入。整合涉农资金1.35亿元，对玉米高产创建等给予补贴，全县粮食总产量达到7997.1万公斤，同比增长6.3%，再创新高。新发展设施农业60公顷，总面积达到454.6公顷，集义庄现代有机农业示范区发展成为忻州规模最大、标准最高、设施最为完善的高效设施农业生态科技示范园区。拿出2000万元对牛羊产业发展进行“四补一贴”，累计新建标准化养殖小区88个、规模养殖场36个、羊加工企业2家，规模养殖户达到2857户；全县猪、牛、羊、禽饲养量分别达到32万头、3.3万头、72万只、100万只；肉、蛋、奶产量分别达到2.2万吨、0.38万吨、2.19万吨；畜牧业总产值2.6亿元，占全县农业总产值的74.3%。全年用于农林水的支出达到2.49亿元，铺设灌溉钢管和塑料管共854千米，新打井及配套55眼、引水工程11处、节水工程29处、水土保持初治面积3446.67公顷，农机总动力达21.8万千瓦，配套农机具保有量达到6249台（件），农业耕、种、收机械化水平达到80%以上，农业基础设施条件极大改善。

农村环境显著改善。投资1.95亿元实施了改善农村人居环境四大工程，重点打造了13个乡镇的15个美丽宜居示范村，繁城镇笔峰村被列为省级美丽宜居示范村。同时，把乡村清洁工程与巩固拓展延伸“创卫”成果相结合，扎实推进全县402个村的清洁工作，配备保洁人员1297名，新建垃圾池1341座、无害化垃圾填埋厂2座和简易垃圾填埋厂11座，配置垃圾桶3602个、各种收集车辆1085辆，清运垃圾9.655万吨，清理农村“四堆”“四乱”4679处，整修残垣断壁762处，粉刷墙体面积16.07万平方米。

农民收入持续增加。坚持扶贫跟着产业走，把产业扶贫作为扶贫开发的核心，全县近80%的企业转型到农业，累计投资近20

亿元用于农业项目建设，成为带动农民增收致富的新引擎。改进扶贫方式，实施精准扶贫，全县共识别出 213 个贫困村、75140 贫困人口，已全部录入精准扶贫建档立卡信息平台进行动态管理，并落实了帮扶单位。

一年来，我们持之以恒抓生态。污染减排取得新进展。认真贯彻落实《大气污染防治行动计划》，开展了燃煤灰尘、工业粉尘、建筑扬尘以及机动车污染等的集中治理，淘汰燃煤锅炉 13 台，拆除土炉灶 235 个，淘汰黄标车及老旧车 951 辆，全县新增集中供热面积 103.8 万平方米，砂河镇区集中供热与县城一样享受政府补贴，全县空气质量进一步好转。全县污水处理率达到 97.58%，再生水利用率达到 13.1%。

生态林业实现新突破。全年完成投资 1.2 亿元，荒山造林 4000 公顷，干果经济林建设 1000 公顷，通道绿化 35.58 千米，山地公园提升工程 2 处，全县森林覆盖率达到 20.59%，北部浅山区 30 千米形成绿色大林道、景观大廊道、生态大屏障。2014 年，在省、市召开的造林绿化现场会上，我县整合技术、资金、土地优势，兼顾生态、经济、社会效益的造林方法，得到广泛认可。

一年来，我们真情实意惠民生。大力发展教育事业。坚持把教育作为全县最大的民生工程来抓，制定了振兴教育的五年发展规划。全年用于教育的支出占财政总支出的四分之一以上，改善了办学条件，提高了学生的伙食水准，免除了全县普通高中在校生学费。高考二本 B 类以上达线 351 人，创繁峙高考达线人数的历史最高纪录。中考继续保持好的成绩，连续三年进入全市优秀行列。

不断改善医疗条件。全县用于医疗卫生和计划生育的支出达 8400 万元，新建了县中医院综合业务楼和县急救中心，为县医院购置了大型医疗设备。人均公共卫生服务经费提高到 30 元；13 个乡镇卫生院和 8 个分院网上采购药品 1750.6 万元，基本药物实现“零差率”销售。全县人口出生率为 11.12‰。人口自然增长率为 5.63‰。

加快发展文化事业。举办了“民歌、民舞、民乐”舞台艺术大赛等丰富多彩的各类群众文化活动，为 13 个乡镇选配了乡镇文化工作志愿者。新建农村文体活动室 43 个，组建农村文艺队伍 17 支，免费放映农村公益数字电影 4824 场、“送戏下乡”100 场。县文化馆、图书馆免费培训、接待学员和群众 2 万余人次。

千方百计扩大就业。新增城镇就业 2786 人，转移农村劳动力 2728 人，创业带动就业完成 381 人，下岗失业人员再就业完成 1058 人，就业困难群众就业完成 287 人，登记失业率控制在 3.1%以内。社会保障全面加强。机关事业养老保险、企业养老保险、新农保等三项基本养老保险和城镇职工医保、城镇居民医保、新农合三项基本医保均实现最大范围的保障。对近万名低保对象在参保、参合方面进行了救助，对 3800 多名城乡困难群众进行了帮扶慰问，保障水平逐步提高。

一年来，我们毫不松懈抓安全。牢固树立“红线意识”，认真落实“三项制度”，严格执行“四项管理”，健全完善“四个体系”，集中开展“六打六治”，全县安全生产形势持续稳定，连续两年没有发生矿山企业安全生产事故。

一年来，我们坚持不懈转作风。扎实开展第二批党的群众路线教育实践活动，严格执行中央和省、市各项规定，县政府班子及政府系统各部门在“四风”方面存在的问题得到有效整改，干群关系更加密切，工作效率显著提高，服务水平明显提升，政府执行力、公信力、亲和力不断增强。积极推进政府民主法治建设，自觉接受人民代表大会及其常委会法律监督和人民政协民主监督，全年共办理人大代表意见建议45件、政协提案31件，回复率达100%。

一年来，我们齐心协力创品牌。品牌创建工作取得突破，国家卫生县城、国家卫生镇复检通过，省级双拥模范城创建通过验收，获得省级文明县城创建工作先进县荣誉称号，省级园林城市创建启动，“五城联创”目标可望实现；全年承办多个现场会，全国区域推进课堂教学改革、全国国有林场场外造林、全省农村义务教育学生营养改善计划试点工作、全省“百企千村”产业扶贫开发工程等国家、省、市各类现场会在我县召开。

去年，我县荣获县域经济发展先进县、林业生态建设“三加三不减”先进县等省级以上表彰奖励10余项，受到市委、市政府表彰奖励12项。

此外，全民健身、地方志、统计、档案、武装等工作都取得了新的进步。

成绩来自砥砺奋进，发展源于上下同心。过去的一年，面对复杂多变的发展环境和经济下行的巨大压力，我们能够取得这些成绩，实属来之不易，这是县委总揽全局、科学决策的结果，是县人大、县政协鼎力支持、密切配合的结果，是全县人民攻坚克难、共同奋斗的结果。在此，我代表县人民政府，向为全县经济社会发展作出突出贡献的广大干部群众，向给予政府工作热情支持和有效监督的人大代表、政协委员，向离退休老干部、老同志，向所有关心、支持繁峙发展的社会各界朋友，致以崇高的敬意和衷心的感谢！

过去的成绩值得肯定，但发展中的问题更不容我们忽视。当前，我县经济发展中还存在一些亟待解决的问题。一是工业经济支撑乏力，受宏观经济形势影响，市场需求减少，铁矿、金矿等主要工业产品价格持续走低，产品积压，规上企业对工业经济的支撑作用明显减弱，经济下行压力前所未有。二是主要经济指标增速放缓，过去的一年，除全社会固定资产投资、公共财政预算收入完成年初确定的目标任务之外，其余6项指标均没有完成年初确定的增长目标。三是新项目较少，过去的一年，全县新开工的投资在1亿元以上的项目仅有11个，按市政府新出台的B类“135”考核办法，纳入市产业考核项目范围的8个，投资总额仅有31.28亿元，与同类县还有差距。四是招商引资不足，近年来，除新能源领域受国家优惠政策鼓励，企业集团主动上门投资外，重大产业项目引进明显不够，发展的后劲不足。五是社会治安综合治理基层基础薄弱，两起刑事案件影响较大，对“两抢一盗”等违法犯罪活动的打击力度还需进一步加强，农村赌博、吸毒等屡禁不绝。这些都是我们发展中的问题、转型中的矛盾、前进中的挑战，已经引起我们的高度重视，我们将坚持以改革的精神、创新的思维和统筹的办法切实加以解决。

二、2015年工作安排

2015年是全面深化改革的关键之年，是全面推进依法治国的开局之年，是全面完成“十二五”规划的收官之年，也是我省全面推进“六大发展”的开局之年，做好今年各项工作意义重大。今年全县工作的总体要求是：深入贯彻中共十八大和十八届三中、四中全会精神，认真落实中央、省、市经济工作会议部署，以邓小平理论、“三个代表”

重要思想、科学发展观为指导，以习近平总书记系列重要讲话精神为根本指针，主动适应经济发展新常态，坚持稳中求进、改革创新，以提高经济发展质量和效益为中心，把转方式调结构放到更加重要位置，以项目建设为抓手，千方百计帮扶企业，着力培育新的经济增长点，统筹城乡发展，加快城镇化建设，保障改善民生，建设法治繁峙，全面推进经济、政治、文化、社会、生态文明建设，促进全县经济平稳健康发展、社会和谐稳定。

今年全县经济社会发展的主要指标预期是：地区生产总值增长5.5%左右；全社会固定资产投资增长18%；社会消费品零售总额增长10%；规模以上工业增加值增长5%；地方公共财政预算收入完成3.62亿元；城镇常住居民人均可支配收入增长7%；农村常住居民人均可支配收入增长8%。约束性指标全面完成市下达任务。

围绕上述目标任务，今年我们将重点做好九方面工作：

（一）以稳定工业生产为主线，促进经济平稳健康发展

工业是立县之基、强县之本。我们将切实加大对工业企业的帮扶力度，强化企业运行监控，全面提高工业经济运行质量和效益，促进经济平稳健康发展。

一要全方位服务企业。严格落实“四长”联系企业制度，由县长、局长、乡长、行长分类包企业，根据企业存在的问题，逐企进行研究，重点在资金、用地、技术、人才等方面加大对企业的扶持力度。建立健全部门联动服务机制。充分发挥政府各部门职能，围绕政策落实、要素保障、项目建设、企业减负等关键环节，为有竞争力、有发展前景的实体企业提供全方位、多层次的服务，切实帮助企业解决问题，确保企业在市场低迷的情况下，企业品牌不倒、主要客户不丢、技术骨干不流失。要积极引导企业强化内部管理，降低生产成本，应对当前的困难。要鼓励企业转产转型，延伸产业链，主动适应经济新常态。

二要切实优化企业发展环境。清理涉企收费项目，进一步规范收费行为，全面落实我省出台的为企业减负60条措施，切实减轻企业负担。要提高行政审批效能，开展联审联批，简化办事流程，加大电子政务、网上审批力度，推行重大项目“一站式”服务。要加大金融支持实体经济的力度，着力解决企业“融资难、融资贵”的问题，积极牵线搭桥，协调银企关系，构建经常性的银企合作、银企对接机制，在企业技改、短期融资贷款等方面给予支持，为更好地赢得金融机构支持创造条件。集中整治扰乱、妨碍企业正常生产秩序的违法行为；依法查处聚众到企业闹事或冲击企业生产、施工以及扰乱企业生产经营和办公秩序的案件。

三要加大矿业秩序整治力度。我们将严格依照有关法律法规，加大执法力度，严厉打击非法采矿行为；严厉打击以地质灾害治理、荒山荒坡治理、土地复垦等治理工程为名擅自开采矿产资源的违法行为；严厉打击越层越界开采行为，促进矿产资源开发秩序明显好转。

（二）以项目建设为抓手，进一步夯实稳增长的基础

从目前经济发展形势来看，投资拉动是经济发展最直接、最有效的引擎。我们将牢固树立抓项目就是抓发展，抓大项目就是抓大发展的意识，持续在项目建设上发力，夯实稳增长的基础。

一要抓好省市县重点项目建设。今年，

经过认真筛选，我县共确定了125个省市县重点项目，总投资187.8亿元，年内计划完成74.8亿元。项目建设中，我们将高度重视市产业类项目的分类考核工作，确定好、设计好项目，时刻掌握项目的进度，力求考核取得好成绩。采取有力措施解决后峪铜钼矿项目推进滞后、连续几年影响考核的“症结”，主动与企业对接，提高服务水平，力争年内取得较大进展；对受五台山风景名胜区规划影响的9家企业，要积极协调省市加快规划调整进度，加快资源整合步伐，使其成为我县今年新的经济增长点。

二要完善项目推进机制。继续实行“八位一体”重点项目考核办法，全面抓好项目签约、落地、建设等各个环节的工作。继续实行“四个一”的“保姆”式帮扶方式，对全县所有的项目都要倒排工期，项目主管部门和项目负责单位都要向社会作出承诺。

三要实施项目手续百日攻坚行动。今年我们要将项目前期手续办理作为项目推进的重要内容，采取联审联批的办法，开展百日攻坚行动。县发改局、重点办已将往年的续建项目、今年的新建项目前期手续办理情况列表，任务细化到具体部门、具体责任人，各部门要对照分工逐一落实。县政府每半月召开一次工作汇报会，听取各个项目手续办理情况，对推进落实不力的将问责。

四要强化招商引资工作。招商引资是我县项目建设的短板，我们必须把招商引资作为一项长期任务，围绕产业、围绕园区、围绕优势资源开展招商，推动招商引资工作取得重大突破。特别是在传统产业提升、新能源、绿色农副产品开发、文化旅游产业等方面积极储备、规划、设计一批大项目、好项目。同时，要不折不扣地、创造性地落实好省市有关招商引资政策，结合我县实际制定出台新的招商优惠政策。要创新招商方式，组建专业团队，在园区招商、特色资源招商、产业链招商、项目招商等方面取得新突破。要加大资金、政策扶持力度，积极推进全民创业，建设创业园区。

（三）以转型综改为引领，做好非煤产业大文章

改革是经济发展和社会进步的永恒动力。我们将坚持以转型综改统领经济社会发展全局，扎实、有序、协调推进综改任务，最大程度地激活市场主体，增强发展活力，释放改革红利。

一要推进矿产资源市场化配置改革。今年我们将按照省委发展七大非煤产业的要求，大力推进矿产资源市场化配置改革，充分发挥市场配置资源的基础性作用，强化政府对探矿、采矿、转让等环节的调控。要建立和完善全县公共资源交易平台，并制定相应的监管实施办法。将全县矿产资源全部纳入平台交易，对新设立的铁矿、金矿资源矿业权全部采用招标、拍卖、挂牌等市场竞争方式出让。对已经取得采矿权、探矿权的企业进行出让、转让、股权重组等也要经过政府公共交易平台进行公开操作。

二要建立资源型产业延伸循环促进机制。鼓励企业使用先进的开采技术、工艺和设备，提高资源开发利用规模化、集约化、机械化程度。要通过实行严格的技术标准、要素供给、节能减排、目标考核等手段，倒逼企业开发新产品、延伸产业链、发展循环经济。积极推进华茂、中兴等重点能耗企业实施技术改造，进一步优化产品设计和生产工艺，降低单位产品能耗、物耗和废物排放，实现水、电等资源的循环利用。加强资源开采过程中低品位矿、共伴生矿、难选冶矿、尾矿等的综合利用，提高矿产资源回收率。

三要引导企业抱团发展。我们将进一步落实各项扶持政策，积极引导鼓励有实力、有眼界的企业实施兼并重组，组建大集团、大基地。要在推进资源整合工作的同时，坚决淘汰落后产能，关小上大，构建大型企业为主体、大中小型企业协调发展的矿业经济新格局。要坚持保障要素向大企业大集团集中，金融、人才等政策向大企业、大集团倾斜。要鼓励宝山鼎盛科技有限公司、中兴卡盘铸造公司等企业，培育和建立国家、省级以上科技研发中心，与高等院校、科研院所共用人才、共享成果，提高企业产品的科技含量和核心竞争力。同时，要进一步加强对县属国有企业改革的分类指导力度，推进国有企业股权多元化改革。

四要大力发展新兴产业。发展新能源产业，全力推进华能新能源风力发电项目、中电投山西新能源有限公司云雾峪风电场项目、协合风电投资有限公司乔家窑风电场的建设，创造条件推进中电新能源光热发电项目，力争到“十三五”末使我县风能、光能发电总能力达到100万千瓦。

发展文化旅游产业，重点抓好平型关长城修复、伯强毛主席路居馆建设、岩山寺周边环境整治、公主寺的维修保护以及天台茄兰生态旅游度假区、大明烟矿区矿山治理及生态旅游项目的建设，推动砂河北山佛教文化园区规划和建设，在抓好文物保护的前提下，整合文化事业发展资源，做好繁峙特色文化的弘扬与开发。

发展现代物流和新兴业态，要积极动员铁选企业与国内钢铁企业联合，依托他们的销售网络渠道，聘请能人，组建跨区域的贸易公司，销售我县的铁矿粉。要引进电商发展理念，鼓励鸿生物流公司运用先进的电子商务物流理念打造一流的物流园区，推进电商与实体流通商铺相结合，加快构建冷链物流体系，将我县的小杂粮等农副产品以及特色手工艺品，通过网络电商销往全国。

积极发展通用航空产业，抓紧做好通用航空产业园区的选址、飞行设计、评审、可研、立项等前期工作，搞好发展定位，依托五台山文化旅游资源面向社会公开招商。

五要大力发展现代农副产品加工业。切实增强企业发展信心，推动宝山鼎盛科技有限公司在开拓市场、保健品研发、亚麻籽研究等方面迈出新步伐。帮助绿源亨通食品有限公司扩大订单，提高产能，提升管理水平，真正建成一头连市场、一头连农户的富民企业。帮助宏钜大磨坊高起点定位、高标准建设，打造品牌，开拓市场，实现效益最大化。帮助福康醋业扩大规模，引进研发队伍，发展保健醋系列产品，不断做大做强。

要进一步发展生态绿色畜产品。继续扩大养殖规模，加强与澳大利亚合作，引进先进技术，实施牛羊品种改良，打造具有繁峙特色的牛羊肉品牌。支持神堂堡、东山乡扩大本地山羊饲养量，改进品种，推动山羊养殖向规模化发展，打造具有繁峙地理标志山羊品牌。目前，我县的羊饲养量已达到70万只、牛饲养量达到3万多头，我们将出台扶持政策，加快建设牛羊交易及屠宰加工物流园区，进一步延长牛羊加工产业链条，切实破解牛羊产品销售瓶颈，提高畜产品附加值。要加快光裕堡蛋鸡养殖园区建设，力争年内饲养量达到70万只，要同时配套完善饲料加工、粪污处理、检验检疫、疾病防控等设施，为园区的发展提供保障。

要继续支持雨润集团、辉煌奶业、银河奶业、万锦肉牛育肥、绿洲兔业等企业的发展，培育我县高品质的肉类、乳制品生产企业。大力发展白水杏、红富士、设施蔬菜等绿色有机农产品，扩大规模，形成品牌。加强对全县山泉水资源的开发管理，整体规划，限量开发，形成规模效益。

（四）以转变发展方式为主线，全力抓好“三农”各项工作

我们将按照稳粮增收、提质增效、创新驱动的总要求，继续全面深化农村改革，转变农业发展方式，构建现代农业体系，促进农业稳定发展，农民持续增收。

一是构建现代农业体系。稳定粮食生产，加强农田水利建设，持续推进玉米丰产示范区建设，搞好杂粮振兴工程，建立5个万亩连片杂粮示范区，粮食总产量达到8200万公斤。继续推进新一轮雁门关生态畜牧经济区建设，落实“四补一贴”政策，加大现代规模健康养殖园区建设力度，力争建成全省的羊、牛、猪大县。深入实施“一村一品”建设，围绕优质小杂粮、设施蔬菜、健康养殖、特色林果、农产品加工等产业，在每个乡镇重点打造1—2个“一村一品”专业村。推广农业实用技术，继续强化科技在农业生产中的支撑作用；提升农业机械化水平，以创建农业机械化综合示范县为依托，培育农机大户和农机合作社，增强农业综合生产能力，力争2015年年末，全县农机总动力达到23万千瓦，主要粮食作物农机综合水平达到80%以上；支持培育种养大户、家庭农场、农民合作社、农业企业等新型经营主体，积极发展多种形式的适度规模经营。

二是深化农村改革。全面推开土地承包经营权确权工作，利用两年时间基本完成确权任务。完善土地流转实施办法，建立土地流转用途审查制度，引导农村土地经营权有序流转，加快完善建设县乡村三级土地流转服务体系和土地承包经营权纠纷调解仲裁体系。要进一步理顺集义庄设施农业示范园区的管理体制，帮助该园区尽快走上规范化发展道路。

三是加快扶贫开发。落实精准扶贫要求，制定精准扶贫工作方案，加大产业扶贫力度，大力实施百企千村产业扶贫开发、劳动力就业培训、易地扶贫搬迁、教育扶贫、金融富民扶贫等重点工程。对213个贫困村74150名贫困人口要整合各类扶贫资源，实施精准产业扶贫，力争年内实现1.3万人脱贫。要积极开展金融扶贫，各有关部门、各金融机构要积极对接、落实有关政策，实施好金融支持特色产业发展工程，全力为广大农户脱贫致富提供高效的金融支持。

（五）以城乡一体化发展为目标，稳妥推进新型城镇化建设

新型城镇化建设是推动经济持续健康发展的加速器，是全面建成小康社会的强力引擎，也是解决城乡差距的根本途径。我们将始终坚持以人为本，坚持提质和扩容并重，全面提升我县城镇化建设质量和水平。

一要坚持规划先行。我们将进一步发挥规划引领作用，按照“五规合一”的要求，立足繁峙实际，高标准编制城市发展的各个纲领性规划，确保各项规划有机衔接，落到实处。要搞好“十三五”规划、土地总体规划修编等工作，重点完善砂河镇总体规划、砂河镇旅游专项规划，组织编制茨沟营乡村旅游规划、岩山寺旅游景区规划等旅游文化产业发展规划，为加快特色城镇化发展奠定基础。

二要继续完善基础设施建设。老城区通过逐步实施棚户区和城中村改造，减少危旧房和城区污染，腾出空间增加公共服务设施，改善人居环境。新城区重点加强市政基础设施建设，统筹配套文化、教育、医疗、商业等公共设施，提高人口吸纳和产业承载

能力。要继续完善全县路网，实施砂高线、应繁公路108—赵庄段改造工程，完善南循环、东循环、光华街等一批续建工程，积极争取平型关旅游路、代牛线等县乡道改造工程。继续推进南城集中供热、南关保障性住房、中医院等基础设施配套工程。实施高速路出口至西牌楼段环境综合整治工程。要推进砂河镇区人居环境改善工程，完善镇区四村集中供水、污水管网。进一步建立健全住宅小区管理机制，年内完成20个居民小区业主委员会的组建。

三要扩大城镇化的产业支撑。产业发展是城镇化发展的内在动力，是解决城镇就业问题的有效途径，是维护社会稳定的重要保障。我们将坚持统筹发展，把城市建设和产业发展有机结合起来，促进人口集聚、产业集聚、功能集聚。县城要继续加大农副产品加工园区、现代商贸物流园区的建设力度，为城镇化发展创造更多就业机会和岗位。积极推进砂河镇转型综改经济试验区建设，以冶金铸造装备制造工业园区为依托推进产业集聚区建设，努力打造“百亿产值、五亿税收”的县域经济新引擎。

四要推进农业转移人口市民化和公共服务均衡化。积极推进户籍制度改革，创新人口管理，保障农业转移人口在劳动就业、子女入学、社会福利等各个方面拥有平等的权利和待遇。督促企业与进城务工人员建立稳定的劳资关系、合同关系，依法参加养老、医疗、工伤、失业、生育等社会保险，切实维护进城务工人员的合法权益。同时要逐步完善相应配套措施，加大资金投入，加快新农村建设和公共租赁住房等的建设，进一步落实放宽户口迁移政策，为推进户籍制度改革和特色城镇化建设提供有力保障。

五要进一步提升市政管理水平。要创新市政管理运行机制，推进管理重心下移，深入开展市容环境综合整治，进一步提升县城品位。要围绕“创卫”和“创模”成果的巩固提升，继续完善和健全联创联建、综合执法、居民自治“三位一体”的县城、城镇管理长效机制，加大对城乡接合部、城中村等管理死角的保洁力度，维护良好环境。

（六）以建设生态繁峙为目标，努力推进绿色发展

生态环境事关人民群众生命健康和经济社会的发展。我们将牢固树立生态文明、绿色发展理念，以更大的魄力、更强的措施、更多的投入，切实加大环境污染治理力度，让全县人民都能呼吸洁净的空气、喝上放心的水！

一是搞好污染防治。要深入推进污染减排。严格落实新《环境保护法》，尽快制定2015年污染减排计划，深挖减排潜力，统筹推进工业、农业、生活等各领域的减排工作，特别是要加大对重点排污企业的监控力度，确保“十二五”期间减排任务全面完成。扎实推进大气环境质量治理。在做好PM10、二氧化硫、二氧化氮监测基础上，抓好新增PM2.5、臭氧、一氧化碳等数据监测，实事求是、科学严谨上报好相关基数。同时，开展好工业粉尘、建筑扬尘和秸秆禁烧等集中整治，确保全县空气质量持续稳定好转。全面加强畜禽养殖、城区噪音、扬尘等污染的治理力度，推进工业、建筑、交通、公共机构等领域节能降耗，做好冶金、矿产采选等重点行业节能工作。

二是加快推进绿化造林。按照“13232”重点林业工程规划，完成繁城、下茹越、集义庄、砂河新造林5.6万亩。在推进重点林业工程的过程中，增加经济林营造比例，为农民增收提供保障。切实做好造林管护工

作，严格落实地方公益林管护补偿制度，在已有2个森林管护站、1个管护林场基础上，新建下茹越、集义庄高速路服务区、砂河义兴寨3个管护站。

三是实行严格的水资源保护政策。加强地下水资源保护，严格控制地下水开采，努力实现全县地下水位止降返升。建立健全严格的用水总量控制制度，对用水量达到用水总量控制指标的取水许可停止审批。坚持生态治理与治污保水同步，启动实施峨河综合治理工程。

四是推进矿山生态环境恢复治理。要进一步建立健全矿产资源开发企业生态环境恢复治理的责任机制，切实落实企业责任，建立和完善“谁开发、谁保护，谁破坏、谁恢复，谁受益、谁补偿，谁污染、谁治理”的机制，努力将矿山开发对生态环境的影响和破坏控制在最小范围。要进一步完善生态修复治理方案，积极争取国家投资，启动实施平型关生态修复治理工程，继续推进大明烟矿区生态修复治理工程。建立健全矿山生态环境保护长效监管机制，将矿山生态环境保护监督管理贯穿于矿产资源开发、生产的全过程，形成环保部门统一监管、相关部门分工负责、社会各界齐抓共管的工作格局。

五是推进农村人居环境整治。要强化顶层设计，按照适度集聚、节约用地、有利生产、方便生活的原则，推动农村人居环境发展规划与经济社会发展规划、城乡发展规划、新农村发展规划等相互衔接。要深入开展农村环境综合整治，严格按照省政府“加大力度、加快进度”的要求，全力实施好农村人居环境改善四大工程，启动农村生活垃圾5年专项治理。完善提质工程要再上新台阶。水利、农业、交通、教育、民政、电力等部门要整合资金、整合项目，切实加强农村基础设施建设，完善提升农村配套服务水平，满足广大农村群众的公共服务需求。农民安居工程要取得新突破。重点实施好神堂堡乡黄台村地质灾害治理搬迁工作，实施好400户农村危房改造任务，实施好异地移民搬迁建房任务。环境整治工程要抓出新成效。要以农村垃圾、污水治理为重点，建立完善农村清扫保洁和垃圾收运处置长效管理机制，城中村要实行垃圾统一收集、清运和处置。全县农村基本做到“四有、四无、三净”。宜居示范工程要开创新局面。要开展美丽宜居示范村联创活动，利用5年左右时间建设一批自然风光村、田园景观村、文化风情村、特色农业村等四种各具特色的美丽宜居乡村精品村。今年创建省、市、县三级示范村10个。

（七）以保障改善民生为重点，不断增进群众福祉

保障和改善民生、增进人民群众福祉始终是我们工作的出发点和落脚点。我们将始终带着感情和责任做好民生工作，把解决好人民群众最关心、最直接、最现实的利益问题，放在心上、抓在手上、落到实处，努力让全县人民过上美好的生活！

一要办好人民满意教育。继续扭住“打造繁峙教育品牌，建设晋北教育强县”的目标不放松，扎实推进教育均衡发展，实现优质教育资源城乡共享。继续抓好繁中、砂中教学质量的提升，力争今年高考达线率超过去年的水平；要重视幼儿教育发展，增加城乡幼儿园数量，完善幼儿教育基础设施，着力解决入园难问趣。要把职业教育的发展提到重要议事日程；加快编制职业教育发展规划，进一步整合职业教育资源，把职业教育和新型农民培训、劳动力就业等结合起来统筹推进。要继续深化课改，巩固成果，搞好中小学课改课题研究，以课题推动课改，以

课改提升教学质量。

二要抓好医疗卫生事业。要巩固扩大公立医院改革成果，进一步完善基层医疗卫生机构的编制管理、补偿机制、人事分配等方面的综合改革措施，健全网络化城乡基层医疗卫生服务运行机制，推行便民惠民措施，稳步提升医疗卫生服务水平，努力减轻群众看病就医负担。要加强疾病防控，抓好人感染 H7N9 禽流感、结核病、病毒性肝炎、手足口病等传染病防治，特别是要抓好艾滋病的预防控制。要毫不放松抓好计划生育工作，全面落实计生惠民政策，提升计生服务水平，大力提高出生人口素质，人口出生率控制在 12.8‰以内。

三要抓好就业工作。采取切实有效的措施，稳步推进农民工、大中专毕业生等群体的就业工作，稳定现有岗位，开发更多就业岗位，鼓励自主创业，力争年内全县新增就业 3200 人，城镇登记失业率控制在 3.5%以内。

四要抓好社会保障工作。要落实好各项社会救助政策，继续加大城乡保障工作力度，以创建城乡居民养老示范县为依托，不断扩大保险覆盖面、提高保障水平。对全县城乡困难群众建档立卡，全部纳入救助范围。启动运行社会福利中心，规划新建 15 座老年人日间照料中心。

五要抓好文化事业发展。继续开展“民歌、民舞、民乐”艺术大赛，积极引导发展广场文化，组建 27 支各类文艺队伍，新建 42 个农村文体活动室，完成 100 场送戏下乡演出任务和 4824 场农村公益电影放映任务，丰富群众文化生活。要加快体育事业的发展，继续推进全民健身活动深入开展。着力推进“三馆一院”建设项目，完成供地、招商等前期工作，争取早日开工建设。加大繁峙秧歌等国家级、省级非物质文化遗产传承。

六要办好十件实事。一是为乡村义务教育阶段教师每人每月补助 300 元生活费，为乡村义务教育阶段一线登讲台教师每人每月再加 200 元生活费；筹措贫困大学生救助资金，解决困难家庭新入学大学生就学问题。

二是新建东城中学，争取秋季招生；规划新建滨河小学，解决县城小学入学难问题。

三是建成并启用县直第三幼儿园、北城中学附属幼儿园、砂河第四中学附属幼儿园、大营中学附属幼儿园、杏园中学附属幼儿园、兴隆幼儿园，解决 3000 余名幼儿入园难的问题。

四是筹措大额门诊救助资金，解决参保职工、城镇居民、参合农民大额门诊报销问题，启动参合农民大病保险救助，开展参合农民的意外伤害保险，解决全县城镇职工、城乡居民因病返贫问题。

五是对全县农村 60 岁以上老年人进行免费体检。

六是新开工保障性住房 2200 套、易地移民搬迁住房 200 套，完善基础配套设施并完成保障性住房 4183 套、移民房 725 套分配，解决 4908 户困难群体的住房问题。

七是全面完成小农水重点县建设，新增水浇地 3.3 万亩，改善恢复水浇地 3.6 万亩，受益人口 6 乡 31 村 2.2 万人。建设人畜饮水工程 11 处，解决 10 个村 1 个农场 3415 口人 1199 头大畜的饮水问题。

八是新建完善砂河镇区集中供水、污水管网建设工程，解决 15000 余人的饮水安全问题。

九是规划启动老年公寓建设。

十是新建古家庄 110 千伏变电站，扩建神堂堡 35 千伏变电站及新增电源线路工程，解决县城、杏园、神堂堡等地区企业及城乡群众的用电困难问题。

（八）以安全发展为底线，着力创优发展环境

安全是我们发展的基础、前提和保障，我们将严格落实“党政同责、一岗双责”的要求，切实推动安全规范、安全责任落实到每个岗位、每个环节，决不为追求增长速度而忽视安全，决不为引进项目降低安全门槛，决不要“带血”的经济增长。

一要做好安全宣传。我们将进一步加强领导干部、安全监管人员及广大干部职工对安全生产有关法律法规的学习，特别要强化学习新的《安全生产法》。结合《安全生产法》的实施，分行业、分部门、分层次制定全员培训计划，督促各企业开展全员安全生产培训。要聘请专家、专业技术人员开展安全专题讲座，充分利用广播、电视、报纸、网络等媒体，宣传普及安全生产法律法规，提高全民知法、守法、用法、护法意识。

二要扎实推进专项整治。针对各行业、领域存在的突出问题，扎实开展好道路交通、危险化学品、建筑施工、学校、特种设备、非煤矿山等11个领域的安全生产专项整治工作。县政府将定期听取整治情况汇报、定期对专项整治情况进行通报，对行业管理部门不认真履行安全管理责任的、存在重大问题的要实行责任倒查，严肃追究有关人员的责任。

三要开展“企业主体责任落实年活动。今年是市政府确定的“企业主体责任落实年”，我们将按照“全覆盖、零容忍、严执法、重实效”的要求，扎实开展企业安全生产主体责任落实情况专项检查，分阶段、分领域对非煤矿山、危险化学品、烟花爆竹、建筑施工、人员密集场所消防安全等重点行业领域企业主体责任落实情况进行检查。重点督促企业按照相关规定要求，从组织机构、规章制度、隐患排查、管理保障、事故报告和应急救援等各个方面认真履行安全生产主体责任，进一步引深和完善危险源防控体系建设，做到安全投入到位、安全培训到位、基础管理到位、应急救援到位。

四要抓好各项制度的落实。切实加大“443”机制的落实力度，建立健全政府监管责任体系、企业主体责任体系、岗位责任体系和应急体系，严格风险预控管理、全员管理、安全值班管理和安全档案管理，落实警示教育、监督举报、重奖重罚等制度，有效防范安全生产事故的发生，确保人民生命财产安全。

五要严格考核问责。要进一步健全完善安全生产目标责任考核内容，合理设置考核指标、科学制定评分标准，强化工作过程管控，严格执行“月通报、季发布、年考核”制度。强化安全生产激励约束机制，加大安全生产指标考核权重，把安全生产工作作为考核各级领导班子和领导干部政绩业绩的主要指标。要按照“四不放过”和“科学严谨、依法依规、实事求是、注重实效”的原则，认真查处每一起事故，严格追究有关责任人员责任。同时，要切实加强安全生产警示教育，深刻汲取事故教训，严防同类事故重复发生。严格实行重大安全生产事故“一票否决”。对完不成责任目标的单位要通报批评、约谈主要领导、进行行政问责。

（九）以创新社会管理为手段，切实提升综合治理水平

维护社会稳定，既是我们的神圣职责，也是全社会的共同责任。我们将进一步创新社会管理，强化组织领导，夯实基层基础，构建防控体系，努力形成群防群治、齐抓共

管的工作格局，切实提升人民群众的幸福感和满意度。

一要加大社会治安整治力度。要坚持“打防结合，预防为主”，建立打、防、控一体化的工作机制，切实抓好与社会治安有关的各项管理工作，堵塞违法犯罪漏洞。继续引深“六项整治”专项行动，特别是对情况比较复杂的村庄、社区、工矿区以及社会治安重点地区、重点场所进行拉网式排查，深入查找突出问题，有针对性地进行彻底整治，切实堵塞治安隐患和漏洞，切实提高群众的安全感。

二要深入开展矛盾纠纷大排查大化解。抓好重点领域矛盾纠纷排查化解工作。继续推进征地拆迁、劳动争议、交通事故、村（矿）矛盾、医患纠纷、环境污染六大领域矛盾纠纷排查化解工作，积极拓展非煤矿山、保险、物业、旅游、房地产、金融等重点领域矛盾排查工作，加强行业性、专业性人民调解组织建设，增加社会矛盾排查调处合力。加大“民转刑”案件的预防，及时发现和调解婚姻家庭、邻里关系等多发性民间纠纷。严格落实矛盾纠纷排查调处工作协调会议和月报制度，坚持每月召开协调会议，协调解决重大矛盾纠纷。强化综治信息预警工作，努力获取内幕性、行动性、预警性情报信息。

三要强化法制宣传教育。针对去年以来我县查办的案件中反映出的广大农村群众法制观念淡薄、安全防范意识差的现状，我们将通过法制培训、送法下乡、巡回宣传等多种方式，在农村展开声势浩大的法制宣传教育活动。要举办乡村干部法制培训班，进一步提高基层干部特别是村“两委”干部、治保主任等基层调解人员的法制观念和法制水平。要组织县乡村三级干部扎实开展送法进农村活动，及时将党的方针政策、法律法规宣传到千家万户，并利用电视、广播、出动宣传车、发放宣传品等形式，及时宣传法律法规，普及法律知识，提高全民法律意识，引导群众依法依规处理各类问题纠纷，避免因“小事”引发案件。

四要加强精神文明建设。大力弘扬社会主义核心价值观，继续推进文明县城创建工作。注重发挥榜样的引领作用，继续开展十行十佳、繁峙好人等评选活动，用先进典型引导和激励人们崇德向善。要加大对文化市场的管理，严厉打击黑网吧、黑棋牌室，规范文化市场经营秩序。要高度重视互联网的作用和管理，坚持正确舆论导向，加强网络舆情的引导力度。扎实推进平安创建活动，完善创建规划，细化创建方案，以家庭、单位、矿山为基础的“细胞平安”，进而拓展为社区（村）、乡镇的“区域平安”，最终实现全县的大平安。

三、切实加强政府建设

经济发展的新常态对政府工作提出新的更高的要求。我们将进一步加快转变政府职能，努力创新管理方式，以更加饱满的热情、更加务实的举措，提振精气神，汇聚正能量，努力建设法治廉洁高效政府。

（一）*加强法治政府建设*。要牢固树立法治理念，尊法学法守法用法，依法全面履行职责，所有行政行为都要于法有据，政府职能部门都不得法外设权。要依法科学民主决策，严格实行民主集中制，把公众参与、专家论证、风险评估、合法性审查、集体讨论决定确定为重大行政决策法定程序，确保决策制度科学、程序正当、过程公开、责任明确。要建立法律顾问制度，聘请经验丰富的法律工作者担任政府法律顾问，为政府决策提供法律服务。制定“六权治本”实施方案，真正将权力关进制度的笼子里。要依托政务服务中心信息网络平台，进一步规范行政许可、行政处罚等政府权力的运行，今年要公布县级部门责任清单，加大对政务服务中心运行情况的检查考核，将服务职能延伸到乡镇基层站所，形成县乡一体的立体化服务网络。

（二）加强廉洁政府建设。六大发展首要的就是廉洁发展，“政治清明、政府清廉、干部清白”在当前山西净化政治生态大环境大背景之下，显得尤为重要。我们将把廉洁政府建设贯穿到发展的全过程，切实加强廉政教育，在组织引导全县广大干部认真学好党纪政纪条规基础上，发挥好我县廉政教育基地的警示教育作用，规范各级公务人员尤其是领导干部廉洁从政行为，自觉抵制各种腐败。要扩大社会参与，正确对待、合理引导民众的参与热情，将民主监督、社会监督、舆论监督更好地吸纳到廉洁政府建设中来。保持惩治腐败的高压态势，坚持做到有腐必反、有案必查、违纪必究，严肃查办严重损害群众合法经济权益、政治权益、人身权利的案件，切实维护人民群众利益。我们将严格执行中央“八项规定”，带头做到清正廉洁，带头履行主体责任，严格要求各级干部做到自重、自省、自警、自励。

（三）扎实开展学习讨论落实活动。认真落实省市以及县委的有关决策部署，按照拟订方案，强化学习，认真讨论，抓好落实。县政府党组将以上率下，发挥好带头作用，严格执行每周 1 次的集体学习和讨论制度。认真学习习近平总书记系列重要讲话精神，围绕县情实际开展讨论，形成高质量的反思剖析报告。根据存在的问题，扎实开展专项整治，狠抓工作落实，把“净化政治生态、实现弊革风清，重塑山西形象、促进富民强省”的各项措施落到实处。

（四）进一步转变政府职能。我们将全面正确履行公共服务、市场监管、社会管理、环境保护等职责，推动政府职能向创造良好发展环境、提供优质公共服务、维护社会公平正义转变。处理好政府和市场的关系，推动资源配置依据市场规则、市场价格、市场竞争实现效益最大化。全面完成政府机构改革和职能转变，优化政府机构设置、职能配置、工作流程，切实提高政府执行力。进一步简政放权，做好上级下放审批事项的承接工作，进一步减少审批事项，简化审批流程，提高办事效率。

（五）狠抓工作落实。部署千万条，关键在落实。凡是县委、县政府定了的事情，我们都要实行严格的工作责任制，对确定的任务和目标层层细化分解，明确责任单位、责任人和完成时限，做到求实、务实、抓落实。要坚持领导带头，深入一线推动工作落实，带头迎难而上破解难题，带头发扬“5+2”“白+黑”工作精神，带头破除影响效能、影响各种落实的工作障碍。各乡镇、县政府各职能部门主要领导干部要亲力亲为，对一些重大的招商项目和时效性强的政策项目，要盯紧抓实、有效掌控、有序推进；要有责任担当，不能只想当官不想干事、只想揽权不想担责、只想出彩不想出力，要做到事不避难、难事抢着做，事不避险、风险抢着担，事不避重、重活抢着干，切实做到心中有责、为官当有为、为官当善为。此外，要强化考核问责，严格奖惩兑现，对工作突出的要大力褒奖，对工作不力的要约谈诫勉，对为官不为、懒政怠政的要坚决追究责任。

困难和挑战考验着我们，责任和使命激励着我们。让我们在县委的坚强领导下，团结依靠全县广大人民群众，奋力拼搏、开拓创新、锐意进取，为开创更加美好的明天而努力奋斗！

2016年8月28日繁峙县第十六届人民代表大会第一次会议报告

县人民政府代县长　崔峥岭

一、“十二五”时期经济和社会发展回顾

“十二五”以来，县政府在市委、市政府和县委的正确领导下，在县人大、县政协的监督支持下，紧紧依靠全县人民，真抓实干，开拓创新，各项经济社会事业持续稳定健康发展。先后荣获国家级计生优质服务县、滹源水利风景区等8项国家级荣誉，荣获山西省环保模范城市、山西省双拥模范县、山西省林业生态建设“三加三不减”先进县等77项省级表彰，荣获安全生产工作模范县、环境保护工作先进县、城镇化工作先进单位等69项市级荣誉称号。

五年来，我们主动适应经济发展新常态。稳增长，促发展，抓项目，优环境，综合实力明显提升，发展后劲不断增强。

2015年，全县地区生产总值完成51.3亿元，比2010年增长45.6%；公共财政预算收入完成2.02亿元，比2010年增长58.5%；社会消费品零售总额完成14.9亿元，比2010年增长62%；固定资产投资总额完成87.9亿元，比2010年增长199%；城镇常住居民人均可支配收入完成24873元，比2010年增长79.7%；农村常住居民人均可支配收入完成6474元，比2010年增长100%。在全省县域经济考核中，我县稳居36个贫困县前列，连续两年受到省委、省政府表彰。

五年来，全县共实施各类项目436个，总投资712亿元，完成投资340.66亿元，其中，1亿元以上项目112个，1000万元以上的项目283个。我县项目建设工作3年受到市委、市政府表彰。2015年全市重大产业项目分类考核中，我县荣获一等奖，项目建设八位一体考核排名全市第二。

我们不断优化发展环境，为经济社会持续、快速、健康发展提供了强大的支撑和动力。狠抓安全生产责任落实，强化安全监管，严格安全考核，安全生产工作取得明显成效。强化治安管控，构建社会治安大防控体系，确保了全县社会政治大局的稳定。深化联系沟通群众机制，增强信访工作的主动性和针对性，最大限度地减少信访“存量”，提高信访积案办理质量，有效推动了信访形势良好发展。防灾减灾体制机制不断完善，人员装备和基础能力明显提升，应急救援能力和水平得到有效加强。

五年来，我们竭尽全力增进农民福祉。抓三农，夯基础，重畜牧，育龙头，农业现代化水平显著提升，农民增收步伐明显加快。

全县农林牧渔业增加值完成4.5亿元，比2010年增长61%。农村常住居民人均可支配收入完成6474元，比2010年增长100%。2015年全县粮食总产量达到7373万公斤，比2010年增长4.5%。全县设施农业面积发展到474.6公顷，较2010年增加了10.6倍。全县共发展“一村一品”专业村111个。发展农民专业合作社594个，较2010年增加389个。农业龙头企业发展到25家，投资规模达到3.3亿元。我县被列为全省20个蔬菜生产大县之一。投资4826万元实施京津风沙源治理工程；投资1400万元实施膜下滴灌1256.67公顷，增产5600吨；投资7091万元推进实施“小农水重点县建设”项

目，新增节水灌溉面积 2200 公顷，恢复和改善灌溉面积 3000 公顷。

生态畜牧强势推进。全县共建成各类高效特色示范园区 25 个、各类养殖园 64 个、规模养殖场（小区）125 个，规模养殖户发展到 15000 余户，规模饲养量占到畜禽总饲养量的 41.8%。到 2015 年底，全县牛饲养量达 3.3 万头，羊饲养量达 72.6 万只，猪饲养量达 34 万头，鸡饲养量达 102 万只，畜牧业产值占到农业总产值的 56.9%，农民人均牧业纯收入占到农民人均纯收入的 47%。扶贫工作成效显著，5 年脱贫 59800 人，贫困人口纯收入人均增加 1458 元。

五年来，我们全力推动产业持续健康发展。调结构，促转型，谋创新，培动力，产业结构不断优化，现代产业体系加快形成。

全县规模以上工业总产值达到 112 亿元，较 2010 年增长 202%。规模以上工业增加值年平均增速达到 15.8%。华茂精密铸造、中兴集团等企业成为业内领头羊。科学谋划，精心布局，打造砂河冶金铸造装备制造工业园区，入驻规上企业 5 户，固定资产投资累计完成 34 亿元，累计上缴税金 2.06 亿元。

在东部地区集中发展新能源产业，引进了华能、中电投等 6 家国有新能源企业，全县风力发电并网能力达到 25 万千瓦。依托五台山世界旅游品牌和县域区位优势，编制完成了《繁峙县旅游总体规划》、《繁峙县平型关景区总体规划》等规划，全力推进伯强景区、平型关景区、灵岩山旅游景区等景区开发，完成投资 5 亿元，实现了繁峙文化旅游景区从无到有的历史性突破，为推动全县旅游产业发展打下了良好的基础。依托全县国保文物、传统村落等优势资源，乡村旅游开始起步，推动 7 个村发展了农家乐。

建成了由文化产业园、大学生创业园、电子商务园、物流园区和汽修园区 5 个园区构成的繁峙县第一个众创产业园，入驻园区的企业达 118 家。设立“创业贷”金融产品，给予园区政策和资金支持，对贷款成功入驻园区的企业和创业大学生贴息 60%。政府每年投资 120 万元，帮助园区企业支付租赁、物业及网络等费用，有效助推了园区内各企业的快速发展。

五年来，我们深入推进城乡一体化发展。强基础，树品牌，创宜居，促保障，新型城镇化步伐明显加快，城乡面貌焕然一新。完成了总里程 24.23 千米的县城十大重点道路工程，人均城市道路占有面积达到了 14.09 平方米。投资 9.32 亿元实施了 36 项市政基础设施建设工程。县城和砂河镇基本实现了集中供热全覆盖，全县集中供热面积达到 370.2 万平方米。不断巩固和延伸“创卫”成果，县城通过了创卫复检，砂河镇成功创建国家卫生镇。新建各类保障性住房 5736 套，总面积 37 万平方米。新建移民房 3568 套，移民安置 10500 人。完成农村危房改造 3600 户。投资 3.8 亿元用于改善农村人居环境。开展乡村清洁工程，为 13 个乡镇、403 个村庄配备农村保洁人员 1297 名，成功创建 2 个省级卫生镇、1 个省级美丽宜居示范村和 41 个省级卫生村。“十二五”期间，全县城镇化率达到了 45.7%，比 2010 年增加 7.7 个百分点。

五年来，我们突出生态文明建设。抓造林，重管护，防污染，严治理，绿色发展成效显著，生态环境明显改善。

我们精心制定实施“13232”林业重点工程总体规划，投资近 2.4 亿元造林 1 万公顷，建成 6 个林业管护站，全县森林覆盖率达到 20.59%。城区园林绿化面积达到 352.7 万平方米，绿化覆盖率达到41.6%。编制了滹沱河生态修复治理方案，投资3亿多元实施了滹沱河县城段东延伸工程。同时，全面提升企业环境治理水平，华茂、中兴高标准完成脱硫、脱硝改造工程，铁选企业基本实现水循环利用，“十二五”期间污染物减排任务圆满完成。

五年来，我们以人民为中心。顺民意，办实事，谋民利、促和谐，切实保障和改善民生，社会事业全面发展。

我们始终以保障和改善民生作为加快发展的根本出发点和落脚点，5年投入35亿元兴办民生实事75件，民生福祉得到持续增进，社会事业实现全面进步。

紧紧围绕“打造繁峙教育品牌，建设晋北教育强县”的目标，教育事业呈现出可喜局面。五年累计投入17.7亿元用于改善全县教育教学基础设施。小学、初中入学率均达到99.9%以上，高中教育普及率达到85%，培养职高毕业生1308人。高考达线总人数从2010年的197人提升到2015年的355人。中考成绩跃进7个位次，稳居全市前列。

完善了县人民医院医技大楼各项设施，新建中医院大楼、县急救中心。新农合参合率达到99.71%，19.81万农民享受医保，报销比例实现历史性突破。全力推进公立医院改革，4所公立医院全部药品“零差价”销售。成功创建国家级计生优质服务县。

城乡低保和企业、机关、城乡居民养老保险等实现应保尽保。五年累计新增就业人数16000人次，开发公益岗位7200个，发放岗位补贴4200多万元。新建成农村文体活动室169个，组建县、乡、村三级文艺队伍81支2668人，县城全民健身活动队伍24支。改造国省道和县乡村道路254.39公里，实施农村街巷硬化工程1917.9公里，推动了灵河高速公路繁峙段的建设，结束了繁峙不通高速的历史。

五年来，我们不断提升政府公共服务能力和水平。转作风，树形象，重法治，促改革，不断加强自身建设，政府公信力明显增强。

严格落实中央八项规定，深入开展党的群众路线教育实践活动、学习讨论落实活动和“三严三实”专题教育，持之以恒纠正“四风”“三公”经费持续下降。自觉接受人大的法律监督和政协的民主监督，累计办理人大代表建议和政协提案424件。广泛听取各民主党派、人民团体和社会各界人士的意见建议。

深入推进法治政府建设，依法全面履行政府职能，持续推进依法科学民主决策，在全市率先打造行政权力运行与监督平台，有力强化了对行政权力的制约和监督。扎实推进“六五”普法工作，培训领导干部3000余人，受教人数达5万人（次），全县群众法律常识知晓率明显提高。

深化行政体制改革，行政审批制度改革、事业单位分类改革、公车改革有序推进，商事登记制度、医疗卫生体制等各项改革都取得了积极成效。多渠道倾听并解决群众诉求，扎实推进政府职能转变，政府执行力和公信力显著增强。

审计统计、党管武装、双拥优抚、档案方志、民族宗教、老龄老干、妇女儿童等工作都取得了新成绩。

五年的成绩来之不易，五年的探索弥足珍贵。这些成绩的取得，主要得益于市委、市政府和县委的正确领导，得益于全县各级各部门的务实苦干、勤勉奉献；得益于全县人民的攻坚克难、团结奋进。在此，我代表县人民政府，向全县人民，向县人大代表、政协委员，向离退休老领导、老同志，向各民主党派、人民团体和所有关心支持繁峙发展的社会各界人士，表示衷心的感谢并致以崇高的敬意！

“十二五”时期我县经济和社会发展虽然取得了显著成就，但仍存在一些不足和问题。具体表现在：综合实力还不够强，经济总量小，经济发展总体质量和效益还不够高，产业结构不够优化，高科技产业和新兴产业比重较低；创新能力亟待增强，高层次人才尤其是专业技术型人才短缺；资源约束趋紧，土地资源日益稀缺，环境压力加大；脱贫攻坚任务繁重。我们必须坚持问题导向，采取有力举措，切实解决好这些问题。

二、“十三五”时期经济社会发展的指导思想和目标任务

站在新的历史起点上审视繁峙未来五年的发展，挑战与机遇并存，压力与动力同在。我们一定要凝聚共识，把思想认识统一到中央、省委、市委的决策部署上来，统一到中央、省委、市委对当前经济形势的分析判断上来，全面落实省委“一个指引、两手硬”的重大思路和要求，全面落实市委“1661”发展战略，肯定成绩、增强定力、明确方向、坚定信心，努力实现经济社会持续健康发展。

按照县委《关于制定国民经济和社会发展第十三个五年规划的建议》和中国共产党繁峙县第十三次代表大会精神要求，今后五年政府工作的指导思想是：坚持中国特色社会主义理论，坚持党的基本路线，坚持“五大发展理念”，以习近平总书记系列重要讲话为指引，坚持“两手硬”，深入推进全面从严治党，坚持发展第一要务，以全面脱贫为统揽，以供给侧结构性改革为主线，以创新驱动、结构调整。城乡统筹、绿色生态、共建共享为五大抓手，大力实施工业强基、农业富民、文旅兴县、脱贫攻坚、民生改善、金融振兴、文明创建七大系统工程，严格依法行政，廉洁高效服务，努力加快振兴崛起，建设幸福繁峙，确保到2020年与全国全省同步全面建成小康社会。

今后五年经济社会发展的战略定位是：紧扣脱贫攻坚、与全国全省同步建成小康社会的奋斗目标，按照以城兴县、以业兴县、以绿兴县的发展路径，打造“三矿、四基、一区、两大板块”的新型工业格局（“三矿”：铁矿、金矿、铜钼矿；“四基”：山西有色金属（金、钼）采选生产加工基地、华北地区冶金铸造基地、忻州装备制造业基地、面向京津冀的清洁能源生产基地；“一区”：砂河产业集聚区；“两大板块”：清洁能源生产、冶金铸造装备制造）；构建“四基四园一区”“六大优质产业”的现代农业格局（“四基四园一区”即高效设施农业示范基地、生态畜牧业养殖加工基地、特色干鲜果产业基地、有机小杂粮生产基地、金山铺规模健康养殖园区、后河肉牛养殖园区、光裕堡蛋鸡养殖园区、集义庄万亩高效设施农业园区、繁城农副成品精深加工产业集聚区；“六大优质产业”即优质玉米产业、优质小杂粮产业、特色瓜菜产业、优质油料产业、优质果品产业和优质中药材产业）；建设以现代物流、文体旅游、健康养生为主的现代服务业新格局。

今后五年经济社会发展的主要目标是：以中国共产党繁峙县第十三次代表大会提出的努力实现“一个提前、两个翻番、三个提升”，实现振兴崛起，建设幸福繁峙为目标，到2020年，全县地区生产总值达到72亿元，年均增长7%；公共财政预算收入达到3.25亿元，年均增长10%；社会消费品零售额达到424.42亿元，年均增长10%；全社会固定资产投资达到141.6亿元，年均增长10%；城镇居民人均可支配收入达到34894元，年均增长7%；农村居民人均可支配收入达到9080元，年均增长7%；城镇登记失业率控制在4.5%以内。各项约束性指标全面高标准完成。

今后五年经济社会发展的主要任务是：

（一）全面打赢脱贫攻坚战

以脱贫攻坚统揽全县经济社会发展全局，作为重大政治任务来落实。按照中央提出的“两不愁，三保障”的要求，2019年全县213个村18157户50856人全部脱贫，到2020年摘掉贫困县帽子，实现与全国全省同步全面建成小康社会。

（二）全面实施创新驱动发展战略

以科技创新为核心，以人才发展为支撑，推动科技创新与大众创业万众创新有机结合。鼓励各类主体开发新技术、新产品、新业态、新模式，打造发展新引擎，培育发展新动力。加强供给侧结构性改革，促进产业优化重组。将创新驱动发展战略贯彻到全县经济社会发展的空间布局和全部进程中，从区位、产业和基础设施三个方面创新发展条件，拓宽发展空间，把繁峙县建设成为忻州市矿产业创新升级发展示范县、滹沱河流域省级生态示范县、忻州市五城联创示范县和忻州市的东部门户。

（三）全面推进城乡协调发展

实施“两山一川”（两山：南山、北山；一川：滹沱河平川）空间发展战略。按照“东扩、西联、南统筹、中提升”的思路，形成区域协调发展新格局。构建科学合理的城镇体系，不断增强县城和砂河的承载功能和辐射带动能力，形成一县两城、东西互补的格局。推动物质文明和精神文明协调发展。以“五城联创”为抓手，推动城乡协调发展，建设幸福繁峙、美丽繁峙。

（四）全面加强绿色生态建设

突出生态优先，树立尊重自然、顺应自然、保护自然的理念，推行“生态+”发展模式。围绕建设北山水土保持林、南山水源涵养林的总体功能区布局，自觉推动绿色发展、低碳循环发展，加快形成节约资源、保护环境的空间格局、产业结构、生产方式和生活方式，全面增强可持续发展能力。大力推进生态安全建设，强化环境综合治理，促进人与自然和谐共生，建设幸福繁峙、美丽繁峙。

（五）全面推进改革开放

以改革促开放，以开放促发展。通过优化开放环境、创新开放领域、构建开放平台，不断完善县域开放机制。要主动融入国家“一带一路”发展战略，融入环渤海地区发展战略，对接京津冀，培育开放合作新业态。要借助北接古都大同、南连太原都市圈的区位优势，加强与周边地区融合发展、协调发展，提升县域经济在该区域的产业链、供应链和价值链地位。要加快培育外向型产业，推动对外贸易优化升级。

（六）全面推进共享发展

始终坚持发展为了人民，发展依靠人民，发展成果由人民共享。按照“人人参与、人人尽力、人人享有”的原则，增加公共服务供给，推进基本公共服务均等化，积极扩大社会就业创业，努力提高居民收入，切实保障和改善民生，完善教育、医疗、卫生、文化、体育等各项事业，确保发展成果惠及全县人民，努力建设幸福繁峙。

（七）全面推进廉洁安全发展

坚持依法行政，推进“法治繁峙”建设。继续完善行政权力运行和监督平台，积极推进党风廉政建设“两个责任”全程纪实信息化系统建设，着力营造良好政治生态。全面加强安全生产工作，不断提高社会治理法治化水平，切实维护社会安全稳定。进一步健全公共安全保障体系，确保人民群众生命和财产安全。完善社会信用体系运行机制，提高“诚信繁峙”建设水平。

“十三五”时期经济社会发展的指导思想、战略定位、主要目标和主要任务在《“十三五”规划纲要（草案）》中有十分详细的说明，“十三五”规划承载着全县27万人民对美好生活的殷切向往，请大家认真审议，提出意见建议。《纲要（草案）》经本次会议审议通过后，我们将全力抓好落实。我们坚信，通过全县人民的共同努力，我们一定能够打赢脱贫攻坚战，能够夺取全面小康建设的伟大胜利！

三、关于2016年工作

面对经济持续下行的巨大压力，2016年的工作任务十分繁重，我们要全面落实省委“一个指引、两手硬”的重大思路和要求，狠抓发展第一要务，狠抓改革第一动力，狠抓民生第一关切，继续以脱贫攻坚为统揽，以供给侧结构性改革为主线，突出抓好产业转型、引资上项、农业增效、城乡建设、生态保护、民生改善、安全稳定等重点工作，理直气壮抓发展，凝心聚力促发展，努力实现“十三五”经济社会发展良好开局。

综合考虑多方面的因素，2016年我县经济社会发展的主要预期指标是：地区生产总值增长6.5%；规模以上工业增加值增长3%；全社会固定资产投资增长18%；公共财政预算收入增长6.1%；社会消费品零售总额增长6%；城镇常住居民人均可支配收入增长7%左右；农村常住居民人均可支配收入增长7%以上；城镇登记失业率控制在4.2%以内；居民消费价格指数控制在3%左右。

今年的约束性指标，在完成万元地区生产总值能耗、万元地区生产总值二氧化碳排放量、万元地区生产总值用水量，以及二氧化硫、化学需氧量、氨氮、氮氧化物、烟尘、粉尘等九项指标的基础上，还要全面完成空气质量优良天数比例、劣Ⅴ类水体比例、新增建设用地降幅、农村贫困人口脱贫人数、城市棚户区改造套数等五项指标。

我们要重点抓好以下九个方面的工作：

（一）以脱贫攻坚为统揽，动员全社会力量决战脱贫攻坚

脱贫攻坚是当前全县经济社会发展的头等大事，是我们的第一民生工程，是政治任务，我们要精准发力，持续用力，形成合力，坚决完成今年的脱贫攻坚任务。

抓目标聚焦。要以脱贫攻坚统揽经济社会发展全局，做到做决策，优先脱贫攻坚；办事情，突出脱贫攻坚；动资金，保障脱贫攻坚；用干部，挂钩脱贫攻坚；抓考核，强化脱贫攻坚，做到一切围绕脱贫、一切为了脱贫、一切服从脱贫、一切服务脱贫。要在精准识别上严而又实，要在精准帮扶上不遗余力，要科学规划各项脱贫工作，全面实施我县“3699”脱贫攻坚策略，完成今年确定的191个村7030户19474人的年度脱贫任务。

抓产业带动。安排财政资金5040万元用于奖补扶持万亩玉米丰产方、万亩小杂粮、万亩中药材、万亩白水杏、万亩干果经济林、万头安格斯肉牛、万只恒芪肉羊等产业基地建设和龙头企业加工项目。初步测算可带动社会各类资金12亿元进入特色种植、中药材、经济林、畜牧业、光伏产业、旅游业6大脱贫产业的发展。今年种植富硒杂粮以及胡萝卜、胡麻等1040公顷；恒山“北芪”等18种道地中药材1400公顷；种植白水杏、仁用杏、玉露香梨、红富士苹果等经济林1400公顷；新发展安格斯母牛1000头，能繁母羊5万只，猪10万头，鸡25万只，能繁母兔3万只；积极推动总规模5.75万千瓦光伏扶贫电站建设；加快建设平型关村、茨沟营村等10个集农家乐、休闲旅游、观光农业、红色旅游于一体的旅游示范村。

在加强产业基地建设的同时，大力培育绿源亨通农副产品加工、宝山鼎盛a-亚麻酸系列产品加工、国新能源中药材种植加工、宏钜大磨坊杂粮加工、恒鑫盛粮食收购公司小杂粮加工、天河牧业肉牛养殖、富云牧业蛋鸡养殖、绿洲兔业肉兔养殖、辰翔牧业牛羊屠宰等9大龙头企业，努力打造“龙头企业+产业基地+贫困户”的脱贫产业链。

抓易地搬迁。采取集中搬迁、分散搬迁、集中供养三种方式进行安置，今年要完成1200人的易地扶贫搬迁任务，重点搬迁户籍50人以下的15个村162户300人。全面推进东山乡、杏园乡移民集中安置点建设，年内主体工程完工。分散搬迁要全部落实到乡、到村、到户、到人。

抓政策帮扶。实施教育、健康、金融、劳动就业培训等脱贫工程，加大扶志济困、政策托底力度。教育扶贫方面，对全县4888名建档立卡贫困户家庭学生，进行各个学习阶段的资助，保证贫困学生能够上得起学。健康扶贫方面，建设医疗扶贫绿色通道，对需要治疗的医疗保障扶贫对象中的大病患者，通过医疗联合体进行上下转诊，实行分类救治，对住院建档立卡贫困人口及医疗保障扶贫对象逐步推行“先诊疗后付费”制度，努力实现所有医疗保障对象得到有效治疗。推进基本公共卫生服务，提高均等化水平，免费为50岁以上的建档立卡贫困户进行体检。金融扶贫方面，县政府注资3000万元成立繁峙县惠民扶贫开发投资有限公司。实施金融富民工程，协调金融单位加大对贫困户的放贷力度。劳动就业培训方面，整合各类培训任务，完成培训贫困劳动力2000人次，输出转移劳动力1500人次。社会保障托底方面，对那些丧失劳动能力、无法通过产业扶持和就业帮助实现脱贫的贫困人口，实现政策性兜底，实现应保尽保。

同时，我们积极鼓励县内企业履行社会责任，开展一企帮一村、结对帮扶贫困村工作，鼓励企业安排贫困户劳动力到企业工作。

抓机制保障。要进一步完善“上下衔接、左右联动、加大倾斜、合力推进”的脱贫攻坚工作机制，压实脱贫攻坚责任，层层传导压力，明确时间表、路线图，实行挂图作战。要严格考核奖惩，加强对乡村两级、第一书记、驻村帮扶工作队的考核巡查，对落实不力的，逐级逐人追究责任。要做实做细基础工作，推广“4433”工作法，建立贫困户纸质档案和电子档案，做到户有卡、村有册、乡有簿、县有档。

（二）以供给侧结构性改革为主线，加快产业转型升级步伐

推进供给侧结构性改革是当前经济工作的重要任务。我们要把供给侧结构性改革作为经济发展的强大动力，突出“三去一降一补”重点，用改革的减法改造传统产业，用改革的加法培育新的经济增长点。

坚决淘汰落后产能。严格环保、能耗、技术标准，淘汰一批落后产能，加大铁矿等行业过剩产能化解力度，整合一批过剩行业。要加快分类处置“僵尸企业”步伐。进一步加强对县属国有企业改革的分类指导力度，推进国有企业股权多元化改革。

积极稳妥化解库存。鼓励企业加强联合，组成行业协会，强化与环渤海地区及沿海重点工业区相关行业的联系，积极消化库

存；鼓励支持农村居民市民化，打通移民搬迁住房、社会保障住房、市场商品住房等供需渠道，有效化解房地产库存。

不断优化发展环境。坚决落实国家、省、市各项税费减免政策，清理规范涉企收费，减轻企业负担。要在“减、免、缓、帮、扶、替”上做文章，承接和用足国家和省市的减费让利政策，切实让企业把一切不必要的制度性交易成本降下来，把政府应该为企业办的事办好。继续开展联审联批，简化办事流程，缩短审批周期，推行重大项目“一站式”服务；加大金融支持实体经济的力度，积极推动晋商银行进驻我县，加快农村合作银行改制进程，拓宽企业融资渠道。发挥好我县民间资本充裕的优势，鼓励和引导社会资本通过特许经营、政府购买服务、股权合作等方式参与重大项目建设。同时，要加强监测预警，分门别类化解不良贷款风险，防范可能出现的金融风险。

加快推动传统产业转型升级。在当前铁精粉市场疲软的情况下，利用市场倒逼机制，延伸采矿、精选、铸造、锻造等产业链条，引进先进工艺，改善产品供给，促进传统产业向“高新化、两型化、规模化”方向发展。鼓励和支持华茂、中兴、紫金等企业的技改项目；帮助和推动金鼎、松涧、义联、茶坊金矿以及滦兴、南峪口等铁矿的基础设施建设；积极承接发达地区加工贸易产业转移，支持中兴华德联铸有限公司、中环铸业有限公司承接浙江、山东等地加工业务。推动中兴华德联铸有限公司配重产品与美国特雷克斯公司合作出口；积极开展全县工业经济稳增长百日行动，突出抓好停产企业复工复产工作，抓好生产企业达产达效工作。

全力抓好产业集聚区发展。要更好地发挥产业集聚区改革试验田和开放排头兵作用。继续加大砂河产业集聚区基础设施建设，新建10公里园区主干道一条，在原有5户规上企业的基础上，再招商入驻一批企业。继续加大航空产业园区建设项目的推进工作。规范和提升众创产业园，吸引更多的小微创新企业入驻。不断完善繁城农副产品加工园区的规划，再引进一批农副产品加工龙头企业，形成集聚效应，发挥辐射带动作用。

着力培育发展新能源产业。积极发展光伏、光热发电、风电、水电等新能源产业。继续推进中兴（天津）新能源公司5.75万千瓦光伏扶贫发电项目、山西中电新能开发建设有限公司光热发电项目、协合乔家窑10万千瓦风电项目和云雾峪三期10万千瓦风电项目。同时，积极争取大李牛、杨树湾、大保三座水电站的建设，努力将我县打造成面向京津冀的清洁能源生产基地。

深度挖掘文化旅游产业。依托五台山世界旅游品牌和砂河镇旅游集散地交通区位优势以及我县丰富的文化旅游资源，重点推进平型关文化旅游景区建设，推进砂河大智镜园文化产业园、灵岩山旅游文化产业园建设，积极谋划滑雪场建设，推进天岩村、公主村、平型关村、茨沟营村、韩庄村等乡村旅游示范村建设。全力打造独具魅力的休闲旅游度假目的地，实现县域经济绿色崛起。

（三）以项目建设为抓手，保持经济健康发展的持续动力

稳增长离不开有效的投资拉动，要牢固树立“产业第一，项目至上，企业为重，服务为本”的理念，扎实开展项目攻坚行动，不断夯实稳增长基础。

创新项目推进机制。强化领导包联责任，建立重大项目绿色通道，继续实行“八

位一体”重点项目考核办法，继续实行“一个项目、一位领导、一套班子、一个方案、一抓到底”的“五个一”工作机制。进一步创新项目推进机制，逐月下达固投和项目建设任务，建立5000万元以上项目直报沟通制度和重大项目项目部制，千方百计落实项目投资，确保项目建设稳步推进。

超前谋划项目。要依托市场需求谋划项目，依托循环产业链谋划项目，依托龙头企业谋划项目，依托本地比较优势谋划项目。把项目谋划作为项目建设的首要环节，摆在更加突出的位置抓紧抓好。要密切关注国家和省、市投资政策导向，提前谋划、及早出击，在基础设施、生态环保、道路交通等领域，谋划储备一批打基础、利长远的项目。要围绕产业转型升级，立足延伸矿产业链条和发挥我县服务业、文化旅游、特色农产品等比较优势，谋划一批高水平、高标准的产业发展项目。

强化招商引资力度。要用系统和定向的观点改进招商引资工作，改变传统的招商引资模式。鼓励企业对外招商，尤其是加强与京津冀转移产业项目的对接，提高招商的靶向性、精准度。要充分动员全县干部进行招商，形成全民招商、人人招商的良好环境。坚持“引老乡、回故乡、建家乡”，鼓励繁峙籍人士在本土本乡投资兴业。要坚持秉承“服务企业就是服务经济发展，善待企业家就是善待经济发展”的理念，乐于、敢于、善于同企业家打交道，着力构建“亲”“清”的新型政商关系。

扭住省市县重点项目建设。今年我们要实施126个重点项目，总投资176.13亿元，年内完成投资68.97亿元。项目建设中，我们要高度重视省市50个重点项目，特别是市分类考核12个新开工重大产业项目，全力实施移民房、城中村改造等民生项目建设，切实抓好滨河公园东延伸绿化工程、三馆一院、滨河小学、兴城街人防工程等政府投资项目建设，全面推进大智镜圆文化产业园项目、平型关景区建设项目、灵岩山景区建设项目等旅游文化产业项目。

（四）以农民增收为目标，加快发展现代农业

加快农业农村发展、促进农民增收是我们实现全面小康的关键，要加速推进农业现代化进程，努力让农业强起来、农民富起来、农村美起来。

大力发展现代农业。继续落实好各项惠农政策，稳定粮食生产。突出抓好粮食高产创建、杂粮产业振兴、设施蔬菜建设、果业提质增效、中药材产业崛起、酿造业提升六大工程。着力推进具有县域特色的基地和园区建设。继续打造以集义庄乡、金山铺乡两个核心示范区为中心的4000公顷玉米高产创建示范区。建立以光裕堡乡、杏园乡、繁城镇、金山铺乡、柏家庄乡为主的5个万亩连片杂粮示范区（片），使杂粮种植面积达到1666.67公顷。积极培育新型农业经营主体，发展多种形式的农业适度规模经营，新发展农民专业合作社30家。

全力打造特色农业品牌。全县新认证无公害农产品、绿色食品、有机农产品至少10个，新增认定无公害产地、绿色食品有机农产品基地1万亩。力争繁峙黄米、繁峙胡油2个农产品获待地理标志认证。

加快发展特色农副产品加工业。实施好绿源亨通豆制品加工、宏钜大磨坊小杂粮加工、飞腾专业合作社中药材产业化基地、辰翔牧业牛羊屠宰加工、富云牧业鸡蛋深加工等新建续建工程。继续推进宝山鼎盛福益德亚麻籽系列保健产品、憨山冷榨胡麻油系列

产品、福康陈醋、繁裕源兔肉等已获国家食品生产许可认证（QS认证）农副产品的规模化、产业化发展，把繁峙特色农副产品打造成全省乃至全国的名优品牌。

要依托并州物流、鸿生物流等企业大力发展电子商务，加快发展互联网+，推进乐村淘电商服务平台建设，建设县级物流中心2个，乡级物流中心13个，村级体验店150个，集中打造规模化的农村电商集群。

加快发展生态畜牧业。以建设现代规模养殖园区为重点，坚持羊、牛、猪、鸡四业并重，推进畜牧业蓬勃发展。加大龙头企业培育力度。继续推广山西天河牧业、山西天洋养殖"公司+基地+农户"的发展模式，新发展养殖业龙头企业10户，全县养殖业龙头企业达到16户；新发展健康规模养殖场（小区）10个，全县健康规模养殖场（小区）达到135个。积极接洽河南牧原集团100万头生猪养殖场建设项目，推动项目早日落地。推进牛羊屠宰加工交易市场建设，逐步打造具有繁峙区位优势，连接晋、蒙、冀三省的现代化牛羊交易物流园区。

继续完善牛羊良种繁育体系。以天河牧业、辰翔牧业为依托，与澳大利亚巴瑟斯特台地肉业有限公司加强合作，利用澳大利亚繁育、饲养技术，改良我县牛羊品种，力争使我县牛羊良种覆盖率提高30%—40%，打造具有繁峙特色的优质肉牛肉羊生产示范县。

强力夯实农业发展基础。继续完善小农水重点县工程项目，新增水浇地333.33公顷。推进高标准农田建设，实施土地开发整理项目4个，新增水浇地153.33公顷；实施基本农田建设项目9个，新增高标准农田1400公顷。改造333.33公顷旱地成为高标准农田。继续抓好旱作节水农业工程。在大营、柏家庄、横涧等6个乡镇实施膜下滴灌1333.33公顷，实施风沙源治理3600公顷。以建设农机综合示范县为契机，力争使我县农业综合机械化水平达到85%。

要继续深化农村各项改革，特别是农村产权制度改革，要全面完成农村土地承包经营权确权登记颁证工作。

（五）以新型城镇化建设为重点，推动城乡协调发展

城乡协调发展是建设幸福繁峙、美丽繁峙的重要内容，是推动经济社会健康稳定发展的内在要求。

进一步提升城镇化管理水平。城市建设三分在建，七分靠管。要进一步厘清管理体制，明确和落实管理职责，全面加强对城区、砂河镇等重点镇城中村改造，交通、环卫等工作的统筹协调。要加快数字化城管建设步伐，完善城乡环卫、管理一体化水平，提升城市管理应急处置能力。要扎实推进城区及砂河镇小区物业规范化管理，年内完成砂河镇总体规划，组建砂河镇市政管理机构。要依法严厉打击违法占地、违章建设等违法行为，持续保持高压态势，营造良好的发展环境和建设秩序。继续巩固"创卫"、"创模"成果，全面启动省级园林城市、省级文明城市、省级智慧城市创建"五城联创"工作，强化领导，精心组织，对标推进，综合保障，确保创建成功，走在全市前列。

持续改善人居环境。推进城市人居环境改善，投资6.3亿元开展设施提升、城市安居、城中村改造、环境提质四大工程。继续加强县城基础设施建设，积极推进108国道改扩建项目、平型关景区旅游公路建设项目、龙池河—砂河县级公路建设项目等道路交通基础设施建设，继续推进砂河镇供热、供水、污水等城镇基础设施工程建设。抢抓

国家棚户区改造政策机遇，启动砂河、繁城、杏园三个片区的城中村改造工作，实现城镇升级与惠民利民的良性互动。继续推进农村人居环境改善工作，投资2.4亿元统筹实施完善提质、农民安居、环境整治、宜居示范四大工程，不断改善农村生产生活条件。推进乡村清洁和美丽乡村建设，力争全县省级乡村清洁标准化村达到88个；按照分期分批、串点成线、连线成片、扩片成区的推进方法，以6处国保、1处世界遗产以及茨沟营、平型关、公主村等传统村落和老汉坪、蒿儿梁等文化村落为示范，集中力量打造一批具有繁峙特色的美丽新农村。全县各乡镇围绕各自发展定位和特色，完善配套、提升品质，年内分别完成1—2个具有特色亮点的基础设施项目。

积极推进户籍制度改革。进一步打破户籍制度藩篱，认真落实户籍制度改革政策和促进农民进城的相关措施，有序推动农民向城镇转移，完善就业、医疗、教育、社保等相关权益保障机制，让农民共享城镇化建设成果。

（六）以绿色发展为引领，全面推进生态文明建设

良好的生态环境是我们发展的最大资本，我们将牢固树立绿水青山就是金山银山的基本理念，大力推进生态文明建设，筑牢生态安全屏障。

持续加大污染防治。统筹安排推进工业、农业、生活等各领域的污染减排工作，确保“十三五”期间减排工作开好头、起好步。扎实推进大气环境质量治理，抓好PM10、PM2.5、二氧化硫、二氧化氮、臭氧、一氧化碳等数据监测。加强重污染天气预报研判和预警。开展好工业粉尘、建筑扬尘和秸秆禁烧等集中整治。加强滹沱河、峨河等重点流域的水污染防治，做好滹沱河生态修复与保护规划编制工作。强化农业面源污染治理和畜禽养殖污染治理。扎实推进工业、公共机构等领域节能降耗。全面推进水土流失区、尾矿库闭库区以及铁矿采空区的生态治理修复重点工程，有序推进采矿破坏村庄避让搬迁工作。特别要深入开展好环境保护大检查工作，确保各项工作稳步推进。

持续推进生态建设。继续实施“13232”生态建设工程，投资9410万元绿化造林7080公顷，重点打造赵庄1333.33公顷白水大杏和砂台旅游路沿线两个精品绿化区，打造5个绿化示范村。切实加强造林管护工作，建立健全造林管护长效机制。造林规划区范围内全部拉网围栏、全面禁牧，采取6个林业管护站和林场划片管护和乡镇管护相结合的方式进行全方位管护。要进一步完善公园绿地、城区绿道、小区（机关）绿化等工程，重点推进滨河公园东延伸绿化工程、108国道增绿工程，着力构建“城在林中、路在绿中、人在园中”的生态城市景观。积极争取横涧桥儿沟滹沱河源头生态修复工程，使滹沱河水源地和沿途流域逐步得到修复与有效保护，实现经济社会与自然生态环境的协调发展。

（七）以民生改善为根本，实现人民福祉新提升

以人民为中心，促进社会公平正义、增进民生福祉是我们工作的出发点和落脚点。今年县财政安排12.9亿元用于民生支出，占全部财政支出的85%以上。

倾力办好人民满意的教育。紧紧围绕“打造繁峙教育品牌，建设晋北教育强县”的宏伟目标，编制好“十三五”教育发展规划。着力打造名教师、名校长两支队伍，为实现教育强县的目标奠定坚实的人才基础。

着力打造繁峙名校，通过3—5年的努力，把繁峙中学打造成全市乃至全省县级高中的名校，把砂河中学打造成全省农村中学的名校。要推动全县80多所小学、16所初级中学以及综合职业技术学校齐头并进，均衡发展。

继续加大教育投入力度。资助贫困学生，奖励优秀教师，新建滨河小学，推进繁峙中学多功能综合楼建设项目、砂河中学科技综合楼建设项目、东城中学操场及附属设施建设项目、笔峰小学教学综合楼扩建项目等教育基础设施的建设。

全力提升公共卫生服务水平。继续推进全民医保体系建设，参保率不低于95%。筹资1000万元将普通门诊补偿额度由40元提高到80元，将大额门诊补偿额度由1000元、1500元、2000元分别提高到1800元、2700元、3600元，将县内住院诊疗项目按80%统一纳入补偿；筹资1000万元将普通门诊输液打针补偿、中医治疗补偿额度由日定补25元提高到30元，将血液透析病人补偿额度按次定补342元。安排资金800多万元实施城乡居民大病保险，使参合群众当年住院补偿最大支付限额由55万元提高到58万元。稳妥推进全面放开二孩政策的落实。加大公共卫生基础设施建设，实施妇幼健康和计生服务工程，建设县妇幼健康和计生服务中心；推进区域性综合检验检测中心项目建设；积极争取县人民医院门诊综合大楼建设项目和公共卫生能力提升工程。继续推进4所公立医院改革，县人民医院、中医院、砂河二院、精神病院全部实行基本药物零差价，300余万元药品差价全部由政府补贴。实行分级诊疗，努力让群众就地就医，享受优质医疗资源。巩固完善基本药物制度，乡镇卫生院基本药物使用率不低于90%，县级公立医院基本药物使用率不低于40%。

积极完善社会保障体系。继续加大城乡保障工作力度，不断扩大保险覆盖面。全面推进养老保险制度改革，完善机关事业单位养老保险制度配套政策。完善医疗保险制度，推进实施大病保险全覆盖。全面实施困难残疾人生活补贴和重度残疾人护理补贴制度。加大社会救助力度，确保全县城乡困难群众都能得到有效救助。继续推进保障房、移民房及配套设施建设，新建保障性住房1496套，创造条件让群众早日入住。完成434户的危房改造任务。加强食品安全工作，全力推进创建省级食品安全示范县。

繁荣发展文化体育事业。充分利用国家体育总局扶贫工作队的资源和优势，与北京体育大学合作在我县开展暑期社会实践活动，策划打造体育精品赛事。免费培训基层文艺骨干和三级社会体育指导员，免费“送戏下乡”“送电影下乡”，大力发展农村文体活动阵地，推进农村文化队伍建设。推进“三馆一院”建设。加大对境内重点文物保护力度，弘扬繁峙特色文化。

不断稳定和扩大就业。进一步推动繁峙县众创产业园规范提升，开发更多就业岗位。引导和支持企业在化解过剩产能、克服运行困难过程中，采取多种办法稳定就业岗位。继续实行政府购买基层公共服务岗位政策，帮扶就业困难人员。多方位、多渠道帮助退役军人、高校毕业生实现就业。

在抓好上述民生工作的同时，今年筹资5.3亿元兴办以下民生实事。

一是投资2.5亿元实施滨河东延绿化工程，打造水上公园、湿地公园为一体，环滹沱河10公里绿色生态走廊，为县城居民再提供一个绿色休闲新场所。

二是投资1.02亿元新建滨河小学，解决

县城小学生入学难、班容量大的问题。

三是安排资金 121 万元，对考取全日制普通高等学校二本 B 类以上贫困户大学新生每人资助 5000 元，在就读大二、大三、大四期间，连续三年每人每年再给予 2000 元资助；对 2016 以后考取对口升学二本 B 类以上的贫困户学生，连续四年每人每年给予 2000 元资助。

四是安排资金 2900 万元，对贫困户种植特色杂粮、中药材、干果经济林和养殖安格斯母牛、种兔等实施补贴。特色杂粮种植每亩补贴贫困户硒肥 200 元；中药材种植每亩补贴贫困户 400 元；白水杏、干鲜果种植每亩均补贴贫困户 500 元；养殖安格斯母牛每头补助贫困户 2000 元；对新建的种兔养殖现代化塑料暖棚每个补助 20 万元，种兔养殖每只补助贫困户 30 元。

五是安排资金 1000 万元，对 11520 名因病致贫、返贫的贫困人口参加新农合的，个人缴费部分由县财政给予全额补贴；门诊慢性病补偿和农村计划生育特殊家庭补偿比例分别提高 10%和 20%；乡镇卫生院住院只交纳 100 元，基本医疗费用新农合金额支付；医疗保障扶贫对象大病保险报销起付线由 10000 元降到 5000 元，报销比例平均提高 2-3 个百分点，做到贫困人口在本县范围内看病基本不花钱。

六是筹资 6191 万元，完成 1200 人的易地移民搬迁任务。

七是新建老年人日间照料中心 8 个，为 240 位老年人提供午餐和休息、娱乐的场所，提升老年人的生活质量和幸福指数。

八是投资 479.5 万元实施 2 个水库移民村后续工程，惠及 3668 人。投资 300 万元，实施人畜饮水工程 8 处，解决 1.15 万人的饮水困难问题。

九是投资 5627 万元实施城乡电网改造工程，让 2 万余户群众享受安全可靠的供电服务。

十是投资 709 万元改造县城体育场，再为县城居民提供一个健身活动的优良场所。

（八）以安全稳定为底线，巩固优化发展环境

安全稳定是我们的第一责任，我们将认真落实省委、省政府“三个坚决防止”的要求，坚决守住全社会安全稳定的底线。

持之以恒抓好安全生产。我们将牢固树立安全发展理念。牢固树立红线意识，坚持底线思维，坚定生命至上的理念，把不发生安全生产事故作为全年工作的底线，确保各行业、各领域事故起数、死亡人数“零增长”，确保全县事故起数和死亡人数“双下降”。

切实强化对安全生产工作的领导和监管。严格落实安全生产“党政同责”“一岗双责”和行业主管部门安全监管责任制。按照“管行业必须管安全、管业务必须管安全、管生产经营必须管安全”的要求，进一步明确职责、压实责任。要坚持每月一次的安全生产工作例会制度。

不断加强安全生产基础建设。要切实保障安全生产的投入，按照“4438”工作机制的要求，做实做细各项基础工作。进一步充实各乡镇、各重点部门的安监队伍力量，建立乡村两级安全队伍，各乡镇设立专职安全员，逐步提升各级安全监管人员的监管执法水平。把职工健康安全问题摆到重要议事日程，切实维护职工的合法权益，促进企业的健康长久发展。

扎实开展安全生产风险隐患大排查大整治。突出非煤矿山企业、危化品、道路交通等各领域和行业的安全生产专项排查整治工作，进一步建立健全隐患排查整治台账，实

行第一责任人负责整改的制度，做到责任、措施、资金、期限和应急预案“五落实”。实行重大隐患挂牌督办制度，对重大隐患进行挂牌督办、跟踪督办。

深入推进社会治安综合治理。以解决突出问题为重点，大力加强社会治安综合治理，深入推进“平安繁峙”创建，加快视频监控系统工程建设，实现繁城、砂河社会治安实时监控录像全覆盖，推进社会视频监控系统与公安机关进行联网运行，切实增强公共安全和社会治安保障能力。完善群众工作制度，畅通和规范群众诉求、利益协调、权益保障渠道，完善矛盾纠纷调处化解平台，提高社会矛盾纠纷调处的层次和水平。积极推进创建省级平安县工作。

切实加强应急体系建设。进一步健全监测、预测、预报、预警和快速反应机制，加强专业救助抢救队伍建设，抓好宣传培训和应急预案演练，全面提高全社会的抗风险能力。切实把应急管理提上重要议事日程，不断提高处置各类风险和突发事件的能力和水平，努力构建政府统一指挥、各部门协同配合、全社会共同参与的应急管理工作格局，有效保障人民群众利益和生命财产安全。

同时，认真做好国防动员、双拥共建、民族宗教、优抚安置、人民防空以及统计、史志、档案等工作，支持工会、共青团、妇联、文联、残联、工商联等群团组织发挥更大作用。

（九）以廉洁发展为保障，切实加强政府自身建设

我们将切实履行全面从严治党主体责任，深入开展政府系统党风廉政建设和反腐败斗争，以新的发展理念引领政府自身建设，树立廉洁高效政府形象。

建设法治型政府。坚持把宪法和法律作为政府工作的根本准则，全面深入推进依法行政，严格落实重大行政决策程序、重大事项社会公示和听证制度。健全法律顾问体系，在政府各职能部门和乡镇政府推行法律顾问制度，完善重大决策风险评估制度，降低行政决策风险。自觉接受人大及其常委会的监督和政协的民主监督，认真办理人大代表议案、建议和政协提案，广泛听取各民主党派、工商联、无党派人士和各人民团体的意见建议。

建设廉洁型政府。牢固树立政治意识、大局意识、核心意识、看齐意识。不断强化“为官必为”意识，增强“为官会为”能力，追究“为官不为”责任，营造“为官愿为”环境，坚持把纪律和规矩挺在前面，落实全面从严治党“两个责任”，严格执行“一岗双责”。加强对财政预算执行、行政审批、项目招投标、土地出让、政府采购等重点领域、关键环节的行政监察、监督，严肃查办违纪违法案件。坚决落实中央八项规定和国务院“约法三章”，持续狠刹“四风”，严控“三公”经费，切实做到干部清正、政府清廉、政治清明。

建设创新型政府。深入践行创新发展理念，高举创新发展大旗，切实把创新摆在政府工作的核心位置。着力构建创新体制机制，破除一切不符合创新发展要求的藩篱。充分发扬民主，培育浓厚的创新氛围。制定有效的考核奖励政策，激发广大干部群众的创新热情，激活一切创新发展的源泉和力量。

建设服务型政府。要进一步强化政府的服务意识，提高政府服务的能力和水平。加快政府职能转变，深入推进放、管、服改革，加大简政放权力度，进一步深化商事制度改革，切实优化政务服务。坚持效率优先，进一步优化政府运行流程。继续巩固和完善权力运行和监督平台建设。完善政务服务中心政务建设，构建县、乡审批便民服务系统，让信息多跑路、群众少跑腿、企业不费事。

建设学习型政府。扎实开展“两学一做”学习教育，把学习贯彻习近平总书记系列重要讲话精神引向深入。不断强化政治理论和业务知识学习，充分发挥领导干部示范带头作用，努力打造知识型、业务型、专家型的政府系统干部队伍。着力强化领导干部学习意识，紧盯发展目标，明确主攻方向，不断提高谋发展、抓落实的本领，切实增强驾驭全局能力、应对复杂局面能力、解决疑难问题能力。不断强化各级领导干部凝心聚力抓落实的意识，层层分解责任，加强考核奖惩，确保全年各项目标任务落到实处。

打赢脱贫攻坚战任务艰巨，实现全面小康使命光荣。让我们紧密团结在以习近平同志为总书记的党中央周围，在县委的坚强领导下，在县人大、县政协的监督支持下，凝心聚力，乘势而上，继往开来，务实苦干，为实现“十三五”良好开局，为全面建成小康社会、建设幸福繁峙而努力奋斗！

2017 年 3 月 26 日繁峙县第十六届人民代表大会第二次会议报告

县人民政府县长　崔峥岭

一、2016 年工作回顾

过去的一年，面对艰巨繁重的工作任务和经济持续下行的困难局面，我们深入学习贯彻习近平总书记系列重要讲话精神，全面落实省委“一个指引，两手硬”的重大思路和要求，全面实施市委“1661”发展战略和县委“一个提前，两个翻番，三个提升”的发展目标，在县委的坚强领导下，在县人大、县政协的监督支持下，团结带领全县人民，攻坚克难、砥砺奋进，荣获了全国计划生育优质服务县、全省农田水利基本建设“禹王杯”红旗县、全市产业项目建设一等奖等各级荣誉称号。全县经济社会呈现出健康稳步发展的良好态势，圆满实现了“十三五”良好开局。

（一）经济发展稳中向好。始终坚持把发展作为第一要务，2016 年，地区生产总值完成 53.56 亿元，绝对值全市排名第五，同比增长 4.4%，增幅全市排名第十一；规模以上工业增加值完成 32.04 亿元，绝对值全市排名第三，同比增长 0.5%，增幅全市排名第十二；社会消费品零售总额完成 18.96 亿元，绝对值全市排名第五，同比增长 7.5%，增幅全市排名第九；公共财政预算收入完成 2.14 亿元，绝对值全市排名第九，同比增长 6.06%，增幅全市排名第四；城镇常住居民人均可支配收入完成 26664 元，绝对值全市排名第四，同比增长 7.2%，增幅全市排名第二；农村常住居民人均可支配收入完成 6940 元，绝对值全市排名第四，同比增长 7.2%，增幅全市排名第七。全年共实施重点工程项目 148 个，完成固定资产投资 92.85 亿元，绝对值全市排名第五，同比增长 5.7%，增幅全市排名第十一。14 个产业类考核项目完成投资 17.34 亿元，产业项目分类考核获得全市一等奖。

（二）脱贫攻坚首战首胜。始终坚持以脱贫攻坚统揽经济社会发展全局，代表全省接受了国务院脱贫成效考核第三方评估。全县有 123 个村 3625 户 10541 人实现精准退出，其中整村退出 47 个村 2477 户 7174 人。1200 人的易地移民搬迁任务稳步推进。创新 6 大利益联结机制全力推动 7 大扶贫产业发展。教育、民政、健康、残疾人等社会兜底保障政策全面落实到位。统筹整合使用各类涉农资金 2.4 亿元用于脱贫攻坚。4112 名干部投身脱贫主战场，全县上下勠力同心决战决胜脱贫攻坚的浓厚氛围已经形成。

（三）产业结构持续优化。农业产业提质增效.粮食总产量达到 8133 万公斤，同比增长 10.3%。设施农业面积达到 4946 公顷，农作物机械化综合水平达到 86.23%，在全省率先成功创建农业机械化示范县。新认证无公害农产品、绿色食品、有机农产品 10 个，繁峙黄米、繁峙胡麻油 2 个地理标志产品通过农业部评审认证。健康养殖六畜并进，全年发展猪 32 万头、牛 2.8 万头、羊 52.3 万只、鸡 105 万只、兔 1.2 万只、驴 7600 头，肉蛋奶产量分别达到 2.2 万吨、0.7 万吨、1.5 万吨。2016 年，全县年销售百万元以上龙头企业达到 17 家，完成销售收入 3.8 亿元。万锦肉牛育肥公司活牛直供出口香港。工业结构持续优化。全县工业总产值完成 101.6 亿元。全力推进供给侧结构性改革，淘汰落后钢铁产能 34 万吨、水泥产能 8 万吨。化解铁精粉库存 115 万吨、线材 6 万吨、房地产库存 895 套。持续推进传统产业转型升级。中兴华德连铸有限公司承接外省委托加工机载配重 2.4 万余吨，并与美国特雷克斯公司开展出口合作；中环铸业有限公司承接外省零部件加工 1.1 万吨。全力优化企业发展环境，开展工业稳增长攻坚行动和干部入企服务工作，铁矿企业规费降低 70%以上，金矿企业规费降低 26.8%，推动 28 户规上企业复工复产，获得全市干部入企服务工作先进县荣誉称号。文旅产业步伐加快。平型关关楼和两侧长城继续修缮，平型关–108 国道旅游景区道路基本完成，大智镜圆文化产业园主题景观塔等重点工程顺利推进。积极筹建平型关景区管委会，注册成立繁峙县滹源文化旅游投资开发有限公司。平型关村、茨沟营村、韩庄村等乡村旅游快速发展。“双创”生态正在形成。众创产业园成功创建成为“山西省创业示范园”。培育电商企业 3 户、电子商务平台 8 个、网络销售企业 15 家、“乐村淘”农村体验店 148 家，实现农副土特产品线上交易额 1640 万元。

（四）重点改革不断深化。扎实推进行政审批制度改革，重新梳理行政职权 10 类 3301 项，减少比例达到 44.1%。进一步推进“双随机、一公开”工作，梳理随机抽查事项 195 项，市场主体名录 12606 个，执法检查人员名录 509 人。稳步推进不动产统一登记，不动产登记中心正式揭牌。深化金融体系改革，繁峙农商行挂牌成立。积极推进开发区工作，成立了开发区管委会筹备委员会，建立了开发区（产业园区）发展规划编制联席会议制度，有效地推进规划编制、土地调整、招商入园等各项工作。

（五）城乡发展提质扩容。城市基础设施配套继续强化，完成了滨河公园东延工程、兴城街和光华街道路、排水管网等市政工程。人防工程、城市综合体等项目顺利推进。县城污水处理率达到 97.6%。生活垃圾处理率达到了 100%。采取纯货币化安置方式启动了砂河镇棚户区改造项目。改造农村困难家庭危房和抗震房 1634 户。实施代牛线、公主村等农村道路改造工程，39.81 千米的农村窄路基公路获得拓宽改造。成功创建了 12 个县级美丽宜居示范村、2 个市级美丽宜居示范村，卫生达标村累计达到了 193

个，农村生产生活环境进一步改善。

（六）生态文明全面加强。全面加强大气、水、土壤污染治理。环保减排任务全面完成，强力推进“铁腕治污”专项行动，关停了违法违规生产的砖瓦企业，清理整顿182个违法违规项目，淘汰黄标车老旧车256辆、燃煤小锅炉10个。稳步推进华茂铸造、中兴实业清洁生产技术改造。全县城镇供热覆盖率达到91.5%以上。空气质量优良率稳定达到国家二级标准。水体断面劣V类水体比例全面达标。投资9410万元绿化造林10.62万亩，森林覆盖率大幅提升。

（七）民生福祉保障有力。县财政用于民生支出达15.14亿元，占到总支出的87.57%，同比增长9.51%。年初计划的民生实事全面完成。教育质量稳步提升。普通高考二本B类以上和对口升学第一批线录取总达线人数528人，达线率24.1%。中考优生数全市第二。新建滨河小学、繁峙中学多功能综合楼、砂河中学科技综合楼等工程竣工。公立医院改革全面推进，县级4个公立医院药品实现零差率销售，113个病种实现分级诊疗，98%的居民建立电子档案。城乡低保、五保、经济困难的高龄与失能老年人补贴按标准提高，困难残疾人生活补贴制度全面实施。社会保障水平稳步提高，机关事业单位、企业养老制度并轨扎实推进，城乡居民基本医疗保险完成初步整合，基本医疗保险和生育保险合并实施。新建8个老年人日间照料中心。新建44个基层综合性文化服务中心，各类全民健身赛事活动蓬勃开展。全县城镇新增就业3186人，全县公益岗位人数达到959人。

（八）社会环境安全稳定。严格落实党委政府和部门行业的监管责任，出台了《繁峙县各级党委、政府及有关部门安全监管工作职责规定》，实现了监管职责全覆盖。全面推进企业落实11项主体责任，9125家企业落实了挂牌责任。全年不间断开展各类安全生产大检查和安全隐患排查整治行动，全县安全生产形势稳定向好。狠抓信访稳定工作，累计接待来访群众1538人次，51件重点信访事项和特殊利益诉求群体案件全部办结，息诉罢访率达到85%以上。县乡村三级调解组织调解各类民间纠纷2568起，成功调解2469件。社会治安工作有效加强，全年共立各类刑事案件704起，破案422起；办理治安案件891起，办结795起，全力维护了全县社会大局稳定。

（九）自身建设有效提升。扎实开展“两学一做”学习教育，依法全面履行政府职能，对行政权力运行监督平台进行改版升级，全年系统受理事项133660件，办结事项132875件，办结率达到了99.4%，自觉接受人大法律监督和政协民主监督，全年办理人大代表建议和政协提案98件。广泛听取各民主党派、人民团体和社会各界人士的意见建议。持续提升政府网站、“忻州随手拍”“繁峙发布”政务微博运行水平，实现网络问政常态化。政府执行力和公信力持续增强。

一年来，全县各项事业协调发展，通过加强国防动员、武警、消防、人防等工作，开创了军政军民团结新局面；通过加强统计、史志、档案、老干老龄、民族宗教、气象、通信等工作，推动了各项工作齐头并进；通过支持工会、共青团、妇联、工商联及各民主党派、无党派人士等工作，不断凝聚发展合力。

过去的一年是我县历经考验、攻坚克难的一年，也是抢抓机遇、担当作为的一年。成绩来之不易，经验弥足珍贵！这是市委、市政府和县委坚强领导的结果，是县人大、县政协监督支持的结果，是全县上下共同努力的结果。在此，我代表县人民政府，向全县人民，向民主党派、工商联和无党派人士，向各位人大代表、政协委员，向驻繁人民解放军、武警官兵、公安民警和驻繁单位，向所有关心支持繁峙发展的社会各界人士，表示衷心的感谢和崇高的敬意！

奋战尤为艰辛，发展时不我待。我们清醒认识到，繁峙发展还面临着不少困难和问题：脱贫攻坚任务艰巨，面临形势十分严峻；经济发展动能不足，结构调整升级任重道远；刚性支出不断增多，财政收支矛盾突出，保民生、保运转、保工资压力还在继续加大；环境保护和安全生产压力依然很大；干部作风建设仍然有待加强，等等。我们一定要正视这些问题，不能回避这些问题，在今后工作中采取强有力的措施，认真加以解决。

二、2017 年工作安排

2017 年是全面贯彻落实中共十八大、十八届三中、四中、五中、六中全会精神和深入贯彻落实省第十一次党代会、市第四次党代会、县第十三次党代会精神的关键之年，做好各项工作至关重要。我们将突出重点、集中精力，抢抓国家宏观政策带来的资金和项目机遇、供给侧结构性改革机遇、振兴实体经济机遇、脱贫攻坚战略机遇、转型综改试验区建设重大机遇、优化投资结构战略机遇、国家重视民生改善政策机遇等七大机遇，创造性地开展工作，加快全面脱贫、全面小康进程。

今年政府工作的总体要求是：深入贯彻习近平总书记系列重要讲话精神和治国理政新理念新思想新战略，全面落实中央经济工作会议、省委十一届二次全会暨经济工作会议、市委四届二次全会暨经济工作会议精神和县第十三次党代会总体部署，统筹推进“五位一体”总体布局，协调推进“四个全面”战略布局，践行“五大发展理念”，坚持“一个指引、两手硬”的重大思路和要求，牢牢把握稳中求进工作总基调，坚持以推进供给侧结构性改革与深化转型综改试验区建设为主线，认真贯彻市委“1661”发展战略，坚持以脱贫攻坚统揽经济社会发展全局，全力做好稳增长、促转型、增动能、强实体、建城乡、惠民生、保稳定各项工作，促进经济稳步向好和提质增效，加快全面脱贫、全面小康进程，以优异成绩迎接党的十九大胜利召开。

综合考虑多方面的因素，2017 年我县经济社会发展的主要预期指标是：全县地区生产总值增长 5.5%左右，社会消费品零售总额增长 7%左右，一般公共预算收入增长 6%以上，城镇常住居民人均可支配收入增长 6%，农村常住居民人均可支配收入增长 7%以上，城镇新增就业 3500 人，城镇登记失业率控制在 4.2%以内。

今年的约束性指标，资源节约和环境质量方面，万元 GDP 能耗、万元 GDP 二氧化碳排放量、万元 GDP 用水量、细颗粒物（PM2.5）浓度下降比例、空气质量优良天数比例、达到或好于 III 类水体比例、劣 V 类水体比例、二氧化硫、化学需氧量、氨氮、氮氧化物减排量等，按省市下达任务全面完成。民生改善方面，全面完成农村贫困人口脱贫 16683 人，城镇棚户区住房改造 1051 套等目标任务。

我县作为限制开发的重点生态功能区，要突出转型导向，发改、统计等部门要结合省、市相关考核要求，尽快研究制定我县今年转型指标体系。提出奋斗目标，努力推动转型。

重点抓好以下十个方面的工作：

（一）坚持统揽格局，确保脱贫攻坚再战再胜

脱贫攻坚是金县经济社会发展的第一民生工程和重大政治任务。我们将坚定决心信心，聚焦精准方略，确保脱贫攻坚再战再胜。

1. 全面夯实统揽格局。2017 年要完成涉及的 169 个村 5950 个贫困户 16683 名建档立卡贫困人口精准退出，其中整村退出 66 个贫困村 3221 个贫困户 9426 名贫困人口。要按照全市“3659”脱贫攻坚策略要求，完善“主要领导亲自抓、责任领导具体抓、乡（镇）部门抓落实”的工作体制机制，把任务细化到县乡村三级，落实到包村干部、驻村工作队伍、第一书记、农村党员干部队伍四支帮扶力量头上。全面总结 2016 年国家、省、市脱贫成效考核的经验做法，查漏补缺，对标对表，扎实开展脱贫攻坚“春季行动”，扎实推动全年脱贫攻坚工作。

2. 全面推进产业扶贫提质增效。要把产业扶贫作为脱贫攻坚的根本支撑，继续完善“政府主导、经营主体引领、金融助推、贫困户参与”的“1+1+1+1”四方主体联袂发展模式，做大做强特色扶贫产业。确保到 2017 年底达到“村有产业、有带动企业、有合作社，贫困户有项目、有劳动能力的人有技能，户均新增产业收入 3000 元以上”的“五有”目标。

要继续实施特色种植加工产业和健康养殖脱贫产业，安排一定资金推进实施杂粮、水稻、黄花、牛、驴、羊、兔等种植、养殖特惠补贴，为贫困群众增收脱贫提供资金支持；积极推动伯强村、平型关村、茨沟营村、韩庄村、赵庄村等乡村放游发展，鼓励组织涉旅企业、农家乐、涉旅合作社等旅游经营主体带动贫困户就业，有效激活乡村旅游的脱贫带动效应；积极推进电商扶贫，推进县域电子商务和公共服务中心、村级电子商务服务站点建设，强化电子商务培训，拓

5950 个贫困户 16683 名建档立卡贫困人口精准退出，其中整村退出 66 个贫困村 3221 个贫困户 9426 名贫困人口。要按照全市“3659”脱贫攻坚策略要求，完善“主要领导亲自抓、责任领导具体抓、乡（镇）部门抓落实”的工作体制机制，把任务细化到县乡村三级，落实到包村干部、驻村工作队伍、第一书记、农村党员干部队伍四支帮扶力量头上。全面总结 2016 年国家、省、市脱贫成效考核的经验做法，查漏补缺，对标对表，扎实开展脱贫攻坚“春季行动”，扎实推动全年脱贫攻坚工作。

3. 全面推进产业扶贫提质增效。要把产业扶贫作为脱贫攻坚的根本支撑，继续完善“政府主导、经营主体引领、金融助推、贫困户参与”的“1+1+1+1”四方主体联袂发展模式，做大做强特色扶贫产业。确保到 2017 年底达到“村有产业、有带动企业、有合作社，贫困户有项目、有劳动能力的人有技能，户均新增产业收入 3000 元以上”的“五有”目标。

要继续实施特色种植加工产业和健康养殖脱贫产业，安排一定资金推进实施杂粮、水稻、黄花、牛、驴、羊、兔等种植、养殖特惠补贴，为贫困群众增收脱贫提供资金支持；积极推动伯强村、平型关村、茨沟营村、韩庄村、赵庄村等乡村旅游发展，鼓励组织涉旅企业、农家乐、涉旅合作社等旅游经营主体带动贫困户就业，有效激活乡村旅游的脱贫带动效应；积极推进电商扶贫，推进县域电子商务和公共服务中心、村级电子商务服务站点建设，强化电子商务培训，拓宽农产品销售渠道，实现线上线下融合发

展；大力推进电站扶贫，推进实施黄家庄村、大砂村等村级光伏扶贫电站、大李牛扶贫水电站等项目建设，规划和争取光伏扶贫电站引领者计划，进一步提高电站扶贫资产性收益带动效应。通过产业布局规划的引领，确保村村有产业产品，户户有增收项目，人人有脱贫门路。

4. 全面打赢易地扶贫搬迁硬仗。继续积极稳妥组织实施搬迁安置，积极推进 50 户以下行政村的整村搬迁工作。全年完成易地扶贫搬迁 1289 人，其中建档立卡贫困人口 900 人，同步搬迁人口 389 人。结合创业就业扶贫政策，使搬迁群众能找到新的就业岗位、新的致富门路。通过旧村复垦、土地置换流转等方式，增加搬迁群众经营性收入和资产性收入。启用集义庄乡扶贫移民集中供养中心。认真组织实施好易地扶贫搬迁货币化补偿工作。

5. 全面推进劳务输出和技能培训。整合劳动、农委、农机、教育、团委、妇联、扶贫等单位和协会的培训资源，对 2274 名贫困户开展刺绣、驾驶员、农机具操作、箱包加工、经济林管理、电子商务等技能培训。加强培训与市场需求的精准对接，着力打造“繁峙绣娘”“繁峙师傅”等劳务输出品牌，做到人人掌握一技之长，人人可以持证上岗。在中国文联的帮扶下，全力做好全国“文艺扶贫奔小康”示范县工作，真正发挥示范带头作用。

6. 全面推进生态脱贫。全力推进林业脱贫工程，加大贫困户覆盖面，大力实施好新一轮退耕还林 2 万亩。对 2017 年新栽植的干鲜果经济林每亩补助 600 元，分三年兑现。积极探索创新造林管护机制，以建档立卡贫困户占合作社社员 60%以上为标准，鼓励组建贫困户造林合作社，通过造林合作社承接造林任务。继续强化生态护林员林地管护体系，吸收贫困人口参与管护。让更多有劳动能力的贫困人口获得苗木收入、植树务工收入、营林管护收入、退耕还林补助收入、生态补偿收入，实现稳定增收脱贫。

7. 全面加强脱贫攻坚资金保障。不断创新探索以财政专项扶贫资金为牵引、政府专项投入为主体、社会帮扶资金和金融支持资金为补充的资金整合机制，初步整合 18 个部门资金总额 2.06 亿元用于脱贫攻坚。继续强化金融助推作用。重点推进政府支持、银行投放、保险保障、实施主体使用、贫困户承贷并获益的“五位一体”的金融扶贫模式，争取 2017 年，通过金融精准扶贫信贷帮助 16000 余名贫困人口创业增收。

（二）坚持项目带动，推动发展后劲不断增强

项目是经济发展的牛鼻子。我们将继续秉承“产业第一、项目至上、企业为主、服务为本，抓项目就是抓发展”的理念，不断增强发展后劲。

1. 抓好重点投资项目。扎实推进总投资 198.97 亿元的 159 个重点项目，年内完成投资 79.15 亿元。狠抓项目的落实见效，对年度投资 20.78 亿元的 26 个续建项目，及时跟踪掌握项目进展情况，加快建设进度；对年度投资 58.37 亿元的 133 个新建项目，开展项目前期手续集中办理攻坚行动，确保 4 月底前新建项目前期手续全部办结并开工建设；积极推动污水处理厂等总投资 78.55 亿元的 23 个推进和争取项目早日落地。要重点推进年度投资 3.5 亿元的兆丰农林基地五台娘娘山农林生态园区等 3 个省级重点项目和年度投资 12.74 亿元的赵庄河流域综合开发项目等 7 个市级重点项目。要结合全市重大产业考核办法的变化，重点抓好年度投资

16.55 亿元国电投—繁峙金丰新能源风电清洁供暖项目等 9 个重大产业考核项目。

2. 完善项目推进机制。继续实行县领导包项目责任制，进一步落实“一个项目，一名领导，一个工作班子”的工作机制。继续实行项目建设任务分解和考核办法，变单纯考核增量为增量与总量并重，加大合同履约率、资金到位率和项目开工率考核权重。继续深化项目手续办理百日攻坚，着力解决阻碍重点项目手续办理方面存在的突出问题。进一步加大对项目建设工作的跟踪推进力度，县级分管领导每周听取项目进展情况汇报，县政府每月研究一次项目建设工作。进一步严格考核督查，以最严格的考核督查确保项目建设工作顺利推进。

3. 全力推进选商引资。认真研究国家的产业政策、投资政策，深入分析我县实际，用创新的思维、创新的办法、创新的理念积极争取资金、争取项目、争取政策。变招商引资为选商引资，实施专业选商、以商选商、会展选商、网络选商、委托选商。实施“繁商繁才回乡创业创新”工程，筹办“迎老乡、回故乡、建家乡”恳谈招商会。

（三）坚持深化农业供给侧结构性改革，激活农业农村发展活力

增强“三农”发展新动力，是我们农业农村工作的主攻方向。我们将以农业供给侧结构性改革为主线，加快转变农业发展方式，推动粮经饲统筹、种养加一体。

1. 加快农业产业化进程。要以工业的理念发展农业，牢牢把握农户、基地（园区）、企业、产业、品牌、市场六要素，农户联合建基地，依托基地上项目，项目主体是企业，企业聚集带产业，特色产业塑品牌，精特品牌闯市场。重点实施六大工程：

一是新型农民和新型经营主体素能提升工程。整合各类培训资源，开展农村劳动力劳动技能培训 2960 人。实施专业大户培植、家庭农场培育、农民合作社规范、龙头企业提升、农业社会化服务体系建设等工程，帮助各类新型经营主体找准发展对策，解决发展难题，规范财务管理，完善内部机制，抓好人才培养，增强带动能力。今年新发展农民专业合作社 30 家，培育示范合作社 20 个、家庭农场 50 家。

二是园区基地建设示范工程。一要加大农产品加工园区建设力度。继续加强繁城农副产品加工园区建设，做优做强宝山鼎盛、绿源亨通等龙头企业，加快推进宏钜大磨坊、农产品检测和营养中心、中药材储藏和加工项目、7 万吨玉米压片加工项目入园建设。全力推进大营镇蔬菜加工场、辰翔牧业肉羊加工场等农产品加工园区场地的建设。以园区引领，采取“公司+农户”“订单+保险”等模式，鼓励农产品加工销售龙头企业与农户签订订单合同，实现农户和企业的双赢。二要推进特色种植业基地建设。打造以集义庄、金山铺两个核心示范区为中心的 4000 公顷玉米高产创建示范区；以繁城、杏园等 5 个乡（镇）为中心建立优质谷子生产基地 6666.67 公顷；以繁城、下茹越等 4 个乡（镇）为中心建立优质精黍生产基地 6666.67 公顷；以繁城、神堂堡为中心，新发展万亩优质白水大杏、红富士苹果生产基地；以南北山区乡（镇）为主，新发展黄芪、柴胡等中药材 3333.33 公顷；以柏家庄、横涧等 4 个乡（镇）为中心，发展优质胡麻生产基地 1000 公顷；以东山乡为中心建立万亩黄花菜种植基地；以砂河、金山铺、大营、集义庄 4 个乡（镇）为中心，建立万亩优质蔬菜种植基地；以集义庄、下茹越为中心建设藜麦种植基地，恢复优质水稻种植基

地，引领示范带动全县优特品种的种植推广。三要推进健康养殖业基地建设。推进砂河肉牛养殖基地、砂河肉羊养殖基地、金山铺奶牛养殖基地、金山铺能繁母猪养殖基地、光裕堡蛋鸡养殖基地、光裕堡肉兔养殖基地、集义庄黑毛驴养殖基地等各类健康养殖基地建设。强力推进河南牧原集团100万头生猪养殖项目、富云牧业三期100万只蛋鸡项目等22个养殖项目。

三是龙头企业培育壮大工程。以龙头企业和现代特色农业产业项目为依托，进一步做大农产品加工产业。在继续推进现有17个销售收入百万元以上的农业产业化加工龙头企业的基础上，新增农产品加工龙头企业5个以上。继续抓好已有天河牧业、万锦肉牛、绿源亨通、辰翔牧业、富云牧业、绿洲獭兔、宏矩大磨坊等龙头企业的培育扶持。加快推进恒芪农业开发、恒鑫盛粮食收购公司等龙头企业的建设力度。

四是优势产业提质增效工程。要把发展订单农业作为推进农业优势产业壮大发展的有力手段，引导和扶持有实力的龙头企业和专业合作社建立“公司+合作社+基地+农户+保险”的订单运作模式，开展特色产业订单种养和深加工。一要做优杂粮，加大优良品种推广力度，重点推广晋谷、晋黍、富硒黑豆等优良品种。推广测土配方施肥、地膜覆盖、机械化作业等技术。通过品种选优、技术集优、土壤环境气候创优，力争2017年全县杂粮种植面积达到1733.33公顷。总产量达到3000万公斤；二要做强畜牧。加大养殖基地、良繁体系、饲草体系、疫病防控、加工企业等各个环节的建设，猪、牛、驴、羊、鸡、兔六畜并进。力争建成全省规模健康养殖大县；三要做优果蔬。在繁城镇、东山乡、大营镇新发展设施农业60公顷，全县设施农业面积要达到514.6公顷。建立666.67公顷优质蔬菜种植基地和万亩优质干鲜果基地；改造提升集义庄果园村设施农业园区综合生产能力；四要做好中药材。大力发展黄芪、麻黄等18种道地中药材种植，全县中药材种植面积达到9333.33公顷。推进万恒种植有限公司和飞腾农林专业合作社中药材加工项目。

五是特色产品品牌打造工程。充分发挥繁峙比较优势，全力打造繁峙特色的地域品牌。做好万锦肉牛、富云鸡蛋、富硒杂粮、白水大杏等已有品牌的保护和宣传。启动“繁峙大杏”“繁峙大米”“繁峙北芪”三个地标产品的认证，争取年内认证成功。全县新认证无公害农产品、绿色食品、有机农产品至少10个，新增认定无公害产地、绿色食品有机农产品基地面积666.67公顷。全面推动农产品溯源体系建设，积极创建省级食品安全县，积极创建国家级出口食品农产品质量安全示范区，进一步提升全县农产品质量安全管理水平和标准，努力打造成全省乃至全国的优质食品农产品基地。

六是市场营销体系构建工程。培养20个购销组织、150个营销经纪人大户。依托鸿深物流园区建立健全覆盖农产品收集、加工、运输、销售各环节的物流体系。依托并州物流；大力发展“乐村淘”农村体验店等农村电商平台，完善县乡村三级物流配送机制。鼓励和支持三晋农夫、繁荣盛峙、富硒三宝等电商品牌发展壮大，破解全县农副加工产品和土特产品的销售瓶颈。利用“中国（山西）特色农产品博览会”等展会、农村电商渠道，扩大繁峙名特优农产品销售渠道。

2. 大力发展功能农业。加快发展功能农业，面向中高端市场，大力发展功能食品、功能农业产品等高附加值产品。继续推进宝山鼎盛仪 a—亚麻酸系列保健产品开发做优做强，打开市场。推进万象农林牧富硒杂粮深加工项目，推进山西广荣丰葡萄酒厂建设项目，推进杨树湾村苹果醋生产项目。

3. 加强农业基础设施建设。实施 6 个总面积 846 公顷的土地整理项目。在孙庄村、后河村、上双井村等规划实施坡耕地改造项目 553.33 公顷。在 9 个乡（镇）40 个村高质量实施膜下滴灌 2000 公顷。推动农业生产规模化、标准化、集约化发展，全县主要粮食作物农机化综合水平达到 87%以上。

（四）坚持深化工业供给侧结构性改革，推动工业产业转型升级

工业产业是全县经济发展的重要支柱。我们将把供给侧结构性改革作为经济发展的强大动力，突出“三去一降一补”重点，推动工业产业结构持续优化升级。

1. 加大传统产业改造升级步伐。实施紫金矿业现代化矿井升级改造项目、义联金矿年产 5 万吨金精粉技改项目，推进实施金都黄金公司黄金冶炼厂建设项目、茶坊矿业金矿矿井建设项目等金矿采选项目，不断提升采金业对全县工业经济的贡献率。实施华茂精密铸造节能、环保、安全设施综合技改项目、宏基矿业 30 万吨铁精粉技改项目等一大批传统产业改造提升项目。重点培育年产 20 万吨以上铁选企业，力争 3 年内达到 25 户。加大对冶金铸造及装备制造业的扶持力度，实现全县铁精粉就地加工转化 40%以上。推动铁矿粉向铸件、铸件向部件延伸。积极争取全省技术改造专项资金，强化企业技术创新服务。鼓励扶持县内有潜力的企业充分利用贫困地区企业 IPO（首次公开募股）“绿色通道”政策谋求资产证券化。鼓励扶持符合条件的企业新三板挂牌，实现股份流通，为进一步把产业做强和实现 IPO 打好坚实的基础。

2. 继续加大清洁能源的发展力度。加快推进云雾峪风电三期 10 万千瓦风电项目、国电投——繁峙金丰新能源 20 万千瓦风电清洁供暖项目、协合乔家窑 10 万千瓦风电项目建设。推进大李牛水电站早日开工建设，积极争取大保、杨树湾水电站落地。积极争取生物质发电项目、垂直微风发电项目等新能源项目。加大电网基础设施建设力度，打通电力等清洁能源输出的快速通道。努力打造成为面向京津冀的风、光、水、生物质能清洁能源生产基地。

3. 全力推进企业复工复产。狠抓当前矿产品价格上扬的有利契机，引深干部入企服务活动，深入基层帮助企业解决突出问题，全力帮扶企业复工复产。继续落实省、市、县减负政策，持续开展“四长”帮扶企业活动，设立服务企业办公室，全方位优化企业发展环境。大力弘扬善于观察全局、谋取大势的企业家精神，乐于创新、激情创业的企业家精神，勇于担当、无私奉献的企业家精神，让企业家精神真正成为经济发展的强大精神动力。

（五）坚持文旅支撑，推动第三产业蓬勃发展

文化旅游业是最具潜力的新兴产业。我们将以“旅游+”的思路，把握好“安、顺、诚、特、需、愉”六字要诀，不断提升我县文化旅游产业的美誉度和竞争力。

1. 加快把文化旅游产业打造成战略性支柱产业。全力打造一流旅游景区。全面推进平型关景区、灵岩山景区、大智镜圆景区、滹源景区建设。积极推动滹源景区滨河段创建 A 级景区。大力发展乡村旅游，积极推动伯强村、平型关村、茨沟营村等乡村旅游建设。推进滹源通用机场、瑞迪航空飞行营地

主题公园、旭日东升水上乐园等项目建设。全力争取和推进茨沟营景区、韩庄景区长城修复和景区建设项目。抓好县域内京原铁路、灵河高速、108国道各站口到各景区旅游公路建设，全面规划，分步建设。加大县城和砂河两个旅游集散中心各类公共服务设施建设力度，提升旅游便利化水平。加大融资和宣传推介力度。真正发挥繁峙县滹源文化旅游投资开发有限公司的文旅投融资平台作用，着力培育各类文化旅游市场主体。加大宣传推介力度，积极参加京津冀、长三角、珠三角举办的大型旅游项目推介会。加大在主流媒体的宣传力度，注重新媒体营销。逐步建立省内外、国内外旅游营销队伍。充分利用好太原到北京K601、K602次列车冠名为“五台山”号旅游列车的推介作用，利用好砂河五台山火车站的地利条件。在县域内道路干线、重要场所树立醒目旅游标志。加快发展文化产业。继续支持五台山金石雕刻、晋绣纺、星河银业等企业开发特色文化产品。传承和开发佛教音乐。加大繁峙秧歌等国家级、省级非物质文化遗产传承。在赵庄河流域举办首届繁峙大杏文化节。加大对境内所有重点文物保护力度，深入研究弘扬繁峙特色文化。

2. 大力发展现代服务业。根据转型发展需要，大力发展以金融、保险、租赁、中介、技术、信息、咨询、商务等为重点的现代服务业。积极引进中国银行在繁峙设立分支机构。特别是要积极探索扶贫、“三农”等薄弱环节的金融支持。积极推进现代物流业智慧发展，围绕能源矿产品、农产品、大宗工业品、生活用品等，大力发展智慧物流、城乡快递、冷链物流等。

3. 全面推进众创工作。充分发挥众创产业园区的引领作用，积极推进“星创天地”建设，推动更多科技成果加快转化为新技术、新产品。孵化培育一批创新型中小微企业，积极支持创新型中小企业成长为“科技小巨人”，推动“个转企、小升规、规改股、股上市”。继续发挥好“助保贷”等融资支撑作用，有效化解中小微企业融资难问题。

（六）坚持城乡统筹，推动宜居宜业共建共享

新型城镇化是推动城乡协调发展的有力支撑。我们将不断完善基础设施和配套服务，有力促进“一县两城”协同发展、城镇乡村统筹发展。

1. 不断强化规划引领作用。要始终坚持规划先行的原则，认真落实“五规合一”的要求，进一步强化规划的约束性。加快完成县城总体规划和砂河镇总体规划的修编工作。编制开发区（产业园区）规划、砂河镇旧区棚户区改造修建性规划等规划。补充完善县城控制性详细规划。

2. 继续完善城镇基础设施。投资5000万元实施县城光华街东延、光明路南延、万里路改造等6个市政道路建设项目。投资3094万元实施南关保障房配套建设工程。投资1700万元实施综合农贸市场改造工程。继续推进砂河镇棚户区改造项目。积极推进总投资1300万元的县城区老旧给水管网改造、红坡路污水管网改造工程。

3. 持续改善城乡人居环境。实施城市人居环境改善工程，提升城镇水气热、通讯、污水垃圾处理等设施保障能力。投资1.05亿元改造县乡公路36.7公里。积极推进赵家庄、公主、韩庄、伯强、南关、岩头、小砂河7个村的农村特色建筑风貌整治工作。实施赵庄河流域综合治理项目，推进林业建设、乡村建设、水利建设、公路建设四大工

程，把赵庄河流域建设成生态林业示范区、现代农业观光区、生态旅游样板区和河流生态修复的先导区。开展改善农村人居环境整治行动，推进美丽宜居乡村建设。全力推进省级农村垃圾治理试点县建设，推动全县农村生活垃圾得到有效处理，省级标准化村力争达到60个。改造农村危房967户。投资1600万元实施伯强沟泥石流地质灾害治理三期工程建设项目。努力将杏园乡打造成为国家卫生乡（镇），积极推进大营镇创建国家卫生乡（镇）。投资1.69亿元推进滹源220KV变电站建设。

4. 积极创建园林城市和文明县城。全面打赢以改善县城人居环境、提升县城品位、增加绿地面积为重点的“创建省级园林城市”攻坚战役，确保县城绿化覆盖率、绿地率和人均公园绿地面积达到省级园林县城标准。全面完成省级文明城市创建，不断提高市民文明素质和群众生活质量，提升县城文明形象和城乡文明水平。同时，要研究和利用大数据，推进智慧城市创建工作。

（七）坚持生态优先，推动发展环境更加优化

推动生态环境持续优化是全面小康的重要保障。我们将牢固树立“绿水青山就是金山银山”的强烈意识，促进全县生态环境质量持续改善。

1. 加强污染防治。全面贯彻落实《中华人民共和国环境保护法》，打好蓝天保卫战，继续狠抓“铁腕治污行动，打赢大气污染防治专项整治攻坚战，突出整治重点地区、重点时段、重点环境问题，深化“治污、管车、降尘”重要举措，健全重污染天气应急响应机制，努力形成大气污染防治“政府统领、部门尽责、企业施治、公众参与”的工作格局。严格执行排污许可证制度，对违法排污企业要按照“按日计罚、查封扣押、限产停产、移送司法”的要求从严处罚。继续加大对砖瓦企业的分类处置力度。加大滹沱河、峨河等重点流域的水污染防治。全面推进农业面源污染、重金属污染、农业废弃物治理。

2. 实施造林绿化。按照“13232”林业重点工程规划，完成造林3133.33公顷，其中新一轮退耕还林1333.33公顷，赵庄河流域综合开发项目1133.33公顷，灵河高速两侧荒山造林466.67公顷，滹沱河源头治理200公顷。要全面落实生态补偿长效机制，实现大地增绿、生态增景、农民增收。

3. 推进生态修复治理。按照“谁开发、谁保护，谁污染、谁治理，谁破坏、谁恢复，谁使用、谁补偿，谁治理、谁受益”的原则，深入开展矿山生态环境恢复治理。推进矿山企业及时修订地质环境保护与恢复治理方案，依法履行矿山生态环境恢复治理的义务。实施平型关生态绿化工程、中兴矿业公司采空区治理等工程。积极争取五台山风景名胜区关闭矿土地复垦项目，复垦面积5.4万公顷。

（八）坚持民生为本，推动民生福祉全面改善

民生保障是政府工作的出发点和立足点。我们将始终坚持以人民为中心的发展思想，不断提升群众的获得感和幸福感。

1. 办好人民满意的教育。继续扭住“打造繁峙教育品牌，建设晋北教育强县”的目标不放松，坚持不懈抓好教育教学质量的提高，中考成绩保五争四，高考达线人数较去年再增加5%，职业教育对口升学人数较去年增加10%。以“全面薄改”为契机，从根本上改善全县基本办学条件。利用闲置校舍改建幼儿园20–30个，壮大农村学前教育。

每个乡镇重点办好1—2所寄宿制小学。完成繁峙中学多功能综合楼和砂河中学科技综合楼附属工程等项目建设。对照国家义务教育均衡发展验收标准，确保年内通过国家评估认定。全面落实“质量提升三年行动计划”，继续强化课改，提升教师队伍素质。组织好“繁峙名师”“课改引头人”等评选活动。

2. 提高医疗服务水平。继续推进全民医保体系建设，推进医疗一体化改革。强化医务人员业务技能培训。提升乡（镇）卫生院、村卫生室服务能力，加强村医队伍建设，努力实现公共服务均等化。加大公共卫生基础设施建设，完成中医院续建工程，全面推进妇幼保健计划生育服务中心综合楼项目和县人民医院门急诊综合楼项目。统筹全县医疗卫生资源布局，加强砂河地区优质医疗服务设施建设。继续稳妥推进二胎政策，提升计生管理水平和服务能力。

3. 全力做好社会保障。建立统一的城乡居民基本医疗保险制度，加快医疗费用结算方式改革，降低大病、重病患者的个人负担。充分发挥失业保险保生活、促就业、防失业功能作用。大力推进“全民参保计划”，做好社会保障扩面工作，实现应保尽保。

4. 做好就业创业工作。进一步完善困难群体就业援助制度，开发更多社会公益性就业岗位。鼓励农村劳动力就地就近转移就业和返乡创业。全面整合各类培训资源，加强职业技能培训。充分利用众创产业园创建成为省级示范园的有利机遇，以创业带动就业，全年新增就业3500人。

5. 繁荣文化体育事业。实施文化惠民工程，文化馆、图书馆、乡（镇）文化站等公益性文化设施免费开放。举办第六届“三民”舞台艺术大赛。完成493场送戏下乡演出任务、4812场农村公益电影和235场农村寄宿制学校公益电影放映任务。加大对境内重点文物保护力度，积极推进天齐庙、韩庄长城等维修工程。组织开展“全民健身大拜年”“中老年人体育健身展示”等各类全民健身活动。

做好以上民生工作，要突出办好十个方面的惠民实事。

1. 义务教育方面。投资9391万元实施农村义务教育薄弱学校改造工程；安排财政资金534.51万元，对中小学特困生、普通高考二本B类以上院校贫困大学生、2017年对口升学达二本B类以上院校贫困大学新生实现资助全覆盖。

2. 公共交通方面。开通县城环保电动公交，方便县城居民出行。

3. 城市安居方面。年度投资3.8亿元继续实施砂河镇棚户区改造项目，货币化安置1242户；投资5800万元实施化肥厂棚户区改造工程，改造棚户区住房330套。

4. 医疗卫生方面。投资1800万元新建妇幼保健计划生育服务中心综合楼项目，投资3443.86万元新建县医院门急诊综合楼；投资900余万元为县人民医院配置核磁共振等设备仪器；安排财政资金101.86万元对贫困户中的低保户参加新农合补贴80%，安排财政资金173.3万元对参加新农合57772名贫困户每人补贴30元；推动贫困村卫生室达标建设，2017年全县整村退出的66个贫困村卫生室全面达标，金山铺乡率先实现村级卫生室标准化建设全覆盖。

5. 文化体育方面。为139个行政村（包括90个贫困村）的基层综合性文化服务中心配置室内文体器材，并为文体广场配置或更换室外健身活动器材。

6. 农田水利方面。投资2405万元实施膜下滴灌2000公顷，惠及3950户贫困户13800名贫困人口。

7. 安全饮水方面。投资1760万元实施安全饮水工程87处，解决72个村8247户23124人的安全饮水问题。

8. 生态治理方面。实施赵庄河流域综合治理项目，彻底改善赵庄河流域生态环境质量，年内完成投资1.72亿元；启动滹沱河砂河段综合治理项目。

9. 社会保障方面。投资1800万元新建5992平方米的老年公寓一座；投资110万元新建9个老年人日间照料中心；安排资金820.2万元为2019名农村五保户提高供养标准。

10. 公共安全方面。投资1500万元实施公安业务技术用房项目、社会视频监控系统建设项目等社会安全基础设施建设。

（九）坚持和谐发展，推动社会环境安全稳定

安全稳定是我们的第一责任。我们将深入贯彻总体国家安全观，全面落实“4438”机制，以铁的担当尽职，铁的手腕治患，铁的心肠问责，铁的办法治本，全力维护安全稳定发展环境。

1. 坚持不懈狠抓安全生产。压实安全生产责任，坚持“党政同责、一岗双责、企业（单位）主责、失职追责”，压实党委政府的领导责任、行业领域的部门监管责任。严格落实企业主体责任，切实做到安全责任、管理、投入、培训和应急救援“五到位”。全方位推进安全生产风险管控和隐患排查治理双重预防机制建设工作，对非煤矿山、尾矿库、烟花爆竹、道路交通、建筑施工、特种设备、人员密集场所等行业领域开展安全隐患大排查大整治。尤其要加大对停产企业、长期停工停产矿井、技改矿井和尾矿库的检查力度。严厉打击违规违法生q产行为。严厉打击假整改、假密闭、假数据、假图纸、假报告和超能力、超强度、超定员、超层越界、证照超期仍组织生产等“五假五超”行为。重点整治以基建名义进行开采的行为，基建到期的必须取得许可证生产，否则一律予以停产；重点整治以采石场名义进行开采铁矿的行为；重点整治非法越层越界、不按设计超采的行为。对违规生产经营、有隐患不及时整改、弄虚作假应付检查、监管不力发生事故的，特别是对瞒报、谎报、迟报事故的，坚决做到零容忍、不手软。

2. 全力维护社会稳定大局。坚持强化社会矛盾化解和依法严厉打击非法违法行为“两手硬”，切实维护正常社会秩序。坚决防止重大网络舆情事件的发生。深入推进“平安繁峙”建设，加快视频监控建设与联网整合，提升社会治安防控体系整体效能。深入开展“打黑除恶”专项斗争，严厉打击各类违法犯罪活动。创造良好金融生态环境，防止发生区域性、系统性金融风险。

同时，认真做好国防动员、双拥共建、民族宗教、优抚安置、人民防空以及统计、史志、档案等工作，支持工会、共青团、妇联、文联、残联，工商联等群团组织发挥更大作用。

（十）深化重点领域改革，不断增强发展内生动力

改革创新是经济发展和社会进步的强大动力。我们将持续深化重点领域改革，增强发展活力，最大程度释放改革红利。

1. 积极推动开发区（产业园区）改革创新发展。按照“一区多园”的思路，率先发展砂河冶金装备制造园区、繁城农副产品加工园区和智慧物流园区。坚持“五规合一”，科学编制繁峙县开发区（产业园区）总体发

展规划。筹备成立开发区管委会，加快建立专业化、市场化、国际化的开发区管理运行机制，实行领导班子任期制、全员岗位聘任制和绩效工资制等制度。采取多种融资合作模式，推进开发区（产业园区）“七通一平”等基础设施建设。积极推进紫金矿业、金都黄金冶炼、现代农机装备制造园区以及河南牧原30万吨饲料加工项目、县酒厂招商等一批重点项目入园。紧紧抓住京津冀产业疏解转移和东部加工贸易转移的机遇，吸引一批国内行业龙头企业。重点发展新能源、新材料、节能环保、生物医药等新兴产业，加快形成“重大项目—龙头企业—产业链—产业园区”的新兴产业发展格局。力争早日成功创建成为省级经济开发区。

2. 建立新型旅游景区（景点）体制机制。以管理权、经营权“两权分离”为突破口，建立新型旅游景区管理体制和经营机制。理顺所有景区管理体制、经营机制和各类利益关系，实现管理权和经营权分离，创新经营机制，按照一景一策，加强顶层设计和改革创新模式的选择，着力引进一批战略合作者和经营主体，加强与国内外知名专业旅游运营公司合作，推进景区景点专业化、公司化、市场化运营。

3. 积极稳妥推进国资国企改革。坚持国企改革方向，坚持市场化、法治化取向，启动县酒厂、农机修造厂的改革，通过改革盘活存量资产，探索新的发展模式，切实解决历史遗留问题，最大程度保障好广大职工群众的利益，让国有企业焕发新的生机。

4. 深化农村产权制度改革。加快完成农村土地承包经营权确权登记颁证。完善农村土地所有权、承包权、经营权分置机制。稳妥推进农村宅基地制度改革，积极开展农村集体资产股份合作制改革，推动资源变资产、资金变股金、农民变股东改革，激活农业农村发展活力。

5. 积极推进县乡医疗卫生机构一体化改革试点。改革现有县乡医疗卫生管理体制，组建繁峙县人民医院医疗集团，实行县乡医疗卫生机构一体化管理，实现医疗资源的合理配置和有效利用，激发县乡医疗机构，内生动力，形成以县带乡、以乡带村、县乡村互动的发展格局，促进县乡卫生事业均衡发展。

另外，要积极推进政府监管体制改革、生态文明体制改革、公车改革、社保改革、城乡居民医保制度并轨、城乡居民大病医疗保险改革、机关事业单位养老保险制度改革、林权制度改革等各项重点改革。

三、改进政府自身建设

完成政府各项工作目标和任务，必须加强政府自身建设。我们将始终坚持党的领导，自觉同以习近平同志为核心的党中央保持高度一致，牢固树立“四个意识”，特别是核心意识和大局意识，忠实履行职责，用真心真情践诺初心、温暖人心、赢得民心！

（一）坚持依法行政，建设法治型政府。自觉维护宪法和法律权威，持续强化法治思维和法治意识，全面推进依法行政。坚持科学决策、民主决策、依法决策。自觉运用法治思维和法治手段解决问题、推动工作。进一步建立健全法律顾问制度，为政府决策提供法律服务。全面加强审计监督，扎实开展“七五”普法，加强法律援助。

（二）坚持学用相长，建设学习型政府。始终坚持深入系统学习习近平总书记系列重要讲话精神，大兴勤学、好学、善学之风，不断提高政府行政管理和科学决策水平。坚持学用结合，学以致用，进一步加强调查研究，向实践求知，问计于基层，问计于群众，在耳闻、目见、足践之中见微知著、管窥全豹，形成正确思路，作出科学决策。

（三）坚持勤政为民，建设服务型政府。牢固树立以人民为中心的发展思想，坚持把群众呼声作为第一信号，坚持把群众力量作为第一依靠，坚持把群众幸福作为第一追求。深化简政放权，推动“放管服效”改革向纵深发展。推进“互联网+政务服务”，不断提升行政权力运行与监督平台服务功能，进一步健全完善乡村便民服务中心建设，营造便捷高效的政务环境。进一步深化综合行政执法改革，推动和细化“双随机、一公开”监管，解决多头重复交叉执法和多层执法问题，切实提高行政效能。

（四）坚持狠抓落实，建设担当型政府。全面落实想干、敢干、能干、快干、实干、干成的“六干”要求，激励干部担当作为、干事创业。深化拓展延伸“13710”工作制度，建立抓落实的刚性约束和长效机制。大力弘扬马上就办、真抓实干的工作作风，切实以高效率换来快发展。推进追责问责制度化，对不作为、慢作为、不落实、假落实行为，严肃追责问责。

（五）坚持从严治政，建设廉洁型政府。认真贯彻国家、省、市关于全面从严治党的有关规定，履行好政府党组落实全面从严治党任务的主体责任，坚决贯彻落实党中央“八项规定”精神，坚持不懈纠正“四风”，严格执行国务院“约法三章”，深入推进政府系统党风廉政建设和反腐败斗争。

面对脱贫攻坚的艰巨任务，唯有担当作为才能扛起使命；面对振兴崛起的壮丽蓝图，唯有砥砺奋进才能创造辉煌。让我们紧密团结在以习近平同志为核心的党中央周围，在市委、市政府和县委的坚强领导下，紧紧依靠全县人民，同心协力，奋发有为，以优异的成绩迎接党的十九大的胜利召开！

中国人民政治协商会议繁峙县委员会常务委员会工作报告（节选）

2015年4月7日政协第十届繁峙县委员会第五次会议报告

县政协主席　赵　琦

2014年工作回顾

2014年是深入贯彻落实中共十八届三中、四中全会精神和全面深化改革的开局之年，是实施“十二五”规划的关键一年，也是为全面建成小康社会奠定坚实基础的重要一年。县政协常委会在中共繁峙县委的坚强领导下，牢牢把握团结和民主两大主题，紧紧围绕全县大局和县委、县政府的重大决策及工作部署，按照县委十二届五次会议提出的总体要求，认真贯彻落实中共十八大及十八届三中、四中全会精神以及省委、市委、县委全会精神，紧紧围绕县委提出的奋斗目标和工作要求，扎实开展以为民、务实、清廉为主要内容的党的群众路线教育实践活动和学习讨论落实活动，充分发挥县政协的职能作用，做到围绕中心，服务大局，聚焦改革发展履行职能，推进政协协商民主发挥优势，强化履职能力建设提高实效，各项工作取得新进展，为推动全县经济发展和社会稳定做出了积极贡献。

（一）加强党组织建设和作风建设，认真开展党的群众路线教育实践活动

按照中央和省委、市委、县委的部署要求，政协党组认真落实“两个责任”，讲政治、讲大局、讲正气，党风廉政建设取得了新成效。从去年3月党的群众路线教育实践活动正式启动以来，在近八个月的时间中，我们始终把教育实践活动作为重大政治任务，紧紧围绕为民务实清廉主题，按照“照镜子、正衣冠、洗洗澡、治治病”的总要求，扎实做好学习教育、听取意见，查摆问题、开展批评，整改落实、建章立制三个环节工作，聚焦作风建设，坚决反对“四风”，教育实践活动达到了预期目的，共查摆“四风”问题84条，根据查摆出的问题，列出了整改清单，并逐一进行了认真整改。

（二）围绕中心，服务大局，认真履行政协职能

1. 认真做好提案工作。2014年以来，县政协牢牢把握发展，关注发展，在充分调研的基础上积极撰写提案，共收到提案38件。最后经过主席会议和提案委员会确定正式立案31件，会议结束后，政协提案委及时与县委办、县政府办联系，及时督促有关部门组织力量把提案办理落到实处，办复率为100%，并将提案办理情况及时反馈提案委员。为做好提案办理工作，提高提案办理的质量及效率，常委会把提案办理工作列为一项重要工作来抓，经过认真筛选，我们选定4件重点提案，对办理落实情况进行跟踪督办，重点提案办理都落到实处，对全县社会发展和人民生活改善发挥了重要作用。

2. 服务大局，积极做好中心工作。县政协常委会坚持以县委、县政府的工作大局出发，认真按照县委的工作安排和分工，积极做好各项工作。领导班子成员积极参加县重点工作的分工联系，参加重点项目建设、招商、维稳等工作。

3. 按照县委工作部署，认真做好帮扶联系工作。按照党的群众路线教育实践活动总体要求，以“知民情、访民意、解民忧”为主题，围绕经济发展、改善民生的具体内容，县政协班子率县政协机关干部，到各联系点开展“干部下基层大走访大调研”活动，走访农户，深入了解和掌握群众所思、所忧、所想、所盼，虚心听取群众的意见和建议。同时，县政协把群众路线教育实践活动与农村基层联系点工作紧密结合，积极为群众办实事，取得了实实在在的成效。班子成员在下乡走访和督促指导工作中，现场协调解决了杏园乡因东环修路水淹农民60余亩土地问题，南线修路扬尘污染居民问题，集义庄东坡头村人畜饮水池维修资金问题、集义庄乡下双井村舍饲圈养养羊的圈舍补助问题等。广大政协委员积极响应县委，县政府号召，积极参与扶贫济困、捐资助学活动，去年，政协常委沙万里为资助贫困学生、帮助困难家庭等公益事业共捐资254000元，30年来，沙万里一路塑造美景，从全国劳模、省特级劳模，到助学先进个人，他曾获得国家级、省级表彰20余项。2014年，沙万里委员再一次获得了他助人为乐的喜悦，荣获了第五届山西省“道德模范”的光荣称号。政协常委黄卫东2011年以来，积极响应省委、省政府百企千村产业扶贫号召，按照省政协提出的“开展岗位奉献转型跨越主题活动”和“双岗履职双岗奉献”要求，积极投身转型实践，实施了繁城镇安家山土地整理暨发展现代高效农业开发项目和大明烟矿区矿山治理及生态旅游建设工程，总投资6亿多元。为各类公益事业捐资50余万元，2014年被评为“山西省劳动模范”，

获山西民营经济特别贡献奖。在社会上产生了积极影响，体现了政协委员的良好道德情操。政协常委张万恒 2012 年 5 月任繁中校长，2012 年当年二本 B 类达线 95 人，2013 年达线 230 人，尤其 2014 年达线 292 人。繁中的变化引起了社会的广泛关注，体现了政协委员爱岗敬业、困中求进思变的精神风貌。政协常委张月来。致力家乡教育，创办的育英中学、职业技校为我县培养了近两千名优秀大、中专学生；新苗幼儿园、新欣小学，满足了当地特殊群体的教育需求，还吸引了周边县不少学生，为我县基础教育进程作出了较大贡献。他还为四川灾区学校捐款 6400 元；为上永兴小学捐助价值 18 万元的桌凳、玩具；为神堂堡、齐城等小学学生捐献棉衣 241 件；为砂河朝阳学校患儿杨格格捐款 8000 元，彰显了政协委员艰苦创业，造福社会的赤子情怀。传递这种正能量的还有政协常委侯必顺、政协委员孙爱春，他们被评为德行繁峙 2014 年度“繁峙好人”并获得表彰。侯必顺把受奖的一万元奖金当场捐助给繁峙二中初三一名身患重病的学生郭文香。还有我们的李三有、吴和廷、侯占胜等委员为资助贫困大学生共捐资 11800 元。这些都是我们繁峙政协的骄傲，我们广大委员应该向沙万里、黄卫东、张万恒、侯必顺等同志学习。我希望这种正能量能不仅在我们政协永久地传递、延伸，还要在全社会永久地传递、延伸。

4. 积极开展调研和视察活动。2014 年以来，政协组织进行了多次视察调研活动。根据群众路线教育实践活动的安排部署，政协班子成员分赴所联系乡镇，进村入户先进行了“访知解”，在摸清楚初步情况后，针对相关问题，经过主席会议研究决定，所有政协班子成员在第一次调研的基础上，又分别进行了有针对性的领题调研，具体涉及农村居民最低生活保障、老百姓看病贵、取药难、农村上户难、农村养老保险、农村土地、农村移民、乡村公路养护、文物保护等八个方面的问题。先后深入到杏园、横涧、砂河镇、金山铺、东山、大营镇、集义庄等乡镇，情况收集汇总后，召集相关部门对问题进行核实，并逐一形成《关于发放农村居民最低生活保障问题的调研报告》《关于农村百姓看病贵、取药难的调研报告》《关于农村上户难问题的专题调研报告》《关于农村养老保险的调研报告》《关于农村土地问题调研报告》《关于我县农村移民的调研报告》《关于乡村公路毁坏严重的调研报告》《关于文物保护问题的调研报告》等八个专题报告，并呈送县委、县政府，得到了县委、县政府的高度重视，县委范书记批示和安排四套班子领导就这八个方面的问题分别领题解决问题。7 月中旬，配合市政协对我县“移民扶贫搬迁工程”进行了专题调研，形成了《关于对繁峙县移民扶贫搬迁工程的调研报告》，呈报市政协。8 月 1—2 日，县政协组织进行了关于医疗卫生工作的调研视察活动，调研视察活动由郑宇利副主席带队，相关政协委员参加、卫生局配合。先后深入县人民医院、县中医院、县二院以及具有代表性的繁城、砂河、大营、高升寨四个乡镇卫生院，采取召开座谈会和实地察看的方式，就全县的医疗卫生工作进行了专题调研，广泛听取院方负责人、医护人员和患者的意见建议，并形成详细的调研报告呈报县委、县政府。8 月下旬，市政协副主席李效玲带领的调研组来我县就大力推进羊产业发展进行了专题调研。在听取汇报、深入了解、分析研究的基础上，形成了《关于加快推进我县羊产业发展的调研报告》，报送市政协。8月底，省政协党组成员、副主席朱先奇来我县就“百企千村产业扶贫项目”工作进行调研指导。并在砂河召开相关部门参加的座谈会。9月下旬，省政协副主席张友君来我县就古村落保护工作进行调研。10月11日，在县委常委、常务副县长姚力山、县大项办主任王阅兵及相关部门的配合下，组织全体政协常委，对绿源亨通食品有限公司、滹沱河源头环境综合治理县城段东延伸工程、集义庄设施农业、砂河北坡绿化、太重养羊基地建设等2014年部分重点项目进展情况进行了专题视察，并提出了相关建议。11月上旬，市政协副主席贾玉文带领的调研组就“推进我市加快特色城镇化建设”来我县进行专题调研。通过此次调研活动，我们客观总结了我县近年来在开展城镇化建设工作中取得的成绩，深入分析研究了当前存在的矛盾与问题，准确把握我县目前开展城镇化建设的形势与任务，积极探索我县在加快特色城镇化建设工作中的有效途径，向市政协调研组提出了合理化的意见和建议。在市政协三届十四次常委会上我做了“设立砂河旅游贸易综改实验区，全力打造晋北旅游贸易重镇”的专题发言，引起了与会同志的高度重视。

5. 做好文史工作。去年，我们编印出版了第九辑——《繁峙文史·老照片专辑二》。目前，正在进行第十辑——《繁峙文史·老照片专辑三》的征编工作，《政协志》的编纂工作也正在顺利进行。此外，为配合市政协文史的征编工作，我们抽调专人，分赴各地进行走访，成功协助市政协完成了《抗战史》和《知青史》专辑资料征集工作，为市政协相关史料的征编提供了大量宝贵的资料。

6. 及时反映社情民意。2014年以来，共反映社情民意53篇（条），其中国采1篇（条）、省采1篇（条）、市采8篇（条），信息工作获市政协表彰。范书记对“建议对农村专业合作社进行分类管理并建立退出机制”等社情民意作出批示，相关部门研究落实。

7. 强化政协机关建设。以开展党的群众路线教育实践活动和学习讨论落实活动为契机，切实加强自身建设。根据中央和省委、市委、县委统一部署，县政协党组深入开展党的群众路线教育实践活动，聚焦形式主义、官僚主义、享乐主义和奢靡之风，查摆突出问题，狠抓整改落实，认真贯彻中共中央八项规定，规范调研视察工作，避免选题重叠和时间、地点过于集中；规范各类会议活动，精简文件简报；严格执行公务接待标准，压减一般性支出等，在转变作风上取得明显成效。认真开展学习讨论落实活动，以“深入学习贯彻习近平总书记系列讲话精神，净化政治生态、实现弊革风清、重塑山西形象，促进富民强省”为主题，广泛征求意见，深入反思剖析，形成专题整治，全体机关党员干部在政治上得到了洗礼，作风上得到了提升。

8. 认真开展行风评议活动。一年来，共有20多名政协委员被执纪执法部门聘为行风督查员和监督员。参加各种现场监督、听证会、民主测评等活动，委员们以客观公正的态度和敢于监督的精神及时指出问题，提出建议，公正测评，赢得了人民群众的广泛好评。

过去的一年，政协繁峙县十届委员会的各项工作有了新的发展，取得了新的进步，呈现出生动活泼的大好局面。这些成绩的取得，既是县委领导、政府支持的结果；也是广大政协委员共同努力的结果。在此，我代表县十届政协常委会，向关心、支持政协工作的各位领导、各部门和社会各界表示衷心的感谢！向辛勤工作、战斗在最基层的广大政协委贯表示崇高的敬意！

在总结工作中，我们也清醒地看到，常委会的工作与新时期人民政协事业发展的要求相比，与人民群众的期望相比，还存在一些不足。主要是，政协民主协商仍需加强，制度机制仍需完善，提案质量仍需提高，履职能力仍需增强等。这些，我们都将在今后工作中采取措施努力改进。同时，真诚希望广大委员和社会各界对政协工作提出意见和建议，帮助我们把工作做得更好。

2015 年工作安排

2015 年是全面深化改革的关键之年，是全面推进依法治国的开局之年，：也是全面完成“十二五”规划的收官之年。在新的一年里，政协工作的总体要求是全面贯彻中共十八大、十八届三中、四中全会精神和习近平总书记系列重要讲话精神，深入贯彻落实全国、全省、全市两会精神，认真开展学习讨论落实活动，继续巩固教育实践活动成果，按照县委十二届六次全会暨全县经济工作会议的部署和要求，坚持稳中求进工作总基调，紧紧围绕协调推进全面建成小康社会、全面深化改革、全面依法治国、全面从严治党履行职能，做到协商民主有新加强，民主监督有新举措，制度建设有新进展，增进团结有新作为，履职能力有新提高，进一步把人民政协事业推向前进。

一、深入学习贯彻习近平总书记系列重要讲话精神，进一步增进思想共识、指导工作。

要深入学习贯彻习近平总书记系列重要讲话精神，自觉用讲话精神统领政协工作。要把学习贯彻讲话精神与学习贯彻中共十八大和十八届三中、四中全会精神相结合，深刻领会习近平总书记系列重要讲话的科学内涵、思想精髓、精神实质和实践要求，深入学习讲话中贯穿的坚定信仰追求、历史担当意识、真挚为民情怀、务实思想作风和科学思想方法，始终同以习近平同志为总书记的中共中央保持高度一致，在县委领导下矢志不渝致力中国特色社会主义伟大事业、奋发有为推进繁峙改革开放和社会主义现代化建设。

二、深入开展议政建言，进一步促进协商民主，服务科学发展

1. 围绕改革发展重点，积极开展调研视察。依托专委会和各界别委员围绕县委十二届六次全会部署的重点工作确定调研、视察重点，深入基层一线、了解实际情况，加强分析论证、找准问题症结，增强对策建议的针对性、实效性，为破解难题，拓宽发展路径提供参考借鉴。每个专委会和界别均要拿出一至两篇质量较高的调研成果，年内要进行十个方面左右的专题调研。

2. 加强民主监督，优化发展环境。重点围绕中央和省委、市委、县委关于改进工作作风的系列部署和相关规定的贯彻；围绕转型综改举措的落实，开展视察监督。组织委员参与政风行风评议，促进发展环境进一步优化。研究探索新形势下推进政协民主监督的途径、手段和方法，积极推动政协民主监督与党纪政纪监督、人大法律监督、新闻舆论监督、人民群众监督的有机结合，同时，要加大政协重大建议、重点提案和重要社情民意信息的跟踪督办，促进议政建言成果的转化与落实，提升民主监督的效力。

三、强化为民宗旨，倾心服务群众，进一步促进民生改善社会和谐

1. 进一步做好提案工作。引导委员围绕我县经济、政治、文化、社会和生态文明建设的重大问题和人民群众关注的热点、难点问题，建诤言献良策。在进一步提高提案撰写质量、完善提案办理方式、强化重点提案督办工作、提高提案办理质量、促进提案成果的转化等方面，取得新的更大的成效。

2. 继续做好社情民意信息工作。动员和引导广大政协委员深入基层、深入群众，围绕人民群众普遍反映的创业就业、教育公平、社会保障、医疗卫生、稳定物价、食品安全、社会管理，以及“三农”等热点问题，开展调查研究。进一步畅通社情民意收集、报送和反馈渠道，及时收集和反馈各界群众的愿望、意见和建议，协助党政深入研判舆情动态，准确把握各界意愿，妥善处理群众诉求。同时，要进一步健全和完善信息工作考核评价机制，确保信息数量和质量的提高。

3. 继续开展“察百姓情、建惠民言、办利民事”活动。广泛动员和组织政协各界别和广大政协委员，积极主动到基层送科技、送文化、送医药、送法律和捐资助学济困，把群众满意作为第一追求，充分发挥自身优势，力尽所能帮助群众解决生产、生活中的实际困难和问题。

四、牢牢把握工作主题，进一步发挥政协委员主体作用

1. 搭建平台，切实解决委员被动作为的问题，充分发挥委员的主体作用

一要走访委员，调动委员积极性，发挥委员主体作用。通过走访委员，密切联系委员，增强政协的凝聚力、充分调动委员参政议政积极性。及时掌握委员的履职情况，了解委员的工作、学习和生活情况，要通过举办委员培训班、开展专题讲座、组织参观学习等形式，加强委员业务学习培训，重点是如何当好政协委员、怎样写好政协提案和如何搞好调研视察活动等业务知识的培训，努力使每个委员都成为政协工作的行家里手。二是要搭建知情参政平台。通过组织委员参加各种专题报告会、政情通报会，推荐委员担任部门民主监督员，邀请委员列席政协主席会议，外出学习考察等，帮助委员认清形势，熟悉政策，知晓内情，拓宽思路；召开协商议政会、专题座谈会时，尽可能邀请相关行业委员参加，让委员多发表意见建议，并将委员反映比较集中、有一定代表性的现实问题梳理转化为社情民意或政协专委提案；开展专题调研视察活动，应注重吸收与课题相关的委员参与，认真吸纳委员意见建议，并在调研报告中署上委员姓名，尊重委员劳动成果。三是要搭建活动载体平台。在委员中广泛深入开展以“提交一件提案、反映一条社情民意、献一条发展良策、为民办一件实事”为内容的“四个一”活动。使广大委员真正成为传递上情的宣传员、反映下情的联络员、服务发展的参谋员、促进和谐的调解员和改进工作的监督员。激发委员服务经济社会发展的积极性和创造性。

2. 创新举措，切实解决委员能力不足的问题

从近年来的工作实践看，意见建议能否受重视，关键看意见建议有无价值，对解决问题是否有用。但由于机关干部和政协委员个人阅历所限，在找准问题、谋划措施方面，常常面临思路不宽、办法不多的尴尬，一定程度上影响了我们所提意见建议的质量。对此，县政协坚持把深入调研作为建言之本，将调研课题的重点放在县委、县政府需要解决的问题和事关群众切身利益的热难点问题上，使所选课题紧贴全县工作大局，体现人民政协为人民的宗旨。同时，注意加强与党政领导沟通，使调研课题与党政中心

工作衔接。在制定调研工作方案时，注意吸收与课题有关的委员、有关部门同志和相关领域专家参加调研。在开展调研活动中，采取走访调查、实地考察、蹲点调研、召开座谈会等方式，查找和掌握大量的第一手资料。调研活动结束后，及时组织调研组成员对大量素材进行系统汇总和梳理，对基层取得的成绩和创造的经验进行认真总结，对落实工作中存在的问题进行分析研究。调研初稿形成后，立即召开主席扩大会议，对调研报告进行推敲修改，力求形成事实清、分析透、意见可行的调研报告，做到不讲一般化的意见，注重提不一般的建议。今后，一方面，要坚持和完善已有的履职形式，积极创新方式方法，召开政协全会的前两个月，把需要协商的内容告知委员，使委员们有时间调研知情，写好大会交流发言材料；政协常委会可采取视察与协商相结合的方法，先视察后协商，也可根据需要把会议搬到现场去开，以提高政治协商的针对性和实效性；主席会议安排的专项调研视察活动，要注意把小调研与大论证相结合、本地调研和外地考察相结合、专题调研与跟踪视察相结合，拓宽委员知情明政渠道，不断提高建言献策的质量。另一方面，要积极搭建新的履职平台，通过开展面向全体委员的专题讲座、书画联谊等活动，为委员搭建交流联谊平台；通过开展扶贫帮困、捐资助学、信访维稳等主题实践活动，为委员搭建为民办事平台；通过开展政企洽谈会、项目推介会等招商引资活动，为委员搭建对外经贸合作交流平台，使委员的优势和主体作用得到充分发挥。下步，县政协拟通过开设“委员讲坛”的形式，由委员主讲，讲述履行职能或干事创业方面的经历等，通过现身说法，提高委员履职能力，激发委员干事创业的热情。

实践证明，政协作用发挥在委员，活力展现看委员，事业发展靠委员。发挥政协委员主体作用是人民政协的一项基础性、经常性、全局性的工作，只要我们运用科学的方法，采取有力的措施，广大政协委员就能充分发挥其主体作用，使政协工作更加充满实力、活力和潜力。

3. 弘扬先进文化、引领社会风尚

进一步加强和改进政协宣传工作，通过多种方式和渠道，引导广大委员践行社会主义核心价值体系，推动全社会共同份值追求和思想道德基础的形成。继续办好文史资料的征集编写工作。今年在征集出版《繁峙文史》第十辑的基础上，完成《繁峙政协志》的编印工作。同时，配合市政协做好相关文史资料的征集工作。

五、深入开展学习讨论落实活动，进一步改进作风，创新机制，更好地适应人民政协事业的发展

1. 认真开展学习讨论落实活动。按照县委的部署要求，加强领导，精心组织，紧密结合政协实际，围绕“两方案一计划”和“繁峙政协专项整治方案”继续进行整改落实。今后的民主生活会，要严肃认真，除自我批评外，班子成员必须出于公心，开展相互批评，每位成员剖析检查后，其他班子成员都要对其进行批评指正，并作为一项政治纪律长期执行。我们要把教育实践活动民主生活会作为今后党内政治生活的模板，坚持问题导向，多提醒、多交心，做到批评和自我批评相结合，让干部头脑清醒。要严格执行党内政治生活准则和各项制度，坚决落实“三会一课”、组织生活会、诫勉谈话、组织约谈、党员党性定期分析和党员领导干部民主生活会、党员领导干部双重组织生活等制度，不能随意化、平淡化，更不能娱乐化、庸俗化。要认真贯彻民主集中制，发扬党内民主、实行正确集中。

2. 要深入持久地转作风改作风。“四风”问题不是一天两天形成的，解决起来也不是一朝一夕的事，必须持之以恒抓下去。这次教育实践活动虽然取得了明显成效，但必须继续从内心深处增强反“四风”的思想自觉，防止反弹回潮，着力解决好还没有解决和尚未完全解决的问题。要持续抓好各项整改。对正在整改的紧盯不放、一抓到底，对已经整改的抓好巩固提高、严防反弹，对还未整改的倒排期限、一一整改，确保整改措施落实到位、问题得到有效解决。要组织整改落实“回头看”，逐项检查，查漏补缺。要及时掌握新情况，破解新难题，从解决“四风”问题延伸开来，努力改进思想作风、工作作风、领导作风、干部生活作风，有条不紊、分层分类解决问题。

我们的事业宏伟而壮丽，我们的使命艰巨而光荣。当前，我县正处在加快发展的关键时期。新时代承载新希望，新目标开启新梦想，新征程赋予新任务。让我们携起手来，在中共繁峙县委的领导下，同心同德、奋发进取、扎实工作，不断谱写我县人民政协事业的新篇章，为开创弊革风清、富民强县新局面，为实现“两个一百年”宏伟目标、实现中华民族伟大复兴中国梦而努力奋斗！

2016年8月27日政协第十一届繁峙县委员会第一次会议报告

县政协主席　赵　琦

十届政协工作回顾

政协第十届繁峙县委员会任职的五年，是繁峙综合实力明显增强、社会事业全面进步、城乡面貌日新月异的五年，也是县政协奋发有为、履职尽责、硕果累累的五年。五年来，县政协常委会在中共繁峙县委的坚强领导下，在县政府和社会各界的支持配合下，牢牢把握团结和民主两大主题，紧紧围绕全县大局和县委、县政府的重大决策及工作部署，按照县委提出的奋斗目标和工作要求，认真贯彻落实党的十八大及十八届三中、四中、五中全会精神以及省委、市委、县委全会精神，扎实开展以为民、务实、清廉为主要内容的党的群众路线教育实践活动，认真开展“学习讨论落实”活动，认真进行“三严三实”活动，积极进行“两学一做”学习教育，充分发挥县政协的职能作用，做到围绕中心，服务大局，聚焦改革发展履行职能，推进政协协商民主发挥优势，强化履职能力建设提高实效，各项工作取得新进展，为推动全县经济发展和社会稳定做出了积极贡献。

一、加强教育引导，夯实履职思想基础

在加强理论引导中深化思想认识。组织政协委员和政协机关干部，深入学习中共十八大和十八届三中、四中、五中全会精神，深入学习习近平总书记系列讲话精神和在庆祝人民政协成立65周年大会上的重要讲话精神，不断加深对中国特色社会主义理论体系的认识，加深对全面深化改革和全面推进依法治国重大意义、指导思想、目标任务和路径措施的认识，进一步深化社会主义协商民主广泛多层制度化发展重要性的认识，增强做好新形势下人民政协工作的责任感和使命感。

在群众路线教育实践活动中夯实政治基

础。把党的群众路线教育实践活动和学习讨论落实活动作为政协重要政治任务和加强自身建设的有利契机，坚持理论武装贯穿始终，创新学习方法，学好规定书目篇章，强化政治素质、群众观念；坚持开门搞教育，广泛听取县政协委员、乡镇党委和政协专委、相关县直单位、联系村和基层群众的意见建议；坚持开展严肃认真的批评和自我批评，开展谈心交心，深入查摆剖析，明确努力方向；坚持边查边改不等不靠立说立行，建立联系和服务群众长效机制，密切县政协与政协委员、各界群众的联系，制定并组织实施了《提案办理制度》《委员联系制度》和《关于进一步加强委员履职工作的意见》。在进一步改进文风会风和调研视察，提高议政质量，简化公务接待等方面，制定整改措施，明确责任人和时限要求，并狠抓落实，取得了明显成效。严格贯彻中央八项规定和省市县委相关规定精神，坚决反对“四风”，做到令行禁止。深入开展“庸懒散”专项治理，加强教育培训和管理。

二、服务发展大局，加大履职力度

着眼发展大局群策群力。五年来，县政协不断探索协商民主的方法，主动向县委提出协商建议，主动做好谋划立意、调研论证、酝酿讨论等协商准备工作。委员们肩负着推进“四个全面，战略布局的历史使命，与县党政领导一起共商大事、共谋大计。重点围绕政协常委会工作报告、提案工作报告和“一府两院”工作报告深入开展讨论，精心组织大会发言，五年来，共有70多位委员围绕招商引资、特色产业、产业转型升级、民营企业文化建设、农村土地流转和环境综合整治、养老服务业以及教育卫生等方面参与了大会建言。这些建言成果引起了县委、县政府领导的高度关注。

聚焦农业农村精准发力。县政协开展了全县新型农业经营体系建设情况专题调研，调研组先后到大营、横涧、砂河、杏园等乡（镇）就加快构建新型农业经营体系情况进行了调查，采取了座谈、走访、实地考察等方式，召开了县直相关部门、乡镇负责人以及新型农业经营主体负责人等不同层次的座谈会。针对土地流转瓶颈、农业基础设施投入不足、社会化水平不高等问题，提出了促进农村各种生产要素不断集聚、促进新型农业经营主体不断规范、提高农业社会化服务水平等建设性的意见和建议。并形成了调研报告呈送县委、县政府。

参与中心工作鼓劲给力。县政协领导班子成员积极主动、尽职尽责地参与全县经济社会建设。做到既建言献策，又主动参与。按照县委党的群众路线教育实践活动的部署，县政协领导深入联系点，指导教育实践活动，并驻村入户与村民面对面，交流，倾听群众呼声和意见，帮助群众解决生产生活困难。积极为群众办实事，取得了实实在在的成效。2014年，班子成员在下乡走访和督促指导工作中，现场协调解决了杏园乡因东环修路水淹农民60余亩土地问题，南线修路扬尘污染居民问题，彝族农民工上访问题、集义庄东坡头村人畜饮水池维修资金问题、集义庄乡下双井村舍饲圈养养羊的圈舍补助问题等。

在县委、县政府制定我县“十三五”规划时，县政协高度重视，认真筹备，围绕“十三五”规划建言献策，精心组织了四个调研组，由政协领导带队，抽调专业性强的骨干力量深入乡村、企业和相关单位进行调研，广泛征求了意见和建议，并进行了分析和会议研讨，形成了“繁峙县政协关于对我县‘十三五’规划的若干建议”，具体涉及经济建设方面、生态建设及旅游方面、民生改善方面和城镇建设方面等四个方面，十七个专题，提出了若干建议，供县委、县政府及有关部门在制定“十三五”规划时参考，很多建议被采纳。

三、关注民生福祉，提升履职实效

着力惠民生。几年来，县政协始终把保障和改善民生作为政协履行职能的根本出发点和落脚点。五年来，政协组织进行了多次视察调研活动，为砂河镇“创卫”建言出力，为大力发展我县旅游产业把脉会诊。并进行了多次领题调研，具体涉及农村居民最低生活保障、老百姓看病贵、取药难、农村上户难、农村养老保险、农村土地、农村移民、乡村公路养护、文物保护等八个方面的问题。先后深入到杏园、横涧、砂河、金山铺、东山、大营、集义庄等乡（镇）进行调研，情况收集汇总后，召集相关部门对问题进行核实，并逐一形成《关于发放农村居民最低生活保障问题的调研报告》《关于农村百姓看病贵、取药难的调研报告》《关于农村上户难问题的专题调研报告》《关于农村养老保险的调研报告》《关于农村土地问题调研报告》《关于我县农村移民的调研报告》《关于乡村公路毁坏严重的调研报告》《关于文物保护问题的调研报告》等八个专题报告，并呈送县委、县政府，得到了县委、县政府的高度重视，县委安排四套班子领导就这八个方面的问题分别领题进行解决。2014 年 8 月，我们还开展了基本公共卫生服务项目实施情况的调研，走访了县人民医院、县中医院、县二院以及繁城、砂河、大营、高升寨等部分乡（镇）卫生院，提出了加强工作宣传、凝聚工作合力、改善项目实施基础条件、提升业务素质、健全项目服务机制等意见和建议。此外，为完善社会保障和医疗救助等公共服务政策确保特殊困难人口兜底脱贫，开展了专项视察活动。还进行了“易地移民搬迁工程”的调研视察。并形成详细的调研报告呈报县委、县政府。

2014 年 8 月，配合市政协张明成主席就我县滹沱河源头综合治理进行调研。对我县滹沱河源头综合治理存在的问题提出了相应的解决措施，并形成了调研报告呈送市政协。2015 年 7 月还配合市政协张明成主席就我县宗教工作进行调研，视察了正觉寺和公主寺。同时，还配合市政协开展了“食品安全问题”“加快推进羊产业发展”“移民扶贫搬迁工程”和“推进我市加快特色城镇化建设”及“旅游发展”“精准扶贫”等专题调研，形成调研报告呈报市政协。认真组织接待了省政协党组成员、副主席朱先奇来我县就“百企千村产业扶贫项目”和关于“简政放权”方面的调研指导活动和省政协副主席张友君来我县就“古村落保护工作”的调研工作。另外，还对我县绿源亨通有限公司、滨河东延伸南关大桥、太重集团肉羊养殖、砂河镇北坡绿化、云雾峪风电厂、裕丰畜牧有限公司、丰泽园国际大酒店、集义庄乡果园日光温室、如阳供暖有限公司等大项目进行了详细视察。并最终形成调研报告呈送县委、县政府，受到了县委、县政府的高度重视。

全力办实事。县政协领导班子成员带头进村入企，进行了“访、知、解”，了解民情民忧，主动协调解决有关企业、群众和特困户实际困难问题。开展机关干部结对贫困户活动，为困难家庭捐钱捐物献爱心、谋发展。同时，县政协鼓励和引导政协委员投身公益事业，五年来，政协常委沙万里为资助贫困学生、帮助困难家庭等公益事业共捐资 120 余万元，2014 年无息垫资 2400 余万元新建了县实验小学新教学楼，无息垫资新建了县第二职工幼儿园教室等。多年来，沙万里先后荣获“山西省劳动模范”“山西省特级劳动模范”“全国五一劳动奖章”“第五届山西省诚实守信道德模范”等荣誉称号，2016年3月被中央文明委授予助人为乐“中国好人”荣誉称号，2016年被评为“全国优秀共产党员”，成为全国共产党员学习的榜样。政协常委黄卫东几年来开展各类公益事业30余次，共捐资300余万元。2013年荣获山西省委、省政府“山西省民营经济发展突出贡献奖”、2014年被评为“山西省劳动模范”、2015年被评为“全国劳动模范”。政协常委张月来为四川灾区学校、我县上永兴、齐城小学等共捐款捐物价值80余万元。政协委员韩长青创办了杏园乡农产品专业合作社，勤劳致富，不忘乡亲，通过网络普及农业生产知识，指导农业生产，同时积极参加调研视察、工作听证和撰写委员建言；政协委员刘青秀深入调查，认真梳理，积极反映社情民意，他撰写的关于“农村闲置土地开发利用”“发展中药材种植”等社情民意很多被省市政协采用。此外，还有李三有、侯必顺等许多政协常委、委员积极致力扶贫济困，捐资助学、慈善救助等公益事业。政协常委侯必顺、委员孙爱春被评为德行繁峙2014年度“繁峙好人”。委员们一路塑造美景，向社会传递着艰苦创业、无私奉献的正能量。

四、发挥政协优势，增强发展凝聚力

提案工作效益更加彰显。十届政协会议以来，共收到提案268件，审查立案220件，均全部办复。县政协坚持提高质量、务求实效的原则，强化提案督办的长效机制，积极做好承办单位和政协委员之间的沟通联络工作，在办理过程中，承办单位主动与提案人联系，听取提案人对提案办理的意见，促进提案办理落实。对一些事关全局性的重大事项，县政府相关部门召开专题会议研究。此外，县政协还邀请县政府负责同志在县政协常委会上通报提案办理情况，不断提高提案的办理质量，扩大提案的社会效益。其中“交通事故中同命不同价的问题应引起重视，和“关于加大生态旅游建设项目扶持力度的建议”被市政协评为优秀提案。另外，“关于因地制宜、着力打造特色产业”“保护滹沱河源头，加大环境治理”“优化发展环境，加快转型跨越”“避免大批学生外流”等提案得到县委、县政府的高度重视，得到了各办理单位的积极响应和办理。推动了相关工作。

社情民意工作再上新台阶。认真做好社情民意信息工作，引导委员深入体察民情、掌握民意，及时反映各界群众的所思所求、所忧所愿。不断提升信息工作的层次和质量，精心做好社情民意汇总、分析、报送和跟踪反馈工作，积极促进民生问题解决。继续发挥好社情民意“直通车”的作用，五年来，县政协共收集到社情民意信息430余条，编印上报262篇（条），其中国采2篇（条）、省采8篇（条）、市采41篇（条）。其中《应纠正打击邪教时政策执行偏差的现象》和《关于食品药品机制改革的建议》被国家政协采用，《要慎用因“村事”上访和状告干部的人当“村官”》等社情民意得到了县委和组织部门的重视，县委组织部专门发文各乡镇，提出了具体的指导意见。另有《建议对农村专业合作社进行分类管理并建立退出机制》《安全用品防护市场亟待规范》等社情民意也得到了县委、县政府主要领导的批示。连续五年，繁峙政协被市政协评为《政协信息工作先进单位》，信息工作继续走在全市前列。

团结联谊活动广泛开展。县政协始终保持与各人民团体、工商联和各界人士的密切联系，召开民主党派、工商联负责同志征求意见座谈会，听取推动全县经济社会发展和改进政协工作的意见和建议。积极加强与上级政协和兄弟县（市）区政协的联络联系，注重发挥委员联谊会的“桥梁、纽带”作用。

文史资料工作稳步推进。五年来，县政协坚持认真做好文史资料的收集整理工作。在县直有关单位和社会各界的大力支持下，完成了《繁峙文史》第七、八、九、十、十一辑的编撰出版工作。成功出版了《繁峙县政协志》，它记录了繁峙政协发展57年来的春华秋实，填补了繁峙政协无志书的空白。同时，繁峙政协还协助市政协完成了《南下、北上、西进干部》《抗战史》和《知青史》等资料的征集工作，为传播社会主义精神，文明作出了积极贡献。

五、强化自身建设，树立政协新形象

常委会始终把践行“三严三实”作为自身建设的主线，贯穿于委员教育、服务和管理全过程，体现在机关思想政治、履职能力、纪律作风、反腐倡廉和制度机制建设各方面，取得明显成效。

抓工作创新，不断提高履职成效。注重界别意识的培养，把发挥界别的群体功能同发挥委员个体作用相结合，引导委员联系界别群众，积极反映群众的意愿和要求。根据不同主题，组织界别委员参加调研视察、提案督办、反映社情民意等活动，引导委员把自己的聪明才智运用到各专题履职活动中。认真组织了经济和工商联界别委员活动，鼓励企业界委员直面困难、提振信心。

抓激励引导，发挥委员主体作用。五年来，县政协注重激励引导，增强委员主体意识。定期开展走访、约谈委员活动，了解委员学习、工作和生活情况，争取委员所在单位对委员的关心和支持。认真听取和反映委员的意见和建议，热心帮助委员解决实际困难，维护委员合法权利，尊重委员的创新精神。积极引导广大政协委员投身经济社会建设主战场，面对复杂多变的宏观环境、前所未有的困难挑战，一批政协委员立足于本职岗位，勤奋工作，勇于担当，为推动全县经济社会发展作出了积极的贡献。黄卫东常委积极投身转型实践，自筹资金，实施了繁城镇安家山土地整理暨发展现代高效农业开发项目和大明烟矿区矿山治理及生态旅游建设工程；政协常委张万恒爱岗敬业、困中求进，使繁中的面貌焕然一新。

抓机关建设，不断提升服务水平。认真贯彻中央和省委关于全面从严治党、落实“两个责任”的部署要求，深入开展了“三严三实”专题教育，严肃政治纪律和政治规矩、严格党内生活、着力解决机关存在的“不严不实”突出问题、突出抓好廉洁自律，机关干部的党性观念和法律意识进一步增强。深入贯彻中央八项规定和省委关于改进作风部署要求，认真抓好群众路线教育实践活动、学习讨论落实活动整改落实工作，不断健全抓常抓细的工作机制，坚持不懈推进机关作风建设。修订完善了机关公务接待、财务管理、考勤、考核等各项内部工作制度，坚决反对“四风”，压缩会议活动，精减文件简报，简化公务接待。会议活动数量减少15%，文件简报数量减少20%，“三公”经费支出大幅下降。不断强化政协机关干部的政治理论学习，全面推进机关作风建设，努力增强政协机关服务意识。

五年来，县政协所取得的成绩，是市政协关心指导和中共繁峙县委正确领导的结果，是县人大、县政府、社会各界大力支持的结果，是全体政协委员和政协同仁们通力合作的结果。在此，我谨代表第十届政协常委会，向所有关心、支持政协工作的同志们、朋友们，致以崇高的敬意和衷心的感谢！

在肯定成绩的同时，我们也要清醒地认识到政协建言献策水平还有待于进一步提升，自主选择的项目性专题调研范围还有待于进一步拓宽，委员提案办理方法需要进一步改进，机关作风建设需要进一步加强等等。真诚希望广大委员对常委会工作提出批评和建议，以使我们把工作做得更好。

今后工作建议及 2016 年工作安排

今后五年，是繁峙县全面实施“十三五”规划，实现转型发展的重要阶段。县政协将以奋发有为、昂扬向上的精神状态，为助推全县经济社会各项事业实现新发展，早日全面建成小康社会作出新贡献。一是坚持理论引领，在增进思想政治共识上实现新提升。按照习近平总书记提出的懂政协、会协商、善议政”的新要求，引导政协各参加单位、广大委员，以加快“六大发展”、推进“1571”发展战略的新成效，共同开创我县各项工作新局面。二是坚持聚焦中心，在服务“十三五”发展上作出新贡献。密切关注“十三五”时期经济社会发展的重大问题，在推进供给侧改革、落实创新驱动、推进产业强县等方面加强研究论证，积极履职建言。三是坚持开拓创新，在推进协商民主实践上取得新进展。出台完善推进协商民主建设的相关制度与规定，制定并落实好年度协商计划，改进全体会议、常委会议、主席会议等例会协商，更加灵活、更为经常地开展专题协商、对口协商、界别协商、提案办理协商。四是坚持强基固本，在加强履职能力建设上迈出新步伐。一要提高调查研究能力，既在宏观政策上出点子，又在解决实际问题上下功夫；二要提高联系群众能力，把不同阶层广泛团结起来，把不同群体充分调动起来；三要提高合作共事能力，积极协助县委、县政府多做顺应民意、化解民忧、为民谋利的好事、实事。

2016 年，是全面建成小康社会决胜阶段的开局之年，也是继续推进深化改革和全面推进依法治国的攻坚之年，县政协工作的指导思想是：深入贯彻落实中共十八大和十八届三中、四中、五中全会和习近平总书记系列讲话精神，深入开展“两学一做”，认真贯彻落实县委十二届七次全会精神和各项决策部署，紧紧围绕“五位一体”总体布局和“四个全面”战略布局，坚持新的发展理念，紧扣创新发展、协调发展、绿色发展、开放发展、廉洁和安全发展，全面履行职能、积极开展工作，为实现我县“十三五”经济社会发展良好开局，夺取全面建成小康社会新胜利汇集正能量、作出新贡献。

一、把握政协主题，加强学习增进共识

牢牢把握大团结大联合主题，协助县委、县政府寻求最大公约数，凝聚改革共识，汇聚改革正能量。深入学习中共十八大和十八届三中、四中、五中全会以及习近平总书记系列重要讲话精神，把开展“两学一做”学习教育，作为一项重大政治任务，尽好责、抓到位、见实效。要把思想建设放在首位，教育引导政协委员尊崇党章、遵守党规，学习准则、遵守准则。以习近平总书记系列重要讲话精神武装头脑、指导实践、推动工作，着力解决政协队伍在思想、组织、作风、纪律等方面存在的问题，努力使政协委员进一步增强政治意识、大局意识、核心意识、看齐意识，坚定理想信念、保持对党忠诚、树立清风正气、勇于担当作为，充分发挥先锋模范作用。依托“三会一课”等党的组织生活制度，发挥党支部自我净化、自我提高的主动性，真正把党的思想政治建设抓在日常、严在经常。要紧紧围绕县委、县政府中心工作开展学习教育，坚持两手抓，防止“两张皮”。进一步严密党的组织体系、严肃党的组织生活、严格党员教育管理、严明党建工作责任制，激励广大政协委员干事创业、开拓进取，为协调推进“四个全面”战略布局、贯彻落实五大发展理念提供坚强组织保证。引导广大政协委员，始终坚持中国特色社会主义制度优势和特点，不断夯实共同团结奋斗的思想政治基础。认真学习贯彻《中共中央关于全面推进依法治国若干重大问题的决定》，引导广大委员增强法治意识，依法参政议政。深入学习领会习近平总书记在庆祝人民政协成立65周年大会上的重要讲话精神，认真贯彻落实中共中央关于加强社会主义协商民主建设的有关文件精神，开展政协协商民主理论学习，积极探索协商民主的新途径。广泛深入宣传中共繁峙县委关于全面深化改革的实施意见，增强改革创新意识，助推各项改革顺利进行。始终把发扬民主、增进团结、协调关系、化解矛盾作为履行职能的重要着力点，进一步发挥民主党派、工商联和无党派人士在政协中的重要作用。加强各方团结联系，在调查研究、专题协商、履职为民、视察通报等政协活动中，为各人民团体、工商联和社会各界人士提供舞台，搭建平台。注重发挥少数民族、宗教界委员的独特作用，组织开展宗教事务管理专题调研活动，促进在政治上的团结合作和信仰上的相互尊重，推进民族团结、宗教和睦。充分调动人民团体的履职积极性，着力加强与新经济组织、新社会组织、新社会阶层代表人士的联系，支持和推动政协工作发展。

二、拓宽履职渠道，民主协商主动作为

推动协商民主广泛多层制度化发展，深入研究开展专题协商、界别协商、提案办理协商的方法载体和机制保障，探索和创新符合我县实际的协商民主方式。深入开展专题协商。在协商内容准、调研深、范围广、成果实上下功夫。选择具有前瞻性、可操作性的课题开展协商，调查研究力求全面、真实地掌握第一手资料。进一步扩大协商范围，对一些专业性较强的协商内容，听取专家、学者的意见和建议，做好细致深入的研究分析工作。加强调研成果转化工作，努力使调研成果转化为党政决策部署、部门工作举措。积极推动界别协商。进一步健全界别活动的组织机制和政协机关为界别活动服务的工作机制，不断丰富界别活动形式，积极探索发挥界别作用的有效方法和途径，通过界别渠道密切联系本界别群众，增进社会各阶层和不同利益群体的和谐。继续坚持委员联系群众，倾听群众呼声，反映社情民意。根据界别的不同类型和具体情况，采取不同的方法实行联系、协调和指导。对于工作跨度大的界别，如无党派爱国人士等界别，侧重组织委员以界别委员身份参加大会联组发言、专题讨论、提交提案等方式发挥作用。对于组织化程度较高的界别，如工商联、共青团、总工会、妇联等界别，由相关专委会联合起来开展重点调研视察等活动，整合资源，加强协作交流，在成果转化上下工夫。对于专业性、行业性较强的界别，如农业、经济、科技、教育、文体、卫生等界别，专委会加强联系协调，立足委员本职工作开展界别活动。重点组织医卫、文体、科技、农业、教育等界别活动，积极开展送医、送科技下乡和农技推广活动。扎实开展提案办理协商。根据形势的发展，县政协要在坚持以往有效做法的基础上，搭建多种形式的协商平台，使“委员提、部门办”的单行模式转变为“委员提、共同议、合力办”的协商模式，进一步扩大提案办理协商公开度。逐步扩大提案办理协商参与面，根据需要吸收一些专家学者、社会各界人士参与协商，以进一步增强提案办理协商的效果。建立提案办理协商成果运用反馈制度，建立提案办理协商意见和党政部门决策衔接制度，从制度上保证提案办理协商过程规范、内容务实、成果有效。开展提案承办单位述职活动，安排承办部门到县政协常委会通报政协提案办理情况，开展民主评议，确保提案办理效果。

三、明确履职重点，服务大局贡献力量

县政协就“我县精准扶贫、精准脱贫政策的完善和落实”确定为重点调研课题之一。打赢脱贫攻坚这场硬仗需要全社会参与，政协作为我县经济社会发展中的一支重要力量，有责任、有义务参与其中。县政协和广大政协委员，要积极协助党委、政府做好精准识别、精准施策、精准评估等重点工作，为助力脱贫攻坚，全面建成小康社会献计出力、多作贡献。广大政协委员要充分认识脱贫攻坚工作的极端重要性，切实增强紧迫感、责任感和使命感，把助力脱贫攻坚作为当前和今后一段时期的履职重点。此外，县政协还将围绕群众关注的教育、医疗、住房、就业、创业、环保、社会保障、公平正义等热点问题，进行协商对话，开展调研视察，撰写提案信息，为民生改善建业献策。围绕县委政府重大决策部署的贯彻落实、重点工程建设、重大项目和招商引资项目实施、依法行政、环境保护等议题，组织委员履行民主监督职能。发挥委员中特邀监督员作用，为改进部门工作、推进党风廉政建设献智出力。

积极开展扶贫济困等活动，努力为群众办实事、办好事、办成事。突出民生问题，在基本公共服务上下功夫，充分发挥智力优势，广泛汇聚各界力量，促进繁峙振兴发展。坚持从党政决策申寻找工作思路，从群众呼声中寻找工作重点，立足于党政所需、群众所盼、政协所能，开展履职活动。要把握经济新常态的特征，围绕产业转型升级建言献策。围绕全面深化改革，组织开展“委员下基层”活动，努力把各界的社情民意汇集反映上来，把政协的意见建议表达出去。关注各项改革中的政策落实、利益平衡、愿望诉求、困难瓶颈等问题，多为改革助威鼓劲、贡献智慧、凝聚力量、增进共识。

四、提升履职能力，增强素质建好队伍

“懂政协”“会协商”“善议政”是习近平总书记对人民政协的新要求。我们要认真学习贯彻落实，以习近平总书记要求为引领，深入推进政协各项建设。政协机关要坚持把纪律和规矩挺在前面，以严的精神和实的举措深入推进机关思想、组织、作风、反腐倡廉和制度建设，着力推动践行“三严三实”制度化常态化长效化，努力打造一支信念坚定、为民服务、勤政务实、敢于担当、清正廉洁的高素质政协干部队伍。完成新时期新阶段政协肩负的历史使命，必须坚持解放思想、求实创新、服务大局。要以加强政协常委会班子、专委会、政协委员、机关干部队伍建设为重点，全面推进政协自身建设。充分调动政协常委的积极性，提高常委会履行职能的整体水平。常委会组成人员要带头参加政协组织的学习和视察调研等活动，认真撰写提案、社情民意信息和调研视察报告。要严守宪法和法律，自觉加强道德修养。健全专委会联系界别委员制度，进一步加强沟通、协调和联动，强化与党委政府工作部门的互动，切实增强工作的活力和成效。进一步健全和完善考核机制，创新与委员联系和服务的方式和载体，开通县政协委员微信圈，搭建委员交流和互动平台，切实抓好委员管理和服务工作。重视委员的学习培训和业务指导，增强委员的责任意识和履职水平。

推进“六大发展”、全面建成小康社会的宏伟事业，赋予政协新的使命，激励委员担当作为。我们要紧密团结在以习近平同志为总书记的党中央周围，在中共繁峙县委的领导下，同心同德、履职尽责，不断谱写人民政协事业的新篇章，为实现我县“十三五”发展良好开局、夺取全面建成小康社会决胜阶段的伟大胜利而努力奋斗！

2017年3月25日政协第十一届繁峙县委员会第二次会议报告

县政协主席　钟文秀

2016工作回顾

2016年是“十三五”的开局之年，也是我县推进脱贫攻坚、决战决胜全面小康的关键之年。十一届一次会议以来，县政协在中共繁峙县委的坚强领导下，在县人大常委会、县政府和社会各界人士的支持配合下，深入贯彻中共十八大及十八届三中、四中、五中、六中全会精神和习近平总书记系列重要讲话精神，按照省委“一个指引、两手硬”重大思路和要求、按照市委“1661”发展战略部署，全面落实县第十三次党代会安排部署，认真履行职能，推进工作创新，加强自身建设，积极为我县改革发展、脱贫攻坚、加快全面建成小康社会贡献力量，政协事业实现了新的发展。

一、加强理论学习，不断增进政治认同

常委会始终把思想政治建设放在首位，自觉以科学理论武装头脑、引领事业，努力提高政治把握能力和履职能力。常委会认真组织学习中共十八大及十八届三中、四中、五中、六中全会精神和以习近平同志为核心的党中央治国理政新理念新思想新战略，紧密团结在以习近平同志为核心的党中央周围，牢固树立政治意识、大局意识、核心意识、看齐意识，自觉服从服务于“五位一体”总体布局和“四个全面”战略布局，切实做到坚持理想信念不动摇，坚持党的路线方针政策不偏离，坚持弘扬清风正气不松劲，坚持使命担当不懈怠，在政治上、思想上、行动上同党中央保持高度一致。注重政协知识学习，准确把握工作主题。常委会认真学习《政协章程》和政协理论知识，特别是习近平同志《在庆祝人民政协成立六十五周年大会上的讲话》和中央、省委、市委关于加强和改进人民政协工作的文件精神，准确把握新形势下政协工作主题、性质地位和职能作用，切实增强履职的自觉性和主动性，着力提升政治把握能力，坚持政协协商民主正确方向；提升调查研究能力，夯实政协协商民主发展基础；提高联系群众能力，发挥政协协商民主政治优势；提高合作共事能力，增强政协协商民主发展合力。努力把握政协工作规律，引导社会各界切实把思想和行动统一到中央、省委和市委重大决策部署上来，把智慧和力量凝聚到县委第十三次党代会确定的各项目标任务上来，充分发挥政协作用。

二、围绕中心工作，履行政治协商职能

充分发挥人民政协作为协商民主重要渠

道作用，紧紧围绕党政中心工作，开好政协例会，积极开展政治协商，推进协商民主广泛多层制度化发展，取得良好开局。

精心开展全委会整体协商。在十一届一次全会上，来自全县各条战线上的150名委员汇聚一堂，以高度的历史使命感和饱满的政治热情，共商国是。会议期间，认真讨论“一府两院”工作报告，审议通过县政协常委会工作报告和提案工作报告，协商重要人事事项，选举出新一届政协领导班子。特别对我县经济发展、精准脱贫、社会稳定等重要问题提出了许多有价值的意见和建议，切实履行了政协参政议政职能，发挥了参谋助手的作用。委员们还紧紧围绕县十三次党代会的决策部署，充分发扬民主，广泛建言献策，展示了政协委员的责任担当。

积极参与全县中心工作。一是落实省委“万名干部入企服务”的重大部署，政协班子成员带头深入联系企业，了解企业困难，积极帮助解决问题，组织多名政协委员、专委会和政协机关干部参加入企业服务工作，反映或协调解决问题。广大委员特别是身处经济建设第一线的委员，面对经济下行压力，坚定信心、进取作为，为推动全县经济稳步向好作出了积极贡献。二是做好扶贫攻坚工作。根据新一轮扶贫工作要求，政协领导继续按照结对扶贫和坚持不脱贫不脱钩的要求，在各自的联系乡镇确定了帮扶对象，并动员组织政协委员以各种方式帮助贫困户脱贫致富。11月30日，县政协在县委党校召开了政协委员结对帮扶、助推脱贫攻坚动员大会，印发了“关于政协委员结对帮扶助推脱贫攻坚工作方案”，明确了目标任务，制定了工作措施，细化了帮扶方向，明确了要开展“六送六帮”活动，即送政策、帮立志，送爱心、帮生活，送服务、帮急需，送信息、帮创业，送技术、帮产业，送项目、帮发展。并建立了责任机制和考察考评机制。12月开始，主席、副主席深入所包乡村进行脱贫责任制双签和扶贫攻坚指导、帮扶工作，绝大部分政协委员深入到所包的村进行对接和扶贫项目规划。十一届一次会议以来，政协领导和办公室干部经常到贫困户家中走访、为贫困户制定发展思路、确定增收措施，积极深入扶贫农户家中，开展调查了解。县政协把“我县精准扶贫、精准脱贫政策的完善和落实”确定为重点课题之一，政协副主席张晋军在充分调研的基础上，提出了“关于第一书记开展工作的几点建议”和“对移民扶贫的几点建议”，为助力脱贫攻坚献了计出了力。政协办作为东山乡冻冷沟村的扶贫工作队，机关工作人员不定期的赴冻冷沟村与村支部书记、第一书记、村民进行座谈了解该村的基本情况，共同商讨村民脱贫计划和措施。

三、聚焦民计民生，加大民主监督力度

政协坚持履职为民的原则，积极探索民主监督新途径，把民主监督贯穿到协商、提案、反映社情民意等履职活动中，切实加大监督力度，不断提高监督实效。

发挥政治协商与民主监督作用。政协根据社会主义协商民主建设的新理念、新思想、新要求，积极探索在协商议政中开展民主监督。在政协举办的各种会议和各项活动中，鼓励委员以问题为导向，讲真话、建诤言，大胆提出批评意见，理直气壮地开展监督，充分保障委员民主监督权利。在全委会上，委员们针对重大项目推进缓慢、基础教育发展不均衡、精准扶贫对象不精准、民营企业发展信心不足、食品安全存在隐患等问题提出意见建议，在协商中增进共识，在监督中解决问题。

发挥政协提案的监督作用。提案是委员履行职能的最直接、最有效的方式。十一届一次会议以来，委员共提出提案52件，其中单独提案39件，联名提案13件。通过筛选合并为49件，最后经主席会议和提案委员会确定立案45件，件件事关经济社会发展和群众切身利益。会议结束后，及时将立案的提案呈送相关单位研究处理，对没有立案的提案，也以信函的方式转交相关单位参考，并将提案办理情况及时答复委员，还对办理落实情况进行了跟踪督办。如食品安全问题、农民增收等问题，得到了政府及相关部门的积极回应，监督效果明显。

发挥社情民意的监督作用。反映社情民意是履行职能的重要环节。十一届一次会议以来，委员们及时捕捉带有苗头性、倾向性问题，及时反映不同阶层、不同利益群体的意见，其中“加快农村一二三产业融合发展的建议”“关于加强农家书屋后期管理的建议”“关于快递包装物处理难题的建议”等3篇被社情民意被省市政协采纳，受到领导的高度重视。我县社情民意工作继续受到表彰，蝉联忻州市政协系统信息工作先进单位。通过反映社情民意，为党政机关全面了解社会信息和情况，将问题处理在基层和萌芽状态提供参考，更好地发挥了社情民意“直通车”的作用。

四、深入调研，积极主动作为，服务全县大局

充分发挥常委会带头作用和委员主体作用，深入开展调查研究，积极参政议政，为推动繁峙经济社会全面发展作贡献。

深入调研，建言献策服务科学发展。十一届一次会议以来，县政协进行了多次调研视察活动，重点是围绕“我县精准扶贫、精准脱贫政策的完善和落实”进行调研视察，并配合上级进行了多次调研和视察。10月20日，省政协副主席姜新文来我县就“关于围绕省委、省政府推进民营经济发展重大决策部署落实情况”开展专项视察、监督，深入到福康醋业、绿源亨通等企业进行了详细视察。12月8日，市政协副主席高志伟带领市政协第三调研组来我县就围绕深入贯彻市委“以脱贫攻坚统揽经济社会全局”决策部署主题进行调研，深入到繁城镇刁儿泉村、泽民二小区进村入户对脱贫攻坚情况、群众满意度、移民群众生产生活等进行了详细的询问了解，并召开了由扶贫、畜牧、农业、林业、电力、水利、国土等部门参加的座谈会。县政协形成了《繁峙县以脱贫攻坚统揽经济社会全局决策部署工作情况调研报告》呈报市政协。大会发言也是参政议政的重要平台，9月下旬，政协班子成员深入乡村进行调研，并撰写了“找准症结，完善措施，打赢精准脱贫攻坚战”的调研报告，在市政协四届一次全会上我进行了口头发言，向市委、市政府建言献策。

主动作为，全力以赴助推脱贫攻坚。聚力推进脱贫攻坚事业。围绕精准扶贫、精准脱贫，召开专题常委会议协商建言。组织委员开展“六帮六送”活动和为贫困户“献爱心、送温暖”活动，多方位推动社会力量帮扶工作，形成了企业帮扶、群众参与、社会协同推进的扶贫新格局。此次活动惠及贫困村80余个、贫困户1000余户，贫困人3000余人。其中沙万里常委主动与砂河镇小砂河村结对帮扶，兴办了多件惠民实事。他先后捐资110万元在小砂河村修建水渠1.3千米，修建乡村公路300米，新建“春棚”10个，还为村委新建村委会、医疗室、图书室、党员活动室共16间。为30名贫困生发放助学金。还捐款3万元资助了繁城中学100名贫困生，捐款2万元资助了大营镇中学100名贫困生；黄卫东常委在安家山村实施土地整理暨现代高效农业项目，带动了1000多贫困人口就业；原连生委员采取订单农业的办法，与大营镇、横涧乡、柏家庄乡的200多户农民签订胡萝卜种植收购合同，全程提供技术服务，实现贫困户亩均增收900元。市县政协委员张磊、张月来、吴和廷、张海银、李三有、兰云峰、释觉弘、杨杉、宫金柱、陈晓勇、李丽平、王洪利、谢桂英等80余人为贫困户送温暖，捐赠白面、大米、食用油、书包、文具、年画等总价值20余万元。展示了委员心系扶贫的家国情怀。

紧扣主题，凝心聚力促进团结合作。加强同各民主党派、工商联和无党派人士的团结合作。促进民族团结、引导宗教与社会主义社会相适应。

征集出版相关文史资料，以繁峙优秀传统文化、深厚革命文化和社会主义先进文化激扬正气、凝聚民心。编印了繁峙人文自然景观专辑并准备征编繁峙关、口、城、堡、寨系列专辑，以配合县委、县政府打造文化旅游战略性支柱产业的重大决策。

五、加强自身建设，提升政协履职水平

政协始终把制度建设作为一项重要工作，将历届政协从实践中总结探索的好的做法和经验充实到制度中，进一步提升政协工作制度化、规范化、程序化水平。强化作风建设，认真总结“两学一做”学习教育成果。党组书记和成员带头讲党课、带头剖析、带头整改，扎实开展“四讲四有”，促进队伍转作风，认真开展“走基层”活动。政协班子成员深入实际、深入基层、深入群众，蹲点调查研究，转变工作作风，提高工作效率。切实改变文风会风，政协机关精简文件简报，提倡开短会，不说空话、套话，提高办文办会质量，不断提升机关服务保障能力。强化廉政建设，认真学习贯彻中央、省委和市委关于党风廉政建设部署要求，学习贯彻中国共产党廉洁自律准则和纪律处分条例，加强正面宣传和反面警示教育，落实党风廉政建设责任制，严格遵守廉洁自律的有关规定，遵章履职。

县政协取得的成绩，是中共繁峙县委坚强领导的结果，是县人大常委会、县政府和社会各界大力支持的结果，是全县广大政协委员共同努力的结果。

我们也要清醒地看到，十一届县政协履职时间不长，还存在一些不足。主要是：政治协商的机制还不够完善，民主监督的力度还不够大，参政议政的实效还不够强，委员履职的能力还不够高。这些问题，我们将在今后的工作中切实加以改进。

2017年工作部署

2017年，政协工作的总体要求是：全面贯彻中共十八大和十八届三中、四中、五中、六中全会精神，深入学习贯彻习近平总书记系列重要讲话精神和治国理政新理念新思想新战略，坚持“五位一体”总体布局和“四个全面”战略布局，践行“五大发展理念”，坚持“一个指引，两手硬”的重大思路和要求，认真贯彻市委“1661”发展战略，认真落实县第十三次党代会和县委十三届二次全会暨经济工作会议精神及各项决策部署，紧紧围绕决战贫困、全面建成小康社会目标，凝聚思想政治共识，增强协商议政实效，强化民主监督职能，持续推进自身建设，为开创全县改革发展和各项事业新局面，不断塑造美好形象、逐步实现振兴崛起贡献智慧和力量，以优异成绩迎接中国共产党第十九次全国代表大会胜利召开。

一、坚持理论联系实际，进一步筑牢共同奋斗的思想政治基础

要学习贯彻以习近平同志为核心的党中央治国理政新理念新思想新战略，通过学习凝聚政治共识，始终把坚持中国共产党的领导作为根本原则，牢固树立政治意识、大局意识、核心意识、看齐意识，不断增强道路自信、理论自信、制度自信、文化自信，自觉服从服务于“五位一体”总体布局和“四个全面”战略布局，切实把思想和行动统一到省委、市委、县委的决策部署上来，在政治上、思想上、行动上同以习近平同志为核心的党中央保持高度一致。要认真学习人民政协理论，学习中央、省委、市委关于加强政协工作的一系列文件精神，用人民政协理论指导实践，用政协制度推进工作，强化政协意识，准确定位，做政协人，说政协话，办政协事，做好委员提案、文史资料征编和社情民意信息工作，切实做到政治协商有新思路、民主监督有新举措、参政议政有新突破，把人民政协事业不断推向前进。

二、坚持专注发展定力，进一步助推科学发展、转型发展和跨越发展

牢固树立发展新理念，把握引领经济发展新常态，坚持以提高发展质量和效益为中心，以脱贫攻坚统揽经济社会发展全局，推动脱贫攻坚纵深发展。以推进供给侧结构性改革为主线，紧紧围绕改革发展重大问题协商议政。围绕重大项目建设开展视察，为切实增强发展后劲履职出力；围绕农业、工业发展开展调研，为培育农业发展新动能，促进工业产业优化升级、推进转型发展、加快新型工业化建言献策；围绕文化旅游产业发展开展议政性专题协商，为打造平型关景区、灵岩山景区、大智镜圆景区、滹源景区建设积极建言；围绕改善民生开展调研，为提升群众幸福感献计出力；围绕生态文明建设开展视察，为推进科学发展、绿色发展、低碳发展履行监督职能。围绕安全稳定开展调研，为创造、维护安全稳定发展环境献计献策。

三、坚持履职为民理念，进一步促进民生改善与社会和谐

人民对美好生活的向往是政协履职的根本出发点和落脚点，要坚持协商于民、协商为民，设身处地为群众着想，感同身受为群众分忧，多做得民心、顺民意的工作。要畅通渠道知民情。组织广大政协委员进乡村、入住户、问民意，进一步使政协工作重心下移，实现委员与群众“零距离”接触。

加大反映社情民意信息工作力度，进一步发挥政协社情民意在汇集舆情中的重要作用。

要心系群众惠民生。坚持把关注民生热点问题作为政协履职的重点，围绕供给侧结构性改革、增加公共服务供给、加快基础教育发展、促进大众创业万众创新等开展专题协商和民主监督，多建利民之言，多谋利民之策，促进改革发展成果更多惠及人民群众。

要着力脱贫解民忧。把助推脱贫攻坚作为重中之重，围绕精准扶贫精准脱贫开展专题协商，建言献策。围绕脱贫项目实施、脱贫资金使用、脱贫工程质量等开展民主监督，促进脱贫攻坚的成效。持续开展“政协委员结对帮扶助推脱贫攻坚”活动，在去年动员安排的基础上今年要加大督查、指导力度，确保有计划、有行动、办实事、见实效。组织委员参与产业扶贫、科技扶贫、教育扶贫、医疗扶贫、生态扶贫，为脱贫攻坚精诚出力。

要多办实事暖民心。组织委员继续开展“送温暖、献爱心”活动，积极参与社会公益事业，倾力为困难群体解难事、做好事、办实事，促进民生改善。

四、坚持崇严尚实作风，进一步提高政协工作的科学化水平

要按照习总书记提出的“懂政协、会协商、善议政”的要求，切实加强政协委员和政协干部的培训工作，坚持崇严尚实作风，着力提高“四种能力”，进一步发挥政协党组的领导核心作用、常委会的表率作用、专委会的基础作用、政协委员的主体作用和政协机关的参谋助手作用。着力提高政治把握能力，把坚持党的领导作为政协工作的根本指向，把高举爱国主义和社会主义旗帜作为政协工作的重要原则，把坚持团结民主作为政协工作的两大主题，确保政协事业始终沿着正确的方向前进。着力提高调查研究能力，坚持问题导向，精选课题，深入调研，努力使对策建议更加有的放矢、切中要害。着力提高联系群众能力，深入开展“走基层”活动，畅通各界群众利益诉求表达渠道，发挥好桥梁纽带作用。

着力提高合作共事能力，发扬求同存异、体谅包容的优良传统，坚持民主协商、平等议事的工作原则，以民主的作风团结人，以共同的事业激励人，加强合作，共谋发展。政协机关要以建设学习型、服务型、效能型机关为目标，加强组织、协调、联络、服务工作，主动为基层服务，为委员服务，努力把政协机关建成温馨的“委员之家”，为政协履行职能提供有为保障。

人民政协是国家治理体系的重要组成部分，在社会主义协商民主建设中责任重大、使命光荣。让我们更加紧密地团结在以习近平同志为核心的中共中央周围，高举中国特色社会主义伟大旗帜，在中共繁峙县委的坚强领导下，牢记神圣职责，不负人民重托，不忘初心、继续前进，撸起袖子加油干，不断推进人民政协事业新发展，为实现全面小康跨越而团结奋斗，以优异成绩迎接中国共产党第十九次全国代表大会胜利召开！

国民经济和社会发展计划（节选）

关于繁峙县2014年国民经济和社会发展计划执行情况与2015年国民经济和社会发展计划草案的报告

——2015年4月8日在繁峙县第十五届人民代表大会第五次会议上

县发展和改革局

一、2014年国民经济和社会发展计划执行情况

2014年，面对“增长速度换挡期、结构调整阵痛期、前期刺激政策消化期”三期叠加的新常态，在县委的领导和县人大、县政协监督支持下，全县上下坚持“有限资源、无限发展，绿色经济、循环发展”理念和稳中求进工作总基调，依据县十五届人大四次会议审议批准的国民经济和社会发展计划，认真做好稳增长、促改革、调结构、惠民生、防风险各项工作，全县经济社会发展总体平稳，人民生活水平稳步提高。据统计，2014年，全县地区生产总值完成53.2亿元，增长5.4%；固定资产投资74.7亿元，增长

22.4%；社会消费品零售总额10.3亿元，增长13.7%；财政总收入完成10亿元，增长11.9%；公共财政预算收入4.2亿元，增长17.4%；城镇居民人均可支配收入22967元，增长9.5%；农村居民人均可支配收入6012元，增长11.2%；城镇新增就业岗位3165个，超额完成年度任务；城镇登记失业率3.4%，低于4.2%的控制目标；二氧化硫、化学需氧量、氨氮、氮氧化物、烟尘、工业粉尘六项主要污染物分别减排74.5吨、205.9吨、37.8吨、12.7吨、145.6吨、128吨，同比分别下降1.2%、4.5%、9.4%、0.8%、8.5%、4.2%，全面完成市政府下达的减排任务。全年二级以上天数362天；安全生产责任落实。

（一）项目攻坚成效显著

我县坚持把项目建设作为扩大投资、培植产业、应对经济下行压力、实现稳定增长的重要举措，实行领导包项目制、24小时直通车制、月调度会议制和月通报制度，制定了“重点项目考核办法”，做到了“一个项目、一位领导、一套班子、一抓到底”的项目推进机制，从储备、签约、落地、开工、建设、投产各个环节对项目进行全程跟踪，为项目建设快速推进提供优质高效服务。2014年，全县共实施重点项目135个，计划投资79.8亿元，完成投资64.6亿元。“八位一体”项目建设考核中，储备项目78个，总投资1088亿元，完成率147%；签约项目85.88亿元，完成率101%；项目落地完成49.66亿元，落地率108%；项目开工完成47.96亿元，开工率102%；38个省市重点项目建设完成投资59.94亿元，占年度计划的107%；项目投产完成74.97亿元，完成率是131.5%。

（二）综改试验提档加速

着力抓全面改革推进。县委、县政府把工作重心东移作为新的战略要点，围绕打造砂河转型综改试验经济开发区，提出了“一体两翼”“一区多园”发展布局。经济和生态文明体制改革有序展开。2014年综改“1213”《行动计划》部署的10项重大改革、20项重大事项、10项重大项目和3项重大课题进展顺利，均完成年度任务。

（三）“三农”工作打开新局

全年新发展设施农业900亩，总面积达6819亩，培育设施农业示范园区7个。规模健康养殖业不断壮大，县政府拿出2000万元对牛羊产业进行“四补一贴”，新建标准化养殖小区11个、各类规模养殖场36个，发展规模养殖户2857户。百企千村产业扶贫开发项目第一批确定的16户重点企业，已落实11家企业，上马9个项目，总投资8.2亿元。全县农民专业合作社达到567个，“一村一品”专业村达到86个。坚持改善农村人居环境与巩固两轮“五个全覆盖”成果和办好“五件实事”相结合，大力改善农村人居环境，推广县城、砂河镇“创卫”经验，重点开展了13个乡填的15个美丽宜居示范村建设。

（四）城镇建设扩容提质

以“大干城建年”为引领，加大城镇建设管理力度，继续“完善大框架，逐年打通微循环”，加快县域城镇化步伐。滹沱河源头环境综合治理县城段东延伸项目实施了防洪抢险道路工程，南关大桥竣工。开展了县城道路维修、东牌楼环境整治绿化、光华街西延伸、城区公厕新建改造项目。砂河镇实施市政项目6个。北坡森林公园建设二期工程完成绿化面积866.67公顷。着力提高城镇管理水平，围绕迎接“国家卫生县城”二轮复检，进一步健全完善了城镇管理的长效机制。

（五）社会事业和谐发展

坚持把“打造繁峙教育品牌，建设晋北教育强县”作为最大民生工程来抓，不遗余力加大教育投入，全年教育支出3.93亿元。率先在全市启动普通高中教育免学费工程，成功承办全国区域推进课堂教学改革繁峙现场会。高考二本B类以上达线351人，创我县高考达线人数的历史最高纪录。加快发展医疗卫生事业，用于医疗卫生事业的支出达到1.71亿元。新农合筹资标准由340元提高到390元，12类国家基本公共卫生服务项目和6类重大公共卫生项目全面实施。13个乡镇卫生院和8个分院实现网上集中采购药品。计生工作，坚持“保优争先”，优质服务水平进一步提升。千方百计扩大就业，城镇新增就业3165人。进一步提高社会保障水平，机关事业单位养老保险参保单位202家，参保职工7669人，占市下达指标的107%。企业养老保险参保单位达到150户，覆盖率100%，参保职工8720人。新农保参保人数达到14.63万人，完成年度任务的105%。城镇职工医疗保险参保人数19719人，城镇居民医疗保险参保人数12365人，新农合参合农民达到20.90万人。加快保障性住房建设，共新开工675套。党风廉政、精神文明和民主法制建设进一步加强，成功创建省级双拥模范县，文体、计生、科技、国防、档案、老龄、民族宗教等各项社会事业和谐发展。

二、2015年经济社会发展的总体要求和主要预期目标

2015年是全面深化改革的关键之年，是全面完成“十二五”规划的收官之年，也是全面推进“六大发展”的开局之年，做好今年各项工作意义重大。

今年发展的总体要求是：深入贯彻党的十八大和十八届三中、四中全会精神，认真落实县委十二届六次全会暨全县经济工作会议部署，以邓小平理论、“三个代表”重要思想、科学发展观为指导，以习近平总书记系列重要讲话精神为根本指针，主动适应经济发展新常态，坚持稳中求进、改革创新，以提高经济发展质量和效益为中心，把转方式调结构放到更加重要位置，把工作重心东移作为新的战略要点，进一步深化“一个理念”，突出抓好“六大战略重点”，以“一区一带十大产业园区”为承载平台，以项目建设为抓手，以环境建设为保障，处理好稳与增、转与培的关系，全力保持经济企稳向好，着力培育新的经济增长点，统筹城乡发展，加快城镇化建设，保障改善民生，建设法治繁峙，全面推进经济、政治、文化、社会、生态文明建设和党的建设，促进全县经济平稳健康发展、社会和谐稳定、党风政风清廉。

今年全县经济社会发展的主要指标预期是：

——地区生产总值增长5.5%；

——全社会固定资产投资增长18%；

——社会消费品零售总额增长10%；

——规模以上工业增加值增长5%；

——地方公共财政预算收入完成3.62亿元；

——城镇常住居民人均可支配收入增长7%；

——农村常住居民人均可支配收入增长8%；

——约束性指标严格按照市下达任务全面完成。

三、实现2015年国民经济和社会发展预期目标的主要工作

（一）以改革创新为动力，激发健康发展新活力。

全面深化改革，围绕加快资源型经济转

型，推进矿产资源市场化配置改革；围绕加快构建新型农业经营体系，推进农村综合改革；围绕加快转变政府职能，推进深化行政体制改革；围绕增强经济支撑保障能力，推进财税金融体制改革；围绕增强文化发展活力和动力，推进文化体制改革；围绕基本公共服务均等化，推进社会事业改革。各项工作力争出经验、出成果。

（二）全力稳定工业生产，保持经济稳中有进

铁矿采选业是我县的支柱产业，是财政税收的主要来源。在经济下行尚未见底的严峻形势下，千方百计稳定工业企业的生产是经济保持稳中有进的基础和前提。一要进一步提高服务企业水平。落实“四长”联系企业制度，县长、局长、乡长、行长分类包企业，重点在资金、用地、技术、人才等方面加大对企业的扶持力度。二要进一步优化企业发展环境。继续清理涉企收费项目，规范收费行为，切实减轻企业负担。同时提高行政审批效能，开展联审联批，简化办事流程，加大电子政务、网上审批力度，推行重大项目“一站式”服务。加大金融支持实体经济的力度，着力解决企业“融资难、融资贵”的问题。三要进一步加大打击非法违法采矿的力度。越是困难的时期，越要保证企业依法组织生产。四要进一步加大增收节支工作力度。财政、国税、地税、收费等部门要按照年度目标采取强有力的措施确保完成征收任务。

（三）积极调整经济结构，着力培育新型产业

大力发展新能源产业。今年重点推进华能新能源风力发电项目、中电投山西新能源有限公司云雾峪风电场项目、协合风电投资有限公司乔家窑风电场以及深能北方能源控股有限公司光伏发电项目的建设。大力发展文化旅游产业。依托五台山世界旅游品牌和砂河镇旅游集散地交通区位优势以及我县丰富的宗教文化旅游资源，大力发展文化旅游产业。重点抓好平型关长城修复、伯强毛主席路居馆建设、岩山寺周边环境整治、公主寺的维修保护以及天台茄兰生态旅游度假区、大明烟矿区矿山治理及生态旅游项目的建设。大力发展现代农副产品产业。扶持宝山鼎盛科技有限公司、绿源亨通食品有限公司、宏矩大磨坊、福康醋业做大做强。加快建设牛羊交易及屠宰加工物流园区，进一步延长牛羊加工产业链条，切实破解牛羊产品销售瓶颈，提高畜产品附加值。发展白水杏、红富士、设施蔬菜等绿色有机农产品，扩大规模，形成自己的品牌。大力发展现代物流和新兴业态。搞好传统物流园区的同时，支持发展电子商务，推进电商与实体流通相结合，加快构建冷链物流体系。积极推进通用航空产业的发展。继续抓紧做好通用航空产业园区的选址、立项、设计等前期工作，搞好发展定位，依托五台山文化旅游资源面向社会公开招商。

（四）抓好重点项目建设，努力实现提质增效

投资是稳定经济增长的关键，项目是经济发展的基础，也是经济工作的总抓手。2015年拟上项目125个。全县上下要认真落实《繁峙县“项目提质增效年”工作方案》《繁峙县“完善项目前期手续百日攻坚”工作方案》，实现固定资产投资88.16亿元、增长18%的总体目标，今年重点工程“八位一体”目标任务是：项目储备投资总额动态保持714亿元；项目签约投资总额达到95亿元；项目落地投资总额达到47亿元；项目开工投资总额达到43亿元；重点工程建设

完成投资53亿元，其中省重点工程完成投资6亿元、市重点工程完成投资16亿元，县级重点工程完成投资31亿元；项目投产投资总额达到53亿元。

（五）转变农业发展方式，创新推动“三农”工作

稳定粮食生产。今年，全县农作物播种面积要稳定在39333.33公顷左右，要继续推进玉米丰产示范区建设，力争玉米亩产增加10%以上。要搞好杂粮振兴工程，建立5个万亩连片杂粮示范区（片）。完善农业基础设施建设。以创建高标准农田水利建设示范县为依托，改善渠灌2000公顷，新增管灌2000公顷，新增水浇地400公顷。以创建农业机械化综合示范县为依托，培育农机大户和农机合作社，力争2015年末全县农机总动力达到23万千瓦。发展生态畜牧业。继续落实“四补一贴”政策，加大规模养殖、良繁体系、饲草料等各个环节的建设，力争建成全省的羊、牛、猪大县。推进“一村一品”建设。各乡镇重点打造1至2个“一村一品”专业村。创新扶贫开发模式和机制。实行精准扶贫，对已识别出的213个贫困村74150名贫困人口要全部建立扶贫档案，力争年内脱贫13000人。加快太重集团肉羊科技示范项目等产业扶贫项目的建设进度，继续鼓励铁矿企业转型转产到现代农业、畜牧等产业。深化农村改革。积极稳妥推进集体产权制度改革、土地制度改革、金融体制改革、水利和林业等改革，完成好农村土地承包经营权确权登记发证、土地流转、基本农田划定具体任务。

（六）加强生态文明建设，努力实现绿色发展

搞好污染防治。严格按照新《环境保护法》要求，尽快制定2015年污染减排计划，确保“十二五”期间减排任务保质保量完成。加快推进绿化造林。按照“13232”重点林业工程规划，今年完成繁城、下茹越、集义庄新造林2833.33公顷。实行严格的水资源保护政策。加强地下水资源保护，严格控制地下水开采，努力实现全县地下水位止降返升。启动实施峨河综合治理工程。实施好农村人居环境改善工程，要按照省政府“加大力度、加快进度”的要求，全力实施好农村人居环境改善四大工程。开展美丽乡村创建工作，力争年内创建省、市、县三级示范村15个。

（七）切实保障和改善民生，精心发展各项事业

一要办好人民满意教育。继续抓好教学质量的提升，高考达线率力争超过去年的水平。健全义务教育阶段教师交流、城镇教师支援农村教育等工作制度，实现优质教育资源共享。增加城乡幼儿园数量，完善幼儿教育基础设施，着力解决入园难问题。二要抓好医疗卫生事业。完善各项长效管理机制，巩固好“创卫”成果。健全网络化城乡基层医疗卫生服务运行机制，提升医疗卫生服务水平，减轻群众看病就医负担。重视疾病防控，做好传染病防治。全面落实计生惠民政策，提升计生服务水平。三要抓好就业工作。计划年内全县新增就业3200人，城镇登记失业率控制在3.5%以内。四要抓好社会保障工作。对全县城乡困难群众建档立卡，全部纳入救助范围。启动运行社会福利中心，规划新建15座老年人日间照料中心。五要促进文化事业发展。搞好文化下乡任务、非物质文化遗产传承、“三馆一院”建设、重点文物保护等工作。六要抓好十件惠民实事的落实。七要加强社会主义精神文明建设，弘扬法治文化、红色文化、廉政文

化，做好省级文明先进县验收工作；狠抓推进反腐倡廉，实现弊革风清；加强社会治安综合治理，全面依法治县：深入开展国防教育，广泛组织双拥活动；大力发展科技、文体、广电、老龄，档案、民族宗教等各项社会事业。

（八）谋划经济社会发展，编制“十三五”规划

加强规划编制的力量，加强调研，加强沟通，把统筹发展作为编制“十三五”规划的根本方法，深入谋划“十三五”时期的重大工程、重大项目、重大政策，科学设置目标指标，加强规划衔接协调，强化规划工作创新，描绘富民强县发展蓝图。

过去一年全县经济社会发展取得了显著成绩，为全面建成小康社会奠定了坚实的基础。新的一年，任务繁重而艰巨，让我们紧密团结在以习近平同志为总书记的党中央周围，在县委、县政府的正确领导下，求真务实、开拓创新、攻坚克难，努力开创繁峙廉洁发展、转型发展、创新发展、绿色发展、安全发展、统筹发展新局面！

繁峙县2015年国民经济和社会发展计划执行情况与2016年国民经济和社会发展计划草案的报告

——2016年8月28日在繁峙县第十六届人民代表大会第一次会议上

县发展和改革局

一、2015年全县国民经济和社会发展计划执行情况

2015年是“十二五”收官之年，面对严峻复杂的经济形势和持续加大的下行压力，全县上下在县委、县政府的坚强领导下，坚持“五位一体”协调发展，积极应对经济下行压力，聚力谋划“十三五”规划蓝图，加快推进发展转型、结构调整、动力转换，适应引领经济发展新常态，坚持稳中求进工作总基调，着力落实“六大发展”，全县经济低位运行、缓中趋稳，结构调整步伐加快，改革开放不断深化，人民生活持续改善，全面建成小康社会迈出坚实步伐。

2015年主要经济和社会发展指标完成情况为：全县生产总值完成51.3亿元，同比增长0.6%；固定资产投资完成87.9亿元，同比增长17.6%；社会消费品零售总额完成14.9亿元，同比增长6.1%；公共财政预算收入完成2.02亿元，同比减少52.5%；城镇常住居民可支配收入完成24873元，同比增长8.3%；农村常住居民可支配收入完成6474元，同比增长7.7%。全县新增城镇就业岗位3163个。城镇职工基本养老保险参保人数2.6万人，城镇职工基本医疗保险参保人数2.99万人，城乡居民社会养老保险参保人数14.69万人，城镇失业保险参保人数0.96万人，工伤保险参保人数1.51万人，城镇职工生育保险参保人数1.2万人。2015年繁峙建成区环境空气优良天数为333天。

（一）着力抓项目扩投资，努力做好稳增长工作

针对我县固定资产投资增速放缓、增长乏力的严峻形势，县政府持续加大抓投资抓项目工作力度，深入开展“项目提质增效年”活动，继续实行“八位一体”重点项目考核办法，全面抓好项目签约、落地、建设

等各个环节的工作。125个县重点项目完成投资85.14亿元，完成计划的113.82%。项目储备完成1058亿元，完成率147.18%；项目签约完成95.24亿元，完成率100.25%；项目落地完成56.12亿元，落地率119.41%；项目开工完成84.45亿元，开工率196.4%；50个省市重点工程项目完成投资53亿元，完成率100%；项目投产完成53.09亿元，完成率100.17%。全县重点推进的分类管理新开工产业项目共15个，总投资66.54亿元。在全市重大产业项目分类考核中，我县获得一等奖，在B类县中排名第一；项目建设"八位一体"考核排名全市第二。

（二）积极实施转型综改，产业结构调整步伐加快

转型综改三年实施方案确定的"2428"任务全面落实，2015年"1113"综改行动计划按序时进度顺利推进。推进简政放权和行政审批制度改革、机构改革、公车改革、农村土地确权登记、城乡一体化、人才培养引进、生态治理、减轻企业负担等重点领域改革取得明显突破。在优化产业结构方面，"一铁独大"困局得到纾解。一是改造提升传统产业。中兴实业5万吨卡盘铸造项目达产达效；山西紫金矿业有限公司绿色矿山综合建设项目全年完成投资2亿元，已投产。二是加快发展新兴产业。华能、中电投20万千瓦风电成功并网发电；中电投云雾峪风电场三期项目的核准支撑性文件都已齐备，待核准。积极发展通用航空产业，去年8月12日，县人民政府与通航空港建设投资管理有限公司成功签约。三是加快旅游业发展。平型关景区建设全面启动，韩庄长城、茨沟营、孤山景点的开发拉开序幕，乡村旅游开始起步。

（三）切实做好"三农"工作，全力推进精准扶贫

加快发展现代特色农业。全县农作物播种面积达到3.93万公顷；新发展设施农业20公顷，设施农业总面积达474.6公顷，进一步提升了集义庄现代有机农业示范园区示范带动能力。规模以上农业产业化加工龙头企业发展到15家。宝山鼎盛科技有限公司、宏钜大磨坊、绿源亨通食品有限公司等龙头企业入住园区，笔峰农产品加工集聚区初具规模。生态畜牧业发展迅猛，山西天河、山西天洋、富云牧业等我县畜牧龙头企业进一步壮大，"公司+基地+农户"带动发展取得新突破。全县猪、牛、羊、鸡饲养量分别达到34万头、2.3万头、72.6万只、102万只。扎实推进精准扶贫，全年减少贫困人口19474人。制定了《繁峙县精准扶贫实施方案》，准确识别出"十三五"期间全县精准扶贫对象18157户，贫困人口50856人，为"十三五"全面脱贫奠定了基础。突出抓好百企千村产业扶贫开发工程，2015年完成投资2.75亿元。易地移民搬迁安置房主体工程已基本完工，9个村的整村推进项目全部启动。

（四）不断强化环境保护，生态建设成效显著

扎实开展大气污染治理。积极推进淘汰燃煤小锅炉工作，砂河镇集中供热实现全覆盖，全县集中供热面积达370.2万平方米。集中开展"铁腕斩污"专项行动，严肃查处群众反映强烈的环境污染问题，对全县32家铁选企业开展了环保手续检查。深入推进矿山生态恢复治理，共有25家企业编制完成生态恢复方案，重点实施了大明烟矿区矿山治理和峨河河道治理项目。2015年六项主要污染物减排任务全部超额完成。按照我县"13232"林业生态建设规划，重点在北部浅

山区6666.67公顷范围内的繁城、下茹越、集义庄、砂河四个乡镇实施，完成营造林任务3740公顷。大力推进林业产业开发，以全国“一村一品”示范村赵庄村为中心，辐射带动周边15个丘陵山区村种植白水杏，总面积达到760公顷，15个村人均林果面积达到0.12公顷以上。

（五）持续保障和改善民生，社会事业全面进步

进一步改善城市人居环境。城市市政基础设施建设工程新开工11项，续建工程8项，完成投资1.86亿元；城市安居建设工程7项，完成投资11.23亿元；保障性住房工程新开工建设2240套，完成投资5.36亿元。积极开展创建“省级园林城市”工作，完成绿化面积17.2万平方米。深入推进改善农村人居“四大工程”，农村危房改造610户，完成投资1718万元。创建11个县级美丽宜居示范村、2个市级美丽宜居示范村和2个省级美丽宜居示范村。城乡爱国卫生运动扎实开展，建成省级卫生乡2个，省级卫生村41个。坚持把“打造繁峙教育品牌，建设晋北教育强县”作为全县最大民生工程来抓。高中教育步入稳定发展轨道，高考二本B类以上达线355人。总投资5100万元的东城中学新区竣工，完成砂河四中附属幼儿园等5所幼儿园的建设工程。推进县级公立医院综合改革。县中医院、县第二人民医院、县精神病院全部纳入公立医院改革范围，药品实行零差价销售。全年下拨基本公共卫生经费1304.97万元，为全县农村60岁以上老年人免费健康体检，为0-6岁以下儿童提供免费健康管理服务。

此外，精神文明、民主法治建设进一步加强，文体、科技、双拥、档案、老龄、民族宗教等各项事业均衡发展。

二、2016年全县经济社会发展总体安排和主要任务

2016年是实施“十三五”规划的开局之年，也是推进供给侧结构性改革的攻坚之年，做好今年的工作意义十分重大。

今年全县工作的总体要求是：全面落实党的十八大及十八届三中、四中、五中全会和中央、省、市经济工作会议精神，深入学习贯彻习近平总书记系列重要讲话精神，全面落实省委“一个指引，两手硬”的重大思路和市委“1661”发展战略、县委“1571”发展战略，以全面脱贫为统揽，以供给侧结构性改革为主线，坚持稳工业、稳增长、强农业、扶三产，突出抓好产业转型、引资上项、农业增效、城乡建设、生态保护、民生改善等重点工作，攻坚克难、务实苦干，努力实现“十三五”经济社会发展良好开局。

今年全县经济社会发展的主要指标预期是：地区生产总值增长6.5%左右；规模以上工业增加值增长3%；全社会固定资产投资增长18%以上；社会消费品零售总额增长6%左右；地方公共财政预算收入增长6.1%；城镇常住居民人均可支配收入增长7%左右；农村常住居民人均可支配收入增长7%以上。约束性指标严格按照市下达任务全面完成。

围绕实现上述目标，我们要重点抓好七方面工作：

（一）突出精准发力，聚力全面脱贫攻坚

脱贫攻坚是当前全县经济发展的头等大事，是第一民生工程，是政治任务，各级各部门要以脱贫攻坚统揽经济社会发展全局。要精准识别，精准发力，全面实施“3699”脱贫攻坚战略，完成今年确定的191个村7030户19474人的年度脱贫任务。

1. 抓规划引领。精心编制《繁峙县“十

三五”期间脱贫攻坚总体规划》《繁峙县“十三五”期间易地扶贫搬迁规划》《繁峙县2016年脱贫攻坚行动计划》《繁峙县2016年易地扶贫搬迁计划》等专项规划，制定特色杂粮、中药材、林业生态、畜牧、光伏、乡村旅游等产业扶贫工程实施方案，使脱贫攻坚更具指向性和实效性。

2. 抓产业带动。今年着重发展富硒杂粮以及优质胡萝卜、胡麻等1040公顷；发展黄芪、党参、甘草、柴胡等道地中药材1400公顷；种植白水杏、仁用杏、玉露香梨、红富士苹果等经济林1400公顷；新发展优质母牛1000头，能繁母羊5万只，猪10万头，鸡25万只，能繁母兔3万只；积极推动建设总规模57.5MW光伏扶贫电站；加快建设平型关村、茨沟营村等10个乡村旅游示范村。同时要大力培育绿源亨通农副产品加工、辰翔牧业牛羊屠宰、绿洲肉兔养殖、恒鑫盛小杂粮加工、国新能源中药材种植加工、飞腾农林专业合作社中药材产业化基地等龙头企业，打造“龙头企业+产业基地+贫困户”的整体脱贫产业链。

3. 抓好易地扶贫搬迁。采取集中、分散搬迁、集中供养三种方式进行安置，今年要完成1200人的易地扶贫搬迁任务。东山、杏园移民集中安置点主体工程年内完工，分散搬迁全部落实到乡、到村、到户、到人。

4. 抓政策帮扶。实施好教育、健康、金融、就业培训等脱贫工程，加大政策托底力度，对丧失劳动能力、无法通过产业扶持和就业帮助脱贫的贫困人口，实行政策性兜底。

（二）突出结构调整，推动产业转型升

供给侧结构性改革是当前经济发展的主要动力，2016年要从繁峙的实际出发，积极推进结构性改革，突出“三去一降一补”重点，加快产业转型升级。

1. 加快传统产业升级改造。在当前铁精粉市场疲软的情况下，利用市场倒逼机制，延伸采矿、精选、铸造、锻造等产业链条，引进先进工艺，改善产品供给，降低生产成本，促进传统产业向“高新化、两型化、规模化”方向发展，今年重点推动华茂、中兴、紫金等企业技术升级改造。加快金鼎、松涧、义联等金矿以及滦兴、南峪口等铁矿的基础设施建设。严格环保、能耗、技术标准，淘汰一批落后产能；兼并重组，整合一批无效企业；依法分类处置一批“僵尸企业”。用改革的办法坚决淘汰落后产能，加快产业转型升级。

2. 推动产业集聚发展。继续加大砂河产业集聚区基础设施建设，新建10千米园区主干道一条，在原有5户规上企业的基础上，通过园区招商，再新入驻一批企业。继续加大航空产业园区建设项目的推进工作。规范和提升众创产业园，吸引更多的小微新企业入驻。

3. 大力发展新兴产业。一是大力发展新能源。要充分发挥我县太阳能、风能及水资源丰富的优势，大力发展光伏、光热发电、风电、水电等新能源产业。今年要全力推进山西中电（天津）新能光热发电项目、协合乔家窑10万千瓦风电项目、中电投云雾峪三期10万千瓦风电项目、北京财富立方20万千瓦风电清洁供暖项目和中兴（天津）新能源5.75万千瓦光伏扶贫项目。积极争取大李牛、杨树湾、大保三座水电站的建设，力争到“十三五”末，把我县打造成面向京津冀的清洁能源生产基地。二是做强做大文化旅游业。依托五台山世界旅游品牌和砂河镇旅游集散地交通区位优势以及我县丰富的文化旅游资源，大力发展文化旅游产业。重点打造以平型关关堡长城、韩庄长城、伯强毛主席路居纪念馆等为主的县城东部红色旅游富集区。抓好砂河大智镜园文化产业园、灵岩山文化旅游景区建设工作，形成新的经济增长极。编制《砂河文化旅游特色小镇规划》《神堂堡乡村生态文化旅游规划》等旅游专项规划。谋划建设漂流、滑雪场等旅游设施，建设天岩村、公主村、平型关村、茨沟营村、韩庄村等乡村旅游示范村。加快推进滹源通用机场建设项目，力争尽早开工建设。三是大力发展电子商务等新型业态。依托并州物流、鸿生物流等企业大力发展电子商务，鼓励企业在线销售，引导企业通过自建平台或第三方网站开拓市场、拓宽营销渠道，推进乐村淘电商服务平台建设，建设县级物流中心 2 个，乡级物流中心 13 个，村级体验店 150 个，集中打造规模化的电商集群。通过能人带动，培育一批有技术、懂经营、会管理、讲诚信的新型职业农民和农村专业化电商人员，引领全县电子商务发展走向深入。

4. 优化企业发展环境。认真落实国家和省、市一系列减负措施，在降低企业成本上打出“组合拳”，切实降低人力资源成本、财务成本、物流成本，抓好技术改造和生产管理，提高生产效益。深化行政审批制度改革，降低企业制度性成本。建立健全服务企业的长效机制，着力提升服务企业的水平，加大金融支持实体经济的力度，着力解决企业“融资难、融资贵”的问题。继续开展“四长”帮扶企业行动，切实解决企业存在的困难和问题，力促生产企业达产达效，停产企业复工复产。

（三）突出引资上项，推动经济稳步增长

要牢固树立“产业第一，项目至上，企业为重，服务为本”的理念，扎实开展项目攻坚行动，不断夯实稳增长的基础。

1. 注重项目储备，超前谋划项目。要依托市场需求谋划项目，依托循环产业链谋划项目，依托龙头企业谋划项目，依托本地比较优势谋划项目。要密切关注国家和省投资政策导向，在基础设施、生态环保、道路交通等领域，谋划储备一批打基础、利长远的项目。要结合我县实际围绕产业转型升级，立足延伸矿产业链条和发挥我县服务业、文化旅游、特色农产品等比较优势，谋划一批高水平、高标准的产业发展项目。全县各级领导干部要带头谋划储备项目。

2. 强化招商引资工作。改变传统的招商引资模式，变政府主导为全社会参与。鼓励企业对外招商，尤其是加强与京津冀转移产业项目的对接，提高招商的精准度，延伸产业链条。鼓励企业进行股份制改造，引进战略合作伙伴，建立现代企业制度。动员全县各级干部充分发挥各自的特长进行招商。要加大对外推介繁峙和推介繁峙项目的力度，形成全民招商、人人招商的良好开放环境。

3. 创新机制，加快重点项目建设。继续强化领导包联责任，建立重大项目绿色通道，实行“八位一体”重点项目考核办法，实行“五个一”工作机制。创新项目推进机制，逐月下达固定资产投资和项目建设任务，一月一调度，一季一通报，半年一总结，实行重大项目领导负责制，确保项目建设稳步推进。

今年，共确定 126 个重点项目，总投资 176.06 亿元，年内完成投资 68.89 亿元。要重点抓好大智镜圆文化产业园项目、五台娘娘山生态建设项目、华茂综合技改等 12 个市分类考核重大产业项目，抓好滨河公园东延伸绿化工程、三馆一院、滨河小学、妇幼保健计划生育服务中心等一批政府投资项目，全面推进平型关景区、灵岩山景区等文化旅游产业项目，抓好移民房、保障房、城中村改造等民生项目。

（四）突出农民增收，加快现代农业发展

1. 推进农业发展，增加农民收入。一是继续落实好各项惠农政策。将粮食直补、良种补贴、农资综合补贴等涉农补贴资金足额及时发放到农民手中，将丰产增收、节水灌溉、设施蔬菜等农业实用科技送到田间地头。二是抓好特色种植。打造以集义庄乡、金山铺乡两个核心示范区为中心，辐射杏园、东山、砂河、大营等6个乡（镇）的6万亩玉米高产创建示范区。建立以光裕堡乡、杏园乡、繁城镇、金山铺乡、柏家庄乡为主的5个万亩连片杂粮示范区（片）。新发展农民专业合作社30家，一村一品专业村25个。三是大力发展品牌农业。全县新认证无公害农产品、绿色食品、有机农产品至少10个，新增认定无公害产地、绿色食品有机农产品基地面积666.67公顷。力争繁峙黄米、繁峙胡油2个农产品获得地理标志认证。四是发展品牌劳务业，依托县职业技术学校，培育采矿、机电等专业人才，为矿山企业补充稳定的专业技术人员；依托晋绣坊、五台山金石雕刻、星河银业等文化企业，培育本土工艺大师，让农民在劳务输出中增加工资性收入。

2. 加快生态畜牧业发展。一是重点培育龙头企业。继续推广山西天河牧业、山西天洋养殖“公司+基地+农户”的发展模式，发展养殖业龙头企业10户左右；健康规模养殖场（小区）力争达到135个。二是继续完善牛羊良种繁育体系。利用澳大利亚繁育、饲养技术，对我县牛羊品种进行改良，力争使我县牛羊良种覆盖率提高30%—40%。三是完善全县牛羊产业发展链条。发展“1户5头能繁母牛肉牛”养殖户200户，建设牛羊屠宰加工企业，规划牛羊产品交易市场。四是继续加快“为养而种”的步伐。推行牛羊舍饲养殖，加大农作物秸秆收贮打捆打包、青黄贮力度，提升全县牛羊精养水平。

3. 大力发展农副产品加工业。重点实施好绿源亨通食品有限公司豆制品加工和白水杏加工、宏钜大磨坊小杂粮加工、飞腾农林专业合作社中药材产业化种植加工、辰翔牧业牛羊屠宰等新建续建项目。继续推进宝山鼎盛福益德亚麻籽系列保健产品、憨山冷榨胡麻油系列产品、福康陈醋、繁裕源兔肉等已获国家食品生产许可认证（QS认证）农副产品的规模化、产业化发展，把繁峙特色农副产品打造成全省乃至全国的名优品牌。完善繁城农副产品加工集聚区的规划，加快基础设施建设，在原有3户进驻企业的基础上再引进一批农副产品加工龙头企业，形成集聚效应。

4. 加强农业基础设施建设。建设高标准农田。实施土地开发整理项目4个，新增水浇地153.33公顷，实施基本农田建设项目9个，新增高标准农田1400公顷；抓好旱作节水农业工程。在大营、柏家庄、横涧等六个乡（镇）实施膜下滴灌1333.33公顷；风沙源治理3600公顷；完善小农水重点县工程项目，新增水浇地面积333.33公顷。精心编制滹源水利风景区国家规划、滹沱河治理省级规划，力争一批水利水保项目列入国家、省项目盘子。提高农业机械化水平。广泛实施农机购置补贴、保护性耕作、深松整地等示范引领工程，推动农业机械在农业生产中的应用，促进农机服务向产前、产中、产后各阶段服务领域延伸，力争使我县农业综合机械化水平达到85%。

（五）突出以人为本，积极推进新型城镇化建设

坚持以人为本，推进城乡一体化发展。进一步打破户籍制度藩篱，认真落实户籍改革政策和促进农民进城的相关措施，有序推动农民向城镇转移，完善就业、医疗、教育、社保等相关权益保障机制，消除农民进城的后顾之忧，让进城农民享受与城镇居民相同的公共服务，让农民共享城镇化建设成果。在抓好县城7个总投资4.42亿元的基础设施项目建设的同时，继续推进砂河镇供热、供水、污水等市政工程建设。抢抓机遇启动砂河片区城中村改造，实现城镇升级与惠民互动。加强市政综合管理，依法严厉打击违法占地、违章建设，完善城市管理长效机制，不断提升城市管理精细化水平。推进“五城联创”。巩固“创卫”、“创模”成果，全面启动园林城市、文明城市、智慧城市创建工作。

（六）突出生态建设，推进城乡人居环境改善

1. 继续加大污染防治。严格按照新《环境保护法》要求，制定2016年污染减排计划，统筹安排“十三五”期间的减排任务。扎实推进大气环境质量治理。抓好PM10、二氧化硫、二氧化氮、PM2.5、臭氧、一氧化碳等数据监测。推进大气污染防治行动计划，加强重污染天气预报研判和预警。同时，开展好工业粉尘、建筑扬尘和秸秆禁烧等集中整治，确保全县空气质量持续稳定好转。加强滹沱河、峨河等重点流域的水污染防治，争取一批生态修复治理项目进入省、市“十三五”规划盘子。开展以垃圾无害化处理和污水处理为重点的农村环境综合整治，强化农业面源污染治理和畜禽养殖污染治理，统筹农村饮用水安全、改水改厕、垃圾处理。此外，要扎实推进工业、公共机构等领域节能降耗，做好矿产采选等重点行业节能工作。全面推进水土流失区、尾矿库闭库区以及铁矿采空区的生态治理修复重点工程，有序推进采矿破坏村庄避让搬迁工作。

2. 继续推进生态建设。继续实施“13232”生态建设工程，全年绿化造林10.62万亩。要切实加强造林管护工作，坚持建管并重，建立健全造林管护长效机制。要进一步完善公园绿地、城区绿道、小区（机关）绿化等工程，年内完成滹沱河县城段综合治理工程，着力构建生态城市景观。

3. 加大城乡人居环境改善力度。加快建设美丽宜居乡村。统筹规划城镇化与新农村建设，统筹推进城乡交通、卫生、绿化、环境、信息网络等基础设施建设，统筹实施安居工程、城中村改造、管网建设等工程，整体提升农村公共服务水平。进一步做好乡村清洁工程，2016年省级标准化村力争达到88个。加大传统村落的保护力度，实施茨沟营美丽乡村建设项目，把茨沟营打造成美丽宜居的传统村落。

（七）突出民生改善，推进共享发展

1. 继续大力发展教育事业。紧紧围绕“打造繁峙教育品牌，建设晋北教育强县”的宏伟目标，编制好“十三五”教育发展规划，完成“义务教育优质年”工作任务。不断加强教师队伍建设，着力打造繁峙名师；着力打造繁峙名校，加紧制定名校发展规划。实现教育均衡发展，办好各级各类教育。全力抓好职业教育，职业教育学校学生与高中教育学校学生的比例要逐步达到4:6。

2. 大力提升公共卫生服务水平。继续推进全民医保体系建设，参保率保持95%

以上，人均筹资不低于500元。稳妥推进全面放开二孩政策的落实。加大公共卫生基础设施建设。实施妇幼健康和计生服务工程，建设县妇幼健康和计生服务中心。巩固完善基本药物制度，乡镇卫生院基本药物使用率不低于90%，县级公立医院基本药物使用率不低于40%。强化基本公共卫生服务能力建设，建立健全县、乡、村医疗卫生服务网络，实施乡村卫生服务一体化管理。

3. 大力提升社会保障水平。继续加大城乡保障工作力度，不断扩大保险覆盖面。全面推进养老保险制度改革，完善机关事业单位养老保险制度配套政策。完善医疗保险制度，推进实施大病保险全覆盖。要加大社会救助力度，确保全县城乡困难群众都能得到有效救助。新建1496套保障性住房。继续实施农村危房改造工程，完成434户的危房改造任务。

4. 着力稳定和扩大就业。完善创业扶持政策，鼓励大众创业、万众创新。积极推动繁峙县众创产业园健康发展，开发更多就业岗位。引导和支持企业克服困难，稳定生产，复工复产，增加就业岗位。继续采取政府购买公共服务岗位，招聘农村特岗教师，"三支一扶"等措施，安置高校毕业生就业。要做好职业培训，提高就业人员职业技能，统筹做好农村转移劳动力、城镇失业人员、退役军人等各类群体就业工作。

5. 大力发展文化体育事业。举办繁峙县第五届"大杏奖"三民舞台艺术大赛，选拔优秀节目参加市第六届"梨花杯"舞台艺术大赛。继续实行县文化馆、图书馆、乡镇文化站对全社会的免费开放。继续举办基层文艺骨干免费培训班和三级社会体育指导员培训班。不断完善县、乡两级文艺队伍建设，新建42个农村文体活动室和16支农村文艺活动队伍。免费"送戏下乡"100场，免费放映农村公益数字电影4824场。

6. 积极促进各项社会事业发展。认真做好国防动员、双拥共建、民族宗教、优抚救灾、人民防空以及统计、科技、老龄、史志、档案等工作，推动各项社会事业均衡发展。

2016年我们面临的经济社会发展任务十分艰巨，让我们在县委、县人大、县政府、县政协的正确领导和监督支持下，认真贯彻落实县十三次党代表大会精神，攻坚克难，真抓实干，努力促进全县经济持续健康发展、社会和谐稳定，为加快振兴崛起建设幸福繁峙做出新的贡献！

繁峙县2016年国民经济和社会发展计划执行情况及2017年国民经济和社会发展计划（草案）的报告

——2017年3月26日在繁峙县第十六届人民代表大会第二次会议上

县发展和改革局

一、2016年国民经济和社会发展计划执行情况

2016年，是"十三五"规划的开局之年，面对严峻复杂的宏观经济形势和艰巨繁重的发展任务，县委、县政府团结带领全县广大干部群众，紧紧围绕全县经济社会发展目标任务，按照省委"一个指引，两手硬"的重大思想，全力实施市委"1661"发展战

略，以脱贫攻坚统揽全县经济社会发展全局，全力以赴稳增长、补短板、抓投资、谋产业、强招商、促消费、惠民生，全县经济社会呈现出健康稳步发展的良好态势，圆满实现了“十三五”开局良好。

（一）经济增长稳中向好。认真落实省、市、县经济工作会议精神，全面深化供给侧结构改革，着力稳增长、调结构，全县经济稳中有进、稳中有质、稳中向好。淘汰落后钢铁产能34万吨，减少房地产库存895套。务实推进农业农村、司法体制、行政审批、金融体制等重点领域改革，补足了经济发展活力。主要经济指标增速好于预期，经济运行的质量和效益不断提高。全县地区生产总值完成53.56亿元，增长4.4%；规模以上工业增加值完成32.04亿元，同比增长0.5%；固定资产投资完成92.85亿元，同比增长5.7%；社会消费商品零售总额完成18.96亿元，同比增长7.5%；城镇常住居民人均可支配收入完成26664元，同比增长7.2%；农村常住居民人均可支配收入完成6940元，同比增长7.2%；城镇登记失业率为3.5%；公共财政预算收入完成2.14亿元，保持了6%的较快增长，超全省、全市增速，经济运行实现了预期目标。

（二）脱贫攻坚首战首胜。坚持以脱贫攻坚统揽经济社会发展全局，全面落实“3699”脱贫攻坚策略，县委、县政府扛起主体责任，四千干部投身脱贫攻坚主战场，精准施策、精准帮扶、精准脱贫，全县有123个村3625户10541人实现脱贫，47个村整村退出，超额完成省定目标任务；1200人的易地搬迁任务基本完成。代表全省接受了国务院脱贫成效第三方评估。脱贫攻坚统揽格局已经形成，全县上下真扶贫、扶真贫的工作氛围不断巩固，扶贫工作得到群众和社会的认可。

（三）项目建设再创佳绩。牢固树立“项目至上、产业第一”的理念，全县上下坚定不移、持之以恒抓项目，充分发挥投资对经济增长的关键作用。立足本县实际，落实了农村安全饮用水、神堂堡乡水毁道路修复等工程，组织申报了大李牛水电站项目、20万千瓦风电供暖项目、计划生育和妇幼保健院等项目。2016年全县省市重点工程项目63项共完成投资86.81亿元，占年度计划的105.83%。其中市重点项目55项完成投资72.93亿元，占年度计划的113.56%。产业类考核项目推进有力，重点项目“六位一体”各项指标全面超额完成（项目储备完成率172.09%、项目签约完成率119.71%、项目落地完成率118.12%、项目开工完成率162.02%、项目建设完成率113.56%、项目投产完成率108.1%。），在全市重大产业项目分类考核中，我县荣获忻州市重点产业项目建设一等奖。

（四）转型综改不断深入。根据《繁峙县国家资源型经济转型综合配套改革试验2016行动计划》，瞄准制约全县发展的全局性重大问题、具有繁峙特色的改革事项、群众热切期盼的民生问题、重点领域和关键环节改革“四个重点，以“产业转型、生态修复、城乡统筹、民生改善”为重点，以发挥资源优势和突出县域经济特色为手段，推进农业现代化、工业新型化、县域城镇化、城乡生态化，做大文化旅游产业，打造低空经济，发展矿业冶炼板块，建设面向京津冀的东部门户，努力开创了繁峙转型综改试验区建设新局面。

（五）生态质量持续改善。坚持把生态建设、绿色发展放在突出位置，造林绿化工作力度进一步加大，完成造林7080公顷，森林覆盖率持续上升。污染减排工作扎实推进，淘汰黄标车、整治环境违法违规企业等取得新进展；城镇集中供热面积达到402万平方米，供热覆盖率达到91.5%；对全县60家生产实心黏土砖瓦的砖瓦厂进行了集中整治；万元生产总值能耗、主要污染物减排等约束性指标均全面超额完成市下达任务。

（六）*民生保障稳步提高*。年初计划的10件民生实事全面完成。县财政用于民生支出达15.14亿元，同比增长9.51%，占到总支出的87.57%；群众收入明显增加，城镇常住居民人均可支配收入完成26664元，同比增长7.2%；农村常住居民人均可支配收入完成6940元，同比增长7.2%；城镇新增就业3186人。普通高考达线353人，其中应届生达线234人，创历史纪录；中考优生数164人，全市第二。累计投入2000万元实施大型医疗设备采购、人才培养、政策性亏损等六项政策，县公立医院的医疗服务能力明显提升；我县获得“国家计划生育优质服务县”殊荣。基本养老、医疗保险实现了全覆盖。社会大局和谐稳定，信访工作呈现“三降、两无、一好转”态势，年内全县未发生重大安全生产事故。

此外，全县精神文明、民主法治建设进一步加强，文体、科技、双拥、消防、档案、老龄、民族宗教等各项事业都均衡发展。

二、2017年国民经济和社会发展计划

2017年是实施“十三五”规划的重要一年，是供给侧结构性改革的深化之年。今年全县工作的总体要求是：深入贯彻习近平总书记系列重要讲话精神和治国理政新思想新战略，全面落实中央经济工作会议、省委十一届二次全会暨经济工作会议、市委四届二次全会暨经济工作会议精神和县委第十三次党代会暨全县经济工作会议的总体部署，统筹推进“五位一体”总体布局，协调推进“四个全面”战略布局，践行“五大发展理念”，坚持“一个指引、两手硬”的重大思路和要求，牢牢把握稳中求进工作总基调，坚持以推进供给侧结构性改革与深化转型综改试验区建设为主线，认真贯彻市委“1661”发展战略，坚持以脱贫攻坚统揽经济社会发展全局，全力做好稳增长、促转型、增动能、强实体、建城乡、惠民生、保稳定各项工作，促进经济稳步向好和提质增效，加快全面脱贫、全面小康进程，以优异成绩迎接党的十九大胜利召开。

经济社会发展主要指标预计目标：地区生产总值增长5.5%；规模工业增加值增长4%；社会消费品零售总额增长7%；财政总收入增长6%；城镇常住居民人均可支配收入增长6070；农村常住居民人均可支配收入增长7%以上；城镇登记失业率控制在4.2%以内；城镇新增就业人数达3500人：全县脱贫人口16683人；棚户区改造1051套。全社会固定资产投资增长目标根据新的统计口径设置，约束性指标严格按照市下达任务全面执行。

围绕上述目标，今年重点抓好以下七个方面的工作：

（一）*以脱贫攻坚为主旋律，统揽经济社会发展全局*。2017年是脱贫任务最繁重的一年，要认真贯彻落实习总书记在中共中央政治局第三十九次集体学习的重要讲话精神和骆惠宁书记在全省脱贫攻坚工作会议上的讲话精神，以及孔书记和崔县长在全县脱贫攻坚工作暨脱贫攻坚“春季行动，动员会上的讲话精神，认真总结去年脱贫攻坚工作经验，进一步提高抓脱贫攻坚工作的思想认识，进一步创新抓脱贫攻坚工作的方法和措施，进一步压实各级各部门抓脱贫攻坚工作的责任，进一步改进工作作风，进村到户“访实情、施良策、摘穷帽”，紧盯全年脱贫攻坚目标任务，扎扎实实做好每一项工作。

今年我们要完成全县涉及169个村5950个贫困户16683名建档立卡贫困人口的精准退出，其中整村退出66个贫困村3221个贫困户9426名贫困人口。要实施易地扶贫搬迁1289人。按照全市“3659”脱贫攻坚策略要求，紧紧把握“六个精准”要求，充分认清当前的形势，把目标任务落到实处，始终坚持精准施策，靶向滴灌；真正做到全县有规划、乡乡有方案、村村有计划、户户有措施，确保圆满完成年度脱贫任务。

把产业扶贫作为脱贫攻坚的根本支撑，继续完善“政府主导、经营主体引领、金融助推、贫困户参与”的“1+1+1+1”四方主体联袂发展模式，充分发挥十二个行业专项扶贫的职能作用，在特色种植产业、中药材种植产业、健康养殖产业、干鲜果经济林产业、光伏扶贫产业、乡村旅游产业、电商扶贫产业这七大特色产业上做文章，特别是要积极争取和全面落实省支持忻州的“五项政策”。助推“五位一体”金融扶贫方案的实施，形成“扶贫信贷”模式，促进扶贫户增收。要继续积极稳妥组织实施搬迁安置，全年完成易地移民搬迁1289人。把完善贫困村各项基础设施建设作为推进脱贫攻坚的突破口，强力推动教育、民政、医卫、残联社会保障“四项政策”的落实，建立和完善技能培训和劳务输出对接机制，不断丰富贫困人口就业增收新途径。有效激发贫困户脱贫致富的内生动力，为长效稳定脱贫奠定坚实基础。

（二）以改革发展为动力，深化转型综改试验区建设。改革创新是经济社会发展的不竭动力。在我县转型综改取得明显成效的基础上，根据省最新综改政策要求，立足本县实际，要继续坚定不移地推进综合配套改革，保障全县经济社会的可持续发展。

深化行政审批制度改革。进一步简政放权，深化“放管服”改革，清理规范行政审批事项，对行政审批事项再一次全面彻底的集中清理，进一步精简审批环节，压缩审批时限。

抓好金融体制改革，筑牢金融风险“防火墙”。深入推进“三去一降一补”五大任务，继续把降成本优环境摆在重要突出位置，加快推动已有政策落地生效；开展房地产去库存专项行动，加大购房奖励力度，优化住房供应结构，积极化解房地产库存过多问题；稳妥有序推动企业优化存量资产，积极稳妥降低企业杠杆率。推进农业供给侧结构性改革，着力优化农业产业体系、生产体系、经营体系，培育农业农村发展新动能，提高农业综合竞争力。稳步推进农村集体产权制度改革。启动单位公车改革，完成参改单位的人员车辆信息的统计和经费测算，制定机关单位车改实施方案及配套管理办法。根据我县实际，要积极推动酒厂、农机修造厂、供销社下属企业等国有企业的分类改革工作，切实解决历史遗留问题，推动国有企业固本培元、提质增效。

按照省最新综改政策要求，确保各项重点改革任务全盘对接，全盘落地。围绕深化能源领域改革、创新战略性新兴产业促进机制，健全生态环境修复治理机制，加快编制《2017年综改行动计划》。充分利用好信用信息共享平台、公共资源交易平台、12358价格监管平台、加强信用信息互联共享，构建以信用为核心的事中事后监管机制。

（三）以引资招商为要务，充分发挥项目建设拉动作用

继续秉承“产业第一、项目至上、企业为主、服务为本，抓项目就是抓发展”的理念，狠抓项目建设。牢固树立发展靠产业，产业靠项目，项目靠招商理念，围绕产业链条、产业集聚、产业目录，变招商引资为选商引资，实施专业选商、以商选商、会展选商、网络选商、委托选商。

1. 抓好重点投资项目及考核。经过认真筛选，今年我县初步确定了133个新建项目和26个续建项目，其中省级重点项目3个，市级重点项目7个，总投资198.97亿元，年内完成79.15亿元。其中：一产项目63个，总投资61.38亿元，年内完成20.63亿元；二产项目36个，总投资44.48亿元，年内完成19.55亿元；三产项目18个，总投资62.47亿元，年内完成16.46亿元；基础设施、民生及社会事业项目42个，总投资30.64亿元，年内完成22.51亿元。这些项目，包项目领导和责任单位要紧紧抓在手上，确保按计划进度完成。为了推进项目建设，县委、县政府决定对项目建设进行全方位考核，并出台了《繁峙县重点项目考核办法》。

2. 开展项目建设“春季行动”。经县委常委会研究决定，出台《繁峙县项目建设“春季行动”实施方案》。采取县领导牵头，责任单位包项目责任制，实行一个项目，一套班子，一个领导，一抓到底。每周二、四集中办公两天，政府分管领导亲自主持、亲自督办、具体研究，亲自解决项目推进中存在的问题。对所有项目进展情况列入“13710”工作平台，严格落实政府推进、部门服务、企业实施“三个主体责任”，有效破解土地、规划、环评等瓶颈制约及手续办理各个环节的具体障碍。对26个续建项目，要及时跟踪掌握项目进展情况，认真梳理和解决项目推进中的问题，加快建设进度；对新建的133个项目，要将项目前期手续办理作为项目推进的重中之重，开展项目前期手续集中办理攻坚行动，确保4月底前全部办结并开工建设。

（四）以供给侧结构性改革为主线，加快实现产业改革新突破

央经济工作会议指出，2017年是供给侧结构性改革的深化之年。我们要以改革的办法推进结构调整，充分挖掘利用我县各类资源优势，大力改造提升传统产业，积极培育壮大新兴产业，促进我县经济社会持续健康发展。

1. 农业供给侧结构性改革。我县农业工作的核心任务是认真贯彻中央1号文件精神，以供给侧结构性改革为主线，加快转变农业发展方式，推动粮经饲统筹、种养加一体，一二三产业融合发展。具体工作中要牢牢把握农户、基地（园区）、企业、产业、品牌、市场六要素。要全力推进“一村一品一主体，到村到户，推动农业生产规模化、标准化、集约化发展，全县主要粮食作物农机化综合水平达到87%以上。

加快推进一批开发功能农业、功能食品的企业和项目。重点推广优良品种、测土配方施肥、节水灌溉、地膜覆盖、机械化作业（耕、播、收）等技术。加大养殖基地、良繁体系、饲草体系、疫病防控、加工企业等各个环节的建设，力争建成全省规模健康养殖大县。大力发展黄芪、麻黄等18种道地中药材种植，推进中药材加工项目。做好神堂堡苹果等已有品牌的保护和宣传，年内争取成功认证“繁峙大杏”“繁峙大米”

“繁峙黄芪”三个品牌。要积极探索破解全县农副加工产品和土特产品的销售瓶颈，有效提升全县农副产品的产出效益。利用“中国（山西）特色农产品博览会”等展会、农村电商渠道，扩大繁峙名特优农产品销售渠道。

2. 工业供给侧结构性改革。工业产业是全县经济发展的重要支柱，我们要把供给侧结构性改革作为经济发展的强大动力，突出“三去一降一补”重点，把握发展机遇，推动工业产业结构优化升级。

要积极推进传统产业提质增效，实施紫金矿业现代化矿井升级改造项目、义联金矿年产5万吨金精粉技改项目，推进实施金都黄金冶炼有限公司黄金冶炼厂建设项目、茶坊矿业开发有限公司金矿矿井建设项目等金矿采选项目，不断提升采金业对全县工业经济的贡献率。推进河南牧原30万吨饲料加工项目、县酒厂招商等一批重点项目入园，力争早日成功创建成为省级经济开发区。通过企业整合、技改扩建，重点培育年产20万吨以上铁选企业，力争3年内达到25户，同时加大对冶金铸造及装备制造业的扶持力度，实现金县铁精粉就地加工转化40%以上。积极争取全省技术改造专项资金，强化企业技术创新服务，加快构建以企业为主体，高校和科研院所为依托，政府积极推动的技术创新体系。

积极推进国电投风电项目、风电清洁供暖项目。推进大李牛水电站早日开工建设，积极争取大保、杨树湾水电站落地。同时加大繁峙县电网基础设施建设力度，打通电力等清洁能源输出的快速通道。

3. 旅游服务业加速发展。以“旅游+”的思路，包装一批旅游项目，引进一些战略合作者，培育一批经营主体，搭建旅游投融资平台，打造特色旅游景区和精品线路。

依托五台山北入口区位优势的砂河大智镜园旅游开发项目、依托闻名亚洲的岩山寺壁画和桃花山自然景观的灵岩山旅游景区项目、依托驰名中外的平型关和平型关旅游景区建设项目，这一系列旅游景区（景点）的开发建设，必将有力推进我县旅游服务业快速发展。

（五）树立协调发展理念，促进城乡建设统筹发展

要始终坚持以人为本、优化布局这两个基本原则，完善基础设施和配套服务，提高居民生活质量，促进“一县两城”协同发展，城镇乡村统筹发展。

1. 坚持规划先行引领。认真落实“五规合一”的要求，加快完成县城总体规划、控制性详细规划和砂河镇总体规划的修编工作。编制开发区（产业园区）“七通一平”规划、砂河镇旧区棚户区改造修建性规划、韩庄传统村落保护规划等规划。

2. 不断完善城镇基础设施。投资7790万元实施县城光华街东延、光明路南延、万里路南延等6个市政道路建设项目。投资1280万元实施县城区老旧给水管网改造、红坡路污水管网改造工程。投资3094万元实施南关保障房配套建设工程。投资1700万元实施综合农贸市场改造工程。继续推进总投资4.5亿元的砂河镇城中村改造项目，货币安置1520户5014人。投资5800万元实施化肥厂棚户区改造工程，改造棚户区住房330套加快进度，保证质量。投资1900万元推进砂河镇区6条旧街改造。积极推进新建污水处理厂项目开工建设。启动滹沱河砂河段综合治理项目。

3. 持续改善城乡人居环境。投资1.05亿元对总长36.7千米的县乡公路进行改造。积

极推进赵家庄、公主、韩庄、伯强、南关、岩头6个村的农村建筑风貌整治工作。推进林业建设、乡村建设、水利建设、公路建设四大工程。实施赵庄河流域生态环境综合治理项目，总投资1.72亿元，年内完成7000万元，把赵庄河流域建设成生态林业示范区、现代农业观光区、生态旅游样板区和河流生态修复的先导区。整合各类资源，加大资金投入，重点实施危旧房改造工程、乡村卫生清洁工程、道路畅通工程、安全饮水工程，综合文体活动室和文体广场、标准化卫生室、网络全覆盖等基础设施工程，不断提升贫困村基础设施和基本公共服务水平。努力将杏园乡打造成为“国家卫生乡（镇）”，积极推进大营镇创建国家卫生乡（镇）。投资1.69亿元推进滹源220KV变电站建设。

做好农网升级改造和城镇配电网建设，提升输、配电网络供电合理性、可靠性。办好开通县城环保电动公交，方便县城居民出行。

4. 全面推进“五城联创”。持续巩固创建“国家卫生城市”“省级环保模范城市”成果。创建“省级园林城市”，全面完成“省级文明城市”创建工作。持续推进“省级智慧城市”建设。

（六）树立绿色发展理念，实现生态文明持续发展

要牢固树立“绿水青山就是金山银山”的强烈意识，打好防治污染三大战役，促进全县生态环境质量持续改善。打造出单位绿化、小区绿化和园林绿化，努力打造蓝天碧水、街绿城美的生态宜居县城，

1. 稳抓生态保护重点。一是坚守“绿色化”发展底线。坚持控增量与减存量并举，提高项目准入门槛，加强源头管控。大力发展节能环保产业，推动企业清洁化生产、资源循环化利用，切实降低能源和水资源消耗。二是强化“绿色化”制度保障。把生态文明建设纳入法治化、制度化轨道，严厉打击环境违法突出问题，为子孙后代留下一片蓝天、一片净土、一湖清水。继续狠抓“铁腕治污行动”，打赢大气污染防治专项整治攻坚战，以持续改善空气环境质量为核心，深化“治污、管车、降尘”重要举措，健全重污染天气应急响应机制。继续加大对砖瓦企业的监督和分类处置力度，按照《砖瓦工业大气污染物排放标准》开展部门联动防治污染整治工作，保护和改善生态环境。加大滹沱河、峨河等重点流域的水污染防治。全面推进农业面源污染、重金属污染、农业废弃物治理。

2. 继续实施造林绿化工程。按照“13232”林业重点工程规划，完成造林3133.33公顷，其中，新一轮退耕还林1333.33公顷，赵庄河流域综合开发项目1133.33公顷，灵河高速两侧荒山造林466.67公顷，滹沱河源头治理200公顷。要全面落实生态补偿长效机制，实现大地增绿、生态增景、农民增收。

3. 推进矿山生态恢复治理。按照“谁开发、谁保护，谁污染、谁治理，谁破坏、谁恢复，谁使用、谁补偿，谁治理、谁受益”的原则，深入开展矿山生态环境恢复治理。推进矿山企业及时修订地质环境保护与恢复治理方案，依法履行矿山生态环境恢复治理的义务。实施平型关生态绿化工程、中兴矿业公司采空区治理等工程。积极争取总投资5.4亿元的五台山风景名胜区关闭矿土地复垦项目，复垦面积5.4万公顷。

（七）树立共享发展理念，普及普惠民生福祉

要始终坚持以人民为中心的发展思想，

切实把共享作为第一追求，扎实做好民生社会事业建设工作，不断提升群众的获得感和幸福感。

1. 办好人民满意的教育。继续扭住“打造繁峙教育品牌，建设晋北教育强县”的目标不放松，坚持不懈抓好教育教学质量的提高，中考成绩力争进入全市第4名，高考达线人数较去年再增加5%，职业教育对口升学人数较去年增加10%。计划投资9391万元实施农村义务教育薄弱学校改造工程，从根本上改善全县基本办学条件。完成繁峙中学多功能综合楼和砂河中学科技综合楼附属工程等项目建设。

2. 提高医疗卫生水平。继续推进全民医保体系建设，继续深化公立医院改革，提升服务能力，巩固基本药物制度。提升乡（镇）卫生院、村卫生室服务能力，推动贫困村卫生室达标建设，加强村医队伍建设，努力实现公共服务均等化。加大公共卫生基础设施建设，完成中医院续建工程；全面推进投资1800万元新建妇幼健康和计生服务综合楼的项目；积极争取县人民医院门诊综合楼项目。

3. 繁荣文化体育事业。实施文化惠民工程，文化馆、图书馆、乡（镇）文化站等公益性文化设施免费开放；举办第六届“三民”舞台艺术大赛；完成345场送戏下乡演出任务和4812场农村公益电影放映任务。为139个行政村（包括90个贫困村）的基层综合性文化服务中心配置室内文体器材，并为文体广场配置或更换室外健身活动器材。加大对境内重点文物保护力度，积极推进天齐庙、韩庄长城等维修工程。

4. 做好就业创业工作。进一步完善困难群体就业援助制度，开发更多社会公益性就业岗位。鼓励农村劳动力就地就近转移就业和返乡创业。全面整合各类培训资源，加强职业技能培训。充分利用众创产业园创建成为省级示范园的有利机遇，以创业带动就业。

5. 狠抓安全生产工作。全面落实“4438”机制，维护安全稳定生态文明的发展环境。全面开展各行业领域开展安全隐患大排查大整治，妥善处置各类群体性事件。尤其要加大对停产企业、长期停工停产矿井、技改矿井和尾矿库的检查力度。严厉打击违规违法生产行为和“五假五超”行为，重点整治非法越层越界、不按设计超采的行为。要高度重视社会矛盾化解，有效防范各种风险隐患。坚决防止重大网络舆情事件的发生。要严厉打击恶意逃废金融债务和各类非法金融活动，防止各种金融风险。

6. 推进各项社会事业发展。建立统一的城乡居民基本医疗保险制度，加快医疗费用结算方式改革，降低大病、重病患者的个人负担。推动机关事业单位养老保险制度改革。认真做好国防动员、双拥共建、民族宗教、优抚救灾、消防安全、人民防空以及统计、科技、老龄、史志、档案等工作，促进各项社会事业均衡发展。

2017年是实施跨越发展的关键之年，站在新的历史起点，我们任务艰巨，使命光荣。让我们在县委、县政府的坚强领导下，在县人大、政协的监督支持下，凝心聚力、抢抓机遇、攻坚克难、创新实干开创经济社会发展新局面，为建设美丽幸福的新繁峙而努力奋斗！

财政预算报告（节选）

关于繁峙县2014年财政预算执行情况及2015年财政预算草案的报告

——2015年4月8日在繁峙县第十五届人民代表大会第五次会议上

县财政局

一、2014年全县财政预算执行情况

2014年，面对经济下行压力持续加大的严峻挑战，全县上下在县委、县政府的坚强领导下，团结奋斗、攻坚克难、狠抓落实、坚韧前行，全县经济社会事业发展取得了来之不易的成果。在此基础上，财政改革发展有序推进，预算执行总体平稳。

（一）2014年公共财政预算变动情况

我县2014年财政预算经县第十五届人民代表大会第四次会议批准后，我们便按照会议批准的预算严格把关，维护了预算的严肃性。但在执行过程中，由于经济形势的变化和实际工作的需要，出现了一些新的收支变动事项。因此，根据全年的执行情况，对年初财政预算作了梧应调整。

1. 公共财政预算收入。2014年，公共财政预算收入追加2261万元，追加后，公共财政预算收入为42461万元，占预算40200万元的105.62%。

2. 公共财政预算支出。由于公共财政预算收入超预算完成和上级转移支付的增加，全年县财力支出由年初预算的80234万元（含税费改革支出3005万元）增加到89540万元（含税费改革支出3116万元），净增9306万元。

（二）2013年政府性基金预算变动情况

政府性基金预算收入在执行中，因收入项目有增有减，所以根据执行情况调整了以下收支预算：

收入调整：政府性基金预算收入净调减15684万元，其中：残疾人就业保障金收入、城市基础设施配套费收入、从城市基础设施配套费提取地方水利建设基金共追加438万元；地方教育附加收入、政府住房基金收入、土地出让金收入、国有土地收益金收入、农业土地开发资金收入、城市公用附加收入调减、森林植被恢复费收入、煤炭可持续发展基金收入合计调减16122万元。通过调整后的政府性基金预算收入为17733万元。

支出调整：政府性基金预算支出净调减19923万元，其中：追加基础设施配套费支出29万元；地方教育附加支出、残疾人就业保障金支出、政府住房基金支出、土地出让金支出、国有土地收益基金支出、农业土地开发基金支出、城市公用事业附加支出、森林植被恢复费支出、地方水利建设基金支出、煤炭可持续发展基金支出、价格调控基金支出合计调减19952万元。调整后的政府性基金预算支出为18958万元。

以上公共财政预算和政府性基金预算收支变动情况，已于2014年12月报经县人大常委会议予以审核批准。

（三）2014年财政预算执行情况

1. 公共财政预算执行情况

2014年，公共财政预算收入完成42461万元，占预算40200万元的105.62%，超收2261万元，比上年36163万元增收6298万元，增长17.42%。公共财政预算收入中：

税收收入完成27369万元，同比增长17.9%，增收4156万元。其中增值税完成4816万元，同比下降2.63%；营业税完成6855万元，同比增长25.32%；企业所得税完成3750万元，同比增长45.01%；个人所得税完成2233万元，同比增长69.68%；资源税完成4365万元，闻比下降17.2%。

非税收入完成15092万元，同比增长16.54%，增收2142万元。其中：专项收入完成9289万元，同比增长30.23%，主要是“两权”价款完成7149万元，同比增长55.51%，增收2552万元；行政事业性收费收入完成2074万元，同此增长13.64%；罚没收入完成3070万元，同比下降19.59%；其他收入完成659万元，同比增长278.74%。

2014年，公共财政预算支出157658万元，比上年的150805万元多支6853万元，同比增长4.54%。其中：教育、文化体育与传媒、社会保障和就业、医疗卫生、节能环保、城乡社区事务、农林水事务、交通运输、住房保障支出、粮油物资储备事务等民生支出共计127265万元，占全年公共财政预算支出的80.72%。公共财政预算支出中专项款支。出68118万元，地方财力支出89540万元（含农村税费改革转移支付3116万元）。地方财力支出比上年的85365万元（含农村税费改革支出2843万元）增支4175万元，同比增长4.89%。

2014年财政预算执行结果是：公共财政预算收入42461万元，返还性收入2495万元，一般性转移支付收入59627万元，专项转移支付收入48453万元，上年结余22353万元（合历年累计净结余428万元），调入资金756万元（从财政专户管理资金调入756万元），合计全年地方财政收入总计176145万元。本年全县财政总专出1，57658万元，通过城市维护建设税划转地方水利建设基金169万元，安排预算稳定调节基金4600万元，年终结余13718万元。其中结转列收列支专项资金127万元，结转上级专项款13163万元，财政累计净结余428万元，当年财政收支平衡。

2. 政府性基金预算执行情况

2014年，政府性基金收入17733万元，占预算33417万元的53.07%，短收15684万元，比上年的33374万元减收15641万元，下降46.87%。其中：土地出让金收入13609万元，为年度预算的51.16%，短收12991万元，同比下降48.3%，减收12712万元；

2014年，政府性基金支出25296万元，比上年的40165万元减少支出14869万元，下降37.02%。主要投向：教育2166万元，社会保障和就业177万元，城乡社区事务18388万元（其中：土地出让金支出13341万元），农林水事务495万元，资源勘探电力信息等事务1570万元，其他支出2500万元。

政府性基金收支平衡情况：本年收入17733万元，上级下达专项款7633万元，上年结转收入9981万元万元，通过城市维护建设税划转地方水利建设基金收入169万元，本年政府性基金收入合计35516万元；本年政府性基金支出25296万元，上解上级支出232万元，收支相抵，结余9988万元，全部结转下年使用。

过去的一年，全县财政收入基本实现了稳增长，财政支出实现了“保运转、保民生、保重点”。在经济下行、刚性支出增多的情况下，财政艰难实现了收支平衡。这些成绩的取得，来源于全县各级、各部门广大干部的共同努力，也与全体财税干部的辛勤劳动密不可分。一年来，在预算执行过程中，我们着重抓了以下工作：

1. 努力增收节支，进一步加强财政收支管理。

面对日益趋紧的财政形势，财税部门协调联动、狠抓落实，强化收入形势分析，严格收入征缴监管，取消违规设立的收入过渡户，努力做到主体税种紧抓不放、地方小税不遗不漏、非税收入严格征缴、各项收入应收尽收。牢固树立过紧日子的思想，认真落实《党政机关厉行节约反对浪费条例》，出台了全县的县直机关差旅费、会议费、培训费等管理办法，为从根本上控制一般性支出，建立厉行节约、反对浪费长效机制奠定了基础。

2. 继续优化财政支出结构，民生保障得到加强。

一年来，我们围绕县委、县政府确定的民生实事，加大民生事务投入，完善制度，在保障重点民生事务的支出上，着重做了以下几方面的工作：

——支持教育事业发展：全年教育支出39317万元，占公共财政支出的24.94%。县级财力主要用于保障中小学公用经费、贫困寄宿生生活补助、普通高中助学金、职业教育免学费、职业教育助学金、学前幼儿教育资助等方面共配套资金440万元，拨付农村中小学特困生补助105万元，高中学生免费财政补助192万元，“一颗鸡蛋”工程资金119万元，高中学校办公教研经费350万元，高考奖励兑现200万元，“名师名校”工程35万元，归还校安工程贷款本金和利息991万元，中小学课程改革经费80万元。这些教育资金的投入，为实现我县教育事业的均衡发展，办好人民满意的教育打下了坚实的基础；

——支持文化体育发展：继续落实农村公益电影放映场次补助、“两馆一站”免费开放、村村通广播配套资金73万元，拨付全民体育健身活动经费54万元，送戏下乡补助经费28万元，文物保护经费30万元，“三馆一院”设计规划编制经费180万元；

——提高社会保障水平：落实城乡居民最低生活保障、企业离退休养老金、做实企业个人账户养老金、优抚对象抚恤补助、社会救济及救灾资金、弃婴收养、孤儿基本生活保障县级配套资金456万元，拨付新型农村养老保险县织补助资金693万元，将40%救济人员补助平均每人每月提高230元，集中供养农村五保户生活补助从每人平均4000元提高至4200元。分散供养的农村五保户从每人平均1600元提高至2730元；

——支持医疗卫生事业发展：落实城乡居民医疗救助、优抚对象医疗救助、城镇居民医疗保险县级配套资金77万元，拨付新型农村合作医疗配套资金691万元，公费医疗和大病统筹资金272万元，困难企业职工医疗保险财政补助673万元，县第一人民医院取消药品加成、政策性亏损补贴及人才培训经费430万元广结核病检测设备购置及防治补助64万元，基本公共卫生服务配套资金40万元，基层卫生院实施基本药物零差率补助133万元，食品安全综合协调机构经费50万元，计划生育事业费497万元；

——加大支农力度：全年农林水事务支出24903万元，同比增长14.4%。县级财力主要用于畜牧产业化发展资金400万元，林业绿化重点项目资金1600万元，护林防火经费160万元，农村公路养护县配套269万元，“三品一标”认定奖补资金48万元，农业保险保费补贴76万元。

此外，县财政还安排资金用于支持城乡社区环境卫生，改善了城乡居民居住环境。2014年，用于城多清洁工程配套资金353万元，投资200万元改造了县城公厕，除对县城环卫队、滨河公园、碧秀公园的投入外，还拨付砂河镇创卫运行经费 1100 万元，砂河污水补贴资金 327 万元，砂河镇供水补贴 383 万元。

3. 着力深化改革，财政管理更加规范。

一是继续深入推进财政国库集中支付制度改革，全年集中支付财政资金达到 14.56 亿元（包括政府性基金支出）。二是稳步推进预算公开，在政府门户网站分别对 2013 年财政收支决算、2014 年财政收支预算和“三公”经费预算进行了公开。三是在 2013 年政府性债务的审计结果的基础上，重新对全县的政府债务进行了清理甄别，摸清了全县政府性债务底数。

通过努力，我县的财政工作取得了新的成绩，但是我们也清醒地认识到财政运行和财政工作中还存在不少问题，主要是：一是财政收支矛盾十分突出，支出压力大。干部职工工资、基本运转经费和民生项目、重点项目配套等刚性支出逐年上升；二是税源结构单一，财政收入增长难以持续；三是财政暂付款数额较大，存在隐性赤字，财政风险逐步增加。这些都需要我们高度重视，采取有力措施，在以后工作中逐步缓解和解决。

二、2015 年全县财政预算草案

2015 年，是全面贯彻落实党的十八届四中全会精神和全面深化改革的关键之年，也是“十二五”规划收官、谋蜊“十三五”规划编制的重要之年。编制好 2015 年预算，做好各项财政工作，对于全面深化改革，加快转变政府职能，提升经济发展质量，促进富民强县具有重要意义。

按照省、市财政关于 2015 年预算编制的通知精神，结合我县实际需要，预算编制主要坚持以下原则：

一是收入预算编制要实事求是、积极稳妥、留有余地，并与经济社会发展相适应，与财政政策相衔接；二是支出预算要统筹兼顾、突出重点、厉行节约。优化财政支出结构，严格控制一般性支出；三是硬化预算约束，预算一经批复，一般不作变动，保证预算的严肃性。

根据上述指导思想和原则，2015 年我县财政预算安排如下：

（一）公共财政预算收支安排

全县公共财政预算收入计划安排 36200 万元，比上年实际完成数下降 14.75%，减收 6261 万元。

公共财政预算收入 36200 万元，返还性收入 2086 万元，均衡性转移支付收入 22527 万元，增加工资转移支付收入 6835 万元，县级财力保障机制奖补资金 2008 万元，其他一般性转移支付收入 4892 万元，调入预算稳定调节基金 3800 万元，从政府性基金中调入公共财政预算 3319 万元，以上为县级财力共计 81667 万元。加上上年结转的专项款 13398 石元，提前告知的 2015 年专项款 29182 万元，合计 2015 年公共财政预算可用财力 124247 万元。

按照收支平衡的要求，公共财政预算支出按可用财力相应安排 124247 万元。其中：县级财力支出 81667 万元。

县级财力支出预算具体安排情况：

1. 个人部分安排 53938 万元。

个人部分支出比上年增加 2958 万元，主要是由于：砂河创卫人员去年按运行费全部列到公用部分，贫困企业职工医疗保险，执法、执纪、收费业务部门列入人员经费，司法救助，一线教师补助，林业占地农民补偿费等都比去年预算有所增加。

2. 公用部分支出安排 24431 万元，其中：

（1）保障公检法司及纪检、政法委办案经费 582 万元；

⑵ 其他执法办案经费 843 万元；

⑶ 收费单位业务工作经费 734 万元；

⑷ 部门运转经费及基本支出 12117 万元；

⑸ 县级安排的项目支出及配套的项目经费 10155 万元。

3. 安排农村税费改革支出 3257 万元。

4. 安排对口援疆资金支出 41 万元。

（二）政府性基金预算收支安排

2015 年，我县政府性基金收入预算为 16840 万元，其中：土地出让金收入为 14000 万元，国土收益金收入 1400 万元，农业土地开发收入 140 万元，政府住房基金收入 500 万元，城市公用事业附加收入 300 万元，城市基础设施配套费收入 200 万元，其他政府性基金收入 300 万元。加上上年结转的政府性基金 7185 万元，政府性基金收入合计为 24025 万元。

根据政府性基金以收定支的原则，政府性基金支出预算为 24025 万元。

需要说明的是，2015 年公共财政预算和政府性基金预算的口径有所变化。原列政府性基金预算的地方教育附加、残疾人就业保障金、文化事业建设费、从土地出让收益计提的农田水利建设资金和教育资金、育林基金、森林植被恢复等 10 项，转列公共预算资金。因此，2015 年政府性基金的上年结转数与 2014 年结转下年使用数不同。

三、2015 年财政工作任务

（一）落实积极的财政政策，确保收入稳定增长。

注重优化收入结构，细化分解收入任务，认真分析预测收入走势，及时解决征管难题，牢牢掌握组织收入工作主动权。完善地方税收保障机制，加强重点企业、重要行业税源管控及小税种和零星分散税源征管，深挖增长潜力。规范收支两条线管理，加大稽查力度，提高非税收入征管绩效。清理规范寺规税收减免和返还等优惠政策，防止收入流失。

（二）把民生建设作为关键环节，协调推进社会事业发展。

坚持以民为本的发展理念，加大对公共服务领域的投入，着力解决事关群众切身利益的问题，让广大人民群众共享发展成果。一是保障“三农”支出。继续支持牛羊产业化发展项目和林业绿化重点项目，落实小型农田水利建设配套资金。二是保障教育事业支出。认真落实义务教育经费保障制度，贯彻义务教育“两免一补”政策，继续支持学前教育、普通高中和职业教育，增加农村中小学一线教师待遇，努力促进教育均衡发展。三是保障医疗卫生事业支出。持续深化医疗卫生制度改革，健全公共卫生服务经费保障机制。继续落实对新型农村合作医疗和城镇居民医疗保险补助投入，扩大城乡医疗救助范围。四是保障社保事业支出。认真落实城乡低保政策，完善救济人员和农村五保户生活补贴的发放工作，切实为民办实事、办好事。

（三）加强预算管理，提高财政资金使用绩效。

认真贯彻《国务院关于深化预算管理制度改革的决定》和新《中华人民共和国预算法》，增强预算的法律意识，坚持依法理财。不断完善预算管理办法，深化预算管理制度改革。一是逐步推进全口径预算管理，完善政府预算体系，并按功能分类和经济分类科同进行细化。二是加大预算公开力度，着力打造透明预算。要在去年预算公开的基础上，全面推进部门预算的公开。三是大力推进预算绩效管理，实施跟踪问效和绩效评价，形成“花钱必问效、无效必问责”机制。四是严格控制行政成本，推进节约型政府建设。

2015 年，“三公”经费预算按照“零增长”的原则编制，重点控制公务接待、公务车运行、会议、差旅等支出，将各类财政资金安排的“三公”经费、会议费全部纳入预算管理，杜绝超预算或无预算支出，切实降低行政运行成本，推进厉行节约工作长效化、常态化、制度化。

（四）推进财税改革，着力建设现代财政制度。

一是加强地方政府性债务管理。按照《国务院关于地方政府性债务管理的意见》（国发〔2014〕43 号）文件精神，加强债务管理，建立科学有效的偿债机制，严防债务风险。二是认真做好清理规范税收等优惠政策工作。按照《国务院关于清理规范税收等优惠政策的通知》（国发〔2014〕62 号）文件精神，开展对我县已有的税收等优惠政策全面清理工作，落实中央宏观调控政策，发挥市场在资源配置中的决定性作用，推动经济转型升级，促进财政部门依法理财、科学理财。三是加强专项资金管理，盘活财政存量资金。健全完善预算执行监督体系，切实加快预算执行进度。上级财政安排的专项资金形成的结余结转，未做具体规定的且连续结转两年以上的，要收回县财政统筹使用。

做好 2015 年财政工作任务艰巨、责任重大。我们将在县委的正确领导下，在县人大及其常委会的监督指导和县政协的关心支持下，进一步解放思想、坚定信心、扎实工作，统筹各种有利因素，采取更加科学有效的措施，攻坚克难，完成各项财政工作目标，为我县经济社会的快速发展发挥新的、更大的作用！

关于繁峙县 2015 年财政预算执行情况及 2016 年财政预算草案的报告

——2016 年 8 月 28 日在繁峙县第十六届人民代表大会第一次会议上

县财政局

受县人民政府的委托，现将繁峙县 2015 年财政预算执行情况及 2016 年财政预算草案的报告，提请县十六届人大第一次会议审议，并请县政协委员和各位列席人员提出意见。

一、2015 年全县财政预算执行情况

2015 年，面对严峻的收入形势和沉重的支出压力，全县坚决贯彻县委、县政府和县人大及其常委会的各项决议、坚持稳中求进总基调，适应经济发展新常态，全力发挥财政的基础性和支撑性作用，努力优化支出结构，统筹保障和改善民生，促进经济社会持续稳定发展，全县预算执行总体良好。

（一）2015 年一般公共预算变动情况

我县 2015 年财政预算经县第十五届人民代表大会第五次会议批准后，我们便按照会议批准的预算严格把关，维护了预算的严肃性。但在执行过程中，由于经济形势的变化和实际工作的需要，出现了一些新的收支变动事项。因此，根据全年的执行情况，对年初财政预算作了相应调整。

1. 一般公共预算收入。2015 年，一般公共预算收入调减 16042 万元，调减后一般公共预算收入为 20158 万元，占预算 36200 万元的 55.69%。

2. 一般公共预算支出。由于一般公共预

算收入未能按预算完成，而上级转移支付有所变动，全年县级财力支出由年初预算的81667万元（含税费改革支出3201万元）增加到84139万元（含税费改革支出3257万元），净增2472万元。

上级下达的专项款支出为70923万元，2015年全县一般公共预算支出为155062万元，比年初预算的124247万元净增加30815万元。

（二）2015年政府性基金预算变动情况

政府性基金预算收入在执行中，因收入项目有增有减，所以根据执行情况调整了以下收支预算：

收入调整：政府性基金预算收入净调减477万元，其中：政府住房基金收入、国有土地收益金收、城市基础设施配套费收入、污水处理费收入、价格调控基金、水土流失防治和水土保持费收入共追加2707万元；土地出让金收入、农业土地开发资金收入、城市公用附加收入共调减3184万元。通过调整后的政府性基金收入为16363万元，上级下达专项政府性基金7308万元，上年结转的政府性基金7185万元（其中专项基金5743万元，财力基金1442万元），本年度政府性基金收入共30856万元。

支出调整：政府性基金预算支出净调减6160万元，调整后的政府性基金预算支出为17865万元。

以上公共财政预算和政府性基金预算收支变动情况，已于2015年12月报经县人大常委会议予以审核批准。

（三）2015年财政预算执行情况

1. 公共财政预算执行情况

2015年，公共财政预算收入完成20158万元，占预算36200万元的55.69%，欠收16042万元，比上年42461万元减收22303万元，下降52.53%。其中：税收收入完成11947万元，同比下降56.35%，减收15422万元。主要是受经济持续下行、主要工业产品价格下跌以及机遇性税收减少等影响。其中增值税完成2098万元，同比下降56.44%；营业税完成3818万元，同比下降44.3%；企业所得税完成1346万元，同比下降64.11%；个人所得税完成464万元，同比下降79.22%；资源税完成1203万元，同比下降72.44%；

非税收入完成8211万元，同比下降54.41%，减收6811万元。主要是“两权”价款完成3738万元，同比下降47.71%。减收3411万元。

2015年，公共财政预算支出155062万元，比上年的157658万元少支2596万元，同比下降1.65%。其中：教育、文化体育与传媒、社会保障和就业、医疗卫生、节能环保、城乡社区事务、农林水事务、交通运输、住房保障支出、粮油物资储备事务等民生支出共计131444万元，占金年公共财政预算支出的84.77%。

2015年财政预算执行结果是：公共财政预算收入20158万元，返还性收入2443万元，一般性转移支付收入79854万元，专项转移支付收入45656万元，上年结余14121万元（含历年累计净结余428万元），调入预算稳定调节基金4600万元，调入政府性基金5640万元，合计全年地方财政收入总计172472万元。本年全县财政总支出155062万元，安排预算调节稳定基金3795万元，年终结余13615万元。其中：结转上级专项款12661万元，财政累计净结余954万元。减去历年累计净结余428万元，当年财政净结余526万元。

2. 政府性基金预算执行情况

2015年，政府性基金收入16363万元，占预算16840万元的97.17%，短收477万元，比上年的17733万元减收1370万元，下降7.73%。其中：土地出让金收入11107万元，为年度预算的79.34%，短收2893万元，同比下降18.38%，减收2502万元；

2015年，政府性基金支出17864万元，叱上年的25296万元减少支出7432万元，下降29.38%。主要投向：社会保障和就业729万元，城乡社区事务14286万元（其中：土地出让金支出9199万元），农林水事务85万元，其他支出2685万元。

政府性基金收支平衡情况：本年收入16363万元，上级下达专项款7308万元，上年结转收入9988万元，本年政府性基金收入合计33659万元；本年政府性基金支出17864万元，调出一般公共预算支出5640万元，收支相抵，结余10155万元（其中：县级财力基金2935万元，专项基金7220万元），全部结转下年使用。

过去的一年，在收入锐减、刚性支出增多的情况下，财政支出仍实现了“保工资、保运转、保民生”。一年来，在预算执行过程中，我们着重抓了以下工作：

1. 努力提高财政资金保障水平。面对经济下行、主导产业经营亏损严重的形势，我们及时调整征管工作重点和措施，坚持依法征收，确保各项收入应收尽收，使财政收入降幅得到有效控制。同时，积极争取上级财政对我县的大力支持，省、市财政全年下达我县的一般性转移支付达到79854万元，比上年增加20227万元，增长33.92%。积极盘活清理财政存量资金，共收回存量资金4566万元，调整用于弥补财力缺口。优化支出结构，严控“三公”经费支出，全县各部门“三公”经费支出共计1032万元，同比下降24.78%。

2. 民生投入力度继续增加。2015年，全县一般公共预算文出中民生支出达到131444万元，占全县财政总支出的84.77%。一是支持教育事业发展。全年教育支出共38670万元，其中：落实农村中小学义务教育公用经费3623万元，发放中小学贫困寄宿生生活补助266万元，农村中小学义务教育学生营养改善计划资金1006万元，普通高中学生免学费补助172万元，学前教育幼儿资助专项经费108万元，职业高中助学金和免学费支出694万元；二是支持文化体育发展。全年拨付农村文化建设资金308万元，“两馆一站”免费开放105万元，体育场基础设施建设600万元，广播电视户户通工程429万元，三圣寺和公主寺的修缮160万元；三是支持社会保障工作，全年拨付城乡居民最低生活保障资金3664万元，新型农村养老保险补助资金3846万元，就业补助资金1544万元，农村五保户供养补助576万元，自然灾害生活救助497万元；四是支持医疗卫生事业发展，扩大县级公立医院改革范围，全年拨付新型农村合作医疗资金7769万元，基本公共卫生服务1359万元，城乡居民医疗救助408万元，困难企业职工医疗保险财政补助1037万元；五是加大支农力度，全年拨付扶贫项目资金3681万元，农业综合开发资金1114万元，林业绿化资金1520万元，农村饮水安全资金105万元，农业保险保费补贴615万元。

3. 监督管理更加科学。预算制度改革全面推进，全口径政府预算体系基本构建，实现了预算、决算、“三公”经费全面公开；国库集中交付覆盖持续扩大，财政直接支付比例不断提高。财政管理体制机制不断健全，政府性债务管理机制日益完善，存量债务得到清理甄别，防控了财政风险；试编权责发生制政府综合财务报告，有效掌握了政府资产负债情况。

在过去的一年，全县的财政工作虽然取得一定成绩，但仍面临不少困难和问题，主要是：受经济运行、结构性减税等因素影响，财政收入持续增长后劲不足；民生民本配套等刚性支出不断增加，财政收支矛盾依旧突出；财政监管存在薄弱环节，资金使用绩效有待进一步提高。这些都需要我们高度重视，采取有力措施，在以后工作中逐步缓解和解决。

二、2016 年全县财政预算草案

2016 年是实施“十三五”规划的开局之年，财政经济面临的形势依然错综复杂。面对新形势、新要求，全县财政预算安排的总体要求是：深入贯彻中共十八大及十八届三中、四中、五中全会精神和新预算法要求，按照中央、省、市和县委、县政府的决策部署，坚持稳中求进总基调，主动适应经济发展新常态，认真落实积极财政政策，充分发挥财税政策稳增长、调结构、促改革的作用；继续深化财税体制改革，加快构建全面规范、高效透明的财政运行机制，提高财政管理绩效；调整优化支出结构，积极盘活存量，切实用好增量，确保重点领域特别是民生支出需要。预算安排的基本原则是：依法科学、综合预算、勤俭节约、注重绩效。根据上述总体要求和基本原则，2016 年全县财政预算安排如下：

（一）一般公共预算收支安排

全县一般公共预算收入计划安排 39 380 万元，比上年实际完成数增长 95.35%，增收 15222 万元。其中：税收收入 21707 万元，增长 81.69%，非税收入 17673 万元，增长 115.24%。

全县一般公共预算收入，加上上级补助收入 53155 万元，调入资金 2169 万元，上年财政净结余 526 万元，2016 年县级财力共计 95230 万元。上级财政下达提前告知 2016 年专项资金 43851 万元，上年结转的专项资金 12661 万元，2016 年全县一般预算收入合计 151742 元。

按照收支平衡的要求，公共财政预算支出按可用财力相应安排 151742 万元。其中：县级财力支出 95230 万元。

县级财力支出预算具体安排情况：

1. 个人部分安排 69898 万元。其中：

（1）行政事业单位人员工资 50730 万元；

（2）职工医疗保险、生育保险 25455 万元；

（3）职工住房公积金 2538 万元；

（4）县以下机关公务员职级并行、乡镇机关事业工作人员工作补贴、调整警察警衔补贴标准 1009 万元；

（5）城乡居民养老保险县级配套 448 万元；

（6）新型农村合作医疗县级配套 852 万元；

（7）困难企业职工医疗保险 1148 万元；

（8）其他个人部分支出包括协警人员、环卫工、城乡居民最低生活保障、死亡人员抚恤金等 10628 万元。

2. 公用部分支出安排 22062 万元，其中：

（1）保障公检法司及纪检、政法委办案经费 704 万元；

（2）其他执法办案缀费 308 万元；

（3）收费单位业务工作经费 263 万元；

（4）部门运转经费及基本支出 12655 万元；

（5）县级安排的项目支出及配套的项目经费 8132 万元。

3. 安排农村税费改革支出 3270 万元。

（二）政府性基金预算收支安排

2016 年，我县政府性基金收入预算为

14740万元，其中：土地出让金收入为11000万元，国土收益金收入1100万元，农业土地开发收入110万元，城市公用事业附加收入80万元，城市基础设施配套费收入300万元，污水处理收入150万元。加上上年结转的政府性基金7986万元，政府性基金收入合计为20726万元。

根据政府性基金以收定支的原则，政府性基金支出预算为20726万元。

需要说明的是，2016年公共财政预算和政府性基金预算的口径有所变化。上年结转的从土地出让收益计提的政府住房基金2169万元，从本年起划入一般公共预算。

（三）社会保险基金预算

2016年，金县社会保险基金收入34399万元，下降14.94%。其中：保险费收入18258万元，财政补贴收入15393万元。全县社会保险基金支出50890万元，增长50.38%。本年收支结余-16491万元，年末滚存结余-136万元。

说明：由于上级财政对县级的企业职工养老保险基金补助仍未下达，所以社会保险基金预算暂列赤字。

三、2016年财政工作任务

（一）着力强征管，做强做实财政收入。充分履行牵头组织收入的职责，依法组织收入。一是加强调度。加强对全县收入工作的调度和协调，将全年收入预期目标合理分解到各月、各季，抓好收入均衡入库，进一步加强收入管理考核，突出收入质量和均衡入库考评，增强各部门抓收入和协税护税的积极性、责任性。二是创新方式。加强收入预测和预算执行分析，科学应对各项政策性增收减收因素，做到依法征收、应收尽收。进一步完善综合治税信息平台，强化税收保障措施，加强税收源头控管，提高税收征管的精准性。推进非税收入数据平台建设，大力推行收缴结算电子化，提升非税收入征缴效率。三是挖掘潜力。继续清理规范税费优惠政策执行情况，开展税收征管薄弱环节和重点领域专项税务稽查，加强欠税清缴和零散税收征缴，充分挖掘税收增长潜力，努力增加税收入库，不断提高税收比重。

（二）着力促发，大力培植财源税源。一是严格执行国家减税清费各项政策措施，落实取消、停征、减免行政事业性收费和政府性基金的各项规定，减轻企业和项目负担，激发市场主体活力。二是创新财政资金投入方式，积极采取市场化支持手段，引导金融机构和社会资本加大对县内实体经济和重点项目的投入。大力推广使用PPP模式，引导和鼓励民间资本参与公共服务领域项目投资，努力破解发展投入不足的困境。三是继续清理盘活财政存量资金，加大专项资金整合力度，统筹财力增加发展投入，支持重点产业、重点企业和重点项目发展。四是坚决落实调结构的各项政策措施，根据国家产业发展政策和财政扶持政策要求，有针对性地做好项目谋划、包装和申报，积极争取上级财政政策和专项资金扶持，大力淘汰去除落后产能，推动全县产业转型升级，促进经济可持续发展。

（三）着力强管理，提高资金使用效益。切实加强财政资金运行各环节的管理，提高资金使用绩效。一是优化结构，安排资金始终坚持民生优先，不折不扣落实中央、省、市和县委、县政府的各项民生投入政策，切实保障各项重点民生支出需求。集中财力增加对重点领域、薄弱环节和困难群体的投入。建立完善项目支出和基本支出标准，优化资产配置和支出安排结构，确保资金用在刀刃上。二是加快进度，对预算安排资金，除按进度拨付的工资、部门运转经费等基本支出和重大民生支出外，其他重点项目支出一定要实施进度支出。对上级下达的专项资金，按照依法合规的要求，迅速落实到具体单位和项目，防止资金沉淀。三是按照上级要求，积极排查摸底结余结转资金，配合各涉农职能部门加大工作力度，牵头制定整合方案，统筹整合财政涉农资金用于精准扶贫，服务于全县脱贫攻坚工作。

（四）着力推改革，健全财政运行机制。按照中央、省深化财税体制改革和预算管理制度改革的要求，认真抓好各项财政改革。一是加强统筹。强化全口径预算管理，加大政府性基金预算、社会保险基金预算与一般公共预算的统筹力度，增加公共预算可用财力。二是推进公开。积极建立涉密财政信息清单管理制度，除涉密信息外，全面公开财政预决算、部门预决算、“三公”经费预决算和专项资金分配，提高财政透明度。三是提高绩效。全面推进预算绩效管理，积极引入第三方绩效评价，逐步将绩效管理覆盖各级预算单位和所有财政资金，将评价结果作为安排预算、调整支出结构、制定完善财政政策的重要依据。加强行政事业单位国有资产管理，规范资产配置标准和流程，提高国有资产使用效率。四是防控风险。加强债务管理，完善债务风险预警及化解机制，强化政府性债务举债融资行为和 PPP 项目运营的财政监督，防控财政风险。加强财政监督，通过开展预算安排审查、预算执行监督、预算绩效评价、财政投资评审、财务会计检查等多环节监管，把财政监督嵌入财政资金运行的全过程；并加强财政内部控制，切实管控好财政资金运行流程和关键节点，确保资金安全高效使用和财政干部廉洁行政。

做好 2016 年财政工作任务艰巨、责任重大。我们将在县委的正确领导下，在县人大及其常委会的监督指导和县政协的关心支持下，认真落实本次会议决议，锐意进取，勤勉工作，为我县经济社会的快速发展发挥新的、更大的作用！

关于繁峙县 2016 年财政预算执行情况及 2017 年财政预算草案的报告

——2017 年 3 月 26 日在繁峙县第十六届人民代表大会第二次会议上

县财政局

一、2016 年全县财政预算执行情况

2016 年，面对严峻的收入形势和沉重的支出压力，县财政坚决贯彻县委、县政府和县人大及其常委会的各项决议，坚持稳中求进总基调，适应经济发展新常态，全力发挥财政的基础性和支撑性作用，努力优化支出结构，统筹保障和改善民生，促进经济社会持续稳定发展，全县预算执行总体良好。

（一）2016 年一般公共预算变动情况

我县 2016 年财政预算经县第十六届人民代表大会第一次会议批准后，我们按照会议批准的预算严格把关，维护了预算的严肃性。但在执行过程中，由于经济形势的变化和实际工作的需要，出现了一些新的收支变动事项。因此，根据全年的执行情况，对年初财政预算作了相应调整。

1. 一般公共预算收入。2016年，一般公共预算收入调减18000万元，调减后一般公共预算收入为21380万元，占预算39380万元的54.29%。

2. 一般公共预算支出。由于一般公共预算收入未能按预算完成，上级转移支付资金比年初有所增加，全年县级财力支出由年初预算的95230万元（含税费改革支出3270万元）调整为92863万元（含税费改革支出3123万元），净减少2367万元。上级下达的专项款支出为67466万元，新增一般债券资金支出12600万元，2016年全县一般公共预算支出为172929万元，比年初预算的151742万元净增加21187万元。

（二）2016年政府性基金预算变动情况

政府性基金预算收入在执行中，因收入项目有增有减，所以根据执行情况调整了以下收支预算：

1. 收入调整：政府性基金预算收入净调减1990万元，其中：国有土地收益金收入追加92万元；土地出让金收入、农业土地开发资金收入、城市公用附加收入、城市基础设施配套费收入、污水处理费收入共调减2082万元。通过调整后的政府性基金收入为10750万元，上级下达专项政府性基金6068万元，上年结转的政府性基金10155万元（其中专项基金7220万元，财力基金2935万元），新增专项债券资金1700万元，本年度政府性基金收入共28673万元。

2. 支出调整：政府性基金支出净调减4455万元，调减后的政府性基金支出为16271万元。

以上公共财政预算和政府性基金预算收支变动情况，已于2016年12月报经县人大常委会议予以审核批准。

（三）2016年财政预算执行情况

1. 一般公共预算执行情况

2016年，一般公共预算收入完成21380万元，占预算39380万元的54.29%，欠收18000万元，比上年20158万元增收1222万元，增长6.06%。其中：税收收入完成11751万元，同比下降1.64%，减收196万元。其中增值税完成3323万元，同比增长58.39%；营业税完成2237万元，同比下降41.41%；企业所得税完成1526万元，同比增长13.37%；个人所得税完成395万元，同比下降14.87%；资源税完成838万元，同比下降30.34%。

非税收入完成9629万元，同比增长17.27%，增收1418万元。主要是廉租房租售收入入库3905万元，但从土地出让收入净收益中计提的教育资金、农田水利建设资金等收入比上年减少。

2016年，一般公共预算支出172929万元（包含新增债券支出），比上年的155062万元多支17867万元，同比增长11.52%。其中：教育、文化体育与传媒、社会保障和就业、医疗卫生与计划生育、节能环保、城乡社区事务、农林水事务、交通运输、住房保障支出、粮油物资储备事务等民生支出共计151435，比上午增长15.21%，占全年公共财政预算支出的87.57%。

2016年财政预算执行结果是：一般公共预算收入21380万元，返还性收入2107万元，一般性转移支付收入94409万元，专项转移支付收入44619万元，上年结余13876万元（含历年累计净结余428万元），动用预算稳定调节基金3795万元，调入政府性基金3503万元，新增一般债券12600万元，合计全年地方财政收入总计196289万元。本年全县财政总支出172929万元，专项上解支出 41 万元（援助新疆地区支出），安排预算调节稳定基金 2670 万元，年终结余 20649 万元。

2. 政府性基金预算执行情况

2016 年，政府性基金收入 10750 万元，占预算 12740 万元的 84.38%，短收 1990 万元，比上年的 16363 万元减收 5613 万元，下降 34.3%。其中：土地出让金收入 9117 万元，为年度预算的 82.88%，短收 1883 万元，同比下降 17.92%，减收 1990 万元。

2016 年，政府性基金支出 16271 万元（含新增专项债券 1700 万元），比上年的 17864 万元减少支出 1593 万元，下降 8.92%。主要投向：社会保障和就业 1043 万元，城乡社区事务 14325 万元（其中：土地出让金支出 11022 万元），其他政府性基金支出 903 万元。

政府性基金收支平衡情况：本年收入 10750 万元，上级下达专项款 6068 万元，上年结转收入 10155 万元，新增专项债券 1700 万元，本年政府性基金收入合计 28673 万元；本年政府性基金支出 16271 万元，调出一般公共预算支出 3503 万元，上解支出 23 万元，收支相抵，结余 8876 万元（其中：县级财力基金 455 万元，专项基金 8421 万元），全部结转下年使用。

3. 社会保险基金预算执行情况

2016 年，全县社会保险基金收入完成 40598 万元，占预算的 118.02%；社会保险基金支出 36650 万元，占预算的 72.02%，主要用于兑现各项社会保险待遇，提高医疗保险、退休人员养老金待遇等。年末滚存结余 23018 万元。

4. 政府性债务情况

2016 年，全县新增债券 14300 万元，主要用于基础性、公益性项目支出 11700 万元，扶贫移民搬迁 2000 万元，产业扶贫 600 万元。

2016 年年底，全县政府债务余额为 59003 万元，债务余额低于市财政核定的 70946 万元。

5. 落实县人大决议情况

过去的一年，财政部门认真落实县十六届人大一次会议有关决议，在收入锐减、刚性支出增多的情况下，财政支出仍实现了“保工资、保运转、保民生”。一年来，在预算执行过程中，我们着重抓了以下工作：

（1）努力提高财政资金保障水平，积极拓宽资金来源渠道。

一是面对经济下行、主导产业经营亏损严重的形势，全县各征收部门积极应对，坚持依法征收，确保各项收入应收尽收，在上年度财政收入大幅下滑的情况下，2016 年实现止跌回升。

二是积极向上级争取转移支付资金，省、市财政全年下达我县的一般性转移支付达到 94409 万元，比上年增加 14555 万元，增长 18.23%。

三是积极拓宽资金渠道，申请新增债券资金 14300 万元，置换债券资金 29293 万元，用于支持基础设施建设、移民搬迁、扶贫产业的发展，有效地缓解了民生事业资金紧缺的状况。

四是继续清理盘活财政存量资金，共收回存量资金 3085 万元，调整用于弥补财力缺口。优化支出结构，严控“三公”经费支出，全县各部门“三公”经费支出共计 1032 万元，同比下降 24.78%。

（2）提高资金使用效率，加大民生投入力度。

2016 年，全县一般公共预算支出中民生支出达到 151435 万元，占全县财政总支出的 87.57%，支持结构进一步优化，财政资金继续向民生事业倾斜。

一是支持教育事业发展。全年教育支出共 39358 万元，其中：落实农村中小学义务教育公用经费 3057 万元，发放中小学贫困寄宿生生活补助 233 万元，农村中小学义务教育学生营养改善计划资金 1596 万元，普通高中学生免学费补助 367 万元，普通高中助学金补助 189 万元，学前教育幼儿资助专项经费 94 万元，职业高中助学金和免学费支出 605 万元；二是支持文化体育事业发展。全年拨付农村文化建设资金 268 万元，“两馆一站”免费开放 105 万元，广播电视基础设施建设 152 万元，全民体育健身经费 54 万元；三是支持社会保障和就业工作，全年拨付城乡居民最低生活保障资金 3254 万元，城乡居民养老保险补助资金 3844 万元，就业补助资金 1571 万元，农村五保户供养补助 580 万元，自然灾害生活救助 350 万元；四是支持医疗卫生事业发展，扩大县级公立医院改革范围，全年拨付新型农村合作医疗资金 8322 万元，基本公共卫生服务 1229 万元，城乡居民医疗救助 524 万元，困难企业职工医疗保险财政补助 1148 万元；五是加大支农力度，全年拨付扶贫项目资金 8107 万元，农业综合开发资金 1135 万元，林业绿化资金 900 万元，农村饮水安全资金 381 万元，农业保险保费补贴 382 万元，发放低收入农户冬季用煤补贴资金 1965 万元。

(3) 监督管理更加科学，绩效目标更加明确。

2016 年，全县继续加大预决算公开力度，政府预决算、“三公”经费预决算全面公开，县级部门预决算公开率达到 100%；加强财政资金的绩效管理，制定了《繁峙县县级部门预算绩效目标管理暂行办法》；自觉接受人大审计监督，对人大、政协代表的提案和审计部门发现的问题，进行逐条解答和整改。

在过去的一年，全县的财政工作经受住了严峻的挑战和考验，取得了较好的成绩。这些成绩的取得，得益于县委、县政府的正确领导，得益于县人大、县政协的有力支持，但我们也清醒地认识到财政运行中存在的困难和矛盾，主要表现在：受经济下行压力和政策性减税等因素影响，全县财政收入进入中低速增长的新常态；财政收入结构不尽合理，非税收入所占比例较大，传统行业仍是我县税收收入的主要来源；为保障全县经济社会的发展，扶贫攻坚、民生事业、市政建设、环境保护等方面资金需求巨大，在当前经济运行的形势下，收支矛盾更加突出。面对这些困难，我们将以积极的姿态、改革的思维、务实的举措来加以应对。

二、2017 年全县财政预算草案

2017 年预算安排的原则是：收入预算坚持实事求是、积极稳妥，确保与经济发展水平相适应，与宏观政策相衔接；支出预算坚持统筹兼顾、突出重点，充分体现“紧日子、保基本、调结构、保战略”的要求，合理调整财政支出结构；强化财政资金统筹使用，整合各类财政资金，保障县委、县政府确定的重大战略和重点领域；加强重大项目资金的绩效目标管理度，提高财政资金使用效益；加强政府债务限额管理和预算管理，健全规范举债融资渠道，防范和化解债务风险：推进预算公开，强化社会监督，促进依法理财。

(一) 一般公共预算收支安排

全县一般公共预算收入计划安排 32600 万元，比上年实际完成数增长 52.48%，增收 11220 万元。其中：税收收入 22000 万元，增长 87.22%，非税收入 10600 万元，增长 10.08%。全县一般公共预算收入，加上上级补助收入62544万元，动用预算稳定调节基金2670万元，2017年县级财力共计97814万元。上级财政下达提前告知2017年专项资金41689万元，上年结转的专项资金20649万元，2017年全县一般公共预算收入合计160152万元。

按照收支平衡的要求，公共财政预算支出按可用财力相应安排160152万元。其中：县级财力支出97814万元。

县级财力支出预算具体安排情况：

1. 个人部分安排73859万元。其中：

（1）行政事业单位人员工资44306万元；

（2）职工养老保险、职业年金11123万元；

（3）职工医疗保险、生育保险2781万元；

（4）职工住房公积金2664万元；

（5）城乡居民养老保险县级配套447万元；

（6）农村低保县级配套290万元；

（7）新型农村合作医疗县级配套847万元；

（8）困难企业职工医疗保险500万元；

（9）其他个人部分支出包括协警人员、环卫工、公费医疗、工伤保险、死亡人员抚恤金等10901万元。

2. 公用部分支出安排20983万元。其中：

（1）保障公检法司及纪检、政法委办案经费712万元；

（2）其他执法办案经费454万元；

（3）收费单位业务工作经费186万元；

（4）部门运转经费及基本支出13802万元；

（5）县级安排的项目支出及配套的项目经费5829万元。

3. 安排农村税费改革支出2972万元。

（二）政府性基金预算收支安排

2017年，我县政府性基金收入预算为12660万元，其中：土地出让金收入为11000万元，国土收益金收入1100万元，农业土地开发收入110万元，城市公用事业附加收入50万元，城市基础设施配套费收入280万元，污水处理收入120万元。加上上年结转的政府性基金8876万元，提前下达专项政府性基金338万元，政府性基金收入合计为21874万元。

根据政府性基金以收定支的原则，政府性基金支出预算为21874万元。

（三）社会保险基金预算

2017年，全县社会保险基金收入73073万元，增长79.99%。其中：保险费收入40941万元，利息收入455万元，财政补贴收入31423万元，转移收入194万元，其他收入60万元。全县社会保险基金支出85073万元，增长132.12%。本年收支结余-12000万元，年末滚存结余5813万元。

三、2017年财政工作任务

（一）努力培源保收，打造实力财政。一是加强财源税源培植。大力支持产业园区和文化旅游等重点项目建设，促进县域经济提质增效，带动财政增收；二是积极争取上级支持。围绕上级重大战略决策，加大分析研究力度，准确把握上级资金投向，积极争取上级优惠政策、重大项目和财政资金的支持；三是强化收入征管。加强部门协调配合，完善齐抓共管的征管机制。及时研判经济运行和税源变化情况，加强主体税种、重点税源监控，切实抓好挖潜堵漏，确保各项收入应收尽收。

（二）全面深化改革，完善财政管理体制。积极应对“营改增”、资源税等改革，确保各项改革的顺利进行。一是完善国库管理制度，加强国库现金管理，盘活财政存量资金。全面铺开乡镇国库集中支付制度改革，规范资金支付程序，加强资金安全管理，保证财政资金安全高效运转；二是推动预算公开，建立适应新形势下、对接新常态的财政预算体系、部门预算、“三公”经费信息的全面公开，接受更广泛的监督；三是统筹涉农资金。根据全县脱贫攻坚规划及工作要求，统筹整合各级财政安排的农业发展资金，开成“多个渠道引水，一个龙头放水”的扶贫投入新格局，自主集中财力精准扶贫，确保如期完成脱贫攻坚任务；四是抓好公务用车改革，合理有效配置公务用车资源，保障公务出行，降低行政成本。

（三）坚持依法理财，加强债务管理。一是加强预算绩效目标管理。对重大项目实行预算绩效目标管理，健全评审管理制度，按照客观、公正、审慎的原则，对绩效目标不明确，效率不高的项目，该核减的减下去，节约财政资金，为财政投资把好关，发挥资金最大效益。二是加大财政专项检查力度。组织开展财政综合执法检查，在全县行政事业单位建立内部控制机制，进一步提高部门收支监管水平。三是加强债务管理，防范财政风险。完善政府性债务风险预警机制，严格执行政府性债务的借、用、还管理制度，严把政府性债务举借审批关，严控新增债务，实行规划控制。

（四）坚持有保有压，强化预算约束。妥善处理财力可能与支出需求的矛盾关系，坚持量入为出、统筹兼顾，不断优化支出结构，突出基本财力保障，着力落实民生政策。进一步抓好开源节流，认真落实《党政机关厉行节约反对浪费条例》，狠抓制度完善和规范管理，从严控制一般性支出，把财力集中到保正常运转、办民生实事、解发展难题上来。加大民生事业投入力度，严格按照上级规定足额安排各类民生经费，顺应人民群众在医疗、养老、教育、生态环境等方面更高的要求。

做好2017年财政工作任务艰巨、责任重大。我们将在县委的正确领导下，在县人大及其常委会的监督指导和县政协的关心支持下，认真落实本次会议决议，锐意进取，勤勉工作，以优异的成绩迎接党的十九大的召开！

繁峙县人民法院工作报告（节选）

2015年4月9日繁峙县第十五届人民代表大会第五次会议报告

县人民法院院长　安智明

2014年主要工作

2014年，县法院在县委的正确领导、县人大和市中院的监督指导下，在县政府、县政协和社会各界的大力支持下，以中共的十八大、十八届三中、四中全会精神为指导，深入学习贯彻习近平总书记系列重要讲话精神，深入践行党的群众路线，深入推进学习讨论落实活动，牢牢把握“司法为民，公正司法”工作主线，认真履行审判职能，切实强化审判管理，着力深化司法公开，努力加强，自身建设，法院各项工作继续保持稳中有进的良好发展态势，司法公信得到进一步提升，为全县经济社会健康发展提供了有力司法保障。

一、依法履行审判职能，积极创优转型跨越发展的法治环境

去年，我院受理案件数量持续增长，受理各类案件1055件，同比增加37%，再创历史新高，其中诉讼案件904件、执行案件151件，特别是民商事案件数量继续呈现出较快增长势头。面对社会矛盾仍然比较突出、人民群众的法制意识逐渐提高的法治形势和人民群众不断增长的司法需求，针对迅速攀升的案件数量带来的压力，全院工作人员坚持抓好执法办案第一要务，迎难而上，努力拼搏，较好地完成了审判执行工作任务，审结刑事、民商事、行政等各类诉讼案件873件，执结执行案件137件，总审执结率达到95.7%，有力地推动了经济的发展，维护了社会稳定和谐。

宽严相济惩治刑事犯罪。坚持“严打”方针不动摇，依法严厉打击严重危害公共安全的犯罪，故意杀人、强奸、抢劫等严重暴力性犯罪，以及敲诈勒索、抢夺、盗窃等多发性侵财犯罪，重点打击诈骗、非法经营等影响经济发展的犯罪，全力维护良好的社会治安和经济发展秩序，全院共受理各类刑事案件153件，审结147件，对186名被告人判处监禁刑罚，有力地震慑了犯罪分子，增强了人民群众的安全感。坚持宽严相济刑事政策，对62名过失犯、未成年犯依法适用管制、缓刑、单处罚金等非监禁刑，一定程度上减少了社会对立面。积极参与社会管理创新，通过送法进校、社区矫正等形式，加强法制宣传和社会管理，扩大办案效果，有效预防和减少了违法犯罪。

调判结合化解民事纠纷。积极发挥民商事审判疏导职能，快速、有效地化解各类民商事纠纷，尽最大努力消除社会不和谐因素，全年共受理婚姻家庭、损害赔偿、保险合同等各类民商事案件746件，审结722件。着力保障民生，突出抓好城镇化进程中涉农房地产、民间借贷、劳动争议及机动车交通事故纠纷等民生案件的审理，维护农民权益，推动农业发展，促进农村稳定。大力推进案件繁简分流措施，对较为简单的案件积极采用简易程序、快速审判等方式处理，合理配置审判资源，统一司法裁判尺度，将案件相对专业化、分类集中审理，努力做到快审快结，结案周期明显缩短，简易程序适用率为25.8%，当庭裁判率达16.8%。不断创新调解方式，在实践中总结出引导释明、法情结合、巧借外力、比对说服、因势利导、重点突破等行之有效的调解工作新方法，将纾解心结融入矛盾调和，在调解当中普及法律知识，取得了良好的办案效果，全院运用调解手段处理的民事案件达399件，调撤率达55.3%。积极协助县委政府，妥善调处“9·30”“12·7”两起较大交通辜故的民事赔偿问题，有效地化解了社会矛盾。

加强协调妥处行政争议。积极探索行政诉讼和解机制，以行政审判搭建政府和群众之间信任的桥梁，努力化解官民矛盾，共受理行政诉讼案件5件，审结4件，在支持行政机关依法行政的同时，切实保护了行政相对人的合法权益。

多措并举加大执行力度。积极探索执行案件和解工作，改进执行方式，综合运用执行担保、以物抵债、债转股等方法，积极促成执行和解，有效化解执行难题，全年受理执行案件151件，执结137件，其中自动履行60件，执行和解72件，强制执行5件。对历年来因被执行人下落不明而导致未执结的34件案件的34名被执行人下达拘留决定，并由公安机关依法协助执行。在涉民生执行案件集中执行活动中，针对确定的17件与普通群众休戚相关的追索劳动报酬、赡养费、扶养费、抚养费、抚恤金、医疗损害赔偿、交通事故人身损害赔偿、工伤赔偿等案件，周密部署、强化措施、扎实工作，执结标的111.84万元，圆满完成工作任务，得到上级法院的肯定。

二、认真践行群众路线，努力满足人民群众司法需求

一年来，按照习近平总书记提出的“让人民群众在每一个司法案件中都感受到公平正义”的严格要求，我院始终把保障人民安居乐业作为根本目标，努力改进司法作风，强化服务意识，增强群众观念，提升群众工作能力，使亲民、爱民、护民理念贯穿司法全过程。

认真查找解决人民群众反映强烈的突出问题。3月以来，作为第二批参加党的群众路线教育实践活动单位，我院在严格依照中央和省委统一部署开展活动的同时，立足法院职责特点，把改进作风与解决关系群众切身利益的问题结合起来，坚持开门搞活动，制作并发放征求意见表150套、1500份、调查问卷表50余份；认真开展走访调研活动，先后深入岩头乡、横涧乡、神堂堡乡组织召开大型征求意见集中座谈会2场次，入户走访30余户，走访5家企业，梳理出意见建议22条，及时向社会公布，并据此开展了完善便民利民工作机制、正风肃纪、解决门难进、脸难看、事难办，立案难、诉讼难、执行难，人情案、关系案、金钱案“六难三案”司法顽症等专项整改，及时回应人民群众期待。进一步规范立案管理，简化审批手续；持续破解信访难题，扎实开展涉法涉诉信访案件集中排查化解攻坚活动，省委政法委交办的7起老大难信访案件基本实现了息诉罢访；进一步强化司法救助工作，累计为经济困难当事人缓减免收诉讼费14.7万元，为得不到赔偿的申请执行人、生活困难信访人提供救助10余万元。

进一步增强法院工作与群众需求的契合度。为了解社情民意，增进群众感情，创新群众工作方法，打造司法为民载体，按照县委政法委的统一部署，组织53名干警深入3个乡镇96个村庄开展了“一村一警”联系走谤活动，动员广大干警到基层去、到群众中去、到纠纷多的地方去，搞调研、察民情、讲法律、解纠纷、送温暖、办实事，法院干警人人包村，个个争做“六大员”，走村入户联系群众，主动配合乡镇政府搞好全民服务信息采集工作，帮助群众解决实际困难，受到群众的欢迎。

进一步推进司法公开。出台实施细则，细化阳光司法实施方案，完善网站设置，加快推进审判流程公开、裁判文书公开、执行信息公开三大平台建设，不断推进审务、立案庭审、裁判文书、执行等公开，裁判文书公开工作在上半年公开50%的基础上，从七月起全部纳入规范化发布轨道，除未成年人犯罪案件，涉及国家秘密、商业秘密和个人隐私的案件，以及调解书外，其余裁判文书均实现了生效后七日内上网公布，截至年底上网公开405件；审判流程信息和执行信息公开工作也有条不紊抓紧推进，向社会公众普遍公开的部分已经纳入到日常公开平台发布，需通过特定接入端口由当事人凭密码获取具体案件审判、执行信息的部分，已完成布线和设备采购、安装，市中院集中采购的查询应用软件也已于近日安装到位，即将投入使用。

三、始终着眼公正司法，不断加强法院自身建设

创新审判管理方式。修订出台审判执行案件流程管理办法落实评查通报制度，健全案件节点管理机制和长期未结案件督办防控机制，突出抓好审判质效核心数据和关键指标的均衡发展。出台全员办案规定继续推行办案能手制度，激励干警多办案、快办案、办好案。一线法官人均结案数快速增长，办案数超百件的法官达4人。加快实施人民陪审员倍增计划，从社会各界选拔出具有较高素养、广泛代表性的23名人民陪审员充实到陪审员队伍，使总数达到43名；组织全体人民陪审员进行了业务培训，进一步强化人民陪审员参与案件审理的制度保障和物质保障，参审各类案件290件，陪审率达到44.8%。

强化司法作风建设。建立院领导班子成员到各自联系部门蹲点指导及带头办案制度，扎实开展群众路线教育实践活动，全面整改“四风”问题和司法作风。深入开展司法廉洁教育活动，完善制度+科技等有效方法，启用廉政风险防控系统，开通了法院工作人员违法违纪举报网站，实现联网运行和实时监督，及时处理举报线索，切实加强廉洁司法教育和风险防控。完善审务督查、院领导带班巡查、廉政监督等工作机制，对干警日常行为规范、审判流程等实行跟踪监督，确保公正廉洁司法。重视和加强干警教育培训工作，实施全员岗位练兵，着力提升干警司法能力。全面加强法院文化建设，认真落实从优待警，组织开展各类文体活动，进一步增强了干警凝聚力和归属感。

推进基层基础建设。大力实施“天平工程”，加强法院信息化建设，积极争取内外部支持，抓好新建审判法庭、调解中心和诉讼服务中心建设。经过公开招标、协议供货、议标等方式，确定了数字化法庭和诉讼服务中心设备、审判专业办公家具的供货商和法庭及两个中心装饰工程承建单位，2014年底，四个新建法庭、调解中心、诉讼服务中心的内部装饰工程已完工，各类数字化专用设备、法台、法桌、法椅等已安装完毕，为实现办公、立案、审判“三区分离”打好了基础。目前四个数字法庭和调解中心已投入使用。此外，我院大力实施网络基础设施换代升级，进一步提升了法院信息化水平。

四、自觉接受评议监督，认真回应代表和选民的关切

人民群众满意不满意，是评判司法工作成效的根本标准。一年来，我们在依法接受人大监督、政协民主监督、检察机关诉讼监督和社会监督，认真回复办理代表议案、委员提案和检察建议的同时，以深入开展党的群众路线教育实践活动、“一村一警”驻村活动和学习讨论落实活动为契机，真正沉下心、扑下身，数十次深入农村，通过召开座谈会，拜访老党员，走访当事人，发放征求意见表、调查问卷等多种方式，主动征求人民群众对法院工作的意见和建议，并进行了深入梳理分析，坚持问题导向，针对代表和选民提出的普法宣传偏少、法律援助不多、司法公信不高和执行难等问题，逐一讨论逐项研判，制订了整治措施，以改进工作作风为立足点，把各项问题的整改落实纳入到了日常工作当中，先后出台《三大公开平台建设实施方案》《巡回审判正作制度》《案件质量评查工作制度》等制度规范勺在集义庄乡果园村组织了交通肇事案件专题巡回审判，从司法角度为岩头乡曹辛庄、兵马会等村部分村民分析解决纠纷办法提供法律援助，不断强化了强制执行举措，向贫困家庭捐款捐物等等，都受到了人民群众的欢迎。

过去一年县法院工作的发展进步，是县委坚强领导，县人大及其常委会有力监督，县政府大力支持，县政协以及各级党政机关、社会各界和人大代表、政协委员关心、支持、帮助的结果。

与此同时，我们也清醒地认识到法院工作中还存在着不少困难和问题，主要表现为社会转型期大量复杂纠纷以案件形式涌入法院。社会各界对司法的期望值高，案件办理难度明显增大；部分法官的法律素养和司法能力不适应形势任务要求，解决和驾驭复杂案件的水平不足，办案质量不高；执行难的司法顽症未得到有效破解；涉诉信访案件出口不畅，终而不结；案多人少矛盾加剧，干警超负荷工作现象比较突出；随着办案压力、涉诉信访压力、各类考核压力不断加大，部分干警出现畏难厌战情绪，队伍建设还需要持续加强。对于存在的问题，我们要积极争取各方支持，尽最大努力认真加以解决。

2015 年工作安排

2015 年，是全面深化改革的关键之年，是全面依法治国的开局之年，也是“十二五”规划的收官之年，县法院的总体工作思路是：以中共十八大和十八届三中、四中全会精神为指针，认真学习贯彻习近平总书记系列重要讲话精神，主动把握和积极适应经济发展新常态，充分发挥审判职能，推进司法改革，深化司法公开，强化司法公正，在全面推进依法治县，建设平安繁峙、法治繁峙中发挥更加重要作用，为推动“净化政治生态、实现弊革风清、重塑山西形象、促进富民强省”提供有力的司法保障。

一、进一步抓好执法办案，维护和谐稳定

坚持惩罚犯罪与保障人权并重原则，依法严厉打击严重暴力犯罪、黑恶势力犯罪、多发性侵财犯罪、涉众型经济犯罪、食品药品安全犯罪等违法犯罪活动。坚持依法从严惩处职务犯罪，对腐败分子形成有力震慑。推进轻刑快审改革，建立轻微刑事案件的简易速裁机制和公诉案件证据材料数据流转机制。加强未成年人犯罪审判工作，进一步健全未成年人犯罪心理辅导、缓刑帮教等防控未成年人违法犯罪工作机制。深化量刑规范化改革，规范刑罚裁量权行使，进一步健全防控冤假错案长效机制。在民商事领域，认真贯彻新修订的民事诉讼司法解释，针对损害赔偿、金融借款合同纠纷等重点类型案件制定统一的裁判标准和裁判尺度，加快案件速裁机制建设，有效破解案多人少难题。深化诉调衔接机制建设，推动行业协会等专业调解组织建设，加强民商事案件调解、行政案件协调和刑事案件和解工作，促进纠纷实质性化解：认真组织好修改后、新行政诉讼法的学习和培训，加强对当事人的诉权保护，监督行政机关依法行使职权。大力推进综合治理执行难工作，强化大执行威慑机制运用，充分适用执行措施，加大对规避执行行为的惩处力度，切实保障胜诉当事人的合法权益。

二、进一步践行司法为民，保障和改善民生

要深刻把握信息化时代人民群众司法需求的多样性、复杂性，深刻把握经济发展新常态下各类市场主体司法需求的新特点，有针对性地提供契合时代要求和社会实际的司法服务，不断提高司法便民利民水平。依托信息技术平台，开通网上立案，建立在线诉讼服务，巩固和深化巡回审判、假日法庭等各项司法便民举措，拓展法制宣传的广度和深度，继续加大对困难群众的诉讼援助和司法救助力度。根据上级法院部署，稳妥推进涉诉信访工作改革，推动法治化解决涉诉上访难题。

三、进一步推进阳光司法工程，促进司法公正

大力推进司法公开，不断健全网上案件查询、公众开放日、新闻发布会、微博直播庭审等制度，完善审判流程公开、裁封文书公开、执行信息公开三大平台建设，以司法公开倒逼司法公正，提升司法公信。要稳步扩大公开范围，加强新闻宣传工作，大力弘扬社会主义核心价值观，讲好法治新故事，传播法治好声音，不断增强社会公众对法院公开信息的理解力和认同度。

四、进一步加强审判管理，提升审判质效

深化审判权内部运行机制改革，严格落实主审法官、合议庭办案责任制，积极构建“点、线、面”多角度、全方位的案件质效控制体系，推动审判管理创新，全面提升审判质效。要从审判权、执行权运行的关键环节和重要节点入手，通过信息化手段加大审判流程实时管控力度，努力破除影响司法公正、损害司法公信力的机制障碍，探索建立符合审判规律、有利于促进公正司法的评查办法，使案件总体质量再上一个台阶。要大力推进严格司法，严格落实罪刑法定、疑罪从无、证据裁判、非法证据排除等法律原则和制度，进一步健全冤错案件有效防范、及时纠正机制，确保案件经得起历史和时间的检验。

五、进一步落实从严治党要求，加强法院队伍建设

要坚持党的领导与依法独立公正行使审判权相统一，坚持党的领导与尊重司法规律相统一，严守政治纪律、组织纪律和政治规矩，维护党中央和各级地方党委权威。以落实“四个全面”为抓手，坚持“六权治本”，努力推动“六大发展”。认真组织开展学习讨论落实活动，自觉接受监督，抓好十三大类42项司法突出问题专项整治，切实改进司法作风。加强廉政建设，组织开展警示教育活动，深化廉政风险防控机制建设，健全权力运行内控机制，通过随案发放廉政监督卡、设立干警违纪违法举报箱等方式，广辟受理举报渠道，以零容忍的态度严惩司法腐败，杜绝司法潜规则，驰而不息抓好法院队伍建设，推进公正廉洁司法。大力推进法院文化建设，突出审判文化的教育和引导作用，提升队伍综合素质。

新形势、新任务对人民法院的工作提出了新的要求。为此，我们将认真落实本次大会决议，在县委的坚强领导、县人大及其常委会的有力监督下，励精图治，团结拼搏，求真务实，扎实工作，为促进平安繁峙、法治繁峙建设，推动全县经济社会转型跨越发展做出新的更大的贡献！

2016年8月29日繁峙县第十六届人民代表大会第一次会议报告

县人民法院代院长　荣崇明

2011年以来的主要工作

繁峙县第十五届人民代表大会期间，在县委的坚强领导下，在县人大及其常委会的监督下，在县政府、政协、上级法院以及社会各界的关心支持下，县人民法院深入学习贯彻习总书记系列重要讲话精神，按照习总书记“让人民群众在每一个司法案件中都感受到公平正义”的要求，紧扣“为大局服务，为人民司法”工作主题，牢牢把握“司法为民、公正司法”这条主线，主动把握和积极适应经济发展新常态，充分履行审判职能，不断完善司法机制，着力夯实基层基础，扎实推进法院队伍建设，进一步规范和强化法院管理，各项工作齐头并进，协调发展，为全面推进依法治县，建设平安繁峙、法治繁峙发挥了积极重要的作用，树立了人民法院和人民法官的良好形象。县法院先后被省高院授予“全省法院立案信访窗口建设先进集体”“全省法院党风廉政建设先进集体”荣誉称号，被市中院评为“优秀法院”，并于2013年5月被市文明委命名为“市级文明单位”。

一、狠抓执法办案第一要务，审判职能得到充分发挥

随着经济社会的发展进步和人民群众法制意识的不断提高，近年来，我院受理的各类案件数量持续保持快速增长，从2011年的728件上升至2015年的1602件，尤其是近两年间，年均增长幅度达到44.5%。特别是民商事诉讼案件、执行案件的数量增长较快。针对案多人少的突出矛盾，院党组加强审判资源调配，带领全体干警坚持抓好执法办案第一要务，严格依法履行司法职责，依法严惩刑事犯罪，扎实推进社会矛盾化解，积极促进依法行政，努力破解执行难题，以司法带动普法，以普法促进司法，有力地维护了社会稳定和谐，进一步优化了县域经济发展环境。

五年来，我院共受理各类案件5239件，截至去年年底审执结4860件，法定审限内结案率达100%。刑事审判方面，坚持严打方针不动摇，准确把握宽严相济刑事政策，严格落实量刑规范化，共受理810件，审结810件，对923名罪犯处以监禁刑罚；保持惩治腐败的高压态势，先后组织了对静乐县安监局原局长李某青受贿案、我县村镇干部周某红贪污受贿案、韩某小职务侵占案、王某生玩忽职守案等在全市、全县具有一定影响的职务犯罪案件的审理，起到了良好的预防打击犯罪作用。民商事审判方面，坚持服务转型发展，大力推进繁简分流，共受理3587件，审结3439件，有效地维护了家庭和睦，促进了社会和谐，保障了经济发展。行政审判方面，积极探索行政诉讼和解机制，共受理16件，审结16件，使行政争议得到了实质性化解。执行工作方面，坚持创新执行方法，不断强化执行措施，以组织开展集中清理执行积案活动、涉民生执行案件集中清理活动等为契机，利用网络查控等信息科技手段，在公安、检察、金融、国土、住建、交通等机关和部门的密切配合下，进一步加大了对失信被执行人的查控惩戒力度，共受理826件，执结595件，先后对64名抗拒执行的“老赖”采取拘留、冻结财产等执行强制措施，对郭某等3名拒不执行法院裁判的被执行人追究了刑事责任，面向社会公布失信人员名单98人（次），对规避执行的被执行人形成强大威慑，维护了司法权威。

二、着力强化审判管理，审判绩效得到稳步提高

坚持审判流程管理、案件质量评查、工作绩效考核“三位一体”审判管理模式，全面推行逐月通报、按季点评、半年小结、全年总结的评查机制。完善和规范刑、民商事案件普通和简易庭审操作程序，提高庭审质量，增强法官驾驭庭审的能力，提升了司法公信力。从2012年起，我院加强审判案件信息管理系统、执行案件信息管理系统和法院业务应用平台建设，以及时、准确、完整为要求，抓好案件信息录入，强化对个案的全程跟踪和审判、执行整体运行情况的动态分析，及时查找薄弱环节，狠抓治理，确保了良好的质效水平。积极探索庭审和裁判文书改革，各类案件的庭审笔录全部采用电脑录入、现场打印，庭审程序更加科学规范；加强判后答疑工作，使当事人最大限度地释疑解惑、服判息诉，同时为裁判文书加装了封皮，彰显司法的庄重和严肃。

三、积极推进司法公开，司法公信得到有效提升

出台阳光司法实施方案，创新司法公开措施，全面实行阳光司法。通过室外全彩LED显示屏、室内显示屏、触摸屏和法院网站，多方位依法公开各类案件的立案信息、审理信息和裁判信息。拓展人民陪审员参与案件的深度和广度，着力解决陪而不审、审而不议的问题，通过各种形式让他们积极参与到案件的调解、执行过程当中，进一步扩大了司法民主。完善门户网站设置，深入推进审判流程公开、裁判文书公开、执行信息公开三大平台建设，不断强化审务、立案、庭审、裁判文书、执行等信息公开。全面落实审判、执行各项公开制度，充分保障了当事人的知情权和监督权。实现了以公开促公正，以公正提公信。

四、认真落实便民举措，司法为民得到创新发展

积极打造"一站式"诉讼服务中心，优化立案和审判区资源配置，启用了新的诉讼服务大厅，设立导诉台和14个便民服务窗口，布设饮水机、报纸架、休息区、接待室等服务设施，配备老花镜、便民伞等便民用品，印制了诉讼文书格式样本，配置了触摸式查询机，为当事人提供了便捷的服务，让人民群众真切感受到司法的人文关怀。制定出台了《诉讼、执行、信访当事人来访接待制度》，实行领导班子成员和主审法官值班接待制，及时听取当事人的来访诉求，认真答复当事人提出的疑问，进一步畅通了民意表达渠道。完善调判结合机制，牢固树立调解优先、调判结合、案结事了的理念，遵循自愿合法的原则，把调解延伸到刑事、民事、行政、执行工作全领域，贯穿于诉前、立案、审判、执行、申诉信访各环节，进行于庭前、庭中和庭后全过程，在调字上下功夫，在和字上做文章，在了字上要效果，坚持巡回审判、上门服务、就地调解，调撤率保持在55%以上。稳步开展诉调对接工作，专门开设诉调对接窗口和调解中心，建立起"诉调对接"工作机制。严格落实司法救助规定，对城镇、农村低保人员，追索劳动报酬、抚养费、赡养费和工伤事故赔偿金等各类有困难的当事人，实行缓、减、免收诉讼费用的措施，仅2015年减缓免诉讼费达48.59万元，取得了良好社会效果。

五、严格履行"两个责任"，廉洁办案得到全面加强

按照"制度化管理，规范化运行"的工作思路，进一步规范司法政务管理，从考勤、学习、会议、值班、车辆管理、发文管理等各个方面系统地制定了各项制度，法院的各项工作都纳入到了制度化管理当中。加强财务管理，在充分保障执法办案和法院建设经费的基础上，清理化解了历年债务。强化作风建设，依托党的群众路线教育实践活动、学习讨论落实活动和"三严三实"专题教育的开展，立足法院职责特点，把改进作风与解决关系群众切身利益的问题结合起来，按照"准""狠""韧"的标准，制定专项整治方案，将"六难三案"司法顽症整治工作作为专项整治重点，认真落到实处，促进了司法作风的持续好转。强化监督管理，以法院纪检"利剑工程"建设为龙头，全面打造事前预警、事中监督、事后查究的监督防线，对审判执行活动进行全方位、全过程的监督。建立《廉政档案》，加强内外监督，通过从国家机关和社会各界聘请10名廉政监督员、在法院内部设立10名廉政监察员、随案发放廉政监督卡等举措，对干警实行网格化监督管理，有效地杜绝了干警违法违纪问题的发生。

六、积极实施“素质工程”，队伍建设得到持续深化

坚持以党建带队建，以队建促审判，把理想信念和职业道德作为思想政治教育的重点，在全院凝结出“崇德尚学、忠诚敬业、明法致公、清廉为民”的法院精神。积极争取县委、县人大常委会的支持，落实干警职级待遇，有2名干警被提拔进入党组，2名干警被任命为专职审委委员，有16名同志被提拔为正科或副科级审判员。推进学习型法院建设，坚持每天点名学习制度，积极营造良好的学风。加快实施人民陪审员倍增计划，充实陪审员队伍，使人民陪审员总数达到43名。大力加强法院文化建设，打造廉政文化长廊，起到了教育法院工作人员公正司法、廉洁司法的积极作用。

七、加强基层基础建设，法院信息化建设得到积极推进

大力实施“天平工程”，加强法院信息化建设，通过县政府的支持和争取上级法院的支持，配置了电脑、打印机，分别在办公区、审判区建设标准化机房，组建了完善的局域网和广域网，顺利完成执行网络查控系统、执行案件信息管理系统、法院专网对接，法院业务应用、远程提讯、远程视频接访、视频会议系统正常运行，法院网络基础环境基本形成，信息化建设走在了全市法院的前列。特别是在县委、县政府的支持下，先后组织了4个新建审判法庭、调解中心和诉讼服务中心的土建、内部装饰、数字化建设。四个新建法庭和原有的大法庭，设置了现代化的庭审控制系统、证据展示系统、录像录音系统，庭审的全过程实现同步录像录音，法庭功能趋于完善。开通了法院网站，开辟了电子图书阅览室，购置各类图书一万余册，营造了良好的学习氛围。对办公区、立案区、审判区的监控系统进行了升级改造，实现了安保监控全覆盖、无盲区和数据的大容量储存，极大改善了法院的安保条件。

八、紧紧依靠党的领导和自觉接受人大、政协及社会各界的监督，法院工作得到全面改进

一直以来，我院坚持及时、主动地向县委报告工作中的重大问题、重要情况，对涉及公共利益、国计民生等具有重大社会影响的案件，主动征求党委的意见。加强与县人大、县政协的联络工作，定期走访人大代表和政协委员，主动征求代表委员们对法院工作的意见建议，邀请人大代表和政协委员来院视察工作、旁听重大案件庭审，主动将审判工作和其他各项工作置于人大、政协和社会各界的监督之下。在县人大常委会历年来组织的“联系代表，走访选民”民意测评中，法院的群众满意度逐年提高。

回顾刚刚过去的五年，县法院各项工作呈现出稳中有进、蓬勃发展的良好态势，为维护我县改革发展稳定大局做出了积极贡献。这些成绩和进步的取得，离不开县委的正确领导，人大及其常委会的有力监督，得益于政府、政协及有关方面的大力支持和各位人大代表、政协委员的关心和帮助。在此，我代表县人民法院向长期关心、支持、理解法院工作的各位人大代表、政协委员、各级领导和社会各界人士表示衷心的感谢，并致以崇高的敬意！

在总结成绩的同时，我们也清醒地认识到，面对形势的深刻变化，法院工作还存在一些问题和不足：一是面对经济社会发展带来的新压力、新要求，应对办法不多、司法能力不足的问题比较突出；二是法院人才流失严重，除部分退休的干警外，近年来先后有5名工作人员因调动或辞职离开法院，随着案件的逐年增加，案多人少的矛盾愈加突出；三是一些社会矛盾异常复杂，个别当事人为了谋取非法利益不择手段，甚至故意扰乱法院审判和工作秩序，严重损害司法权威，给法院工作造成极大的负面影响和阻碍。这些问题和困难，需要我们认真对待，积极争取各界支持，努力加以解决。

今后五年，繁峙县人民法院的总体工作思路是：认真贯彻落中共十八大及十八届三中、四中、五中全会和习近平总书记系列重要讲话精神，牢固树立“五个发展”理念，牢牢把握司法为民、公正司法工作主线，积极适应政治经济社会发展新常态，坚持创新驱动，解难题、补短板，狠抓执法办案第一要务，认真践行司法为民，不断深化司法公开，持续推进信息化建设，着力加强队伍建设，稳妥有序落实司法体制改革的各项措施，不断提高司法能力和司法公信力，促进审判体系和审判能力现代化，全力服务保障市委和县委发展战略，积极为全县“十三五”经济社会发展良好开局营造安全稳定的社会环境、公平正义的法治环境和优质高效的服务环境。

一、强化大局意识，充分发挥司法职能

准确把握司法工作服务和保障“十三五”规划落实的切入点，通过公正司法、提高办案质效，为全县的发展大局提供可靠的司法保障。刑事审判工作，要始终保持高压态势，依法严惩危害国家安全、危害公共安全和危害人民群众生命财产安全的各类犯罪；认真抓好《关于重大贪污受贿犯罪案件量刑意见》《刑法修正案（九）》的贯彻落实，严把事实关、证据关、法律适用关，共同推进惩治和预防腐败体系建设，促进反腐败斗争深入开展；加强对风险点的分析研判，增强打击新型犯罪的能力，依法惩治网络融资中涉嫌非法吸收公众存款、集资诈骗等犯罪，严厉打击电信诈骗、地下钱庄、金融诈骗等经济犯罪活动，做好群体性事件的预防和处置演练。民事审判工作，要加强经济形势分析研判，妥善化解实施各项政策过程中出现的各类涉诉矛盾纠纷，为供给侧结构性改革提供司法支持；稳妥处置企业债务风险，审慎审理涉及民间借贷、房地产买卖、股权转让、企业破产、农村土地制度改革等方面的各类经济案件，支持和保护金融振兴、科技创新、民营经济发展，依法制裁违约失信行为，营造公正高效的司法环境。深入贯彻《物权法》司法解释精神，加强物权保护。行政审判工作，要认真执行修改后的行政诉讼法，依法化解行政纠纷，支持法治政府建设。要积极参与社会治理，创新社区矫正联动机制，进一步完善诉调对接，推动法治繁峙建设。执行工作，要坚持五措并举，提高实际执结率和执行到位率，最大限度兑现当事人胜诉权益，不断推进社会诚信体系建设。一是要充分运用追究被执行人拒不履行判决、裁定罪刑事处罚手段，加大执行力度；二是要充分发挥网络查控作用，强化拘留、罚款、查封、扣押、冻结等执行强制措施的应用；三是及时公布失信人员名单，落实惩戒机制；四是加强人员调配，增强执行队伍力量；五是加强执行工作的宣传，特别是突出对被执行人采取强制措施方面的公开报道，切实起到教育、引导、普法、威慑作用。

二、推进司法改革，稳步完善运行机制

坚持目标导向和问题导向，按照中央和上级法院关于人民法院司法体制改革的总体布置，落实顶层设计，开展基层探索，为推进司法责任制、司法人员分类管理、司法人员职业保障、人财物省以下统一管理等四项改革工作做好前期准备工作。巩固立案登记制改革成果，做好立、审、执对接工作，防止立案难转化为诉讼难、审理难、执行难。进一步落实领导干部和法院内部工作人员干预司法的记录、通报和责任追究规定，坚持定期报告、责任倒查制度。建立“诉访分离”、信访终结制度，规范信访秩序。

三、坚持司法为民，主动回应司法需求

按照最高法院提出的“系统化、信息化、标准化、社会化”要求，继续加强诉讼服务中心建设，提档升级，保障依法应当受理的案件做到“有案必立、有诉必理”。进一步丰富立案、审判、执行、信访等各个环节的便民利民措施。坚决打击危害食品药品安全、非法集资、拒不支付劳动报酬及侵害妇女儿童权益的犯罪。妥善审理涉及教育、医疗、就业、住房、社会保障等民生案件以及涉及老人、残疾人等弱势群体案件，依法保障人民群众的合法权益。妥善化解涉及扶贫开发的各类纠纷，促进精准脱贫。创新司法救助举措，充分发挥诉讼费缓减免制度作用，让困难群众打得起官司。着力提升信息化应用水平，精心搭建诉讼服务信息平台，继续完善审判流程、裁判文书、执行信息司法公开三大平台建设，充分发挥微博、微信等新媒体功能，着力构建开放、动态、透明、便民的阳光司法机制。

四、狠抓审判管理，有效提升司法公信

大力推进审判管理的规范化和科学化，促进办案质量和效率的平衡兼顾。要围绕23项案件质量评估指标，深挖审判流程节点管理的潜力，提升立、审、执各环节的衔接流畅度，加快办案节奏。进一步强化案件质量评查工作，促使审判质量再上一个台阶。要深入破解执行难题，不断增强执行效果。要进一步探索办案资源的合理配置方式，突出团队化办案，在整合中实现质效的整体优化。

五、持续改进作风，着力打造过硬队伍

坚持对队伍从严教育、从严管理、从严监督、从严查处。巩固学习讨论落实活动和“三严三实”专题教育成果，认真贯彻《准则》和《条例》，坚持把纪律和规矩挺在前面，大力抓好审判作风的改进落实。要突出抓好司法能力建设，积极推进队伍正规化、专业化、职业化建设。切实抓好反腐败工作，落实好党风廉政建设主体责任和监督责任，加大对违纪违法行力的查处力度。深入推进“学习型”法院建设，通过多种途径提升干警的整体素质和能力，从根本上解决“能力不足不能为，动力不足不想为，担当不足不敢为”的问题，进一步激发全院干警干事创业、奋发有为的积极性。落实“从优待警”，加强法院文化建设，努力打造一支忠诚可靠、执法为民、务实进取、公正廉洁的法院队伍。

六、自觉接受监督，全面推进法院工作

自觉接受人大监督，认真做好年度报告和专项报告工作，健全人大代表联络、代表建议办理等制度。自觉接受民主监督，加强与人民政协的沟通和联系，及时办复政协委员提出的提案。自觉接受社会监督，注重听取社会各界和基层群众的意见，不断加强和改进人民法院工作。

面对发展的新起点、改革的新任务、社会的新期待，人民法院责任重大，使命光荣。我们将在县委的坚强领导下，在县人大、县政协及社会各界的监督下，在县政府的支持下，以更加务实的作风，更加振奋的精神，真抓实干，攻坚克难，奋发有为，锐意进取，不断开创法院工作的新局面，为繁峙转型综改、脱贫攻坚，全面建成小康社会作出新的更大的贡献！

2017 年 3 月 27 日繁峙县第十六届人民代表大会第二次会议报告

县人民法院院长　荣崇明

2016 年主要工作

2016 年，在县委的坚强领导、县人大及其常委会的有力监督和县政府、县政协、上级法院以及社会各界的关心支持下，县人民法院认真落实中共十八大和十八届三中、四中、五中、六中全会精神，深入学习贯彻习近平总书记系列重要讲话精神和治国理政新理念新思想新战略，紧紧围绕“努力让人民群众在每一个司法案件中感受到公平正义”目标，牢牢把握司法为民、公正司法工作主线，忠实履行宪法法律赋予的职责，狠抓执法办案第一要务，稳步推进各项工作，继续保持了良好的发展势头，积极为全县“十三五”经济社会发展良好开局营造了安全稳定的社会环境、公平正义的法治环境和优质高效的服务环境。

一、强化大局意识，充分发挥司法职能

准确把握司法工作服务和保障“十三五”规划落实的切入点，通过公正司法、提高办案质效，为全县的发展大局提供可靠的司法保障。全年受理各类案件 1883 件，同比上升 17.5%，审执结各类案件 1795 件，审执结率为 95.33%、审限内结案率达 94.62%，两项主要审判指标均居全市第一。

加强刑事审判，推进平安繁峙建设。坚持严把事实关、证据关、法律适用关，始终保持高压态势，依法严惩各类犯罪。受理案件 169 件，审结危害公共安全、社会治安秩序和严重危害群众生命财产安全犯罪案件 137 件，经济犯罪案件 14 件，职务犯罪案件 8 件，生产销售伪劣产品犯罪案件 7 件。依法对 193 名罪犯追究了刑事责任，其中，19 名罪犯被判处七年以上有期徒刑，43 名罪犯被判处三年以上七年以下有期徒刑，76 名罪犯被判处三年以下有期徒刑、拘役和管制，维护了社会稳定和经济发展秩序。坚持打击犯罪与保障人权并重，认真落实宽严相济刑事政策，对 55 名具有从宽情节的被告人依法适用非监禁刑。

加强民商事审判，促进经济社会和谐发展。强化经济形势分析研判，妥善化解实施各项政策过程中出现的各类涉诉矛盾纠纷，积极为供给侧结构性改革提供司法支持。受理各类案件 1112 件，审结 1078 件，审结率达到 96.94%。其中，依法审结婚姻家庭和继承纠纷案件 395 件、经济合同纠纷案件 193 件（含金融合同纠纷案件 62 件）、机动车交通事故责任纠纷案件 128 件、物权保护纠纷案件 16 件，有效地促进家庭和睦、助推脱贫攻坚、保障民生权益，着力推进和谐、平等、法治、诚信社会建设，进一步弘扬了社会主义核心价值观。

加强行政审判，妥善处理行政争议。认真执行修改后的《行政诉讼法》，依法化解行政纠纷 8 起，并在市中院的统一安排下于去年 10 月 1 日起实施了行政案件集中管辖、异地审理，我县和原平市的行政诉讼案件统一归由代县法院管辖审理。

加强执行工作，努力破解执行难题。扎实开展“雷霆”行动和执行大会战，充分发挥网络查控作用，强化查封、扣押、冻结等执行强制措施的应用，将不履行法律义务的

被执行人100%纳入失信被执行人名单，累计超过600人，对其在招标投标、融资信贷、市场准入、高消费等方面实行信用惩戒，使之“一处失信、处处受限”。会同公安机关、检察机关进一步理顺拒执犯罪刑事责任追究协作机制，依法惩治拒不执行裁判行为，司法拘留28人（次），向公安机关移送拒执犯罪案件2起，促使21件久执不决的案件当场履行结案。通过各种执行措施的综合运用，案件实际履行率有了突破性提高，248件案件彻底了结，最大限度地兑现了当事人胜拆权益，不断推进了社会诚信体系建设。

二、推进司法改革，稳步完善运行机制

按照中央和上级法院关于人民法院司法体制改革的总体布置，认真做好司法责任制、司法人员分类管理、司法人员职业保障、人财物省以下统一管理等四项改革的基础性工作，各项改革稳妥推进。

扎实做好法官首批入额遴选工作，稳步推进司法体制改革。根据上级法院的工作部署，认真制定工作方案，多措并举化解报名法官多、遴选员额少的矛盾，于去年11月底圆满组织完成了对遴选法官的考试考核工作，确定了17名入额法官名单，等额上报省法官遴选委员会后全部获得批准，实现了从今年2月1日起全面向入额法官进行分案，为各项改革的顺利推进奠定了基础。

努力推进繁简分流改革，切实提升案件审判效率。一是推进“内外分流”，构建多元化纠纷解决机制，积极促进矛盾纠纷的源头预防和化解。二是推进“类案分流”，根据类案特点形成相对固定的办案规则，促进矛盾的快速高效处理。三是推进“化繁为简”，对于证据多、争议大、法律关系复杂的“繁”案，通过归纳无争议事实等方式，使法庭审理围绕当事人争议的焦点问题进行，实现“化繁为简”。四是推进“轻刑快办”，努力“瘦身”庭审，对被告人无异议的事实不再进行核实，使法庭调查及辩论主要围绕量刑事实进行。

深化审判委员会改革，切实推动审委会职能转变。一是建立讨论案件过滤机制，压缩讨论案件比例。严格限定提交审判委员会讨论案件的范围，除少数疑难复杂案件和发回重审案件应当提交审判委员会讨论决定以外，其他案件均由主审法官和合议庭成员审理、裁判，减少法官对审委会依赖心理，并将讨论事项尽量限制在法律适用层面，以期尽快适应司法体制改革的要求。二是加强类案指导，保证裁判尺度统一。对同类案件的审理方法、裁判标准等作出统一要求，实现了由“个案研究”向“综合指导”的转变。三是扩大参会人员范围，增强审委会实效性。邀请不担任审委委员的庭长列席会议，使大家都能及时领会审委会对相关案件的指导意见，并迅速贯彻到审判实践当中。

三、践行司法为民，主动回应司法需求

从保障人民群众合法权益、实现社会公平正义的角度出发，积极倾听民声、化解民怨、维护民权、保障民生，人民群众获取司法信息的途径更加畅通，得到司法救济的程序更加便捷，获得司法服务的质量和效率进一步提高。

深入推进司法公开，让正义以看得见的方式实现。按照最高法院提出的“系统化、信息化、标准化、社会化”要求，着力提升法院信息化应用水平。继续完善审判流程公开、裁判文书公开、执行信息公开三大平台建设，在中国裁判文书网公开各类裁判文书784份，实现了当事人凭借身份证件自助查询本人案件信息。顺利建成庭审直播系统，司法公开深度拓展。初步组织究成执行指挥系统建设，基本解决了执行人员在执法过程中遇到的执行取证难、上级指挥信息沟通难、不能记录执行过程信息等问题，促进了人民群众高度关注的执行难题的逐步破解。

着力加强审判管理，让人民群众减轻诉累。围绕23项案件质量评估指标，深挖审判流程节点管理的潜力，提升立、审、执各环节的衔接流畅度，办案节奏明显加快，取得了明显的成效：平均结案天数缩短为101.4天，简易程序适用率达到17.94%，人民陪审员陪审率提高到84.69%，改判率、发回率分别下降为1.05%和3.63%，申诉率为0.08%，法官人均结案达到53件。各项审判绩效水平继续保持在全市法院的前列。

稳步开展诉调对接，让矛盾纠纷多元化解。健全完善特邀调解组织和特邀调解员名册制度、委派调解工作机制、委托调解工作机制、邀请调解工作机制、驻点定期联络工作机制、与涉法涉诉信访工作的对接机制等矛盾纠纷多元化解工作机制建设，诉前调解纠纷39起，审理中以调解方式化解各类纠纷298起，有效地促进了案结事了，全院没有新增一例涉诉信访案件。特别是在精准扶贫工作过程中，我们在走访帮扶群众的同时，坚持送法入户、现场解决纠纷，为柏家庄乡下角峪村、下茹越乡赵家峪村群众提供法律咨询服务30余人（次），化解突出矛盾2起，保障了脱贫攻坚工作的平稳开展。

认真落实司法救助，让困难群众不会因讼致贫。共为34件案件的当事人缓减免收诉讼费用46.96万元，对11个案件的13名生活困难的申请执行人发放了司法救助金。

四、坚持从严治院，着力打造过硬队伍

以“政治过硬、业务过硬、责任过硬、纪律过硬、作风过硬”为总要求，通过加强教育、提高能力、改进作风，不断提高队伍的综合素质，着力打造一支信念坚定、执法为民、敢于担当、清正廉洁的法院队伍，取得良好成效。法院于去年8月先后被授予“全省优秀法院”和“市级文明单位标兵”。

狠抓思想政治建设，确保作风优良。依托“两学一做”学习教育的开展，立足法院职责特点，在组织开展好四个专题讨论的同时，创新实践举措，稳步推进“学习时代楷模，做合格法官”“把纪律挺在前面”和“双亮一建”专项主题活动，全面落实从严治党主体责任，明确目标导向和问题导向，大力改进审判作风，广大干警的“四个意识”进一步强化。

狠抓司法能力建设，确保履职尽责。深入推进“学习型”法院建设，通过组织参加中央政法委举办的政法干部学习讲座视频会，开展岗位职业培训、裁判文书评比、法警参训比武等多种途径提升干警的整体素质和能力，基本解决了“能力不足不能为，动力不足不想为，担当不足不敢为”的问题，进一步激发了全院干警干事创业、奋发有为的积极性。

狠抓司法廉洁建设，确保法院清廉。认真贯彻党章党规条例，严格落实中央“八项规定”和省高院“十五条禁令”，不断强化干警的纪律约束力和执行力，持续加强对立案、审判、执行等各个环节的实时监控，坚决做到审判放权不放任、监督到位不缺位，有效杜绝了干警违纪违法问题的发生。

五、自觉接受监督，切实推动司法进步

坚持把自觉接受人大代表、政协委员的监督，作为提升司法公信的重要抓手，进一步完善专人负责、领导批办、及时转办、督促催办、及时上报的工作机制，办好人大代表建议和政协委员提案，按时向人大常委会报告工作。进一步健全内外监督制度，充分发挥廉政监督员和廉政监察员的动态监督监察作用，积极防患于未然。高度重视舆论宣传工作，树立主动宣传、立体传播理念，加强与媒体、网络的沟通协调，充分展示了人民法院的良好形象。

回顾过去的一年，县法院各项工作呈现出稳中有进、蓬勃发展的良好态势，为维护我县改革发展稳定大局做出了积极贡献。这些成绩和进步的取得，离不开县委的正确领导，人大及其常委会的有力监督，得益于政府、政协及有关方面的大力支持和各位人大代表、政协委员的关心和帮助。在此，我代表县人民法院向一直以来关心、支持、理解法院工作的各位人大代表、政协委员、各级领导和社会各界人士表示衷心的感谢，并致以崇高的敬意！

在总结成绩的同时，我们也清醒地认识到，法院各项工作虽然都取得了明显的成效，部分工作还走在了全市法院的前列，但仍存在一些困难和问题：一是缺编人数即将破十，受案数量却屡创新高案多人少矛盾愈加突出，干警工作压力越来越大。二是一些干警工作中还存在就案办案的情形，不注重法律效果和社会效果的统一，服从和服务于大局的意识有待提高。三是法院信息化建设和便民服务设施建设投入依然不足，影响了服务人民群众、提升司法公信的效果。四是诉讼安全方面存在的隐患不少，法官权益保障和司法工作环境有待进一步改善。对于这些困难和问题，我们将积极争取各方支持，采取切实有效措施，认真加以解决。

2017 年工作安排

2017 年，是全面深化司法体制改革的决胜之年。县法院的总体工作思路是：坚持党的绝对领导，按照省委“一个指引、两手硬”重大思路和要求，以脱贫攻坚统揽全局，以深化司法体制改革为动力，以法院信息化为支撑，认真践行司法为民，不断深化司法公开，着力加强队伍建设，充分发挥审判职能，全力服务和保障全县稳增长、促转型、增动能、强实体、建城乡、惠民生、保稳定各项工作，加快全面脱贫、全面小康进程，为中共十九大胜利召开营造安全稳定的社会环境和公平正义的法治环境。

重点抓好以下工作：

一是进一步抓好执法办案，在服务大局上有新作为。自觉将法院工作置于党的绝对领导之下，立足全局，强化责任，围绕县委决策部署，积极探索符合全县经济社会发展的司法保障模式，确保党委政府重大决策的落实，不断增强平安繁峙、法治繁峙建设实效。认真贯彻总体国家安全观，严厉打击各类刑事犯罪，深化打黑除恶，重点惩处以脱贫之名、行谋私之实的非法集资、合同诈骗等经济犯罪，坚决惩治向贫困地区和贫困群众销售伪劣商品等影响生产经营的犯罪行为；强化与监察委员会的工作衔接和配合，依法从严惩处在脱贫攻坚过程中出现的贪污、受贿、玩忽职守等有碍扶贫开发建设的职务犯罪，确保扶贫资金安全和脱贫措施落地到位。妥善审理农民专业合作社创办运转、返乡农民工创业、扶贫企业生产经营过程中产生的借贷合同纠纷、买卖合同纠纷等民商事案件，多行“放水养鱼”之举，少做“竭泽而渔”之事，为创新发展、产业脱贫释放制度活力；注重加强对物权和其他财产权益的保护，让“有恒产者有恒心”。加强生态环境司法保护，支持绿色发展、生态脱贫。

二是进一步落实便民措施，在为民司法上有新举措。以破解人民群众反映强烈的“诉讼难、执行难”问题为导向，深入推进诉讼服务中心和执行指挥中心建设，不断完善服务功能。开辟涉贫案件立案、审判、执行“绿色通道”，重点建立关涉困难群体赡养、抚养、借贷纠纷和农民工追索劳动报酬、劳动争议等案件的快速办理机制，依法及时保护贫困当事人的合法权益。推行涉贫案件上门立案、巡回审判等便民诉讼举措，最大程度为贫困群众提供便捷诉讼，降低诉讼成本，减少奔波诉累。认真落实繁简分流机制，抓好小额案件速裁机制建设，着力提高审判效率。推进诉调对接，密切与人民调解组织、行政机关和有调解职能的其他组织的沟通协调，强化对人民调解组织的指导，不断拓宽矛盾纠纷解决渠道。加大执行规范化建设力度，推动健全社会征信体系，努力形成联合信用惩戒的“天罗地网”，密切关注低收入贫困群体合法权益的执行兑现，实现力争两年内基本解决执行难的目标。

三是进一步深化司法改革，在公正司法上有新成效。深入探索以司法责任制为中心的审判权运行机制改革，制定出台《关于实施员额制和落实审判责任制的具体办法》、《法官、审判辅助人员绩效考核及奖金分配办法》等相关制度，落实让审理者裁判、由裁判者负责，不断增强入额法官的责任意识和担当意识。推进以审判为中心的刑事诉讼制度改革，严格依法审查、运用证据，推动落实证人、鉴定人出庭制度，保证庭审在查明事实、认定证据、保护诉权、公正裁判中发挥决定性作用。稳妥推进司法人员单独序列管理、职业保障和人财物省级统管改革，激发改革内生动力。坚持对标对表，不断强化审判管理，坚决完成12项法院审判质效约束性重点指标任务，结案率要达到92%以上，审限内结案率要达到90%以上，案件合格率要达到99%以上，裁判文书实现100%上网公开，电子卷宗随案同步生成工作也要扎实推进。认真落实对入额法官的日常考核、员额退出、错案责任终身追究机制，做到有权必有责，用权受监督。

四是进一步加强队伍建设，在司法公信上有新提升。以创建“省级文明单位”和“全国优秀法院”为抓手，巩固和深化“两学一做”学习教育成果，落实各项整改措施，扎实改进司法作风，树立为民务实清廉司法形象。大力推进“互联网+诉讼服务”，建设“智慧法院”，加快实施诉讼档案数字化工程，推进电子卷宗在案件办理、诉讼服务和司法管理中的深度应用；认真开展法院办公自动化系统建设，顺利实现与上级法院在公文交换、流程管理、信息与知识共享等方面的互联互通。突出抓好诉讼安全设施建设，通过构筑安检通道，增配安检设备等措施，着力消除诉讼安全隐患，切实保护司法工作人员依法履行职责。认真贯彻全面从严治党要求和中央关于加强政法队伍建设的意见，坚持无禁区、全覆盖、零容忍，严肃查处队伍中滥用职权、贪赃枉法、以案谋私等违纪违法行为，坚决维护司法公正廉洁。

五是进一步扩大司法民主，在司法监督上有新加强。更加自觉接受人大、政协、监察委员会、检察机关和社会各界的监督，构建全方位的监督制约体系，把审判权、执行权牢牢地关进制度的笼子里。建立司法公开常态化机制，充分运用法院信息化手段，推行庭审网络直播，构建开放、动态、透明、便民的阳光司法机制。进一步完善人民陪审员制度，拓宽参审范围，提高参审率，实现人民陪审员代表群众参与审判、监督审判。

艰辛成就伟业，奋斗铸造辉煌。在新的一年里，人民法院将紧密团结在以习近平同志为核心的党中央周围，在县委的坚强领导下，在县人大、县政协及社会各界的监督支持下，在县政府的关心帮助下，真抓实干，攻坚克难，奋勇争先，创新发展，为实现繁峙振兴崛起作出新的更大的贡献，以优异的成绩迎接党的十九大胜利召开！

繁峙县人民检察院工作报告（节选）

2015 年 4 月 9 日繁峙县第十五届人民代表大会第五次会议报告

县人民检察院检察长　郝贵清

2014 年，县检察院在县委和市检察院的正确领导下、在县人大的有力监督和县政府、县政协及社会各界的大力支持下，深入学习贯彻中共十八届三中、四中全会精神和习近平总书记系列重要讲话精神，全面落实县十五届人大四次会议决议，忠实履行宪法和法律赋予的职责，深入扎实开展党的群众路线教育实践活动和学习讨论落实活动，各项检察工作取得了新的进展。

一、用心把握大局，全力服务保障经济社会发展

自觉把检察工作放到全县经济社会发展全局中谋划和推进，优化发展环境、关注保障民生、维护社会稳定。

——全力服务经济发展。紧紧围绕全县工作大局；积极参与县委县政府的各项重大活动，切实增强服务的针对性和实效性。围绕项目实施，对县委县政府确定的重大建设项目和重大民生工程积极提供法律服务和支持。主动配合公安机关开展金融环境专项治理活动，深入推进打击防范涉众型经济犯罪专项工作，全年对涉嫌组织：领导传销活动犯罪的 3 件 3 人依法提起公诉，有力维护了市场经济秩序。

——切实维护群众合法权益。坚持民生优先导向，深入践行群众路线，积极回应群众关切。针对群众关注的环境污染和食品药品安全问题，认真开展破坏环境资源和危害食品药品安全犯罪专项立案监督活动，依法从重从快办理相关案件，维护了人民群众的生命健康安全。健全联系群众、服务群众的长效机制，深化“进乡村、进农户、进社区、进企业、进学校，服务民生、服务经济”大走访活动，倾听群众呼声，解决群众困难。共实地走访乡村 60 个，社区 8 个，企业 25 家，学校 15 所，群众 150 户，征求意见建议 18 条，解答群众法律咨询 122 人次。

——努力推动依法治县进程。县检察院立足检察职能，自觉融入依法治县工作大局。积极推动健全行政执法机关和刑事司法机关案情通报、信息共享机制，实现行政执法与刑事司法的有效衔接，促进依法行政。

——扎实推进平安繁峙建设。充分履行批捕、起诉职责，与公安、法院等部门密切配合，依法严厉打击严重扰乱公共秩序、危害社会治安、影响群众安全感的。犯罪活动。全年共受理审查逮捕案件 106 件 136 人，审查后批准逮捕 111 人。共受理公安机关、本院自侦帮门和上级院交办的各类刑事案件 156 件 203 人，审查后提起公诉 132 件 173 人，报送市院审查起诉 6 件 6 人。

——全面贯彻宽严相济刑事政策促进社会和谐。坚持宽严相济刑事政策，该严则严，当宽则宽。对涉嫌犯罪但无社会危险性的25人，依法做出不批捕决定；对犯罪情节轻微且取得被害人谅解，依法不需要判处刑罚的13件14人，依法做出不起诉决定，最吠限度促进了社会和谐。

——落实未成年人案件专人办理等制度。认真贯彻教育、感化、挽救的方针，坚持教育为主、惩罚为辅，对未成年人犯罪案件慎捕慎诉，严格落实未成年人案件专人办理、合适成年人到场、犯罪记录封存等制度，有力保障了未成年犯罪嫌疑人的合法权益。

二、注重查办和预防职务犯罪，促进反腐倡廉建设

把查办和预防职务犯罪工作摆在突出位置，坚持有案必查和有腐必反的零容忍态度，惩治、预防两手抓，努力形成惩治腐败的高压态势。

——加大办案力度。坚决贯彻县委和上级检察机关的部署，进一步加大查办职务犯罪工作力度。全年共初查初核案件线索20余件，立查职务犯罪案件4件10人，其中贪污贿赂案2件2人，渎职侵权案2件8人。

——提升办案质量和效果。牢固树立人权意识、程序意识和证据意识，依法规范侦查手段和强制措施，保障犯罪嫌疑人诉讼权利和辩护律师依法执业权利，严格执行办案安全防范、全程同步录音录像等制度，强化涉案款物扣押、冻结、保管、处理工作的全程监管，切实做到不枉不纵、客观公正。

——深入开展职务犯罪预防。认真落实《山西省预防职务犯罪工作条例》，结合办案深化职务犯罪预防，通过预防教育和警示教育、预防调查、检察建议、行贿犯罪档案查询等方式，大力营造全社会预防职务犯罪的良好氛围。全年共组织预防调查6次，提出检察建议8份，开展警示教育5次，预防讲座12次，受理行贿犯罪档案查询154次。与县民政、金融、林业等单位联合召开了预防职务犯罪座谈会，有力推动了全县预防职务犯罪大格局的形成。

三、强化对诉讼活动的法律监督，维护司法公正

坚持把实现公平正义作为检察工作的价值追求，全面履行诉讼监督职责，努力做到敢于监督、善于监督、依法监督、规范监督，推进法治繁峙建设。

——强化刑事诉讼监督。加强刑事立案和侦查活动监督，依法监督公安机关立案2件7人，监督撤案泛件2人，追捕漏犯1人，共向公安机关发出纠正违法通知书18份，提前介入，命案现场5次，对逮捕后案件进行羁押必要性审查5次。加强刑事审判监督，针对刑事审判活动中存在的违法情形发出纠正违法通知书3份，针对一审判决适用法律不当的2件2人依法提出抗诉，法院均已改判，确保罚当其罪，罪刑相当。

——努力清理久拖不决案件。对因历史因素造成的存在疑点或证据不足形成的3件5人久拖不决案件，穷尽其力补充证据，消除疑点，依法做出处理。

——强化刑罚执行和监管活动监督。扎实开展减刑、假释、暂予监外执行专项检察活动，充分发挥监所检察职能，加强社区。矫正法律监督，对全县十三个乡（镇）司法所管理的182名社区服刑人员进行了专项检查，对检查中发现的问题，及时提出纠正意见，并监督其及时整改。加强对县看守所的检察监督，对检查发现的安全隐患提出纠正违法45次，杜绝了超期羁押的发生，确保监管场所安全稳定。

——强化民事和行政诉讼监督。积极开展民事调解和执行监督、民事行政检察案件跟进监督等专项工作。全年共受理民事行政案件 214 件，提出检察建议 54 件，对民事行政执行活动执行行为监督 20 件，支持起诉 61 件，办理督促履行职责 32 件。

四、深入开展党的群众路线教育和学习讨论落实活动，加强过硬检察队伍建设

坚持正确政治方向，大力提升干警思想政治素质。业务工作能力和职。业道德标准，加强理想信念教育，坚持党的事业、人民利益、宪法法律至上，从严治检，抓班子带队伍，切实提升检察人员能力、激发检察队伍活力、增强检察工作实力。

——群众路线教育活动取得明显成效。始终，坚持问题导向，以人民群众满意为标准，全体干警认真对照检查自身，努力扫除行为之弊、作风之垢，进一步坚定了群众观念，党，的群众路线教育实践活动成果正在逐步转化为全体干警凝心聚力谋划繁峙检察工作的不竭动力。

——学习讨论落实活动扎实开展。通过组织全体干警认真学习讨论、联系实际、对照检查，整理出我院存在的 6 个方面 30 项具体问题，已经整改 16 项，14 项正在整改。

——队伍素能实现新的提升。把学习贯彻党的十八届三中、四中全会和习近平总书记系列重要讲话精神作为首要政治任务，组织干警在全面系统学习的基础上，对有关法治建设和检察工作等重要论述进行重点学习，牢牢把握新时期检察工作的发展方向。坚持以正规化、专业化、职业化为导向，有效提升队伍法律监督素能。深入推进学习型检察机关建设，坚持班前半个时集中学习制度，十警的思想政治素质、业务工作能力不断提升正逐步成为一种新常态。

——自身监督制约不断强化。严格落实党风廉政建设主体责任和监督责任，时刻把党风廉政建设放在心上、抓在手上。教育干警在日常执法办案中树立纪律制度“底线思维”和“红线意识”，严格执行和落实各项制度和规定。

——阳光检察工作进一步深化。积极开展以检务公开为核心的“阳光检察”工程，去年 9 月份以来，我院依托全国检察机关统一业务应用系统，建成并运行统一案件信息公开系统，定期发布案件流程性信息和法律文书。坚持能公开的一律公开，让检察工作的每个环节都在阳光下运行，最大限度地满足人民群众的知情权和监督权。

——主动接受人大监督和民主监督。主动向人大及其常委会报告重要工作情况，及时向政协通报工作情况。加强与人大代表、政协委员：的沟通联系，及时倾听代表委员的意见建议，认真办理代表提出的意见建议高度重视人大常委会每年开展的联系代表、走访选民活动，切实把检察工作始终置于人民监督之下，民主监督之中，确保检察权的正确运行。

各位代表，过去一年检察工作成绩的取得，得益于县委和上级检察机关的正确领导，得益于县人大及其常委会的有力监督，得益于县政府、县政协及社会各界的关心支持。对此，我代表全体检察干警表示崇高的敬意和衷心的感谢。

在肯定成绩的同时，我们也清醒地认识到工作中仍然存在一些问题和不足。一是服务经济社会发展的视野还不够开阔，措施办法还有待进一步完善；二是职务犯罪预防和查处工作还有待进一步加强；三是法律监督职能发挥还不够充分，执法办案工作还有待进一步规范；四是自身队伍建设需要不断加强，执法能力、执法形象和执法公信力有待进一步提升。对这些问题，我们将认真研究，切实加以解决。

2015年是全面深化改革的关键之年，是全面推进依法治国的开局之年，新形势对检察机关提出了新的任务和要求。我院的总体思路是：深入学习贯彻党的十八大、十八届三中、四中全会和习近平总书记系列重要讲话精神，围绕县委和市检察院的工作部署，坚持以执法办案为中心，以服务发展、维护稳定、保障民生为己任，以深化司法体制改革和检察改革为动力，全面强化法律监督，全力打造过硬检察队伍，全心全意回应代表委员关切，加大法制宣传和职务犯罪打击力度，为实现繁峙弊革风清、富民强县提供更加坚强有力的司法保障。围绕以上思路，我们将重点做好以下工作：

一是更加积极有效地服务全县改革发展。牢固树立以法治思维和法治方式服务大局的理念。深入贯彻落实县委决策部署，紧紧围绕全县中心工作，主动适应经济发展新常态，通过深化检察改革，更好地履行检察职能，不断加强对项目建设、工业经济发展、农业农村改革创新、现代服务业提升的司法保护，为全县经济社会发展营造良好的法治环境。

二是更加积极有效地服务人民群众、维护民生民利。牢固树立以民为本、司法为民的理念，密切关注民生领域犯罪活动的新情况新动向。积极参加整顿和规范市场经济秩序，依法打击非法经营、强迫交易、合同诈骗等犯罪，维护规范有序的市场环境。围绕教育就业、社会保障、医疗卫生、食品药品安全、环境保护、扶贫救灾等领域，严厉打击侵害群众切身利益的刑事犯罪，加大对涉及民生问题案件的法律监督力度，促进解决涉及人民群众利益的热点难点问题。要深入查办和预防发生在群众身边、损害群众利益的职务犯罪，对问题线索反映集中、群众反映强烈的“小官大贪”，坚决深挖细查、一查到底。大力加强法治宣传和法治文化建设，增强全民法治观念。加大检力下沉力度，畅通群众诉求渠道。

三是更加积极有效地推进平安繁峙、法治繁峙建设。以人民群众平安需求为导向，坚持以法治为引领，依法严厉打击各类严重刑事犯罪，积极参与加强和创新社会治理，完善预防和化解社会矛盾机制，切实维护社会和谐稳定。强化对刑事诉讼、民事诉讼、行政诉讼的法律监督，依法监督纠正执法不严、司法不公问题努力让人民群众在每一个司法案件中都能感受到公平正义。

四是更加积极有效地加大查办和预防职务犯罪力度。坚持有案必查、有腐必反，集中精力突出查办大要案件，特别是领导机关和重要岗位领导干部的职务犯罪。要主动适应经济社会发展形势，深入查办土地、交通、房地产、能源和工程建设等重点领域的职务犯罪案件。要深入开展打击行贿犯罪专项工作，突出查办行贿犯罪案件。要加大渎职侵权案件查办力度，重点查办国家机关工作人员乱作为、不作为，情节恶劣、后果严重的渎职侵权犯罪案件，促进依法行政。要加大侦查一体化建设力度，检察机关各部门之间要加强协调配合，推进“贪渎并查”、动态报告、提前介入、线索移送和宣传报道五项工作。结合办案深化预防，充分运用典型案例开展警示教育，大力开展法律宣传教育，注重开展重点项目专项预防，扎实抓好社会化预防宣传、预防调查和年度报告等工作，全面推进惩治和预防腐败体系建设。

五是更加积极有效地加强执法办案规范化建设。扎实开展规范司法行为专项整治工作，着力解决自身司法不规范的问题。进一步完善检察人员司：法权力和责任清单制度，明确各个司法办案岗位的职责、流程、标准，推进办案“精准化、精细化”建设。要探索对检察机关办案部门、办案人员自身违法违纪行为建直纠正违法通知和违法办案记录、通报、责任追究制度，坚持谁审批谁担责、谁办案谁担责。努力使事实认定符合各观真相、办案结果符合实体公正、办案过程符合程序公正。

六是更加积极有效地推进过硬检察队伍建设。始终把思想政治建设摆在首要位置，加强理想信念教育和职业道德教育，推进队伍正规化、专业化、职业化，切实提升检察人员的执法办案能力、群众工作能力、科技信息化应用能力和新媒体时代社会沟通能力。巩固和拓展党的群众路线教育实践活动成果，扎实将学习讨论落实活动向纵深推进，完善纪律作风建设常态化机制，努力打造政治过硬、业务过硬、责任过硬、纪律过硬、作风过硬的高素质检察队伍。

在新的一年里，我院将在县委和市检察院的坚强领导下，认真贯彻落实本次会议决议，更加自觉接受人大监督、民主监督和社会监督，求真务实，真抓实干，努力开创检察工作新局面，让我们紧密团结在以习近平同志为总书记的党中央周围，为全面建成小康社会、全面深化改革、全面依法治国、全面从严治党作出更大贡献！

2016 年 8 月 29 日繁峙县第十六届人民代表大会第一次会议报告

县人民检察院代检察长　岳岐峰

一、上届检察工作回顾

2011 年以来，我院在县委和上级院的正确领导下，在县人大、县政府、县政协及社会各界的有力监督和大力支持下，紧紧围绕全县工作大局，全面强化法律监督，严格规范司法行为，大力加强队伍建设，稳步跟进司法改革，各项检察工作取得了新进展：

（一）围绕服务大局，创优经济发展环境

主动服从县委和上级院领导，自觉把检察工作置于全县工作大局之中，努力把县委和上级院的部署落到实处，积极参与县里的各项工作，为经济发展提供良好的司法保障服务。加强对阻碍经济发展、破坏生产秩序的违法犯罪活动的打击力度，加大对招投标市场、政府采购和银行借贷业务行为的监督。累计受理行贿犯罪档案查询 4585 次，有效避免了有行贿记录的不良企业和个人参与招投标工程，降低了银行贷款发放风险。切实做好群众来信来访工作，规范群众涉法涉诉行为，妥善化解社会矛盾，创优经济发展环境。

（二）围绕社会稳定，严厉打击刑事犯罪

依法打击各类刑事犯罪，始终把维护社会和谐稳定作为首要任务，充分履行批捕、起诉职能，努力为人民群众安居乐业创造良好的社会环境。2011 年以来，共受理公安机关提请批准逮捕案件 592 件 857 人，批准逮捕 680 人，不批准逮捕 177 人。共受理移送起诉案件 832 件 1166 人，报送市院管辖 54 件 125 人，向县人民法院提起公诉 734 件 980 人，不起诉 30 件 40 人，提请抗诉 5 件。在办理刑事案件过程中，充分贯彻宽严相济的刑事政策，既有力地震慑犯罪，同时对未成年人犯罪案件和轻微刑事犯罪案件，从教育、感化和挽救的方针出发，慎重起诉，依法当宽则宽。

（三）围绕反腐倡廉，大力查防职务犯罪

2011 年以来，我院把保障民生、维护稳定、服务大局作为查办职务犯罪工作的重点，加强与纪检委、上级检察院的联系和协作，实行侦查一体化办案机制，整合全院力量，实行统一指挥、整体联动，查办职务犯罪取得新突破。2011 年以来，立案侦查贪污贿赂职务犯罪案件 18 件 24 人，立案侦查渎职侵权犯罪案件 14 件 28 人。在大力查办职务犯罪的同时，我们不断加强预防职务犯罪工作，坚持打防并举，以打促防，预防为主的方针。突出个案预防、系统预防和专项预防，开展了多领域、多形式的预防职务犯罪工作。深入民政、交通、工商、文化体育、医疗卫生等领域进行了预防调查，特别是针对群众关心关注较多的涉农领域等部门进行了深入的调查，发现问题后发出检察建议并提出整改意见。

大力开展“送法进机关、送法进企业”活动，在职务犯罪多发易发领域通过以案说法开展警示教育活动，巡回展播省人民检察院制作的《权力不可任性》专题片，警示国家工作人员依法使用权力。2011 年以来共开展预防调查 24 件，案例分析 13 件，提出检察建议 27 件，进行预防警示教育宣传活动 32 次。

（四）围绕司法公正，有力实施法律监督

加强诉讼监督，促进执法公正。2011 年以来，共监督立案 38 件 47 人，监督撤案 15 件 18 人，纠正漏捕 9 人，发出《纠正违法通知书》62 份；退回补充侦查 129 件 222 人。加强民事和行政诉讼监督。2011 年以来，共受理各类案件 455 件，办理支持起诉 130 件，执行监督 43 件，审判监督 134 件，促成和解 14 件，发出检察建议 134 份。加强信访工作，注重从源头上化解矛盾。共接待受理群众来信来访 36 件次，来信来访均得到了妥善处理。强化刑罚执行和监管活动监督。进行安全防范检察 185 次，其中联合检察 5 次，提出检察建议 7 次，填发纠正违法通知书 185 份，对纳入社区矫正的监外执行人员进行常态化考察，严防脱管漏管现象发生。案件管理工作稳步开展。一是对各部门所办案件流程、质量实行动态监管，及时发现和督促纠正违法违规办案。二是规范诉讼权利保障，加强辩护人、诉讼代理人的接待工作，建立律师阅卷室。三是建立健全涉案款物管理制度，实现了所有涉案财物由案管中心统一保管。

（五）围绕检务保障，全面改善软硬环境

1. 优化检察工作环境。一是对办公大楼进行了电路和暖气升级改造，改善了由于线路老化，经常出现短路停电的状况，结束了冬天办公室挨冻的局面。二是完善了档案室建设，对档案室进行升级改造，达到省级示范档案室标准并顺利通过验收。三是建立了院史陈列室，建院以来的好多宝贵资料和照片得以完善保存。四是加强信息化建设，为每个干警配发了电脑，每个办公室都配发了打印机，开通了视频会议、局域网、政法专线网和三级机要通道。五是建成并启用了阳光检务大厅，整合案件管理、预防查询、控告举报、民行监督为一体，文明接待当事人。大力推行检务公开，案件流程公开，案件信息公开，零距离接待当事人，面对面进行法律咨询，一对一进行接访活动。开设了繁峙检察官方微博、微信、客户端、QQ 邮箱等网络工作平台，制作了阳光检务宣传资料，印制了阳光检务宣传册。

2. 加强办案规范化建设。把各项检察业务规范建设作为工作的重中之重，实行精细化管理，精准化执法，严格规范干警执法行为，整体提升执法能力和水平。突出抓好对自身执法办案的监督制约，推行检务公开，向社会公开干警执法信息，建立了廉政风险防控机制。为全院干警建立办案人员执法档案，健全了“一案三卡”等各项制度。

3. 强化机关管理工作。一是规范各项管理工作制度，主要包括财务开支、固定资产管理、罚没款物管理、车辆管理、重大事件应急方案等制度，形成以制度管人、以制度管事的管理格局；二是制定了各科室办公、办案工作流程和管理制度，做到制度上墙，任务明确，职责分明，并要求严格遵章执行。

（六）围绕队伍建设，大力提升队伍整体素能

我院始终把检察队伍建设作为事关检察工作长远发展的根本任务抓紧抓好，加强对干警的监督和管理，突出抓好领导班子建设，强化队伍专业化管理，大力提升检察队伍的整体素质。一是强化思想政治教育。积极投身并组织开展了各项学习教育活动，切实提高干警的政治素质和业务能力。坚持每天班前学习和院领导轮流组织学习制度，深入开展岗位教育培训，严格目标责任考核，强化 8 小时以外管理。二是强化制度建设，严格队伍管理。在全院建立了廉政风险防控机制，为每位干警建立了廉政档案。健全了来访接待、考勤管理和请销假制度，实行指纹签到和签字签到，严格执行请销假、公务接待、财务报销、车辆管理等制度，从严整顿纪律作风，严禁出现违反八项规定和四风问题行为，切实改进工作作风。三是注重对干警的业务培训，创造条件让干警参与各项业务培训，激励其积极主动进行政治学习和业务学习，不断提高干警的素质能力。全院有 14 名干警通过了国家统一司法考试。四是加强廉政建设。认真贯彻落实党风廉政建设“两个责任”，健全完善党风廉政建设责任制，明确岗位职责，严明工作纪律，把党风廉政建设任务分解落实。坚决防止滥用检察权，以权谋私、执法违法的行为和不正之风，维护检察队伍的良好形象，提高执法公信力。

检察事业的发展，是县委正确领导，人大有力监督，政府、政协和社会各界大力支持、关心的结果，在这里，我代表县人民检察院，向给予检察工作关心、支持、和帮助的各位领导、人大代表、政协委员和社会各界表示崇高的敬意和诚挚的感谢！

同时，我们也清醒地认识到工作中存在的一些问题和不足，主要有：一是运用法治思维和法治方式服务大局、打击犯罪、化解矛盾的能力需要加强。二是工作亮点不多，争先创优的意识有待进一步加强。三是个别干警规范司法行为还没有形成习惯。四是反腐败查办案件的成效还不够明显。

二、下一步工作打算

今后五年，我院要以中共十八大及十八届三中、四中、五中全会精神和习近平总书记系列重要讲话精神为统领，紧紧围绕全县经济发展大局，以执法办案为中心，以维护司法公正为目标。强化法律监督，强化自身监督，强化队伍建设，狠抓工作落实，全面提升检察工作水平，为我县经济发展和社会稳定提供更加有力的司法保障。

（一）自觉服从党委领导，主动接受人大监督

牢固树立以法治思维和法治方式服务大局的理念。始终坚定检察工作正确的政治方向，坚持把检察工作置于党的领导和人大及其常委会的监督之下，自觉接受人大监督，认真听取人大代表对检察工作的建议、批评和意见，主动适应改革发展新常态，强化政治意识、大局意识、核心意识和看齐意识，努力把党委和人大的部署落到实处。

（二）严厉打击严重刑事犯罪，大力营造良好法治环境

围绕县委中心工作，全力服务发展大

局。立足检察职能，着力为重点企业、重大项目、重点工程建设的顺利推进提供有力的司法保障和优质的法律服务。妥善处理和化解影响社会稳定和经济发展的无理缠访闹访行为，妥善化解社会矛盾纠纷，有效规范信访秩序。消除因职务犯罪形成的不和谐、不稳定、影响发展的因素，持续净化社会风气，创优经济发展环境。

（三）认真履行法律监督职能，有力维护司法公正权威

紧紧围绕人民群众反映强烈的执法不严、司法不公问题，严格贯彻宽严相济的刑事政策，全面加强对刑事立案、侦查、审判、刑罚执行、民事执行等活动监督，明确监督方向，加大监督力度，改进薄弱环节，维护司法公正。积极探索加强对行政执法活动的法律监督，建立健全与政府及其有关执法部门的监督联动机制，促进行政执法人员更好地运用法治思维和法治方式履行管理职责。

（四）加大查办职务犯罪力度，努力促进反腐倡廉建设

继续加大职务犯罪打击和预防力度。坚持无禁区、全覆盖、零容忍，保持反腐败斗争力度不减、节奏不变、尺度不松。突出查办群众反映强烈、问题线索集中的职务犯罪案件，着力加强涉农惠民领域职务犯罪案件查办工作，促进干部清正、政府清廉、政治清明。在加大职务犯罪打击的同时，进一步深化预防工作，充分运用典型案例开展警示教育，大力开展法律宣传教育，努力从源头上遏制和减少职务犯罪的发生。

（五）强化执法规范化建设，奋力推进理性文明执法

改进工作作风，规范执法行为，全面推进严格执法、公正司法。落实办案质量终身负责制，建立健全错案责任追究机制。逐步完善领导干预司法活动、插手具体案件的责任追究制度。健全完善案件集中管理机制，强化对司法办案活动的源头控制、全程监管、事后评价，做到案件流转到哪里，监督管理就延伸到哪里，切实防止司法不规范问题的发生，不断提高司法公信力。

（六）大力加强班子队伍建设，着力打造过硬检察队伍

以党建带队建，加强队伍的政治建设，加强教育培训，深入开展“两学一做”学习教育活动，确保队伍绝对服从党的领导。突出抓好领导班子建设，大力加强队伍专业化建设，加大教育培训力度，广泛开展岗位学习练兵，不断提高干警执法水平；狠抓纪律作风建设，坚持从严治检，切实抓好执法规范化建设；不断强化自身建设，自觉接受党内监督和社会监督。坚决防止滥用检察权、以权谋私、执法违法行为的发生，维护检察队伍的良好形象。

（七）扎实推进司法改革，全力增强检察工作活力

稳步跟进中央开展的以司法人员分类管理、司法责任制、司法人员职业保障、省以下地方检察院人财物统一管理为核心的司法改革工作。积极会同组织、编办、人事、财政等部门摸清人员、机构、编制、资产等基本情况，为下一步改革打好基础。加大司法改革政策宣讲力度，引导广大检察干警踊跃参与改革，积极支持改革，为改革顺利完成做好准备工作。

司法有道，在于公正廉洁；干事创业，贵在矢志追求。面对新形势和新要求，我们在县委和上级院的领导下，团结带领全体检察干警，凝心聚力，求真务实，真抓实干，全面推进各项检察工作创新发展，为服务和保障“十三五”时期繁峙经济社会发展做出应有的贡献。

2017年3月27日繁峙县第十六届人民代表大会第二次会议报告

县人民检察院检察长　岳岐峰

2016年主要工作

2016年，我院在市检察院和县委的正确领导下，在县人大、县政府、县政协及社会各界的有力监督和大力支持下，坚持以习近平总书记系列重要讲话精神为统领，紧紧围绕全县经济发展和社会稳定工作大局，忠实履行法律监督职责，持续加强过硬队伍建设，稳妥推进司法体制改革，积极配合搞好监察体制改革试点工作，各项检察工作取得了新进展。

一、服务大局，创优我县发展环境

主动把检察工作融入全县经济社会发展大局，积极服务我县关于脱贫攻坚、经济发展、社会稳定的决策部署。

——助力脱贫攻坚。与扶贫、民政等部门协作配合，加强预防扶贫领域职务犯罪专项工作，强化服务保障措施。以涉农资金为切入点，全面推行“互联网+阳光百姓工程”，跟踪监督涉农资金使用，让每一笔扶贫资金都惠及百姓。深入全县13个乡镇进行了预防调查，实地查阅涉农资金使用账目，深入群众了解涉农扶贫项目落地实际情况，发现问题后发出检察建议并提出整改意见。通过以案释法等方式，对涉及扶贫开发工作的单位和人员开展法制宣传和警示教育，确保扶贫资金高效使用。认真做好下乡包村扶贫工作，选派第一书记驻村负责黄草村脱贫工作，为贫困户建档立卡，通过召开座谈会、入户访谈、实地考察、实物慰问、扶贫捐款等方式，真心实意地慰问贫困户，为他们讲政策、解难题、送温暖。

——服务保障企业。围绕我县重点项目、重点工程、重点企业建设，充分发挥惩治、预防、监督等检察职能作用，服务和保障我县经济健康发展，强化招投标、政府采购和银行贷款业务行为的监督。累计受理行贿犯罪档案查询4116次，有效避免了有行贿记录的不良企业和个人参与招标工程，降低了银行贷款发放风险。严肃查办国家工作人员索取贿赂、滥用职权、玩忽职守等损害企业合法权益的职务犯罪，努力营造法治化营商环境。

——创优发展环境。以切实做好群众来访接待工作，推行“阳光接待”工作为载体，深化各项便民利民措施，规范群众涉法涉诉行为，积极引导上访人员依法维权、理性表达，促进社会和谐稳定。加强与公安、法院的协调配合，形成“维稳”工作合力。对于几名无理违法缠访、闹访的人员，依法予以打击，为我县经济发展保驾护航。

二、维护稳定，严厉打击刑事犯罪

充分履行批捕、起诉职能，依法惩治各类刑事犯罪，我院始终把维护社会稳定和政治安定摆在工作首位。共受理公安机关提请批准逮捕各类刑事案件135件166人，批准逮捕134人；提起公诉154件204人，提起抗诉2件；对轻微犯罪实行宽严相济的刑事政策，决定不批准逮捕25人，不起诉7人。在办理刑事案件过程中，充分贯彻宽严相济的刑事政策，在有力震慑严重犯罪的同时对未成年人犯、初犯、偶犯和轻微刑事犯罪案件，本着教育、感化和挽救的方针，慎捕慎诉，依法当宽则宽。

三、反腐倡廉，职务犯罪惩防结合

认真贯彻落实中央及上级检察院关于反腐败斗争的决策部署，立案侦查贪污贿赂犯罪案件3件3人，立案侦查渎职侵权犯罪案件2件4人。在查办职务犯罪的同时，积极发挥预防职务犯罪的治本作用。针对重点行业单位组织开展预防调查3次，在砂河镇、大营镇、横涧乡、神堂堡乡等庙会上开展宣传活动10次，组织县内各单位主要领导干部观看“预防职务犯罪微电影展播”宣传活动2次，在繁峙电视台播放警示教育片2次。

四、牢记职责，全面实施法律监督

——强化立案侦查监督。在刑事立案监督中，重点纠正有案不立、有罪不究等问题。监督公安机关立案6件6人，监督行政执法机关立案2件2人，监督自侦部门立案1件3人。纠正漏捕1人，发出《纠正违法通知书》9份，提前介入命案现场勘察5件。

——增强民事行政监督。准确把握民事行政诉讼监督的法律属性，构建多元化的法律监督格局。开展审判活动监督28件，执行活动监督20件，支持起诉75件，督促履行职责12件。对繁峙县宝山矿业、龙山砖厂拖欠的农民工工资进行追偿，成功办理支持起诉案件75件。就我县国税局对鼎泰矿业、平型关铁矿未及时收缴增值税发出检察建议2份，及时挽回了税收损失。

——加强刑罚执行监督。把工作的基本点和着力点放在加强日常管理监督上。进行安全防范检察17次，其中联合检察7次；填发纠正违法通知书25份。联合我县司法局开展了三个月的社区矫正人员脱管、漏管专项检察活动，走访137名社区矫正服刑人员，全面了解其管理情况及生活现状，并逐一建档，防止脱管漏管现象发生。

——突出控申“窗口”作用。完善控申检察工作机制，拓宽群众表达诉求的渠道。推行涉检信访“四要求”“七到位”和阳光接访“六项机制”。受理群众来信来访40件，检察长接待91人次。

五、突出重点，稳妥推进两项改革

——叫稳妥推进司法改革。按照司改精神，认真做好省以下人财物统一管理的各项准备工作、检察官职务套改和首批员额制检察官遴选工作。成立司改领导小组，制定了首批检察官遴选工作和业绩考核实施方案，认真组织落实，严格规范操作，把握工作进度，遴选出首批入额检察官7名。

——深化监察体制改革。秉持政治意识、大局意识、核心意识和看齐意识，严格落实监察体制改革试点要求，认真做好我院反贪污贿赂等职能部门的机构、人员、编制、装备、案件线索、档案资料的调查摸底和整理工作，按时保质做好人员转隶和案件线索移送衔接工作，全力以赴配合搞好监察体制改革试点工作。

六、注重实效，加强队伍管理建设

严格按照党中央提出的过硬政法队伍建设的总体要求，努力打造信念坚定、司法为民、敢于担当、清正廉洁的检察队伍。

——突出思想政治建设。认真学习习近平总书记系列重要讲话精神，扎实开展“两学一做”学习教育，引导全院干警恪守“坚定理想信念、执法为民、捍卫法治、坚持公平正义、廉洁如水”的检察职业良知，确保检察队伍忠诚可靠。

——强化领导班子建设。提倡班子成员团结互助，按规定坚持“三会一课”制度，主动带头为院里干警做表率，严格落实党风廉政建设的各项组织规定，努力打造一支忠诚、干净、担当的班子队伍。

——加强素质能力建设。坚持以正规化、专业化、职业化建设为目标，支持鼓励干警外出参加各类业务培训 31 人次，2 名干警攻读在职硕士研究生，多名干警通过国家统一司法考试，逐步提升干警的业务素质和办案能力。

——狠抓纪律作风建设。认真落实全面从严治党“两个责任”，深入学习贯彻《关于新形势下党内政治生活的若干准则》和《中国共产党党内监督条例》，定期召开民主生活会，开展批评与自我批评活动，坚决把党的纪律和规矩挺在前面。严格规范检察官行为，确保检察队伍风清气正。

七、文化育检，美化亮化办公环境

美化办公环境，营造文化氛围，提升队伍形象。针对我院大楼年久失修，房顶漏雨、地下管道漏水的现状，我院完成办公楼粉刷、大厅修缮、楼顶防水和地下室防漏等工程，新建了党员活动室、图书室和阅览室三合一的党员活动场所，新建了以图版、字画、名言警句为内容的党建、廉政和检察文化长廊，努力为干警提供一个环境舒适、文化突出、形象良好的办公办案环境。

一年来，我们始终坚持党对检察工作的领导，自觉接受人大、政协和社会各界的监督。加强与县人大、县政协的联络工作，定期走访人大代表和政协委员，主动征求代表委员们对检察院工作的意见建议，邀请人大代表和政协委员来院视察工作，参加检察开放日等活动，使检察工作更好地服务大局，更好地体现人民群众的意愿和要求。

我们深知，检察工作的进步，是上级检察院和县委正确领导，县人大有力监督，政府、政协及社会各界关心支持的结果。

同时，我们清醒地认识到，我们的工作还存在一些问题。主要是：一是以法治思维和法治理念解决困难的工作能力有待进一步提升，落实县委决策部署的措施有待进一步强化；二是法律监督职能履行不够充分，诉讼监督的力度和效果，与人民群众的期待和要求存在明显差距；三是全面从严治党、从严治检还有差距，队伍管理还存在薄弱环节，部分检察人员的执法办案能力和职业道德修养有待进一步提高；四是检察科技和信息化水平与新形势还不相适应，信息技术应用能力亟待提高；五是工作亮点不多，争先创优的意识还需进一步强化。针对以上不足，我们将高度重视，采取有力措施切实加以解决。

2017 年工作安排

2017 年，我院全面贯彻党的十八大和十八届三中、四中、五中、六中全会精神，深入学习习近平总书记系列重要讲话精神，牢固树立“四个意识”，以强化法律监督、强化自身监督、强化队伍建设为总要求，以司法办案为中心，以深化改革为动力，忠实履行法律监督职责，全力服务保障县委发展战略，切实维护社会稳定，促进社会公平正义，保障人民安居乐业，为建设“幸福繁峙、美丽繁峙”提供强有力的司法保障。

一、注重把握工作大局，全力服务保障经济发展

紧紧围绕县委中心工作，自觉保持检察工作与经济发展同频共振，坚决有力服务保障我县经济社会平稳健康发展。积极配合以脱贫攻坚统揽经济社会发展全局的发展部署，依法惩治破坏市场经济秩序犯罪特别是非法集资等涉众型经济犯罪，强化对重点领域的产权保护，及时跟进法律监督，积极应对涉法涉诉问题，促进各项改革政策措施有效落实。

二、依法打击违法犯罪，着力维护我县社会稳定

坚决把维护国家政治安全特别是政权安全、制度安全放在第一位，充分履行批捕、起诉职能，做好维护稳定、打击犯罪工作。把严打快捕防止方针贯彻到批捕公诉工作之中，严厉打击涉黑涉枪涉爆、盗抢骗、制毒贩毒、拐卖妇女儿童等严重影响人民群众安全的犯罪活动，严厉打击严重危害社会治安和公共安全的犯罪。加大对欺压百姓、胡作非为的“村霸”和宗族恶势力的整治力度。积极参与社会矛盾化解专项行动，对检察环节可能演化成群体事件的熏大矛盾隐患，实行“一案三包”，努力予以化解。

三、聚焦发力主责主业，全面加强检察监督工作

要积极适应反贪、反渎、职务犯罪预防三部门转隶引起的新变化，拓展法律监督领域，延伸法律监督触角，努力做大、做强、做实法律监督主责主业。

——做实做细侦查监督工作。加强对刑事案件的源头监督，继续推进介入命案工作机制向重大、疑难、复杂案件推广。加强派驻检察室建设，规范业务流程，及时监督纠正有案不立、以罚代刑、违法插手经济纠纷等问题。

——高度重视诉讼制度改革。以诉讼人队伍建设为核心，全面落实以审判为中心的刑事诉讼制度改革。在起诉阶段把好案件证据关、事实关、程序关，及时补充完善证据、推进案件繁简分流。要加强刑事审判监督，综合运用检察建议、刑事抗诉等手段，把监督纠正个案与监督纠正普遍性问题结合起来，坚决纠正定罪不当、量刑严重失衡、审判程序违法等问题。

——创新民事行政检察工作。以加强对公权力的监督为核心，健全多元化民事检察监督格局。综合运用抗诉、检察建议等方式，加大对生效裁判、调解书、执行活动以及审判人员违法审判活动的监督力度。加强支持起诉工作，充分发挥民事检察工作在维护社会公益、弱势群体权益方面的作用，深入开展“基层民行检察工作推进年”活动，着力补短板、提质放。探索建立行政执法与行政检察衔接平台，完善行政检察与行政复议衔接机制，拓展监督线索来源渠道。

——强化刑事执行检察工作。继续推进“清理判处实刑罪犯未交付执行”专项检察活动，加强财产刑执行检察监督工作，依法监督纠正违法情形。推进减刑、假释网上协同办案平台建设，落实好同步监督机制。加强指定居所监视居住执行监督和强制医疗执行监督，强化羁押必要性审查，依法维护犯罪嫌疑人合法权益。

——叫加强未成年人司法保护工作。未检工作要高度重视校园欺凌案件，促进司法保护与家庭保护、学校保护、社会保护的紧密衔接，形成保护未成年人合法权益、挽救失足未成年人及预防减少未成年人犯罪的工作合力。

四、深入推进司法改革，构建新型检察工作模式

积极争取各级有关部门支持，尽快落实检察人员分类管理和职业保障等政策。狠抓司法责任制落实，按照新的检察权运行机制办案，真正做到“谁办案谁负责、谁决定谁负责”。深入推进以审判为中心的诉讼制度改革，构建新型检警、检法、检律关系，共同维护司法公正和法治权威。

五、坚定站稳政治立场，配合搞好监察体制改革

配合搞好国家监察体制改革试点工作，是我院必须完成好的重大政治任务。我们坚决拥护改革，坚决支持改革。严格按照改革确定的时间节点要求，扎实做好人员、机关、装备、案件线索的登记造册工作，确保机构、取能顺利划转。要加强与我县监察委员会筹备机构的联系，围绕具体案件建立业务衔接机制。

六、坚持全面从严治检，着力打造过硬检察队伍

巩固“两学一做”学习教育成果，坚定理想信念，教育引导广大检察人员做中国特色社会主义制度的建设者和捍卫者。突出抓好领导班子建设，大力加强队伍政治定力、学习能力、创新能力和执行能力建设。深入推进大规模教育培训，狠抓纪律作风建设，严格目标责任考核，努力营造干事创业的良好氛围。坚持从严治检，切实抓好作风建设和反腐倡廉建设，树立检察机关严格司法、公正司法、规范司法、廉洁司法的良好形象。

新的一年，我们将在市检察院和县委的正确领导下，面对前所未尽的机遇和挑战，进一步增强做好工作的责任感，适应形势要求，真抓实干，开拓创新，努力推动我县检察工作全面发展，为维护我县社会稳定、实现人民安居乐业提供良好的司法保障，以优异的成绩迎接党的十九大胜利召开！

大 事 记

2014 年大事记

1 月

9 日　繁峙县为深入推进党的群众路线教育实践活动，进一步严格干部队伍管理，规范机关事业单位用人行为，对全县各机关事业单位长期借用人员进行专项清理。此次专项清理工作由县委组织部牵头，联合县纪委、县编办、县人社局三部门组织开展。此项工作于本年 2 月底前结束。

15 日　忻州华茂精密铸造有限公司烧结炉脱硫项目通过省级环评验收。该公司 75 平方米烧结炉脱硫工程项目建设，总投资 1310 万元，于 2013 年 11 月底建成投产，并于同年 12 月 21 日至 23 日通过省、市环保局现场检测，烧结机头烟气二氧化硫及粉尘浓度排放达标。

20 日　县第十五届人大常委会召开第二十次会议，听取和审议县财政局局长王国平受县人民政府委托所作的《关于繁峙县 2013 年财政预算调整的报告》。经过认真审议，会议认为，由于客观形势的变化和实际工作的需要，财政总收入需追加 3085 万元；财政支出预算需核减 2482 万元，追加 16056 万元；政府性基金收入净需追加 27677 万元，支出净需追加 22018 万元。会议决定，批准县人民政府提出的2013 年财政预算调整方案。

2 月

18 日　县委成立党的群众路线教育实践活动领导小组，组长：范波涛（县委书记）；副组长：孔保宝（县委副书记、县长）、杨松树（县委副书记）、李慧英（县人大常委会主任）、赵琦（县政协主席）、李宝山（县委常委、组织部部长）、钟文秀（县委常委、政法委书记）、姚力山（县委常委、常务副县长）、刘燕萍（县委常委、宣传部部长）、王彦清（县委常委、人武部政委）、郭建中（县委常委、县纪委书记）。领导组下设办公室，办公室主任：李宝山（兼）。

20 日　根据中央、省委、市委关于开展第二批党的群众路线教育实践活动的有关要求，县委制定《关于在全县深入开展党的群众路线教育实践活动的实施方案》。方案具体要求全县教育实践活动从 3 月上旬开始，9 月底基本完成，大体安排 7 个月时间，具体到每个单位，开展教育实践活动的时间一般不少于 3 个月。采取统一部署、梯次展开、压差进行的办法，分三个层次依次开展：3 月 5 日前后召开全县党的群众路线教育实践活动动员大会；3 月上旬启动县级领导班子教育实践活动；3 月 20 日前后启动县直机关及直属企事业单位、乡镇及居民办事处教育实践活动；4 月 5 日前后启动农村、社区及其他基层组织教育实践活动。

3月

18日　繁峙县县级领导干部开展“访民生、知民情、解民事”集中走访活动。同时，向全县印发《县级领导干部在第二批党的群众路线教育实践活动中开展“访民生、知民情、解民事”集中走访活动实施方案》。

20日　繁峙县召开利民小区廉租房分配摇号现场会。参与分配的房源除去因特殊情况优先安置的9套和安置滹源街西拓改造项目的拆迁户4套外共779套，每套面积50平方米。此次分配参照市廉租住房分配摇号方式，邀请司法部门公证人员、纪检监察部门、新闻媒体进行监督，保证整个分配的公平、公正和公开。

24日　繁峙县成立创建“省级林业生态县”领导组，领导组组成人员为：组长：范波涛（县委书记）、孔保宝（县委副书记、县长）；副组长：杨松树（县委副书记）、姚力山（县委常委、常务副县长）、居清平（县政府副县长）、赵富（五台山国有林管理局局长）。领导组办公室设在县林业局，负责日常工作，办公室主任由韩宏恩（林业局局长）兼任。

繁峙县组建了PTU机动队、SDU突击队，实现警力对全城区域24小时防控全覆盖。县公安局PTU人数为37人，SDU人数为13人。县PTU已经基本实现了扁平化指挥，由110指挥中心统一调度，有警处警，无警巡逻，快速机动，反应灵活。PTU运行以来，共抓获街面盗窃现行犯罪嫌疑人2名，共接受群众求助30余次，根据指挥中心数据分析，县城区域内的案发数量继续下降，群众的安全感、满意度不断增强。

4月

2日　县第十五届人民代表大会第四次会议在县宣传文化中心召开。会议进行了6项议程：听取和审议县人民政府工作报告；审查和批准县2013年国民经济和社会发展计划执行情况的报告与2014年国民经济和社会发展计划；审查和批准县2013年财政预算执行情况和2014年财政预算；听取和审议县人大常委会工作报告；听取和审议县人民法院工作报告；听取和审议县人民检察院工作报告。

8日　繁峙县在全县范围内深入开展“工作秩序涣散、纪律松弛”专项整治工作。整治范围为全县党政机关、人大机关、政协机关、审判机关、检察机关、人民团体和事业单位，各金融机构和国有（含国有控股）企业及其干部、职工。

23日　经县委、县政府研究决定，成立创建“省级双拥模范县”工作领导组，领导组组成人员为：组长：范波涛（县委书记）、孔保宝（县委副书记、县长）；副组长：杨松树（县委副书记）、姚力山（县委常委、常务副县长）、王彦清（县委常委、人武部政委）、居清平（县政府副县长）、杜立平（驻岩头部队政委）。领导组办公室设在县民政局，负责日常工作，办公室主任由刘爱中兼任。

29日　县政府与太原重型机械集团有限公司签订现代标准化肉羊养殖示范项目协议。6月9日上午，该项目在金山铺乡下狼涧村举行开工奠基仪式，该项目占地38.8公顷，总投资1.34亿元，投产后，年可出栏羔羊4000只、商品羊30000只。

5月

1日至6月30日　繁峙县对全县矿山运输车辆进行集中整治。并成立全县矿山运输车辆专项整治工作领导组。领导组成员为：

组长：杨有成（县政府副县长）；副组长：邬春生（县长助理）、闫东升（县政府办主任科员）、朱润生（县公安局政委）。领导组下设办公室，办公室设在交警大队，负责全县矿山运输车辆整治工作的情况收集、汇总、梳理、通报、上报等工作。办公室主任由交警大队大队长张喜明兼任。

5 日　凌晨，恶劣天气造成全县境内局部受灾，白水杏大面积受冻。据统计以赵家庄及其周边受冻为主，全县白水杏受冻面积 266.67 公顷，减产 70%，直接经济损失 2240 万元，其他水果树种也遭受不同程度的损失。

10 日—11 日　全国区域推进课堂教学改革交流与研讨现场会在繁峙召开，来自全国 17 个省、市、自治区教育系统的 400 多名代表参加了本次会议。此次会议由中国新课程研究院、全国区域课改协作理事会主办，是本县首次承办的全国性的以区域推进课改为主题的研讨活动。本次交流与研讨活动包括实地观摩、推门听课、专家评课、座谈会、专家报告等多项内容，涵盖了小学、初中、高中三个学段。

14 日　由中国粮油协会和山西宝山鼎盛科技有限公司发起的全国首届亚麻籽油产业联盟大会在本县成立。国内 28 家亚麻籽油企业和科研机构的负责人共同出席了联盟大会的成立仪式。联盟的成立将亚麻籽油企业借助集体优势“抱团发展”，进一步做强做大亚麻籽油品牌，以期在以“色拉油”为主导的植物油市场争夺话语权和定价权。

下旬　繁峙县由于受东北冷涡长时间的控制，只出现了分布不均的阵性降水，部分乡（镇）出现了较为严重的旱情。其中集义庄以西旱情最为严重，从 5 月 1 日至 7 月 22 日基本无有效降雨。

27 日　全省设施蔬菜现场会在本县召开。参会人员观摩了集义庄设施农业园区。

6 月

30 日　繁峙县试行《繁峙县公共权力运行及廉政风险防控实施办法（试行）》。

本月　县政府与山西省安全生产科学研究院签订合作协议。省安科院将作为繁峙县的科技支撑基点，提供常年安全生产技术检查服务。

7 月

1 日　山西省开展煤炭清费立税，凡省级以上人民政府批准的涉煤收费项目，一律进行清理，不合理的予以取消；凡未经省政府及以上批准的涉煤收费项目，一律取缔。为减轻煤炭企业负担，省政府决定，从 12 月起，将全部取消对相关企业的煤炭、焦炭公路运销管理行政授权，全部撤销省内煤炭、焦炭公路检查站和稽查点。12 月 31 日前，相关设施要全部拆除。此期间，本县云雾峪煤检站撤销。

3 日　本县集义庄地区遭受暴雨灾害，涉及兴旺庄、净林、下双井 3 个行政村，受灾面积达 26.67 公顷，20 个蔬菜大棚倒塌，造成直接经济损失 160 万元。

20 日　为贯彻落实中共十八届三中全会和中央纪委三次全会以及省纪委十届四次全会、市纪委三届四次全会精神，强化纪检监察职能作用，本县对各乡（镇）纪委书记、派驻纪检组长分管业务进行了明确：①各乡（镇）纪委书记在党委分工中只负责纪检监察业务，不分管其他工作。②各派驻纪检组长在党委（党组）、支部中不参与驻在部门业务分工，确保专司监督职责，突出抓好主业。各派驻机构对派出机关负责。③各部门、各单位要自觉接受派驻纪检组的监督，支持派驻机构工作，提供各项保障。

20日　自本日起，南开大学化学学院28名师生在本县的社会实践活动全面展开，也是化学学院在繁峙县建立大学生社会实践基地的第10年。此次活动持续到8月初，实践活动内容不断丰富，支教课堂形式新颖，吸引了周边村子近百名小学生，送电影下乡更是赢得村民拍手称赞。

25日　本县转发《市级行政单位资产配置标准（试行）》的通知，对本县资产配置进行了规范。

8月

2日　南开大学在晋首个南开书屋在本县集义庄乡上永兴村中心小学正式成立。

5日　县政府与山东省淄博市原山林场、山西省五台山国有林管理局合作造林项目启动仪式在砂河镇北山森林公园举行，标志着晋鲁联手合作造林进入新的发展阶段。

7日　县纪委监察局原牵头主抓的惩防体系信息网一期工程，经研究决定，并报请县委、县政府批准，制定“六个平台”职能划分方案。

11日　本县出台《繁峙县2014年新入学贫困家庭大学生资助方案》。该方案通过整合县工会、团委、扶贫办、民政局、关工委、扶贫基金会等部门的专项资金，对本县2014年品学兼优且家庭贫困的大学新生进行资助。

17日　根据财政部、审计署的通知，繁峙县制定了《全县深入开展贯彻执行中央八项规定严肃财经纪律和“小金库”专项治理工作实施方案》，专项治理纳入预算管理或财政拨款的部门和单位，2013年以来违反中央八项规定和省委“四个实施办法”财经纪律以及设立“小金库”的有关问题，数额较大和情节严重的，可追溯到以前年度。

9月

12日　县委、县政府拨付266万元表彰为全县教育作出贡献的32家红旗单位、先进集体、尊师重教先进集体和170名优秀教师、先进教育工作者。

25日　县委、县政府制定《县直机关会议费管理办法》《县直机关差旅费管理办法》《县直机关培训费管理办法》。

30日　县城东环城路交叉路口发生特大交通事故，一辆四桥铺路车和一辆铃木小型客车相撞，由于大车侧翻造成小车内4人当场死亡。

10月

7日　东山乡苏家口村发生一起故意伤害案件，致2人当场死亡，1人送往医院经抢救无效死亡，6人受伤。

8日　本县转发《市级行政事业单位国有资产处置管理暂行办法》，并对本县行政事业单位国有资产处置管理进行了规范。

20日　本县转发忻州市财政局《关于加强行政事业单位资产出租出借管理工作》的通知，并对本县的工作进行了规范。

23日　为认真贯彻落实国务院《职工带薪年休假条例》《机关事业单位工作人员带薪年休假实施办法》（原人事部第9号令）精神，确保带薪年休假制度健康规范运行，本县就有关事项进行了规定。

25日—11月25日　在全县范围内开展爆炸物品秋季清查整治行动。并成立繁峙县爆炸物品秋季清查整治领导组，领导组组成人员为：组长：杨有成（县政府副县长）；副组长：雷新科（县公安局局长）。领导组下设办公室，办公室设在县民爆大队。办公室主任由朱润生（县公安局政委）兼任。同时，各乡（镇）、居民办事处也成立领导小组。由乡（镇）长、办事处主任任组长，各派出所所长任副组长，负责组织实施秋季爆炸物品清查行动工作。

本月　本月始，在全县范围内组织开展为期半年的“百城禁毒会战”，以严厉打击毒品违法犯罪活动。

11 月

7 日　为了加强行政事业单位资产管理，进一步明晰资产管理审批和财务核销程序，根据财政部第 35、36 号令，本县规范了新增资产配置预算管理及资产购置审批程序。

15 日　本县印发《繁峙县黄标车及老旧车淘汰工作实施方案》。是年底，实际淘汰黄标车及老旧车 951 辆。

18 日　县财政局、县物价局联合下文转发国务院办公厅《关于进一步加强涉企收费管理减轻企业负担的通知》，决定从 2015 年 1 月 1 日起，规范和取消 17 项行政事业性收费项目。

19 日　繁峙至原平市大营高速公路正式开通运营。该项目是山西省高速公路路网规划“3 纵 12 横 12 环”第 3 横中的一段，路线全长 59.812 千米。

22 日　县纪律检查委员会、县监察局印发《关于严格禁止党员及机关工作人员大办婚丧喜庆事宜的规定》。

29 日　由 100 多位开国将军后代组成的合唱团在繁峙县公安局会议中心，上演《唱响中国——开国将军后代合唱团走进繁峙》大型合唱音乐会。本次音乐会由县委宣传部、山西省晋绥边区历史文化研究会共同举办。

12 月

3 日　因人事变动，经县委、县政府研究决定，调整滹源通用机场建设指挥部组成人员，调整后的成员为：总指挥：范波涛（县委书记）；第一副总指挥：孔保宝（县委副书记、县长）；副总指挥：姚力山（县委常委、常务副县长）、郭建中（县委常委、县纪委书记）、闫保平（县人大常委会副主任）、杨有成（县政府副县长）。指挥部下设办公室，办公室设在县商务局，办公室主任由县商务局局长钟文权兼任。

3 日　繁峙县召开四大班子领导会议，集中传达学习省委书记王儒林在大同、朔州、忻州调研座谈会讲话精神，并就如何贯彻落实王儒林书记讲话精神、推进全县各项工作进行安排部署。

4 日　为进一步规范“三公”经费支出，确保党员领导干部廉洁从政，本县制定《繁峙县本级三公经费预算管理和公开实施意见（试行）》。

5 日　本县召开“学习讨论落实活动”动员大会，安排部署以“深入学习贯彻习近平总书记系列重要讲话精神，净化政治生态，实现弊革风清，重塑山西形象，促进富民强省”为主题的学习讨论落实活动；会议印发了《关于在全县深入开展学习讨论落实活动的实施意见》的通知。

7 日　晚 22 时 20 分许，在砂河镇 108 国道 403km+100m 处发生一起交通事故，一辆长城皮卡车与一辆北方奔驰四桥自卸车相撞，事故共造成皮卡车内 5 人全部死亡。事故发生后。

10 日　本县在全县重点行业和领域开展安全生产专项整治行动。此次专项行动在县委、县政府统一领导下，按照“党政同责、一岗双责、齐抓共管”的要求进行。同时，成立全县重点行业和领域安全生产专项整治领导组。组长：杨有成（县政府副县长）；副组长：邬春生（县长助理）、闫佩（县监察局局长）、刘平牢（县政府办公室主任）、王世伟（县安监局局长）。

15日　全县开展道路交通安全专项整治行动。同时，县政府成立全县开展道路交通安全专项整治领导组。本活动结束日期为2015年3月10日。

16日　繁峙县出台《繁峙县建立健全重大决策社会稳定风险评估机制的实施意见(试行)》，进一步规范和全面推进本县重大决策社会稳定风险评估工作。

17日　全县402个行政村、344个村党支部和8个社区居委会全部完成换届选举任务。其中，大学生村干部担任村党支部书记的有21人、副书记有76人；农村妇女担任村党支部书记的有2人、副书记有11人、支部委员有55人。

24日　本县出台《繁峙县商品房住宅专项维修资金使用管理细则》的通知。

29日　本县对违规收送礼金、红包问题开展专项整治。

29日　县委褒奖2014年度10名“繁峙好人”，每人获得1万元重奖。分别为：见义勇为的高秀文，孝老爱亲的陈美萍、王兴，助人为乐的刘俭，诚实守信的侯必顺、樊秀珍，敬业奉献的马连堂、郑竹成、孙爱春、张祥瑞。

30日　县委组建了13个督导组，按照《关于开展反“四风”整改落实情况“回头看”工作方案的通知》，督促指导各活动单位的教育实践活动。整个过程按照组织学习、讨论反思、专项治理、整改落实、统筹协调5个步骤进行。

31日　繁峙县出台《关于加强乡科级以上领导干部理论学习的若干意见》。

31日　繁峙县成立繁峙县机关事业单位“吃空饷”问题集中治理活动领导组。同时，全县各单位、各部门成立相应的领导机构，确保治理工作顺利开展。此次治理工作于2015年2月底前结束。

本月　本县第二轮修志终出成果，《繁峙县志》（1978—2013）出版。该志书的出版，是忻州市继宁武、河曲之后出版的第三部志书，填补了本县自1985年之后没有志书的空白。

2015年大事记

1月

7日—13日　繁峙县对全县副科级以上领导干部开展警示教育。一是基地示廉。二是结合倡廉。三是反思悟廉。

21日　县委第十二届六次全会暨全县经济工作会议在宣传文化中心召开。

2月

13日　县纪委印发《关于严禁党员干部收送礼金、红包的通知》。

16日　县纪委在宣传文化中心召开十二届五次全体会议。

3月

10日　全县组织、政法、宣传、人口和计划生育工作会议在宣传文化中心召开。

11日　本县大营镇新圐圙村发生一起致4人死亡案件，该村支部书记姚××有重大作案嫌疑。案发后，省、市、县党委、政府高度重视，部、省、市、县公安机关联合作战，当地干部群众全力配合。经过连日全方位、地毯式大范围的反复搜捕。3月26日15时54分，在齐城村东一山沟内搜查时，发现了“3·11”案件犯罪嫌疑人姚××的尸体，随后，作案枪支也在附近找到。至此，

“3·11”杀人案成功告破。

26日　本县对县纪委、监察局牵头或参与的议事协调机构进行部分调整。取消“繁峙县惩治和预防腐败体系建设领导小组”和“繁峙县纠正部门和行业不正之风领导小组”。将“繁峙县反腐败案件协调领导组”更名为“繁峙县反腐败协调小组”。

27日　上午10时许，砂河镇发生持枪入室抢劫强奸杀人案，刘某某、崔某某夫妇被杀害。31日晚，由5人结伙所作的此案件成功告破。

4月

7日—9日　政协第十届繁峙县委员会五次会议和县十五届人大五次会议在宣传文化中心召开。

5月

6日　以“滹源明珠——繁峙”为主题的繁峙县文化旅游形象展在山西省工艺美术大厦开幕，本县旅游资源和旅游线路得到全面推介。

15日　繁峙县本着开发旅游资源、保护国家文物的宗旨，积极争取到国家文物局文物专项资金598万元，用于国家级文物保护单位平型关关堡东门的加固修缮，由山西省古建所负责施工，于该日开工。

6月

12日　县政府、县天河牧业公司与澳大利亚BMP公司就引进优质安格斯种牛与技术合作正式签约。

14日　为纪念中国人民抗日战争胜利暨世界反法西斯战争胜利70周年，由县人大、县音乐家协会、县自行车运动协会等共同组织的“平型关大捷合唱团”一行120余人，奔赴革命老区横涧乡平型关村进行了慰问演出。

30日　繁峙县在宣传文化中心举办了庆祝中国共产党建党94周年暨第四届“大杏奖”民歌、民舞、民乐舞台艺术大赛决赛。比赛共分声乐组、器乐组、舞蹈组三个级别，17支代表队参赛，经过激烈角逐，由金山铺乡文化站选送的王秀娟夺得声乐组冠军，砂河镇文化站选送的袁晋虎、金山铺乡文化站选送的侯向林并列夺得器乐组第一名，大营镇舞蹈队夺得舞蹈组第一名。

下旬　本县南循环路顺利竣工。

7月

1日　繁峙县平型关合唱团为欢庆中国共产党的生日，组织了80多人深入东山乡伯强村，在毛主席路居纪念馆门前举行了“庆七一”文化下乡演出活动。

7日　本年高考成绩揭晓。本县共有1783名考生参加高考，达线人数比上年略有增加。应届生成绩表现突出，文理达线人数首次突破百名。全县二本B类以上（含艺体类）达线355人，文理达线300人；应届生二本B类（含艺体类）以上达线153人，比去年增加36人，文理114人；一本达线61人，文理达线39人；二本达线294人，文理261人。

8日　县政府积极帮扶企业复工复产。在经济下行压力持续增大，工业企业驻足观望，复工复产信心不足的情况下，县政府召集15家涉铁企业、驻繁金融单位、县直相关单位召开座谈会，分析研判当前经济形势，听取15家工业企业复工复产的准备情况和遇到的困难，并对做好当前的企业帮扶、安全生产工作进行了详细的安排部署。

15日　繁峙县首届环五台山徒步健身大赛在位于神堂堡乡韩庄村的明代长城——韩

庄长城下举行。来自本县的五台山色驴户外俱乐部、县自行车协会等多个户外运动俱乐部、户外爱好者共计 120 多人参加了比赛。经过激烈角逐，繁峙二中教师赫俊林夺得此次徒步韩庄长城比赛冠军，韩亮、崔志刚、杨晋、韩斌、谢兵进入前 6 名。

下旬　在全省双拥模范（县、区）命名暨双拥模范单位和个人表彰大会上，繁峙县被省委、省政府、省军区命名为“全省双拥模范县”。

23 日　省安监局局长霍红义带领安全生产督查组，对繁峙县的矿山企业尾矿库防汛度汛工作进行安全检查指导。副市长张建平一同检查指导。

24 日　县武装部与县预备役部队联合举办“军事日”活动，县领导共同参加了活动，体验军营生活。

本月　全县抽调 400 多名副科以上干部深入 13 个乡（镇）402 个村庄，包乡包村，协助乡（镇）、居民办和村、社区干部开展矛盾纠纷和不稳定因素大排查活动，积极做好分类化解工作，妥善加以解决。截至 7 月底，共走访农户 65210 户，排查出土地纠纷、经济纠纷、干群矛盾、邻里纠纷等问题 977 件，现场调处 299 件。

8 月

2 日　繁峙县第二届“福康醋业杯”花毽大赛在县体育馆举行，来自本县的 16 支代表队 80 余名运动员经过近 3 个小时的激烈比拼，毽行天下队、星河毽队、砂河广场队获得前三名。比赛结束后，来自灵丘、五台、代县等兄弟县的五支代表队还进行了花毽技艺表演。

6 日　繁峙县第五届“三下乡、四进社区”活动在县境东部的大营镇正式启动。活动重点为开展党的强农惠农政策宣传，送文化、科技、法律、卫生计生下乡。

11 日　省人民检察院研究室副主任张宏思一行 3 人就“六权治本”工作进展情况深入繁峙县砂河镇、繁城镇进行调研。

12 日　县政府与通航空港建设投资管理有限公司就繁峙县滹源通用机场项目成功签约。

17 日—19 日　国家体育总局体育文化发展中心联合县文化局、青少年活动中心、本县登山协会在本县成功举办 2015 中国体育彩票青少年健康成长夏令营，此次活动共有 153 名营员参加。

18 日　繁峙县召开全县干部大会，集中传达全市干部大会上省委组织部长盛茂林、市委书记李俊明、市长郑连生的重要讲话，并传达落实中央、省、市安全生产相关精神，对全县总体工作提出新的要求。

28 日　在全市“三严三实”专题教育进入“严以律己”专题学习期间，忻州市委常委、组织部部长王云龙深入联系点繁峙县进行调研指导。

下旬　本县组织文化、计生、卫生、司法等部门开展“三下乡、四进社区”活动。为边远乡村群众开展送医送药、送科技、送法律等服务。

9 月

9 日　在中国 (太原) 煤炭交易中心举办的第二届山西文化产业博览交易会上，（繁峙）五台山金石雕刻有限公司与河北沧州玉石有限公司成功签约 200 万元的投资项目，实现参展文博会的开门红。繁峙县共有五台山金石雕刻、晋绣坊、星河银业等 4 家文化企业百余种产品参展本届文博会。

10 日　为借鉴现代企业管理经验，进一

步提升企业管理水平，本县组织全县20多家民营企业赴大同塔山煤矿进行参观学习。

17日　繁峙县举办以“强健体魄、健康生活”为主题的广场舞健身展示大赛，来自全县的15支代表队参加比赛。经过激烈角逐，祥龙广场健身队、欢乐秧歌健身队最终通过选拔，代表繁峙参加全市广场舞健身大赛。

18日　繁峙县平型关合唱团在纪念“九一八”事变84周年之际，以主题为“铭记历史、缅怀先烈、珍爱和平、开创未来”的纪念抗日战争胜利70周年大型演唱会在繁峙县城祥龙广场举行。

25日　为纪念抗日战争胜利70周年暨平型关大捷78周年，县委宣传部在砂河镇烈士陵园纪念堂前隆重举行公祭革命烈士大会，向革命烈士敬献花篮，参观烈士纪念馆，缅怀革命先烈的丰功伟绩，接受爱国主义教育。共计150余人参加了此次活动。随后在砂河镇举行了《平型关大捷组歌》演唱活动，以示对当年平型关大捷的纪念和颂扬。

10月

22日　由县老龄委、老体协、老干局、文化局共同举办的“2015年九九重阳节中老年人健身操展示表演活动”在县城祥龙广场内落下帷幕。此次活动意在倡导全社会树立尊老、敬老、爱老、助老的新风尚，让老年人老有所为、老有所乐。来自全县基层文化站、县城社区的20支队伍共计1000余人参加了此次活动。

31日　历时半年的2015年米兰世博会落下帷幕。共有140多个国家和机构参加米兰世博会。本县中华晋绣坊作为山西省唯一参加米兰世博会的文化企业，为本次巡展精心挑选《五台山全景图》《晋商图》《关公》等6幅晋绣名家大师所绣精品，获得了米兰世博会颁发的“2015米兰世博会米兰创新金奖”。

11月

4日　国家体育总局领导携手北京体育大学师生深入本县进行了扶贫慰问活动，为老区人民送去了一场别开生面的慰问表演，并向本县捐赠了价值50万元的健身路径。

20日　受强冷空气的影响，横涧地区遭遇罕见的雨雪冰冻天气，引发了多条供电线路覆冰现象，导致供电线路倒杆、断线、跳闸等情况发生。此次雨雪冰冻灾害共造成横涧供电所线路故障停电39条次，倒杆1基，断线22处。白坡头、云雾峪、东连仲、西连仲、麻黄、石塘沟、桥儿沟7个台区，1600余户居民用电受到影响。灾情发生后，县供电公司立即启动应急预案，历时7天，于27日晚修复全部受损线路。

23日　县委中心学习组结合“三严三实”专题教育，集中学习新修订的《中国共产党廉洁自律准则》《中国共产党纪律处分条例》，并对学习贯彻《准则》《条例》进行了安排部署。

26日　县四大班子领导在县委二楼会议室开展“三严三实”专题教育集中学习研讨。

下旬　繁峙县“乐村淘”电子商务有限公司牵手“乐村淘”公司总部、县扶贫办、县劳动局开展各类培训，着力培育一批有技术、懂经营、会管理、讲诚信的新型职业农民和农村专业化电商人员。自10月中旬，已成立村级体验店109家，线上成交额超过40万元。

12月

3日　县公安局在浙江省永康市公安局的配合下，成功抓获在逃嫌疑人黄某。2004

年6月14日凌晨2时30分左右，义兴寨金矿工棚内发生一起故意杀人案，经警方侦查，黄某有重大作案嫌疑。案发后黄某潜逃。2015年11月，县公安局刑侦大队得到重大线索，成功锁定黄某藏匿地点。12月3日18时许，终将黄某抓获。经讯问，黄某对其故意杀人事实供认不讳。

8日　市委宣讲团中共十八届五中全会精神报告会在繁峙县宣传文化中心举行。

14日　晚8点左右，砂河镇富民菜市场突发大火。在消防部门的努力下，大火于当晚9点左右被扑灭。此次大火烧毁门面10多间。

24日　县委邀请市委党校副校长张金槐、副教授方春风为全县副科以上500余名干部就学习贯彻新修订的《中国共产党廉洁自律准则》和《中国共产党纪律处分条例》进行了集中专题辅导讲座。

26日　零时许，位于县城西牌楼（108国道）与城区干线交会处发生一起交通事故，一辆大型卡车与一辆白色马自达小轿车相撞，事故造成3死2伤。

28日　山西天龙救援忻州支队为杏园乡南关小学的47名贫困孩子们送去47套壹基金温暖包。壹基金温暖包项目由山西省少工委和壹基金联合主办，2013年启动。

30日　繁峙县在宣传文化中心举行了2015年度“繁峙好人”暨2016年元旦晚会，经过县文明委评选出来的2015年度7名“繁峙好人”登台领奖。他们中有诚实守信好人奖获得者李巨恩，敬业奉献好人奖获得者张喜国、耿鲜花，孝老爱亲好人奖获得者杭粉艳、宫青叶，助人为乐好人奖获得者吴秀英和繁峙爱心公益群。县委、县政府为他们颁发了荣誉证书和每人10000元的奖金。

本月　县委书记范波涛调离繁峙县，升任忻州市委常委、五台山风景区临时党委书记。

2016年大事记

1月

1日　由繁峙县平型关合唱团和中国旗袍会繁峙分会共同组织的贺新年活动在繁峙县城石龙快捷酒店的宴会厅举行。来自平型关合唱团的40多名中老年妇女组成的旗袍走秀队为大家带去视觉的盛宴。

5日　山西省宝山鼎盛科技有限公司福益德微商城启动仪式在繁峙县嘉盛伦大酒店举行，该企业将通过微商等电子商务平台进行产品营销和市场拓展，打开市场，克服经济危机。

19日　由县委宣传部牵头、县文联组织县内10余名老中青书法爱好者走进金山铺乡郝家湾村和碱峪村为村民写春联。

21日　市委常委、组织部部长王云龙，市政协副主席王庆荣及市工会领导深入到本县走访慰问部分困难户和老党员，向他们送上了白面、食用油和慰问金，送去了党和政府的关怀。

29日　本县召开全县脱贫攻坚誓师大会，县委副书记、县长孔保宝作了题为《采取超常规举措动员全社会力量坚决打赢脱贫攻坚战》的报告。

2月

1日　为了进一步巩固整治成果，防止今后“民转刑”重大案件的再次发生，更好地维护社会稳定，县委、县政府下发《关于深刻汲取“3·11”案件教训深入推进平安繁峙创建的实施意见》。

4日　本县召开全县深入推进平安繁峙创建工作大会，深入汲取“3·11”案件教训，并就2016年“平安繁峙”创建工作进行了专题部署。

本月　在府东广场举办《金猴闹春、文明繁峙》大型图片展，展出全县2015年各条战线取得的成就。

本月　全县召开新型职业农民农村电子商务培训班，邀请市农业局、北京方寸无线网络有限公司技术人员做相关培训，乡村干部及部分产业业主代表共计100余人参加了培训。

3月

3日　由县总工会、人社局、劳动局、妇联、扶贫办等部门联合举办的2016年“春风行动”求职招聘会拉开序幕，吸引了众多求职者和用人单位。本次招聘会有制造、化工、服务等行业的20多家用工企业进行招聘，前去咨询人数1600余人，达成用工意向的超过200人。

中旬　本县召开换届纪律谈话暨县乡换届工作，就换届纪律进行集体谈话，并对做好换届工作提出新要求。

23日—24日　本县在宣传文化中心举办了全县新闻宣传工作培训班，特邀忻州市新闻办主任张多年，忻州日报编委、高级记者杨峻峰，忻州市互联网中心主任赵宏伟等专家现场授课。全县新闻宣传工作人员及各乡（镇）、居民办、县直各部门、企事业单位业余通讯员共计110余人接受了培训。

4月

22日　繁峙县第五届“全民读书月”活动在县府新广场启动，县委宣传部牵头组织教育、文化、工会、新闻、电视、新华书店、团委等部门负责人向社会各界人士免费赠送1500余套图书。

28日　本县召开全县“两学一做”动员部署会，要求全县837个基层党组织、10172名党员立即行动起来，积极投身“两学一做”学习教育，努力打造高素质党员干部队伍，为推动全县经济社会发展提供坚强的组织保障。

县城体育广场修建于二十世纪七十年代，场地破烂，功能欠缺，为加强群众体育活动，县委、县政府决定投资进行改造。工程于4月动工，当年11月已竣工。改造后的体育场命名为“繁峙县公共体育场”，总占地面积18730平方米，总投资709万元，建有人造草坪7776平方米；有6道400米塑胶跑道，东侧看台座位1150个，西侧观礼台1处，附有各种体育活动器材，设计年限为50年。

5月

14日　山西农业大学到本县金山铺乡郝家湾村的海丰农场开展“送技术下基层”活动。他们为海丰农场送去了2台韩国产小籽粒播种机。

6月

14日—16日　繁峙县第五届“大杏奖”“三民”舞台艺术大赛初赛在县宣传文化中心举行，来自全县的98支参赛队伍历经三天激烈角逐，15个节目通过专家组评审进入决赛。

16日　本县在府新广场举办以“强化安全发展观念，提升全民安全素质”为主题的安全生产宣传日活动。

24日　本县对换届中新调整任职的乡（镇）科级领导干部共180余人，结束了为期2天的集中培训，旨在引深“两学一做”学习教育，进一步提高乡（镇）、居民办新一届领导班子和领导干部干事创业的素质和能力，全面提高服务脱贫攻坚和全面小康的能力水平。

24 日　本县在府新广场组织开展以打黑除恶、铲除黄赌毒、推进治爆缉枪为主要内容的“三大战役”暨“6·26”禁毒宣传活动。

7 月

1 日　中共中央召开纪念中国共产党成立 95 周年大会，本县共产党员沙万里参加了会议，被中共中央授予“全国优秀共产党员”称号，受到中共中央总书记习近平等中央领导的接见。

3 日　县教育系统举行的庆祝建党 95 周年书画展暨乒乓球比赛圆满落幕。书画展中，实验小学、笔峰小学、北城街小学等八所学校获得优秀组织奖，另有 60 名教师个人作品获奖；乒乓球比赛中，县教育局、繁城第二中心校、砂河中学三支代表队分获前三名。

5 日　在繁城镇赵庄村一年一度的大杏节上，杏农张富成的一枚半斤重的大杏被评为 2016 年的杏王，并起价 500 元现场拍卖，乐村淘农村电商、绿源亨通公司、新田村镇银行等企业纷纷叫价竞拍，最终杏王以 3080 元的高价被乐淘村农村电商平台拍得，成为本年赵庄村大杏节上最为精彩的一幕。

27 日　县委召开全县干部大会。宣布省委、市委对繁峙县主要领导调整的有关决定，孔保宝任中共繁峙县委书记。忻州市委常委、组织部部长王云龙出席会议并作重要讲话。孔保宝作了表态发言。

8 月

2 日　县委印发《县直单位驻村帮扶工作考核办法》和《关于农村第一书记管理考核办法》的通知，以加强县直单位驻村帮扶工作和农村第一书记管理考核。

11 日　县委制定出台《关于建立县乡巡察制度的实施意见（试行）》。并成立县委巡察工作领导小组办公室（以下简称巡察办），作为领导小组日常办事机构，设在县纪委，主要承担巡视巡察联络、统筹谋划、综合协调、组织指导、政策研究、制度建设、监督管理、督查督办、服务保障等工作。

15 日　为了进一步加强对全县机关事业单位工作人员的日常管理，严肃工作纪律，维护机关事业单位正常工作秩序，县委、县政府对 2014 年印发的《机关事业单位工作人员考勤和请销假制度》进行修订。

22 日　中共繁峙县第十三次代表大会在宣传文化中心召开。会上，孔保宝代表中共繁峙县委作了题为《坚持五大发展理念、聚力全面脱贫攻坚、为如期全面建成小康社会而努力奋斗》的工作报告。高瑞军代表县纪委向大会作题为《挺纪在前、聚集主责、坚定不移推进党风廉政建设和反腐败斗争》的报告。

27 日　政协第十一届繁峙县委员会第一次会议在宣传文化中心召开。

28 日—30 日　繁峙县第十六届人民代表大会第一次会议在宣传文化中心隆重召开。大会应到代表 163 人，实到代表 160 人，大会由县人大常委会主任李慧英主持。

28 日　为了全面贯彻省、市经济发展推进会议和全市推进项目建设和工业稳增长百日攻坚会议精神，县政府决定，在全县开展推进项目建设和工业稳增长百日攻坚行动。行动从 9 月 1 日开始至 12 月 10 日结束。此次行动成立了领导组。组长：县委副书记、县长崔峥岭；副组长：县委常委、常务副县长居清平，县人大常委会副主任、发改局局长亢仁义；成员由相应的职能局（办）主任组成。领导组办公室设在发改局。

28日　县政府出台《繁峙县2016年度矿产资源规费集中征收管理办法》。

9月

2日　县委、县政府召开了教育工作座谈会，分析目前教育工作中存在的问题，探讨今后教育工作的重点和方向，共谋教育发展大计。部分中小学校长代表、教师代表、学生家长代表、老领导、县教育局、人事局、财政局等相关单位主要负责人参加了会议。县委书记孔保宝出席了座谈会，并提出了具体要求。副县长王海龙主持会议。

7日—8日　国家体育总局局长助理李颖川率领孙甜甜、奚爱华、李娜、肖钦等10位国家历届奥运冠军和世界冠军深入本县，开展“情缘老区，情系体育”奥运冠军走进繁峙志愿服务活动。

21日　县委、县政府在宣传文化中心召开了全县百名干部入企业服务动员会，旨在帮助企业破解发展难题，规范企业运行，引导企业在经营管理创新、技术和产品上取得新突破，实现降本增效、转型升级，提高企业竞争力。大会出台了《繁峙县百名干部入企业服务工作实施方案》，重点对全县51户规模以上企业开展入企服务工作，并兼顾一产、三产的重点企业。针对性解决企业面临的困难和问题，调动企业积极性，拉动经济企稳回升，确保实现“下半年好于上半年，为明年进一步好转奠定坚实基础”的目标。

22日　县纪律检查委员会向全县各机关单位党委下发了《关于对县管领导干部开展谈话函询的实施办法（试行）》的通知。通知共有6章19条。

10月

15日至17日　由国家体育总局人事司、国家体育总局扶贫工作组牵头，繁峙县委组织部、代县县委组织部和繁峙县委党校组织了两县的行政管理人员进行知识更新培训活动，活动在繁峙县宣传文化中心举办。繁峙、代县有关乡（镇）、部门、单位主要负责人及部分村第一书记共216人参加了为期3天的培训。

19日　以省人大常委会城环工委副主任高建平为团长的2016年三晋环保行记者团深入本县，开展以“低碳、减排、消除雾霾”为主题的采访调研活动。记者团由中国环境报、山西日报、山西广播电视台、人民代表报等新闻媒体的记者及省人大、省环保厅工作人员组成。

20日　由省政协副主席姜新文带领的专项调研组，对繁峙县推进民营经济发展重大部署落实情况开展专项调研。忻州市政协副主席边升阳、李效玲，繁峙县委书记孔保宝、县政协主席钟文秀等陪同调研。

20日　繁峙县在宣传文化中心专门召开脱贫攻坚集体约谈会议。县四大班子领导、全县各乡（镇）书记、乡（镇）长、分管副职，县直各单位一把手参加了会议，县委常委、组织部长乔震宇主持会议。副县长孔国红安排了当前脱贫攻坚工作重点事项，县委书记孔保宝出席会议并作重要讲话。

24日　山西省检验检疫局动物检疫处向万锦肉牛育肥公司颁发了直供香港活牛出口证书，即日起，繁峙肉牛准许直供香港市场，并开出首发车。万锦育肥养殖公司肉牛出口项目为本县2016年实施的重点项目，总投资达1500万元，建有标准化育肥牛舍14栋，年可出栏育肥牛1000余头。

25日　市委督导组在市委副书记张晓峰的带领下深入本县光裕堡乡的大李牛村、泉湾村，杏园乡的铁家会、黄家庄、大砂村，就精准扶贫推进落实情况进行督导。县委副书记姚力山，县委常委、组织部部长乔震宇等陪同调研。

25日—27日　忻州市委副书记、市长郑连生带领市观摩检查东线组，对忻府区、忻州经济开发区、定襄县、五台县、五台山风景名胜区、繁峙县的项目建设、产业扶贫等重点工作进行观摩检查。

11月

21日　五台山下飘洒着一场小雪，9时30分许，一辆车牌为晋AA9457的旅行客车在由五台山开往大同市，途径砂台旅游线童子崖村附近，发生侧翻事故，车上30多名旅客受伤。

29日　本县在公安局阶梯会议室举办了省十一次党代会精神宣讲报告会，市直工委副书记程福明做专题宣讲报告，全县400余名副科以上党员领导干部到会聆听了宣讲。县委书记孔保宝主持宣讲大会，并提出具体要求。

30日　县政协专门召开政协委员助力脱贫攻坚工作动员大会，150名政协委员肩负神圣使命，进入脱贫攻坚的主战场，助力精准扶贫，“八仙过海，各显其能”。

12月

2日　市委常委、市政府常务副市长赵志坚深入本县平型关就景区建设情况进行调研。市外事侨务旅游局局长杨松树、县长崔峥岭陪同调研。

12日　省脱贫攻坚政策到村到户督查组对本县13个乡（镇）的乡（镇）长、分管扶贫的副职、驻村工作队、村干部等70多人进行了脱贫攻坚政策解读培训。

12日　以山西农业大学公共管理学院梁剑锋副院长为队长的山西省脱贫工作成效第三方评估工作队来本县，开始对全县的脱贫攻坚工作成效进行评估调查。

16日至22日　本县按照省、市安排，专门成立了以县长崔峥岭为组长的铁腕治污专项行动领导组，对繁城镇、下茹越乡、集义庄乡、岩头乡等8个乡（镇）的60家违法砖瓦企业进行了清理规范。

28日　县委宣传部文联文艺扶贫奔小康志愿服务送温暖活动在金山铺乡农发新村村委会大院举行，县文联为当地乡村书屋捐赠100多套《滹沱河从我的梦中流过》；县内知名书法家现场为当地群众书写对联；专业摄影师到当地村民家中为他们免费拍全家福照片。

本月　经县委、县政府研究决定，拟为部分事业单位面向社会公开招聘工作人员129名。其中，全额事业单位74名，差额事业单位55名。招聘于11月19日在宝山中学报名，12月18日至21日领取准考证，12月25日在忻府区参加笔试。

县情概览

自然地理

【位置　面积】　位置　本县地处山西省忻州市东北部，位于东经113°09′至113°58′，北纬38°58′至39°27′之间。县城距北京428千米，距太原190千米，距大同185千米。

面积　境域东西最大横距长75千米，南北最大纵距宽56千米，全县境域总面积2368平方千米。　（冯占军）

【地质　地貌】　地质　县境内，南部山区以太古界五台群片麻岩类居多，另有元古界震旦系白云岩及下古生界寒武系石灰岩、紫红色页岩分布。北部山区有太古界五台群片麻岩类，新生界老第三系玄武岩与第四系黄土覆盖。滹沱河阶地，为新生界第四系黄土覆盖。两边丘陵区系新生界第四系地层。

地貌　境内地形东北高，西南低，东有泰戏山，南依五台山，北靠恒山，中部是狭长的滹沱河谷地带，为子牙河系的最上游。全县由山、川、丘陵、沟壑，盘结构成。最低海拔680米，最高海拔3061米。境内多山，山梁坡洼，沟道纵横。神堂堡乡有孤山沟、宝石沟，横涧乡有狼窝沟，金山铺乡有大湾沟，下茹越乡有背堰沟，杏园乡有公主沟，岩头乡有大东沟、板峪沟、牛圈沟、南磨沟，繁城镇有前峪沟、王绪沟、石板沟、斗嘴沟、苏西沟。全县大小沟道共有319条，其中长度为1千米至5千米的有287条，6千米至11千米的有29条，12千米以上的有3条。本县三面高山，中间低洼，构成了平川区、丘陵区、石山区三类地区。

（冯占军）

【气候】　1. 降水。全县有两个多雨区：一是伯强沟东西两侧及以南的五台山区，年降水量500至1000毫米；二是恒山部分山区，年平均降水量为500毫米左右。平川中东部为少雨区，年降水量在400毫米以下。其余丘陵区在400至500毫米之间。

全县降水分布特点是：降水量一般随海拔高度的增高而增加。全县年降水量分配极不均匀，降水量随季节变化非常明显。一般来说呈现出冬季干旱少雨（雪），夏季雨水集中，秋雨多于春雨的特点。

2. 日照。年平均日照时数2906.5小时。最多年可达3153.2小时，最少年为2527.1小时。作物生长季4至9月份平均日照1588.3小时，约占全年日照总时数的60%。能满足全县农作物的生长需要。平川区，一年里所得的太阳总辐射能为144.3千卡/平方厘米。

3. 气温。平川区由西向东气温逐渐降低，年平均气温在5℃至8℃之间。1月份最冷，平均气温为-8℃至-11℃之间，极端最低气温为-26℃至-30℃之间。5月上旬平均气温为0℃以上。7月份最热，平均气温在19℃至22℃之间，极端最高气温可达36℃至

38℃之间。10月份上旬，一般最低气温降到0℃或0℃以下。（冯占军）

【土地资源】 全县土地总面积为236827公顷，除裸露岩石、山涧沟壑、村庄、道路等非生产用地外，可供农林牧利用的土地为172594公顷，占总面积的73%，其中耕地41894公顷。平川地20334公顷，沟坡地1814公顷，沟坝地1627公顷，梯田18154公顷。（冯占军）

【水资源】 1. 地表水。境内河川径流水资源量517立方米，高于忻州市平均水平。南部山区河川径流较为丰富，但绝大部分分流向外县。中部盆地平原区，由于地质原因，大部分渗漏潜流，只有北部地区利用率相对较高。

2. 地下水。1980年至2011年县内一般山丘区地下水资源量（降水入渗补给量）为10860万立方米/年，盆地平原的降水入渗补给量为3721万立方米/年，盆地平原区地下水资源量为9865万立方米/年，多年平均地下水资源量为14840.8万立方米/年。

（冯占军）

【矿产资源】 全县矿产资源丰富。在县境南北两山均有分布，以磁铁矿和赤铁矿为主。已探明储量为5亿吨，矿石品位高达60%。主要产地有大草坪、平型关、山角、文溪、太平沟等地，其中大草坪、平型关两个铁矿区为大型铁矿，探明储量达3.17亿吨。

钼矿储量居全省第一，累计探明储量17.1万吨。主要产于后峪、义兴寨等地。

金矿是本县优势矿种之一，在全省居重要地位。金、银、铜、铅、锌密切共生，大部分属石英脉型和热液型金，多金属矿床，可综合开采。主要产地有义兴寨、辛庄、耿庄等地。初步探明，这3个金矿床的黄金储量达20吨，伴生矿产银171.57吨、钼1884.1吨、铜5582.58吨、铅36464.55吨、锌25399.55吨。

铜矿大部分山区乡均有分布，矿物成分以黄铜矿为主，还有斑铜矿、辉铜矿、孔雀石等。主要产地集中于伯强、岩头、茶铺等地，宽滩、神堂堡、柏家庄、杏园、后河等地也有分布。

铅、锌矿已知矿床为多金属矿床，含量大多是贫至中等，部分较富，其主要成分为方铅矿和闪锌矿，伴生黄铜矿、硫铁矿、金、银等。主要分布在耿庄、义兴寨等地。

硫铁矿沿南山分布，主要产地集中在伯强一带。矿石类型以含铜硫铁矿为主，已探明储量86.18万吨，含硫量一般在20%左右，最高达42%。

石灰岩主要分布在童子崖及杜里坪一带，藏量较大。仅圐圙村一带储量就在3000万吨以上。

云母矿本县主要有白云母，其次还有少量黑云母。主要分布在庄旺、桥儿沟一带。已知矿区有庄旺、桥儿沟、元树、羊圈、西沟等处。其中庄旺、桥儿沟两个矿区初步探明白云母储量表内矿433吨，表外矿2814吨。

褐煤采掘历史悠久，总储量为3.84亿吨，主要集中于下茹越乡塔西沟一带。

此外，还有锰、石英岩、玄武岩、花岗岩等多种矿藏。（冯占军）

【植被资源】 繁峙山多坡广，沟壑纵横，气候类型多，故植被资源丰富。全县有植被6.67万公顷，覆盖率为28%。有植物447种，隶属于82科、316属。主要分布于南山、峨河、羊眼河、青羊河、石塘沟的深山地区，其次为滹沱河的发源地辛庄一带及平川沿河南岸。全县树木种类分为乔木树种、经济树种、灌木树种。（冯占军）

人口　语言

【人口】　据2014年人口抽样调查，年末全县常住人口273124人，比上年末增加1462人。全年全县出生人口3005人，人口出生率11.03‰；死亡人口1543人，死亡率5.66‰；自然增长率5.37‰。

据2015年人口抽样调查，年末全县常住人口274155人，比上年末增加1031人。全年全县出生人口2704人，人口出生率9.88‰；死亡人口1673人，死亡率6.11‰；自然增长率3.77‰。

据2016年人口抽样调查，年末全县常住人口275299人，比上年末增加1144人。全年全县出生人口3031人，人口出生率11.03‰；死亡人口1886人，死亡率6.86‰；自然增长率4.17‰。

2014—2016年繁峙县常住人口数及其构成情况表

表1　　单位：年、人、%

指　标	2014		2015		2016	
	年末数	比重	年末数	比重	年末数	比重
全县常住人口	273124	——	274155	——	275299	——
其中：城镇	114302	41.85	118379	43.18	122369	44.45
乡村	158822	58.15	155776	56.82	152930	55.55
其中：男性	144917	53.06	142632	52.03	142592	51.80
女性	128207	46.94	131523	47.97	132707	48.20

（县统计局）

【语言】　繁峙县地处山西省东北部，北靠应县、浑源，南连五台山、阜平，东接灵丘，西邻代县。繁峙与周边县交界附近的居民，说话时夹杂着邻县的语音。如岩头乡茶铺村、大明烟村以及神堂堡乡盘道村的居民，由于紧靠五台山，讲话时满口五台腔调。就是繁峙腹地的居民语音也不完全一致，按地区大体分为两种:东首话与西首话。习惯上把永兴桥以东地区的语言叫做东首话，永兴桥以西的语言叫做西首话。东首话语音重浊，西首话语音轻清。（冯占军）

国民经济和社会发展

【概述】　**一、2014年**

全县生产总值531822万元，按可比价格计算，比上年增长5.4%。其中，第一产业增加值44717万元，增长9.1%，占生产总值的比重8.4%；第二产业增加值327305万元，比上年增长6.3%，占生产总值的比重61.5%；第三产业增加值159800万元，比上年增长2.9%，占生产总值的比重30.1%。

人均地区生产总值19524元，比上年增长

4.8%，按 2014 年平均汇率计算为 3178 美元。

全年全县公共财政收入 42461 万元，比上年增长 17.42%。税收收入 27369 万元，增长 17.9%，其中国内增值税、营业税、企业所得税、个人所得税、资源税和城建税共计完成税收 23148 万元，比上年增长 12.22%。公共财政支出 157658 万元，比上年增长 4.5%。其中，教育、医疗卫生、社会保障和就业、住房保障、公共交通运输、节能环保、城乡社区事务等民生支出 97510 万元，比上年增长 3.43%，民生支出占全县公共财政支出的比重 61.85%。

全县城镇新增就业 3165 人。转移农村劳动力 3405 人。年末城镇登记失业率 3.5%。

二、2015 年

全县生产总值 513188 万元，按可比价格计算，比上年增长 0.6%。其中，第一产业增加值 44741 万元，比上年增长 3.2%，占生产总值的比重 8.7%；第二产业增加值 301889 万元，增长 -1.6%，占生产总值的比重 58.8%；第三产业增加值 166558 万元，比上年增长 4.3%，占生产总值的比重 32.5%。

人均地区生产总值 18757 元，比上年增长 0.2%，按 2015 年平均汇率计算为 3011 美元。

全年全县公共财政预算收入 20158 万元，下降 53.72%。税收收入 11947 万元，比上年下降 63.98%，其中国内增值税、营业税、企业所得税、个人所得税、资源税和城建税共计完成税收 9641 万元，比上年下降 58.35%。公共财政支出 155062 万元，比上年下降 1.65%。教育、医疗卫生、社会保障和就业、住房保障、公共交通运输、节能环保、城乡社区事务等民生支出 132636 万元，比上年增长 3.2%，民生工程继续保持稳步增长，民生支出占全县公共财政支出的比重 85.5%。

全县城镇新增就业 3163 人。转移农村劳动力 3443 人。年末城镇登记失业率 3.8%。

三、2016 年

全县生产总值 535618 万元，按可比价格计算，比上年增长 4.4%。其中，第一产业增加值 47820 万元，比上年增长 5.9%，占生产总值的比重 8.9%；第二产业增加值 307574 万元，比上年增长 2.9%，占生产总值的比重 57.4%；第三产业增加值 180224 万元，比上年增长 6.5%，占生产总值的比重 33.7%。

人均地区生产总值 19498 元，增长 3.9%，按 2016 年平均汇率计算为 2935 美元。

全年全县公共财政预算收入 21380 万元，下降 3.03%。其中：税收收入 11751 万元，下降 1.64%，非税收收入 9629 万元，比上年下降 4.68%。公共财政总支出 172929 万元，比上年上升 11.52%。教育、医疗卫生、社会保障和就业、住房保障、公共交通运输、节能环保、城乡社区事务等民生支出 146128 万元，比上年增长 10.2%，民生工程继续保持较快增长，民生支出占到全县公共财政支出的 84.5%。全县城镇新增就业 3186 人。转移农村劳动力 2895 人。年末城镇登记失业率 3.8%。

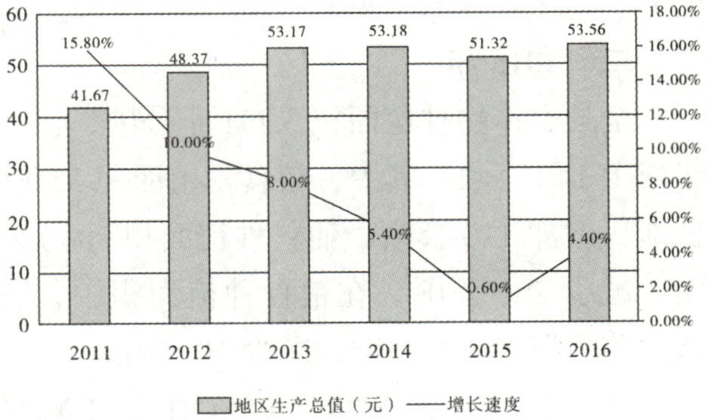

2011 年全县生产总值及其增长速度

（县统计局）

【农业】 一、2014 年

全县农作物种植面积 3.805 万公顷，比上年减少 480 公顷。其中，粮食种植面积

35390公顷，减少480公顷；油料种植面积2100千公顷，增加270公顷。在粮食种植面积中，玉米种植面积19350公顷，减少50公顷。粮食产量7.99万吨，比上年增加0.47万吨，比上年增产6.28%。其中，玉米6.11万吨，比上年增产17.7%。

完成造林352.6万公顷，比上年增长8.9%。其中，荒山荒地造林面积245.9万公顷，比上年减少14.6%。

猪牛羊肉总产量1.39万吨，比上年增长2.0%。其中，猪肉产量0.91万吨，比上年增长7.2%；牛肉产量0.03万吨，比上年增长10.0%；羊肉产量0.33万吨，比上年增长8.5%。年末生猪存栏7.22万头，生猪出栏10.7万头。牛奶产量90.92万吨，比上年增长10.0%。禽蛋产量0.45万吨，比上年增长10.0%。水产品产量0.02万吨，与上年持平。

农业机械总动力21.51万千瓦，比上年增长4.98%。机械耕地面积3267公顷，比上年增长3.7%；机械播种面积3.2万公顷，机械收获面积2.2万公顷，分别比上年增长4.3%和11.7%。全县农机化经营总收入1.02亿元，比上年增长8.4%。

二、2015年

全县农作物种植面积3.791千公顷，比上年减少140公顷。其中，粮食种植面积35500公顷，增加110公顷；油料种植面积9000公顷，减少200公顷。在粮食种植面积中，玉米种植面积19340公顷，减少10公顷。

全年粮食产量7.37万吨，比上年减少0.62万吨，比上年同比下降7.8%。其中，玉米5.81万吨，减产0.3万吨，比上年下降4.9%。

全年完成造林3740公顷，比上年增长64.4%。其中，荒山荒地造林面积3270公顷，比上年减少64.4%。

全年全县猪牛羊肉总产量1.43万吨，比上年增长2.6%。其中，猪肉产量0.98万吨，比上年增长7.8%；牛肉产量0.04万吨，增长44.2%；羊肉产量0.36万吨，比上年增长3.0%。年末生猪存栏7.68万头，生猪出栏11.54万头；羊存栏34.56万只，羊出栏19.45万只。牛奶产量0.92万吨，与上年持平。禽蛋产量0.5万吨，增长10.0%。水产品产量0.02万吨，与上年持平。

年末全县农业机械总动力22.28万千瓦，比上年增长3.58%。机械耕地面积3.407万公顷，比上年增长4.3%；机械播种面积3.427万公顷，机械收获面积2.32万公顷，分别增长7.1%和5.5%。全县农机化经营总收入1.07亿元，比上年增长4.9%。

三、2016年

全县农作物种植面积3782公顷，比上年减少90公顷。其中，粮食种植面积3488公顷，减少620千公顷；油料种植面积2280公顷，增加380公顷。在粮食种植面积中，玉米种植面积18970公顷，减少370公顷。

全年粮食产量8.13万吨，比上年增加0.76万吨，同比上升10.3%。其中，玉米6.52万吨，比上年增加0.71万吨，比上年上升12.2%。

全年完成造林3870公顷，比上年增长3.5%。其中，荒山荒地造林面积3870公顷，比上年增长18.3%。

全县猪牛羊肉总产量1.45万吨，比上年增长1.4%。其中，猪肉产量1.03万吨，比上年增长5.1%；牛肉产量0.05万吨，增长25%；羊肉产量0.38万吨，比上年增长5.6%。年末生猪存栏7.56万头，生猪出栏12.12万头；羊存栏35.14万只，羊出栏20.42万只。牛奶产量0.92万吨，与上年持平。禽蛋产量0.54万吨，比上年增长8%。

年末全县农业机械总动力 16.92 万千瓦，比上年下降 24.1%。机械耕地面积 3.36 万公顷，比上年下降 1.4%；机械播种面积 3.402 万公顷，比上年下降 0.73%；机械收获面积 2.457 万公顷，比上年增长 5.9%。全县农机化经营总收入 1.15 亿元，比上年增长 7.5%。

2014—2016 年繁峙县主要农林产品产量统计表

表 2　　　　单位：年、万吨

产品名称	2014 产量	2015 产量	2016 产量
粮　食	7.99	7.37	8.13
其中：玉　米	6.11	5.81	6.52
谷　子	0.54	0.52	0.47
豆　类	0.31	0.21	0.37
薯　类	0.49	0.38	0.30
油　料	0.21	0.15	0.17
蔬菜及食用菌	1.38	2.16	1.99
水　果	1.08	0.83	—
其中：瓜果类	0.91	0.65	0.81
园林水果	0.17	0.16	0.16
食用坚果	0.0055	0.0152	0.0152
其中：核　桃	0.0055	0.0052	0.0052

（县统计局）

【工业和建筑业】　**一、2014 年**

年末全县规模以上工业企业 51 家，与上年持平。全年规模以上工业增加值同比增长 3.8%。

规模以上工业企业实现主营业务收入 789418.8 万元，下降 30.9%。

规模以上工业实现利税 87484.8 万元，比上年下降 36.7%；实现利润 39593.9 万元，比上年下降 49.7%。

全年全县建筑业实现总产值 137322 万元，比上年增长 8.1%。

具有建筑业资质等级的总承包和专业承包建筑业企业实现利润 4802 万元，比上年下降 1.7%。

二、2015 年

年末全县规模以上工业企业 56 户，比上年增加 5 户。全年规模以上工业增加值同比下降 3.3%。

规模以上工业企业实现主营业务收入 598660 万元，比上年下降 26.8%。

规模以上工业实现利税 7230.0 万元，比上年下降 91.7%；实现利润 895.5 万元，比上年下降 97.8%。

全年全县建筑业实现总产值 127479 万元，比上年下降 7.2%。

具有建筑业资质等级的总承包和专业承包建筑业企业实现利润 4714 万元，比上年下降 1.8%。

三、2016 年

年末全县规模以上工业企业 51 户，比上年减少 5 户。全年规模以上工业增加值同比增长 0.5%。

规模以上工业企业实现主营业务收入 683698.7 万元，比上年增长 14.2%。

规模以上工业实现利税 53007.8 万元，增长 57.27%；实现利润 25891.9 万元，比上年增长 322.2%。

全年全县建筑业实现总产值 155525 万元，比上年增长 22%。

具有建筑业资质等级的总承包和专业承包建筑业企业实现利润 4317 万元，比上年下降 8.4%。

2014—2016 年繁峙县规模以上工业总产值统计表

表 3　　单位：年、亿元

项　目	2014	2015	2016
其中：轻工业	0	0	0.27
重工业	126.6	112.1	101.37
其中：国有及国有控股企业	0	1.9	1.84
其中：集体企业	0	0	0
私营企业	126.6	110.2	99.80
其中：黑色金属采选业	76.8	63.3	58.73
黑色金属冶炼业	12.6	27.8	22.27
黑色金属压延加工业	31.2	12.8	9.82
有色金属采选业	50.9	5.9	7.52
有色金属冶炼业	0.4	0.3	1.19
电力生产与供应业	0.6	1.9	1.84

2014—2016 年繁峙县规模以上工业主要工业产品产量统计表

表 4　　单位：年、万吨

产品名称	2014	2015	2016
铁精粉	585.7	697.4	680.9
铁铸件	26.9	62.2	48.5
生铁	—	—	59.8
线材	91.3	61.9	45.0
黄金	160	178	409
粗钢	—	—	52.8
大米	—	—	0.2

2014—2016 年繁峙县规模以上工业企业利润总额统计表

表 5　　单位：年、万元

指　标	2014	2015	2016
规模以上工业	41557.9	895.5	25891.9
其中：国有控股企业	—	5144.9	5208.3
私营企业	41557.9	-4249.4	20683.6
其中：集体企业	—	0	0
股份制企业	—	0	0

（县统计局）

【能源】　2014 年，全县一次能源消费总量折标准煤 62.83 万吨。比上年增长-16.0%。其中规模以上工业综合能源消费 24.26 万吨，比去年同期增长 4.6%。万元 GDP 能耗 1.29 吨标煤，同比下降 4.04%；全年全县全社会用电总量 139665 万千瓦小时。其中，第一产业用电 6017 万千瓦小时，占全社会用电量 4.3%；第二产业用电 120092 万千瓦小时，占 85.9%。其中，工业用电 119070 万千瓦小时；第三产业用电 3905 万千瓦小时，占 2.8%；城乡居民生活用电 9651 万千瓦小时，占 6.9%。

2015 年，全年全县一次能源消费折标准煤 53.83 万吨。比上年下降 3.0%。其中规模以上工业综合能源消费 22.39 万吨，比上年同期下降 9.2%，万元 GDP 能耗 1.1 吨标煤，同比下降 3.58%。全年全县全社会用电总量 84252 万千瓦小时。其中，第一产业用电 3760 万千瓦小时，占全社会用电量 4.4%；第二产业用电 60011 万千瓦小时，占 71.2%，其中工业用电 59735 万千瓦小时；第三产业用电 4364 万千瓦小时，占 5.1%；城乡居民生活用电 9673 万千瓦小时，占 11.5%；其他 5685 万千瓦小时，占 6.7%。

2016 年，全年全县一次能源消费折标准煤 53.71 万吨。比上年下降 0.2%。其中规模以上工业综合能源消费 19.34 万吨，比上年同期下降 13.6%，万元 GDP 能耗 1.0 吨标煤，同比下降 3.613%；

全年全县全社会用电总量 78288 万千瓦小时。其中，第一产业用电 3794 万千瓦小时，占全社会用电量 4.8%；第二产业用电 59380 万千瓦小时，占 74.9%，其中工业用电 58626 万千瓦小时；第三产业用电 5019 万千瓦小时，占 6.4%；城乡居民生活用电 10095 万千瓦小时，占 12.9%；其他 4817 万千瓦小时，占 6.2%。（县统计局）

【固定资产投资】　**一、2014 年**

全年全社会固定资产投资 747156 万元，比上年增长 22.4%。其中，固定资产投资（不含跨市、农户）747156 万元，比上年增长 22.4%。

在固定资产投资（不含跨市、农户）中，国有及国有控股投资 142188 万元，比上年下降 47.0%；民间投资 604968 万元，比上年增长 76.0%。

分登记注册类型看，内资企业和个体经营投资 670466 万元，比上年增长 22.4%；外商及港澳台商企业投资9150万元，比上年增长-52%。

分产业看，第一产业投资 86821 万元，比上年增长 95.2%；第二产业投资 271379 万元，比上年下降 0.1%；第三产业投资 388956 万元，比上年增长 32.1%。

全县工业投资 271279 万元，比上年下降

0.1%。其中，铁矿工业投资111226万元，比上年下降21%，非铁产业投资160153万元，比上年增长22%；传统产业（煤炭、焦炭、冶金、电力）投资合计113690万元，比上年增长12.9%，非传统产业投资合计157689万元，比上年增长19.8%。

全年全县在建固定资产投资项目148个。

其中，亿元以上项目24个，计划总投资1368898万元，完成投资966326万元。全年房地产开发投资62390万元，比上年增长181.6%。其中，住宅投资48159万元，比上年增长140.2%；商业营业用房投资9048万元，比上年增长568.7%。

二、2015年

全年全社会固定资产投资878647万元。其中，固定资产投资（不含跨市、农户）878647万元，比上年增长17.6%。

在固定资产投资（不含跨市、农户）中，国有及国有控股投资114670万元，比上年下降19.4%；民间投资763977万元，比上年增长26.3%。

分登记注册类型看，内资企业和个体经营投资821297万元，比上年增长22.5%；外商及港澳台商企业投资19797万元，比上年增长1.16倍。

分产业看，第一产业投资196838万元，比上年增长126.7%；第二产业投资214419万元，比上年下降21%；第三产业投资467390万元，比上年增长20.2%。

全县工业投资214419万元，比上年下降21%。其中，铁矿工业投资107071万元，比上年下降3.7%，非铁产业投资107348万元，比上年下降33.0%；传统产业（煤炭、焦炭、冶金、电力）投资合计66123万元，比上年下降41.8%，非传统产业投资合计148296万元，比上年增长6.0%。

全年全县在建固定资产投资项目147个。其中，亿元以上项目41个，计划总投资2175536万元，完成投资506234万元。

全年房地产开发投资37553万元，比上年下降39.8%。其中，住宅投资25869万元，比上年下降46.3%；商业营业用房投资6987万元，比上年下降22.8%。

三、2016年

全年全社会固定资产投资928506万元。其中，固定资产投资（不含跨市、农户）928506万元，比上年增长5.7%。

在固定资产投资（不含跨市、农户）中，国有及国有控股投资225235万元，比上年增长96.4%；民间投资703271万元，比上年下降7.9%。

分登记注册类型看，内资企业和个体经营投资897423万元，比上年增长9.3%；外商及港澳台商企业投资31083万元，增长57%。

分产业看，第一产业投资249966万元，比上年增长27.0%；第二产业投资232336万元，比上年增长8.4%；第三产业投资446204万元，比上年下降4.5%。

全县工业投资232336万元，比上年增长8.4%。其中，铁矿工业投资112024万元，比上年增长4.6%，非铁产业投资120312万元，比上年增长12.1%；传统产业（煤炭、焦炭、冶金、电力）投资合计27708万元，比上年下降58.1%，非传统产业投资合计204628万元，比上年增长38%。

全年全县在建固定资产投资项目153个。其中，亿元以上项目57个，计划总投资2109728万元，完成投资696948万元。

全年房地产开发投资14873万元，比上年下降60.4%。其中，住宅投资10903万元，比上年下降57.9%；商业营业用房投资2356万元，比上年下降66.3%。

2014—2016年繁峙县分行业固定资产投资（不含跨市、农户）统计表

表6 单位：年、万元

项　目	2014	2015	2016
总　计	747156	878647	928506
农林牧渔业	86821	196838	249966
采矿业	135034	107071	112024
制造业	68038	86367	92604
电力、热力、燃气及水生产和供应业	68307	20981	27708
批发和零售业	58230	77076	40120
交通运输、仓储和邮政业	48447	40942	16730
住宿和餐饮业	14311	0	15678
房地产业	114929	68344	30895
租赁和商务服务业	32438	0	70884
水利、环境和公共设施管理业	84894	173029	144776
居民服务、修理和其他服务业	560	0	0
教　育	4667	4338	11246
卫生、社会工作	498	0	0
文化、体育和娱乐业	529	63829	6695
公共管理、社会保障和社会组织	29453	39832	109180

2014—2016年繁峙县房地产开发和销售统计表

表7 单位：年、万元、平方米

指　标	2014	2015	2016
投资完成额	62390	37553	14873
其中:住宅	48159	25869	10903
房屋施工面积	602340	612298	666584
其中:住宅	482728	458782	491534
房屋新开工面积	253241	49080	73709
其中:住宅	185483	41080	52175
房屋竣工面积	19506	0	119508
其中:住宅	19506	0	89053
商品房销售面积	5331	47295	51530
其中:住宅	5331	47295	50341

（县统计局）

【国内贸易】 2014年，全县社会消费品零售总额103106.7万元，比上年增长13.7%。按经营地统计，城镇消费品零售额56200.6万元，比上年增长14.37%；乡村消费品零售额46906.1万元，比上年增长12.91%。按消费形态统计，商品零售额95744.7万元，比上年增长14.0%；餐饮收入额7363万元，比上年增长9.4%。

2015年，全县社会消费品零售总额149387.8万元，比上年增长6.1%。按经营地统计，城镇消费品零售额103227.4万元，比上年下降21.7%；乡村消费品零售额46160.4万元，比上年增长19.4%。按消费形态统计，商品零售额129540.6万元，比上年增长4.9%；餐饮收入额19847.2万元，比上年增长14.98%。

2016年，全年全县社会消费品零售总额189640.4万元，比上年增长7.5%。按经营地统计，城镇消费品零售额124411.7万元，比上年增长4.7%；乡村消费品零售额65228.7万元，比上年增长13.2%。按消费形态统计，商品零售额167424.1万元，比上年增长6.6%；餐饮收入额22216.3万元，比上年增长14.5%。

2014—2016年繁峙县社会消费品零售总额统计表

表8 单位：年、万元

指　标	2014	2015	2016
社会消费品零售总额	103106.7	149387.8	189640.4
分地域：城镇	56200.6	103227.4	124411.7
乡村	46906.1	46160.4	65228.7
分行业：批发零售业	95744.7	129540.6	167424.1
住宿餐饮业	7362	19847.2	22216.3

2014—2016年繁峙县限额以上批发零售业零售额统计表

表9 单位：年、万元

项　目	2014	2015	2016
汽车类	23481.4	21386.1	22659.7
石油及制品类	212662	28413.8	22414.2
金银珠宝类	561.4	631.6	681.1
家用电器和音像器材类	0	1886.2	2009.7
粮油、食品、饮料、烟酒类	4451.8	4238.2	4493.5
服装、鞋帽、针纺织品类	3656.2	4020.5	4309.2
化妆品类	408.5	448	482.4
饮料	—	—	873.2
烟酒	—	—	1002.8
家具	—	—	341.2
书报、杂志	—	—	2895.4
日用	—	—	499

（县统计局）

【对外贸易】 2014年，全县外贸进出口总额56万美元，增长12.0%。其中，进口额56万美元，比上年增长12.0%。

2015年，全县外贸进出口总额60万美元，比上年增长7.1%。其中，进口额60万美元，比上年增长7.1%。

2016年，全年全县外贸进出口总额20万美元。 （县统计局）

【交通、邮电和旅游】 **一、2014年**

年末全县公路线路里程1636千米，其中高速公路57.57千米。

年末全县民用汽车保有量17365辆，比上年末增长12.9%，其中私人汽车17065辆，增长2.5%。本年新注册汽车1992辆，下降17.0%。年末私人轿车13750辆，与上年持平。

全年完成邮电业务收入15775万元，比上年下降1.4%。其中，邮政业务收入2045万元；移动业务收入8874万元；联通业务收入3530万元；电信业务收入1290万元；铁通业务收入36万元。固定电话用户年末8530户；移动电话年末达到22.68万户，比上年增长5.8%。年末全县宽带接入用户达到2.65万户，比上年增长11.3%。

全年全县商业住宿设施接待入境过夜游客21298人次，接待国内旅游者154.17万人次，分别比上年增长7%和12%；旅游外汇收入325.06万美元，国内旅游收入13.61亿元，旅游总收入13.82亿元，分别比上年增长3%、17%和17%。

二、2015年

年末全县公路线路里程1636千米，其中高速公路57.57千米。

年末全县民用汽车保有量18735辆，比上年末增长7.9%，其中私人汽车18560辆，比上年增长8.8%。本年新注册汽车1621辆，比上年下降18.6%。年末私人轿车15762辆，比上年增长14.6%。

全年全县完成邮电业务收入14882.7万元，比上年下降5.7%。其中，邮政业务收入2185.6万元；移动业务收入8117万元；联通业务收入3359万元；电信业务收入1256.7万元；铁通业务收入105万元。固定电话用户年末11800户；移动电话年末达到24.32万户，比上年增长7.2%。年末全县宽带接入用户达到3.0万户，比上年增长13.2%。

全年全县商业住宿设施接待入境过夜游客26530人次，接待国内旅游者181.08万人次，分别比上年增长24.5%和17.5%；旅游外汇收入421.61万美元，国内旅游收入16.22亿元，旅游总收入16.48亿元，分别比上年增长29.7%、19.2%和19.3%。

三、2016年

年末全县公路线路里程1525千米，其中高速公路57.57千米。

年末全县民用汽车保有量20499辆，比上年末增长9.4%。本年新注册汽车2130辆，增长31.4%。

全年全县完成邮电业务收入16758.64万元，比上年增长12.6%。其中，邮政业务收入2286万元；移动业务收入9487万元；联通业务收入3535万元；电信业务收入1370.64万元；铁通业务收入80万元。固定电话用户年末400户；移动电话年末达到21.94万户，比上年略有下降。年末全县宽带接入用户达到3.0万户，与上年持平。

全年全县商业住宿设施接待入境过夜游客16272人次，同比减少39%；接待国内旅游者209.8万人次，同比增长15.9%；旅游外汇收入219.58万美元，同比减少48%；国内旅游收入18.88亿元，旅游总收入19.02亿元，分别增长16.4%和15.4%。 （县统计局）

【金融】 **一、2014 年**

年末全县各类金融合作机构人民币存款余额 912615 万元，比年初增加 38028 万元，增长 4.3%；人民币贷款余额 325166 万元，比年初增加 39811 万元，比年初增长 14%。

全年全县保费收入 11199.62 万元，增长 4.1%。其中，寿险业务保费收入 3538.99 万元，比上年增长-7.2%；健康险业务保费收入 959.85 万元，比上年增长 4.3%；意外险业务保费收入 530.29 万元，比上年增长 12.0%；财产险业务保费收入 2548.52 万元，比上年增长-0.23%。全年支付各类赔款及给付 6217.53 万元，比上年增长 2.0%。

二、2015 年

年末全县各类金融合作机构人民币存款余额 914111 万元，比年初增加 1236 万元，增长 0.1%；人民币贷款余额 312063 万元，比年初下降 13104 万元，比年初下降 4.0%。

全年全县保费收入 8289 万元，比上年增长 10.7%。其中，寿险业务保费收入 5797.83 万元，比上年增长 23.28%；健康险业务保费收入 65.82 万元，比上年减少 27.77%；意外险业务保费收入 85.33 万元，比上年下降 40.83%；财产险业务保费收入 2340 万元，比上年增长-8.1%。全年支付各类赔款及给付 3533.16 万元，比上年增长 11.23%。

三、2016 年

年末全县各类金融合作机构人民币存款余额 1107440 万元，比年初增加 193329 万元，增长 21.1%；人民币贷款余额 404013 万元，比年初增加 91951 万元，比年初增长 29.5%。

全年全县保费收入 9942.13 万元，比上年增长 19.9%。其中，寿险业务保费收入 6518.13 万元，比上年增长 12.42%；健康险业务保费收入 512.79 万元，比上年增长 779.0%；意外险业务保费收入 316.21 万元，比上年增长 270.6%；财产险业务保费收入 2595 万元，比上年增长 10.9%。全年支付各类赔款及给付 1225.9 万元，比上年下降 65.3%。

2014—2016 年繁峙县年末金融机构本外币存贷款统计表

表 10　　单位：年、万元

项　　目	2014	2015	2016
各项存款余额	912615	91411	1107440
其中：单位存款	144652	39405	92724
城乡居民储蓄存款	729507	77811	922007
各项贷款余额	325166	31206	404013
其中：短期贷款	270311	12254	130300
中长期贷款	52425	57786	77979
其中：经营性贷款	—	12886	—
个人消费性贷款（人民币）	832	528	—

（县统计局）

【教育和科技】 **一、2014 年**

年末全县共有幼儿园 25 所，增加 5 所；小学 125 所，减少 4 所；普通初中 17 所，与上年持平；普通高中 2 所，与上年持平；中等职业学校 3 所，比上年增加 1 所；成人高等学校 1 所，与上年持平。全县学前三年毛入园率为 75%，小学学龄儿童净入学率为 99.99%，高中阶段毛入学率为 85%。

全年专利申请量与授权量分别为 54 件和 45 件，分别增长 25.6%和 4.7%；其中发明专利申请量 7 件，比上年增长 16.7%。全年新登记科技成果 1 项。

年末全县共有产品质量监督检验和计量检定技术机构 1 个。监督抽查了 60 家企业 6 类 48 种 4 批次的产品和商品。全年完成强制检定计量器具 0.5 万台件。

全县有气象台站 14 个，全县开展电话天气自动答询的台站 14 个。全县气象系统开展人工影响天气业务的单位 1 个，防雹、增雨累计受益面积 2 万公顷，增雨量 200 万立方米。全县有天气预报服务 Intel 网站 1 个，卫星云图接收站 1 个。

二、2015 年

年末全县共有幼儿园 25 所，与上年持平；小学 125 所，与上年持平；普通初中 16 所，减少 1 所；普通高中 2 所，与上年持平；中等职业学校 3 所，与上年持平；成人高等学校 1 所,与上年持平。全县学前三年毛入园率为 75%，小学学龄儿童净入学率为 99.99%，高中阶段毛入学率为 85%。

全年全县专利申请量与授权量分别为 18 件和 15 件，分别下降 66.7%和 66.7%；其中发明专利申请量与授权量分别为 3 件和 0 件，发明专利申请量比上年下降 57.1%。全年新登记科技成果 1 项，与上年持平。

年末全县共有产品质量监督检验和计量检定技术机构 1 个。监督抽查了 180 家企业 6 类 36 种 6 批次的产品和商品。全年完成强制检定计量器具 0.46 万台件。

全县有气象台站 13 个，全县开展电话天气自动答询的台站 13 个。全县气象系统开展人工影响天气业务的单位 1 个，防雹、增雨累计受益面积 2 万公顷，增雨量 500 万立方米。全县有天气预报服务 Intel 网站 1 个，卫星云图接收站 1 个。

三、2016 年

2016 年末全县共有幼儿园 28 所，比上年同期增加 3 所；小学 116 所，比上年同期减少

2014—2016 年繁峙县各类教育发展情况表

表 11　　单位：年、人

2014			2015			2016		
招生	在校生	毕业生	招生	在校生	毕业生	招生	在校生	毕业生
1094	2032	1308	1006	2275	446	916	2482	528
1657	4688	1502	1488	4720	1450	1268	4412	1576
3241	9929	3450	2645	9328	3312	3074	8962	3381
3151	21388	3390	3779	22043	2845	3826	22381	3406
1304	6643	3943	1911	6547	3280	2112	6127	2718

（县统计局）

9所；普通初中11所，减少5所；普通高中2所，与上年持平；中等职业学校3所，与上年持平；成人高等学校1所，与上年持平。全县学前三年毛入园率为83%，小学学龄儿童净入学率为99.99%，高中阶段毛入学率为87%。

全年全县专利申请量与授权量分别为30件和25件，分别比上年增长66.7%和66.7%；其中发明专利申请量与授权量分别为5件和2件，发明专利申请量比上年增长66.7%。全年新登记科技成果1项，与上年持平。

年末全县共有产品质量监督检验和计量检定技术机构1个。监督抽查了38家企业2类15种81批次的产品和商品。全年完成强制检定计量器具282台。

全县有气象台站13个，全县开展电话天气自动答询的台站13个。全县气象系统开展人工影响天气业务的单位1个，防雹、增雨累计受益面积30万亩，增雨量500万立方米。全县有天气预报服务Intel网站1个，卫星云图接收站1个。

【文化、卫生和体育】 **一、2014年**

年末全县共有文化馆1个，博物馆1个，文化站13个（其中：乡镇综合文化站13个），农村文化活动场所402个。专业艺术表演团体1个。公共图书馆1个。出版报纸1种6万份，各类杂志3种1万册，各类图书1080种、3万余册。广播电视台1座，电视台1座，中短波转播发射台2座，调频转播发射台1座，一百瓦以上电视转播发射台2座。广播人口覆盖率96.98%，电视人口覆盖率96.72%，有线电视用户6340户。

年末全县共有卫生机构（含诊所、村卫生室）396个，床位885张。卫生防疫、防治机构1个，妇幼保健院（所、站）1个。全县卫生机构共有卫生技术人员149人；卫生院卫生技术员37人，社区卫生服务中心（站）卫生技术人员6人，其中农村乡镇卫生院37人；防疫、防治卫生技术员42人，妇幼保健（所、站）卫生技术人员13人。全县有73821户209138名农民参加了新型农村合作医疗，参合率99.78%。

全县有体育场1个，体育馆1个。全县销售中国体育彩票780万元。

二、2015年

年末全县共有文化馆1个，博物馆1个，文化站13个（其中：乡镇综合文化站13个），农村文化活动场所168个。专业艺术表演团体1个。公共图书馆1个。出版报纸168种6万份，各类杂志3种1万册，各类图书10种、3万余册。广播电视台1座，电视台2座，中短波转播发射台1座，调频转播发射台2座，一百瓦以上电视转播发射台2座。广播人口覆盖率98.02%，电视人口覆盖率98.02%，有线电视用户6450户。

年末全县共有卫生机构（含诊所、村卫生室）359个，床位1135张。卫生防疫、防治机构1个，妇幼保健院（所、站）1个。全县卫生机构共有卫生技术人员824人；卫生院卫生技术员242人，防疫、防治卫生技术员42人，妇幼保健（所、站）卫生技术人员13人。全县有204689农民参加了新型农村合作医疗合作医疗，参合率99.71%。

全县有体育场1个，体育馆1个。全县销售中国体育彩票530万元。

三、2016年

年末全县共有文化馆1个，博物馆1个，文化站13个（其中：乡镇综合文化站13个），农村文化活动场所402个。专业艺术表演团体1个。公共图书馆1个。出版报纸168种6万份，各类杂志3种1万册，各类图书10种、3万余册。广播电视台1座，电视台 2 座，中短波转播发射台 1 座，调频转播发射台 2 座，一百瓦以上电视转播发射台 2 座。广播人口覆盖率 99.12%，电视人口覆盖率 99.12%，有线电视用户 6950 户。

年末全县共有卫生机构（含诊所、村卫生室）446 个，床位 1020 张。卫生防疫、防治机构 1 个，妇幼保健院（所、站）1 个。全县卫生机构共有卫生技术人员 806 人；卫生院卫生技术员 218 人，防疫、防治卫生技术员 42 人，妇幼保健（所、站）卫生技术人员 14 人。全县有 198143 农民参加了新型农村合作医疗合作医疗，参合率 99.7%。

全县有体育场 1 个，体育馆 1 个。全县销售中国体育彩票 730 万元。（县统计局）

【人民生活和社会保障】 **一、2014 年**

全年居民人均可支配收入 12590 元，增长 11.1%。按常住地分，城镇常住居民人均可支配收入 22967 元，比上年增长 9.5%，城镇常住居民人均消费支出 12517.68 元；农村常住居民人均可支配收入 6012 元，比上年增长 11.2%，农村常住居民人均消费支出 3713.04 元。城镇占调查总户数 20%的低收入家庭人均可支配收入 7964 元，比上年增长 9.7%；农村占人口 20%的低收入者收入 1967 元，比上年增长 14.2%。城镇居民家庭恩格尔系数（即居民家庭食品消费支出占家庭消费支出的比重）25.04%，农村居民家庭恩格尔系数 41.11%。

年末参加城镇职工基本养老保险 15930 人，比上年增加 27 人；参加城乡居民社会养老保险 146308 人，比上年增加 4446 万人；参加城镇基本医疗保险 32084 人，比上年增加 1636 人；参加失业保险 6878 人，比上年增加 79 人；参加工伤保险 14705 人，比上年增加 297 人；参加生育保险 12012 人，比上年增加 244 人。

2014 年城市低保人数 4949 人，全年发放 1676.51 万元。

全年得到农村最低生活保障救济人数 14010 人，全年共发放农村最低保障资金 2408 万元。2037 人纳入农村五保供养。

年末全县城镇综合性社区服务中心 14 个，各类收养性单位床位数 150 张，收养人数 67 人，国家抚恤、补助各类优抚对象 1331 人。

二、2015 年

全年居民人均可支配收入 13579 元，比上年增长 7.9%。按常住地分，城镇居民人均可支配收入 24873 元，比上年增长 8.3%，农村居民人均可支配收入 6474 元，比上年增长 7.7%，城镇占调查总户数 20%的低收入家庭人均可支配收入 8641 元，比上年增长 8.5%；农村占人口 20%的低收入者收入 2241 元，比上年增长 13.9%。

年末参加城镇职工基本养老保险 15892 人，比上年增加 36 人；参加城乡居民社会养老保险 146936 人，比上年增加 628 人；参加城镇基本医疗保险 30478 人，比上年减少 1606 人；参加失业保险 6889 人，比上年增加 11 人；参加工伤保险 15105 人，比上年增加 400 人；参加生育保险 12015 人，比上年增加 3 人。

2015 年城市低保人数 4665 人，全年发放 1675 万元。

全年得到农村最低生活保障救济人数 13443 人，全年共发放农村最低保障资金 2649.9 万元。2035 人纳入农村五保供养。

年末全县城镇综合性社区服务中心 23 个，各类收养性单位床位数 240 张，国家抚恤、补助各类优抚对象 1350 人。全年筹集社会福利资金 90 万元，接受社会捐赠款 6 万余元。

三、2016 年

全年居民人均可支配收入 14557 元，增长 7.2%。按常住地分，城镇居民人均可支配收入

26664元，比上年增长7.2%，农村居民人均可支配收入6940元，比上年增长7.2%，城镇占调查总户数20%的低收入家庭人均可支配收入9306元，比上年增长7.7%；农村占人口20%的低收入者收入2467元，比上年增长10.1%。

年末参加城镇职工基本养老保险18744人，比上年增加2852人；参加城乡居民社会养老保险146946人，比上年增加10人；参加城镇基本医疗保险38997人，比上年增加8519人；参加失业保险9637人，比上年增加2748人；参加工伤保险15453人，比上年增加348人；参加生育保险12009人，比上年减少6人。

2016年城市低保人数4128人，全年发放1667.2万元。

全年农村最低生活保障救济人数15374人，全年共发放农村最低保障资金3110.3万元。2019人纳入农村五保供养。

年末全县城镇综合性社区服务中心32个，各类收养性单位床位数240张，国家抚恤、补助各类优抚对象1327人。全年筹集社会福利资金0万元，接受社会捐赠款7万余元。（县统计局）

【资源、环境和安全生产】 **一、2014年**

年末全县4座水库蓄水总量为339万立方米，比上年上升242.4%，当年解决农村饮水安全人口9549人，2014年农村饮水安全覆盖率90%以上。

年末全县森林面积48921.1公顷，森林覆盖率20.5%。

按《环境空气质量标准》（GB3095–1996）评价，2014年繁峙建成区环境空气优良天数范围在184天之间，与上年相比增加7天。

年末全县城市污水处理率达到97.58%；集中供热普及率达到90%。

全年各类自然灾害造成直接经济损失4451万元，同比减少23%；农作物受灾面积34347公顷，比上年减少21%，其中，绝收面积258.68公顷，比上年减少20%。

全年全县共发生各类生产经营性事故0起，下降25起；死亡0人，比上年下降7人。

全年共发生交通事故24起，造成29人死亡，15人受伤。直接经济损失40.71万元，比上年上升13.8%。

二、2015年

年末全县4座水库蓄水总量为354万立方米，比上年上升4.4%，当年解决农村饮水安全人口3770人，2015年农村饮水安全覆盖率91.37%以上。

年末全县森林面积48921.1公顷，森林覆盖率20.59%。

按《环境空气质量标准》（GB3095–2012）评价，2015年繁峙县城区环境空气优良天数范围在333天之间。

年末全县城市污水处理率达到97.58%；集中供热普及率达到86%。

全年各类自然灾害造成直接经济损失9000万元，同比增加102.2%；农作物受灾面积32500公顷，比上年增加29065公顷。其中，绝收面积6500公顷，比上年增加5841公顷。

全年全县共发生各类生产经营性事故28起，比上年增加2起；死亡8人，伤6人。

全年共发生交通事故44起，造成35人死亡，40人受伤。直接经济损失90.16万元，比上年上升121.47%。

三、2016年

年末全县4座水库蓄水总量为824万立方米，增加470万立方米。当年解决农村饮水安全人口12422人，2016年农村饮水安全覆盖率91.37%以上。

年末全县森林面积48921.1公顷，森林覆盖率20.59%。

按《环境空气质量标准》（GB3095－2012）评价，2016年繁峙县城区环境空气优良天数为363天。

年末全县城市污水处理率达到97.6%；集中供热普及率达到91.7%。

全年各类自然灾害造成直接经济损失1954.5万元，同比减少78%；农作物受灾面积310.95公顷，减少4690.23公顷。其中，绝收面积126.6公顷，减少6373.4公顷。

全年全县共发生各类生产经营性事故0起。

全年共发生交通事故52起，造成38人死亡，61人受伤。直接经济损失59.73万元，比上年减少33.7%。（县统计局）

机构设置和领导人名录

中国共产党繁峙县委员会

第十二届

书　记：范波涛

副书记：曹爱民　杨松树

常　委：范波涛　曹爱民　杨松树　李宝山
钟文秀　姚力山　刘燕萍（女）
王彦清　郭建中　罗　申（挂职）

委　员：（36名，按姓氏笔画为序）
王玉盒　王兆平　王国平　王彦清
孔国红　左百胜　师天阳　邬春生
刘平牢　刘俊智　刘爱中
刘燕萍（女）　李宝山
李慧英（女）　杨文斌　杨有成
杨有富　杨松树　辛　岗　张世龙
张占羽　张龙恩　范波涛　罗　申
居清平　赵　琦　钟文秀　姚力山
贺乐天　徐宏伟　郭建中
郭美凤（女）　席恒中　曹爱民
阎　佩　韩宏恩

候补委员：（7名，因得票数相同，按姓氏笔画为序）
王　政　乔　哲　刘　勇　刘国兵
李　勇　侯志敏　阎晓平

第十三届

书　记：孔保宝

副书记：崔峥岭　姚力山
李立东（挂职）
高爱萍（女，挂职）

常　委：（12名，含挂职2名）
孔保宝　崔峥岭　姚力山　李立东
高爱萍（女）　杨有成　居清平
王彦清　高瑞军　乔震宇　师天阳
郭美凤（女）

委　员：（39名，按姓氏笔画为序）
王世伟　王玉盒　王志胜　王国平
王彦清　方笔计　孔国红　孔保宝
师天阳　朱润生　乔　哲　乔震宇
刘　勇　刘平牢　刘俊智　刘爱中
闫晓平　李立东　杨文斌　杨有成
辛　岗　张　巍　张世龙　张占羽
岳岐峰　居清平　赵　琦　荣崇明
钟文秀　姚力山　贺乐天　高存国
高爱萍（女）　高清平　高瑞军
郭美凤（女）　席恒中　崔峥岭
韩红英（女）

候补委员：（7名）
李　斐　乔　磊　任雨田　赵　斌
柴清亮　张巧香（女）　高宏波

县人大会常委会组成人员

第十五届

主　任：李慧英（女）

副主任：阎　珍　杨素珍（女）　李玉廷
阎保平　王立颖（女）

秘书长：康秀文

组成人员：（共 15 人，按姓氏笔画为序）

王三元　乔晓华（女）　任文杰
李银锁　杨晓龙　张　彦　张有明
张志强　张钟晓　赵　平（女）
赵振宇　郭　峰　郭文华　崔爱军
韩博益

第十六届

主　任：赵　琦

副主任：阎保平　杨素珍（女）
王立颖（女）　亢仁义

组成人员：（共 28 人，按姓氏笔画为序）

王三元　田金生　冯成功
乔晓华（女）　刘俐芩（女）
闫晓平　张巧香（女）
张永胜　张有明　张志强　张钟晓
张海明　张润平　郑吉祥　姚金成
赵　平（女）　袁绍华　高　文
高智勇　郭　峰　郭文华　崔爱军
梁占海　韩长青　韩博益　释仁法
魏秀德　魏春林（女）

繁峙县人民政府

第十五届

县　　长：孔保宝

常务副县长：姚力山

副　县　长：杨有成　居清平　王海龙　孔国红

县长助理：邬春生

第十六届

县　　长：崔峥岭

常务副县长：居清平

副　县　长：王海龙　孔国红　高清平
韩红英（女）　朱润生

政协繁峙县委员会

第十届

主　席：赵　琦

副主席：杨有富　高玲玲（女）
郑宇利（女）　张晋军

秘书长：孙福焕

常务委员（30 名，按姓氏笔画为序）

王永伟　王　旭（女）　冯占文
石峥嵘（女）　江兰英（女）
刘欣风（女）　刘娥生　孙福焕
沙万里　李三有　李万新　李新华
李晓东　杨　杉　杨计龙　吴和廷
张万恒　张国君　张月来　陈炎伟
郑吉祥　范福龙　赵　岳　贺　文
侯建明　侯必顺　候占胜　郭永平
黄卫东　谢红梅（女）

第十一届

主　席：钟文秀

副主席：张晋军　高玲玲（女）
郑宇利（女）　邬春生

秘书长：孙福焕

常务委员（30 名，按姓氏笔画为序）

王永伟　王　旭（女）　冯占文
石峥嵘（女）　刘欣风（女）
刘娥生　孙福焕　沙万里　李万新
李晓东　杨俊海　杨　杉　吴和廷
张国君　张万恒　张月来　张含宁
张　尚　张国娟（女）
赵　丽（女）　赵　彬（女）
侯建明　候占胜　贺玉军　贺　文
贺利平（女）　郭永平
郭再丰（女）　黄卫东
谢红梅(女)

中国共产党繁峙县纪律检查委员会

（县委工作部门）

第十二届

书　记：郭建中

副书记：高国斌　李金生*　闫　佩　张文胜

常　委：郭建中　高国斌　李金生　薛　平
张文胜　康尚斌　王　蓉

委　员：（15名，按姓氏笔画为序）
王　蓉*　王美玲（女）
江建伟*　李金生*
杨瑞芳（女）　张文胜
陈朝旭　居玉宝　郝贵清
高云亭　高国斌　郭建中
康尚斌　蒲维成　薛　平

第十三届

书　记：高瑞军

副书记：闫　佩　张文胜

常　委：高瑞军　闫　佩　张文胜　王　宁
蒲维成　张润平　高　鹏

委　员：（15名，按姓氏笔画为序）
王　宁　王晓艳（女）　闫　佩
张文胜　张北秀　张志强　张眉乐
张润平　陈朝旭　侯占国　高　鹏
高星所　高瑞军　符卫林　蒲维成

繁峙县人民法院

党组书记、院　长：安智明*　荣崇明

党组成员、副院长：贾　赟*　李宏伟*
韩文波

党组成员、纪检组组长：刘旺源

党组成员、政治处主任：樊政伟

党组成员、刑一庭庭长：王治平

繁峙县人民检察院

党组书记、检察长：郝贵清*　岳岐峰

党组成员、副检察长：高星所　任晓青
郭永秀

党组成员、纪检组组长：姚素芳

党组成员、政治协理员：侯荣富

党组成员：杜文泽　高仲秀*

县委工作部门

中共繁峙县委办公室

主　任：高存国

副主任：姚晓军*　李翀龙*　刘鹏飞

中共繁峙县委组织部

部　长：李宝山　郑建国*　乔震宇

副部长：王玉盒　席恒中　刘　勇
张志强

中共繁峙县委政法委员会（繁峙县社会治安综合治理委员会办公室）

书　记：钟文秀*　杨有成

副书记：冯瑞卿*　姚宏伟*
张世俊　任宁彪　居卫星

综治办主任：崔连锁*　姚宏伟*
居卫星（兼）

综治办副主任：王太平　廉舒波

中共繁峙县委统战部

部　长：杨有富*　乔震宇

常务副部长：辛　刚

副部长：任　义

中共繁峙县委宣传部

部　长：刘燕萍*　郭美凤

副部长：田　野　陈焱伟

县机构编制委员会办公室

主　任：侯志敏*　张志强

副主任：赵振明　王　旭

县人民政府信访局

局　长：薛　平

副局长：韩东茂

县委部门管理机构

中共繁峙县委老干部局

局　长：刘　勇

副局长：宫峰祯

县人大及其常委会工作机构

县人大常委会办公室
主　任：康秀文*　韩博益
副主任：乔晓华
县人大法制工作委员会
主　任：韩博益*　梁占海
县人大财政经济工作委员会
主　任：崔艾军
县人大常委会教育科学文化卫生工作委员会
主　任：郭　峰
县人大常委会农村工作委员会
主　任：张有明

县委直属事业单位

县委党校
校　　长：杨松树*　姚力山
常务副校长：刘俊智
副　校　长：钟秀成　吴雅玲
县党史资料征集办公室（县志办）
主　　任：范吉林

县政府组成部门

县政府办公室（加挂县民族宗教事务局、县人民防空办公室牌子）
主　　任：刘平牢
副　主　任：陈平德　范君鹏　程　巍*
宗教局局长：未配备
人防办主任：贾绍峰
县发展和改革局
局　　长：亢仁义*　王玉盒
副　局　长：王建新　姚宏伟*　王阅兵
　　　　　　阎利民　孟　铭
纪检组组长：单海军
总工程师：齐国樑
县教育局
局　　长：张占羽
副　局　长：张文生
纪检组组长：侯志荣*　乔晓红
县科学技术局
局　长：李俊新*　贺乐天
副局长：郭　岐
县财政局
局　长：王国平
副局长：宫秀祯　刘效俊　梁占海*　李振华
县民政局
局　长：刘爱中
副局长：邢瑞雪　张瑞峰　李万寿
县住房保障和城乡建设管理局
局　　长：李金生
副　局　长：梁建军　宫吉生*
　　　　　　张东和　李培栋
纪检书记：张润平*　张春卫
总工程师：张国杰
县经济和信息化局（加挂繁峙县商务局、繁峙县粮油服务中心牌子）
局　　长：贺乐天*　李　勇
副　局　长：陈俊虎　钟文权
　　　　　　侯国华　李军军
商务局局长：钟文权（兼）
县环境保护局
局　长：刘国兵*　阎旭光
副局长：张　林　史明锐*
县文化局
局　长：侯　军
副局长：张天武　张文伟
县交通运输局
局　　长：张世俊*　刘国兵
书　　记：郭建军
副　局　长：郭　达　王维琨*　阎志诚
总工程师：王俊杰
县安全生产监督管理局
局　　长：王世伟*　张国璧

副　局　长：周有红　冯晋阳
总 工 程 师：郭建丰
监察大队长：郑小红

县市场和质量监督管理局（加挂县食品药品监督管理局牌子）

局　长：阎旭光* 王兆平
副局长：弓宝珠

县卫生和计划生育局

局　　长：王兆平* 冯满全
副　局　长：刘海亮　张振飞* 刘秀萍
程文显
纪检组组长：王　旸

县人力资源和社会保障局

局　　长：曹福秀
党组书记、副局长：王玉盒* 李金生
副 局 长：席富元　宫平平* 刘长恩

县国土资源局

局　　长：李银廷* 梁　栋
副　局　长：梁　栋* 卢占宽*
王东流　段丽芳
纪检组组长：李建华
总 工 程 师：段丽芳* 张慧国

县农业委员会

主　　任：辛　岗
副 主 任：赵凌瑞　郭慧萍　张秀廷
赵志强
副 书 记：苑新福
纪检书记：何向春

县林业局

局　　长：韩宏恩
副 局 长：韩福春　邓占银
总工程师：杨贵平

县统计局

局　　长：王荷英* 李俊新
副 局 长：梁　勇　梁跃平
总工程师：赵建军

县审计局

局　　长：陈朝旭
副 局 长：梁天亮　原立新

县水利局

局　　长：高国斌
副 局 长：郑玉龙
总工程师：郭文斌

县司法局

局　　长：李云山
副 局 长：刘天娥　李跃波

县公安局

党委书记、局　长：雷新科* 朱润生
党委副书记、政委：朱润生*
党委委员、副书记：张银虎
党委委员、副局长：武芝山　郑锦绣
姚荣兴
党委委员：郭建国　潘荣生　康　云
张喜明　左宏廷　李　杰
邱　峰　张志文　李虎存
田勇进

县监察局

局　　长：阎　佩
副 局 长：王　宁　蒲维成

县政协工作机构

县政协提案委员会

主　任：王永伟

县政协经济委员会

主　任：杨俊海

县政协教科文卫委员会

主　任：侯建明

县政协法制和文史委员会

主　任：张国君

县政协办公室

主　任：孙福焕
副主任：梁文锐

党委部门管理事业单位

县新闻办
主　任：乔　伟
副主任：李永春
县委理论组
组　长：李　敏
县广播电视台
主　任：侯来清
副主任：苑青贵
忻州电视台驻繁峙记者站站长：王一夫
总工程师：王卫东
县社会服务管理指导中心
主　任：高保安
副主任：居卫星*
县委信息化中心
主　任：未配备
县关心下一代工作委员会办公室
主　任：冯拴全
县信访接待中心
主　任：韩东茂
县少先队工作委员会办公室
主　任：郭利平*
县妇女儿童工作委员会办公室
主　任：刘　超
县纪检监察信息中心
主　任：高文亮
县事业单位登记管理局
局　长：未配备

政府部门管理事业单位

县农业综合开发办公室
主　任：原国清*　刘秀德
县政务大厅管理中心
主　任：吴秀廷
县地震局
局　长：张　廷
县重点工程领导组办公室
主　任：王阅兵
副主任：张有书
县老龄委员会办公室
主　任：路迎莲*
副主任：柴成强
县收费管理局
局　长：梁占海*　姚晓军
副局长：张贵生　张向袖
县档案局
局　长：张国文
副局长：梁美清*
县机关后勤服务中心
主　任：张希恩
县治理超限超载车辆办公室
主　任：陈平德*
县旅游开发服务中心
主　任：宫成瑞
副主任：高晋平
县居民办事处
主　任：刘玉树
书　记：王国元*　高宏波
副主任：李万胜
县京津风沙源治理办公室
主　任：侯　权
副主任：乔俊伟*
县供销合作社联合社
理事会主任：石俊恩*
监事会主任：胡二秀
理事会副主任：李万生　王卫青
县接待办公室
主　任：邓　峻
县农业机械化服务中心
主　任：周明亮
书　记：任跃飞
副主任：王月英　吴和廷

县畜牧兽医中心
主　任：高月平
副主任：杨国胜　殷向东
县扶贫开发中心
主　任：原文秀*　姚宏伟
副主任：宫献英*　乔俊伟
县中小企业服务中心
主　任：张国璧*　侯志敏
县城镇集体工业联合社
主　任：（未配备）
县粮油贸易总公司
局　长：高鸿飞
总支书：高保平
副局长：王永胜
县人才交流服务中心
主　任：刘焕生
县体育发展中心
主　任：韩乐平
县中小企业信用担保中心
主　任：徐培珍
县综合检验检测中心
主　任：（未配备）
副主任：（未配备）
县爱国卫生运动委员会办公室
副主任：孙耀武
县疾控预防控制中心
主　任：高贵成
副主任：王瑞峰　付宇泽
县妇幼保健计划生育服务中心
主　任：秦鹏程
副主任：王小平
县人民医院
院　长：贾国忠
县第二人民医院
院　长：傅利新
县中医院
院　长：宫惠廷
县精神病院
院　长：（未配备）
县卫生监督所
所　长：张振飞
县计划生育协会
副会长：高兴国
繁峙县繁峙中学
校　长：张万恒
书　记：王恒志
副书记：张国君
副校长：刘　忠　左国平
繁峙县繁峙二中
校　长：王平易
副书记：王存万
副校长：帅旭东　李眉所　郭文华
繁峙县砂河中学
校　长：周明国
副校长：吴忠孝　郭永平　刘欣荣　高勇顺
繁峙县砂河二中
校　长：梁　杰
副校长：高润兰*　康爱国　刘贵祥　高　文
繁峙县教师进修校
校　长：李宪政
副校长：黄妙英　胡岳禄
繁峙县职业中学
副校长：王恩增　侯恩寿
繁峙县教育督导室
副主任：刘建平
县国库集中支付中心
主　任：任政智
县农业（畜牧）综合执法大队
队　长：（未配备）
县农业技术推广中心
主　任：（未配备）

县农村经济经营管理站
主　任：（未配备）
县农业广播电视学校
校　　长：詹俊伟*
县经贸综合执法队（县商务综合执法稽查队）
队　长：苑必胜
县政府电子政务信息中心
主　任：（未配备）
县政府采购中心
主　任：刘兴元
县金融服务中心
主　任：（未配备）
县红十字会
会　长：（未配备）
县蔬菜开发服务中心
主　任：张晓东
县粉丝开发服务中心
主　任：贺志坚
副主任：周勤奋
县文化市场行政综合执法队
队　长：韩　飞
县医疗保险中心
主　任：杨玉林
县新型农村合作医疗中心
主　任：邓　晔
县社会劳动保险事业所
所　长：邓　峰
县劳动就业局
局　长：赵欣龙
县碧秀公园
主　任：李守清
县不动产登记中心
主　任：（未配备）
县国土资源执法监察大队
队　长：杨万元*

县道路运输管理所
所　长：郭建军*
县房产管理局
主　任：潘建国
县滨河公园管理处
主　任：苏建军
县城建监察大队
队　长：（未配备）
县污水处理中心
主　任：刘帅命
县市容环境卫生管理中心
主　任：（未配备）
县水资源管理委员会办公室
主　任：杨彩元
县水工程移民工作办公室
主　任：（未配备）
县凿井队
队　长：（未配备）
县公证处
主　任：（未配备）
县食品药品稽查队
队　长：（未配备）
县检验测试所
所　长：黄三保

群众团体

县总工会
主　席：闫晓平
副主席：崔艳玲　　左文蕾*
共青团繁峙县委员会
书　记：杨文斌*　袁绍华
副书记：韩　智　　郭利平*
县妇女联合会
主　席：郭美凤*　张巧香
副主席：张巧香*　侯晓华

县科技协会
主　席：郭俊廷
县文学艺术工作者联合会
主　席：王爱中
副主席：周宽怀
县残疾人联合会
理 事 长：马吉兵
副理事长：单俊恩
县工商业联合会
副会长：张众益

县人民武装部

部　　长：张　华* 陈志科　上校
政治委员：王彦清　　　　上校

民主党派

中国国民党革命委员会繁峙支部
主 任 委 员：王海龙
副主任委员：郭文华
中国民主促进会繁峙小组
组　　长：李银锁

驻繁单位

山西省五台山国有林管理局
书　记、局　　长：赵　富*　吴　强
副书记、常务副局长：贺　军*　李吉龙
党委办主任：赵拥政
忻州市下茹越水库管理局
局　　长：刘国梁
副 局 长：谢建廷
总工程师：刘宝成
国网山西省电力公司繁峙县供电公司
经　理：姜　宁
书　记：刘爱文
副经理：刘爱文（兼）　贺树生*　弓　剑*
　　　　宫永峰　侯秀慧　董　焱　王　震
县国家税务局
局　　长：李　强
副　局　长：冯俊田　王少军　胡　健
纪检组组长：赵仕诚
县地方税务局
局　　长：刘卫红
副　局　长：高　利　李和平　胡　林
纪检组组长：姚晓峰
县气象局
局　　长：陈维胜
副 局 长：刘爱东　刘培娥
繁峙公路管理段
段　　长：赵永宽
书　　记：刘国梁
副 段 长：杨永红　宫宏宇
新华书店
经　　理：樊云昭*　孙建军
副 经 理：刘灵花　王汇崇
中国人民银行繁峙县支行
行　　长：殷巧文
副　行　长：刘宇鹏
纪检组组长：王润平
忻州银监分局繁峙监管办事处
主　　任：张尚忠
中国农业发展银行繁峙县支行
行　　长：王　伏*　赵晓军
副 行 长：张余年*　武国帅　张文成
中国农业银行股份有限公司繁峙县支行
行　　长：高福荣*　薛雨田
副 行 长：张　驰*　张成林*　谢桂英*
　　　　　姚　江　居玉莲
中国建设银行股份有限公司繁峙支行
行　　长：王永兴
副　行　长：侯　宏　董高峰
纪检特派员：杨润才　庞新龙*

中国工商银行股份有限公司繁峙支行

行　长：侯达君

副行长：王永军

山西繁峙农村商业银行股份有限公司

董事长：贾利军*　宋俊拴

行　长：郭永明

监事长：李红梅*　王国才

副行长：王伟生*　张　磊*　李素伟　郭跃卿

中国邮政储蓄银行股份有限公司忻州繁峙县支行

行　长：庄俊芳

副行长：王卫星

繁峙新田村镇银行

董事长：李俊跃*　王洪利

行　长：夏文红*　王洪利*　张　驰

副行长：王洪利*　石慧卿*　张　驰*　李华伟

晋商银行股份有限公司繁峙支行

行　长：谢桂英

中国人寿保险股份有限公司繁峙县支公司

经　理：安健龙　吕永亮*

副经理：安健龙*　李　微　杨秀萍　郝俊莲

中国人民财产保险股份有限公司繁峙支公司

经　理：赵晓琴

副经理：耿永红　赵保国

忻州市住房公积金管理中心繁峙管理部

主　任：任耀德

中国邮政集团山西省繁峙县分公司

支部书记：赵俊卿*　马忠伟

总 经 理：赵俊卿*　马忠伟*　高茂怀

副总经理：郭　军

中国移动通信集团山西有限公司繁峙县分公司

经　理：张俊峰

副经理：高　勇　田志国

中国电信股份有限公司繁峙分公司

经　理：杨悦梓

中国石化销售有限公司山西忻州繁峙石油分公司

经　理：张　宇

县烟草专卖局（营销部）

局　长（经理）：李小宁

副局长（经理）：宫治华　赵全红　高利元

繁峙火车站

站　长：姬云生

乡（镇）

繁城镇

党委书记：张龙恩*　王世伟

党委副书记、镇长：赵　斌*　韩海亮

人大主席：冯成功

政协联络组组长：原立新*

党委副书记：赵振兴*　马培文

纪检书记：张北秀

组织委员：杜存锁*　张田飞

武装部部长：张学峰

副镇长：郭林秀　张　彦　王林春　杨瑞江

砂河镇

党委书记：师天阳

党委副书记、镇长：张利尧*　张斌

人大主席：高润玺*　杨维廷

政协联络组组长：李振华*

党委副书记：王　青*　王　媛

纪检书记：符卫林

组织员：郭向廷

武装部部长：韩兴旺

副镇长：阎文伟　崔　岳*　韩春芳　王占虎　张　宇

大营镇

党委书记：韩　敏*　王　政*（主持工作）　赵　斌

党委副书记、镇长：闫永祥*
李　斐*（主持工作）　苏建政
人大主席：阎志诚*　席应平
政协联络组组长：孟　铭*
党委副书记：刘海*　李　辉
纪检书记：刘称科*　侯占国
组织委员：陈陆英*　李爱国
武装部部长：刘瑞山
副镇长：张晓鹏*　苏卫国*　原建国*
王利峰　陈陆英　闫保平
宫宏亮

横涧乡

党委书记：方笔计
党委副书记、乡长：李　斐*　彭爱国
人大主席：高智勇
政协联络组组长：姚金明*
党委副书记：杨维廷*　詹俊伟
纪检书记：张春卫*　冯璐峰
副乡长：杨少勇*　石存恩*　冯　力
李玉娥　姚俊峰　赵宇臣
组织委员：王吉恒*　孟鑫春
武装部部长：张学峰*　李胜明

神堂堡乡

党委书记：乔　哲
党委副书记、乡长：马晓华
人大主席：乔　哲*　韩　铭
政协联络组组长：左武秀*
党委副书记：高宏波*
副乡长：孟建国*　康命文　张　铮
高白小　董新秀
纪检书记：何向春*　武文旺

柏家庄乡

党委书记：王　政*　杨文斌
党委副书记、乡长：任雨田*　康秀文
人大主席：张卫龙
政协联络组组长：赵保国
党委副书记：张卫龙*　郭晔祥
纪检书记：王谊诚*　张　赟
副乡长：杨明凤*　安　杰*　姚爱国
谢红梅*　刘倬玮
组织员：李　辉*　宋秀春
武装部部长：屈海涛

金山铺乡

党委书记：张世龙*　柴清亮
党委副书记、乡长：苏建政*　武培勇
人大主席：张海泉
政协联络组组长：张海泉*
党委副书记：张利军
纪检书记：刘爱清*　王吉恒
组宣员：魏一仕
武装部部长：王俊利
副乡长：李　贝*　赵振宇　周少华
刘卫峰　高眉文

东山乡

党委书记：张　巍*　任雨田
党委副书记、乡长：韩海亮*　赵宝国
人大主席：姚金城
党委副书记：段玉成*　郭利平
副乡长：李连兴*　耿极乾*　梁永兴
耿　鑫　刘秀峰　韩永旺

集义庄乡

党委书记：何卫峰*　李　勇*　乔　磊
党委副书记、乡长：陈焱伟*　李翀龙
人大主席：刘智亮
政协联络组组长：刘智亮*
党委副书记：韩　铭*　胡　鹏
纪检书记：张志春*　张　立
组织员：崔立峰
武装部部长：孙国良
副乡长：张海龙*　胡　鹏*　张国娟
孙志君　李计红　贾　琼

下茹越乡

党委书记：韩红英* 张世龙
党委副书记、乡长：柴清亮* 程 巍
人大主席：赵凌瑞* 孙银山
政协联络组组长：孙银山*
党委副书记：席应平* 张海龙
纪检书记：陈金洪* 刘爱清
组织委员：石 达* 石国梁
武装部部长：张云开
副乡长：高润国* 王银贵* 杨 敏*
赵 彬 石 达 阎建武
杨奇伟

光裕堡乡

党委书记：王志胜
党委副书记、乡长：刘秀德* 李 贝
人大主席：魏秀德
政协联络组组长：侯效荣*
党委副书记：郄路彦
纪检书记：张少华* 陈金洪* 王谊诚
组织委员：郭晔祥* 李树平
武装部部长：张计祥
副乡长：王国华* 刘青秀* 黄 睿*
张耀宇 王熙臣 张莉卿
宫彩云

杏园乡

党委书记：王志胜* 李 斐
党委副书记、乡长：张 斌* 王 青
人大主席：张永胜
政协联络组组长：姚鹏飞*
党委副书记：王治国* 王国华
纪检书记：刘建军* 范俊海
组织委员：高 鹏* 李宏伟
武装部部长：郭国良
副乡长：张卫星 梁 敏 吴淑英*
韩云娟 杨挺秀

岩头乡

党委书记：张爱中* 张 巍
党委副书记、乡长：乔 磊* 王国元
人大主席：田金生* 刘剑跃
政协联络组组长：赵福安*
党委副书记：刘剑跃* 韩 升
纪检书记：刘建军
组织委员：屈北星* 王鹏飞
武装部部长：冯如雷* 宫建平
副乡长：韩 升* 张跃宇* 杨玉春
冯如雷 原建国 杨艳林

说明：1. 中国共产党繁峙县委员会、繁峙县人民代表大会常务委员会、繁峙县人民政府、中国人民政治协商会议繁峙县委员会、中国共产党繁峙县纪律检查委员会按届期分列。

2. 机构分类除了“繁峙县人民武装部、民主党派、驻繁单位”外，均来源于繁峙县机构编制委员会办公室。

3. 领导人名录来源于各相关单位，县属各单位领导人名录已经组织部审核；在2014—2016年期间，于2016年12月31日前单位变动或个人调离岗位者在右上角标注*，除特殊标注外，排名不分先后。

4. 本类目所载单位为县属副科级以上，领导人为副科级实职以上。

中国共产党繁峙县委员会

重要会议

【党风廉政建设干部大会】 2014年，全县党风廉政建设工作会议于2月27日召开。对新一年党风廉政建设提出三点要求：一是加强监督检查，保证县委政令畅通。坚持围绕中心、服务大局，县委、县政府的中心工作推进到哪里，重点任务部署到哪里，纪检监察工作就要跟进到哪里。派出效能监察组、采取定期跟踪检查的办法，切实加强对135个重点项目、“三农”工作、产业培育、城镇建设和安全生产等重点工作推进情况的监督检查。围绕维护群众利益开展监督检查。监督好15件实事的兑现，监督好各项支农惠农政策措施的落实，监督好社会保障、优扶救济、征地拆迁等政策的落实到位，切实保障人民群众的合法利益。要注重监督实效，定期对监督情况进行通报，对工作推进慢和存在问题的单位主要负责人要进行约谈，对不负责任、失职渎职的要严肃问责。二是改进工作作风，创优发展环境。继续巩固和扩大连续3年全省“政风行风先进县”的成果，以开展群众路线教育实践活动、整治“四风”为重要抓手，针对在活动过程中查找到的群众反映强烈的突出问题，加大正风肃纪力度，大力营造廉洁高效、群众满意的发展环境。把干部作风转变作为环境建设的重点，加强机关效能建设，加大治庸问责力度，尤其要抓好窗口单位、垄断服务行业、重点公共事业和行政执法部门的纠风工作，坚决刹住吃拿卡要、推躲绕拖等不正之风，对各种侵害群众企业利益、影响发展的严重违规违纪行为，要坚决惩处，切实做到“零关系”办事、“零利益”服务。三是坚持从严治党，全面推进党风廉政建设。对发生重大腐败案件和不正之风长期滋生蔓延的部门和单位，实行“一案双查”，既要追究当事人的责任，又要追究相关领导责任。要加快完善惩治和预防腐败体系，制定具有繁峙特色的惩防体系五年规划实施意见。要加强廉政教育，用“身边事”教育“身边人”，起到查处一个、教育一片、挽救一批的良好效果。要继续加大查办案件力度，突出查办群众反映强烈的典型案件，严肃惩处干部队伍中称霸一方的恶人、贪污腐化的罪人、吃拿卡要破坏发展环境的坏人。更加注重制度建设，加强对权力运行的制约和监督。全力开展好廉政风险防控管理试点工作，为全省摸索成功的经验做法。要加强对基层站所、学校医院、社区厂矿等与群众利益密切相关的基层权力的制约和监督。

2015年，县纪委十二届五次全体会议于2月16日召开，县委书记范波涛讲话。强调了八个方面的意见。一是认真学习，深刻领会中央纪委和省、市纪委全会精神。二是肯定成绩、正视差距，清醒认识本县党风廉政建设和反腐败工作形势。对知责尽责，治本约权、高压反腐等方面的成绩给予肯定，指出反腐败、反“四风”的形势依然严峻，个别干部仍然不惊醒、不清醒，我行我素，顶风违纪。不能腐的制度规范还需进一步落实到位。反“四风”任务依然艰巨，不作为、乱作为现象仍然存在。三是认清大势，进一步落实好“两个责任”。全面落实好县委出台的《关于落实党风廉政建设党委主体责任和纪委监督责任的实施意见（试行）》和10项制度，切实管好自己的“责任田”。四是守纪律、讲规矩，确保政令畅通。防止出现政策落实“中梗阻”和“最后一公里”问题，确保中央、省、市各项政策部署在本县落地生根。对违反纪律的单位和部门，要严肃追究主要领导和相关责任人的责任。五是加大案件查办力度，进一步形成反腐败高压态势。六是持续狠刹“四风”，以良好的党风带政风、淳民风。通过引深21项专项整治和建章立制工作，防止各种不正之风反弹回潮，推动作风建设常态化。七是着力在治本上下功夫，不断探索“不敢腐、不能腐、不想腐”的有效机制。按照省委“六权治本”要求，围绕进一步加强对权力运行的制约和监督，积极探索丰富本县廉政风险防控管理平台的内涵和功能，不断扩大覆盖面，完善运行体制机制，使其治本功能更加有效地发挥出来。要依托党风廉政建设警示教育基地，开展行之有效的理想信念、党风党纪党性教育，运用典型案件加强警示教育，引导党员领导干部敬权畏权慎权，自觉筑牢思想防线。八是坚定不移给予“撑腰做主”，支持纪委履行监督责任。

2016年，县十二届纪委六次全会于2月25日召开，县委副书记、县长孔保宝讲话。会议指出，过去一年，县委把全面从严治党摆在突出位置，作出一系列重大部署，推进了一系列管理创新，查办了一批典型案件，党风政风持续好转。会议要求，全县各级各部门要保持定力，勇于担当，推进全面从严治党各项任务落到实处。一是要严格执行和维护党规党纪。抓好《准则》和《条例》的学习贯彻执行。严肃换届纪律，确保全县换届风清气正。二是要坚持不懈地抓好作风建设。三是要持续保持遏制腐败高压态势。加大对乡村两级巡察力度，把监督触角向乡村延伸。秉持“严管就是厚爱”的理念，对违反纪律的行为抓早抓小，防止小问题变成大问题。充分发挥党风廉政建设警示教育基地的作用，引导广大党员干部从典型案件中受到教育和警醒。四是扎实推进“六权治本”工作。进一步规范权力运行。本年重点要审核公布乡镇的“两个清单”，理清各级党委、纪委的“两个责任”。行政权力运行、“两个责任”试点都要向基层延伸。五是切实担负起全面从严治党的主体责任。六是纪委要全面履行党章赋予的职责。把学习党章、遵守党章、贯彻党章、维护党章作为一项重大任务抓紧抓好。切实加大执纪监督问责的力度。不断深化“三转”，聚焦监督执纪主责主业，协助党委抓纪律、管纪律，使管党治党真正严起来、紧起来。（赵秋水）

【稳定和信访工作会议】 2014年，全县信访稳定工作会议于4月16日召开。会议指出，去年全县信访工作紧紧围绕全市“1146”工作目标，四套班子领导干部每月至少接访一天，领导干部接访下访实现常态化；引深“书记、县长一季两案”活动，信访积案全部案结事了；进一步健全完善了“信、访、网、电”四位一体的信访平台，基层基础建设取得新成果；敏感节点信访稳控措施有力，没有发生赴省、进京非正常上访。社会稳定工作，坚持严打不放松，稳步推进“六项整治”，多种方式调解社会矛盾，保持了全县社会大局稳定。会议对新一年信访稳定工作提出四点要求：一是以好的作风努力做好信访稳定工作。要热心，在信访稳定工作中，要带着感情接待上访群众，认真倾听群众的利益诉求，真诚解决群众反映的问题。要有耐心，全县各级干部要把群众的事当成自己的事，不怕辛苦，不厌其烦，以耐心倾听上访群众诉苦，以恒心跟踪督办信访疑难案件，用好的工作作风赢得群众的理解和支持。要用心，坚持做到矛盾排查不留隐患、不留死角，把重点对象摸清楚；案件解决要综合施策，息事宁人，不留尾巴，注重社会效果。二是坚持把领导带头作为抓好工作的关键。要坚持“书记抓、抓书记”，各乡镇的党政一把手、各部门的主要负责人要切实担起维护稳定的第一责任，把信访稳定工作切实放在心上、紧紧抓在手上，亲自研究部署、亲自组织指挥、亲自督促落实。要在履行职责上作表率，在带头包案上作表率，在接访下访上作表率。三是要依法彻底解决各类矛盾纠纷。坚持抓早、抓小，真正在消除隐患、解决突出问题上下功夫。要直面矛盾，敢于和善于化解疑难案件。在具体问题的处理上，要注意策略，讲究原则，对群众提出的合情、合理的要求，要依法依规及时办理；对不合理的和过分的诉求，要耐心做好解释和教育引导工作。政法部门要强化打击手段，深入开展社会治安专项整治行动，努力消除影响社会安全稳定的各类隐患。四是要处理好抓发展和抓稳定的关系。一方面要以稳定保障发展，对全县推进的重点项目、重点城建工程等，信访稳定工作要做在前、做到位、做扎实，在理顺情绪、化解矛盾、排除障碍、创优环境等方面加大工作力度，保障全县实施的重点项目、重点工程顺利推进。另一方面，不要因为怕影响稳定而贻误发展。县委对敢于担当、敢于负责，全身心推动发展的同志全力支持、撑腰做主，引导全社会对敢闯敢试的同志要宽容理解，真正把全县发展的活力进一步激发出来。

2015 年，全县信访工作会议于 4 月 17 日召开。县委副书记杨松树出席会议并讲话。会议对 2014 年领导干部接访下访、矛盾纠纷排查、信访积案化解、动员社会力量参与信访等重点工作进行了总结回顾，对 2015 年工作进行了安排：一是坚持“身到心融”，进一步加大领导干部上手解决信访问题的力度。要完善机制，落实责任，促进各级领导干部主动接访，带案下访，摸实情，想对策，解决好各类信访难题。二是继续攻坚克难，以“案结事了”“息诉罢访”为目标，对“钉子案”“骨头案”持续跟踪问效，限期化解。三是着力打造“阳光信访”。严格规范来信、来访、网上信访事项的受理、办理程序，依托廉政风险防控管理平台，促进公开办理，提高信访事项受理、办理的群众满意度。四是大力推进信访法制化建设。抓好《信访条例》的贯彻落实，增强依法开展信访工作的自觉性。依法按政策解决群众合理诉求，加大依法处置力度，维护正常的信访秩序。五是进一步夯实基层信访工作基础。结合全民综合服务信息平台建设，全面排查化解矛盾纠纷，加强信访业务规范化建设。六是严格落实排查、化解、稳控、应急的信访工作责任。（赵秋水）

【县委全会暨全县经济工作会议】 2014 年，中共繁峙县委十二届五次全会暨全县经济工作会议于 2 月 18 日在县委宣传文化中心会场召开。县委书记范波涛作题为《以党的群众路线教育实践活动为统领为加快转型跨越发展全面建成小康社会而努力奋斗》的工作报告。会议指出，2013年，全县广大干部迎难而上，在各个领域都呈现出不少工作亮点，全会对2014年工作进行总体安排。指导思想是：深入学习贯彻党的十八大及十八届三中全会精神和习近平总书记系列重要讲话精神，认真落实市委三届五次全会暨全市经济工作会议精神，把握稳中求进和改革创新的总要求，全面实施市委“3581”发展战略，以党的群众路线教育实践活动为统领，把工作重心东移作为新的战略要点，进一步深化“一个理念”，创新推动“六大战略重点”，以“一区一带十大产业园区”为承载平台，以项目建设为抓手，全力保持经济稳定增长，重点抓好六个方面的工作。一是握紧抓手、依托园区，着力培育新的经济增长点，全力构建新型产业体系。二是提升规模、壮大龙头，加快发展现代农业，持续增加农民收入。三是统筹城乡、重心东移，加大中心镇建设力度，推进城乡均衡发展。四是强化精神支撑、繁荣地域文化，牢牢把握意识形态工作主动权，努力建设文化强县。五是守住底线、突出重点，全面提高人民群众幸福指数，进一步促进社会和谐稳定。六是改善生态、创优环境，努力打造山青气净的生态空间、宜业宜居的发展环境。会议强调，要全面提升党建水平，提高驾驭能力，为圆满完成全年目标任务提供坚强保障。要深入开展党的群众路线教育实践活动，激发转型跨越发展内在动力；要切实加强领导班子和干部队伍建设，造就转型跨越中坚力量；要大力加强基层党组织建设，筑牢转型跨越坚强堡垒；要全面加强党风廉政建设，强化转型跨越纪律保障。

2015年，县委十二届六次全会暨全县经济工作会议于1月21日召开，县委书记范波涛作工作报告。会议全面贯彻落实中共十八届四中全会、中央经济工作会议、省委十届六次全会、全省经济工作会议和市委三届六次全会、全市经济工作会议精神，审议《中共繁峙县委关于深入推进法治繁峙建设的实施意见》（以下简称《意见》），分析形势，部署2015年经济工作。会议要求，要准确把握形势，主动适应新常态、引领新常态。摆脱“速度情结”，克服“投资依赖症”。要转变思维方式、创新工作方法，树立抓民生就是抓经济、抓环境就是抓经济等新理念，拓宽抓项目建设的视野和内涵，探索繁峙经济可持续发展的新途径。要培育新产业，增强新动力。围绕省委推进“六大发展”的要求，更加注重发展的多元化、集约化、低碳化，推动产业结构转向调整存量与做优增量并重的深度调整。会议指出，要统筹兼顾，突出重点，切实做好2015年各项工作：一是全力稳定经济基本面，促进经济运行处在合理区间。二是着力发现培育新的经济增长点，蓄积发展后劲，优化产业结构。三是推进重点领域改革，在先行先试发展上要有新突破。抓住砂河转型综改试验开发区这个龙头，推动全县工作重心东移和转型跨越发展。四是突出现代农业，不断夯实“三农”基础。继续大力发展设施农业和规模养殖，壮大蔬菜、生猪生产规模。以市场需求为导向，围绕“高、新、奇、特”，增加种植品种，创新流通和销售模式，加强与省内外大市场的联系对接，不断提高种植户的实际收益。按照精准扶贫的工作要求，创新扶贫开发体制机制，全面实施好移民搬迁、片区开发、整村推进、教育扶贫、产业扶贫等各项扶贫开发工程。五是统筹城乡发展，持续改善城乡面貌。按照“完善大框架、逐年打通微循环”的思路，始终以拉大框架、优化功能、创新管理。砂河镇重点完善总体规划，编制完成修建性规划和旅游专项规划，实施好街道沓铺工程、镇区人居环境改善等工程。大力改善农村人居环境。抓好完善提质、农民安居、环境整治、宜居示范四大工程建设，抓好15个美丽宜居示范村建设。围绕创建“省级园林城市”和“省级生态县”，按照“两山建体系、两丘建基地、两网建景观、整体出效益”的布局思路，继续实施好“13232”林业重点工程，把造林绿化工作提升到一个新水平。六是突出民生改善，努力促进社会和谐。会议要求，要贯彻落实党的十八届四中全会精神，加快推进法治繁峙建设。会议强调，要认真落实新时期从严治党要求，切实加强党的建设。要适应从严治党新常态，形成党员干部履职从政新风气。务必严明党的政治纪律，坚决服从上级要求。务必严守法规法纪，绝不能越红线、碰雷区。务必敬畏权力，做到秉公用权。务必慎微慎交，不能因小失大。务必自觉接受监督，重自律更重他律。要深入开展“学习讨论落实”活动，巩固和发展风清气正、干事创业的良好政治局面。突出抓好“三二一”重点工作（“三”就是三项重点任务。包括安全生产工作、信访积案化解攻坚转段工作和矛盾纠纷大排查、大调解工作。“二”就是两大平台的探索完善。“一”就是建设一个基地，即党风廉政建设警示教育基地）。要从严落实“两个责任”，全面承担起管党治党的重任。全面落实好县委出台的《关于落实党风廉政建设党委主体责任和纪委监督责任的实施意见（试行）》，认清责任、坚守责任、担当责任，履行好分管范围内的党风廉政建设领导责任，切实管好自己的“责任田”。各级党委要大力支持纪检部门履行监督责任，全县各级纪检监察机关必须明确自身职责，坚守责任担当，大力推进“三转”，突出党风廉政建设和反腐败斗争主业，攥紧查办案件和执纪监督“两只拳头”，认真履行好监督责任。全面加强干部监督管理。建立“八小时之外”监督机制，使领导干部生活圈、社交圈进入组织视野，做到从严教育、从严管理、从严监督。着力在治本上下功夫，不断探索“不敢腐、不能腐、不想腐”的有效机制。按照省委“六权治本”要求，围绕进一步加强对权力运行的制约和监督，积极探索丰富本县廉政风险防控管理平台的内涵和功能，不断扩大覆盖面，完善运行体制机制，使其治本功能更加有效地发挥出来。要依托党风廉政建设警示教育基地，开展行之有效的理想信念、党风党纪党性教育，运用典型案件加强警示教育，引导党员领导干部敬权畏权慎权，自觉筑牢思想防线。

2016年，县委十二届七次全会暨全县经济工作于2月3日召开，县委副书记、县长孔保宝作工作报告。会议审议通过了《中共繁峙县委关于制定国民经济和社会发展第十三个五年计划的建议》和《县委常委会2015年工作报告》。强调要用战略思维和全局眼光清醒地看到经济发展的新变化，把思想和行动统一到中央、省、市的决策部署上来，敏锐地捕捉经济发展的新趋势，应势而动，顺势而为，把握正确方向，保持坚定定力，确保经济社会各项工作不断取得实实在在的成效。会议要求，全县上下要全面贯彻落实市委“1661”发展战略，以全面脱贫为统揽，以加快产业转型升级为重点，坚持稳工业、稳增长、强农业、扶三产，突出抓好结构调整、扩大投资、农业增效、城镇建设、生态保护、民生改善、安全维稳等重点工作，进一步加强和改善党对经济工作的领导，从严治党、攻坚克难、务实苦干，努力实现“十三五”经济社会发展良好开局。会议明确了全年经济工作的重点任务：一是突出结构调整，推进产业转型升级。果断处置“僵尸企业”，努力化解金融风险。积极帮助矿产企业清理库存，多措并举减少房地产库存。加快传统产业改造升级。大力发展农副产品加工业。加快发展新兴产业。大力发展光伏、光热发电、风电、水电等新能源产业。做强做大文化旅游业。要依托五台山世界旅游品牌和砂河镇旅游集散地交通区位优势以及本县丰富的文化旅游资源，大力发展文化旅游产业。大力发展电子商务。依托并州物流、鸿生物流等企业大力发展电子商务，鼓励企业在线销售，引导企业通过自建平台或第三方网站开拓市场、拓宽营销渠道，集中打造规模化的电商集群。二是突出投资拉动，稳定经济增长。三是突出提质增效，全力稳定企业生产。落实企业减负各项政策。继续开展“四长”帮扶企业行动。优化企业发展环境。开展联审联批，简化办事流程。加大金融支持实体经济的力度。推广PPP投融资方式，鼓励和引导社会资本参与重大项目建设。大力推进产业集聚区建设。深入推进砂河工业集聚区、繁城农副产品加工园区、金山铺健康养殖园区、平型关景区、物流园区的建设。四是突出农民增收，推动现代农业发展。落实好各项惠农政策。抓好特色种植。大力发展品牌农业。品牌劳务业。加快生态畜牧业发展。加强农业基础设施建设。以决战决胜的勇气，全力推进脱贫攻坚。五是突出以人为本，积极推进新型城镇化建设。有序推动农民向城镇转移，完成砂河镇总体规划、组建砂河镇市政管理机构，坚决打击违法违规建设。抓好县城7个总投资4.42亿元的基础设施项目建设，推进砂河镇供热、供水、污水等工程建设，推进乡村清洁工程。提高城市管理水平，推进“五城联创”。六是突出民生改善，推进共享发展。大力发展教育事业。提升公共卫生服务水平。提升社会保障水平。发展文化体育事业。筹资3.9亿元兴办10件民生实事。七是突出生态保护，推进城乡人居环境改善。八是突出安全维稳，推进发展环境优化。会议要求，全县要苦干实干，坚决把各项决策部署落到实处。

（赵秋水）

【县委书记抓党建工作专项述职会议】 2014年12月，召开县委书记抓基层党建工作述职评议会，县委书记范波涛出席会议并讲话。会议指出，全县各级党组织要牢记兴党职责，全力管好基层党建“责任田”。加强调研谋划，详细了解基层党组织、领导班子、党员干部队伍建设情况，对全县基层党的建设工作提出具体要求，切实压紧全县各级领导干部抓基层党建的责任。会议强调，各级党组织要增强忧患意识，深入查找基层党建工作中存在的问题和不足。重视解决措施要求落实不到位的问题，跟踪督促、传导压力不够的问题，对基层党组织书记要求不严的问题，基层党风廉政方面的问题。会议要求，全县各级党组织要明确改进措施，善抓善管，加大投入，强化保障，认真落实第一责任，着力加强村级组织建设，全面创建服务型基层党组织，进一步加强基层党风廉政建设，不断提升基层党建工作水平。

2015年，县委书记抓基层党建工作述职评议会于12月召开，县委书记范波涛作履职报告。对强化县委主体责任，履行“一把手”职责情况作了说明，对坚持抓基层、打基础，全面提升基层组织建设水平的情况进行了总结。重点做了四方面工作，一是提升素能，建强队伍，进一步增强凝聚力、战斗力。对农村党支部书记和村委主任、居委会书记和主任共534人分两期进行了培训，书记带头进行学习辅导；58个软弱涣散基层党组织都得到不同程度的转化提高；共发展党员136名。二是拓展党的组织，创新活动载体，着力打造服务型基层党组织。在非公经济党组织中开展“双强六好”创建活动，选树了10家先进典型。41个社会组织共组建党组织19个。91家机关单位、1665名在职党员全部到社区进行报到，开展志愿服务活动。三是坚持常态化教育，大力度整治，“三严三实”专题教育取得实效。28名县处级领导干部先后讲专题党课28人次，集中专题学习11次，开展专题研讨4次。农村集体“三资”清理整治共发现问题389件，已整改383件。“以群众举报乡村干部腐败为切入点集中解决群众信访诉求问题”专项治理化解省市交办信访案件9件。四是充实力量，强化基础，切实为基层党建工作提供坚强保障。原组宣员消化后明确为乡（镇）专职组织委员。全年拨付党建工作经费24.6万元，每个社区工作经费达到7.5万元，8个社区居委会办公用房均达到200平方米。会议对全县党建工作中存在的问题进行了认真分析，客观指出基层党建总体上存在不严不实的问题。“3·11”案件的发生暴露出县委在农村基层党组织与党员的日常管理考核和农村发展党员工作中存在严重缺失和管理漏洞。个别村级党组织仍然软弱涣散。老龄党员多，缺乏进取精神；个别党组织缺乏工作经费，大部分村的集体经济只有村级转移支付，维持日常工作都比较困难。非公有制经济和社会组织党组织党的工作仍需加强。由于一些非公企业处于停工停产状态，使得党组织活动难以正常开展。基层党组织建设有关政策在社会组织中宣传不够，没有引起社会组织主要负责人对党组织建设的高度重视。村级组织活动场所的管理运行机制还有待进一步完善。发展党员工作相对滞后。发展党员渠道受限，具有一定文化的农村青壮年大都外出务工，造成吸收优秀农村青年入党日益困难。抓好新一年党建工作，要进一步压实基层党建工作责任。认真组织实施好“一带三创”，组织制定好县乡党委书记抓基层党建的问题清单、任务清单、责任清单，明确并落实好年度重点工作任务。持续做好软弱涣散基层党组织集中整顿。要强化入党积极分子培养教育工作，拓宽发现培养渠道，建立一支数量较多、素质较高的入党积极分子队伍。继续加大工作保障力度。要配齐配强基层党建工作力量，健全以财政投入为主、稳定的经费保障机制，足额保障299个村级组织活动场所管理维护和正常使用的经费，使每个村都有基本的运转经费和服务群众的专项经费。

2016年，县委书记抓基层党建工作述职会议于12月19日召开，县委书记孔保宝作履职情况报告。牢记主体责任，以上率下抓党建。6次主持召开县委常委会研究基层党建工作，先后7次专题研究部署“两学一做”学习教育，先后到全县13个乡镇、40多个村调查研究基层党建工作，做到党建工作与中心工作目标同向、工作合拍。坚持传导压力，建立县级领导党建工作联系点制度。突出工作重点，务实创新抓党建。结合“两学一做”学习教育，全面开展党员组织关系接转、党费收缴、党代表和党员违纪违法、基层党组织按期换届“四个排查”工作，进一步严肃了基层党内政治生活。实施抓书记、抓阵地、抓制度、抓公示、抓服务的农村基层党建“五抓”工作法。抓实“三基建设”，夯实党的执政根基。5月底前圆满完成了全县乡镇党委、人大、政府换届工作。扎实开展“一带三创”活动，涌现出农村五星级党组织23个，四星级党组织36个。集中整治软弱涣散农村党支部，共摸排出软弱涣散农村基层党组织34个。集中推进非公企业和社会组织“两个覆盖”任务，非公企业党组织覆盖率达到69%，社会组织覆盖率达到了51%。全面提升干部素能，实施《2016年度繁峙县干部教育联合培训计划》，大规模培训县、乡、村三级干部5000余人次。以党建助推精准脱贫。在全县党员中实施“双亮一建助力扶贫”行动，实施“支部+合作社”“支部+社会组织”“支部+非公企业”等党建促精准扶贫模式，真正使党建工作成效体现在服务中心工作上。特别是非公和社会组织党组织发挥党建凝聚引领作用，号召组织企业家乐善好施，主动担当社会责任。有20位民营企业家与20个贫困村结对帮扶，全国优秀共产党员、民营企业家沙万里出资100多万元帮助包联村脱贫。加大支持力度，强化保障抓党建。探索建立了财政支持、项目倾斜、扶贫资金入股收益、党费奖补的党建工作经费投入制度，较好解决了党建工作经费紧缺的难题。2016年，协调政府部门为村级组织运转拨付县级配套经费960余万元，村级组织运转经费实现每村8万元的目标。多种措施方式集中力量发展壮大村级集体经济，村级集体经济破零的村有223个，占55.4%。23个无村级组织活动场所党支部（200人以下村）以租借方式得以解决。（赵秋水）

【党的思想政治教育】 2014年，全县党的群众路线教育实践活动动员大会于3月4日召开，县委书记范波涛作动员讲话。指出开展好教育实践活动的重大意义。对活动的目标要求和基本遵循作了强调。提出10方面的工作重点：一是更加注重学习教育，切实增强群众观念。突出重点学，在全县重点开展理想信念、宗旨意识、党纪党风和道德规范教育，创新形式学，切实增强学习的针对性和实效性。联系实际学，努力在理论指导实践上取得新进展。二是更加注重问题导向，坚持边查边改。三是更加注重典型引领，创新活动载体。四是更加注重贯彻整风精神，开好专题民主生活会。五是更加注重群众参与，坚持开门搞活动。六是更加注重领导带头，层层示范带动。七是更加注重夯实基础，提升服务能力。全县各级、各部门要把开展教育实践活动与抓好“基层组织提升年”活动有机结合起来，依托农村“领头雁”培训、软弱涣散村级组织专项整顿、在职党员“双报到、双服务”、新社会组织党组织集中组建、“联述联评联考”等载体，把群众工作融入基层党建工作中去，努力实现“五个提升”的目标，（基层组织覆盖水平、基层干部队伍素质、党员队伍生机活力、基层党组织战斗力、基层党组织服务水平的提升），真正解决好联系服务群众“最后一公里”的问题。八是更加注重严格要求，确保活动不虚不空。确保整改成效让群众看得见、感受得到，让大多数人满意。九是更加注重建章立制，建立健全加强作风建设的长效机制。在继续坚持现有好的制度的基础上，注重发现和总结教育实践活动中创造出的新鲜经验，边学习、边查找、边整改、边建设，研究出台一些新的具体制度和规定，使制度真正成为党员干部联系服务群众的硬约束。十是更加注重统筹兼顾，做到两不误、两促进。

2015年5月26日，全县召开“三严三实”专题教育动员大会，县委书记范波涛作了《践行“三严三实”，锤炼过硬作风》的党课。会议指出，要深刻认识“三严三实”的丰富内涵和重大意义，作为党对党员领导干部政治品格和做人操守作出的最基本的规范。会议要求，全县党员干部要着力解决在“三严三实”方面存在的修身不严，党性不强、能力不足；用权不严，办事不公、滥用职权；律己不严，不讲规矩、不加约束；谋事不实，为官不为、不敢担当；创业不实，标准不高、应付交差；做人不实，弄虚作假、投机取巧的问题。领导干部要带头践行“三严三实”要求，用“三严三实”的标准来规范自己的言行，真正“严”字当头、落到“实”处，进一步严纪律、强约束、敢担当、务实干，形成风清气正、廉洁实干的良好政治生态，加强道德修养，筑牢为官做人思想之基，担当责任，务实干事，严守规矩，坚守底线，秉公用权，强化自我约束，切实把严和实的要求立起来、树起来，以思想自觉引领行动自觉。

2016年4月28日，县长孔保宝在全县“两学一做”学习教育工作会上作了讲话。会议指出：在全体党员中开展“学党章党规、学系列讲话，做合格党员”学习教育，是党中央深化党内教育作出的又一重大部署。会议强调，要统一思想，准确领会，深刻认识开展“两学一做”的重要意义。落实党章关于加强党员教育管理的要求，把党内教育从“关键少数”拓展到“全面覆盖”，面向全体党员深化党内教育；把集中性教育活动向经常性教育延伸，真正把党的思想政治建设抓在日常、严在经常，让党员干部在学习贯彻党章党规和习总书记系列重要讲话精神中学规矩、懂规矩、守规矩;要通过学习全面理解党的纲领，牢记党的宗旨，牢记党员义务和权利，深刻理解党的科学理论丰富内涵和核心要义；要通过学习进一步强化党员政治意识，做政治上的明白人，保持共产党人的政治本色和干事创业的精气神。要引导全县基层党组织和广大党员自觉运用党章和党规党纪规范自己的言行、运用党的理论创新成果武装头脑，进一步解决党员干部在思想、组织、作风、纪律等方面存在的问题，始终保持党的先进性和纯洁性，使党的细胞更加充满活力。要把对党章党规的深刻理解，对习总书记系列重要讲话的深刻领悟，转化为争当合格党员的自觉行动，转化为立足岗位履职尽责、建功立业的强大动力，在重点项目、重点工程的第一线、在脱贫攻坚的主战场，务实苦干、勇于担当，忠诚履职，真正把合格党员的先锋模范带头作用发挥出来，为“十三五”发展注入强大的正能量。会议要求，要把握要求，集中精力，扎实开展“两学一做”学习教育。要在“学”上下功夫，确保学深悟透、真信真懂。要抓住“做”这个关键，以学促做、知行合一，做合格的共产党员。要突出“改”这个重点，把边学边改、立行立改贯穿于学习教育全过程。要坚持“抓在日常”，突出经常性教育的特点。在学习教育上注重经常，在标准划定上切合实际。明确以党支部为单位开展学习教育，贯彻好“三会一课”、组织生活会、民主评议党员等基本制度，使党的组织生活、党员教育管理严起来、实起来。会议号召，全县上下要把开展学习教育与推动项目建设、脱贫攻坚、民生保障、社会维稳、基层党建等重大决策部署统筹起来，与抓好换届工作结合起来，要用发展的成效来检验学习教育的效果，真正做到两手抓、两促进，切实把广大党员在学习教育中激发出

的工作热情和进取精神转化为做好各项工作的强大动力。（赵秋水）

【全县组织工作会议】 2014年，全县组织工作会议于2月27日召开。县委书记范波涛讲话。指出，过去一年，全县强力实施“1117”工程，坚持“三个创新”，全力推进22个组织工作创新项目，切实加强了领导班子和干部队伍建设，夯实了党的基层组织。新一年，组织工作要把握三个重点：一是全力加强干部队伍建设。学习贯彻新修订的《党政领导干部选拔任用工作条例》，研究制定科学规范、有效管用和便于操作的选人用人制度体系。进一步端正用人导向，注重在发展一线考察识别干部，在全县营造凭实绩能力用干部的良好导向。要加大优秀年轻干部、后备干部的培养选拔力度，优化干部队伍结构。要全面了解干部，提高考察识别干部的能力。要加强对干部的教育管理，扎实推进党员干部教育工程，认真落实干部管理“八个从严”，严格执行“约法三章”，解决干部队伍中心浮气躁的问题。同时，也要进一步关心、爱护干部，把组织部门真正建设成为干部之家。二是全力加强基层组织建设。要加强基层党组织带头人队伍建设，抓好农村“领头雁”培训工作，全面做好农村“两委”换届工作，把政治素质高、带富能力强的优秀人才选出来、用起来，充实到“两委”班子中。继续实施“党的政治生命工程”，进一步增强党员队伍活力。要加大对后进村党支部的整顿力度，建立台账，对点帮扶，切实帮助“软懒散”的组织强起来。要坚持好“一评两监督”、“双向代理代办制”、“党组织、党员进社区双报到、双服务”等基层党建的好制度、好做法。三是全力开展好群众路线教育实践活动。县四套班子成员要率先垂范，带头认真学习，带头调查研究，带头查摆问题，带头整改落实，切实当好标杆。组织部门要用心谋划，精心制定方案，丰富活动载体，加强分类指导，切实把这项活动组织好，取得上级肯定、群众满意的良好效果。

2015年，全县组织工作会议于3月10日召开，县委书记范波涛出席会议并讲话。指出过去一年，全县认真组织开展了党的群众路线教育实践活动和学习讨论落实活动。以强化教育、严格监督管理为重点，进一步加强了领导班子建设和干部队伍建设。以开展“创建基层服务型党组织”和“基层组织提升年”活动为抓手，基层党组织和党员队伍活力进一步增强。以健全机制、完善制度为重点，人才队伍得到新的加强，发挥了各类专家人才在强县、强企、强村中的支撑作用。会议强调，要清醒把握组织工作新形势新任务。一是全面从严治党成为新常态。二是持续加强作风建设成为新常态。经过党的群众路线教育实践活动，坚持问题导向，持续推进反对“四风”，改进作风，坚持抓长抓细抓常，持续用力，久久为功；严肃党内政治生活，着力抓好民主集中制的执行，这都是今后一个时期在作风建设方面，要重点抓的工作。三是从严管理监督干部成为新常态。坚持严格选拔任用，程序把关要严，人选审核审查要严，监督检查要严，作为干部选拔任用的基本要求。要严格追究违规违纪用人责任。要坚持从严治部，着力打造一支讲政治、重公道、业务精、作风好的组工干部队伍。

2016年，全县组织工作会议于2月2日召开，组织部长郑建国作了题为《聚焦主业、精准施策、狠抓落实，为“十三五”良好开局提供坚强组织保证》的报告。会议指出，全县 2015 年组织工作取得新成效。精心组织集中学习教育，党员领导干部的思想政治建设和作风建设得到了新加强。全面落实“从严治吏”要求，领导班子和干部队伍建设迈上了新台阶。着力靠实抓基层党建主体责任，基层党建工作水平得到了新提升。不断创新工作思路，招才引智、服务发展开辟了新路径。积极对接全面从严治党新常态，组织部门自身建设实现新跨越。党建“互联网+”开启党建和组织工作新模式。会议提出做好 2016 年组织工作的意见要求：一是要强化责任，围绕中心服务大局狠抓落实。要增强“四个意识”，及时发现新情况，解决新问题，抓住实现工作目标不放松、落实政策措施不放松、解决现实问题不放松，确保各项工作扎实有效地推进。二是要统筹兼顾，突出重点突破难点狠抓落实。要紧紧围绕服务“六大发展”和“1571”战略，突出抓好“两学一做”学习教育和县乡领导班子集中换届两项重点工作，着力夯实干部教育培养、干部管理监督、人才队伍建设、基层党组织建设和组织部门自身建设五大基础，统筹推进干部人事档案管理、公务员管理和老干部工作等其他各项工作。三是要增强素质，改进作风提高效率狠抓落实。要以增强党性、改进作风、提高能力为重点，从提高执政能力、带领群众脱贫的高度来审视抓落实问题，在落实组织工作中提高自身能力素质，在加强能力建设中推进落实组织工作，为全县加快推进“1571”发展战略、打赢脱贫攻坚战、全面建成小康社会提供坚强组织保证。（赵秋水）

【县委议军会议】 2014 年，县委议军会议于 4 月 17 日上午在人武部党委会议室召开。会议研究部署了六个事项。一、关于创建“省级双拥模范县”工作。要围绕创建“省级双拥模范县”，加强国防氛围营造，在高速公路出入口处、国道和县乡公路沿线、火车站、汽车站、滨河公园等重要地段设立永久性“双拥”宣传标牌。要加强驻地绿化美化建设。二、关于加强应急力量建设。一是由县委、县政府、人武部联合出台《关于加强繁峙县民兵应急力量建设实施意见》。二是完成县、乡（镇）、村三级民兵应急力量建设。县级应急力量建设，根据市委、市政府办公厅和军分区司令部联合下发的忻办发〔2014〕13 号《关于加强忻州市民兵应急能力建设的实施意见》，按照“挂靠编组、一专多能、一队多用、专兼结合”的原则，依托县人武部、县政府办公室、县供电公司和砂河镇 4 个单位，抽调 125 人组建县民兵应急连。乡（镇）应急力量建设，主要是各乡（镇）组建 1 支不少于 30 人的应急排。村级应急力量建设，主要是在行政村组建 5 至 10 人的应急班。由县政府统一下发《关于组建县、乡（镇）、村三级民兵应急力量的通知》，县分管领导负责，县人武部配合完成。三是由县财政追加预算 98.6 万元，保障购置县乡应急装备器材、训练保障和执行应急任务等工作经费，此项经费统一由人武部管理。能够通过政府集中采购的物资由县政府采购中心统一采购。民政局负责为县民兵应急连解决 10 顶帐篷，为每个乡（镇）解决 2 顶帐篷，各村民兵应急器材配备由各乡（镇）自行解决。四是完成忻州市民兵应急能力规范化建设试点观摩任务。由县政府统一组织和协调保障，武装部具体实施，高标准完成县民兵应急能力规范化建设经验介绍、县武装部基础设施建设全面展示、民兵应急连点验和部分基本技能课目汇报演示、接受随机查看 1 个乡（镇）民兵应急排和 1

个村级民兵应急班（组）建设情况、会务保障五项任务，4月25日前完成一切准备工作。会议经费通过相关会务费用解决。三、关于加强应征入伍兵员的优待和安置工作。由人武部进行摸底，与人社、农委、劳动、民政等部门加强沟通，制定具体实施办法，切实将退伍军人纳入相关职业培训范畴，定期组织业务技能培训。严格按照国家政策，对符合低保条件的义务兵父母优先享受低保待遇。四、关于加强专武干部队伍建设。要调整配备乡（镇）专武干部、政治教导员。由各乡（镇）党委推荐，县委组织部与人武部联合考察后，统一任命各乡（镇）人民武装部政治教导员。要减少专武干部兼职。专武装干部在履行本职工作的基础上，只兼管应急等相关相近的工作，且不能超过两项。五、关于帮助干部职工解决住房保障工作。根据保障性住房的相关政策，对符合条件的人武部干部职工，可纳入县经济适用住房保障范畴。六、关于预备役步兵第×××团炮兵营建设。炮兵营器材配备要坚持与人武部进行资源整合和共享的原则，所缺部分再具体列出，另行研究解决。

2015年5月15日，县委召开议军会议。会议指出，过去一年，军地联手，同心协力，各项工作取得较好成绩，推动了军民融合深度发展。2015年是抗战胜利70周年盛大纪念之年，是加快推进国防后备力量建设的重要一年，全县各级要高度重视党管武装工作，转变作风，真抓实干，为加快转型跨越发展、强军富县做出新的贡献。会议重点研究了如下事项：一是加强国防教育。要围绕纪念抗战胜利70周年开展广场宣传、巡回宣讲、图片展览、警报鸣放、纪念烈士等系列活动。在繁峙二中创建国防教育示范学校，在居民办东石龙社区创建国防教育社区。对全县国防宣传牌进行维护和更换。二是加强应征入伍兵员的优待和安置工作。将退伍军人纳入相关职业培训范畴，定期组织业务技能培训，提高退役老兵的就业能力，激发适龄青年参军热情。加大对西藏、新疆等艰苦地方义务兵的优抚力度，对繁峙籍新入伍的农村义务兵在原来的基础上增加1万元优抚金，并在八一期间予以发放。三是加强应急力量建设。由县财政追加预算21万元，保障购置乡（镇）应急装备器材、训练保障和执行应急任务等工作经费，此项经费统一由人武部管理。各村民兵应急器材配备由各乡（镇）自行解决。四是落实民兵应急分队执行搜捕任务补助经费。由县财政追加预算15万元，保障人武部在执行“3·11”追逃任务中支付民兵应急分队误工补助。五是做好人武部职工的移交安置工作。根据晋政发〔2009〕30号文件要求，原则上对45周岁以上或身体、思想原因不适合做看管工作的，要在缴足本人养老、医疗保险金后，移交当地劳动行政主管部门安置。六是加强专武干部队伍建设。调整配备乡（镇）武装部长，由县委组织部、人武部组成联合考察组，及时考察选拔年轻有为、学历较高、综合素质过硬的干部充实到缺编武装部长的乡镇。

2016年，县委议军会议于9月22日召开。会议研究了如下事项：一是调整义务兵家庭优待金标准和保障办法：严格落实省民政厅、财政厅和省军区司令部联合下发的《关于调整义务兵家庭优待金标准的通知》（晋民发〔2016〕25号）文件精神，2016年的义务兵家庭优待金及时足额发放，2017年的义务兵家庭优待金按照新标准执行列入财政预算。二是加强国防教育工作。由县人武部、宣传部、民政局、住建局协调配合，逐个项目依次落实。关于县城境内国防宣传设施维护及更换经费10万元和新建不低于100平方米国防教育展览室的经费27万元，由县财政局审核把关并追加列入2016财政预算。三是接收安置部分武器装备仓库超龄职工。四是加强专武干部队伍建设。对居民办配备专武干部问题和一名副科专武干部转岗问题进行了研究。五是落实“军民融合深度发展”先进典型的现场观摩会议有关事项。六是落实山西省公安厅、武警山西部队联合下发的《全省看守所安全管理工作规范》(晋公通字〔2015〕126号）文件精神，采购防爆运兵车、更换数字哨位集成柜等设备。

（赵秋水）

纪检监察

【政治纪律教育】 2014年，加强政治纪律教育，对各级各部门执行政治纪律情况进行了监督检查，态度鲜明地纠正无组织无纪律、自由主义、好人主义等现象，严肃查处违反政治纪律、组织纪律、有令不行、有禁不止、上有政策、下有对策等问题，深入开展“工作秩序涣散、纪律松弛”专项整治。全县查处违反政治纪律案件2件，违反工作纪律案件15件，给予党政纪处分18人，使纪律真正成为带电的高压线。

2015年，坚持把纪律和规矩挺在前面，积极实践监督执纪“四种形态”，抓早抓小，切实加强对全县党员干部的党章党规党纪教育和日常监督管理。深入开展纪律教育，向全县所有科级以上党员干部和农村党组织发放《中国共产党廉洁自律准则》和《中国共产党纪律处分条例》，制作警示教育片1部，依托党风廉政建设警示教育基地，对全县1327名党员干部开展警示教育2次，夯实各级党员干部的纪律意识和底线意识。创新监督机制，出台了《县纪委常委、监察局副局长分工及联系乡（镇）调整意见》，把全县各级各单位分类归口，由6个纪检监察室对口联系指导，做到日常监督全覆盖。严明党的纪律规矩，对贯彻落实中央、省、市、县委决策部署不力的42个乡（镇）和县直单位的“一把手”进行约谈和诫勉谈话，确保了政令畅通。积极实践监督执纪“四种形态”，按照市纪委、县委要求，探索落实第一种形态，通过严格党内组织生活，让咬耳扯袖、红脸出汗成为常态，推进党内关系正常化，做到早预防、治“未病”，加强约谈、诫勉谈话等措施的使用，对11个单位的13人进行了诫勉谈话，对26个单位的31人进行了约谈，做到早纠正、治“初病”。

2016年，派出10个督查组对全县13个乡（镇）精准扶贫建档立卡工作进行“地毯式”督查，确保扶贫工作政令畅通。在县第十三次党代会、县人大十六届一次会议、县政协十一届一次会议召开期间，分别设置纪律监督组，监督换届纪律、严肃会风会纪，对169名干部进行了廉政审查，派出8个督查组对各乡（镇）开展换届纪律专项督查24次，确保了换届风清气正。对换届新调整任命的57名“一把手”进行了廉政谈话，对全县各单位、各乡（镇）学习贯彻党的十八届六中全会和省、市、县党代会精神的情况进行了督查，向全县副科以上党员干部和农村党组织发放《问责条例》1200余本，对全县13个乡镇和居民办事处446名党员干部开展了《问责条例》宣讲，并进行党章党规党纪知识测试，促进全县各级党员干部知纪守纪。

（张志刚）

【体制建设】 2014年，起草制定以县委文件下发的《关于落实党风廉政建设党委主体责任和纪委监督责任的实施意见》和签字背书、责任分工、分析研判等 10 项具体制度。坚持试点先行、全面推进的思路，在抓好繁城、下茹越、教育局、住建局 4 个试点的基础上，着力构建落实主体责任和监督责任“两大体系”，初步形成推动“两个责任”落实的工作机制。围绕知责、分责、示责、履责、问责“五个关键环节”，年中、年底定期听取党委（党组）和纪委（纪检组）履责情况报告。配合省委巡视组对本县完成巡视工作，交办的 7 件案件线索做到快查快结。

2015 年，县纪委常委会听取了 13 个乡（镇）党委落实“两个责任”汇报，年末对 17 名县直派驻纪检组长进行约谈，见人见事、紧盯问题，逐级传导压力、压实压紧责任。强化责任追究，对 3 起案件中履行主体责任不力的 8 人和履行监督责任不力的 2 人进行了问责，给予党政纪处分，深刻汲取“3·11”事件教训，会同县委党校对落实“两个责任”工作中存在的问题进行深入调研，针对发现的不愿担责、不会履责等问题，两次赴全国落实“两个责任”先进市、县学习经验，创新思维，开阔视野，探索建设落实“两个责任”监督管理信息化系统。

2016 年，县乡两级 95 个党组织、28 个纪检机关分别梳理了“两个责任”任务清单，汇总问题清单 350 项，整改清单 1219 项，各级党组织和纪检机关上传系统目标任务完成情况材料 3200 余份，有效促进了“两个责任”落实。协助县委出台《关于推进“两个责任”落实建立“两台账两跟踪”制度的实施方案》，进一步细化忻办字〔2015〕47 号文件，把主体责任和监督责任分别细化为 4 项具体工作台账，明确跟踪期限和次数，按照干部管理权限确定从县委书记到村支部书记的跟踪分级分层负责机制，规范 7 项工作事项，确保“两台账两跟踪”制度落到实处。强化责任追究，倒逼责任落实。全年，共问责 27 人。（张志刚）

【案件查办】 2014 年，在县党风廉政建设警示教育基地建立 5 个标准化办案谈话室，谈话全程由案件管理室监控，并通过内部专网传输回县纪委，书记、分管副书记可随时调阅，对办案过程进行严密监督。开展案件质量评比活动，规范约束纪检监察干部在案件查办中的自由裁量权。建立审理室务会制度，通过层层监督，层层传导压力，倒逼案件调查组严格执纪。设立医务室、诫勉谈话及“两个责任”约谈室，落实办案谈话制度，保证了安全文明办案。健全充实办案人才库。整合全县 174 名纪检监察干部和预防职务犯罪领导组成员，进一步充实了查办案件人才库，各乡（镇）纪委也建立了查办案件人才库，13 个乡（镇）纪委查办案件人才库达 69 人。全年共查处各类违纪违法案件 111 件（次），其中移送司法机关 2 件，党政纪处分 111 人，涉及乡科级干部 30 人，乡科级撤职以上重处分 3 人。

2015 年，乡（镇）纪委查处群众身边腐败案件 141 件，占全年结案数的 58.8%，扭转了反腐败压力层层递减的被动局面，人民群众对反腐败的信心进一步增强，满意度和获得感不断上升。强化办案安全，在砂河镇建立标准化谈话室，安全办案基础得到加强。推进查案治本，针对“3·11”事件背后暴露出的问题，在全县开展党员干部违规违纪违法案件和问题大起底、大排查工作，发现已被司法处理但未作党纪处理的农村党员 30 人，均依纪作出纪律处分。

2016 年，查处违纪问题 110 件，给予党政纪处分 109 人，其中乡科级 21 人，重处分 20 人，移送司法机关 1 人，保持了“不敢腐”的有力震慑。加大谈话函询、约谈提醒力度，出台《关于对县管领导干部开展谈话函询工作的实施办法（试行）》，全年谈话函询处置问题线索151件，占问题线索总数的57.9%，约谈26人，诫勉谈话16人，通过积极引导，全县614人次主动向组织说明问题和情况，主动上缴违纪款项747241.21元。（张志刚）

【查纠“四风”】 2014年，抓住重大节日节点，开展了6个轮次的专项检查和明察暗访，深入整治公款吃喝、公款送礼、公款旅游、公车私用、滥发钱物、大操大办、铺张浪费等不正之风。对顶风违纪、违反八项规定和“四风”问题突出的，发现一起，查处一起。全县共查处违反“八项规定”精神的案件18件，给予党政纪处分18人，其中，乡科级6人，点名道姓进行通报曝光。同时，制定了一批禁止性规定，重申“九个严禁”“十个不准”等硬性要求，出台了节假日期间廉洁自律、请销假等一系列规范性制度。

2015年，扭住“四风”不放，抓住重要节点，充分发挥交警、税务、文化、旅游等职能部门的主体责任，五指攥拳，严肃查处公车私用、公款旅游吃喝，违规发放补贴福利、收送礼品礼金、大办婚丧喜庆事宜等各类“四风”问题，做到言出纪随。全县共查处违反中央八项规定案件2件，给予党政纪处分6人，点名道姓进行了通报曝光。强化制度约束，对全县党员干部提出廉洁自律“十二个严禁”，严格执行节假日期间公车封存等制度，不断用制度固化、巩固反对“四风”成果，推进作风建设常态化。

2016年，在重要节假日节点，通过县电视台、《今日繁峙》、电子显示屏、短信等媒体宣传市纪委“十个严禁”等廉洁自律规定，向全县党员干部发布《公开信》，在《今日繁峙》开辟专栏发布纪律要求，向全县609名副科以上领导干部发送了廉政短信，全县崇俭尚廉的氛围更加浓厚。出台了《关于加强联动协作全面监督“四风”问题的实施办法》，形成了14家部门和纪委齐抓共管全面监督“四风”的工作格局，作风建设进一步深入。强化监督检查。从严执纪问责，保持了反“四风”高压态势。全年开展专项监督检查8次，查处违反中央八项规定精神和“四风”问题5件，给予党政纪处分5人，约谈5人，诫勉谈话7人。（张志刚）

【权力制约和监督体系建设】 2014年，坚决贯彻落实省委王儒林书记“六权治本”要求，按照市纪委开展廉政风险防控管理工作部署，积极推进全县权力制约和监督体系建设。全县共清权确权7241项，建立权力运行流程图7241个，排查风险点18102个，制定防控措施19912条，依托“一库七平台”全县132家单位和256个基层站所廉政风险防控工作实现了“全覆盖”。全年约谈“一把手”10人次，诫勉谈话16人次，实现权力运行全程留痕，严惩滥用权力有据可查。

（张志刚）

【党风廉政教育】 2014年，建设党风廉政建设警示教育基地是县委审时度势，落实“主体责任”的重大决策部署。一是建成实景化廉政教育承载平台。在基地院落和走廊建成廉政文化教育平台、三楼建设了318平方米的警示教育展厅，利用声光电形式展示十八大以来中央、省、市、县反腐败斗争大要案件查办情况。二是制定出台廉政教育“一方案一计划”。县委出台了《繁峙县党风廉政建设警示教育实施方案》，县纪委制定了《繁峙县2015年参观党风廉政建设警示教育基地计划》，1327名党员干部接受了教育，撰写观后感，由单位党组织统一收集上报县纪委装入本人廉政档案。三是深入开展以案明纪、以案说法教育。结合开展党的群众路线教育实践活动，编印本县《案件警示录》，组织党员干部观看本县的警示教育片《权利≠金钱》，组织全县科级以上领导干部及家属集中观看省纪委《警钟长鸣》警示教育片。（张志刚）

【党的群众路线教育实践活动】 2014年，作为第二批党的群众路线教育实践活动的参与和监督机关，县纪委针对作风方面的顽症痼疾牵头开展了21项、39个方面的集中整治，出重拳、下猛药、敢出手，一项一项整治、一个一个突破，取得显著成效。按照中央纪委转职能、转方式、转作风要求，对参与的115个议事协调机构进行认真清理，退出清理103个，保留12个。13个乡（镇）纪委以繁城、砂河、大营3大集镇为中心组成3个联片；35个县直、5个条管纪检组依照8大系统组成8个联组，实行统一指挥、统一调动、集中力量、交叉办案的新机制。本县从事纪检监察主业的人员达112人，监督检查的触角已经延伸到全县所有部门。（张志刚）

【体制改革】 2015年，深入贯彻中央、省、市深化纪律检查体制改革要求，以“三转”为抓手，立足实际，推进各项改革措施落实到位。按照市纪委要求，完成机关内设机构调整，纪检监察室从2个增加到6个，直接从事执纪监督工作的科室达到9个，占到11个机关内设科室的81.8%，进一步聚焦了主责主业。认真落实市委5号文件，配强配齐了乡镇纪委书记、专职纪委副书记，对人口较多的繁城、砂河、大营3镇各增设专职纪委委员1名，交流调整乡（镇）纪委书记12名、派驻纪检组长7名，按照乡（镇）和派驻专职纪检干部每人每年3.1万元的标准落实了工作经费。同时以加强乡（镇）纪检工作为契机，配齐了县纪委班子，报请县委增加了2个行政编制和6个全额事业编制，纪检监察干部队伍力量得到加强。（张志刚）

【自身建设】 2015年，认真落实中纪委王岐山书记2015年9月23日在纪检监察干部监督工作座谈会上的讲话精神，坚决贯彻“打铁还需自身硬”的要求，做到对纪检监察干部从严教育、从严管理、从严监督。按照省纪委要求，在全县纪检监察系统开展学党章专项活动，及时学习宣传、认真贯彻落实《中国共产党廉洁自律准则》和《中国共产党纪律处分条例》，举办全县纪检监察干部业务培训班，进一步提高纪检监察干部的政治素质和履职能力。先后出台《繁峙县纪检监察系统重大、重要事项报告制度》《繁峙县纪检监察系统领导干部外出报备制度》《审理室务会议制度》《常委会议议事规则》等一系列制度，强化对纪检监察干部日常管理和监督。严查“灯下黑”，全年共查处违纪纪检监察干部5人，用铁腕铁纪锤炼了铁的队伍。

2016年，深入开展“两学一做”学习教育，组织全体纪检监察干部集中学习《问责条例》，开展“组织带着学、党员自觉学、领导带头学、辅导交流学、结合实际学”“五学”专项活动，利用每周二下午的时间组织集体学习9次，纪检监察干部的政治素养和业务素能进一步提高。强化自我监督管理，出台《繁峙县纪委监察局监督执纪权力内部制约暂行办法（试行）》《繁峙县纪委监察局机关工作人员考勤和请销假制度》《繁峙县纪检监察系统工作人员外出报备制度》，做到监督管理抓在日常、严在经常。严防“灯下黑”，全年受理1件反映纪检监察干部的问题线索，县纪委严查快办，做出结论。积极推进监察体制改革试点工作，全面调研摸底，强化沟通协调，认真谋划准备，严守工作纪律，县监察体制改革试点工作稳步有序推进。（张志刚）

【县乡巡察】 2016年，按照省、市安排，在县委的坚强领导和有力支持下，建立县乡巡察制度，并及时配齐县巡察办编制、人员、办公场所和设备，为巡察高效有序开展打牢了基础。充分发挥巡察利剑作用，有力推动了全面从严治党向基层延伸。本年，县委巡察组分两轮，巡察了6个乡（镇）党委和6个县直单位党组织，已完成的第一轮巡察发现问题线索9件，问题11个，及时进行了督促整改，巡察震慑作用初步显现。对全县精准扶贫建档立卡工作进行专项巡察，发现不符合“标准”贫困户420户。对全县基层卫生计生系统惠民资金管理使用情况专项巡察开展“回头看”，原巡察发现的144个问题线索全部处置完成，74个问题全部整改到位，新发现问题4个。（张志刚）

【查处群众身边腐败问题】 2016年，开展农村巡察、卫计系统惠民资金管理使用情况专项巡察，在涉及民生领域资金管理使用的25个单位开展自查自纠工作，查处侵害群众利益案件42件，处分42人。出台《关于开展反映扶贫领域涉嫌违纪问题信访举报查办工作的方案》，建立扶贫领域违纪问题线索专项台账，起底扶贫领域问题线索8件，查处违纪问题5件，给予党政纪处分4人。全年县纪委受理各类问题线索158件，同比下降71.9%，其中重复件92件，同比下降48.4%。（张志刚）

组　织

【概述】 2014年，全县共有19个党（工）委（其中乡镇党委13个、居民办事处党委、县直工委、公安局党委、老干工委、非公工委、紫金矿业有限公司党委），31个总支，942个支部（其中农村支部348个，非公有制企业党支部337个）。党员10818名，2013年派驻农村担任第一书记6名，其中市安监局1名，县直机关5名。

2014年，全县组织工作围绕开展“基层组织提升年”活动，服务型基层党组织创建活动、党的群众路线教育实践活动等，组织科制定并下发了《中共繁峙县委组织部关于开展“基层组织提升年”活动的实施方案》（繁组字〔2014〕6号）《关于对全县软弱涣散村级组织进行集中整顿的实施方案》（繁组字〔2014〕3号）《繁峙县农村（社区）“领头雁”培训工作实施方案》（繁组字〔2014〕4号）《中共繁峙县委组织部关于推行农村民生事务双向代理带办制度的实施意见》（繁组字〔2014〕2号）《关于在全县继续以“四诺”为抓手进一步强化基层服务型党组织建设的意见》（繁组字〔2013〕24号）《关于开展各级党组织和在职党员到居民社区“双报到、双服务”的通知》（繁组通字〔2014〕3号）等一系列文件。

2015年，全县共有20个党（工）委，30个总支，968个支部（其中农村支部344个）。全县党员10998名，其中农村党员6637名。（郭维峰　刘　刚）

【“领头雁”培训】 2014年2月16日—18日、2月26日—28日、3月5日—7日，分三期对全县农村党支部书记、村委会主任、居委会书记和主任共460余人进行了培训，其中县内培训2期，省委党校顿村分校培训1期。共培训村两委班子成员、骨干党员、大学生村干部、入党积极分子等2315人，除此之外还培训了两期非公有制企业党组织书记，共240人。

2014年3月7日举办繁峙县“领头雁”培训班　郭维峰、刘刚提供

2015年2月1日—6日，由县委组织部分两期培训了农村党支部书记和村委主任、居委会书记和主任，共534人。县委书记和组织部部长分别进行专题讲座。13个乡（镇）和居民办对“两委”其他班子成员的培训也已完成，共培训“两委”其他班子成员和骨干党员2196人。其他领域基层党组织书记培训工作正在积极准备，计划分两批完成。

2016年，根据年初制定的目标，县级培训计划分两批进行，委托省委党校忻州分校组织培训，第一批从3月23日开始到3月29日结束，先对全县派出的148名第一书记和第一期农村支部书记、村委主任共180名进行了培训，第二批两期共360名农村党支部书记、村委主任进行了培训。

（郭维峰　刘　刚）

【软弱涣散村级组织的集中整顿】 2014年，根据省、市委要求，全县按6%倒切，13个乡（镇）党委和居民办事处党委确定了23个软弱涣散村（社区）党支部，县四大班领导担任软弱涣散村（社区）党组织包点领导，县直机关和乡（镇）领导担任整顿工作组组长和成员，组织科建立了软弱涣散村（社区）党组织台账，按期完成了整顿。

2015年，全县共确定各领域软弱涣散基层党组织58个，其中农村党组织35个，社区党组织1个，机关党组织2个，事业单位党组织1个，非公经济组织党组织17个，社会组织党组织2个。经过近4个月的帮扶整改，全县58个软弱涣散基层党组织的整顿工作全部完成，都得到不同程度的转化提高。通过整顿改造，共建立健全相关规章制度6项，解决突出问题35件，配齐支部书记2名，调整班子其他成员10名。

2016年，经过前期摸底排查，共确定各领域软弱涣散基层党组织37个，其中农村党组织34个，社区党组织1个，机关党组织1个，事业单位党组织1个。县委组织部下发了《关于扎实抓好软弱涣散基层党组织集中整顿工作的通知》（繁组通字〔2016〕19号），全县各级党（工）委负责具体指导，各软弱涣散党组织分别成立了整顿工作组，制定了整顿方案，针对存在的问题剖析了产生问题的原因，制定了转化目标、整改措施、完成时限等程序职责，积极开展整顿工作。通过整顿改造，共计建立健全相关综合性规章制度7项，解决突出问题78件，为群众办实事103件，配齐支部书记3名，配齐村委主任4人。（郭维峰　刘　刚）

【农村“两委”换届选举】 2014年11月17日至12月17日，全县402个行政村、344

个农村党支部完成“两委”换届选举工作。344个农村党支部中，联合支部有39个，“一肩挑”的村有239个，占全县比例为69.5%。大学生村干部当选“两委”主干38名，农村妇女当选“两委”主干5名。

（郭维峰　刘　刚）

【非公有制企业党建】　2015年，全县共有786家非公有制企业，建立了336个党组织，实现了党的组织和党的工作两个全覆盖。全县结合非公经济组织生产经营实际，以党建强、发展强为目标，按照生产经营好、企业文化好、劳动关系好、党组织班子好、党员队伍好、社会评价好的标准，选树了一批“双强六好”党组织，纳入直接联系和重点管理范围，以发挥示范带动作用。

（郭维峰　刘　刚）

【社会组织党建】　2015年，全县有各类社会组织41个，共组建党组织19个（单独建立党支部13个，联合组建党支部6个），共有党员61人。在社会组织工委的组织领导下，各支部的党建活动能够正常开展。

（郭维峰　刘　刚）

【党组织和在职党员进社区“双报到、双服务”活动】　2013年，县委组织部下发《关于开展各级党组织和在职党员到居民社区“双报到、双服务”的通知》，截至2015年8月底，全县91家机关单位和1664名在职党员全部到居民社区报到，逐步开展了志愿服务活动，积极主动、因地制宜服务群众，并建立了相关台账。（郭维峰　刘　刚）

【基层服务型党组织星级管理推进情况】　根据《忻州市2015年度基层党建工作考核评价实施办法》要求，县委组织部于2015年5月中旬制定下发《繁峙县推行农村（社区）党组织星级管理实施方案》。经过基层自评、群众测评、乡镇（居民办）考评、县委组织部审核验收和公示等程序，共评出五星级党组织23个，四星级党组织36个，三星级党组织192个，二星级党组织66个，一星级党组织35个。（郭维峰　刘　刚）

【农村第一书记选派】　2015年，全县建档立卡贫困村共有213个，软弱涣散村35个，两类村交叉21个，共计227个行政村，建立支部214个（单独建立186个，联合组建28个），中央、省、市和县共派驻了181名农村第一书记。同年8月14日，县委召开全县农村第一书记到村任职动员大会。8月17—19日，县委组织部召集181名第一书记到省委党校忻州分校进行了任前集中培训后，全部驻村开始工作。（郭维峰　刘　刚）

繁峙县农村第一书记及驻村工作队培训班
郭维峰、刘刚提供

【县乡换届工作】　2016年，始终坚持正确用人导向、“好干部”二十字标准，严肃换届纪律，全县共选举产生出新一届县党代表215名，乡（镇）党代表1060名，出席市第四次党代会代表17名。选举产生了新一届县委、人大、政府和政协领导班子。13个乡镇通过换届，产生了新一届党委、人大、政府领导班子成员139名。其中，新提任乡（镇）

党委书记7名，新提任乡（镇）长9名。领导班子平均年龄40.1岁，比上届降低了5.3岁。其中35岁以下31名，占班子成员总数的22.3%；35岁以下乡（镇）长2名，党政正职平均年龄40.5岁，比上届42.8岁降低了2.3岁。班子成员中，女干部14名，占总数的10.1%；大专以上学历136名，占总数的97.8%；具有2年以上乡（镇）工作经历的123名，占总数的88.5%；从企事业单位领导人员中选拔4名，从县级机关年轻干部中选拔11名。（郭维峰　刘　刚）

【基层组织活动】　2016年，全县上下牢固树立大抓基层的鲜明导向，推动基层党建工作全面提升、全面过硬。坚持“学为基础”，确保把党章党规和习总书记系列重要讲话学深学透、融会贯通；坚持“做为关键”，努力实现以学促做、知行合一。完成规定动作，念好“改、带、常、实”四字诀；创新自选动作，唱响“1234”四重奏。特别是结合庆祝建党95周年，深入开展了“党员人人讲党课”“两优一先”推荐表彰和走访慰问老党员、生活困难党员等“七一”系列活动，重点围绕开展“向全国优秀共产党员沙万里同志学习”活动，用身边典型教育身边党员，举办了沙万里先进事迹报告会，配合市电视台录制《乐善好施沙万里》专题片，制作了沙万里先进事迹DVD光盘《一路奉献一路歌》800张，发放到全县各基层党支部组织学习宣传；围绕开展“双亮一建”活动，明确提出“两学长才干，一做树标杆”要求，并购买党徽10000个，党员人人佩戴党徽亮身份，焕发出广大党员立足岗位忠诚履职、争做优秀的激情。（郭维峰　刘刚）

【表彰先进】　2016年，繁城镇赵家庄村党支部被授予“省级先进基层党组织”；县第三建筑安装工程公司经理兼公司党支部书记沙万里被中共中央授予“全国优秀共产党员”称号；县教育局局长张占羽受到省委表彰，被授予“优秀共产党员”；杏园乡组织委员高鹏受到省委表彰，被授予“优秀党务工作者”。（郭维峰　刘　刚）

【基层党组织建设】　2016年，统筹推进机关、社区、企业等各领域基层党建工作。1.全面实施抓书记、抓阵地、抓制度、抓公示、抓服务的“五抓”工作法。各乡（镇）以建强阵地、规范党内生活、创新党组织活动为主要内容，选树3个基层组织典型，党员活动室达到“八有”标准，充分发挥驻村工作队、第一书记两支队伍作用，实现了阵地用起来，台账建起来，活动搞起来，力量凝聚起来。2.以“建强基层组织，做实基础工作，提升基本能力”为抓手，本着“推动发展、服务群众、凝聚人心、促进和谐”要求来抓农村基层党建工作。共举办第一书记专题培训班4期，举办驻村工作队、第一书记精准扶贫培训9次。3.县四大班子领导带头包贫困村，县直单位主要负责人联系贫困村，派出驻村工作队，全县10172名党员将脱贫攻坚作为公开承诺内容，使党组织和党员站到脱贫攻坚的主战场。创建以县经济组织领头人结对包扶贫困村脱贫攻坚新模式。实施“双亮一建助力扶贫”行动，实施“支部+精准脱贫模式”，创建“支部+合作社”“支部+社会组织”“支部+非公企业”等形式。4.全县新设立党组31个，进一步健全完善基层党组织设置，推动基层党组织建设科学化水平。建立了36个村级组织示范村，整合集学习、会议、广播、资料收集为一体一室多用的村级组织活动场所，规范了村级组织活动的开展，在全县村级组织中起到引领示范作用。同时，还集中整顿软弱涣散基层党组织37个，其中农村党组织34个，社区党组织1个，机关党组织1个，事业单位党组织1个。 （郭维峰 刘 刚）

【干部选任】 2014年，进一步深化干部人事制度改革，健全完善“领导班子和领导干部考评体系”，建设高素质执政骨干队伍。突出抓好新修订《党政领导干部选拔任用条例》的学习贯彻落实，结合实际研究制定相关配套制度规定，细化干部交流、调配、职数备案等工作流程、规范干部选任动议程序，明确考察对象审批程序，努力形成系统完备、科学规范、有效管用、简便易行的选人用人制度体系。加强对干部的日常考察了解，加大年轻干部培养锻炼力度。加强各级领导班子建设，着力建设结构合理、优势互补、坚强有力、奋发有为的领导班子。

进一步创新完善干部考核评价办法，形成体现科学发展观和政治政绩观要求，广纳群贤、充满活力的考核考察评价机制，以正确的用人导向服务转型跨越，以科学的考核导向保障转型跨越，以良好的作风导向促进转型跨越，以务实的工作措施推动转型跨越。坚持从严方针，严明组织纪律，强化干部管理监督工作。认真落实“从严治党、从严治吏”方针，坚持从严管理、从严监督、从严整治并重，严把干部选任标准条件和选任程序；坚持教育在先、警示在先、预防在先，从严教育干部，加大对干部从严管理监督力度；结合开展群众路线教育实践活动，对全县机关、事业单位“吃空饷”“编外用人”和借调干部进行了专项清理整治，对全县超职数配备干部情况进行摸底登记，集中开展“工作秩序涣散、纪律松弛”专项整治。

2014年2月21日，在县委党校举办《党政领导干部选拔任用工作条例》专题培训班 张淑花提供

2015年，进一步健全干部选任工作制度体系，制定出台《繁峙县县管干部动议工作细则（试行）》《繁峙县县管干部推荐考察工作细则（试行）》《繁峙县县管干部讨论决定工作细则（试行）》。对照习近平总书记“三严三实”要求，下大力气开展“从严治部”和“公道正派”承诺践诺活动，严格规范工作运行，全面提升组织部门自身建设水平。针对“十种情况”，对部内人员进行了全面排查，努力做到“双强四好”，树立组工干部“可靠、可信、可敬、可亲”的形象，建设“讲政治、重公道、业务精、作风好”的模范部门。“从严治部”工作的有力开展极大地推动了全县“三个一批”工作的有序推进，制定出台《关于在县管干部中做好甄别处理一批、调整退出一批和掌握使用一批干部工作的实施方案》，突出重点，试点先行，做好“三个一批”工作，着力解决干部“带病在岗”“带病提拔”问题。对县管干部开展了“六查”（查档案、查个人事项报告、查民意、查业绩、查线索、查案件），分类建立县管领导干部不廉洁、乱作为，不作为、不胜任，敢担当、善作为的“二个一批”档案，全面做好全县“三个一批”工作。

2016年，坚持把加强党的领导贯穿始

终，认真抓好县乡领导班子换届工作。按照市委、县委的安排，圆满完成了县乡党委、人大、政府、纪委和县政协集中换届工作。坚持把选干部、配班子与管思想、管作风、管纪律结合起来，进一步健全完善“三位一体”的干部监督体系。结合县乡换届，以开展好“六查”和运用好推进领导干部能上能下《实施细则》为抓手，深入推进干部档案专项整治和“三个一批”工作。建立健全常态化分析研判机制，大力加强对领导班子和领导干部日常考核考察。（张淑花）

【干部教育】 2014 年，组织全县处级领导干部参加学习习近平总书记系列讲话精神集中轮训班。对全县乡（镇）党委书记进行了党的群众路线教育实践活动专题培训。对全县党员干部群众进行了党的十八届三中全会宣讲。印发《2013—2017 年繁峙县干部教育培训规划》。组织分管县住房城乡建设工作的副县长和局长参加党政领导干部岗位专业知识测试。举办繁峙县《党政领导干部选拔任用工作条例》专题培训班，对全县所有科级单位党组织负责人就新修订《干部作用条例》进行专题培训。结合开展群众路线教育实践活动，举办了全县基层党组织书记专题培训班和大学生村干部综合素能提升培训班，邀请省委党校、中北大学 8 名专家教授来本县开展专题讲座。

2015 年，出台《繁峙县干部在线学习管理实施办法》。参加“现代金融”“安全生产”及“现代农业和新农村建设”三个党政领导岗位专业知识网络专题培训的 31 名领导干部，按进度圆满完成网络培训任务。全年编发繁峙县党员干部手机报 42 条，为全县学习讨论落实活动、专项整治、“三严三实”专题教育的开展及十八届五中全会精神的学习宣传开辟了“空中课堂”，受到市委的充分肯定和党员干部的普遍欢迎。以县委党校为主阵地，举办各类专题培训 37 期，培训在职干部 2952 人，培训农村（居）“两委”主干 534 人，培训县直机关党务干部 60 人，培训非公企业党组织书记 336 人，培训社会组织党组织书记 19 人，培训县乡两级团干部 70 人。

2016 年 5 月乡（镇）换届工作结束，6 月 18 日—20 日对调整的乡（镇）新任科级领导干部共 180 余人进行了为期 2 天的集中培训。10 月 15 日—17 日，选调 142 名学员，参加县委组织部与国家体育总局人事司、体育总局扶贫工作组和代县县委组织部共同组织的“2016 年山西省繁峙县、代县管理人员知识更新培训班”。11 月，组织 6 个单位（政法委、司法局、科技局、环保局、经信局和中心企业服务中心），19 名领导班子成员和分管县领导报名参加 4 个网络专题的学习和考试。12 月，选调 8 名新任县处级领导参加忻州市新任县处级领导干部素能提升北京大学专题培训班。（王　亮）

【人才工作】 繁峙县把人才工作纳入到全县经济社会发展规划和党建工程中。全县共有人才 13895 人，其中，党政人才 1040 人、企业经营管理人才 865 人、社会工作人才 1300 人、专业技术人才 5460 人、高技能人才 130 人、农村实用人才 5100 人，分别占全县人才总量的 7%、6%、9%、39%、1%、38%。全县共有各级各类专家 359 名，其中省委联系的高级专家 1 名，市委联系的优秀专家 6 名，县委联系的优秀专家 78 名。其中，工业企业有县委联系的优秀专家 15 名。教育行业有县委联系的优秀专家 15 名。农业林业水利畜牧行业有县委联系的优秀专家

29名。医疗行业有县委联系的优秀专家12名。绘画、文学、书法等行业有县委联系的优秀专家7名。乡（镇）党委联系的优秀专家203名，县直单位联系的优秀专家156名。

2014年，全县人才工作以制定和实施重大人才政策和重大人才工程为抓手，制定并实施了《繁峙县中长期人才发展规划纲要(2010—2020年)》，标志着人才强县战略向纵深推进。全县各级各部门围绕人才中长期发展规划确定的10项重大人才政策研究和谋划实施及落实办法。1.人才投入优先保证政策。建立人才发展专项资金，纳入财政预算体系，保障人才发展重大项目的实施，重点加大高层次人才培养、紧缺人才引进、杰出人才奖励以及重大人才开发项目的经费保障力度。充分发挥财政资金的导向作用，鼓励支持企业、个人和社会组织投资人才资源开发，建立政府主导、企业主体、社会参与的多元化投入体系。积极争取国家和省对人才发展的资金和政策扶持。加强人才投入产出效益评估，提高人才资金的使用效率。2.人才优先发展政策。进一步完善党管人才工作格局，探索党管人才实现途径，加大统筹协调力度，形成统一完备的人才法规政策体系；人才发展重大项目和重大工程上要通盘考虑，科学设计，有序推进。出台《关于进一步加强党管人才工作的实施意见》，指导各级党委开展人才工作，编制开发忻州人才地图和人才需求目录，建立全县人才资源年度统计调查和定期发布制度。3.鼓励人才创新创业政策。制定鼓励创新创业的政策措施，推动人才创新创业。整合教育、科技资源和企业教育培训资源，建立以企业为主体的产学研战略联盟，支持企业与科研院所、高等学校通过联合建立实验室或研发中心等方式，推进产学研一体化进程，加快创新型人才培养体系建设，大力培养高层次人才和创新团队。加强创业信息跟踪分析，实现创业信息资源共享。大力开展创业培训，加快各类人才创业载体建设，培养和集聚创业人才。4.人才智力引进政策。完善有利于人才和智力引进的政策体系，建立健全以能力业绩为导向的人才引进综合评价体系，实行住房、子女入学、配偶安置、担任职务、承担重大科技项目等方面的特殊优惠政策，畅通高层次人才引进的政策渠道。制定和实施紧缺急需人才引进计划和年报制度，定期由用人单位向组织人事部门报告引才计划，建立人才需求信息发布平台，探索灵活的科研机制、成果产业化机制和人才使用机制，实行便利的准入政策、特殊优惠的来去自由政策，逐步形成有利于吸引、使用、开发人才资源的新模式，吸引市外优秀人才以多种方式来繁创业。5.引导人才向基层流动政策。完善各类人才到农村和中小企业就业创业的扶持办法，引导人才向农村基层、边远地区和艰苦地区流动，促进区域人才协调开发。采取政府购买岗位、报考公职人员优先录用、建立“五险一金”等措施，实施高校毕业生基层培养计划，鼓励高校毕业生到农村和中小企业就业创业。实施公职人员到基层服务和锻炼的派遣和轮调办法，建立人才服务基层和艰苦行业工作表彰奖励制度，充分利用政策导向，推动人才向基层流动。6.优化人才发展环境政策。进一步加强人才干事创业平台建设，优化人才工作环境，为人才提供成就事业的良好条件。健全符合人才发展的政策措施，完善吸引人才、留住人才的社会服务机制，不断优化人才政策环境。充分发挥各类媒体的作用，大力宣传人才的典型事例和人才工作的先进经验，在全社会形成“四个尊重”的良好氛围，不断优化人才发展的舆论环境。7.知识性财产保护政策。完善国家和省资助开发的科研成果权利归属和利益分享机制，在科技成果的技术转移和知识性财产的产权交易中保护科研人员和财产所有者的利益。制定支持个人和中小企业发明创造资助办法，鼓励创造知识性财产。建立专利技术交易市场和信息平台，加大知识产权宣传普及和执法保护力度，建立健全有利于知识产权保护的社会信用制度。

2015 年大力推进柔性引才“百人计划”工作。由县高层次领军人才引进工作领导组，负责全县柔性引才“百人计划”的组织领导和统筹协调，按照《繁峙县高层次人才引进计划实施方案》，并制定完善了未来 3 年柔性引才规划和 2015 年度柔性引才计划，建立了“户口不迁、关系不转、双向选择、自由流动”的柔性引才机制。进一步建立起“党委统一领导，组织部门牵头抓总，有关部门各司其职、密切配合，社会力量广泛参与”的党管人才和引进人才工作新格局。一是坚持导向，提高人才引进的针对性。从推动本地矿山开采、铁矿产品深加工、节能环保、装备制造、信息技术等传统产业提升和新能源、新材料发展的需要出发，有针对性地制定人才工作规划，及时发布高端人才需求信息；同时，通过科研院所、高校、中介机构等加强与相关领域的“高精尖”人才联系沟通，柔性吸引到本县工作或创业。2015 年 7 月组团参加 2015 大连中国海创周，精心制作了项目宣传展品、简介以及人才招聘的技术要求条件，全力做好海外人才和项目的预对接工作。二是创新机制，提高人才使用的实效性。按照“不求所有，但求所用”的柔性引才理念，建立更为灵活的用才机制。在时间上，人才既可以与企业建立长期合作关系，也可以承担短期突击性研发项目，或不定期利用节假日、周末等时段来本县工作；在形式上，采取聘请专家、教授来县担任“产业教授”、“科技人才顾问”等职务，另一方面把“校企合作”、“院企合作”的内容项目化，以一个个项目促使人才的作用得以充分发挥。三是引育并举，提高人才培养的长效性。制定出台《关于实施“滹源双创聚才行动计划”的意见》（繁发〔2015〕29 号），实施以建设打造一个创新创业平台、建立 2 个以上重点产业专家工作站、培养 20 名以上创新创业人才和引进 10 名以上高层次领军人才为主要目标的“滹源双创聚才行动计划”，塑造人才品牌，形成工作抓手，以重大人才工程带动全县人才队伍建设，以人才优势构筑繁峙发展优势。制定《关于在重点产业建立专家工作站的实施方案》，为柔性人才提供施展才华、发挥作用的平台，及时提供配套经费及相应的支持，在项目申报、教育培训等方面向柔性人才倾斜，使柔性人才有足够的发展空间；建立柔性人才与本地人才合作模式，成立以柔性人才为骨干的团队，将本土的一线创新人才和优秀青年人才纳入团队，建立结对帮带关系，促进本土人才更好更快成长。加大宣传力度，全领域营造人才工作氛围。制定出台中共繁峙县委组织部关于印发《人才工作 2015 年宣传方案》的通知（繁组发〔2015〕21 号）。紧紧围绕全县经济社会发展大局，充分运用各级各类媒体，大力宣传加快实施人才强县战略，加大人才工作创新力度、加强人才队伍建设的做法和经验成效，大力宣传各级各类优秀人才创新创业的突出事迹和典型事例，努力营造重视和加强人才工作的良好舆论氛围。编印了《专家人才论发展》书稿，宣传本土人才业绩。制作了《繁峙县人才之歌》，激发全县各级各类人才的“精、气、神”。拍摄人才工作典型专题宣传片两部，一所县域大校名校的崛起（繁峙中学人才工作先进集体）和黄土地上的“创金人”（繁峙县海丰农牧厂厂长、市委联系的优秀专家张海明先进事迹）。分别报送到市县电视台专题播发。组织召开全县人才工作座谈会议，走访慰问部分县委联系的优秀专家，在全县进一步营造起尊重人才、关心人才的氛围，激发各级各类人才服务全县转型跨越发展的工作热情。创新工作机制，全力推进人才强县工作。

坚持“党管人才”原则，构建起人才队伍动态选拔管理机制，建立起一种便于留住人才、使用人才、发挥人才作用的科学机制。建立县委联系优秀专家人才制度，重点抓好县委联系的优秀人才的培养、选拔、使用工作，统筹抓好以高层次人才和高技能人才为重点的各类人才队伍建设。

繁峙县海丰农场采用山西农业大学提供的现代化农业机械收割谷子作物，并进行脱粒作业 郭俊明提供

以抓好县委联系的优秀专家的培养、选拔和使用工作为重点，抓好“百千万”专家工程，统筹抓好以高层次人才和高技能人才为重点的各类人才队伍建设。继续全面实施《繁峙县委联系的优秀专家管理办法》，更好地落实县委联系的优秀专家的待遇。建立县委联系的优秀专家培训机制，每年专题培训1次县委联系的优秀专家。建立县委联系的优秀专家考核机制，由县委人才办组织年终考核并确定考核等次，建立县委联系的优秀专家激励机制，按规定发放津贴每人每月200元。积极完善县领导结对联系优秀专家制度。结合分工及对口包点工作实际，每名县领导联系3—4名县委联系的优秀专家，采取定期走访、召开座谈会、组织活动等形式，与专家交心交友，帮助解决实际问题，引导他们为全县经济社会发展积极建言献策，充分发挥出县委联系的优秀专家在服务全县经济社会转型跨越发展中的能动和带动作用。

2016年，将认真落实人才发展规划和人才重大工程，切实提高人才工作科学化水平。重点在以下五个方面下功夫：一是落实党管人才原则。进一步健全人才工作领导体系和党管人才运行机制。加强人才工作队伍建设，尤其是加强县级人才工作机构和人员力量。制定实施党政领导班子人才工作目标责任制考核办法。二是宣传和普及科学人才观。重点宣传普及“人才是最活跃的先进生产力”、“人才是科学发展第一资源”等10个方面的科学人才观理念。加强典型和经验宣传，在全社会形成关心和支持人才工作的舆论环境。三是创新和落实人才政策。重点创新和完善人才优先保证、人才创业扶持、高层次人才引进、人才合理流动配置等重大人才政策。围绕用好用活人才、提高人才效能，从人才培养开发、评价发现、选拔任用、流动配置、激励保障等方面形成更加科学、更具活力的体制机制。四是实施重大人才工程。加强非公有制经济组织人才工作力度和乡土人才队伍建设。组建人才工作站，优秀专家咨询团，开展形式多样的技术指导和服务活动。五是创新人才工作机制。探索建立政府、社会、用人单位和个人多元化人才投入机制，健全以发展需求和岗位需求为导向、以用人单位为主体的人才培养调控机制，着力构建有利于扩大招才引智的政策环境和工作机制。充分发挥大型企业和重点项目对人才的需求和拉动作用，加大高层次人才引进，特别是推进柔性引才“百人计划”真正落地，真正实现人才强县、强村、强企。县委组织部、县委人才办积极贯彻落实县两代会精神，采取组建专家工作站、优秀专家咨询服务团等形式积极服务脱贫攻坚主战场，优秀专家人才发挥自身专长主动帮联贫困村贫困户，助推全县脱贫攻坚取得实效，本年78名县委联系的优秀专家纷纷结合自身特长深入到脱贫攻坚战的最前沿，共引领带动脱贫示范项目12个，为深入推进精准扶贫提供了强有力的人才保障和智力支撑。

积极开展人才工作专项调研，重点围绕企业人才状况和需求情况开展专题调研，进一步摸清全县人才资源现状，全面了解企业对人才的需求情况，为做好引才、服务人才工作明确方向。围绕大学生村干部队伍建设，县委组织部充分发挥牵头抓总作用，积极协调农业、水利、畜牧、林业、国土、财政等多个部门，建立了12个全县大学生村干部人才创业基地，并发挥基地的示范带动作用，促进大学生村干部成长成才，服务农村经济发展。创优人才就业环境，举办了高校毕业生现场招聘会等，人才环境进一步优化。

中兴实业有限公司引进铸造、安全、冶炼、机械设计等方面高层次人才6名。县农委、科技局、经济和信息化局、中小企业局引进急需高层次领军人才7名。县人民医院、中医院、县二院引进医疗卫生方面省、市专家15名，有效解决了全县工业、农业、医疗卫生等方面专业技术上的一些疑难问题。截至本年，本县已引进高层次人才21名，通过间接方式累计引进各类高层次人才150余名担任“科技人才顾问”，实现了“借力借智、双向共赢”。县委联系的优秀专家有25人次参加山西特色农产品博览会山西（北京）展销周、中国文博会、大连海创周等各类展会，有12名县委联系的优秀专家带头领办发展企业。全县人才工作环境进一步优化，人才质量和水平进一步提升，人才作用发挥进一步显现。（郭俊明）

宣　传

·综　述·

【精神文明创建】 2014年，本县被山西省精神文明建设指导委员会评为创建文明县城工作先进县城。砂河镇被评为省级文明乡镇，笔峰村、南关村被评为省级文明村，地税局被评为省级文明单位。砂河镇被中央精神文明建设指导委员会表彰为国家文明镇。砂河中学、神堂堡乡、晋绣坊成功申报了市级文明单位。

2015年，表彰2014年度“十行十佳”和精神文明建设先进单位。举办了“全民读书月”活动，现场发放各类科普图书和学习资料上万份。联合卫计局、科技局等10余家单位在全县13个乡（镇）28个村开展了历时20天的大篷车“三下乡”宣传活动。在全县乡村生态文化旅游试点村评选命名了“五旗文明户”150户。

2016年，对全县县级文明单位进行验收复查，取消不合格文明单位15个，文明村37个，新增文明乡村12个，扎实推进群众性文明创建和移风易俗系列活动，联合县文化局等9家单位在全县13个乡（镇）26个村组织开展了历时13天的“三下乡、四进社区”服务活动，发放各类资料10万余份。

（王　媛　史彩兰）

【培育和践行社会主义核心价值观】 2014年，清明节期间，组织青年志愿者400余名，机关干部100余名到砂河烈士陵园开展践行社会主义核心价值观现场教育活动。民营企业家沙万里获得山西省第五届道德模范荣誉称号。县邮政局砂河支局乡邮员马连堂荣登2014年第二届“山西好人榜”，成为忻州市唯一获此殊荣的代表。制定出台《关于培育和践行社会主义核心价值观，开展“美丽新繁峙、我的中国梦”主题实践活动的实施意见》，开展了知识竞赛、爱国歌曲大家唱、演讲比赛等十一项活动。

2015年，制作了社会主义核心价值观宣传品，包括围裙、扑克、挂历、一次性纸杯等，利用各种大型活动发放到群众中。在政府小区、东风小区制作“中国梦——梦娃”系列公益广告宣传栏，并且在县城和砂河镇主要广场LED显示屏每天不间断播出，进一步扩大宣传的覆盖面和影响力。沙万里、侯必顺、吴睿、齐晓梅四人入选“中国好人”（3月份榜）；侯必顺入选2015年“山西好人”第二季候选人。吴睿、齐晓梅、李巨恩入选2015年度“忻州好人”。组织开展2015年度“繁峙好人”评选活动，共评选出繁峙好人7名。

2016年，组织开展“忻州道德模范”评选工作。积极推荐本县民营企业家沙万里荣登3月份“中国好人榜”。组织开展了首届繁峙道德模范评选活动，评出首届道德模范群体1个、个人6名，并举行了隆重的颁奖仪式。邀请“中国好人”、山西省第五届道德模范沙万里在县城各中小学巡回演讲，受教育人数达8000余人。在主流媒体刊播“图说我们的价值观”“中国梦”“讲文明、树新风”等主题公益广告，在建筑围挡、社区宣传栏植入新二十四孝、社会主义核心价值观等公益广告。（王　媛　史彩兰）

【文化产业】 2014年，积极争取国家、省专项资金，组织修缮国保单位三圣寺、秘密寺，平型关段关堡及长城、关城东门、岩山寺。完成全国可移动文物普查2014年的普查任务。秉承“保护为主，抢救第一”的原则，对国家级非物质文化遗产“繁峙秧歌”进行抢救保护，举办三期培训班，培训学员40余人，并对传统剧目《九件衣》《花亭》《瞎子观灯》《王大妈进城》进行了影像拍摄，刻录光盘300套。整理编写了《繁峙秧歌戏续》，并印制300套。

年初，县委、县政府将文化产业发展基金200万列入财政预算。以平型关关城修复、毛主席路居伯强纪念馆为核心的红色休闲、度假、旅游区在进一步建设中。文化产业走出了一条经济与文化相互融合、相互助推、相互促进的发展之路。

2015年5月，全省首家在山西省工艺美术馆以县为单位举办“滹源明珠——繁峙”文化旅游形象展，得到省城各阶层的好评，在省级平台上宣传繁峙的文化旅游资源，提高了繁峙的知名度，美誉度。9月初组织文化企业参加山西省第二届文博会，拓宽视野，亮出繁峙品牌。9月底打造建设繁峙县文化产业园区，将文化产业与大学生创业园区相融合，实现互联网+发展模式，受到省委书记王儒林的充分肯定。年内入驻园区企业已达42家。以韩庄长城、平型关等历史遗址为依托，大力探索开发乡村生态文化旅游，已建成横涧乡平型关村、小屯村，神堂堡乡韩庄村、茨沟营村，东山乡伯强村，岩头乡大东沟村、禅堂村7个试点村。以平型关关城修复、毛主席路居伯强纪念馆为核心的红色休闲、度假旅游区正在建设中。

2016年，助力晋绣坊、星河银业等品牌文化产业的发展，并由这些龙头企业引领带动，入驻文化产业园区，为入园企业提供一系列优惠政策。其中晋绣坊年产值已达千万元，部分作品荣获米兰世博会米兰创新金奖等许多国内外大奖；大力探索开发乡村生态文化旅游，平型关景区、大智镜圆景区、灵岩山景区正在大力建设中，文化旅游产业呈现出强劲发展势头。（王　媛　史彩兰）

【文化活动】 开展第六次全国体育场地普查工作，圆满完成对全县600多个体育场地的普查。举办了繁峙县第三届“大杏奖”、“三民”舞台艺术大赛。代表忻州市参加山西省第十四届全运会，荣获三等奖。参加忻州市第四届“梨花奖”舞台艺术大赛，秧歌小戏《儿子》和笛子独奏分获二等奖。新建了43个农村文体活动室。县文化馆、图书馆继续对全社会免费开放，共免费培训、接待学员和群众2万余人次。全年放映农村公益数字电影4824场。组织出版了《平型关》

2015年，《平型关大捷》组歌在县城祥龙广场演出　王爱中提供

《滹源流韵》《文化繁峙》等杂志和散文集《杏坛清韵》、纪实研究《岩山寺详释》、小说《滹源儿女》。组织举办了“骏马迎春　腾飞繁峙——我的中国梦”新春摄影展和“文化进万家”书画展、繁峙县少儿书画大赛。举办第二届“滹源啊，我的家乡”原创歌曲大赛和“滹沱河从我梦中流过”征文大赛。

2015年，组织出版了《平型关》《滹源流韵》《文化繁峙》等内部交流刊物，出版了《烽烟平型关》《致富春秋》等长篇小说。举办纪念抗战胜利70周年书画展，耗时4个月组织创作排练《平型关大捷》组歌，并于9月18日、25日、26日在县城、砂河和平型关关楼实地演出。

组建21支乡村文艺队伍，免费配置了服装、器乐、道具等活动器材。十二五期间，全县共建成农村文体活动室169个，农村文艺活动队伍55支。同年4月份、8月份、9月份分别举办了全县第四期、第五期、第六期基层文艺骨干舞蹈免费培训班，培训73名乡（镇）文化站志愿工作者和农村文艺骨干。

加大对全县文化体育市场的监管力度，重点做好全县31家网吧、9家书刊店、4家影像店、5家歌舞厅等文化娱乐市场和全县棋牌馆（室）的管理工作。深入开展“扫黄打非”专项行动，共查处违规经营的网吧2家、棋牌室4家、黑棋牌2家、黑网吧1家，收缴盗版、淫秽书籍200余盘（本）。

2016年，在平型关村举办“美丽繁峙”影展，开创了平型关“体育+旅游+文化”的先河。组织茨沟营村、平型关村、公主村参加国家级古村落摄影展览。举办繁峙县第五届“大杏奖”、“三民”舞台艺术大赛初赛，选拔优秀节目参加市第六届“梨花杯”舞台艺术大赛。组织举办“金猴闹春、吉祥繁峙”新春大型摄影展和“颂歌献给党”书画展。

秧歌剧团新编上演的反映“孝文帝中兴”故事的秧歌剧《诚信公主》，荣获忻州市重点文艺作品奖，新编创的现代小戏《半颗西瓜》获忻州市第六届梨花奖舞台艺术大赛二等奖。

新建乡村学校少年宫7个，新建基层综合性文化服务中心44个，为全县180个行政村的农家书屋补充、更新了文学、科技类等书籍。图书馆新增图书、杂志、报刊15000余册（期）。完成市40场、县60场免费“送戏下乡”的演出任务，完成了4812场农村公益数字电影的免费放映任务。广播电视“户户通”无线覆盖工程进一步巩固成果。（王　媛　史彩兰）

【网络舆情监控】 2014年，充分发挥宣传、监控、引导职能，进一步建立健全网络舆情监测、引导和危机化解工作机制，及时掌握网络媒体对全县工作动态、干部队伍建设、民生民情等方面信息的报道及评论，坚持舆情信息一日一报、特大舆情信息即时专报，为县委、县政府领导及时把握舆情动态提供了有效服务。

2015年，抓好网络舆情监测，及时掌握和有效处置网络舆情，营造了积极的网络舆论环境，为发展赢得了较好的网络舆论支持。全年共报送重要舆情信息72条。为县委、县政府第一时间掌握有关信息提供了保障。制定《关于加强媒体舆情服务管理工作的意见》，完善相关制度，形成全社会齐抓共管的服务管理责任体系。

2016年，着力关注干部群众的思想动态，着力监控重大事件和突发事件的社会舆情。在重大会议召开、重要庆典活动、重大项目建设期间，安排专职人员做好24小时对重点网站、热点话题监控，努力净化网络环境，主动做好社会热点和突发事件舆论引导，及时回应社会关切，防止负面炒作。

（王　媛　史彩兰）

【精准扶贫】 通过在平型关、茨沟营、大东沟、公主村等乡村、古村落策划开展各类文化交流活动，把本县一些不为人知的风景优美的地方展示出来、宣传出去，大力助推乡村文化旅游业的蓬勃发展，文化扶贫初见成效，本县被确定为中国文联“文艺扶贫奔小康”志愿服务行动工作首批27个全国示范县之一，全省唯一一家。

2016年，致力于做好宣传部扶贫点——东山乡射香村各项扶贫工作，针对村民基本外迁、分散居住的实际，因地制宜制定脱贫方案，深入各地联系走访贫困户，实事求是为结对帮扶群众解决生活实际困难；部里选派了3名党性意识强、工作经验丰富的党员下乡担任第一书记，驻村蹲点帮扶，助力全县脱贫攻坚工作。（史彩兰）

【深入推进理论武装】 2014年，县委理论学习中心组全年集中学习17次，就党的群众路线和《中国共产党纪律处分条例》、习近平总书记重要讲话等内容进行专题辅导。为全县党的群众路线教育实践活动整理编辑《党的群众路线教育实践活动学习资料汇编》。积极参加全县党的群众路线教育实践活动，并深入各单位讲课。参加了县委组织部组织的全县农村新任两委干部培训班两期，就习近平总书记系列重要讲话精神进行了专题辅导。积极参加全县学习讨论落实活动，并制定县委常委学习讨论内容，参与集中辅导。组织宣讲团深入全县各乡（镇）、各系统宣讲党的十八届四中全会精神和习近平总书记系列重要讲话精神。

2015年，县委理论学习中心组全年集中

学习22次，县委理论组就《中国共产党党章》《习近平谈治国理政》等内容进行专题辅导。为全县学习讨论落实活动整理编辑《学习讨论落实活动学习资料汇编》。积极参加全县学习讨论落实活动，制定县委常委学习讨论内容，参与集中辅导，并深入各单位讲课。参加了县委组织部组织的全县农村新任两委主干培训班，就习近平总书记系列重要讲话精神进行了专题辅导。与县委党校共同组织宣讲团深入全县各乡（镇）、各系统宣讲党的十八届五中全会精神和习近平总书记系列重要讲话精神及平安繁峙建设的有关内容。组织全县党员干部参加市委宣传部举办的理论考试。

2016年，县文学艺术界学习十八届六中全会和省十一次党代会精神　李敏提供

2016年，县委理论学习中心组全年集中学习21次，县委理论组就习近平总书记在网络安全和信息化工作座谈会上的重要讲话、习近平总书记七一讲话、党的十八届六中全会精神进行专题辅导。制定了县委常委“两学一做”学习计划。积极参加全县“两学一做”学习教育，并深入老干局、五台山林业局等单位讲课。参加了县委组织部举办的全县基层党务干部培训班，就党的十八届六中全会精神和省第十一次党代会精神进行了专题辅导。先后四次与县委党校共同组织宣讲团深入全县各乡（镇）、各系统宣讲习近平总书记“七一”重要讲话精神、《中国共产党问责条例》、市第四次党代会精神、十八届六中全会和省十一次党代会精神。派出扶贫工作队驻砂河镇柳泉沟村，参加精准扶贫。柳泉沟村13户45人全部于2016年稳定脱贫。（李　敏）

·新闻工作·

【概述】　县委新闻办紧紧围绕县委、县政府中心工作，弘扬主旋律，打好主动仗，贴近实际、贴近群众、贴近生活，圆满地完成各项宣传报道任务，并在严格新闻管理、应对突发事件等方面创造性地开展了工作，为全县经济发展和社会的全面进步提供了强有力的舆论支持和宣传氛围。2014年—2016年，县新闻办共在市级以上新闻媒体发表稿件805件，其中国家级8件，省级126件，头版158件。（乔　伟）

【强化外宣、搞好内宣】　2014—2016年，充分发挥《今日繁峙》《繁峙新闻网》等宣传的平台作用，及时全面准确策划报道县委、县政府的重大决策部署和中心工作。《今日繁峙》已出版68期，发布各类新闻信息1500余条。《繁峙新闻网》主要依托《山西新闻网忻州频道》《黄河新闻网忻州频道》和《忻州在线网》发布信息。（乔　伟）

【新闻管理】　对来繁采访的记者原则上凭新闻出版署发放的记者证和采访介绍信进行接待配合。2014—2016年，新闻办共接待新华社、新华网、《山西日报》《山西经济日报》、山西电视台、黄河电视台、《忻州日报》、忻州电视台等各级媒体记者近540人次。

要求全县乡（镇）、各大机关确定专兼

职通讯员，同时加强对他们的业务培训和日常管理，坚持正常开展业务，构成了以县委新闻办为龙头，以各大部门、乡（镇）业余通讯员为骨干、以上级主流媒体为依托的新闻报道网络。

2016年3月24日，举办全县新闻宣传工作培训班，特邀忻州市新闻办主任张多年，忻州日报编委、高级记者杨峻峰，忻州市互联网中心主任赵宏伟等专家现场授课。本县新闻宣传工作人员及各乡（镇）、居民办、县直各部门、企事业单位业余通讯员共计120余人接受了培训。（乔　伟）

【舆情服务管理】　出台《关于加强媒体舆情服务管理工作的意见》，以此进一步加强全县媒体舆情服务管理工作，并严格加以贯彻落实。1.严格程序，积极回应，形成快速反应机制。联系沟通要做到“第一时间”，信息收集要做到“全天候”，信息转办要做到“无缝隙”，信息承办要做到“不误时”，信息回复要做到“及时准确”。2.多方协作，密切配合，建立高效联动机制。形成横向联动机制，上下互动机制，采访对接机制，新闻发布机制。（乔　伟）

·广播电视·

【概述】　繁峙县广播电视台自1999年实行“局台合一”体制（繁峙县广电中心、繁峙县广播电视台），内设13个职能科室，3个下属单位（网络公司、砂河网络站、无线发射台）。2016年，有干部职工89人。其中，全额事业人员25名，自收自支人员33人，临时聘用31人。（刘炳全）

【内宣外宣工作】　2014年，围绕全县中心工作，结合“走转改”对县域经济建设、全县重点工程、大项建设、群众路线教育等中心工作，策划制作了大量丰富多彩的系列报道，充分体现了关注基层、贴近百姓的报道方针和平民视角，展示了本县在大建设、大发展中取得的丰硕成果，专题报道《铁汉柔情冯满全》，起到调动广大干部群众的凝聚力、创造力的作用。全年，共完成内宣稿件1109条，专题28期；外宣稿件342条，其中省台23条。

2015年，按照县委政府工作要求，深入报道全县学习讨论落实活动、“三严三实”专题教育活动开展情况，发掘典型，展示亮点，认真组织报道重大项目建设等，促进全县各项工作扎实开展。《繁峙新闻》共播出140余期860余条。本台记者站全年在市台发稿310条，省台8条，依然保持全市第一。

2016年，按照县委、县政府工作要求，深入报道全县各级党组织“两学一做”学习教育开展情况，并认真组织报道全县党代会、“两会”热点问题、精准扶贫、重点项目建设等，系列报道全县经济社会发展、思想文化建设新常态、新动态、新举措、新成果、新期待，促进全县各项工作扎实开展。截至年底，《繁峙新闻》共播出本县新闻140余期710余条。全年在省台发稿3条，市台发稿305条。

专题栏目立足本土，歌赞文明，便民服务，在坚守《健康365》多年的同时，连续开设《脱贫攻坚》《精神文明颂》《城乡爱国卫生》《创建省级食品安全县》《便民服务百事通》等电视专栏，共推出28期。同时，文艺部对校园文化、广场文化、以及盛大节庆、“三民”比赛等群众文化活动及时组织采编报道，丰富了视频内容，活跃了群众文化生活。

以“两学一做”学习教育为契机，不断完善制度建设，强化新闻宣传管理，推进新闻宣传责任制，努力提高新闻宣传水平。本年，全台先后修订《单位全员工作规则》《干部职工理论学习制度》《节目播出管理制度》《新闻采编审制度》等多项工作制度。同时，建立层层责任监管机制，为做好、做实新闻宣传奠定了基础。（刘炳全）

【基础事业建设】 2014年，继续加大“村村通”无线覆盖工作力度。本年完成省市下达的“户户通”巩固提升工程，共1000套的乡村安装覆盖任务。

2015年，“户户通”工程建设14326户任务，涉及全县13个乡（镇）。为做好这项工作，成立由主管副县长任组长的“户户通”工程建设领导小组，制定出台实施方案，成立“户户通”工程建设安装维修服务中心，12月底圆满完成本年任务。

在继续以优良产品、优质服务巩固原有2.2万户的基础上，网络公司坚持创新求变，另辟新天，在晋北首推“三网融合升级改造项目工程”，以形成广电网、电信网、互联网三网多项业务交叉融合的双向平台。

2016年，按照市局安排，对于“户户通”工程，重点在巩固、提高，组织技术力量经常深入一线维修、维护，切实做到户户通，长期通。

数字化覆盖工程，已完成数字化工程台站基本调查、防雷勘察及信号回传设计，完成了频率、频道规划任务。

砂河无线发射台工程建设完成加固、防潮、防风、铁塔防腐，有效强化了安全性；完成中央一套节目的加密、转星任务，提高了转播功能。

三网融合工程项目完成前期规划、设计、调查摸底工作，正在筹集资金、准备实施。（刘炳全）

【机关作风建设】 2014年，新闻部启动争创省级“青年文明号”活动，先后开展形式多样的主题实践活动，12月份经省市“青年文明号”考核组考核检查，得到考核组的肯定和好评。

8月份起，将新闻、广告、有线维护安装、收费等五项业务向全社会公开，配置专网、专人、专用设备，做到服务内容公开阳光作业。

2016年，开展“两学一做”学习教育，完善学习教育机制。坚持每周二、四学习制度，以“四讲四有”为标准，坚持多措并举，协同发力，以学促做，以上率下、整体联动，有效提高干部职工的政治意识、大局意识，提高广电团队的整体水平，保持了全台上下干事创业、开拓进取精神状态。

先后派出3名政治骨干深入边远落后农村，担任“第一书记”，开展扶贫工作；同时对包点贫困村（梨峪村），坚持“四个一切”，投资为贫困户安装地面卫星接收设备100套，为村里安装了社会治安监控设施。

（刘炳全）

【安全防护体系】 2015—2016年，严格按照上级要求，不断完善安全防护体系。在重要部位增设监控设施，健全统一高效的快速反应机制，坚持24小时轮班值守，确保广电用户收视安全。（刘炳全）

机构编制

【机构和人员编制核查】 2014年7月，县编办以繁编发〔2014〕3号文件下发《繁峙县关于开展机构和人员编制核查进一步完善实名制管理的实施方案》，建立机构和编制核查工作联席会议制度，成立核查工作领导小组，明确各成员单位的职责分工。对各单位报回的核查信息表，县编办会同组织、人社、财政联合审核，并在原单位进行公示。同时，按照实地核查比例不低于核查单位数的40%的要求开展实地核查工作，经过3个月的努力如期完成机构编制核查任务。逐步实现机构清、编制清、领导职数清和实有人员清，为严格控制机构编制和规范机构编制管理夯实了基础。（刘俊峰）

【政府机构改革】 2014年，根据省、市机构编制文件精神，适时制定《繁峙县食品药品监督管理体制改革方案》，对县食品药品监督管理局的编制和人员进行调整，保证食药局职能的正常衔接和工作的有序开展；整合全县各部门现有检验检测资源（包括人员、编制、装备等），组建综合检验检测机构，构建公共检验检测平台，配齐配强力量，为全县食品药品监督管理等工作提供技术支撑和保障；接受了由市级移交划转到县级管理的繁峙县工商行政管理局和繁峙县质量技术监督局及其所属事业单位；以繁政办发〔2014〕99号文件将县卫生局的职责、县人口和计划生育局的计划生育管理和服务职责整合，组建县卫生和计划生育局，不再保留县卫生局、县人口和计划生育局，其所属事业单位相应予以整合；以繁政办发〔2014〕98号文件将县食品药品监督管理局的职责、县工商行政管理局的职责和县质量技术监督局的职责整合，组建县市场和质量监督管理局，不再保留县食品药品监督管理局、县工商行政管理局和县质量技术监督局，其所属事业单位相应予以整合；同时，重新核定了县政府办公室、县发展和改革局及县经济和信息化局的“三定方案”。

2015年4月，深化大文化管理体制改革，以繁编办字〔2015〕5号文件将县文化广电体育局更名为县文化局、同时将县水利水保局更名为县水利局。7月，按照繁编发〔2015〕14号、15号和19号文件精神，将县妇幼保健院和县计划生育服务站合并，组建繁峙县妇幼保健计划生育服务中心。同时各乡（镇）农村综合服务中心和居民办事处不再加挂“计划生育服务所”牌子，其职责并入各乡（镇）卫生院和卫生分院。在2014年改革涉及部门调整到位的基础上，完成了其所属事业单位的整合、更名和隶属关系调整工作，并更换了《机构代码证》和《事业单位法人证书》。11月，根据省、市关于整合不动产登记职责的相关文件精神，为加快建立和实施本县不动产统一登记制度，尽量实现不动产登记机构、登记簿册、登记依据和信息平台“四统一”。以繁编发〔2015〕20号文件将县国土资源局、县住房保障和城乡建设管理局、县农业局和县林业局分散承担的不动产登记经办职责整合，成立繁峙县不动产登记中心。（刘俊峰）

【行政审批制度改革】 2014年，对全县各单位的审批、服务事项入驻政务大厅的情况进行清理，严格遵守“应进必进”的原则，将全部行政审批、服务事项纳入政务服务中心办理，并整合优化了行政审批流程。12月，落实省、市政府《关于承接取消下放和调整一批行政审批项目等事项的通知》的相关文件精神，承接行政审批事项13项、取消行政审批事项6项、增加行政审批事项5项。

2015年，对各部门的行政审批项目进行全面清理确认，县本级行政审批项目由2014年县政府公布的137项调整为154项。4月，落实省、市政府关于承接取消下放和调整行政审批项目的相关文件精神，取消行政审批2项；承接行政审批6项，取消年审年检事项2项，调整审批事项15项；取消非行政许可审批事项12项，不再保留“非行政许可审批”这一审批类别。

2016年4月，与法制办共同牵头对全县行政职权进行重新梳理，共梳理出10类行政职权事项3301项，与2013年政府原公布运行的行政权力清单事项5905项相比，减少2604项，减少比例达44.1%。同时，将未列入权责清单的9项便民服务事项作为“9+X”模式以外的一种审批方式，在政务大厅审批平台中运行。7月，落实晋政发〔2016〕17号、忻政发〔2016〕5号和晋政发〔2016〕55号文件，承接行政审批事项9项，调整7项，取消17项。12月，贯彻落实省、市关于清理规范有关行政审批中介服务事项的精神，共清理规范24项行政审批中介服务事项。（刘俊峰）

【事业单位法人登记】 2014年，已登记的法人单位317个，本年度应进行年度检验的事业单位有195个，实际年检191个，年检率达到98%。本年度新设立登记7个，变更登记22个，证书作废后重新申领的1个。在及时完成数据录入和档案整理工作后，于4月份在《忻州日报》发布年检公告。

2015年，根据上级有关文件精神，事业单位设立登记开办资金验资登记改为资金确认登记、事业单位年度检验改为年度报告公示。本年度新设立登记7个，变更登记56个，证书废止后重新申领1个。本年度应报送年度报告公示的事业单位202个，实际报送199个，按期报送率98.5%，提交合格公示报告的单位当即换发了五年期的法人证书，年度报告公示工作结束后，于4月份在“繁峙县人民政府网”进行了公示。

2016年，完成事业单位法人年检、设立、注销及变更等工作。已登记的法人单位330个，本年度应报送年度报告公示的事业单位202个，实际报送198个，按期报送率达98%。全年，全县事业单位新设立登记5家，变更登记16家，证书废止后重新申领5家。在完成年检信息录入和数据整理汇总后，及时在“繁峙县人民政府网”公示各事业单位的年度报告。（刘俊峰）

【统一社会信用代码赋码】 2016年1月起，所有事业单位的组织机构代码取消，代码证号和事业单位法人证书号合并为统一社会信用代码，通过及时在QQ群、中文网站发布相关信息和操作流程，提高了各单位的办事效率。7月，在全县事业单位统一社会信用代码赋码换证的基础上，全面开展全县机关、群团统一社会信用代码赋码工作。全年为33家机关、2家编办管理的群团单位和所有提交了年度报告的事业单位均已换领了赋予统一社会信用代码的新证书。（刘俊峰）

【事业单位分类改革】 2015年，根据省、市统一安排和部署，立足本县实际，结合2009年、2012年拟分类目录，对比参照《山西省市县事业单位分类指导目录》，进行了反复认真核对和讨论研究，并及时和市编办沟通，按照行政类、生产经营类、公益一类和公益二类合理划分全县参与分类的261家事业单位，并对分类结果以县编委行文下发各主管部门和有关单位。（刘俊峰）

【机构编制实名制数据库完善】 2015年5月初，根据省、市编办的安排，以全省机构编制实名制库为基础，依托全省机构编制实名制管理系统网络，对全县各级机关事业单位的实有人员信息核实、修改和完善，并于8月底如期完成实名制数据的更新工作。

（刘俊峰）

【电子政务建设】 2015年，落实省编办《关于印发〈山西省市县两级机构编制部门接入全省党委系统业务网络的实施方案的通知〉》（晋编办字〔2013〕123号）文件，县编办成立繁峙县机构编制电子政务中心，并按要求配备交换机、内网终端电脑、内网打印机、刻录机、防盗门等设施，制定安全保密制度，确定安全保密管理人员，实现了机构编制实名制数据联网，并接入县党务内网。

（刘俊峰）

【综合行政执法体制改革】 2016年，根据综合行政执法体制改革的时间节点要求，2016—2017年重点推进市场监管、卫生计生、文化旅游、商务流通、城乡建设和城市管理等领域的改革。12月，经过与县经济和信息化局（商务、粮食的主管部门）多次沟通协商，形成并上报了《繁峙县商务综合行政执法体制改革实施方案》，旨在通过深化商务领域综合行政执法体制改革，有效整合商务领域执法职能，统一并加强商务执法力量，形成边界清晰、职责明确、行为规范、监督制约、保障有力、运转高效的商务综合行政执法体制。（刘俊峰）

【中文域名注册】 2014年，根据省、市有关文件精神，将党政机关网站开办审核、资格复核及网站标识管理工作和中文域名注册工作相结合，融入机构编制业务工作中。通过加强工作宣传力度，提高各级党政机关、事业单位对中文域名注册工作和网站加挂标识管理工作的认识。

2015年，按照《关于贯彻中央编办〈关于做好党政机关网站开办审核、资格复核和网站标识管理工作的通知〉的实施意见》（晋编办字〔2014〕134号）、《关于加快推进政务和公益机构专用中文域名注册管理工作的通知》（忻编办字〔2012〕86号）和《关于进一步推进全市政务和公益机构中文域名注册工作的通知》（忻编办字〔2013〕48号）文件精神，县编办采取多项措施，立足工作实际，认真组织实施，扎实完成了全县党政机关网站开办资格复核、加挂网站标识和机关事业单位的中文域名注册续费工作。

（刘俊峰）

【机构编制管理创新】 2014—2016年，县编办在认真执行上级政策法规的同时，在促进机构编制工作制度化、规范化方面做了创新。一是建立了工资联审和机构编制实名制数据管理相结合的制度。以每月工资联审为基础，对机构编制和人员信息按月更新维护，并将纸质信息与电子信息相结合，同步更新，同时运转，确保了机构编制实名制信息的真实可靠、详细精准。二是建立了中文域名注册与事业单位法人年检相结合的制度，在每年度对事业单位法人进行年检的同时，对其中文域名工作进行督促检查，将域名注册工作与事业单位法人年检工作融为一体，同步开展。（刘俊峰）

党校教育

【概述】 中共繁峙县委党校始建于1960年5月，原址设在砂河镇，1998年11月搬迁到县城现址。2007年开工新建综合办公楼一座，建筑面积1925平方米，2009年竣工，2012年投入使用。

学校现设教务科、办公室、总务科三个

科室。在岗教职员工19人，校委班子成员3人，党员13人。参公管理人员15人，事业人员4人，临时人员（卫生保洁人员）2人。

2014—2016年，繁峙县委党校紧扣提升办学质量主线，坚持“在党言党、在党信党、在党为党、在党捍卫党”坚持主旋律，坚持稳中求进，各项工作取得较大突破和进展。完成县委、县政府交办的学习党的十八大、十八届三中、四中、五中、六中全会精神和习近平总书记重要讲话精神集中轮训任务；开展党的群众路线教育实践活动；深入开展“两学一做”，紧紧围绕县委提出的“1571”发展战略和加快振兴崛起，建设幸福繁峙的总体部署，以常规工作求创新、重点工作出精品、难点工作求突破、整体工作创一流为目标，加强学校班子和干部队伍建设；教学改革稳步推进；机关党建和党风廉政建设取得新进展；管理和行政后勤工作效能逐步提升；业务指导有新进步；财务基础管理工作走向规范；安全保卫、定点扶贫工作取得新成绩，学校事业发展继续保持良好态势。认真履行职责，较好地完成了各项工作任务。（刘俊智）

【重点轮训培训】 2014年，完成各类培训宣讲33次，培训人数5000余人次；2015年，完成干部培训13期，1600余人次，深入乡村、机关、企事业单位共计36次，培训人数6000余人。2016年本校共完成干部培训10期，培训1300余人，出色完成了农村（社区）“领头雁”延伸培训、全县党政干部十八届五中、六中全会精神轮训，全县党政领导干部“两个责任”培训、全县党政领导干部脱贫攻坚培训、《中国共产党问责条例》培训、《关于新形势下党内政治生活的若干准则》和《中国共产党党内监督条例》培训，全县党政干部能力提升培训，农村第一书记培训，县直机关工委系统基层党组织负责人培训，全县人大代表培训，全县政协委员培训等，充分发挥了党校干部教育的主渠道、主阵地作用。（刘俊智）

【教学改革及成果】 根据中共十八大形势任务要求，调整优化教学内容和专题，突出理想信念和党性锻炼，加大马克思主义原著、中国特色社会主义理论体系、十八大精神、十八届三中全会、十八届四中全全、十八届五中全会、十八届六中全会精神、习总书记系列讲话精神的教学比重。注重提高案例教学、体验式教学、警示教育等活动。2015年，省委党校副巡视员赵继光、市委党校常务副校长邱维邦、市委党校副校长刘俊怀和工作人员董文辉、张耀东、刘仲清一行到本校就教学改革进行调研。

2016年，县委党校贺利平和张莉卿参加忻州市委党校系统第四届教师赛讲活动，贺利平荣获全市一等奖，张莉卿获二等奖。贺利平代表忻州市委党校参加第四届省委党校、省行政学院系统教师赛讲活动，获得了三等奖的好成绩。党校工作人员开展专题调研20多次，撰写高质量的调研文章和论文4篇，在市委党校召开的论文交流会上进行了交流，受到了好评。（刘俊智）

离退休干部管理与服务

【概述】 县委老干部局担负着对全县离退休干部的管理和服务工作。2016年，全县有离退休干部2363名，其中离休干部72名。分布在全县13个乡（镇）的200多个行政村。共有党员1153名，下设1个工委，2个党总支，41个党支部（总支下设支部28个，

直属支部 13 个）。（冯识途）

【目标管理】 2014 年，组织全体党员，按照各支部每月例会集中学习时间，学习习近平系列讲话，学习省、市、县机关文件，集体观看《苏联剧变》《焦裕禄》《段爱平》等录像，邀请县委党校教师和宣传部领导进行专题讲座等。

2015 年，按照习总书记“三严三实”要求，努力做好做实老干工作。一是严以修身。加强党性修养，进一步夯实全心全意为老干部服务的思想基础，提高为老干部服务的思想认识，提高办事效率，努力营造有利于老干部工作的发展环境和氛围。二是严以用权。把“权”用在全心全意为老干部身心健康的服务上，用在更好地落实老干部享受的“用车、看病、就医、学习、文体活动上”。三是严以律己。做到为政清廉，自觉接受老干部的监督，自觉遵守党纪国法，带头改进工作作风。四是谋实事。把老干部普遍关心的热点、难点作为工作重点，切实维护好、实现好老干部的切身利益。用孝心爱心和耐心为老干部搞好服务。

2016 年，坚持把思想教育、理论学习和政策宣传相结合，并放到重要位置，作为老干部工作的重要任务和目标，教育引导广大离退休干部不断用新的理论武装自己，用新的思想提高自己，用新的政策充实自己，让老干部老有所为，思想常新、理想永存、永葆党的本色。充分发挥他们的经验优势和道德模范优势。坚持每月各支部的例会学习不动摇，通过例会，深入宣传党的“十八大”精神和习总书记系列重要讲话以及党的老干部工作的方针政策。在繁城镇和砂河镇，利用老年合唱团和老年书画协会这两块阵地，排练文艺节目和搞书画展示活动，唱红歌、颂党恩，进行革命精神和优秀传统教育。全年共举办大型文艺表演、书画展示活动 10 多场。（冯识途）

【组织建设】 2014 年，采取多种形式，加大力度巩固和提高党组织的战斗堡垒作用。响应党中央号召，带头反对“四风”，办公室悬挂了公开承诺栏，在“五不准”，“九严禁”栏内，工作人员都签名承诺。把工作态度、服务形式、责任分工等方面，公开向老干部承诺兑现。

2015 年坚持理论学习，按计划坚持分片、定点、定时召开老干部例会制度，每月召开一次支部大会。特别是要求各支部组织集体观看五中全会大会实况，分别在县城和砂河组织了 3 场报告会。春季，对全县老干部党支部书记进行了集中培训，学习有关老干部政策，听取典型事迹介绍。

2016 年，为使党的基层组织在新时期更具有战斗力和凝聚力，对部分党支部的领导班子作了调整，充分发挥党支部的堡垒作用和党员的先锋模范作用。以“三会一课”为主要形式，通过主题讨论，主题党课以及个人学习体会，提高党员的思想觉悟和政治素质。（冯识途）

【老干部的生活待遇】 2014 年增加的抗日战争时期参加革命的离休干部每人 300 元护理费已全额补发并纳入个人收入部分；离休干部的住院费按规定随报随销，没有拖欠。退休干部住院费也按规定报销，门诊费由上年的 800 元增加到 1200 元。离休干部的特需费、退休干部的活动经费都已纳入财政预算并及时划拨。8 月份，县财政拨专款历时 20 多天为全县 2000 多名离退休干部进行了身体检查。

2015 年，对 16 名抗日战争时期参加革命工作的离休干部每人一次性发放慰问金 5000 元和勋章一枚。9 月份，由县财政局下拨专款，历时一个多月，为全县 2000 多名离退休干部进行了集中体检。

2016 年，离休干部的医药费，退休干部的门诊费得到全面落实，离退休干部的薪金按月足额发放；对全县两千多名退休干部用一个多月时间进行集中体检。对因病、家庭变故等情况造成特困的部分离退休干部进行了慰问和走访。（冯识途）

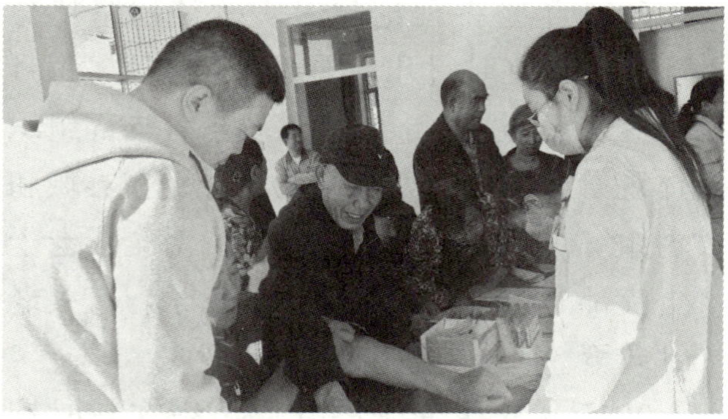

组织老干部进行体检　冯识途提供

【老干部活动中心】　2014 年，老干部活动中心以老年大学为依托，坚持按时按计划授课，坚持“三贴近”：即贴近生活、贴近老同志、贴近实际。课程设置上充分考虑老干部的实际，少理论，多常识，少讲解，多讨论。特别是老年人涉及和关心的问题：如子女赡养、财产继承、权益保障等。

2016 年，为充分发挥老干部的优势和特长，以老年大学为平台，狠抓以老年合唱团和老年书画协会为主体的两支队伍，用文娱和书画歌颂党、歌颂人民，陶冶情操，教育子孙，传递正能量，弘扬正气象。（冯识途）

【自身建设】　2014 年，加强政治理论学习，把习近平总书记系列重要讲话作为学习的重要内容，并制定严格的学习计划，组建学习辅导小组，到各支部进行巡回报告。为进一步提高办公效率，改善工作态度，完善服务方式，按照“一树、二抓、三到、四配套、六个一”的总体要求开展工作。即树形象；抓在职和联络员两支队伍；送文件到片、带医生到家、讲政策到人；制度、活动场所、办公设施、宣传工具相配套；做到送一片热情，迎一张笑脸，道一声问候，端一杯热茶，行一切方便，留一个满意。

2015 年，作为服务性的老干工作，加强自身建设有着重要意义和作用。采取多种形式加大力度，促进全体职工和联络员自身素质的提高。带头反“四风”并将“五不准”、“九严禁”内容写入公示栏，并签名承诺。五中全会召开以后，为进一步引深学习活动，组建了学习辅导小组，到各片进行巡回报告。还根据职工个人特点，对工作进行了适当分工，明确任务和目标要求，制定奖罚办法，对达不到要求、完不成任务甚至造成不良影响的人，不评先进并受内部处分。

2016 年，按照县委出台的《关于在“三严三实”专题教育中深入开展解决基层干部不作为、乱作为等损害群众利益问题专项整治的实施方案》要求，积极组织全体职工认真开展集体学习和个人学习结合的学习活动，做到学习期间不请假、不早退、写心得、有笔记。（冯识途）

信　访

【概述】　2014—2016 年，全县信访工作在县委、县政府的领导下，创新工作举措，狠抓任务落实，狠抓领导干部接访下访、矛盾纠纷排查、信访积案化解、特殊敏感时期信访稳定等各项工作继续保持平稳可控、持续向好的态势，为全县经济社会转型跨越进位争先发展提供了和谐稳定的社会环境。

（高　鹏）

【领导干部接访下访活动】 2014—2016年，结合党的群众路线教育实践活动，继续开展县四大班子领导干部无节假日轮流大接访活动。县委要求四大班子领导每人每月接访、下访不少于2次。县信访接待中心把领导干部的姓名、职务、分管工作、接访时间在电子显示屏公示，接受社会监督，保证了领导干部接访工作制度化、规范化、常态化。2014年，四大班子领导干部接待来访群众354批次1409人次。2015年，接待来访群众386批次2486人次。2016年，接待来访群众260批次1538人次，有效解决了群众合理诉求，维护了群众合法权益。（高　鹏）

【矛盾纠纷排查化解】 2014年，以“把问题解决在群众开口之前”为目标，健全县、乡、村三级矛盾纠纷排查调解组织，全年开展12次矛盾纠纷大排查，将排查出的130件信访事项全部建立台账，落实包案领导和责任单位，调解处理矛盾纠纷，解决群众合理诉求。同时，开展了“千名干部百日大走访活动”，抽调县、乡、村三级干部进村入户采集家庭人口基本信息，倾听群众的“真心话”“埋怨话”“箱底话”，建立了直接面向群众、联系沟通群众、服务群众的社情民意信息平台，及时了解群众反映诉求，全面排查化解矛盾纠纷，统筹解决民生领域的突出问题。

2015年，依托县信访接待中心，积极建设矛盾纠纷调解中心，对矛盾纠纷进行统一受理、集中梳理、归口管理、依法办理、限期处理，确保受理、登记、交办、承办、结案各个环节的工作有机衔接。组织县四套班子领导和机关干部包乡包村，逐村（社区）逐户逐人开展矛盾纠纷和不稳定因素大排查，将排查出的223件矛头性、潜在性问题建立台账，落实包处责任。

2016年，抓好信访信息系统建设，实现办信、接访、网上投诉办理、督查督办等基本业务全覆盖、信访信息全录入、业务全流转、数据全生成、办理全公开，自觉接受社会和群众监督。全县246件来信、来访、网上投诉信访事项全部录入信访信息系统，其中到期190件，办结203件，办结率106.84%。同时开通微信手机信访平台并投入运行，信访人可以通过县级的网上投诉受理平台网站，下载手机信访APP客户端，打开安装好的手机客户端软件进行网上信访事项的投诉，也可以关注县信访部门的微信公众号平台，进行网上信访事项投诉。

（高　鹏）

【信访积案化解】 2014年，把妥善化解矛盾、解决信访问题作为维护大局稳定、促进社会和谐的重要抓手，以县级领导带头包抓化解信访突出问题强有力的举措践行党的群众路线，以解决信访案件实实在在的成效取信于民。县委书记范波涛、县长孔保宝率先垂范，带头包抓“骨头案”“钉子案”，多次主持召开信访事项化解工作汇报会、推进会、督办会、推进了相关信访案件按程序快速解决。在全县信访和稳定点评会议会上，县信访联席会议交办信访积案22件。党的群众路线教育实践活动期间，县委和县委党的群众路线教育实践活动领导小组两次交办信访案件62件。全县开展了“双百”专项活动，召开了信访积案化解攻坚战动员会议，进行了为期一个月的信访积案化解攻坚战活动，办结信访事项90件，息诉罢访54件。国家、省、市交办的9件重点信访事项全部办结，息诉罢访率100%。认真做好由信访积案化解攻坚战突击攻坚到学习讨论落实活动转段攻坚工作，建立制度保障、责任落实工作机制，对积案化解情况长期跟踪问效，“钉子案”“骨头案”紧盯不放，彻底解决剩余的信访积案；反复案件再攻坚，提高信访事项满意度；息诉罢访案件适时回访，防止信访事项反弹；严查弄虚作假案，对积案化解弄虚作假并造成严重后果的，严肃追究相关人员责任，形成解决信访积案的常态化工作机制。

2015年，第一批省交办的3件、市交办的6件信访案件全部办结，息诉罢访。第二批交办6件案件息诉罢访2件，其余4件和县联席办交办30件信访事项督促责任单位限期解决。12月底，省交办12件、市交办6件全部办结。2014年和2015年1季度网上未办结202件，新增来信、来访和网上信访事项140件全部办结。同时妥善化解了平型关磁选厂、鑫生铁矿、文溪磁选厂等拖欠农民工工资问题，坚决把信访人吸附在当地，没有出现越级上访问题。

2016年，县委召开2次常委会研究安排信访积案化解工作。县联席会议印发《关于集中交办重点信访案件并做好教育稳控工作的通知》《关于开展信访积案大交办暨重复信访事项、重点领域信访突出问题、信访秩序专项治理实施方案》《关于开展“信访积案化解攻坚战”的通知》，多次专门召开会议，对积案化解工作进行安排部署。信访局梳理出51件重点信访事项和特殊利益诉求群体案件，按照“属地管理、分级负责，谁主管，谁负责”和县级领导包乡（镇）、包分管领域的原则，逐案确定了包案领导和责任单位，落实了“五包一”教育稳控责任人。全县将重点案件录入党风廉政建设“两个责任”网，联席会议挂牌督办，定期通报，包案领导亲自上手，责任单位持续发力，攻坚克难，一批久拖不决的信访积案“案结事了”“息诉罢访”。至年底，省交办的5件积案办结5件，息诉罢访2件；市交办的4件积案办结4件，息诉罢访4件；县交办的32件积案，办结27件，息诉罢访5件。

（高　鹏）

【社会力量参与信访】　2014年，县委、县政府高度重视社会力量参与信访工作，4月初，在学习借鉴吉林省安图县先进经验的基础上，经广泛征求县四大班子领导、乡（镇）、县直各有关单位、人民团体和社会各界的意见和建议，结合全市动员社会力量参与信访工作会议精神，确定了群众诉求审核、协同调解、复查复核、会商听证、公平评议、舆论监督、回访反馈、信访联络“八位一体”的社会力量参与信访工作运行模式。成立了动员社会力量参与信访工作领导小组及办公室，出台《动员社会力量参与信访工作实施意见》《“两代表一委员”参与信访工作实施意见》《动员社会力量参与信访工作管理办法》三个文件，召开会议进行安排部署。建立了335名社会力量资源信息库和信访事项档案库，成立了涉法涉诉、土地开发征用、市政建设、劳动社会保障、村企村矿矛盾等10个专家工作小组，抽调15名老干部组成专家工作小组进驻信访大厅协调处理各类信访事项。

2015年，在上年工作的基础上，把335名社会力量资源信息库和信访事项档案库全部录入社会力量参与信访工作管理系统。全县选派5名再就业贫困大学生、聘请6名离退休老干部和法律人士担任矛盾纠纷专、兼职调解员，进驻信访大厅协调处理各类信访事项，化解矛盾纠纷，推动全县动员社会力量参与信访工作的深入开展。居民办聘请14名离退休老干部组成专家小组，带头包处协调化解各类信访事项，砂河镇法律工作者杨东红带头调处矛盾纠纷，起到了很好的带头引领作用。（高　鹏）

【信访事项办理】　2014年，认真落实《关于进一步规范信访事项办理受理程序依法逐级走访办法》《关于进一步加强初信初访办理工作办法》，认真开展廉政风险防控管理工作，提高信访事项受理办理群众满意度。把信访事项接待、案件受理、交办、转送、督办、提出意见建议等12项其他权力以及经办人工作职责、业务流程、制度机制等录入权力运行及廉政风险防控管理系统，形成“网上受理、网下办理、网上回复”的信访事项办理机制，信访事项的办理过程和结果可查询、可跟踪、可督办、可评价、可考核，方便群众监督。认真办理来信、来访和网上信访群众满意度评价案件，严格办理登记、领导批示、交办转办、领导包案和办理程序，提高案件息诉罢访率，做好信访事项办理群众满意度评价工作。

2015年，全年录入信访事项受理、办理情况278件，围绕“法治信访”主题，认真开展《信访条例》宣传月活动，引导群众依法、理性、有序、文明信访。县信访联席会议领导亲自给群众发放宣传材料，耐心细致地为群众解疑释惑，受到群众的一致好评。

（高　鹏）

【信访法治化建设】　2016年，加大《信访条例》等法律法规宣传力度，向群众发放宣传材料5000余份，引导群众依法理性通过正常渠道表达诉求，维护自身合法权益。加大依法处置力度。对行为过激、无理取闹、扰乱信访秩序的上访群众，采取必要措施，依法予以处置。全年依法处置上访人员57人，其中刑事拘留2人，行政拘留21人，训诫26人，警告8人，有力维护了全县信访秩序。进一步压实信访工作责任。县委、县政府以严肃责任追究倒逼信访工作责任的落实，全县通报批评3次，责令责任单位主要领导向县委、县政府联席会议作出深刻书面检查4人，约谈责任单位主要领导11人，党政纪处分9人。妥善处理涉法涉诉信访问题。对涉法涉诉信访案件，由司法部门给予法律咨询和法律援助，引导群众通过仲裁、诉讼和行政复议等途径依法公正解决问题。（高　鹏）

【法定途径分类处理信访投诉请求】　县委、县政府高度重视通过法定途径分类处理信访投诉请求工作，成立了由县委副书记姚力山任组长，县信访局、县法制办等相关单位为成员的工作领导小组。2016年9月8日，全县安排部署会议之后，34个县直部门依据现行法律、法规、规章及规范性文件，对通过法定途径分类处理信访投诉请求工作进行了全面梳理，完成了本部门的责任工作清单，通过了合法性审查，并在网上进行了公示。

（高　鹏）

【扶贫工作】　2016年，按照县委要求对岩头乡堂子沟村进行驻村扶贫帮扶。堂子沟村全村52户102人，其中党员17人。2015年脱贫11户。2016年全村贫困户16户45人，通过政府救助、移民搬迁、劳务输出等措施脱贫5户20人。（高　鹏）

史　志

【概述】　1980年9月，成立繁峙县地方志编纂委员会，下设办公室，负责收集、整理、编纂繁峙县志，办公室为正科级单位，隶属于中共繁峙县委。1982 年 3 月，成立中共繁峙县委党史资料征集办公室（简称“党史办”），承担征集、整理、研究、编写中共地方党史和革命斗争史等工作。1986 年 8 月 25 日，根据文件精神，县地方志编纂委员会办公室为全民所有制事业单位，编制总数 3 人，其中：正职 1 人，全额财政负责，人员不足可用事业费雇用。2009 年 12 月，山西省地方志办公室分设后，繁峙县地方志编纂委员会办公室归属县政府。

2011 年 5 月 9 日，根据繁峙县机构编制委员会下发的《关于印发〈繁峙县党史资料征集办公室（县志办）主要职责、内设机构和人员编制规定〉的通知》（繁编发〔2011〕31 号）精神，中共繁峙县委党史资料征集办公室与繁峙县地方志编纂委员会办公室合并，改名为繁峙县党史资料征集办公室（县志办）。合并后的机构为正科级建制，隶属于中共繁峙县委。核定财政拨款管理人员编制 8 名，领导职数 1 正 1 副。内设 3 个股级机构：办公室、党史征编股、县志征编股，编制各 2 名，股级领导职数各 1 名。

（冯占军）

【党史资料征编】 2014 年认真编纂《中国共产党繁峙县历史纪事》（以下简称《纪事》）。《纪事》以历史的眼光记载中国共产党在本县发展的历史，较好地反映了县科学发展的历史进程。为提高工作效率与质量，采取边编纂，边研讨，边修改模式，推进编纂工作。本年完成 1936 年至 1963 年，1978 年至 1992 年时间段的初稿工作。

2015 年，《纪事》稿中 1936 年至 1963 年、1978 年至 2015 年的初稿文字部分约 45 万字初具雏形。1964 年至 1977 年的文字资料通过查阅档案馆历史档案并进行整理。

2016 年，《纪事》稿中 1936 年至 1949 年初稿校对完成，约 9.5 万字；1950 年至 2016 年的初稿进入文字校对阶段，约 87 万字。

（冯占军）

【地方志编纂】 2014 年上半年，集中精力进行改稿。因编修县志起步较早，初次确定下限为 2012 年，随着编修的进行，编纂委员会认为应该把下限延续到 2013 年。于是编辑部成员为此又奋战了近一年时间，根据专家和省、市史志办领导的意见，反复修改、补充。2014 年 8 月，《繁峙县志（1978—2013）》完成终审，并经县人民政府批准准备出版。9 月，初稿送交出版社。12 月，县志印刷工作结束后，考虑到前期收集资料状况，县志办与承印单位协商不急于全部装订成册，只装订了一部分，拿回本县让各行各业的热心人士修改、查找问题，以弥补不足。此项查漏补缺工作持续了 3 个多月。

2015 年 4 月 20 日，本县编委会组织《繁峙县志（1978—2013）》座谈会。县委副书记兼编委常务副主任杨松树主持，参会人员有退下来的县领导和部分单位负责人。会议主要讨论了收集回来的修改意见，会议达成一致意见，能换页的换页、不能换页的用勘误表纠正。之后，编辑部根据“4·20”座谈会会议精神，对收集回的 90 多条意见，经甄别采纳了 77 处，其中换页 6 页，对个别错字、别字增加了勘误表，以弥补不足，使志书的差错率控制在 1/10000 之内，完全达到国家志书质量的标准。实践证明这种做法是可行，而且这种做法得到了推广，其他各地陆续都采用了这种做法。《繁峙县志（1978—2013）》最终装订成册是在 2015 年 7 月。

2016 年 1 月 13 日，县委举行《繁峙县志（1978—2013）》首发式。该志为标准16开本，枣红色缎面精装，全书172万字，由中华书局出版，山西省史志印刷厂承印。之后的一段时间内，县志办工作人员集中精力进行县志发行。（冯占军）

【扶贫工作】 2016年下半年，认真贯彻县委、县政府脱贫攻坚任务，协助本办派出到村挂职的第一书记完成扶贫工作。同时，其他人员全员驻村到繁城镇上西庄村进行扶贫工作。通过半年的驻村入户走访调查，帮助村里制定可行的脱贫攻坚计划，受到精准贫困户的好评。年底，为全村所有贫困户和孤寡老人每户分别赠送大米1袋（10千克装）、食用油1桶（5千克装）、白面1袋（25千克装）。（冯占军）

繁峙县人民代表大会

综　　述

2014 年，繁峙县人大常委会全年共召开 1 次人民代表大会（即县十五届人大四次会议）、6 次人大常委会和 12 次县人大常委会主任会议。上述会议共听取和审议了“一府两院”工作报告 18 项，提出审议意见书 10 份，开展执法检查 4 次，进行专项调研 12 次，就政府部门依法行政和服务部门的整体工作进行了年度评议和测评；依法任免国家机关工作人员 34 人次，其中任命 29 人次，免去 5 人次。

2015 年，繁峙县人大常委会全年共召开 1 次人民代表大会（即县十五届人大五次会议）、6 次人大常委会和 12 次县人大常委会主任会议。上述会议共听取和审议了“一府两院”工作报告 20 项，提出审议意见书 12 份，开展执法检查 4 次，进行专项调研 12 次，全县 18 个重点项目视察 2 次，就政府部门依法行政和服务部门的整体工作进行了年度评议和测评；依法任免国家机关工作人员 44 人次，其中任命 25 人次，免职 19 人次。

2016 年是县乡换届之年。繁峙县人大常委会召开 1 次人民代表大会（即县十六届人大一次会议）、9 次人大常委会（即县十五届人大常委会第三十三次会议至第三十九次会议、十六届人大常委会第一、二次会议）和 12 次县人大常委会主任会议。上述会议共听取和审议了“一府两院”工作报告 17 项，提出审议意见书 16 份，开展执法检查 4 次，进行专项调研 4 次，开展全县重点工程建设项目视察 1 次，就政府部门依法行政和服务部门的整体工作进行了年度评议和测评；依法选举、任免国家机关工作人员 58 人次，其中任命 31 人次，免去 24 人次，接受辞职 3 人次。

（赵永宏）

重要会议

【十五届人大四次会议】　2014 年 4 月 1 日，繁峙县第十五届人民代表大会第四次会议在宣传文化中心隆重召开。来自县各行各业、各条战线的人大代表，满怀豪情、信心百倍地步入大会会场，依法履行神圣职责，共商科学发展、富民兴县大计。

县领导范波涛、杨松树、李慧英、郭建中、闫珍、杨素珍、李玉廷、闫保平、王立颖等会议执行主席在主席台前排就座。不是代表的县委常委、县政府副县长、县政协副主席、部分离退休老领导、县直各单位主要负责人及全体政协委员列席会议。大会应到代表 161 人，实到代表 160 人，符合法定人数，本次大会由县人大常委会主任李慧英主持。

4 月 3 日上午，历时三天的繁峙县第十五届人民代表大会第四次会议圆满完成各项议程，在县宣传文化中心胜利闭幕。会议听

2014年6月6日，召开繁峙县十五届人民代表大会第四次会议，图为会议现场　陈振国提供

取、审议并通过了县政府、县人大常委会、县法院、县检察院的工作报告，补选了县人大常委会秘书长，审查批准了2013年国民经济和社会发展计划执行情况与2014年国民经济和社会发展计划、2013年财政预算执行情况及2014年财政预算草案。

会议共收到代表提出的建议、批评和意见共40件，依照地方组织法有关规定，会后分别交县政府和其他相关部门认真办理。

会议客观回顾总结了2013年全县各项工作的运行情况，深入分析了当前的形势，谋划了本年度的发展方向，部署了本年度各项工作的任务。会议决定，2014年，全县要坚持贯彻落实中共十八大、十八届三中全会精神和习近平总书记系列重要讲话精神，把握稳中求进和改革创新的总要求，以党的群众路线教育实践活动为统领，以项目建设为抓手，全力保持经济稳定增长，加快转型步伐，统筹城乡发展，做大特色城镇，增进民生福祉，扎实推进经济、政治、文化、社会、生态文明建设，为全面建成小康社会奠定坚实基础。　（赵永宏）

【十五届人大五次会议】　2015年4月8日，繁峙县第十五届人民代表大会第五次会议在宣传文化中心隆重召开。来自本县各行各业和各条战线的人大代表，肩负全县人民的重托，共聚一堂，庄严履行宪法、法律赋予的神圣职责，共商发展大计，同绘发展蓝图。

县领导范波涛、杨松树、李慧英、郭建中、闫珍、杨素珍、李玉廷、闫保平、王立颖、康秀文等大会执行主席在主席台前排就座。不是代表的县委常委、县政府副县长、县政协副主席、部分离退休老领导、县直各单位主要负责人及全体政协委员列席会议。大会应到代表160人，实到代表158人，符合法定人数，本次大会由县人大常委会主任李慧英主持。

4月10日上午，历时三天的繁峙县第十五届人民代表大会第五次会议圆满完成各项议程，在县宣传文化中心胜利闭幕。会议听取、审议并通过了县政府、县人大常委会、县法院、县检察院的工作报告，审查批准了2014年国民经济和社会发展计划执行情况与2015年国民经济和社会发展计划、2014年财政预算执行情况及2015年财政预算草案。

会议共收到代表提出的建议、批评和意见共33件，依照地方组织法有关规定，会后分别交县政府和其他相关部门认真办理。

会议客观回顾总结了2014年全县各项工作的运行情况，深入分析了当前的形势，谋划了本年度的发展方向，部署了本年度各项工作的任务。会议决定，2015年，全县要认真学习贯彻党的十八大及十八届三中、四中全会精神和习近平总书记系列重要讲话精神为指导，弘扬社会主义核心价值观，把党的群众路线教育实践活动和学习讨论落实活动结合起来，贯彻依法治国基本方略，把稳增长、求发展作为首要任务，扭住项目建设，调结构转方式，坚持战略重心东移，推进砂河转型综改，按照“守住底线、突出重点、完善制度、引导舆论”的原则，推进教育、就业、医疗卫生、社保、文化等各项事业发展。始终把群众呼声作为第一信号，把群众满意作为第一标准，以全民综合信息服务平台为依托，及时了解群众所思所想，尽心竭力为全县人民办实事、解难题，积极为全县人民谋福祉。（赵永宏）

【十六届人大一次会议】 2016年8月28日，繁峙县第十六届人民代表大会第一次会议在宣传文化中心隆重召开。来自全县各行各业、各条战线的人大代表肩负着全县人民的重托，齐聚一堂，共同描绘繁峙“十三五”发展新蓝图。

县领导孔保宝、姚力山、李慧英、赵琦、高瑞军、乔震宇、杨素珍、李玉廷、闫保平、王立颖、亢仁义等大会执行主席在主席台前排就座。市委宣传部副部长、市委换届督查组组长李海亮到会指导。不是代表的县委常委、县政府副县长、县政协副主席、部分离退休老领导、县直各单位主要负责人及全体政协委员列席会议。大会应到代表163人，实到代表160人，符合法定人数，本次大会由县人大常委会主任李慧英主持。

8月30日上午，繁峙县第十六届人民代表大会一次会议圆满完成了各项议程在县宣传文化中心胜利闭幕。会议听取、审议并表决通过了县人民政府、县人大常委会、县人民法院和县人民检察院的工作报告，审查批准了繁峙县第十三个五年规划纲要、2015年国民经济和社会发展计划执行情况的报告与2016年国民经济和社会发展计划、2015年财政预算执行情况和2016年财政预算的决议草案。

会议选举出了新的人大和政府班子成员。赵琦当选为人大常委会主任，闫保平、杨素珍、王立颖、亢仁义当选为人大常委会副主任。崔峥岭当选为繁峙县人民政府县长，居清平、王海龙、孔国红、高清平、韩红英、朱润生当选为县人民政府副县长，荣崇明当选为县人民法院院长，岳岐峰当选为县人民检察院检察长。会议选举出了人大常委会31名组成人员及出席忻州市第四届人民代表大会代表27名。新当选的县人大、县政府、县法院、县检察院领导集体向宪法宣誓。

2016年8月29日，县十六届人大一次会议选举赵琦（左三）为县人大常委会主任，闫保平（左四）、杨素珍（左二）、王立颖（左五）、亢仁义（左一）为副主任 赵永宏提供

会议共收到代表提出的建议、批评和意见共55件，依照地方组织法有关法规，会后分别交县政府和其他相关部门办理。

此次会议客观回顾总结了“十二五”期间全县各项工作的运行情况，深入分析了当前的形势，精心谋划了今年的发展方向和发展思路，具体部署了本年度各项工作的任务和措施。会议决定，“十三五”期间，全县要坚持中国特色社会主义理论，坚持党的基本路线，坚持“五大发展理念”，以习近平总书记系列重要讲话为指引，坚持“两手硬”，深入推进全面从严治党，坚持发展第一要务，以全面脱贫为统揽，以供给侧结构性改革为主线，以创新驱动、结构调整、城乡统筹、绿色生态、共建共享为五大抓手，大力实施工业强基、农业富民、文旅兴县、脱贫攻坚、民生改善、金融振兴、文明创建七大系统工程，严格依法行政，廉洁高效服务，努力加快振兴崛起，建设幸福繁峙，确保到2020年与全国全省同步全面建成小康社会。（赵永宏）

常委会会议

【2014年会议】 十五届第20次常委会　1月22日上午，县人大常委会副主任闫保平主持召开十五届人大常委会第二十次会议，任命白云霞、陈子龙为繁峙县人民检察院检察员，县人大常委会主任李慧英颁发任命书；听取和审议了县人民政府关于2013年财政预算调整的报告；听取和审议了县人民政府关于严厉打击“两抢一盗”工作情况的报告。

十五届第21次常委会　3月26日上午，县人大常委会副主任李玉廷主持召开十五届人大常委会第21次会议，听取和审议了县人民政府关于全县农资市场管理工作情况的报告；听取和审议了县人民政府关于2014年财政预算草案的报告；听取县联通公司、移动公司、煤检站三个单位的表态发言；讨论决定县十五届人民代表大会四次会议的召开时间和建议议程；讨论通过2014年县人大常委会工作要点；讨论修改十五届四次人代会上的县人大常委会工作报告；听取和审议县人大常委会代表资格审查委员会关于代表变动情况的审查报告；讨论通过县十五届人大四次会议有关文件。

十五届第22次常委会　5月27日上午，县人大常委会副主任杨素珍主持召开十五届人大常委会第二十二次会议，听取和审议了县人民政府关于全县治理环境污染工作情况的报告；听取和审议了县人民政府关于全县旅游事业发展工作情况的报告；听取和审议了县人民政府关于全县饮水安全工作情况的报告；会议决定任命刘果威、程琨等25人为人民陪审员，县人大常委会主任李慧英颁发任命书。

十五届第23次常委会　7月24日上午，县人大常委会副主任闫保平主持召开十五届人大常委会第二十三次会议，听取和审议了县人民政府关于2014年上半年财政全口径预算执行情况的报告；听取和审议了县人民政府关于2014年上半年国民经济和社会发展计划执行情况的报告；听取和审议了县人民政府关于全县文化建设情况的报告；任命张册为繁峙县人民政府副县长，县人大常委会主任李慧英颁发任命书。

十五届第24次常委会　9月25日上午，县人大常委会副主任王立颖主持召开十五届人大常委会第二十四会议，听取和审议了县人民政府关于2013年财政预算执行及其他财政收支情况的审计工作情况的报告；听取和审议县人民检察院关于反渎职侵权工作情况的报告；听取和审议县人民政府关于全县新农合工作中选民建议、意见落实情况的报告。

十五届第25次常委会　11月27日上午，县人大常委会副主任杨素珍主持召开十五届人大常委会第二十五次会议，听取和审议了县人民法院关于行政审判工作情况的报告；听取和审议了县人民政府关于保障性住房使用情况的报告；听取县联通公司、移动公司、煤检站三个单位对选民建议意见落实整改情况报告；会议决定免去因到退休年龄的侯虎虎、高仲秀、霍锦、左付廷、谢岗县人民检察院监察委员会委员职务；任命姚素芳、王世龙、赵振华为县人民检察院监察委

员会委员，县人大常委会主任李慧英颁发任命书。（赵永宏）

【2015年会议】 十五届第26次常委会 1月30日上午，县人大常委会副主任李玉廷主持召开十五届人大常委会第二十六次会议，听取和审议了县人民政府关于2014年财政预算调整情况的报告；根据《繁峙县人大常委会对关于被任命的干部实施监督管理的暂行办法》的规定，每年对县人大常委会、“一府两院”及政府有关部门，条管单位，“一府两院”被任命人员进行测评；讨论通过了《繁峙县人大常委会关于被任命的干部实施监督管理的暂行办法》《繁峙县人大常委会议事规则》《繁峙县人大常委会联系代表走访选民活动制度》《繁峙县人大常委会关于进一步加强人大代表履职工作的意见》《繁峙县人大常委会同“一府两院”工作联席会议制度》《繁峙县人大常委会信访工作制度》等六个制度。

十五届第27次常委会 3月19日上午，县人大常委会副主任闫保平主持召开十五届人大常委会第二十七次会议，听取和审议了县人民政府关于全县农资市场管理工作情况的报告；讨论通过县人大常委会2015年工作要点；决定县十五人大五次会议的召开时间和建议议程。

十五届第28次常委会 4月2日上午，县人大常委会副主任王立颖主持召开五届人大常委会第二十八次会议，听取和审议了县人民政府关于2015年财政预算草案的报告；讨论通过了2015年县人大常委会工作报告；通过了县人大常委会代表资格审查委员会关于代表变动情况的审查报告；讨论通过了十五届人民代表大会五次会议有关文件。

十五届第29次常委会 5月28日上午，县人大常委会副主任杨素珍主持召开十五届人大常委会第二十九次会议，听取和审议了县人民政府关于加强卫生系统人才队伍建设工作情况的报告；听取和审议了县人民政府关于对全县食品加工行业安全生产管理工作情况的报告；听取和审议了县人民政府关于全县水资源保护和开发利用工作情况的报告；会议决定免去因挂职期满的张册县人民政府副县长职务，任命董大宁为繁峙县人民政府副县长，县人大常委会主任李慧英颁发任命书。

十五届第30次常委会 7月24日上午，县人大常委会副主任李玉廷主持召开十五届人大常委会第三十次会议，听取和审议了县人民政府关于全县精准扶贫工作情况的报告；听取和审议了县人民政府关于2015年上半年财政预算执行情况的报告；听取和审议了县人民政府关于2015年国民经济和社会发展计划执行情况的报告；会议决定免去：闫旭光食品药品监督管理局局长职务、冯满全人口和计划生育局局长职务、高国斌水利水保局局长职务、侯军文化广电体育局局长职务、王兆平卫生局局长职务；会议决定任命：闫旭光任市场和质量监督管理局局长、冯满全任卫生和计划生育局局长、高国斌任水利局局长、侯军任文化局局长；会议决定免去刘建平、马存才、陈娟、郭春春等14人繁峙县人民法院陪审员的职务；会议决定任命王永安、武建华、高扬、赵东泽等20人为繁峙县人民法院陪审员，县人大常委会主任李慧英颁发任命书。

十五届第31次常委会 9月24日上午，县人大常委会副主任闫保平主持召开十五届人大常委会第三十一次会议，听取和审议了县人民政府关于2014年财政预算执行及其他财政收支情况的审计工作情况的报告；听取和审议了县人民检察院关于《山西省预防职务犯罪工作条例》贯彻落实情况的报告；听取和审议了县人民政府关于法治政府建设工作情况的报告。

十五届第32次常委会　11月29日上午，县人大常委会副主任王立颖主持召开十五届人大常委会第三十二次会议，听取和审议了县人民政府关于“六五”普法工作情况的报告；听取和审议了县人民政府关于保障性住房建设及分配运营工作情况的报告；听取和审议了县人民法院关于“为民司法”工作情况的报告。（赵永宏）

【2016年会议】　十五届第33次常委会　1月19日上午，县人大常委会副主任李玉廷主持召开十五届人大常委会第三十三次会议，听取和审议了县人民政府关于2015年财政预算调整情况的报告；通报了县人大常委会2015年联系代表走访选民情况；根据《繁峙县人大常委会对关于被任命的干部实施监督管理的暂行办法》的规定，县人大常委会向代表和选民征求对县人大常委会、“一府两院”及政府有关部门，条管单位2015年工作意见和2016年工作建议，并对2015年的工作进行满意度测评。

十五届第34次常委会　3月28日上午，县人大常委会副主任闫保平主持召开十五届人大常委会第三十四次会议，听取和审议了县人民政府关于全县农资市场管理工作情况的报告；听取和审议了县人民政府关于2016年财政预算安排情况的报告；讨论通过县人大常委会2016年工作要点；决定成立繁峙县选举委员会；讨论通过《繁峙县县乡人大换届选举工作方案》；决定乡级人民代表大会代表名额。

十五届第35次常委会　5月27日上午，县人大常委会副主任王立颖主持召开十五届人大常委会第三十五次会议，听取和审议了县人民政府关于全县农业机械化推广使用情况的报告；听取和审议了县人民政府关于全县精准扶贫工作情况的报告；听取和审议县人民政府关于全县学前教育工作情况的报告；听取和审议繁峙县代表资格审查报告；会议决定免去因挂职期满的董大宁繁峙县副县长职务。

十五届第36次常委会　7月28日上午，县人大常委会副主任杨素珍主持召开十五届人大常委会第三十六次会议，听取和审议了县人民政府关于山水田林路综合治理情况的报告；听取和审议了县人民政府关于全县社会保障服务工作情况的报告；听取和审议了县人民政府关于2016年上半年财政全口径预算执行情况的报告；听取和审议了县人民政府关于2016年上半年国民经济和社会发展计划执行情况的报告。

十五届第37次常委会　8月11日上午，县人大常委会副主任李玉廷主持召开十五届人大常委会第三十七次会议，讨论通过县十六届人民代表大会一次会议的时间和日程安排。会议决定县十六届人民代表大会一次会议定于2016年8月28日召开，正式会期三天。

十五届第38次常委会　8月15日上午，县人大常委会副主任李玉廷主持召开十五届人大常委会第三十八次会议，会议免去因工作调动的雷新科繁峙县公安局局长职务，同意了孔保宝辞去县人民政府县长的申请，会议任命崔峥岭为县人民政府代县长，朱润生为县公安局局长，县人大常委会主任李慧英颁发任命书；讨论通过县人民政府“十三五”规划；讨论通过了代表资格审查委员会关于代表变动和补选代表的代表资格审查报告。

十五届第39次常委会 8月28日下午，县人大常委会副主任闫保平主持召开十五届人大常委会第三十九次会议，会议同意安智明辞去繁峙县人民法院院长职务，同意郝贵清辞去繁峙县人民检察院检察长职务；会议决定任命荣崇明为县人民法院代院长，岳岐峰为县人民检察院代检察长，县人大常委会主任李慧英颁发任命书；讨论通过主席团和秘书长建议名单；讨论通过主席团常务主席建议名单；讨论通过副秘书长建议名单；讨论通过列席人员建议名单；讨论通过计划、预算审查委员会建议名单；讨论通过议案审查委员会建议名单；讨论通过主席台就座人员建议名单；讨论通过代表议案的提出和办理办法草案；讨论通过县人大常委会工作报告。

十六届第1次常委会 11月2日上午，县人大常委会主任赵琦主持召开十六届人大常委会第一次会议，听取和审议了县人民政府关于2015年财政预算执行和其他财政收支情况的审计工作报告；听取和审议了县人民政府关于预防和打击电信网络犯罪工作情况的报告；会议决定免去：因工作调动的康秀文县人大办公室主任职务、韩博益县人大法工委主任职务、贺乐天经济和信息化局局长职务、闫旭光市场和质量监督管理局局长职务、刘国兵交通运输局局长职务、李俊新科技局局长职务、亢仁义发展和改革局局长职务、李金生住房保障和城乡建设管理局局长职务、王荷英统计局局长职务、张世俊交通运输局局长职务、辛岗农业委员会主任职务、王世伟安全生产监督管理局局长职务；会议任命：韩博益任繁峙县人大常委会办公室主任，梁占海任繁峙县人大常委会法工委主任，刘平牢任繁峙县人民政府办公室主任，王玉盒任繁峙县发展和改革局局长，李勇任繁峙县经济和信息化局局长，张占羽任繁峙县教育局局长，贺乐天任繁峙县科学技术局局长，朱润生任繁峙县公安局局长，闫佩任繁峙县监察局局长，刘爱中任繁峙县民政局局长，李云山任繁峙县司法局局长，王国平任繁峙县财政局局长，曹福秀任繁峙县人力资源和社会保障局局长，闫旭光任繁峙县环境保护局局长，张爱中任繁峙县住房保障和城乡建设管理局局长，刘国兵任繁峙县交通运输局局长，高国斌任繁峙县水利水保局局长，王政任繁峙县农业委员会主任，韩宏恩任繁峙县林业局局长，侯军任繁峙县文化局局长，冯满全任繁峙县卫生和计划生育局局长，陈朝旭任繁峙县审计局局长，王兆平任繁峙县市场和质量监督管理局局长，李俊新任繁峙县统计局局长，张国壁任繁峙县安全生产监督管理局局长，县人大常委会主任赵琦颁发任命书。

十六届第2次常委会 12月13日上午，县人大常委会副主任杨素珍主持召开十六届人大常委会第二次会议，听取和审议了县人民政府关于农村教育发展情况的报告；听取和审议了县人民检察院关于民事行政监察工作情况的报告；听取县人民法院关于司法改革工作情况的报告；会议决定免去因工作调

2016年12月13日，县十六届人大常委会第二次会议 赵永宏提供

动的贾赟、李宏伟繁峙县人民法院审判委员会委员、副院长、审判员职务，免去韩娟繁峙县人民法院审判员职务，免去因到龄退休的何江、任宁鹏、王荣繁峙县人民检察院检察委员会委员、检察员职务；讨论通过新修订的《繁峙县人民代表大会常务委员会会议事规则》；讨论通过《繁峙县人民代表大会常务委员会组成人员守则》；讨论通过《繁峙县人民代表大会常委会代表建议、批评和意见督促办理办法》。（赵永宏）

人大监督

【计划和预算执行的监督】 2014年，常委会对本年度国民经济和社会发展计划运行情况和2013年财政预算执行情况进行了审议，审议批准了2013年度全县财务审计报告和2014年财政预算变更的报告，有效地推动了国民经济和社会发展的平稳运行，有效地维护了财政预算的严肃性。

2015年，县人大常委会在县委的领导下，提前筹备，精心组织，周密安排，于4月8日至10日组织召开县第十五届人大五次会议，会议审查批准了县人大常委会及“一府两院”等六个工作报告，一致通过了关于县人大常务委员会工作报告、“一府两院”工作报告、2015年县国民经济和社会发展计划草案的报告、2014年财政预算执行情况与2015年财政预算草案的报告等六个决议，把党的主张，通过法定程序上升为全县人民的共同意志和一致行动，为全县2015年的社会经济发展奠定了良好基础。

2016年，以实现年度经济发展计划为目标，加强计划审查监督。听取和审议2016年上半年计划执行情况报告并作出了审议意见。县政府进一步加大了工作力度，创新了工作方法，积极培育了新的经济增长动力，破解了经济下行难题，统筹推进了稳增长、促改革、调结构、惠民生、防风险等各项工作。为保障全县公共财政稳健运行，常委会加强了全口径预决算的实质性审查监督。针对预算执行审计查出的问题，专门听取了整改情况报告，实现了审计监督与人大监督的有效衔接，突出强调了人代会所批准预算的严肃性。

（赵永宏）

【民生和社会事业的监督】 2014年10月13日，县人大常委会组织常委会全体人员和部分省、市、县人大代表，就2014年全县重点工程和15件实事完成情况进行了视察。代表们深入到有关乡（镇）就10个项目建设实地调研。代表们既肯定了全县在工业、农业、养殖业、市政建设等方面取得的可喜成绩，也对工程建设存在的主要问题提出改进的合理化建议和意见，为确保人代会通过的各项工作目标、任务保质保量完成，积极履行职责。

2014年10月13日，县人大常委会组织组成人员及省、市、县人大代表开展大项目观摩活动，图为县人大代表一行在中兴铸造车间考察 赵永宏提供

2015年10月13日至14日，县人大常委会组织县人大常委会全体组成人员和部分省、市、县人大代表，就2015年全县18个

重点项目进行视察。代表们先后视察了“一村一品”生态绿化示范建设项目、率先实现农业机械化综合示范县项目、小农水重点县建设项目、富云牧业生态养殖园区建设项目、县文化产业园区建设项目、平型关文化旅游景区建设项目、神堂堡乡村生态文化旅游综合开发项目、保障性住房及配套工程建设项目等重点项目。

人大常委会坚持以人民为中心的思想，高度重视民生工程的实施，努力促进各项民生指标的落实。十五届以来，常委会听取和审议了县政府关于农村合作医疗、加强卫生系统人才队伍建设、廉租住房和经济实用住房建设及使用、全县师资管理、农村电网改造、应急管理工作情况等报告。

2015年10月14日，县人大常委会组成人员及省、市、县代表考察全县部分重点项目，图为县人大代表一行在文化园区考察　赵永宏提供

县十五届人大常委会伴随了农村合作医疗这一新型医疗制度的发展过程。常委会根据人民群众意见，连续列专题监督。县政府及相关部门努力与上级部门协调、沟通，用足用活农合政策，人民群众普遍受益。

在对全县卫生系统人才队伍建设工作情况的调研中，人大常委会对县政府在卫生事业建设上做的大量工作，取得的成绩予以充分肯定。同时指出全县卫生人才队伍建设工作相对滞后，专业技术人才严重断档，极大地制约了全县医疗卫生事业的发展。建议县政府要增加投入，完善机制，进一步加强卫生技术人才队伍建设。利用好现有条件，合理对全县现有医疗卫生系统的人员进行全面清理整顿：启用一批有资质、有能力的技术人才，培养一批有基础、有前途的结构性人才，盘活全县人才队伍。建立完善卫生人才评价机制，激励考评制度。通过激励机制，营造竞争氛围。建立人才引进机制，引进各类领军人才，优化人才队伍结构。

关于保障性住房建设，人大常委会充分肯定了县政府及其职能部门在推动保障性住房建设方面所取得的成绩，同时针对该项工作中存在的困难和问题，提出了要进一步把好保障性住房质量关、完善廉租房使用管理办法等建议。县政府及其职能部门针对建议，强化措施，加大整改力度，有效促进了保障性住房建设、管理工作。

教育涉及千家万户，是最大的民生工程。十五届人大常委会就空壳学校、平衡教育资源、师资队伍管理等问题进行了连续监督，全县教育水平整体提升。

2016年，常委会将关注民生，改善民生，推动涉及人民群众最关心、最直接、最现实的利益问题得到解决，努力构建和谐社会，作为工作的着力点，悉心倾听群众呼声，筛选确定监督重点，大力改进监督方法，全力维护和发展人民群众的根本利益。常委会一年来对多个领域作了深入调研，并听取和审议了全县农资市场管理情况、农村教育发展情况、全县旅游工作情况、脱贫攻坚工作情况等报告，县政府及相关部门对常委会的审议意见和所作出的相关决议高度重视、积极回应，切实推动解决了关系群众切身利益的重点问题。县政府对春耕备耕前的农资市场加大了监管力度，加强了对农机补贴政策的宣传，为建设优质、高效农业奠定了基础。对本县农村教育事业，县政府及教育部门继续以“打造繁峙教育品牌，建设晋北教育强县”为引领，全面加强了农村师资力量，整合优化了农村教育资源，并重视农村幼儿教育工作，逐步推进寄宿制学校的建设，以不断提高农村教育质量和办学水平为基础，整体推动全县的教育工作，更好地满足人民群众对公平教育和优质教育的双重期盼。县政府还着力破解本县旅游景区景点分散、基础设施落后，景区总体规划不足等问题，以促进本县旅游业的发展。为打赢脱贫攻坚战，常委会与县委同向，与政府同力，与群众同心，深入基层调研，探求破解之法。县政府建立健全了扶贫成效评估和考核机制，从政策、机制、平台支撑上为社会、企业及个人参与扶贫创造了环境，为确保我县贫困人口与全省同步实现小康提供了保障。

11月16日县人大常委会组成人员及省、市、县人大代表对县部分重点项目考察后召开座谈会　赵永宏提供

2016年11月，县人大常委会组织全体组成人员和部分省、市、县人大代表，对2016年全县的部分重点工程项目繁城镇万亩白水杏生态脱贫项目、滹沱河源头环境综合治理县城段园林景观工程、平型关旅游开发项目和华茂精密铸造责任公司等实地视察项目建设进展情况，了解项目建设中遇到的困难和问题，并即时召开了座谈会。参会代表积极发言，对全县重点项目取得的成就给予了充分肯定，也针对视察中发现的问题提出了合理化建议和意见，整理汇总出的16条建议意见，县委书记、县长高度重视并作出批示，要求各部门安排落实，为扎实推进全县重点工程建设，确保人代会通过确定的各项工作目标、任务，保质保量完成做出了积极努力。

（赵永宏）

【司法监督】 2014年，通过执法检查和听取报告，提出了意见和建议，促进了一些法律法规的落实和执法主体的依法行政。常委会听取了县法院《关于行政审判工作情况的报告》，强化国家公职人员的民主法治意识。2014年县法院共受理行政诉讼案件5件，审结4件，让国家公职人员敬畏权力，敬畏法律，敬畏人民，进一步明白有权必有责，责任要担当的道理。

2016年，深化司法体制改革是中共十八届三中、四中全会作出的重要部署，也是“四个全面”战略布局的重要内容。常委会听取审议了县人民法院关于司法改革的专项报告和县人民检察院关于民事行政工作情况的报告。县人民法院根据常委会的审议意见，立足审判执行工作和法院队伍建设，从体制和机制改革两个方面入手，积极稳妥推进了各项司法改革工作，进一步加强了司法干部队伍思想政治建设，落实了司法人员职业保障制度，调动了他们工作的积极性。检察院根据常委会的审议意见，积极探索民事行政检察工作新方法，着力提高办案效率和质量，为维护当事人合法权益、促进司法公正、构建和谐社会、维护社会稳定发挥了积极作用。

（赵永宏）

【专题调研和执法检查】 2014 年，听取和审议了县政府关于农资市场管理、治理环境污染、饮水安全、文化建设、旅游事业发展、保障性住房使用情况等 12 个工作报告，听取和审议了法院《关于行政审判工作情况的报告》和检察院《关于反渎职侵权工作情况的报告》。每次常委会后，县人大常委会都将审议发言进行梳理，形成《审议意见书》，交“一府两院”进行办理落实，支持和促进了“一府两院”的工作。

为了规范政府职能部门的权力运行，依法履行人大监督职能，组织执法检查小组着重对《中华人民共和国行政诉讼法》《中华人民共和国教师法》《中华人民共和国环保法》《中华人民共和国农业法》等 4 部法律法规的实施情况进行了执法检查（包括配合省、市人大常委会执法检查）。通过执法检查和听取报告，提出了意见和建议，促进一些法律法规的落实和执法主体的依法行政。

2015 年，县人大常委会共组织了 14 次调研和执法检查，召开 6 次常委会，先后听取和审议了县政府《关于全县农资市场管理情况的报告》《关于全县食品加工行业安全生产管理工作情况的报告》《关于全县精准扶贫工作情况的报告》《关于全县保障性住房分配、使用工作情况的报告》《关于全县水资源保护与开发利用工作情况的报告》《关于法治政府建设工作情况的报告》等 11 个工作报告，听取和审议了法院《关于“为民司法”工作情况的报告》和检察院《关于〈山西省预防职务犯罪工作条例〉贯彻落实工作情况的报告》。每次常委会后，县人大常委会都将审议发言进行梳理，形成《审议意见书》，交“一府两院”进行办理落实，支持和促进了“一府两院”的工作。

为依法履行人大监督职能，维护社会和谐发展，常委会组织执法检查小组着重对《村民委员会组织法》《职业教育法》《宪法》等法律法规的实施情况进行了执法检查。同时，积极配合省、市人大对本县多部法律进行执法检查。通过执法检查和听取报告，提出了意见和建议，促进了一些法律法规的落实和依法行政。

2016 年，常委会对多个领域作了深入调研，并听取和审议了《全县农资市场管理情况的报告》《全县农村教育发展情况的报告》《全县旅游工作情况的报告》《全县脱贫攻坚工作情况的报告》等报告，县政府及相关部门对常委会的审议意见和所作出的相关决议高度重视、积极回应，切实推动解决了关系群众切身利益的重点问题。

常委会高度重视和加强法律法规实施情况的监督。常委会围绕全县的工作重点和人民群众普遍关心的热点问题，对计生条例、交通法规、戒毒法、选举法工作进行了执法检查，促进了这些法律、法规在本县的认真贯彻落实。 （赵永宏）

选举和人事任免

【选举】 2016 年，县、乡换届依法选举产生乡人大代表 650 名，县人大代表 163 名。各乡（镇）召开了新一届人大第一次会议，选出十三个乡（镇）人大主席团主席，十三个乡（镇）政府领导班子。县十六届人大第一次会议依法选出新一届人大常委会和新一届政府班子以及法院院长和检察院检察长。

（赵永宏）

【人事任免】 2014 年，县人大常委会严格按照人事任免实施办法的规定，共任命“一府两院”干部 6 人，免职 5 人，任命县法院人民陪审员 23 人。

首次明确了人事职能。对被任命干部和人大代表进行了档案管理。在没有增加编制的情况下，安排一名正科级干部专门负责人事工作。加强对被任免人员任前的监督审查力度。坚持党委考察与人大考察相结合。在人事任免中，坚持党管干部和人大常委会依法任免有机统一的原则，常委会充分发扬民主，始终坚持任前民主测评、法律知识考试、作供职报告和任命后颁发任命书等制度，进一步规范人事任免工作，增强了被任命人员的人大意识、法律意识和公仆意识，增强被任命人员的责任感和使命感。在法律考试内容方面，增加了宪法知识、法定职责的分量，增强了被任命人员的宪法意识。对人大常委会任命的干部的工作情况、测评结果、群众来信来访反映的问题都要进行痕迹化管理。全县人大代表履职情况也要进行登记入档。

人大任命增加了新程序。对被任命的“一府两院”国家工作人员增加了向《中华人民共和国宪法》宣誓程序。11月27日，在人大常委会第二十五次会议上，被任命的三名检察院检察委员会委员首次在就职前向《中华人民共和国宪法》进行了宣誓，表示对宪法忠诚，对案件当事人负责，对所办案件终生负责。

任后监督增加了新内容。人大常委会在党的群众路线教育实践活动过程中，充分听取群众的意见，强化了监督实效。在整改建章立制过程中，完善了人大信访工作制度，把人大信访作为监督“一府两院”的一个窗口，认真对待人民群众的来信来访。从群众来信来访中发现“一府两院”被任命干部的不作为、乱作为、慢作为，及时反馈给“一府两院”或个别约谈、质询。

任后考评有了新做法。在党的群众路线教育实践活动过程中，人大常委会进一步修改和完善了《繁峙县人大常委会关于对被任命的干部实施监督管理的暂行办法》。每年年底对被任命干部进行测评，明确了量化的标准。在2014年年底，对被任命的“一府两院”89名国家机关人员进行了工作满意度测评，合格率为100%。

2015年，县人大常委会严格按照人事任免实施办法的规定，共任命“一府两院”干部5人，免职5人；任命县法院人民陪审员20人，免职14人。在人事任免中，常委会充分发扬民主，坚持党管干部和人大常委会依法任免有机统一的原则，始终坚持任前民主测评、法律知识考试、作供职报告和任命后颁发任命书等制度，进一步规范了人事任免工作，增强了被任命人员的人大意识、法律意识和公仆意识，增强了被任命人员的责任感和使命感。

2016年，坚持党管干部和依法任免相统一，把贯彻党委意图、充分发扬民主和依法办事有机结合起来，按照有关规定，严把提请任免材料送审关、任职资格关和任免程序关，认真执行干部任前法律知识考试、任前供职、颁发任命书、向宪法宣誓等制度，增强了被任命人员的法治意识、责任意识和公仆意识。一年来，依法任免国家机关工作人员58人次，其中任命31人次，免去24人次，接受辞职3人次，为促进繁峙各项事业发展提供了坚强的组织保障。 （赵永宏）

代表工作

【建议和意见提出】 2014年人代会上，常委会向全县各级人大代表提出以“人民选我当代表，我当代表为人民”为主题的倡议活动。一年来，人大代表积极行动，努力参与，共收到人大代表合理化意见建议31条，调研报告12篇，共办理实事48件，进一步提升了代表的履职能力。

在县人大第十五届四次大会期间，人大代表共提出了45件建议意见。常委会及时召开了交办会，确定了重点督办建议，对办理代表建议的方法、责任、时限提出了明确具体的要求。县人大常委会多次对代表建议意见的办理情况进行了催办、督办。

2015年县人大第五次大会期间，人大代表共提出了33件建议意见。常委会及时召开了意见交办会，确定了重点督办建议，对办理代表建议的方法、责任、时限提出了明确具体的要求。政府高度重视代表的建议，积极答复办理。

2016年，县十六届人大一次会议期间，人大代表共提出代表建议、批评和意见53份，并交由政府部门办理，政府各职能部门高度重视，精心安排，反馈积极。（赵永宏）

【代表建议答复会议】 2014年10月28日，县人大常委会组织召开了县政府办理人大代表建议“面对面”答复会议。县政府高度重视代表意见，所涉及议题的县长、有关职能部门负责人都到会面对面解答落实情况。全体参会的人大代表对县政府的答复进行了满意度测评。此次会议发出测评表52份，收回52份。代表对各件建议、意见的答复满意度最高是100%、最低是85%。代表意见的面对面答复，既尊重了代表的主体地位，提高了代表履职积极性，又提高了政府的公信力，提高了人民群众的满意度，进一步营造了人民群众监督政府有序参与地方事务管理，人民当家做主的氛围。

2015年10月29日，县人大常委会组织召开了县政府办理人大代表建议“面对面”答复会议。县人大常委会组成人员，县政府副县长，县政府有关职能部门、条管单位的负责人和提出建议的县人大代表参加了会议，在答复会上，首先由政府常务副县长姚力山作了《关于第十五届人大五次会议期间代表建议意见办理情况的报告》，接着由分管副县长对代表的建议、意见逐件进行了答复。县政府有关职能部门及有关单位负责人就所承办的人大代表建议、意见作了补充答复。提出建议的代表与相关单位负责人进行了面对面的沟通交流。这次会议开得很成功，取得了良好效果。最后全体参会的人大代表对县政府答复代表建议、意见进行了满意度测评，满意率达98%。（赵永宏）

2015年10月29日，在县人武部会议室召开代表意见建议面对面答复会　赵永宏提供

【联系代表走访选民活动】 密切联系代表是常委会自觉接受代表监督的重要措施。从2008年开始，每年12月，县人大常委会在全县范围内开展联系代表走访选民活动，对所有代表活动小组全覆盖，组织县人大常委会、“一府两院”的工作人员向代表、选民报告一年的工作情况，让代表、选民知情知政，并广泛征求代表和选民对当年“一府两院”和县人大常委会工作的意见以及对下一年“一府两院”和县人大常委会工作的建议，让更多的人民群众有序参与地方国家事务。

2014年的联系代表走访选民活动，人大

常委会领导和全体组成人员认真落实贯彻党的十八大、十八届三中、四中全会精神，把党的群众路线教育实践活动成果及时应用到工作实践中。转变作风、扎实工作，听民声、问民意、积民智，进村入户，问需问难，聚焦因病返贫，进行了集中调研。这次活动召开14个座谈会，有880名人大代表、选民参加了座谈会，共深入31个村，走访了50多户农民。本次活动共发放测评表880份，收回880份，经过汇总整理共收集到40个方面的建议意见共163条。常委会形成调研报告及时呈送县委。2014年“联系代表走访选民”的报告得到了县委的高度重视，范波涛书记及时批转，县委、县政府立即成立整改领导组，人民群众的建议意见已分发到各个职能部门进行整改。人民群众普遍关心的因病返贫问题，已被列入政府工作报告的为民办实事中，启动了大病保险程序。人民群众普遍关心的“两抢一盗”、环境污染、普法、贷款难、文化建设、土地确权、就业等问题在县政府报告中都有了很好的回应。人民群众关心的司法不公、反腐问题，在“两院”的工作报告中都有呼应。

2015年12月中旬，在全县范围内开展联系代表走访选民活动，全县14个代表活动小组全覆盖，目的是组织县人大常委会、“一府两院”的领导向选民报告一年的工作情况，现场解答选民的问题，让选民知情知政，并广泛征求代表和选民对2015年“一府两院”和县人大常委会工作的意见以及对2016年“一府两院”和县人大常委会工作的建议，坚持和创新了人民代表大会制度，让更多的人民群众有序参与地方国家事务。今年的联系代表走访选民活动，人大常委会领导和全体组成人员继续认真贯彻落实党的十八大精神，与党的群众路线教育活动、学习讨论落实活动、“三严三实”教育活动相结合，转变作风、扎实工作，听民声、问民意、积民智。

2016年，从11月底到12月初，县人大常委会分成5个小组由5位主任带队，在全县范围内开展联系代表走访选民活动，向代表和选民报告县人大常委会、“一府两院”一年来的工作情况，让代表、选民知情知政，并广泛征求代表和选民对本年度县人大常委会和“一府两院”工作的意见以及对下一年工作的建议，让更多的人民群众有序参与地方国家事务。此次活动聚焦精准扶贫，各小组听民声、问民意、集民智，进村入户，问需问难，进行了集中调研。（赵永宏）

【代表履职能力提高】 2014年，邀请代表列席常委会会议和参加常委会组织的视察调查、执法检查等重大活动，拓宽代表知情知政渠道，以会代训，提高代表的履职能力。全年，全县各级人大代表列席了人大常委会会议100余人次，54个代表参加了视察、执法检查。常委会为代表订阅了《人民代表报》《山西人大》，赠阅了《繁峙人大》刊物，让代表及时了解人大工作动态，从不同渠道提高代表素质，为代表发挥作用创造条件。常委会认真做好驻繁的省、市人大代表履职服务工作。建立市人大代表活动之家，健全了活动制度与档案，开展了三次全体活动。市人大代表对身患重病的学生杨格格进行了集中捐款。常委会邀请省、市人大代表参加集中考察和专题调研、列席常委会会议等活动，为他们在闭会期间的活动提供了全方位的服务。

2015年坚持代表主体地位，加强代表履职培训，就《中华人民共和国宪法》与《中华人民共和国立法法》对人大代表进行培训，开展以“学法用法守法”为主题的代表活动；邀请代表列席常委会会议和参加常委会组织的视察调查、执法检查等重大活动，拓宽代表知情知政渠道，以会代训，提高代表的履职能力。全年，共有人大代表 60 人次列席了人大常委会会议，54 个代表参加了视察、执法检查。为代表订阅了《人民代表报》，赠阅了《繁峙人大》刊物，让代表经常登录繁峙人大网站，及时了解人大工作，从不同渠道提高代表素质，为代表发挥作用创造条件。

2016 年是换届年，新产生了县人大代表 163 名，市人大代表 27 名。为提高代表的素质及履职能力，8 月 24 日县人大常委会邀请省、市人大常委会的同志就《人民代表大会理论与实践》《代表法》的相关知识对全体县人大代表进行培训；9 月 28 日，组织市人大代表、县十六届人大常委会组成人员以及各乡（镇）人大主席，就《中华人民共和国宪法》和《中华人民共和国全国人民代表大会和地方各级人民代表大会代表法》再次进行培训，进一步促进人大代表了解和掌握人民代表大会制度和人大工作的基本知识以及作为一名人大代表应具备的基本素质，有力提升人大代表和人大干部的履职水平。

在对代表培训的基础上，2016 年 9—10 月份，常委会积极组织近 200 名市、县、乡三级人大代表参加省人大开展“人民代表大会制度及相关法律知识竞赛”。这次活动既激发了代表的学习热情，也广泛宣传了人民代表大会制度，收到良好社会效果。（赵永宏）

自身建设

【作风转变】 学习成为常态，加强了思想政治建设。2014 年县人大坚持每周二、周五下午集中学习，用制度保证了人大干部经常学习、经常受教育，持续补精神之钙措施的落实。通过学习，强化了党性修养，坚定了政治立场，既增强了守纪律、守规矩的政治自觉，又不断提高了履职能力。积极作为，工作效率不断提高。通过党的群众路线教育实践活动，党员干部在党性修养和思想灵魂上经受了一次洗礼，常委会干部提振精神，主动作为，人大各项工作有了明显改变。常委会领导在各自所包点上，主动联系群众，帮助群众，为群众解决生产生活中的难题，群众的满意度有了很大提高。（赵永宏）

【制度完善】 2014 年修改和完善了常委会六项工作制度。结合党的群众路线教育实践活动，常委会进一步规范了人大工作制度，对《繁峙县人民代表大会常务委员会议事规则》《繁峙县人大常委会关于对被任命的干部实施监督管理的暂行办法》《繁峙县人大常委会联系代表走访选民活动制度》《繁峙县人大常委会同“一府两院”工作联席会议制度》《繁峙县人大常委会关于加强县人大代表履职的意见》《繁峙县人大常委会信访工作制度》重新完善修订，并经常委会讨论通过。

2015 年，为充分发挥县人大常委会集体领导作用，促使常委会组成人员更好地履行职责，常委会健全和完善了多项制度，切实转变常委会工作作风和会风。

2016 年，常委会加强自身建设，突出建章立制，对工作制度进行全面梳理，修订完善了《繁峙县人民代表大会常务委员会议事规则》《繁峙县人民代表大会常务委员会组成人员守则》《繁峙县人大代表建议、批评和意见督促办理办法》，进一步扎进了制度的“笼子”，用制度管人管事、规范行为，有力促进了机关文风、会风、纪律作风的转变。

结合“两学一做”学习教育，就加强纪律作风建设提出明确要求，强化作风整顿，在人大各项工作中把全面从严治党落到实处。

（赵永宏）

【宣传工作加强】 2014年，《繁峙人大》刊物和人大网站经过几年的运行，已经成为代表选民了解、监督常委会日常工作的重要平台，也是进行人民代表大会制度宣传的一个重要阵地。但随着民主法治的推进，特别是对照党的十八届四中全会精神，存在一些明显的不足之处。常委会加大对人民代表大会制度的宣传力度，大幅度调整《繁峙人大》栏目设置。刊物开篇卷首语，由县委领导做指示，意在加强党对人大的领导，人大要增强党的意识，自觉接受党的领导。栏目加大民主法制权重和来自人民群众的呼声，最大限度地宣传人民代表大会制度，接受人民群众的监督，引导广大人民群众依法有序参与全县经济政治文化社会生态各领域的事务，坚持突出党的领导、促进人民当家做主、国家公职人员依法履职的有机统一。加强了通讯队伍建设。2014年邀请《人民代表报》的原主编唐宪国等多名人大方面的专家对全县100余名干部进行了专题培训，加强了《繁峙人大》刊物通讯员队伍建设。

2015年，人大常委会主动适应新形势于对《繁峙人大》进行全新改版，新的《繁峙人大》加大了承载容量，内容更加全面、丰富，每一期都及时发放到了各位县人大代表手中。人大常委会组成人员、机关办公室人员一年来共撰写文章50余篇，向《忻州人大》投稿10余篇，在市、县电视台播出30余篇新闻报道。同时派专人随时将人大工作动态更新至繁峙人大网站，将人大各项动态及进展及时公开，让广大选民特别是人大代表、人大工作者和“一府两院”工作人员充分了解人大的工作情况，了解各项工作的相关情况，进一步推进繁峙人大工作的信息化、公开化，广泛接受选民监督，广泛听取民意，集中民智，更好地履行好宪法和法律赋予的各项职责。

（赵永宏）

【学习型机关创建】 2015年，实行每周学习制度，组织全体机关干部学习政治理论和人大业务、法律知识，不断提高干部素质。2015年，常委会以开展党的群众路线教育活动、学习讨论落实活动、“三严三实”教育活动为契机，深化认识，统一思想，加强领导，强化措施，有机结合当前的重点工作，促进活动深入开展，增强了活动的实效性。通过把党的三项活动和业务工作结合起来、贯穿起来，增强了干部职工的事业心、责任心，使之爱岗敬业，勤奋工作，努力提高业务水平和能力。把工作干好、干实，从而取得工作实效。

（赵永宏）

【务实型机关创建】 在开展各项工作前，都始终坚持先开展调查研究，关注民生、了解民意、体察民情；召开各种座谈会，广泛征求意见，重点抓好审议意见和代表提出的建议意见的督办落实工作。

（赵永宏）

【履职能力和水平提高】 2016年，常委会以“两学一做”专题教育为契机，深入学习中共十八届三中、四中、五中、六中全会和习近平总书记系列重要讲话精神，在思想上政治上行动上与党中央保持高度一致。坚持深入基层、深入群众、深入现场，广泛听取各方面的意见，注重解决实际问题，通过掌握第一手资料，为客观公正地审议报告和作出各项决议、决定提供翔实依据；积极完善人大常委会会议程序，努力提高会议质量和审议水平，有效行使人大监督职权；围绕法律监督和工作监督，年初精选议题，列入工作要点，高标准严要求，逐项落实，会议形成的审议意见，认真抓反馈抓落实；（赵永宏）

2016年10月24日，县人大常委会机关召开“两学一做”专题教育研讨会，此次会议以“讲奉献、有作为”为主题　赵永宏提供

信访工作

【信访工作质量提高】 2014—2016年，县人大认真分析人大信访工作特点，不断强化信访举措，增强办理信访工作活力，人大信访工作质量进一步提高。1.加强信访信息调研。在办理群众来信来访工作中，常委会十分注意信访信息的研究工作，坚持每季度对群众来信来访内容进行综合分析、整理归纳，重点分析来信来访中反映全县政治、经济、社会、文化和生态文明建设中带共性的、人民群众反映强烈的、严重违法引起社会广泛关注的涉法涉诉和经核查案件事实清楚却久拖不决的案件，为开展执法检查、专项调查、视察、制定和修改规范性文件等监督工作提供参考依据。2.加强协调沟通。人大信访工作具有法定性、民主性、权威性和查办方式的多层次性，人大及其常委会对“一府两院”具有监督职能，一般不直接处理信访问题，而是采取转办、交办的方式转交给“一府两院”来处理，人大主要通过督查、督办的方式，来促使有关问题的解决。因此，加强与“一府两院”的沟通协调，是做好人大信访工作的有效途径。为使“一府两院”及政府各部门高度重视，认真办理人大信访案件，形成信访工作合力，常委会建立了与“一府两院”的联系会议制度，并把研究处理信访问题情况列入联系会议的重要内容。同时，常委会领导和各工委还把协调办理人大信访件与其他工作紧密结合起来，做到一并了解情况，一并研究办法，要求一并处理落实。3.加强信访办理督办。为了从根本上扭转人大信访工作只转不办的被动局面，常委会坚持限期办结回复、发函催办和重点督办相结合的办法，确保信访者反映的问题得到合理解决。对一般信访件，收函单位未按规定期限反馈办理结果的，常委会采取发函催办的办法，督促相关单位迅速办理。对重大信访问题以及一些到人大机关群访和重访的信访问题，常委会通过召开主任会议讨论研究，由主任牵头或者明确分管领导牵头进行重点督办，确保信访问题依法得到解决。（赵永宏）

【群众来信来访办理】 2014年，常委会始终把热情接待和认真办理群众来信来访，作为倾听群众呼声、密切联系群众、促进社会和谐稳定、拓宽监督渠道的一项重要工作来抓。一年来，共收到来信28件，来访73人次，每次来信来访经领导批示后转有关部门办理，并要求限期回复办理结果，做到了信访案件件件有落实，事事有交代，有力地维护了社会公平正义和人民群众的合法权益。

2015年，常委会始终把热情接待和认真办理群众来信来访，作为倾听百姓呼声、密

切联系群众、促进社会和谐稳定、拓宽监督渠道的一项重要工作来抓。一年来，共收到来信 32 件，来访 78 人次，每次来信来访经领导批示后转有关部门办理，并要求限期回复办理结果，做到了信访案件件件有落实，事事有交代，有力地维护了社会公平正义和人民群众的合法权益。

2016 年，常委会始终把热情接待和认真办理群众来信来访，作为倾听百姓呼声、密切联系群众、促进社会和谐稳定、拓宽监督渠道的一项重要工作来抓。一年来，共收到来信 25 件，来访 67 人次，每次来信来访经领导批示后转有关部门办理，并要求限期回复办理结果，做到了信访案件件件有落实，事事有交代，有力地维护了社会公平正义和人民群众的合法权益。（赵永宏）

助推脱贫攻坚

【精准帮扶】 全县精准扶贫动员会后，县人大常委会高度重视，积极行动，召开主任会议进行专题研究部署，县人大办为柏家庄乡北辛庄村和西介岔村的精准扶贫帮扶工作队，明确一名副主任分管脱贫工作，一名工委主任为工作队长，抽调三个工委主任和机关党员驻村进行精准帮扶工作，机关每个党员都结对帮扶贫困户至少三户，机关的人大代表要帮扶五户贫困户。2015 年、2016 年两年来通过结对帮扶、走访入户、分析致贫原因、制定脱贫措施等帮扶北辛庄脱贫 45 户 140 人，西介岔村脱贫 21 户 47 人，其余建档立卡的贫困户计划于 2017 年底脱贫。

按照县委安排，县人大常委会主任、副主任多次深入所包乡（镇），组织召开乡、村干部会议，深入学习、准确领会中央和省、市、县上有关扶贫攻坚工作精神，把精准扶贫精准脱贫作为最大政治任务和最大责任担当，放在全局工作的首要位置，引导教育各村干部群众统一思想认识，坚持不等不靠、自力更生，强化责任担当，发挥能动作用，干群携手，齐心协力打好扶贫攻坚战，并且帮助乡镇从实际出发，针对贫困村、户不同情况，对照精准扶贫精准脱贫需求清单，确定扶贫项目，整合投入资金，精准施策、精准发力，坚决打赢脱贫攻坚战。工作队驻村期间，向贫困户及村民对脱贫攻坚的有关政策进行了宣讲，发放宣传资料 800 余份，让村民们了解了精准扶贫的政策法规，激发贫困户的内生动力，鼓励贫困户自强自立，依靠自身力量实现光荣脱贫。根据北辛庄村和西介岔村多数农户种植玉米和养猪户多的实际情况，帮助联系县农委、科委、畜牧中心专业技术人员为北辛庄村村民举办了玉米、小杂粮等农业种植技术、病虫害防治知识和养猪、疾病防治技术的培训共 2 次，并进入田间地头和猪圈进行了实地指导，接受培训的贫困户和非贫困户有 150 余人次。争取单位办公经费 5000 元，为两村贫困户购买有关种植技术大全和养猪知识读本各 100 余套，为两村委提供办公用品和打印、复印服务。（赵永宏）

【帮扶实绩】 2015 年利用县扶贫办实施整村推进项目的资金 35 万元，购买种猪 183 头，使北辛庄全村 500 人受益，人均 700 元，经济效益达到 91.5 万元，人均增收 1830 元，其中 80 户贫困户增收 40.63 万元，人均增收 1846 元。

2016 年，县人大推动实施三大工程：3 月—10 月，协调土地局为北辛庄村实施土地整理项目 135.33 公顷，新打机井 3 眼，埋设管灌 10 千米，其中将 46.67 公顷旱地全部变为水浇地，亩均增产200公斤左右，亩均增收280元左右，全村增收19.6万元，经济效益显著。为西介岔村发展干果经济林119.47公顷，中药材种植26.67公顷，有力推动贫困户脱贫。

10月，协调发改局为北辛庄村实施以工代赈农田整理项目16.67公顷，投资10.5万元，新增水浇地16.67公顷，全村受益农户206户534人，其中贫困户68户197人，人均增收132元。

12月，由水利局负责立项新增100立方米人畜饮水池一座，投资10万元，计划2017年实施，8月底竣工，彻底解决北辛庄村人畜饮水困难问题。

北辛庄和西介岔两村在接受国务院扶贫办委托的山西省审计厅对扶贫工作专项审计中受到一致好评，在县政府聘请的第三方山西农大评估团验收村中名列前茅。（赵永宏）

【人大代表在行动】 2016年，繁峙县人大常委会召开“助推脱贫攻坚·人大代表在行动”主题活动动员会，县人大组成人员，各乡（镇）人大主席，部分省、市、县、乡人大代表出席会议。常委会自开展“助推脱贫攻坚·人大代表在行动”活动以来，各级人大代表都能积极参加，利用他们与人民群众联系最直接、最广泛的优势，采取多种形式，在政策宣传、民意反映、提供致富信息、化解矛盾纠纷、帮办实事等方面，努力发挥各自的表率作用，机关代表能在扶贫政策上做到最专业的宣传；专业技术人员代表在产业扶贫上会诊把脉，深入贫困村传授实用技术，增强“造血”功能；生产一线代表能在深化农村经营体制改革，创办领办专业合作社，推广现代生态农业等方面积极示范带头，引领贫困户共同发展；企业家代表更能主动承担社会责任，为贫困户拓展就业、增收渠道。

县人大常委会利用新闻媒体大力宣传报道各级人大代表在“助推脱贫攻坚·人大代表在行动”中涌现出的先进典型，以及履职尽责的好做法、好经验；同时进一步加强开展这项活动的对外宣传力度，积极向省、市新闻媒体投稿，宣传人大代表在活动开展中取得的成绩实效。各乡（镇）人大对活动开展中的好做法、好经验、好典型，及时发现，认真总结，多角度、多层次地进行深度报道，进一步激发代表联系群众、履职为民的热情，努力营造社会高度关注、代表倾心投入、群众普遍参与的浓厚氛围。

全县各级人大代表结合自身特点，经常了解所在村庄群众的所思所想，积极向上反映需要尽快解决和办理的问题和困难，努力当好社情民意的调查员。同时经常深入农户给他们讲解涉及群众自身利益的新农合、养老保险和农业保险等一系列惠民政策，积极做好政策法规的宣传员；人大代表中的行政干部不仅大力宣传党在农村的各项方针政策，提高群众思想认识，引导和教育群众进一步转变思想观念，同时还对贫困村、贫困户力所能及地帮助解决饮水、用电、行路、就医、就业、上学、养老等方面的实际问题，帮助群众增收致富。半年来，共讲解政策法规130次，开展各种活动1680人次。同时，坚持“输血”与“造血”，扶“贫”与扶“智”相结合，针对一些有致富愿望和能力的联系户，充分发挥人大代表中非公企业家和农村致富带头人的专业特长，指导和帮扶困难群众学习种植、养殖技术，帮助贫困乡村和农户大力发展设施农牧业和特色产业，鼓励发展劳务经济，拓宽贫困群众致富的路子。县人大代表、海丰农牧场场长张海明是种植大户，有近4000亩土地，在本年旱情比较严重的难以播种的情况下，积极投身行动当中，带领企业和职工积极参与，确定5户困难群众为自己的联系户，认真研究发展规划，制定帮扶计划。把自己的土地放在一边，利用自己的管灌设施首先为贫困户浇地1000余亩，用农机具进行播种500多亩，解决了困难群众的燃眉之急，为贫困户增收打下了良好的基础。县人大代表、人大常委会委员韩长青依托农业专业合作社的平台，充分发挥自身农业知识优势，积极开展农业知识培训活动，先后开展20多场培训会，培训600人次，为群众免费提供优质新品种种子进行试种，大力探索发展特色种植业，为困难群众寻找一条致富的好路子。

县人大常委会制定完善了《关于省、市、县、乡代表结对帮扶贫困户的实施方案》。一是帮扶责任细化到人。每一名代表至少与在全县开展省、市、县、乡人大代表结对帮扶农村贫困户活动一名贫困户结对。对于在“两代表一委员”活动中，已经结对帮扶的人大代表，原则上不再另行安排结对联户。在一对一基础上，提倡帮扶能力强的代表自愿申报结对帮扶多户贫困户或者结对帮扶贫困村。县乡人大建立工作台账。二是工作落实到位。县人大办建立全县的省、市、县代表结对帮扶工作台账，对帮扶工作进行痕迹化管理。乡（镇）人大主席团要建立乡级人大代表结对帮扶工作台账，并把工作进展情况报送县人大办。三是监督到位。建立严格考核考评制度。县乡人大要采取明察暗访等方式，不定期对“省、市、县、乡代表”帮扶工作情况进行督查。结对帮扶注重听取乡（镇）党委、村党支部和结对贫困户的意见。并将帮扶情况记入人大代表履职档案，作为评选优秀人大代表和提名推荐代表连任的重要参考依据。对重视不够、帮扶不力的代表要及时进行提醒或约谈。

常委会每年专门听取和审议县政府关于本年度扶贫工作的专项报告，并组织开展扶贫工作的代表专项视察活动，从更高更深层次推动活动的深入开展。

2016年，全县有801名省、市、县、乡人大代表联系贫困村30多个、贫困户850户，宣传政策一千余次，开展培训30场（次），培训1000余人次，组织输转劳动力500人，发展特色养殖业25户，反映群众意见、建议54次，帮助协调项目11个，先后投入帮扶物资10余万元，为群众办理实事好事63件，为贫困户协调各类贷款130万元，为改善群众生产生活条件，促进当地经济发展和农民增收发挥了积极作用。

12月底，常委会向全县各级人大代表发出倡议。各级人大代表们积极响应，共捐资52400元，慰问帮助西介岔村、北辛庄村建档立卡贫困户131户。（赵永宏）

繁峙县人民政府

常务会议

【2014年会议】 第26次常务会议 1月16日下午，县委副书记、县长孔保宝主持召开县政府第26次常务会议，研究2014年全县主要经济指标，原则同意顺风光电投资有限公司太阳能光伏发电项目进入本县；研究通过了县食品药品监督管理局人员设置方案、困难国有企业职工参加医疗保险等有关事宜。

第27次常务会议 3月4日下午，县委副书记、县长孔保宝主持召开县政府第27次常务会议，研究通过了廉租房分配方案、《繁峙县国家资源型经济转型综合配套改革试验2014年行动计划》。研究讨论了全县安全生产工作、县消防队人员招聘及建立砂河消防站以及人事任免等有关工作。

第28次常务会议 3月21日上午，县委副书记、县长孔保宝主持召开县政府第28次常务会议，研究讨论《政府工作报告（征求意见稿）》《繁峙县2013年国民经济和社会发展执行情况与2014年国民经济和社会发展计划（草案）》和《繁峙县2014年财政预算》。对无公害优质中药材产业化项目工地进行了调整，讨论同意了实施廉政风险管理软件开发项目。

第29次常务会议 4月11日下午，县委副书记、县长孔保宝主持召开县政府第29次常务会议，会议研究通过了县食品药品监督管理局稽查队、监管站启动工作，同意县人民医院组建内窥镜中心，购置大型医疗设备。

第30次常务会议 5月19日下午，县委副书记、县长孔保宝主持召开县政府第30次常务会议，会议传达贯彻李小鹏省长4月25日省政府全体会议上的讲话精神及全市固定资产投资和项目建设座谈会精神，讨论通过了42个县政府工作部门5472项权力事项目录和《关于五台山风景名胜区总体规划范围条件的意见》。

第31次常务会议 5月30日下午，县委副书记、县长孔保宝主持召开县政府第31次常务会议，研究通过了《繁峙县2014年牛羊产业发展“四补一贴”政策实施办法》、2014年种草工作计划，同意繁峙县畜牧兽医局与山西天洋农牧开发有限公司合作兴建现代化种羊场。研究通过了实施保障性住房和移民房配套工程。讨论通过了《繁峙县矿产资源规费集中征收管理实施办法》。

第32次常务会议 7月10日下午，县委副书记、县长孔保宝主持召开县政府第32次常务会议，会议研究通过了《繁峙县改善农村人居环境2014年行动计划》。研究了县城、砂河集中供水、供热、污水处理特许经营及补贴事宜。

第33次常务会议 8月12日下午，县委副书记、县长孔保宝主持召开县政府第33次常务会议，会议研究通过了《县直机关会议费管理办法》《县直机关差旅费管理办法》《县直机关培训费管理办法》等 8 个文件，原则同意化肥厂棚户区进行改造。

第 34 次常务会议　10 月 17 日下午，县委副书记、县长孔保宝主持召开县政府第 34 次常务会议，会议研究通过了关于提高 40% 救济对象救济标准的意见，同意按照省、市规定执行新的农村五保户供养标准。会议原则同意“9·30”交通事故调查组提出的事故调查报告。

第 35 次常务会议　12 月 16 日下午，县委副书记、县长孔保宝主持召开县政府第 35 次常务会议，讨论通过了县政府党组学习讨论落实活动实施方案。原则通过了《繁峙县保障性住房分配管理实施办法》《繁峙县商品房预售许可申领审批办法》《繁峙县商品房住宅专项维修资金使用管理细则》《繁峙县商品房预售资金监管实施细则》4 个文件。对近期开展安全生产专项整治进行了安排部署。

第 36 次常务会议　12 月 19 日下午，县委副书记、县长孔保宝主持召开县政府第 36 次常务会议，会议研究通过了《繁峙县 2014 年从大学生干部中公开招聘事业单位工作人员实施方案》。（韩　超）

【2015 年会议】　第 37 次常务会议　1 月 12 日下午，县委副书记、县长孔保宝主持召开县政府第 37 次常务会议，讨论研究 2015 年重点工作、2015 年主要经济指标、2015 年重点项目、“十件实事”。

第 38 次常务会议　1 月 29 日下午，县委副书记、县长孔保宝主持召开县政府第 38 次常务会议，会议研究设施农业用地手续办理的有关事宜，原则同意与中电（天津）新能源发展有限公司签订光热电场项目合作协议书。研究通过了繁大高速占用 4 座尾矿库的补偿方案。会议还研究了乡村清洁工程管理办法等有关事宜。

第 39 次常务会议　3 月 5 日上午，县委副书记、县长孔保宝主持召开县政府第 39 次常务会议，会议研究通过了繁峙县矿产资源规费集中征收管理办法、整合职业教育资源和 2015 年特岗教师招聘计划。研究通过了保障房分配有关工作。

第 40 次常务会议　3 月 9 日下午，县委副书记、县长孔保宝主持召开县政府第 40 次常务会议，会议研究通过了 2015 年经济工作目标责任分解方案。并就项目建设、理顺畜产品质量安全管理等有关工作进行了讨论研究。

第 41 次常务会议　4 月 16 日下午，县委副书记、县长孔保宝主持召开县政府第 41 次常务会议，会议就召开全县安全生产、消防、禁毒工作会议进行了研究。讨论通过了《关于进一步规范企事业单位劳动用工秩序的实施意见》《繁峙县公益岗位就业人员管理办法》《2015 年新型农村合作医疗实施细则》。原则同意建设银行繁峙支行关于原职工宿舍棚户区改造的申请。

第 42 次常务会议　5 月 20 日下午，县委副书记、县长孔保宝主持召开县政府第 42 次常务会议。讨论通过了《繁峙县人民政府关于进一步推进户籍制度改革的实施意见》《繁峙县国家资源型经济转型综合配套改革试验 2015 年行动计划》。原则同意实施繁峙县 2015 年农村土地承包经营权确权登记颁证测绘服务项目，成立繁峙县九大新开工产业项目考核项目推进领导组，调整了“编外用人”专项整治工作等有关工作。

第 43 次常务会议　6 月 5 日上午，县委副书记、县长孔保宝主持召开县政府第 43 次常务会议，讨论通过了《繁峙县精准扶贫实施方案（草案)》《繁峙县关于调整部分扶贫项目资金使用及2015年扶贫项目资金的安排意见》《繁峙县易地扶贫搬迁后续产业发展资金管理实施细则》《繁峙县扶贫项目管理验收办法》《繁峙县城镇居民人口违法生育社会抚养费征收管理办法（试行)》。会议还研究了高考有关工作。

第44次常务会议　6月18日下午，县委副书记、县长孔保宝主持召开县政府第44次常务会议，会议讨论通过了《关于调整繁峙县2015年度保障性住房分配办法的意见》《繁峙县预发机关事业单位离退休人员离退休费实施方案》《繁峙县“三馆一院”项目建设实施方案》。会议讨论研究了2015年财政收支情况及安排增收节支工作，要求税费做到应收尽收，加大依法清欠力度。原则同意兴隆商厦实业有限公司投资建设城市综合体项目。

第45次常务会议　7月2日上午，县委副书记、县长孔保宝主持召开县政府第45次常务会议，会议研究了加强社会治安综合治理及平安繁峙建设的人员、经费等有关工作。同意山西繁峙农村合作银行改制为山西繁峙农村商业银行。会议决定将产业集聚区命名为“繁峙县砂河产业集聚区”。集聚区以原有的工业园区（冶金、铸造、现代装备制造）为主体，与周边的通用航空产业园区、新能源产业园区形成三园合一区。

第46次常务会议　8月25日下午，县委副书记、县长孔保宝主持召开县政府第46次常务会议，会议传达贯彻落实中央、省、市安全生产会议精神，安排部署本县安全生产工作。研究了教师节表彰安排。通过了关于深化医药卫生体制改革2015年重点工作任务。决定开展打击非法行医专项行动。对保障性住房配套基础设施经费进行了研究。同意关于建立砂河镇普通消防站。

第47次常务会议　9月11日上午，县委副书记、县长孔保宝主持召开县政府第47次常务会议，会议研究并通过关于光华街道路建设占地补偿工作方案、对城市建设占用侯××等人向阳南路国有建设用地进行补偿工作方案。研究了加强林业管护有关工作。决定开展矿产卫片执法监督检查。通过了繁峙县文化旅游项目战略合作框架协议。

第48次常务会议　11月5日上午，县委副书记、县长孔保宝主持召开县政府第48次常务会议，会议集中学习《中国共产党纪律处分条例》和《中国共产党廉洁自律准则》。研究通过了众创园区运行机制、资金安排。讨论通过了《新造林管护办法》《关于在新造林重点工程区进行设站管护的实施办法》等4个文件。研究杏园乡移民工程有关工作。原则同意关于将集义庄乡净林村等北坡经济林建设纳入精准扶贫补助项目。

第49次常务会议　12月2日下午，县委副书记、县长孔保宝主持召开县政府第49次常务会议，会议研究并通过关于安置退役士兵的有关事宜，同意加强公安辅警队伍保障，决定杏园派出所实施搬迁。　（韩　超）

【2016年会议】　15届政府第50次常务会议　1月8日上午，县委副书记、县长孔保宝主持召开县政府第50次常务会议，研究全县安全生产工作、东山乡移民工程、启动砂河镇集中供水、污水处理收费、县城市容和环境卫生管理大队划归住建局管理以及扶贫项目审批等有关事宜，讨论通过了《关于做好2016年安全生产工作的通知》，对全面加强安全生产工作进行了安排部署。会议要求，县委常委会每半年至少研究一次安全生产工作，县安委会每季度至少召开一次安全生产

工作会议，分管副县长每月至少召开一次分管领域的安全生产形势分析研判会议，各乡(镇)、各部门每月至少召开一次安全生产工作例会，县安委会要派员参加乡（镇）、部门的安全生产工作例会，切实落实企业的主体责任和部门的监管责任。

15届政府第51次常务会议　2月22日下午，县委副书记、县长孔保宝主持召开县政府第51次常务会议，研究通过《繁峙县2016年经济社会工作目标责任分解方案》《繁峙县2016年扶贫攻坚工作目标责任分解方案》、2016年扶贫项目安排以及公务用车制度改革办法。

15届政府第52次常务会议　3月3日上午，县委副书记、县长孔保宝主持召开县政府第52次常务会议，研究通过了《关于表彰全县2015年项目建设和固定资产投资先进集体的决定》、2016年全县主要经济指标和约束性指标任务分解意见以及关于调整2015年以前滞留扶贫资金和未实施扶贫项目及2016年扶贫资金安排使用的意见，决定全力推动×××部队进出口道路建设项目，通过了重新审定的县政府32个职能部门的行政职权清单和责任清单。同时，调整了县政府领导工作分工。

15届政府第53次常务会议　4月6日上午，县委副书记、县长孔保宝主持召开县政府第53次常务会议，传达贯彻国务院第四次廉政工作会议和市政府廉政工作会议精神，研究政府系统党风廉政建设工作，会议要求，要认真落实“两个责任”，县政府党组要严格落实全面从严治党的主体责任和政府系统党风廉政建设主体责任，特别要加强党风廉政建设“两个责任”信息化监督管理平台的建设。要坚持依法行政，县政府各级领导干部必须严格按照法律法规、政策办事，牢固树立法治思维，坚持依法行政。会议传达了对郭伯雄、洪发科案件及其教训的通报，会议要求，各级各部门领导干部要深刻汲取郭伯雄、洪发科案件的教训，必须强化政治意识、大局意识、核心意识、看齐意识，自觉维护党的权威、维护党的团结；正确行使手中的权力，牢固树立“权为民所为”的思想；坚持挺纪在前，守住做人为官的底线；以身作则，履行管党治党责任。会议研究通过了《关于乡镇机关事业单位工作人员实行乡镇工作补贴的实施方案》《关于县以下机关建立公务员职务与职级并行制度后兑现各单位职级晋升人员工资的意见》《关于调整人民警察警衔津贴标准的意见》《繁峙县2016年新型农村合作医疗统筹补偿细则》。原则同意武警繁峙中队购买防暴运兵车1辆。研究通过了整合资金高标准修建砂高线—公主村旅游生产公路工程的意见。原则同意2016年本县招聘特岗教师100名。

15届政府第54次常务会议　5月10日上午，县委副书记、县长孔保宝主持召开县政府第54次常务会议，专题研究经济运行工作，会议要求，要主动适应经济新常态，牢固树立和贯彻五大发展新理念。积极适应“三去一降一补”任务，全力抓好企业生产经营，狠抓项目建设，坚决打赢脱贫攻坚战，全面夯实安全稳定基础，有效加强干部队伍建设和企业家队伍建设，开展好“两学一做”学习教育，统筹做好各项工作。

15届政府第55次常务会议　5月11日下午，县委副书记、县长孔保宝主持召开县政府第55次常务会议，研究通过了《砂河镇总体规划》。会议要求，《繁峙县砂河镇总体规划》要充分考虑砂河镇东部工业园区、西部农业园区、北部生态旅游园区、西南部航空产业园区、中部商贸园区的布局情况，在规划中进一步充实完善砂河镇市政基础设施内容。

15 届政府第 56 次常务会议 6 月 20 日上午，县委副书记、县长孔保宝主持召开县政府第 56 次常务会议，研究通过了移交民兵训练基地、政府性债务、中央彩票公益金项目变更、县福利服务中心变更为老年公寓（移民集中供养）用地等有关事宜。讨论通过了《繁峙县改善城市人居环境 2016 年行动计划》《繁峙县改善农村人居环境 2016 年行动计划》。

15 届政府第 57 次常务会议 7 月 6 日上午，县委副书记、县长孔保宝主持召开县政府第 57 次常务会议，研究通过了《关于推进中药材产业脱贫工程的实施方案》《关于推进富硒杂粮产业脱贫工程的实施方案》《关于推进林业生态脱贫工程的实施方案》《关于推进畜牧产业脱贫工程的实施方案》。研究了组建繁峙县文化旅游开发有限公司、政府投资重点项目贷款、县综合职业学校招收佛乐班、建行职工宿舍拆迁补偿以及公安局协警工资及相关待遇、理顺物价检查所工作隶属关系等有关事宜。

16 届政府第 1 次常务会议 9 月 8 日下午，县委副书记、县长崔峥岭主持召开县政府第 1 次常务会议，传达学习了 8 月 15 日全省市级经济发展推进会议的主要精神以及市委、市政府有关会议的指示要求。会议要求，政府系统要全面贯彻落实省委“一个指引、两手硬”的重大思路和要求，坚决把思想和行动统一到省委、省政府对当前经济形势的分析判断上来。要深入学习领会精神实质，用省委、省政府治晋理政的新思路、新要求指导当前各项工作，将省、市重大决策部署和要求落实到具体的工作当中。要紧盯全年各项目标任务，坚定信心，精准施策，真抓实干，奋力拼搏，全力以赴做好下半年经济工作，努力做到“一季比一季好，下半年好于上半年，为明年进一步好转奠定坚实基础”。研究通过了《2016 年度繁峙县政府系统重点工作目标责任分解方案》《繁峙县各有关部门安全监管工作职责规定》以及《繁峙县非煤矿山及尾矿库安全生产专项整治行动方案》《繁峙县非法违法采矿及封堵废弃金矿硐专项整治行动方案》《繁峙县地质灾害隐患专项整治行动方案》《繁峙县建筑行业安全生产专项整治行动方案》《繁峙县人员密集场所及九小场所消防安全专项整治》《繁峙县道路交通安全专项整治行动方案》《繁峙县民爆物品专项整治行动方案》《繁峙县特种设备安全专项整治行动方案》《繁峙县汛期安全生产专项整治行动方案》。会议议定，尽快修复神堂堡—庄旺矿山道路。会议讨论研究了关于理顺供暖管理体制的有关事宜，原则同意本县供热主管部门由县环保局调整为县住建局。会议原则同意建立民生警务综合服务站。会议就落实当前各项工作提出要求，县政府领导班子及职能部门要提振精神、聚力落实、转变作风、争先创优，盯紧目标抓落实。凝心聚力抓落实、创新思维抓落实、倒排工期抓落实、转变作风抓落实，推动政府各项工作任务有效落实。

16 届政府第 2 次常务会议 9 月 8 日下午，县委副书记、县长崔峥岭主持召开县政府第 2 次常务会议，会议集体学习了《忻州市人民政府重大行政决策机制实施细则》文件精神。会议要求，县政府领导班子及各职能部门一定要严格把公众参与、专家论证、风险评估、合法性审查、集体讨论决定“五项决策程序”贯彻在重大行政决策当中，切实提高行政决策的质量和水平。会议同意对不具备实施条件的项目变更部分扶贫项目建设内容，统筹整合使用部分扶贫项目资金实施精准扶贫。会议要求，全力推动8个村光伏扶贫项目建设。会议听取了关于“三晋环保行”反馈意见的情况汇报，研究通过了《繁峙县砖瓦企业分类处置办法》。对实施食品安全县工作进行了研究部署，讨论通过了《繁峙县食品安全目标责任考核办法》。

16届政府第3次常务会议　11月8日下午，县委副书记、县长崔峥岭主持召开县政府第3次常务会议，会议通过了将县新型农村合作医疗管理中心成建制整体划转移交至县人力资源和社会保障局（劳动）的意见。研究通过了由县人民法院依法组织拍卖原砂河物资招待所地上建筑物、构筑物的有关事宜。听取了关于近期脱贫攻坚工作的情况汇报，同意与繁峙县农村合作银行合作开展“扶贫贷”小额贷款。为全县50856人建档立卡贫困户办理大病医疗补充保险与意外伤害保险。研究通过了在光裕堡村、黄家庄村、大砂村、楼岗村、后掌村、南洪水村、羊圈村、北台峰村8个贫困村各建设1个100KW的光伏扶贫村级电站。研究了开展资产性收益扶贫工作、部分扶贫项目资金安排以及落实第一书记帮扶资金等有关事宜。会议研究通过了《繁峙县金融助推脱贫攻坚工作方案》。还就人事任免、“三争一引”以及严格工作秩序和工作规则等工作进行了讨论研究。

16届政府第4次常务会议　11月25日下午，县委副书记、县长崔峥岭主持召开县政府第4次常务会议，会议集体传达学习了省委书记骆惠宁同志在“学以致用、以用促学、把学习贯彻习总书记系列重要讲话精神引向深入”学习交流会和在省委十一届一次全会上的重要讲话精神；学习了《山西省激励干部担当作为干事创业办法（试行）》和《山西省支持干部改革创新合理容错办法（试行）》。会议要求，政府系统要深入学习习近平总书记系列重要讲话精神，做到融会贯通，学以致用。坚决以习近平总书记系列重要讲话精神为指引，全面落实省委“一个指引、两手硬”的重大思路和要求，切实把思想和行动统一到讲话精神上来，用讲话精神指导政府工作，确保全年各项工作任务圆满完成。会议传达贯彻了省、市道路交通安全工作紧急电视电话会议精神，举一反三，就做好全县各项安全生产工作进行了安排部署。会议研究通过了繁峙县鑫生出租汽车有限责任公司作为县城公共交通特许经营企业，组织开通环保公交。会议研究通过了《繁峙县人民政府重大行政决策机制实施细则》。讨论通过了山西繁峙农村合作银行4宗国有划拨建设用地转协议出让的有关事宜。

16届政府第5次常务会议　12月8日下午，县委副书记、县长崔峥岭主持召开县政府第5次常务会议，会议专题研究了2016年部分扶贫项目资金调整变更使用的有关事宜。对部分扶贫项目资金进行了统筹整合和调整变更。（韩　超）

办公室

【政务信息】　2014年共撰写报送《繁峙政务信息》347条，撰写调研报告25篇，为各级领导掌握情况、科学决策提供了信息依据。从全县经济建设、社会发展、群众生活等各个领域，搜集素材，捕捉信息，综合分析，力求客观公正，既反映好的一面，及时上报全县的新成绩、新经验、新做法、新典型，又反映问题和差距，使领导及时了解到各方面的矛盾和问题，便于领导调整和完善决策。

2015年共撰写报送《繁峙政务信息》298条，撰写调研报告20篇，紧紧围绕脱贫攻坚、产业结构调整、经济发展、城镇化建设、招商引资、农民增收、环境建设、社会稳定、众创工作等全县中心工作和群众关注的热点问题，及时反映工作思路、工作措施和进展情况，为各级领导掌握情况、科学决策提供了信息依据。

2016年共撰写报送《繁峙政务信息》285条，撰写调研报告25篇，紧紧围绕脱贫攻坚、项目建设、经济发展、城镇建设、三农发展、生态环境、安全稳定等全县中心工作和群众关注的热点问题，从全县经济建设、社会发展、群众生活等各个领域，搜集素材，捕捉信息，综合分析，力求客观公正，既及时上报全县的新成绩、新经验、新做法、新典型，又反映问题和差距，为各级领导掌握情况、科学决策提供了信息依据。

（韩　超）

【政务公开】　2014年，全县各级各部门认真贯彻落实《中华人民共和国政府信息公开条例》《山西省政府信息公开规定》精神，深度推进政府信息公开工作，为实现阳光行使权力，加快建设法治政府、廉洁政府发挥了积极作用。进一步完善信息公开制度，成立繁峙县政府信息公开领导组，明确了政府信息公开工作主管部门和工作机构，加强力量配备、充实了工作人员，并保障必要的工作经费。制定了《繁峙县人民政府信息公开指南》，认真执行财政资金信息公开的有关规定，并配合上级财政部门和县委、县政府对全县各部门预决算信息和“三公”经费信息进行公开公示。全面加强公共资源配置、公共服务、公共监管等各个方面的信息公开。

2015年，全县各级各部门认真贯彻落实《条例》精神，深刻理解公开工作面临的新形势、新要求，充分适应政务公开与政府信息公开工作融合的新局面，围绕“提质量、增实效”目标，坚持问题导向，狠抓要点落实，大力推进政府信息公开。依托县政府网站、阳光农廉网、权力运行平台、全民综合服务信息平台、部门网站、电视台等媒介，对涉及行政审批、项目确定、土地征占、市政建设、保障性住房建设及分配、政府采购、工程招投标、上级部门下拨的各类经费、征用土地及土地补偿费、安置补助费的发放和使用、重大事项决策和实施、干部任免、行政事业单位人员考试录用等事项向社会真实公开，确保政府各项权力在阳光下运行。特别是针对涉及“三重一大”即：重大事项决策、重大项目安排、重要人事任免和大额资金使用等事宜，都在政府网站进行公开。通过政府网站、政府信息、微博等渠道共发布各类信息3197条，其中，机构职能类15条，约占信息发布总数的1%；政策法规类402条，约占信息发布总数的13%；决策行政职权类147条，约占信息发布总数的4%；工作动态类840条，约占信息发布总数的26%；其他信息1793条，约占信息发布总数的56%。把关乎社会公众利益的事项作为政务公开的重要内容，依托政务服务中心“一库两网七平台”，全县42家单位的5904项权力清单全部在县权力运行平台上予以公示。加大对行政主体基本情况和行政决策、执行、监督的程序、方法、结果等事项的公开力度，尤其是对涉及关乎社会公众利益的行政处罚、行政收费、物价调整、计划生育以及社会公共企事业部门的办事规定、收费规定、服务承诺、业务咨询等事项向社会进行了全面公开，切实增强了政府工作的透明度。同时，还依托全民综合服务信息平台、“忻州随手拍”、“政务微博”等新媒体逐步扩大公开覆盖面，不断提高公开透明度，主动接受群众监督。全年共梳理群众反映问题4033个，处理3562个；解决网格长手机终端上报问题4256个，繁峙县政务微博“繁峙发布”荣获2015年上半年山西基层单位政务新媒体综合影响力奖。

2016年，全县各级各部门紧紧围绕党中央、国务院及省委、省政府和市委、市政府重大决策部署，深入贯彻落实《关于全面推进政务公开工作的意见》和国办《实施细则》，坚持以公开为常态、不公开为例外，全面推进决策、执行、管理、服务、结果公开，进一步加强政策解读、政务舆情回应、公开平台建设等工作，切实提高政务公开实效，工作取得了新进展。对繁峙县人民政府网站进行重新改版升级，优化网页界面，丰富公开目录，提高信息搜索便捷性，努力将政府门户网站打造为公开信息、服务民生、沟通民意的有效平台。充分利用政务微博，扩大信息公开覆盖面。借助“繁峙发布”政务微博平台，宣传和传播政府公报、政府重要项目进展情况、重要政策解读等信息，提高政府信息的知晓率和利用率。通过政府网站、政府信息、政务微博共发布各类信息4461条，其中，机构职能类89条，约占信息发布总数的2%；政策法规类604条，约占信息发布总数的14%；决策行政职权类213条，约占信息发布总数的5%；工作动态类981条，约占信息发布总数的22%；其他信息2574条，约占信息发布总数的57%。对行政权力运行监督平台进行改版升级，全年系统受理事项133660件，办结事项132875件，办结率达到了99.4%。自觉接受人大法律监督和政协民主监督，全年办理人大代表建议和政协提案98件。广泛听取各民主党派、人民团体和社会各界人士的意见建议。持续提升政府网站、“忻州随手拍”、“繁峙发布”政务微博运行水平，实现网络问政常态化。政府执行力和公信力持续增强。

（韩　超）

【督查工作】 2014年，围绕政府中心工作，把落实作为督查工作的出发点和落脚点，加大力度，改进方式，提高实效。开展全局性督查25次，专题性督查10次，确保了重点工作任务的完成。对2014年县政府161项重点工作目标任务细化分解到县长、副县长及有关部门，制定2014年县政府重点工作目标责任专项督查计划，按月、按季开展专项督查。安排和督导政府各部门、有关单位办理人大代表议案45件，办理政协提案31件，办结率达到了100%。

2015年，围绕政府中心工作，在督查形式上狠抓“四个转变”。即从事务性督查向决策性督查转变，从消极被动督查向积极主动督查转变，从以部门督查为主的小范围督查向协调各方联动的大督查转变，从突击性、阶段性督查向经常化、制度化督查转变，使督查工作较好地落到了实处。全年，围绕安全生产、环境保护、社会保障、依法行政、教育教学等方面进行了专项督查，有力地促进了工作的落实。对省、市、县年度重点工作任务进行分解，对94项重点工作任务制定专项督查方案，按月、按季进行督查，有力促进了全县经济社会各项工作任务的圆满完成。

2016年，围绕政府中心工作，在督查实效上加大“三个力度”，即加大发现问题的力度，提高善于找出问题、分析问题的能力，准确把握督查工作的角度和高度，力求督查工作应有的宏观性、政策性、决策性；加大协调解决问题的力度，坚持把协调解决问题作为提高督查实效的突破口，对政府和领导授权的督查事项，大胆负责地督办，积极主动地协调，对领导尚未明确的事项，在职责范围内督办解决，确有困难的，提出解决办法和建议，及时向领导反映；加大督查调研的力度，做到督查和调研有机结合，相互促进，确保督查工作情况清楚，有的放矢，措施有力，效果明显。本年，围绕脱贫攻坚、安全生产、环境保护等方面进行了专项督查。对省、市、县年度重点工作任务进行分解，制定专项督查方案，按月、按季进行督查，促进了全县经济社会各项工作任务的圆满完成。特别是在脱贫攻坚、“铁腕治污”、安全生产等重点工作中，实现了全年不间断高强度督查，及时发现工作中存在的问题，为县委、县政府了解和掌握一线真实情况提供了事实依据。（韩　超）

【应急工作】 2014年，紧紧围绕全县经济社会发展大局，深化应急管理思想认识，着力加强和完善预案体系建设，全面夯实应急基层基础，加强应急演练，规范信息报送，强化提升应急处置水平，全面提升应急管理水平。强化机构建设，县政府应急办成为常设机构，明确了3名科员及2名领导职数。组建了自然灾害类、事故灾难类、公共卫生事件、社会安全事件类、金融安全类、应急综合管理类等6个专家组，并调整充实了县应急救援中心和非煤矿山抢险救援队伍。进一步完善了部门预案和专项预案，制定县级应急预案68个，实现了体系完备、分级响应的工作目标。开展应急联动演练活动，比较有针对性和代表性的是在笔锋小学开展地震应急演练活动、在县体育场举行反恐应急演练和在神堂堡乡黄台村开展地质灾害避险应急演练。加强应急值守和信息报送，着重健全指挥系统，将应急值守工作作为应急管理工作的重中之重，严格执行领导带值班24小时双人值守明确制度，要求各乡（镇）、各部门严格按照县政府办下发的值班排班表实行值班月报告制度，应急值守人员严格填写市政府统一格式的值班日记，并着专人对应急各类资料进行分类管理与存档。县政府把党组成员全部列入应急值守带值班范围。

2015年，认真贯彻落实上级关于应急管理工作的方针政策，对应急管理工作周密部署，统筹协调，积极应对，使各类突发安全生产事件发生起数和伤亡人数继续下降，道路交通、非煤矿山、危险化学品、烟花爆竹等生产应对工作明显得到加强。在规范县、乡两级应急管理机构的基础上，将工作重心向基层延伸，积极推进基层应急管理组织机构建设。全县各村、居民办事处、学校、企业在政府和主管部门的领导下积极开展应急管理工作，真正建起“县、乡、村”三级应急管理组织网络，初步实现应急工作网格化管理模式。全县乡（镇）、应急机构13个，村级应急机构402个，居民办应急机构1个，县直各部门、企业和学校均建立应急机构，基本实现“横向到边、纵向到底”的应急体系。进一步完善了综合、专项预案，修订编制应急预案79个。为切实提高和增强本县突发事件快速反应和攻坚处突能力，进一步推进应急联动机制建设，多次开展应急联动演练活动，县消防大队在县人民医院组织开展的人员密集场所消防演练、县卫计局参演市卫计局组织的2015年度忻州市突发公共卫生事件应急观摩演练、紫金矿业防汛抢险应急演练、平型关西街反恐处突应急拉动实战演练、大规模群体性突发事件处置桌面推演等应急演练成功举行。强化应急宣传教育，2015年先后开展了《贯彻落实山西省突发事件应对条例宣传活动》《安全生产应急知识宣传活动》《5·12 防灾减灾宣传周活动》《安全警示教育周活动》《安全宣传进乡镇、进企业活动》等内容丰富、形式多样的宣传活动，举办应急专题培训 11 场，培训人数 565 人，举办应急集中培训 14 场，培训人数 725 人，参加上级应急培训 9 场，培训人数 137 人。严格执行领导带值班 24 小时双人值守明确制度，强化应急值班值守和信息报送。

2016 年，认真贯彻落实上级关于应急管理工作的方针政策，全面强化应急管理工作，进一步完善综合、专项预案修订编制应急预案 85 个，其中：应急总体预案 1 个，专项应急预案 32 个，部门应急预案 19 个，乡（镇）应急预案 33 个，所辖范围内的各企业、医院、学校及其他社会组织、机构和单位也相应制定完善了应急预案。强化应急队伍建设，建设综合应急救援队伍 1 支，部门专业应急救援队伍 7 支，乡（镇）综合应急队伍 13 支，志愿者队伍 2 支，企业专业救援队伍 3 支。进一步加强应急管理工作保障力度，为分管领导和专职干部配备双模手机，为应急专项领域安装了 8 个联网应急预警扩音器和 10 部应急通讯手机。将应急建设所需经费全部纳入县财政预算，并为应急队伍购置了指挥、应急和保障三类 16 余种器材，配备了应急指挥、野外生活等 7 大类 25 种 3000 余件（套）装备器材。（韩　超）

机关后勤服务

【概述】　机关后勤服务中心（以下简称中心），认真践行《机关事务管理条例》，坚持“为领导服务、为机关服务、为干部职工服务”，狠抓后勤管理工作，不断改善机关办公区和生活区的工作生活条件，为领导、职工、住户做好服务保障工作。2014 年，有职工 35 人，党员 14 人。2015 年，有职工 33 人，党员 13 人。2016 年，有职工 31 人，党员 13 人。（王　飞）

【公共机构节能】　中心组织全体工作人员在县农行广场举行了 2014 年节能宣传周启动仪式，发放节能小常识 1000 份，倡议书 500 份，宣传展板 5 副，悬挂宣传横幅 2 条，以提高广大干部职工的节能意识。突出抓好节约用电，大力抓好节约用水，积极推行政府节能采购，减少公务费用支出，积极推广和应用节能降耗新产品，降低运行成本。对政府环形路路灯损坏不亮的问题，专门抽出办公经费 8300 元，对全部路灯更换为 LED 节能灯。完成全县 89 个公共机构 2014 年能耗数据统计汇总、复核、对比和分析工作，形成分析报告，圆满完成了全县公共机构节能的总体目标任务。

2015 年，对全县 13 个乡（镇）和 76 个县直单位的 2014 年公共机构节能指标绩效考评。在府东广场举行全县节能周活动启动仪式，现场发放了节能宣传资料 800 余份，向 15 个单位发放节能宣传海报 45 份和节能宣传手册一批，利用横幅、宣传板报和办公大楼电子显示屏发布节能低碳的宣传口号，营造了浓厚的活动氛围，推动了全县公共机构节能工作的全面深入开展。

2016 年，全面贯彻《中华人民共和国节约能源法》，6 月 6 日至 6 月 10 日，以“携手节能低碳，共建碧水蓝天”为主题，在全县范围内以发放传单的方式大力弘扬勤俭节约的好习惯好传统。同时，组织力量，认真开展全县公共机构基本信息普查，建立公共机构名录库，准确掌握公共机构数量和基本信息，并严格按照《山西省公共机构能源资源消费统计制度》，准确、全面、及时汇总上报本地区、本单位公共机构能源资源消费统计台账，完善统计工作基础，并将此全部输入全省统计信息网络，实现公共机构能源资源消耗统计信息化、网络化。（王　飞）

【办公用房管理】　2015年，根据中央、省、市《关于党政机关停建新建楼堂馆所和清理办公用房的通知》精神，年初，按照“严格标准、自查自纠、统计汇总、加强督查”的要求，中心协助相关单位对党政机关办公用房按照2014新标准进行了清理整改。整改比例达到100%。4月份对科级领导干部占用办公室用房进行摸底统计，并对统计资料整理归档。规范固定资产管理，对机关大院内固定资产进行了登记造册。

2016年，开展党政机关办公用房使用情况“回头看”。中心协助相关单位对县党政机关办公用房进行实地检查。检查中未发现办公用房、服务用房或附属用房面积超标违规现象，并对统计资料整理归档。（王　飞）

【安全保卫】　安全保卫工作一直是机关事务工作的一项重要任务，积极争取上级支持，全力加强县委、县政府办公区安全保卫工作：一是增加门卫人员2人，保证每班次3人，加强了安全保卫力度。重点加强重大节日期间实行24小时全员值班和领导带班制度；二是强化政府大院安全监管，制止车辆乱停乱放；三是投入14000多元在县委县政府办公区大门口再次加装了高清视频监控系统;四是对县委、县政府办公区的消防设施进行检查，增加配备了灭火器材，彻底消除了安全隐患，实现全年零火灾、零偷盗、零事故，确保了办公区各部位的安全；五是积极配合信访局和两办维护信访秩序，为维护社会稳定，化解社会矛盾做出了积极努力，有效维护了机关良好的工作秩序。（王　飞）

【服务保障】　因政府小区化粪池年久没有维护，导致居民住宅楼下水溢出地面。中心及时组织工作人员进行抢修，2014年共清理化粪池垃圾50余车，投入资金5000元，使其得到及时解决。利用节假日加班加点，完成了办公楼公共设施维修工作。（王　飞）

【公务用车改革】　在2015年初调查摸底的基础上，于11月份制定出台《繁峙县党政机关公务用车制度改革涉及的车辆处置办法》，经县长办公会议审核通过，上报省、市相关部门。年底圆满完成涉改车辆的摸底工作。

2016年，按照县公车改革整体安排，为解决公务用车集中停放问题，由中心负责停车场建设工作，按规划，新建停车场位于县政府路东办公区。自3月份后，各项建设工作进展顺利，一期工程于9月完工。

（王　飞）

【脱贫攻坚】　2016年，按照全县脱贫攻坚行动纲领，中心完成了与繁城镇艾蒿梁村的对接工作，与繁城镇镇政府和艾蒿梁村委会经过4次核实，确定艾蒿梁村贫困户为21户86人，并建立了帮扶台账。慰问老党员2户，五保户2户，80岁老人1户，对21户贫困户每户解决一个农村医疗保险。针对村民普遍提出就业难问题，与有关部门联系协商解决了5个就业岗位。（王　飞）

扶贫攻坚

【精准扶贫建档立卡】　2014年5月13日，在政府二楼会议室贫困户建档立卡工作会议。县扶贫开发服务中心指导各乡（镇）、村开展贫困人口识别工作。按照贫困村、贫困户的识别标准，全县共识别出贫困村213个，贫困人口74830人。

2015年10月19日，召开全县建档立卡“回头看”动员大会。会后执行国家农村扶贫标准，综合考虑贫困农户家庭人均可支配收入（2014年底农民人均可支配收入2800元）、住房、教育、健康等情况，严格按照“八不进”原则，“两公示、两审核、一公告”的程序，通过“农户申请、民主评议、公示公告、登记造册”四个步骤，以户为单位整户识别。全县13个乡（镇）389个村，共精准识别贫困人口68202人。

2016年10月，根据《山西省贫困人口核查整改和2016年扶贫对象动态调整工作方案》和市脱贫攻坚领导组办公室安排，本县核查整改和动态调整后，“十三五”期间，建档立卡贫困户17820户50220人，涉及389个村，其中贫困村213个，贫困发生率为20.8%。（张俊庆）

【结对帮扶】 2014年，为尽快解决贫困户脱贫致富，由131个单位抽调565人组成帮扶工作队，深入13个乡（镇）的贫困村实施结对帮扶。

2015年，按照中央、省、市推进精准扶贫工作通知要求，县委、县政府制定《繁峙县农村扶贫开发干部驻村帮扶实施方案》（繁办发〔2015〕22号），结合本县机关定点扶贫、领导干部包村增收活动安排，以“单位包村、干部到户、稳定脱贫”总体目标，对全县建档立卡精准识别出的213个贫困村，由16个省市扶贫工作队和县直132个扶贫工作队开展驻村帮扶。由县委组织部、县委农村工作领导组、县扶贫开发服务中心组织全县各单位选派党员干部，进驻213个贫困村担任第一书记，开展驻村帮扶工作。

（张俊庆）

【易地扶贫搬迁】 2014年，为改善贫困户居住条件，对500人实施易地扶贫搬迁，投入扶贫资金230万元，另外对2015年度易地扶贫搬迁工作进行任务分解，全县共落实1019套移民房，安置移民3567人。其中，大营镇落实71套，安排226人，东山乡分配落实477套，安排1971人，繁城镇落实471套，安排1370人。

2016年，采取集中安置、分散安置和集中供养三种方式安置移民户，做到搬得出、稳得住、有产业、能致富。省、市本年下达易地扶贫搬迁任务1200人（其中：建档立卡贫困人口1004人），全县实际易地搬迁对象涉及8个乡（镇）35个村450户1203人（建档立卡贫困人口352户1018人，同步搬迁99户185人）；其中集中安置313户973人，分散安置136户228人，集中供养2户2人。2016全县易地扶贫搬迁计划投资4564万元，当年完成投资4113.84万元，完成率90.12%，计划2017年6月底前实现移民户全部入住。（张俊庆）

【百企千村产业扶贫开发工程】 2014年，全县第一批确定16户重点企业，当年落实了宝山矿业、平型关铁矿、矿产品公司等11家企业实施上马9个项目，总投资8.2亿元。（张俊庆）

【千村万人就业培训】 2014年，县扶贫开发服务中心组织了千村万人就业培训，受益农户达到430人，通过培训就业率达到85%，其余农户作为科技带头人回村分别从事种植、植树造林等工作，带领乡村民发家致富。（张俊庆）

【教育扶贫】 2014年，为确实解决贫困学生上学问题，县扶贫开发服务中心积极争取上级资金，共资助贫困大学生65人。

2015年，对考入公办高等院校计划内全日制二本B类以上的76名建档立卡贫困大学生进行了全覆盖，每人一次性资助5000元。对建档立卡贫困家庭成员接受本县、省和跨县、省中、高等职业院校、技工院校教育及一年以上劳动预备制技能培训的1762名中职生，每人补助1500元。累计发放教育扶贫资金302.3万元。 （张俊庆）

【扶贫培训】 2015年，共完成培训900人，其中：千村万人就业培训300人、新型职业农民培训600人。通过培训，引导新型职业农民开发电子商务业务，将本县特色农产品推销出去，走出繁峙，面向全国市场。促使农业产业规模化发展，提高农民收入。

2016年，共培训贫困对象5200人，实现劳务输出2680人，实现收益5406万元，初步测算，贫困户就业转移人均收入可超过2万元。 （张俊庆）

【金融扶贫】 2015年，为解决贫困户缺资金这一普遍问题，本县启动“金融扶贫小额贷款富民工程”，确定邮储银行为金融合作银行，注入500万元财政扶贫资金作为扶贫贷款风险补偿金。加上县农村信用合作银行扶贫小额贷款，全县共完成扶贫小额贷款3380万元。为农村产业发展提供了资金保障。

2016年，安排财政资金1360万元与建设银行合作开设了“助保贷”等金融产品，解决了全县中小企业发展脱贫产业融资难的问题。又安排扶贫资金300万元用于风险补偿金，注入农村合作银行开设“富民贷”和“扶贫贷”小额贷款业务，解决了众多贫困户有项目缺资金的难题。积极申请扶贫再贷款11500万元，占到全市扶贫再贷款总额度的23%。通过农合行、新田村镇银行向扶贫产业龙头项目与贫困户发放贷款8732万元。全面加强脱贫攻坚信贷服务，为全县建档立卡贫困户发放小额信用贷款835笔4766.2万元。为专业合作社发放贷款4062万元。同时，为带动贫困户脱贫的种养加公司发放贷款58笔4.6亿元。 （张俊庆）

【整村推进项目】 围绕省委提出的“一村一品”战略目标，通过发展种、养业、经济林等特色产业，转变农业产业结构，打造园区化、基地化、项目化、产业化的民生工程，大力发展现代农业，推进城乡发展一体化，2015年本县启动大营镇杨庄村、下茹越乡下寨村、杏园乡古家庄村、小砂村，集义庄乡白石头村、大宋峪村、南龙兴村，金山铺乡南河会村、上狼涧村等9个村的整村推进任务。投入扶贫资金450万元，实现农业增效，农民增收，为全县脱贫攻坚奠定坚实基础。 （张俊庆）

【财政资金整合】 2016年，针对致贫原因，本县在广泛调研的基础上，因地制宜，因人因户因贫施策，做到一户一本账，一村一规划，一乡一方案，全县总规划。

2016年，全县共整合15个部门各类财政资金2.4亿元，县级财政资金用于扶贫开发的总量达到5370万元，是2015年的3.67倍。上级下达本县专项扶贫资金3479万元，已经拨付到位3348万元。本年全县各类金融机构共发放“三农”贷款26.38亿元，同比增长20.25%。为全县建档立卡贫困户发放小额信用贷款4766.2万元，完成率达到107.25%，同比增长41%，超额完成了目标任务。 （张俊庆）

【"两包三到"联动帮扶机制建立】 2016年，全县充分发挥包村领导、驻村工作队、第一书记三支队伍的作用，建立单位包村、领导包带、工作队到村、党员干部到户、第一书记到岗的"两包三到"联动帮扶机制，精准落实帮扶责任，形成领导有力、推进有力、势头强劲的工作局面。全县建立完善三级干部帮扶工作机制，县四套班子成员带头进乡驻村入户，县直单位和乡镇领导干部全部驻村帮扶，驻村干部逐户逐人签订帮扶责任状，帮扶责任压紧压实。（张俊庆）

【《繁峙县2016年贫困退出审核验收实施方案》出台】 2016年，县委、县政府出台了《繁峙县2016年贫困退出审核验收实施方案》，明确贫困退出的标准和要求，并召开县乡村三级驻村干部大会，进行安排部署，县脱贫攻坚指挥部成员深入乡村督查指导，确保全县的脱贫退出真实、可靠、精准。

（张俊庆）

中国人民政治协商会议繁峙县委员会

综　　述

【理论学习】　2014年，面对改革发展新的形势和任务，县政协把学习贯彻中共十八大、十八届三中、四中全会和习近平总书记系列重要讲话精神放在突出位置，统筹推进常委会委员和机关干部学习，坚持以中国特色社会主义理论引领事业发展、以社会主义核心价值观凝聚各界共识、以党的路线方针政策统一思想行动，巩固各党派团体、各族各界人士团结奋斗的共同思想政治基础。2014年常委会集体学习4次，集中培训委员、机关干部180余人次。

2015年，围绕“为官不为、为官不正、为官乱为”和“三严三实”遵守政治纪律政治规矩，分别进行了专题研讨。按时讲党课，常委会全年集体学习4次，集中培训了委员和机关干部。

2016年，深入开展“两学一做”学习教育，通过开展“学党章党规，学系列讲话，做合格党员”学习教育，进一步解决党员队伍在思想、组织、作风、纪律等方面存在的问题，真正把合格的标尺立起来，把做人做事的底线划出来，把党的先锋形象树起来，把党内组织生活规范起来，把党组织和广大党员的作用发挥出来。本年常委会集体学习4次，集中培训了委员和机关干部。

（席　鑫）

【议政建言】　2014年，县政协安排常委会议、专题议政会议，就农村居民最低生活保障、老百姓看病贵、取药难，农村上户难，农村养老保险，农村土地，农村移民，加快发展羊产业，医疗卫生，特色城镇化建设，古村落保护等社会热点和民生问题集中进行协商议政；全年，共组织调研、视察活动15批次，报送专题建议报告10余件；征集提案38件，立案办复31件，办复率达100%；委员们提出的加强食品安全监管，稳定农业基础地位，创新农业经管体系等问题的建议，受到县委、县政府高度重视，有些已转化为党政推进科学发展、增进群众福祉的实际举措。

2015年，县政协就做大做强旅游产业、文物保护、信访维稳、发展集体经济、移民扶贫、劳动力转移、医疗保障等社会热点和民生问题集中进行协商议政；全年，共组织调研、视察活动16批次，报送专题建议报告10余件；征集提案35件，立案办复35件，办复率达100%；委员们提出的关于资源整合、构建良好人文环境、交通安全、社区建设、旅游发展等问题的建议，受到县委、县政府高度重视，有些已转化为实际举措；围绕“十三五”规划进行专题调研，向县委、县政府报送了“繁峙县政协关于对本县‘十三五’规划的若干建议”，就经济建设、生态建设及旅游方面、民生改善方面和城镇建设等4个方面，17个专题提出了若干建议。

2016年，县政协就深化行政审批制度改革、精准扶贫、民营经济发展、以脱贫攻坚统领经济社会全局等社会热点和民生问题集中进行协商议政；全年，共组织调研、视察活动14批次，报送专题建议报告10余件；征集提案52件，立案办复45件，办复率达100%；委员们提出的关于扶贫资金使用、中药材种植、乡村职业技术人员培训、学校周边环境治理、挖掘弘扬传统文化等问题的建议，受到县委、县政府高度重视，责成相关部门研究实施。（席　鑫）

【环境创优】 把优化发展环境作为政协开展民主监督的重点，2014年—2016年，3年各选派20名委员担任执法执纪监督员，配合县纪委、监察局开展政风行风评议活动。（席　鑫）

【集中走访活动】 按照省、市、县委开展“知民情、访民意、解民忧”集中走访活动统一部署，主席班子成员先后到所包乡（镇）、村面对面了解群众生产生活情况，听取基层呼声、诉求，收集各方面意见，并现场协调解决了杏园乡因东环修路水淹农民4公顷土地问题，南线修路扬尘污染问题，集义庄乡东坡头村人畜饮水池维修资金等问题。（席　鑫）

【社情民意】 拓宽社情民意渠道，做好社情民意信息综合分析和报送工作，为党政掌握民情民意、推进工作提供服务。2014年，收集社情民意信息150余篇，编报专刊53期，其中市政协采用8篇，省政协采用1篇，全国政协采用1篇，社情民意信息工作受市政协表彰。

2015年，收集社情民意信息130余篇，编报专刊38期，其中市政协采用6篇，省政协采用3篇，县委主要领导批示2篇，社情民意信息工作继续保持全市领先地位。

2016年，收集社情民意信息120余篇，编报专刊34期，其中市政协采用6篇，全国政协采用1篇，社情民意信息工作继续受市政协表彰。（席　鑫）

重要会议

【县政协十届四次全体委员会议】 2014年4月1—3日在县城举行。会议应出席委员150人，实到141人。1日上午举行开幕会议，杨有富主持会议。赵琦代表县政协常委会向大会报告工作。郑宇利向大会作政协繁峙县委员会常务委员会提案工作情况报告。会议期间，委员们列席县人大十五届四次会议，认真听取和讨论政府工作报告及其他报告。通过大会建言、小组讨论、联组会议和提案、社情民意信息等多种方式，围绕繁峙县转型跨越发展、全面建设小康社会积极建言献策，切实履行职能。3日上午举行闭幕会，通过提案审查委员会关于县政协十届四次会议提案审查情况的报告，关于政协繁峙县委员会常务委员会工作报告的决议，政协第十届繁峙县委员会第四次会议政治决议。会议共收到提案38件，经审查立案31件。（席　鑫）

繁峙县政协十届四次全体委员会议　席鑫提供

【县政协十届第十五次常委会议】 2015年3月24日在县委二楼会议室举行。县政协主席赵琦，副主席杨有富、高玲玲、郑宇利、张晋军，秘书长孙福焕出席。会议听取关于政府工作报告（征求意见稿）的说明；审议通过政协常委会工作报告、提案工作情况报告；会议决定县政协十届五次会议于4月7日在县城召开。审议通过县政协十届五次会议的有关议程（草案）、日程（草案）。会议对政府工作报告进行讨论，在肯定成绩的同时，提出积极的意见和建议。会议决定撤销姚文利政协委员资格，增补杨俊海为十届政协委员。（席　鑫）

【县政协十届五次全体委员会议】 2015年4月7—9日在县城举行。会议应出席委员149人，实到137人。7日上午举行开幕会议，杨有富主持会议。赵琦代表县政协常委会向大会报告工作。郑宇利向大会作政协繁峙县委员会常务委员会提案工作情况报告。会议期间，委员们列席县人大十五届五次会议，认真听取和讨论政府工作报告及其他报告。通过大会建言、小组讨论、联组会议和提案、社情民意信息等多种方式，围绕繁峙县深化改革开放、推进“六大战略重点”、推动产业园区建设、建设法制繁峙、增进民生福祉、促进和谐稳定积极建言献策，切实履行职能。9日下午举行闭幕会，通过提案审查委员会关于县政协十届五次会议提案审查情况的报告，关于政协繁峙县委员会常务委员会工作报告的决议，政协第十届繁峙县委员会第五次会议政治决议。会议共收到提案35件，经审查立案35件。（席　鑫）

县政协十届五次全体委员会议　席鑫提供

【县政协十届第十六次常委会议】 2016年8月16日在县委二楼会议室举行。县政协主席赵琦，副主席杨有富、高玲玲、郑宇利、张晋军，秘书长孙福焕出席。邀请钟文秀、邬春生出席。会议听取关于政府工作报告（征求意见稿）的说明；审议通过政协常委会工作报告、提案工作情况报告；会议决定县政协十一届一次会议于8月27日在县城召开。审议通过县政协十一届一次会议的有关议程（草案）、日程（草案）。会议对政府工作报告进行讨论，在肯定成绩的同时，提出积极的意见和建议。会议宣读了市委组织部人事任免通知，协商决定了十一届县政协界别设置和委员邀请事宜。（席　鑫）

【县政协十一届一次全体委员会议】 2016年8月26—29日在县城举行。会议应出席委员150人，实到136人。27日上午举行开幕会议，钟文秀主持会议。赵琦代表县政协常委会向大会报告工作。郑宇利向大会作政协繁峙县委员会常务委员会提案工作情况报告。会议期间，委员们列席县人大十六届一次会议，认真听取和讨论政府工作报告及其他报告。通过大会建言、小组讨论、联组会议和提案、社情民意信息等多种方式，围绕繁峙县“十三五”规划的实施、培育社会经济增长点、统筹城乡发展、加快城镇化建设、保障和改善民生等积极建言献策。29日下午举行了第四次大会和闭幕会，通过提案审查委员会关于县政协十一届一次会议提案审查情况的报告，关于政协繁峙县委员会常务委员会工作报告的决议，政协第十一届繁峙县委员会第一次会议政治决议。会议选举钟文秀为政协第十一届繁峙县委员会主席，张晋军、高玲玲、郑宇利、邬春生为副主席，孙福焕为秘书长，王永伟等30人为十一届县政协常务委员。会议共收到提案52件，经审查立案45件。（席　鑫）

县政协十一届一次全体委员会议　席鑫提供

【县政协十一届一次常委会议】　2016年11月30在县委党校四楼会议室召开。县政协主席钟文秀，副主席张晋军、高玲玲、郑宇利、邬春生，秘书长孙福焕出席。会议决定在全体政协委员中开展“政协委员结对帮扶助推脱贫攻坚”活动。（席　鑫）

重要活动

【“党的群众路线教育实践”活动启动】　2014年3月19日。制定了活动实施方案，主席赵琦进行了动员讲话，全体党员干部按照“照镜子、正衣冠、洗洗澡、治治病”的要求，聚焦作风建设，集中解决形式主义、官僚主义、享乐主义、奢靡之风。（席　鑫）

【“三严三实”专题教育启动】　2015年6月12日。制定了活动实施方案，赵琦主席进行了动员讲话并讲授党课。强调把“三严三实”专题教育和解决问题结合起来，认真组织专题学习研讨，深入开展党性分析，以践行“三严三实”为主题召开民主生活会。

（席　鑫）

【“两学一做”学习教育】　2016年4月28日，全县“两学一做”教育工作会之后，县政协立即制定了活动实施方案，赵琦进行了动员讲话，孙福焕讲授党课。要求把党的政治思想建设抓在日常，严在经常，加强思想政治建设，围绕“四讲四有”进行专题研讨，做合格党员。（席　鑫）

【精准扶贫】　2015年选派提案委主任王永伟任东山乡塘后村第一书记。进行精准扶贫调研，由主席、副主席分别带领调研组就发展集体经济、移民扶贫、劳动力转移、农村社会医疗保障进行调研，形成4个调研报告，呈县委、县政府决策参考。

2016年11月30日，政协委员结对帮扶助推脱贫攻坚活动。主席、副主席、秘书长和全体政协常委及部分委员中的企业家参加。会上印发了“关于政协委员结对帮扶助推脱贫攻坚工作方案”，明确了要在全体政

2016年扶贫攻坚大会　席鑫提供

协委员中开展“六帮六送”。钟文秀动员，组织部长、统战部长乔震宇讲话，会上宣读了倡议书，进行了表态发言，要求全体政协委员立即进行与贫困村、贫困户的对接帮扶。（席　鑫）

专门委员会

【提案委员会】 2014 年，组织征集提案 38 件。经审查，立案 31 件，作为意见处理 7 件，在立案的提案中，经济发展方面的 10 件，占 32%；科教文卫体方面的 6 件，占 20%；社会管理方面的 15 件，占 48%。到年底立案提案已全部办复。在办复的提案中，已经解决和正在解决的 27 件，占 87%；建议合理但因时机条件不成熟，有待今后办理的 3 件，占 10%；因政策规定和客观条件所限等原因不能解决的 1 件，占 3%。作为意见处理的提案，也及时转送有关单位作为工作参考。

2015 年，组织征集提案 35 件。经审查，立案提案 35 件，在立案的提案中，经济发展方面的 17 件，占 49%；科教文卫体方面的 13 件，占 37%；社会管理方面的 5 件，占 14%。到 2015 年年底立案提案已全部办复。

2016 年，组织征集提案 52 件。经审查，立案提案 45 件，在立案的提案中，经济建设类的 22 件，占 49%；科教文卫体方面的 19 件，占 42%；社会管理方面的 3 件，占 7%。其他类别的 1 件，占 2%，到 2016 年年底立案提案已全部办复。（席　鑫）

【经济委员会】 2014 年，围绕县政协常委会工作要点开展调研，通过调研、考察，就本县羊产业发展，推进特色城镇化建设等提出了意见建议，收集整理了提交政协全会的“政协委员建言录”，为党政决策提供参考。

2015—2016 年，就本县发展集体经济、劳动力转移、繁峙“十三五”规划等提出了意见建议。（席　鑫）

【教科文卫体委员会】 2014—2016 年，组织文化、医卫、科技、教育、社科等界别的委员，开展调研活动，就文物保护、卫生工作、文化产业、古村落保护进行了视察调研，形成了相关调研报告。（席　鑫）

【法制与文史委员会】 2014 年，完成《繁峙文史》第九辑——“老照片专辑二”的编印。开展老照片三的征编工作。协助市政协完成了《抗战史》和《知青史》的资料征集工作。

2015 年，完成《繁峙文史》第十辑“乡土记忆专辑”的编印。完成了《繁峙县政协志》的编撰出版工作。

2016 年，完成第十一辑《繁峙文史》——老照片专辑三的编印。（席　鑫）

民主党派

民革繁峙支部

【概述】 民革繁峙支部现有党员22人，男性17人，女性5人；其中教育界12人，医卫界4人，行政界3人，经济界3人；年龄在60岁以上的5人，40岁到59岁的16人，40岁以下的1人；大学本科12人，大学专科6人，中专3人，初中1人；市政协委员1人，县人大委员1人，县政协委员5人(其中常委2人)。 (郭文华)

【参政议政】 2014年，全年撰写社情民意21篇，民革繁峙支部在民革忻州市委2014年度工作会议上被评为“先进集体”，副主委郭文华被评为“撰写社情民意先进个人”。

2015年，支部党员中的人大代表、政协委员认真履行职能，向大会提交并被立案建议提案8件，这些提案涉及经济建设、文化卫生科技教育、民主法制、劳动和社会保障等各个方面。本年，支部评选出工作成绩突出的赵栓生等9位同志为“优秀党员”，并对他们进行了表彰奖励。

民革繁峙支部2015年工作会议 郭文华提供

2016年1月16日，民革忻州市委、民革繁峙支部共同开展了送文化下乡活动，前往杏园乡姚家庄村送对联，为村民送上特别的节日礼物。 (郭文华)

【自身建设】 支部每年举行一次培训会，对党员进行统战理论、民革党史、参政议政知识的培训；此外，还先后开展了学习贯彻中共十八大会议精神、学习社会主义核心价值观重要思想的学习活动。2014年7月19日，支部组织党员参观了全国爱国主义教育示范基地、中共党史教育基地和河北省廉政教育示范基地——城南庄晋察冀边区革命纪念馆，进一步增强了民革党员对中国特色社会

2014年民革繁峙支部组织党员接受红色教育 郭文华提供

主义的感情认同，接受革命传统教育和反腐倡廉教育。

2015年5月4日，为纪念抗日战争胜利70周年，抢救和保存珍贵的抗战史料，支部配合繁峙县委统战部开展了“访老兵，存史料”活动，通过记录抗战老兵的抗战经历和事迹，撰写了《寻访抗战老兵，留存红色记忆》的纪念文章。

9月4日，在中国人民抗日战争暨世界反法西斯战争胜利70周年之际，民革繁峙支部组织党员前往定襄西河头地道战纪念馆，开展了“追寻抗战记忆，传承抗战精神”主题教育活动。（郭文华）

【精准扶贫】 2016年，民革繁峙支部根据中共繁峙县委、县政府安排，成立了由郭文华任队长，贺玉军、赵栓生、张应虎为队员的驻岩头乡下峨河村扶贫工作队。工作队深入该村贫困户调查了解村情民意，与村两委班子多次座谈了解具体情况，研究制定精准扶贫工作方案和工作计划，并自筹资金为村里购置了办公设施，帮助村里完善健全村两委活动室，在春节前开展“送温暖”活动，购买白面大米进村入户慰问全体村民，为部分特困户发放了春节慰问金，积极开展了驻村扶贫的各项工作。（郭文华）

【组织建设】 2016年12月28日，中国国民党革命委员会忻州市第四次代表大会隆重召开，民革支部主委王海龙被选为民革忻州市第四届委员会副主任委员，郭文华、贺玉军作为代表出席了本次大会。（郭文华）

民进繁峙小组

【组织建设】 民进繁峙小组根据《会章》要求，先后接受了石晶晶、赵盛忠、高文、闫世威、李丹5人的入会申请，协同中共统战部门考察后，呈报民进市委批准和民进省委备案，5名同志光荣加入了中国民主促进会。除去外调，目前全县共有11名会员。（李银所）

【理论培训和传统教育】 为提高会员履职能力和水平，先后举办了“会章、会史”、“中共统战理论”、“中共十八大四、五、六中全会精神”等多期培训会议。为激发会员爱国热情和革命动力，先后组织会员去“平型关战役遗址”和徐向前纪念馆进行了实地的爱国主义教育和革命传统教育。（李银所）

2016年民进繁峙小组学习中共六中全会精神
李银所提供

【参政议政和建言献策】 至2016年底，民进繁峙小组有2名县人大代表，4名县政协委员，其中人大委员1名，政协常委2名。每年县“两会”前，小组都安排全体会员深入全县乡镇农村进行为期一周的社情民意调研，为撰写提案、意见、建议获取第一手材料。会员赵彬撰写的《乡镇政府财务形成及化解》除县政协采用外，被民进市委报送市政协采用；会员高文撰写的《关于老百姓供热问题的建议》被民进市委当作热点问题报送中共市委统战部；会员杨志刚被民进市委表彰为优秀会员；会员李银锁被民进省委和市委表彰为优秀会员和社会服务先进个人。民进繁峙小组两次被表彰为先进基层组织。（李银所）

【扶贫工作】 2015年，根据中共繁峙县委安排，民进小组先后派出扶贫工作队，入驻神堂堡乡杨树湾村和砂河镇红崖村进行精准扶贫。2016年，杨树湾村的精准贫困户全部脱贫，扶贫工作队撤回。（李银所）

社会团体

工　会

【概述】　县总工会有机关工作人员15名，其中领导班子成员3名，内设机构有办公室、组织部、宣教部、民管部、经技部、女工部、法工部、财务部、帮扶中心、职工俱乐部。2014—2016年，以服务中心、服务基层、服务职工为主线，维护职工合法权益，丰富职工文化生活，构建和谐劳动关系，加强工会自身建设，彰显了工会组织在全县经济转型发展和社会和谐稳定中的作用。

（王卫东）

【组织建设】　2014年，新建基层工会20家，覆盖法人单位78家，新增职工630人。本年，全县共建工会组织479家，拥有职工29279人；建立工资集体协商机制的企业445家，规模企业厂务公开及职代会推行率100%，规模以下企业建立厂务公开的职代会380家，推行率90%，行业性和区域性职代会有所突破。

2015年，全县符合条件的492家机关企事业单位全部组建了工会，涉及职工30488人，农民工会员13138人，其中新增基层工会13家，覆盖法人单位78家，吸纳会员630人。

2016年，全县基层工会达到508家，覆盖法人单位804家，共有职工32479人。其中，农民工会员13033人，13个乡（镇）中，有7个村成立了工会组织，25人以上非公企业工会组建率达到100%。（王卫东）

【民生工程】　2014年元旦春节期间，共为1573名贫困职工送温暖，其中县委、县政府、人大、政协领导班子成员慰问特困职工及劳模家庭70户；7月总工会主席闫晓平带领防暑慰问组，深入建筑工地、环卫队等19家企、事业单位，看望高温工作岗位上的一线职工，了解指导企事业单位防暑降温工作。8月，通过多种渠道筹集助学资金3.6万元，资助寒门学子12人，助他们圆了大学梦。

2015年，对全县86家困难企业，1211名困难职工建立了档案、实行动态管理（即适时更新制度），工会组织成为困难职工的第一知情人、第一报告人、第一关心人、第一帮助人。在春节期间开展的送温暖活动中，申请财政拨款23.05万元，县总工会筹措资金87.05万元，为他们送去党和政府的关怀和温暖，其中低收入困难劳模共获得补助资金18800元，困难企业获得补助资金6万元。

2016年，四送活动是以帮扶困难职工群众为主体的惠民行动，强化工会组织服务意识，促进工会机关作风转变。全年为200多名有务工意向的人员联系到了上岗单位，为18家单位的660名高温环境下工作的职工送了去暑品，对21户困难职工上学子女进行了资助，解决了1377户职工“两节”期间的生活困难，410人次得到了临时救助。

（王卫东）

【文化建设】 2014年4月8日，举办工会干部培训会，为期三天时间，有80余名基层工会干部听取了省总干校副校长张安顺、市总保障部部长郝华等4人授课。五一期间，北城街党支部书记宫金柱、矿产品有限责任公司董事长黄卫东、丰泽大酒店有限公司总经理王永春3人获省劳动模范称号，陈甲云等10人获市五一劳动奖章，李晓军等47人获县“五一”劳动奖章，并首次将本年获得“五一”表彰先进集体和个人事迹编印成册，发放于全县机关、企业、事业单位。7月下旬，县总工会全体机关人员前往伯强毛主席路居纪念馆参观学习。

2015年，三八期间组织基层女职工相继开展家庭讲座、女工干部座谈会，岗位练兵、技术比武、读书征文活动，并通过表彰先进树典型，激发更多女职工参与社会活动，弘扬四自精神。五一期间，紫金、中兴、华茂等大企业分别组织开展了乒乓球、羽毛球、田径赛等多项竞赛活动，参加人数达到1200余人，展示了企业职工朝气蓬勃、积极向上的精神风貌。本年，县总工会推荐矿产品有限责任公司董事长黄卫东出席全国劳模大会，黄卫东成为本县第三个获全国劳模荣誉称号先进人物，山西紫金黄喜元获省二等功。

2016年，大营镇东山泉张俊才获省五一劳动奖章。教育、卫生、公路等基层组织在创争活动中，开展了职工技术比武、岗位练兵、职业技能竞赛活动10余次，参赛职工500多人次；企业开展的“五小”竞赛活动，参与职工2800余人次，征集合理化建议400多条，25家参赛企业，有4家6个项目受到省、市好评，其中晋绣坊刺绣教学和金属雕刻制作、五台山金石雕刻摆件被市总推荐为出省参赛项目。

（王卫东）

【职工培训】 2016年，共有36名企业职工参加了省、市举办的培训学习，156人次参加了5期县总工会举办的培训学习，同时依托腾飞技校开办了汽修、汽电维修、镁、金属焊接、计算机应用与维修、烹饪等多个专业培训，开设课堂28期，参培职工300余人。

（王卫东）

共青团

【概述】 共青团繁峙县委是中共繁峙县委领导下的先进青年的群众组织，是全县共青团组织的领导机关，也是少工委群众性儿童组织的领导机关。共青团的基本职能是：组织青年、引导青年、服务青年、维护青少年权益。共青团繁峙县委员会始终坚持以“党放心、社会满意、青年需求”为工作目标，以“服务青年、服务大局、服务社会”为工作重心，在县委和上级团委的正确领导和指导下，不断拓宽服务青年、服务经济领域，夯实团的基层组织基础，有效扩大团组织覆盖面，积极推动青年就业创业工作深入开展，始终代表和维护青年利益，为本县经济快速发展和社会和谐稳定做出积极贡献。

（杨利云）

【基层团组织建设】 截止到2016年底，全县共有团员10329名，专职团干部22人，兼职团干部835人，基层团委30个（其中两新组织团委3个），团总支2个，团支部820个（其中两新组织团支部201个）。

2016年，完成了乡、村两级团组织的换届。全县402个行政村完成换届，其中联合支部59个。强化乡（镇）团委建设，团委委员增设到10-14人，领导班子由3-5人组成，班子成员由专、兼职团干部构成。加强团员管理，规范入团程序，实现团员全省统一编号。推进团员注册成为志愿者，全县共有6280名团员成功注册成为志愿者。

2016年，团县委被共青团山西省委和山西广播电视台评为2016年度“先进共青团组织”；砂河镇团委被团省委评为“五四红旗团委”；繁城镇赵庄村团支部被团省委评为“五四红旗团支部”。（杨利云）

【青少年思想政治教育】 以传承革命精神、弘扬雷锋精神、发扬时代精神为主题，以培育和践行社会主义核心价值观为主线，以“中国梦”为引领，以清明、“五四”、“六一”等时间节点为依托，通过主题团队日、专题报告会等形式开展系列主题活动，加强青少年思想政治教育。

2014年，组织200余名机关干部、团员青年代表来到烈士陵园、平型关纪念馆、伯强毛主席路居纪念馆开展红色教育活动。组织开展培育和践行社会主义核心价值观知识竞赛，广泛发动全县各机关、学校、企业青少年参加比赛，通过比赛促进社会主义核心价值观在青少年心中生根发芽。

2015年，通过电视台、街头展板和新媒体等载体大力宣传雷锋事迹、弘扬雷锋精神，并向全县青少年发出学习雷锋精神的倡议，使雷锋精神深入人心。以“我的中国梦—奋斗的青春最美丽”为主题，在县综合职业学校开展了歌咏比赛活动，在各中学开展了主题团日活动。

2016年，以“践行核心价值观、争做时代新青年”为主题，在县综合职业学校组织开展了歌咏比赛活动。以“增强团员意识、唱响青春未来”为主题，开展团县委机关干部下基层讲团课活动。召开了党的群团工作会议精神主题读书班，全县县、乡、村三级团干共计32人参加了学习。制定出台了发展团员、“三会一课”、团干部联系青年等八项共青团制度。开展“1+100”团干部直接联系青年活动，组织县、乡专职团干21人开展联系青年活动13次，覆盖全县13个乡（镇）2141人，团的桥梁作用进一步凸显。开展机关开放日活动，共有20名团员来到团县委办公室，参观团的办公地点，听取团干对全县共青团工作的介绍，团干与团员的联系得到加强。（杨利云）

【促进青年创新就业】 2014年，组织全县团干部开展了“一对一”帮扶青年创业活动，帮助10名创业者完成项目评估、策划、申报、立项和手续办理等前期工作，解决项目启动和实施过程中的信息、资金、技术难题。通过县邮储银行、农村信用合作社，为青年创业提供贷款便利，全年推荐青年创业小额贷款540万元。进一步加大青年就业创业培训力度，成功推荐30名农村青年就业。积极推荐青年参加各级创业比赛，在“盐商杯”首届山西省青年创新创业大赛中，本县新发地农业生态园领头人宫志云获二等奖。

2015年，联合县就业局等部门开展“春风行动”暨春季招聘会，包括英华达、比亚迪等全国知名企业来繁现场招聘，共有23家用工单位提供了460个工作岗位，85名青年与企业签订了用工协议。开展青年就业创业培训，全年培训180人，成功创业36人。全年通过邮储银行发放青年创业小额贷款360万元。组织青年创新创业大赛，推荐2名选手参加了市级赛，其中星河银业有限公司总经理戴志强获得了全市第一的优秀成绩，并被推荐参加了全省的比赛。

2016年，共举办就业、帮扶等各类培训8期，受训人数177人。针对优秀青年就业创业融资难题，全年协调邮储银行发放青年创业小额贷款共计32笔163.5万元。促进青年创新创业，易顾网络科技公司手机消费平台项目成功申报团市委优质创业项目。

（杨利云）

【青年志愿服务】 2014年，以全县各乡（镇）志愿者服务队为核心，走进8所农民工子女较集中的学校，结对帮扶名农民工子女40人，送去学习生活用品共计10000元。组织志愿者为残疾人、孤寡老人、孤儿等弱势群体提供日常生活护理、卫生医疗保健等多方面的服务。

2015年，组织县农合行志愿者赴县敬老院，为老人们义务理发、剪指甲、打扫卫生，捐赠了白面、大米、油等生活用品；赴大营镇固庄小学，发放助学金和学习用品，并开展学习辅导、亲情陪护等服务活动；看望慰问繁城、砂河、大营的5名贫困病残学生，发放生活用品和助学金。

2016年，通过天津志愿服务组织，向神堂堡乡两所小学捐赠了校服、文体用品等共计1万元。通过国家体育总局直属机关团委，向横涧小学捐赠图书、学习、体育用品，并开展学习辅导服务活动。（杨利云）

【希望工程】 团县委拓展渠道，引入社会力量，扎实开展希望工程圆梦、大病救助等系列行动。

2014年，希望工程圆梦行动共资助贫困大学生58人。其中，通过省青基会资助32人16万元；通过山西宝山鼎盛科技有限公司资助20人6万元；通过旭泰矿业有限公司资助6人，其中5人得到每人5000元的资助金，1名特困大学生得到该公司四年全额资助并笔记本电脑一台。开展希望工程大病救助行动，通过省青基会救助青少年5人5万元；通过2014年度“繁峙好人”、五台山金石雕刻有限公司总经理候必顺救助青少年1人，救助金额1万元。通过国家体育总局驻繁峙扶贫工作队捐赠基层青年书屋3个，捐赠校园书屋5个，捐赠图书共计15602册，影像制品3135件，地球仪7个，杂志100册，为文化兴县做出了贡献。通过黄河电视台“爱心公益桥·牵手过六一”栏目帮扶青少年1人2万元。

2015年，希望工程圆梦行动共资助贫困大学生47人。其中，通过省青基会资助27人13.5万元；通过山西宝山鼎盛科技有限公司资助20人6万元。开展希望工程大病救助行动，通过省青基会救助2人2万元。

2016年，希望工程圆梦行动共资助贫困大学生31人。其中，通过省青基会资助11人5.5万元；通过山西宝山鼎盛科技有限公司资助20人6万元。开展希望工程大病救助行动，共救助2人2万元。（杨利云）

【青少年权益保护】 团县委充分发挥预防青少年违法犯罪专项组组长单位作用，结合自身维护青少年合法权益工作，加强法制宣传教育，完善预防青少年违法犯罪制度建设，不断夯实青少年权益保护工作基础。

2014年，在中小学生中开展法制教育宣传活动8场，并通过官方微博、QQ群等新媒体转发宣传青少年心理健康知识12篇，加强了与青少年的沟通交流。组织各乡镇、学校团委书记观看了《为了孩子，为了明天》重点青少年群体工作专题纪录片，并组织开展了大讨论活动，加强了团干的预防青少年违法犯罪工作意识。推动各成员单位出台制度性文件6个。

2015年，组建了12人的青少年事务社会工作专业人才队伍，成员涵盖教育、法院、检察院、司法等部门，建立了常态化的工作机制。建立重点青少年群体动态摸排机制，将摸排工作常态化，建立台账，动态管理。推动中小学设立法制知识课程，深入开展青少年思想普法宣传活动。深入学校、农村进行法律知识宣讲，全年共开展13场，印发宣传资料6000余份。推动各成员单位出台制度性文件3个。

2016年，进一步夯实法制宣传教育基础，发放各类宣传手册和资料2万余份。推动法律知识进课堂、进农村、进企业，举办法制教育讲座10场。利用微信、微博等新媒体发布宣传教育推文77篇。推动各成员单位出台制度性文件10个。推动成立县法制宣传教育中心。（杨利云）

【少先队工作】 2014年，开展践行社会主义核心价值观教育活动6次，覆盖7300名少年儿童，引导他们坚定中国特色社会主义理想信念，为实现中国梦做好全面准备。选取5所小学，通过调查问卷、开座谈、听汇报、查资料、看活动等多种形式开展少先队课间活动工作的调研，对活跃繁峙县少先队课间活动提供方向。积极推动两“纳入”，即：把学校少先队辅导员队伍建设纳入学校师资队伍建设中；把学校少先队基础建设纳入学校整体规划建设中，整体考虑、整体设计和整体实施。

2015年，推动全县各学校把每周1课时少先队活动课程纳入课程表。组织了汉字听写大赛红领巾体验赛，共有8所小学参与活动，进一步加强了少年儿童的传统文化教育。以社会主义核心价值观为指导，开展系列主题教育实践活动7次，覆盖7500名学生。这些活动，进一步巩固了全县少先队员的共产主义理想，增强了他们的责任感、荣誉感和使命感。创建省级特色中队1个。

2016年，开展了系列教育主题队日活动6次，覆盖少年儿童6800名，加强了少年儿童的政治思想教育。开展“红领巾相约中国梦”系列主题实践活动，引领全县少年儿童培育科学观念、树立环保意识。各少先队积极开展各种形式多样的活动，实验小学组织开展了“防震防火应急演练”“歌咏比赛”“路队路歌比赛”；彩璟小学组织开展了“校园诗会”“校园歌会”等活动。（杨利云）

【保护母亲河行动】 “保护母亲河行动”是团中央联合全国绿化委等七部委共同实施的一项群众性生态环保公益活动，近年来，团县委紧紧围绕县委、县政府生态环境建设大局，结合“京津冀晋蒙”增绿减霾共同行动，倡导绿色理念，建设绿色工程、培育绿色队伍，吸引全县青少年参加保护母亲河行动，取得了良好的社会收益和生态效益。2014年，发放宣传资料1000份，组织志愿者20名，植树150株，新增绿化面积1.2亩；2015年，发放宣传资料1000份，组织志愿者40名，植树400株，新增绿化面积5亩；2016年，举办废物利用手工制作活动、爱心健走、绿色骑行活动，组织20名志愿者，植树550株，新增绿化面积6亩。

（杨利云）

【脱贫攻坚助力】 团县委以志愿服务活动为载体，统筹协调各方资源，大力实施共青团助力脱贫攻坚活动。一是积极开展捐资助学。通过省青联委员释觉弘，向光裕堡乡5所小学捐赠了文体用品，15名学生获每人300元的助学金；通过省青联委员释觉弘、县青少年活动中心向柏家庄小学捐赠了文体用品并每人一套校服；通过忻州阳光美术培训中心向大营镇三所小学捐赠了学习、生活用品；二是实施共青团助力脱贫攻坚“双心双实”工程。向光裕堡乡富家庄小学捐赠了9台电脑，组建了互联网爱心教室；有2名农村青年电商、2名心理健康辅导员参加了全省的相关培训。三是扎实做好驻村帮扶工作。针对东山乡兴胜村16户建档立卡贫困户实际，团县委驻村工作队在东山乡制定整村搬迁脱贫计划的基础上，与乡村干部和贫困户共同商讨，利用第一书记3万元经费，从团县委工作经费中配套1.2万元，实施绵羊养殖项目，拟向16户38人免费发放绵羊76只，并与县畜牧局积极联系，将免费提供养殖技术培训。元旦期间为每户送去价值251元的新春慰问品，共计4016元。

（杨利云）

妇　联

【概述】　2016年，县妇联以推动妇女儿童得实惠、普受惠、长受惠为重点，团结带领全县广大妇女大力实施巾帼维权行动、巾帼关爱行动和巾帼成才行动，着力推进男女平等基本国策的落实，着力维护妇女儿童合法权益，着力改善妇女儿童民生，着力促进妇女全面发展和妇联组织创新发展。被忻州市妇联授予“先进妇联组织”荣誉称号。

（张巧香）

【妇女儿童合法权益维护】　2014年，以“三八”国际劳动妇女节和“三八”维权周、法制宣传月等活动为契机，深入社区、农村，义务为广大群众解答关于妇女权益保护、家庭教育等问题，共发放《妇女权益保障法》等宣传资料3000余份，接受法律咨询500余人次，让更多的妇女学会运用法律武器维护自己的合法权益，切实为妇女儿童提供帮助和服务。并建立健全乡（镇）、村“12338”维权热线咨询、调解、督办等制度，畅通维权渠道，确实将矛盾化解在基层，化解在萌芽状态。共接待来信来访16件，28人次，积极为受困妇女排忧解难，帮助她们通过理性合法的方式表达利益诉求。

2015年，县妇联认真贯彻男女平等基本国策，狠抓维护妇女儿童合法权益工作。一是开展法律宣传。充分利用“三八”维权周、“6·26”国际禁毒日、“12·4”法制宣传日，设立法律咨询台，开展系列宣传服务活动。为基层妇女群众讲解《中华人民共和国婚姻法》《中华人民共和国妇女权益保障法》、男女平等基本国策及劳动、就业、社会保障、反家庭暴力等方面的法律法规知识，共发放宣传资料1500余份。二是提供法律服务。不断加强健全乡（镇）、村12338维权热线的咨询、调解、督办等制度，并依托“妇女之家”成立基层妇女维权站13个。三是热心接待来信来访。做到有访必接、有问必答、接访必果，全年共接待来信来访6件，10人次，确实将矛盾化解在基层，化解在萌芽状态，维护妇女儿童合法权益。

2016年，以“三八”维权周、“3·15”消费者权益日、“6·26”国际禁毒日等为契机，开展普法宣传活动。重点宣传《中华人民共和国反家庭暴力法》《中华人民共和国妇女权益保障法》等，指导和教育广大妇女学法用法尊法守法，增强依法维权的意识，切实维护妇女儿童合法权益，共发放宣传资料500余份。在繁峙二中开展送“法律进校园”活动。为3000多名学生宣讲相关法律知识，提高学生的法律意识和水平。加强妇女维权法庭、维权站建设。全县建立维权法庭1

个，妇女维权站基本实现全覆盖，面向妇女和家庭开展维权服务，全县共接待来信来访45件。（张巧香）

【城乡妇女全面发展推进】 2014年，全年共举办技术培训班3期，培训妇女500余人；外出培训3次，受培训妇女30余人；积极搭建就业平台，促进妇女就业。分别把县腾飞职业技术学校和双英锦绣坊建为巾帼创业就业培训基地，全年共培训绣娘100多人，实现就业6人；立足岗位建功，选树省级“巾帼文明岗”和省级“巾帼标兵”，发挥示范作用，充分调动各条战线妇女的主动性、积极性，促进广大妇女岗位成才，岗位建功，岗位创优。（张巧香）

【妇女儿童民生改善】 2014年，争取国家项目资金48万元，实施“水印计划”项目，彻底改变了砂河中学、砂河第四中学、砂河第四小学3所学校3900多名学校师生的饮用水状况、厕所卫生状况；认真实施“两癌”救助项目、“春蕾计划”行动，为一位“两癌”母亲和一位贫困母亲分别申请了1万元和3000元的救助资金，为实验小学、南关小学、逸夫小学68名受助学生现场发放资助金2.4万元。关注农村贫困儿童和留守儿童，在逸夫小学建起了第三个“留守流动儿童之家”，丰富儿童学校生活，让孩子们充分感受到家的温暖。（张巧香）

【为妇女儿童办实事解难事】 2015年，积极整合社会资源，做好贫困妇女儿童帮扶工作。一是为妇女儿童献爱心。为神堂堡中学10名生活确实困难的学生发放资助金2000元；为光裕堡乡、大营镇、逸夫小学的左九妹、刘玉等8名贫困儿童发放资助金10200元；为父母双亡的陈美萍姐妹俩，寻找到爱心人士，与她们爱心结对，资助她们直至完成学业，并资助已考入太原理工大学的陈美萍5000元，圆了她的大学梦；为严重烧伤的伤残女童送去500元的善款和生活品；为冯慧芳、曹艳等20名失聪儿童发放了助听器，还给她们一个有声世界；为“两癌”母亲高文秀和胡素青等4位贫困母亲申请了20000元的救助资金。二是开展“下基层、访妇情、办实事”活动。联合繁城镇卫生院利用健康母亲快车，深入东山乡，为基层妇女义诊，宣传生理保健知识，接受义诊人数达300多人，发放宣传资料1000多份；深入西义村，为该村“妇女之家”添置了花鼓，丰富了广大妇女群众的文化生活；深入大营镇南洪水、西三泉、小店和左所村与妇女群众面对面交流，心贴心沟通，手拉手帮扶，密切与她们的联系，真情倾听诉求，真心帮助他们解决困难和问题。

2016年，“三八”节期间，利用母亲健康快车，联合繁城镇卫生院到砂河镇开展义诊活动，接受义诊群众150余人次，免费送出药物2000余元，并为“两癌母亲”高慧芳送去1万元的救助金；“六一”节期间，到岩头乡元山小学开展“春蕾桥”助学活动，为30名留守儿童捐赠总价值6000元的助学金和价值2000元的学习和生活用品；开展“幸福启航·三晋光明行”公益活动，与省人防办驻光裕堡扶贫工作队、太原爱尔眼科医院携手开展“幸福启航?三晋光明行”公益活动，使全县200余名眼疾患者重见光明。

（张巧香）

【特色家庭创建】 2014年，深化家庭文明创建，动员广大妇女积极参与社会公德、职业道德、家庭美德和平安家庭建设。依托“妇女之家”，开展形式多样的寻找“最美家庭”活动，选树10个家庭为市级“最美家庭”，7个家庭为市级“平安示范家庭”，以家庭的文明进步促进社会的文明进步。开展家庭教育大篷车公益巡回讲座活动，宣讲家庭教育和婚姻家庭知识，受益家长120余人，进一步提升广大家长的家庭教育素质和能力。出资12000元扶持城乡妇女文体活动蓬勃发展。举办“崇尚科学、抵制邪教”进村进社区广场文化活动，发放宣传资料2000余份，引导广大妇女树立科学理念。

2015年，深入开展寻找“最美家庭”活动。一是共发放寻找“最美家庭”倡议书2000多份，4个家庭被评选为市级“最美家庭”，李桂花家庭被评为“三晋最美家庭”。二是与县文明办、县文联和繁城镇妇联在西义村联合举办了以“传承德孝文化 践行核心价值”为主题的“繁峙县家庭悬挂家规家训活动启动仪式”，通过特邀繁峙书画爱好者现场挥毫泼墨，为广大村民悬挂家规家训，引导全社会注重家庭、注重家教、注重家风，推动社会主义核心价值观在家庭里生根、在亲情中升华。三是通过举办女性文化大学堂，特邀心理学博士、太原师范学院教授、益尔心理教育研究所所长郝若平为全县100余名妇女干部传播家庭教育知识,引导和号召广大妇女树立文明健康的生活方式，科学合理的家教知识，为促进本县和谐文明进程发挥积极作用。四是积极开展“平安家庭”创建活动，筛选、评比出1万户遵纪守法、诚信明理、文明和谐的乡级“平安家庭”，1000户家庭被评为县级“平安家庭”，7户家庭被评为市级“平安家庭”。

2016年，积极开展“五好文明家庭”、“平安家庭”“最美家庭”等特色家庭创评活动，发放寻找“最美家庭”倡议书2000多份，共评选出10个县级“最美家庭”；4个市级“最美家庭”；112户县级“平安家庭”，14个县级“平安社区（村）”，居民办东石龙社区、下茹越乡下茹越村被评为市级平安社区（村），李秋香等6个家庭被评为市级“平安家庭”，徐殿山家庭被评为省级“平安示范家庭”，席焕梨家庭被评为省级“最美家庭”。

（张巧香）

【妇联干部自身素质提升】 2014年，县乡两级“两委”班子100%配备了妇女干部。为强化基层妇联组织硬件设施建设，分别为砂河、东山、集义庄、柏家庄、金山铺5个乡（镇）配备了电脑、打印机、照相机、电脑耗材等，确保更好地为基层妇女群众服务。为全县13个乡（镇）免费赠送了《中国妇女报》《山西妇女报》《生活潮》等报刊。

2015年，不断加强妇联组织和妇联干部队伍建设，举办乡（镇）妇联主席、村妇代会主任、县直妇委会主任岗位培训班，进一步提高她们岗位履职本领和综合能力。分别为繁城、大营、岩头、杏园、光裕堡、下茹越、横涧、神堂堡8个乡（镇）配备了电脑、打印机、照相机、电脑耗材等。至此，全县13个乡镇的硬件设施全部得到改善。

2016年，积极开展基层妇联改建工作，妇女组织网络得到健全。全县现有乡（镇）、居民办妇联主席14个，按照乡（镇、街道）妇联1:4的比例配备兼职副主席，已配备兼职副主席51名、执委388名。全县402个行政村、8个社区改建妇联工作全部完成，配备村妇联主任351名，做到哪里有妇女就有妇女组织；建好、管好、用好“妇女之家”，让“妇女之家”更实用。充分挖掘“妇女之家”在宣传教育、维权服务、组织开展活动等方面的功能，面向妇女儿童开展创业就业服务、科学技术培训服务、家庭教育服务、

家政信息服务、婚姻家庭服务和帮扶救助服务等。（张巧香）

【教育活动】 2014年，按照中央、省、市、县委的统一部署和要求，积极开展以解决“四风”问题为主要内容的党的群众路线教育实践活动，坚持以党的十八大、十八届三中全会精神和习近平总书记系列讲话精神为指导，深入贯彻落实科学发展观，进一步强化全心全意为人民服务的宗旨意识，以树立群众观点、解决突出问题、改进工作作风、建立长效机制为重点，认真完成了学习教育、征求意见、查摆问题，整改落实、建章立制等任务。共收集到100条意见建议，其中“四风”方面的问题有38条，制定整改方案20项。

2016年，按照“两学一做”要求，通过集中学习、分组讨论、交换心得等方式加强对党章、系列讲话内涵的理解，切实提高党员干部的政治意识、大局意识，坚定了广大妇女在任何时候、任何情况下都听党话、跟党走的坚定决心；组织乡村两级妇联主席130多人，传达学习党的十八届六中全会和省第十一次党代会精神，牢固树立政治意识、大局意识、核心意识、看齐意识，进一步提升妇联干部自身素质。（张巧香）

【妇女创业就业】 2015年，县妇联以“巾帼建功”活动为载体，组织引导城乡妇女岗位成才、岗位建功，多措并举为妇女就业创业搭建平台。一是与县人力资源和社会保障局、县总工会联合举行2015年繁峙县春风行动启动仪式暨就业政策宣传活动，共发放宣传资料9000份，免费提供政策咨询100余人次，提供企业用工信息500条，初步统计达成就业意向85人。二是强化技能培训，推动妇女就业。组织科技带头人、致富能手和乡（镇）妇联主席、村妇代会主任参加省、市举办的各类培训。全年共外出培训3次，受培训妇女20余人。

2016年，开展“春风行动”活动，共发放宣传资料3000份，免费提供政策咨询100余人次，提供企业用工信息200条，初步统计达成就业意向35人。申报繁峙双英民间工艺品有限公司为全国“三晋巧姐”手工艺就业创业示范基地，引领带动广大贫困妇女参与生产发展，实现就业增收。（张巧香）

【开展妇联系统“四化”专项整治活动】 2015年，认真贯彻落实省、市妇联关于在全省妇联系统开展解决机关化、行政化、贵族化、娱乐化问题专项整治活动的通知精神，县妇联下发了繁妇发《关于贯彻落实省妇联〈关于在全省妇联系统开展解决机关化行政化贵族化娱乐化问题专项整治活动的通知〉的通知》和《关于成立全县妇联系统解决机关化行政化贵族化娱乐化问题专项整治活动领导组的通知》。“四化”专项整治活动有序展开，收到良好效果。（张巧香）

【巾帼脱贫行动】 2016年，开展“三晋巾帼脱贫行动”。一是组织51名愿意从事家政服务的贫困妇女到忻州市妇联参加学习培训；组织农村贫困妇女举办刺绣培训，并选派2名刺绣能手到临汾进行交流学习，共培训农村妇女300余人次，帮助贫困妇女通过转移就业和居家灵活就业实现脱贫。二是积极开展营养扶贫行动，与中国农村杂志社、山西省人防办联合开展了营养扶贫公益行动，为全县2213名精准扶贫户0–6岁的儿童捐赠价值70余万元的奶粉和2300元的营养扶贫手册。开展“贝因美与爱同行公益项目”，为岩头乡贫困婴幼儿家庭及孕产妇家庭免费发放贝因美奶粉20箱，总价值21672元。三是凝心聚力打好扶贫攻坚战。多次深入帮扶村岩头乡岩辛庄村，为广大贫困户讲解扶贫政策，激发内生动力，鼓励他们靠自己的双手辛勤劳动，脱贫致富；教育引导贫困户，大力发展居家灵活产业，靠养鸡、养猪、养羊、养牛等方式，增加家庭经济收入；积极为妇女经济发展出主意、想办法，帮助有外出打工，从事家政服务意愿的妇女寻找就业机会；开展“扶贫送温暖”活动，为全村14户贫困家庭送去了白面、大米、糖果等总价值2800多元的慰问品，为两位因病致残，常年瘫痪在床的贫困老人送去了营养品和护理用品，送去了对他们的关怀和问候。（张巧香）

科　协

【概述】　县科学技术协会（简称县科协）是县委领导下的人民团体，是党和政府联系科学技术工作者的桥梁和纽带，是科学技术工作者的群众组织。繁峙县科协是参照公务员管理的正科级事业单位，核定编制3人，其中领导职数1人；现有3人。（郭俊廷）

【全民科学素质工作】　2014年，县科协充分发挥《全民科学素质行动计划纲要》工作领导组办公室的组织协调和牵头作用，联合县科技局、教育局、农委等19个成员单位，根据各自的工作性质和特点，以全国科普日、科技活动周、世界环境日、安全宣传月、读书月等大型活动为载体，积极开展“五大重点人群”科学素质工作。全年各单位各部门共举办各种培训、技术咨询、法规宣传、科普宣传、安全教育、义诊等各类大型活动60余次，发放各种宣传资料8万余份，收到了良好的宣传效果。

为把《全民科学素质行动计划纲要》实施工作渗透到群众日常生产、生活中，坚持以乡（镇）和居民办事处科普活动室、科普示范村，科普示范社区，科普示范单位、科技示范学校、专业技术协会的科普设施和信息栏为阵地，以张贴科普挂图、发放科普图书、发布科普信息的方式进行科普宣传，全年共张贴科普挂图、发布科普信息170余份次。在县电视台开播《科普大篷车》《健康365》科普电视栏目，每天播放一期，覆盖县城、砂河、下茹越等乡（镇）20多万人，县科协与杏园农产品合作社利用手机短信平台全年共发送科普短信30余条，每次服务3000余人。

在“全国科普日”活动中，县科协制定了详细的活动方案。联合县科技局、杏园农产品合作社、南关稀特优种植协会等单位共同举办了以“创新发展、全民行动”为主题的科普活动，共发放“防灾减灾知识读本”“精神健康知识读本”“环境保护知识读本”“食品安全知识读本”和“什么是转基因技术”“什么是埃博拉病毒”“了解地震”等科普资料、书籍和科普挂图3000余份。

2014年全国科普日活动现场　郭俊廷提供

县科协在11月份利用农闲时间在砂河镇、五台山宾馆召开了2014年科普惠农实用技术培训会，聘请省农大、农科院专家和本县乡土人才对全县的农村科普带头人、热爱农业科技的农民、种粮大户及部分大学生村干部科普员共计240余人，围绕农业、农民增收目标，进行了测土配方施肥、玉米高产栽培技术、瓜果蔬菜病虫害防治等技术培训，并开展了现场问答环节，专家对学员提出的问题进行了详细回答。（郭俊廷）

2015年，全年多次举办各种技能培训、技术咨询、食品药品安全、移风易俗、义诊等各类大型活动，发放了各种宣传资料、图书、挂图等，各项活动都收到良好的社会效果。

县安检局利用LED电子屏进行安全知识科普宣传；杏园农产品专业合作社继续利用短信平台发送科普信息，为提升全民科学素质做出了积极贡献。

2016年，全民科学素质工作领导组办公室19个成员单位根据自己的工作性质和特点，全年共举办各种培训、技术咨询、法规宣传、安全教育等各类大型活动70余场次，发放各种宣传资料达8万余份，县科协印发了“身边科学知识手册”等科普图书1万本。（郭俊廷）

【协会基地建设】 2014年，县科协按照“积极发展、培养一个、带动一片”的工作方针，积极扶持农村专业技术协会、农村科普示范基地和农村科普带头人，依靠科协纽带作用带动会员致富。全年新发展培养起由科技致富带头人张二才创办的“繁峙县养羊协会”，社区居民杨登华创办的“繁峙县鲜花花艺协会”，回乡大学生吴跃忠创办的“繁峙县青羊河养殖协会”3个专业技术协会，截至年底，全县农村专业技术协会达到18个，会员人数达到3000余人；科普示范基地6个。其中，受市科协表彰命名的优秀农村专业技术协会两个，科普示范基地一个。县居民办事处建设街社区居委会被忻州市科协命名为“优秀科普示范社区”，杏园农产品合作社理事长韩长青被表彰为“优秀农村科普带头人”。县南关稀特优种植协会被中国科协、财政部评为“全国科普惠农兴村先进单位”，获得奖补资金20万元。

繁峙县南关稀特优种植协会奖牌　郭俊廷提供

县农委高永伟被忻州市科协表彰为“优秀科技工作者”。集义庄乡大学生村干部侯晓河、笔峰小学张国平、广播电视台赵清翔、南关稀特优种植协会李建平被忻州市科协表彰为“优秀科普工作者”。

2015年，积极扶持农村专业技术协会、农村科普示范基地和农村科普带头人，依靠科协纽带作用，带动会员致富。本年，杏园农产品专业合作社理事长韩长青被中国科协、财政部表彰为“优秀科普带头人”，获得奖补资金5万元；繁峙县小杂粮种植加工协会、繁峙县建设街居民委员会被山西省科协分别命名为“优秀农村专业技术协会”和“科普示范社区”；繁峙县百草苑名贵中药材协会被忻州市科协命名为“优秀农村专业技术协会”。

杏园农产品专业合作社投资40多万元，

其中，省科协用省财政资金扶持30万元建设的建筑面积近400平方米的“科普惠农中心服务站”在砂河镇顺利建成并投入使用。

2016年，经过积极发展认真培养，“繁峙县丰绿源大棚蔬菜瓜果种植协会”被山西省科协表彰为“优秀农村专业技术协会”。“繁峙县富硒农产品开发科普示范基地”被忻州市科协命名为“优秀科普示范基地”。“繁峙县南关稀特优种植协会”理事长李建平被忻州市科协评为“优秀农村科普带头人”。

（郭俊廷）

【青少年科技活动】 2014年，在忻州市第二十九届青少年科技创新大赛活动中，县科协和县教育局组织推荐笔峰小学学生创作的20余篇科技创新作文和10余幅科学幻想画都受到了组委会的表彰和奖励。其中，聂新园同学的“未来的科技”创新作文和商彩悦同学“温暖的手套”科学幻想画获得了一等奖。笔峰小学杨淑华老师被大赛组委会评为“优秀科技辅导员”，繁峙县科协获得“优秀组织奖”。

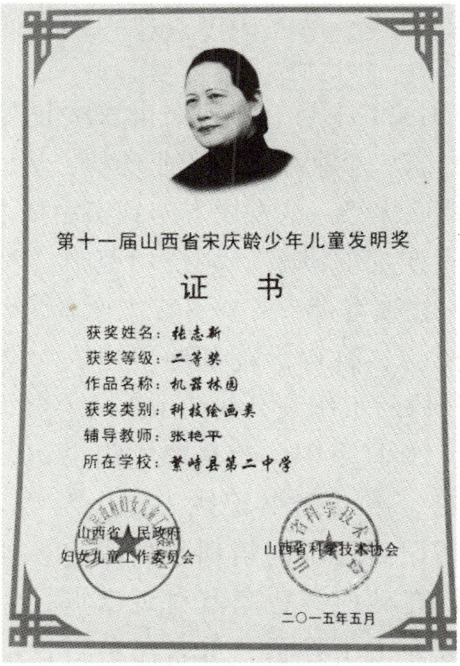

青少年科技发明获奖证书　郭俊廷提供

2015年，由县科协组织参加的第十一届山西省宋庆龄少年儿童发明奖大赛中繁峙县第二中学的张志新、王语含等7位同学的科技绘画作品分别获得了二、三等奖。为推动本县科技创新从小抓起奠定了基础。

积极开展科技教育示范学校创建活动，经过全体师生的共同努力，繁峙县第二中学和笔峰小学被忻州市科协和忻州市教育局命名为“科技教育示范学校”。（郭俊廷）

【大型科普活动】 2015年，中国流动科技馆繁峙县巡展活动在县委、县政府领导的高度重视和教育局等相关部门的全力配合下于3月7日至30日在县北城中学展出。展厅面积500平方米，展品50余件，此次活动以“体验科学”为主题，包括“声光体验”“电磁探秘”“运动旋律”等六大主题和“科普摄影展览”。免费向全县青少年及社会公众开放20余天，整个活动期间参观人数达5240余人次。为丰富活动内容，繁峙中学、繁城中学、育英中学等学校还开展了“体验科学——中国流动科技馆到我家”征文活动。

3月18日在本县北城中学隆重举办了忻州市“体验科学”——中国流动科技馆巡展启动仪式。忻州市委副书记张晓峰、忻州市科协主席韩玲梅、忻州市委副秘书长崔峥岭、忻州市科协副主席闫迎军出席了启动仪式，忻州市14个县（市、区）的科协主席、教育、科技、新闻单位等相关部门负责人、北城中学师生共600余人一起参加了启动仪式。市委副书记张晓峰致辞，市科协党组书记、主席韩玲梅介绍巡展情况，繁峙县委常委、宣传部长刘燕萍主持了启动仪式。

5月28日县科协、县科技局共同主办，由县直各单位、各乡（镇）、居民办事处、大学生村干部科普志愿者参加的“抵制封建迷信、摒弃陈规陋习”为主题的科普工作会。为使活动取得实实在在的成效，倡议全县领导干部带好头、共产党员起好头、积极分子引好头，做破除迷信、崇尚科学、艰苦奋斗、珍爱生命的表率。同时邀请省、市专家、三区科技人才对农业技术、食品安全、疾病预防、防震减灾及科技创新方面的内容进行了现场咨询和座谈交流，收到了良好的效果。

中国流动科技馆繁峙巡展活动　郭俊廷提供

在9月份“全国科普日”活动中，举办了“忻州市科学大讲堂”巡讲活动繁峙演讲专场，演讲针对领导干部和公务员、中学生和家长共举办了3场，听讲人数达500余人。邀请中国科学院徐文耀、位梦华、钟琪3位教授绘声绘色、深入浅出地从现代人类面临的环境问题、地球灾变与人类文明、发挥学生潜力成就幸福人生、共演讲3场，宣扬科学见解，传播科学知识，让中学生了解科学、探索科学奥秘，激发他们对科学的兴趣。深刻反思面临的环境问题，寻求解决环境问题的方法，最终达到人与自然和谐发展的目标。

2016年5月科技活动周期间，县科协联合县科技局共同举办了以“创新引领、共享发展”为主题的科普宣传活动。活动期间由杏园农产品专业合作社承担的“山西省科普惠农中心服务站”聘请山西农大、省农科院专家和本县乡土人才举办了科普惠农实用技术培训会3期，参加人员有热爱农业科技的回乡青年、种粮大户、各专业技术协会、科普示范基地负责人和科普志愿者共计300余人，通过开展现场问答、座谈、交流等形式，学员们对农村政策、农业发展的方向有了更深的了解，掌握了技术、提高了水平，为农民科学素质提升打下了坚实的基础。

8月份，县科协参加了由县委宣传部组织的主题为“实施五城同创、建设美丽繁峙”、“三下乡、四进社区”活动。对全县13个乡（镇）所在地、主要干道沿线村、县城社区开展科普宣传活动，累计发放各类科普书籍和资料1万余份。

在“全国科普日”活动期间，本县围绕“创新放飞梦想、科技引领未来”的活动主题，结合县域实际情况，在砂河镇“山西省科普惠农中心服务站”举办“2016年繁峙县全国科普日活动科技创新助力精准脱贫培训会”系列活动。忻州市科协党组书记、主席邢雨花、县委副书记姚力山出席活动并讲话。

9月20日上午，聘请市农委正处调研员张春霞从产业政策到产业现状，从地域特点到地域优势，从发展方向到实用技术，进行深入详细的讲解。科技示范户、种粮大户、科技致富带头人、科普志愿者、各专业技术协会、科普示范基地负责人、县科技局、科协的工作人员共计150余人参加培训活动。20日下午，市科协党组书记、主席邢雨花、县委副书记姚力山、县委常委、纪委书记高瑞军同培训学员一起参加了观摩会。在砂河镇曹家寨村观摩点，省农科院专家介绍了谷子、玉米品种对比示范种植情况。

9月21日上午，邢雨花与本县各专业技术协会、科普示范基地负责人、第一书记代表、科技工作者代表进行了座谈。围绕基层科协班子建设情况、科普经费落实情况、科普宣传工作、工作中存在的困难和问题、发展规划等方面进行了调研。

2016年，县科协被中国科协评为“2016年全国科普日活动优秀组织单位”。（郭俊廷）

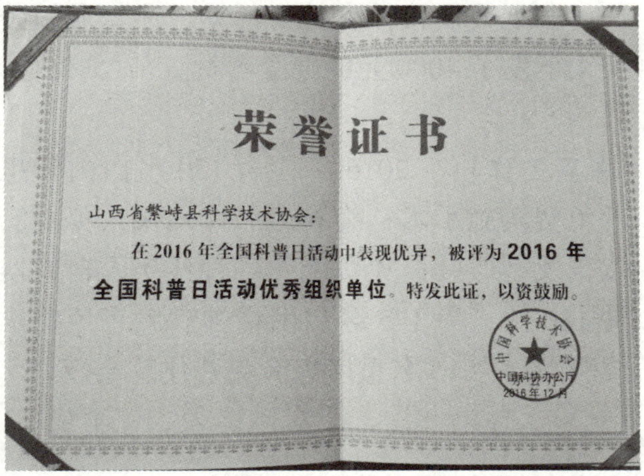

2016年获得中国科协奖励　郭俊廷提供

【科普惠农中心服务站工作】　2016年，由杏园农产品专业合作社承担的“山西省科普惠农中心服务站”在砂河镇建成，积极开展培训咨询、新品种和新技术推广、科普宣传、新型职业农民技术培训等科普服务活动，全年共举办灵活多样的各类培训8期23场次，受培训1500人次，组织观摩会7次，参观人数达到1000余人次。通过培训，农民对中央的政策有了更深刻的了解，对作物生长的基础理论有了系统的认识，对现代农业采取的管理技术措施得到了认可。

（郭俊廷）

【农村中学科技馆公益项目】　2016年，在省、市科协的大力支持下，县科协积极争取，中国科协“农村中学科技馆公益项目”，由社会募集投资30万元捐赠的“农村中学科技馆”于10月底在县第二中学实施建成，并对本校及周边学校学生免费开放参观。科技馆占用面积80余平方米，涉及声、光、电、力学等展品20件，错觉画8幅。学校配备专职教师1名，兼职教师3名，负责管理和教学。该科技馆的建成为提升青少年科学素质、激发青少年学生科技创新的兴趣，培养学生探索科学奥秘，掌握科技创作基本技能，让学生形成讲科学、爱科学、学科学、用科学的良好风尚，为中小学生素质教育开创了新局面。（郭俊廷）

【脱贫攻坚驻村帮扶工作】　2016年，按照县委政府安排部署，县科协在岩头乡兵马会村驻村帮扶，根据科协工作性质，结合兵马会村实际情况，一是深入宣传脱贫攻坚政策，认真开展专项调研，分析致贫原因，找准制约因素，协调帮扶资源，监督惠民政策的落实和项目实施。二是配合村委会完成贫困村、贫困人口建档立卡和动态管理工作，科学制定帮扶规划和贫困户脱贫计划，落实贫困户结对帮扶责任，并进行了责任双签。三是加强科普惠农实用技术和科普知识的传授，增强贫困户劳动技能，提高科学素质。四是于10月25日、12月30日先后两次对全村12户空巢老人、贫困户进行了慰问，每户发放大米1袋，食油1桶，猪肉5斤，糖果2斤，年画1幅，挂历1本，科普书1套。

（郭俊廷）

残　联

【概述】　繁峙县残疾人联合会（以下简称县残联）是政府批准的由残疾人及其亲友和残疾人工作者组成的人民团体，是全县各类残疾人的统一组织。2014—2016年，县残联有编制7名，实有工作人员6人，理事长1人，副理事长1人，其他干部4人。内设办公室、康复科、综合科。二层机构有县残疾人劳动就业服务所，编制3名，实有工作人员1人。县残联办公地址设在县城向阳路41号。（单俊恩）

【思想建设】 2016年，通过开展“两学一做”教育活动，县残联党员干部的思想得到了提高，全心全意为残疾人服务的意识进一步加强；分片举办了2期残疾人专职委员培训班，不断提高全县残疾人专职委员的业务能力和服务水平。（单俊恩）

【残疾人扶贫】 2016年，根据市民政局、市残联、市财政局联合下发的《关于印发忻州市困难残疾人生活补贴和重度残疾人护理补贴实施方案的通知》（忻民发〔2016〕9号）精神，县残联为1946名符合条件的一、二级重度残疾人发放每人每月50元的护理补贴，共发放资金116.76万元。为15户贫困残疾人家庭实施“农村基层党组织扶贫工程”，每户帮扶资金3000元，共计4.5万元。县残联在“全国助残日”期间，对20户贫困残疾人进行慰问，每户发放大米、白面、油等约200元的慰问品。为6名驾驶机动轮椅车的残疾人发放每人每年260元的燃油补贴。对90名农村残疾人进行了种植、养殖

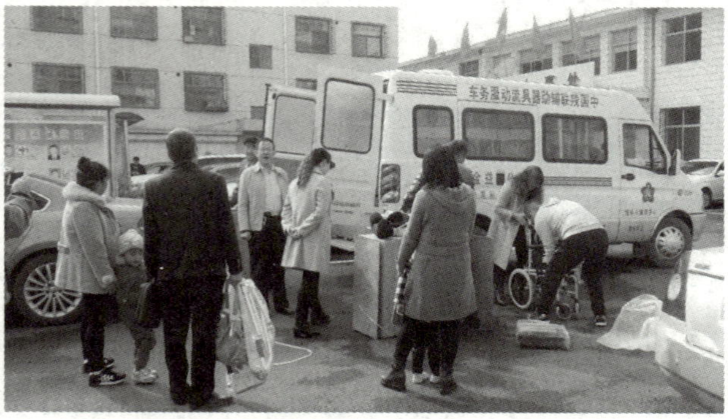

2016年为脑瘫儿童发放辅助器具　单俊恩提供

实用技术培训。（单俊恩）

【宣传文体】 2016年，利用全国爱耳日、助残日、爱眼日、盲人节和聋人节等节日，广泛开展宣传活动。在县电视台飞播残疾人事业宣传标语20条、印发宣传单1800份、宣传手册200份。全年订购《中国残疾人》27份、《三月风》27份、《残疾人研究》3份。开展残疾人体育健身活动，为繁城镇残疾人下发了4000元的健身器材。（单俊恩）

【康复工作】 2016年，为130名白内障患者免费实施手术；为6名肢体残疾人免费安装普及型假肢；免费配发各种残疾人辅助器具180件；为175名贫困精神病患者免费发放药品，为15名重度患者免费住院治疗。（单俊恩）

文　联

【概述】 2014—2016年，县文联坚持“二为”方向，贯彻“双百”方针，团结带领全县广大文艺工作者履职尽责，举办各类文艺活动，助力文化、旅游产业发展，为繁荣全县文艺事业做出了应有的贡献。（王爱中）

【书画展览、演唱会】 2014年11月29号，将军合唱团走进繁峙，在繁峙举办了书画展、演唱会、座谈会等，并到平型关进行实地走访。（王爱中）

【新闻发布会】 2014年12月26日，纪念毛泽东诞辰121周年暨电影《东方欲晓》新闻发布会在本县砂河镇举行，之后，到东山乡毛主席路居纪念馆进行了毛主席在伯强片段的拍摄。（王爱中）

【《滹源山水情》出版】 2014年12月，由康所平主编的文化繁峙系列丛书之一《滹源山水情》，由中国出版集团现代出版社出版。这是本县作家正式出版的第一部合集。集子所收近五十篇作品，主要以游记的形式，集中叙写了本县境内三十多处人文自然景观，把本县迷人风采立体化地展现在世人面前。县委宣传部部长刘燕萍作序。（王爱中）

【"滹沱河从我梦中流过"征文大赛】 2014年末，由繁峙县委宣传部、县文联、县作家协会共同主办的"滹沱河从我梦中流过"征文大赛，历时一年，落下帷幕。大赛评出一等奖两篇，二等奖4篇（首），三等奖7篇，特别奖8篇。大赛共收到稿件47篇（首）。在外工作的繁峙籍人士吴攀升、杨润生、聂建军、张福安、杨云峰等10人参加了此次活动。（王爱中）

【"滹源明珠——繁峙"文化旅游形象展】 2015年5月6日—15日，本县在太原市工艺美术大厦，举办"滹源明珠——繁峙"文化旅游形象展。对本县丰富的旅游资源、日益发展壮大的文化产业，进行展览。期间还进行了书画展览和民俗工艺品展览。扩大本县文化旅游产业的影响力。（王爱中）

【《致富春秋》出版】 2015年，省作协会员池永良先生创作的长篇小说《致富春秋》，由三晋出版社出版。共计90余万字。至此，作者创作的农村三部曲（前两部《血泪春秋》《风雨春秋》）画上了圆满句号。

（王爱中）

【《烽烟平型关》出版】 2015年8月，麋果才创作的长篇报告文学《烽烟平型关》由人民出版社正式出版。次年，获2016年度赵树理文学奖。（王爱中）

【《滹沱河从我梦中流过》作品集出版】 2016年6月，由康所平主编的文化繁峙系列丛书之二《滹沱河从我梦中流过》作品集，由中国出版集团现代出版社出版，集子共收集繁峙籍80位作者的诗文作品80篇（首），是之前正式出版物涉及作者人数最多的一本合集。

（王爱中）

【周宽怀编写的《纵横繁峙》《记忆繁峙》出版】 2016年7月，由县文联副主席周宽怀编写的《纵横繁峙》《记忆繁峙》分别由山西人民出版社、山西春秋电子音像出版社出版。（王爱中）

【《五台山》杂志刊出了本县文学作者专辑】 2016年，文学月刊《五台山》杂志3月号上，刊出了繁峙县文学作者专辑，共涉及27位作者的小说、诗歌、散文随笔、纪实文学和文学评论等作品，较为全面地展示了本县文学创作的整体水平。（王爱中）

【本县被中国文联确定为"文艺扶贫奔小康"志愿服务行动工作示范县】 2016年7月25日，通过忻州市文联，繁峙县文联向中国文联申报文艺扶贫奔小康示范县。9月27日，中国文联确定了包括繁峙在内的全国27个"文艺扶贫奔小康"志愿服务行动工作示范县。12月13—16日，中国文联在河南举办"文艺扶贫奔小康"志愿服务行动培训班，参加培训的有省级文联文艺志愿服务负责人、市文联有关负责人、示范县宣传部领导和文联主席。（王爱中）

【写春联幅活动】 2016年12月28日，县委宣传部、县文联组织美协的书法家和摄影协会的摄影家去金山铺乡农发村拍全家福、写春联，共写春联幅。（王爱中）

【理论学习】 2016年末，县文联召开由各协会会员参加的大会，会议上县委理论组组长李敏宣讲中国共产党十八届六中全会精神和省十一届党代会精神；县文联主席王爱中传达习近平总书记在中共文联十大、中国作协九大开幕式上的重要讲话精神以及2016年文联工作总结和2017年的打算；县委常委、宣传部长郭美凤作了重要讲话。会议由县宣传部副部长陈炎伟主持。（王爱中）

工商联

【参政议政】 工商联着力做好非公有制经济界代表人士的政治思想工作，教育、培养他们在日常经营活动中，遵章、守法、诚信。同时也大力推荐、安排企业界优秀代表担任各级人大代表、政协委员和省、市工商联领导职务和执委。至2015年底。本县共有23名非公经济界人士担任了省、市、县人大代表、政协委员和省、市、县工商联执委。

（张众益）

【荣誉与成绩】 本县工商联执委领导机构，十足重视会员及会员企业的培养和教育工作，许多优秀企业家脱颖而出，得到了全社会与群众的认可和赞扬。工商联副主席、矿产品公司董事长黄卫东，2014年被评为“山西省劳动模范”，2015年获“全国劳动模范”荣誉称号。县工商联主席沙万里2016年3月被中央文明委评为助人为乐“中国好人”，同年7月被中共中央授予“全国优秀共产党员”称号，东风粉丝厂厂长侯必顺也在2016年度被评为“忻州好人”。（张众益）

【扶贫工作】 2015年全县民营经济发展大会召开之后，本县及时调整了全县“促进全县民营经济发展工作”领导组。工商联通过三项举措，进一步促进非公经济企业健康发展。2015年由中兴实业公司总经理杨晓龙创立的“中兴基金”和矿产品公司董事长黄卫东捐资创立的“卫东基金”良好运行，全年共捐助各类贫困学生65人，投入资金18万元。

2016年，根据中央和习近平总书记有关精准扶贫的指示精神，本县工商联按照“主动参与，积极作为，尽心尽力，量力而行”的原则，组织动员全县20家民营企业与20个贫困村建立结对帮扶关系。采取“产业扶贫”，“智力扶贫”，“就业扶贫”等多种方式实施帮扶，民营企业家沙万里投资100多万元在小砂河村为村民兴建“春棚”，改善学校取暖，建造多功能防护渠。并与四美地结对实地考察了该村的贫困情况，达成了初步的帮扶意向；矿产品公司董事长黄卫东投资上亿元实施了两大产业扶贫项目：大明烟矿区矿山治理暨生态旅游建设项目和安家山土地整理暨发展现代高效农业项目，在有效改善生态环境的同时带动了周边乡村的发展，助推了200多户贫困户的脱贫进程；在他们的带动下，旭泰矿业有限公司董事长张钟晓、新苗幼儿园董事长张月来、县农机修造厂总经理吴和廷、鑫宝达矿业公司董事长张海银等一大批非公经济人士纷纷参与扶贫行动，深入贫困村，走进贫困户开展“献爱心、送温暖”活动，以非公经济人士为主体的光彩事业在脱贫攻坚战役中大放异彩。

繁峙县天河牧业有限公司采取“公司+基地+农户+政府+银行+保险”的企业发展和产业扶贫新模式，为农发村和南河会2村149户贫困户提供100多头安格斯新品种肉牛种牛，实现了两村469名贫困人口全部脱贫。并计划在2019年前继续带动1500个贫困户共4000多贫困人口实现脱贫。

2016年县道德模范表彰大会上，民营企

业家沙万里，繁峙县爱心公益团队负责人李永胜主动将各自所得奖金1万元分别捐赠给县工商联用于扶贫和桃园村、西沿口村、曹家寨村3所学校购买学生用品。

是年，沙万里、张钟晓、张月来、吴和廷、张海银、张磊等工商联合会会员共同捐资6万元，在全县5乡6村开展“送温暖”活动，为300户贫困户每户送去新年慰问金200元或价值200元的慰问品。

繁峙普尔泰中西医结合医院深入20多个贫困村开展巡回义诊，为380户贫困户开展免费医疗服务，发放健康手册1000余册。

县中兴实业有限公司通过岗前培训，为573名贫困人口提供了就业岗位。晋绣坊有限责任公司积极开展了“巾帼巧手脱贫”活动，举办刺绣培训，培训农村妇女300余人次，使贫困妇女通过转移就业和居家灵活就业实现脱贫。

县工商联执委、县人大代表、杏园农村合作社总经理韩长青先后在砂河镇西沿口村、集义庄乡集义庄村开展以高产品技术指导、测土配方施肥、病虫害防治、新产品新技术推广等科普惠农服务，免费科普培训达30余场，累计培训农民1000余人，为50多户贫困户通过发展农业生产脱贫提供了帮助。

繁峙县绿源亨通食品有限公司采取订单农业的办法，与大营镇、横涧乡、柏家庄乡的200多户农民签订胡萝卜种植收购合同，实现贫困户亩均增收900元。　　(张众益)

军　事

军　事

【概况】　2014—2016 年，繁峙县人武部认真落实军分区党委关于以强军目标为总纲，持续扭住听党指挥、履行使命、安全稳定三个重点，科学统筹谋全局，提振精神求作为，真抓实干促发展，推动了人武部全面建设再上新台阶。2014 年，被军分区表彰为开展扶贫帮困“双十双百”活动先进单位。

（黄怀林）

【政治教育活动】　2014 年，县人武部成立党的群众路线教育实践活动领导组和办公室，先后 3 次修订方案，共进行个别谈话 100 余人次。坚持打开大门倾听群众呼声，敞开胸怀广纳群众意见，先后 3 次召开座谈会，广泛征求乡（镇）武装部、民兵应急分队、地方党政领导等各个层面的意见建议，对基层提出的意见有回音，反映的困难有答复，作出的承诺有兑现。群众路线教育活动开展以来，积极稳妥移交 1 名超龄职工；对长期在编的职工进行了增资，一次性补交齐多年欠账的保险金，为临时工申请了工资补贴，为困难战士子女申请大病医疗救助，为所有干部战士职工进行了一次全面体检并形成制度等。

（黄怀林）

2016 年 5 月，根据“两学一做”学习教育安排，县人武部突出学好习主席国防和军队建设重要论述《选编》和《读本》，扎实推进“手抄党章 100 天”活动，定期批阅笔记并展评，重温入党誓词，组织承诺践诺，开展党员身份亮起来活动以外，还重点做了三个方面工作：与改革强军主题教育相结合，针对国防动员系统调整改革即将实质性展开的实际，开展群众性读报评报活动，帮助大家深刻领悟习主席系列讲话中“改革篇”、“强军篇”蕴含的新理念新战略，着力破除等靠思想，引导官兵坚决服从组织决定，用实际行动拥护和支持改革；与深化肃清郭徐流毒影响相结合，集中观看 8 集电视专题片《作风建设永远在路上》，要求人人对照“五个讲清”搞好自查，采取党小组会的形式组织“12 个重大是非问题”辨析，对过去一个时期形成的思维定式、习惯做法逐条研究讨论，帮助大家知荣辱明方向，在重大问题、原则问题、是非问题上做到真看齐真追随真跟上；以党支部为基本单位，以组织生活为基本形式，围绕党员干部中普遍存在的散、懒、拖三个主要问题，采取“五查五看”，让每名党员把具体问题找准查实，逐一拉单列表，量化分析，为整风整改立起了靶子。

（张文瑞）

【军事训练实战化渠道拓宽】　2014 年，坚持把日常战备训练工作提到战略高度落实，坚持每季和重大节日、特殊时期开展形势战备教育、组织战备应急演练，强化危机感。坚持军事训练实战化，全年先后 4 次组织现役、专武、民兵干部进行军事训练，并完成实弹射击，消耗弹药5000余发。采取走出去请进来的方式提高训练效果，先后派遣12名队员到专业单位学习，邀请县消防、武警教官，进行防爆灭火、巡逻执勤、盾牌警棍使用等技能培训。与县公安局组织2次联合防暴演练，参加上级指挥系统演练6次，其中参加省军区指挥系统演练时受到省军区政治部主任李竞好评。在军分区基础训练比武竞赛中，取得指挥作业第一名和一体化平台操作第二名。在军分区民兵应急连考核中，排名靠前。在年终军事考核中，所有干部手枪射击成绩均为优秀。（黄怀林）

【基础设施建设】 2014年，按照军分区指示要求，人武部在民兵整组工作中，结合应急分队担负的任务，配齐了应急指挥、通信联络、维稳防暴、防汛防火、医疗救护、野外生活等7大类25种3000余件（套）装备器材，为全县13个乡（镇）武装部统一配备了办公桌椅、资料柜，建起标准化“部、室、库”等办公活动场所，通过广泛开展基层营连部规范化建设达标活动，促进了民兵阵地建设质量整体跃升；在军分区4月份组织的民兵整组暨应急力量建设试点观摩中，人武部介绍了经验，得到上级和兄弟单位的一致肯定。（黄怀林）

【兵役工作】 针对2014年网上征集的新特点，人武部坚持早动员、早展开。协调繁峙电视台黄金时间播放征兵宣传片、宣传公告。集中开展了征兵工作“宣传月”活动，联合县委宣传部、民政局、电视台和各乡（镇、居民办）开展大型广场宣传活动，现场发放优抚金和接受适龄青年及其家长的咨询。征兵宣传车每日不间断深入城镇村庄、大街小巷进行流动宣传，散发传单1万余份，营造了浓厚的征兵工作氛围，激发了适龄青年参军热情。为做好征兵网上报名工作，人武部为全县14个乡（镇、居民办）分别配备了笔记本电脑和打印机，方便了偏远乡（镇）、村庄的适龄青年网上报名。积极协调县里落实优抚待遇，八一节前发放到位，并针对本年新疆武警兵员，专门向县委、县政府主要领导汇报取得县里支持，对进疆兵员进行特殊照顾，大幅度提升优待金。在体检、定兵过程中调协县纪委介入，全程录像，确保征兵透明公开，通过一系列举动，进一步激发了参军热情，按时完成了征集任务，保证了兵员质量。

2015年，圆满完成了新兵的征集任务。县征兵办与公安、卫生、教育部门及各乡（镇）签订《征兵责任状》，做到一级抓一级，一级对一级负责，实行“四包”：公安包现实表现和年龄，把住政审关；卫生部门包体格检查，把住身体关；教育包文凭，把住文化关；人武部包综合协调，把住定兵关。征集的新兵中，大专以上文化程度占10%，高中以上文化程度的占85%，受过基本军事训练的占43.5%，有一技之长的占32.3%。达到了接兵部队、兵役机关和人民群众三满意。

征兵工作中，突出抓了四个方面。一是深入进行摸底登记。6月，现役干部带领专武干部分三个组，进村入户走访，逐个摸底登记，真正做到“两个清楚”。二是广泛开展征兵宣传。7月，注重在媒体上“登”：协调电视台连续一个多月滚动播放宣传片及政策规定；在街道上“贴”：在县乡主要街道、社区、学校，张贴公告200余份，标语500多份，悬挂条幅30多条；在走访中“发”：对勇士车进行改装，购买了2台户外音响，坚持每晚在县主要干道进行移动宣传，引导适龄青年及其家长算好政治、经济和前途三本“账”，激发他们的参军热情。三是体检政审从严把关。8月12日到15日进行新兵体检，从县医院抽调36名经验丰富的医生组成体检组，全程精心检查、准确认证、严格把关，边缘问题集体决策、确保标准。专门组织政治考核工作培训，认真学习《征兵政治考核工作规定》，确保有关人员吃透精神实质，落实制度要求。四是不断强化制度保障。积极争取县主要领导对征兵工作的重视和支持，明确各乡（镇）、街道“一把手”为征兵工作主要责任人并签订责任书，明确奖惩办法。建立“报名进展日报告”“征兵工作周讲评”制度，为从严从优把握兵员质量提供有力支撑。（黄怀林）

【民兵应急】 2014年3月27日，代县滩上镇发生森林大火，军分区凌晨2时47分，要求繁峙县应急分队执行跨区支援任务。接到命令后，人武部立即启动应急预案，在1小时内集结应急分队100人，摩托化行军按时到达指定地域，经过一昼夜的协同作战，圆满完成了灭火任务。全年参与完成4次灭火任务。

2015年3月14日9时，县委、县政府命令本部迅速组织民兵应急分队配合公安机关执行“3·11”专案搜索逃犯任务。受领任务后，人武部立即启动应急预案，经过13昼夜的连续奋战，先后出动现役官兵和民兵1000余人次，动用车辆187台次，圆满完成搜捕任务，发挥了生力军、突击队作用，展示了繁峙民兵应急分队遂行多样化军事任务的能力，受到党委政府和人民群众的高度评价。

2016年，认真贯彻落实《省军区部队应急力量建设规范（试行)》和《关于加强忻州市民兵应急力量建设实施意见》，重点抓好县、乡、村三级应急力量体系建设，提高建设标准，逐条逐项对照落实。按照“抓规范、促建设，抓应急、打基础，抓集训、强素质”的思路，着重在阵地规范化建设、应急力量建设和专武干部队伍建设上下功夫。采取“固定编组”和“弹性编组”相结合的方法，把人员编实配齐。针对本县春季防火、夏季防汛的实际，投入5万余元，购置应急分队服装，并协调县林业局配备了风力灭火机、灭火弹、割灌机等防火、防汛器材，确保一有情况能够及时有效处置。

（黄怀林）

【民兵整组】 2015年3月，人武部开展民兵阵地规范化建设现场观摩活动，组织专武干部到繁城镇、砂河镇进行观摩，对所属民兵营（连）部和基干民兵分队进行点验，到位率95%，并及时整理归档各种资料。5月6日，军分区参谋长带机关对检组检查本县整组工作，查看了软件资料、拉动了县民兵应急连、观看了非现役执勤演练、随机抽查4个乡（镇）武装部（民兵营部）和4个民兵连部。刘参谋长对本县的民兵整组工作给予高度评价，并指出需要注意的问题，提出了要求。（黄怀林）

【县委议军会议召开】 2015年5月15日上午，在人武部党委会议室召开县委议军会议。审议通过了加强国防教育、加强应征入伍兵员的优待和安置、加强应急力量建设、人武部职工移交及加强专武干部队伍建设等工作意见。

2016年9月22日，县委议军会议在县委常委会议室召开，县委书记孔保宝，县长崔峥岭，县委副书记姚力山、李立东，政法委书记杨有成，政府常务副县长居清平，人武部部长陈志科、政治委员王彦清，以及人大、政协、宣传、财政、民政等相关部门领导参加。会议议定：调整义务兵优待金标准和保障办法；开展国防教育工作，新建国防教育展览室；移交3名武器装备仓库超龄职工到地方；解决专武干部队伍建设，提拔武装部长3人，同时选拔3名高学历年轻干部，改善了专武干部队伍结构；保障全省典型观摩会议；为县武警中队购买防爆车辆及器材。（黄怀林）

【“八一军事日”活动】 2015年7月23日上午，组织部队“八一军事日”活动，参加人员有县四套班子领导、岩头仓库、公、检、法、党校领导、两办主任共计125人。进行了徒步行军、轻武器射击讲解、公安干警和部队干部射击比武、露营野炊等科目的演练。（黄怀林）

【国防动员指挥研究性演练】 2015年10月19日到21日，省、市、县三级国防动员指挥机构同步组织实施国防动员组织指挥研究性演练，演练课题：“战区综合防卫背景下山西省国防动员组织指挥研究性演练”。代号为“探索—2015”。政府有关领导，人武部机关，各专业办公室主任和有关人员参加。（黄怀林）

【国防教育的良好氛围营造】 2015年，依据国防教育“双百工程”创建标准，在学校、村镇建立了国防教育组织机构，完善国防教育阵地建设，学校国防教育课程有计划、有教材，村镇国防教育活动有安排、有组织。多次进入学校进行国防教育知识讲座，深入村镇进行国防教育及征兵宣传。在纪念抗战胜利70周年及国耻日、全民国防教育日期间，制作大型抗日战争展板，在学校、社区以及广场进行巡回展出。（黄怀林）

【国防潜力调查开展】 2016年9月中旬，根据省、市国防动员委员会统一部署，开展全县国防潜力调查数据统计采集。为扎实做好采集工作，9月23日参加军分区组织的国防潜力统计业务培训，9月30日，组织县国防动员委员会各专业办公室负责人召开了全县国防潜力调查数据统计采集培训和部署会。（黄怀林）

【典型部团观摩活动树立】 2016年5月，县人武部被省军区选树为典型单位，典型事迹主要以“积极发挥作用，推动人武部系统军民融合深度发展”为主，9月，按分区要求完成国防教育展厅建设。11月，大同军分区、预备役××师先后来本县人武部观摩学习，参观滨河公园水利风景区、民兵随身课堂、人武部办公楼和国防教育展厅，观看繁峙县军民融合发展的短片。总体上做到了有看的、有听的，全方位展示繁峙人武部典型特色。（黄怀林）

法　治

政法委及综治

【概述】　2014—2016年，县委政法委贯彻落实市政法委工作会议精神和全县经济工作会议精神，深入开展严打斗争，集中开展治安整治，不断推进“平安创建”和全民综合服务信息平台建设，扎实开展党的群众路线教育实践活动，完成了年初确定和县委交办的各项任务。（赵　攀）

【“一村一警”联系走访活动】　2014年，根据省、市政法委的安排部署，在全县政法机关组织开展以“进农家、知民情、解民忧、护民安”为主题的“一村（社区）一警”联系走访活动。县委政法委制定下发《关于在全县政法系统开展“一村（社区）一警”联系走访活动的实施方案》，成立14个具体工作组，组织全县370名政法干警深入全县13个乡（镇）402个行政村、1个居民办事处、6个居民委员会扎实开展联系走访活动。按照“六必访”的要求，共深入乡村、企业4330人次，走访致富能手家庭、贫困家庭、低保户、空巢老人家庭等4392户，走访群众8045人，收集社情民意910件，征求意见建议458条，排查矛盾隐患39件，化解矛盾纠纷175件，整治治安乱点4处，提供法律服务824人次，帮扶困难群众281人，排查案件线索17条。（赵　攀）

【平安繁峙建设】　2014年，制定《2014年平安繁峙建设工作方案》，坚持继承和创新相结合、服务和管理相结合、创建和治理相结合，重点实施40个平安建设项目。1.处理非正常上访问题。运用法治手段处理进京非正常上访问题。把信访问题纳入法治化轨道解决，做到法律、政策、经济、感情“四个不欠账”。对进京非正常上访拘留1人，警告1人。2.建立社会矛盾大调解体系。健全完善县、乡、村三级调解组织，在征地拆迁、劳资纠纷、村矿矛盾、医患纠纷、交通事故、环境污染等“六大领域”开展矛盾纠纷专业调解工作，建立利益诉求表达、利益协调保障、社会矛盾化解、突发事件应急、村矿（企）矛盾调处、矛盾化解督查考核、责任查究“六项工作机制”，实现了人民调解、行政调解、司法调解、行业调解的有机结合，大量矛盾纠纷化解在基层、处置在萌芽状态。3.继续开展“六项整治”。继续开展以城乡接合部、“城中村”、工矿区、出租房屋、“九小场所”、校园及周边为重点的“六项整治”活动，共整治治安乱点3处，消除安全隐患31处、停业整顿各类场所22家，打击处理违法犯罪人员6人。4.完善社会治安防控体系。推进以街面防控网、社区防控网、单位内部防控网、视频监控网、区域警务协作网、虚拟社会防控网为内容的“六网覆盖”工程，广泛开展形式多样的群防群治活动，构建立体化社会治安防控体系。

2015年，“3·11”重大刑事案件后，本县被省综治委列为全省综治（平安建设）工作重点管理县，针对工作中存在的问题和不足，县委、县政府高度重视，从人力、物力、财力多方面强化综合治理基层基础，举全县之力扎实推进“平安繁峙”建设。一是层层落实综治责任。县综治委与发生命案的大营镇和防控不力的公安局主要领导专门签订了整改责任书。制定了《综治（平安建设）工作整改任务责任清单》，逐项明确责任单位、责任人、路线图、时间表，予以大营镇、县公安局大营派出所社会治安综合治理一票否决。二是有力推进基层组织整顿。县委出台《繁峙县基层党组织整顿方案》，县委组织部对全县基层党组织特别是农村（社区）党组织班子运行情况进行全面排查。三是进一步完善立体化治安防控体系。聘请平安志愿者、综治协管员和综治信息员582名；村级治保会人员1387名、调委会人员1431名；企业、机关单位内保人员1196名；乡（镇）、居民办、村、社区治安巡逻人员1635名。四是深化基层平安创建活动。印发《2015年平安繁峙建设工作方案》《关于深入推进平安繁峙创建的指导意见》，成立了创建领导组，累计建成平安乡（镇）11个、平安村333个、平安单位60家、平安校园35所、平安医院18家、平安企业56家、平安家庭7.2万个。

2016年，县委常委（扩大）会、县政府常务会及专题会先后14次研究政法综治和维稳工作。县综治办建立领导干部综治实绩档案185份，作为干部使用评先的重要依据。撤销了对大营镇和大营公安派出的一票否决。

本县成功创建省级平安县，光裕堡乡等4个乡（镇）向市综治办申报“市级平安乡镇”。县综治办命名了3个县级平安乡（镇）。县教育局、卫计局、公安局、妇联、经信局分别验收命名了27所平安学校（幼儿园）、2所平安医院、43个平安单位、112户平安家庭和14个“平安家庭”示范社区、13家平安企业。（赵　攀）

【全民综合服务信息平台】 围绕服务民生、平安建设，继续完善服务管理体系建设，推动三级中心和网格化管理规范化常态化运行。1.开展“千名干部百日大走访”活动。开展以“访民生、知民情、解民事”为主要内容的“千名干部百日大走访”活动，走访登记的城乡家庭人口信息库共计设置14类378项家庭人口信息，基本实现对家庭人口信息的全面掌握，为党委、政府更好地服务群众、加强社会治理提供更加翔实的信息依据。2.加强事项受理处置工作。县指导中心专门制定集中指派、交办和处置流程图，指导、督促部门单位按期办结指派事项。发挥联席会议作用，共召开联席会议6次，对六类共性问题进行研究，提出解决意见。全年通过现场处理、上报指派等方式解决群众反映问题1303个，实际解决938个，政策解释288个，列入规划77个。（赵　攀）

【政法队伍建设】 2014年，根据县委、县政府安排部署，在政法系统开展“工作秩序涣散、纪律松弛”专项整治活动，机关作风有了很大改善。

结合新修订的刑诉法、民诉法等，加强广大干警对政策、法律业务的学习，形成钻研业务的良好风气。同时广泛开展岗位练兵、业务竞赛，用实战锻炼队伍、检验能力。

政法委组织案件评查组对全年所办的各类案件进行抽查评查，并对前两年评查过的案件进行复查，共评查案件35件，未发现有实体性问题，对一些案件装订不规范、办案不及时等共性问题及时督促政法部门进行整改。不断强化政法委自身建设。对政法部门调整的1名股级干部进行了考察任免，加强工作调研，共编发简报35期，上报调研论文5篇，召开政法委员会3次，协调解决各种问题4件。

2015年，把加强政法干警思想政治教育，贯穿于政法队伍建设的全过程，把牢固树立社会主义法治理念作为主线，加强对广大政法干警的经常性教育。

根据上级统一安排，组织政法部门扎实开展执法司法突出问题专项整治活动，各部门联系各自工作实际，通过广泛征求意见、深入开展自查、受理投诉举报等多种形式，认真查找执法司法工作中存在的突出问题，切实解决工作中存在的“不严不实”问题。

对前两年评查过的案件进行了复查，共组织2次评查活动，评查案件72件，虽未发现有实体性问题，但也查找出一些案件装订不规范等问题，及时督促政法部门进行整改，进一步规范了干警的执法行为。

2016年，全县政法部门积极开展“两学一做”学习教育，组织广大政法干警认真学习党章党规、深入学习习总书记系列讲话，扎实开展“讲政治、有信念，讲规矩、有纪律，讲道德、有品行，讲奉献、有作为”专题讨论，结合工作实际认真学习李培斌等先进事迹，认真学习习总书记关于依法治国的论述，在全体政法干警中积极倡导执法为民理念。

全县政法部门扎实开展“将纪律挺在前面”专项活动。各部门紧密联系各自工作实际，通过广泛征求意见、深入开展自查、受理投诉举报等多种形式，认真查找执法司法工作中存在的突出问题，坚持用纪律衡量干警行为，坚持用纪律规范干警作风，持之以恒纠正“四风”，坚决查处“庸懒散奢”作为问题和损害群众利益的行为，确保政法队伍纯洁。

（赵　攀）

【矛盾纠纷调解体系】 2015年，成立以县委副书记任组长、政法委书记和常务副县长任副组长，26个相关部门单位为成员的深入推进大调解工作领导小组，县委出台《关于深入推进矛盾纠纷大调解工作的指导意见》《关于县四套班子领导和机关干部包乡包村开展矛盾纠纷和不稳定因素大排查的通知》。

依托县信访服务中心建立县矛盾纠纷调解中心，依托乡（镇）司法所和居民办事处信访服务中心建立14个乡级矛盾纠纷调解中心，全县乡级调解中心专职调解员达到32名，兼职调解员42名。建设了289个农村调委会和调解室、8个社区调委会和调解室，村级调解员达到891名。

按照“六统一”“四落实”要求，为全县13个乡（镇）和居民办事处统一制作了人民调解委员会会徽、调解员胸牌、门牌、公章等，统一了职责制度、工作流程、调解文书。诉调、检调、公调、政调、访调对接窗口、运行机制全部建立，对接联动工作走上常态化。

7月，全县开展矛盾纠纷和不稳定因素“万名干部”大摸排活动，29名四套班子领导、384名副科级以上包村干部、286名乡镇干部和12000余名农村（社区）工作人员，按照县不漏乡（居办）、乡（居办）不漏村（社区）、村（社区）不漏户、户不漏人的“四不漏”原则，对全县402个村、8个社区开展地毯式大排查。

本年，县委制定了《繁峙县社会稳定情

报信息联合研判例会制度》，县维稳领导组、矛排领导组、信访联席会议、防范和处置邪教问题领导组召开5次例会。（赵 攀）

【社会治安风险隐患大排查大整治】 2016年，按照上级安排，县、乡、村成立活动领导组、制定实施方案、组织力量，压实责任，按照“谁主管谁负责”和“属地管理”相结合原则，围绕政治安全、矛盾纠纷、公共安全、内部安全四大类17个领域开展社会治安风险隐患大排查大整治，排查并处置各类突出风险隐患272起。（赵 攀）

公 安

·综 述·

【队伍正规化建设】 2014年，先后开展“衙门作风”专项整治行动，“工作秩序涣散、纪律松弛”专项整治行动，“纯洁队伍、正风肃纪”专项行动，“增强党性、严守纪律、廉洁从政”专题教育活动，以转职能转方式转作风为主要内容的“三转变三服务三提升”主题教育活动，“四项整治”专项行动。全年通过不间断纪律作风整顿，民警纪律观念逐步强化，执行力逐步提高。

2015年，坚决查处违反“三项纪律”和违反中央八项规定、“四风”问题行为。公安局纪检室主动查办案件2起，查实2起，2人给予政纪处分。

全年共出动督察警力750余人次；开展各项专项督察53类次，明察暗访基层所队90余（个）次；发现并督促整改各类问题83件，制发通知、通报文件57份；撰写各类信息62余篇；完成上级领导批办、督办、交办案件19起。

2016年，制定完善《繁峙县公安局民警日常监管考评制度》等深化作风建设的具体规定制度，有效规范全体民警特别是领导干部的日常工作和生活，强化监督队伍日常管理。

开展重点警种突出问题教育预防与专项整治活动，进一步将整治重点范围延伸至刑侦、治安、经侦、监管、交警、消防、派出所和各窗口单位，结合工作岗位对存在的突出问题进行自查自纠。制定《繁峙县公安局意识形态工和责任制检查考核制度》，并将辅警、事业人员也纳入日常监管范围。严格按照省厅“三个一律”的要求，组织纪检室、督察大队、政工室组成“联合督察检查组”开展“四项整治”活动，深入局属各单位，重点对值班备勤、着装佩戴、所容所貌、警用车辆停放管理等队伍正规化建设进行现场督察检查。（张新文）

【各类警情数据情况】 2014年共接有效警情5015起，日均13.7起。其中，刑事类警情912起，治安类警情2271起，交通事故类警情1282起，火警类警情118起，求助类警情176起，举报类警情242起，其他警情14起。全年共立各类刑事案件632起，破案370起；受理治安行政案件983起，调解166起，行政处罚1065人。加强对“两抢一盗”侵财案件的打击力度，全年共立“两抢一盗”案件475起（盗窃441起、抢夺29起，抢劫5起），破获257起（盗窃案件190起，抢夺案件22起，抢劫案件43起，诈骗案件2起）。人员打击处理方面，全年共刑事拘留180人，取保候审62人，提请批准逮捕112人，逮捕128人，移送起诉148案190人，抓获各类在逃人员66名。

2015年，共接到各类警情50209起，日均 133 起。其中有效警情 6360 起，日均 17 起。在有效警情中，刑事类警情 978 起；治安类警情 3031 起；求助类警情 250 起；举报类警情 381 起；纠纷类警情 22 起；交通事故类警情 1575 起；火灾类警情 123 起。

2016 年共接各类警情 42317 起，日均 128 起；其中有效警情 6158 起，日均 18 起。有效警情中，刑事类警情 916 起，其中两抢案件 42 起，盗窃案件 773 起，诈骗案件 23 起，其他刑事案件 78 起；治安类警情 3108 起，其中打架斗殴 761 起，偷窃类警情 730 起，寻衅滋事类 532 起，拦路索要钱财 38 起，其他治安类警情共计 921 起；求助类警情 220 起，举报类警情 274 起，纠纷类警情 13 起，交通事故类警情 1627 起，火灾类警情 132 起。

（张新文）

【执法规范化建设】 2014 年，公安局的法制工作以“五个一律”专项工作为主线，完善执法办案场所建设，建立健全法制制度，积极开展执法培训，为公安中心工作服务。通过查阅台账、调取音视频资料、现场询问、实地查看等方式，对各执法办案场所的管理使用情况、民警执法记录仪使用情况、现场执法规范情况等工作，进行了检查。在“五个一律”专项活动中，全局原有的 16 个执法办案场所精简为 10 个，形成以主要集镇派出所、重点（民爆）派出所为核心、一点多线的办案区网络体系；又投入 40 万余元，统一购置 14 扇物理隔离门禁，统一软包 16 个人身安全检查室，统一购置打印机、药品箱、手持金属探测仪、温湿度电子钟、隐蔽警铃等设备，统一标准完善装修。此外，砂河、岩头、大营新建办案区也按照标准统一规划建设。（张新文）

【监所管理】 繁峙县看守所共有执勤警力 22 人，其中正式民警 12 人，事业人员 2 人，辅警 8 人，符合省厅规定的 18 人以上配备要求。

繁峙县改（扩）建看守所、拘留所分别于 2013 年 9 月、2014 年 10 月投入使用。监所硬件设施条件一流，达到了全市先进水平。2014 年全国监所管理开展“五化建设”，公安局追加投资 17 万元，对看守所进行了提升建设。在管理手段信息化方面，新入所人员进所时，及时采集违法犯罪人员信息，看守所基础工作台账实行计算机管理，在押人员日常管理、诉讼管理、财务管理、医疗管理等信息网上记载；在设施保障标准化方面，配备了标准的高压电网、双回路电源、安装了联动 AB 门，安装手机屏蔽器，设置了单人监室和未成年监室，谈话室安装报警装置，询问室配备电脑，律师会见室配备对讲设施，视频图像监控设备对在押人员实现全覆盖，录音录像保存 15 天以上。

2016 年，完成看守所、拘留所、地下靶场整改工程，完成繁城派出所新建及搬迁入驻工作，完成杏园、东山、大营 3 个派出所建设可研工作；完成局机关业务技术用房建设审批工作；加强社会面防控网、城乡社区防控网、单位内部和重点行业防控网、区域协作网、视频监控网、信息网络防控网等“六张网”，累计完成各类视频监控探头 7641 个。

（张新文）

【基层基础建设】 指挥中心新建的视频监控后台，在调试中。繁峙县联通公司被确定为视频监控线路运营维护商，县政府已经为运营维护费用和线路用电费用做了财政预算。地下靶场已于 11 月 12 日通过省厅验收，投入使用；岩头派出所、交警中队于 10 月 14 日搬迁运行；砂河派出所于 10 月 23 日搬迁运行；拘留所改造工程于 10 月 18 日通

过省厅验收，投入使用；交警大营中队、神堂堡中队维修工作于9月份完成。（张新文）

·社会民生服务·

【巡逻防控】 2014年3月15日，县公安局进行警力资源整合，成立一支由指挥中心指挥调度、分区布警的巡逻力量，即PTU机动队。全年共接处警1600余起，移交案件1010余起，救助困难群众300余人，办理36起，打击处理30人。自PTU机动队开展巡逻防控以来，本县辖区内的各类警情下降有40%之多，改善了社会治安生态，巡逻防控工作对净化本县社会治安起到了突出的作用。

2015年，共接处各类警情1867起，移交案件1200余起，盘查各类可疑人员7500余人次，可疑车辆1300余辆次，查获涉牌涉证违法行为6起，抓获网上逃犯6人，破获毒品刑事案件2起，抓获各类吸毒人员40名，抓获贩毒人员2名，缴获毒品30余克、土制海洛因11小包，抓获各类盗窃嫌疑人18人，处置非正常渠道上访事件40余次，均已移交相关部门。现场帮助群众调解纠纷250余起，做好人好事200余人次，救助走失儿童、老人、智障者51人，交通伤者3人，解救5名滨河壹号跳楼农民工，提高了本县社会治安环境和增进了警民关系。

2016年，公安局PTU机动队出动警力15350余人次，车辆1500余辆次，接处各类警情1827起，移交案件1200余起，现场调解纠纷140余起，救助178余次，抓获各类违法犯罪嫌疑人121人，破获入室盗窃案件23起，完成各类安保勤务任务41次。在做好正常巡防工作的同时，还将校园周边秩序整治纳入巡逻防控日常工作，坚持做好“护校安园”工作，确保校园秩序稳定。

（张新文）

【禁毒工作】 2014年共破获毒品刑事案件17起（非法持有毒品案件5起，容留他人吸毒2起，贩卖毒品10起），抓获犯罪嫌疑人23人，缴获土制海洛因379.407克，冰毒504.296克，其他吗啡类毒品42克；共破获毒品行政案件368起，（非法持有毒品5起，吸毒363起），共计抓获吸毒人员363人，强制隔离戒毒148人。吸毒人员动态管控方面，现有登记在册的吸毒人员892人，已管控733人，管控率为82.17%。

2015年，共破获毒品刑事案件14起，共抓获犯罪嫌疑人16人，缴获毒品1262.973克，冰毒4.037克，其中非法种植毒品原植物1起，非法持有毒品案件1起，容留他人吸毒1起，制造毒品1起，50克以上100克以下的毒品案件1起，100克以上的毒品案件1起。破获毒品行政案件219起，其中非法持有毒品2起，共抓获吸毒人员203人，其中强制隔离戒毒90人，办理社区戒毒41人。10月11日成功破获了一起毒品刑事案件，缴获毒品1200余克，受到上级领导的表扬和嘉奖。

公安局有登记在册的吸毒人员971人，已管控826人，信息已全部采集，管控率为85.06%。在国际禁毒宣传月期间，公安局分别开展了“全民禁毒宣传月”启动仪式和“青少年与合成毒品”为宣传主题的禁毒宣传，提高了人民群众对毒品的危害性认识。

2016年，办理涉黄案件30起，其中行政案件28起，查获违法人员33人，行政拘留6人，行政拘留并处罚款1人，行政罚款26人；办理刑事案件2起，抓获犯罪嫌疑人2名，刑事拘留2名。打击涉赌方面：办理涉赌案件79起，查获违法人员226人，行政拘留3人，行政罚款223人。打击涉毒方面：共办理毒品刑事案件14起，抓获各类涉毒人员20人，缴获海洛因1388.23克，冰毒70.51克，吗啡543.55克，咖啡因464.35克，鸦片24.36克；办理毒品行政案件235起，强制隔离戒毒109人。（张新文）

【治安管理】 2014年，为把社会管理工作做实做细，公安局继续深化"三清两净"行动，准确登记流动人口、出租房屋信息，认真落实网吧、旅店业实名登记制度，不断丰富基层基础数据。全年共采集重点人口信息444人，采集指纹437人，采集DNA436人；流动人口采集建档2238人，核查彝族人52人，协查管理新疆人4人；登记出租房屋信息196条，签订责任状196份，并录入警综平台。

2015年，全年共办理行政案件633起，结案595起，其中涉黄案件19起，涉赌案件38起，涉毒案件216起，调解案件88起，其他行政案件 303起。共处罚人数648人，其中警告9人，单处罚款153人，行政拘留317人，行政拘留并处罚款167人，有力地打击了违法行为，维护了社会治安的稳定。

公安局认真开展重点行业场所管理工作，共对81家旅店业开展了不登记旅客信息集中整治行动，检查繁城镇宾馆55家，砂河镇宾馆26家，其中有79家安装旅店业信息系统，2家因装修停业，治安处罚不按规定登记旅客身份信息业主3人。旅客身份信息上传率百分之百。对4家KTV场所、7家废旧金属收购业、4家开锁业进行备案工作。

在视频监控建设工作方面，累计完成视频监控探头7361个。2013年、2014年、2015年一类共完成1210个，二类完成875个，三类完成5276个。接入县局指挥中心560路，接入市局指挥中心310路，完成治安卡口7个。

结合辖区内内部单位的情况，年初与各内部单位签订责任状100余份，全年共培训内部单位保卫骨干380人次，制定各种工作方案10个，建立治安保卫组织50个，配备安全保卫人员756人，建警务室11个，选配政法部门57人任中小学幼儿园法制副校长（辅导员），全县辖区内企事业单位共安装摄像头3685个，建立制式档案50份，做到了制度上墙。指导规范了各加油站散装汽油销售工作，建立"平安医院"2个。全年指导内部单位制定处置预案249份，组织演练249次，在治安检查中，共发现治安隐患300处，整改300处。

2016年，共办理治安案件821起，办结724起，处罚769人，其中警告15人，罚款267人，行政拘留342人，行政拘留并处罚款145人。

培训内部单位保卫人员480人，建立治安保卫组织150个；配备专兼职保卫人员680人；指导27所中小学幼儿园配备保卫员54人；全县辖区内部单位共安装摄像头3997个；指导内部单位制定应急处置预案135份，全县范围内组织创建"平安单位"74个，推荐"平安志愿者"210人。

（张新文）

【治爆缉枪】 2014年，开展"治爆缉枪专项行动""危险爆炸物品安全整治行动""爆炸物品秋季清查整治行动"，排查涉爆单位400余家次，下发安全隐患整改通知书30余份。公安局对涉爆企业人员全部进行了备案登记，对404辆矿山运输车全部统一建档，全部喷涂统一标志。

治爆缉枪方面，公安局利用4台测爆仪，对全县范围内的涉爆企业和重点区域进行了清查，共计收缴炸药210公斤，雷管108枚。

2015年，先后开展“枪爆物品大清查行动、“治爆缉枪”等专项整治行动，尤其在“8·12”天津事故发生后，加大全面排查力度，利用四台测爆仪和两条搜爆犬，配合13个乡镇和派出所进行清查整治，收缴炸药155公斤，雷管951枚，导爆索350米，炸弹1枚，排查涉爆单位150多家次，下发限期隐患整改通知书30余份，并全部监督落实整改。并与各派出所签订《民爆物品安全管理和整治工作责任状》28份。全面加强本县爆炸物品的安全管理，实现“不流失、不打响、不炸响”的工作目标。

2016年，共收缴炸药23692公斤，雷管37592发，导爆索16093米，迫击炮弹1枚，手榴弹9枚。（张新文）

【户政管理】 2014年，户政部门全年共办理二代身份证16425个，办理临时身份证2135个，主项变更218人，新生婴儿上户2007人，死亡注销931人，迁出登记2782人，迁入登记2826人，为群众办理漏户补户185人，为本部门提供查询人口信息3000余次，为其他部门和群众提供查询人口信息5000余次。共注销重户2179人，重点处理了姓名相同、出生日期相同的重户人员，16周岁以上无照片重户人员，以及经过省厅人像比对系统发现的重户人员，人户分离人员摸排数为1643人，解决了76人的“人户分离”问题。

2015年，共办理二代身份证12921个，办理临时身份证2850个，主项变更325人，出生登记3614人，死亡注销2337人，迁入登记2599人，迁出登记1284人，补录户口136人。按时完成上报市局和县局各部门的报表，2015年1月5日前，完成人口统计年报工作总结、数据分析报告及人口统计年报报表工作；2015年7月10日前，完成《暂住人口统计报表》、统计工作总结、数据和质量分析报告工作，为本部门提供查询2000余次，为其他部门和群众提供查询5000余次。共受理出境人员3160人，其中出国1566人，赴港澳1446人，赴台湾148人。

本年，在2014年的基础上继续深入开展清理整顿，全面加强户籍管理规范化建设进行再动员、再部署，共清理重复户口186个。流动人口共登记录入1914人，已全部建档。

2015年，在出台的便民利民措施上，加快了制证进度，简化制证环节，压缩制证周期，整个制发流程时间缩短为20个工作日。（张新文）

·刑 事·

【惩治刑事犯罪】 2014年，现发命案3起，破案3起，继续保持现发命案必破的纪录；命案积案侦破方面，公安局对8起犯罪嫌疑人明确的积案进行集中攻坚；从9月17日至年底，在全县组织开展了“打黑除恶”专项斗争行动。专项行动中打掉了2个恶势力犯罪团伙，抓获1名涉黑涉恶网上逃犯，办结1条涉黑涉恶线索核查工作；追逃工作方面，共抓获网上逃犯52名，其中抓获公安部B级逃犯1名，省督逃犯1名，历年逃犯10名，外省逃犯13名，本省逃犯39名。“打拐”专项行动以来，共抓获了9名犯罪嫌疑人，破获了7起侵害妇女、儿童权益的案件，解救了7名受害人。共计受理各类经济犯罪案件37起，破获经侦案件37起，其中：打击传销案1起、合同诈骗案24起、职务侵占案10起，打击假冒伪劣商品案2起；全部案件涉案金额约300余万元，挽回经济损失50余万元。

2015年，在打黑除恶专项斗争中，公安局打掉4个恶势力犯罪团伙，办结在侦的恶势力团伙2个；全年现发命案7起，破案7起，继续保持现发命案必破的纪录；命案积案侦破方面，破获命案积案1起；同时公安局继续深化对“两抢一盗”、涉黄涉赌和刑事案件的打击，截至12月31日，公安局共立各类刑事案件607起，破案321起，刑事拘留123人，取保候审44人，监视居住5人，提请批准逮捕119人，批捕96人，移送起诉102案141人，破获侵财案件120起，起诉（抓获）盗窃、抢夺、诈骗四类刑事案件作案人数46人；追逃工作方面，抓获网上逃犯62名，其中抓获外省逃犯8名，本省外市3名，本市逃犯51名，现发命案逃犯11名。

“打拐”专项行动中，公安局共抓获了4名犯罪嫌疑人，破获了3起侵害妇女、儿童的案件，解救了3名受害人，包括一名越南籍妇女。

全年共立38起电信诈骗案件，涉案金额40余万元，为人民群众挽回损失8万余元。

全年共计受理各类经济犯罪案件26起，破获经侦案件15起，其中合同诈骗案2起、职务侵占案1起，打击假冒伪劣商品案7起，逃税1起，信用卡诈骗2起，国有单位工作人员滥用职权2起；共计抓获犯罪嫌疑人9名，移送起诉4案4人。案件涉案金额约1000余万元，挽回经济损失500余万元。其中公安局于12月3日在太原市公安局的大力配合下，抓获涉嫌职务侵占罪的犯罪嫌疑人郭某，破获一起职务侵占案件，涉案总金额300余万元。

2016年，共立各类刑事案件667起，破案387起，刑事拘留各类犯罪嫌疑人155人，取保候审56人；命案发5起破5起，实现命案全破的目标；抓获各类网上逃犯60名，其中抓获外省逃犯10名，本省外市4名，本市逃犯46名。打掉了4个恶势力团伙。破获四类侵财案件293起，破获10起以上系列侵财案件串案，刑事拘留四类侵财犯罪嫌疑人52人。

（张新文）

·消　防·

【消防工作】　2014年，县公安局消防大队共接各类火警86起，出动警力560人次，出动车辆90辆次，抢救财产价值35.2万元。全年火灾形势总体平稳，但各种火灾隐患苗头仍然存在，广大群众的防火意识还很淡薄，消防常识缺乏。公安局消防大队对全县重点单位、九小场所、易燃易爆场所进行例行登记排查工作，重点对辖区内加油站、宾馆、饭店、商场、文物古建筑等场所进行安全隐患排查。全年共计排查社会单位680家，发现并督促整改火灾隐患或违法行为648处，下发《责令改正通知书》383份，《行政处罚决定书》29份，《临时查封决定书》18份，罚款11万元，依法行政拘留10人。

2015年，共接各类警情83起，其中火警55起，抢险救援28起，出动消防车109辆次，出动警力699人次，抢救被困人员21人，抢救财产价值18.2万元。对全县重点单位进行安全隐患排查。全年共计排查社会单位750家，发现并督促整改火灾隐患或违法行为905处，下发《责令改正通知书》477份，《行政处罚决定书》50份，罚款37万元，依法行政拘留3人。

2016年，消防大队共接警337起，其中火警263起，抢险救援74起，出动消防车355辆次，出动警力2845人次，抢救被困人员200人。检查社会单位959家，发现火灾隐患1022处，督促整改火灾隐患984处，下发责令改正通知书561份，下发行政处罚决定书33份，临时查封22家，三停13家，罚款18.45万元；发放宣传资料9000余份，利用LED显示屏每日播发消防安全标语，培训人员共计3000余人次，发送消防提示短信7000余条。（张新文）

·交通管理·

【概述】　繁峙辖区公路国道、省道、县、乡、村道路总里程437千米，其中国道1条，长约85千米（108国道350KM+850M－435KM）；省道三条，长约60千米其中：王（董堡）大（营）线15千米-30千米、繁（峙）五（台）线7千米-28千米、大（同）石（咀）线104千米-119千米、神（堂堡）阜（平）线0千米-3.5千米；县乡道路9条。

县交警大队辖神堂堡、大营、砂河、后河、东山、岩头、繁城、城区8个中队及煤检警务室、路政警务室、安头警务室。内设办公室、秩序股、事故股、东车管所、西车管所、法制股、宣教股、财务股。全队共有警力248人，其中：授衔民警35人，工勤人员40人，辅警173人。

2014年，共处罚各类违法行为30992例，行政拘留违法人员126人。本年度辖区共发生交通事故1081起，其中一般事故22起，简易程序处理事故1057起，死亡15人，受伤23人，财产损失40.71万元。全年新上户车辆1945辆，补换驾驶证3728个，补换行驶证118个，补牌143个。

2015年度，共查处各类交通违法行为24584例，行政拘留违法人员127人。本年度辖区共发生交通事故1352起，其中一般事故40起，简易程序处理事故1308起，死亡29人，受伤34人，财产损失90.16万元。全年新上户丰辆1631辆，补换驾驶证3756个，补换行驶证127个，补牌152个。

2016年度，共处罚各类交通违法行为21708例，行政拘留105人。本年度辖区共发生交通事故1381起，其中一般事故50起，简易程序处理事故1329起，死亡39人，受伤57人，财产损失59.73万万元。本年度全县共有车辆5711辆，驾驶员3879人；全年新上户车辆2135辆，补换驾驶证3855个，补换行驶证123个，补牌138个。（周　鹤）

【交通秩序管理】　2014年，在抓好日常交通秩序管理工作的同时，先后完成“春运”、国家“两会”“清明节”“五一”“国庆”、春节、元宵节期间的交通安全保卫工作，重点开展“冬安利剑二号”专项行动、“五进一巡”交通秩序整治、城区交通秩序整治、无牌无证矿山运输车辆专项整治、“打非治违”专项整治以及集中整治非法超限超载运输活动。“五进一巡”交通秩序整治期间，全队共排查各类交通安全隐患26处，同时对并州运业公司和鑫生出租车公司、华茂物流公司和紫金矿业公司等8个企业的驾驶员进行了集中教育培训，受训驾驶员480名，发放宣传资料6万余份，为2万余户低保群众进行了车辆审核，临检参加春运车辆172辆，并全面启动繁城、砂河、大营、神堂堡、岩头5个市县级交通安全检查站。进行城区大规模的交通秩序整治两次，前一次将伪造、变造机动车号牌、套牌假牌、无牌无证等涉牌涉证违法行为作为整治重点。截至3月底，共出动警力267人次，警车35辆次，警用摩托车20辆次，检查车辆1600多辆。查处各类交通违法行为422例。后一次从7月11日开始至9月11日结束，为期两个月，累计非现场处罚交通违法行为760余例，现场处罚交通违法行为60余例。

2015年，根据辖区道路交通形势，开展

“查违法除隐患、降事故保安全”大会战。协助运管部门开展查扣无证“黑”出租车行动、大货车、翻斗车违法行为整治行动，“打非治违”统一行动，在“查违法除隐患、降事故保安全”大会战中，大队按照市支队统一部署要求，从6月16日到7月16日，全队累计处罚各类交通违法行为8086例，行政拘留78人，进一步遏制了各种交通违法行为。“打非治违”统一行动期间，全队累计处罚各类交通违法行为2668例，行政拘留7人，有效遏制了各种交通违法行为。由县政府统一组织部署，各相关部门协作配合，开展为期3个月的全县道路交通安全专项整治期间，全队共查扣大货车、翻斗车31辆，其中依法处理17辆；累计处罚各类违法行为8266例，其中非现场处罚5941例，现场处罚2325例，行政拘留9人。

2016年，开展了“一整治五排查”活动、第二季度预防重特大道路交通事故专项整治行动。其间全队共行政拘留酒驾2人，无证驾驶2人，查处疲劳驾驶54例，货车违法载人51例，货车驾驶室超员1例，货车挂车违法载人1例。（周　鹤）

【安全生产检查】 2014年，大队分别制定《全县公安交警道路交通安全大检查工作方案》《进一步强化全县危险化学品道路交通安全管理工作方案》《危险化学品道路交通安全管理应急预案》，大检查期间，共排查国道83千米，省道90千米，县乡道路80千米，排查出事前隐患55处，事后隐患3处，并向有关部门送达隐患整改通知书。排查危险化学品经营企业40家、油气集中存放点40处、危化品运输企业2家、过境危化品运输车辆4辆、忻州同德民爆运输公司常驻繁峙车辆6辆、桥梁信息37座、两地隧道信息3处、涵洞信息5处。排查矿山24座、选厂35个、矿山车辆约329辆。

2015年，责成城区中队派出专人进驻汽车站，每天对所有出站客运车辆进行检查，主要检查超员、安全带、防火器材等。并做到逢违必纠，有违必罚，从源头上消除安全隐患。

坚持每周深入并州运业公司进行一次安全生产大检查，主要检查公司驾驶员资质、车辆安全技术状况，并开展交通安全宣传教育。为做到任务明确，责任明确，各负其责，大队实行归口管理制，责成秩序、车管、宣教3个部门各司其职，宣教股民警开展交通安全宣传；秩序股负责通报企业驾驶员、车辆违法情况，并要求及时整改；车管所民警负责开展交通安全业务咨询和安全监督。

打破以往大队领导每季度去出租汽车公司开展一次安全大检查的惯例，随时深入该公司进行突击检查。针对公司车辆事故多发这一情况，大队事故股给公司下发了安全隐患整改通知书，要求限期进行整改；秩序股针对公司车辆驾驶人违法行为较多的情况，如乱停乱放、随意调头等，要求其进行整改。

开展道路交通安全隐患排查整治工作。从8月15日开始，大队组织相关民警对辖区内主要道路进行全面排查，共排查出安全隐患15处，全部在平型关旅游线路，这些隐患均为无防碰撞护栏和警示桩，已经报告县政府，并给相关部门送达隐患整改通知书。

针对8月中旬县安委办检查结果，大队进行了认真的整改，《警示教育制度》《监督执法制度》和《举报核实重奖重罚制度》3项制度已经完善。（周　鹤）

【交通安全宣传教育】 2014年，开展春运前驾驶员安全培训及警示教育活动，举办春运客车驾驶员安全学习教育培训班，以粘贴板形式，把全县上一年重大事故案例进行展览。开展以“冰雪路面行车，多措施保安全”为主题的宣传活动，给车辆驾乘人员散发《致驾驶员的一封信》2万余份，为部分中小学校上了交通安全课，利用短信、微信、微博对驾驶员进行宣传教育。

开展流动警车开进校园活动。在介绍流动警务车功能，展示警用装备，让同学们熟悉有关知识的同时，重点为中小学生上交通安全课，组织学生观看交通安全宣传片。

宣教民警与县电视台联合，在西城街小学以交通安全教育为目的与师生欢度“六一”。在节日前后播出儿童交通安全公益广告，深入宣传报道交通安全。在官方微博、微信平台开展“车时代的安全童年”专题宣传活动，发起“儿童安全乘车”话题讨论。形成网上网下互动，利用口碑式传播放大宣传效应，增强宣传效果，发放宣传资料500份。

宣教股与西城街小学开展繁峙县小学生道路交通安全知识竞赛，参赛同学450名，获奖人数36名。全年共发微博1294条，微信132条，进校园7次，进社区8次，进农村10次，进企业9次，散发传单1500份，展出图版40块，悬挂标语10条，发布手机短信3万条。

2015年，开展“五进”宣传的同时，根据实际开展各项专项宣传活动，充分利用短信、微信、微博等手段对驾驶员、广大群众进行宣传教育。全年共发微博2257条、微信404条、进校园8次，进社区5次，进农村10次，进企业6次，散发传单2000份，展出图版60块，悬挂标语10条，编发手机短信3万条。

2016年，交警队进一步加强宣教工作，突破现有的宣传形式，在开展好“五进”宣传工作的同时，通过深化“一村一警”联系走访活动，将宣教工作向乡村倾斜，重点做好广大群众的普法教育，增强广大群众的交通安全意识和遵章守法意识。并组织开展全国中小学安全教育日活动、“12·2”全国交通安全宣传日活动、安全生产月活动、春运交通安全专项宣传工作。全年共发微博980条，微信362条，进校园10次，进社区7次，进农村11次，进企业6次，散发传单1500份，展出图版50块，悬挂标语10条，发布手机短信3万条。　（周　鹤）

【“便民利民，创建平安满意城”专题活动】 2015年，根据实际情况，大队采取电话回访与入户回访两种方式，开展创建平安满意城活动，电话回访工作由大队指挥中心具体负责，专门设置同步录音专线电话，指定专人，对个人固定用户进行电话回访，并将回访情况详细登记在《电话回访调查登记表》上。入户回访工作由秩序股、车管所、事故股3个窗口部门及各基层中队抽调专人进行，所有回访都要认真填写回访登记表。全队共电话回访81户，入户走访45户，群众对交警的执法、服务满意率为95%。

10月29日，大队邀请辖区驾校部分学员到大队车管所进行参观学习。　（周　鹤）

【农村道路交通安全管理】 2016年1月起，大队继续加强对农村交通安全管理工作，建立健全了农村道路交通管理工作台账。全县402个行政村，已全部设有交通安全协管员，各乡（镇）都设有交通管理服务站，乡（镇）交警中队6个。9月，共建起劝导站9个。分别是：后河村交通安全劝导站、赵庄护林防火交通安全劝导站、汽车站交通安全劝导站、齐城村交通安全劝导站、岩头村交通安全劝导站、代堡村交通安全劝导站、柏

家庄村交通安全劝导站、茶坊村护林防火交通安全劝导站、神堂堡交通安全劝导站。共配备劝导员27人。（周　鹤）

【“两会”交通安保】 2016年，为确保全国“两会”期间本县境内道路交通安全畅通，3月份，大队开展全国“两会”交通安保工作。

继续加强对108国道神堂堡山区路段、108国道砂河镇至集义庄乡路段、繁五线岩头乡路段等易发生交通堵塞路段的巡逻管控。

大队要求神堂堡、大营、砂河3个交通警察执法站民警必须严格按照规范要求开展工作，严格公正执法、查处纠正交通违法行为，树立良好的繁峙交警形象，杜绝因执勤引发上访现象。要求各中队路检路查民警要实、要细、要规范，严禁出现工作不到位、措施不落实、处罚不合法、变相处罚等，杜绝因工作不到位引发投诉现象发生，为全国“两会”营造和谐氛围。

“两会”期间，大队共派出135名民警到神堂堡公安检查站与相关部门人员配合开展工作，昼夜24小时检查过往车辆。期间辖区没有一辆问题车驶向北京方向，没有发生较大交通事故和交通拥堵。（周　鹤）

【队伍作风建设】 2016年，重点开展纪律作风整顿，整顿以“四项整治”为主线，内容共为六个方面：1.严格落实上下班工作制度；严格监督按时签到制度；严格落实考勤制度；严格落实查岗制度。2.会议纪律。会议要严密组织，严格会议签到，严格遵守会场纪律，参会人员要认真做好笔记，承办单位要严格落实会议通报制度。3.请销假纪律。凡有上级部门组织的会议或电视电话会议，承办单位要严格落实会前通知人员，会中清点人员，会后通报情况。4.请示报告制度。局属各部门要严格执行局请示报告制度，重大问题、重要事项、重要线索要及时报告。5.内务管理。依据《忻州市公安机关内务规范化管理规定》要求，对照检查，始终保持环境、内务卫生干净、整洁、有序。6.窗口单位服务。整顿期间，学习了《中国共产党廉洁自律准则》《中国共产党纪律处分条例》《中国共产党问责条例》。

（周　鹤）

·典型案件·

【苏家口村持刀行凶案】 2014年10月7日，东山乡苏家口村发生一起重特大案件。苏家口村村民张某某10月7日早晨持刀先后去本村李某某、王某某、陈某某、李某某家中行凶，致3人死亡，6人受伤。张某某于当日7时50分左右被公安民警围堵在苏家口村西废弃的高架灌渠上，在民警和家人多次劝说归案配合调查无果的情况下，14时沿灌渠向北逃跑跳下灌渠受伤后被公安局民警擒获。随后送往医院，经全力救治无效，于17时16分死亡。（张新文）

【新圐圙村持枪杀人案】 2015年3月10日，大营镇新圐圙村发生一起致4人死亡的持枪杀人案件，案发后部、省、市、县公安机关开展了联合调查行动，经过持续16个昼夜的奋战，3月26日搜捕人员在一山沟内发现了犯罪嫌疑人姚某某的尸体，并起获了其作案刀具、枪支和子弹，至此案件得到圆满侦破。（张新文）

【砂河镇持枪抢劫杀人案】 2015年3月27日砂河镇发生一起持枪抢劫杀人案。犯罪嫌疑人孙某某、孙某某、孙某某、张某某4人通过犯罪嫌疑人李某九获知居住在砂河镇的刘某才、崔某某夫妇，以民间借贷为业，积累了不少财富这一讯息后，遂起绑架抢劫刘某某夫妇的念头。3月26日晚，犯罪嫌疑人孙某某等4人对刘某某、崔某某夫妇进行绑架，从刘某才家中获得27万余元人民币，及部分贵重香烟、银行卡、手机、若干借据。27日凌晨，4犯罪嫌疑人绑架刘某某夫妇落脚于孙某某家。当日，犯罪嫌疑人妄图从刘某某夫妇身上获取更多的金钱，未果，随决意杀人灭口。此时，村中有刘某某母亲亡故，隔日将出殡。于是，一个念头在犯罪嫌疑人孙某某脑中闪现，4人商议将人质殉葬死者，一同掩埋。在等待刘某某母亲出殡期间，犯罪嫌疑人孙某某和同伙孙某某、张某某一起对人质崔某某持续猥亵、性侵。28日夜，犯罪嫌疑人押带人质，直趋刘某某母亲墓地，把墓葬掘开，将人质头戴食品塑料袋，双手背铐，口封胶带，割去衣服，裸身推入墓穴。当人质被推入墓穴时，犯罪嫌疑人孙某某对同伙孙某利和张某某突发恶意，随即举枪向墓道口的张某某开了一枪。张某某后脑中枪，立时毙命。犯罪嫌疑人孙某某灵机避入墓穴内死角处。于是，孙某某和孙某某迅速回填墓土。把两人质、已毙命者张某某和生者孙某某一块埋入墓中。29日中午，孙某某利用一把遗失在墓中的铁锹，从墓中艰难逃生。

在各级公安机关的通力合作下。在4天之内，即发现犯罪嫌疑人作案线索，锁定头号犯罪嫌疑人孙某某。7天之内，4名犯罪嫌疑人相继落网。 （张新文）

检 察

【概述】 2014年，全年共受理公安机关、本院自侦部门提请批捕案106件136人，经审查，批捕111人，不捕25人。共受理公安机关、自侦部门移送审查起诉案156件203人，经审查，向县法院提起公诉132件173人，不起诉13件14人。报送市院审查起诉6件6人。有罪判决率为100%。

深化“进乡村、进农户、进社区、进企业、进学校，服务民生、服务经济”大专访活动，实地走访乡村60个、社区8个、企业8家、学校10所、群众160户。征求意见；建议18条，接受法律咨询122人次，帮扶贫困家庭3户。

2015年，充分发挥批捕起诉打击犯罪职能，依法打击刑事犯罪。共受理公安机关、本院自侦部门提请批捕案103件128人，审结104件129人。批捕87件106人，不捕17件23人。共受理公安机关、本院自侦部门移送起诉案128件172人，审结120件163人。向县法院提起公诉114件155人，不起诉12件13人，报送市院管辖13件23人。未成年人刑检部门全年共受理公安机关提请批捕案9件20人，其中，未成年人犯罪案3件12人。经审查批捕7件16人，不捕2件4人。受理公安机关移送审查起诉案12件17人，经审查，向县法院提起公诉8件12人，不起诉2件3人，报送市院审查起诉1件1人。

2016年，共受理公安机关提请批准逮捕案108件131人，经审查，批准逮捕111人，不批准逮捕20人。捕后无撤案，无无罪判决。共受理公安机关、本院自侦部门移送审查起诉案126件171人，其中，向县法院提起公诉106件129人，不起诉4件6人；报送市院管辖11件29人。提起抗诉2件。

（高仲秀）

【反贪污贿赂与反渎职侵权】 2014年，共立案侦查贪污贿赂职务犯罪案件2件2人、渎职侵权案件 2 件 8 人。

2015 年，共立案查处职务犯罪案 8 件 13 人。其中，贪污贿赂案 4 件 4 人（大案 1 人，科级以上干部 1 人，贿赂案 1 人），渎职侵权犯罪案 4 件 9 人。严惩发生在群众身边的“小官大贪”“小官巨腐”职务犯罪。查办了保德县扶贫办主任王如平受贿 154 万元的大案，查办了神池县某村党支部书记李玉贪污退耕还林 2 万余元的涉农案件，查办了县公安交警大队、县治超办人员不履行职责，致使国家和公民遭受重大损失的玩忽职守案件。坚持“打防并举，标本兼治，以打促防，预防为主”的方针，积极探索预防职务犯罪的有效途径。开展预防调查 4 次，案件分析 3 件，警示教育 12 次，提出检察建议 7 件。加大对招投标市场、政府采购和银行借贷业务行为的监督，全年共受理查询 4585 次。

2016 年，改革办案模式，整合全院骨干力量，实行侦查一体化办案机制，统一指挥，整体联动，查办职务犯罪有了新突破。共立案侦查各类职务犯罪5 件 7 人，其中，贪污贿赂案 3 件 3 人，渎职侵权案 2 件 4 人。

深入砂河镇、大营镇、横涧乡、神堂堡乡等地，利用传统庙会机会开展宣传活动 10 次。深入县城有关单位，举办“预防职务犯罪微电影展播”宣传活动 2 次。在县电视台播放警示教育片 2 次。（高仲秀）

【侦查监督】 2014 年，监督公安机关立案 1 件 1 人、监督自侦部门立案 2 件 6 人，公安机关、自侦部门均已立案。追捕漏犯 1 人，已起诉。监督不应当立案而立案 2 件 2 人，公安机关已撤案。提前介入命案现场 5 次，对捕后案件进行羁押必要性审查 5 次。向公安机关发纠正违法通知书 5 份。

2015 年，在审查案件中追捕漏犯 3 名，监督立案 2 件 3 人。提前介入命案现场 8 次，对捕后案件进行羁押必要性审查 2 件。共向公安机关发出纠正违法通知书 5 份，书面提出纠正侦查活动违法 5 次，公安机关全部依法纠正。

2016 年，共监督公安机关立案 6 件 6 人，监督行政执法机关立案 2 件 2 人，监督自侦部门立案 1 件 3 人。提前介入命案现场勘查 5 件。在审查案件中追捕漏犯 1 人。向公安机关发出《纠正违法通知书》9 份。

（高仲秀）

【刑事审判监督】 2014 年，对不构成犯罪的 6 件 6 人和事实不清、证据不足，经退回补充侦查仍然不符合起诉条件的 5 件 5 人，依法作出不起诉决定。无撤回起诉和无罪案件。对提起公诉的 62 件 85 人提出量刑建议，均得到法院的采纳。提起抗诉 2 件。

2015 年，在案件审查过程中，追诉漏罪 2 件 2 人，追诉犯罪嫌疑人 10 人，书面提出纠正法庭审判活动违法 1 件。

坚持推行量刑建议制度，确保案件判决公开、公正、阳光、透明。对提起公诉的 77 件案件，逐一提出量刑建议，法院全部采纳。

2016 年，强化办案人员的证据意识，公诉案件质量明显提高。对犯罪事实清楚、证据确实充分的 106 件 127 人提起公诉，对犯罪情节轻微的 2 件 4 人和事实不清、证据不足，经退回补充侦查仍然不符合起诉条件的 2 件 2 人，作出不起诉决定。起诉和不诉准确率均为 100%。

提出抗诉 2 件，均被采纳。其中 1 件由原审判决有期徒刑 8 个月改判为有期徒刑 4 年，1 件发回重审。（高仲秀）

【刑事执行检察】 2014年，注重维护在押人员合法权利，提倡人性化的监管。在每个监室安装检察官信箱，发放驻所检察官约见卡，公布驻所检察官电话，畅通在押人员及其家属申诉渠道。安装监控视频设备，对所内各监区进行24小时监控。

会同司法等部门对全县13个乡镇司法所管辖的182名社区服刑人员进行了专项检查。对检查中发现的问题，及时提出纠正意见，并监督其及时整改。

2015年，共向看守所发出刑罚执行监管活动违法的《纠正违法通知书》38份，看守所全部予以纠正。对监外执行罪犯交付执行、管理矫治、变更执行、终止执行等不当情形书面提出纠正意见18件，16件得以纠正。

2016年，每月3日、23日在看守所接见大厅设立检察官接待日，接受在押人员家属举报、申诉。共提供法律咨询50多人次。

为保障监管场所的安全，防患于未然，刑事执行检察科配合看守所、县武警中队进行安全大检查7次。

在日常监督中，重点放在收押、释放、提审、押解、会见、干警日常监管等环节上。发现违法立即纠正。全年共发《纠正违法通知书》40份。

针对社区矫正执法活动中存在的社区服刑人员脱管、漏管专项检察活动，联合县司法局成立了检查小组，开展了为期3个月的社区矫正人员脱管、漏管专项检察活动。走访了13个乡镇，对137名社区矫正服刑人员的管理情况及生活现状进行全面了解，并逐一建档。对发现的问题，以口头纠正和书面纠违相结合的方式，及时提出纠正。

（高仲秀）

【控告申诉检察】 2014年，共受理各类举报、控告线索24件，其中：受理举报贪污受贿犯罪线索9件，玩忽职守2件，滥用职权1件。与自侦部门共同调查6件，调查后移送立案侦查2件，不立案2件。受理民事监督案2件，受理不属于本院管辖的案件6件。

把涉检信访排查化解工作作为长期的政治任务。积极开展“举报宣传周”活动，深入学校、农村、社区进行宣传。制作主题宣传横幅1条，挂图20余幅，发放资料1000份，接受群众咨询15次。

严格管理举报线索。实行专人管理举报线索，逐件造册登记。专人审查举报线索，审查意见由科室负责人审核把关。

2015年，深入推进涉法涉诉信访工作改革，建立涉法涉诉法律服务工作站，以全心全意为人民服务为根本宗旨，不断强化控审的“文明窗口”作用。

运用网上远程视频接访系统，妥善处理群众信访20件次。

全年共受理群众来信来访举报贪污贿赂、渎职侵权案件线索19件，审查处理19件，其中举报中心初查8件，转交其他部门处理11件。做到了事事有着落，件件有交代。

2016年，共受理各类举报线索37件，其中：分流反贪部门4件、公安机关1件、乡镇3件、侦查监督检察部门7件，检察长直接答复1件，控审初核21件，与反渎局共同初核2件（均已立案），移送纪检部门11件。

严格执行首办责任制。对于群众来信来访和上级有关部门转办的各类举报线索，坚持做到文明接待，依法处理，及时分流，加强督办，严格按照首办责任制的要求进行处理和答复。

（高仲秀）

【民事行政检察】 2014年，合理灵活采用《说明行政执法不作为理由通知书》《纠正违法通知书》等监督方式，依法履行监督职责。督促山西农村合作银行繁峙县支行对到期未归还贷款的单位和个人向县法院提起诉讼案件9件，督促中国邮政储蓄银行繁峙支行对到期未归还贷款的单位和个人向县法院提起诉讼案件3件。积极为弱势群体提供法律帮助，成功办理支持起诉案件61件。

共受理民行案件214件，提出检察建议54件，法院采纳54件；对民行执行活动、执行行为监督20件，法院采纳20件；办理督促履行职责32件，法院采纳32件。移送职务犯罪线索1件6人。

2015年，共受理民事行政案105件，支持起诉61件，法院采纳61件。提出审判检察建议70件，法院采纳66件；提出执行检察建议14件，法院采纳14件。

2016年，共受理并审查处理案件108件。对法院民事行政审判活动的违法行为进行监督25件，对执行活动违法行为进行监督16件。办理督促行政机关履行职责8件。

对繁峙宝山矿业拖欠农民工工资217300元，龙山砖厂拖欠农民工工资161997元进行追偿。成功办理支持起诉案件59件。

对行政机关违法行使职权或不作为的行为及时督促纠正。调阅县国土资源局2007年以来的土地出让金台账，发现其中有6笔应收缴而未收缴的土地出让金，遂向该局发督促履行职责检察建议书，为国家挽回经济损失300多万元。针对繁峙县国税局对繁峙鼎泰矿业有限责任公司、山西平型关铁矿所欠增值税不及时收缴怠于履行职责的情形发检察建议2份，该局及时上缴了欠税。（高仲秀）

法　院

【审判执行】　2014年，全院受理案件1055件，其中诉讼案件904件、执行案件151件。审结各类诉讼案件873件，执结执行案件137件，总审执结率达到95.7%。对127名被告人判处监禁刑罚，有力地震慑了犯罪分子，增强了人民群众的安全感。运用调解手段处理的民事案件达549件，调撤率达72%。共受理行政诉讼案件5件，审结5件，在支持行政机关依法行政的同时，切实保护了行政相对人的合法权益。全年受理执行案件151件，执结137件，其中自动履行60件，执行和解72件，强制执行5件。在涉民生执行案件的集中执行活动中，本院针对确定的17件与普通群众休戚相关的追索劳动报酬、赡养费、扶养费、抚养费、抚恤金、医疗损害赔偿、交通事故人身损害赔偿、工伤赔偿等案件，周密部署、强化措施、扎实工作，执结标的111.84万元。

2015年截至11月底，共受理各类案件1241件，同比增加17.6%，其中诉讼案件976件（含旧存31件）、执行案件265件（含旧存14件）。针对案多人少的突出矛盾，院党组加强审判资源调配，带领全体干警坚持抓好执法办案第一要务，严格依法履行司法职责，截至11月20日，审结刑事、民商事、行政等各类诉讼案件662件，审限内结案率100%，执结执行案件200件，执结率达到80%。坚决惩腐除恶，依法审结侵财、暴力、毒品等严重侵犯公民人身权利、财产安全和社会公共秩序的犯罪案件76件92人，惩治贪污、贿赂、玩忽职守等职务犯罪12件24人。审结婚姻家庭继承纠纷341件、合同纠纷184件、权属纠纷61件，推动了社会矛盾的化解，调撤各类案件328件，调撤率达到56%，促进了社会和谐。受理的2件行政诉讼案件全部得到圆满解决，使行政争议得到实质性化解。加大对规避执行行为的惩治力度，将63名“老赖”名单面向社会公布，并对其采取限制高消费、限制出境等惩戒措施，对7名拒不执行法院裁判的被执行人予以司法拘留，追究刑事责任2人。

截至2016年截11月底，全院受理各类案件1830件，同比增加47.46%，其中各类诉讼案件1254件、执行案件576件，审（执）结1543件，审执结率达到84.32%，法定审限内结案率达到99.88%。执行工作，扎实开展“雷霆行动”，纳入失信被执行人人数累计超过600人，司法拘留28人（次），移送公安机关追究拒不执行人民法院判决、裁定罪案件2起，解决超一年以上未结案件、涉金融领域执行案件达36件，实际执结率提高到83.91%，兑现当事人胜诉权益，不断推进了社会诚信体系建设。（曹亦轩）

【司法为民】 2014年，把改进作风与解决关系群众切身利益的问题结合起来，制作并发放征求意见表150套、1500份、调查问卷表50余份；认真开展走访调研活动，先后深入岩头、横涧、神堂堡乡组织召开大型征求意见集中座谈会2场次，入户走访30余户，走访五家企业，梳理出意见建议22条，及时向社会公布，并据此开展了完善便民利民工作机制、正风肃纪、解决“六难三案”司法顽症等专项整改，及时回应人民群众期待。组织53名干警深入3个乡镇96个村庄开展“一村一警”联系走访活动，主动配合搞好全民服务信息采集工作，帮助群众解决实际困难。进一步强化司法救助工作，累计为经济困难当事人缓减免收诉讼费近10万元，为得不到赔偿的申请执行人、生活困难信访人提供救助10余万元。

2015年，积极打造“一站式”诉讼服务中心。优化立案和审判区资源配置，启用了新的诉讼服务大厅，设立导诉台和立案登记等14个便民服务窗口，布设饮水机、报纸架、休息区、接待室等服务设施，配备老花镜、便民伞等便民用品。严格落实司法救助规定。对城镇、农村低保人员，追索劳动报酬、抚养费、赡养费和工伤事故赔偿金等各类有困难的当事人，全部实行缓、减、免收诉讼费用的措施，为41件案件的58名当事人减免缓收案件受理费34.13万元，确保了经济困难的当事人打得起官司，及时得到司法保护。并且，以司法救助的形式救助刑事案件被害人、执行案件特困当事人，全年共对9件执行案件的9名特困当事人实施救助，发放救助款24.3万元。

2016年，按照最高法院提出的“系统化、信息化、标准化、社会化”要求，着力提升信息化应用水平，继续完善审判流程、裁判文书、执行信息司法公开三大平台建设，基本做到应公开的全部予以公开；精心组织执行指挥系统建设，现已完成安装调试，投入使用后将很好地解决执行人员在执法过程中遇到的执行取证难、上级指挥信息沟通难、不能记录执行过程信息等问题，促进了执行难题的有效破解。加强司法救助工作，确保经济困难的群众打得起官司，共为当事人缓减免收诉讼费用43.642万元，对20名生活困难的申请执行人提供了司法救助。（曹亦轩）

【司法公开】 2014年，出台实施细则，细化阳光司法实施方案，完善门户网站设置，加快推进审判流程公开、裁判文书公开、执行信息公开三大平台建设，不断推进审务、立案庭审、裁判文书、执行等公开，除未成年人犯罪案件，涉及国家秘密、商业秘密和个人隐私的案件，以及调解书外，其余裁判文书均实现了生效后七日内上网公布；审判流程信息和执行信息公开工作正在抓紧推进，向社会公众普遍公开的部分已经纳入到日常公开平台发布，需通过特定接入端口由当事人凭密码获取具体案件审判、执行信息的部分，已完成布线和设备采购。

2015年，出台阳光司法实施方案，完善门户网站设置，深入推进审判流程公开、裁判文书公开、执行信息公开三大平台建设，不断推进审务、立案庭审、裁判文书、执行等信息公开，网上公开各类型案件审判文书316件、执行裁定书19件。全面落实立案、庭审、执行、审务、文书、听证、公开制度，依法公开审判，将案件的举证规则、审执时限等全部告知当事人，实施庭前引导、证据交换、判后释法，实现了立案、分案、证据交换、鉴定、审理、判决到执行环节的深度公开，充分保障了当事人的知情权和监督权。审判法庭全部实现庭审全程同步录音录像，提高了审判工作公开水平。（曹亦轩）

【巡回审判】 2014年，繁峙法院把巡回审判作为有效载体，积极开展巡回办案，把法庭设在田间地头、农家院落、村委大院、绿树荫下，就地开庭既方便群众诉求，又较好地把矛盾解决在基层，也让左邻右舍从身边

2014年，繁峙法院刑一庭赴集义庄乡果园村开庭审理乔某交通肇事案，庭审现场村民们放下手头农活观看庭审过程 曹亦轩提供

的案例接受法制教育。将审理过程置于纠纷发生地广大群众的监督中，让知情者和广大群众耳闻目睹法院的庭审过程，从而真正实现审判过程的公开性和透明性，更有利于实现审判工作和普法教育的有效对接，从而较好地实现法律效果和社会效果的统一。村民们表示法官下乡巡回办案，让老百姓了解法律，提高了保护人身和财产安全的意识。

（曹亦轩）

【审判管理】 2015年，从审判权、执行权运行的关键环节和重要节点入手，通过信息化手段加大审判流程实时管控力度，努力破除影响司法公正、损害司法公信力的机制障碍，探索建立符合审判规律、有利于促进公正司法的评查办法，使案件总体质量再上一个台阶。民商事案件采用简易程序审理的案件达到总结案数的35%以上，当庭裁判率保持在15%以上，刑事简易案件适用速裁机制3件，全部在15日内审结，确保了及时有效化解纷争、惩罚犯罪。严把裁判文书制作关，加强裁判文书的说理论证、判后答疑释惑，让裁判理由最大限度地获得当事人和社会认同。坚持巡回审判和案件当事人回访制度，经常组织审判人员深入村庄农户，做调解、搞普法，提高了群众依法解决纠纷、维护自身合法权益的能力。

2016年，大力推进案件繁简分流，促进办案质量和效率的平衡兼顾。围绕23项案件质量评估指标，深挖审判流程节点管理的潜力，提升立、审、执各环节的衔接流畅度，加快办案节奏，取得明显的成效：简易程序适用率达到17.33%，人民陪审员陪审率提高到82.14%，改判率、发回率分别为1.28%和5.48%，申诉率为0.12%，上访率为0，法官人均结案达到40件。各项审判绩效水平一直保持在全市法院的前列。（曹亦轩）

【党风廉政建设】 2014年，建立院领导班子成员到各自联系部门蹲点指导及带头办案制度，全面整改四风问题和司法作风。深入开展司法廉洁教育活动，完善制度+科技等有效方法，启用廉政风险防控系统，切实加强廉洁司法教育和风险防控。完善审务督查、院领导带班巡查、廉政监督等工作机制，对干警日常行为规范、审判流程等实行跟踪监督，确保公正廉洁司法。重视和加强干警教育培训工作，实施全员岗位练兵，着力提升干警司法能力。全面加强法院文化建设，认真落实从优待警，组织开展各类文体活动，进一步增强干警凝聚力和归属感。

2015年，依托学习讨论落实活动和“三严三实”专题教育的开展，主动征求群众的意见和建议，立足法院职责特点，把改进作风与解决关系群众切身利益的问题结合起来，按照“准”、“狠”、“韧”的标准，制定专项整治方案，完善《工作纪律规定》，将“门难进、脸难看、事难办”，“立案难、诉讼难、执行难”，“人情案、关系案、金钱案”等“六难三案”司法顽症整治工作作为专项整治重点，明确了工作要求，部署了整治任务，落实了责任人和完成时限，将专项整治工作落到了实处，促进了司法作风的持续好转。

同时，认真落实党风廉政建设和反腐败工作党组主体责任、纪检监察部门的监督责任，主动接受县纪委“两个责任”专项巡察，确定了党组主体责任和纪检监督责任内容，通过组织廉政学习、进行警示教育，播放警示宣传片，通报典型案例等，切实提高干警思想意识。深化廉政风险防控机制建设，健全权力运行内控机制，通过随案发放廉政监督卡、设立干警违纪违法举报箱等方式，广辟受理举报渠道，驰而不息抓好法院队伍建设，推进公正廉洁司法。

2016年，依托“两学一做”学习教育的开展，立足法院职责特点，创新实践举措，稳步推进“学习时代楷模，做合格法官”、“把纪律挺在前面”和“双亮一建”专项主题活动，明确目标导向和问题导向，通过亮身份、亮承诺，自觉接受群众监督，并把改进作风、选树榜样与解决关系群众切身利益的问题结合起来，边查找边整改，完善《工作纪律规定》，坚持对队伍从严教育、从严管理、从严监督、从严查处。认真贯彻《准则》和《条例》，大力抓好审判作风的改进落实。深入推进“学习型”法院建设，通过多种途径提升干警的整体素质和能力，基本解决了“能力不足不能为，动力不足不想为，担当不足不敢为”的问题，进一步激发了全院干警干事创业、奋发有为的积极性。

（曹亦轩）

【文化建设】 2015年，按照办公区域打造廉政文化、审判区域打造审判文化的构想和思路，在审判区设置了一批具有鲜明审判文化特色的图版，力求通过图文并茂的形式，起到教育法院工作人员和人民群众崇尚法律、遵守法律的积极作用。并且，加快立案、审判区域司法服务功能的规划，初步完成了院务、审务、党务全面公开的平台设计。（曹亦轩）

【司法改革】 2016年9月下旬，全省司法体制改革试点工作全面推开。院党组高度重视，迅速成立由院党组全体成员参加的司法改革领导小组，并组建首批入额法官遴选工作办公室。于10月26日召开动员大会，拉开全院司改大幕。近两个多月，司改工作富有成效：一是党组结合本院实际，多次讨论、几易其稿，形成《繁峙县人民法院法官首批入额遴选实施方案》，率先获得省、市法院的批复；二是顺利组织完成法官首批入额遴选报名、岗位承诺和资格审查工作；三是于11月19日上午组织21名报名法官到忻州参加全省统一组织、统一命题、统一评卷的入额遴选考试；四是于11月底组织完成了对遴选法官的考核工作，确定了16名入额法官，并已等额上报省法官遴选委员会，为首批入额法官从2017年1月1日起按照新的司法责任制办案奠定了基础。（曹亦轩）

2016年10月26日法院全体干警召开司法体制改革动员大会　曹亦轩提供

【纪律检查】　2016年，对法院1名工作人员进行诫勉谈话，4人进行约谈，3人进行批评教育。完善《案件监督卡监督制度》，安置了案件监督卡回收箱。随机抽查已结审判案件170件、执行案件50件，广泛征求当事人、代理人对司法公正、办案效率、司法廉洁、判后释疑等方面的评价或建议意见。

（曹亦轩）

司法行政

【法律援助】　2014年，在全县13个乡（镇）、县妇联、老龄委、总工会、团县委、残联等部门分别设立法律援助站。7月，在驻繁部队建立了维护军人军属权益的法律援助工作站。10月，在县看守所建立了法律援助工作站，至年底全县共有法律援助工作站21个，法律援助联络点410个，联络员431人。全年共办理法律援助案件135件，其中刑事案件10件，民事案件125件；受援女性41人、残疾人7人、农民35、农民工12人、老年人12人、未成年人18，提供法律援助145人次，解答群众法律咨询1157人次，其中来电303人次，来访854人次，为群众挽回各项损失1.8万元。

2015年3月8日，县法律援助中心与县妇联共同举行“三八”维权宣传活动。发放《中华人民共和国妇女权益保障法》《中华人民共和国婚姻法》和《中华人民共和国宪法》摘要等宣传资料1500余份。4月18日法律援助中心工作人员与律师到县吉新源有限责任公司大兴分公司为职工提供和解决法律方面的问题，免费发放企业职工法律读本100余本，提供法律咨询10余人次。

5月17日，县司法局组织律师、法律援助中心工作人员积极参与县残联在府东广场组织的全国助残日宣传咨询服务活动。活动中，律师结合当前残疾人维权现状，就残疾人劳动纠纷、伤害赔偿等突出问题，进行现场解答，同时积极宣传残疾人法律援助制度及《中华人民共和国残疾人保障法》等残疾人维权法律知识，共发放法律援助宣传册、残疾人保障法宣传资料800余份，接受残疾人法律咨询10余人次，问题涉及残疾人婚姻家庭、劳动保障等方面。

5月19日，县司法局组织律师、法律援助中心工作人员到县看守所向在押人员开展了法律援助宣传和咨询活动。向各监室在押人员发放《刑事法律援助宣传资料》《法律援助基本知识读本》《法律援助条例问题》等书籍。期间，个别在押人员也向律师咨询有关申请法律援助的问题，律师都向其一一做了解答。

在13个乡（镇）政府大院设置法律援助专栏，在辖区内交通要道制作永久性法律援助宣传标语，推出生动、形象、活泼的宣传形式，全面提高法律援助在经济困难群众中的知晓率。

11月5日，县法律援助便民服务大厅正式运行，全年共办理法律援助案件138件，其中民事援助案件120件，刑事援助案件18件，受援总数138人次，为当事人避免和挽回经济损失29.4万元，共接访各类法律咨询1949人次，其中来电462人次，来访1487次，为来访群众代书320件。

2016年2月16日至3月15日进行了为期一个月的《山西省法律援助条例》宣传。同时还与妇联、工商行政管理局等单位联合，在利用“3·8”、“3·15”、“5·19”在府东广场开展了法律援助宣传活动。向过往群众散发新《山西省法律援助条例》资料，现场讲解法律援助相关制度和工作程序，对前来咨询的广大群众进行耐心、细致的解答，共散发法律援助，宣传资料5000余份，解答法律咨询200余人次。

2月29日开始，每天由一名律师、法律服务工作者或公证员轮流值班努力为构建“城区半小时，县区一小时法律援助便民服务圈”，为农民工提供优质高效的免费法律咨询、相关政策信息服务，真正做到法律援助申请快捷化、审批简便化、服务零距离。法律援助便民服务窗口全年共接待法律咨询2694人次，12348咨询人数824人次，办理法律援助案件133件，其中刑事案件9件，民事案件124件。为当事人避免和挽回经济损失28.5万元。（刘 星）

【普法工作】 2014年，从5月份开始司法局组织宣教股、基层股、律师、法律服务工作者等相关人员，深入全县13个乡（镇）开展“法律宣传进乡村，服务发展惠民生”普法宣传系列活动。8月19日开始，安排专人从始至终参加由县委宣传部组织的“三下乡”、“四进社区”大篷车宣传活动。两个活动共发放《法律知识便民手册》（1–6册）、《山西省法律援助条例》《中华人民共和国人民调解法》《中华人民共和国公证法》《繁峙司法局内设机构岗位职责》《反邪教法律法规（条例）汇编》50000余册；《中华人民共和国土地管理法》《中华人民共和国婚姻法》《中华人民共和国继承法》摘要等内容的法制宣传资料3万余份、法制围裙4900多件，义务解答法律咨询356人次，受教育者达10万余人次。

2015年，共举办法律宣传10场次，向群众发放《山西省法律援助条例》《农民法律知识手册读本》《农民工依法维权指南》《反邪教法律法规(条例)》《繁峙县司法局内设机构岗位职责》《中华人民共和国土地管理法》《继承法》《婚姻法》《中华人民共和国人民调解法》等法律摘要宣传资料3万余份，法制围裙2000余个，义务解答咨询910余人次。

在县府东广场与工商局、国土资源局、残联等13个部门开展了“消费权益”“非法集资”“防灾减灾日”“防治碘缺乏病日”“助残日”“世界环境日”“土地日”“国际禁毒日”“宪法日”等法律宣传活动，共发放各种宣传资料25000余份，解答法律咨询430余人次。

繁城、集义庄等司法所开展法律进校园活动，给在校师生上法制课，以提高学生的法律知识和自我保护自我防范能力。（刘 星）

【“一村一警”联系走访活动】 2015年，全局 14 名干警共走访 16 个村 190 余户，走访群众 200 人次，化解矛盾纠纷 15 次，提供法律服务 63 人次，排除矛盾隐患 6 处，帮扶群众困难 21 人次，代写法律文书 7 份，解答群众法律咨询 103 人次。了解到生活困难户有 172 户、576 余人，居住危房的有 183 户，享受低保户有 35 户，养殖业的有 32 户。免费发放《农民法律知识便民手册》《山西省法律援助条例》《村民委员会选举法规》摘要等法律宣传资料 800 余份，法制围裙 230 余件。接受群众咨询 20 余次，同时还为广大群众咨询解惑答疑各种法律问题 11 件。共排查化解矛盾纠纷 13 余起，有效调处 11 件，调成率达到 90%以上。（刘　星）

【“一村（社区）一法律顾问工作】 2015 年 4 月 12 日，制定《繁峙县司法局关于在全县一村（社区）一法律顾问工作方案》，成立了一村（社区）一法律顾问工作领导组，下设办公室。全县共有 402 个行政村、12 个居委会、13 个乡（镇）。现有律师 1 名、公证员 2 名、基层法律工作者 14 名，针对这个情况聘请了法律顾问，（法律顾问由律师、公证员、局部分工作人员、基层法律服务工作者、司法所长及部分村的人民调解员担当。）实现了“一村（社区）一法律顾问”全覆盖。建立覆盖城乡的基层法律顾问服务体系，进一步解决了群众打官司难的问题，使人民群众进一步享受到高质量的公共服务体系，促进社会公平正义和谐稳定。

同时要求法律顾问每月到村（社区）工作一天，为村（社区）组织和居民提供法律咨询。并将提供法律服务的时间、对象、内容等详细记载，做到一村（社区）一卷、一事一记、一次一记。办理具体法律事务的要一事一档。（刘　星）

【律师工作】 2016 年，山西台峰律师事务全所律师 6 名，担任法律顾问 5 家、办理各类案件 50 多件，法律援助案件 60 多件，开展法制教育课 6 场，接受普法的各类群众达 2000 多人次，发放宣传材料 2500 多份，解答法律咨询 1000 多人次、代写法律事务文书 500 多件。（刘　星）

【业务用房建设】 2014 年 1 月份开工建设，2015 年底，建成业务用房面积 1513 平方米。总共投资 330 万，其中中央投资 280 万，地方筹资 50 万元。业务功能：有社区矫正室、会议室、党员活动室、党支部活动室等办公室。（刘　星）

【人民调解】 2016 年初，根据上级部门具体要求，在全县实施人民调解大覆盖。全县建立县调解中心 1 个，乡（镇）调解委员会 13 个，村民调解委员会 289 个，共有人民调解员 592 人。司法所和人民调解委员会充分发挥职能作用，坚持“调防结合，以防为主”的方针，全县县、乡、村三级调委会进行拉网式排查调处，把影响农村生产、生活和社会稳定的矛盾及时有效的化解在始发之初，切实维护了全县农村的社会稳定。本年，全县共排查各类矛盾纠纷 2568 件，调处 2469 件，调处成功率 96%；防止群体性上访 1 件 8 人，防止民事纠纷转化为刑事案件 3 件 7 人。促进了基层社会稳定和经济发展。（张　梅）

【司法所建设】 2015 年，扎实规范司法所建设，在抓好房屋设施和办公设备的同时，着力抓了以完善建立健全各项规章制度为主的业务工作规范化，统一制作规范上墙人民调解、普法宣传、安置帮教、社区矫正、依法治理等方面制度，统一规范业务报表、文件资料等业务，为基层司法所的规范化建设奠定了良好的基础，发挥了基层司法行政职能作用。

统一制定《繁峙县司法行政基层工作制度》，实施组织机构、管理体制、队伍建设、业务工作、硬件设施、所务管理“六个规范”。开展业务案卷评比，组织全体司法所长，采取集中调卷、交叉评比的办法，评定样本案卷学习推广。统一规范人民调解、安置帮教、社区矫正等业务案卷，实现每案一卷、每人一档。统一完善各类基础台账，设立《群众来访、咨询登记簿》《矛盾纠纷排查登记簿》《刑释解教人员安置帮教明细台帐》《社区服刑人员管理教育台账》等工作档案。

创办基层司法行政工作简报。建立每个司法所每月出版一期《基层司法行政工作简报》制度，每月上报县司法局、所属党委、政府。《简报》内容包括：宣传党的方针、政策；地方党委政府中心工作；直接涉及民生问题的重大事项；通报社情民意、基层群众对政策层面、民生问题及国内国外市政要闻的反映等；介绍司法行政工作信息；总结归纳司法所一个月来的工作完成情况、公布下月的工作计划；宣传人民调解、介绍调解方法、表扬优秀调委会、调解员等；宣传安置帮教工作和社区矫正工作的政策、宣扬典型、通报工作动态；进行普法宣传教育、介绍法律援助工作等。

2016 年，山西省司法厅司法所规范化建设考核小组对本县砂河镇、岩头乡司法所规范化建设进行检查验收，顺利通过验收。

（张　梅）

【安置帮教工作】　2015 年，对当年的刑释解教人员做到底数清、情况明，逐人建立档案，落实帮教措施，落实一人一档一卷，坚持杜绝脱管、漏管。对那些改造情况不好的、有可能重新危害社会的、“无家可归、无亲可投、无业可就”的刑释解教人员，特别是对那些改造表现差、有可能重新危害社会的刑释解教人员和青少年，加强帮教力量，实行重点帮教；对去向不明人员、三假（假姓名、假身份、假地址）人员、流动人员、人户分离的刑释解教人员，认真查找核实，尽量减少漏管失控现象，及时消除治安隐患。

2016 年，成立安置帮教工作“除隐患、强基础、保稳定”专项攻坚行动领导小组，召开全县安置帮教工作“除隐患、强基础、保稳定”专项攻坚行动动员大会，会上认真学习全省安置帮教工作精神，深入剖析、反思大同“12·8”特大绑架案等刑满释放人员重新犯罪案件的经验教训。明确信息核查、人员衔接、安置帮扶等工作中的职责任务，充分认识到加强刑满释放人员救助管理工作，是推动刑满释放人员安置帮教工作不断发展完善、促进刑满释放人员更好地融入社会的重要举措，对于维护社会和谐稳定有着重要意义。

（张　梅）

【社区矫正】　2014 年，严格执行社区矫正管理制度，全年建议法院撤销缓刑 3 人，1 人已撤销缓刑收监执行。1 人涉嫌漏罪案件，1 人被撤销缓刑，在收监执行。建议法院撤销暂予监外执行决定 3 人，已被法院决定撤销暂予监外执行决定。在册社区矫正人员 174 人，缓刑 160 人，假释 5 人，暂予监外执行 9 人。全年累计接收 64 人，累计解除 89 人。

2015 年，开展常态监督，确保社区矫正管理到位。严格按照“一人一档”原则建立监督档案，定期通过专用平台了解社区矫正人员增减情况，关注各司法所社区矫正工作进展。防止出现脱矫、漏矫现象。定期对司法所社区矫正网络平台与检察机关监外执行罪犯监督信息管理系统进行信息数据比对，发现问题，及时追查。

2016 年，截至 11 月底，登记在册的矫正对象有 152 名，其中缓刑对象 142 名，假释对象 2 名，管制对象 2 名，暂予监外执行 6 名，全年累计接收矫正对象 63 名，期满解矫 62 名。（杜欣慧）

【公证工作】 2014 年，共办理各类公证 127 件，其民事 46 件，经济 81 件；接待、解答当事人法律咨询 213 余人次；为当事人起草、修改各类法律文书 100 余份；为企业提供公证服务 10 余件。其中，3 月 20 日，对位于县城西循环路北峰村利民小区分配廉租房采用电脑摇号的方式进行现场监督公证，使符合条件的城镇低收入的 779 户家庭顺利取得了选楼号。

2015 年，截至 12 月 10 日，共办理各类 108 件，其中民事公证 41 件，经济公证 67 件，无一起投诉案件发生。无偿接待咨询的各类法律事务当事人 240 余人次。

2016 年，共办理各类公证事项 123 件，合同（协议）类公证为 61 件、继承公证为 13 件、单方法律行为公证 15 件、亲属关系 3 件、婚姻 3 件、身份 4 件、其他 34 件。其中，对经济困难不符合法律援助条件的老年人办理减免公证 12 人次，减免费用达 1120 元；对 80 岁以上老年人免费服务 2 人次，减免费用 600 元。（刘　星）

社会治安综合治理

【概述】 2014 年，县综治委从住建、教育、交通、旅游、企事业内部、团员青年等行业中招募平安志愿者 625 名，并全部为其办理了意外伤害保险。县委、县政府采取调配编制、政府购买服务等方式，充实政法综治、调解工作力量。

2015 年 9 月，从大学生村干部中录用 15 名，为全县 13 个乡（镇）和居民办事处配备了专职综治员。

2016 年，县乡换届，配齐配强了县委政法委（综治办）领导班子，调整充实了乡（镇）综治办专职副主任。在经济下行压力持续加大，财力严重不足情况下，政法综治、信访维稳各部门工作经费、干警新增警衔待遇足额保障；视频监控系统等维稳基础设施建设经费也优先予以解决。（王太平）

【打击危害国家安全行为的意识】 2016 年 1 月，接到群众举报，在砂河镇破获一起邪教“法轮功”非法活动案件，抓获犯罪嫌疑人 5 名，查获了一批制作反宣资料的设备和反宣资料；9 月份，取缔大营镇上台庄一处非法宗教活动点。本县现有邪教人员 88 名，其中三级重点人员 6 名，四级重点人员 82 人，全部纳入邪教人员信息管理系统，予以分类管理、分级管控，做到基础调查常态化。（王太平）

【保障公共安全，打防并举创平安】 截至 2016 年底，依托公安、交警部门组建了 146 人的专职治安巡防队伍，全县群防群治队伍达 2304 名，各级专兼职调解人员 1031 名，招募平安志愿者 625 名。推进视频监控系统建设，累计安装监控探头 7361 个，全县 11 个治安卡口和县城主街道、重要场所、部分村视频监控接入公安 110 指挥中心 560 路。

2016 年，全县有刑释人员 267 人，社区矫正人员 153 名，吸毒人员 1124 名，严重精神障碍患者 1342 名（其中重性 28 名），均按有关规定接受有关部门和乡、村两级的服务和管理。

本年，按照省、市安排部署，大力开展社会治安风险隐患大排查大整治，在17个领域共排查出各类突出风险隐患348件，及时整治345件，正在限期整治3件，处置率达99.14%。

全县平安乡（镇）、村、单位、校园、医院、企业、家庭等创建达标率均达90%以上。

（王太平）

【矛盾纠纷排查化解】 2014年，中央十六部委和省委、市委相继出台关于加强矛盾纠纷大调解工作意见。根据省综治委两步走工作部署，本县被确定为第二批创建达标县，要求2015年6月完成创建任务。2015年，县委以繁发〔2015〕4号文件下发《中共繁峙县委关于深入推进矛盾纠纷大调解工作的指导意见》，县综治委组织有关成员单位负责人和各乡（镇）、居民办事处分管领导赴代县调解中心和新高乡学习参观。依托县信访服务中心，加挂“县矛盾纠纷调解中心”牌子，扩充中心场所建设，落实工作经费5万元，作为县级人民调解、行政调解、司法调解对接联动和协同处理的中枢和平台，主要负责对矛盾纠纷进行统一受理、集中梳理、归口管理、依法办理、限期处理，确保受理、登记、交办、承办、结案各个环节工作的有机衔接。中心按照《关于政府购买基层公共服务岗位吸纳高校毕业生的意见》（晋政办发〔2014〕42号），从家庭困难大学生中招聘了5名作为中心工作人员，并从退休政法干部中选聘6人做专职调解员。13个乡（镇）、居民办事处全部依托司法所建立了调解中心。由县司法局牵头，全县村（居委会）和人员较多、矛盾纠纷多发的企事业单位全部建立健全了人民调解委员会，共建立289个农村调委会和8个社区调委会，按照“六统一”、“四落实”标准规范运行。住建局、人社局、公安交警大队、国土局、卫计局、环保局、经信局等“六大领域”，建立了专业调解中心。人民法院、公安局和人民检察院分别成立调解中心。

2015年，在全省法院多元化纠纷调解机制改革推进会上，砂河法庭成为受表彰的19家先进法庭之一。消费者协会、保险行业协会等社会组织也相继成立行业调解组织。

2016年，以预防化解“六大领域”和农村领域、情感领域、经济领域“民转刑”等矛盾纠纷为重点，严格按照“谁主管，谁负责”和“属地管理”原则，广泛开展矛盾纠纷大排查大调处活动，县委、县政府专门成立专项督导组，加强督查指导，确保矛盾排查无死角盲区，调处过程无责任空挡，长效预防无管理短板，村级调委会（调解室）调处一般矛盾纠纷2680余件，县、乡两级化解突出矛盾纠纷311件，调处率达99.04%，正在限期调处3件。

本年，全县依法处置上访人员57人，其中刑拘2人，训诫26人，警告8人，责任追究27人，有力维护了全县信访秩序。进京非正常上访发生5人次，比2015年下降16人次。加强对涉及泛亚注册、帝业和E租宝投资等千余人的教育稳控工作，防止了集访现象发生。信访工作继续保持平稳可控、持续向好的态势。

（王太平）

【平安繁峙创建】 2014—2016年，每年初以县委办、政府办印发年度平安繁峙创建方案，公安局、经信局、教育局、卫计局、妇联、交运局、社管中心等牵头单位制定平安村、平安单位、平安企业、平安学校、平安医院、平安家庭、平安线路、平安网格等工作方案。

2015年9月14日，县委在繁城镇召开“全县综治（平安建设）工作现场观摩推进会”，各乡（镇）、居民办事处党委书记、分管领导、矛调中心主任和部分村党支部书记实地观摩了繁城镇、居民办事处、笔峰村、县调解中心、县社管中心规范化、标准化建设，学习平安创建经验。

截至2016年年底，全县累计建成省级平安村（社区）2个，市级平安乡（镇）8个，城南社区居民徐殿山家庭被授予省级平安家庭，7户市级平安家庭。县、乡两级命名平安乡（镇）11个，平安单位60个，平安村333个，平安企业56家，平安医院18家，平安校园35所，72000户被命名为平安家庭。广泛深入的平安创建活动，为维护全县社会稳定，保障人民安居乐业，全面脱贫攻坚发挥了重大作用。（王太平）

【社会服务管理体系运行】 本县积极推进社会服务管理体系运行工作，县、乡、村三级社会服务管理中心坚持网上网下相结合，对群众反映和网格长上报事项积极开展分流指派，各社会服务管理部门积极开展事项处置工作，努力服务民生，维护社会和谐稳定。2015—2016年，共受理指派处置平安建设类、公共服务类、应急处置类、社情民意类等各类事项38652件。同时，县、乡中心对多发事项和敏感信息开展分析研判，适时召开联席会议研究重大事项。（王太平）

经济管理与监督

发展和改革

【概述】 2014—2016 年，全县经济社会呈现出健康稳步发展的良好态势。“十二五”末到 2016 年，地区生产总值由 51.3 亿增长到 53.56 亿，增长 4.4%；城镇常住居民人均可支配收入完成 26664 元，同比增长 7.2%；农村常住居民人均可支配收入完成 6940 元，同比增长 7.2%；公共财政预算收入完成 2.14 亿元，保持了 6%的较快增长。 （郑春平）

【科学编制发展规划】 2014—2016 年，积极协调全县经济社会发展与资源配置，每年向县人大报告国民经济和社会发展计划执行情况及国民经济和社会发展计划，将发展和改革工作纳入全县国民经济和社会发展规划，牵头编制了《繁峙县国民经济和社会发展第十三个五年规划纲要》，并报请人大审批，提高执行力。从法制的角度强化经济建设对环境保护工作重要性的认识，组织编制了《繁峙县循环经济“十三五”规划》，推动了经济社会发展规划与城乡规划、土地利用规划、生态环境保护规划等“多规合一”。

（郑春平）

【转型综改与结构调整】 2014—2016 年，根据省市文件精神和本县转型综改试验规划，制定并出台了《繁峙县国家资源型经济转型综合配套改革试验实施方案（2013—2015)》。以“产业转型、生态修复、城乡统筹、民生改善”为重点，根据本县的资源禀赋和产业布局，县委、县政府把工作重心东移，作为新的战略要点。围绕打造砂河转型综改试验开发区，提出“一县两城”“一体两翼”“一区多园”的发展布局，规划了“一区一带十大产业园区”，推进农业现代化、工业新型化、县域城镇化、城乡生态化，做大文化旅游产业，打造低空经济，发展矿业冶炼板块，建设面向京津冀的东部门户，努力开创繁峙转型综改试验区建设新局面。

通过政策引导、市场调节和宏观调控，着力优化产业结构。二产方面，在提升改造传统产业的基础上，着力延伸产业链条。特别是在钢铁产业上，通过招商引资和技术引进，上马线材项目、精密铸造项目和特种钢项目，延伸产业链条，改变出卖资源的传统经营模式。一产方面，逐年加大基础设施建设力度，着力扭转靠天吃饭的被动局面，发展高效农田 30 余万亩，在确保粮食安全的前提下，着力发展畜牧业、特色种植业，提高农产品附加值。三产方面，以旅游和旅游服务为依托，大力发展物流业、餐饮业和旅游服务业，并大力发展旅游业。依托区位优势和自然人文景观优势，着力打造平型关景区、灵岩山旅游景区、砂河大智镜园开发区、五台娘娘山农业生态园等景区。多年的经济结构不断调整，三产结构逐步趋于合理，特别是三产的比重在逐步加大，通过政策引导和市场调节，转型发展的企业逐年增多，资源依赖性产业弊端也得到进一步扭转。

（亢仁义）

编制了《2016年光伏扶贫实施方案》，大力发展新能源产业。根据全县资源容量，积极引进大企业、大集团，从国家和省发改委跑项目争指标，到2016年底，本县已有2个10万千瓦风电场并网发电、建成1个村级光伏电站，促进了本县能源结构调整。

（郑春平）

【策划项目争取资金】 2014—2016年，始终秉承“产业第一、项目至上、企业为主、服务为本，抓项目就是抓发展”的理念，狠抓项目建设。为推进项目建设，提升项目的质量和效益，制定了项目考核办法，实行月通报制度，并认真做好全市项目观摩、考核工作。在积极争取中央预算内项目资金等方面取得一定成效。“十二五”期间，全县共实施投资1000万元以上的省、市重点项目116个，总投资385.41亿元，完成140亿元。1000万元以上的投产项目共105个，累计投资额141.85亿元。2015、2016年度连续两年获得忻州市重大产业项目建设一等奖。

（亢仁义）

【办理建设项目手续】 在依法办理建设项目审批、核准、备案手续工作中，严把审批关，杜绝高污染、高排放、高耗能、低水平、低产出项目上马。坚持做到“五不批”，即对不符合国家产业政策、不符合城市发展总体规划、不符合环境功能区划、污染物不能稳定达标、达不到总量控制要求的项目，一律不予审批，切实提高了新建项目环保、节能减排门槛。按照“放、管、服”工作要求，加大对立项项目建设过程的督查管理，明确告知项目单位、环评、土地等法定手续不全的项目，不得开工建设。进一步规范了节能评估和审查工作流程，按照省、市发改《固定资产投资项目节能评估和审查暂行办法实施细则》，严格对其节能评估报告书、节能评估报告表、节能登记表进行审查，保证了项目的质量。充分利用信用信息共享平台、公共资源平台、12358价格监管平台，加强信用信息互联共享，构建以信用为核心的事中事后监管机制。

（齐国樑）

重点工程

【概述】 繁峙县重点工程及项目办公室，正科级建制，隶属于繁峙县人民政府。主要宣传和贯彻落实国家和省市有关重点工程建设的法规、政策和方针。组织和协调各部门、各乡镇（街道办事处）及建设、施工、设计、监理等。建立和完善重点工程管理、监督、协调、服务和奖惩等有关规定并组织实施。

内设2个机构。综合科，编制2名，股级领导职数1名。统计科，编制2名，股级领导职数1名。

（花锦芳）

【工程项目】 2014年，省市重点建设项目共38项，年度计划任务56亿元，累计完成额60.07亿元。当年实施的重大项目有：云雾峪风电场（2期）工程；滨河1号住宅小区；丽都華苑小区工程建设项目等。

2015年，省市重点项目共50项，年度计划任务53亿元，累计完成额54.64亿元。实施的重大项目有：城市综合体建设项目；后河养殖园区建设项目；生物科技与食品研发基地建设项目；山西金德成信矿业有限公司后峪铜钼矿项目等。本年，本县获得忻州市“重点工程建设先进县”二等奖。

2016年，省、市重点项目共63项，年度任务 82.03 亿元，累计完成额 84.34 亿元。当年实施的重大项目有：蒙西—晋北—北京西—天津南特高压交流工程；保障性住房；砂河大智镜园旅游文化产业园等。本年，本县获得忻州市“产业项目考核”一等奖。（花锦芳）

经济和信息化

【“爱心煤”发放】 从 2011 年开始，省委、省政府提出，向全省低收入农户每年免费发放一吨冬季取暖煤的惠民政策。2014 年全县共计发放 94341 吨煤，此项工作保质保量按时完成。（李晓龙）

【节能监察】 2015 年，市政府下达全县节能考核目标为万元 GDP 综合能耗下降 3.3%，全县最终万元 GDP 综合能耗下降 5.57%，超额完成节能目标。（李晓龙）

【企业帮扶活动】 2015 年，充分发挥“千名干部帮扶企业”的作用，帮助企业解决经营过程中的问题。

按照《山西省减轻企业负担促进工业稳定运行的若干措施》（晋政发〔2015〕11 号）文件精神，结合具体实际，制定出台了《繁峙县人民政府关于印发繁峙县减轻企业负担促进工业经济平稳运行若干措施的通知》（繁政发〔2015〕8 号）《繁峙县“四长”帮扶企业实施方案》（繁政办发〔2015〕6 号）文件，召开企业减负和“四长”帮扶专题会议 6 次，对企业生产经营过程中遇到的各种问题，千方百计帮助协调解决，让企业抽出更多的时间、精力去抓好内部的生产经营和管理，此举有力促进了全县规模以上企业的复工复产。

2016 年，先后出台《全县重点企业帮扶活动实施方案》（繁办发〔2016〕36 号）《繁峙县百名干部入企服务工作实施方案》（繁办发〔2016〕47 号），全县共有 183 名干部参与入企服务，60 户重点企业分别由 28 个县处级领导牵头帮扶、13 个乡（镇）长属地帮扶、47 个入企服务单位（每单位 2 人，组长 1 人、组员 1 人）定点服务，7 家银行行长全程参与。结合全县企业实际，开展“一企一策，精准帮扶”，切实解决企业发展中存在的困难和问题，坚持问题导向，列出问题清单，共收集企业问题 108 条，解决企业问题 95 条。百名干部入企服务本县全市排名第三，受到市委、市政府的表彰。（李晓龙）

【项目储备】 2016 年，坚持在项目储备上下功夫，按照“规划一批、谋划一批、储备一批、实施一批”的要求，建立项目储备库，全面摸排全县 3000 万元以上工业投资项目，包括投资主体、计划投资、当年完成投资及项目建设内容等。有 9 个项目办理入库手续，总投资 128930 万元，其中亿元以上项目 4 个，已累计完成投资 130671 万元（全年任务为 93800 万元），完成率为 139.31%，已超额完成年度固定资产投资任务。（李晓龙）

【工业新兴产业投资】 2016 年，特色食品产业发展迅速，其中繁峙县绿源亨通食品有限公司相继开发出胡萝卜干、豆腐干、白水杏干等特色食品已相继与大公司签订了长期供货合同，该公司的新产品也在进一步研发中。（李晓龙）

【脱贫攻坚】 2016 年，按照县委、县政府统一部署，经信局就结对帮扶的东山乡塘后村 7 户贫困户基本信息开展入户调查（包括贫困户家庭基本情况、家庭收入来源、脱贫致富需求和愿望），并有针对地制定了帮扶措施，按照“四项社保、24条政策、十二项产业发展、九项驻村政策”做到精准施策、帮扶到户。（李晓龙）

【规模以上企业新增情况】 2016年，全县积极培育一产、三产项目，加大科研经费的投入，本年规上企业新增9户，分别是繁峙县越红磁选厂、繁峙县松涧金矿有限公司、山西宝山鼎盛科技有限公司、繁峙县金鼎矿产品经销有限公司、繁峙县宏钜大磨坊、繁峙县义联金矿有限公司、繁峙县富云牧业有限公司、繁峙县万锦肉牛育肥场、繁峙县三全汽车运输队，全县年销售收入超过2000万元的企业数首次达到60户。（李晓龙）

【安全生产】 2016年，安全生产工作作为各项工作的基础，根据“管行业、管安全”的职责，经信局认真履行，经过对企业排查，共排查出规上企业352处安全隐患，并督促其进行了整改，有效保障了生产安全。（李晓龙）

【信息化建设】 2016年，繁峙县联通公司已实现13个乡（镇）网络全覆盖，并承担了4个扶贫村通互联网工程，已上报立项等待批复；繁峙县移动公司4G基站创新高，全年新建4G基站81座，全县范围内4G基站已达194座，4G用户达到72000余户。全县光纤入户数达4700余户，县城城区基本实现光纤替换改造；繁峙县电信公司干线网络已覆盖全县7个乡（镇）。截止2016年末，宽带建设达到2.1万余线，主干光缆建设达到2500余千米，2G基站12座，3G基站24座，4G基站31座，宽带用户光缆化改造约600余户。全县信息化服务已基本覆盖基层农村。（李晓龙）

【国企维稳】 2016年，经信局认真贯彻执行县信访联席会议办公室的各项工作安排，对所属国有工业企业领域的信访隐患和矛盾进行了认真梳理、排查，对水泥厂、化肥厂和改制企业托管人员退休缴费及停产多年的国有工业企业人员退休缴费负担重等重点信访问题进行积极协调、化解，对涉及12户企业的67名退役士兵、“两参人员”做好稳控、接访、劝访工作，信访工作总体平稳。（李晓龙）

收费管理

【概述】 2014-2016年，收费管理局牵头组织对涉铁涉金等非煤矿山企业规费的集中征收，严格执行《忻州市矿产资源集中征收管理实施办法》和《繁峙县矿产资源规费集中征收实施办法》，不断加大规费征收力度，严格执行“收支两条线”规定，为全县经济的发展做出了积极的贡献。（赵　攀）

【规费征收】 2014年6月1日，按照《忻州市矿产资源规费集中征收管理实施办法（试行）》，县政府结合本县实际，制定出台了《繁峙县矿产资源规费集中征收管理实施办法》。根据工作需要，将原来收费局、生铁中心、治超办原有人员进行整合，由县收费管理局牵头组织对全县涉铁涉金等非煤矿山企业规费的集中征收，征收项目有四项：矿产资源补偿费、排污费、水资源费、水土流失防治费。当年共完成非税收入8300万元。

2015年，由于受经济下行的影响，停产企业较多，给规费的征收带来较大的影响。收费管理局紧紧抓住市政府对规费管理办法进行合理调整的契机，加大政策宣传力度，严格执行《繁峙县2015年矿产资源规费集中征收实施办法》，加大规费征收力度，当年共征缴企业规费2907万元。

2016年，由于受市场持续低迷的影响，全县当年正常生产的涉铁企业只有10余家，给规费征收带来较大的困难。县政府制定出台了《繁峙县2016年度矿产资源规费集中征收管理办法》，停止征收矿产资源补偿费、水土流失治理费，同时增加了水土保持补偿费项目，规费征收项目由原来的4项减少为3项（排污费、水资源费、水土保持补偿费）。同时，按照就低不就高的原则，对征收标准进行了大幅度的调整，为企业减轻了负担。当年共征收企业规费1795万元。

在强化规费征收的同时，县收费管理局严格执行收支“两条线”规定，对企业上缴的所有规费收入，责成专人及时足额上缴国库，确保了资金的安全运转。（赵　攀）

审计监督

【概述】　2014年，共完成审计项目25项，查出违规金额1657.28万元，管理不规范金额4729.69万元，核减工程造价金额297.98万元，上缴财政罚没款58.77万元，提交信息简报73篇。

2015年，共完成审计项目47项，查出违规金额525.06万元，管理不规范金额3221.17万元，核减工程造价金额652.4万元，上缴财政罚没款12.31万元，提交审计信息简报16篇。

2016年共完成审计项目42项，查出违规金额2363.89万元，管理不规范金额3200.29万元，核减工程造价金额794.3万元，上缴财政罚没款10万元，提交审计信息简报15篇。（张少敏）

【财政审计】　2014年共完成财政、地税、教育等11个预算执行及其财政财务收支审计项目，通过审计查出违规金额115.13万元，管理不规范金额2672.88万元，代表县政府向人大常委会做了审计工作报告，并就审计整改情况向县人大常委作了报告，从而在促进财政增收节支，规范财税管理、财政资金使用效益方面，取得很好的成效。

2015年，共完成财政、地税、教育等16个预算执行及其财政财务收支审计项目，通过审计查出管理不规范金额1230.15万元。

2016年共完成财政、地税、教育等14个预算执行及其财政财务收支审计项目，通过审计，查出管理不规范金额1578.75万元。

（张少敏）

【政府性投资审计】　2014年共完成县委、县政府委托交办的政府性投资审计项目6个，核减工程造价金额297.98万元，为县政府节省财政资金、减少损失浪费金额做出了应有的贡献。

2015年，共完成县委、县政府委托交办的政府性投资审计项目25个，通过审计，查出违规金额525.06万元，管理不规范金额1309.74万元，核减工程造价金额652.4万元。

2016年共完成县委、县政府委托交办的政府性投资审计项目20个，通过审计查出违规金额2363.89万元，管理不规范金额878.75万元，核减工程造价金额794.3万元，上缴财政罚没款10万元。（张少敏）

【专项资金审计】　2014年完成2013年度城镇保障性安居工程跟踪审计、2012-2013年全县公安系统、教育系统、卫生机构医疗系统资金审计、全县乡村垫交税费债务情况五大专项审计项目。共查出违规金额1542.15万元，管理不规范金额1758.82万元。

2015 年，完成县国土资源局全县土地出让收支和耕地保护情况审计、县住建局 2014 年度城镇保障性安居工程跟踪审计、繁峙县农村合作银行 2013—2014 年度资产负债损益情况的审计。共查出管理不规范金额 631.69 万元。

2016 年，完成全市统一组织安排的交叉审计（对五台县 2012—2015 年财政扶贫资金使用、管理和效益情况以及保障性安居工程的专项审计调查）、县水利局 2010—2011 年度巩固退耕还林成果水利项目的审计、配合纪检部门完成了基层卫计系统专项巡查工作。

（张少敏）

【经济责任审计】 2015 年，对有关部门的 3 名负责人进行了离任和任中审计，查出管理不规范金额 49.59 万元。

2016 年，对 3 名部门领导干部进行了离任审计，查出管理不规范金额 0.46 万元。从审计结果可以看出，各负责人在职期间都较好地履行了自身的经济责任，完成各项工作目标，为促进干部管理监督、党风廉政的建设、社会经济的发展，发挥了积极的作用。

（张少敏）

统计管理

【概述】 繁峙县统计局作为县人民政府工作部门，承担组织领导和协调全县统计工作。1978 年以来，随着统计工作的加强，县统计局机构编制逐步健全，现设局长 1 名，副局长 2 名，总统计师 1 名；内设机构：办公室、综合科、电子计算站；下设工业统计、农业统计、商业统计、劳动工资统计、固定资产统计、建筑业统计、能源统计和国民经济核算统计等专业；并设有农村经济调查队、普查中心、调查监测中心。2011 年在省级组织的双基达标活动中完成省级验收，成为双基达标单位。

（赵新华）

【队伍建设】 2014 年深入开展党的群众路线教育实践活动，围绕“四风”问题、统计服务手段单一、主动服务意识薄弱问题，开展专项整治；2015 年全局开展学习讨论落实活动，强化统计业务知识、法律知识学习，建立健全统计部门多项规章制度；2016 年全局紧紧围绕“两学一做”主题，加强对统计局领导班子和职工的管理和约束，全面提升统计队伍形象。

（赵新华）

【大型普查】 2014 年开展本县第三次全国经济普查工作，登记单位数为 2693 个（其中法人单位 1932 个，产业单位 761 个），个体户 4097 个。2015 年出版了《2010-2013 年繁峙县统计年鉴》（农村版）和《繁峙县第三次全国经济普查主要数据公报》第 1、2、3 号。2016 年大力推进本县第三次全国农业普查工作。组建县、乡、村三级普查机构，开展农业普查宣传，组织普查工作人员参加省、市、县普查培训。

（赵新华）

【统计普法】 2014—2015 年通过多种途径，如：公告、网络、短信、宣传单和从业人员培训会和报表会，大力宣传统计法律法规，进一步提高各级领导干部和社会各界的统计法律意识和统计法制观念，为依法统计创造良好的社会氛围。2016 年实现县级统计部门查处统计违法案件全覆盖，推行“双随机一公开”事中事后监管机制。

（赵新华）

国土资源

【概述】 2002 年 4 月，根据上级要求，成立繁峙县国土资源局，正科级建制，为县政府工作部门。内设办公室、机关支部、测绘办、地籍管理股、规划股、耕地保护股、利用股、档案室、建审股、纪检监察室、督查应急股、财务股、矿产资源审批与储量股、矿产开发管理股、地质勘查环境股、人事教育股、信息中心、信访办公室、地质环境监测中心地质灾害应急中心共 19 个股室。下设国土资源执法监察大队（副科级）、不动产登记中心（副科级）土地开发整理中心、土地收购储备中心、国土资源交易事务所、地质环境监测中心、黄金管理站、岩头国土资源所、繁城国土资源所、杏园国土资源所、砂河国土资源所、东山国土资源所、大营国土资源所、横涧国土资源所、神堂堡国土资源所、柏家庄国土资源所、金山铺国土资源所、光裕堡国土资源所、下茹越国土资源所共 19 个事业单位。（宋秉亨）

【用地服务】 2016 年上报了 1 个批次项目，面积 17.67 公顷，新增建设用地 9.72 公顷，其中水浇地 6.62 公顷。涉及 10 个村 15 宗地，均已进行征地信息发布。经省厅报批本县 2015 年第一批次建设用地面积 1.25 公顷，征收率达到 100%，用地报件备案率达到 100%。保障了县域经济发展的需求。供应建设用地 49 宗，总面积 50.98 公顷。其中划拨用地 17 宗，供地面积 31.99 公顷。公开出让用地 32 宗，供地面积 18.98 公顷，收取土地出让价款 1.19 亿元。完成供地率 68.17%，2012—2016 年平均供地率达 92.87%，位居全市第一。加强供后监管力度，2013—2015 所供宗地中未发现有土地闲置情况。

（宋秉亨）

【基本农田保护】 2016 年认真贯彻耕地保护政策，落实责任，加大投入，加强监管，牢牢守住耕地红线。县、乡、村逐级签订耕地保护责任状，确保了全县耕地保有量稳定在 5.32 万公顷，基本农田保持在 4.364 万公顷，做到数量不减少、质量有提高。

本县基本农田划定完成内、外业责任信息调查工作，市级论证审核通过了中心城区基本农田划定方案，并上报了全县基本农田划定方案。（宋秉亨）

【改田造地】 2016 年，实施省级土地整理项目 2 个，建设规模 1588.34 公顷，新增耕地 74.92 公顷，总投资 3461.24 万元。已完成工程量 76%。上级下达造地任务 80 公顷，完成造地 47.33 公顷，1 个土地开发项目通过验收，入库备案 12.2 公顷。对国家、省、市投资施工完成的土地整理项目中已验收 5 个，建设规模共 891.4439 公顷，新增耕地 219.8841 公顷，总投资 4141.04 万元；待验收 4 个，建设规模共 1155.1221 公顷，新增耕地 168.6105 公顷，总投资 4380.8411 万元。

（宋秉亨）

【国土规划编制】 2016 年，积极开展土地利用总体规划调整完善工作，并同步开展规划数据库建设。第三轮市、县级矿产资源规划编制已完成招标，待市级批复后，立即完成后续编制任务。县级地质灾害防治“十三五”规划正在编制中，同时正抓紧整理完善报审资料。（宋秉亨）

【矿山日常监管】 2016 年，完成上年度探矿权、采矿权年检工作，年检率达 100%；全县 93 家矿山企业中，收缴采矿权价款 2006.68 万元，征收矿补费 868.02 万元，做到应征尽征，足额入库。并对采矿证到期的企业及时上报延续手续。开展了《矿山生态环境详细调查》编制工作。（宋秉亨）

【国土资源执法】 2015年度土地卫片共涉及图斑112个，涉及违法面积5.45万平方米，其中耕地2.63万平方米。处以罚款35.47万元；没收违法建筑面积0.84万平方米；拆除违法建筑物面积0.15万平方米；移交法院强制执行5宗涉及建筑面积0.49万平方米。矿产卫片共涉及图斑22个，涉及违法图斑5个，对这些违法矿山企业全部进行立案查处，同时给予党纪、政纪处分6人。

打击非法违法采矿，加强地质灾害隐患防治是安全生产的重要保障。国土局开展了为期两个月的安全生产专项整治行动。经查，全县涉及6个乡镇8个行政村6个金矿企业废弃金矿硐1376个，已实施填埋封堵572个；全县177处隐患点未发现新的危险变化情况，发现1处新增疑似自然地质灾害隐患，9处人为地质灾害隐患，积极对新增疑似隐患点采取了相应防范措施。（宋秉亨）

【推进不动产统一登记】 2016年，通过积极筹划、扎实推进，7月份不动产登记中心办公场所建好，硬件配置齐全，软件安装完成。工作人员通过业务培训，掌握了办证流程和方法，8月30日举行了不动产权证书首发仪式。发放不动产权证书5本，不动产登记证明6份。同时还抓紧进行数据整合工作，信息系统已接入国土部信息平台。

（宋秉亨）

【地质灾害防治】 2016年5月底前完成地质"两案"编制和"两卡两书"的发放工作，对177处地灾隐患点进行翔实调查。受强降雨影响，汛期共发生3起重大地灾险情，因与气象部门建立了信息平台，且组织救灾措施得力，未出现人员伤亡事故，有效地保护了人民生命财产安全。8月25日与市局在代县峨口铁矿联合举行一次中型地质灾害应急避险演练，提升了防灾减灾意识。

神堂堡黄台村地质灾害搬迁工作已进入尾声，现正在积极申请验收。东山乡伯强沟泥石流治理项目一、二期工程已完工并通过上级验收。（宋秉亨）

【基础业务建设】 2016年，加强对全县测量标志日常巡查，做好测量标志管理数据库的动态更新工作，开展"8·29"测绘法宣传活动，散发宣传资料2400余份，回答群众咨询60余人次。

共接待各类群众来访14起，32人次，县信访局及有关单位转（交）办案件7件，都及时出具了《答复意见书》。办结率85%，息访率达90%。市局转（交）办和12336电话举报信访案件3件均已进行了认真核实，并将其调查材料及时反馈上级，矛盾纠纷化解率67%，结案率达80%以上。维护了群众的合理诉求。（宋秉亨）

【精准扶贫】 2016年，国土局被县委确定与大营镇朴寨村结对帮扶，为加快推进精准扶贫工作步伐，成立了由局长担任队长的扶贫驻村工作队；制定《脱贫攻坚实施方案》和《帮扶计划》；同时发放《贫困户精准扶贫信息动态采集资料册》和《扶贫手册》各70册，《贫困户脱贫明白卡》32个。对全村建档立卡贫困户进行了核查，确认精准扶贫户70户，其中脱贫户32户，贫困户38户。扶贫驻村工作队每位成员通过"不落一户、不遗一角"的走访入户形式，详细询问贫困户的家庭人口、身体状况、生产就业、经济收入、产业结构以及参加新农合、养老保险、政策保障落实等情况，共计走访入户230余人次，真正做到心中有数。要用好、用足、用活土地政策助推脱贫攻坚，力争编

制立项实施 1 个土地整理项目，为朴寨村群众早日脱贫致富作出应有贡献。 （宋秉亨）

工商行政管理

【概述】 工商行政管理局，内设办公室、财务股、人教股、法制股、监察室、企业股、经检股、市场股、消保股、商广股 10 个股室；下设城关、砂河、大营、岩头 4 个工商所；个体劳动者协会、消费者协会、私营企业协会 3 个协会。2014 年，实有工作人员 79 人，其中 68 名公务员。2015 年，实有工作人员 69 人，其中 59 名公务员。2016 年，实有工作人员 68 人，其中 58 名公务员。

2014 年 4 月，根据省政府文件，工商行政管理局管理体制由省以下垂直管理调整为市、县分级管理。12 月 31 日，根据《繁峙县市场和质量监督管理局主要职责、内设机构和人员编制规定》（繁政办发〔2014〕98 号）文件，县工商局承担的职责划入市场监督管理局职责范围，市场和质量监督管理局为县政府工作部门。内设 14 个股室，编制 44 名。下设 4 个市场和质量监督管理所，履行工商行政管理综合职能，编制 58 名。

（段晓光）

【市场主体登记】 2014 年，依据新修订的《中华人民共和国公司法》和国务院批准的《注册资本登记制度改革方案》，按照国家有关规定和国家工商总局、省工商局要求，全面落实各项改革举措，推进注册资本登记制度改革。第一，除银行、证券、期货、小额贷款等 27 类行业外，公司注册资本登记实行认缴制度。对注册资本不设最低限额，由股东（发起人）自主约定认缴出资额、出资方式、出资期限等，公司实收资本不再作为工商登记事项，公司登记无须提交验资报告。第二，实行“先照后证”改革，同时新版执照附上了二维码。第三，放宽住所及经营场所登记，允许“一照多址”和“一址多照”。申请人对申报内容的真实性、合法性负责，相关部门对利用非法建筑、擅自改变房屋性质等从事经营活动或住所（经营场所）的实际情况与工商登记不符的予以依法监管和处理。第四，“年检”改为“年报”，企业只需在每年 1 月 1 日至 6 月 30 日期间，通过市场主体信用信息公示系统向工商部门报送年度报告。企业对真实性负责，工商部门进行抽查，对未按时公示年度报告的企业，将其列入经营异常名录：3 年内履行公示年度报告的，可申请恢复正常记载状态；超过 3 年未履行的，将被永久载入经营异常名录，无法恢复正常记载状态，并列入严重违法企业“黑名单”。2014 年全年新注册登记各类市场主体 623 户，其中个体工商户 468 户，企业 155 户。农民专业合作社 68 户，有 448 名农民成为专业合作社成员，企业注册资本达到 41885 万元。全年新注册的 155 户企业中，工商登记制度改革实施以后注册 91 户，其中有限公司 74 户，个人独资企业 17 户，总注册资本为 32672 万元，全部实行注册资本认缴登记制。

2015 年，新设立登记各类市场主体 1071 户，注册资金 77126 万元，与 2014 年同比分别增长了 71.91%、84.14%。其中登记个体工商户 759 户，注册资金 3050 万元；内资企业 8 户，注册资金 704 万元；私营企业 244 户，注册资金 64856 万元；农民专业合作社 60 户，注册资金 8516 万元。为进一步推进商事登记改革，工商局探索实行工商营业执照、组织机构代码证和税务登记证“三证合一”登记制度，根据上级和政府部署，企业股从 10 月份起对新设立登记的企业开始实行统一社会信用代码。

2014年度公示工作，内资企业应报1359户，已报853户，未报506户，公示率为62.77%；农民专业合作社应报632户，已报203户，未报429户，公示率为32.12%，本年度未按时公示年度报告的企业列入经营异常名录的内资企业506户，专业合作社429户。

2016年，县工商局坚持管理与服务并重，不断提升窗口人员素质和业务水平，推行“登记注册窗口规范管理制度”，进一步简化登记手续，促进工商登记便利化，着力优化营商环境。全年新设立登记各类市场主体1487户，注册资金88740.51万元，与2015年同比分别增长了38.84%、15.06%。其中登记个体工商户1160户，注册资金5565.76万元；企业272户，注册资金72011.3万元；农民专业合作社55户，注册资金11163.45万元。

为进一步推进商事登记改革，从2016年10月开始探索实行工商营业执照、组织机构代码证、税务登记证、社会保险证、统计证“五证合一”登记制度以及个体工商户营业执照和税务登记证“两证合一”登记制度改革。

《企业信息公示条例》公布后，县局充分利用电视台、报纸、政务中心滚动屏及上门宣讲等渠道开展宣传工作，在办理设立、变更以及咨询时窗口工作人员提醒和引导企业一并办理企业联络员确认手续，并发放《企业信息公示和企业年度报告公示须知》宣传册，达到了提高各类市场主体参与年报的积极性。同时开办培训班，对分管领导及企业股、工商所负责人、大厅工作人员进行培训，确保一线监管人员在短时间内熟悉新政策，全面掌握年度报告工作的具体要求、操作流程，做到咨询对答如流、操作得心应手。

2015年度企业年度公示工作，全县各类市场主体应报10659户，实报2948户。其中企业应报1671户，实报1543户，年报率达到92.34%，达到了省政府85%的任务指标。年报工作结束后，及时组织人员对未按时公示年度报告的企业列入经营异常名录，通过市场主体信用信息公示系统均能查到，努力营造“一处违法、处处受限”的信用环境，维护市场经济秩序，实现各部门之间“网络互联、信息共享、业务联动、综合监管”。

（段晓光）

【商标合同广告管理】 2014年，为切实帮助企业，尤其是中小企业和个体工商户解决贷款难、融资难问题，县工商局打造“五个平台”活跃金融市场，全年共办理动产抵押登记11件，融资金额达3.54亿元，抵押物价值达17.48亿元。开展整治格式合同和打击霸王条款专项行动，召开座谈会1次，开展集中宣传1次，印发宣传材料500余份，共出动执法人员40人次，出动执法车20辆次，对32户企业，经营者的格式合同进行了抽查，备案的格式合同50种，份数50份。为企业刻制合同章15枚，办理户外广告登记证9户。

2015年，经核查全县共有非融资性担保、各类投资咨询公司16户，其中非融资性担保公司1户，各类投资公司3户，投资中介12户，共计注册资本8214万元，属地工商所已经全部认领。经排查发现，经营期限到期的共有4户，不履行企业信息公示义务的有7户，通过登记住所无法取得联系的3户。对于通过登记住所无法取得联系以及不履行企业信息公示义务的企业，已经按照规定程序将其列入经营异常名录，并且予以公示。

排查企业发布广告共计105条次。其中利用电视发布15条次，利用报刊发布60条次，利用户外广告发布30条次，有2条广告存在与其经营范围不符的问题，电视台已对其停止播出。一家企业与银行签订借款合同，借款金额2640万元。排查企业均证照齐全，规范企业名称登记1户，规范经营范围登记1户。此次排查累计共出动执法人员174人次，出动执法车80辆次，对排查的投资咨询公司，逐一登记造册，做到底数清、情况明。

2016年，充分发挥商标广告合同监管职能，开展清查涉煤涉焦中介组织，小额贷款公司全面摸底调查。开展侵犯知识产权和违法广告为重点的多项专治清理行动，打击和规范了各种违法行为，保护了消费者和经营者的合法权益。

对全县商标拥有者进行检查规范并讲解有关法律法规。为切实帮助企业，尤其是中小企业和个体工商户解决贷款难、融资难问题，努力打造“五个平台”活跃金融市场，全年共办理动产抵押登记15件，融资金额达3.16亿，为企业刻制合同章13枚，帮助企业成功申请注册商标23件。同时推荐一家企业成功评为“国家级守合同重信用”单位。（段晓光）

【市场监督管理】 2014年，县局严厉打击假冒伪劣商品违法行为，强化日常监管，通过发挥日常巡查监管作用，进一步提高依法行政效能。对辖区内经济户口信用度低的个体工商户重点关注，通过加大巡查频率，及时帮助其完善手续，健全制度，加强管理；对信用度高的个体工商户，相应减少日常巡查，让其集中精力，加快发展。对食品经营户、有前置许可的经营户、高危行业等实行经常性巡查，做到至少一月一查。并及时填好巡查表、登记台账，写好巡查分析。全年共开展巡查1198多人次，出动执法车589辆次，共取缔各类无照经营户40户，办理行政案件9起，其中万元案1件，罚款金额31500元。

2015年，为切实做好市场监督管理工作，结合县政府安全监管职责划分的职责范围，确定企业网格化安全监管责任落实，明确监管各个企业的工商所、主要负责人、分管负责人、具体负责人、直接负责人，分片包干、责任到人，巡查做到纵向到底、横向到边，确保不留死角。从清理规范经营市场主体资格做起，健全经济户口，以工商所为单位，组织人员挨门逐户全面摸清了全县危险化学品、烟花爆竹以及集贸市场企业主体共68户，烟花爆竹个体工商户31户，企业已经按照要求全部挂牌，其中1户中石化加油站的危险化学品经营许可证到期，已经关停禁止营业，责令其限期办证；1户甲醇加注站和1户加油站已经暂停营业；3户烟花爆竹个体工商户因证照不全已经关停禁止营业。共出动执法人员670人次，执法车223辆次，检查过程中对危险化学品、烟花爆竹经营单位、集贸市场进行了安全生产知识宣传。

2015年局长弓宝珠右三深入基层同工商所人员一起开展市场监督管理　段晓光提供

2016年，及时制定监管办法，按照县政府安全监管职责划分的职责范围，重点做到“三个结合”：一是监管与整改隐患相结合；二是监管与责任追究相结合；三是监管与建立长效机制相结合。全年共出动执法人员712人次，执法车212辆次，检查过程中对危险化学品、烟花爆竹经营单位、集贸市场、汽修洗车等行业进行了安全生产知识宣传，通过检查进一步消除了各项安全隐患，严防事故的发生。（段晓光）

【消费者权益保护】 2014年，县工商局认真开展“消费与安全”年主题活动，进一步强化服务领域消费维权工作，以金融保险、电信服务、物业管理、家电维修等消费者投诉比较集中的领域为重点，加大消费警示发布力度和专项执法检查力度。同时以完善和规范“12315”网络体系为重点，大力推进“12315”行政执法体系四个平台建设，努力实现消费维权由事后处理为主向事前预警和超前防范转变。全年共受理消费者投诉32件，通过现场调查、调解和答复，已全部结案。

2015年，加快推进了“12315”行政执法体系建设。完善“12315”申诉举报登记制度、值班制度、统计报表制度、分流工作等制度，加大消费者投诉点和“12315消费维权联络站”建设力度。按照省、市局要求，进一步加强“12315”进商场、进超市、进市场、进企业、进社区等“八进”规范化建设。同时加大服务领域消费维权力度，“12315”申诉举报中心和消协共接受消费者咨询、申诉、举报31件，通过现场调查、调解和答复，已结案31起，按时结案率为100%，为消费者挽回直接经济损失10.8万元。

2016年，县工商局不断拓宽消费维权渠道，紧扣2016年“新消费我做主”主题，坚持把消费维权作为重要使命。全年“12315”消费者申诉举报中心共接牵涉到产品质量、售后服务、合同执行等方面引起的消费者咨询、申诉、举报共计31起。已结案31起，按时结案率100%。（段晓光）

安全生产监督

【综述】 2014—2016年，县安全生产监督管理局，内设14个职能科（股）室，即办公室、监察室、财务室、安委办、执法大队、应急救援中心、培训中心、综合股、非煤矿山股、冶金股、危化股、职业健康股、安监站、政务大厅窗口。有编制总数81名，在编干部68人，行政编制6名，事业编制75名。

全县共发生各类伤亡事故43件，死亡13人，受伤13人，直接经济损失86.39万元。其中交通事故10起，死亡12人，伤9人，经济损失41.9万元；消防事故32起，没有人员伤亡，经济损失9.06万元。

2014年，被山西省安监局授予非煤矿山安全生产监督管理先进单位；2015年被忻州市人民政府授予年度安全生产工作先进集体。2016年被山西省安监局授予冶金工贸行业安全监管先进单位。（刘永宏）

【目标管理】 2014—2015年，按照安全生产“党政同责、一岗双责、齐抓共管”的总体要求，县安全生产监督管理局深入落实企业安全生产主体责任和监督责任，继续实施安全生产目标管理，把安全生产作为全局性重点工作，纳入全县目标综合考核，签订目标责任书，层层分解落实任务，实行“一票否决”，为搞好本县安全生产工作奠定了良好的基础。2016年，县安委会对全县安全生产目标责任单位安全生产目标执行情况开展年终考核，共考核目标单位 108 个，考核合格 108 个，全县安全生产工作责任得到进一步细化、落实。（刘永宏）

【法制建设】 2015 年制定出台和修改完善《2015 年度安全生产工作的安排意见》《安全生产目标管理考核及奖惩办法》《安全生产事故灾难应急预案》《关于进一步明确安全生产责任划分和安全生产监督管理职责的通知》《繁峙县安全生产“党政同责一岗双责”实施办法》《关于进一步加强安全生产监督管理责任体系建设的实施意见》《关于继续开展安全生产大检查推进打非治违和专项整治工作的通知》等一系列制度和措施，全县的安全生产监督管理工作逐步走上规范化、制度化、法制化轨道，为依法规范安全生产行为、加强安全监管提供了法律和政策保障。2016 年深入贯彻实施国务院 493 号令和新《山西省安全生产法》，进一步加大生产安全事故调查处理力度，建立和完善各项规章制度，坚持“四不放过”原则严肃查处事故，依法追究事故责任，起到了较好的警示作用。（刘永宏）

【安全生产大检查】 2014—2016 年，每年从 8 月下旬至 12 月，集中 4 个月时间组织全县各乡（镇）、居民办、行业主管部门开展安全生产大检查和打非治违专项行动，突出危化、烟花爆竹、道路交通、建筑、消防、燃气、非煤矿山、食品卫生、工矿企业、校车等行业和领域，以隐患整治“三查”为重点，全面摸清安全隐患和薄弱环节，落实“全覆盖、零容忍、严执法、重实效”要求，切实消除事故隐患和薄弱环节，防范和减少各类事故的发生。（刘永宏）

【安全生产隐患治理】 一是开展烟花爆竹安全专项整治。每年“春节”前后，结合烟花爆竹定点销售工作的开展，对全县烟花爆竹销售现场进行执法检查，重点打击无证销售和非法经营行为，鼓励零售经营户开展联合经营，规范全县烟花爆竹现场秩序。二是开展农村道路交通安全隐患集中排查整治行动，对所有排查出的道路安全隐患进行分类统计汇总，并纳入各年度波形防护栏安装范围予以实施。三是开展消防安全专项整治，突出宾馆、饭店、商场等九小场所，重点加强城区消防安全检查和消防设施建设，消除火灾隐患。四是开展危化行业安全专项整治，重点加大对危险化学品生产、销售、储存、运输过程中的监管力度，特别是深刻吸取天津港“8·12”危化品仓库特大火灾爆炸事故教训，分别开展了危化行业安全专项整治、危化行业环境安全隐患排查等系列专项治理，加强危化品安全监督检查，有效遏制事故发生。五是开展了每年一度的非煤矿山、尾矿库隐患大整治大排查专项行动。（刘永宏）

2016 县安监局组织召开烟花爆竹专项整治动员会　刘永宏提供

【安全宣传月】 切实加强安全生产宣传教育培训，一是印制了新《山西省安全生产法》《职业病防治宣传资料》等宣传册 3 万份，并利用电视、行业会议、标语、简报、典型案例、企业日常检查等方式开展宣传培训教育，进一步提高全民安全意识。二是召开烟花爆竹、非煤矿山、危险化学品安全生产工作会、培训会等，开展特殊工种作业人员的安全专业培训，提高企业负责人和从业人员安全生产意识，进一步落实企业安全生产主体责任，从源头上预防安全事故发生。三是认真组织开展安全生产月及“咨询日”活动，2015 年 6 月 16 日组织全县 41 家安委会成员单位、重点企业在府东广场集中开展宣传咨询，发放宣传资料 3 万余份，有效提高全社会安全意识和自我保护意识。2014 年以来，在府东广场设立电视大屏幕，长期播放安全生产教育视频。（刘永宏）

第十五个安全宣传月活动　刘永宏提供

【自身建设】　2014 年以来，按照县委部署和要求，认真开展党的群众路线教育实践活动、学习讨论落实活动、“三严三实”教育活动、“两学一做”教育活动，通过学习动员、提高思想认识、认真查找存在问题等方式，把解决问题与建立长效机制结合起来，把学习教育和中心工作结合起来，全面落实党风廉政建设责任制，严格执行领导干部廉洁自律的各项规定和制止奢侈浪费的各项规定。建立健全政务公开制度，进一步完善监督机制，提高工作透明度，保障工作人员依法行政、廉洁从政。（刘永宏）

食品药品监督

【概述】　按照省、市机构改革及县委、县政府《关于印发〈繁峙县人民政府职能转变和机构改革方案〉的通知》（繁发〔2014〕38 号）要求，本县将县食药、工商、质监 3 个部门的监管职能进行整合，于 2014 年 12 月 31 日下发了《繁峙县市场和质量监督管理局（繁峙县食品药品监督管理局）主要职责、内设机构和人员编制规定》（繁政办发〔2014〕98 号）。2015 年 10 月 1 日，繁峙县市场和质量监督管理局（挂繁峙县食品药品监督管理局）正式挂牌成立，正科建制，为县政府直属局。县食品安全委员会办公室设在市场和质量监督管理局。

按照食品安全监管体制改革的相关精神，3 月份，正式接管全县酒类质量安全监管任务，同时接管了原县酒类稽查队工作人员 7 人，各项监管工作有序开展。（樊爱清）

【基层监管网络】　按照改革方案要求，食药局全力构建、配齐配强县、乡、村三级监管体系。在全县各乡（镇）按行政区域设置 4 个食品药品监督管理站，承担辖区内的食品药品安全日常监管工作。建立健全村级食品药品安全协管员队伍，每个乡（镇）确定一名副职分管，一名公务员担任乡级协管员，全县有 391 个行政村均设置了协管员。县、乡、村三级监管体系网已经初具雏形。（樊爱清）

【完善协调机制】　2014 年，县政府下发《繁峙县食安委成员单位监管职责》，进一步明确了各部门食品安全监管职责，成立了以县长孔保宝为组长，分管副县长为副组长，27个成员单位负责食品安全方面的领导为成员的领导组。强化统筹规划、指导推进、制度建设等职责定位，充分发挥“牵头抓总”和综合协调的作用。以督查考核为抓手，加大协调力度，树立协调权威，完善协调联动机制。加强食品药品安全信息通报、联合执法、行刑衔接、隐患排查、事故处置、宣传教育、打击犯罪等方面的协调联动，提高监管工作的系统性、协调性、一致性。（樊爱清）

【食品流通监管】 2014年，共立案查处无证经营、销售假冒伪劣食品案件79件，药械违法案件13件，保健食品违法案件1件，移送司法机关案件16件，收缴罚没款35.26万元。

2015年，新办理和换发流通许可证552户，流通环节小作坊许可证57户；对各基层站辖区监管企业进行细致摸排、建档，并按照信用分类标准进行分类，建立分类管理台账，对失信企业实施重点监管；开展了保健酒、配制酒专项检查、冷冻肉专项排查和农村食品市场、校园周边食品市场、中秋、国庆“两节”市场专项整治行动。全年共出动执法人员6522人次，立案查处71起，收缴罚没款120372元，没收问题食品21.8公斤。（樊爱清）

2015年食药局食品安全检查　樊爱清提供

【群众路线教育实践活动】 2014年，按照县委统一部署，强化组织领导，保障活动有序有效开展，全局上下统一思想认识，加强学习教育，提高思想认识。精心安排组织，认真抓好学习教育、听取意见环节各项工作，按节点完成了阶段性目标任务，确保了教育实践活动有力有序推进。广泛听取意见，找准查实“四风”问题。加强对食品药品安全保障管理，确保广大人民群众“舌尖上的安全”，以食品药品安全的实际成效取信于民。（樊爱清）

【区域性食品药品检验中心项目申报】 2015年，省局确定繁峙县、五寨县为忻州市县级食品药品安全检验检测资源整合试点县，结合本县开始创建全省“食品安全县”、亟待加强食品药品检验检测能力的实际，本局主动作为、积极开展申报筹备各项工作，与县政府及时沟通，协调解决项目建设资金、用地、机构编制等相关事项，各项前期准备工作已经就绪，该项目已正式上报国家食品药品监管总局，等待参加全国范围的遴选。

2016年，成功申报了国家第二批县级食品安全检验检测资源整合试点项目。

（樊爱清）

【餐饮服务监管】 2015年，围绕巩固和提高全省“餐饮服务食品安全示范县”成果这一目标，进一步推进餐饮服务明厨亮灶工程，实施量化分级管理，加大突查频次，推进社会共治，全方位提升监管水平；对农村集体聚餐、农村义务教育学生营养餐食品安全实施重点监管，开展学校周边餐饮店、学校食堂专项整治，加强全县“两会”期间、中考高考期间餐饮服务跟踪管理；监管与服务并举，强化责任意识、强化日常巡查、强化源头管理、强化制度保障、强化业务指导、强化监管措施，确保餐饮服务重点节点、重点领域、重点环节安全无事故。

（樊爱清）

【药品、保健品、化妆品、医疗器械监管】 2015年，按照药品新GSP的规定和要求，组织开展对公众的宣贯工作以及新开办企业、到期换证企业的资料初步审查；开展药品安全在线监测系统建设工作，不断推进药品市场监管信息化；围绕药品购进验收、药品储存、药品分类管理、含麻黄碱复方制剂经营、从业人员资质等重点环节对药品经营企业开展日常巡查；全年共出动执法人员553人次，检查企业63家，下达整改意见书19份，收缴罚没款59118元，药品经营企业管理水平和市场规范化程度进一步提升。

（樊爱清）

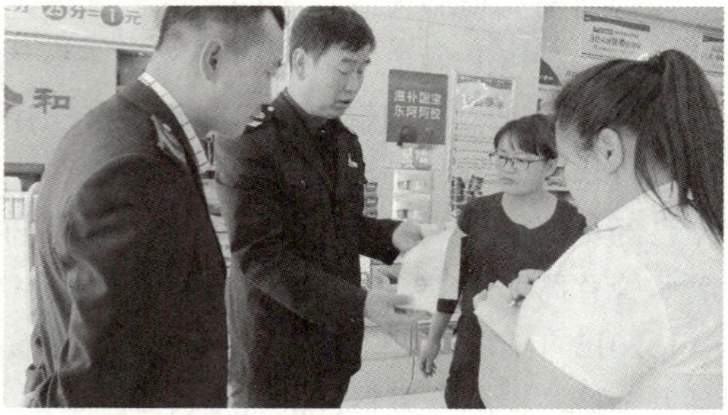

食药局药品专项检查　樊爱清提供

【酒类监管】 2015年5月，先后出动70人次，对全县酒类经营户进行摸底调查，其中批发户36家，酒类专营店58家，206家餐饮店，252家流通店，共登记备案酒类零售企业283家、批发企业25家；开展酒类流通环节市场专项执法检查，发现涉酒案件线索6件，立案2件。（樊爱清）

【推进“省级食品安全县”创建工作】 2015年，本县申报创建省级食品安全县。县食安办按照《繁峙县创建省级食品安全县实施方案》（繁政办发〔2015〕21号）要求，依照《山西省食品安全城市创建试点工作验收评价细则》分解为6大类28项59条指标任务，对创建工作进行精心谋划和周密部署。县食安委成立了县创建工作领导小组，并从各相关部门抽调精干工作人员从事该项工作。各乡（镇）、各部门都成立领导小组，明确创建责任人，形成有效的联动机制。

2016年3月、9月多次召开创建工作推进会、部门协调会、政企座谈会，举办创建工作培训班，分解制定创建工作方案和工作计划安排表，有效地促进创建工作的开展。

（樊爱清）

创建省级食品安全县推进会　樊爱清提供

【精准扶贫】 2016年，县食药监局帮扶的光裕堡乡梁家庄村，全村463户1303人，其中建卡贫困户173户。县食药监局驻村工作队认真落实县委、县政府关于脱贫攻坚的各

2016年精准扶贫入户调查　樊爱清提供

项部署要求，积极协调争取了梁家庄村膜下滴管工程项目的施工建设，建设资金 150 万元全部由水库移民扶持资金解决，新增水浇地 1200 亩。12 月份，县食药监局积极筹备扶贫送温暖工作，为贫困户送去了 3.5 万元的慰问品。（樊爱清）

【监管能力建设】 2016年，全县建成由 404 人组成的乡村食品安全协管员队伍，建立了全覆盖、无盲区的食品安全监管网络。制定印发《繁峙县食品安全事故应急预案》《繁峙县重大食品安全事故应急预案操作手册》，建立健全了信息报送与发布、舆情监测、隐患排查、协调联动、应急值守机制。

（樊爱清）

工业经济

黄金工业

【黄金生产】 2014 年，黄金 1.18 吨（单价均价 240 元/克）；

2015 年，山西紫金矿业有限公司绿色矿山建设项目开始建设，总投资 4.97 亿元。

（李晓龙）

钢铁工业

【概述】 2014 年，受国外进口铁矿石价格下跌和国内经济走势及政策的影响，全县工业主要产品铁精粉价格持续大幅度下跌，停产半停产企业逐月增多，导致以采选业为主的全县工业经济运行艰难，经济增长乏力。为应对经济下行压力，本县以延伸产业链为手段，促进工业内部结构调整，通过加大技术改造力度，使工业企业实现由“资源招商”向“产业招商”的转变，以适应全国经济发展“新常态”，保障工业经济平稳健康运行。全县规模以上企业为 51 家，其中忻州华茂精密铸造有限公司、县中兴实业有限公司、县中兴华德联铸有限公司、县中环卡盘有限公司就是产业链延伸的典型代表。

2015 年，受原材料、市场、资金等因素影响，导致铁精粉、线材、生铁等市场需求不旺，铁选企业盈利空间进一步被挤压，亏损企业明显上升，盈利能力减弱，造成本县以矿业为主的工业经济运行产生较大压力，全县工业经济运行仍然艰难。面对企业生产经营困难增多，部分经济风险显现，经济发展进入新常态局面，继续坚持经济平稳运行理念，以项目建设为抓手，大力推进产业转型、产业发展。

2016 年，面对复杂严峻的经济形势和多年少有的困难，紧盯年初市、县下达的工作目标，主动适应经济发展新常态，坚定不移推进供给侧结构性改革，加快产业集聚和结构调整，加大干部入企服务力度，千方百计促企业复工复产，全县工业经济运行总体呈现低位企稳、稳中有进、稳中向好的态势。

（李晓龙）

【工业经济运行指标】 2014 年，工业总产值同比增长 6.9%；工业增加值同比增长 6.5%；销售收入同比下降 42.8%；实现利税同比下降 56.3%；实现利润同比下降 62.1%。

2015 年，工业总产值下降 11.6%；工业增加值同比（440735 万元）下降 5%；销售收入同比下降 26.6%；实现利税同比下降 94.2%；实现利润同比下降 94.2%。

2016 年，工业总产值比上年同期下降 9.3%；工业增加值增长 1%。 （李晓龙）

【市政府考核指标】 2014 年–2016 年，新兴工业产业投资、工业固废综合利用、非传统产业比重、万元 GDP 能耗都顺利完成目标任务。 （李晓龙）

【工业主要产品完成情况】 2014年，全县铁精粉产量完成750万吨，实现产值77.2亿元（均价600元/吨）；有色金属生产共实现产值5.6亿元。

2015年，受市场影响，重点行业和重点企业运行质量下降导致产品严重积压。例如：县程林铁选铁精粉库存积压35.5万吨，山西宝山矿业铁精粉库存积压14万吨，旭泰矿业库存积压15万吨，南峪口铁矿库存积压2万吨，江鑫宝石铁矿库存积压2万吨。

受国际、国内钢铁市场冲击，全县铁矿采选企业多数停产，2015年上半年，有陆续复产的企业，也有复产后又停产的企业。56户规模以上工业企业仅有18户企业在生产。其中山西宝山矿业等企业只有一个车间在维持运行，处于半停产状态。全县规模以下100余户采选矿企业基本停产。 （李晓龙）

【工业用电量】 2014年1—12月工业用电量累计98239万度，比上年同期113356万度同比下降13.3%。

2015年，工业企业用电量大幅下降，工业用电量累计40816.9万千瓦时。

2016年，工业用电逐月上升，工业用电量累计41728.63万千瓦时。 （李晓龙）

【项目建设】 2014年重点项目有：山西金德成信矿业有限公司后峪铜钼矿采选技改项目。项目计划总投资50亿元，分二期建设1000万吨/年的钼矿采选项目、30万吨/年的硫酸生产线；忻州华茂精密铸造有限公司淘汰落后减量置换升级改造工程项目（后停滞）；繁峙县中兴实业有限公司卡盘铸件项目；繁峙县同和磁选有限责任公司年产30万吨铁精粉技改项目。

2015年重点项目有：忻州华茂100万吨特种钢项目（总投资18.1亿元）、后峪铜钼矿采选加工项目（总投资45亿元）、繁峙县同和磁选有限责任公司年产30万吨铁精粉项目（总投资2.9亿元），其中忻州华茂100万吨特种钢项目、后峪铜钼矿采选加工项目因政策原因暂时停滞。 （李晓龙）

【工业园区建设】 2015年，装备制造工业园区建设有序推进，同时加大工业园区的基础设施建设投资力度，大力开展工业招商引资，增加入驻园区企业，把工业园区建设成产业聚集、产出率高、用地集约、节能环保、持续发展、辐射范围广的产业聚集区。

2016年，工业园区规划占地28.04平方千米，园区内企业5户，实际占地仅为2.53平方千米，园区发展空间很大。基础建设方面：

1. 路网建设初具规模。已成形的有2横2纵园区路网，另外，华茂精密铸造有限公司的铁路专线已竣工。

2. 电力设施供应满足。铺设输电线路20千米，在原有两座110千伏变电站的基础上，2016年将开工建设220千伏输变电站1座，建成后完全满足工业园区所有企业的双回路用电，而且将改善全县电网供电结构。

3. 水暖、通讯、网络基础设施齐全。目前已建设给排水管网12千米，铺设输气管网5千米，供暖管网2.6千米，通信线路15千米。 （李晓龙）

电力工业

【概述】 国网繁峙县供电公司隶属于国网山西省电力公司忻州供电公司。公司下设综合管理部、财务资产部、发展建设部、运维检修部、营销部、安全监察质量部、乡镇供电所管理部、电力调度控制分中心8个科室；调控运行班、配网抢修指挥班、输电运维班变电运维班、变电检修班、电网建设班、市场班、营业班、抄表一班、抄表二班10个班组；辖杏园、下茹越、集义庄、砂河、东山、金山铺、大营、横涧8个供电所，岩头、光峪堡、柏家庄、神堂堡4个电工组。现有主业职工101人，集体职工6人，农电工158人，承担着全县经济社会发展和3镇10乡402个行政村27万人口的供电服务任务。

公司下辖220千伏变电站1座（220千伏繁峙变电站），容量48万千伏安；110千伏变电站4座，总容量32.3万千伏安；35千伏变电站4座，总容量5.66万千伏安，10千伏开闭所一座（10千伏东地开闭所）。110千伏输电线路8条108.716千米；35千伏输电线路8条128.711千米；10千伏配电线路80条（公用线路36条、专线44条）1825.08千米。公司负责运维110千伏变电站2座、35千伏变电站4座、10千伏开闭所1座。

（王竹韵）

【电力销售】　2014年，最大负荷232兆瓦，售电量12.73亿千瓦时，同比增加0.05%。辖区内有电力客户81736户，其中：大工业占0.27%，一般工商业占8.88%，农业生产占1.68%，居民照明占89.17%。

2015年，售电量6.73亿千瓦时。辖区内有电力客户98549户，其中：大工业占0.19%，一般工商业占6.90%，农业生产占1.27%，居民照明占91.61%。

2016年，售电量完成6.41亿千瓦时，同比减少4.81%。综合电压合格率99.95%，城网供电可靠率99.73%，农网供电可靠率99.30%。辖区内有电力客户98549户，其中：大工业占0.19%，一般工商业占6.90%，农业生产占1.27%，居民照明占91.61%。

（王竹韵）

【电网建设】　2014年，完成110千伏古家庄变电站新建工程建设用地征地等前期手续办理工作。完成10千伏城镇Ⅱ回等6条线路综合大修、35千伏小金线等4项大修任务，完成10千伏土岭、大明烟等6条支线，辛庄、宽滩等4个林场的电网改造及横涧等线路30个台区、36眼机井通电改造工程等共计6项网改工程。完成农网改造升级共8项工程，投资796万元，改造10千伏线路48.54千米，改造新建台区9个，总容量2835千伏安。

2015年，为进一步优化配电网结构、解决局部“低电压”等突出问题，新一轮农网改造升级工程总投资938.16万元。新建10千伏甘岩Ⅲ回线，共1.3千米；完成机井通电工程1个，惠及41个村，新建91个台区，新建10千伏线路58.5千米。

对35千伏神堂堡变电站进行了增容改造，由原来的一台主变20000千伏安，增容为两台主变，总容量为40000千伏安，同时增加了由110千伏小屯站出线的第二电源输电线路，增加了35千伏神堂堡变电站供电容量，满足了相关供电区域电力增长需求。

2016年，110千伏古家庄变电站新建工程顺利投产，特高压过境协调保障工作效果显著，蒙西至天津南交流工程属地协调工作顺利完成。

全年完成电网投资5790万元，其中农网改造工程12项，第三批小城镇（中心村）配电网工程共六项，大修项目11项。完成35千伏神堂堡、岩头等变电站综合大修，35千伏繁林、繁河等线路综合大修，开展35千伏岩头、金山铺等变电站五防隐患整治。

低压线路及配变台区改造工程投资3033.09万元，改造及新建10千伏线路220.859千米，改造及新建低压线路59.098千米，改造及新增10千伏配电11台，容量1700千伏安。开展“低电压”专项治理工作，完成1680户低电压治理任务，公司强化农村低压电网运行维护，全力消除短时低电压问题。落实中央坚决打赢脱贫攻坚战要求，办理光伏发电项目接入系统方案，共有21户上报分公司发策部向市发改委申请备案，均已批复并开工建设。（王竹韵）

【电力安全生产】 2014年，严格落实安全生产责任制，逐级签订安全生产目标责任书198份，并严格目标考核；扎实开展“安全管理提升”活动，全面推进安全生产精益化和管理标准化，强化作业现场管控和到岗到位考核；加强“两票三制”专项督查，杜绝无计划作业和无票作业行为；突出抓好输、变、配电设备和电网安全运行管理，持续开展隐患排查治理工作，发现并处理涉及违章建筑、堆物、树木、断杆和客户设备隐患89条，下发隐患治理通知书39份，全部落实整改；认真开展了安全知识培训考核，不断提高职工的安全意识。

2014年公司领导到春检现场指导工作　王竹韵提供

2015年，公司始终坚持“安全第一、预防为主、综合治理”的安全生产方针，扎实开展安规两票学习。年初开展了春检工作，完成繁河、繁林等7条35千伏线路、20条10千伏线路全线设备清扫检修和4个35千伏变电站春检春试工作，整改处理各类隐患33处，更换跌落开关、防震锤、空气开关等设备109处。

公司结合电力安全生产实际，开展了2015年度安全性评价自查评工作，量化评价标准，查找各类安全隐患及安全生产薄弱点23项，内容涉及线路设备巡检、用户用电安全、施工现场管理等。针对查找出来的问题，逐个制订整改措施，并责任到人，销号处理问题，将安评工作落到实处。

2016年，扎实开展安全大检查和“三查三强化”专项行动，整改缺陷隐患72处，下发隐患通知书19份，不定期开展隐患排查质量工作汇报，安全生产保持良好局面。强化作业现场管控，认真履行“两票三制”，通过学、考、问和开展反事故综合演练，并制定“三种人”奖惩办法，确保了现场作业安全有序。深化精益运维管理，综合整治了31个台区，创建2个标准化台区，补充更换电缆及走向标识、杆号牌、警示牌合计394块，整修电杆127基，更换变压器跌落开关65组，完成标准化县级城网创建工作。积极开展“排隐患、降掉闸、保安全”专项活动，对所辖的37条10千伏公用线路，全部巡视巡查，彻底消除隐患，安全管控体系进一步完善。参与2016年县政府组织的第13个安全月活动，开展市、县两级抗震救灾联动演练，积极应对强降雨等恶劣天气，快速组织抢险6次，圆满完成中高考、中国共产党成立95周年等重大保电任务，各领域保持安全稳定。截至2016年年底，安全生产记录实现4674天，创历史新高。

（王竹韵）

【经营管理】 2014年，解决了5条10千伏线路的过负荷、满负荷运行问题，促进电量外供。2014年售电量同比增加了6601.46万千瓦时，提高4.94%。用户采集系统建设工程累计完成534个台区48566户与专变用户1221户。

2015年，规范供电所营销业务流程，加强核算、票据、报装审核，重点对移动通信类用户、农村排灌类用户、铁选矿山企业类用户进行实地考察，通过用电类别甄别、配变容量核实等到多种核查方式，确保电价、核算、电费各环节准确无误。

扎实开展“反窃电、促降损、强管理”专项行动，采取以“理”疏导、以“法”约束，广泛发动农村用户互查，通过轮换台区表计、设立举报箱、加强夜间巡查等多种措施，遏制不法用户窃电，有效降低了低压线损。

2016年，公司积极适应经济发展新常态，持续增供扩销，巩固拓展售电市场，着力提升营销业务管理水平。积极开展营配贯通工作，营配贯通高压建模率达到99.6%，低压建模率完成91.92%，营配数据进一步规范、准确，为实现配电网精益化、科学化管理奠定坚实基础。建立电费风险预警机制，动态调整“一户一策”电费回收风险预案相关措施，充分利用远程费控系统的付费控和欠费控业务模块，保证了电费回收率完成100%。加大工作力度，努力扩大资产规模，合表用户打开2563户，完成年计划的86.58%。公司共建设完成星级乡（镇）供电所6座，其中，三星级1座，为杏园乡供电所，二星级2座，一星级3座，切实提高了乡（镇）供电所的管理水平。 （王竹韵）

【科技信息建设】 2014年，公司对调度自动化、营销自动化系统进行优化，提高了工作效率。逐步完善电力管理PMS系统与GIS图形信息的应用集成功能，实现配网设备和电网图形的“一体化”管理，实现配电网设备运行在线监测，为配电网生产管理提供依据，为配网自动化和智能电网建设奠定基础，逐步实现低压用户远程停送电，提升配网管理水平。

2015年，完成的科技工作项目是：推广多元化收费平台，截至年底，多元化收费完成5469笔，共收取电费17342.57万元，多元化收费取得了阶段性成果，营销自动化系统顺利向SG186电力营销业务应用系统转化，档案完善基本完成。上线户数共有98135户，其中农村用户58272户，同时对系统内的垃圾户进行了销户，确保抄表率统计的准确性。

2016年，进一步完善生产PMS系统与GIS图形信息的共享和应用集成功能，开展基础数据整改，实现配网设备和电网图形的“一体化”管理，积极应用配电网设备在线监测系统，实时掌握设备运行情况，为配网生产管理、营销管理和线损管理提供依据，为输配电一体化、配网自动化和智能电网建设奠定基础。积极应用电力用户用电信息采集系统，实现低压用户远程停送电，减少了员工工作量。深化应用协同办公系统，办公自动化水平进一步提升。 （王竹韵）

【电力优质服务】 2014年，全县经济建设加快，用电需求日益增大，客户数量快速增长。公司以深入开展“塑文化、强队伍、铸品质”供电服务提升工程为契机，加快推广多元化收费和集抄试点工作，加大优质服务宣传力度，在各个营业网点显著位置摆放电费电价、多元化收费方式等宣传材料，营业厅工作人员积极引导客户使用语音自助终端和移动POS机等，让多元化自助缴费项目在便民、利民优质服务工作中充分发挥作用。

公司以提升供电服务水平、提高供电服务质量为目标，主动接受社会监督，积极推广“95598”热线电话业务，全年共计接待客户来访166次，及时兑现各类故障报修电话672次，排除故障隐患536起，城镇供电可靠率达99.98%，客户满意率占到99.2%。

2015年，密切跟踪全县经济发展形式，继续开放重点工程项目用电绿色通道，业扩报装提质提速，重点客户跟踪服务，促进项目早投产，早供电。针对县域重点公益事业建设项目、扶贫项目、机井配套电力设施安装、光伏产业，组织有关人员多次深入现场实地勘察，对设计的电力设置改拆迁和用电工作，提前会商，积极向上级部门汇报，促进难题解决，服务地方建设与经济发展。

继续开展“你用点，我用心”活动，深化供电优质服务，利用“3·15”、集市、庙会等机会开展优质服务宣传活动，发放宣传资料、传播服务理念、宣讲安全用电、传播依法用电。将保电作为政治任务，精心组织，周密安排，圆满完成主要节日，中高考，“抗冰抢险”等重大保电任务。

2016年，加快“互联网+”应用，大力推进多种媒体平台，重点对电力微信公众号、“掌上电力”APP等两类“网上营业厅”自营渠道进行推广，进一步提升国家电网品牌影响力。开展“问需求、送服务、促发展”秋季大走访，领导班子密集走访地方政府和7家大客户，对接用电需求，开展政策宣讲，凝聚电改共识，及时适当调整停产企业基本电费的收取，配合政府对9家未领取安全生产许可证的企业停止供电。完善业扩报装协调服务机制，高、低压客户接电时间明显缩短，推行“互联网+”线上报装，累计线上报装应用率达70.33%。（王竹韵）

城镇集体工业

【概述】 2002年，根据县级党政机构改革方案，不再保留二轻局成立城镇集体工业联合社，行政职能和行业管理并入经信局。3个内设机构：办公室、人事劳资科、企业综合指导科。全系统2016年在职职工462人，退休职工518人，均已参加医疗保险，在职职工80%参加了养老保险。（张进怀）

【企业现状】 全系统共有企业8个。

县铁合金厂：职工人数131人，主要生产硅铁，铸锅。于1993年关停。

县第二建筑工程公司：职工人数193人，土木工程建筑。2014年建筑总收入3374万元；2015年建筑总收入3678万元；2016年建筑总收入4211万元。

县稀土合金铸造厂：职工人数30人，主要生产煤油炉，镀锌，铸造。于1993年关停。

县二轻供销公司：职工人数67人，主要生产麻纸，塑料编织。于1995年关停。

县机械厂：职工人数9人，主要生产中小农具，于1989年关停。

县鞋帽服装厂：职工人数6人，主要生产鞋帽服装，于1989年关停。

县中试厂：职工人数12人，主要生产中小农具，煤炼油，于1987年关停。

县铸造厂：职工人数14人，主要生产中小农具，锻、铸造件，于1987年关停。

（张进怀）

中小企业

【概述】 2014年，全县民营企业（法人单位）1660个，比上年同期净增219个，从业人数26641人，比上年同期净增1249人；完成营业收入793630万元，同比增长10.19%，上缴税金57489万元，同比增长2.84%，占全市本系统税收收入14.42%，比上年下降0.4个百分点。

从全年发展走势来看，1-12月全县民营企业营业收入同比增长10.19%，增幅与上年同期相比降低15.54个百分点。从季度趋势来看，1季度增长1.79%，2季度增长15.79%，3季度增长8.36%，4季度增长10.18%。全年呈现低高、低高，曲线波动趋势。

2015年，全县民营企业（法人单位）1485个，比上年同期下降175个；从业人数23975人，比上年同期下降2666人；完成营业收入709430万元，同比下降10.61%；上缴税金48758万元，同比下降15.19%，占全市本系统税收收入13.5%，比上年下降0.92个百分点。

从全年发展走势来看，1-12月，全县民营企业营业收入同比下降10.61%，增幅与上年同期相比降低0.42个百分点。从季度趋势来看，1季度下降13.70%，2季度下降50.91%，3季度下降29.40%，4季度下降10.61%。全年呈现下降趋势。

2016年，全县民营企业（法人单位）1486个，比上年同期增加1个；从业人数21098人，比上年同期下降2877人；完成营业收入703659万元，同比下降0.81%；上缴税金44690万元，同比下降8.34%，占全市本系统税收收入14.90%，比上年下降1.4个百分点。

从全年发展趋势来看，1-12月，全县民营企业营业收入下降0.81%，增幅与上年同期相比下降9.8个百分点。从季度趋势来看，1季度增长10.80%，2季度增长38.16%，3季度增长4.87%，4季度下降0.81%。全年呈现前高后低，波动下滑趋势。（杨美萍）

【服务体系建设】 2014年，联合中国建行股份有限公司繁峙支行，建立“助保贷”融资平台，并设立“助保资金池”争取到1300万元政府助保贷资金，企业可贷到资金13000万元，为企业创新发展提供资金保障，为7户中小微企业提供贷款3100万元。

分别在山西鸿生物流公司和砂河镇新建了小微企业指导站，山西鸿深物流创业园开工建设占地面积80646平方米的中小企业创业示范基地。已入驻企业43户，有汽修、配件、加工贸易等各种小微企业。为各类创业人群提供创业辅导、政策咨询、策划指导等一站式，面对面免费服务，为广大小微企业提供人才、技术、项目、管理、信息等专业性公益服务。

完善重点企业生产经营运行监测平台，重点监测15家企业，实行每月数据网上直报，及时了解企业生产经营动态，协调解决企业生产经营中遇到的困难和问题，经济运行监测工作走在全县前列。

新上项目进展情况：①年产3.5万吨醋酿造项目，是山西福康醋业有限公司承建，总投资2800万元，已全部完成投资，投入生产运营。②农产品深加工建设项目，由繁峙县绿源亨通食品有限公司承建，总投资4736万元，全部完成投资，投入生产经营。③天然山泉水项目，由繁峙县清凉圣水有限公司承建，预计总投资2000万元，各种手续证件正在办理中还未开工。④山泉水建设项目，是由繁峙县益康水业有限公司承建，预计总投资2000万元，各种手续证件不全未开工建设。

2015年，县财政实施“助保贷”，增信

资金990万元，存入邮储银行500万元，建设银行发放“助保贷”9900万元，邮储银行为6家企业发放“助保贷”2600万元。

民营经济的发展，为全面落实市政府《关于开展全民创业加快民营经济发展的意见》，中心制定了全县全民创业的实施意见和具体措施，并报请县政府以繁政发〔2015〕1号文件，出台《关于开展全民创业加快民营经济发展的实施意见》，在创业条件、培育创业主体等方面给予政策扶持，并成立了繁峙县全民创业民营经济发展领导组。

众创产业园的成立，在繁峙县鸿深物流园区设立繁峙县众创产业园，同时成立繁峙县众创产业园服务中心。负责提出众创产业园区发展规划，负责文化产业园建设，负责大学生创业基地建设、管理入园电商团队，管理众创产业园扶持资金，为入园企业做好服务工作。

产业园占地面积16500平方米，设施齐备。服务功能完善，现已初步建成五大板块，入驻企业已达到143家，大学生创业孵化园已有43家入驻企业，文化产业园已有22家集聚发展。下岗职工创业孵化基地为42家企业，物流园入驻企业达到14家，电子商务园已有22家电商团队入园发展，该产业园成为“互联网+”创业创新发展的领头雁。基地数量空间使用费减免额度324万元。县政府对中小微企业空间使用补助：宽带、办公设备等共计56万元。

完善重点企业生产经营运行监测平台，重点监测10家企业，实行每月数据网上直报，及时了解企业生产经营动态，协调解决企业生产经营中遇到的困难和问题，经济运行监测工作走在全县前列。

2016年，全力解决企业融资困难，加强全县“助保贷”工作的开展，共发放2298万元给9家企业。确立“繁峙县小微企业服务站”作为项目单位，立足“互联网+”技术和政策，分步“完善现有，新创增设”中小微企业网站托管，APP橱窗、公众微信等系列“互联网+无形空间载体”，提质、扩容、增效。繁峙县中小微企业互联网信息服务平台，将其打造成为“有形空间为辅、无形空间为主”的高效实用服务空间，将县内中小微企业、就业创业大学生和其他有志青年，汇聚到“平台”，在“平台”内相互分享信息，往“平台”外高效发布信息。

根据繁政办函〔2016〕24号文件关于成立繁峙县中小微企业创业创新基地示范县。结合省市中小企业领导部门的要求和县城经济特点和特色，全力推进县中小微企业创业创新基地示范县工作，并申报。以推进“大众创业、万众创新”为主线，以体现“企业主导、政府服务、政策集成、机制创新”为原则，结合现行支持中小微企业发展的政策措施，科学谋划支持创业创新。繁峙县众创产业园成功申报为省级创业示范园区，并获得省补助资金200万元。

重点开展针对中小微企业规范财务工作的代理记账服务，财务顾问截至12月底，已帮助122户企业提供代理服务，帮助企业提升管理能力。

中小微企业公共服务平台的体系基本建设完成，并有效运行对各类创业、创新园区进行指导。对就业、创业工作进行规划和协调。依托“乡村汇”等电子商务公司，积极搭建农副土特产品营销平台，实现“线上+线下”双向交易。赵庄白水大杏线上销售6万多斤。代办网站，代管网站运行、代办其他“互联网+”企业数达到200户，代办代管补贴每年1000元/户。

繁峙县“双创”园区成立文化创业园，吸纳22家文化企业入园。占全县文化企业的44%，包括曾获国际米兰金奖和省级以上50多个奖项的繁峙晋绣坊，坚持集群发展战略，继续引进文化企业入园孵化，免费提供房租3年使园区成为繁峙县乃至忻州市较大的文化市场。建设文化网站，向国内外大力推荐本县文化精品，搞好文化创收，现入驻的文化产业的企业有：繁峙晋绣坊文化产业发展中心、山西五台山金石雕刻有限公司、繁峙县星河银业有限公司、山西五台山瑞迪航空科技有限公司、山西省繁峙县双英民间工艺品有限公司。

坚持“以点带面”，发挥高端人才引领作用，推动繁峙县瑞迪航空科技有限公司无人机的研发应用，投资450万元在县城滨河公园建设航空飞行营地一个。在东山乡投资300万元建设飞行营地一个，为发展旅游事业经济腾飞助力，同时进行组织赛事、航展、旅游、观光、飞行体验、爱好者培训、应急救援、航拍航测等。（杨美萍）

【转型升级】 2014年，完成8个转型发展项目，在全市转型发展工作中取得优异成绩，本县转型任务最多16家。2015年，全县发展转型企业16家，全面完成转型投资的有7家，转型开工的企业有9家，2016年完成转型任务的企业有6家。（杨美萍）

【培训工作】 送科技下企业工作扎实有效，2016年中心组织相关科技人员到企业进行服务，共深入企业75家，下乡131人次。

（杨美萍）

【安全管理】 2014年，强化管理，时刻筑牢安全防范这面墙，紧紧抓好安全生产基础、关键、有效的管理环节，从严管理，提高安全防范能力。重点抓了四项管理：一是安全风险预控管理，要求各企业对每个岗位，每个环节都要做好风险预控。要切实做好危险源的辨识、危险源分级制定控制办法，落实责任人，制定应急预案，归档备案各个步骤的工作，真正做到对危险岗位心中有数，有效控制不让风险演变为隐患。二是全员安全管理，不管是监管部门，还是企业都要深入开展“知责履责尽责”专项活动，真正把安全生产责任落实到每个部门、每个员工、每个具体环节上。三是严格值班管理，中心严格值班制度，日常值班要肩负安全值班责任，要做好值班安全记录，没有情况也要做零报告记录。如果接到事故报告，要记录好报告时间，当即采取的措施，处理结果要一目了然。要做到日报告、周汇总、月分析，推行安全值班“痕迹化”管理。让一切行为都有迹可循。四是安全档案管理，建立全方位、全过程安全生产纪实档案，把安全生产所涉的每个环节、每项责任、每位人员全部记录在册，实行终身负责，以备责任倒查。中心对全县规模以下的企业进行安全管理，排查各类安全隐患40处，整改38处，整改率达到了95%。突出抓好重点领域的安全生产管理，全年出动了48次，对重点领域开展全方位检查。

2015年，结合中心实际，编制了《繁峙县中小企业服务中心监管办法》，明确监管范围、监管责任人、检查频次、检查方法、重点检查内容和检查结果的处置六方面内容，对强化政府部门监管责任和企业主体责任的落实提出具体的方法，找到了安全生产的核心，也抓住了安全生产工作的切入点和突破点，在对全县规模以下133家企业再动员、再部署，扎实开展安全生产大检查，做到检查全覆盖，“零”死角。大检查实行

“谁检查、谁签字、谁负责”制度。排查各类安全隐患20处，整改18处，整改率达到了90%，突出抓好重点领域的安全生产专项整治，全年出动24次对重点领域开展了全方位的检查。

2016年，为进一步加强和推进安全生产工作，落实《中共繁峙县委县人民政府关于做好2016年安全生产工作的通知》繁发〔2016〕1号文件精神，坚持管行业必管安全，管业务必管安全、管生产必管安全、管合法必管非法，进一步明确各监管人员的安全监管职责。通过加强部门监管，推动企业落实安全生产主体责任，最大限度预防和控制各类生产安全事故发生，坚决“杜绝重特大事故，有效遏制较大事故，着力减少一般事故”的安全生产工作目标。扎实开展企业主体责任落实年活动，对全县规模以下133家企业悬挂了安全生产监督管理责任牌，有78家企业成立了危险源辨识及监控领导机构，并制定了切实可行的风险预控管理体系具体实施方案。全面开展安全生产大检查，排查各类安全隐患80处，整改68处，整改率达到85%。突出抓好重点领域的安全生产专项整治。全年出动48次对各重点领域开展了全方位的检查。（杨美萍）

【企业成长工程】 2014年实施中小企业成长工程，新培育“小升规”企业2户，重点扶持拟上规和新上规企业，从税费政策、财政资金、强化融资、公共服务等方面为小微企业的转型升级提供相关配套支持，明确地方政府在权限范围内探索制订具体扶持政策，鼓励和引导小微企业创新发展、集约发展、提升发展。实施“小巨人”提神工程，新培育销售收入超亿元企业1户，加强规划引导，制定梯队培育计划，完善定点帮扶机制。

2015年，新培育“小升规”企业1户。

2016年，新培育“小升规”企业5户。繁峙县越红磁选厂、繁峙县宏钜大磨坊、繁峙县松涧金矿有限公司、山西宝山鼎盛科技有限公司、繁峙县金鼎矿产品经销有限公司。（杨美萍）

【技术创新】 2014年全县发明专利拥有量2项，申报实用新型4项，外观专利40项。2015年，全县发明专利拥有量4项，申报实用新型3项，外观专利9项。2016年，全县发明专利拥有量2项，申报实用新型2项，外观专利26项。（杨美萍）

【干部队伍建设】 2015年，根据省委、市委和县委开展以“深入学习贯彻习近平总书记系列主要讲话精神，净化政治生态，实现弊革风清，重塑山西形象，促进富民强省”为主题的学习讨论落实活动的统一部署和要求，结合本中心实际制定了《关于深入开展学习讨论落实活动的实施方案》《关于深入开展学习讨论落实活动的学习计划》在整个专题教育期间，坚持采取集中学习与个人学习相结合，每人每天自学不少于2个学时，每星期五围绕学习讨论落实活动的内容各组织1次学习会。每隔半个月中心召开学习交流会。

2016年，根据4月28日全县“两学一做”学习教育工作会议精神和县委《关于在全体党员中开展“学党章党规、学系列讲话做合格党员”学习教育实施方案》（繁办发〔2016〕18号）要求。经中心会议研究决定成立了领导组，制定了《关于在全体党员中开展“学党章党规、学系列讲话做合格党员”学习教育实施方案》《关于“两学一做”学习教育计划安排》。在整个专题教育期间，

坚持个人自学与集体学习相结合，累计参加党课29次，“四讲四有”专题讨论4次，开展党内生活“五个一活动”。（杨美萍）

【精准扶贫】 按照县委、县政府关于精准扶贫工作的安排部署，中心成立由主任为队长的驻村工作队，驻村帮扶岩头乡大明烟村。中心坚持把精准扶贫工作作为工作的重中之重，统一思想认识，强化组织领导，按照精准扶贫、精准脱贫的要求，全面动员，迅速行动，深入贫困户走访调研，制定帮扶措施，狠抓工作落实，确保各项工作顺利开展、有序推进。国庆前，中心驻村工作队还亲自为各贫困户送去了米、面、油等慰问物资。（杨美萍）

农林水利

种植业

【概述】 2014年，以“一县一业、一村一品”为载体，按照“一区一带十大产业园区”建设思路，重点做好强服务、壮园区、兴产业、扩基地、促增收工作。

全县落实农作物总播面积3.933万公顷，其中玉米播种面积2.013万公顷；小杂粮1.513万公顷，其中：谷子播种面积3666.7公顷，豆类2666.67公顷，黍子8733.33公顷，其他466.67公顷；薯类1800公顷；油料1200公顷；瓜菜800公顷；中药材266.67公顷。

全年粮食作物播种面积3.43公顷，粮食总产达7750万公斤（市任务6000万公斤），较去年增长3%。全年农民人均纯收入为6081元。较上年增加13%。20%的低收入农村居民人均可支配收入增幅14%，达到2275元。全县设施农业建设面积达到3.93万公顷，较上年增加60公顷。5月全省设施农业现场会在本县召开。全年完成一村一品建设22个村，累计培育一村一品示范村86个。农民专业合作社达574个，较上年增加68个。新型职业农民培训年底完成300人的培训任务。全年未发生较大及以上农产品质量安全事故。农村土地承包经营权确权登记完成3个村确权颁证试点工作。

2015，全县落实农作物总播面积3.93万公顷，其中玉米播种面积2.03万公顷；谷子播种面积4933.33公顷；豆类2666.67公顷；黍子5333.33公顷；莜麦4933.33公顷；薯类1800公顷；油料1200公顷；瓜菜1200公顷；药材333.33公顷；其他作物播种面积1466.67公顷。

全县设施农业面积达461.27公顷，新发展设施农业面积3.33公顷。全县共建设“一村一品”专业村111个。繁城镇赵家庄村被评为全国“一村一品”专业村。

建成高标准玉米高产创建示范区和杂粮高产创建示范区12个。杂粮规模高产专业村7个。现代农业玉米丰产方地膜覆盖项目，投入资金800万元，实施面积1.33万公顷。建成高效特色专业村15个。同时，开展标准化生产，大力推进“三品”认证工作。

2016年，全县确权工作完成320个村约4.2万户3.8万公顷的清查任务。 （赵凌瑞）

【新品种引进】 2014—2016年，全县共推广农作物新品种9大类32种，其中：玉米：隆平207、屯玉99、沈玉29；谷子：张杂10号、张杂13号、晋谷21、晋谷59；黍子：晋杂5号、晋杂4号、晋杂8号、晋杂9号、红黍；马铃薯：晋薯16、荷兰15、美226、大白花；高粱：晋杂12、晋杂15；水稻：吉粳113、吉粳511、稻花香2号、东稻16、晋稻13、晋稻15；蔬菜：胡萝卜（红都158、红映2号、新黑田五寸参）甘蓝（中甘11）；藜麦：白藜、黑藜、灰藜、红藜。

（杨　芳）

【新技术引进】　2014—2016年，引进的新技术包括：1.渗水地膜谷子穴播技术，以全程机械化作业为载体，着力推广谷子渗水地膜波浪形覆盖穴播高产技术，采用2MB—1/2铺膜播种机播种作业，覆膜播种一次完成，省工省时，播种均匀。亩播量0.75—1公斤，用幅宽80厘米的地膜覆盖，1米一带，覆盖一膜，膜上种两行，穴距20厘米，亩用地膜5公斤，每亩6600穴。2.种肥同播技术，即“种肥同穴、精准施肥、精量播种、环保种植”。其核心是将种子与肥料同穴播施，具有省工、省时、节本增效、提高产量的特点。3.胡麻垄膜集雨沟播技术，该项技术根据旱作农田覆膜垄沟种植微集流富集叠加高效利用的技术原理，采取垄上覆膜、沟内种植作物，形成沟、垄相间的作物种植方式，除具有传统覆盖法增温、保墒的作用外，主要是通过改进覆膜方式，形成膜上微集流场，使自然降雨小于10毫米的无效或微效降雨，能很快形成径流贮存到膜下作物根部，将无效降雨转化为有效利用，达到节水抗旱增产的目的。4.垄膜马铃薯套种小茴白，提高复种指数，同时提高土地利用率。有利于早播种、早出苗、早成熟，减少养分损失，提高肥料利用率，具有节水、增温、保墒、保肥的效果。5.全膜双垄沟播玉米技术，是通过选用良种，实行保护行耕作，采用机械起垄、铺膜、播种一次作业完成，一膜双行，同时集成优种推广、病虫害防治等多项农业配套技术，该技术有利于提早成熟、增温增光，弥补气温偏低、无霜期短的不利气候因素；同时沟播可集纳雨水，弥补干旱少雨的不利气候因素。6.水肥一体化技术，是将灌溉与施肥融为一体的农业新技术，其核心是通过滴灌设施，将水、肥及土壤用药直接送达作物的有效根部，从而实现省水、省肥、省工、高效的目的。

（杨　芳）

【新模式引进】　2014—2016年，引进的新模式包括：1.黄花套种仁用杏（玉露香梨），采用科学合理种植管理技术，每亩种植仁用杏55棵，株距3米，行距4米。每亩套种黄花3000株，夏季需施专门的肥料2-3次，以农家肥为主；浇水4—5次，春季一次，夏季2—3次，秋季一次；人工除草1—2次；6月份进入盛花期，花期40—45天，冬季无须特别管护。黄花种植是一项经济效益好，市场潜力大，可以长期发展、循环发展，增加农民收入、助力脱贫攻坚的优势产业、特色产业。2.葡萄套种中药材（板蓝根），采用科学合理种植管理技术，葡萄2.2—2.3米一带，株距40厘米，亩留600—800株，中间套种5行中药材，预计亩产葡萄4000—5000斤。5月7日开始栽苗，亩施超牛有机肥14袋，三铵1袋，浇水方式全部采用滴灌。葡萄套种中药材可以有效提高产量，为种植户带来更多效益。3.无公害水稻栽培技术，亩施腐熟鸡粪1方，有机肥1方，所用肥料全部使用有机肥料，杜绝使用化肥，禁止使用除草剂和除规定范围内的杀虫剂、灭菌剂，绝对防止有害水源进入水田。全部生产过程均按无公害程序进行，除进行无公害生产外，在包装上做文章，精加工、小包装上市，真正闯出繁峙大米的新路。4.全程生育期全程监控，农产品可追溯。种植环节从种植单位的种子肥料购入、各田区的播种、灌溉、施肥等农场工作记录，采摘信息记录，检测信息记录等，根据不同批次号进行全过程数据采集、监控，实现种植环节信息的追溯管理。让消费者可以追溯查询到所购买到的农产品是什么采摘？是不是检测合格？哪里种植的？种植过程中所进行的施肥、浇灌信息，种子、肥料的供应厂家等，让消费者可以买到放心的、健康的、有保证的绿色安全食品。（杨　芳）

【示范建设】　2014—2016 年，示范建设和实验情况如下：1.水稻示范。①繁城镇作头村陈小勇示范面积 50 公顷，品种有稻花香 2 号、东稻 16、晋稻 13、15；②下茹越乡大沟村左润昌示范面积 33.33 公顷，品种为吉粳 113、吉粳 511；③光裕堡乡富家庄村示范面积 33.33 公顷，品种为吉粳 113；④下茹越乡瓦磁地村示范旱稻面积 33.33 公顷。2.谷子示范。①海丰农牧场渗水地膜谷子示范面积 80 公顷；②杏园乡南关村渗水地膜谷子示范面积 73.33 公顷。3.黍子示范。①繁城镇水峪村黍子示范面积 33.33 公顷；②柏家庄乡柏家庄村黍子示范面积 33.33 公顷。4.蔬菜示范。①梦想种植专业合作社大牛椒示范面积 33.33 公顷；②大营镇老泉头村脱水胡萝卜、甘蓝示范面积 66.67 公顷。5.金山铺乡南河会村胡麻垄膜集雨沟播示范面积 20 公顷。

试验情况：1.谷子试验。分别在东、中、西部设置，每个区域参试品种 12 个，面积 0.8 公顷。2.高粱试验：分别在东、中、西部设置，每个区域参试品种 9 个，面积 0.6 公顷。3.玉米试验：分别在东、中、西部设置，每个区域参试品种 21 个，面积 1.4 公顷。4.水稻试验：①作头村参试品种：香粘王 3 号、1 号，每个参试品种 0.067 公顷，共 0.13 公顷；②大沟村参试品种：香粘王 3 号、1 号，省厅 1 号、2 号，每个参试品种 0.067 公顷，共 0.27 公顷。（杨　芳）

【农业执法】　2014 年，加大农资市场管理力度，累计检查种子 35 个批次 56 个品种、肥料 41 个批次 20 个品种，其他农资 28 个批次。出动执法人员 64 余人次，累计纠正不合法经营农资行为 3 起，警告 1 起，取缔无证经营农资摊点 2 个，责令退回复检农资批次 2 批次，1000 余公斤。严厉打击了不法分子的嚣张气焰，保证了全县农资市场的正常。

2015 年，共出动执法人员 20 人次，开展咨询活动 5 场次。和全县每个农资经营户签订责任书，确保农资市场的安全。与相关部门配合，逐步规范农资市场体系建设，纠正不合法农资行为 3 起，警告 1 起，取缔无证经营农资摊点 2 个，责令退回复检农资批次 2 批次，1000 余公斤。

2016 年，开展“放心农资进万家”活动，向广大人民群众和农资经营户散发各种宣传资料 600 余份，现场接受群众咨询 1000 多人次。全县开展农资市场专项整治活动 5 次，出动执法人员 40 多人次，纠正不合法经营行为 2 起，责令退回复检农资批次 3 批次 2000 余公斤。成功调处种子纠纷 1 起，有效地维护了社会稳定。（赵贵拴）

农业综合开发

【概况】　2014 年，县农业综合开发办公室协调项目建设单位完成本县农业综合开发建设高标准农田 333.33 公顷，改良盐碱地 66.67 公顷，扶持产业化经营项目 1 个。新增灌溉面积 266.67 公顷，新增节水灌溉面积 266.67 公顷，年节约水量 24 万立方米，增加农田林网防护面积 233.33 公顷。年新增粮食 180 万公斤，年新增蔬菜 90 万公斤。项目区农民收入增加总额 189 万元，年直接受益农户 451 户，年直接受益农业人口 1058 人。

2015 年，完成土地治理项目 1 个。新增灌溉面积 353.33 公顷，改善灌溉面积 133.33 公顷，新增节水灌溉面积 353.33 公顷，年节约水量 63.6 万立方米，增加农田林网防护面积 133.33 公顷。年新增粮食 72.96 万公斤，年新增豆类及其他 16.72 万公斤。项目区农民收入增加总额 196.99 万元，年直接受益农户 447 户，年直接受益农业人口数 1810 人。

2016 年，重点实施土地治理项目 1 个，产业化项目 3 个。新增农田林网防护面积 66.67 公顷。年新增粮食 81.6 万公斤，豆类及其他新增 6.12 万公斤，新增种植业总产值 211.14 万元，项目区农民收入增加总额 158.36 万元。（冀建华）

【土地治理项目】 2014 年，县农业综合开发安排土地治理项目资金 664 万元，集中对繁城、集义庄片进行高标准农田建设示范项目 333.33 公顷。其中繁城镇安家山村 157 公顷，新建小型蓄水池 3 座；集义庄乡上永兴村 176.33 公顷，新打机井 4 眼、修复配套 1 眼，架设输变电线路 6 千米，渠系建筑物 18 座，埋设管道 15.8 千米，土壤改良 66.67 公顷，修筑机耕路（沙石化）8 千米，营造农田防护林 6.67 公顷。

2015 年，县农业综合开发安排土地治理项目资金 932.71 万元，其中中央财政资金 620 万元，省级财政资金 291 万元（监理费 10 万元），市级财政资金 19 万元，自筹资金 2.71 万元。项目区在大营镇老泉头村 100 公顷和金山铺乡中虎峪村 406.67 公顷，共计建设高标准农田面积 506.67 公顷，按计划任务全部完成。具体工程为新打机井 13 眼，修复配套 7 眼；架设输变电线路 8.2 千米；渠系建筑物 30 座；喷灌 200 公顷；埋设管道 10 千米；土壤改良 100 公顷；修筑田间道路 17.4 千米；营造农田防护林 6.67 公顷（13407 株）。

2016 年，大营镇 4 村农业综合开发高标准农田建设项目任务 340 公顷，具体内容为：新打机井 13 眼，输变电线路 4.3 千米，开挖疏浚渠道 1 千米，埋设管道 27.1 千米，渠系建筑物 45 座，改良土壤 133.33 公顷，修筑机耕路 9.16 千米，造林 6100 株（61 亩）。项目总投资 754.5 万元，其中财政资金 751 万元（中央财政资金 500 万元，省财政资金 235 万元，市财政资金 16 万元），自筹资金 3.5 万元（其中投工投劳折资 3.5 万元）。340 公顷高标准农田建成后，可新增灌溉面积 333.33 公顷，新增节水面积 333.33 公顷，年节约水量 43.6 万立方米，改良土壤 133.33 公顷，新增农田林网防护面积 66.67 公顷。（冀建华）

【扶持产业化项目】 2014 年，积极争取扶持产业化项目 1 个，新增出栏 27000 只肉羊养殖基地扩建项目，总投资 145.41 万元，财政资金 75 万元，企业自筹 70.41 万元。主要建设内容是改扩建羊舍 2160 平方米，扩建青贮窖 800 立方米；购置设备 7 套；培训农户 320 人次；种羊购置 50 只。补助项目的实施，年可向社会提供羊肉 12 万公斤，年新增总产值 305.75 万元，新增增加值 101.9 万元。每年可直接带动 350 户 1225 人走向致富，受益农民收入增加总额 70 万元，同时可安排 10 人直接就业。

2016 年，年出栏 5200 头优质商品猪养殖基地改扩建项目，实施单位县幸福养殖有限公司，建设地点东山乡中庄寨村，项目总投资 343.04 万元（中央资金 114 万元，省级资金 53.58 万元，市级资金 3.42 万元，自筹资金 172.04 万元）。新增存栏 10 万只蛋鸡养殖园区扩建项目，实施单位县富云牧业有限公司，建设地点光裕堡乡大李牛村，项目总投资 362.4 万元（中央资金 120 万元，省级资金 56.4 万元，市级资金 3.6 万元，自筹资金 182.4 万元）。新增 2400 平方米自动化圈舍家庭农场扩建项目，实施单位县杜永鑫农场，建设地点杏园乡姚家庄村，项目总投资 60 万元（中央资金 20 万元，省级资金 9.4 万元，市级资金 0.6 万元，自筹资金 30 万元）。（冀建华）

【市级集中科技项目】 2014 年，争取到市级集中科技项目 1 个，为 66.67 公顷盐碱地改良示范项目。主要建设内容：采用 2 种模式集中进行盐碱地改良示范推广 66.67 公顷，按计划任务全部完成。项目总投资 38 万元。项目实施后，玉米由原来当地产 250 公斤增加到 510 公斤，66.67 公顷示范推广项目区就可年新增种植业总产值 57.2 万元，农民收入增加总额 28.6 万元。（冀建华）

【以奖代助资金用于高标准农田建设项目】 2013 年度农业综合开发项目顺利通过省级验收，受到省农发办的表彰，并给予 20 万元以奖代助资金奖励用于高标准农田建设项目。本县 2014 年，以奖代助资金项目为高标准农田建设 26 公顷，项目总投资 20 万元，实施单位为县民生农林牧有限公司。主要建设内容：配套井 1 眼；埋设管道 1 千米；喷灌 2.8 公顷。项目实施后，可改善灌溉面积 2.8 公顷，新增灌溉面积 5.87 公顷，粮食增产以玉米计，可年增产 3.15 万公斤，新增种植业总产值 6.3 万元，年纯收入增加总额 2.52 万元。（冀建华）

【助推脱贫攻坚】 2016 年，本县农业综合开发办公室为砂河镇长咀村和神堂堡乡莲花崖村的精准扶贫帮扶工作队，通过结对帮扶、走访入户、分析致贫原因、制定脱贫措施帮扶脱贫 26 户 80 人。针对砂河镇长咀村人畜吃水困难问题，本单位组织专业人员对该村饮水池进行了改造，基本保证了饮水的清澈和安全；制作精准贫困户脱贫挂图作战资料；解决杨平平母亲李玉梅（双眼失明）低保 1 个。协助 13 户易地搬迁，办理搬迁手续。对神堂堡乡莲花崖村贫困人员进行了慰问，送去白面、大米、衣服。（冀建华）

畜牧业

【概述】 2016 年，畜牧业生产紧紧围绕生产方式转变，畜牧业结构调整，以养代种，推动粮改饲发展，全县畜牧业初步呈现出现代化雏形。

2016 年，全县猪、牛、羊、禽饲养量分别达到32.9 万头、2.9 万头、40.04 万只、105.2 万只；肉、蛋、奶产量分别达到 2.15 万吨、0.7 万吨、1.4 万吨；畜牧业产值达到 249567.33 万元，占农业总产值的 57.3%；畜禽规模化、标准化养殖比重分别达到 75%、65%。

全县畜牧兽医检验监测体系日趋完善，全年春秋两季集中免疫顺利完成。饲料兽药优化升级工程和质量安全提升工程顺利实施，畜产品抽检合格率连续 4 年超过 90%。全县全年没有区域性重大动物疫情和重大畜产品质量安全事件发生。

全县开展通过采集猪牛羊的鲜精实施人工授精、同期发情，羊的胚胎移植以及奶牛性控精液等技术的推广应用，同时引进优质种畜澳大利亚高产奶牛、纯种安格斯肉牛、杜泊、澳洲白绵羊、努比亚纯种山羊等优质品种，进一步完善了畜禽良种繁育体系，加快全县优良种畜的改良步伐。

全县列为省级以上的畜牧龙头企业 2 家，市级以上畜牧业龙头企业 4 家，县级畜牧龙头企业15家。建成现代化规模养殖场164个，其中养殖园区12个，规模养殖场117个，建设养殖小区35个。成立养殖合作社101个，家庭牧场5个，建设肉牛供港、澳基地1个，全县实现机械化操作的现代养殖企业3个。繁峙县富云牧业有限公司70万只蛋鸡养殖园区全部实现了自动喂料、自动饮水、自动集蛋、自动清粪以及鸡舍环境自动化控制。

全县涌现出富云牧业有限公司70万只蛋鸡养殖园区、天河牧业有限责任公司1000头安格斯肉牛养殖园区、晋北最大的毛驴养殖基地田源毛驴养殖科技发展有限公司万头毛驴养殖园区、绿洲獭兔养殖专业合作社年产1500吨兔肉制品的养殖屠宰加工园区、辰祥牧业有限公司20万只肉羊养殖屠宰园区、万锦肉牛育肥场供港澳活牛出口基地及银河畜牧发展有限公司年产2万吨有机肥项目等一大批具有地方特色的畜牧产业龙头企业。

2016年辰翔牧业注册“三晋辰翔”品牌羊肉，绿洲兔业注册“繁裕源”品牌兔肉，其产品已成功上市。（左东胜）

【品种改良】 2016年，全县共建成种畜禽场10个，其中种猪场5个、种羊场2个、种牛场1个、种驴场1个、种兔场1个。同时建设猪牛羊人工授精点13个，人工采集站2个，成立2个良种繁育公司开展社会化技术服务。

生猪良种繁育体系以繁峙县春阳家畜繁育有限公司和繁峙县雁门家畜繁育服务站2个猪人工授精点为主，有效解决猪传染病交叉传播、配种不方便、受胎率低、公母体格差异大不便交配、应激死亡率高、公猪品种老化、自养公猪费用高而利用率低、公猪精液质量无法保证等问题。加快了全县生猪的品质改良，提高了育肥出栏率、瘦肉率、市场占有率。生猪品种三元杂交瘦肉型猪占全县出栏生猪比重由2007年的70%达到2016年的90%以上；瘦肉率达55%以上，比2007年高出8个百分点。

依托繁峙县生态农业园有限责任公司、山西天洋农牧开发有限公司两个种羊场推进全县肉羊良种繁育。以养羊重点乡镇为基础，扶持并完善25个标准化肉羊改良站点，通过引进纯种杜泊、特克赛尔、澳洲白、道赛特、萨福克等优良品种，对本地绵羊及小尾寒羊进行改良。通过改良使肉羊胴体增重5公斤，屠宰率提高30%，育肥羔羊100日龄达到40公斤，比改良前缩短15天。2016年全县改良羊6.4万只。

引进高产奶牛并推广应用奶牛性控精液及冻精，开展奶牛生产性能测定（DHI），采用TMR饲养技术，提高奶业生产整体水平，该项技术的实施，使奶牛平均单产水平已经由4.5吨提高到5.5吨，产母犊率达91.2%，情期配种率达60%以上。

加快肉驴品种改良，全县发展5个大型肉驴养殖场，先后引进全国优秀品种德州驴和广灵驴进行扩繁和选育，全县驴存栏量由2008年的5200余头发展到2016年的7600头左右。

加快肉兔品种改良，由繁峙县绿洲獭兔养殖专业合作社引进力克斯獭兔、伊普吕兔、新西兰兔及加利福尼亚兔等优良品种，并加强与山西省农科院畜牧研究所的技术合作，加快全县兔业发展。

积极推进种牛场建设，由繁峙县天河牧业有限公司引进澳大利亚纯种安格斯种牛，通过推广同期发情与性控精液技术，与本地牛进行杂交改良，通过以点带面、典型示范，在全县开展试点工作，从而形成具有繁峙特点的安格斯肉牛品种。同时，进一步完善13个乡（镇）肉牛改良站点，利用夏洛莱、西门塔尔牛改良本地黄牛，提高生产能力。

引进优良蛋鸡品种，如海塞克斯、海兰褐等。新品种主要体现在产蛋率高，适应性强，饲料报酬率高。（左东胜）

【畜禽疾病防治机制】县政府专门成立了动物防疫工作领导小组，统一对全县重大动物疫病防控工作的领导，由主管副县长任组长。在县防指的统一领导下，各乡（镇）高度重视重大动物疫病防控工作，把动物防疫工作作为“一把手”工程来抓，相应成立了由乡镇及乡（镇）动物畜牧兽医站等有关站所负责人为成员的重大动物疫病防控工作领导小组。县政府与各乡（镇）人民政府、县畜牧兽医中心与和乡（镇）畜牧兽医站、各乡（镇）人民政府与所辖村都层层签订了重大动物疫病防控工作责任状，形成了一级抓一级，层层抓落实的工作机制。（左东胜）

【防疫队伍建设】初步建立健全以畜牧兽医中心为行政管理、以动物卫生监督所为执法监督、以动物疫病预防控制中心和畜牧技术推广站为技术支撑的新型畜牧兽医管理体制，在全县建立县级行政人员和技术人员包乡（镇），乡（镇）和村级防疫人员包村包场（户）责任制。同时，完善了13个乡（镇）兽医站的基础设施和医疗诊断设备，进一步加强了县、乡、村三级防疫技术体系，使全县疫病综合防控能力得到显著提升。中心提出的乡（镇）动物防疫体制改革的意见，引起县委、县政府的高度重视，随后下发繁政办发〔2006〕27号《关于认真做好乡（镇）动物防疫体制改革的意见》，解决了防疫人员编制及工资待遇问题；全县建立了120名乡（镇）村级防疫员的防疫队伍，并将防疫经费纳入县级财政预算。同时使各乡（镇）畜牧兽医人员参加了社会养老保险统筹。（左东胜）

【防控措施落实】全面落实免疫、监测、检疫、监督和应急管理等综合性防控措施，认真贯彻“预防为主，防重于治”的兽医工作方针，确保高致病性禽流感、牲畜口蹄疫、高致病性蓝耳病、猪瘟、新城疫等重大动物疫病为重点的畜禽强制免疫工作，使畜禽免疫密度达到100%，免疫畜禽群体平均免疫抗体合格率达80%以上，并对所有家禽实行强制免疫，猪牛羊耳标佩戴率100%，免疫记录、免疫档案与标识相符，免疫操作规范。2016年春秋防期间累计免疫猪瘟28.4万头、猪蓝耳病7.3万头、猪牛羊口蹄疫免疫90.4万头只、禽流感105万只。平均免疫密度达96%、25%、98%、100%。

从2014年起，县畜牧兽医中心每年成立由12人组成的防疫突击队伍，对全县存栏的羊进行彻底免疫。2016年，县畜牧兽医中心防疫突击队历时3个月，对全县13个乡（镇）的羊进行了防控免疫工作，共计使用小反刍疫苗52万头份，集中免疫羊50.269万只，使全县羊免疫率达到100%，保障了全县畜牧业的健康发展。（左东胜）

【疫情监测】建立了神堂堡、横涧、砂河、繁城4个周边动物疫情测报网点，适时掌握县外疫情动态，变被动防治为主动防堵。为全年重大动物疫病防控，收到提前防范的明显效果。（左东胜）

【检疫监督】2016年，加强对动物及动物产品的屠宰、经营、运输、储藏等环节的监督检查，进一步强化产地检疫和屠宰检疫，认真查证验物，对病死畜禽严格按照“四不一处理”的要求，进行无害化处理。

（左东胜）

【应急值守】 2016年，认真落实《突发重大动物疫情应急预案》，强化应急值守防控工作机制，规范应急工作程序，加强应急预备队伍建设和应急物资储备，做好应对重大动物疫情的各项准备。坚持24小时值班和领导带班制度，做到责任明确，人员到位，联络畅通，确保一旦发生疑似重大动物疫病，迅速行动，果断处置。（左东胜）

【荣誉奖项】 2014年，县畜牧兽医中心被忻州市人民政府评为年度动物重大疫病防控先进单位；被中共忻州市委农村工作领导组评为规模健康养殖先进单位。2015年，县畜牧兽医中心被忻州市防治动物重大疫病指挥部评为动物重大疫病防控先进集体；被山西省畜禽繁育工作站评为年度山西省畜禽繁育工作先进单位。2016年，被忻州市防治动物重大疫病指挥部评为动物重大疫病防控工作先进集体。（左东胜）

农业机械

【农机装备】 2014年，全县农机总动力达到21.8万千瓦，拖拉机保有量为3600台，其中大中型拖拉机920台；小型拖拉机2680台。配套农机具保有量达到6249台（件），其中大中型1816台（件），小型4433台（件）。玉米收获机达到210台，新增40台。秸秆打捆机新增15台，青贮饲料收获机新增10台，小籽粒播种机新增4台，设施农业机械增加10台，畜牧业机械增长8台，林果业机械增加5台，农机装备逐渐向特色农业发展。

2016年，农机总动力达到22.67万千瓦，比上年增加3894千瓦，增幅1.75%；拖拉机拥有量达到3830台，比上年增加98台，增幅2.5%；农作物机械化综合水平85.23%，比上年增加1.44%。机耕面积3.63万公顷，机播3.55万公顷，机收2.55万公顷。2016年玉米机收面积1.33万公顷，机收水平达到80%，比上年提高2%。（梁　艳）

【农机化作业】 2014年，全县农机作业水平稳步提升，机耕面积3.27万公顷，机耕水平达到84%，机播面积3.2万公顷，机播水平达到82%，机收面积2.2万公顷，机收水平达到56%，粮食作物综合机械化水平达到76%，玉米作物机械化水平达到79%。机械化单项作业，保护性耕作面积完成6666.67公顷，秸秆还田面积1.07万公顷。玉米免耕播种面积1333.33公顷。

2015年，机耕面积达到3.61万公顷，机耕水平达到90%，机播面积达到3.5万公顷，机播水平达到88%，机收面积达到2.418万公顷，机收水平达到60%，粮食作物综合机械化水平达到82%。

2016年，机耕面积3.63万公顷，机播3.55万公顷，机收2.55万公顷。玉米机收面积1.33万公顷，机收水平达到80%，比上年提高2%。

（梁　艳）

【农机服务】 2014年，本县拥有合作社30个，农机大户83户，拥有农机原值50万元以上的服务组织16个，20万至50万元的农机服务组织14个。拥有50万元以上的农机户16个。农机合作社流转土地1333.33公顷。农机合作社订单作业面积达3333.33公顷，农机合作社农机作业收入达280万元。

2015年，拥有合作社32个，农机大户93户。农机合作社订单作业面积仍为3333.33公顷，农机合作社农机作业收入达300万元。

星级农机维修网点5个。（梁　艳）

【保护性耕作】　2014年，在繁城镇等10个乡（镇）实施保护性耕作，完成面积6666.67公顷。采用的主要技术模式（1）秸秆粉碎覆盖加浅旋、免少耕播种模式（集义庄乡以西采用）。（2）留高茬加浅旋、免少耕播种模式（集义庄乡以东采用）。主要采用的技术路线，机收粉碎秸秆覆盖—浅旋（有条件浇冬水）—免少耕播种—机械加人工药剂灭草—田间管理—机收秸秆覆盖。人工收获或机收—留高茬20公分以上—来年采用硬茬播种或旋耕灭茬旋肥，覆膜精播—机械加人工药剂灭草—田间管理—人收或机收留高茬。

2014年实施保护性耕作面积6666.67公顷，保护性耕作比传统耕作平均亩增产25公斤，每斤按1.05元计算，亩增加效益52元，保护性耕作比传统耕作节本80元，其中包括耕整地节省35元，节约肥料25元，减少一次灌溉节约20元，项目区玉米亩平均节支增收132元，累计节支增收1320万元。（梁　艳）

【机械化综合示范县建设】　2014年，农业机械化综合示范县建设在各级主管部门大力支持下，政府高度重视，成立了领导组，监督项目进展情况，并查找问题，协调解决项目建设中遇到的困难，协调解决项目配套资金。使项目顺利实施，具体实施内容有：①示范区内完成高标准保护性耕作面积666.67公顷，辐射区内完成秸秆还田面积6666.67公顷。示范区内玉米平均每亩增产25公斤。示范区新增机具有：拖拉机160台、配套机具340台套，其中深松机15台，其他机械80台套，青贮收获机10台。②农机化服务组织建设，新建4个合作社（龙头农机专业合作社、福成农机专业合作社、兴田农机专业合作社、丰盛农机专业合作社）；真诚、永益2个合作社2个标准化改造；合作社的机库、机棚正在建设中，机棚面积达到300平方米。③机耕道建设：示范区内新建10千米，修缮10千米，辐射区内修建机耕道5千米修缮10千米。④平安农机创建活动，监理人员下乡入户，宣传农机安全知识，并建立一个示范乡、两个示范村，50个示范户。⑤农机化技术培训：新型职业农民培训100人。⑥农机化信息平台建设：县农机中心与金山铺乡、大营镇建立农机化信息网络。⑦柠条平茬在下茹越乡下茹越村、大沟村等作业，作业面积600公顷，转化利用2000吨；⑧大地农机专业合作社、丰收农机专业合作社、天祥农机专业合作社等5个合作社改造油磨坊各一个。⑨秸秆饲料回收、储存加工10万吨。项目完成投资5000万元。（梁　艳）

【农机补贴】　2014年，农机购机补贴资金使用482.459万元，农民购置各类农机具479台，受益农户344户。其中动力157台，耕整地机械176台、种植施肥机械14台、收获机械43台、收获后处理机械46台，农产品初加工机械1台、畜牧水产养殖机械24台、动力机械217台、农田基本建设机械3台，其他机械16台。

2015年，县农机购机补贴资金使用2482余万元，农民购置各类农机具2670余台，受益农户2000余户。其中，动力754台，耕整地机械888台、种植施肥机械70台、收获机械107台、收获后处理机械234台，其他机械300台。（梁　艳）

【农机推广】　2014年，中心共举办技术培训6期，培训农机操作人员750人，印发技术宣传资料6000余份，并以组织召开现场

会的形式进行推广。（梁 艳）

【农机社会化服务】 2014年，共培育30个农机专业合作组织和80多个农机大户。按照增加数量，提高标准，扩大规模，提升能力的工作思路，建设和培育示范合作社4个。（梁 艳）

【安全监理】 2014年，全县新注册登记拖拉机、联合收割机186台，检验拖拉机310台，新训新考农机驾驶员92名。农机大检查共排查一般隐患26项，已整改26项，整改率达到100%；全县没有发生一起农机事故。（梁 艳）

【农机化技术培训】 2014年，中心高度重视农机化技术培训工作，以推广站、拖拉机驾驶培训学校、农机专业服务组织、农机生产和经销企业为依托，认真贯彻落实省局有关文件精神，加大农机人员培训力度，全年共完成农机操作手、农机技术人员、农机作业人员培训2250人，其中新购机户600人。

2015年，共完成农机操作手、农机技术人员、农机作业人员培训1000人，其中新购机户500人。

2016年，共完成农机操作手、农机技术人员、农机作业人员培训500人，其中新购机户300人。（梁 艳）

【智慧农机建设】 2016年，组织安装40多套深松机卫星定位系统，覆盖全县11个乡（镇），涉及10个农机专业合作社，30多户农机大户。安装该系统后实现了使用电脑及手机对区域内农业机械进行实时监控，随时了解农机作业地点、作业面积等相关信息，有效推进装备智能化、服务信息化、作业精准化、管理高效化，促进现代农业发展。（梁 艳）

林 业

·县属林业管理·

【概述】 2014年，县委政府在广泛调研、多方论证的基础上，提出了“13232”林业发展规划：“1”指一条河，即滹沱河护岸林建设；“3”指三条线，即灵河高速公路、108国道、砂台旅游路沿线绿化工程；“2”指两座山，即北部浅山区荒山绿化工程和南部水源涵养工程；“3”指三个园，即县城碧秀公园、滹沱河湿地公园、砂河北山森林公园建设工程；“2”指两个区，即平型关景区和毛主席路居纪念馆景区绿化工程。2014年繁峙县被山西省绿化委员会、山西省人力资源和社会保障厅、山西省林业厅评为山西省林业生态建设“三加三不减”先进县，被中共忻州市委、忻州市人民政府授予“林业生态建设先进县”，全市春季造林现场会在繁峙县召开。

2015年，全省风沙源治理工程管理及技术培训班在本县举行。

2016年，全县森林覆盖率25.44%。森林火灾率控制在1%以下，林业有害生物成灾率控制在4.5‰以内，无公害防治率达到93%，测报准确率达90%以上，种苗产地检疫率达到100%。本年繁峙县林业局成功申报为全国防沙治沙先进集体。

韩宏恩被山西省绿化委员会授予2015年度先进个人称号和2016年度绿化奖章。（郭 枫）

【生态建设】 2014年，市下达营造林目标责任制考核任务3526.67公顷圆满完成，其中：巩固退耕还林成果1720公顷；京津风沙源治理工程新造林333.33公顷、封山育林333.33公顷；省干果经济林项目333.33公顷；省干果基地、速丰林建设333.33公顷；高速路主林带建设140公顷；矿区绿化333.33公顷。一是，从2013年开始，本县充分发挥五台山国有林管理局技术、项目、管理等方面的优势，采取地方提供造林地、五台山林局负责项目实施、辖区乡镇负责管护、县局共同投资、按约定分成的模式实施造林工程。两年合作实施绿化造林1533.33公顷，通道绿化6千米，尤其是县政府补贴，提高项目实施标准、提高苗木选用标准，实现了当年造林、当年见绿、当年成景的目标。二是加大企业造林模式。全县按照“一矿一企绿化一山一沟”的模式，制定出台了《繁峙县一矿一企绿化一山一沟实施方案》，大力推进了绿色矿山建设。全县已有10家企业完成10个矿区1000公顷的造林绿化工程，尤其是平型关景区孤山绿化项目成为企业造林的典范。三是优化部门造林模式。充分发挥林业、发改、农业、水利、治沙、交通等多部门的职能优势，植被保护、造林种草、水利和道路配套等多种措施有机结合，形成了多部门齐抓共管、各行业大办林业的良好格局。

2015年，上级下达本县营造林任务3740公顷，其中：京津风沙源治理工程400公顷；巩固退耕还林成果新造乔木林1666.67公顷、新造灌木林1000公顷；社会造林200公顷；巩固退耕还林干果经济林建设140公顷，省干果经济林项目建设333.33公顷。本县将这几项任务结合市政府下达重点工程任务全部安排在北部浅山区6666.67公顷范围内的繁城、下茹越、集义庄、砂河4个乡（镇），造林任务圆满完成。春季省厅领导集体督查时评为优秀。

2016年，全县造林387.33公顷，京津风沙源乔木造林733.33公顷；巩固退耕还林成果乔木造林1666.67公顷、灌木造林1000公顷、干果经济林140公顷；高速路两侧荒山造林333.33公顷，全部落实在“13232”林业发展规划区域之内，涉及横涧、大营、柏家庄、东山、砂河、集义庄、下茹越、繁城镇8个乡镇。（郭　枫）

【林政管理】 为使森林资源得到切实有效的保护，林政人员在全县范围内不间断的开展打击偷砍滥伐专项斗争，同时，经常性地对全县的木材市场进行全面、认真、彻底的检查。（郭　枫）

【森林防火】 2014—2016年，县委、县政府高度重视，先后多次召开全县护林防火会议，认真落实省、市森林防火工作会议精神，全年无森林火灾发生。（郭　枫）

【林业有害生物防治】 2014年，以中心城区、碧秀森林公园和108国道沿线重点区域为突破口，以杨树蛀干害虫、落叶松叶峰，杨、柳、榆食叶害虫、兔害、鼠害综合治理为重点，全面推行森林病虫害防治目标管理体制，全年及时出台了各项有害生物防治保障措施，按照上级规定开展各项森林病虫害防治工作。1.林业有害生物成灾率4.5‰以内。本县林业有害生物发生面积1133.33公顷，其中：轻度发生933.33公顷，中度发生200公顷。（杨树光肩星天牛，青杨天牛发生面积200公顷，落叶松叶峰、双条杉天牛、杨、柳、榆食叶害虫发生面积600公顷，中华鼢鼠和草兔等鼠兔害发生面积133.33公顷，经济林病虫害危害面积133.33公顷）。2.无公害防治率93%。全县共防治林业有害生物1133公顷，其中无公害防治面积1053.33公顷。3.种苗产地检疫率100%。对辖区内13个乡镇，1个国营苗圃所有育苗地块逐圃、逐地块进行了检疫。4.测报准确率91%。全县林业有害生物线路踏查面积533.33公顷，实现林业有害生物测报全覆盖，对发生的杨树天牛、乔灌木食叶害虫等病虫害做到测报及时测报准确。（郭　枫）

【村庄绿化】　2015年，改善农村人居环境园林村绿化任务为3个村庄的绿化，这项工作安排在繁城镇圣水头村、砂河镇砂河二村、金山铺乡贾家井村实施。（郭　枫）

【第九次森林资源连续清查】　2015年4月底成立了以局长亲自挂帅，总工程师具体分管的“连清”工作领导小组。同时抽调6名技术骨干组成工作调查组，5月8日，本县第九次连清外业工作正式开展。经过省、市领导的多次指导，本县75个非测树点的调查已全部完成并通过上级验收。（郭　枫）

【国有林场改革】　2016年，本县县属一个林场：县国营辛庄林场，位于横涧乡辛庄村，共有职工9人（其中：编制数9个，在职职工6人，退休职工3人），经营总面积840公顷，林业用地面积693.33公顷，单位性质为差补事业单位。

出台了《繁峙县国有林场改革方案》，按照方案要求有序地推进国有林场改革，完善各项社会保障，财政预算保障到位，实现了职工“五险一金”全覆盖。（郭　枫）

【林地变更调查】　按照上级要求，本县林地变更调查工作于2015年底启动，为确保按时高质量完成这次林地变更调查工作，派出专业技术人员参加省林业厅举办的县级林地变更技术培训会议，局机关成立以局长韩宏恩任组长、总工杨贵平任副组长的工作组，工作组下设四个技术小组，每小组设外业人员1名，内业人员2名。每组负责3–4个乡（镇）。11月29日顺利通过省级验收。（郭　枫）

【生态扶贫】　2016年，根据林业自身条件，确定了林业精准扶贫落实在产业扶贫和生态补偿上脱贫，县出台《繁峙县林业生态脱贫工程实施方案》和《繁峙县“十三五”期间生态脱贫总体规划》。通过林业生态补偿项目实施，助推脱贫。具体体现在：1.退耕还林农户收入：延长第一轮退耕还林补助。第一轮退耕还林中，兑现面积8915.27公顷，涉及10140户退耕农户兑现资金1203.561万元，其中：涉及贫困户3457户，贫困人口9938人，面积2264.81公顷，兑现资金305.7489万元。2.生态管护收入，贫困生态护林员218人，收入218万元。3.经济林种植补助农户收入：2016年全县种植经济林1333.33公顷，涉及7个乡（镇）的贫困户854户，贫困人口2553人，种植面积631.78公顷。享受补助284.3007万元。（郭　枫）

·县京津风沙源治理办公室·

【概述】　2001年，繁峙县被国家列入全省13个县、2个省直林业局京津风沙源治理工程建设项目区之一，并于当年实施京津风沙源治理工程。全境以山区为主，平川、丘陵、山区面积比为2:3:5。全县有耕地面积5.33万公顷，宜林、宜牧用地面积15.33万公顷，其他用地面积3万公顷。有天然森林1.33万公顷，森林覆盖率20.59%，县城建成区绿化覆盖率32.7%。境内土壤大多发育于黄土母质，土壤主要有山地褐土和淡褐土性土，持水能力、水土流失严重。（李玉德　李玉林）

【工程范围】　按照“两山建体系、两丘建基地、两网建景观、整体出效益”的布局思路，县委、县政府提出了“13232”林业发展规划，决定实施“13232”林业重点工程，在此范围内开展风沙源治理。

（李玉德　李玉林）

【“一期”工程】 京津风沙源治理“一期”工程从2001年启动，累计完成治理任务74189公顷，累计完成投资26639万元，其中：中央投资22661万元，省配套1087万元，市、县配套2891万元。

完成工程治理具体为：（1）营造林30686.7公顷。其中，人工造林3986.7公顷，飞播造林8000公顷，封山育林17333.3公顷，农田林网1333.33公顷，种苗基地33.33公顷。（2）草地治理25100公顷，包括人工种草3200公顷，飞播牧草666.67公顷，围栏封育1866.67公顷，基本草场建设1066.67公顷，草种基地966.67公顷，建暖棚18.3万平方米，购买饲料机械3600台（套）。（3）水源工程3587处，节水灌溉3127处，小流域综合治理18400公顷。（4）移民措施，生态移民1910人。

（李玉德　李玉林）

【“二期”工程】 京津风沙源治理“二期”工程从2013年启动，2014年正式实施，截至2016年累计完成治理任务8600公顷，累计完成投资8400万元，投资构成：中央投资5691万元，省配套213万元，市、县配套2496万元。2014年完成治理面积966.67公顷，总投资1626万元，其中：中央投资966万元，省配套40万元，市、县配套620万元。2015年完成治理面积3100公顷，总投资2605万元，其中：中央投资1845万元，省配套67万元，市、县配套693万元。2016年完成治理面积4533.33公顷，总投资4169万元，其中：中央投资2880万元，省配套106万元，市、县配套1183万元。

工程治理具体为：

（1）林业措施。营造林1800公顷，完成：乔木造林1266.67公顷、灌木造林200公顷、封山育林333.33公顷。累计完成投资1390万元。投资构成：中央投资811万元，市、县配套579万元。2014年完成营造林666.67公顷、乔木造林133.33公顷、灌木造林200公顷、封山育林333.33公顷。总投资285万元，其中：中央投资131万元，市、县配套154万元。 2015年完成乔木造林400公顷。总投资390万元，其中：中央投资240万元，市、县配套150万元。2016年完成乔木造林733.33公顷。总投资715万元，其中：中央投资440万元，市、县配套275万元。

（2）农业措施。草地治理400公顷，完成：人工种草133.33公顷、草种基地266.67公顷，棚圈建设7.56万平方米、青贮窖4万立方米、饲料加工机械300台。总投资2531万元。投资构成：中央投资1906万元，市、县配套625万元。2014年完成棚圈建设2.16万平方米、青贮窖1万立方米。总投资496万元。其中：中央投资444万元，市、县配套52万元。2015年草地治理200公顷。完成：人工种草133.33公顷、草种基地66.67公顷、棚圈建设2万平方米、青贮窖1万立方米、饲料加工机械300台。总投资755万元，其中：中央投资562万元，市、县配套193万元。2016年完成草种基地200公顷、棚圈建设3.4万平方米、青贮窖2万立方米。总投资1280万元，其中：中央投资900万元，市、县配套380万元。

（3）水利措施。水利建设工程完成小流域综合治理面积6400公顷，节水灌溉103处，水源工程147处。总投资3810万元，投资构成：中央投资2798万元，市、县配套1012万元。2014年完成小流域治理300公顷，节水灌溉25处，水源工程30处。总投资395万元，其中：中央投资261万元，市、县配套134万元。2015年完成小流域治理3.75万亩，节水灌溉30处，水源工程45处。总投资1375万元，其中：中央投资1025万元，市、县配套350万元。2016年完成小流域治理3600公顷，节水灌溉48处，水源工程72处。总投资2040万元，其中：中央投资1512万元，市、县配套528万元。

（4）移民措施。2014年完成易地搬迁200人，总投资400万元，其中：中央投资120万元，市、县配套280万元。

（5）项目管理、监理费。2014—2016年项目管理费、监理费总投资269万元。投资构成：中央投资56万元，省配套213万元。2014年项目管理费、监理费总投资50万元，其中：中央投资10万元，省配套40万元。2015年项目管理费、监理费总投资85万元，其中：中央投资18万元，省配套67万元。2016年项目管理费、监理费总投资134万元，其中：中央投资28万元，省配套106万元。（李玉德　李玉林）

【经济效益】　2014—2016年，京津风沙源治理工程的实施共营造生态林、经济林10万亩，2万余亩经济林已全部成活，栽植的仁用杏、白水杏、玉露香梨挂果后每亩收入均可达3000—5000元，效益十分可观。共建标准化棚圈7.56万平方米，饲草料加工机械300台。可满足7个羊单位的舍饲圈养，年可增加收入1000余万元。新增机井24眼，引水11处，在有效保证治理工程项目造林、种草、棚圈等水源配套前提下，还可灌溉农田666.67余公顷，按每亩增产150公斤计算，可增加收入200余万元。（李玉德　李玉林）

·五台山国有林管理·

【概述】　五台山国有林管理局辖区位于山西省东北部，北纬38°9′—39°23′之间，东经112°45′—113°56′，行政区划以繁峙县为中心，涉及3市12县。即忻州市的忻府区、定襄县、五台县、繁峙县、代县、原平市，朔州市的朔城区、山阴县、应县，大同市的浑源县、灵丘县、广灵县。整个地域，处于由暖温带到温带和由半湿润半干旱草原地带到干旱草原地带的交汇点上，为典型的黄土高原土石山区。

全局林地总面积222.5万亩，其中非林用地0.72万亩、林业用地221.78万亩。全局活立木总蓄积456.98万立方米。主要树种有华北落叶松、云杉、油松和白（红）桦、山杨等。其中，华北落叶松和云杉林集中分布于五台山北坡东段繁峙县南山一带，林相整齐，生长迅速，材质优良。此外，臭冷杉、椴树、柞树、千金榆、鹅耳枥等树种亦有分布。臭冷杉为全国分布最南端的珍稀物种。

全局下设14个国有林场（包括伯强、庄旺、宽滩、金岗库、门限石、豆村、茹村、紫荆山、枣林、峪口、雁门关、平型关、上寨、王庄堡林场）、两个副处级代管单位（树木园、保护区）以及林业有害生物防治检疫分局、设计队、消防队、种苗站、台蘑研究所、技术培训中心、森林公园管理办公室；所属森林公安分局1个；局机关内设14个科室（包括办公室、党委办公室、人事科、计划财务科、森林资源管理科、营林科、科技科、产业科、信息文化科、内部审计科、社会保障科、纪检监察科、行政科、工会与离退休人员工作科）。（宫　丽）

【营林生产】　2014年，完成营造林任务7.7

万亩，其中：人工造林4.2万亩（退耕还林荒山造林0.3万亩，太行山绿化工程人工造林0.5万亩，京津风沙源治理二期工程人工造林2万亩，中央补贴制造林0.8万亩，省级天保人工造林0.4万亩，灌木林改造0.2万亩）；封山育林3.5万亩（太行山绿化封山育林0.5万亩，京津风沙源治理二期工程3万亩）。完成未成林抚育管护任务3万亩。完成补植任务52615亩，包括2014年度竣工的各项造林工程14315亩及2013年度工程造林3.83万亩。完成2015年度其他工程预整地1万亩。完成林局任务0.5万亩。新造林工程质量稳步提高。面积核实率98.2%、整地合格率89%、栽植合格率95.4%、苗木合格率93.8%、牲畜危害率15.8%。全局精品造林面积达到2.65万亩，造林精品率达到63.1%。2013年度及竣工的各项工程造林补植合格率达到74.8%。

2015年，完成营造林任务9.2万亩（其中，人工造林6.7万亩：京津风沙源治理二期工程人工造林任务2万亩，太行山农业综合示范造林0.3万亩，太行山重点防护林人工造林0.5万亩，中央补贴制造林1.5万亩，国家储备林建设项目人工造林0.5万亩，省级“双百”示范人工造林工程1.9万亩；封山育林工程2.5万亩：京津风沙源治理二期工程封山育林2万亩，太行山重点防护林封山育林0.2万亩，农业综合示范封山育林0.3万亩）；全年完成日援项目0.09万亩；全年完成重点区域示范造林任务0.333万亩；全年完成2013、2014年度的砂河北山工程、忻阜高速绿化工程和灵丘平型关工程补植补造任务4.2万亩；完成2014年国家级核查整改造林95.5亩，封山育林200亩。

推进股份制合作造林，与繁峙、五台、灵丘、代县、原平等县进行了股份式合作，全年完成合作造林2.5万亩，吸引地方投资700万元，承揽繁峙绿化工程3000亩。注重调整树种结构，提高阔叶树种配置比重，以打造雁门关林场阔叶林造林工程为样板，首次规模化、高标准营造1500亩以杨树、柳树、桦树、榆树、卫矛、杏树、元宝枫等树种为主的阔叶林，实现了由“纯针造林”向“针阔并重”的转变。聚集造林成活率，大力推广和应用脱袋造林、水袋渗漏、薄膜覆盖、径流整地等系列组合实用林业技术，12辆水车持续不断浇水抗旱保成活，保证了造林质量和成果。

2016年，全年完成营造林任务10.71万亩。完成人工造林8.71万亩，任务完成率100%，加权平均成活率94.2%，任务完成合格率100%；完成封山育林2万亩。在春季省厅督查排名中，五台山林局营造林工作排位靠前，并获得了全国绿化模范单位的荣誉。

灌木林改造工程，根据作业立地条件及灌木的盖度、高度、分布状况，采取了科学的改造模式。外资项目，完成了补植工作，做好关账前期业务、财务准备；完善档案资料，完成竣工结算，编写竣工报告；日援续建项目成功申报。补植补造工程，分解落实并按时完成了补植任务。

工程布局规模化，打造王庄堡、平型关林场精品造林工程片和五台山北线万亩合作精品造林片。工序质量精品化，为确保造林树种的多样性、配置树种的科学性和发挥效益的多功能性，采取了油松+山桃（山杏）、油松+柠条、油松+桦树、油松+连翘、油松+刺槐、榆树+山桃+紫穗槐+元宝枫等针阔混交、阔阔混交模式，进行小班内块状或带状混交，混交比例阔叶树达到30%以上。科技措施连组化，采取集水径流整地技术，容器苗脱袋栽植技术，石块、废料、地膜覆盖，水车浇灌等系列抗旱技术措施，使用植物生长调节剂及保水剂。工程管理市场化，改由林场自选工队实行工序承包造林为由林场公开邀标推行市场化造林，聘请具有监理资质的山西林业技术工程公司进行对所有工程进行全程质量监管。（宫 丽）

【资源管理】 中幼林抚育。2014年共完成中幼林抚育4.74万亩，其中，宽滩林场3000亩，豆村林场5000亩，上寨林场5000亩，庄旺林场3000亩，门限石林场3000亩，枣林林场3000亩，金岗库林场8000亩，紫荆山林场5400亩，雁门关林场3000亩，茹村林场6000亩，平型关林场3000亩。全年共天保区中幼林抚育7980亩，其中，宽滩林场2500亩，伯强林场3000亩，金岗库林场2480亩。

2015年，年内共3.5万亩中幼林抚育工程野外调查工作。全年共完成中幼林抚育7.5万亩，其中，宽滩林场1000亩，豆村林场1.15万亩，上寨林场2000亩，庄旺林场8000亩，门限石林场1万亩，金岗库林场8000亩，紫荆山林场3000亩，雁门关林场1万亩，茹村林场3000亩，平型关林场3000亩，伯强林场6500亩。全年共天保区中幼林抚育1.2哇亩，其中，门限石林场4000亩，上寨林场4000亩，雁门关林场4000亩。

2016年，年内共完成森林抚育工程外业调查工作4.5万亩（涉及12个有林单位）。全年共完成中幼林抚育4.5万亩，其中，宽滩林场2500亩，豆村林场5000亩，上寨林场3500亩，庄旺林场3500亩，门限石林场4500亩，金岗库林场5500亩，紫荆山林场2500亩，雁门关林场5000亩，茹村林场5500亩，平型关林场2500亩，枣林林场2500亩，伯强林场2500亩。全年共完成天保区中幼林抚育1.2万亩，其中，茹村林场3000亩，平型关林场3000亩，峪口林场3000亩，紫荆山林场3000亩。

资源管护。2014年，以“金网模型”管护长效机制为抓手，紧紧围绕管护站选址布局与管辖区域对接，管护员与责任区对接，信息托管员与山头地块、村庄窝铺对接的原则，人与站、林与人、站与林相互紧扣，严丝合缝全覆盖。以近林、适用、超前为原则，新建管护站8个，改修建11个，发展农家管护站38个。

2015年，以森林资源“金网模型”管护长效机制为牵引，林局自筹资金64万元新购置224台巡检器，全面更新升级GPS管护系统，确保了春季未发生一起森林火灾。盯死26个涉林矿山，始终形成高压态势，严防林地逆转。

2016年，利用互联网+信息技术，将全局224名专兼职管护员的巡护时间、轨迹、成效、考核纳入全天候监控管理，实现信息技术服务于森林资源管理工作。继续管好森林公安、专职管护员、森林消防队员、信息托管员“四支队伍”，形成管林护林的合力。对26个矿山全部采取了定桩确界，防止林地逆转。林局保持连续12年无火灾。

（宫 丽）

【林业产业】 2014年，按照“小步不停顿，大步不盲从”的原则，积极稳妥推进产业发展。场外造林增收入，与山东原山林场、繁峙县三方合作造林项目进入实施阶段。治矿植绿增收入，对新接收林场清理整顿的26个矿点开展绿化恢复工程，利用矿山委托绿化投资，确界定桩4320根，拉网10千米，补植苗木200亩。综合利用增收入，以近自然理念为指导，以培育健康森林为目标，以“五全”模式为重点，求理念、求规程、求质量、求利用、求效益，完成中幼林抚育8.5万亩。引资引项增收入，园区以林产品展示、科技成果展示、文化元素展示为主线，以林经济、苗经济、水经济、菌经济、景经济为五大板块，搭建引资平台，信息服务平台，做强做实产业发展大文章。承揽工程增收入，承揽灵丘县、浑源县等京津风沙源治理工程6000亩，承揽灵保高速通道绿化6千米，拓展了林场增收的渠道。

2015年，以林、苗、水、菌、景为五大板块，以站围经济为抓手，以养鸡、药材种植和小杂粮加工为主的种、养、加项目初具雏形。茹村林场高洪口养鸡场建设完工，养殖贵妃鸡36只、珍珠鸡14只、野鸡2只、家鸡100只，经营方式为林场自筹资金购买鸡种，管护人员负责养殖，收益双方共享。

2016年，各林场分别建立了山地苗圃和生态保障性苗圃，全局共新建1400亩，其中阔叶和经济林树种占50%以上。建成平型关林场植物园科普示范基地，栽植各类树种、花灌木共计54种，占总栽植量的79%。建成门限石林场科技示范园，新育桦树苗0.2亩。

鼓励职工在管护站周边1千米范围内发展种植业、养殖业、采集业，以购买服务的方式在项目和资金上给予扶持，年内管护员发展个人苗圃16处，面积达500多亩，养鸡800只，种药材1000亩。（宫　丽）

【综合治理】　2016年，全局按照“三河两关一环”总布局，实施五大区域综合治理工程：砂河北山综合治理区（滹沱河流域）、雁门关景区综合治理区（桑干河流域）、忻阜高速通道综合治理区（清水河流域）、环平型关生态圈综合治理区（唐河流域）、培育高品质森林综合治理区（清水河流域），实施以营造林为主，以森林经营为重，以管护站为中心，以站围经济为牵动的路径。

（宫　丽）

【森林安全】　2014年，全局实现了森林防火“零火情”，非法占用林地“零容忍”。根据森林分布区位特点，把消防专业队驻地调整到五台山景区，春防期间，支援地方扑火4次。清明节前后，局属各单位严格执行高密度、网格化巡查和全天候定点责任看护“两项制度”，实现了清明期间辖区无森林火灾目标。以整顿非法占用林地，私挖苗木，禁毒为重点，森林公安查处各类森林案件213起，挽回直接经济损失42.49万元；加大力度清理整顿新接收林场非法开矿占用林地的违法行为，势头得到遏制。

2015年，防火特检期间，五台山林局机关干部60多人结合基层服务下乡包片包点工作，深入基层有林单位对森林防火工作进行督查。繁峙、代县、灵丘、五台片分别开展森林防火宣传活动，林场职工深入所在地县政府、沿途乡（镇）政府等重点区域，在村口、路口、林区特别是景区等人员聚集的地区，发放宣传资料4万余份，并加大巡查力度，强化森林防火工作。

2016年，在防火特检期间，基层各单位组织管护人员扎实开展林区护林防火宣传活动，在辖区内的村口、路口、国道、省道等人员聚集地区发放宣传单，并执行24小时领导带班值班制度，组织管护人员在辖区内不间断巡查，在林区营造“森林防火、人人有责”的浓厚氛围。（宫　丽）

【人事教育】　2014年，通过公开招聘的方式，面向社会公开招聘7名工作人员。首次完成在职职工岗位聘用工作，职工管理由身份管理转变为岗位管理。

2015年，通过公开招聘的方式，面向社会公开招聘14名工作人员。完成购买式服务合同文本的起草、编印和下发工作，进一步规范了本局编外用人的合同化管理工作。

2016年，通过公开招聘方式，面向社会公开招聘15名工作人员。完成《五台山林局岗位设置变更方案》《树木园岗位设置方案》《保护区岗位设置方案》的编写与批复工作，并进行了岗位聘用工作。制定《五台山林局国有林场改革方案》《五台山林局人力资源发展规划》《五台山林局2016年度工作考核办法》。（宫　丽）

【财务管理】 制定出台《财务管理十项制度》，从会计核算、财务报销、预算管理、资产管理、会计人员管理等方面做了明确规定，保证财务管理有章可循，进一步规范林局的财务行为。围绕“五局同创”目标和各项举措，按照“统筹兼顾，量入为出、收支平衡”的原则，认真编制和执行2014年财务预算。坚持“三个三分之一”审计制度，完成了“林木种苗监督检验站建设项目”专项审计；完成了王庄堡林场、庄旺林场、伯强林场、枣林林场、峪口林场、雁门关林场、种苗站原单位负责人的离任经济责任审计工作。配合省林业资金稽查中心，采取进场查阅财务和工程资料、实地勘查核实、调查问询、分析性复核等方法，完成了局属9个单位2013年度财务收支情况审计工作和经济责任审计。

2015年，党委会批准了“两下两上”的预算编制流程。编制完成了“十三五”林业重点工程与项目。建设规划，涉及营造林工程、森林资源保护、林业产业建设、中幼林抚育、林业基础设施建设、林木种苗、林业科技、森林旅游和其他项目等九大类，规划五年项目总投资5.41亿元。通过了省审计厅农环处对五台山林局2011年—2014年任中经济责任、2014年预算执行情况以及省审计厅外资运用审计处对五台林局世行五期项目2014年度资金运行、任务完成情况的审计。

2016年，严格执行全面预算管理制度、审计制度、联签报帐制度、“三公开”制度、清产核资制度。按照“两上两下”预算流程，完成了2016年度财务收支预算编制汇总工作，人员和公用经费预算执行率控制在95%—105%之间。制定了《五台山林局国有资产清查工作实施方案》，对局属24个独立核算单位开展了资产清查和产权登记工作，聘请会计师事务所对资产清查情况进行审计，并出具了经济鉴证证明和审计报告。

（宫　丽）

【党建工作】 印发《关于开展“五型”基层党组织创建活动实施意见》，开展学习型、服务型、活力型、务实型、廉洁型基层党组织创建活动；召开党风廉政建设工作会、党委集体廉政谈话警示会议、党建工作汇报会各一次；党委中心组学习会议12次；24个支部建制完整，231名党员无一名失联、无一人违纪违法，能够按要求足额上交党费。

2015年，深入落实“三严三实”专项整治活动，严格执行“一课三会”制度，有力运行反腐倡廉“六项”长效机制；召开党风廉政建设工作会、党委集体廉政谈话警示会议、“三严三实”民主生活会、“三严三实”专题研讨会、党建工作汇报会各一次；党委中心组学习会议12次；24个支部建制完整，238名党员无一名失联、无一人违纪违法，能够按要求足额上交党费。

2016年，以“两学一做”学习教育为主线，全面加强党风廉政建设，完成“讲政治、有信念，讲规矩、有纪律，讲道德、有品行，讲奉献、有作为”四个规定动作和“十个一”自选动作；召开党风廉政建设工作会、党委集体廉政谈话警示会议、“两学一做”学习教育动员会、党建工作汇报会各一次；党委中心组学习会议12次；24个支部建制完整，243名党员无一名失联、无一人违纪违法，能够按要求足额上交党费。

（宫　丽）

【纪律检查】　2014年，制定了《开展“五个一”教育监督活动的安排意见》，认真贯彻落实省林业厅提出的政治生态“六大”工程，逐步适应新常态，对党风廉政建设持续发力。年内先后在繁峙、五台、代县、灵丘片召开四次党风廉政建设专题座谈会，通过近距离听取基层的意见和建议，提出建立完善和科学制定风险预判、纵横覆盖、责任倒逼、监督跟进、签字背书、文化引领的“六项”长效保障机制。积极开展明察暗访活动，深入林场派出所、森林管护站、农家管护站、信息托管员等窗口部门和重点岗位明察暗访，针对存在的防火意识不强、安全隐患、基建工程缺陷、日常管理不严、台账记录不详等方面的问题，及时进行监督整改。

2015年，按照“一岗双责”任务分解，签订了党风廉政建设责任书和反腐倡廉监督执纪问责责任书，形成责任清单。7月，邀请省纪委驻厅纪检组长谢璞，作题为《全面从严治党》的专题教育报告。12月林局党委、纪委深入基层，分四个片区巡回召开深化“三严三实”专题教育，落实两个责任专题会议，节假日开展遵守中央八项规定精神，切实反对“四风”的监督检查，对照“十个严禁”，对公车管理、公务接待等认真排查。

2016年，开展“五个一”（读一本书，观看一部廉政教育片，组织一次廉洁教育专题讲座活动，组织一次集体廉政警示谈话，签订一份廉政责任书）教育活动。出台了《五台林局党员领导干部婚丧嫁娶事宜实行“两报告、一承诺”制度》。实行清单管理制度，对照全年各项工作，按照“细化、分解、落实”的要求，将全局每个人、每一个单位、每一个项目纳入清单管理。对重点工程项目开展跟踪问效，确保“工程、资金、干部”三个安全。开展收送礼金、红包问题专项整治，把局领导和基层“一把手”作为重点，盯紧盯牢。元旦、春节、五一、国庆等节日期间采用明察暗访或突击检查等方式，开展监督检查自纠自查活动，并通过短信平台编发廉政短信。

（宫　丽）

【文化建设】　2014年，五台林局党委投资153万元建设文化产业园区。举办第二届职工“健身月文化季”，职工积极参与，局属24个代表队256人参加了8个项目的文体赛事。协助山西省电视台拍摄剧组对五台林局股份制造林工程的全方位采访和拍摄。五台林局主要负责人和分管资源副局长，就五台林局作为全省首家国有林局参加生态公益林政策性保险，接受了山西广播电视台的采访、座谈。

2015年，五台林局荣获山西省五一劳动奖状。举办了以“绿色情、爱国心、民族魂”为主题的第三届职工“健身月文化季”活动，此次活动共包括书法摄影展览、演讲比赛、文艺演出等多项活动。由国家林业局场圃总站、中国绿色时报、中国林业职工思想政治工作研究会联合主办的“高峰”杯国有林场思想政治工作演讲大赛在广西高峰林场举行，五台林局武江获得三等奖，柴伟丽获得优秀奖。

2016年，“五台山杯”全国国有林场思

想政治工作主题演讲比赛在五台林局举行；来自全国24个省（市）47名选手参加比赛，五台林局局选手李娜、吕梁林局选手韩欣洋代表山西省获一等奖；林局被大赛组委会授予“特殊贡献奖”。中国绿色时报以《变革与重构国有林局改革正当时》为主题头版报道了五台林局局发展纪实。举办了第四届职工“健身月文化季”活动。（宫　丽）

【民生工程】　棚户区改造。2014年，推进林馨苑小区配套工程建设，水、暖、电、气、污、网管道全部入地，大院硬化、绿化、亮化、美化工程完成。2015年，位于繁峙县滨河路9栋577套房源进行公开摇号，确房到户，林局732户职工的住房梦得到实现。2016年，林馨苑小区顺利入住。在保证后续工程按时完成的基础上，经向省厅请示，林馨苑小区每户免交1万元配套资金；通过协调地方关系、降低购房价格、林局注入资金、垫支采暖费用，以及推迟困难户交纳购房尾款时间等一系列举措，提高业主入住效率，入住率近50%。

机关及家属院维修改造。2014年，维修地下管网1千米，清理机关院及家属院下水井90个，拆除50年代危旧房1600平方米，硬化道路500米，建设职工活动场所一处2000平方米，绿化400平方米。

林场维护。2015年，雁门关林场投资1.5万元对杨莫岭管护站重新架设低压线路240米，解决了林场通电、吃水不便等问题。紫荆山林场办公楼主体工程全部竣工，原平市人民政府向林场支付了150万建设资金。

扶贫帮困。2015年，局属各支部（单位）开展驻村帮扶捐款活动，全局318人共捐款26760元，并将捐款及时汇至指定账户。2016年，年内林局组织开展扶贫帮困走访活动，共慰问职工及家属177人，发放慰问金8.44万元。其中慰问帮扶管理系统档案在职职工115人、退休职工15人、全局80岁以上老人35人、局机关遗孀12人。七一期间，根据厅直机关党委安排，由局党委向马庆刚、郭殿荣两名因患重病致困的困难党员进行慰问，每人发放慰问金2000元。

（宫　丽）

水　　利

·县属水利管理·

【概述】　县水利局成立于　1955年6月，位于县城永丰街2号。全局内设14个职能股室，分别为：水资办（副科）、凿井队（副科）、移民办（副科）、水土保持监督站、河道站、水产站、防办、水工队、供应站、孤山灌区、虎山灌区、龙山灌区、红卫灌区、羊眼河灌区。全局共有编制190人，实有114人。其中全额22人、差补41人、自收自支51人。主要职责：负责全县防汛抗旱、水利规划、农田水利建设、水政执法与监察、水利工程建设与管理、水资源管理与配置、水土保持等工作。（金雁华）

【人畜饮水安全工程】　2014年，批复农村饮水安全工程21处，其中：提水工程9处，引水工程12处。自然村18个，解决饮水不安全人口8049人，大畜3192头，自来水入户935户；学校3处，解决饮水不安全人口1500人。工程总投资529万元，其中：中央预算内投资348万元，市级以下配套及其他融资181万元。建设内容：新打井2眼；大口井1眼；安装配套水泵7台；新建井房4座；铺设地埋线635米；新建砼蓄水池11座，其中

100立方米3座、50立方米2座；修复截潜流3处；铺设管道43.073千米；新增自来水入户3处，自来水入户935户，进户水泵288台，新建检修井935处，安装水表935块；无塔供水设备1套。完成工程总投资529万元。

2015年，饮水安全工程涉及8个乡（镇）13个村庄的3770人和1283头大畜，总投资224万元，其中：中央投资166万元，省财政13万元，市财政13万元，县财政32万元。采购中心进行公开招标：新凿深井2眼，维修机井1眼，新建井房3间；配机泵27台；新建蓄水池2座；新建截潜流3处；埋设输水管道13.625千米。实际工程完成新凿深井2眼，维修机井1眼，新建井房3间；配机泵29台；新建蓄水池4座；新建截潜流3处；埋设输水管道14.985千米；架设输电线路4.4千米。

2015年人畜饮水在建工程　金雁华提供

2016年，农村饮水安全工程批复总投资415万元，其中中央投资300万元，省配套85万元，市配套30万元。完成11个村11523口人及453头大畜的饮水安全工程。完成新打机井2眼，建井房2座，配套250QJ系列潜水泵2台，铺设输、配水管道22.6千米，架设低压输电线路0.3千米；新建100立方米砼蓄水池1座。　（金雁华）

【水土保持工程】　2014，加大水保工程建设，其中集义庄乡的常胜、下永兴、下双井、兴旺庄村油松造林520公顷，樟子松造林106.67公顷，栽植仁用杏40公顷；下茹越乡大沟、赵家峪、塔西沟、下寨、乔家窑村油松造林200公顷，栽植仁用杏146.67公顷。总投资1216万元，其中中央投资800万元，县自筹416万元。

2015年，下茹越乡福连坊、大沟村油松造林500公顷，栽植仁用杏33.33公顷；砂河镇孙庄村油松造林133.33公顷；大营镇神沟村油松造林66.67公顷；横涧乡的东水沟村油松造林800公顷。总投资1432万元，其中中央投资1152万元，县自筹280万元。

2016年，完成繁城镇的罗家山、魏家窑、赵家峪、民盛、后掌、楼岗、赵庄村栽植仁用杏、白水杏260公顷，栽植梨树34公顷；砂河镇的后河、上小沿、下小沿、后庄、孙庄、义兴寨、西沿口、羊脑沟、泉沟村栽植仁用杏、白水杏260公顷，栽植梨树26.67公顷；柏家庄乡柏家庄、西涧岔、新乐庄村栽植仁用杏195.33公顷；神堂堡乡神堂堡、腰庄、常坪、青羊口村栽植梨树20公顷。总投资985万元，其中中央投资799.8万元，县自筹185.2万元。　（金雁华）

【水资源管理】　2014年，积极建立和落实用水总量控制制度。完成压采量100万立方米。对用水量达到用水总量控制指标的取水许可停止审批，使水资源管理目标在各个层面上实现明晰化、定量化、可操作化。同时加强用水管理，执行取水许可制度。全县新发证7家，换证16家，审批论证报告7家。征收水资源费49.5万元，上缴49.5万元，做到应征尽征，确保水资源费如数征收入库。

2015年，新发取水许可证7家，完成38眼水井的审批工作。完成地下水压采量84

万立方米，年共征收水资源费 77 万元。同时为规范水事秩序，本局仍然围绕无证取水，按照“五个明确”的要求加强管理，进一步加大执法工作的力度。基本上做到采补平衡、合理利用，实现经济效益、社会效益与环境效益的三统一。

2016 年，按照“总量控制和定额管理”的要求，将已经分配好的用水量下达到各用水行业，从源头上严格控制取水量。新发取水许可证 6 家，完成 37 眼水井的审批工作。自备井安装计量智能表累计 31 家，设备全部运行正常，取用水台账建设基本完善。

（全雁华）

【抗旱与防汛】 抗旱。2014 年，面对土壤墒情相对较好的形势，因势利导，抓住有利时机，早安排，早动手。各水管单位对主要输水渠道进行清淤整修，发动受益户划小畦块，平整土地，对灌溉用水进行了科学合理的配置，有效地扩大灌溉面积，保证春浇工作的有序进行，五大灌区实灌面积达到 666.67 公顷亩，同时在新增有效节水灌溉面积上做文章，不断扩大管灌面积，膜下滴灌项目新增节水灌溉农田 466.67 公顷，小型农田水利建设项目新增有效灌溉面积 533.33 公顷。

2015 年 7—8 月，本县累计降水仅 81 毫米，比 2014 年同期 102.7 毫米减少 21.1%。全县 13 个乡镇 80%耕地出现严重旱情。8 月 18 日，成立抗旱保秋收工作领导组，由局长任组长，局属各股室和乡镇水管站共同参加，统一指挥全县抗旱保秋收工作。密切关注旱情发展变化，开动一切水利设施抗旱灌溉，全力确保居民饮水安全。

2016 年，在春浇工作中共开动机井 610 眼，小型水利 20 处，全县春播工作顺利完成。围绕全县精准扶贫大局，转变观念，积极服务扶贫项目，共为全县的药材项目、经济林项目、苗圃项目等提供水管 5 千米，移动喷灌 10 套，柴油机 18 台，水泵 18 台，喷灌车 1 辆，既发挥了职能，又服务了重点。

防汛。山洪灾害防治县级非工程措施建设项目于 2013 年 5 月 12 日全面完工。并在本年度全部投入使用，其中建设自动雨量站 25 套，自动水位雨量站 3 套，简易雨量站 175 套，简易水位站 1 套。无线预警广播 101 套，铜锣 101 面、号 101 个、手摇警报器 101 台。为全县防汛工作提供了良好的数据支撑。同时，科学规划各水库、重要河道和县城防洪工作，完善防洪预案，对全县河道险工段进行汛前排查，落实各河道的清障任务。进入汛期后，防汛办公室及时抽调有关人员对各水库、滹沱河、峨河、羊眼河、沿口河等主要河流进行了汛前检查，对在河道中设障严重的河段所属乡镇下达清障令，清理排除河道障碍 17.652 千米，河道水沙坑回填方量 17650 方。

根据《山洪灾害防治非工程措施补充完善技术要求》和本县实际情况，补充建设 1 套简易雨量（报警）器、70 套无线预警广播、73 套手摇警报器和 72 面锣、高频口哨，完善县级计算机网络及会商系统、建设县级平台 1 套，县级平台延伸到乡镇平台 13 套（3 个镇、10 个乡）、县级预警信息发布 1 套，完善群测群防体系、山洪灾害应急保障系统等。3-5 月，为确保汛期期间的河道行洪安全，局水政大队对全县河道设障、采砂情况进行了 56 次巡查，并由县防指下发《清障令》12 份，县水利水保局下发《责令停止水事违法行为通知书》10 份。同时多次专门召开会议具体安排防汛工作，落实资金，积极补充、储备防汛物资，为防汛抗洪提供物资保障。

2016 年 7 月 19 日 3 时至 20 日 8 时，本县大部分地区普降大到暴雨，神堂堡乡和横涧乡出现大暴雨。全县多处流域发生超警戒洪水，神堂堡乡河水最大流量约220立方米每秒，羊眼河最大流量约93立方米每秒，房屋坍塌、道路冲毁、农作物受灾，人民群众的生命财产安全受到严重威胁。在此期间局股级领导全体出动，积极开展防灾救灾工作。对6个乡（镇）共发布14次山洪灾害黄色、橙色预警通知。预警乡镇立即启动本级应急综合预案，根据方案进行转移、安置2037人，未产生人员伤亡。（金雁华）

【农田水利基本建设】 2014年，完成铺设钢管和塑料管共854千米，解决4万亩干旱土地的浇灌任务。及时编制了本年全县水利、水保工程设计、规划，并上报省、市水利部门和有关部门。

2013年，成功申报国家“小农水重点县建设”项目，至2015年，每年有2000万元的资金注入本县农田水利基本建设当中。工程建设总任务7.8万亩，建设总投资为7090.87万元（其中：中央财政资金3600万元，省级财政资金2400万元，县配套600万元，受益村群众投劳折资490.87万元）。工程全部完工。3年新增节水灌溉面积3.3万亩，恢复和改善灌溉面积4.5万亩，受益人口5.41万人，人均年增收393元。

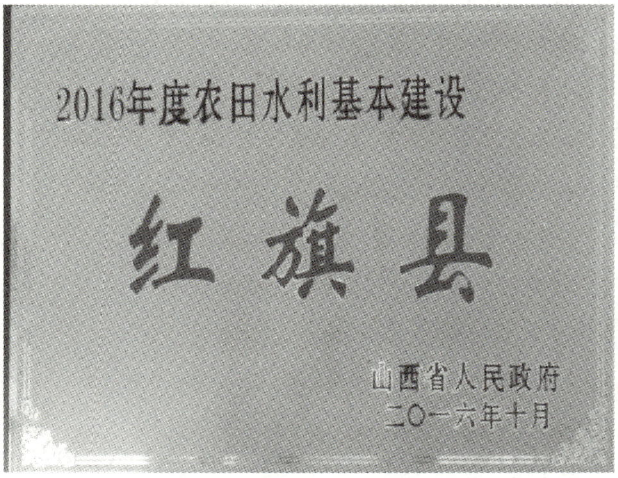

2016年繁峙县被山西省评为农田水利基本建设“红旗县” 金雁华提供

2016年被山西省评为农田水利基本建设“红旗县”。（金雁华）

·下茹越水库管理·

【概述】 下茹越水库属海河流域子牙河水系滹沱河干流上游的一座中型水库，也是忻州市最大的水库。水库位于繁峙县城以东9千米下茹越村南的滹沱河宽敞谷地，南临京原铁路，北靠108国道，是一座平原河谷型水库。下茹越水库始建于1973年，流域长度54.7千米、平均宽度23.6，平均纵坡5.3‰，控制流域面积1356平方千米。其中：石山区占57.3%，变质岩土石山区占14.5%，丘陵及冲积平原区占28.2%，年平均径流量5070立方米。年平均输沙量128.5万吨。总库容2869万立方米。水库设计灌溉面积1万顷公，其中繁峙县3000公顷，代县7000公顷。水库还担负着下游繁峙县城及22个村庄的13.8万公顷耕地的防洪任务。是一座以灌溉、防洪为主，兼有养鱼、旅游等效益的综合利用年调节水库。（廉 宇）

【机构编制】 忻州市下茹越水库管理局是隶属于忻州市水利局的副处级全额事业单位，负责下茹越水库及北干渠繁峙段的运行管理和维修养护，水利工程建设及灌溉管理，防汛抗旱等工作。全局内设办公室、计划财务科、工程科、灌溉水利科、防汛科、水政科、河道管理科7个科室。编制28名，现有职工17名。设局长1名（副处级）、副局长2名（正科级）、总工程师1名（正科级）；副科职数7名。编制结构为管理人员编制14名，专业技术人员编制10名，其他人员编制4名。

本局负责下茹越水库的维修养护和洪水调节，保障其运行安全；负责繁峙县、代县两县8万亩农田的灌溉任务；负责繁峙境内16千米干渠的维修养护任务；负责滹沱河繁代管理段全面管理工作，编制河道的整治规划，建设维护河道工程，保护开发河道的水土资源，并在市政府领导下组织沿河部门单位和群众搞好河道的清淤防洪和堤防加固等工作；承办市水利局交办的其他事项。

（廉　宇）

【项目建设】　2015年，按照晋水规计函（2013）559号《山西省水利厅关于忻州市下茹越水库应急专项除险加固工程实施方案的批复》文件精神，核定下茹越水库应急专项除险加固工程总投资235万元，实际到位资金215.98万元，确定应急除险加固工程内容为：1.对灌溉涵洞进行防渗处理；2.泄洪洞施工缝处理；3.泄洪洞消力池处理；4.坝后排水处理；5.上游坝坡整修；6.储备备防石。

2016年，由省水利厅统一实施中型水库标准化建设，项目新设了坝顶照明设施，大坝两端分设广场灯2盏，坝顶抢险道路共设照明灯40盏，新建水库安全观测用房150平方米。（廉　宇）

【维修养护】　2015年共投入维修养护资金135万元，其中投资100万元分别对北干渠渠首和福连坊村支渠段以及干渠福连坊村段、高庄村段、季家庄段4座车桥进行了整修。投资35万元对坍塌的水库管理房及倒塌破损的围墙进行了整修；加固了饮水塔；增设了溢洪道交通桥的防护栏，安全警示牌等。

2016年投入维修养护资金100万元，新建了溢洪道启闭机房，有效防止了溢洪道闸门启闭机的锈蚀老化，延长了使用年限。并对坝顶路面进行翻修，保障了防汛抢险道路的畅通。新建的溢洪道启闭机房建筑面积208.896平方米，采用砖混结构，层高3米，屋面采用彩钢屋顶，室内为混合砂浆墙面，外设防雷装置，避免雷电感应及雷电波的入侵。本次坝顶路面翻修，是对全长1173米的原有破损的沥青混凝土坝顶道路全部铲除，清洗晾干后喷涂乳化沥青粘层，然后在上面铺设9厘米厚的沥青混凝土路面。（廉　宇）

2016年新建的溢洪道启闭机房　廉宇提供

【防汛工作】　防汛工作是水库管理工作的重中之重，着力落实各种防汛措施，加强水库水情、雨情监测，保证“思想、组织、方案、责任、技术、物资”六到位。同时，坚决服从上级防汛防旱部门的统一调度。具体做法：一是坚持水库大坝24小时值班守卫，水情实行一日两报制；二是编制蓄水度汛计划以及防洪应急预案，并上报市防汛抗旱指挥部；三是分别对闸门、卷扬机、液压启闭机、备用电源柴油发电机组以及水情测报系统等设备进行全面的检查维护，保障设备随时处于良好的工作状态；四是制定和完善《安全检查制度》《安全例会制度》《情况报告制度》《事故查处制度》。五是储备了编织袋、救生衣、应急照明灯、抢险冲锋舟等一系列防汛物资，保障了防汛物资到位；

六是完善水库责任碑内容，明确责任人。

（廉　宇）

住房保障和城乡建设

住建局

【概述】　县住建局成立于1979年，是县政府主管城乡规划、建设和管理的行政职能部门，担负着全县城市规划、村镇规划、城市建设、村镇建设、工程建设、建筑业、房地产业、市政公用事业的管理职能。内设办公室、规划股、建管股、法制办、治安办等5个行政股室，下设房地产管理局、监察大队、节水办、工程质量监督站、建筑安全监督站、照明管理所、园林绿化管理所、市政管理所、污水处理中心、滨河公园管理处等10个事业单位及工程公司、自来水公司等2个企业。（乔彦刚）

【城市供水】　自来水公司成立于1980年，现有在岗职工88人，公司下辖10个职能股室。公司水厂有供水水源地1个，水源地共有15眼深井，单井出水量80吨/时，厂区有供水车间3个，清水池有500立方米、1000立方米、1500立方米、2000立方米各1座，日供水能力2.6万吨，供水输配水管网总长63.4千米，供水范围除覆盖县城区外，还对西义村、圣水头村及南关移民区部分居民供水。

2014年，城市供水完成122万吨，营业收费230万元。新增TM卡智能水表用户1097户，总用户达到了11201户。完成县城二期供水工程，5眼深井、5座加压泵房和5300米供水管网的埋设工作，完成投资587.95万元。

2015年，改造城市供水管网市任务数2.5千米，已完成2.62千米，完成投资320.1万元；新建供水管网市任务4.5千米，实际完成4.8千米，完成投资439.2万元。新增雨水管网4千米，实际完成7千米。完成投资860万元；完成雨污分流改造6.2千米，实际完成7.6千米，完成投资912万元。年内新增用水户597户，总用户达到11798户；全年完成销售水量155万吨，营业收费260万元；实施完成县城二期供水工程（2014）井房、加压泵房、消毒间、水质分析室及管网工程；凿深井5眼、建井房5座，新建加压泵房、消毒间及水质分析室一座，向南关移民区及东牌楼铺设供水管网5.3千米，完成投资600万元。

2016年新增用水户2360户，总用户达到14158户；2016年全年完成销售水量170万吨，营业收费353万元。（乔彦刚）

【城市园林绿化】　2014年，县城范围内更换树木650余棵，再种植花卉47万多株，清除种植草皮1000平方米，种植月季7000余株，小牡丹5000余株。

2015年，全年对县城6条主干道187棵大树进行了整容修剪，对42棵病树实施了输液救治，更换补植行道树11棵，揭除绿篱防寒布 860 平方米。栽植各种花卉 13.3 万株，补植草皮 626 平方米，新设围护栏 130 米。完成了东牌楼环境绿化、高速路口-西牌楼环境整治、保障房环境绿化治理和滨河东延伸环境绿化的四大工程，完成绿化面积 17.2 万平方米。

2016 年，全年对县城 6 条主干道 750 棵大树进行了整容修剪，对 38 棵病树实施了输液救治，更换补植行道树 140 棵，覆盖绿篱防寒布 1260 平方米。栽植各种花卉 25 万株，补植草皮 526 平方米，新设围护栏 330 米。（乔彦刚）

【重点工程建设】 2014 年，1.监管的 6 项重点建设工程，新开工 4 处，完成投资 48388 万元。（1）滨河 1 号住宅小区建设项目，总投资 46616 万元，完成投资 36002 万元。（2）丽都华苑小区建设项目，总投资 40392 万元，完成投资 25117 万元。（3）兴隆大酒店商业公寓楼建设项目，总投资 9933 万元，完成投资 9203 万元。（4）天然气覆盖工程，建设地点是县城区和砂河镇区，完成中压管网铺设 5 千米，完成投资 335 万元。2.实施类重点工程 13 项，已开工 13 项，完成投资 39874.74 万元。（1）南关大桥工程：总投资 2974 万元，完成投资 2974 万元，9 月底竣工。（2）道路维修项目工程（一期）：总投资 988.12 万元，完成投资 988.12 万元。（3）污水处理中心提质改造工程：总投资 1870 万元，完成投资 121 万元。（4）滨河公园完善功能建设项目：总投资 305 万元，完成投资 305 万元。（5）东牌楼环境整治绿化建设项目：总投资 886.96 万元，10 月底完成投资 650 万元。（6）保障性住房滨河南区道路工程：总投资 8661.46 万元，完成投资 4300 万元。（7）光华街西延伸工程：总投资 2894.4 万元，完成投资 840 万元。（8）城区公厕新建改造项目：总投资 169.2 万元，完成投资 169.2 万元，新建 3 座，改建 2 座，新建流动厕所 1 座。（9）滹沱河源头环境综合治理县城段东延伸水利工程：总投资 1.22 亿元，完成投资 1.22 亿元。防洪抢险道路路面工程：投资 5184.47 万元，完成投资 5033 万元。（10）县城垃圾处理场渗滤液处理工程总投资 350 万元，完成投资 120 万元。（11）滨河公园清淤工程：总投资 917.8 万元，完成投资 917.8 万元。（12）县城供水工程（2 期）总投资 587.95 万元，完成投资 587.95 万元。（13）县城排水管网改造工程总投资 668.67 万元，完成投资 668.67 万元。

2016 年，全年共实施 12 项重点工程：1.光华街西延伸工程，设施提升工程，续建项目，主要建设内容：光华街西侧一路、纵二路未拆迁段的道路路基路面、给排水、照明工程。总投资 0.2894 亿元，当年计划投资 0.05 亿元；2.滨河公园东延伸绿化工程，环境提质工程，新建项目，主要建设内容：绿化、景观、亮化。总投资 2.5246 亿元，当年计划投资 2.5 亿元；3.城市棚户区改造工程，城市安居工程，新建项目，主要建设规模：新建 1111 套。总投资 2 亿元，计划投资 2 亿元；4.工矿棚户区改造，城市安居工程，新建项目，主要建设规模：工矿棚户区改造 330 套。总投资 0.594 亿元，当年计划投资 0.594 亿元；5.三馆一院配套道路工程，设施提升工程，新建项目，主要建设规模：三馆一院东西两侧新建长 1.5 千米，宽 20 米道路，工程包括人行道、绿化、路灯。总投资 0.3 亿元，当年计划投资 0.3 亿元；6.农村危房改造工程，新建项目，主要建设规模：全县范围内改造农村危旧房 434 户。总投资

0.1225 亿元，当年计划投资 0.1225 亿元；7.农村抗震设防工程，新建项目，主要建设内容：改善农村人居环境，提高抗震水平。总投资 0.36 亿元，当年计划投资 0.6 亿元；8.路面沓铺及雨污分流管网工程，设施提升工程，新建项目，主要建设规模：县城西环路铺装油面结构（4+6）40000 平方米，新增雨污水管网 2 千米。总投资 0.077 亿元，当年计划投资 0.077 亿元；9.西牌楼绿化工程，环境提质工程，新建项目，主要建设规模：108 国道两侧新增城市绿地面积 10000 平方米。总投资 0.0708 亿元，当年计划投资 0.05 亿元；10.乡村清洁工程，新建项目，主要建设内容：垃圾池的建设、维修、垃圾的集中清运处理、墙体粉刷、残垣断壁的维修等。总投资 0.0666 亿元，当年计划投资 0.0666 亿元；11.传统村落改建项目，新建项目，主要建设内容：上下水、道路、绿化等。总投资 0.06 亿元，当年计划投资 0.06 亿元；12.人防工程，新建项目，主要建设规模：建筑面积达到 10586 平方米。总投资 0.8 亿元，当年计划投资 0.8 亿元。（乔彦刚）

【农村危房改造】 2014 年，全县完成农村危房改造 356 户，包括 144 户建筑节能改造。完成投资 1007.8 万元。2015 年，完成全县农村困难家庭危房改造 400 户，年度投资完成 1718 万元。其中：中央投资 497.75 万元，省投资 105.2 万元。（乔彦刚）

【城乡清洁卫生】 2014 年，全县 13 个乡（镇），402 个村庄，配备农村保洁人员 1297 人，乡镇卫生监督人员 58 名，配备垃圾桶 3602 个，建垃圾池 1341 座，无害化垃圾填埋厂 2 座，简易垃圾填埋场 11 座，共动用收集车辆 1085 辆，清运车 94 辆，累计清运垃圾 9.655 万吨，集中清理乡村“四堆”、“四乱”4679 处，整理残垣断壁 762 处，粉刷墙体 16.07 万平方米。全年完成资金投入 945.16 万元，其中保洁人员工资，省补助 333 万元，县补助 353 万元（全部到位），乡镇自筹 259.16 万元。

2015 年，全县清扫面积完成 558.73 万平方米，清理“四堆”24969 处，粉刷墙体 60879 面，累计清运垃圾 9.88 万吨。

2016 年 1 月 8 日，县市容和环境卫生管理大队更名为繁峙县市容环境卫生管理中心，隶属于县住建局，内设办公室、市容监察中队、街道环境秩序管理中队、环卫督查中队、广告牌匾管理中队、夜间巡查中队、环境卫生有偿服务费征收中队、后勤服务中队等 8 个部门，承担着城区范围内环境卫生清扫保洁、垃圾收集清运、市容监察管理等职能。现有各岗位工作人员 486 人，其中执法管理人员 32 人、清扫保洁工 318 人、垃圾收集清运人员 36 人、市容监管员 100 人。清扫保洁面积 72 万平方米，日均清运生活垃圾 95 吨。配备各类执法管理用车 15 部，其中执法皮卡车 3 部，电瓶车 6 部，摩托车 6 辆；配置各类环卫车辆 23 部，其中洗扫车 4 部、洒水车 2 部、餐厨车 2 部、簸箕式垃圾收集车 2 部、装载机（配装清雪铲、扫雪滚刷）2 部、后装式压缩式垃圾运输车 5 部、流动垃圾收集车 6 部；配备三轮环卫保洁平车 150 辆。另配有高压清洗机 2 台。主要街道设置垃圾收集桶站 64 处。（乔彦刚）

【政策性住房建设】 2014 年，保障性住房续建工程总投资 54583 万元，年度完成投资任务 8775 万元。滨景苑廉租住房完成投资 491 万元；民心 2 期经适房完成投资 10315 万元；民心 2 期配建公租房完成投资 1250

万元，惠民小区廉租住房完成投资752万，四项合计完成投资12808万元。

保障性住房新建工程有：新开工育园小区经济适用住房288套，完成投资2600万元；续建本年度完成投资11940万元；

2015年，市政府下达任务新开工建设2200套，完成投资1.5758亿元。本县保障性住房新开工2240套，完成投资5.1962亿元。①化肥厂国有棚户区新开工306套，完成投资2500万元。②城市棚户区改造工程完成1790套（回购），完成投资48912万元。③公租房建设工程新开工144套（化肥厂棚户区改造配建）。当年投资计划960万元。完成投资550万元。

2016年，开工化肥厂棚户区改造（2期）项目共330套，完成投资900万元；本年共完成投资20512万元。（乔彦刚）

【房屋产权登记】 2014年，办理各项登记228件，其中：初始登记49件，登记面积67655.66平方米；转移登记19件，登记面积2066.671平方米；抵押登记139件，登记面积103202.91平方米；其他登记21件，登记面积9538.16平方米。

2015年，办理各项登记259件，其中：初始登记27件，登记面积5428.43平方米；转移登记52件，登记面积10242.1平方米；抵押登记156件，登记面积232925.19平方米；其他登记24件，登记面积5962.26平方米。

2016年，办理各项登记237件，其中：初始登记20件，登记面积7358.89平方米；转移登记39件，登记面积5424.19平方米；抵押登记156件，登记面积140753.21平方米；其他登记22件，登记面积2788.59平方米。（乔彦刚）

【物业管理】 2014年，办理物业公司6个，管理小区6个，管理户数1218户，面积11.01万平方米。分别为：繁峙县家乐物业有限公司（国土小区）、繁峙县诚信物业管理有限公司（富民小区）、山西省繁峙县育华物业有限公司（繁荣小区）、山西省繁峙县天赋物业有限公司（晋华小区）、山西省繁峙县聚富物业有限公司（阳光小区）、繁峙县中兴物业管理有限公司（中兴小区）。

2015年，新备案物业公司3个。共备案物业公司9个，管理小区9个，管理户数2337户，面积18.96万平方米。新备案公司和小区分别为：繁峙县宏强物业管理有限公司（锦秀园小区）、山西省繁峙县恒盛物业管理有限公司（学府苑小区）、山西省繁峙县永昌达物业管理有限公司（利民小区）。

2016年，新备案物业公司3个。年底共备案物业公司12个，管理小区12个，管理户数4607户，面积42.06万平方米。新备案公司和小区分别为：繁峙县和合物业管理有限公司（林馨苑小区）、繁峙县惠泽物业管理有限公司（利民小区）、繁峙县凯圆盛世物业管理有限责任公司（滨河1号）。

（乔彦刚）

【市政建设】 2015年，维修塌陷路面3800平方米，维修人行道石板1200平方米，疏通下水管道2.95万米，维修清掏雨水井126座，修复花池、路沿石90米，维修更换下水井箅、检查井144套。（乔彦刚）

【城市燃气】 2015年，新建供气管网10.5千米，完成投资735万元，共铺设路段13条，覆盖居民用户3万户；已使用天然气的小区17个；工业用户1户；酒店1家；建设城网管线27千米，使用户达到1200户。

（乔彦刚）

【城市照明】 2015年，维修县城西环路、滹源大街、永丰街、向阳路、石龙街等主要街道路灯485套。整理、维修县城路灯配电柜55座，更换交流接触器110A25台、225A空开15台，维修更换损坏灯杆7根。新安装TC98时控开关25台，新安装碘钨灯10套。平型关街、石龙街新安装灯头38盏。维修LED灯带140米，更换LED灯带电源25个；更换了西环路北、东环路和东牌楼公园3个专变的跌落闸、铝板和300/s互感器。更换了石龙街三中路灯主线4×35平方米电缆25米。更换了正觉寺专变线路4×25平方米电缆线110米。更换了东牌楼2×2.5电缆500米。（乔彦刚）

【商品房建设】 2015年，新开工工程2项，续建工程2项。共完成投资5.8619亿元。其中：（1）新建工程2项。总投资5.0135亿元，完成投资31397万元。①兴隆商贸建设项目，总投资25635万元。完成投资16832万元。②滹源新天地工程，总投资24500万元。完成投资14565万元。（2）续建工程2项。总投资8.7008亿元，完成投资2.7222亿元。①滨河一号住宅小区建设项目，总投资46616万元，完成投资16700万元。②麗都华苑商品住宅小区建设项目，总投资40392万元，完成投资10522万元。

2016年，共有1家房地产企业办理了预售许可证，涉及商品住房295套。商品房网上备案系统正常运行。（乔彦刚）

【城市规划】 2016年，县城报市规划局备案的控规覆盖达到了62.65%。完成了《繁峙县县城中小学幼儿园建设专项规划》（2016—2020）的编制工作。（乔彦刚）

【城市集中供热】 2016年9月22日，县环保局移交住建局，全县共有5家供暖企业：分别为暖达供暖中心，民生供热有限公司，超腾供热有限公司，如阳供暖有限公司，砂河供热有限公司，截至2016年4月1日供热总面积为4025468.9825平方米，其中居民供暖面积为3306500.739平方米，非居民供暖面积为502933.1985平方米，公立学校/医院供暖面积为216035.045平方米。（乔彦刚）

【住房改革】 2016年，为了进一步做好房地产去库存工作，出台了关于整合保障房、移民房、商品房的相关意见。（乔彦刚）

【房屋拆迁】 砂河城中村改造项目采取纯货币化安置方式实施，资金来源80%为政策性贷款，20%由县自筹。该项目共涉及903处院落，1520户5014人，总面积38.77万平方米，计划总投资4.5亿元。至2016年，共签订征收补偿协议1169户，补偿金额27298万元。（乔彦刚）

住房公积金

【概述】 2014年，繁峙管理部根据建设厅《2014年度全省住房和建设工作目标责任书》和市中心《2014年各管理部主要业务指标和评分细则的通知》的要求，通过全体职工的积极努力和有关单位的支持配合，实现了本县住房公积金事业的持续健康发展。全年新增缴存人数4431人，完成年度计划的106.21%，缴存总人数为24638人；全年归集住房公积金4748.97万元，完成年度计划的107.93%，比上年增长6.71%，累计缴存余额达2.08亿元；本年度发放个人住房贷款1094万元，累计发放个人住房贷款5921万元，本年度职工提取住房公积金780.35万元，累计提取住房公积金 1907.40 万元。

2015 年，管理部全年归集任务为 6800 万元，完成归集 5160.41 万元，其中财政补贴 1820 万元。本年度扩缴任务为 1411 人，扩缴完成人数 1947 人。存量资金减少任务 9000 万元，本年存量资金减少 6684.97 万元。本年，管理部共发放贷款 704 万元。全年提取任务 10600 万元。其中销户提取共完成了 852.43 万元，部分提取共完成了 1138.78 万元。

2016 年，完成住房公积金归集 7310.56 万元；全县 6905 人提取住房公积金 15606.68 万元，其中冲还贷款 330.14 万元。年末存量资金为 777.52 万元，年内存量减少 8672.23 万元；本年度共向 56 户职工家庭发放公积金贷款 1471 万元，个贷率达到 86.32%，切实改善了职工的住房需求；个贷逾期总人数 18 人，逾期本金 119820.53 元，逾期利息 34421.08 元，逾期率为 2.4‰，个贷风险总体可控。本年度增值收益率为 1.08%。

（高建军）

【建立公积金统筹机制】 2016 年，全县住房公积金实现了统一决策、统一管理、统一制度、统一核算，提高了住房公积金资金使用效率。加强制度建设，制定完善的管理制度，做到用制度管人，按规章办事，充分发挥制度的规范约束作用。（高建军）

【廉政建设】 从严治理“庸懒散慢拖”行为，加强对干部在工作效率、服务态度和遵章守纪等方面的督导检查，加强干部教育管理，全面推行干部“四位一体”、负面清单和干部召回管理，严肃处理违规行为，形成长效工作机制，促进管理工作更加规范。建立意见评价制定，主动接受服务对象的监督。认真开展廉政风险防控排查工作。围绕公积金归集、提取和使用三个主要环节，认真开展了廉政风险防控排查工作，从每一项具体工作的业务流程、操作程序入手，逐项查找和分析可能发生腐败的风险点，通过全面排查，明确廉政责任，完善内控制度，强化防控措施，确保了资金运行安全；规范业务办理，不断提高依法办事能力。结合工作实际，完善归集、贷款、提取等业务工作规范，细化公积金业务办理标准、工作操作流程等事项，使业务管理更加规范有序。

（高建军）

环境保护

【概述】　县环境保护局位于向阳南路光华东街（租赁办公场所），属县政府一级序列局，领导职数为1正1副1总工。环保局下设环境监察大队，环境监测站两个事业单位，内设办公室、财务股、污控股、开发股、生态股、辐射股、法制股、大气队等8个股室（队），于2014年取消原蓝碧办。环境监察大队因工作需要分片负责，分别有繁城区域、杏园区域、岩头区域、下茹越区域（含光裕堡区域）、砂河区域（分有色金属和其他，含东山区域、集义庄区域）、横涧区域（含大营、金山铺）、神堂堡区域等9个区域，分别配有区域负责人，负责本区域内的环境保护工作。全局共有在册人数92人。

（张进龙）

【大气治理】　2014-2016年，针对全国北方地区严重雾霾，主要开展了如下大气治理环保专项行动：

黄标车老旧车淘汰及环保标准发放。3年共淘汰黄标车老旧车589辆，其中黄标车125辆，老旧车464辆，同时，根据不同类型和等次分别进行补贴。发放环保标志50000枚，已使用49386枚，使用率98.77%。

烟粉尘在线监控设施安装和联网。2015年，中兴实业有限公司完成烟粉尘在线监控设施安装，并联网运行；2016年，超腾供热有限公司、民生供热有限公司、如阳供暖有限公司、砂河供热有限公司全部安装污染物在线监控设施，有效杜绝燃煤锅炉污染防治设施停用和闲置，污染物超标排放。

秸秆禁燃和综合利用。2014—2016年，全县共产生各类秸秆74.27万吨，县乡两级政府一直坚持县级领导包乡（镇）、乡（镇）领导包片、机关干部包村、村干部包地、党员联户联保制度，大力提倡秸秆直接还田、覆盖还田、过复还田、堆沤还田、沼气发酵还田等综合利用技术，有效解决秸秆焚烧产生雾霾。

燃煤小锅炉淘汰情况。2014年县城共淘汰燃煤锅炉13台，砂河镇淘汰燃煤锅炉5台；2015年淘汰燃煤小锅炉10台套；2016年淘汰燃煤小锅炉县城8台，砂河2台。淘汰燃煤锅炉主要保证了二氧化硫、氮氧化物、烟尘等主要污染物减排任务的完成。

主要污染物减排及完成情况。2014年全县减排量分别为：二氧化硫74.52吨，同比下降1.2%；氮氧化物12.65吨，同比下降0.8%；氨氮37.8吨，同比下降9.4%；化学需氧量205.93吨，同比下降4.5%；烟尘145.62吨，同比下降8.5%；工业粉尘128.06吨，同比下降4.2%。

2015年，全县减排量分别为：二氧化硫74.52吨，同比下降1.18%；氮氧化物12.65吨，同比下降0.84%；氨氮9吨，同比下降2.46%；化学需氧量81吨，同比下降1.88%；烟尘145.66吨，同比下降8.52%；工业粉尘128.07吨，同比下降4.19%。

2016年，全县减排量分别为：二氧化硫256.16吨，同比下降4%；氮氧化物60.12吨，同比下降4%；烟尘38.50吨，同比下降2.25%；工业粉尘69.68吨，同比下降2.29%。（张进龙）

【建设项目开发监督管理】 开发股全面负责全县建设项目监督管理，凡不符合产业政策、属土小散污企业均不得准入，且项目必须通过环境影响评价并通过批准后才能投入建设。项目建设必须执行污染防治设施与主体工程“同时设计、同时施工、同时投入使用”的“三同时”制度，否则，不得投入生产。从2014年开始，该项制度更加严格，杜绝了“未批先建”或“建而不批”的现象发生。开发建设项目步入正轨的法治化轨迹。（张进龙）

【环境影响评价】 建设项目环境影响评价制度是对建设项目可能对环境造成什么程度影响的一种评价文本，最终是环境保护主管部门对该文本的批复。环境影响评价成为一种制度以来，2014年，本县共新增建设项目97家，100%执行了环境影响评价制度。其中环境影响报告书12家，报告表36家，登记表49家；2015年新建项目77家，其中环境影响报告书9家，报告表18家，登记表50家，执行率100%；2016年73家，其中环境影响报告书16家，报告表10家，登记表47家，执行率100%。（张进龙）

【环境监测】 全县环境监测站主要能开展的项目有：空气质量日报、代县峨口桥断面水质监测、企业竣工验收环境监测以及受市环境监测站委托的监测项目。每两年，市环保局都要组织县级监测站人员进行专业考核。2016年，本县环境监测人员已获得废水、废气及噪声等72项监测资格；6月，为确保各地空气质量日报的准确性，大气日报站与市局联网，年底与国家环保部联网运行。（张进龙）

【环保专项行动】 2014年，根据国家、省、市统一安排部署，组织开展“整治违法排污企业保障群众健康环保专项行动”；2015年则为“铁腕斩污环保专项行动”；2016年开展“铁腕治污环保专项行动”。每一年的环保专项行动，均有效解决一批群众反映强烈的环境保护突出问题。

集中供热覆盖率。2014年除超腾和如阳逐年扩大供暖面积外，新增砂河供热有限公司和民生供热有限公司，分别为：

超腾供热公司 2014年供热面积为934005平方米；2015年供热面积为1092547.8平方米；2016年供热面积达到1489168平方米。

如阳供暖公司 2014年供热面积为890034平方米；2015年供热面积为997641平方米； 2016年供热面积为1033360平方米。

民生供热公司 2014年供热面积为50000平方米；2015年供热面积为169648平方米；2016年供热面积为265568平方米。

砂河供热公司 2014年供热面积为248453平方米；2015年供热面积为638707.5平方米；2016年供热面积为1202085.2平方米。

2014年，新建暖达天然气供热公司，供热面积为26548平方米，2015年为35287平方米。

全县供暖面积由2014年的214万平方米，扩大到2015年的293万平方米，直至2016年的399万平方米，供热覆盖率为91.5%。

改善农村人居环境行动。从2014年开始，实施改善农村人居环境行动。首先从砂河镇的生活污水防治项目入手，铺设污水收集管网10千米，解决砂河一、二、三村、长胜号村和小砂河等5个行政村的生活污水集中处理。畜禽养殖业的大量产生，是影响农村人居环境的主要污染源，全县共有21家规模化养殖业，以辉煌实业有限责任公司和银河畜牧发展有限公司为样板，分别要求各养殖业建设粪便堆放场和污水、尿液储存池等污染防治设施，有效改善了畜禽养殖对农村的污染程度。（张进龙）

【生态治理】 2013年，县政府印发了《繁峙县创新林业投入机制 实施一矿一企治理一山一沟工作方案》（繁政发〔2013〕8号）文件，本着“谁开发、谁负责、谁破坏、谁治理”的原则，由政府倡导，督促有关企业承担全县林业生态工程建设任务，积极对滹沱河北岸、高速路、108国道两侧、平型关风景区、砂河镇北坡开展了生态恢复治理工作。各职能部门也要求各矿山开采企业聘请资质单位编制了《生态恢复治理方案》《矿山地质环境保护与恢复治理方案》等。2015年，由县政府牵头，环保、国土、林业等部门配合对全县的矿山开采造成的生态环境破坏现状进行了摸底排查，并聘请了中国冶金地质总局第三地质勘查院地球物理勘查院现场进行了调查，并编制了《繁峙县矿山开采造成的生态环境现状调查报告》，经初步排查，境内矿山企业及民采点主要的破坏方式为露天采场、矿石堆放、废石堆放、矿用公路开挖占地、选厂、尾矿库占地等，此次调查工作共调查各类矿山企业及民采点154处，依据各调查点的生态环境破坏总面积对其破坏程度进行了分类规划，其中破坏程度严重的矿山企业及民采点有18处，较严重的19处，一般的56处，较轻的61处。全县范围内全部调查点总计造成生态环境破坏面积约为760公顷，其中林地128公顷，草地459公顷，耕地56公顷，其他用地117公顷，分年度、分批次逐年进行修复。

（张进龙）

【清洁生产】 2016年，忻州华茂精密铸造有限公司、繁峙县中兴实业有限公司完成了清洁生产技术改造任务；中兴实业有限责任公司、4个供热公司完成了烟粉尘在线监控设施安装和联网工作并稳定运行。（张进龙）

【宣教法制】 每年均在“4·22”地球日和“六·五”世界环境日期间举办不同类型的环境宣传教育活动，通过网络和有线电视宣传保护环境的重要性和必要性。全县中小学均开设“绿色教育进课堂”课程。2016年6月，县委办公室、县政府办公室印发《繁峙县环境保护职责规定（试行）》的通知（繁办发〔2016〕30号），进一步明确各级党委、政府“一岗双责”“党政同责”的环境保护大格局。

（张进龙）

交通运输

县乡村道管理

【县乡村道建设】　2014年，紧紧抓住本县被列入太行山贫困连片区发展农村公路的历史机遇，为实现“五纵八横两循环、村村相连、四通八达”的农村公路网络，真抓实干。实施通村公路集中连片工程17.05千米，投资1125万元（含中央投资843万元），实施县乡村道路新建改建30.463千米，投资3787万元，（含中央投资2461万元，省投资310万元）；累计实施47.513千米，共投资4912万元，有效改善了沿线乡（镇）及小南川、义兴寨、孙庄、西沿口、花家台、乔家会、照山、民盛、孙庄、小辛庄、大宋峪、冻冷沟、云雾峪、横涧、新季家庄、下狼涧16个村的出行条件和生产生活条件。

（魏小斌）

【党的群众路线教育实践活动】　2014年2月24日，全局召开党的群众路线教育实践活动党员大会，紧紧围绕为民务实清廉主题，按照“照镜子、正衣冠、洗洗澡、治治病”的总要求，以领导班子和领导干部为重点，以改进工作作风为切入点，加强全体党员马克思主义群众观教育，坚决反对“四风”，着力解决基层一线反映强烈的突出问题，使党员干部思想进一步提高，作风进一步转变，党群干群关系进一步密切，为民务实清廉形象进一步树立，基层基础进一步夯实，切实加强了交通队伍建设。　（魏小斌）

【南循环续建工程】　地处杏园乡南关、杏园、古家庄村，起点与东循环路延伸线相接，全长7.710千米，道路宽度23米，路面宽度15.5米，两侧人行道各3.75米，2014年，项目总投资11019.6994万元，此项工程的建设提升了城区品位，改善了繁城、杏园地区人民群众的生产生活条件。　（魏小斌）

【砂高线建设】　砂高线是连接繁峙、代县两县的一条县际公路。该公路起点位于砂河镇，接省道205线K119+200处，由东向西途经11个村庄，终点止于高陵并与高苏线起点相接，全长33.3千米。其中重复里程1.97千米，实际建设里程为31.3千米，2015年，总投资为5580万元。该项目于2月26日完成了工程招投标，全线分两个标段，6月1日开工建设，9月底全部完工。

（魏小斌）

【应繁线改造工程】　该工程起点位于县公路应繁县K6+564与魏家窑通村水泥路相交，终点接国道108线K426+500处，全长5.409千米，采用三级公路技术标准，总投资933万元。2015年6月份正式开工建设，当年8月初全部完工。　（魏小斌）

【村通公路建设】　村通水泥（油）路完善提质工程项目16条，涉及6个乡（镇）16

个行政村，全长 32 千米，采用四级公路建设标准。其中：水泥混凝土路面 6 条，12.95 千米，沥青混凝土路面 10 条，19.05 千米，总投资 1120 万元。该项目 2015 年 6 月 23 日完成一阶段施工图设计及预算的批复，7 月 20 日在忻州市建设工程交易中心进行了开标评标活动，招标有限公司依法组织评标。8 月开工建设，委托忻州交通工程监理技术中心进行工程监理，9 月底全部完工。（魏小斌）

【繁峙县平型关景区至国道 108 线公路工程】 该工程起点位于灵丘县与繁峙县的交界处，终点止于国道 108 线 K377+000 处。路线全长 15.256 千米，采用三级公路技术标准，路基宽度 7.5 米，沥青混凝土路面，新建隧道 160 米，大桥 249 米。2016 年，总投资 2985 万元。该项目路基工程完成 100%，路面工程完成 93.5%，完成投资 2350 万元。（魏小斌）

【代牛线公路改造工程】 该工程采用三级公路技术标准，沥青混凝土路面，路基宽度 12 米，路线全长 9.738 千米，2016 年，总投资 2116 万元。该项目路基工程完成 100%，路面工程完成 94.5%，完成投资 1762 万元。（魏小斌）

【岩头到郎庄道路工程】 该工程采用三级公路技术标准，沥青混凝土路面，路基宽度为 7.5 米，起点接省道繁五线，终点止于郎庄，全长 6 千米。2016 年，总投资 1062 万元。该项目路基完成 100%，路面完成 100%，完成投资 1062 万元，占总投资的 100%。（魏小斌）

【砂高线至公主村公路改造工程】 该工程起点位于公主村公主寺，终点止于砂高线 K21+540 处，路线全长 5.752 千米，沥青混凝土路面，采用三级公路技术标准。2016 年总投资为 598 万元。该项目路基完成率 100%，路面完成率 100%，完成投资 598 万元，占总投资的 100%。（魏小斌）

【农村公路窄路基路面拓宽改造工程】 该工程第一批计划 13 条，总里程 39.81 千米，2016 年 7 月 20 日发布招标公告，8 月 10 日开标。路基完成 100%，路面完成 100%，完成投资 992 万元，占总投资的 100%。第二批计划全长 9.857 千米，2016 年 9 月 19 日在忻州市公共资源交易中心发布招标公告，10 月 14 日开标，本年该项目已完成投资 245 万元，占总投资的 100%。（魏小斌）

【生命防护工程】 为行车安全，在危险地段设防护栏，砌石挡墙。该工程共 13 条，总里程 14.371 千米，总投资 356.5270 万元，共分 2 个标段，2016 年 9 月 21 日发布招标公告，10 月 14 日开标，12 月底完工。（魏小斌）

【县乡公路与村公路大中修养护工程】 该工程于 2016 年 8 月 11 招标，8 月底完工，总投资 178 万元，主要对县道东石线、金砂线和村道金砂线至柏家庄村公路路面加铺 4 厘米沥青。（魏小斌）

【城乡爱国卫生清洁运动】 2016 年，开展城乡爱国卫生清洁运动，营造清洁、整齐、优美的公路沿线环境和卫生、健康的站场环境、办公环境。

有效整治和改善了公路路况、路域环境。一是对金砂线、应繁线路容路貌进行全面整理；二是投资 7.5 万元，龙砂线、东石线安装了二百多米钢护栏；三是投资 155 万元对龙砂线、金砂线沥青路面进行维修、填补，面积达 31000 多平方米。

有效整治了机关办公区。一是栽了各种花卉、草本植物 900 多株，修换落水桶、修补办公大楼外围墙砖、照北，美化、绿化局机关大院；二是对办公楼的照明、管网进行清理检修；三是按标准粉刷了运管所大楼、规范业务档案，绿化运管所大院；四是粉刷了客运办、路政管理大队、执法监督所办公室 10 多间，同时按照执法形象建设“六统一”的要求，投资 10 多万元对基层的站房、场地设施、办公设施、执法通信装备等方面进行了统一的规范化建设。

有效整治了汽车客运站场。一是粉刷了汽车站办公楼、候车亭、收票室、卫生间近 4000 平方米，投资近 5 万元；二是修换天花板、候车亭铺地、办公楼做防水投资 9 万元左右；三是投资 80 多万元建设候车棚 55 个。（魏小斌）

【安全生产】 2016 年，在全县道路运输行业中开展“道路运输平安年”活动，结合工作实际，制定活动方案，成立活动领导组，细化内容、明确分工、落实责任，督促企业认真落实“4438”工作机制和企业“十一”项主体责任。以落实道路运输企业安全生产主体责任和动态监控主体责任为重点，推进“平安企业”建设；以强化危险品异地营运车辆监管和“两客一危”车辆联网联控为重点，推进“平安车辆”建设；以落实长途客运站“三不进站、六不出站”为重点，推进“平安站场”建设；以开展“维修诚信质量服务”为主线，推进“平安维修”建设；以“遵章守纪、知责、履责、尽责”为切入点，推进“平安驾驶员”建设。

深入开展“安全生产月”活动，提升全面道路运输安全意识。6 月 16 日，根据市县关于开展 2016 年“安全生产月”活动的有关精神，积极组织参与了全国第十五个安全生产宣传日。在道路运输企业、汽车客运站等场所张贴宣传标语，制作宣传板报，发放宣传材料，同时在府东广场和汽车客运站开设道路运输安全宣传咨询点，向广大群众宣传安全生产法律法规和安全生产生活常识，期间共出动宣传车辆 6 辆，宣传人员 34 人，发放道路运输安全资料 3000 余份。

开展道路运输安全生产隐患排查和安全生产大检查。安排运管所对辖区内客货运输企业、客货运站（场）、物流企业进行普检，县局对各运输企业进行指导抽检。确保“两客一危”重点营运车辆卫星定位装置安装率、入网率达到 100%，上线率达到 95%。加强对汽车客运站的监管力度，督促汽车客运站严格落实“三不进站”“六不出站”规定，确保客运站、客车等消防设施按规定配备齐全有效，杜绝安全责任事故发生。同时，强化安全带佩戴工作，对驾乘人员未进行安全告知、乘客未系安全带的，一律不准出站。客运车辆出站前、上高速公路前、服务区休息发车前等环节，司乘人员要提醒、检查乘客系安全带，确保道路运输安全。加强值班值守和信息报送工作，严格落实领导带班和 24 小时值班以及突发事件信息报告制度，确保信息畅通，及时报告安全事故信息。

强化公路巡查力度，确保公路安全畅通。由于汛期降雨较多，不少农村公路发生严重水毁，为此县乡两级管养机构加大巡查力度，积极筹措资金治险抢通。神堂堡乡、砂河镇、金山铺乡、下茹越乡等乡（镇）领导包村包路限期抢通，全年水毁治理投资 360 多万元。县道养护稳中有升，规范运作，备置防滑料 90 立方。（魏小斌）

【脱贫攻坚】 2016年，全县13个乡（镇）47个整村脱贫村的通村路全部硬化，客运班车全部开通。根据上级文件精神，围绕全县213个贫困村，编制上报了2017年—2019年三年滚动计划452.2千米，“油返砂”公路改造计划793.7千米，自然村通硬化路71.6千米。对所帮扶村小庄的269户村民，进行了入户调查，协助村两委识别贫困户85户，查找致贫原因，制定脱贫措施及帮扶计划。

（魏小斌）

道路运输管理

【概述】 繁峙县道路运输管理所始建于1976年，原名群运站，为自收自支的事业单位。2014—2016年，内设办公室、法制办公室、计划财务办公室、票证统计办公室、客运管理办公室、货运管理办公室、维修管理办公室、驾校管理办公室、政务大厅、稽查大队、治超办、安全办。

2010年6月29日，县机构编制委员会下发繁编办字〔2010〕9号《关于繁峙县道路运输管理所调整机构规格的通知》的文件，文件按忻编办字〔2010〕82号文件通知，确定繁峙县道路运输管理所机构规格调整为副科级，核定副科级领导职数1名，其他均不变。

2014年，全县拥有各类营运货车3298辆，合计42541.238吨；营运客车71辆，1690个座位；其中县境内客运班线30条，投放客车35辆；跨县客运班线18条，投放客车36辆；全县乡镇通班车率100%，行政村通班车率98%。安装候车亭81个，候车牌344个，二级汽车站1个，三级汽车站1个，四级汽车站2个；辖区内拥有客运企业1家，货运企业9家，汽车站2家，综检站2家，驾校1家，二类维修企业5家，物流企业1家，三类机动车维修业户154户；政府公示货运源头企业234家，其中年产30万吨以上70家。

（张永平）

【党建工作】 2014年，按照县委、县政府和县交通运输局的安排部署，贯穿“照镜子、正衣冠、洗洗澡、治治病”的总要求，以“为民务实清廉”为主题，坚持聚焦“四风”解决问题，坚持敞开大门群众参与，围绕各队、室，在“四风”方面存在的突出问题，于3月25日的视频会议上和安全例会上分别向全体运管人员和全县道路运输企业征求机关作风建设和个人“四风”方面的意见和建议。

为认真贯彻落实县纪委、组织部、监察局、人社局、党的群众路线活动办公室《关于开展“工作秩序涣散、纪律松弛”专项整治工作的通知》文件精神，进一步创优道路运输发展环境，促进和加强干部作风建设，转变工作作风。运管所于4月12日召开党的群众路线教育实践活动民主生活会。

5月21日，局党总支组织交通系统全体党员干部到伯强村毛泽东路居纪念馆，参观革命历史展览，接受革命传统教育，激发党员爱国热情和进取精神。

（张永平）

【平安交通】 2014年1月7日，召开春运工作动员会，会议传达了市局春运工作文件精神，认真学习了县所制定的《关于认真做好2014年春节运输工作的通知》和《繁峙县道路运输管理所春运应急预案》文件。重点要求客运公司对参加春运的车辆于春运前全部进行强制保养，责成分管安全负责人对车辆行车系统、制动系统、转向、灯光、喇叭、轮胎等安全部件进行认真细致的检查。

并制发《春运车辆强制保修明细表》和《春运客车强制保养汇总表》，进行详细登记后，报县所安委办备案。

要求客运公司深刻吸取陕西蒲城客车爆炸事故的教训，对乘务员进行一次安全教育培训，提高乘务员的安监意识和服务水平。

4月9日，运管所召集各运输企业负责人参加安全隐患大排查大整治的会议，会议通报了“晋济高速公路岩后隧道”3·1特大重大道路交通危化品燃爆事故，学习了县所印发的《关于开展道路货物运输与道路旅客运输安全隐患大排查大整治工作的实施方案》。会后，运管所安全隐患排查治理领导组对全县25家道路运输企业进行不定期督导检查，指导企业按照县所方案要求深入开展安全隐患大排查大整治活动，重点陪同市政府督查组对繁峙交通运业有限公司、繁峙汽车站、砂河汽车站各进行了多次安全大检查。

驻站人员按照“三关一监督”的安全管理职责要求，对汽车站的安全管理制度、机构、管理人员等落实情况进行了一次严格检查，对检查出的隐患下达了《责令整改通知书》，要求限期整改，督促汽车站进一步加强车辆安全例检和出站检查登记以及“三品”查堵工作，严禁未经安全检查或安全检查不合格的车辆载客出站。同时，还对所有车辆的座位进行了进一步的清理核对，从车辆源头上严防超载行为发生。（张永平）

【安全宣传】 为深入贯彻省运管局安全生产促进会的安排和部署，进一步加强道路运输安全生产工作。运管所于2014年6月16日在繁峙县汽车站进行声势浩大的“安全生产月”宣传活动。活动期间，运管所出动宣传人员10人，印发《汽车站客运安全生产规范》和《山西省道路运输安全生产事故隐患排查治理制度》宣传资料2500余份，制作安全展板两块，同时，繁峙电视台对此次活动进行了全程跟踪报道。（张永平）

安全生产宣传活动　张永平提供

【危货运输】 2014年8月1日，召集4家危货企业召开“规范道路危货运输经营促进会”。会议就如何规范危货运输市场和督促危货企业规范发展的问题进行了专题研究和部署。

9月18日邀请忻州市运管局副局长冯俊怀、货运科科长郝建平、副科长王建光对本县5家危化品企业如何申报危险货物运输企业和规范运输经营行为进行了培训。

（张永平）

【运政稽查】 2014年，春运期间出动车辆40多次，出动人员160余人次，在繁峙汽车站和砂河汽车站对春运客车进行多次现场抽查和排查。

五一小长假期间，稽查大队开展道路安全大排查大整治活动，针对车辆违规经营，异地经营和无从业资格从事旅游、班线、危货品运输的违法、违规行为进行了严格的排查打击。稽查队6人共出动11次，在主要旅游线路分别蹲点值守，检查旅游车辆共63辆次，查处未携带从业资格证车辆1辆，未系安全带驾驶车辆9辆。稽查队员当场对违规司乘人员进行教育并发出责令整改通知书。

2014年5月19日，稽查大队按照市局和县所安排，在砂台公路入口，为游台观光旅游车辆提供指引线路和便民服务。执勤期间，稽查大队共出动稽查人员5人，接待问路客车11辆，检查班线客车3辆，客车手续齐全。

自6月中旬起，结合安全生产大检查专项行动，进一步加大客运市场的专项整治工作。整个整治工作分三个步骤进行：宣传发动，客车规范进站，无证车辆打击。专项整治期间，稽查大队出动执法人员85人次，执法车24辆次，检查营运车辆75辆，通过一个月的安全大排查，消除了威胁安全生产的各类隐患。

根据有关文件精神，严格落实停产整顿、关闭取缔、上限处罚和严厉追责的“四个一律”执法措施，集中打击、整治一批当前表现突出的非法违法、违规违章行为，结合本县道路运输行业实际，从8月至12月底，在全县集中开展了以“六打六治”为重点的道路运输“打非治违”专项行动。

专项行动期间，稽查大队重点对5家危化企业进行摸底排查，查封危化品企业运输车18辆次，整治未按期审验客车2辆。同时，每月组织相关人员对25家生产经营单位进行事故隐患排查，共排查一般事故隐患27项，并对其进行了逐一整改。

2015年春运　检查　张永平提供

2015年，稽查大队执法人员每天派出5人次，全年出动车辆80余次，共检查客运车辆178辆，无一例超载超员和非法营运车辆。有效避免了交通事故的发生。春运期间未发生一起交通运输事故，投诉案件也明显下降，实现了“安全、畅通、有序、优质”的总目标。

“五一”期间，开展道路安全大排查大整治活动，针对车辆违规经营，异地经营和无从业资格从事旅游、班线、危货品运输的违法、违规行为进行严格的排查打击。稽查大队6人共出动11次，在主要旅游线路分别蹲点值守，检查旅游车共63辆次，查处未携带从业资格证车辆1辆，旅客未系安全带车辆9辆。稽查队员当场对违规司乘人员进行教育并下达责令整改通知书。

按照全县开展的道路运输市场百日监督检查活动的具体要求，对各大企业（维修厂、二保厂、货运企业）积极开展大检查、大排查工作。

稽查大队积极与交警部门、教育部门相配合严厉打击非法营运车辆，站外拉客、接送学生的车辆。同时，每月组织相关人员对23家生产经营单位进行事故隐患排查，发现问题及时督促整改。

结合安全生产大检查专项行动，进一步加大客运市场的专项整治工作。稽查大队出动执法人员87人次，执法车27辆次，检查营运客车辆81辆，通过一个多月的安全大排查，消除了威胁安全生产的各类隐患。

2016年2月底对全县道路运输市场开

展“打非治违”专项行动。专项行动期间稽查大队加强源头监管和路检路查。认真做好车辆安检和危险品的查堵工作。加强客运市场的规范管理，整顿市场秩序，加强运价管理和执法监督，切实维护广大经营者的合法权益。（张永平）

【运输服务】 2014年，并运繁峙公司按期完成客运企业安全生产标准化考评达标工作，汽车站已完成安全生产化标准化考评申报工作，全县50%的货运企业、维修企业从6月份开始，已进入安全生产标准化达标备战阶段，并将安全生产标准化与企业生产经营和服务质量考核相挂钩，以严格的奖惩机制推动运输安全向标准化、科学化转型。结合一年一度的汽车站质量信誉考核，认真落实交通部《安全例检》和《出站检查》两个新规范化，汽车站全部进入县级文明单位。严格落实农村候车亭的管理和维护办法，保持农村候车亭的完好率90%以上。强化站务和司乘人员培训，全面提高从业人员素质。全面落实客运汽车站服务规范，认真开展汽车客运站和客运班线文明创建活动，强化应急运输和突发事件处置能力。加强“三位一体”应急保障体系的日常管理和动态考核，认真搞好各种危货紧急处置应急预案，加强重点时段客（货）流监测，保证道路运输兜底作用有效发挥。深化“安全带——生命带”工程，严格落实“三不进站、六不出站”规定。加强“两客一危”车辆动态监管，进一步提升农村客运车辆动态监管覆盖面。积极提请政府道路交通安全联席会议，落实农村客运安全“县管、乡包、村落实”制度。加强与交警、安监等部门的协同配合，建立事故隐患抄告制度，增强联防联控能力。严格执行《机动车维修服务规范》，加快机动车维修配件质量追溯体系建设，探索建立机动车维修质量鉴定认证机构。

对县城西牌楼至代县境108国道两侧5公里占道经营的三类汽修业户进行集中清理整顿，其中60户汽修业户统一入驻“繁峙鸿生物流总公司”汽修园区经营，既规范了汽修市场秩序，又杜绝了占道经营带来的交通隐患。

为了加大驾培市场监管力度，提高培训质量。一是积极开展驾培市场专项清理整顿工作，采取实地检查与明察暗访相结合的方式，重点打击非法驾驶员培训机构、非法教练车及违规培训点，同时不定期深入有生驾驶员培训学校，对教练员理论和实操课的授课情况及车辆性能进行检查，督促其自觉做好机动车驾驶员培训工作。二是认真做好驾培机构和驾驶教练员的质量信誉考核工作，全面提升驾培机构的培训能力和水平。（张永平）

【队伍建设】 2014年6月28日开始，稽查大队积极参加市局稽查支队组织的稽查比武活动。在108国道进行了多次现场比武模式排练、演练，比武演练中从车辆配备、稽查器材配备、服装配备、执法证件配备都做到规格统一，而且配备了专职电脑操作人员和文书使用人员，重点进行交通手势的演练和操作，并于10月9日，在忻州市奇村参加了市运政执法技能大比武活动，稽查大队参赛人员标准的动作，精细的安排，规定的程序得到了省市领导和兄弟单位的好评。

（张永平）

【源头治超】 2014年，对全县货运源头企业进行科技治超的全覆盖，其中安装网络版8家，单机版25家，动态称重仪2家。为全县234家货运源头企业的科技治超全覆盖奠定了坚实的基础。

2015 年，在专项行动宣传日期间，共出动宣传车 5 辆，出动执法人员 25 人，发放宣传资料 1300 份，现场指导运输车辆 8 两次，进入企业 125 家。 （张永平）

2015 年治超业务培训会　张永平提供

【五型运管】　2015 年，运管所全面推进学习型、服务型、创新型、务实型和廉洁型运政队伍建设，着力打造一支作风优良、纪律严明、求真务实、勤勉实干的运政队伍，进一步提升为民服务水平。

节假日督促企业召开驾驶员和从业人员安全教育培训会，而且根据车辆二级维护到厂维修的时间间隔，由二保厂组织驾驶员进行“流水式”的培训和考试，提高了驾驶员的业务技能和职业道德。

认真贯彻省政府制定出台的为企业减负 60 条新举措，从 2014 年 4 月 1 日起，取消“道路运输经营许可证”。

组织各队、室负责人研究道路运输行业危险源识别和台账的制作工作，为企业安全生产与隐患排查工作提供指导先行先试。

把每月的 25 日确定为安全生产例会日，组织服务对象召开会议，传达上级文件精神，了解服务对象需求，解决服务对象难题，进行工作部署安排。

每年的行风评议，向服务对象发放行风评议表，征求对领导班子和业务工作的意见和建议，并及时予以改进。 （张永平）

【安全监管】　2015 年 1 月 16 日，组织运输企业召开安排部署会，传达并学习交通运输部、公安部、国家安全监管总局关于认真贯彻落实《道路运输车辆动态监督管理办法》交运发〔2014〕117 号文件，会后组织相关人员配合市运管局对提供道路运输车辆动态监控的社会化服务商平台情况进行核实，7 家社会化服务商平台符合条件通过核实，并在网上公示。

2015 年 1 月 25 日召开春运工作安排部署会。会议安排：1.企业要认真落实安全生产主体责任；2.认真贯彻执行县所 2015 年春运文件精神，制定各企业的春运文件，成立领导组，做好值班；3.所有企业在春运前要进行一次隐患大排查；4.认真做好危险源辨识工作，建立登记台账；5.加强宣传，每个企业悬挂两条安全宣传标语；6.承担应急救援的企业要认真做好准备工作，加强值班，保证能够拉得出、用得上。7.维修厂家要做好春运车辆的五大总成的检查和调试工作。

6 月 16 日在县政府府东广场设立安全生产宣传咨询点，开展“安全生产月”宣传活动。出动工作人员 11 人，宣传车 3 辆，发放安全知识宣传材料 2500 余份，并解答群众提问。 （张永平）

【行政许可】　2015 年 5 月 6 日，召开行政权力公开运行暨法律法规业务培训会，深入推进简政放权，加快转变运管职能，强化对权力运行的制约和监督，推进道路运输管理

能力现代化，进一步开展行政权力清理工作，健全权力公开制度。（张永平）

【档案管理】 2015年，档案室建立的电子档案共计10663卷（件）。其中车管6521卷，统计28卷，运政人员79卷，运政执法49卷，维修187卷，基本建设类2卷，设备仪器类3卷，运输站场25卷，综合性能检测2卷，驾培1卷，班车客运1卷，普通货运22卷，行业文明6卷，文件3070件，会计凭证481卷，会计账簿111卷，财务报表20卷，实物类：证书12个，奖牌23个，锦旗1个，声像类：照片18张，电子类：光盘1个。（张永平）

【节能减排】 2015年，按照省市运管局关于加紧做好营运类黄标车淘汰工作的通知要求，运管所多次召开专题会议，成立领导组，抽调专人进行电脑查阅，并调阅纸质档案进行比对，确保2015年底前注册的22辆营运类黄标车全部按文件要求时限进行淘汰。

2016年，共注销黄标车辆308辆，全面完成了营运类黄标车淘汰工作任务。

（张永平）

【物流行业】 2015年，根据市局和县综治委要求，在全县范围内开展物流行业清理整顿专项行动。制定专项行动工作方案，成立了领导组，明确目标任务和职责分工。按照方案要求，迅速组织检查人员对县鸿生物流集团有限公司、山西并州物流有限责任公司、山西省繁峙县晓勇物流有限公司展开拉网式排查。上述公司按规定都在运管所备案，且都获得许可部门和相关部门的批准，证照齐全。

2015年10月中旬开始对全县物流（含货运站）市场进行全面摸排，工作重点放在县城、砂河、大营三大集镇，期间共出动车辆35辆次，人员近110人次，通过摸排，全县大型物流企业在县所备案的有3家，对未取得经营许可的物流业户，会同相关部门取缔1家。对不具备安全生产条件，存在重大安全隐患的物流企业（含货运站场），限期责令改正2家。

2016年9月6日组织全县3家物流企业负责人召开了物流运输清理整顿专项行动回头看安排部署会。落实收交货物实名登记100%，开箱（包）检查100%，货物X光验视100%制度，建立健全安全管理档案、台账，并将相关档案妥善保留，以备查询。

（张永平）

【施新版《道路运输车辆技术管理规定》】 2016年3月1日，根据上级部门要求，认真实施新版《道路运输车辆技术管理规定》（中华人民共和国交通运输部令2016年第1号），积极引导道路运输经营者落实车辆维护制度，不再对车辆二级维护的执行情况进行备案，并要求道路运输经营者应当依据国家有关标准和车辆维修手册、使用说明书等，结合车辆类别、车辆运行状况、行驶里程、道路条件、使用年限等因素，自行确定车辆维护周期，确保车辆正常维护，建立车辆技术档案制度，实行一车一档。自行确定车辆维护周期，其经营者对于车辆的管理维护更加自主和自觉，更能推动车辆的维护管理。（张永平）

【精准扶贫】 2016年，运管所派出的3位贫困村第一书记：张永平、韩国翔、张月强。通过驻村第一书记、工作队、包乡领导、村两委干部齐心协力推进脱贫攻坚，2016年，第一书记张永平包的宏旺村，韩国翔包的三圣地村实现了如期脱贫。（张永平）

治理超限超载车辆管理

【概述】 2007年11月，按照省政府要求：本县从交运局、交警大队等主要治超成员单位抽调5名工作人员组建县治理非法超限超载车辆工作领导组办公室。2011年5月9日，经县编委批准，繁峙县治理非法超限超载车辆工作领导组办公室更名为繁峙县治理超限超载车辆办公室，成为县政府常设机构，同时批准“三定”方案。明确县治理超限超载车辆办公室是全额拨款事业单位，正科级建制。主要负责督促、协调全县治理非法超限超载货运车辆工作。核定全额财政拨款编制5名：正科级领导职数1名，股级领导职数2名，一般工作人员2名。设2个内设机构：综合科和稽查科。从县交运局、交警大队、公路段等主要治超成员单位抽调50余人组建了4支治超流动稽查队，密切配合，各负其责，常年巡查在全县国省道、县乡路上。2008年至2013年县治超办连续6年被省、市评为优秀治超办，2008年、2009年分别被省治超领导组授予治超工作优秀县，分别获得1000万元和3000万元公路建设奖励资金。 （杨连国）

【安头公路超限检测站】 安头公路超限检测站是2009年12月经山西省人民政府晋政函［2009］125号文件批准设立的I类固定超限检测站，隶属于山西省公路局忻州分局。检测站位于省道S213繁五线K12+500处，占地14.42亩，地属岩头乡安头村。于2012年7月23日正式开站运行。

检测站为正科级建制，全站共有职工41人，在编人员8人，协勤人员33人。全部具有大专及以上学历并经过岗位资质培训，

安头公路超限检测站全貌　杨连国提供

持有交通运输行政执法证22人。检测站下设综合办公室、稽查队各一个，检测中队4个，实行四班三运转，24小时不间断检测。2014年全年共检测车辆5657辆，无因检测和处理失误而引发投诉、争议事件。 （杨连国）

【元宝山公路超限检测站】 元宝山公路超限检测站于2007年9月经省政府晋政［2007］115号文件批准设立。隶属山西省公路局忻州分局。位于108国道K378+500米处，占地26亩。地属大营镇左所村。检测站共有干部职工51人，（其中站长1人，书记1人，副站长2人），党员11人，建有1120M2综合办公楼，检测现场配备两台DCS动态超限检测系统，一台静态检测系统，设有长60米，宽120米的引道，用于车辆检测通行。

该站设4个中队，检测工作实行四班三运作，每班由1名中队长带班上岗，对过往货车进行三班倒全天候监控和检测。

（杨连国）

省道国道管理

【概述】 繁峙公路管理段始建于1958年，

隶属山西省公路局忻州公路分局，担负着繁峙境内108线、大石（大同、石咀）线、王大（王庄堡、大营）线、繁五（繁峙、五台）线4条线路共174千米国省干线的管养任务。段设两股1室1队1个养护中心和11个道班：即工程技术股、财务资产股、综合办公室、路政管理大队、金山铺路面养护中心、城关道班、下茹越道班、集义庄道班、砂河道班、金山铺道班、云务峪道班、大寨口道班、神堂堡道班、龙池河道班、岩头道班、南么道班。2016年，有在职职工100人。

2015—2016年，担负着繁峙境内108线（K350.869—K435）、大砂（大同、砂河）线（K104.603—K121.013）、G239线（K142.151—K157.491）、G239线（K218.865—K243.943）路共141千米国省干线公路的管养任务。

2015年，公路段被县政府授予“2014年度安全生产先进单位”，并颁发奖金2万元。12月，在全县年度安全生产检查评比中，名列第一。

2016年，公路段被省精神文明建设委员会命名为“文明单位”；被忻州公路分局评为“优秀公路段”“安全生产先进单位”；被繁峙县委县政府授予“支援地方经济建设先进单位”“安全生产先进单位”“精神文明建设先进单位”“治超先进单位”“精准扶贫优秀工作队”；被忻州市人民政府授予“全市治超工作先进成员单位”；段党支部被分局党委、繁峙县委授予“先进基层党组织”。（刘　妍）

【公路养护】　2014年，日常养护整理完善108线、大石线绿化平台，刮铲平台杂物160立方米；对所养路段的路基宽度全部进行了恢复，整修路基边坡10295米、清理边沟淤泥杂物40.01千米；春运期间共清除积雪3839K平方米，撒铺防滑料740立方米、打冰107千平方米、撒盐60吨，圆满完成了春运期间的公路保畅任务；春融期间，修补杭槽8450平方米、灌缝60.19千米、处理路基沉陷80米。汛期共清理塌方945立方米/13处，填垫路基缺口185立方米/5处，修补浆砌片石挡墙951.99立方米/9处、边沟抹面234平方米、浆砌片石八字及护拱134.16立方米。在安全设施恢复中，修复和补栽标志等20块（件），补栽护栏柱40根，安装里程碑11块，沿线整修波形护栏182米，较好地恢复了安保功能；对沿线绿化树木进行修剪，对树池、花池进行整修，整修绿化平台12千米，沿线种花21千米。路面大中修工程，分别对繁五线K7-K16段路面改造遗留工程、王大线K16+560-K29+920段和108线K362+080-K371+300段3处路面实施了改造。

2015年，整理完善绿化平台，刮铲平台杂物480立方米，对所养路段的路基宽度全部进行了恢复；整修路基边坡9.25千米；清理边沟淤泥杂物1.02千米，开挖土边沟15米，安装混凝土排水管36米。在路段病害处治中，用沥青砼修补杭槽16000平方米、路面灌缝112.595千米、创可贴L-ZN自粘压缝带贴缝3.86千米、水泥砂浆灌缝450米、小型罩面3500平方米、处理大石线路面沉陷850平方米。大中修工程施工中，完成大颗粒罩面57917平方米、0.5厘米封层+3厘米沥青混凝土加铺72710平方米。在水毁恢复治理中，共清理塌方120立方米/2处，浆砌片石挡墙41.6立方米，砂浆抹路缘带面13.814千米；修补浆砌片石边沟及挡墙720立方米；挡墙及边沟抹面5500平方米。年末，路况综合评定优良路率为87.5，米QI值为88.5。在安全隐患整治活动中，对108线K350+880-K350+980段、王大线K14+700-K17+800段地质灾害进行了治理，同时完善安保设施，对倾斜、损坏的标志、波形护栏等进行维修恢复，安装反光弹力柱2520根、广角镜4套，增设爆闪灯6套，安装假警察2个，沿线整修波形护栏200米，较好地恢复了安保功能。在公路绿化美化过程中，加强绿化树木的管理，对沿线绿化树木进行修剪、浇水，对树池、花池进行整修，种花21千米、种植云杉树30株，修建花池2个，修建长城隔离墩43米。

2016年，整修路基边坡12.6千米，清理整修边沟23千米，新开挖土边沟1.079千米，疏通涵洞92道，新砌浆砌片石边沟87米。对破损的边沟、挡墙及隔离进行抹面200平方米，春运期间，共清除积雪1230千平方米，撒铺防滑料600立方米，打冰68千平方米，撒盐50吨，圆满完成了春运期间的公路保畅任务。路面病害处治，沥青砼补坑槽7200平方米，聚氯乙烯胶泥灌缝49680M、贴缝带贴缝4560M、罩面17486平方米。铣刨加铺9厘米沥青混凝土面层9600平方米。108线薄弱路段路面病害处置，沥青混凝土修补坑槽17124平方米，新修20厘米水稳碎石基层+5厘米厚的沥青混凝土面层20000平方米/2千米，加铺5厘米的沥青混凝土面层13500平方米。水毁恢复共清理塌方3620立方米，新建浆砌片石挡墙1405.3立方米/101米，新修路面工程457.5平方米/61米，涵洞8.8米/1道，钢筋混凝土防撞墙61米。年末路况综合评定优良路率为84.5，MQI值为88.9。 （刘　妍）

【路政管理】　2014年，按照年度干线公路综合治理安排，坚持依法治路，紧紧围绕养护抓管理，路政大队制定和完善各项规章制度，划分路产管理目标责任区，规定责任人的岗位职责，责任到人，逐级负责，层层落实，坚持每天上路巡查的同时，搞好宣传工作，建立完善路产档案。清理路障6起，收取路产赔（补）偿费81074元/11起，圆满完成了路政管理工作任务。在108线路面改造工程交通管制中，克服车流量大，人员少等困难，严格执法，保证了正常施工秩序。并根据日常管理工作的特点，采取分段管理，在巡查中协助施工单位及时发现和处理安全隐患；加强日常巡查，协调处理当地群众阻工等问题，确保了改造工程的正常进行和路政管理工作正常开展。

2015年，路政管理大队执法人员继续发扬攻坚克难，勇于拼搏的精神，一是加大了巡路频率，及时发现受损路产、处置突发事件，使公路路产路权得到有效的保护。全年累计发生路政案件23起，发现23起，查处23起，收取路产赔（补）偿费144690元，拆除非公路标志28块/28处，清理路障15平方米/7处，路政案件发现率、查处率、赔偿率、结案率均达到了98%以上。二是建章立制，同执法人员签订治理公路“三乱”目标责任书以及路产管理目标责任书。三是路政管理法律文书得到进一步规范，赔（补）偿案卷整理规范、程序正确、应用法律条款准确、归档及时，使路政管理效率得到迅速提高。四是上路执法人员着装整齐，按规定携带执法证件、执法车辆使用规范，依法行政、文明执法水平得到进一步提高。五是配合当地政府认真做好超限超载治理工作。六是切实做好应急保畅工作，为人民群众出行提供一个安全、畅通、舒适的道路交通环境。七是开展“路政执法宣传月”活动，使大家充分了解公路法律法规，提高人民群众的爱路护路意识，取得全社会对路政管理工作的认可和支持，创造有利于公路安全健康发展的良好环境。

2016年，累计发生路政案件18起，查处18起，收取路产赔（补）偿费 146593.5元，拆除非公路标志51块/51处，清理路障152平方米/17处，路政案件发现率、查处率、赔偿率、结案率均达到了98%以上。积极开展短期业务学习，组织路政大队全体人员进行《中华人民共和国公路法》《公路安全保护条例》《山西省公路条例》等法律法规的学习。建章立制，同执法人员签订治理公路“三乱”目标责任书以及路产管理目标责任书。开展“路政宣传月”活动，宣传“爱护桥梁、保障安全”，宣传《公路法》《公路安全保护条例》及《山西省公路条例》等路政管理法规和规章。实施路域环境整治，清理摆摊设点12处，拆除违章建筑80平方米/1处，108线对原有花池砖用砂浆进行了加固，并新增绿化平台800米，补栽花1500余株；108线路宅分离300米，繁五线路宅分离120米；繁五线新建绿化平台1415平方米/381处，全部利用废旧轮胎镶边，达到修旧利废，节约资金的目的。（刘　妍）

【公路建设】 国道108线神堂堡路段是京、津、冀通往佛教圣地五台山的重要通道，也是晋煤外运的重要通道。随着大吨位车辆的增长，该路段路面严重破损，县该路段为山区二级路，车辆拥堵，成为国道108线的瓶颈路段。为此经过省、市、县政府和公路部门的共同努力，于2013年对该线路路况最差的K355+700—K362+500段实施了一级路改造工程，并于2014年底完工通车。

同时，在省道繁五线路面改造工程施工中，鉴于木格村过村路段视线不良，存在严重安全隐患，且影响居民正常生活，在木格村村民强烈要求下，经县政府同公路部门共同协商，由政府出资修建路基、公路部门负责路面建设，新建绕村路段1.2千米，并于2014年11月完工通车。（刘　妍）

【公路隶属变迁】 2014年11月，山西省人民政府在五台山风景区规划中，将繁峙境内省道大石线K123.815—K157共33.185千米公路（即砂河镇至五台山鸿门岩段）移交五台山风景区管理。同时，将沿线张先生沟、山羊会、东山底3个道班和养护人员、道班房产一并移交五台山风景区管理。至此，省道大石线（大同市至五台县石咀村）更名为大砂线（大同市至繁峙县砂河镇）。

（刘　妍）

【养护管理“八比八看”活动】 2016年，根据山西省公路局开展国省干线公路养护管理“八比八看”活动，结合市国省干线公路路域环境综合治理活动，对公路路基、路面、边沟边坡及路域环境进行了彻底整治，综合服务保障能力得到有效提升。修复和补栽标志30块（件），安装警示柱、道口桩、百米桩等2638根，整修波形护栏656米。新增绿化平台10.57千米，种植草坪17.5千米，植树4262棵，种花5万余株，绿化平台整修、花砖砌边1.25千米，废旧轮胎镶边、

2016年“八比八看”活动中过城路段花坛种花　刘妍提供

组装路徽 381 米，废油桶改装花坛 51 个。公路沿线清理垃圾 890 立方米，整理修剪草坪 16.8 千米，整修粉刷过村路段隔离墙（墩）2.5 千米，王大线、繁五线两处交界停车服务点，重新进行维修规划，补植了风景树，彩绘了壁画；王大线、108 线各新建应急抢险机械物资储放场地 1 处；公路沿线制作安装公路安全文化宣传牌 12 块，利用废砖石在边坡上镶嵌公路文化宣传标语 13 处。108 线地质灾害治理工程，共削坡 3858 立方米/2 处，王大线浆砌片石挡墙 306 立方米/1 处，新建钢筋混凝土防撞墙 47 米。（刘　妍）

【精准扶贫】　2016 年，根据县委、县政府的统一安排、部署，公路段负责岩头乡水峪村和东山乡沟南村两个贫困村的精准扶贫工作任务。同时，根据县委组织部安排，公路段委派本单位曲秀平、李和平两位党员分别为岩头乡水峪村、大保村和砂河镇西沿口村、义兴寨村驻农村第一书记开展精准扶贫工作。在精准扶贫工作中公路段成立了以段主要领导为组长的精准扶贫工作领导小组，并成立了两个驻村工作队，分别进驻所在贫困村，开展精准扶贫工作。在驻村工作期间，工作队成员同农村第一书记深入贫困户家中进行调查研究，掌握贫困住户贫困信息和致贫原因，积极制定脱贫计划和措施，并筹资为贫困户购置羔羊，在节日期间购置扶贫物资慰问贫困群众，从而助推沟南村年内实现了整村脱贫的工作目标，被县委、县政府授予“优秀驻村工作队”，农村第一书记曲秀平同志被评为“优秀农村第一书记”。

（刘　妍）

繁峙火车站

【概述】　繁峙火车站，位于县城向阳南路南端。为太原铁路局原平车务段下辖三等客货运站。2010 年 3 月，繁峙县投资 2700 万元，拆除旧站房，新建候车综合大楼。候车厅面积 756 平方米，可满足车站客运高峰期最高旅客容量，售票厅 85 平方米，是晋北普速铁路县级站面积最大的火车站。2011 年 7 月 1 日正式开通使用。职工 40 名，每日接发旅客列车 6 列，年平均发送旅客 30 万人（次），日均通过货运列车 40 列。客车主要有太原至灵丘慢车 1 对，运城至北京快车 1 对，太原至北京快车 1 对，均在繁峙站办理客运业务。站内设行车、客运、货运班组，办理客运（异地票办理）业务及各类货运业务。（崔志刚）

邮政　通信

邮　政

【概述】　2014年，繁峙县邮政局设有综合办公室、市场业务部、金融业务发展中心3个职能部门，下辖封投组、保卫组2个班组，砂河支局、大营支局、岩头邮政所、神堂堡邮政所4个邮政分支机构，滹源大街支行、东泰路支行、向阳南路储蓄所、砂河营业所、砂河镇支行、京台营业所6个储蓄网点。县域设置转趟邮路3条，投递道段36条，满足全县13个乡镇，402个行政村、378个企事业单位、27万人的用邮需求。

2015年，根据上级部门文件要求，"繁峙县邮政局"正式更名为"中国邮政集团公司山西省繁峙县分公司"。2015—2016年，繁峙县分公司下辖封投组、保卫组、营揽投部3个班组。

2016年，有职工124人，其中金融从业人员44人，投递人员32人。配备汽车7辆，三轮摩托5辆，电动三轮车14辆，金融网点共配备ATM机6台，CRS机4台，补登折机3台，自动填单机3台，网银终端6台，理财POS机1台，邮惠购触摸屏1台，叫号机6台。县域设置转趟邮路3条，投递道段36条。（高晓瑞）

【邮政业务】　2014年，邮政业务总收入1980万元，完成市分公司预算的101.5%，同比增长3.25%；2015年度报刊大收订完成304万元。

2015年，邮政业务总收入2196万元，完成市分公司预算的100.5%，同比增长5.25%；邮储余额突破10亿元大关；2016年度报刊大收订完成318万元。

2016年，邮政业务总收入2412万元，完成市分公司预算的102.5%，同比增长7.25%；邮储余额突破11亿元大关。

（高晓瑞）

【邮政代理金融网点的转型升级】　2014年，县邮政局成立了转型工作领导组，并建立了包联人员帮扶机制，由县邮政局成立的6个包点小组与基层6个储蓄所进行对接帮扶。为提升网点人员综合素质，市局内训师对全局6个储蓄网点进行了全方面的培训，从晨夕会到一日三巡以及网点的6S管理等方面进行了固化培训。（高晓瑞）

【邮政局投递改革】　2014年，自省、市局实施邮速合体经营战略以来，公司积极贯彻落实，制定了《繁峙邮政局投递改革方案》，对原有机构人员、场地进行重新划分和改革，合并道段，并成立速递揽投部，从内部作业流程上更加优化，为投递员配备三轮电动车14辆，PDA手机36部，提升综合竞争实力，重塑邮政百年寄递形象。（高晓瑞）

【"电商+寄递"业务】　2016年上半年与繁

峙县中心企业局积极沟通洽谈，坚持走“电商+寄递”业务发展模式，和赵庄白水大杏合作社成功开发了白水杏寄递业务，在邮政自由电商平台积极推广本县赵庄白水大杏销售，利用忻邮乐购平台帮助农民销售白水杏405箱，销售额2.5万元，实现寄递收入0.68万元。 （高晓瑞）

【精准扶贫】　2016年，公司按照县委、县政府的整体部署，扎实开展精准扶贫工作。县分公司成立由党委书记任队长，两名大学生任队员的工作队，对岩头乡甘泉村、高儿坡村贫困户进行精准帮扶。工作队先后参加县、乡各类扶贫会议13次，工作队工作日常驻村里，遇有周六、周日加班也和村干部工作在村里。县邮政公司为甘泉村村委员会捐赠了2组办公柜、1套座椅，春节期间为两村贫困户发放白面66袋。 （高晓瑞）

通　信

·中国联通繁峙分公司·

【概述】　2015年，全年通服收入累计完成3069万元，4G业务累计发展9554户，净增3473户，全市排名5，宽带业务累计发展4558户，净增1355户，排名5，智慧沃家（融合）业务累计发展6445户，净增3525户，排名9。收入份额25.7%，排名第8，移动用户份额21.66%，新增份额0.3%，宽带用户到达份额56.96%。

2016年，通服收入累计完成3535万元，完成年度预算3759万元的94%，全市排名第5，同比增幅2.3%，全市排名第4。4G业务累计发展13162户，宽带业务累计发展4513户，净增1319户，智慧沃家（融合）业务累计发展2823户。 （柴永青）

【业务营销】　2015年，围绕各季度业务竞赛、智慧沃家竞赛、4G手机节等几次业务竞赛，精心策划、积极动员，各营销中心及管理人员亲自带队到市场一线宣传推广。在各大节日和营销旺季组织了丰富多彩的业务宣传活动，公众渠道进村进小区、集商客进机关、中小企业、沿街店铺，自有厅开展炒店活动，社会渠道开展卖场联动，各渠道根据业务特点和目标用户群分别开展富有特色的营销活动，取得一定的成绩。智慧沃家一阶段完成446户，全市排名5，二阶段完成1551，排名8。

2016年，在第一季农村攻坚行动中公司有4个农村单元排到全市前10名，并获得奖励。在五一、国庆等各大节日营销活动中组织丰富多彩的业务宣传活动，各渠道根据业务特点和目标用户群分别开展富有特色的营销活动。全市五一三项核心业务竞赛中，本公司取得4G全市第1、终端第2、宽带第6的好成绩。集商客中心在双返市场营销、双I业务、双百营销活动及沃启航活动中ICT业务三项，完成收入35万，排全市第2，双百营销中商客聚类市场宽带完成排第1，集客沃启航第一季活动签单量及签单额均排前列。 （柴永青）

【集商客渠道工作】　2015年，先后完成教育网项目90余所学校、平安城市300个视频点接入、财政集中支付、各中小企业务工卡等集团350户，专线电路20余条。共计为下年度增收200万元。 （柴永青）

【基层责任单元改革】　2015年，分公司完成两个城市和六个农村基层责任单元的设立和人员竞聘工作，71人加入基层单元，占总人数110人的64.55%，存量用户已按要求全部划配到各单元及相应员工，四包一清单全部落地，人员的考核激励、积分及各项负激励考核全部正常运行。并通过反复的培训宣贯使各单元员工掌握了基层单元的运行模式及考核激励方式。（柴永青）

【通信建设】 2015年，根据市公司《关于全面推进网络光纤化改造工作的通知》精神，5月20日完成全光县改造的全部工作，并于5月21日进行了端局PSTN的整体下电。共计光改割接1391户用户，完成1个端局、2个模块局和14接入网点3978线PSTN的下电，27台DSLAM设备8850线的下电退网，14个接入网点的腾退，电缆退网2658.4对公里，节约电量25.6万度。同时传输网、移动网、宽带网、大客户工程都按进度如期完成。

2016年，实现了总的网络能耗控制在目标范围内，固网能耗下降30%，移网能耗控制在合理的增长范围内。

在市场调查和网络测试分析的基础上，通过2、3、4G网络协同优化，采取“关、停、并、转”等多种方式，对2套TDD设备、3套1800M设备、6套零话务量U900设备和4块2G载频进行了下电操作，年节约电费1.9万元，有效降低运维能耗成本。

完成集义庄、鳌子头交换点电源柜的更换；完成杏园、集义庄、砂河机房电池的更换；完成集义庄、安头门窗的更换整治；完成大营支局出局光缆的迁改割接；完成大营、砂河、县局3台柴油发电机的保养。

对32台AG设备和230台PON+AD设备进行光纤化改造。二次全光网改造，共计建设容量10384线，光纤改造转化用户约5800户。通过此次光纤化改造极大地整合了资源，节约了能耗，共计可腾退机房23个，每月可节约能耗约2.5万元。拆除铜缆约3100对千米。

加快网络建设，支撑业务发展，传送网方面通过建设县乡光缆和IPRAN设备，组成IPRAN环网络，提升了移动网络的承载能力和安全性，实现了所有乡镇的全覆盖。

移动网方面补充开通3G广覆盖的29个3G基站和52个优化覆盖的2G基站；重点建设覆盖乡镇的4G基站39个和解决城区深度覆盖的23个4G基站。

在繁峙城区范围内全面实施宽带装维“480”服务承诺。覆盖总宽带用户数的51%，有效提升了联通宽带的品牌形象。实施过程中，制定细化本地“480”服务承诺实施方案，细化考核细则，责任到人，共对56832条标准地址进行核实完善，并进行标识；落实“480”响应岗位相关责任人，障碍转派岗、资源核查岗责任人；核实完成了服务区域的划分和未进线小区的登记整理工作；实现了装维人员的“三统一”和“五个一”的配备，共配备20套胸卡、工具包、鞋套、台布、名片、抹布、清洁袋。

（柴永青）

【安全管理】 公司安委会一直重视安全生产工作，根据公司实际情况出台一系列安全管理规章制度及考核办法，坚持每月、每季召开安全生产例会，加强对员工安全防护知识培训，多次举行防火、防汛应急演练，参加政府组织的地震应急演练。在车辆管理、消防安全、资金管理、物资仓储、杆线看护等方面都得到加强，确保全年安全生产无事故。（柴永青）

【基层党建】 2015年，通过完善制度、理顺流程、学习培训、检查考核等手段，在出勤考核、公务接待、公车管理、成本管控、业务规范、两金清理、工程建设、维护作业、客户服务等各项工作上进行了逐项的规范和加强，使各项指标均有所提升，KPI考核连续保持在中上游水平。

2016年，深入开展“两学一做”教育活动，组织公司全体党员对习总书记系列重要讲话、《中国共产党章程》《中国共产党纪律处分条例》《中国联通内部交往9条纪律》《中国联通涉外合作7条纪律》《山西联通十二条禁令》等内容进行详细学习，全年累计召开各种形式的专题学习会议31次。

（柴永青）

·中国移动繁峙分公司·

【概述】 繁峙县移动公司位于繁峙县向阳北路，有员工75人，平均年龄33岁，大专以上文化程度员工占95%。公司设府新街、向阳路、砂河镇三个营业厅，以及市场部、综合部、网络部、集客部、渠道中心等若干职能部门。（续修远）

【业务经营】 2016年，通信服务收入完成约8500万元，全年新增客户市场占比维持在57.21%，年客户市场净增占比为79.96%。

本年，推动了专线、IMS、流量统付、旺铺宝等产品增收；和教育作为集客收入的支柱产品，在保有存量用户的同时充分利用“新生驾到，畅享一年”的活动联合代理商进行校园迎新，促进了收入的增长。

（续修远）

【基站建设】 2016年，坚持“网络质量是通信企业的生命线”的理念，不断加大4G通信网的建设力度。县网络中心全力配合各施工队的开站协调工作，确保各站点顺利开通。公司全年共开通56个宏基站、4个4G微站、11个室分点，全面支撑了客户需求和市场发展，确保客户的网络满意度持续改善。（续修远）

【宽带建设】 2016年，共计立项施工47个宽带建设项目（其中移动自建28个，三方驻地网络15个，铁通AD改造4个），建设端口9916个，全年宽带净增2658户。为持续提升宽带服务质量和客户感知，县网络中心严格按照省公司3H体系要求，在宽带小区建设前期设计中根据实际需求，与设计人员及代维安装人员积极沟通、确保后期施工的可行性，避免工程纠纷；在工程验收上，对不合格小区限期整改，全流程严格把控，切实保障工程质量。（续修远）

【文化建设】 2016年，建成了“移动职工之家”，配备了跑步机、乒乓球等健身器材设施，设置了图书室，活跃了职工业余生活。

（续修远）

【精准扶贫】 2016年，公司参加了繁峙县的精准扶贫工作，向小屯村派驻了第一书记，向杏树沟村、瓦磁地村派驻了驻村工作队，并分别向贫困户捐赠了米面油等生活用品，获得了受帮扶困难户的一致好评。

（续修远）

·中国电信繁峙分公司·

【概述】 中国电信集团公司繁峙县分公司于2011年7月正式成立。2008年10月1日，中国电信繁峙分公司正式承接运营CD-MA业务，推出天翼互联网手机，由此迈入全业务经营时代。

2014年，中国电信繁峙分公司新增手机用户中，80%以上用户为3G智能手机，天翼3G已经在悄然改变着全县人民的信息生活方式。继续保持电信宽带的市场主导地位；此外，电信政企OA、翼校通、协同通信等一批信息化应用新业务，已在全县党政机关、公安、税务、学校、中小企业、智能工业园区等越来越多的行业领域得到应用。

2015年，围绕加快推进城市信息化这一工作主线，坚持创新、服务、规模经营、流量经营。截至年底，繁峙电信分公司保持健康持续发展态势。

2016年，繁峙电信分公司网络在新增区域的市场份额不断增加，“宽带手拉手”营销活动约定老客户每介绍发展一个新客户，就延长一个月宽带使用费，随着此项活动的开展，不仅维系了存量用户，又起到了新老客户之间的感情传递作用。（李培梁）

【基础通信建设】 按照中国电信“宽带中国·光网城市”的战略和建设目标，2014年中国电信繁峙分公司有线互联网出口带宽达30G，宽带接入端口容量5万，有线宽带服务能力领跑全行业。城区通过光网城市建设，FTTH已覆盖各个新建小区和楼盘，实现20M高速宽带接入。繁峙电信CDMA基站90个，电信3G网络已经覆盖全县所有乡（镇）和规模较大自然村以上区域，以及境内高速公路、国道和省道全程覆盖，是县内覆盖较广的移动3G网络。融合有线宽带、3G、WIFI等多种接入方式，中国电信繁峙分公司已实现宽带天地一体化的通信网络。

2015年，城区通过光网城市建设，FT-TH已覆盖各个新建小区和楼盘，实现50M高速宽带接入。繁峙地区电信4G网络已经覆盖全县所有乡镇以及境内高速公路、国道和省道，是繁峙县内覆盖较广的移动4G网络。已基本建成融合有线宽带、4G、WiFi等多种接入方式，实现宽带天地一体化的新一代的通信网络。（李培梁）

【农村信息化建设】 2014年，在提前实现100%村村通电话的基的“智慧民生”信息化产品；总机服务、基础上，又启动“村村通宽带”工程，实施无线视频监控、外勤助手、企业翼机通、农村信息化示范乡镇建设。与各级政府智能交通、“翼加油”等“智慧产业”信息合作开展50个乡镇农村信息化建设工化应用服务。根据规划，借雄厚的通信保障能力，运营商集村宽带能力从2M提升到8M。

2015年，对所有移民安置点均按照农村信息化乡（镇）标准建设，即：通信管线建设必须隐蔽化，架空线路要全部入地，宽带、4G信号全覆盖。繁峙电信在紧缩成本的情况下，移动4G信号覆盖建设，实现高速宽带、天翼高清、移动4G户户通。同时大力实施“村村通宽带”工程，推进农村信息化示范乡镇建设。繁峙电信主动承担电信普遍服务义务，大力进行农村通信基础设施建设，在提前实现100%村村通电话的基础上，农村宽带能力从20M提升到50M。（李培梁）

【品牌服务】 2015年，EVDO连接成功率98.49%，WIFI关联成功率94.07%，CDMA语音接通率98.70%，宽带用户装移机履约准时率96.22%，宽带用户障碍修复及时率93.06%，宽带重复申告用户率5.63%，移动网络质量投诉率4杯85次/万户/月，客户满意度92.02%。（李培梁）

财政　税务

财　政

【概述】　2014年全县财政总收入突破10亿元大关，但由于受国际国内经济大形势的影响，2015、2016年财政收入逐年有所下滑。面对复杂的外部环境、严峻的经济形势，县委、县政府坚持稳中求进工作总基调，主动适应新常态，全力以赴稳增长、调结构、促改革、惠民生、防风险，全县经济社会发展取得明显成效。　（古廷元）

【财政收入】　2014年，全县财政总收入累计完成100011万元，比2013年的89385万元增收10626万元，增长11.89%。其中，公共财政预算收入（县级收入）完成42461万元，比2013年的36163万元，增长17.42%，占计划40200万元的105.62%，超进度5.62个百分点，超收2261万元。

2015年，财政总收入累计完成40782万元，比上年的100011万元减收59229万元，下降59.22%。其中，一般公共预算收入（县级收入）完成20158万元，比上年的42461万元减收22303万元，下降52.53%。

2016年，财政总收入累计完成40769万元，比上年的40782万元减收13万元，下降0.03%。其中，一般公共预算收入（县级收入）完成21380万元，比上年的20158万元增收1222万元，增长6.06%。　（古廷元）

【财政支出】　2014年，全县财政总支出157658万元，比2013年的150805万元多支6853万元，增长4.54%。其中：专款支出68118万元，比2013年的65440万元多支2678万元，增长4.09%；地方财力支出89540万元，比2013年的85365万元多支4175万元，增长4.89%。

2015年，全县财政总支出155062万元，比2014年的157658万元少支2596万元，下降1.65%。其中：专款支出70923万元，比2014年的68118万元多支2805万元，增长4.12%；地方财力支出84139万元，比2014年的89540万元少支5401万元，下降6.03%。

2016年，全县财政总支出172929万元，比2015年的155062万元多支17867万元，增长11.52%。其中：专款支出67466万元，比2015年的70923万元少支3457万元，下降4.87%；地方财力支出105463万元，比2015年的84139万元多支8724万元，增长10.37%。　（古廷元）

【行风建设】　2014–2016年，县财政局坚持以“建设一流班子，带一流队伍，树一流形象，创一流业绩”为目标，始终把行风建设放在工作的重要位置抓紧不放，连续3年在全县的行风评议和“一岗双责”考核中名列前茅，使系统的行风建设迈上一个新台阶。

健全了行政议事决策机制，党组决策实

行公开化、民主化，制订了重大事项请示报告制度、分管工作分工责任制度、民主生活会制度、谈话制度、制定了督查督办工作制度。严明工作纪律，干部职工认真履行岗位职责，党组安排的事项件件有着落，事事有回音。

通过减少审批程序、规范业务流程、缩短拨款时间、为重点项目和紧急事项开设“绿色通道”，做到了白天与晚上一个样、上班与下班一个样、领导在场与不在场一个样，形成一种爱岗敬业，勤于奉献的氛围。

树立“权利就是责任，工作就是服务，公务员就是服务员”的理念，在全局开展“增强服务意识、改善服务态度、提高服务质量”活动，全面推行首问负责制、服务承诺制和责任追究制，做到实心实意地为人民服务、为单位服务、为部门服务、为改革发展稳定大局服务。

财政上下通过公开工作职责、公开办事程序和业务流程，公开管理和监督制度，为人民群众提供公开、透明、高效的服务，增强了财政决策的透明度和公众参与度，强化对财政权力运行的监督和制约，提高财政机关的行政效能和公信力。（古廷元）

税　务

·国家税务·

【概述】 繁峙县国家税务局组建于1994年8月。至2016年年底，全局共有在职人员63人，从政治结构看：党员为41人，占总人数的65.1%；从学历结构看：研究生2人，本科49人，本科以上占总人数的81%。县局内设机构9个，直属机构1个，派出机构3个，事业单位1个，共负责全县2000余户纳税人的税收征管和稽查等工作。（刘瑜艳）

【组织收入】 2014年，累计完成各项税收43169万元，完成任务的90.32%，绝对额差收4624万元，比2013年同比减收1820万元，下降了4.05%。其中：增值税完成31974万元，同比下降10.04%，减收3569万元；企业所得税完成8619万元，同比下降32.11%，减收2095万元；车购税完成2576万元，下降11.75%，减收343万元。

2015年，累计完成税收收入18441万元，同比下降57%，减收24728万元。分税种来看，其中增值税完成12194万元，同比下降62%，减收19780万元；企业所得税完成3617万元，同比下降58%，减收5002万元；车购税完成2600万元，增长1%，增收24万元。

2016年，累计完成各项税收19870万元，完成任务的113%，超进度13%，绝对额超收2243万元，比2013年同比增收1459万元，增长7.9%。其中：增值税完成13207万元，同比增长8.31%，增收1013万元；企业所得税完成4096万元，同比增长13.25%，增收479万元；车购税完成2567万元，下降1.27%，减收33万元。（刘瑜艳）

【税种管理】 2014年，一是圆满完成“营改增”工作。根据总局安排，2014年如期完成铁路运输、邮政服务业以及电信业营业税改增值税工作。“营改增”纳税人共计41户，全年共计缴纳增值税691.58万元。二是不折不扣落实税收优惠政策。全面落实税收优惠政策。享受优惠政策方面：全年小微企业享受增值税优惠8.96万元（不含双定户）。所得税方面：共有28户小微企业，享受所得税优惠6.72万元。

2015年，积极落实税收优惠政策。全年共有2252户次小微企业享受了增值税优惠，优惠金额为95.59万元。企业所得税方面：全年共有1001户小微企业享受优惠，减免税款7.19万元。

2016年5月1日，建筑业、房地产业、金融业、生活服务业四大行业开展营业税改征增值税。全县纳入营改增的共计375户纳税人，其中单位纳税人230户，个体工商户145户，全部平稳过渡。全县共有3849户次纳税人享受了增值税税收优惠，优惠税额是203.20万元。全县共有1189户小型微利企业享受企业所得税优惠，减免税款总额13.69万元。共组织自查检查各类纳税人14户，查补收入共计419万元。（刘瑜艳）

【征管改革】 2014年，一是推进税源专业化。在推行专业化管理工作中，积极发挥职能作用，制定铁矿专业化管理工作流程和工作制度，整理分析铁矿用电量、期初库存量等数据，促进专业化管理的整体推进，93户铁矿采选企业已全部纳入专业化管理，每月月底整理分析企业电量传递单、企业产量传递单、以销计税审核传递单、销量传递单、库存表等数据，保证了铁矿专业化管理的推进工作。二是进一步简政放权。自5月1日起取消税务登记验证申请表、小额税款退申请表和纳税申报方式认定申请表等15项涉税文书报表。5月27日再取消货物运输业自开票纳税人认定表等11项涉税文书报表。全年共下放和取消7项涉税行政审批事项，取消了29项进户执法的项目。同时进一步简化增值税发票领用和使用程序。

2015年，一是落实“三证合一”工作。对于2015年10月1日以后新设立企业、农民专业合作社，采用工商行政管理、质量技术监督、税务3个部门“三证合一、一照一码”的登记管理制度。二是推行增值税发票系统升级版。一般纳税人推行了219户（含新认定户），小规模纳税人推行了320户。

2016年，一是全面落实《山西省国税局地税局征管体制改革方案》。联合地税对纳税人进行信用等级评价，共调整纳税信用级别9户，调整级别并录入纳税信用管理系统。二是全面推进《国家税务局　地方税务局合作工作规范（2.0版）》。与地税局建立联席机制，共同开展税收宣传月活动；联合加大对金矿企业的管理、评估力度，3户黄金采选企业共补缴纳增值税款750余万元。三是推进金三优化版上线。10月8日，金三优化版同步正式上线运行。票证初始化、数据补录和预约办税等工作均圆满完成。

（刘瑜艳）

【纳税服务】 2014年，开展了“便民办税春风行动”。一是简并了表证单书，推行税务事项免填单服务；二是简化了办税流程。通过调整部分机构职能，实行一窗通办，缩减涉税审批时限，取消事前实地查验，事后由税收管理员进行实地查验、评估，方便了纳税人；三是减少了资料的报送。发挥税收征管电子档案系统功能，将纳税人首次办税时提供的涉税信息扫描至系统保存，一次采集、反复使用，减少纳税人负担。

2015年，积极推行网上办税。全年共有1617户纳税人实现了网上申报，占全部非个体双定户纳税人的100%。积极推行网上报税认证，有315户一般纳税人实现了网上报税，占全部320户一般纳税人的98.44%；有214户一般纳税人使用网上认证，占全部320户一般纳税人的比例为66.88%。

2016年，一是落实合理简并纳税人申报

2015 年，县国税局落实小微企业所得税优惠政策培训会　刘瑜艳提供

缴税次数办法。于 3 月底将全部小规模纳税人调整为按季申报。二是落实取消 A 级和 B 级纳税人增值税发票认证工作。减轻征纳双方办税负担。三是对在上一年度纳税信用等级评定为 A 级的纳税人，对其增值税发票取消了抵扣认证，进一步简化办税流程，提高了服务质量。（刘瑜艳）

【依法治税】　2015 年，推行权力清单制度。将易于引发税务人员发生不廉洁行为的执法和管理事项确定为风险控制项目，纳入内控机制体系，并将内控项目在行政权力运行平台运行。同时将网上审核办理项目做到网上审批过程与公开流程一致，审核过程与系统数据“人机同步”。（刘瑜艳）

·地方税务·

【概述】　2014—2016 年全局将主要工作聚焦到收入攻坚上来，提出“向管理要收入、向稽查要收入、向堵漏清欠要收入、向小税种要收入，决战收入攻坚年”的口号，牢固树立科学组织收入理念，紧紧扭住深化金税三期系统应用和加强作风建设两个关键点，统筹科学组织收入，圆满完成各项工作任务。（张　璐）

【税收收入】　2014 年，在经济增长放缓和进一步落实结构性减税政策的形势下，县地税局积极组织税收收入，全力保障税收任务完成，全年共组织各项收入 5.06 亿元，税收收入 4.5 亿元，占计划的 108%。其中：营业税完成 1.24 亿元；个人所得税完成 1.02 亿元；耕地占用税完成 1127 万元；契税完成 1327 万元。其他规费基金完成 5584 万元，煤炭可持续发展基金 93 万元。省公共预算收入 3.34 亿元，占计划的 107%。市公共预算收入 2.50 亿元，占计划的 105%，县公共预算收入 2.08 亿元，占计划的 104.3%。全年严格按照要求，实现税收收入每月度均衡入库，为全年税收收入的良性发展打下坚实基础。

2015 年，全年组织各项收入 1.66 亿元。同比减少 61.63%，其中：税收收入完成 1.56 亿元，同比减少 61.54%，减收 2.5 亿元。农业两税完成 603 万元，占计划的 31.53%，同比减少 74.98%。规费完成 1099 万元。税收收入同比减少 29.64%，减收 6586 万元。铁矿形势严重下滑、铁精粉市场一落千丈，铁矿企业全行业停歇业，全县 132 户铁矿企业只有 5 户勉强维持生产，铁矿企业减少税款 4814 万元；资源税政策性调整，减少资源税 1233 万元。小微企业税收优惠减免政策减少税款 539 万元。全县 4 户金矿企业只有紫金矿业有限公司维持生产，减少税款 611 万元；房地产业同比下降 43%，税收大幅下降。由于铁矿企业全行业停歇业，工业用电量同比下降 56%。导致全县工业产值和 GDP 严重下降达到 52%。

2016 年的组织收入工作受国家税制改革“营改增”政策的影响，营业税减少 3000 多万元，面临很大困难。全年累计组织税费收入 15456 万元，其中：税收收入 14216 万元，

同比减少18.5%，减收3229万元，规费完成1240万元。其中省公共预算收入完成11245万元，同比减少21.1%，减收3021万元；市公共预算收入完成8901万元，同比减少18.28%，减收1990万元；县公共预算收入完成7728万元，同比减少16%，减收1475万元。（张　璐）

【税收征管】 2014年，加强户籍管理，形成管户清查长效机制。本年，地税局共清理出征管软件系统外管户889户，其中已办理工商营业执照未办理税务登记户824户、未办理工商营业执照未办理税务登记户65户；享受税收优惠政策免税的不达起征点户340户、非独立核算的分支机构户数31户、其他系统外管户518户。62户纳入综合征管系统管理，其余全部进行造册登记，全面实行动态化管理。严格执行数据修改审批制度，对需要在综合征管系统中申报、入库、有关文书信息进行修正的数据按季度进行清理，相关申请按照省局规定的统一格式，以上行文形式逐级上报市局处理。认真落实全省税务系统金税三期工程建设规划，推广使用的金税三期广域网建设改造升级工作圆满完成。顺利开展税款征收工作，完善税收运维体系、安全应急体系建设，加大网上办税系统、自助办税系统和财税库银横向联网的推广力度，实现多元化缴税途径，实现了个人所得税全员全额网上申报工作。继续向纳税人推广机打发票，对机打发票使用过程中遇到的问题随时给予指导，以保证机打发票的正常领取和使用。办税服务厅对POS机刷卡缴税业务进行改造提升，加快征收税款与银行国库对接，保证税款及时足额入库；推进网络发票试点，提升信息管税水平。为方便纳税人纳税，堵塞征管漏洞，保证地方税附加的足额征收，八月初，地税局在国税局办税大厅设立两个征收窗口，通过国地税联合办税，提高纳税服务工作水平，保证税收活动的顺利进行。

2015年，全面贯彻落实小微企业税收优惠政策。通过纳税人学堂和税收宣传月等途径，对小微企业进行相关税收知识宣传，同时对纳税户做好申报培训；对纳税申报表逐户审核，一旦发现问题，及时纠错并重报；纳税户、税务局与银行之间签订三方协议，进行税种认定，辅导其报税的流程和操作，跟踪管理，加强执法，促使税收优惠政策落到实处；不断收集整理内外部问题，并寻找解决问题的对策，完善服务，堵塞漏洞，提高纳税人享受税收优惠的办理效率，加强税收优惠政策落实情况督查考核，不折不扣落实好各项小微企业税收优惠政策。本年全县92户企业所得税管户中有49户按季度申报时，按照新的税收优惠政策直接给予小微企业减免。

对一般纳税户中的定期定额户，实行专管员调查、管理所长复查、县局审批的“三级审批”管理办法。加强非正常户、停歇业户的管理，实行“主管税务机关不定期逐户核查、稽查局逐户检查、征管股重点抽查”的“三级核查制”。从源头有效遏制漏征漏管行为、定额不到位等问题的发生，确保税款应收尽收，足额入库。

2016年，管理纳税户共计3245户，比上年同期增加1696户，其中企业2027户，个体经营975户。从10月1日始税务系统征收管理软件金税三期升级优化换版实施，为税收工作带来积极影响，统一国、地税征管应用的系统版本，实现业务操作和税收执法标准统一、规范，促进税务部门之间管理职能变革；实现税收征管数据大集中，利用全面准确的数据信息，提高决策的科学化水平和税收征管水平，降低税收成本；促进多部门之间的信息共享，加快推动“互联网+”建设。

2016年税政股为纳税人做营改增政策辅导 张璐提供

2016年积极响应国家税收政策改革，有效抓好“营改增”政策的贯彻落实情况，全面推开税款征收工作，加强与国税局之间的衔接配合，按照“统一时间安排，统一政策口径，统一工作流程，统一数据处理，统一操作标准，统一质量监管”的要求有序推进。在“营改增”工作开展前期，为保证地税税收工作与国税税收工作的顺利交接，多次举行“营改增”政策培训班，帮助纳税人了解掌握新政策、适应新常态、新变化，保证了“营改增”政策的顺利实施。按时完成了营业税管户的移交工作。国地两局建立“营改增”工作合作联系制度，保证了“营改增”工作的顺利进行和圆满完成。本局共向国税局移交管户375户，其中建筑业35户，金融保险业27户，房地产业24户，生活服务业289户（其中文化体育业20户，服务业269户）。（张　璐）

【税务稽查】 2014年，税收管理工作中，充分利用征管系统数据，努力提高分析问题、研究问题、解决问题的意识和能力。根据绩效管理与目标责任考核指针，全面系统监控执法过程、跟踪执法结果、检查执法质量，清晰反映出基层绩效考核结果，实现从上级对基层单位、对岗位人员两级考核数据的支持和应用。积极推进税收法治建设，健全依法行政基础性制度。完善执法程序，建立执法风险防控机制。加强规费项目管理，严禁自行代征收费项目。充分发挥税务稽查以查促收、以查促管、以查促廉、以查促税收秩序的好转的作用，科学组织税收专项检查和专项整治，积极开展税收违法案件查处，严厉打击发票违法犯罪活动，全年累计稽查纳税户16户，共查补税收收入489万元（含自查收入），查处15起发票违法案件，共处罚款1.4万元。税务稽查是保证税款征收环节针对企业生产经营活动中账簿记账不清，税款缴纳不明而造成的少缴、漏缴税款，避免税款流失的一项有效手段。

2015年，地税局机关内部积极推进税收法治，全力构建依法行政基础性制度。推进税收法治建设，完善执法程序，建立执法风险防控机制。加强规费项目管理，严禁自行代征收费项目。科学组织税收专项检查和专项整治，开展税收违法案件查处，严厉打击发票违法犯罪活动，本年稽查纳税户13户，共查补收入合计446万元（含自查收入），查处6起发票违法案件，共查处罚款0.35万元。开展了对全县的资本性交易、中小型金融机构、铁矿企业的专项检查，通过专项检查，充分发挥了税务稽查“以查促管、以查促查、以查促收”的职能作用。

积极落实《进一步推进依法行政的实施意见》，健全领导干部日常学法机制，将普法学习列为党组中心组重要学习内容，深入学习宪法和党内法规。健全税务人员学法用法培训制度，增强依法行政能力。完善学法用法监督考核机制，坚持把依法依规办事作为检验税务人员学法用法成果的重要标准，把遵法学法守法用法情况作为考核税务干部的重要内容。树立阳光执法、文明执法理念，推进税收执法程序规范。认真落实纳税服务规范、税收征管规范、国税地税合作规范等税收工作规范，推动税收管理服务规范化，规范行使税务行政裁量权。

2015 年面临严峻经济形势开展税收分析讨论会　张璐提供

2016 年，建立“以纳税申报和优化服务为基础，以计算机网络为依托，集中征收，重点稽查”的税收稽查新模式。全局工作以铁矿产业、建筑安装、房地产、货物运输、金融、餐饮娱乐等行业为重点，大力开展税务稽查，严厉打击偷逃税行为。加强与供电、国税、工商、国土等部门以及行业协会间的配合联系，互相交流、比对业户的经营信息，共同探讨“以电核产”的各项要素。争取电力部门的大力配合，确保电力部门每月能及时、准确提供业户的耗电量，核实铁矿企业的耗电量，建立评估模型，根据纳税人电耗情况进行评估，利用单位电耗定额从而测算纳税人实际生产销售数量，在各项指标分析的基础上依据税收相关法规核定企业申报应缴税款，准确发挥出纳税评估作用，提高税收征管质量，构建和谐征纳关系。同时，严格依法治税，加大税收执法力度，对拒不缴纳应缴税款的欠税企业户，依法采取强制执行措施。严格执行税收政策。实行税收减免集体审议制度和社会公示制度，杜绝暗箱操作和各种越权减免税及擅自变通税收政策的行为，确保税收政策不折不扣地执行。税收稽查选案严格按照稽查程序进行，利用稽查软件实行双选案件机制，用以保证选择案件的公平和公开原则，保证查选案件的正确进行，构建阳光税务。保证税收政策的贯彻落实，确保税款足额入库，强化两权监督，建立健全税收管理一体化，更好地服务经济，服务发展。　　（张　璐）

【队伍建设】　2014 年，认真贯彻落实有关中央八项规定，在全局上下深入开展“工作秩序涣散，纪律松弛”专项整治，严格执行考勤制度，履行请销假手续，实行去向告知制度，加强整改，不留死角。加强干部队伍建设，加强干部选拔任用机制，切实把“信念坚定、为民服务、勤政务实、敢于担当、清正廉洁”的新时期好干部标准，自始至终贯穿到干部培养选用过程中。加强对年轻干部的思想教育，品德教育，给年轻干部发展平台，让年轻干部主动寻求机遇和挑战，让年轻干部参与到日常决策中来，使得税收队伍更具年轻和活力。主动关注和解决干部职工的合理诉求和实际困难，不断增强地税队伍的凝聚力，更好地履行“为国聚财、为民收税”的神圣使命，打造一支充满年轻与活力的税务铁军。　　（张　璐）

【纳税服务】　2015 年，认真学习《全国县级税务机关纳税服务规范（2.0 版）》，在统一规范“前台”纳税服务的同时，切实加强

“后台”税收征管，优化调整相关业务流程，实现前后台税收业务的顺利衔接。日常工作中，办税服务厅是税务部门的“窗口”，服务对象直接面向广大纳税人。贯彻落实服务规范能够更加体现出为纳税人服务的理念，规范税务人员操作流程，最大限度方便纳税人，建立优质便捷的纳税服务体系，解决服务纳税人“最后一公里”问题。继续完善办税服务厅“首办负责制”和“限时办结制”。推进了涉税审批事项办税服务厅集中受理、内部流转、限时办结，开展办税服务厅绩效考核和星级评定，提升窗口工作质效，创优税收环境，打造“阳光税务”。

推广多元化办税模式，减轻纳税人办税负担。健全税法宣传咨询常态化机制和纳税人需求征集响应机制，开展纳税信用等级评定和纳税人满意度调查，做好对于纳税服务投诉的追踪、反馈、整改工作，切实维护纳税人权益。（张　璐）

金　　融

金融监管

·中国人民银行繁峙县支行·

【概述】　中国人民银行繁峙县支行内设综合办公室、金融管理部、综合业务部、纪检监察室4个股室，职工共计25人，其中，行长1名、副行长1名、纪检组长1名、副主任科员1名。支行主要负责履行货币信贷政策的执行、支付清算、国库经理、货币发行、人民币反假等方面职责，肩负着确保辖区金融稳定、防范和化解县域金融风险、金融监管的重任，同时在提供金融服务和支持地方经济发展等方面发挥着重要作用。

（杨觐屹）

【金融运行】　银行业。2014年末，繁峙辖内有银行业金融机构6家：农业发展银行、工商银行、农业银行、建设银行、邮储银行、繁峙农合行。

年末，全辖银行业金融机构各项存款余额91亿元，比2013年同期增加3.8亿元；其中，全县金融机构储蓄存款余额73亿元，比2013年同期增加5亿元；企业存款4亿元。至年末，金融机构各项贷款余额32.5亿元，比2013年同期增加4亿元；从贷款投向来看，金融机构信贷主要投向个人贷款，至年末，全辖区个人贷款17亿元；从贷款期限结构来看，短期贷款25亿元；中长期贷款5亿元。

2015年年末，繁峙辖内有银行业金融机构7家，新增新田村镇银行（侯马农商行发起），共设40个网点。

12月末，全辖银行业金融机构资产总额115.02亿元，共实现利润7187亿元。2015年末，全辖银行业金融机构各项存款余额91亿元，比2014年同期增加1200万元；其中，全县金融机构储蓄存款余额78亿元，比2014年同期增加5亿元；企业存款4亿元，比2014年同期增加7000万元。至年末，金融机构各项贷款余额31亿元，比2014年同期增加1.3亿元；从贷款投向来看，金融机构信贷主要投向个人贷款，至年末，全辖区个人贷款17亿元；从贷款期限结构来看，短期贷款25亿元；中长期贷款6亿元。

2016年，繁峙辖内有银行业金融机构8家，新增晋商银行，共设42个网点，从业人员543人。

2016年年末，全辖银行业金融机构资产总额151亿元，比2015年同期增加36亿元。2016年，银行业金融机构共实现利润1.19亿元，比2015年同期减少700万元。年末，全辖银行业金融机构各项存款余额111亿元，比2015年同期增加19亿元，增长20.8%；其中储蓄存款是存款增长的主要动力，全县金融机构储蓄存款余额92亿元，比2015年同期增加14亿元，增长17.9%；企业存款9亿元，比2015年同期增加5亿元，增长125%。至年末，金融机构各项贷款余额40亿元，比2015年同期增加9亿元，增长29%；从贷款投向来看，金融机构信贷主要投向个人贷款，至年末，全辖区个人贷款17亿元；从贷款期限结构来看，短期贷款32亿元，比2015年同期增加7亿元；中长期贷款7亿元，比2015年同期增加2亿元。

保险业。2014年，全县保费收入11199.62万元，同比增长4.1%。其中，寿险业务保费收入3538.99万元，增长-7.2%；健康险业务保费收入959.85万元，增长4.3%；意外险业务保费收入530.29万元，增长12.0%；财产险业务保费收入2548.52万元，增长-0.23%。全年支付各类赔款及给付6217.53万元，增长2.0%

2015年，全县保费收入8289万元，增长10.7%。其中，寿险业务保费收入5797.83万元，增长23.28%；健康险业务保费收入65.82万元，减少27.77%；意外险业务保费收入85.33万元，下降40.83%；财产险业务保费收入2340万元，增长-8.1%。全年支付各类赔款及给付3533.16万元，增长11.23%。

2016年，繁峙保险业金融机构资产规模逐步扩大，保费收入稳步增长，服务经济社会能力不断提高。至年末，全县共有4家保险业金融机构。其中经营财产保险业务的3家，经营人寿保险业务的1家。本年，全辖保险公司实现保费总收入1.2亿元，较2015年增加6.87%。理赔支出4780万元，较2015年增加263万元，增幅5.82%。

2016年，开展新农合医疗大病保险，解决广大农民看病难、看病贵的实际问题，其覆盖面达到100%。同时，保险业发展中也存在一些问题应引起关注。（杨觐屹）

【货币政策落实】 2014年，有效实施货币政策监测及协调机制。协调召开2014年度繁峙县银企座谈会，了解全县小微企业资金需求，向中小企业推介金融机构信贷产品，促成小微企业和金融机构的项目对接，为辖内经济发展注入新推力。组织召开繁峙县《金融知识大讲堂》，指导企业规范经营，摒弃“游击”思想，及时掌握商业银行信贷政策，重点支持产业，逐步步入正轨。

落实2014年全县经济工作会议发展规划，按照企业集中、产业集群、土地集约、资本集聚、利于发展的原则，抓好列入全市十大产业园区的砂河机械制造和冶金工业园区的后续建设。创新环境，对“三农”的信贷投入不低于2013年水平，增幅不低于全市平均水平。保证农业龙头企业发展，农田水利建设，“一村一品”“一县一业”发展的资金要求。

2014年，发放商户联保贷款1100万元。大力推广农业银行以“惠农卡”为载体的农户小额贷款模式和“金农超”业务模式，为农产品加工配送物流中心项目以及农产品供应商户等提供资金支持，支持“农超对接”，促进“订单农业”发展。全年农业银行通过“惠农卡”发放单笔贷款5万元以下小额农贷560万元。

2015年，信贷规划方面，在量和速度上坚持与经济发展相平衡的适度性原则，在质上紧紧围绕国家产业政策调整信贷结构与投向，特别是控制好“两高一资”行业贷款的增量和存量；政银企协调方面，积极主动地创设平台，为信贷业务健康发展创造良好的金融生态环境与搭建确实可行的桥梁。取得的效果：一是辖区各金融机构各有自己的主打信贷品牌。农合行创新4种信贷产品，共新增贷款872笔，金额7856万元，其中：惠农贷贷款余额12554万元，全年共发放619笔，新增4258万元。助商贷共发放106笔，新增1052万元。工薪贷共发放132笔，新增2451万元，薪保贷共发放15笔，新增95万元。

2016年，结合“三去一降一补”，积极优化信贷结构，信贷投放重点投向“三农”、精准扶贫、小微企业和新型产业。基于钢铁去产能方面的要求，着力做好化解过剩产能和转型升级服务，控制钢铁行业新增产能的信贷投入。要求各银行业金融机构坚持区别对待，有扶有控原则，对产品有竞争力、有市场、有效益的优质企业继续给予信贷支持。对产能过剩行业未取得合法手续的新增产能建设项目，一律不得给予授信。对长期亏损、失去清偿能力和市场竞争力的僵尸企业，环保、安全生产不达标且整改无望企业及落后产能，坚决压缩退出相关贷款。

2016年3月，邀请县中小企业服务中心、6家金融机构及13家中小微企业负责人参加了政银企座谈，就部分中小微企业因对金融机构信贷政策、信贷产品不了解而导致融资难问题，主要对人民银行的征信管理政策、商业银行的信贷政策、重点支持产业以及信贷产品的办理流程做了详细解读，并就企业如何摒弃“游击”思想，规范经营，步入正规的“融资渠道”进行了指导。（杨觐屹）

【金融稳定的维护】 2014年，成立了以支行行长挂帅，各金融机构领导参加反假币领导组，负责组织领导全县的反假工作，全面加强对人民币的管理，对流通中人民币的检测，包括流通中的人民币的票面结构，不易流通人民币的标准、票面结构需求、破旧人民币的回收、假币收缴、人民币管理违规违法情况的处理等，确保人民币的正常流通。

2015年，由于本县民间借贷总规模及带有高利贷性质的民间融资规模均较大，可能导致民间借贷风险向正规金融体系转移。为此，支行进行了专项调查研究，对全县民间借贷情况进行摸底调查，积极引导疏通，同时配合县政府提高打击非法集资力度，积极消除民间借贷中的不稳定因素。

按照《忻州市金融监管部门反洗钱工作协调机制》，组织银行、证券、保险等金融机构召开了反洗钱工作联席会、保证了辖内反洗钱评估指标体系正常发挥作用。强化反洗钱培训和宣传，对全辖区的反洗钱工作人员进行了培训。同时在日常工作中加大对各金融机构账户开设及使用情况的监督管理力度，严格各类账户备案制度，加强对《人民币银行账户管理办法》的宣传和学习，提高会计从业人员对开立银行账户知识的了解和运用，并以此带动全县银行账户的规范开立和使用，满足社会经济活动需要，至年末，共办理核准各类银行结算账户515户，办理撤销账户业务182户，变更账户内容业务98户。

对全县农村反假宣传工作站和城镇社区反假宣传工作站进行反假指导。利用元宵节、庙会等传统民间节日组织开展了爱护人民币与反假币等金融知识宣传活动；进一步加强对货币投放、回笼情况的监测力度，密切关注现金流通中的新情况、新问题，积极开展调查研究。6月份，对辖内商业银行开展了一次人民币管理情况检查。（杨觐屹）

【金融服务】 2014年，按照《忻州市支付清算监督检查管理办法》，规范辖内金融机构的结算服务和清算质量，协调组织金融机构扩大跨行通存通兑、小额支付定期借记等业务应用，组织各金融机构在营业场所开展“央行支付”为主题的现代化支付结算知识宣传活动，有效提高了支付结算体系的应用效率。继续落实《忻州市银行卡受理市场公约》《忻州市银行卡风险管理实施办法》等4个规范性文件，全力推广非现金支付工具。全县新增特约商户59家，总量达到了117家，新布放POS机92台，总量达到了229台。

全年办理库款入库9.1亿元，支出12.6亿元。农补资金直拨到户工作，全年共办理粮食直补资金4200万元，涉及农户44000人。

全年受理企业信用报告查询5次。受理个人信用报告查询2500余笔。发放机构信用代码证209户，发放率100%。6月份组织辖内金融机构开展了形式多样、丰富多彩的征信知识普及活动，提高了社会公众的诚信意识。

2015年，共办理预算收入4.2亿元，国库集中支付支出6.5亿元。

全年受理企业信用报告查询69次，受理个人信用报告查询4318笔。发放机构信用代码证410余户，发放率100%。中征应收账款融资平台成交5950万元，缓解了企业融资压力。对11家小额贷款公司进行了信用等级评估，辖区小额贷款公司信用评估做到了100%。

2016年，按照“五有”标准配备了规定的设施，即有标志、有机具、有登记、有宣传、有培训，做到业务操作规范，服务功能达到综合化。截至年底共验收完成了220个农村金融服务站，涉及了200个行政村，其中农行设立了78个，农合行设立了139个，邮政储蓄银行设立了3个，共配置POS机具136台。

全县共核准和备案各类银行结算账户723户，变更账户732户，撤销账户277户；至2016年底，全县各类银行结算账户共有3937户，并督促商业银行对个人银行结算账户进行及时备案，辖区账户管理工作取得明显的成效。

全年办理预算收入5.24亿元，国库集中支付支出16.6亿元。（杨觐屹）

【脱贫攻坚】 2016年，支行担负繁城镇高升寨村脱贫攻坚任务，全村贫困户157户贫困人口468人。支行通过制定高升寨村脱贫攻坚计划、开展结对帮扶活动、支持发展多项产业等措施，积极落实对口帮扶责任。同时，支行发挥人民银行职能，创新利益联动机制，全力推动发展扶贫产业，有效带动贫困人口实现增收，积极带动县域金融机构发放扶贫贷款，推动教育、民政、健康、残疾人等社会兜底保障政策高效落实到位。经过一年的努力，全村贫困人口实现精准退出，接受并顺利通过国家脱贫成效第三方评估。

本年，支行协调财政局在农合行增设了风险保证金300万元，使县内与扶贫办签订扶贫协议的机构增到两个。同时，倡导其他涉农金融机构农行、村镇银行积极加入扶贫行列。本年“三农”贷款累计发放260681万元，2320笔，余额新增69098万元，增幅24.92%。其中：10万元以下建档立卡户发放558笔，金额4448.9万元，余额净增16.66%；专业合作社发放4062万元，增长

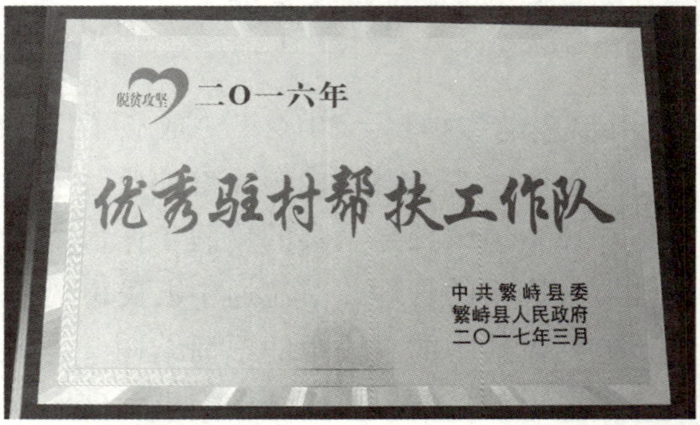

县支行被县委、县政府评为2016年度优秀驻村帮扶工作队　杨觐屹提供

19.45%；非建档立卡贫困户、农业、农村企业发放 207962 万元，1904 笔，余额新增 60392 万元，增长 27.88%。（杨觐屹）

【金融生态环境建设】 2016 年，截至 12 月底，办理企业信用报告查询 62 户；个人信用报告查询 3407 人次，其中收费 163 笔；发放机构信用代码证 521 户。利用征信信息和分析形式积极反馈征信工作中遇到的问题，通过信用信息数据库中企业有关情况分析小企业贷款结构及变化，为金融机构降低信贷风险提供参考，充分发挥征信管理作用。

（杨觐屹）

2016 年县支行组织全县金融机构开展金融知识普及月活动 杨觐屹提供

·忻州银监分局繁峙监管办事处·

【概述】 忻州银监分局繁峙监管办事处成立于 2004 年，属于忻州银监分局的派出机构。正式编制 2 人，其中主任 1 人、副主任科员 1 人。负责引导辖内银行，科学确定年度性贷款总量。向上要政策，争规模，关注企业动态，披露信贷风险，加强风险监管，帮扶困难企业，扶持实体经济的发展。

（张尚忠）

【信贷引领】 2014—2016 年，根据地方经济发展的总体水平和社会各界对信贷资金的正常需求，引导银行业科学确定年度性贷款总量，积极向上要政策争规模，以加大投入支持地方经济发展为已任，确保信贷投入全年均衡增长。紧紧围绕地方经济发展重点和结构调整，引导银行业不断优化信贷结构，大力支持蔬菜、果业两大种植基地建设，以及农产品深度加工企业的发展；大力支持交通、农业基础设施及村镇建设，以及村镇新户型建设；大力支持城乡居民个人消费及农村小额信用贷款的需求。（张尚忠）

【防控风险】 2014—2016 年，及时披露企业信贷风险状况，全面关注企业的动态，遏制风险的扩散，并将要情专报及时上报忻州监管分局和地方政府。加强贷款风险分类监管，督促银行业切实做好准确分类、提足拨备，进一步监测“关注类”贷款变化情况，真实反映不良贷款底数，并加快了处置进度。深入开展资金链担保链风险化解研究，加强与地方政府的沟通协调，强化可能引发系统性风险的政策指导，督促银行业准确研判经济金融形势，强化合规经营，规范各类表外业务，切实将银行业实际承担的风险纳入监测范围，有效构建了银行业风险“防火墙”。（张尚忠）

【内控案防】 监管办事处，结合开展“银行业内控和案防制度执行年”等活动情况，经常深入农村信用社、邮储银行及其基层网点进行案件治理工作督查，并对其案件风险排查问题整改情况进行现场督查整改落实；配合公安、消防部门做好银行业机构节日安全检查工作，针对检查发现的问题及时提出安全防范意见和建议；监管办主任经常约见驻县 6 家银行业机构主要负责人，听取日常经营、内部管理等情况汇报，并针对性地提出稳健经营和支持县域经济发展等意见。（张尚忠）

【金融改革创新】 2014—2016年，支持银行业在风险可控前提下有效开展金融创新，推广信用贷款的创新和还款方式的落实，如新田村镇银行在小微企业贷款还款方式、期限、担保、机构、服务等方面开展创新，提出了系列新举措，确保了“支小支农贷款增速高于全部贷款平均增速”的目标实现。同时，还按要求顺利完成了一家邮政储蓄银行二类网点的改革任务。 （张尚忠）

【两个加强两个遏制活动】 2014—2016年，会同当地政府召开繁峙银行业“两个加强、两个遏制”主题活动现场动员大会，同时提出做好缓解企业融资难、融资贵问题，更好地服务实体经济的要求。辖内银行业机构高度重视，结合自身实际制定了具体实施方案，细化推进措施，落实了责任分工，强化了组织保障，贯彻落实了“两个加强、两个遏制”主题活动精神相关工作要求。通过动员大会和现场督查，让行业内企业及员工做到在发展中防范风险，在防范中促进发展。

（张尚忠）

【扶持当地实体经济发展】 2015年，以解决企业融资难、融资贵、金融支小支微、金融支农为切入点，配合县政府产业转型升级，优化金融服务，保持信贷投放的科学性，支持当地实体经济的发展。在全县众多微小企业出现融资难、融资贵背景下，积极思考，多措并举，帮扶困难微小企业渡过难关。加强风险企业监测分析，在第一时间监测发现可能出现资金链断裂的微小企业，及时给政府提供有效参考，达到了防风险、揭风险、化风险的目的，增强了地方政府和银行机构实施“全方位鼓励小微企业发展”的帮扶信心。协调企业解困，缓解资金链难题。积极协助政府、银行帮扶困难企业，对生产正常、发展潜力较好的企业列为重点扶持对象，及时制定帮扶方案，要求银行做到不压贷、抽贷，推进小微企业专营支行的设立，坚持服务小微企业的市场定位。

（张尚忠）

【村村通服务】 2016年，积极开展支持小微企业金融服务活动。改善“三农”金融服务，积极助推“村村通”工程。于6月上旬重点对农行、农合行、邮储银行工作进展情况进行了督导，并上报了督导报告。截至10月末，基础金融服务已覆盖行政村389个，未覆盖行政村13个，农行1个，邮储银行10个，农合行2个。 （张尚忠）

【推进银税合作】 2016年，按照忻国税发（2016）64号文件精神，6月1日将《忻州市“银税互动”助力小微企业发展工作方案》翻印给繁峙新田村镇银行，督促繁峙农合银行和村镇银行与国税局、地税局沟通联系，结合县域实际办理，并按时报送监测统计表和情况反映。 （张尚忠）

【排查治理金融机构风险】 2016年，督促贯彻落实《山西银监局办公室转发关于督导辖内商业银行进一步做好打击治理电信诈骗案件配合工作的通知》（晋银监办发〔2016〕23号）有关规定，督促银行业金融机构认真自查加强内部监管，严格落实账户实名制，坚决杜绝违规代开卡、乱开卡、批量开卡等问题。 （张尚忠）

【农村信用社改革改制】 2016年，积极推动农村合作银行改制工作，督促农合行围绕“农商银行”改制的工作中心，积极转变经营机制，继续完善组织架构，实现由股份合作制向股份制的转变，争取早日实现农商银行挂牌开业。10月20日，山西繁峙农村商业银行股份有限公司创立大会暨第一次股东大会圆满召开，会议选举繁峙农村商业银行新一届董事会、监事会，审议通过繁峙农商银行筹建工作报告、章程（草案）等相关制度规程。期间，召开了第一届董事会第一次全体会议，第一届监事会第一次全体会议，选举了董事长、监事长，聘任了经营管理层主管人员。不断完善法人治理结构。推进农商银行改制的同时，认真梳理完善各项内控制度以及条线操作流程，搭建现代银行管理体系。继续以服务“三农”、服务小微为己任，按照现代金融企业制度，规范办理流程，提升管理水平，全面搭建现代金融企业管理服务环境。（张尚忠）

银 行

·中国农业发展银行繁峙县支行·

【概述】 2014—2016年，支行以扭亏为盈为目标，全力推进各项业务发展；以党的群众路线教育活动为主线，狠抓工作作风形式转变；以内控风险排查为着力点，大力夯实规范管理基础。

2014年年底，各项贷款余额16133.46万元，较年初增加了7823.77万元，其中不良贷款余额665万元，较年初下降了3420万元；各项存款余额5020.47万元，较年初增加了2928.28万元；日均存款余额4303万元，同比减少了1319万元；中间业务收入9.77万元，同比增加了8.97万元；经营利润8.47万元，同比增加276.67万元。

2015年，全行各项贷款余额12706.79万元，较年初下降了1000.5万元；其中不良贷款余额664.5万元，较年初下降了0.5万元；各项存款余额3068.59万元，较年初减少了1951.88万元；日均存款余额4286.62万元，较2014年减少了16.38万元；中间业务收入1.9万元，较2014年减少了7.87万元；经营利润盈利1196.38万元，较去年增加了1187.91万元。

2016年，全行各项贷款账面余额17642.29万元，较年初增加了4954.5万元，另外在市分行营业部发放统贷统还棚户区改造贷款16800万元；不良贷款余额下降为零；各项存款余额20775.29万元，较年初增加了17706.7万元；日均存款余额5615.76万元，较2015年增加了1329.14万元；中间业务收入1.17万元，同比减少了0.73万元；实现经营利润112.38万元。（曹惠娟）

【贷款业务】 2014年，支行与县政府合作，发放了“滹沱河源头环境综合治理县城东段延伸工程”项目中长期贷款，由山西省繁峙县城建投资有限责任公司承贷，贷款总额9800万元，贷款期限8年。该贷款纳入了县财政预算管理，截至年底，完成该笔贷款收贷950万元，收息464.48万元。

2016年下半年，县实验小学滨河校区建设项目4800万元中长期贷款、兴城街人防工程建设项目2800万元中长期贷款、三馆一院建设项目7500万元中长期贷款和砂河城中村改造项目36000万元中长期贷款分别通过了省分行审批。其中实验小学滨河校区建设项目、兴城街人防工程建设项目和三馆一院建设项目均以政府采购的模式，由山西省繁峙县城建投资有限责任公司承贷。砂河城中村改造项目采用政府购买服务的模式，由山西省城镇建设投资有限责任公司统贷统还。截至年底，实验小学滨河校区建设项目贷款出贷4100万元，三馆一院建设项目贷

款出贷2600万元，砂河城中村改造项目贷款出贷16800万元。（曹惠娟）

【存款业务】 2014年，支行将个人营销作为存款组织的桥头堡，全行加大存款组织力度，一把手亲自抓，带头组织营销，全体员工积极参与，形成合力，并配合总行、省、市分行的一系列推进存款组织工作的政策和措施，完善了存款组织奖励办法，增强考核激励机制，以此调动全体员工营销存款的积极性。至年底，员工营销非贷款企业存款累计达到了1622万元，每位员工至少营销了一户非贷企业。

2016年，受经济下行的影响，系统内利差持续收窄。面对复杂严峻的形势，迎难而上，进一步树立存款节本增效的理念，大力开展存款组织工作，年末存款余额突破了2亿元大关。一是有效拓展同业存款渠道，营销回繁峙县新田村镇银行500万元同业存款，利率仅为2%，属于指导利率以内的低成本同业存款。二是全力做好扶贫开发账户开立工作。积极跟县政府和扶贫办协调沟通，并于7月20日开立了繁峙县扶贫共管账户，全年有4笔扶贫资金入账，共计2184.7万元。三是服务好贷款项目，积极争取项目资金入行。（曹惠娟）

【不良贷款清收】 2014年，完成了对山西宏达玉米开发有限公司3420万元不良贷款的打包出售，不良贷款企业降至一户，余额降至665万元。

同时，加大对已核销粮食局各粮站账销案存资产的清收工作，清收5户粮食局粮站的账销案存资产本金5万元，实现了繁峙县支行清收账销案存资产“零”突破。

2016年，对兴达粉丝有限责任公司664.5万元不良贷款进行了批量转让，转让资金收回不良贷款114.7万元，剩余549.8万元贷款转让给资产公司。该笔不良贷款转让完成后，繁峙县支行不良贷款余额下降为零，不良贷款率下降为零，成功转变为零不良贷款行，彻底甩掉了沉淀多年的包袱，使支行翻开了新篇章。此外，对已核销贷款继续追偿，于二季度现金清收小屯粮站已核销呆账贷款1万元，三季度现金清收供销经理部已核销呆账贷款1万元，四季度现金清收永兴粮站已核销呆账贷款1万元。（曹惠娟）

【项目营销】 2015年，县支行紧跟总行、省市分行的改革发展步伐，主动适应新形势、新常态，坚持稳中求进，围绕农业农村基础建设、新型城镇化建设和扶贫开发等方面，持续开展高端营销，并印制信贷业务简介等宣传资料，深入县政府及发改局、水利局等10多个部门与之沟通协调，主动探讨银政合作方案，着力发现目标、营销培育。

与“兴城街人防工程项目”达成6000万元贷款合作意向，与“滨河小学”项目达成3750万元贷款合作意向，与“三馆一院”公益项目达成7300万元贷款合作意向，并进行贷款前期调查。

2016年，随着全国金融扶贫不断加大脚步，4月28日，县支行挂牌成立“扶贫金融事业部”，工作重点主要围绕易地扶贫搬迁项目展开。县易地扶贫搬迁项目贷款将采用统贷统还的方式，由省扶贫公司承贷，市扶贫公司承接，并按进度向本县拨付。7月21日，县扶贫办开设了易地扶贫搬迁项目资金共管账户，该账户用于接收市扶贫公司拨付的专项资金，以启动项目。全年已有4笔扶贫资金入账，共计2184.7万元。

（曹惠娟）

【收贷收息】 2015年，全行实现盈利1196.38万元，是建行以来盈利最多的一年，取得盈利的原因主要有以下几个方面：跟县政府及财政局努力争取，将水利建设项目贷款利息纳入了地方财政预算管理，保证了1000万元贷款本金和519.9万元贷款利息按时足额收回；加强与粮食部门和上级行的沟通联系，确保县级储备和各类挂账利息补贴及时到位，最终实现了县储利息11.42万元全收，第二轮挂账利息收回94.23万元，地方欠补2.76万元，第三轮挂账不仅本息84.19万元全收，还全部收回了历年欠息665.9万元；针对不良贷款欠息和账销案存资产，本着不放弃一分一厘的原则，不断采取各种措施，一季多次向企业催收贷款欠息，最终现金清收了0.5万元的不良贷款欠息和0.5万元的已核销贷款利息。全年各项贷款应计利息779.87万元，实际收回贷款利息1375.93万元，综合利息收回率达到176.43%，业务经营取得了较大突破。

（曹惠娟）

【驻村帮扶】 2016年，在全县精准扶贫工作中，县支行驻村帮扶的贫困村为砂河镇曹家寨村。为切实做好这项政治任务，全体员工组成驻村工作队，结对帮扶贫困村民。每个工作日抽调2–4名员工驻村扶贫，走访每一个贫困户，了解其致贫原因，制订针对性的脱贫措施。经过努力，使贫困户数由原来的202户降至134户。对剩余的贫困户，详细记录了每户的基本状况，将纸质资料及电子资料整理成档，按照致贫原因归纳分类，并初步提出了脱贫措施。此外，本行支部委员武国帅任砂河镇长胜号村第一书记期间，从加强村支部建设工作着手，使该村支部由软弱涣散转变为省委命名的四星级党支部，并在一年内为村民办了许多实事，诸如为学校解决水暖问题，向困难小学生捐赠书包，规划整顿村内卫生环境等，受得了村民的一致肯定和好评，并获得了县委组织部授予的优秀第一书记称号。

（曹惠娟）

·中国农业银行繁峙县支行·

【概述】 2014年，中国农业银行繁峙县支行支持全县转型跨越，全力服务三农，实现稳健发展。2014年末，全行人民币各项存款余额达到20.13亿元，当年净增1.14亿元，同比多增8230万元。其中，储蓄存款余额15.81亿元，较年初净增5320万元，对公存款余额4.32亿元，较年初净增6042万元；各项贷款余额7720万元，其中，个人贷款余额2720万元，对公贷款5000万元；借记卡发卡量243934张，信用卡发卡量4551张，代发工资3860户；实现中间业务收入240万元；实现拨备后利润1611万元，同比增加155万元。

2015年年末，全行人民币各项存款余额达到20.38亿元，其中，储蓄存款余额16.9亿元，较年初净增3972万元；各项贷款余额7960万元，其中，个人贷款余额2960万元，较同期增加240万元；实现中间业务收入285万元，各项收入达到4436万元，实现拨备后利润2572万元，同比增加961万元。

2016年年末，全行人民币各项存款余额达到22.57亿元，当年净增2.19亿元，同比多增2.3亿元；其中，储蓄存款余额19.39亿元，较年初净增2.46万元，同比多增2.06亿元；各项贷款余额8954万元，其中，个人贷款余额3954元，当年增加994万元，实现中间业务收入282万元，各项收入达到3625万元。

（冯　阳）

【资金组织】 2014年，立足于争速度、争份额、争总量，通过实施宣传、营销、服务、激励“四轮并驱”的资金组织方略，促进了各项存款的迅猛增长。一是强化宣传塑形象。通过派送礼品宣传和新闻媒体宣传，扩大了农行社会影响，让广大客户更了解农行，更乐意与农行打交道。并利用当地集会、庙会时间，组织人员上街宣传，通过发放宣传单、接受客户咨询、现场为客户兑换崭新票币等，进一步拉近了该行与广大客户的距离。二是围绕大户抓营销。在全县范围内筛选出财政局、电力公司等10户存款大户，实行了由行级领导亲自带队，开展了以“赠一份礼品，送一个祝福，作一次推介，揽一笔存款，征一条意见”为主要内容的登门慰问活动，通过加强与大企业、大客户的沟通与联系，密切了银企关系。同时，全行员工采取真诚服务对客户、捕捉信息找客户等措施，千方百计揽储，想方设法增存，仅一季度，吸收储蓄存款4540万元，同比多增2350万元。三是开展竞赛优质服务。组织开展了多种形式的优质服务竞赛活动，大力营造争先创优的环境。如在各营业网点之间组织开展对手赛，设立单项奖、进步奖等；组织一线柜员开展创文明岗、争当“青年文明号”能手活动；支行机关则设立展业能手、揽储状元等奖项。各网点在对手赛活动中，暗中较劲，你追我赶，促进了增存任务的超额完成。在优化服务方面，向社会作出“三个保证”：即保证营业人员、保证营业时间、保证服务质量。以全新的服务态度和服务质量接待客户、稳定客户、拓展客户。四是激发干劲挖潜能。年初，在认真分析当地资金组织市场形势后，自我加压，提出了“全年任务一季完”的口号，并将任务指标全部分解落实到点到人。为确保分配目标任务的全面完成，还分三个层次制定了严格的考核办法，通过对行级领导的考核、营业网点主任的考核、机关人员的考核，有效激发了各个层级人员的增存积极性，为超额完成资金组织计划打下了坚实的基础。

2015年，紧紧围绕“以客户为中心，以市场为导向”的经营理念，对内丰富业务品类、完善服务机制，对外以品牌形象赢得客户，深入开展关联营销，捆绑营销，换位营销。在传统业务基础上，重点开拓新型业务市场空间，大力发展了网上银行，代发工资，私人银行等新型业务和服务，有效地推进了核心竞争力的提高，经营效益的不断增长，经营思路和经营模式的有效转变。同时采取上下联动营销方式，紧紧抓住一季度两节期间人流量大，资金回流的机遇，开展营销活动。一是领导带头营销大户。三位行领导分行业对重点对公户进行营销、维护，采取分工合作的方式，进一步拉近了农行与财政局、教育局、新农合、新农保、人民医院等对公重点户的关系，使其成为农行的忠诚客户。二是鼓励能人营销。在明确奖励措施基础上，积极鼓励能人开展公关活动，取得实效。三是网点积极营销。各网点人员八仙过海，各显神通，坚持人托人，亲帮亲，友靠友，广泛联系，不分行业类别，不论资金多少，揽存到太原、忻州，揽存到领导、农户家中，收到良好效果，既扩大了农行知名度，又挖掘了增存潜力。

2016年，储蓄既是传统业务，又是体现区域经济的重点业务，更是同业竞争的焦点，对此始终给予高度重视，坚持抢先抓早，首季与全年并重，突出首季“开门红”竞赛，考核激励并举，发挥绩效导向作用和服务品牌优势，着力转变经营模式和营销模式，不断寻找差距，总结提升自我，加压赶超争先，整合网点资源，拓宽服务领域和业务品种，巩固和扩大基本客户群，同时抓住网点转型契机，以发展中高端客户和优势行业代发工资为抓手，争取存款总量最大化，为各网点创造了一个争先创优的竞争机制和比学赶超的竞赛氛围。通过设立全勤奖、营销状元奖、单项激励奖、网点旗舰奖、特殊贡献奖“五奖”，扎实开展比学赶超活动。在全行掀起了“先进学先进，后进赶先进”的热潮。各网点、部门按照“考核到旬，算账到人”的做法，按日统计，按旬小计，按月评比兑现，使全行形成旬旬争先进，月月夺状元的氛围，储蓄存款达到月月增，季季升。2016 年，点均储蓄达到 6150 万元，全辖储蓄存款当年净增 2.46 亿元，完成市行下达个人存款增量计划 9000 万元的 273%，净增额全市排名第二，资金组织真正实现了超历史、超同期、超任务。（冯　阳）

【惠农服务】　2014 年，不断加大服务“三农”力度。从调整优化惠农服务点着手。努力清理激活睡眠卡，增加代理服务项目，实施转账电话、惠农卡，卡日均存款“两率一平均”考核等，不断提高惠农通使用率。全年惠农通完成交易 1260 笔，交易额 780 万元，机均交易 26 万元，分别达上年的 233%、133%和 147%；代理新农合，代理新农保，代理惠农资金项目有所增加，累计归集资金 1.6 亿元，服务农户超过 3500 户，惠农卡有效率达 25.7%，转账电话有效率 16.2%，卡均存款达 103 元，分别比年初提高 9 个百分点，11 个百分点和 3.5%，在提高惠农通使用率的同时，丰富惠农卡功能，到 2014 年年末共有 42 部惠农通转账电话，发生代理电费业务，缴费量 1066 笔，交易额 46 万元。

2016 年，全年惠农通完成交易 1368 笔，交易额 880 万元，机均交易 32 万元。代理新农合，代理新农保，代理惠农资金项目有所增加，累计归集资金 1.8 亿元，惠农卡有效率达 26.7%，转账电话有效率 18.2%，卡均存款达 112 元。同时加大转账电话布放力度，全年完成全县 73 个金融空白村转账电话的布放工作，并对已布放转账电话提高有效率。同时加强涉农代理业务的营销工作，提高卡均存款。签订代理合同 19 项，实际代理 3 项。（冯　阳）

【涉农信贷加大】　2014 年，以农户小额贷款为抓手，以产业链金融为主要方式，不断加大涉农信贷投放力度，积极助推当地经济的快速发展。至年末，共累放农户小额贷款 3610 户，金额 1.8 亿元，当年累放农户小额贷款 768 笔，金额 3820 万元，产业链金融服务涉及 2 个产业链，带动农户 323 户，农户信贷 3125 万元。涉农贷款当年净增 520 万元，余额达到 3678 万元。（冯　阳）

【经营管理】　2015 年，积极适应金融改革进程，不断提高干部员工队伍整体素质、加强经营管理能力和提升业务发展创新水平。一是加强信贷管理，防控信用风险。在经济下行造成行业系统风险加大的情况下，不断规范贷款操作规程，严格贷款面谈、面签制度，加强贷款影像资料管理，积极清收到逾期贷款，使到期货款收回率达到 99.5%。二是提高经营水平，防范合规风险。根据上级行的安排部署，开展不规范经营专项治理，进行全覆盖式的自查。全面整改发现的问题，规范经营行为，未发生媒体危机事件，未发生声誉风险和合规风险事件。三是提高运营管理水平，防范操作风险。以临柜作业“三化三铁”和柜员“三基本”学习为主线，不断提高运营基础管理水平。四是开展思想政治教育，加强队伍建设。坚持“既要发展，又要严管”的经营方向不动摇，把“端正风气，树立正气，严明纪律，规范行为”作为加强员工教育的轴心来抓，在全行开展了定期的“三观”教育、组织典型案例剖析的正反面教育、学习先进人物和事迹的激励教育，大大激励了全行员工努力工作、奋力拼搏的信心和决心。（冯　阳）

【脱贫攻坚】　2016年，按照县委、县政府“3699”脱贫攻坚策略，坚持真扶贫，扶真贫，认真制定了《中国农业银行繁峙县支行2016-2020年扶贫金融服务方案》，把全行的精准扶贫工作放到了重要位置。一是加强组织领导，落实工作责任。成立了金融扶贫工作领导小组，由行长任组长，负责全行扶贫金融服务的全面工作，分管行长为主责任人。责成支行营业部、砂河、石龙、向阳4个网点落实主抓，客户部负责蹲点督导，行长负责全面督导。二是保障资源配置，建立激励机制。为能及时了解企业发展方向和金融需求，便于各方沟通，每月召开一次扶贫金融服务领导组工作会议，并及时与县扶贫办联系沟通，以得到帮助支持。同时做好人力物力保障。专门切出一辆公车用于全行扶贫金融服务工作，并选调两名政治可靠、业务过关的客户经理到客户部工作，以增加人力，加强力量。各网点贷款发放计价向扶贫金融服务工作倾斜，并提高助业贷款和农户小额贷款计价额度，净增万元助业贷款按万分之十奖励，净增万元农户小额贷款按万分之八奖励，全面激发全行员工的积极性。三是突出重点，加大金融扶贫力度。通过发放对公贷款来支持当地经济社会发展、带动贫困人口增收。优选两个农业产业化龙头企业，两个国家级专业合作社作为支持对象，以农户小额贷款为抓手，在风险可控的前提下，加大对贫困户的信贷支持力度。当年新增农户小额贷款1042万元，其中支持全县建档立卡贫困户56户，金额280万元。

（冯　阳）

·中国建设银行股份有限公司繁峙县支行·

【概述】　2014年年末，全行各项存款余额80266万元，其中对公存款余额28037万元，储蓄存款余额52229万元。各项贷款余额12708万元，其中公司及小企业贷款余额9100万元，个人贷款3608万元。全年实现主营业务收入1961万元，其中利息收入1797万元，中间业务收入164万元。全年经营实现利润1316万元。

2015年年末，全行各项存款余额83371万元，其中对公存款余额24684万元，储蓄存款余额58687万元。各项贷款余额11316万元，其中公司及小企业贷款余额4054万元，个人贷款7262万元；回收不良贷款5000万元。全年实现主营业务收入1740万元，其中利息收入1554万元，中间业务收入186万元。全年经营实现利润1115万元。

2016年年末，全行各项存款余额102067万元，其中对公存款余额26384万元，储蓄存款余额75683万元。各项贷款余额22267万元，其中公司及小企业贷款余额3149万元，个人贷款19118万元，处置不良贷款500万元。全年实现主营业务收入1819万元，其中利息收入1643万元，中间业务收入176万元。全年经营实现利润1266万元。

（董高峰）

【服务地方】　2014年，支行加大了信贷产品投放力度，在主打“助保贷”这一特色产品的前提下，进一步提高中小企业信贷产品的覆盖度，大力推广速贷通、成长之路等产品的覆盖度，年内新增贷款主要集中在新推广的产品。为进一步助推中小企业发展，上级行于年内推出了一系列“大数据”信贷产品，主要包括信用带、善融贷、创业贷、税易贷、POS贷和结算透6个产品，扩展准入渠道，降低准入门槛，力争充分满足中小企业的信贷需求。

2015年，支行积极支持地方经济建设，在认真落实县委、县政府各项工作安排，积极做好政府、企业和居民金融服务的同时，不断加大信贷投放力度，助力县域经济转型发展。经过半年的准备和协调，支行与滨河1号、丽都华苑和滹源新天地3个房地产开发项目合作，于下半年在本县首家推出标准的个人住房按揭贷款，为居民在上述3个项目购买住房或商铺提供贷款支持，期限最长20年，首付最低20%，受到开发商和购房者的一致好评，当年投放贷款4248万元；新准入助保贷客户两户，投放贷款480万元；全行当年贷款新投放额度达到4728万元。

2016年，受经济大形势影响，地方企业经营形势严峻，申贷困难，本行及时调整经营思路，大力支持地方政府落实中央提出的去产能、去库存，推进供给侧改革的方针，加大个人住房贷款的投放力度，扩大合作项目范围，新增准入德胜小区开发项目，全年累计投放个人住房贷款超过1.4亿元，当年个人类贷款余额净增11856万元。配套推出信用卡家装分期业务，期限最长48期（4年），最高额度30万元，实现了购房和装修一条龙服务，全年累计投放装修分期贷款1152万元。为提高住房公积金资金利用效率，刺激经济发展，鼓励居民消费，本行承接了县住房公积金集中释放支取任务，配合县住房公积金管理部发放公积金联名卡8253张，全年累计释放公积金资金1.5亿元，仅12月份一个月释放资金就达5800余万元。

（董高峰）

【网点建设】 2015年，为改善网点少、客流量大，等待时间长的状况，支行于当年完成了向阳路离行式自助银行的申报建设工作，年底正式投入使用。自2015年起，支行免费向县域有车客户提供ETC快通设备（绑定信用卡）和网银U盾，使客户不用跑银行就能完成非现金银行业务和传统缴费业务，全年免费投放ETC快通设备3274台，免费发放U盾1246个，有效缓解了支行客流压力，提高了客户服务效率。

2016年，支行不断加大电子化、自助化渠道建设力度，年内配置智慧柜员机4台，智慧柜员机是本行新推出的高端自助服务设施，在智慧柜员机上客户可以自助办理发卡、汇款、转账缴费、信息查询变更、电子渠道签约、挂失补卡、投资理财等多种业务，可以替代80%以上的柜面业务，大大缩短了客户在网点办理业务的等候时间，服务效率显著提高，10月份公积金联名卡激活高峰阶段，本行大厅日均客流量超过600人次，智慧柜员机的配置有效缓解了大厅服务压力，确保了正常的营业秩序，连续两个月智慧柜员机交易量位居全省系统第一。四季度，本行率先推出新型支付结算产品——龙支付，在同业第一家实现了凭二维码无介质支付，实现了传统支付结算向新型支付结算的飞跃。

考虑本行位居县城，网点在县域辐射面偏低的现状，拟在砂河镇设立离行式自助银行，年内完成选址和设计工作，计划下年实施装修，上半年投入使用。（董高峰）

·中国工商银行股份有限公司繁峙支行·

【概述】 中国工商银行股份有限公司繁峙支行经中国银行业监督管理委员会忻州监管分局批准（忻银监复〔2011〕6号），于2011年3月23日成立。2016年，有从业人员12人，党员6人，团员6人，大专以上学历占100%。

2016年年末，人民币各项存款47888万元，实现利润507.42万元，中间业务收入177.27万元。 （刘鹏飞）

【内控管理】 本行高度重视案件防控工作，积极引导和鼓励广大干部员工发挥智慧和力量，集思广益，结合实际工作查找问题，对内控制度、业务流程等进行了分析梳理，查缺补漏、剔旧补新，为保障经营成果构筑了更加坚固的案防工作防线。未发生被抢、被盗、被诈骗等案件，发案率为零。1. 坚持案防工作“一把手”负责制，成立了由行长侯达君任组长，副行长王永军任副组长的“案防工作领导小组”。明确了工作职责，负责检查、督促、指导行内开展案件防控工作。2. 强化制度建设，构筑防控体系。完善防控预警机制，全面增强制度执行效力。案防工作，制度先行。在强化制度建设方面，逐级签订责任书，使案件防控责任到人，不留死角。建立健全《重大突发事件报告制度》《重要岗位工作、人员定期轮岗和强制休假方案》等规章制度。3. 强化责任落实，及时召开案防工作会。“业务发展，案防先行”。建立案件防控会议定期分析制度。两月召开一次案防会议，总结前阶段案防工作，对本部门本专业条线的案防工作进行评价，提出整改措施和下一步案防工作的努力方向，形成统一领导，党政齐抓共管，部门各负其责的领导机制和工作机制。4. 建立和完善激励约束机制，切实增强全员自律意识，建立严格的奖惩制度。出台了《繁峙支行内控合规管理考核办法》，进一步建立健全内控激励机制，将内控管理纳入绩效考核办法之中，奖惩并重。一方面对各种违规违纪行为严格查处，使“程序至上、违规必究”的意识深入人心，坚决维护规章制度的权威性和严肃性。另一方面，要通过奖罚机制的并用，进一步增强员工遵章守纪的自觉性，强化“内控人人有责”、“内控创造价值”的理念，在全行形成了管理靠制度、办事讲规矩、决策依程序的观念和机制。

（刘鹏飞）

·山西繁峙农村商业银行·

【概述】 2014年年末，全行各项存款余额411681万元，较年初净增9758万元，增幅2.43%。全行各项贷款余额276444万元，较年初增加32169万元，增幅13.17%，其中农业贷款余额271329万元，较年初增加31285万元，农业贷款占比98.15%，新增农业贷款占各项贷款增加额的97.25%；累计投放支农贷款达222152万元。全行实现各项收入38956万元，较同期增加2619万元。全行资本充足率按新计算口径为10.96%，较年初降低了6.54个百分点；贷款专项准备充足率185.37%，拨备覆盖率153.91%；拨贷比16.28%；应付利息备付率4.81%，经营抗风险能力保持在一定的水平。

2014年，繁峙农合行被忻州银监分局评为“非现场监管法人先进单位”；繁峙农合行繁城支行、营业部被忻州市银行业协会授予“忻州市银行业2014年度优质服务示范网点”荣誉称号；利民支行被共青团忻州市委授予“青年文明号”荣誉称号；2014年先后被繁峙县委、县政府评为“2013度支持地方经济建设先进单位”“2013年度税费上缴先进企业”“党的群众路线教育实践活动暨社会主义核心价值观知识竞赛三等奖”等荣誉称号。

2015年年末，全行各项存款余额416239万元，较年初增加4558万元；各项贷款余额254825万元，较年初减少21619万元，其中：农业贷款247046万元，较年初减少24283万元，农业贷款占比96.95%，全年累计投放支农贷款210822万元；不良贷款余额5914万元，较年初减少23337万元，不良贷款占比2.32%，较年初减少8.26个百分点；实现各项收入34585万元，较同期减少4371万元；实现经营利润14373万元，较同期减少4314万元。全行资本充足率为11.17%，贷款专项准备充足率426.11%，拨备覆盖率292.53%，拨贷比6.78%，综合经营实力有了大幅的提升。

本年，繁峙农合行被山西省直机关精神文明建设委员会评为“省直文明单位”，同时被省联社评为“2014年度文明单位标兵”；先后获得“迎‘七一’中国梦、农信梦演讲比赛优秀组织奖”“企业文化知识竞赛一等奖”“县级平安单位”等荣誉称号。

2016年年末，全行各项存款462232万元，较年初增加42484万元，增速10.12%，完成市联社四季度任务35000万元的121.38%，其中：活期存款163128万元，较年初增加12604万元，占比35.29%；定期存款295314万元，较年初增加29599万元，占比63.89%。存款市场份额41.88%，较年初下降4.25个百分点，新增存款市场份额21.29%。全行各项贷款328208万元，较年初增加73383万元，其中：农业贷款319073万元，较年初增加72027万元，农业贷款占比97.22%。累计投放支农贷款364113万元。贷款市场份额81.66%，较年初减少0.35个百分点，新增贷款市场份额80.10%。

（高文燕）

【四项转型】 2014年，业务经营转型，由规模型向质量型转变。对业务经营、质量管理实行了“双百分制”，由单一的业务考核转变为业务、管理双重考核，使规模和质量同步提升。认真分析辖区内经济结构及发展方向，有针对性地开办了房产抵押、采矿权抵押、林权抵押、收费权质押以及承兑汇票、贴现业务，促进担保类贷款转型为抵、质押类贷款，实现了由经营单一信贷业务向产品多元化的转型。在资金营运上，改变以往单一的资金运作模式，广泛与平鲁联社、光大银行、广西柳州银行等单位开展同业存款业务，并积极投资于黑龙江哈尔滨银行、晋商银行理财产品，有效减少闲置资金，进一步拓宽收入渠道。内部管理转型，由粗放式向精细化转变。加强员工的思想教育及业务培训，全年全行共开展了15次培训，外出参加20余次各类培训，累计参训达1100余人次，有效提升了员工的综合素质。实行了“区域差异岗位系数工资制”，增加偏远地区员工岗位薪点数；同时增加了浮动工资比例，由原来效益工资70%的考核部分增加至100%，进一步调动员工工作积极性。金融服务转型，由传统型向现代型转变。2014年，在县政务大厅内增开了营业部下设的服务窗口，为群众提供了极大的便利。在服务设施上，全行22个网点年内全部上线运行了集中授权系统、事后监督系统、风险预警系统以及第二代柜面操作系统、第二代支付系统，在有效控制业务风险的同时极大地提升了业务办理效率，规范了业务办理流程，促进了全行金融服务迈向现代化。案件防控转型，由单一式向立体式转变。全行严格执行案件防控第一责任，树立全面、全员、全程防控的风险理念，进一步健全了风险管理部门、业务部门、稽核审计部门三道防线的分工、协作机制，明确了各自工作职责，形成了风险防控联动机制。（高文燕）

【三项活动】 2014年，深入开展“比学习促整改、比作风促经营、比业绩促转型”主题竞赛活动。先后组织开展了“读书月”活动，为员工购置了《习近平谈治国理政》《习近平总书记系列重要讲话读本》等书籍，开展了以传唱主题歌曲、编排主题舞蹈为内容的“中国梦”教育活动，赴毛主席路居伯强纪念馆开展了红色革命教育，并积极参与了本县社会主义核心价值观知识竞赛活动。先后开展了领导班子民主生活会、2014年政风行风听证对话会，作风建设取得了显著成效。开展“文明规范服务”竞赛活动。先后于3月份举办了文明规范服务培训班，8月份聘请了专业老师对辖内新装修网点进行了“一对一”标杆建设和培训，对网点形象、服务流程进行了统一和规范，全行整体服务形象再次升级。开展“文明和谐单位”创建活动。创办内部刊物《繁峙农信》，积极开展春节困难职工慰问活动、“五四”青年节书画摄影展、学雷锋志愿者活动等，组织开展了金融知识进万家、消费者权益保护知识、扑克牌竞赛冠名等宣传活动，专题拍摄了营业部青年文明号纪录片、农合行企业形象片等，并在繁峙电视台、街道大型LED广告屏、高速路等重要媒体上开展企业形象宣传。（高文燕）

2014年8月，繁峙农合行组织员工进行文明规范服务礼仪培训　高文燕提供

【两项工程】 2014年，开展不良贷款听证问责工作。先后召开了思想动员会，成立了不良贷款听证问责工作领导组、不良贷款听证认定委员会，制定了不良贷款听证问责实施方案，并印发了《山西繁峙农村合作银行不良贷款责任听证问责办法》，对所有不良贷款责任人进行相应的处罚。开展强农兴社普惠金融服务。2014年，先后支持山西省百企千村产业扶贫项目繁峙县绿源亨通食品有限公司、繁峙县鼎盛元生态旅游开发有限公司、繁峙县肥源养殖基地等取得支农贷款。同时，支持繁峙县新发地生态农业科技发展有限公司、繁峙县宏矩大磨坊小杂粮加工项目等特色农业产业项目，产生了良好的支农效应。全行累计发放支农贷款222152万元，金融服务农户数16.22万户，支持农业龙头企业18户，支持农民专业合作社16户，支持基地园区6个，支持青年创业658个，带动31153个农户实现增收致富，使“支农主力军”作用得到了充分的发挥，有力地推动地方经济发展。（高文燕）

【一个重点】 2014年，全行以“廉政建设”为重点，不断加强全行廉洁教育，筑牢全行廉政防线。年初，召开了党风廉政建设暨纪检监察工作会议，并与13个党支部的书记

分别签订了《党风廉政建设责任书》，进一步分解、明确了责任，形成了一级抓一级、层层抓落实的党风廉政建设工作氛围。先后印发了《警示教育真实案例一百篇》，制作党风廉政宣传专栏4期，发送廉政短信21条1638人次，召开警示教育培训会4期，在全行营造了廉洁办事的文化氛围。同时，开展了专项整治“工作秩序涣散、纪律松弛”活动等。（高文燕）

【改革发展】　2015年，全行将体制改革作为工作中心，积极转变经营机制，全力推进向农村商业银行的改制。农商银行改制工作于4月份启动，先后制定了可行性研究报告，确定了改制总体规划，并积极与县委、县政府进行了沟通联系，成立了县长为组长的筹建工作小组。8月10日，全行召开了第一届股东代表大会第六次会议，审议通过了关于改制农商银行的九项决议。8月11日，与中介公司签订了合作协议，以6月30日为基数开展了清产核资、资产评估工作。同时，开展了原股金处置、土地确权、股金募股等工作。各网点对全县1363户原股东进行了逐户核对处置。农合行对全行所有网点土地进行了测量，与省、市、县三级国土部门联系协调，将土地审批手续报送至国土部门。全员积极行动，广泛募集股本金。县委县政府牵头组织县域内20余家企业代表进行了座谈，动员县域企业入股繁峙农商银行。截至12月3日，不良资产包资金全部入账筹建工作小组，并对不良资产进行了处置。年末，筹建工作小组将筹建申请材料报送至忻州银监分局及山西银监局。

2016年9月7日筹建农村商业银行申请获得省银监局批复。10月11日，召开了第二届职工代表大会第二次会议，选举产生了

2016年10月20日，繁峙农商银行创立大会暨第一次股东大会在嘉盛伦大酒店隆重召开　高文燕提供

第一届监事会职工监事。10月20日，召开了繁峙农商银行创立大会暨第一次股东大会，大会审议通过了《筹建工作报告》《章程（草案）》《股东大会议事规则（草案）》《董事会议事规则（草案）》《监事会议事规则（草案）》等13项议案。12月19日山西银监局正式批复同意山西繁峙农村商业银行股份有限公司及分支机构开业。12月21日，山西繁峙农村商业银行股份有限公司挂牌开业。

（高文燕）

【不良贷款清收】　2015年，在原“明责自清”贷款管理办法的基础上进一步优化信贷审批流程，强化调查、审查、审批、贷后等环节的监督控制力度，明确各岗位责任，确保各环节的真实有效。同时，专门制订了不良贷款清收激励考核办法，组建了清收大队，多措并举、因症施治，逐户开展清收工作。在此基础上，全行按照省、市、县各级政府以及省市联社《关于进一步加大清收公职人员、农村党员干部拖欠农村信用社逾期贷款的通知》要求，重新对辖内三类人员逾期拖欠贷款进行了摸底排查清收。截至年末，全行共现金清收不良贷款本息12353万元，其中清收三类人员拖欠贷款本息共922万元。（高文燕）

【风险防控】 2015年，繁峙农合行制定了《山西繁峙农村合作银行2015年案件防控实施细则》，明确了案防组织体系、案防职责分工、案防工作制度、考核和处罚办法，建立了“横向联保、纵向联责”的案防工作体系，将管控责任覆盖到每一个环节。一年来，稽核审计部门开展了序时性稽核、非现场稽核、离任审计、突击检查、序时督查、专项检查等“六大类检查”；安全保卫部通过实地检查、视频检查等方式共检查12次，电话查岗14次；授权监督中心充分发挥监督监测作用，通过逐笔审查业务凭证、审核业务授权等控制日常业务风险，真正做到了事中防控、事后监督。

2016年，安全保卫部门组织了应急预案演练、更新了安防设施、组织了安全保卫档案标准化管理考评、培训了全行安保人员及员工结构优化人员；运营管理部强化柜面检查、严防柜面操作风险；远程授权中心严把授权关口、规范授权管理；风险控制中心严格凭证监督，降低业务差错，共同筑牢了案防基础。认真开展条线合规检查、稽核监督检查，运用突击、序时、专项、接管、非现、集中等六种方式做好分层稽核监督检查，综合开展业务条线、重要岗位、安全设施等多方面的监督检查，加大检查频率，严格制度执行，强化违规处罚，确保各项业务合法合规。 （高文燕）

【党建工作】 2015年，全行先后召开了2次党委中心组学习讨论活动，专门编印了《党委中心组学习资料汇册》，建立学习记录登记簿及党员学习记录本，并组织开展了“三严三实”党课教育活动，开展了案例警示教育，组织员工深入学习上级有关规定，在全员思想深处构筑风险堤坝。年内，共制作党风廉政宣传专栏4期，召开2期警示教育会，累计对基层网点作风纪律、工作效能和服务质量开展了30余次明察暗访，有效提升了全行的工作作风和服务形象。

2016年，全年深入开展“两学一做”学习教育活动，在党员活动室创建了“两学一做”学习专栏，展出领导班子及中层干部的学习心得，同时开展了“四讲四有”专题学习研讨。在建党95周年之际，表彰先进基层党组织3个、优秀共产党员15名、优秀党务工作者3名，此外，开展了党员先锋行活动，为全行95名党员发放了党徽，为党员柜员制作了“党员示范岗”台签，充分发挥了党员的先锋模范作用。 （高文燕）

·中国邮政储蓄银行股份有限公司忻州繁峙县支行·

【概述】 中国邮政储蓄银行股份有限公司忻州繁峙支行现有营业网点3个，ATM机3台，存取款一体机2台，网银终端1台，存折补登机2台，提供电话银行、网上银行、手机银行、电视银行等电子服务渠道，服务触角遍及城乡，储蓄存款余额超过6亿元。

支行内设综合管理部、公司业务部、三农金融部3个部门，下设3个营业网点（府东街支行、城内支行、支行营业部），职工人数55名，平均年龄28岁。其中本科学历17名，大专学历26名。高级工3名，中级工8名，初级工12名。高级经济师1名，助理经济师4名，助理会计师5名。中共党员9名。

2014年受宏观形势及地方经济不景气的影响，支行的业务发展受到了前所未有的困难，本行全体员工团结一致、上下联动，形成了“全网一盘棋，全行一条心”的良好氛围，以“促合规、稳发展、增信心、提速度”十二字工作方针为主导思想，努力推动全行各项工作稳健、协调发展。全年共计实现业务收入2623万元，本年储蓄净增9208万元，余额达6.69亿元；储蓄净增余额列全市第一；公司业务余额达到1.44亿元，本年日均1.71亿元；各项贷款总结余1.55亿元，其中个商贷款结余9496万元；小企业贷款结余2341万元；消费贷款结余844万元；小额贷款结余2846万元，全年抵押类贷款共计净增1905.96万元，充分实现了省行提出的“腾笼换鸟”大转型的信贷业务战略发展定位。本年，县支行获得共青团忻州市委“2014年度青年五四奖状”和中国邮政储蓄银行忻州市分行“2014年度先进集体”。

2015年，完成业务收入2136万元，其中信贷763.1万元，储蓄1090.8万元，公司业务179.4万元，其他业务收入102.7万元。

2016年，完成业务收入1985万元，其中个人业务1152万元，公司业务收入140万元，零售信贷业务收入635万元，净利润完成756万元。本年，县支行获得“2016年度忻州市邮储银行十大出彩团队”和“2016年度繁峙县文明和谐单位”。（庄俊芳）

【业务发展】 2014年，储蓄业务新增存款余额为9208.5万元，完成全年时点余额计划的151%，新增日均余额6267.7万元，新增活期占比为55.65%；绿卡全年发展7313张，其中绿卡通全年累计发展2618张，且发卡对象优质，卡均余额2.2万元；信用卡全年累计进件296件，合格率86.49%、全年核准178张，批核率69.53%、卡片激活率80.35%，核准件累计完成全年任务的356%。个人网上银行全年累计注册客户为2591户，注册并激活的客户累计为1591户，激活率为61.4%。

2015年，储蓄余额65365.9万元，活期占比44.8%；公司业务余额10752.3万元，本年净增2667.3万元，市场占有率3.21%，本年日均余额8995.9万元，本年累计发展票据业务1300万元；本年贷款总结余1.263亿元，其中小额贷款结余4907万元，净增1264万元；个人商务贷款结余5756万元；个人消费贷款结余1949万元，净增528万元；小企业结余1335万元。信用卡计发展785张，激活率83%；代理保险：累计揽收保费915万元；手机银行注册2244户，网上银行注册1368户。

2016年，储蓄余额72595万元，活期占比44.1%；公司业务余额12972万元，本年净增3652万元，本年日均余额9314.9万元，本年累计发展票据业务490万元；贷款总结余12902万元，其中小额贷款结余4119万元，个人商务贷款结余5950万元；个人消费贷款结余1758万元，小企业结余1075万元；信用卡累计进件1338张，激活率78%；保险综合销量954万元，人民币理财销量3640万元；网上银行累计注册1647户，累计交易金额18672万元。（庄俊芳）

【亮点工作】 2014年，加快推进信用村的建设，全年步放信用牌匾123块。加强对“云雾峪”风电的持续跟进，对该投资8亿元的三期工程进行全方面对接，在发改委审批通过后实施放贷；稳步推进储蓄业务、中间业务发展，保持负债业务稳步健康发展。一是制定储蓄专项业务营销方案，逐一落实，继续走全员营销的道路，促进负债业务稳健发展；二是加强大客户、重点客户管理，培养客户忠诚度，推动理财业务发展；三是做好电话银行、自助银行和网上银行的工作。

2015年，认真研对市场经济发展的前

景，加大对个人负债业务的营销拓展，通过加强对网点的“6S”转型管理，从“服务、维护、拓展”三方面入手，加大对客户的营销拓展，开展以上门营销、电话回访、亲情回馈等维系手段稳定发展目标客户群，使负债业务做大做强，同时利用外拓团队的培养，加大对代发类、信用卡类、信贷消费类客户的挖掘，利用综合金融服务增强客户黏性，树立服务型银行，拓展客户资源。

加大对公存款的攻关力度，充分利用人脉资源的优势，加强对企业及财政类存款的营销。根据收集到的“108线改线”“协和风电”“云雾峪风电”等信息进行对接跟踪，实现公贷的破冰放款。

2016年，邮储银行繁峙支行开展金融扶贫。全年累计投放扶贫资金达5000多万元，以“政、银、企”平台为主线，积极与县中小企业局、工商局、畜牧局、扶贫开发服务中心进行对接与洽谈，以“政府+银行+公司+农户”的“四位一体”产品为创新，开创“农保贷”“助牛贷”“富民贷”“惠农易贷”“家庭农场贷”等系列信贷新产品，持续推进“五个一”工程，以特色促转型，在传统零售信贷业务的基础上，以新项目及新产品为嵌入点，扎实推进“银政、银担、银协、银保、银企”五大转型模式的平台建设。全年加强信贷风险防控，确保新增贷款无逾期、无欠息，保障资产质量。全年累计清收不良贷款865.96万元，完成了全年计划的558%。（庄俊芳）

【合规内控】 2014年，认真落实支行各部门《基础管理与风险控制建设方案》。提高会计基础工作管理水平，严格执行《会计监管及会计基础工作管理考核办法》，全年处罚174人次，罚款2690元，奖励24人次，金额2300元。充分运用好在线监控系统、会计档案管理系统及现金管理平台等新系统，严格执行大额取款“双热线”。明确专职对账员，制定了《繁峙支行对账管理考核办法》，目前网点对账率达到98%以上。

认真落实“员工行为排查制度”要求，全年进行人员日常行为排查165人次，对18人实行了岗位轮换。行长、分管行长认真落实“走进基层、分包网点”活动方案，按时到所包网点坐班，及时解决网点在经营管理中存在的问题。

印发了繁峙支行《自助机具管理使用办法》《电视监控系统管理使用办法》等4个办法，并加大了监管检查力度。全年查出违规行为5件，涉及3个网点，处罚违规人员7人，金额550元。全年共投入2万余元为网点完善配备了安全保卫设备、设施及自卫器械。

2015年，全年处罚36人次，罚款2200元，奖励48人次，金额2600元。

全年查出违规行为2件，涉及1个网点，处罚违规人员4人，金额860元。

全年进行人员日常行为排查165人次，对14人实行了岗位轮换。

2016年，全年处罚14人次，罚款2300元，奖励18人次，金额3400元。

全年查出违规行为5件，涉及3个网点，处罚违规人员7人，金额550元。

全年进行人员日常行为排查165人次，对12人实行岗位轮换。（庄俊芳）

【队伍建设】 2014年，抓好职工培训教育工作，年内开展4次培训，注重培训质量，做到有培必考，扎扎实实抓好培训工作。

2015年，加大员工培训力度，按照年初制定培训规划，先后举办电子银行、信用卡、保险、安全保卫等培训 11 班次。完善职工之家，图书阅览室增书 153 册，修缮职工餐厅，丰富了职工业余文化生活，增强了企业的向心力和归属感。组织全行 40 岁以上员工在县中医院进行体检，确保了员工的身体健康，营造了良好的工作环境，完善了员工福利保障。组织全行员工参加“迎新”活动和包饺子比赛。（庄俊芳）

【三农工作】 2016 年，先后多次与县委、县政府进行洽谈，积极对接县棚改办，通过宣传本行的网络、服务等优势，争取砂河镇城中村改造项目代发权的落地，为砂河镇的 1520 户拆迁户进行补偿代发，2016 年累计代发资金达 8000 多万元，为 300 多户拆迁户进行现场办公代发服务。

按照县委、县政府的统一部署，开展了扶贫帮扶驻村工作，对帮扶的上台庄村从贫困户的筛选、评定、建档、整帐等工作逐一开展，并且对全村的帮扶贫困户进行走访，利用双节开展慰问工作，“送温暖、献爱心”资金达 18000 多元，做到了“行动上、资金上、思想上”的帮扶助贫。（庄俊芳）

·繁峙新田村镇银行·

【概述】 繁峙新田村镇银行于2015 年 1 月 29 日挂牌运营，是经侯马农村商业银行发起、山西银局批准设立的一级法人股份制商业银行。内设 5 部 1 室，有人员 60 余人，平均年龄 28 岁，全部为大专以上学历，其中本科占一半以上。（杨 隼）

【经营状况】 资产负债规模情况。截止 2016 年末，资产总额为 40782.87 万元，其中各项贷款余额 11273.58 万元，负债总额为 34767.4 万元。其中：各项存款余额 17778.23 万元，从存款结构看：定期储蓄存款余额 12954.96 万元，占存款余额 72.87%，存款较为稳定。

盈利能力情况。截至 12 月末，各项业务收入实现 2074.44 万元，各项营业支出 1649.67 万元，实现利润总额 424.77 万元；缴纳所得税 33.37 万元。

“支农支小”力度情况。截至 12 月末，涉农贷款余额 9526.45 万元，占各项贷款余额 84.50%。其中农户贷款 86 户，金额 6115.45 万元，占各项贷款 54.25%，小微企业贷款 16 户，金额 1937.26 万元。

主要监管指标情况。截至 12 月末，资本充足率为 18.48%；核心资本充足率为 18.34%；流动性比率为 185.83%；成本收入比为 68.83%；资产利润率为 1.33%；资本利润率为 6.73%；存贷比例为 63.41%，户均贷款余额 66.71 万元；单一客户贷款集中度为 8.08%；拨贷比 2.91%；拨备覆盖率为 4374.53%；不良贷款率 0.07%，存款偏离度-1.21%。其中，除了资本利润率、成本收入比不符合监管要求外其余各项经营指标均符合监管要求。未发生案件。（杨 隼）

【存款业务】 在惠民活动的开展上，繁峙新田村镇银行不断加大回馈客户的力度，向客户赠送更加实用、更加贴近民生的礼品。存款“送鸡蛋”“送米面油”“送超市购物卡”“送游泳卡”“送粽子”“送美酒”等活动，在多层次满足客户需求的同时壮大银行资金实力，让客户真真切切地感受到了该行“便利于民，服务于民”的宗旨，进一步提高了该行的知名度和美誉度。通过各种活动的不断开展，多措并举，至 2015 年 6 月 30 日，繁峙新田村镇银行各项存款突破 1 亿元。（杨 隼）

【贷款业务】　在原贷款业务的基础上推陈出新，根据社会不同阶层所需，创新出“工薪通”“农户通”“商户通”和“小微融”四类贷款。2016年下半年，本行继续创新信贷金融产品，包括“惠农通”“薪保通”“薪易通”“房易通”“车易通”“融保通”“卡卡通”七项产品，制定了差异化的贷款利率和多样化的担保方式，充分满足了机关事业单位人员、农民、商户和小微企业的贷款需求。（杨　隼）

【业务推广】　2015年9月10日，繁峙新田村镇银行网上银行正式上线。网上银行业务打破了传统银行业务的地域、时间限制，具有3A特点，即能在任何时候（Anytime）、任何地方（Anywhere）、以任何方式（Anyhow）为客户提供金融服务。

2015年11月24日，繁峙新田村镇银行400服务电话开通。电话银行的开通为用户提供24小时查询，实现银行24小时服务。电话银行的安全性高，系统内配有多级用户验证，保证客户银行信息安全。

2016年7月，繁峙新田村镇银行银行卡——新田卡业务正式开办。其拥有免收开卡工本费、免收年费、免收小额账户管理费、免收账户余额变动短信通知费、免收ATM同城跨行取款手续费、免收ATM异地跨行取款手续费、免收ATM同城跨行转账手续费、免收ATM异地跨行转账手续费、免收ATM境外查询手续费、免收ATM境外取款手续费、新田卡挂失免手续费、短信提醒免费等10余项零费用功能。

2016年11月，繁峙新田村镇银行手机银行与微信银行正式对外开放。手机银行跨行转账无手续费，单笔限额5万元，日限额20万元，可实时到账；微信银行可实时查询账户余额和交易明细。（杨　隼）

【风险合规】　繁峙新田村镇银行按照忻州银监分局和繁峙银监办的监管工作要求，狠抓各项制度落实，不断加大内控监管力度、切实把风险防范作为业务经营的一项重要内容，并与业务经营同部署、同安排、同检查、同考核，防范了各类风险的发生，促进了业务经营的持续稳定发展。截至2016年12月底，该行到期贷款回收率和收息率均达到了100%。（杨　隼）

·晋商银行繁峙支行·

【概述】　晋商银行是山西省政府控股的国有银行。晋商银行繁峙支行是2016年9月晋商银行忻州分行在县市设立的传统支行，现有员工23人，平均年龄25岁，学历全部为本科以上，是一支充满朝气和活力的金融团队。（刘　岩）

2016年9月，晋商银行繁峙支行正式营运　刘岩提供

【储蓄存款】　2016年年末，存款余额达到1350万元，本行推出了一系列优质存款业务：“先得利”储蓄存款可在当时获得存款利息，利息再存再得利，提前享受更高的存

款利息。“一本万利”储蓄存款提前锁定存期和收益，提前支取，靠档计息，国家调整，就高计息；国家调低，利率不变。

（刘　岩）

【信贷业务】　推出“卡易贷”个人消费贷款，该业务授信额度高，支持全额提现，月息六厘，随借随还，3年有效，面向行政企事业单位正式员工。该行累计发放卡易贷个人贷款450万元，未发生不良贷款，收息率达到100%。大力发展住房按揭贷款，已经与忻州市恒嘉房产达成了合作协议。（刘　岩）

【创新业务】　积极践行惠普金融，全力服务城镇居民，切实履行社会责任，不断创新金融产品，推出坐享其盈、晋商快付、代发工资、质押贷款、小企业贷款、企业流动资金贷款、房屋抵押贷款等业务。在发展传统业务的同时，银行卡、代理保险、代销基金、个人理财、公司理财、信托等中间业务也得到有效发展，自开业以来，理财余额达到1400万元，财富管理、微信银行、直销银行等新的服务模式受到广大客户的青睐。

（刘　岩）

【服务升级】　全面实施厅堂一体化管理，落实“一把手”总负责的金融服务工作，建立月度金融服务联席会议制度；推出“二把手”站大堂，现场高效调配厅堂资源；践行“三把手”营业经理委派制，开展柜面客户转介绍，绩效分成，实现安全高效的柜面服务。一把手总揽全局，二、三把手通力配合，以财富管理为核心，以方案营销为手段，形成全员营销、专业化维护机制；建立客户维护中心，依托“视频微讲堂平台”线上发布产品信息、理财预约、到期还款提醒，着力提升客户体验，构建“厅堂一体化、财富管理、方案营销、线上维护”三位一体的客户服务机制，凝聚合力，形成强大的客户服务网络，打造“专属客户”和“终身客户”，其实提高网点核心竞争力，加快转型发展。（刘　岩）

保　险

·中国人寿保险股份有限公司繁峙县支公司·

【概述】　中国人寿繁峙县支公司是中国人寿旗下的一员，主要经营人寿保险、意外伤害保险和健康保险三大类保险业务，开办各类人身保险险种206个。2014年全年总保费收入4702.94万元，2015年全年总保费收入5797.83万元，2016年全年总保费收入6518.13万元，每年都是正增长，市场份额占62%，居全县寿险业之首。

公司网络机构遍布全县城乡，拥有30名专业管理人员，500余名个人代理人和营销人员，4个农村营销服务部，共为全县20余万客户提供了各类人身保险保障，保险金额达1.2亿元，近3年累计处理大小给付案件2000余起，赔款给付金额累计达1570余万元。

2013年12月19日，中国人寿繁峙县支公司成功中标本县城镇居民大病保险业务，取得100%的承办权；2014年1月20日，中国人寿繁峙县支公司成功中标忻州市城镇职工大病保险业务，取得100%的承办权；2014年8月25日，中国人寿繁峙县支公司成功中标本县新农合大病保险业务，取得100%的承办权。

自2009年后连续8年承保本县执法人员保险，为全县近80名干警提供人身保险；2012年后连续5年为近500名全县卫生和计划生育局联合办理计生家庭和计生专干保险收取保险费40多万元；连续4年与组织部联合办理大学生村干部保险和第一书记保险，保费20万元；连续4年与县老龄办合作办理老年人保险10多万元；跟繁峙县医疗保险服务中心合作承办城镇职工意外伤害保险51.89万元。（高　丹）

【业务发展】　2014年，总保费4702.94万元、首年保费1388.16万元、首年期交保费760.11万元、趸缴保费628.06万元；2015年总保费5797.83万元、首年保费2424.57万元、首年期交保费980.03万元、趸缴保费1444.54万元；2016年总保费6518.13万元、首年保费2339.54万元、首年期交保费1710.38万元、趸缴保费629.16万元。都有增长率。（高　丹）

【客户服务】　客服条线主要从运营模式上下功夫，改变以往柜面单一服务渠道，借助信息技术手段，大力发展电子化服务，快速提高客户“离柜率”，以推行国寿e家、e宝账等电子化服务手段为推广力度，积极拓宽业务员、客户自助处理两个受理渠道。

为更好地方便客户，客服中心实施了本级柜面中午值班制和周六、周日、节假日值班制，农网服务实现了365天无节假日的承诺；继续推行“特殊”客户上门服务，全年共计提供上门服务50余次；开展客户增值服务，为VIP客户提供免费体检；“6·16”第九届国寿客户节期间，开展了2015年“牵手国寿　孝善为先”第五届少儿绘画活动，并邀请忻州市人民医院眼科主任付海荣教授为客户讲授《健康养生讲座》，有力提升了公司的品牌形象。在B柜面服务的同时，在政务大厅三楼设立窗口为民服务。

（高　丹）

【脱贫攻坚】　2016年，公司扶贫对象是东山乡岭底村，全村共47户，总人口134人，其中党员3人。耕地138.4亩，村民主要以种植业、养殖业、台磨采摘业、劳务业为生。农作物主要以种植土豆为主。2015年，确定精准贫困户32户，精准贫困人口98人，本年通过移民搬迁脱贫30人，剩余精准贫困户2户，精准贫困人口9人。

年末，按繁办字〔2016〕16号要求号召全司员工捐款，公司自筹一部分对全村26户人家进行了慰问，每户200元。（高　丹）

【党风廉政建设】　2015年11月，对全系统领导干部用房进行监督检查，经调整、改造公司班子成员及部门经理办公用房均符合标准。

组织开展“两个加强、两个遏制”专项自查工作，对销售误导和可能存在的虚假承保、虚假退保、虚挂保费、虚列费用、虚假理赔等“五假”问题进行专项自查；组织开展非法集资专项排查，增强公众“理性投资、风险自担”的意识和保险从业人员依法合规意识；开展《反洗钱工作自查工作》，使反洗钱法律法规和监管要求在公司系统得到严格贯彻落实。

在辖区深入开展针对关键岗位人员的风险防控教育活动，落实关键岗位人员岗位轮换及强制休假制度；分公司组织财务、业务、单证人员专项检查组，联合对公司的关键岗位人员进行现场检查，进一步促进了制度的执行力度，提高了关键岗位管理水平。

（高　丹）

·中国人民财产保险股份有限公司繁峙支公司·

【概述】　中国人民财产保险股份有限公司繁峙支公司，2014年，有员工22人，其中：

总、地版合同（省公司审批的正式编制工）9人，劳务人员13人；2015年，公司有员工20人，其中：总、地版合同14人，劳务人员6人；2016年，公司有员工21人，其中：总（总公司审批的正式编制工）、地版合同15人，劳务人员6人。（赵保国）

【业务收入】 全县开办各类业务8种：范围涉及车辆保险、财产保险、工程保险、货运保险、意外伤害保险、健康保险、责任保险、农业保险等多个方面。2014—2016年，业务结构进行调整，3年保费收入分别为：3474.17万元（其中：车险2557.86万元、非车险203.44万元、农险712.87万元）、2006.06万元（其中：车险1419.39万元、非车险120.2万元、农险466.47万元）、1482.81万元（其中：车险854.78万元、非车险222.29万元、农险405.74万元）。3年期末综合赔付率分别为99.06%、-75.79%、12.3%。（赵保国）

【服务地方经济】 2014年，公司为配合协同政府优化产业结构，推动转型发展，经上级公司批准，在山西省首家开办羊养殖保险。虽然最终赔付率达到600%，但摸索总结了农业保险发展方面的很多经验和模式，更重要的是在经济转型发展中起到了推动作用，同时也为本县域农民养殖业抗风险能力提供了保障。

2016年，公司集中力量投入本县扶贫攻坚工作中，与横涧乡西连仲村结对扶贫，通过对该村的65户贫困户建档立卡摸底、走访、排查、谈心、交流，拉近了与群众的感情和距离，了解了村组织运行的工作流程，锻炼了公司人员的工作作风和为民服务的思想意识，经过10个月的努力工作，完成了该村阶段性扶贫攻坚任务。

（赵保国）

商业贸易

改革开放后商贸机构的变动

【县商业贸易总公司】　繁峙县商业贸易总公司前身是繁峙县商业局，2003年5月机构改革时由行政局转变为企业单位，现有事业性质领导3名，企业职工800多名，其中退休职工300多名。总公司下设办公室，人事科，财务科，工会等科室。10个下属公司：饮食服务公司，糖业烟酒公司，五交化公司，百货公司，食品公司，砂河综合公司，兴达商贸公司，农产品购销公司，奶粉厂，副食品加工厂。

1988年开始，商业系统实行企业承包制，柜台大包干，柜组大包干形式，进行国营商业改革。2000年，糖酒公司针对门店老化，设施陈陋，公司又无力重建的情况，采取职工集资形式，兴建县城一流的新华林商厦，建成后，78名职工得到安置。2001年百货公司改建东风门市，拆旧建新，以职工集资的形式，安置职工58名，兴建现在的百货大楼。2003年6月针对饮食服务公司九龙商场铺位大部分闲置，红旗旅馆全部闲置，而职工又无生活保障，企业负债累累，对饮食服务公司进行全面改制，将公司所属转角门市拆除，以职工集资租赁形式新建2层大楼，妥善安置69名职工。2003年11月，兴达商贸公司改制，安置44名职工。2004年副食加工厂以租赁的形式对33名职工进行安置。2005年砂河综合公司将砂河百货大楼以租赁的形式安置职工115名。2007年五交化公司门面拆除，采用职工集资等方式改建，110名职工得到安置。通过多种形式的改制，使全系统507名职工得到了安置。

以上9个单位职工全部分流上岗，自主经营。唯有食品公司现在还属国有企业，没有实行企业改制。公司成立于1958年，2016年有离退休职工32名，在职职工36名，从1996年国务院实施生猪定点屠宰后，公司本着“定点屠宰，集中检验，分散经营”的原则，2015年屠宰生猪8832头，2016年屠宰生猪6500左右。全县驴、牛、羊，未实行定点屠宰。至2016年底，从未出现一例“肉食中毒”事件，确保全县人民真正吃上“放心肉”。　（李炳龙）

【县物资总公司】　1990年，恢复设置繁峙县物资局。1994年，由于国家体制改革，由原物资局改成物资总公司。下设12个分公司：机电化轻公司，职工52人，主要经营机电、化工产品；金属建材公司，职工15人，主要经营钢材、建筑材料；煤炭经销部，职工6人，主要经营煤炭业务；木材公司，职工46人，主要经营木材业务；回收公司，职工18人，主要经营废旧物品的回收；物资石油经销部，职工28人，主要经营汽油、柴油和润滑油零售业务；砂河物资综合公司，职工 30 人，主要经营各种物资；物资贸易中心，职工 43 人，主要经营钢材、汽车运输业务；木材加工厂，职工 9 人，主要经营木材加工；物资综合经销部，职工 11 人，主要经营钢材、油漆业务。

1995 年，由计划经济改制为市场经济，大部分公司停止运营，职工自由组合，自主创业。2010 年物资总公司并入经信局。截止到 2016 年，退休人员 71 人。职工均已参加医疗保险。（杨建明）

【县对外贸易总公司】 1972 年，由县供销社土产公司分离成立繁峙县外贸局，选址在杏园村。此前外贸商品收购由供销部门经营，出口则由土产公司经营。外贸局设局长、副局长、业务员、财会人员、办公室人员各 1 名，共有职工 10 人。

1978 年，县外贸局进行了扩编，设局长 1 人、副局长 3 人，主要机构有业务股、储运股、财计股、砂河外贸站、办公室。业务范围扩大到了全县，职工增加到 25 人。

1985 年，县外贸局实行一个机构、两个牌子（即繁峙县外贸局和繁峙县外贸公司），设外贸局长 1 人、外贸公司经理 1 人（局长兼）、外贸局副局长 2 人、外贸副经理 2 人（副局长兼），下设城关外贸站和砂河外贸站（各设站长 1 人、保管 2 人、财会人员 2 人、职工 3 人，实行向公司报账财务制度）、业务股、储运股、财计股、办公室，职工增加到 42 人。

1988 年，随着市场的变化，县药材出口旺盛。县外贸局根据市场需求，组建了以砂河外贸站为主的药材加工厂，人员扩展到 55 人。

1992 年，县外贸局再次进行了扩编，成立了县外贸局土畜产粮油公司、县外贸基地公司、县外销公司、砂河外贸综合公司，局机关设业务股、财计股和办公室。扩大了出口业务。职工人数近 60 人。

1993 年，县外贸局引进外资，与台胞张綵璟女士合资成立了山西省茂璟黄酒有限公司和山西省茂璟药材加工有限公司。

2010 年，县外贸局并入县商务局。

（何碧霞）

商　务

【概述】 2014—2016 年，商务局以党的群众路线教育实践活动为抓手，以依法整顿规范市场秩序，服务民生为重点，着实改进工作作风，深入开展调查研究，优质服务于基层企业、商贸项目建设和广大消费者的生产生活。（赵　鑫）

【招商引资】 2014 年，根据全市招商引资工作的考核要求，县委、县政府重新修订了《繁峙县招商引资优惠政策》，建立了月例会制度，研究招商引资工作中的困难与不足。建立了领导包项目制，实行“一个项目、一位领导、一套班子、一抓到底”的“四个一”项目推进办法，从洽谈、落地、建设、投产各个环节对项目进行全程跟踪。市政府下达的全年目标考核任务为 85 亿元，会审通过的签约项目 17 个，签约金额 85.88 亿元，圆满完成全年目标考核任务。

2015 年，招商引资全年目标考核任务为 95 亿元，完成签约任务 95.24 亿元。

2016 年，坚持系统招商、定向招商、责任招商、小分队招商，组织企业参加省、市组织的“民企入晋”；“迎老乡、回故乡、建家乡”；“京津冀（忻州·北京）区域产业协同发展恳谈会”等活动，积极推进东部加工贸易产业转移，大力优化投资环境，取得了可喜成绩。招商引资全年目标考核任务为95亿元，完成签约任务124.63亿元。

（赵　鑫）

【对内贸易】 针对大型商超举行各种促销活动，刺激消费，营造了浓厚的消费氛围，对扩大消费拉动内需成效明显，社会消费稳中有升。2014年社会消费品零售总额完成了10.31亿元，同比增长13.7%。

2015年全县社会消费品零售总额完成14.9亿元，同比增长6.1%，位居全市第三。

2016年社会消费品零售总额完成18.9亿元，同比增长7.5%。（赵　鑫）

【外贸出口】 2014年，本局在为万锦肉牛育肥场、中兴华德联铸有限公司等企业办理进出口贸易手续的同时，积极主动提供进出口贸易方面的各类信息，为万锦肉牛育肥场从商务部争取出口配额，为中兴华德联铸有限公司联系韩国客户。此外，本局还积极组织有关外贸企业赴广州参加了第115届中国进出口商品交易会，组织县新发地公司、世纪庄园生态农业发展有限公司等蔬菜种植龙头企业负责人去山东就农业项目进行沟通对接。

2015年，具备出口资质的企业有10家，实际出口业务的企业有2家。其中，中兴华德联铸公司的配重机件由于本企业人才缺乏，渠道不畅，不能自主出口，一直通过临汾华德联铸办理出口业务（截至10月底出口4万吨，出口金额人民币1.6亿元）；万锦肉牛育肥场因省商务厅争取不到配额，无法出口，一直通过北京粮油公司办理出口业务。

2016年，县万锦肉牛育肥场通过北京粮油公司把肉牛供给到香港等地，商务局了解到企业没有直供香港的资质后，主动开展帮扶服务，先后帮助企业办理了对外贸易经营者备案登记表、海关报关注册登记证书，多次到北京国际丰收、国际贸易公司进行沟通对接，争取到了万锦肉牛育肥场活牛直供香港的合同，又通过山西进出口检验检疫局，帮助该企业办理了供港澳活牛检验检疫注册证。11月24日，忻州市首发肉牛供港仪式在繁峙举行，当天供港活牛40头，价值12.17万美元。本县在晋北实现首家活牛供港，推动了当地肉牛养殖业的健康发展。中兴华德联铸有限公司配重产品与美国特雷克斯公司进行出口合作，1到11月份累计出口0.93万美元。本年繁峙县实现累计出口金额共计13.1万美元。（赵　鑫）

【安全生产】 2014年与全县26家限上商贸企业签订了企业安全生产承诺书，落实工作职责，形成了安全生产一把手负总责、安全生产分工负责、安全生产人人有责的管理网络。

在各单位自查自改的基础上，各分管领导按照“管行业必须管安全”的要求和工作分工，对所管辖行业领域内的所有生产经营单位进行全覆盖地大检查。针对全县限上商贸企业、商场超市等事故易发场所，成立专门检查组，在百日安全大检查期间不间断地进行检查，切实做到横向到边、纵向到底、无一遗漏，短期内不能整改的隐患按规定上报县安委会办公室及有关部门，确保安全无隐患。

2015年4月25—26日，组织全县限额以上商贸流通企业，以及商务局全体人员进行了安全生产知识培训。

2016年，认真贯彻落实繁发〔2016〕1

号文件对全年安全生产工作所提出的要求，制定《繁峙县商务局安全生产工作例会制度》，明确了本年安全生产例会的主题、召开频次、召开方式等。商务局还定期组织企业开展培训，布置近期安全工作，强化人员全员意识。于7月18日在政务大厅6楼召开繁峙县限上商贸企业安全生产培训暨隐患风险大排查大整治工作推进会，全县21家限上企业和各大商场超市负责人、安全员参加了会议。于8月11日在龙河宾馆二楼会议室召开全县成品油经销企业隐患风险大排查大整治工作推进会暨安全生产培训会，各加油站负责人及安全员参加了会议。

（赵　鑫）

【市场监管】　2014年，由本局牵头各“双打”部门连续开展了一系列联合行动和专项整治，“3·15”期间，全县共销毁假冒酒品517盒，价值7万余元；查扣盗版图书200多本，盗版音像制品600余件，行政执法机关打击侵权假冒共立案1起，涉案金额4万余元；抓获经济犯罪嫌疑人3人，取保候审3人，同时捣毁制假售假窝点1个。

2015年，按照省市文件要求，各成品油经营企业要高度重视成品油市场供应和安全生产工作，同时本局帮助全县成品油经营企业顺利完成成品油经营年检工作。做好酒类流通备案和酒类流通随附单的发放、使用工作，对酒类流通市场进行不定期检查，对质检报告、批发证、随附单等进行详细检查，确保市场无不合规定的酒类流通。

2016年，县商务综合执法稽查队共出动执法人员1965人次，车辆428辆次，对全县240家酒类经销门店和37家加油站进行了检查，下达责令整改通知书15份，查处酒类流通案件4起，罚款1.1万元。3·15期间和全县食品安全周期间，共发放酒类宣传资料6000余份。12月13日在嘉盛伦召开了全县酒类流通管理暨业务培训会，通报了2016年度酒类管理工作情况，并就酒类流通管理工作进行了安排。全县酒类批发企业、零售企业、厂家代表、宾馆酒店、大型超市负责人和部分厂家代表共计150余人参加了会议。

（赵　鑫）

【电子商务】　2015年，以“互联网+”为契机，通过政府支持、园区孵化，鼓励大学生、下岗职工创新创业，电商企业迅速发展。以乐村淘为代表，2015年共培训农村电商工作者300余人，设立村级体验店107家，为电子商务运行提供了强有力的保障。

2016年，商务局依托众创产业园、乐村淘、物流和快递等企业大力发展电子商务、连锁经营、物流配送等，推动形成更加合理的流通发展新格局；引进京东商城、顺丰快递等知名企业，推进了本县农超对接、农批对接。全县共培育规模以上电商企业3户，发展电子商务平台8个，网络销售企业15家、个体网店经营户166家，实现农副土特产品线上交易额1640万元，直接带动贫困群众人均增收600元，增加就业996人。

（赵　鑫）

【精准扶贫】　2016年，按照县委、县政府关于精准扶贫工作的安排部署，县商务局成立由局长为队长的驻村工作队，驻村帮扶东山乡香坪村。商务局坚持把精准扶贫工作作为全年工作的重中之重，统一思想认识，强化组织领导，按照精准扶贫、精准脱贫的要求，全面动员，迅速行动，深入贫困户走访调研，制定帮扶措施，狠抓工作落实，确保各项工作顺利开展、有序推进。在国庆前，商务局驻村工作队还亲自为各贫困户送去了米、面、油等慰问物资。（赵　鑫）

粮食流通

【概述】 繁峙县粮油服务中心担负着全县粮食宏观调控、粮食供需总量平衡和粮食流通管理的职责。内设办公室、财务股、业务股、仓储股、市场管理股、审计股和后勤服务中心7个股室。2016年，有人员35人，其中参公人员5人，自收自支人员30人。2001年，挂靠县发展和改革局；2011年，批准成立繁峙县粮油服务中心，核定编制40人，性质为自收自支事业单位，县粮食局仍挂靠县发展和改革局；2015年，政府机构改革后，县粮油服务中心挂靠县经信局。

2016年，粮食系统下辖1个全额事业单位（粮食流通管理稽查队）、1个自收自支事业单位（粮油批发市场）、1个加工企业（粮食加工厂）和1个购销企业（繁峙县日丰粮食有限责任公司）。全系统有人员845人，其中在职职工580人，离退休职工265人。2010年前，原有基层购销企业11个，基本分设在行政区划各乡（镇）。2010年后，按照国有粮食企业改革精神和“一县一企、一企多点”的要求，先后对个别企业进行了撤并重组，并成立国有独资的繁峙县日丰粮食有限责任公司，有7个企业作为日丰的分库点，仍然承担着粮食购销和政策性粮食供应任务。其中，下茹越库点（原粮食局直属二库），为全县粮食购、销、调、存的骨干企业，具有中央储备粮代储资格。先后代储中央储备粮、中央临时储备粮、跨省移库粮达0.7亿公斤，填补了本县多项储粮空白。

2014年，全县粮食工作认真贯彻落实省、市粮食工作会议精神，围绕县委、县政府有关工作部署和市粮食局下达的工作责任目标，以全力保障粮油供应充足、价格基本稳定、确保粮食安全为目标，困中求进，迎难而上，圆满完成了各项经济指标和工作任务，有力促进了粮食工作转型发展。

全年粮食购销总量达到1亿公斤以上，创历史新高。全县国有粮食企业统算盈利20.8万元，完成市局下达年任务20万元的104%。全县库存粮食1225万公斤。其中，县级储备粮150万公斤，代储粮1075万公斤。

2015年年末，有限仓容达到3600万公斤。库存粮食1225万公斤，其中，县级储备粮150万公斤，代储粮1075万公斤。

2016年，全县有效总仓容3600万公斤，库存粮食750万公斤，其中，代储粮600万公斤，县级储备粮150万公斤。 （王利忠）

【粮食购销】 2014年年初，本县及周边地区玉米市场低迷、需求量小，市场价格一时难以形成，对种粮农民售粮变现造成影响。县粮食局针对这一现象，及时警觉，及早行动，安排部署国有粮食企业腾仓并库、培训人员、筹措资金、张贴公告，尽快开展新粮收购工作。各库点克服困难，分别采取与本县非国有粮食收购企业开展代收代储合作、发动职工集资参股，自筹资金、与省外用粮大户和中储粮系统对接等方式，敞开收购农民余粮。同时，继续畅通多元收购渠道，有序引导各类粮食收购主体贯彻落实国家收购政策，积极入市收购，有效保护了农民利益，防止了“卖粮难”现象的出现。本年，全县共收购粮食5273万公斤，完成市局下达年收购任务3800万公斤的138%；销售粮食5254万公斤，完成市局下达年销售任务4000万公斤的131%。同时进一步组织指导产销衔接，促进本县粮食总量和品种结构基本平衡，本年全县共从省外调入粮食1592.5万公斤，完成市局下达年任务1500万公斤的107%。

2015年，全县收购粮食4170万公斤，完成市局下达年收购任务3800万公斤的110%；销售粮食5934万公斤，完成市局下达年销售任务4250万公斤的140%。从省外调入粮食1605万公斤，完成市局下达年任务1600万公斤的101%。

2016年，国有粮食企业与忻州市新建路储备库、田村储备库开展临储、省储玉米代收业务合作，落实收购资金2700万元。引导多元市场主体积极入市收购，全县共收购粮食3801万公斤，销售粮食4742万公斤，超额完成市级下达任务，严守了“种粮卖得出”的底线，巩固和完善产销协作机制，保证本县所需小麦、稻谷正常调入和所产玉米有序调出，全县从省外调入粮食1904万公斤，完成市局下达年任务1600万公斤的118%，有效促进本县粮食总量和品种结构基本平衡。（王利忠）

【粮食仓储建设】 2014年，认真开展春秋两季储粮安全大检查工作，全面落实安全储粮措施，完善仓储管理制度，加大科技投入，推广储粮新技术应用，稳步提升全县安全储粮水平。“一符六无”粮仓达标率继续保持100%，科学保粮率达到100%。

严格落实储备粮管理的有关规定和要求，确保了承储的储备粮和代储粮数量真实、质量完好、储存安全，储备粮“三专四落实”率保持100%。

组织起草经县政府印发了《繁峙县县级储备粮管理办法》，从县级储备粮的计划、储存、动用、监督检查和法律责任都作了细化和分解，进一步完善了储备粮吞吐机制和轮换制度。

加大骨干粮库提升改造和“危仓老库”维修改造项目力度。2014年，争取上级资金20万元，完成了对日丰公司杏园库点1号、9号库维修改造。

代储忻州田村储备库代储玉米325万公斤，代储临储粮达到1075万公斤。

2015年，严格落实储备粮管理的有关规定和要求，全面加强对1250万公斤中央储备粮的监管，确保了承储的储备粮和代储粮数量真实、质量完好、储存安全。4月底，全面完成150万公斤县级储备粮轮换任务。对杏园库点的1号库、9号库进行了“危仓老库”提升改造，有效改善了本县仓储条件。同年8月，县粮食局、县财政局、农发行繁峙支行联合制定印发《繁峙县县级储备粮油轮换管理办法》《繁峙县县级储备粮油财政财务管理办法》《繁峙县县级储备粮油库存管理办法》等3个规范性制度，从储备粮的入库、储存、出库等各环节全面监督检查数量、质量、资金使用、储粮安全、岗位职责、监管措施的执行情况，形成了责任明确、职责清晰、相互制约、全程留痕的制度体系。

“十二五”期间，全县先后代储中央临时储备粮和接收国家跨省移库粮食共计7500万公斤，填补了本县粮食储备的空白，进一步充实了本县储备粮数量，为政府实施宏观调控，应对救灾、救济、突发性事件等临时急需奠定物质基础。

2016年，认真开展粮食行业安全生产隐患排查专项整治“百日行动”，全县“一符六无”粮仓达标率和科学保粮率保持100%；制定印发了《繁峙县县级储备粮管理责任清单》，细化分解责任14项；争取上级补助资金153万元，如期完成8栋仓库1600万公斤仓容的“危仓老库”维修改造；争取中央补助投资和省级配套30万元，县财政落实配套资金13万元，新增农户科学储粮专项建设1000套，惠及全县7个乡镇。落实应急供应网点14个、配送网点13个、储运

网点13个，有效提高了应对自然灾害、市场异常波动等突发事件的能力。（王利忠）

【粮食市场监管】 2014年4月，组织开展年度粮食库存检查，共涉及存粮货位3个，粮食总计1500吨（县级调控粮玉米）。经查，粮食库存实际数量与分仓保管账、保管总账相符。

粮食收购期间，结合粮食收购资格年度审核工作，开展了粮食收购活动检查，查处了损害农民利益行为。

会同工商、质监、物价等部门开展了放心粮油经销网络和节日期间成品粮油监督检查，查处违规案件，打击不法行为，净化了粮食市场，有效维护了粮食流通秩序。

2014年8月，与县发展和改革局签订了行政执法委托书，取得行政执法授权。

认真落实粮食质量安全监管责任，按照网格化管理的有关要求，依照年初提出的履职计划，按时深入企业开展督查，并及时在市食品安全信息化系统登录填报，自觉接受社会监督。全年，监管人员先后履职4次，出动人员25人次，督查原粮4750万公斤、下发整改通知书5份、行政处罚决定书1份，取缔粮食收购资格证3家。

2015年，全面开展年度粮食库存检查。对全县国有粮食企业存储粮食的品种、数量、储存条件以及账实、账账相符情况、粮食质量与卫生安全情况、仓储管理和收购资格情况以及相关账务处理情况进行了全面清查，共涉及存粮货位3个，粮食总计1500吨。

认真开展了《粮食收购许可证》年度审核工作，对2014年12月31日前，本县境内取得粮食收购资格的26家粮食企业进行了审核，对不履行规定义务的3家非国有粮食企业予以取缔。

有效落实粮食质量安全监管责任，按时深入企业开展督查，做好履职工作，先后共出动人员25人次，督查原粮2900万公斤、下发整改通知书5份，为确保全县粮食质量安全无事故提供了保障。

2016年，粮食库存检查，共涉及存粮货位3个，粮食总计1500吨；认真开展“粮食收购许可证”年度审核工作，共有1家国有粮食企业和22家非国有粮食企业合格通过；按照网格化管理的有关要求，开展督查，抓好监管。全年，共履职4次、出动人员25人次，督查原粮3400万公斤。组织开展秋粮收购市场、统计制度执行情况、放心粮油经销网络、节日期间成品粮油市场等专项监督检查，严厉打击不法行为，维护正常的粮食流通秩序。（王利忠）

【粮食安全责任制落实】 2016年，制定印发《繁峙县人民政府关于贯彻落实粮食安全省长责任制的实施意见》《繁峙县粮食安全责任制考核办法》《繁峙县粮食安全责任制考核工作方案》；建立健全联席会议制度、联络员工作制度、检查考核制度。成立了繁峙县粮食安全责任制考核工作领导小组，启用“繁峙县粮食安全责任制考核工作领导小组”、“繁峙县粮食安全责任制考核工作领导小组办公室”公章。12个部门通力协作，密切配合，共同组织，合力实施，如期完成粮食安全责任制考核各项工作任务。（王利忠）

供销合作

【概述】 繁峙县供销合作社联合社依托供销社“农芯乐”和“云图”生活销售平台，建立网店，大力发展农产品专业合作社和农资专业合作社，逐步完善农村便民店的服务。

2014年商品销售总额：9210万元，占计划100.1%，其中：农资销售1309万元，较同期增长0.6%，农副产品收购完成1000万元，占计划100.2%，实现利税总额106万元，其中：利润完成13万元，比同期增长0.03%。

2015年商品销售总额9852.9万元，占计划的100.3%，其中：农资销售1400万元，较同期增长0.93%，农副产品收购完成1060万元，实现利税总额159.6万元，占计划的100.5‰，利润完成14.3万元，比同期增长10%。

2016年商品销售总额10541.9万元，占计划的100.5%，其中：农资销售1443万元，较同期增长3‰农副产品收购完成1149万元，实现利税总额190万元，占计划的100.5%，其中：利润完成15万元，比同期增长4.8%。 （韩青恩）

【创办农产品专业合作社】 截至2016年，供销系统创办了杏园农产品专业合作社，丰田农产品专业合作社，两个专业合作社下设销售网点13个。

2014年收购粮食1600多吨，销售化学肥料5000多吨，化学农药26吨，地膜140吨，种子30吨。

2015年收购粮食1700多吨，销售化学肥料5100多吨，化学农药27吨，地膜145吨，种子36吨。

2016年收购粮食1800多吨，销售化学肥料5500多吨，化学农药30吨，地膜148吨，种子41吨。

为贯彻国务院副总理汪洋在全国"互联网+"现代农业工作会议上的讲话精神，落实供销合作总社常熟电子商务工作会议的部署，实现"供销e家"业务在本县全面落地，促进本县供销电子商务快速健康发展，供销社已建立网店两个，挂靠省供销社"农芯乐"一个，负责人：刘有兴。"云图"生活销售平台一个，负责人：韩长青。通过两个现有网店把繁峙特产放到平台上销售，并根据市场情况开展促销活动，逐渐加大产品的网络营销力度，同时，把优质农资、化肥、种子也放在平台上，引导周边农民在网络上选购自己需要的种子，化肥，足不出户就能买到需要的生产资料，既节约了农民到现场采购的时间，又降低了农民朋友的采购成本。合作社根据市场反馈收购加工各类农副产品、从产品的种植开始跟踪，发现培育精品农副产品并经过深加工，提高农副产品附加值，经过网店的销售，实现老百姓种植产品优质，优价。

合作社网店的畅销产品集中在小米、糕面、藜麦、黑豆等小杂粮，以及适合本地种植需要的种子、化肥。随着生活水平的提高，消费者更注重食品的品质，产地。合作社销售的农产品受到了群众的欢迎，并在2016年取得了较好的销售业绩，通过"云图"生活平台共销售小米32000斤、糕面8000斤，藜麦6000斤，种子1500斤，化肥1650吨。 （韩青恩）

烟草专卖

【概况】 繁峙县烟草专卖局（营销部）组建于1984年1月19日，属国有企业，主要经营烟草制品批发。2014年-2015年，有员工41人，在册在岗人员35人，其中正式员工20人，聘用员工15人，劳务派遣6人。内设综合办公室、客户服务股、砂河农村管理服务大厅、内管股、专卖股。

2016年，有员工33人，在册在岗人员31人，其中正式员工18人，聘用员工13人，劳务派遣2人。内设综合办公室、客户

服务股、内管股、专卖股。（任惠芳）

【卷烟销售】 2014年，卷烟销售10226.4154箱，较2013年同期销售的10579.9608箱，同比减少353.545箱，下降3.34%，完成年度计划11550箱的88.54%。销售收入实现24210.6724万元（含税），较2013年同期（23067.3315万元）增加了1143.3409万元，同比提升了4.96%。条均价实现94.70元/条，较2013年同期（87.21元/条）增长7.49元/条。

2015年，销售卷烟9962.0753箱，完成年度销售目标11055的90.11%，较2014年同期10395.956箱，同比减少433.8807箱，同比下降4.17%。销售收入实现25033.1157万元（含税），较2014年同期（24569.6344万元）增加了463.4813万元，同比增长了1.88%。条均价实现100.31元/条，较2014年同期（94.38元/条）增长5.93元/条。

2016年，卷烟销售7992.9615箱，较2015年同期销售的9962.0753箱，同比减少1969.1138箱，下降19.77%，完成年度计划10700箱的74.70%。销售收入实现19230.6222万元，较2015年同期（25033.1157万元）减少了5802.4935万元，同比下降23.18%。条均价实现96.2元/条，较2015年同期（100.51元/条）减少4.31元/条。（任惠芳）

【专卖打假打私】 2014年，共查获各类违法案件73起，其中：非渠道卷烟案件33起，假冒卷烟案件40起；查获真品卷烟34.784万支，涉案金额14.47383万元，假冒卷烟3.604万支，涉案金额3.04041万元。2014年，共受理新办申请零售许可证66户，延续20户，营业执照到期作出修改128户，店面装修办理停业4户，依法注销烟草专卖零售许可证44户。本局共有持证户845户（有效户826户，停业19户），其中城镇经营户233户，农村经营户612户。

2015年，按照省市局专卖工作总体部署安排，结合“晋剑九号”、“晋剑护航”、“卷烟销量百日大会战”专项行动，共查获违法案件52起，其中真烟案28起，查获真品卷烟58.114万支，金额：46.7390012万元；假烟案24起，卷烟7.134万支，标值4.6446004万元。罚没款合计：2.577936万元。

2016年，按照既定工作方案，组织开展市场检查，共查处案件84起，真烟案77起，数量72.366万支，案值33.28万元，假烟案7起，数量2.184万支，案值1.639万元。有效地净化了全县卷烟市场，震慑了涉烟违法违规案件活动和不法分子。全县共有持证户909户，有效848户，停业61户。新办证131户，延续108户，停业3户，注销79户，修改273户。（任惠芳）

【内部专卖监督管理】 2014年，内管系统中8大商业监管主环节涉及本局的预警共计1319条。其中“销售”环节1101起（订单总量异常预警1032起。单品销量月预警65起，销售日限量预警4起），“零售户”环节有218起（零售户违规活动预警182起，零售户违规订货预警36起）。直接结束流程的有216起，按照监管流程启动调查核实处理流程的有1103起，其中开展实地调查核实的有37起。经内管人员和市场监管岗人员调查，未发现内部人员有任何违规行为。

2015年，内管系统中8大商业监管主环节涉及本局的预警共计1326起。其中“销售”环节1316起（订单总量异常预警1108起。单品销量月预警44起，销售月限量预警16起，销售日限量预警148起），“零售户”环节有10起（可疑拆单预警1起，零售户违规订货预警9起)。直接结束流程的有361起，按照监管流程启动调查核实处理流程的有965起，其中开展实地调查核实的有19起。（任惠芳）

【基础管理】 2014年，根据省、市局党组的工作安排要求，扎实组织开展“党的群众路线教育实践活动”，全面推动党风廉政建设和企业文化建设深入发展，做到组织保障先行、安排部署先行、学习宣传先行、调查分析先行、解决问题先行，为深入开展教育实践活动打下了坚实基础。

2015年，坚持“以提高员工、股室及县局整体绩效为导向；公开、公平、公正；责、权、利相结合；定量考核与定性考核相结合；结果考核与过程考核相结合；定期考核与不定期考核相结合；激励与约束相结合”的工作原则，注重多角度、动态地衡量评估员工工作业绩，通过目标任务化、指标度量化、考核具体化、奖惩严明化，实现二次考核、奖优罚劣，进一步激发员工活力的目的。重新修改和完善了二次分配考核办法，分了6个考核组。市场层面的考核规定了11项考核内容，考核的路线和客户有考核领导组组长在考核的当天随机抽取，考核项目逐项拍照存档，考核完毕后考核组要召开专题碰头会，会上全体考核组成员对照考核表和照片进行逐项确定，然后将最终确定的考核结果换算成分值再加上系统考核和痕迹化资料考核的得分情况，将每个人的最后得分情况公示。

2016年，年初签订了党风廉政责任书。全面开展了廉政风险防控体系建设，对各部门、各岗位的风险点进行了全面的梳理，并开展了政德教育强化廉政道德风气。持续加强党费收缴和管理工作，在2016年的中旬落实了2013年度——2016年度补缴党费工作，共计补缴党费40740.31元。并在10月开展了2008年——2012年度补缴党费工作，此项核算补缴党费12486.39元工作。（任惠芳）

石油供销

【概述】 繁峙石油分公司隶属于中国石化集团公司，2016年，有加油站10座，分布于县城内的主要道路及县城集镇周边，服务于县域经济、工农业生产和人民生活用油，形成了较为合理的零售终端网络。

2014—2016年是成品油市场形势变化较为突出的阶段，社会加油站形成联盟，以集团化的形式抢滩、布点，与国有石化企业展开激烈竞争，并以其低廉的市场供应价格和灵活多变的服务手段，争夺市场占有份额，致使公司总销量逐年下滑，尤以柴油更甚。

为了适应打造汽车服务驿站综合实体的构想，中石化多次在加油站推出易捷便利店销售汽车用品、饮料、烟酒等便利商品。公司打造了5座站内便利店，销售相关产品，服务广大客户，销售额逐年上升。2016年达到120万元，为广大顾客提供了便利的服务。

2014年，销售成品油18052吨，其中汽油10613吨，柴油7439吨，较上年同期22219吨，减少4167吨，减幅达18.8%，其中汽油增加733吨，柴油减少4900吨。

2015年，销售成品油14828吨，其中汽油9982吨，柴油4846吨，较上年同期18052吨，减少3224吨，减幅17.9%，其中汽油减少631吨，柴油减少2593吨。

2016年，销售成品油15159吨，其中汽油10390吨，柴油4769吨，较上年14828吨，增加331吨，其中汽油增加408吨，柴油减少77吨，总量较上年同期增加2.2%。（张　宇）

旅　游

【概述】　2014年，县旅游开发服务中心（以下简称中心），扎实开展党的群众路线教育实践活动，以为民务实清廉为指导，努力实施转型跨越发展，快速推进各项工作，取得了较好成绩。旅游总收入（1-11月份）13.5亿元。2015年，旅游总收入达到16.14亿元。2016年，旅游总收入19.02亿元，增幅为15%。　（魏俊德）

【重点工作进展情况】　2014年，中心承担重点项目年计划共计16000万元，已完成15100万元，完成年计划的94.3%：1.大明烟矿山治理及生态旅游建设项目完成投资14860万元，完成年度计划的123.8%。2.生态农业旅游度假区建设项目，1—11月完成投资120万元。3.伯强红色景区毛主席路居地开发项目，由五台山林业局绿化2000亩，完成投资120万元。

2016年，重点项目年计划投资共计47000万，本年10月底共完成3900万元。

（魏俊德）

【转型综改任务】　2014年，砂河镇旅游策划由上海同济大学编制。

为加快旅游业发展，中心积极招商引资，与山西商会、香港银祥国际投资集团、东航文化旅游投资集团进行了伯强景区的考察，对砂河及东山地区非常看好，拟建设旅游避暑休闲养生养老中心及东航度假中心；与海南呀诺达进行了岩山寺、砂河、伯强的实地考察调研，开始了岩山寺（灵岩山）景区的规划编制。对韩庄长城、茨沟营进行了实地考察调研，拟进行该景区的旅游规划编制。完成了山西美丽乡村旅游扶贫重点村的申报工作，将本县10个旅游重点村上报到了省旅游局，积极争取旅游扶贫项目，安排茨沟营村支书参加了国家旅游局组织的乡村旅游培训班学习。

岩山寺周边整治初见成效，历时3年、投资近千万元的范氏宗祠于农历七月落成，举办了范慕韩先生生平事迹展。　（魏俊德）

【旅游景区建设】　2015年，平型关景区一期工程投入4598万元修复关楼、关城、两翼长城，并整合平型关村景点，使其重现生机。

大明烟矿区矿山治理及生态旅游建设项目：2013年开始建设，总投资50511万元，完成投资39347万元。

规划了旅游服务园区，编制了《砂河镇旅游发展规划》，在砂河北部建设北山森林公园。

2016年，成立了繁峙县平型关风景区管理委员会；韩庄村原长城旧址及周边山势进行了保护，伯强毛主席路居纪念馆周边的村容村貌进行了整改，已有多处小院形成具有红色旅游代表性的农家小院；大智镜圆文化旅游产业园、灵岩山旅游文化产业园项目已在省发改委备案，大智镜圆文化旅游产业园景区主题观景塔已开工建设；灵岩山旅游文化产业园项目在7月份与海南一二三旅游开发有限公司签订《灵岩山旅游区建设项目协议》，该项目在9月份的山西省旅游发展大会上，作为忻州市唯一签约项目，由春秋旅游开发有限公司与县政府成功签约，项目总投资6亿元人民币，项目规划已基本编制完成；6月份由国家体育总局扶贫工作组牵头协同国家体育总局冬运中心领导、雪岭公司创始人保罗和总经理于澎潮、县发改局、旅游中心等相关部门负责人在本县实地考察滑雪场项目，已制定《五台山滑雪市场和发展初步分析报告》，项目前景非常好；《砂河文化旅游特色小镇规划》《神堂堡乡村生态文化旅游规划》正在编制过程中。（魏俊德）

【旅游配套设施建设】　2015年，加大了食、住、行、游、购、娱旅游六大要素的投入与连接，强化了旅游综合服务能力。全县现有旅行社5家，四星级酒店1家，全国连锁酒店1家，旅游商品生产企业5家，农家乐8家，旅游业从业人员达1000多人。晋绣坊、星河银业、五台山金石雕刻等旅游商品生产企业，立足于本地传统文化，将繁峙地方文化传承发扬光大，产品行销全国，多次荣获旅游文化产业嘉奖。（魏俊德）

【文化旅游宣传】　2015年5月6日—15日，本县首次在省工艺美术馆举办了“滹源明珠”文化旅游形象展，将本县具有浓郁地方特色的晋北文化旅游产品向省城人民展示，向全社会推介了本县旅游资源和旅游线路，提高了文化旅游的知名度。

2016年5月，为配合旅游发展大会申办活动，做好保障工作，在全县范围内开展了旅游市场秩序综合整治专项检查。多次组织旅游志愿者在农行广场、汽车站、火车站、公园等人员密集场所开展旅游咨询、文明旅游、安全旅游宣传活动，确保旅游市场秩序平稳有序。组织全县5家旅行社开展了旅游安全宣传活动，印发5000余份以“倡导文明旅游方式，提高文明旅游素质，创建文明旅游环境”为主题的旅游安全宣传彩页。并通过微博、微信等方式，对旅游安全知识在广大公众中进行广泛宣传，普及安全防范、应急处置、自救互救等旅游安全常识，提高游客的安全防范能力。（魏俊德）

【乡村旅游】　本县自然风光秀美，历史文化底蕴深厚，国家传统村落3处。2015年，本县按照中央一号文件精神，认真贯彻“中国美，农村必须美”精神，县委书记范波涛多次深入农村探索乡村旅游发展思路，大力发展乡村旅游，改善乡村人居环境，增加旅游服务设施。在有条件的乡村设立了8个农家乐，充分调动农民利用各种资源进行二次创业的积极性，由一产向三产转型，增加就业，提高收入。在此基础上，提出了《繁峙县神堂堡乡村生态文化旅游综合开发项目》，该项目由繁峙县圣景旅游开发公司投资，项目总投资55465万元，已在省发改委立项，计划通过5年左右的建设，将神堂堡打造成乡村生态文化旅游区，带动全县乡村旅游的发展。（魏俊德）

【民间资金投入旅游产业】　2015年，面对经济下行压力，积极引导民营企业转型发展，鼓励民间资金投向旅游产业。民间投资人侯占胜成立了繁峙县圣景旅游开发公司，重点开发灵岩山景区，韩庄、茨沟营景区。该公司聘请旅游规划设计专家对灵岩山景区进行了全面考察，着手编制《灵岩山景区规划》，计划将该景区打造成国家旅游休闲度假区、五台山国际避暑休闲养老度假区。

2016 年 7 月，为充分利用本县旅游资源优势，盘活本县旅游存量资产，全力培育旅游产业成为全县转型发展的支柱产业和新的经济增长点，按照《中华人民共和国公司法》及国家有关规定，经县政府研究决定由繁峙县国有资产经营中心出资 3000 万元，成立了繁峙县滹源文化旅游投资开发有限公司，该公司作为国有独资有限公司，是县政府对全县旅游业的投资主体，作为县政府发展文化旅游的投融资平台，对全县文化旅游业进行规划、建设及管理。（魏俊德）

【脱贫攻坚】 2016 年，加快脱贫攻坚步伐。发展农家乐 15 家，特别是伯强村农家乐项目，规模大、投资多，吸收周边 30 多个村的贫困人口参与农家乐的建设，人均增加收入 6000 元，脱掉了贫困的帽子。其他农家乐项目据调查每户增加收入 5000 元，加快了他们脱贫的步伐。

千方百计完成所包村的脱贫任务。中心所包的贫困村是繁城镇后掌村，在县领导的关怀支持下，积极向有关部门争取对后掌村的扶贫项目，总投入资金 675.05 万元。一是为该村争取了打井项目，从而彻底解决该村人畜吃水困难局面。二是争取到 20 户光伏发电项目。三是积极和金融部门联系，为有意向的贫困户发放贷款，在养殖大户的带动下，增加收入。四是积极开展经济林项目，使全村大部分土地都变成经济林。五是完成通村道路改建工程。六是对后掌村完成农村电网改造。本年该村全部脱贫。（魏俊德）

【旅游安全和旅游市场监管】 2014 年，旅游安全是工作的重中之重，中心按照市、县文件精神，通过安全生产大检查，狠抓安全隐患排查治理，推动安全风险预控，完善安全生产制度，落实安全监管责任，强化安全生产措施，旅游行业安全生产形势持续好转。

旅游市场监管常抓不懈，对辖区内的旅游企业进行经常性的检查、督查，对企业存在的违规行为发现一起查处一起，确保了旅游企业规范经营，良性运营。

2015 年，中心积极开展相关安全生产工作。坚持每月开展安全工作现场检查。与全县旅行社和星级酒店签订安全生产责任书，签约率 100%。安全生产机构责任落实到人，全县旅游企业均建立安全生产领导小组，并配有专门安全管理人员。全县各旅游企业均制定有安全生产应急救援预案。

2016 年，坚持每月两次对旅游企业进行安全检查，狠抓安全隐患排查治理，推动安全风险预控，完善安全生产制度，落实安全监管责任，强化安全生产措施，旅游行业安全生产形势持续好转，为本县经济社会发展提供了良好的安全生产环境。（魏俊德）

科学技术

科　　技

【概述】　科学技术局是县人民政府主管科技工作的部门，正科级建制，行政编制4名，设局长1名、副局长1名、科级非领导职数1名，核定机关工勤人员全额事业编制1名。有办公室和综合股2个内设机构。

科技局下属事业单位3个。新技术研究所，属全额事业单位，工作人员7人；科技情报研究所，属全额事业单位，有工作人员4人；科技交流中心，属自收自支事业单位，工作人员9人；事业单位与局机关合并办公。

（郭建恩）

【科技改革与创新】　2015年，按照县委的安排，设立专项整治台账，对照整改目标要求，细化任务、责任到人、限时完成。制定了《繁峙县县级财政科研项目和资金管理办法》，明确科技计划的设定和时限要求、项目资金管理和考核指标等，同时编制了《繁峙县2015年科技计划指南》和《繁峙县科技计划申报立项及审批流程》等。同时协调科协、农委、畜牧中心、农机服务中心、经信局等单位，编发了《繁峙县科技服务手册》，介绍科技项目申报的要求、条件和流程等，公布科技服务承诺及专利申请的资助政策等。

2016年，提高科技创新的活力。和组织部门配合，探索培训、吸引、用好用活科技人才的体制机制，支持企业开展科技成果转化。同时大力实施知识产权战略，提升企业的科技水平和研发能力。　（郭建恩）

2014年科技创新培训会　郭建恩提供

【知识产权保护】　2014—2016年，认真做好知识产权的宣传工作，增强群众的知识产权保护意识，鼓励全县企事业单位和个人开展发明创造，申请专利保护，对专利申请费用和发明专利的保护费用实行全额补助。

2014年和2015年4月26日的世界知识产权日，县科学技术局分别围绕“保护·运用·发展”、“因乐而动，为乐维权”的活动主题开展了知识产权宣传活动，通过悬挂宣传标语、摆设宣传图板、发放宣传资料等方式进行知识产权知识传播，提高群众尊重知识产权，保护知识产权的意识。

2014年，全县共计申请专利54项，其中：发明专利7项，实用新型6项，外观设计41项；获得专利授权47项目，其中实用新型 6 项，外观设计 41 项。至年底有效发明专利拥有量 2 项。

2015 年，全县共计申请专利 15 项，其中：发明专利 3 项，实用新型 3 项，外观设计 9 项；获得专利授权 16 项目，其中发明专利 4 项，实用新型 3 项，外观设计 9 项。至年底有效发明专利拥有量 6 项。

2016 年，全县共计申请专利 30 项，其中：发明专利 3 项，实用新型 8 项，外观设计 19 项；获得专利授权 28 项，其中发明专利 2 项，实用新型 8 项，外观设计 19 项。至年底有效发明专利拥有量 8 项。（郭建恩）

【科技项目与经费】 2014 至 2015 年，县级研发资金每年为 1005 万元，达到了本级财政预算支出的 1%，2016 年县级研发资金每年 1400 万元，达到了本级财政预算支出的 1.5%。重点支持县级科技项目分别为 6 项、4 项、18 项。（郭建恩）

【科技成果推广】 依托科技系统“三区”人才计划、科技人员专项计划的开展，积极协助科技人员开展服务工作。2014 年，12 名三区人才在本县开展科技服务，其中山西农大 3 名，山西农科院 3 名，市农委、水利、农机、林业等单位 6 名，为县种养专业合作社和企业开展服务。通过实地考察、亲自指导、电话联系等方式，全年下乡指导和培训，每人 15 次 20 天左右。

2015 年，21 名三区人才在本县开展科技服务。同时依托园区和“三区人才”计划开展科技培训和科技服务，在集义庄乡和砂河镇开展富硒谷子产业化发展和“晋谷 59 号”新品种谷子为主的农技培训；省农科院玉米研究所科技人员在东山乡山会村和杏园乡大峪村开展玉米高产种植技术和玉米套种技术培训；在集义庄乡果园村、上永兴村和杏园乡南关村开展节能日光温室管理技术培训；配合农委、畜牧中心开展科技进村入户、春季防疫和猪、羊、鸡养殖培训等，发放图书资料 5000 余份，培训各类人员 2400 余人次。

2016 年，22 名三区人才依托 PG 专利日光节能温室生产技术、山地草原类草地生态治理与保护技术、玉米集约化高产高效栽培技术 3 个三区项目在繁峙开展科技培训和科技服务，发放图书资料 1000 余份，培训各类人员 300 余人次。

依托专业技术协会、农业专业合作社、科技示范园区等建立科技服务平台。杏园长青专业合作社，集农资供应、技术指导和科技培训于一体，在砂河镇建立科技科普培训基地。全年开展大型农技培训 13 次，推广新产品 4 个、新技术 3 项、组织观摩会 2 次。（郭建恩）

【科技宣传与普及】 2014 年，协同农业、畜牧、科协、妇联、团委等单位继续开展了科技活动周、知识产权宣传周、科普宣传日等活动，新建科普惠农信息栏 6 个，建设科技科普文化活动室 27 个，建成科普活动基地 55 个，在县城万里路设立了科普信息展示栏 1 个。同时，科技局支持杏园农产品合作社等科技服务组织的建设和发展，协助其引进新品种、新技术、探索科技服务农村，促进农业发展、农民增收的模式，培育科技示范户和科技带头人。

积极实施《老少边和革命老区培训计划》，推荐南关稀特优种植协会理事长李建平参加省科技厅组织的设施农业技术培训。

2015 年，协同农业、畜牧、科协等部门，深入乡镇和种养重点村进行农业科技培训，先后在繁城镇、大营镇、横涧乡、集义庄乡、砂河镇等种养示范基地培训 5000 余人次，发放有关宣传资料 8000 余份。依托农委、畜牧中心、科协等单位开展了春季防疫培训、科技进村入户、科普惠农技术培训等。在科技活动周期间，开展了科技创新培训会、全民科学素质培训会、计生家庭科技致富培训会等。

2015 年玉米研究所三区科技培训会　郭建恩提供

同年，按照上级科技部门的安排，县科技局积极实施《老少边和革命老区培训计划》，推荐畜牧中心杨永乐参加省科技厅组织的畜牧化验项目培训，推荐山会村郑成功参加省科技厅组织的设施农业技术培训。

2016 年，全年累计组织科学普及活动 21 次，发放科普宣传挂图、图书、宣传资料等 7000 余份。

积极实施《老少边和革命老区培训计划》，推荐杏园农产品专业合作社韩长青、居昌录、柴宏瑞参加省科技厅组织的现代农业技术培训，推荐新技术研究所黄瑞芳参加省科技厅组织的设施园艺技术培训。（郭建恩）

【技术市场管理】　2016 年，加大技术合同认定工作力度，在认真学习技术合同认定登记制度的基础上，深入开展技术转移促进行动。对 2015 年度计划内项目进行整理，为技术合同登记做好基础性工作。全年全县技术合同登记数 3 份，技术合同交易额达到 2317 万元。（郭建恩）

【重要科技事项与活动】　继续支持和服务农业产业化项目和重点企业。支持集义庄农业示范园区引进科技人才、技术；通过联系省农科院和山西农业大学"三区人才"支持绿源亨通食品有限公司上马玉米压片农产品深加工项目等，山西农业大学把绿源亨通公司定为产学研合作基地。（郭建恩）

气　象

【概述】　县气象局始建于 1957 年 1 月，为国家一般气象站，也是国家级农气站。国家五类艰苦台站。初建站址在砂河镇，1977 年 1 月迁于杏园乡杏园村（39°10′N，113°16′E），海拔高度 933.9 米。为拥有两套自动站运行的国家一般站。

本县地处中纬度地带黄土高原之上，属温带季风型气候。其特点是：四季分明，春季干旱少雨，夏季炎热多雨，秋季凉爽干燥，冬季寒冷少雪。年平均气温 8.3℃。极端最高气温 40.9℃，出现在 2005 年 6 月 22 日；极端最低气温 -25.7℃，出现在 1998 年 1 月 19 日。年平均降水量 397.1 毫米。年最大降水量为 520.9 毫米，出现在 1977 年；年最小降水量为 250.4 毫米，出现在 1999 年。农作物生长期年平均为 143 天，无霜期年平均为 166 天，最长达 202 天，最短为 129 天。年平均日照时数 2693.1 小时。

自 2005 年连续 20 年被县委、县政府授予"服务地方经济建设先进单位"，2001 年被忻州市文明委命名为"市级文明单位"。2013 年被忻州市文明委命名为"市级文明单位标兵"。（刘存安）

【气象业务与现代化建设】　地方财政在气象现代化设备、人工增雨经费等方面给予了大力支持。先后投资建设了区域自动站、小型天气雷达、购买了人工增雨火箭、增雨专用皮卡等，设备累计投资近60余万元。

随着气象部门推进综合观测业务系统建设，区域站建设日趋完善。通过山洪非工程项目在全县山洪灾害防治重点区域和山洪地质灾害易发区完成了多要素和单雨量区域自动站的建设工作。截至2016年年底，全县建成多要素区域自动站8个，其中6要素自动站和4要素自动站各4个，单雨量自动站4个，已实现区域自动站乡镇覆盖率100%。各区域站运行稳定。同时进一步优化信息网络基础设施。完善高清视频会商系统，通过高清会商系统实现从国家到县的高清会商。同时配备便携式GPS定位仪、应急气象服务便携式仪器及土壤水分观测仪等现代化设备。为应急气象服务工作打好了基础。

作为基层台站，气象资料按时按规定上传省气象信息中心。气象业务信息网络系统从x.25分组交换网，发展到4M SDH网络通信系统，卫星数字广播系统DVB-S用于气象信息数据传输；风云2C气象卫星接收系统用于云图接收。以micaps3.0为平台制作发布7天天气预报。电子公文系统进行了升级，进一步增强了公文处理能力。（刘存安）

【公共气象服务】　气象局通过不断的努力，健全了气象应急管理组织体系，完善了应急工作流程和响应处置程序，根据《繁峙县气象灾害应急预案》健全了上下应急协作联防和联动机制。县政府制定出台《气象灾害防御规划》《气象灾害应急预案》，各乡镇完成乡镇气象灾害应急预案编制。气象局完善了气象应急预案，与水利局、国土局、交通部门、住建局、安监局、环保局等部门建立了部门联动机制。

建成覆盖所有行政村、社区的乡村气象信息员队伍，共有注册气象信息员402人、气象协理员13人，全部纳入气象服务短信发送行列。

在公共气象服务和决策气象服务中，健全决策服务运行机制，突出重点，制定科学合理的决策气象服务工作流程，科学有效开展决策气象服务工作。除常规的年、季、月、旬等天气预报外，有针对性地发送旬气候分析、生产建议、土壤墒情及雨（温）情资料。向地方政府领导呈送重要气象报告、关键农时天气预报，通过手机短（微）信发送重要天气预警信号等，为各级领导指挥工农业生产提供了决策依据。（刘存安）

【人工影响天气】　气象局健全了人影作业安全方面的各类规章制度和作业业务流程，多次对人影作业人员进行了培训。全县现有WR系列火箭两套，JFJ-3火箭3套，增雨专用车一辆。每年根据农业生产的关键时段和有利于开展人工影响天气作业的天气过程，积极开展人工增雨（雪）作业。2000年后，累计开展人工影响天气作业60余次，共发射增雨火箭弹1000余枚。累计增雨量15.5亿立方米。（刘存安）

地　　震

【概述】　本县防震减灾工作始终以地震监测预报、震害预防、紧急救援三大体系为主线，认真坚持监测预报、震情会商，及时掌握震情信息和异常情况，积极开展防震减灾宣传，建立“三网一员”（地震宏观测报网、地震灾情速报网、地震知识宣传网、防震减灾助理员）运行体系，完善《地震应急预案》的修订为主抓手，防震减灾工作一直走在全市的前列。随着经济的发展，人们生活水平的不断提高，本县城乡居民的防震意识不断

加强，住房投入加大，全县安居工程发展越来越健康有序，城乡一体化建设稳步向前。（张　廷）

【监测预报】　2013 年 6 月 29 日 5：15 分，岩头乡发生震级 3.1 级地震，震源深度 5 千米。本次地震有感范围涉及繁峙、代县、五台 3 县，没有人员受伤和财产损失。震区地处忻定盆地北麓，太行山隆起区的五台山北麓断裂区。有史料记载该断裂附近发生的最大地震为 512 年原平震级 7.5 级；有仪器记录以来发生的最大地震为 2009 年 3 月 28 日原平震级 4.2 级。（张　廷）

【地震应急】　扎实做好震情监视跟踪方案，落实宏观异常和微观异常的报告制度。2014 年出台了《繁峙县震情跟踪工作方案》，坚持每天异常零报告制度。2015 年完善了“三网一员”队伍建设，2016 年在原有网络的基础上完善和巩固了“三网”运行体系。组织“三网一员”进行了专业培训，并和省局配合进行模拟演练两次。（张　廷）

【震害防御】　2014–2016 年，共开展抗震设防执法检查 12 次，开展重大建设工程地震安全性评价管理服务活动一次，建立了抗震设防联席会议制度并以防震减灾领导组文件

2016 年，市县两级抗震救灾联动演练　张廷提供

形式印发。本县的建设工程抗震设防要求已纳入建设工程项目并联审批程序。2015 年被评为忻州市震害防御工作先进县。（张　廷）

【宣传教育】　坚持预防为主、防御与救助相结合的方针，做好防震减灾工作的宣传与教育活动。2014 年到 2016 年间，共印制发放了《防震减灾应急手册》《学生避震逃生手册》6000 余册。积极开展防震减灾知识“六进”活动。每年 5·12 和 7·28 防震减灾

2015 年，“7·28”防震减灾宣传活动　张廷提供

宣传活动期间，坚持以“科学减灾、依法应对”为主题，联合国土、气象、应急等部门通过城区主要街道的图版展览、广场电影、社区、农村、厂矿企业发放宣传资料、进校园播放电影，发放书报等形式把防震、防灾减灾知识宣传到每一个角落，尤其是《平安中国》的《惊天动地》《前方后方》《乐乐熊奇幻追踪》等电影对学生和广大人民影响之大，受教育之深。2016 年 5 月 13 日，本县与市局经过半个月的准备，组织 35 家单位开展了市、县抗震救灾联合演练，王月娥副市长亲自指挥，为检阅《繁峙县地震应急预案》的科学性、实用性打下扎实的基础，增强了各成员单位的应急处置能力和协同作战能力，受到省、市地震局的表彰。（张　廷）

教　育

综　述

【教育大家访的开展】 2014年4月8日至5月16日，教育局开展了为期38天的“教育大家访”活动，参与人员有教育部门领导、干部、校长、老教育工作者、教师代表共366人。分23个小组，划分了23个调研片区，走访家庭1424个，其中有295户特困家庭。走访了人大代表、政协委员55名。召开座谈会34次，参与座谈群众976人。发放调查问卷5000份，收回4843份，梳理群众意见建议206条。教育大家访，宣传教育政策、学校新貌，向人民群众承诺教育实事，广泛征求群众意见，沟通了教育与人民群众的联系。（王军利）

【中高考成绩】 2014年，全县二本B类以上达线351人，比2013年增加79人，比2012年增加221人。其中文理两大类达线313人，突破300人大关，取得本县高考历史最显著成绩。中考全市综合排名第六。

2015年，全县二本B类以上达线355人，超额完成达线300人的年初目标任务。其中文史、理工两大类达线300人。应届生文史、理工两大类达线112人，首次突破100人大关。中考全市综合排名第五。

2016年，全县二本B类以上和对口升学第一批次线录取总达线人数528人，达线率24.1%。其中，普通高考达线353人，达线率19.47%，对口升学达线175人，达线率46.3%。普通高考应届生文史、理工两大类达线234）人，突破200人大关，创应届生达线数历史新高。

2016年，全县中考优生数（满分730分，按80%计568分为优生）达373人，比2015年的283人增加90人，排全市第二名，繁峙中学初中部综合排名位居全市初中学校第一名。中考全市综合排名第六。（胡永平）

【教师培训工作】 2014年，开展“走出去、请进来”学习培训。聘请中国教育学会名师巡讲团特邀讲师、《迷人的阅读》主编朱煜老师作讲座，指导本县教育教学以及读书学习活动；组织中小学校长、教研人员参加“‘百千万’全国新课堂教学区域改革联盟2014暑期课堂教学改革专题研修乌审旗班”的研修培训活动；组织课改引头人参加“全国新课堂教学区域改革联盟暑期课堂教学改革专题研修班”的学习研修活动。

2015年，组织一大批青年特岗教师深入偏远农村山区学校体验生活、参加讲座学习、读书学习等活动。继续“走出去、请进来”，先后组织参加了中国教育创新研究院“发现中国教育创新成果——走进昌乐一中翻转课堂教学研讨活动”；组织参加了“百千万”全国课改联盟组织的新绛中学“半天制课堂模式”教学改革成果展示交流会；组织参加了“导学案的优化与使用”太谷县培训活动；组织参加了李镇西教育思想报告会；组织参加了“山西省小学课堂教学改革研讨会暨太原市迎泽区新西小学现场会”；组织参加了由中国教育创新研究院主办的“首届中国教育创新成果公益博览会”；聘请太谷县教研室张四保主任来本县作了“深化课改，提升质量策略”的专题讲座；组织参加了“山西省教育质量提升沁源现场会”。11月30日到12月2日，山西省教育科学研究院组织专家来本县开展送培下乡活动，本县组织3000余人次参加教学观摩研讨、同课异构和教学讲座活动。

2016年，4月14—15日，组织了山西省中小学教学名师培养对象“乡村行”项目活动。由省名师团队一行16人，分别在繁峙二中、繁城中学、彩璟小学同时开展，活动内容分省名师培养对象作讲座，省名师培养对象和县骨干教师同课异构、评课议课，课改专题研讨三部分，本县1600余名教师参加了培训。9月22日，教育局与山西省教育科学研究院签订了《繁峙县教育质量提升三年行动计划协议》，围绕这项工程，截至2016年年底，县教育局组织校长、班主任、特岗教师、“繁峙名师”“课改引头人”和

2016年9月22日，“繁峙县教育质量提升工程三年行动计划”启动仪式 胡永平提供

骨干教师进行关于教育教学管理和提升质量的五次培训活动。聘请省级专家、名师39人，作科目讲座34次，专题讲座34场，省名师公开示范课4场，本县有64位老师作课，参训校长235人次，专题培训“繁峙名师”“课改引头人”108名，专题培训“特岗教师”154名，有240名班主任，2300余名骨干教师在思想和业务多个方面接受本省最先进的方法、理念的培训提升。（胡永平）

【教学教研活动】 2014年，开展了《学习构建教育新模式》读书征文活动，组织了联片教研、结对帮扶、教学观摩、送教下乡等一系列教学教研活动。评选课改引头人21名。组织了全县教学观摩赛讲活动，评选出一等奖34名，二等奖54名，三等奖18名，评选出教学能手57名。

2015年，坚持开展联片教研、结对帮扶、教学观摩、送教下乡等教学教研活动。评选课改引头人29名，评选课改杰出教师20名。组织了全县教学观摩赛讲活动，评选出一等奖23名，二等奖70名，三等奖11名，评选出教学能手54名。

2016年，持续开展联片教研、结对帮扶、教学观摩、送教下乡等教学教研活动。评选课改引头人20名，评选课改杰出教师25名。组织了全县教学观摩赛讲活动，评选出一等奖17名，二等奖58名，三等奖13名，评选出教学能手59名。 （胡永平）

【基础教育课程改革】 2014年，出台了繁教字〔2014〕2号《繁峙县教育局关于进一步深化基础教育课程改革全面构建教育新模式的实施方案》，指明了全县课改的方向：一是确立了“10+3”县域课改整体推进模式；二是构建起以“小组合作学习，课堂展

示交流”为基本框架的“整体设计——问题开启——自主学习——展示交流——梳理延伸”的繁峙县“20”字课改教学新模式；三是提出了“四轮驱动”推课改的工作方法。

2015 年，全县课改工作快马加鞭。一是确立“3+N”县域课堂教学改革推进办法，新增七所学校为县级课改实验校，全县课改校达到 20 所；二是开展了深入持久的课堂教学观摩展示活动；三是在繁城中学召开了全县初中学校课改推进现场会；四是抓实抓强课改校课题研究工作，以课题推动课改，深化本县基础教育课程改革；五是组织了课改引头人的课堂教学实录活动；六是继续“走出去、请进来”，把先进的理念行为引进来，用先进的思想理念指导教育教学工作。本县课改工作得到了省教育厅的充分肯定：2015 年 4 月 14 日全省教研室主任会议和 10 月 25 日至 27 日“山西省教育质量提升沁源现场会”上，本县做了经验介绍。在由北京师范大学中国教育创新研究会组织召开的第一届“教博会”上，砂河中学的《农村中小学“W+”型课堂教学模式的构建》通过中国教育创新成果公益博览会专家评审委员会审核，被认定为教育创新成果，砂河中学教师李宁被评为“全国课改杰出教师”。

2016 年，全县课改工作持续推进：一是大规模开展课堂教学观摩展示活动；二是深入开展“教学三项活动”。各中心校、初中学校广泛开展了校本教研、联片教研活动，县教育局在此基础上组织了全县教学观摩赛讲活动；三是申请成为北京师范大学中国教育创新研究院“中国教育创新成果培育与应用基地”，以此推进课改工作；四是加强课题研究工作力度，积极申报上级课题研究项目。县教育局教研室《繁峙县“20”字新教学模式》成为市级指令性课题。砂河中学

砂河中学李宁老师在“全国区域推进课堂教学改革交流与研讨繁峙现场会”上作课　胡永平提供

《“问题导学、自主探究”教学模式在农村中学历史课堂的有效探索》和《开发微课资源，服务课改教学》，繁峙二中《初一语文记叙文阅读教学策略探究实践》，彩璟小学《先学后导、展示探究、捆绑评价》成为市级研究课题。以课题推动课改，深化本县基础教育课程改革。在第二届“教博会”上，砂河中学《“3·2·6”“问题探究式”语文教学模式》和逸夫小学《三课六环节》两个课题通过中国教育创新成果公益博览会专家评审委员会审核，被认定为教育创新成果，在博览会上展出。（胡永平）

【“繁峙名师”“最美乡村教师”评选】 2014 年，按照繁政办发〔2012〕119 号《繁峙县评选奖励“繁峙名师”的实施意见》，在全面实施优秀教师培养工程的基础上，经过认真选拔、评审，产生了第二批 20 名“繁峙名师”，“繁峙名师”总量达到 40 名。与此同时，全县首次评选 10 名“最美乡村教师”。

2015 年，继续评选 20 名“繁峙名师”，10 名“最美乡村教师”。总量分别达到 60 名、20 名。

2016 年，对 2013 年以来评选的 60 名

"繁峙名师"进行认真审核，确认57名继续成为2016年"繁峙名师"，新评定13名"繁峙名师"，"繁峙名师"总量达到70人。继续评选10名"最美乡村教师"。

"繁峙名师""最美乡村教师"的评选是政府行为，起到了专业引领、榜样示范、师德垂范作用，调动了一线教师争创一流、永创佳绩的积极性。（胡永平）

【重点工程建设】 2014年，全县教育落实以下几项大工程：1.实验小学教学大楼及操场建设项目，教学大楼建筑面积7434平方米，操场4600平方米，于同年9月全部投入使用。2.东城中学（新区）建设项目一期工程主要完成学生宿舍楼4600平方米，餐厅800平方米。3.大营中学等10所农村中小学薄弱学校餐厅建设，建筑面积3720平方米。4.东山移民新村、长胜号、下茹越3所新建幼儿园，建筑面积1485平方米。

2015年，东城中学（新区）教学楼等建设项目完成，秋季投入使用。该项目占地43974平方米，建筑面积13918平方米，建有教学综合楼、实验楼、学生宿舍楼、学生餐厅及附属设施。完善幼儿园附属工程建设，秋季开学启动繁峙县第三幼儿园、砂河四中附属幼儿园、北城中学附属幼儿园、大营中学附属幼儿园。

2016年，顺利推进了四大建设工程：1.滨河小学建设项目，建有教学综合楼1幢，建筑面积16899平方米，包括教室48个，功能活动室19个，学生、教师阅览室各1个，中型报告厅及大、小会议室各1个。2.横涧村幼儿教学综合用房建设项目，建筑面积800平方米；平型关村幼儿教学综合用房建设项目，建筑面积180平方米；柏家庄村幼儿教学综合用房建设项目，建筑面积288平方米。3.繁峙中学多功能综合楼建设、附属工程及配套设施项目，建筑面积1404平方米。4.砂河中学科技综合楼、茶炉房建设、附属工程及配套设施项目，建筑面积1720平方米。（崔贵峰）

【全国区域推进课堂教学改革现场会议的承办】 2014年5月10日、11日承办了全国区域推进课堂教学改革繁峙现场会议，这次会议由北京师范大学中国教育创新研究院主办。参加这次会议的代表来自全国17个省（市、区），42个县（市），总计466人。会议特邀专家18名，本县参与作课教师82名。《中国教育报》《中国教师报》和省、市级教育报刊媒体参加了现场会活动。这次会议是按照本县教育发展五年目标规划——"2013—2014学年度课改展示年"的年度目标而组织召开的，是本县全面推进基础教育课程改革，全面提升教育教学质量，全力打造教育品牌的一次承前启后的历史盛会。这次全国课改现场会议的承办让本县课改工作成为教育的品牌，也向省内外介绍繁峙课改的实践之路和成功经验，北京师范大学新课程研究院刘坚院长用五条"繁峙经验"进行了评价，充分肯定了全县课改工作。《中国

2014年5月10日—11日，"全国区域推进课堂教学改革交流与研讨繁峙现场会"在本县召开，图为大会会场　胡永平提供

教育报》《中国教师报》《山西日报》《忻州日报》《辅导员》杂志，分别以《探索课堂教学改革的具体路径》《老树绿枝新砂中》《幸福民生的繁峙教育样本——繁峙县大民生视野下的教育改革工程纪实》《将课改进行到底——繁峙县新课程改革全记录》《琢玉出彩——繁峙县彩璟小学的课改之路》《化茧成蝶——砂河二中课改故事》《繁峙县区域推进课改催生教育新生态》等篇目对本县课改工作进行了报道。（胡永平）

【全省义务教育学校营养改善计划现场会举办】 2014年6月13日，由省教育厅和省食品药品监督管理局共同组织的全省农村义务教育学生营养改善计划工作现场推进会在繁峙举办，来自大同、忻州、吕梁、临汾4个市21个国家试点县教育局和食品药品监督管理局的主管领导和责任人参观考察本县逸夫小学、笔峰小学、贾家井小学、砂河第三中学4所学校的营养改善计划工作开展情况。本县有序规范的营养餐工作流程，完善的档案资料，标准化的食堂建设，得到了省教育厅领导和与会人员的一致好评。（王春林）

【全市高中校长会议、市直学校校长会议承办】 2014年7月2日、3日，市教育局在砂河中学组织召开了2014年全市高中校长会议，全市14个县（市）教育局、33所普通高中的校长参加了会议，按照会议安排，繁峙中学、砂河中学作了课改工作经验介绍。

2014年10月14日，市教育局组织市直学校校长在本县召开“繁峙课改与校园文化”观摩研讨会，市教育局副局长曹晋荣等领导和市直学校校长32人参加了会议。会议参观了贾家井小学、砂河中学、砂河二中的校园文化，观摩了10节课改新课堂，局长张占羽作了课改经验介绍。（胡永平）

【校园安全环境建设】 2014年，大力加强学校各项安全工作，特别是学校食品安全工作取得明显成效，6月13日，由省教育厅和省食品药品监督管理局共同组织的“全省营养改善计划工作现场推进会”在本县召开，有力促进了本县乃至全省学校食品安全工作。2014年，县教育局被评为“安全生产模范单位”。

2015年，大力夯实安全基础设施设备投入，不断提升安全管理水平。年初教育局和各学校层层签订责任状，出台《安全管理办法》，细化各岗位安全职责，做到事事有人管，人人管安全，充实安全管理队伍。开通安全教育平台，共享安全教育资源，将安全教育纳入日常教育教学各个环节。组织开展“安全教育日”“安全生产月”等各类大型安全教育主题活动，同时，持续发放《致家长一封信》最大程度取得广大家长及全社会对学生安全教育的关心和支持。各学校不断加大安保设施设备投入，各学校实现校门口等重点部位监控设备全覆盖，寄宿制学校冬季取暖全部实现暖气供暖，大大降低安全风险。教育局被评为“县级平安单位”。

2016年，继续深化安全教育和安全管理两条主线并重的原则，不断深化认识，创新工作思路，改进工作方法，完善各项制度，使全县学校安全管理水平又迈上新台阶。每月初，教育局准时召开安全工作例会，研判分析近期安全形势，布置安排下一步工作，做到任务明确，目标统一。多措并举，大力推进“平安校园创建”活动和“安全教育进校园进课堂”活动，内容涵盖食品、交通、消防、应急逃生、安全疏散等各方面；充分利用网络资源，不断拓展安全教育水平，在

“山西省第三届安全知识网络竞赛”中，本县帅耀伟等3位同学获得三等奖，张万恒等4位教师荣获“优秀校长”荣誉称号；在“2016年度忻州市中小学安全教育精品课评选”活动中，本县彩璟小学教师安瑞峰、张俊叶荣获一等奖，周湘等4位教师荣获二等奖。通力合作，多方联动，共筑安全防线，2016年教育局联合公安、交警、消防、卫生防疫等部门对全县中小学及周边进行5次大型检查，大力整治校园周边环境，净化了社会育人环境。（王福垒）

【县综合职业学校】 繁峙县综合职业学校从2007年创办后，全体教职工以“爱心育人，成人成才”的办学理念，打造繁峙县职业教育品牌。

德育教育 学校招收的学生基本上是普通高中的落榜生，绝大多数学生中考成绩都在400分以下，新生中考成绩400分以上仅占新生的10%，300到400分的学生占新生的30%，200到300分的学生占新生的40%，200分以下的学生占新生的15%，还有5%的学生未参加中考。有些学生在初中阶段就成为该校问题学生，迟到早退、逃课上网等现象频发，甚至出现打架斗殴这类严重事件，社会上把他们称为“三差生”即思想意识差、行为习惯差、学习基础差。针对学生基本情况，学校就加强学生德育教育。开展了一系列活动：励志教育、感恩教育、传统文化教育、自信教育、主题班会、知识竞赛、家校交流会、家访等来丰富本校师生的校园文化生活，从行为到习惯全面提高学生综合素质，全面推进素质教育。尤其“5·13”大型体操活动和庆七一纪念建党95周年活动在社会上的影响很大，关注度和点击人数均在万人以上。

县综合职业学校情系家乡为大智镜圆捐款活动 赵志斌提供

1. 献爱心活动：学雷锋，献爱心活动（雷锋纪念日之际组织学生去火车站和敬老院进行献爱心活动），“情系家乡，献我爱心”捐款活动（为本县“大智镜圆”文化旅游区修缮工程进行募捐，师生共计捐款18787元），同时学校还对部分贫困家庭学生进行了资助，帮助他们更好完成学业，让他们懂得珍惜现在的幸福生活，培养他们的感恩之心。

2. 文娱体育活动：元旦联欢会、五四歌咏比赛、篮球比赛、拔河比赛、师生体育趣味活动、班级文化建设评比等活动。培养学生健康的兴趣爱好，给学生提供认识自己、展示自己、提高自己的平台，丰富学生的课余生活。

3. 2016年5月13日的大型团体操活动：

县综合职业学校五一三大型团体操表演 赵志斌提供

在“五一”来临之际，为庆祝“五一”和“五四”，本校举行了“激情挥洒校园，风采尽在你我。”从入场式、千人团体操、二百人的方阵表演到每个班的体育风采展示。

4. 大型主题活动：在中国共产党成立95华诞之际，本校举行“庆七一、颂党史、展风采”的主题活动，通过歌舞剧，情景剧，朗诵等形式展示党的光辉历程。让全校师生牢记历史，铭记党的丰功伟绩，同时体会并学习共产党人不畏艰难、勇往直前、无私奉献的精神。

5. 2016年9月7日，在教师节来临之际，国家、省、市、县有关领导携奥运冠军一行来到本校，为本校带来体育器材，使本校的体育活动更加丰富多彩。奥运冠军走进学校，师生倍感激动，能亲眼目睹冠军风采，和冠军一起互动，听冠军讲自己的成长经历、夺冠经历。

对口升学成绩 从2007年招收100多名学生，到2016年的在校生1900余名，对口高考成绩逐年提升。2016年，对口高考本校二本B类以上达线人数及达线率均位居全市第一。

（赵志斌）

2010—2016年繁峙县综合职业学校对口升学统计表

表12　　　　单位：年、人、%

年　份	参加考试人数	升入本科院校人数	达线率
2010	55	8	14.55
2011	194	28	14.43
2012	276	45	16.30
2013	303	52	17.16
2014	94	58	61.70
2015	238	123	51.68
2016	327	272	83.18

文化　体育

文　化

·博物馆·

【概述】　2016年，全县共有不可移动文物保护单位464处，其中国保单位6处，省保单位4处，市保单位9处，县保单位24处。县博物馆馆藏文物6844件。　（张所廷）

【长城平型关段保护修缮工程】　长城平型关段及关堡修缮工程于2010年5月8日被国家文物局批准立项。2013年7月15日批准了平型关关城及长城墙体保护工程设计方案。

2011年到2014年国家文物局先后拨入经费4540万元。平型关关城东城门楼修缮工程从2013年9月开工到2015年6月30日竣工。施工单位为山西省古建筑保护工程有限公司。修缮的内容为关城东门城楼（长14.8米，宽11.5米，高20.4米）、登关城的马道、城墙25米。工程经山西省古建筑维修质量监督站验收合格，并经山西同兴工程造价咨询事务所结算审核审定工程总造价为5169603.94元，扣除工程质量保质金外，拨出修缮经费491万元。

平型关段关城、长城墙体修缮工程分别预算投资为22950636.99元，23001837.54元。施工单位分别为山西省文物技术中心、山西省古建筑保护工程有限公司。工程分别于2015年5月、7月开工。修缮的内容分别为关城东门、瓮城遗址、西门、三座角台、关城城墙、弹药库、藏兵洞、古关道；长城墙体1974米、敌台6座。

2016年10月，平型关关城东段城墙105米，南段城墙65米，西段城墙65米（西南段40米、西北段25米）北段城墙130米，条石砌筑工程及外侧城砖砌筑工程已完成，正在对城墙顶部地面墁砖及女儿墙、垛口墙砌筑。长城墙体工程东南段长城外墙石头砌筑160米，西北段长城外墙石头砌筑260米，共砌筑420米。平型关段长城保护修缮工程总投资5100万元。至年底已完成投资3050万元，已完成工程总投资的59.8%。（张所廷）

2016年维修中的平型关关楼　张所廷提供

【公主寺修缮工程】　公主寺位于县城东南10千米处的杏园乡公主村。2006年5月25

日，国务院公布为第六批全国重点文物保护单位。

公主寺修缮工程于2009年8月10日被国家文物局批准立项，同年9月8日，山西省文物局批准了公主寺修缮设计方案。拨修缮经费490万元，保护修缮的内容有：大雄宝殿、过殿、佛殿、韦陀殿、山门、东西垂花门、东西戏台、关帝殿、奶奶殿、东西配殿、东西禅房、院落整修及排水工程。工程于2011年1月17日进行了招标，中标单位为山西省文物技术中心，监理单位为山西省古建筑工程监理有限公司，工程于4月开工，已修缮佛殿、韦陀殿、山门、关帝殿、奶奶殿、东西戏台、东西垂花门、东西配殿、东西禅房等。到2016年因公主寺的壁画、悬塑的保护方案正在报国家文物局审批中，故对公主寺的过殿、大雄宝殿不能进行施工修缮。（张所廷）

【秘密寺修缮工程】 秘密寺亦称秘魔岩，位于县城西南30千米处的岩头村东北2.5千米，五台山支脉的维屏山中。2006年5月25日，国务院公布为第六批全国重点文物保护单位。

修缮后的秘密寺文殊殿 张所廷提供

秘密寺修缮工程于2013年8月26日被国家文物局批准立项。2014年4月14日，山西省文物局批准了秘密寺修缮方案，拨修缮经费490万元；修缮内容为：天王殿、文殊殿、金佛楼、三圣庵、钟鼓楼、木叉祖师塔、普同塔。工程于同年7月26日进行了招标，中标单位为山西杨氏古建筑工程有限公司，监理单位为山西省古建筑工程监理有限公司。工程于同年8月14日开工，2015年9月30日竣工。2016年11月10日，经山西省古建筑维修质量监督站验收工程合格。（张所廷）

【三圣寺修缮工程】 三圣寺位于县城东北34千米处的砂河镇西沿口村东北处。2006年5月25日，国务院公布为第六批全国重点文物保护单位。

三圣寺修缮工程于2013年9月4日被国家文物局批准立项，2014年4月14日，山西省文物局批准了三圣寺修缮工程设计方案。修缮工程总投资320万元，保护修缮的内容：大雄宝殿、地藏殿、真君殿、伽蓝殿、东西配殿、钟鼓楼、山门、东西厢房、一进院东过门、一进院西过门、东侧院门、西侧院门、八卦门、后院西影壁、院面及围墙等。工程于同年8月4日进行了招标。中标单位为山西省文物技术中心，监理单位为山西省古建筑工程监理有限公司，工程于同年8月25日开工，2016年工程基本全部完工。只剩地藏殿，因三圣寺的壁画保护方案正在报国家文物局审批中，故对三圣寺地藏殿不能进行施工修缮。（张所廷）

【岩山寺文物保护环境整治建设项目】 岩山寺位于县城东南45千米处的天岩村，1982年2月23日国务院公布为第二批全国重点文物保护单位。

岩山寺文物保护环境整治项目于2014年4月29日忻州市发改委批准立项。下达国家

2016 年维修后的岩山寺 张所廷提供

文物和自然遗产保护设施建设中央预算内投资 350 万元，省煤炭可持续发展基金 200 万元。2015 年 6 月 30 日初步设计方案获得批准，建设项目：管理服务用房改造、道路硬化、绿化、围墙、挡土墙，新建水泵房及监控中心、厕所、给排水、消防、安防监控、避雷工程。同年 7 月 27 日公开招标，中标单位为山西杨氏古建筑工程有限公司，监理单位为山西省古建筑工程监理有限公司。工程于同年 7 月 30 日开工，2016 年 10 月 10 日竣工，同年 11 月 10 日，山西省古建筑维修质量监督站验收合格。（张所廷）

【繁峙县第一次全国可移动文物普查】 繁峙县第一次全国可移动文物普查工作从 2013 年 1 月开始。至 2016 年，圆满完成普查工作，共计登录报送可移动文物总量 791 条/8562 件、标本化石 1 条/1 件。其中，博物馆登录报送可移动文物 565 条/6843 件、标本化石 1 条/1 件，图书馆登录报送可移动文物 194 条/1573 件、档案局登录报送可移动文物 32 条/146 件。（张所廷）

2015 年夏，工作人员分工对馆藏文物进行紧张有序的普查登记 张所廷提供

·文化馆·

【“大杏奖”三民舞台艺术大赛】 2014 年 6 月中旬举办繁峙县第三届“大杏奖”三民舞台艺术大赛的初赛，7 月 1 日晚决赛，《就恋这把土》《爷爷奶奶和我们》《战台风》分别荣获民歌、民舞、民乐类一等奖。

2015 年 6 月 10 日—12 日举办繁峙县第四届“大杏奖”三民舞台艺术大赛。声乐类共有 25 人参加，舞蹈类共有 27 支队伍参加，器乐类共有 18 人参加。经初赛，声乐类有 8 位选手、舞蹈类 6 支队伍、器乐类 3 位选手进入决赛。6 月底决出：声乐类《大塞北》获得一等奖；《拉住妈妈的手》《节日欢歌》获得二等奖；《生命之花》《草原请你来》《母亲》《八百里洞庭我的家》《战士为国守安详》获得三等奖。舞蹈类《茉莉花》获得一等奖；《最美宫灯红》《亚力亚》获得二等奖；《大秧歌》《走西口》、《好春秧歌》获得三等奖。器乐类唢呐独奏《百鸟朝凤》、二胡独奏《喜送公粮》并列第一名；古筝演奏《幸福渠水到俺村》获得二等奖。

2016 年 6 月 14 日—16 日，举办繁峙县第五届“大杏奖”三民（民歌、民舞、民乐）舞台艺术大赛。声乐类共有 30 人参加，舞蹈类共有 50 支队伍参加，器乐类共有 16 人参加，经初赛，声乐类有 6 位选手、舞蹈类 6 支队伍、器乐类 3 位选手进入决赛。6

月底决出：民歌类《美丽的春天》获得一等奖；《山里的女人喊太阳》《父亲》获得二等奖；《故乡是北京》《等待》《山丹丹开花红艳艳》获得三等奖。舞蹈类《踏歌》获得一等奖；《老妈妈》《梅花泪》《扁担妹子》《呼啦啦的黄河水》获得二等奖；《沂蒙情》获得三等奖。器乐类唢呐独奏《二人转牌子曲》获得一等奖；唢呐独奏《黄土情》获得二等奖；唢呐独奏《正月十五闹雪灯》获得三等奖。（要艳芳）

【“三下乡四进社区”活动】 2014年8月15日—9月1日，开展第四届“三下乡四进社区”活动，表演形式有戏曲、歌舞、器乐等，13个乡镇共演出30场。

2015年8月6日，第五届“三下乡四进社区”活动在大营镇启动，表演形式有戏曲，歌舞，器乐等，截至8月底，走遍13个乡镇，演出30场。

2016年8月16日，全县第六届“三下乡四进社区”活动在笔峰村启动，全体演职人员共17人，表演形式有民舞、街舞、歌曲、戏曲、器乐等，走遍13个乡（镇），演出30场。（要艳芳）

【“梨花奖”舞台艺术大赛】 2014年9月，参加忻州市第四届“梨花奖”舞台艺术大赛，秧歌小戏《儿子》、笛子独奏《山东小开门》分别获得全市二等奖。

2015年9月，参加第五届忻州市“梨花奖”舞台艺术大赛，民歌《黄河渔娘》《最美是你》、舞蹈《滹源情》分别获得三等奖。

2016年9月，参加忻州市“梨花奖”舞台艺术大赛，传统民歌《山丹丹开花红艳艳》、少儿舞蹈《扇花花开》、秧歌小戏《半颗西瓜》均获全市二等奖。（要艳芳）

【农村舞蹈培训】 2016年3月14日—18日，文化馆举办了第六届农村舞蹈免费培训，参加人数26人。7月，全县体育舞蹈免费培训，参加人数20人，12月份第一期少儿舞蹈老师免费培训，参加人数26人。

（要艳芳）

【中老年舞蹈队成立】 2016年，成立中老年舞蹈队伍一支，人数40人，配备中老年舞蹈服装80套，鞋80双，扇子100把，头饰80套。（要艳芳）

·图书馆·

【概述】 县图书馆为县级公共图书馆，馆舍面积为1379平方米，阅览室2个，书库2个，藏书3万余册，文献资源3000份。2013年被文化部评为三级图书馆。图书馆下设有流通部、采编部、期刊部、资源信息部、少儿阅览室、电子阅览室、培训辅导部、办公室、古籍部等科室。（崔晓峰）

【业务建设】 县图书馆每年订阅报纸期刊80多种，购置图书3000余册。2016年，图书馆对大楼的屋顶、外墙、二楼的楼道、三楼古籍书库等进行了改造；完成了电子监控安装工程。（崔晓峰）

【读者服务工作】 图书馆实行免费开放，包括一般阅览室、少年儿童阅览室、文献资源借阅、检索与咨询、基层辅导、活动服务等。为保障基本职能，对借书证办理全部实行免费，并对每年一次的查验证也实行免费，为广大读者的借阅提供更加周到的服务。为便于对免费开放公共场所的管理，安装配置了相关电子装置，如电子眼监控设施。配置相关服务设施。主要包括相关桌椅，饮水设施，老年人、青少年等特殊群体使用的一些设施设备。县图书馆全年共接待读者3000人次，调整藏书布局，进行图书倒架5000册次；为读者咨询查找资料420人次；（崔晓峰）

·文化市场行政综合执法·

【概述】　县文化市场行政综合执法队隶属于县文化局，为副科级建制，编制有宣教股、执法股履行文化市场综合行政执法任务，接受忻州市文化市场行政综合执法机构的业务指导，主要在演出业、图书报刊业、广播影视业、娱乐业、音像业、艺术品经营业、网络文化业等行业中进行综合行政执法。

（韩　飞）

【文化市场发展】　2016年，全县新闻出版行业单位发展到11家，新闻出版行业实现销售收入300万元，其中包括复印打印单位28家，图书零售单位11家；电影放映单位1家，累积投资总额达150余万元，经营面积近270平方米，拥有座位数近150个，年内放映电影3000场次，票房收入近19万元；营业性演出团体13家，年内演出500场次，年收入近1000万元；网吧行业25家，拥有计算机约2500台，年收入近1500万元；歌舞娱乐场所8家，拥有包间300余间，年收入近2000万元。（韩　飞）

【稽查执法】　2016年，共出动执法检查人员近300人（次），检查文化市场经营单位86家（次），办理案件30件。查缴各类非法出版物200册（盘），关闭取缔非法店档摊点和不法游商10个。（韩　飞）

【法制宣传教育】　2016年，在全县范围内组织开展12318文化市场法制宣传教育、知识产权宣传和艺术品市场法制宣传等活动，分别派出执法骨干去省外和太原、忻州集中进行培训学习，全年共印制发放法规宣传单500余份，制作法规手册30余份，以网上自学、考试和日常自学为主，网上自学约120个课时，达到规定学分率百分之百，考试合格率百分之百。（韩　飞）

图书发行

【概述】　2014年6月，繁峙县新华书店名称统一为“山西新华书店集团忻州有限公司繁峙分公司”。位于县城永丰街，全店职工20人，其中2人内退，18人在岗，党员9人。按照集团提出的“加快股改步伐，争当体制机制改革的排头兵”的新要求，切实理顺管理体制，促进现代企业制度的完善。

2014年，全年完成营业收入2039.45万元，利润98.27万元。进一步强化服务意识、提高服务水平、维护好学校教材、教辅资料发行市场。

2015年，全年完成销售净收入1370万元，POS机销售净收入160万元。全年共发行免费教科书345万余元；发行教辅1100余万元。

2016年，营业总收入完成1700万元，其中两教完成1450多万元。POS机销售完成242万余元，实现利润140万元。四项可控费用与上年基本持平，货款承付率为100%。

（李振华）

【作风建设】　2014年，根据《中共山西新华书店集团党委关于开展“工作秩序涣散、纪律松弛”专项整治活动的实施方案》，（晋新党字〔2014〕13号）要求公司开展自查工作，查找工作存在的突出问题，消除工作涣散，纪律松懈，工作不踏实、有令不行、有禁不止等不良行为，努力在全店营造作风清正、纪律严明、争创一流的良好工作氛围。

2015年4月，配合县政府有关部门成功举办了全民读书月活动，培养全县人民崇尚阅读、自觉阅读的习惯。努力践行“三严三实”促进本店的转型跨越发展，进一步加强对班子作风的建设。通过网络商学院集中学习、个人自学等多种形式，全体党员、员工改变了工作作风。

2016年，制定出台了《关于在全体党员中开展“学党章党规、学系列讲话，做合格党员”学习教育实施方案》《“两学一做”学习教育进度清单》。在整个学习教育期间，所有党员坚持个人自学和集体学习相结合，累计参加集中专题学习7次、专题党课4次。（李振华）

【全民阅读进校园】 2016年，全面阅读月活动开展期间，公司门店职工带着精心挑选的500余种图书到实验小学，进行优惠促销活动。（李振华）

档　案

【档案管理】 为进一步加强和推动全县档案事业科学发展，更好地发挥档案工作服务党委、政府决策、服务经济社会发展，服务人民群众的作用。根据省委办公厅、省政府办公厅《印发〈关于加强和改进新形势下档案工作的实施意见〉的通知》精神，结合本县实际制定了《关于加强和推进新形势下档案工作的实施意见》，坚持完善党委、政府领导，档案部门归口负责，各方面共同参与的工作体制，建立起了“政府领导、部门负责、上下联动、协调运行”的工作机制，县政府主要领导每年听取一次档案工作专题汇报，切实解决档案工作中遇到的困难和问题。全面履行管理和保管利用职责，切实加强对本行政区域内档案工作的监督、检查和指导。2016年，县档案馆被山西省档案局评为省三级档案馆。（张国文）

【馆藏概况】 2016年，档案馆新接收了新版《繁峙县志》《繁峙人大》《滹沱河从我梦中流过》《天岩范式碑文集》等各种资料20余本，接收档案64卷，截至2016年年底，共有档案全案44个，文书档案17913卷，资料12968（册）、合计30881（卷）。其中，重点档案1092卷、7970件。力求把各类专业档案、民生档案、企业档案、重大活动档案、重大项目档案等纳入接收范围，做到应收尽收。（张国文）

【档案法制】 县档案局成立了行政执法工作领导小组、并制定了《繁峙县档案局行政执法责任实施办法》《繁峙县档案局行政执法保障制度》和档案行政监督检查行政处罚、行政复议等7项执法制度，11项执法程序，29种执法文书等一批规范性文件。在每年的6月9日“国际档案日”之际向各单位、档案利用者发放档案法规宣传资料，举办档案宣传专栏和动员订阅档案报刊等形式，开展档案法制宣传。（张国文）

【档案教育】 2016年，县档案局围绕档案队伍建设的总体要求，以“两学一做”学习教育活动为契机，坚持学用结合，开展不同层次和形式的档案干部教育活动。本年参加了市局举办的业务培训和县里的干部在线教育。（张国文）

体　育

【全民健身运动】 2014年5月4日至5日，

县体育中心与县乒乓球协会共同举办了“快乐乒乓网”繁峙站 2014 年乒乓球邀请赛，来自全市 21 支代表队 49 名运动员参加了男团、男单、女单比赛。

8 月 8 日，中心组织的繁峙县健身秧歌队代表忻州市参加了山西省第十四届运动会群体项目第六套健身秧歌比赛，并获得自选和规定两个项目的三等奖。

本年，中心组织本县广场舞代表队参加了由市文化局和体育局共同举办的全市广场舞健身大赛，并取得了三等奖。

中心在县文化局的支持下组队参加了忻州市首届“八马杯”职工拔河比赛，并获得了三等奖。

中心成功举办了全县首届“如阳杯”花键大赛。

中心与老年人体育协会等单位合作举办了第二届“万里杯”中老年人健身比赛，有 2000 余人参加了比赛。

2015 年 5 月，中心与乒乓球协会共同举办了“快乐乒乓网”繁峙站 2015 年乒乓球邀请赛，来自全市 21 支代表队 53 名运动员参加了男团、男单、女单等比赛。

5 月底，中心组织本县职工组队参加了忻州市第二届“八马杯”拔河比赛，并取得了优秀组织奖。

2015 年 8 月，中心组织参加忻州市群众广场舞健身大赛　张俊伟提供

8 月，中心组织参加了由市文化局和市体育局共同举办的全市广场舞健身大赛。

9 月，中心组织全县登山及步行爱好者完成了登爬韩庄长城活动。

11 月，中心圆满承办了国家体育总局与北京体育大学共同组织的体育表演活动，并邀请北京体育大学的师生为本县体育活动项目进行培训。

2016 年，中心共组织开展全民健身活动及赛事 14 项，活动累计参加人数达 3100 余人。活动包括：

正月十五举办了全民健身大拜年系列活动。

3 月，全市羽毛球邀请赛在本县成功举办。

4 月 27 日，组队参加忻州市“八马杯”第三届职工拔河比赛，获得了可喜的成绩。

5 月 1 日，主办了全县职工乒乓球大赛。

6 月 25 日，承办了“寻找美丽中华”全国旅游城市定向系列赛繁峙平型关站竞赛，首次参加并获得三等奖。

“寻找美丽中华”全国旅游城市定向系列赛繁峙平型关站竞赛颁奖现场　张俊伟提供

7 月，协同北京体育大学全民健身系列培训活动，培训三级体育指导员 100 名。

7 月 17 日，主办 2016 年全县少儿游泳比赛。

8月8日，组织全民健身日系列活动，组织17个全民健身队伍参加全民健身活动，并给各代表队颁发音响等设备，同时组织少年儿童13岁以下组的游泳比赛。

8月24日，组织参加了第二届环五台山健步户外登山活动。

8月27日，组织“福康醋业杯”花键联谊赛。

9月7日，在国家体育总局扶贫组的帮扶下组织了“情缘老区，情系体育”奥运冠军走进体育总局定点扶贫县志愿服务活动。其中有：乒乓球亚锦赛单打冠军齐宝香、男篮亚锦赛冠军王立彬、帆板世界冠军张小冬、奥运会网球双打冠军孙甜甜、奥运会双桨冠军奚爱华、奥运会跳水冠军李娜、奥运会体操鞍马冠军肖钦等。活动包括：向繁峙中学、繁峙县综合职业学校、平型关小学捐赠体育健身器材，并在学校与师生开展篮球、花键表演、拔河、啦啦操表演等体育互动项目。在祥龙广场开展全民健身志愿服务活动。国体总局扶贫组一行还深入繁城镇上西庄村和西义村，向村委会捐赠了体育器材，并慰问贫困户代表。参观平型关大捷纪念馆，并在平型关开展全民健身健步行活动。

“情缘老区，情系体育”奥运冠军走进体育总局定点扶贫县志愿服务活动启动仪式　张俊伟提供

9月9日，组织全县第四届中老年人全民健身大赛。

11月19日至20日，忻州市2016“美丽繁峙”羽毛球混合团体赛在本县成功举办。

12月24日至25日，举办全县“美丽繁峙”乒乓球比赛。　（张俊伟）

【体育场所建设】　县体育活动中心是吸纳民资所建，内设乒乓球和羽毛球场地，面积668平方，全年向群众开放。中心于2014年国庆节期间对该馆进行了全方位的修葺。

县体育馆是国家体育总局的“雪碳”工程项目，建于2003年，建筑面积2445平方米，是全县社会各界健身活动的主要场所之一，馆内体育设施较齐全。自2003年运行后，10年中始终坚持免费向群众开放。2015年，中心对体育馆进行修缮。

2016年，按照国家体、省、市体育局的统一部署开展2016年全国体育产业专项调查工作，系统了解全县体育产业的发展状况，全面更新本县体育产业各行业的基本单位名录库，进一步完善全县体育产业基础数据库。　（张俊伟）

人口与计划生育医疗卫生

人口 计划生育

【概述】 2014年，繁峙县卫生局为卫生行政管理机构。所属科级事业单位9个：分别为县第一人民医院、县中医院、县第二人民医院、县精神病院、县妇幼保健院、县疾病预防控制中心、县新型农村合作医疗管理中心、县卫生监督所、县爱国卫生运动委员会办公室。股级事业单位23个：分别为县健康教育所、县卫生进修校、繁城镇卫生院、砂河镇卫生院、大营中心卫生院、岩头中心卫生院、杏园乡卫生院、光裕堡乡卫生院、下茹越中心卫生院、集义庄乡卫生院、东山中心卫生院、柏家庄乡卫生院、金山铺乡卫生院、横涧乡卫生院、神堂堡乡卫生院、岩头中心卫生院茶铺分院、岩头中心卫生院宽滩分院、繁城镇卫生院高升寨分院、砂河镇卫生院后河分院、砂河镇卫生院义兴寨分院、东山中心卫生院伯强分院、金山铺乡卫生院小柏峪分院、神堂堡乡卫生院庄旺分院。村卫生室323个。个体诊所32个。社会办医机构8个：分别为繁峙职工医院、博爱医院、现代医院、砂河康复医院、民政优抚医院、计生服务站门诊、中药材开发服务中心门诊、红十字会圣济医院。县级医疗卫生单位编制人员561人，编制床位478张。执业医师177人，执业助理医师36人。主任医师1人，副主任医师18人，主治医师95人。乡级医疗机构编制238人，编制床位218张，执业医师39人，执业助理医师26人。副主任医师1人，主治医师19人。

2015年，繁峙县卫生局、繁峙县人口和计划生育委员会合并，合并后的名称为繁峙县卫生和计划生育局。县妇幼保健院和计划生育服务站合并为县妇幼保健和计划生育服务中心。各乡镇妇幼计划生育服务站的资源也相应进行整合。职责进行了调整，原县卫生局、县人口和计划生育局承担的职责，划入县卫生和计划生育局。原县卫生局承担的深化医药卫生体制改革办公室的职责划入县卫生和计划生育局。原县人口和计划生育局承担的研究拟订人口发展战略和规划等职责划转到县发展和改革局。社会办医机构6个：分别为现代医院、博爱医院、职工医院、红十字会圣济医院、砂河康复医院、普尔泰中西医结合医院。个体诊所41个。县级医疗卫生单位编制人员572人，编制床位478张。执业医师167人，执业助理医师48人。主任医师3人，副主任医师14人，主治医师75人。乡级医疗机构编制241人，编制床位218张，执业医师27人，执业助理医师26人。副主任医师1人，主治医师20人。

2016年，卫生计生机构合并后，业务也进行了深度融合，各项工作顺利开展。社会办医机构8个：分别为现代医院、民政优抚医院、民政优抚繁城医院、红十字会圣济医院、砂河康复医院、职工医院、普尔泰中西医结合医院、砂河利民医院。个体诊所84个。县级医疗卫生单位编制人员544人，编制床位509张。执业医师147人，执业助理医师39人。主任医师3人，副主任医师13人，主治医师64人。乡级医疗机构编制235人，编制床位218张，执业医师27人，执业助理医师26人。副主任医师1人，主治医师20人。（冯永光）

【基本公共卫生服务】 2014年，基本公共卫生服务项目12项，人均补助标准35元，服务人口27.01万人，其中建立健康档案24.89万份；宣传栏总更新3413次，开展健康咨询活动140次，发放宣传资料12种22万本，开展健康知识讲座数1555次；0—6岁儿童建立接种卡25524人，五苗接种率99%；儿童健康管理人数22063人，新生儿访视人数3625；为孕妇建册3601份，产检人数3595，产后访视人数3528；免费为15270名65岁以上老年人体检并进行生活自理能力评估和健康指导；随访高血压患者13535人，随访糖尿病患者3956人；对808名精神病患者进行了登记管理，并对320名患者进行了体检；对14893名65岁老年人开展中医体质辨识和8693名0-3岁的儿童进行了中医健康指导服务。

2015年，基本公共卫生服务项目13项，人均补助标准40元，服务人口27.16万人。其中建立健康档案25.61万份；宣传栏总更新3759次，发放宣传资料4种35.24万本，开展健康知识讲座数1474次，健康咨询活动272次；0—6岁儿童建立接种卡23841人，五苗接种率98%；儿童健康管理人数20704人，新生儿访视人数1779；为孕妇建册2658份，产检人数1859，产后访视2121人；免费为21647名65岁以上老年人体检并进行生活自理能力评估和健康指导；随访高血压患者16240人，随访糖尿病患者4653人；对1208名精神病患者进行了登记管理，并对504名患者进行了体检；对21239名65岁老年人开展中医体质辨识。

2016年，基本公共卫生服务项目又增加了签约服务，人均补助标准45元，服务人口27.42万人。其中建立健康档案26.87万份；宣传栏总更新3531次，开展健康咨询活动161次，发放宣传资料5种12500本，开展健康知识讲座数1442次；0—6岁儿童建立接种卡21569人，五苗接种率98%；儿童健康管理人数8766人，新生儿访视人数2799；孕妇建册2985份，产检2660人，产后访视2712人；免费为21641名65岁以上老年人体检并进行生活自理能力评估和健康指导；随访高血压患者18294人，随访糖尿病患者5474人；对1351名精神病患者进行了登记管理，并对535名患者进行体检；对20948名65岁老年人开展中医体质辨识和0—36月龄的儿童中医健康指导7712人次。（王顺美）

【医改工作】 2014年，贯彻落实国家基本药物制度的重要内容，实施基本药物后，提高部分诊疗费用的10%，降低大型检查费用的12%，医院每月减少收入30余万元，1—11月份共减少收入330余万元。

2015年，基本医疗保险参保率稳定在95%以上，新农合人均政府补助标准提高到380元。城镇居民个人缴费达到人均不低于120元，新农合个人缴费达到人均90元左右。城镇居民医保和新农合政策范围内门诊费用支付比例达到50%，政策范围内住院费用支付比例达到75%左右。2015年非公立医疗机构床位数和服务量达到总量的20%左右。

2016年，繁峙作为忻州市创建全省县级公立医院综合改革"示范区"试点县，积极筹划并出台了《繁峙县创建全省县级公立医院综合改革"示范区"实施意见》等一系列政策文件，并调整了深化医药卫生体制综合改革领导小组。

县级公立医院全面实施药品零差率销售，药品加成部分形成的亏损由县财政按药品使用量的25%予以补偿，将医院补偿由服务收费、药品加成收入和政府补助三个渠道改为服务收费和政府补助两个渠道，每年县财政补偿资金近700万元。

为了提高医护人员从业积极性，全县县级公立医院人员工资财政补助由原来的71.43%提高到80%，每年财政增加预算近1000万元。

加强重点学科建设，积极组建医疗联合体，开展县级公立医院优质护理工程。

按照"基层首诊、双向转诊、急慢分治、上下联动"的要求，全面开展分级诊疗工作，高血压、糖尿病患者规范化诊疗和管理率达到30%以上。确定分级诊疗病种113个，严格控制越级诊疗，促进患者合理分流，逐步实现新农合患者"小病不出村、常见病不出乡、大病不出县、疑难危重再转诊"。

县卫生计生局出台了《繁峙县县乡医联体建设工作实施方案》，安排3家县级公立医院对口帮扶基层医疗卫生机构，选派骨干医务人员派驻帮扶单位坐诊，使县级公立医院与基层医疗卫生机构建立起长期稳定的协作关系，推动优质医疗资源下沉基层。加强人才队伍建设方面，按照县委、县政府的安排为全县公立医疗机构招考医务人员76名。

（冯永光）

妇幼保健

【概述】 2014年，重点加强全县妇幼人员培训力度，保证叶酸、营养包顺利发放，截止11月底，叶酸服用人数为2664人，发放叶酸15327瓶，服用依从人数2097人，依从率78.04%，叶酸调查人数为1736人，知晓人数为1435人，叶酸知晓率为82.66%。10月份，全县共收到17160盒营养包及462份资料，并及时发放到各乡镇卫生院。两个月共发放1994人份，发放营养包1994盒，积极完成上级下达的工作任务。

本县孕产妇全部实行孕产妇保健系统管理，开展产前服务，按照孕早期一次、孕中期2次、孕晚期3次的要求进行产前检查；同时利用出生证管理推动全县儿童系统保健的开展，建立了儿童系统管理手册，严格4:2:2:1体检。两个系统管理工作取得了明显成效。

阻断艾滋病、梅毒、乙肝母婴传播工作进展顺利，利用健康教育进行宣传，通过各保健服务单位把母婴阻断知识的宣传册和画报等发放到孕产妇手中，向孕产妇传递艾滋病、梅毒、乙肝母婴传播知识和信息。

完成县城20所幼儿园3447人的儿童体检工作；并填写、完善系统管理手册，对各个幼儿园儿童的身体发育情况进行评价。

2015年，农村孕产妇住院分娩补助继续实行"一站式服务"，即：医院在产妇办理出院时直接补助300元。并且制定了严格的经费管理方案，确保专款专用，使用合理。目前，住院分娩补助资金账目管理清晰、规范、补助手续齐全，基本上做到一人一份资料备存。本年，全县农村住院分娩产妇1994人，共补助产妇1761人，补助率为

88.3%，补助金额 52.83 万元。2015 年本县任务数为 2600 人，任务完成率为 67.8%。没有完成任务原因是本年的任务数超出全县农村产妇数。

增补叶酸预防神经管缺陷项目稳步推进，提高叶酸服用率，全年本县围产儿数 3016 人，出生缺陷数 10 人，出生缺陷率为 33.15/万；神经管缺陷 4 人，神经管缺陷率为 13.26/万。全年本县叶酸服用人数为 2956 人，发放叶酸 17736 瓶，服用依从人数 2205 人，依从率为 76.1%。全年任务数为 2920 人，发放人数为 2956 人，任务完成率为 101.2%。

贫困地区儿童营养改善项目顺利实施，本县共收到 51384 盒营养包，并及时发放到各乡镇卫生院。全年本县营养包应发放人数为 5237 人，发放 3665 人份，发放营养包 25452 盒，发放率为 69.98%。

预防艾滋病、梅毒、乙肝母婴传播阻断项目，本年共检测孕产妇 3041 人，检测率为 107.15%，其中检出艾滋病感染人数 2 人，感染率为零；梅毒感染人数 11 人，感染率为 0.36%；其中一人进行了孕期治疗，实行母婴阻断的新生儿 11 人，阻断率为 100%；乙肝阳性孕产妇 70 人，感染率为 2.3%，新生儿乙肝免疫球蛋白注射人数为 70 人，阻断率为 100%，各项比率较去年有所提高。

全年，新生儿出生数为 3041 人，新生儿“两病”筛查 2278 人，筛查率为 74.9%。听力筛查 1927 人，筛查率为 63.4%。

本县被列为农村妇女宫颈癌和乳腺癌检查项目县。项目主要是针对 35-64 岁农村妇女进行宫颈癌检查，提高农村妇女宫颈癌和乳腺癌的早诊早治率、降低“两癌”死亡率，提高广大农村妇女健康水平，逐步形成维护妇女健康的长效机制。全年，宫颈癌检查人数为 512 人，今年任务数为 500 人，任务完成率为 102.4%。

2016 年，农村孕产妇住院分娩补助继续实行“一站式服务”，即：医院在产妇办理出院时直接补助 300 元，对贫困产妇给予补助 600 元。农村住院分娩产妇 2660 人，共补助产妇 2233 人（其中 7 人为贫困产妇），补助率为 83.95%，补助金额 67.20 万元。2016 年任务数为 2600 人，任务完成率为 85.88%。

本年，围产儿数 3122 人，出生缺陷数 7 人，出生缺陷率为 22.42/万；神经管缺陷 1 人，神经管缺陷率为 3.2/万。本县叶酸应服用人数为 4502 人，服用人数为 4337 人，服用率为 96.3%，发放叶酸 26022 瓶，服用依从人数 3625 人，依从率为 83.58%。全年任务数为 2900 人，发放人数为 4337 人，任务完成率为 149.55%；城镇叶酸服用任务数为 300 人，服用人数为 536 人，任务完成率为 178.7%。

贫困地区儿童营养改善项目，为使营养包能够顺利发放，本县妇幼计生服务中心派业务人员就营养包的发放、登记、随访工作进行 2 次督导，督导乡镇 13 所，督导天数 26 天。本年，共收到 57300 盒营养包，并及时发放到各乡镇卫生院。本年，任务数 75360 盒，全年共发放营养包 74272 盒，任务完成率为 98.56%。

本年，各助产机构艾滋病、梅毒、乙肝孕期检测人数为 1777 人。住院分娩产妇数 3338 人，其中孕期检测 911 人，孕期检测率为 27.29%；仅产时检测 2427 人，仅产时检测率为 72.71%。检测中发现梅毒感染人数 5 人，其中孕期检测发现 2 人，感染率为 0.11%；仅产时检测发现 3 人，感染率为 0.12%。孕期阻断用药 2 人，新生儿母婴阻断干预 3 人，新生儿干预率为 100%；乙肝阳性孕产妇71人，感染率为2.13%，新生儿乙肝免疫球蛋白注射人数为70人，阻断率为98.59%。

全年，各助产机构农村住院分娩活产数为2660人，新生儿“两病”筛查2633人，筛查率为98.98%。听力筛查2629人，筛查率为98.83%，筛查率较去年大幅度提高。筛查任务数2700人，完成2633人，任务完成率为97.52%。

全年，宫颈癌检查人数为528人，疑似病例5人，确诊3人，发病率为0.57%；生殖道感染210人，感染率为49.88%。任务数为500人，任务完成率为105.6%，超额完成项目任务。我县乳腺癌检查人数为1014人，疑似病例1人，确诊0例。乳腺癌检查任务数为1000人，任务完成率为101.4%。

2016年，共完成1083对孕检夫妇，超额完成省市下达的1000对目标人群数任务，任务完成率为101.4%。（冯永光）

疾病预防

【概述】 2014年，冷链运转12次，每次运转县、乡、村三级精心组织、密切配合，保证疫苗效价，各类疫苗接种率均在98%以上。13个乡镇每月冷链运转后各抽取3个村进行督导检查，督导覆盖率达100%。本年度国家免疫规划实施情况：卡介苗99.9%、脊灰疫苗99.7%、麻风98.4%、百白破99.5%、麻腮风98.5%、乙肝99.9%、A群流脑98.8%、A+C群流脑97.2%、乙脑99.3%、甲肝82.3%（第二季度甲肝疫苗短缺）。

1—12月份全县共报告乙、丙类传染病7种，共602例，排位前三位的传染病病种主要是肝炎、布病、结核病。加强疫情网络设备的维护和管理，完善工作制度，疫情网络直报率达100%，县、乡医疗卫生单位能认真执行传染病报告和登记制度，无迟报、漏报现象。网上报卡及时率为100%，完整率为100%，疫情网络直报率为100%，疫情报告准确一致。

碘盐监测：随机抽取5个乡镇20个村，每村采盐15份，共计开展了300份碘盐监测，碘盐合格率为92.33%。

布病防控：按照上级要求进行布病流行病学调查856人，并进行了血清检测。本年度累计报告新发病例192例，对病人全部进行系统、规范的治疗。

2015年，冷链运转12次。各类疫苗接种率均在95%以上。实施情况为：卡介苗100%、脊灰疫苗100%、含麻类疫苗99.96%、百白破99.98%、乙肝100%、A群流脑100%、A+C群流脑99.87%、乙脑100%、甲肝97.39%。13个乡镇每月冷链运转后各抽取3个村进行督导检查，督导覆盖率达100%。凡承担新生儿接种工作的医疗机构100%开展了“两苗”接种，保持了无脊灰状态。

坚持到县人民医院进行AFP、新生儿破伤风、麻疹的主动监测共33院次。无AFP、新生儿破伤风病例。

开展了对全县0–6岁儿童所有一类疫苗的查漏补种工作。截至10月底，新生儿2507人，建卡建证率达100%。在此基础上健全和完善了儿童入托、入学查验预防接种证制度。

1—11月份底全县共报告法定传染病551例，其中肝炎175例，痢疾14例，结核病113例，布病172例，梅毒46例，流行性腮腺炎4例，其他27例。

全县共建立了4个自愿咨询检测点（县人民医院、妇幼保健院、中医院、疾控中心），按照检测方案要求开展相应工作。本年共接诊自愿咨询人员149人，完成实验室检测149人，无阳性病例报告；对135名羁押人员做了HIV检测，结果均为阴性。

随机抽取5个乡（镇）20个村，每村采盐15份，共计开展了302份碘盐监测，合格碘盐食用率为98.33%，碘盐合格率100%，无非碘盐，碘盐中位数25.8毫克/千克。布病防控坚持部门协作、社会参与、综合治理的原则，按照上级要求进行布病流行病学调查886人，并进行了血清检测。累计报告新发病例172例，对病人全部进行系统、规范的治疗。

2016年，全年冷链运转共12次。免疫接种情况：1—11月扩大免疫规划疫苗接种率以乡镇为单位都保持在95%以上。其中，卡介苗应种2505针次，实种2505针次；接种率100%。脊髓灰质炎疫苗应种10226针次，实种10224针次，接种率99.98%。含麻类疫苗应种，应种5890针次，实种5888针次，接种率99.96%，乙肝疫苗应种7161针次，实种7161针次，接种率100%，百白破疫苗9959针次，实种9956针次，接种率99.96%。白破疫苗应种1525针次，实种1518针次，接种率99.54%。A群流脑疫苗应种4343针次，实种4343针次，接种率100%。A+C群流脑疫苗应种3938针次，实种3933针次，接种率99.87%。乙脑疫苗（减毒）应种4501针次，实种4499针次，接种率99.96^%；甲肝疫苗应种2963针次，实种2959针次，接种率99.86%。全县接种疫苗后异常反应发生7例，无接种事故发生。

1—11月份底全县共报告法定传染病448例，其中肝炎202例（甲肝3例、乙肝189例、丙肝10例）、痢疾3例、结核115例、布病83例、梅毒31例、手足口病2例、猩红热2例、其他传染病10例。

至2016年11月底，全县预防艾滋病知晓率调查，城镇人员为95%，农村为90%。高危行为人群为98%，学生为100%，监管场所的被监管人员为100%。建立完善了高危人群行为干预体系，至2016年11月底，高危人群安全套使用率达到95%以上。

碘盐监测，全县抽取5个乡（镇）20个行政村进行了居民采样，共采集食用盐300份，并全部进行了现场半定量检查，合格食用盐294份，不符合居民食用盐标准的6份，其中<18毫克/千克的2份，>33毫克/千克的4份，碘盐覆盖率100%，合格碘盐食用率98%，碘盐合格率100%，无非碘盐，碘盐中位数23.2毫克/千克。

饮水型氟中毒，4月份与水利局合作进行了摸底调查，调查结果表明，10个饮水型氟中毒病区，已全部改水，改水率100%，全部正常使用，受益人口为4453人。

全县布病流调人数是1053人，血清学检查1017人，（1017/800），布病防控健康教育干预包发放440个（440/150），布病督导治疗37人，督导治疗203人次（203/200）布病建档率达100%。（冯永光）

卫生监督

【概述】 2014年，全面加强卫生监督工作，根据《公共场所卫生管理条例》深入开展公共场所量化分级管理，对全县123户从业单位进行了卫生监督检查，其中：宾馆（旅店）68户，公共浴室4户，理发店38户，商场11户，候车室2户。新发公共场所卫生许可证20余户，审验55户。监督覆盖率100%，监督频次4次以上/户，培训各类从业人员310人，培训率100%；卫生知识培训合格人数310人，合格率100%，体检从业人员310人，共发放健康证310本。住宿场所量化分级达100%，理发店量化分级达到70%以上。

对两家生活饮用水供水单位繁峙县自来水公司和砂河自来水公司，进行了监督检查，并完成《生活饮用水卫生被监督单位信息卡》的采集、更新、核对信息，通过国家卫生监督信息报告系统填报，完善各水厂卫生监督档案。

以县城、砂河镇为重点开展打击非法行医专项行动，共检查医疗卫生机构、零售药店、计划生育服务机构等共68户次，检查医院9户，卫生院13户，社区卫生服务机构8户及个体诊所35户，妇幼保健院1户，疾控机构1户，监督检查140余户次，没收药品及医疗器械10余件（箱），立案查处各类非法行医案件31起，给以取缔处罚并处罚款3.1万元。查处超范围经营医疗机构1户，责令立即整改并处罚款2000元。发现使用非卫计人员的医疗机构1户，责令限期改正，并罚款5000元。查处其他违法案件2家，责令立即改正并罚款总计7000元。对存在问题的医疗单位下达现场监测笔录和卫生监督意见书140份。

对全县辖区内的40所小学，13所中学进行了全面监督检查。为规范传染病管理，统一下发了《学校传染病管理制度》共53份，有效地提高了学校卫生工作的整体水平。

2015年，把打击非法行医提上重要议事日程，坚持“全覆盖、零容忍”原则，成立了领导组，制定了实施方案，以街道、乡镇划片，任务到科、责任到人，期间共出动执法车辆200余台次，执法人员全部出动，以街划片，任务到科，责任到人，通过全面摸排，地毯式清理。共立案查处医疗违法案件28起（件），办结率100%。没收药品79箱（件），罚款6.3万元。对全县32家医院监督检查70余次，覆盖率100%，对存在问题的医疗单位下达现场监测笔录和卫生监督意见书70份次。并对医疗机构的依法执业、传染病防治、放射卫生等进行经常性医疗监督。对于非法行医举报案件2件次，上级监督部门日常监督检查转送案件3件次全部立案查处，查处率100%。无非法采供血举报案件。

公共场所卫生监督，按照规范要求，共监督检查从业单位242家。监督覆盖率达到100%，监督频次达到3次以上，行政许可办件21件，上传21件，按照上级要求完成了集中空调管理的监督。全县共有日供水千吨以上的生活饮用水供水单位两家，分别为繁峙县自来水公司和砂河自来水公司，累计出动卫生监督员20人次，车辆7余次，对其进行监督检查4次。每季度至少一次，两个水厂从水源环境、卫生制度、供管水人员健康体检、消毒、水质自检等基本达到了规定要求。饮用水监督覆盖率100%。

学校卫生监督以创建“健康校园”为中心，上半年对全县53所中小学、寄宿制学校进行了监督检查，其中寄宿制学校6所，全部监督检查到位，覆盖率100%。下发监督意见书53份。

加强X光防射监督，全县单纯X光机放射单位6家，每年每季度监督一次，覆盖率100%。本县无消毒产品生产单位，无职业健康体检机构。

2016年，加强医疗卫生行业监督执法力度。进一步推进非法行医及医疗垃圾处理突出问题专项整治。共立案查处医疗违法案件10起，全部按时办结。没收药品7箱（件），罚款1.48万元。对全县109家医疗机构监督检查全覆盖，对存在问题的医疗单位下达现场监测笔录和卫生监督意见书400余份次。并对医疗机构的依法执业、传染病防治、放射卫生等进行经常性医疗监督。

公共场所卫生监督，共监督检查从业单位137家。监督全覆盖，监督频次达到4次以上，行政许可办件47件。

强化学校卫生监督，推进“健康校园”创建活动。全年分上下学期两次对全县52所学校，包括高中、初中、完全小学、寄宿制学校，监督检查全覆盖。生活设施、教学设施基本能达到要求，但传染病防治和饮用水卫生落实得不够好，参差不齐。

加强防射卫生监督，全县单纯X光机放射单位6家，每季度监督1次，覆盖率100%。新办放射许可1件。（冯跃飞）

【健康扶贫】 2016年，按照省市健康扶贫“五个一”活动要求，卫生计生系统组织16个医疗工作小组，358名医务人员（其中县直医院、卫生院56人，乡村医务人员302名）对320个村的4682名“因病致贫、因病返贫”人员进行了医疗帮扶，共发放9807份健康手册，筛查4548人，出具5633份健康处方，签订5253份服务协议，发放4437份亲情卡，为建档立卡贫困人口实施家庭医生签约服务，签约率达到了100%，切实提高了群众的“获得感”和“满意度”。特别是对重点帮扶的47个贫困村卫生室进行了标准化改建，为村民提供更加便捷高效的医疗服务。（冯永光）

爱国卫生

【爱国卫生月活动】 爱卫办2014年4月16日，下发《繁峙县爱卫办关于开展第26个爱国卫生月活动的通知》，以爱卫月活动为抓手，紧紧围绕着“远离病媒侵害，你我同享健康”爱卫月活动主题，纵深推进全县爱国卫生月活动开展。要求各乡（镇）、各成员单位广泛开展环境卫生综合整治，消除卫生死角，普及健康教育等活动，有效预防和控制各种疾病的发生和蔓延，逐步在全县范围形成了层层落实责任制，各部门齐抓共管，干部群众人人动手的局面。

2015年4月17日，爱卫办下发《繁峙县爱卫办关于开展第27个爱国卫生月活动的通知》，围绕“全民参与爱国卫生，共建共享健康中国”爱卫月活动主题，纵深推进全县爱国卫生月活动开展。据不完全统计，全县共发放卫生健康知识宣传材料800余份，接待群众卫生健康咨询654人次，为群众义诊952人次，通过有奖问答形式发放灭鼠成品药1000袋、灭蝇药100袋、灭蟑饵盒50个，领取药品群众2200人次。

2016年，爱卫办下发〔2016〕3号文件《关于开展第28个爱国卫生月活动的通知》，下设活动办公室，负责日常开展工作。共发放卫生健康知识宣传材料1000余份，接待群众卫生健康咨询800余人次，为群众义诊1000余人次，通过有奖问答形式发放灭鼠成品药1000袋、灭蝇药100袋、灭蟑饵盒50个，领取药品群众3000余人次。（刘志华）

【国家卫生城镇巩固】 2014年，是“创卫”3年一大检的关键年，为了巩固创卫成果，进一步明确各部门工作职责，做到责任到人。繁城镇、居民办、工商局、住建局、交通局、公安局、爱卫办、卫生局、广电中心、教育局、环保局、食药局等创卫主要责任单位继续落实工作职责，明确任务，将创卫各项工作不断巩固提高。爱卫办充分发挥职能作用，坚持每日检查，落实督办卡制度，督导以上各部门各单位要充分发挥职能作用，落实责任，坚决控制反弹。

2015年，继本县创建“国家级卫生县城”，砂河镇创建“国家级卫生镇”成功之后，杏园乡、下茹越乡为进一步改善人居环境，提高人民群众健康水平，提出申请创建省级卫生乡镇。在此期间，杏园乡、下茹越乡坚持开展健康知识教育和环境卫生整治活动，不断加大公共卫生投入，整治乡容乡貌和环境卫生，提高居民的卫生健康意识。县爱卫办严格按照《国家卫生乡镇（县城）标准》《山西省省级卫生乡镇标准和考核评分方法》的要求开展各项工作，指导两地通过加大环境卫生综合整治力度，完善卫生基层设施建设，健全完善长效管理机制等一系列措施提升创建工作。同时，对县城、砂河镇市容市貌、城区重点部位、薄弱环节卫生状况和各项指标进行核查，对组织管理、环境卫生、公共场所和饮用水卫生、除害防病、健康教育等方面进行了定期检查。

2016年6月21日至22日，省爱卫办根据《山西省国家卫生乡镇（县城）评审和监督管理办法》的规定，组织有关专家对砂河镇巩固和发展国家卫生乡镇工作进行了暗访，砂河镇整体卫生水平基本达到《国家卫生乡镇（县城）标准》，暗访结论为通过。

（刘志华）

【农村改厕】　结合县城基础建设，在农村开展卫生村镇、卫生之家的评选活动，坚持典型引路，推进卫生村镇创建活动，促进农村环境卫生全面改善。2015年底，全县新增无害化卫生厕所467户。2016年，各乡（镇）成立以主要领导负总责的工作领导小组，并制定工作方案、措施。截止10月30日共完成卫生户厕建设501户。　（刘志华）

【城乡除“四害”】　2014年，开展除”四害”消杀活动，采取清除蚊、蝇孳生地和药物消杀相结合的办法，通过环境卫生综合整治，清除房前屋后的杂草，填平水沟、水坑等污水聚集的地方，消除孳生地，组织广大群众添置、完善防蚊、防蝇设施，及时喷洒蚊蝇药，降低蚊、蝇、蟑密度，减少以其为媒介的传染病的发生。坚持“政府主导、社会参与、全民动员”的原则，使病媒生物防治达到国家验收标准。

2015年，印发《繁峙县爱卫办2015年除四害工作方案的通知》，不断完善病媒生物监测措施和防治设施，采购除“四害”药物，价值5万元，组织开展两次大规模除“四害”消杀活动。举办除“四害”技术培训班，确保除“四害”工作安全、有序、有效。

2016年，筹资5万元采购除“四害”药物，组织开展两次大规模除四害消杀活动。此次活动使“四害”孳生地得到有效治理，在化学防治中，统一使用国家规范药物。通过综合防治措施，本县鼠、蚊、蝇、蟑螂等病媒生物得到有效控制。蚊、蝇、鼠、蟑螂密度均达到全国爱卫会规定的标准要求。

（刘志华）

【全县城乡市容环境整治】　2014年，环卫大队组织城中村周边延伸性清理3次，拆除大型户外广告牌匾12家，清理取缔大型违规门头电子屏广告17家，整治规范门头广告牌匾3085延长米，粉刷墙体58310平方米，对城区残墙断壁全部进行了整修，改造旧公厕2座，对所有建筑立面和广告牌匾实施了“洗脸”工程，坚决杜绝视野内破损、垃圾的产生。非法小广告张贴行为得到有效遏制，市容环境进一步得到优化。

2015年，利用省级补助资金共1039万元，用于乡村环境卫生综合整治。全县乡村共清运垃圾33082吨，整治残墙断壁1.3万余平方米，实施围挡7200余米，粉刷墙体50213余平方米，种花40多万株，出动人次1400次，出动机具100辆，新建垃圾箱、果皮箱6032个，新建农村垃圾填埋场11个，农村垃圾池1341个。已完成改厕目标任务467座（县财政出资60万元，省财政出资10万元）。县环卫队在强化日常保洁工作基础上，加大了背街小巷乱堆垃圾的清理和处罚力度。由安监局牵头，食药局配合对各乡镇进行了食品药品安全隐患大排查，并全部建立健全了食品安全档案。由卫生监督所加强公共卫生场所卫生监督管理，实施监督公示栏制度，监督覆盖率达到100%。全县以卫生创建为主要工作抓手：东城街、西义等41个行政村创建省级卫生村；创建一批卫生模范社区和街道办；创建卫生模范单位，创建卫生街铺及和谐家庭。

其中：下茹越乡共出动950人次，219车次，动用大型机械5台，对108国道两侧及平川4村外围的“四堆”进行了集中清理，共清理垃圾8700吨，拉1830方土对108国道两侧清理后的垃圾点进行了填埋覆盖，对108国道北侧福连坊村2条河道堆放的陈年垃圾进行了集中清理，疏通了河道，维修108国道残垣断壁22处570平方米。粉刷了福连坊、下茹越、瓦磁地、大沟4村108国道两侧墙面9600平方米，并对4村原址旧貌进行了影像留存。杏园乡自乡村清洁工程开展以来共清洁“四堆”889堆，粉刷墙体4万平方米，清理垃圾共计9890吨。

2016年，共投入环境卫生整治经费333万元，出动1400人次，出动车辆100辆次，清理垃圾9890吨，其中拆除违章建筑3处，取缔占道经营125处，清除违规广告6032条，规范流动摊点87处。（刘志华）

【清洁家园活动】 2014年，全县13个乡（镇），402个村庄，配备农村保洁人员1297人，乡（镇）卫生监督人员58名，配备了垃圾桶3602个，建了垃圾池1341座，无害化垃圾填埋厂2座，简易垃圾填埋场11座，共动用了收集车辆1085辆次，清运车94辆次，累计清运垃圾9.655万吨，集中清理乡村“四堆”“四乱”4679处，整理残垣断壁762处，粉刷墙体16.07万平方米。全年完成资金投入945.16万元，其中保洁人员工资省补助333万元，县补助353万元（全部到位），乡镇自筹259.16万元。

2015年，发放城乡爱国卫生清洁运动宣传资料4300余份，设置宣传栏16块，对县城主干道及小街巷立面87.04平方米残缺、破损、剥落墙体进行了补修，粉刷县城街道污染、乱画乱涂墙面2002.114平方米，彻底清理城区与城中村结合部卫生死角5次、计1073处，清理城乡接合部小广告2次、计247处，整治乱设摊位、店外经营、“伸舌头”、高音播放等市容乱象95处，清理、没收乱发小广告3950份，拆除违规广告牌匾18块，整修广告牌匾41块，为街道3440间门店柱体进行了“洗脸”。

2016年，发放城乡爱国卫生清洁运动宣传资料4000余份，设置宣传栏16块，粉刷县城街道污染、乱画乱涂墙面900多平方米，彻底清理城区与城中村结合部卫生死角5次，整治乱设摊位、店外经营、“伸舌头”、高音播放等市容乱象120余处，清理、没收乱发小广告4050份，整修广告牌匾52块。（刘志华）

社会生活

民　政

【概述】　县民政局负责管理全县社会救助、优待抚恤、退伍军人安置、救灾救济、基层政权建设、行政区划、婚姻登记等工作。内设办公室、优抚股、退伍安置股、救灾救助股、双拥办等5个股室，下设城市低保办、光荣院、烈士陵园、社会救助管理站、荣军接待站5个二级机构。干部职工共42人。

（周　楠）

【最低生活保障与社会救济救助】　2014年，完善管理办法，更新低保数据库，实施对全县城乡低保、特困人员、五保户对象的动态管理。截至年底，城乡低保总人数为16417户18959人，全年发放低保金4101.81万元；农村五保户2065人，其中集中供养67人，全年发放生活补助金473.69万元；为孤儿救助对象213人次，发放救助资金153万元。

2015年，做好“应保尽保”下的动态管理工作，切实做到“一个不漏，一个不错”。1—6月份，城市低保累计保障2494户、4709人、849.34万元，月人均补差达296元。农村低保累计保障13424户、13635人、1999万元，月人均补差达163元。累计发放五保资金184.6万元。按照“自愿受助、无偿救助”原则，不断拓展救助空间，变被动救助为主动救助，截至6月底，为临时救助对象279人，为203名孤儿对象，为城乡低保户以及低保边缘户和其他特殊困难家庭65户，共发放临时救助金82.72万元。

2016年，城乡低保总人数为15154户17159人，全年发放低保金4697万元；农村五保户2019人，其中，集中供养65人，全年发放生活补助金581.582万元，全部按照集中供养4400元·人/年，分散供养2830元·人/年的标准按时按标准发放到个人账户。为2109名城乡困难群众、优抚对象资助参保参合、临时救助对象2447人次、孤儿救助对象187人次，共发放救助资金399.53万元。

（周　楠）

【大病医疗救助】　2014年共办结城乡医疗救助对象　508人次，发放城乡医疗救助资金95.76万元。其中城镇医疗救助对象59人次，发放医疗救助资金20.22万元；农村医疗救助对象449人次，发放医疗救助资金75.54万元。与此同时，还对城乡低保对象和农村五保户在参保、参合方面实行了救助。资助参保882人，支出救助资金22.97万元；参合救助　16619人，支出救助资金149.57万元。

2016年，县政府办印发关于《繁峙县城乡医疗救助制度和重特大疾病医疗救助工作实施细则的通知》，文件规定了大病种类、救助方式、比例及资金限额等。本年，共实施救助484人次，发放救助金125.84万元。

（周　楠）

【优抚安置及双拥工作】 2014年，为1347名定恤、定补优抚对象发放抚恤资金648.3128万元，发放“解三难”和大病医疗救助资金7.45万元。

2014年，是县委、县政府把创建省级双拥模范县列入本县“五城同创”工作总体目标加以落实的关键年。本县全方位、多角度、创造性地宣传双拥工作成果，着重从三个方面使双拥共建工作家喻户晓、人人皆知，一是在县城入口处、县城中心、火（汽）车站、街道路牌以及高速路出入口、服务区等主要路段投资60万元，修建永久性双拥宣传标语牌600块；二是确定每年的7月15日至8月15日为集中开展“双拥共建活动月”。同时本县共接收转业士官3名；三是安排参试人员57名，于11月25日在县人民医院进行了一年一度的体检工作；为退伍军人发放一次性安置补助金271.88万元。

2015年1月，由县四大班子领导成员带队，相关部门负责人参加，对全县13个乡（镇）的困难户群众进行了走访慰问，同时还开展了向城乡困难群众送温暖活动。

5月份，优抚办组织医疗人员集中1月时间，对全县3镇10乡的402个农村籍优抚对象和老党员展开了全面的体检，重点优抚对象及“两参”人员的抚恤补助，1—6月份共发放各类抚恤定补273.83万元。

为19名城镇士兵发放了义务优待金58万元。

2016年，为1347名定恤、定补优抚对象发放抚恤资金648.3128万元，发放“解三难”和大病医疗救助资金7.45万元。为15户现役军人家庭发放优待金59.36万元；为77名自主择业退伍军人发放一次性经济补助98.775万元；同时，本局为全县105名参试退役人员发放体检费6.3万元。“八一”期间对6个涉军群体对象进行慰问，为其添置了电视机、电风扇等物品。

12月17日，公开招考安置退役士兵，共有52人报名，50人参加考试。38人选择了安置岗位。 （周 楠）

【防灾减灾工作】 2014年，及时为灾民下拨冬冷春荒救济款215万元、现金50万元，棉被2484套、面粉12.75万公斤、衣服4542件，储备帐篷111顶、棉被2500套，可供随时应急使用，确保灾害发生24小时内受灾群众得到及时救助。

2015年上半年，及时为灾民下拨冬冷春荒救济款57.03万元，白面9.505万公斤，棉被1701套，衣服1701套，及时发放到灾民和困难群众手中。

6月份，制定并下发了《繁峙县民政局自然灾害应急预案》，为本县的灾害救助工作提供详尽的政策依据。

2016年，储备救灾帐篷196顶、被褥2970套、棉大衣2600件、单衣1975套、棉衣2000套、多功能服装2000件、越冬毛毯1200床，可用于灾民应急转移安置。特别是在遭受严重洪涝灾害之际，民政局紧急调拨救灾款物对受灾严重的神堂堡乡和东山乡进行了救援。 （周 楠）

【养老服务体系】 2014年，农村老年人日间照料中心建设工作启动。此项工作是省民政厅作为践行党的群众路线教育实践活动的重要举措。本县投资100万元，在下茹越等10村新建了10所老年人日间照料中心。

2015年，投资150万元，在全县新建15所老年人日间照料中心。年度内已全部开工建设。

2016年，实施高龄老人生活津贴制度。

全县享受高龄津贴老人2998人（其中失能老人1154，高龄老人1844人），累计发放高龄生活津贴资金共计149.47万元。

本年，推进养老服务体系建设，探索敬老院运行公建民营新模式。启动繁峙县养老公寓建设项目，年度内建设项目图审工作已经完成。年底，全县共建成老年人日间照料中心31所。（周　楠）

【社会事务管理】 2014年，共办理结婚登记2887对、离婚登记485对，补领结婚证件121对，补领离婚证18对。是年，全县共有社会团体52家，民办非企业单位15家。其中，本年新登记社会团体10家，民办非企业5家，变更法定代表2家，撤销4家。

2015年，实现了政务公开，各项办事程序、收费标准上墙公布，群众办事明明白白、一目了然。上半年共办理结婚登记1492对，离婚登记242对，补发婚姻证件65对，出具（无）婚姻登记记录证明95份，登记合格率100%。上半年共登记成立的社会组织2个。同时做好社会组织年检工作，上半年年检社会组织共36个，其中社会团体25个，民办非企业11个。

2016年，7月，取消婚姻登记收费。全年共登记结婚2402对，离婚505对；为婚姻登记股配置了2台专用电脑，完成了2008年至本年婚姻登记历史数据的补录工作。

开展了2016年社会团体年检工作，对全县36个社会团体和17民办非企业进行了监督检查，同时，为2个社会团体办理了登记服务。（周　楠）

【地名普查】 2016年，加强区划地名调研工作，突出重点，查清全县所辖区域地名相关属性信息，对有地无名的进行命名。对不规范的地名进行标准化处理，设置标准规范地名标志，编纂出版地名图、录、典、志等出版物，完善县级国家地名和区划数据库，开发地名标准化服务，建立地名普查档案。（周　楠）

老龄工作

【概述】 繁峙县老龄委员会办公室成立于1992年7月，为正科级全额事业单位，内设综合科和权益科。全额事业编制6名，领导职数2名，主任1名，副主任1名，工作人员4名。（柴成强）

【为老服务活动】 2014年，成功举办了全县“第二届中老年人庆重阳体育健身展示活动”，展示了老年人的风采，丰富了老年人的精神文化生活。

2015年9月20日–22日，会同有关单位在祥龙广场成功举办了全县第三届“中老年人庆重阳体育健身展示活动”，20支代表队、1000多名中老年人参加了表演。

本年，县第一人民医院被评为全省“敬老文明号”单位。

2016年，会同有关单位在县城体育场举行了“繁峙县第四届中老年人重阳节体育健身展示”活动，30支代表队，1700余名中老年人参加展示活动。（柴成强）

【老年人口数据库建立】 2014年，建立了全县老年人口数据库。截至年底，全县60岁（含60岁）以上老年人口41123人，占全县总人口的14.7%，其中：男性老年人22148人，女性老年人18975人，城镇老年人7634人，农村老年人33489人，60—69岁人口22115人，70—79岁人口11723人，

80—89 岁人口 6506 人，90—99 岁人口 769 人，100 岁及以上人口 10 人。为 10 名百岁老人建立了“百岁老人健康档案”，并逐年更新。百岁老人分布在砂河、大营、集义庄、金山铺、光裕堡、下茹越、杏园、横涧 8 个乡（镇）。（柴成强）

【老年协会建设】 2015 年，全县 80%的村（居）委会建立了“基层老年协会”组织，其中有 7 家基层老年协会被授予“山西省规范化建设老年协会”荣誉称号，同时为每个协会奖励了一台液晶电视机和配套音响。

（柴成强）

【走访慰问工作】 2016 年，利用两节、敬老月等重大节日，走访慰问百岁、高龄、特困老人 80 余人，送去慰问金、慰问品、特困救助金共计 8 万余元。（柴成强）

【百岁福】 2016 年，省福彩中心、省老龄办在重阳节到来之前，联合举办“百岁福”公益资助活动，对全省百岁老人进行定向资助。本县 5 名百岁老人得到资助，每人 1000 元，共计 5000 元。市老龄办资助每名百岁老人 500 元，共计 2500 元。（柴成强）

【老年维权优待工作】 截至 2016 年年底，共为老年人免费办理“老年人优待证” 16803 本。共接待处理老年人来电、来信、来访 26 人次（件），较好地维护了老年人的合法权益。配合卫计局组织开展了对 60 周岁以上农村老年人免费体检活动，年底共为近 28992 名老年人进行了体检，体检率达到 87.9%。（柴成强）

【老年人权益保障法】 山西省第十届人民代表大会常务委员会第四次会议于 2003 年 5 月 22 日通过了《山西省实施〈中华人民共和国老年人权益保障法〉办法》（简称《办法》），于 2016 年 9 月 30 日第十二届人民代表大会常务委员会第二十九次会议重新修订，从而把保护老年人合法权益纳入了法制轨道。为了全面正确的贯彻实施这一《办法》，县老龄办进行了一系列宣传活动，共发放《山西省实施〈中华人民共和国老年人权益保障法〉办法》宣传彩页 2000 余份、翻印了 350 余本，发放到各乡（镇）、居民办、老龄委成员单位。（柴成强）

【银龄行动】 2016 年，县老龄办与中国人寿保险股份有限公司繁峙县支公司共同开展了“关爱银龄、助老御险”宣传活动，收到良好的社会效果，全县共完成保费 7 万余元。

（柴成强）

【幸福养老大课堂开设】 2016 年，县老龄办按省、市要求，为进一步推进老年教育工作，促进老年人形成科学健康的生活理念和养生方式，满足老年人日益增长的精神文化需求，为 3 家具备老年大学、爱心护理院等为老服务单位开设了“幸福养老大课堂”。

（柴成强）

人力资源

【机关作风专项整治活动】 2014 年，根据省、市要求，结合教育实践活动，开展了全县机关事业单位“吃空饷”和“编外用人”以及“工作秩序涣散、纪律松弛”、提高干部素质改进机关作风等一系列专项整治活动。

（梁伟宏）

【年度考核】 2014 年，认真做好 2013 年年度考核的审核工作。根据《山西省公务员考核实施办法（试行）》（晋组通字〔2007〕50

号）和《事业单位工作人员岗位绩效考核暂行办法》（晋人社厅发〔2013〕27号）的有关要求，严格按照优秀比例及评定等次，做好全县机关事业单位共计7421人年度考核材料的审核工作，为干部的选拔任用和调资工作提供依据。一是严格把好年度考核优秀指标审批及考核结果审核关，把考核工作同绩效考评、效能建设及奖惩工作有机结合起来，做到审批优秀指标不突破，确定考核等次无差误。二是严格对推荐上报省、市先进单位和先进个人的材料把好审核关；对表彰的单位和个人严格控制比例；对受党政纪处分的机关事业单位工作人员，严格按照上级文件规定及时予以降低有关待遇。2013年度全县机关工作人员（含参公人员）应参加考核人数1285人，实际参加考核人数1285人，其中：考核确定为优秀127人（占考核人数的9.9%），称职1141人，未定等次17人；事业单位应参加考核人数6136人，实际参加考核人数6136人，其中：考核确定为优秀625人（占考核人数的10.2%），合格5511人。

2016年，认真做好2015年年度考核的审核备案工作。为此，本局和组织部门既分工又合作，根据《繁峙县年度目标责任考核办法》（繁发〔2015〕32号）和《关于繁峙县2015年度目标责任考核等次评定结果的通报》（繁办发〔2016〕13号）规定，统筹安排布置考核工作，分级负责、严格把关、互通信息、确保质量，严格考核内容、等次、标准、原则、程序；在量化考核的基础上，与平时考核紧密结合，分别制定年度考核优秀名额分配方案并及时公布。这是年度考核工作开展后的一次重大突破。（梁伟宏）

【事业单位公开选调】 2014年，为切实解决本县食品药品监督管理专业技术人才紧缺问题，根据《繁峙县2014年公开聘用食品药品监督管理工作人员实施方案》要求，本局联合纪检、编制、财政等部门，通过报名、资格审查、笔试、体检、考察、公示等程序，从符合报名条件的98人中公开选调25人充实到了县食品药品监督管理局。

（梁伟宏）

【企业军转干部解困维稳工作】 2014年，全县有14名企业退休军转干部。全年按时足额发放生活困难补助29万余元、“两节”（春节、“八一”建军节）慰问金14000元，还组织了健康体检，累计体检费11200元。

2015年，按时足额发放生活困难补助、慰问金和体检费，有效地维护了本县14名企业军转干部的稳定。

2016年，按时足额发放生活困难补助31.93万元、春节慰问金 7000元，还组织了健康体验，累计体检费1.12万元。此外，上半年补发了从2015年10月开始执行的3名随军家属未就业生活补助1.35万元，下半年发放2名随军家属未就业生活补助6000元。（梁伟宏）

【来信来访】 2014年，作为服务群众的窗口单位，对来信做到主要领导亲自批示，责任落实到人，件件有回复。全年，共接待来访人员240余人次。

2015年，对于调资、离退休等政策有疑问并前来查询的来访群众，都给予耐心答复，让群众满意。上半年共接待来访群众200多人次。（梁伟宏）

【机关事业单位管理】 2014年，机关事业单位工人技术等级（职务）考试共有96人报名，其中：有7人报技师等级考试，28人报高级工等级考试，33人报中级工等级考试，28 人报初级工等级考试。

为达到法定退休年龄的 108 名机关事业单位工作人员办理退休手续；重新审批了遗属生活困难补助标准，全年离休遗属补助共办理 9 户 9 人，退休遗属补助共办理 54 户 71 人；为本年度死亡的 48 名机关事业单位工作人员（离休 8 人、退休 30 人、在职 10 人）落实了一次性抚恤金、丧葬费等待遇，共计 50 余万元。

2015 年，有 2 人报技师资格考试，13 人报高级工资格考试，24 人报中级工资格考试，19 人报初级工资格考试。离休遗属补助共办理 1 户 1 人，退休遗属补助共办理 5 户 6 人。为达到法定退休年龄的 47 名机关企事业单位工作人员（其中，公务员 2 人，参公人员 1 人，机关工勤聘干 2 人，教育系统 33 人，其他事业单位 8 人，企业 1 人）办理退休手续。根据《关于预发机关事业单位离退休人员增加离退休费的通知》（晋人社明电〔2015〕10 号）精神，会同财政局联合制定了本县关于预发机关事业单位离退休人员增加离退休费的实施方案，由政府办转发全县各机关事业单位，全县 2050 名机关事业单位离退休人员的预发工资已全部到位。

2016 年，离休遗属补助共办理 1 户 1 人，退休遗属补助共办理 32 户 39 人。为达到法定退休年龄的 110 名机关企事业单位工作人员（其中，公务员 8 人，教育系统 50 人，其他事业单位 47 人，企业 5 人）办理退休手续。（梁伟宏）

【人事代理档案管理】 2014 年，人才交流中心根据《忻州市人事代理档案管理达标验收实施方案》（忻人才〔2013〕7 号）要求，采取四项举措规范人事代理档案管理。规范档案管理条件、实行数据信息化、建立各项规章制度、强化档案日常管理。人才交流中心共登记各类高校毕业生人事档案 4000 多卷，聘干档案 700 多卷，档案管理的日常业务全部实现微机化，服务效率、服务质量和服务水平得到明显提高。

2015 年，存放档案 137 份，按时完成每月的“忻州市高校毕业生情况统计表”，办理《就业失业登记证》78 本，整理高校毕业生人事档案 970 份。（梁伟宏）

【机关事业单位工资调整】 2014 年，全年调整机关工作人员正常晋升级别工资 253 人，正常晋升级别工资档次 1328 人；事业单位工作人员正常晋升薪级工资 6149 人，学历职称兑现工资 23 人；此外，事业单位岗位设置后，岗位工资变动共 496 人，其中：初级十二级晋升十一级的有 319 人；中级原十一级变为十级岗位的有 25 人，原十级岗位变为九级岗位的有 72 人，原九级岗位变为八级岗位的有 70 人；副高变动的有 10 人。

2016 年，落实乡（镇）补贴工作。上半年已完成对 13 个乡（镇）的机关事业单位正式工作人员共 556 人的乡镇补贴审批工作。

根据市人社局、市财政局转发《山西省人力资源和社会保障厅、山西省财政厅《关于调整人民警察警衔津贴标准的通知》（忻人社发〔2016〕4 号）要求，从 2015 年 1 月起适当调整人民警察警衔津贴标准。公、检、法共 235 人执行警衔津贴，调整警衔标准后月增 174897 元。

根据晋森公字〔2016〕12 号文件，全省森林公安机关在编在职人员已评授警衔民警均在本次调整范围，本县森林警察执行警衔的共 8 人，调整警衔标准后每月共增 4586 元。（梁伟宏）

【人才队伍建设】 2014 年，人才市场全年登记报到高校毕业生 449 人（研究生 5 人、本科 219 人、专科 225 人）；办理《人事代理合同》387 份，《就业失业登记证》443 本；代办新增城镇居民基本医疗保险 106 人、续保 202 人；鼓励和引导高校毕业生到企业参加就业见习，全年先后组织 80 名高校毕业生到岗见习。

2016 年，全力推进人才市场标准化建设，以县人才市场为平台，与县劳动就业局合作开展“春风行动”“民营企业招聘周”等大型招聘会，实现了招聘会的常态化。全年人才市场共有 726 名高校毕业生进行实名登记，已就业 527 人（其中国有企业 7 人、非国有企业 4 人、个体经营 21 人、灵活就业 409 人、基层项目 3 人、就业见习 83 人，毕业生就业率达到 72.6%。（梁伟宏）

【职称评审】 2014 年，为专业技术人员顺利评审高、中级专业技术职务把好关，做好基础服务工作。全年共推荐申报参加卫生系列正高级职称评审人员 1 人，参加卫生系列副高级职称评审人员 10 人，参加工程系列中级职称评审人员 4 人，民营企业参加中级职称评审人员 35 人，参加农民技师职称评审人员 6 人；聘任卫生系列中级职称 12 人，卫生系列初级职称 8 人，审计师 1 人，注册工程师 1 人，经济师 2 人；大中专毕业生初聘 2 人；完成了全县 4663 名专业技术人员的续聘工作。

2015 年上半年，完成了教育系统 21 人的副高职称推荐申报工作。（梁伟宏）

【公务员管理】 2014 年，公务员信息化建设取得阶段性成效。建立“谁报谁录谁负责”制度，确定了一名专职信息管理员，并提出了具体工作要求和上报时限，保证人员信息录入质量。建立“谁收谁审谁把关”制度。在汇总接收时，认真核对上报单位的“三定方案”和干部档案中“三龄一历一身份”，确保无误后再汇总入库。建立“谁用谁管谁维护”制度。在日常维护时，要求信息管理员对公务员的变更信息及时开展维护，实行“进、管、出”动态管理，确保用管一体、以管促用。

2015 年，为了切实加强公务员队伍的管理，进一步建立问责惩戒工作的长效机制，根据市人社局《关于做好全市行政机关公务员惩戒工作情况统计备案的通知》（忻人社函〔2015〕48 号）要求，本局及时将全县行政机关公务员中 9 人的处分决定和 12 人的解除处分决定报市人社局备案。

2016 年，认真落实县以下机关公务员职务职级并行制度。全县机关公务员及参公人员共有 335 人参与晋升职级，其中，晋升副处级 54 人，晋升正科级 36 人，晋升副科级 245 人。乡镇公务员中，共有 66 人参与晋升职级，其中，晋升副处级 1 人，晋升正科级 10 人，晋升副科级 55 人，占全县参与晋升职级总人数的 19.7%。

职级并行后晋升副处级的月均增 548 元、晋升正科级的月均增 342 元、晋升副科级的月均增 302 元。（梁伟宏）

【机关事业单位“编外用人”问题整治】 2015 年，为了认真整改落实省委第三巡视组关于本县“机关事业单位编外用人量较大”的反馈意见，进一步巩固 2014 年全县机关事业单位“编外用人”专项整治工作成果，切实做到转变政府职能，严肃工作纪律，规范全县机关事业单位“编外用人”行为，按照《中共繁峙县委印发〈关于落实省委第三巡视组巡视反馈意见的整改方案〉的通知》（繁发〔2015〕11号）要求，根据忻人社函〔2014〕10号文件精神，继续对全县机关事业单位“编外用人”问题开展了集中整治工作。

成立了以县委书记孔保宝为组长的专项整治领导组，制定了《关于开展全县机关事业单位“编外用人”问题专项整治工作的实施方案》，出台了《关于进一步加强和规范全县机关事业单位“编外用人”的整改意见》，通过详细摸底调查，全县共有各类“编外用人”2592人。经过专项整治：清退各级机关从事管理、执法和业务工作的临时工作人员和无收入的财政拨款事业单位及各类事业单位的管理岗位临时工作人员306人；转化为政府购买服务1808人，用于清洁、保安、绿化等临时性岗位；保留478人，用于有收入的财政拨款事业单位和财政补助事业单位因事业发展急需、人员编制员额不足、无须财政负担聘用的临时专业技术人员和工勤技能人员，主要是卫生系统各级医疗机构。此类人员经单位组织人事部门严格把关，单位领导集体研究决定，并报单位主管部门备案。采取政府购买服务和劳务外包方式逐步消化。（梁伟宏）

【廉政风险防控管理】 2014年，本县启动廉政风险防控机制建设工作。为全面推行依法行政，提高行政机关的公信力和执行力，从源头上预防腐败。共梳理本单位行政裁决1项，行政确认1项，其他行政行为50项。紧紧围绕岗位、单位、股室风险，把退休审批、工资福利管理等工作作为重点，对廉政风险点深入排查，通过自查自纠、股室（单位）负责人核对、分管领导初审、领导小组集中审核等方式实行层层把关，确保排查质量。

（梁伟宏）

【精准扶贫】 2015年，人社局多次深入东山乡角耳河村开展精准扶贫工作。按照县委办、政府办《关于繁峙县精准扶贫识别的贫困村派驻干部帮扶工作队的通知》（繁办发〔2014〕74号）要求，抽调单位骨干力量组成工作小组，分组包户，责任到人，对角耳河村138户406人进行全面摸底。

2016年，人社局多次深入大营镇左所村开展精准扶贫工作。通过实地走访，联系村干部对全村338户954人进行帮扶。

（梁伟宏）

【深入企业帮扶】 2015年，根据县“四长”帮扶企业工作安排，县人社局帮扶企业是繁峙县郎庄磁选有限责任公司。从2月开始，县人社局局长曹福秀带队，多次深入到企业进行帮扶。

2016年8月，县人社局积极深入到帮扶企业繁峙县龙腾磁选厂，为企业解决困难。

（梁伟宏）

社会保障

【概述】 根据繁发〔2009〕29号文件精神，原县人事局、县劳动和社会保障局合并为繁峙县人力资源和社会保障局，正科级建制，为县人民政府工作部门。（王月利）

【医疗保险】 繁峙县医疗保险已实行市级统筹。其中，全县119家国有困难企业12870名困难职工已全部纳入城镇职工基本医疗保险范围，由财政兜底，享受城镇职工基本医疗保险待遇。同时，开展门诊大额疾病申报管理，全县850名慢性病患者享受长期门诊报销服务。

2014年，职工参保人数为21164人，职工征缴医保基金3977万元，职工医保基金支付 2548 万元；居民参保人数 12365 人，居民征缴医保基金 90 万元，居民医保基金支付 417 万元；生育保险参保人数为 12012 人，生育保险征缴金额 116 万元，生育保险基金支付 26 万元。

2015 年，职工参保人数为 25419 人，职工征缴医保基金 3923 万元，职工医保基金支付 3550 万元；居民参保人数 7837 人，居民征缴医保基金 145 万元，居民医保基金支付 250 万元；生育保险参保人数为 12009 人，生育保险征缴金额 170 万元，生育保险基金支付 17 万元。

2016 年，职工参保人数为 25895 人，职工征缴医保基金 4897 万元，职工医保基金支付 3730 万元；居民参保人数 9105 人，居民征缴医保基金 184 万元，居民医保基金支付 223 万元；生育保险参保人数为 12012 人，生育保险征缴金额 255 万元，生育保险基金支付 26 万元。（王月利）

【机关事业养老保险】 2014 年，全县参保单位 202 个，参保职工 7669 人。占市下达指标 7200 人的 107%。养老金收入 2622 万元，占上级下达指标 1530 万元的 171%。退休职工人数为 704 人。养老金支出 2296 万元，基金积累 1557 万元。

2015 年，全县参保单位 202 个，参保职工 7822 人。占市下达指标 7600 人的 103%。养老金收入 2422 万元，占上级下达指标 2760 万元的 88%。退休职工人数为 732 人。养老金支出 3182 万元，基金积累 787 万元。

2016 年，全县参保单位 202 个，参保职工 7885 人，完成全年任务数 7600 人的 103%。征缴养老保险基金 2703 万元。累计为 793 名退休职工发放养老金 3101 万元。为 9 名遗属发放生活困难补助费 33472 元。为 2 名死亡退休人员支付丧葬费及一次性抚恤金 22.3 万元。（王月利）

【社会保险事业】 2014 年，全县参保职工 8720 名，参保单位达到 150 户，覆盖率达到 100%，实际缴费职工 8320 名，占参保人数 95.4%，非公经济单位达到 63 户，参保职工人数达到 4544 名，占应参保数 100%。全年征缴清欠任务 4863 万元，实际完成 4877 万元，占征缴清欠任务的 100.3%。全年为 9248 名离退休人员发放养老金 20299 万元，发放面和发放率达到 100%，确保按时足额发放。全县实地稽核 42 户，职工 2780 名，核查离退休职工 8148 名。杜绝养老金冒领的现象发生，确保养老基金的足额征缴。

2015 年，全县参保职工人数任务 8800 人，参保单位达到 150 户，参保职工 8800 名，完成任务 100%，实际缴费职工 8400 名，占参保人数 95.4%，其中非公经济单位达到 63 户，参保职工人数达到 3931 名。全年征缴清欠任务 5000 万元，实际完成 5001 万元，占征缴清欠任务的 100%。全年为 9422 名离退休人员发放养老金 23112 万元，确保按时足额发放。全县实地稽核 45 户，职工 3780 名，核查离退休职工 9357 名。杜绝养老金冒领的现象发生。

2016 年全县参保职工人数 8836 人，参保单位达到 150 户，实际缴费职工 8436 名，占参保人数 95.5%，其中非公经济单位达到 63 户，参保职工人数达到 3931 名，灵活就业人数和个体工商户参保人数 759 名。全年征缴清欠任务 5000 万元，实际完成 5020 万元，比去年净增 19 万元。全年为 9557 名离退休人员发放养老金 25429 万元，确保按时足额发放。2016年全县实地稽核51户，职工3780名，核查离退休职工9285名。杜绝养老金冒领的现象发生，确保养老基金的安全性。在职职工和离退休人员数据库全部纳入了金保工程服务平台，上传率达到100%。

（王月利）

【工伤保险】 2014年，全县参加工伤保险人数为14705人，完成任务数的100%，收缴工伤保险费414万元，完成任务数的120%。工伤保险实行市级统筹，所收缴基金全部足额上缴工伤保险基金专户。全年享受工伤亡待遇人数52人，支付各项工伤保险待遇536.3万元。

2015年全县参加工伤保险人数为15105人，完成任务数的100%，收缴工伤保险费544.6万元，完成任务数的129%。全年享受工伤亡待遇人数78人，支付各项工伤保险待遇812.7万元。

2016年全县参加工伤保险人数为15453人，完成任务数的100%，收缴工伤保险费566万元，完成任务数的178%。全年享受工伤亡待遇人数82人，支付各项工伤保险待遇1110.6万元。

（王月利）

【失业保险】 2014年，全年参加失业保险9607人。全年共征缴失业保险基金544.3万元，完成全年任务数的218%。全年共有101名失业人员领取失业保险金，发放失业保险金104.3万元。

2015年，全年参加失业保险9621人。全年共征缴失业保险基金525.8万元，完成全年任务数的175%。全年共有155名失业人员领取失业保险金，发放失业保险金191.2万元。

2016年，全年参加失业保险9637人。全年共征缴失业保险基金370万元，完成全年任务数的123%。全年共有207名失业人员领取失业保险金，发放失业保险金222.1万元。

（王月利）

【新型农村合作医疗】 2014年，新农合参合208975人，参合率99.94%。人均筹资标准由340元提高到390元，其中各级财政补助由280元提高到320元，个人缴费由60元提高到70元。基金筹集合计8310.26万元。购买大病保险652万元。基金支出合计6589.6万元，结余1720.66万元。

2014年，为本县76000户参合农民制作发放了“一卡通”，实现无纸化结算，为广大参合农民提供了方便。

大额门诊补偿病种由30种增加到35种，大额门诊补偿不设起付线，补偿比例65%，根据病种分设封顶线。

在原来20类重大疾病保障工作的基础上，本年将儿童苯丙酮尿症、尿道下裂、免疫规划疫苗异常反应等3类疾病纳入保障范围，省定的23类重大疾病在省重大疾病定点医疗机构救治的，新农合补偿70%，且由医院直接补偿。

2014年，本县被确定为全省分级诊疗试点县，对分级诊疗确定的40种病种中的15种病种不分地域采取统一治疗费用限额计算补偿的办法补偿，其余25种病种到外地治疗的，不按规定程序、时效办理转诊转院手续（网上）的，经治医院报销比例下浮10%，通过适当下浮比例，既限制简单病种外出就医，又缓解外出病人形成大的意见。

2015年，新农合参合20.689万人，参合率99.71%。人均筹资标准由390元提高到470元，其中各级财政补助由320元提高到380元，个人缴费由70元提高到90元。中央、省、市、县分别补助268元、56元、17

元、39 元。基金筹集合计 9770.68 万元。购买大病保险 769.63 万元。基金支出合计 6838.64 万元，当年结余 2932.04 万元。

2015 年，普通门诊口服药品采取分段补偿的方式：①就诊费用≤40 元，按 95%补偿，②40 元-100 元，按 60%补偿。普通门诊输液、打针费用按 25 元/日定补。

新增先天性巨结肠、先天性肥厚性幽门狭窄 2 类疾病，病种已增加到 25 种。重大疾病实行定点医院救治、按病种限额付费、即时结报、协议化管理。

新增省级直补医院 10 所。

2016 年，新农合参合 197015 人，参合率 99.1%。人均筹资标准由 470 元提高到 540 元，其中各级财政补助由 380 元提高到 420 元，个人缴费由 90 元提高到 120 元。中央、省、市、县分别补助 300 元、60 元、17 元、43 元。基金筹集合计 10816.11 万元。购买大病保险 855.73 万元。基金支出合计 7304.26 万元，当年结余 3498.46 万元，累计结余 10500.12 万元。

2016 年，提高普通门诊口服药品补偿：①就诊费用≤80 元按 95%补偿。②80 元—120 元按 60%补偿。

普通门诊输液、打针费用限补提高到 30 元/日，将中医治疗（含针、灸、理疗、拔罐、中药饮片等）也纳入到日间门诊补偿中。

对本县 25 名在“忻州繁峙白求恩血液净化门诊部”长期做透析的参合患者，为减轻其负担，对透析时所使用药品按 90 元/次限补。

提高大额门诊补偿金额，35 种大额门诊补偿病种，按病种分类补偿，不设起付线，补偿比例由 60%提高到 80%，封顶线分三类，由 1000 元、1500 元和 2000 元分别提高到 1800 元、2700 元和 3600 元。

提高医疗保障扶贫对象补偿。大额门诊补偿比例提高到 90%。住院报销比例均提高 5 个百分点。在乡（镇）卫生院住院，只缴纳 100 元门槛费，基本医疗费用新农合全额支付。县内新农合定点医院正常分娩的，除县妇幼保健院补偿 600 元外，剩余部分由新农合全部补偿。大病保险报销起付由 10000 元降为 5000 元。报销比例提高 2 个百分点。

开展省级直补医院补偿。（王月利）

【城乡居民养老保险】 2014 年，收缴保费 1488.11 万元。市财政拨付 130.41 万元，县财政拨付 226.77 万元。县财政替五保户、低保户、重度残疾人（一二级）代缴养老保险费每人每年 100 元，其中，代缴 6146 人。为 32188 人享受待遇人员发放基础养老金 2751.46 万元：其中中央财政拨付基础性养老金 2157.72 万元，省财政拨付 392.35 万元，县财政拨付 201.39 万元

2015 年，收缴保费 1407.03 万元。2015 年市财政拨付 86 万元，县财政拨付 305.72 万元。县财政替五保户、低保户、重度残疾人（一、二级）代缴养老保险费每人每年 100 元，其中，代缴 5737 人。为 31066 人享受待遇人员发放基础性养老金 3624.89 万元：其中中央财政拨付基础性养老金 3032.54 万元，省财政拨付 394.87 万元，县财政拨付 197.48 万元。

2016 年，收缴保费 1343.83 万元，全县适龄（16 周岁以上非在校学生）参保人数 174250 人，已参保 146949 人，占应参保人数的 84.33%。市财政拨付 108 万元，县财政拨付 230.98 万元。县财政替五保户、低保户、重度残疾人（一二级）代缴养老保险费每人每年 100 元，代缴 5727 人。

本年为 32844 人享受待遇人员发放基础

性养老金3573.51万元，其中县财政还为60周岁以上享受计划生育奖励户每月加发5元养老金。（王月利）

【再就业】 2014年，全县下岗失业人员再就业人数完成1064人，城镇新增就业人数完成3165人，就业困难群体就业人数完成302人，创业带动就业人数完成407人，转移农村劳动力完成3405人，城镇登记失业率控制在3.5%以内。

2015年，全县下岗失业人员再就业完成1068人，城镇新增就业人数任务数完成3163人，就业困难群体就业人数完成303人，创业带动就业人数完成432人，转移农村劳动力完成3398人，城镇登记失业率控制在3.8%以内。本年，本县“众创产业园”被省命名为“省级创业示范园”。

2016年，全县就业工作认真贯彻落实各项就业政策，千方百计促进返乡农民工、下岗失业人员和大专院校毕业生就业。全县城镇新增就业人数3186人，失业人员再就业人数1082人，就业困难群体就业310人，创业带动就业人数412人，转移农村劳动力2896人，职业技能培训5215人，失业报销参保人数9637人。完成基金征缴321796元，具体工作措施：一是多渠道促进就业，稳定就业。组织春季劳动力大型用工推介会促进就业；开展以“送政策、送岗位、送培训、送服务”为主要内容的“春风行动”，把招聘会办到村，把就业政策、就业岗位送下乡、送进村；开展就业援助行动，促进各类就业困难人员就业，加强“平台”建设，全县13个乡（镇）和居民办全部建立劳动保障工作站，为实现充分就业打下良好的基础，加强人力资源市场网络建设，繁峙县人力资源市场网与忻州人力资源市场网相继建成并连接，为促进就业构建了网络服务工作平台。二是加强技能培训，提高就业和创业能力，初步形成了就业前培训、创业培训、在职培训、再就业培训以及农民工培训等多层面的培训，累计培训人数716人。三是就业扶持政策得到落实，享受社区公益性岗位开发补贴，享受职业技能鉴定补贴32.4万元。（王月利）

民族宗教

【创建和谐寺观教堂活动】 2016年，在全县70处宗教活动场所积极开展和谐寺观教堂创建活动，宗教活动场所对照创建标准进行自查，进一步严肃了道风。（范君鹏）

【宗教政策法规学习】 2016年，举办了4期宗教法律法规学习班。重点宣传了《宗教事务条例》《山西省宗教事务条例》，推动全县宗教政策法规学习宣传活动扎实有效开展。（范君鹏）

【宗教活动场所规章制度建立健全】 2016年，帮助宗教活动场所建立健全了财务、消防、文物保护等各项规章制度，提高了宗教团体、宗教活动场所主要负责人和财务管理人员的财务管理意识和水平。（范君鹏）

【教职人员认定备案】 2016年，严格实施教职人员认定备案，对申请备案的佛教教职人员的户口本、身份证、教职人员身份证明等条件进行核实鉴定，为30名宗教教职人员办理了认定备案。（范君鹏）

乡（镇）和居民办概览

繁城镇

【简述】 繁城镇国土总面积170平方千米，分为南平川、中丘陵、北山区三大自然地形区。2016年，下辖35个行政村、18个自然村。年末总在籍农户12832户，在籍农业人口31967人，常住户数（含农村其他常住人口）29621户，常住人口59568人。2016年农业人口比2015年净增长93人。

2016年，全镇GDP完成5.27亿元，同比增长0.9%；规模以上工业增加值达到62300万元，同比增加6.7%；固定资产投资完成15.7亿元，同比增长13.2%；社会消费品零售总额完成2.37亿元，同比增长6.3%；公共财政总收入完成1.35亿元，同比增加9.3%；农民人均可支配收入完成6783元，同比增加7.3%。全县13个乡镇经济社会考核中位列第一。

项目建设 2016年，28个镇重点项目完成投资16.7亿元，完成计划的100%。项目储备完成32.97亿元，完成率133.6%。项目签约完成20.3亿元，完成率95.6%。项目落地完成17.3亿元，落地率109.3%。项目开工完成16.8亿元，开工率105.5%。39个省市县重点项目完成投资20.3亿元，完成率83%，项目投资完成17.8亿元，完成率86%。全镇重点推进的分类管理新开工产业项目共39个，总投资23.7亿元。全县重大产业项目分类考核中，在乡（镇）序列排名第一。溽源大街西延伸拓宽改造工程基本结束，城市综合体建设等6个民生工程项目进度加快，完成工程量80%以上，9个产业项目均建成投产，6个当年达产达效。

“三农”工作 现代特色农业。全镇农作物播种面积达到3414.67公顷；新发展设施农业3.6公顷，设施农业总面积达20公顷。以赵庄、楼岗、后掌、魏家窑、民盛等15个村的白水大杏、仁用杏等干鲜果经济林发展面积达到1533.33公顷。赵庄白水大杏产业发展形成气候，全村耕地面积实现全覆盖，总规模340公顷，跨入全国“一村一品”村镇行列，2016年，全村人均收入达到13000元。a亚麻酸生物科技与食品开发项目、绿源亨通有限公司新上胡萝卜加工及玉米压片、白水杏初加工生产线项目、宏矩大磨坊新型生产线设备配套及安装项目，万亩中药材开发建设项目等均完成年度建设任务。农产品加工业销售收入1.13亿元，完成率103.3%。生态畜牧业发展较前加快，富云牧业、和祥养殖、鑫悦农牧、茂盛药材、富新康农牧等生态畜牧龙头企业进一步发展壮大，“公司（合作社）十基地十农户”带动发展取得新突破。全镇猪、牛、羊、鸡饲养量分别达到5978头，833头15287只和27786只，建成各类养殖小区12个，规模养殖园区21个，养殖大户发展到930余户，规模饲养量占到畜禽总饲养量的52.7%。

扶贫工作 2016年，全年减少贫困人口800户2391人，加上2015年社会兜底脱贫人口两年减少贫困人口1635户4198人。制定了《繁城镇精准扶贫实施方案》，精准识别扶贫对象，组织开展精准扶贫建档立卡“回头看”和贫困户信息核对、贫困户动态调整等工作。本年底，精准识别出贫困户1173户，贫困人口3073人。实施脱贫攻坚首轮战役中，认真贯彻落实省、市、县扶贫政策和措施，压实镇干部、第一书记、帮扶工作队和村“两委”干部包扶帮扶责任，800户2391人贫困对象脱贫精准退出，稳定实现“两不愁、三保障”。

城乡人居环境 以巩固、拓展和延伸“创卫”“创模”成果和新农村建设成果为基础，围绕着力改善城乡人居环境，突出提升县城品位，配合县委、县政府及有关部门，大力实施了滹源大街西延伸拓宽改造工程和平型关大街、东循环路及西循环路等建设工程，以及滨河公园东延伸修建工程，拆迁西义等辖区居民207户，以及滨河公园东延伸修建工程，协调征占土地26.67公顷左右，并实施了绿化、美化、亮化工程，3年总计完成投资11.8亿元；突出改善城乡公共卫生面貌，借助全省实施城乡清洁工程，11个城中村、城郊村和108国道沿线村，实施了卫生长效保洁工程，其他24个丘陵区、北山区农村全面启动实施街巷卫生清洁工程，3年总计完成投资3700万元；突出生态富民，建设生态文明，抢抓本县北部浅山区绿化机遇，重点实施了以赵庄为观光采摘休闲游“南大门”、辐射周边楼岗、后掌、魏家窑等14个村的1533.33公顷干鲜果经济林绿化工程、东北部北依繁（峙）应（县）交界的666.67公顷大西沟生态林绿化工程及西北部北依繁（峙）应（县）交界的200公顷乡村生态游绿化工程，3年总计完成投资1.9亿元。

农村危房改造113户（含农户完全依靠自身投入户），完成投资717万元；农村文体休闲健身广场面积达到17.33公顷，完成投资370多万元；城乡清洁工程长效机制得到落实，脏、乱、差现象基本绝迹；城乡爱国卫生运动扎实开展，省级卫生村建设达到13个。

社会事业 教育事业。教育基础设施建设进一步加快，农村幼儿园达到13所，10所小学基础面貌改善进一步推进，其中3所全免费寄宿制小学设施建设不断巩固、提升和完善，2所初级中学设施功能不断完备，基础教育课程改革成绩斐然。小升初、初升高，升学率分别达到100%和98%以上。贫困人口教育扶贫政策得到落实。

卫生事业 拥有卫生院（所）3所，床位总数达到397张，医疗设施进一步改善，执业（助理）医师队伍达到145人。60岁以上老人在镇卫生院实行了免费体检，0—6岁以下儿童实行了免费健康管理服务，农民参合率达到95%以上，村级卫生室实现全覆盖，全镇实现了村村有村医、村村有卫生服务员，贫困人口健康扶贫政策得到落实。

就业和社会保障。农村劳务培训进一步推进，企业从业人员达到3590多名，技能人才就业趋稳向好，劳务协作扶贫深入推进；农村居民社会养老保险参保人数达到25614人，最低生活保障人数达到1595人。

安全生产和社会治理 坚持安全第一，预防为主，综合治理方针不动摇，牢固树立“安全重于泰山”思想和安全生产只有零点、没有终点理念，建立健全安全生产工作机制和镇、村、企、校安全责任制度，突出“一岗双责”责任落实和常态长效推进，坚定不移狠抓企业安全生产、护林防火、超限超载治理、道路交通安全、校园食品安全、地质灾害防治等，排查各类安全隐患523处，整改517处，整改率达到98.8%，未发生安全生产事故。

社会治理　理性面对2015年6月本县被省综治委列为重点管理县严峻形势，从县委、县政府坚决扭转社会治安工作被动局面的大局出发，镇党委先后两次召开党政联席会，听取和研究综治工作，专门组织召开加强社会治安综合治理暨创建平安繁城动员会，对社会治理工作彻底进行全面动员部署。建立健全综治组织保障体系，调整配强了镇社会治安综治领导组及办公室、镇社会服务管理中心、镇人民调解委员会，配齐了镇社会服务管理系统、社情民意系统、家庭人口信息系统专（兼）职工作人员，治安综治实行网格化管理，划分59个治安管理网格，47名网格长全部落实了工作责任。深入开展矛盾纠纷大调研大排查大化解，出台了《繁城镇矛盾纠纷和不稳定因素大排查工作方案》，在全镇35个行政村开展矛盾纠纷、不稳定因素大排查和信访积案大化解行动，共排查出各类矛盾纠纷、不稳定因素33条。35个农村调委会及调解室机构与设施全部建立并形成制度化、常态化运行机制。

信访工作　开展镇党政班子领导无节假日轮流值班大接访活动，领导干部按照每人每月接访、下访不少于2次的要求，有效解决了群众合理诉求。共开展12次矛盾纠纷大排查，排查出信访矛盾纠纷17件，全部建立台账，落实了包处责任。针对信访积案，严格按照“五包一”责任要求，凝聚责任大合力，累计化解信访积案6件；组织开展了“以群众举报乡村干部腐败为切入点集中解决群众信访诉求问题”专项治理，省、市、县交办的4件重点信访事项全部办结。

生态建设　着眼生态富民，建设生态文明，重点在北部浅山区15个行政村、2个生态绿化区实施了经济林、生态林绿化工程。以启动赵庄河流域生态修复治理工程为重点，整体规划编制基本完成；以艾蒿梁、安家山“四荒”综合开发治理工程为片区，治理面积400公顷全部结束，丘陵山区的人造“小平原”已见雏形。

民主建设　按照上级人大和组织、民政部门的要求，镇党委、人大、政府及农村“两委”换届依法按时履行，镇、村两级班子结构进一步优化，农村“两委”配套组织全部健全，党务、政务、村务、财务公开制度全面落实；各级人大代表履行职能和参政议政意识增强，“两代表一委员”行风评议活动深入推进。

宣传工作　舆论宣传。多种形式宣传党的路线、方针、政策，由广播、板报、标语逐步向各种会议、街谈巷议、登门宣讲和网络平台延伸；配合上级各级媒体挖掘宣传典型。

文化事业　“白水大杏文化节”创新举办，活动内容多元化；农村广场舞形成氛围，威风锣鼓队伍活动向多种活动展演。镇文化站向社会免费开放，农村文化图书室全面覆盖，农村文体休闲健身广场达到21处。

文化产业　以五台山金石雕刻产业和高升寨片区仿古建材为“龙头”，加大培育扶持力度，金石雕刻产品展览厅建成，仿古建材文化园区建设纳入环保规划编制。

干部队伍建设　制定出了《繁城镇镇村干部开展“三严三实”专题教育与主题实践活动实施方案》《繁城镇机关干部职工工作岗位职责》。在专题教育与主题实践活动期间，镇、村干部分别以党委中心组理论学习和村“两委”党课活动日为平台，坚持集体集中学习与专题讨论相结合，开展集中理论学习 11 次、集中专题讨论 6 次，各级班子领导带头坐班主讲、点题讨论，党性意识、修身意识、修为意识、律己意识、进取意识进一步增强。

以镇党校为平台，以加强农村“领头雁”培训为重点，每年分期分批培训村支部书记、村委主任 2 次，村“两委”干部 1 次，年轻党员和能人党员 1 次，入党积极分子 2 次。农村干部队伍政治素质、创业意识进一步提高，入党积极分子队伍扩大，37 名发展对象通过岗位压担锻炼成长，加入组织，7 名进入“两委”主干队伍。

纪律检查　2016 年，共谈话函询 6 人次，对 2 个村的 3 人进行了诫勉谈话，对 2 个村的 2 人进行了约谈。全镇共立案 6 件，结案 6 件；党纪政纪处分 5 人，免职处分 1 人。

（张巨国）

砂河镇

【简述】　砂河镇辖 43 个行政村，总面积 222.22 平方公里，耕地面积 5067 公顷，全镇户籍人口 48171 人，其中非农业人口 5899 人；镇区面积 10 平方公里，镇区常住人口达 6 万人。2016 年乡镇企业总产值达到 18 亿元，同比增长 8.31%；乡镇企业缴税总额达 1.02 亿元。

项目建设　2014 年，实施重点项目 20 个，完成投资 90189 万元。其中市政项目 6 个，包括砂河镇区供水、供热、污水处理管网、天然气二期工程，镇区宾馆升级改造工程、公园建设二期工程；工业项目 3 个，包括矿山建设工程、紫金生态绿化、中兴卡盘铸造项目；农业及养殖项目 6 个，实施地址在砂河镇北部山区，分别位于义兴寨、后河、上小沿、西砂河村，主要为肉羊、肉牛、奶山羊养殖；基础设施、三产项目 5 个，包括混凝土预拌沥青拌合项目、新型环保材料建设项目已投产，裕民建材市场、怡馨商贸中心、利民商业区建设项目。

2015 年，下达重点项目任务 10 个，项目总投资 10.46 亿元，本年完成投资 6.66 亿元，实施了山西紫金矿业有限公司生态绿化工程、砂河镇后河养殖园区建设项目、砂河镇改善人居环境建设项目、书画一条街音乐厅建设项目、北部浅山区荒山绿化三期工程等。另外在县政府下达项目建设任务的基础上，总投资 4.82 亿元的砂河民俗文化产业园建设项目，2015 年完成投资 3 亿元，完成项目建设投资任务 91244 万元，固定资产投资任务 10.06 亿元已完成。

2016 年，项目建设共完成投资 11.2 亿元，其中后河养殖园区建设项目、砂河巽丰农林牧合作社高效经济林牧业、山西紫金矿业有限公司设备更新技改项目、砂河旧镇区供水管网工程、砂河镇集中供热二期工程、书画一条街音乐厅建设项目、镇区道路踏铺工程等 7 个项目已完工；砂河大智镜园旅游文化产业园项目、中药材产业化生产基地建设项目、繁峙县义联金矿有限公司年产 5 万

2016 年改造后的富民路　韩春芳提供

吨金精粉技术改造项目、绿化苗木种植基地项目等4个项目开工建设。

城乡人居环境　2014年，砂河镇乡村清洁工程共投入经费100余万元，建垃圾池131座、配备农村垃圾收集车165台、农村垃圾清运车32台、垃圾桶726个，确保垃圾日产日清；按各村人口、规模，全镇共配备清扫保洁人员165人；累计清运农村垃圾1.1749万吨、整修残垣断壁10千米、粉刷墙体立面90多万平方米。

国家卫生镇　韩春芳提供

2015年，在2013年砂河镇成功创卫和2014年城乡清洁工程的基础上，查漏补缺，进一步清理了卫生死角，加强了薄弱环节的监管，如建筑垃圾、城乡接合部等场所的保洁和卫生清理，使砂河镇的爱国卫生工作迈上了新台阶。

2016年，启动实施了覆盖1520户居民、13多万平米建筑面积、8万多平方米土地面积的砂河城中村改造项目；完成富民路、和谐西街、金光大街3条主干街道的重新踏铺与绿化美化工作；成功通过国家爱卫办“创卫”复检，巩固了“创卫”成果。

三农工作　2016年，种植业以玉米、谷子、豆类、薯类等为主，粮食播种面积4333.33公顷，产量1.06万吨；大力发展标准化畜牧养殖，新建农业合作社11个，猪存栏0.8万头，羊存栏1.5万只，动物防疫率100%；多种类发展种植业，加快增产创收，黄芪等中药材种植面积610.93公顷，玉露香梨、仁用杏等干果经济林种植面积411.73公顷。

安全生产和社会治理　2014年，开展了危险源辨识、危险源评估分级工作，对全镇所有生产经营单位建立了安全档案；开展安全生产专项检查，重点对道路交通、危险、建筑施工、特种设备、冶金工贸、电力、农机、水利、林业、化学品、非煤矿山和尾矿库、燃气、消防和人员密集场、民爆、学校等组织安全生产大检查，认真细致查找隐患，及时彻底整改隐患。

2015年，全面推进“网格化管理”工作，切实加强了对网格长的业务培训，完成了全员信息平台建设工作，更加注重调解主体多元化建设。

2016年，扎实做好信访稳定工作，积极开展党员干部入户走访活动，确保“小事不出村，大事不出镇”，全力维护社会稳定。建立健全安全生产定期检查和重大突发事件应急处理工作机制，严格执行安全生产责任制，定期开展农用车辆、森林防火、建筑施工、烟花爆竹等安全生产的专项整治，确保群众生命财产安全。切实加强防汛工作，落实抓重点时间、区域工作责任，落实24小时值班制度，确保了汛期安全。

基层组织建设　2014年，扎实开展了第二批党的群众路线教育活动，采取各种形式进行学习教育，党员干部的素质得到了提升，同时广泛征求群众意见和建议，征求到各类意见和建议108条，梳理汇总有价值的意见建议28条，其中针对党委班子“四风”方面的问题22条，在此基础上，领导班子及时召开了民主生活会和专题组织生活会，坚持问题导向、上下联动抓整改，集中对3个软弱涣散村级党组织进行了专项整顿。

全面开展“领头雁”培训工作。其中19个村的支部书记在省委党校顿村分校进行了培训，24个村的支部书记在县委党校进行了培训，全镇各村的两委干部及骨干党员在镇党校进行了培训。

2015年，加强村级财务管理，充分发挥村级监督委员会职能，切实强化对两委的监督，全面推进村务公开和党务公开，重点公开国家惠农政策、集体资产处置、移民搬迁、危房改造、低保评定等群众最为关心的问题，确保权力在阳光下运行。不断深化农村党建工作，5个软弱涣散基层党支部于9月中旬完成整顿工作。

2016年5月31日上午，召开了中共砂河镇第八次代表大会，选举产生了王占虎、王媛、师天阳、闫文伟、杨维廷、张宇、张斌、郭向廷、符卫林、韩兴旺、韩春芳为党委委员，王红虎、刘吉荣、杨存弟、张粉花、符卫林为纪委委员；同日下午召开砂河镇第十届人民代表大会，选举张斌为砂河镇第十届人民政府镇长，闫文伟、韩春芳、王占虎、张宇为副镇长。

2016年，推选出3个农村支部党建示范点，评出4个五星支部，带动了农村党组织的整体发展。

社会事业　教育工作，在2013年完成1984年前原民办代课教师审核审查工作基础上，2014年3月继续对1984年后原民办代课教师进行审核审查。在全镇各中小学、幼儿园进行校园安全隐患排查，重点排查食堂卫生、校车安全。在学生中广泛开展“关注安全、珍爱生命”主题教育活动，重点是预防青少年溺水和游泳安全。

计划生育工作以稳定低生育水平、提高人口素质为核心，提高符合政策生育率，严格控制政策外多孩率，加强人口计生宣传教育，全镇人口和计划生育整体工作水平逐年提高。加大计生政策宣传力度，完善人口信息化管理，落实计生奖励扶助政策。征收社会抚养费31万元，人口自然增长率控制在5.06‰以内。

社会保障工作新型农村合作医疗保险以村为单位覆盖率达到100%，参合人数35317人，统筹资金317.853万元。

文明创建　2015年，镇党委、政府高度重视精神文明建设工作，把创建工作纳入全镇经济和社会发展总体规划，实行党政领导责任制，成立了精神文明创建工作领导小组，坚持每季度听取各单位创建工作开展情况汇报，根据实际情况及时解决创建过程中存在的场地、人员、经费等具体问题，不断加强对教育、科技、文化工作的规范管理，2015年3月砂河镇被国家文明委授予“全国文明乡镇”荣誉称号。

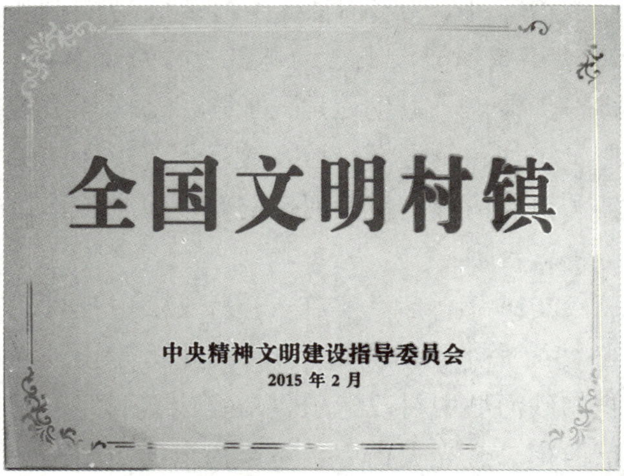

全国文明镇牌匾　韩春芳提供

纪律检查　2014年，按照上级要求开展了“工作秩序涣散、纪律松弛”专项整治工作，结合砂河镇实际和部门职能，制定了具体方案，把任务细化到单位、到部门。集中整治贻误工作、自由散漫、效率低下等影响发展环境、损害党和政府形象的违反纪律行为。严禁干部职工工作时间内擅自脱离工作岗位；严禁干部职工请霸王假、无故迟到、早退。镇纪委采取随机抽查的方式对全镇站所、部门进行执纪情况检查，纠正少数部门工作纪律涣散的行为，有效转变了部门作风问题，提高了工作效率。

2015 年，镇党委按照中央、省、市、县委有关党风廉政建设的部署和要求，坚持“一把手负总责，分管领导各负其责，一级抓一级，层层抓落实”的原则，明确职责范围，制定了落实党风廉政建设详细的实施意见和签字背书、分析研判等 11 项具体制度，细分了责任分工。党委班子落实党风廉政建设“两个责任”清单细化为 8 大方面，11 项内容，28 条落实举措；全镇共接收案件 31 件，其中转阅处 1 件（已处理），初核 2 件，了结 28 件；了结案件中 15 件查否，13 件查实，共处分 17 人（重处分 5 人）。

2016 年，全镇共接收 16 件，其中查实 10 件，处分 13 人（重处分 1 人），查否 6 件。

脱贫攻坚　培育特色产业、实施易地搬迁、整合项目资金、落实民生政策、完善基础设施等多项举措，在全镇规划实施了万亩中药材种植产业区、万亩地膜玉米产业区、万亩富硒杂粮种植产业区、万亩经济林产业区、工业和商贸服务产业区等 5 个产业发展片区。完成“十二五”易地移民搬迁任务 12 户 56 人，完成“十三五”易地移民搬迁涉及山羊沟等 7 个村 58 户 233 人。2016 年完成长胜号、松涧、柳泉沟等 3 个贫困村的整村脱贫 67 户 218 人，8 个贫困村非整体脱贫贫困村脱贫 549 户 1796 人，共脱贫 616 户 2014 人。

惠农政策全面落实情况。砂河镇贫困户种植杂粮享受特惠补贴 889.03 公顷，涉及 42 个村 1973 户 6453 人。贫困户种植薯类享受特惠补贴 95.07 公顷，涉及 35 个村 1689 户 5944 人。（韩春芳）

大营镇

【简述】　大营镇总面积 170 平方公里，辖 29 个行政村。

2014 年年末，辖人口 8428 户，22776 人。耕地 422.78 公顷，园地 49.67 公顷，林地 3150.2 公顷，草地 231 公顷，其他土地 720.73 公顷。粮食总产量达到 5750 吨，油料 159 吨。畜牧业存栏羊 22500 只，猪 6200 头，牛 361 头。乡镇企业进一步发展，全年总产值达 1.05 亿元。

2015 年年末，辖人口 8134 户，21224 人。粮食总产量达到 5800 吨，油料 200 吨。畜牧业存栏羊 21090 只，猪 2600 头，牛 563 头。乡镇企业全年总产值达 0.98 亿元。

2016 年年末，辖人口 8192 户，21328 人。粮食作物播种面积为 4500 公顷，全年粮食总产量达到 6100 吨，玉米良种普及率、地膜覆盖率、配方施肥率、病虫害综防率均达到 95%以上。畜牧业进一步发展，涧头、齐城村各新建养猪场一座，西三泉村新建肉牛养殖场一座，全年牲畜存栏羊 26000 只，猪 3614 头，牛 537 头，其中猪同比增长 140%，牛同比增长 39%，全镇牲畜免疫率达到了 98%。工业经济方面，全年工业总产值为 9800 万元，与去年相比下降了 9%。林业有了跨越式发展，2016 年新建了 1173.33 公顷生态林和 66.67 公顷的仁用杏林，共涉及角耳安、刘家窑等八个村，总投资 900 多万元。交通运输业发展迅速，带动了全镇餐饮、物流、加油、汽修等服务业的发展，镇区 108 国道沿线的店铺纷纷重新开门营业。

项目建设　2014 年，承担县级重点项目共 11 项，总投资 6.7609 亿元。其中工业类 3 项，投资 6.2 亿元；农业类 6 项，投资 0.4259 亿元，民生类 2 项，投资 0.135 亿元。本年，除华能、诚达两个风电项目未实施（涉及资金 4.5 亿元），其余项目均完成年初预计投资。

大营镇土地广阔贫瘠，发展畜牧养殖业有得天独厚的条件，镇党委、政府积极扶持、引导群众发展养殖业。全年共投资 6000 余万元，建成年出栏 5000 只以上的大型养羊场 3 座，年出栏 1000 只以下的小型养羊场 5 座。共发展 100 只羊以上的散养户 450 户。

2015 年，完成了投资 1000 余万元的孤山灌区“七一”防渗渠大营段的重修工程；在沿国道的 5 个村实施了土地整理项目，投资 2621.47 万元，项目建设规模 685.15 公顷，新增耕地 30.29 公顷，新增耕地率 4.42%；在齐城村、后所村实施了土地理整项目，总投资 1000 余万元，平整土地 106.67 公顷，完成机井配套 14 眼，铺设管灌 30 千米，架设高压线路 8.5 千米，田间路种植杨树 8200 株，修田间道路 8.35 千米，涵洞 4 座。

2016 年，全镇完成固定资产投资 9.186 亿元。其中大营镇环境卫生整治工程顺利完工，年出栏肉牛 300 头的鑫盛祥肉牛养殖场建成投产，年屠宰肉羊 100 万只的辰翔牧业屠宰场即将建成，年选铅锌矿 80 万吨的中源冶金选矿厂技改项目已完工，LNG 天然气加气站建成开始运营。108 国道大营段完成了补修工程，新建了王大线至大营火车站道路 3.5 千米，极大地方便了居民出行。杨庄、齐城等 7 个村平整土地 540 公顷，打灌溉机井 23 眼，修建田间路 8 千米，完善了农业基础设施。另外还有北部片区农业设施建设项目、大营镇蔬菜基地建设项目、丰悦华农业综合整治工程、亨隆绿蔬蔬菜加工厂建设项目等一批工程开工建设，各项工程都进展顺利。

经济产业化　经济产业化发展迅速，全镇有农民专业合作社 52 家，其中最有代表性的是老泉头村的繁峙县涌泉蔬菜种植专业合作社。该合作社种植胡萝卜 13.33 公顷，西瓜 12 公顷，娃娃菜 20 公顷，年产值近 200 万元。交通运输车辆队伍迅速扩大，全镇拥有大型运输车辆 800 多辆，按每台 40 万元含流动资金计算，价值 3 亿多元。

惠民工作　2016 年，大营镇改造危房 46 户，保障了村民的住房安全。完成抗震房改造 38 户。

新农合医保基本做到了全覆盖，农村养老保险参保率达到了 80%。在民生方面，严把低保、五保、优抚、孤儿、现役军人、残疾人的补助审批管理工作，按照“应补尽补、超补退补、死亡退补”的工作原则，坚持动态管理。全年累计发放各类补助资金 375 万元。救助大病患者 56 人，救助困难群众 27 人，配合上级部门治疗白内障患者 10 名。为村民发放冬季用煤补贴 174 万元，清洁员工资 30 万元，发放粮食直补款 435 万元，退耕还林款 159 万元，发放食盐 55.4

维修齐城村蓄水池　杨波提供

吨，地膜93.5吨。

人居环境改善　2015年，“十二五”期间累计投资2000多万元，29个村大街小巷全部得到了硬化，实施了“村村通”工程，乡村主干道的通载能力得到明显提高，群众出行安全有了更好保障。累计投资240万元用于新农村建设，配备监管员6人，保洁员76人，各式清洁车辆86辆，建垃圾收集池186座，垃圾填埋场1座，全镇农村面貌焕然一新，人居环境得到明显改善。累计投资400万元，完成大营镇镇区改造工程，埋设上、下水等工程，集镇面积不断扩大，功能逐步完善。2016年投资65万元，使大营镇80%的村通过了乡村清洁工程达标检查。

党建工作　2015年，深入开展创先争优、党的群众路线教育实践等活动，不断加强干部队伍建设。完成全镇31个基层党组织分类定级工作，整顿软弱涣散党组织3个。完成便民服务中心、廉政风险防控、农廉网、社会服务综合等平台建设。严格执行党风廉政建设责任制，健全和完善教育监督并重的预防和惩治腐败体系，落实“两个责任”。深入开展廉政文化宣传和廉政警示教育，组织学习《廉政准则》等党纪法规，增强党员干部的廉洁自律意识。

2015年，为确保“推进六权治本”工作能够扎实有序地开展，成立了大营镇“六权治本”工作推进领导组与办公室，制定了《大营镇六权治本工作实施方案》。组织各单位、各部门共同协作，编制完成大营镇权力清单，共计收录各项基本权力67项，随后向社会公布。紧紧围绕“两单”、“两图”这个工作重点，坚持职能站所初审，分管领导复审，进一步落实了领导责任制，实现了“六权治本”工作得科学谋划、科学实施、科学运作。本年，镇便民中心共办结行政许可类事项64件，行政处罚类1398件，行政结付类119件，行政监督类21件，行政确认类23件，其它事项3798件，事项办结率达到99.35%。

大营镇包村干部王婧（右一）在固庄村发放资料宣传国家扶贫政策　杨波提供

脱贫攻坚　2016年，大营镇共计脱贫74户211人，圆满完成了年度脱贫任务。一是通过政策引导，大力发展贫困村农村专业合作社、种养大户等新型农业生产经营主体，引导贫困户发展特色种植业、养殖业和农副产品加工业，实现产业脱贫105人；二是对贫困户考入二本B类以上大学和中职、中技、高职教育学院的学生，通过实现财政资助全覆盖，对高中生实行学杂费全免全覆盖，实现教育脱贫37人；三是将符合条件的贫困家庭纳入低保范围，做到应保尽保，对纳入低保范围、但仍然贫困的，加大临时救助和帮扶力度，实现兜底脱贫53人；四是通过农业生产经营主体带动、领军人物牵引、转移就业和劳务输出、慈善机构救助等方式，脱贫16人。

计生工作　2016年，大营镇升级改造各村计生服务室，全部达到了省级标准。老泉头村计生服务室达到了国家级标准。本镇还代表繁峙县接受了省卫计委优质服务县的检查验收工作。本年，举办大型业务培训3次，参加培训人员达260人次，极大地提高了计生工作人员的业务能力与服务水平。组织 103 对孕妇进行了孕前健康检查，超额完成了上级下达的检查任务。

安全生产　大营镇将辖区内的 536 家安全生产监督管理单位全部纳入了网格监管平台，编制完成了全镇安全责任清单。与各村及 24 家企业签订了《安全生产目标责任书》，层层分解落实安全生产目标任务。坚持每月召开一次安全生产工作例会，每周定期向县政府办和安委办汇报工作情况。组织多轮安全生产大检查及“回头看”活动，每逢重大节日前夕或生产旺季，组织人员深入各村、各单位进行拉网式的安全检查。全年共检查各类企业 288 次，发现隐患 52 起，整改 52 起，关停沙场 1 家，整改率 100%。全年未发生一起安全生产事故。

社会综治　2016 年，社会综治工作取得了显著成效。一是“3·11”案件善后工作有重大进展。针对每一受害人的不同情况，成立了 4 个由镇干部牵头的稳控劝解组，每周两次到受害人家属中进行安抚、做思想工作，时时对受害家属进行针对性稳控，并发动死者的亲朋好友和邻居以及村中有威望的人士对死者家属进行劝解，引导死者家属运用法律手段维护自己的合法权益。经过长期的思想沟通和心理疏导，受害人家属已放弃不合理诉求，其中姚有有家属已经向县法院提交了民事起诉状，县人民法院也已立案开庭，“3·11”案件有望通过司法途径彻底解决；二是开展了包村干部驻村入户工作，调解各类纠纷 52 件，有效缓和了社会矛盾；三是对各村进行人员大摸排，登记各类重点人员共计 114 名，并派专人对其进行有效监管，全年未形成一例非访事件；四是以社管中心“三大信息平台”为依托，大力推进农村社会治理网格化，各网格长全年共计为村民处理各类事项 3127 件。（杨　波）

横涧乡

【简述】　2016 年，全乡辖 25 个行政村，共 5581 户 14614 人。全乡产业众多，以工矿业为主，农、工、林、牧协调发展。矿产资源丰富，储有铁、石英、云母、铅、锌等矿产。境内旅游资源丰富，有平型关战役遗址、平型关古城、关岭、佛教名山仰头山、孤山晚照、滹源名泉跑马泉，泰华池等。农作物主要有谷子、土豆、胡麻等。

项目建设　2014 年，根据全县旅游规划，立足本乡旅游资源，重点打造山、水、关文化，依托繁峙县平型关鹏程旅游开发有限公司整合本乡旅游资源，进行综合深度开发。总投资 4.98 亿元，分三个板块进行建设。（1）仰头山景区建设。完成了寺庙群建设，新建玉佛殿、佛母洞、药王殿、五爷庙、牌楼等；新建通往 108 国道的旅游路 8 千米，完成了停车场、护栏、水池、架电等基础设施建设；（2）平型关景区建设。新建过街舞台、城隍庙、修缮了北城门和部分城墙，关岭和马道。（3）孤山景区建设。已绿化荒山 93.33 公顷，修建登山步道 300 多米，孤山水库埋设引水管道 6.5 千米。

本年，海信矿业有限公司投资 2900 万元进行技改，产量由 10 万吨提高到 20 万吨；鼎泰矿业有限公司投资 3000 万元进行矿山技改；平型关矿业有限公司投资 3500 万元实施地下采空区治理、露天采区剥离削坡及改扩建等工程。

在抓好传统项目升级改造的同时，重点发展新型产业项目：云雾峪风电新能源项目，建风塔 66 个，装机容量达到 10 万千瓦，全部建设完成；本乡新上铝粉加工产业项目，由光盛铝材加工有限公司承建，该项目原预计总投资 600 万元，实际完成投资 1400 万元，年产铝粉 1800 吨，产值达 2900 万元，年实现利润 200 多万元，全部建成并投产。该项目实施为本乡 20 多家铁选厂转型跨越发展开拓了新的途径。

志勇养殖专业合作社投资 540 万元，实施完成肉牛养殖基地；福俊利养殖专业合作社承担的绒山羊养殖小区建设项目，投资 500 万元，绒山羊发展到 1000 多只；桥儿沟村养殖小区建设是本乡新增加养殖项目，建设棚圈 30 个，3000 平方米。桑梓农林牧专业合作社承担的农业综合种植项目是本乡重点培育的一个农业项目，该合作社流转土地 183.33 公顷，主要是引进新品种，推广新技术，探索农业种植新模式。投资 300 万元，引进路鑫 60 号玉米，张杂 5 号谷子，后期红脱毒马铃薯等农作物新品种 10 多个，推广膜下滴灌、矮化密植、鲁西玉米黄金甲专用肥等农业实用技术 10 余项，发展订单农作物 126.67 公顷，分别是玉米、谷子、甜菜、红萝卜；转租土地示范种植青椒、西瓜 16.67 公顷，种植地豆、英国红芸豆、脱毒马铃薯等 40 公顷。

2016 年，本乡重点实施了 10 个项目，即：1. 孤山景区建设项目，本年完成投资 32048 万元；2. 平型关旅游景区项目，本年度完成投资 12320 万元；3. 普照寺旅游景点建设项目，本年度完成投资 12875 万元；4. 滹源祥磁选厂 10 万吨技改项目，本年度完成投资 1608 万元；5. 肉牛养殖项目，本年度完成投资 1236 万元；6. 平型关关堡关城修缮项目，本年度完成 1785 万元；7. 平型关墙体保护项目，本年度完成投资 876 万元；8. 平型关景区旅游公路建设项目，本年度完成投资 2140 万元；9. 苗木栽培基地建设项目，本年度完成 653 万元。10. 肉羊养殖扩建项目，本年度完成投资 1285 万元；

建设中的平型关关岭　郭喜春提供

2016 年，全乡种植玉米 712 公顷，杂粮 130.31 公顷，薯类 349.53 公顷；平型关村种植西瓜 13.33 公顷，东水沟村种植中药材 33.33 公顷，横涧村种植特色葵花 26.67 公顷。横涧村实施膜下滴灌 66.67 公顷；孤山、横涧各新打机井 1 眼。

精准扶贫　2015 年，根据县委、县政府精准扶贫精神，在各村开展了精准扶贫“回头看”工作，建档立卡总规模数为 1888 户 4883 人，贫困发生率 33.4%，23 个村脱贫 327 户 767 人，脱贫率 5.2%，“十二五”期末未脱贫人口有 24 个行政村 1345 户 3543 人，贫困发生率 24.2%。

2016 年，乡党委、乡政府带领脱贫攻坚“三支队伍”，重点落实“六个精准”和“九个一批”脱贫措施，贯彻落实县政府出台的 8 项产业脱贫工程，取得了较好的脱贫攻坚成效。本年全乡共脱贫 389 户 1035 人。脱贫率 7.1%。

社会事业　教育。横涧小学成功举办全县教育系统课改展示活动；投资 12 万元对前所小学、白坡头小学教师办公场所和校内设施进行改造维修，改善办学条件。

卫生和计划生育。创新宣传方式，先后发放宣传资料 3000 余份；为 1234 名老人免费体检，高血压随访 1176 人，糖尿病随访 319 人，为 77 对育龄夫妇免费进行孕前优生健康检查，免费发放叶酸，免费发放儿童营养包，有效降低了本乡人口出生缺陷，提高人口出生质量，并对全乡 195 名享受奖励扶助对象进行了核查，使惠民政策落到实处。2016 年度乡党委书记方笔计被评为省级优秀计划生育工作者。

社会保障　2016 年，893 名低保人员和 131 名五保人员资金发放到位；实施抗震房建设 95 户，危房修缮 7 户。2 名无生活自理能力老人入住县敬老院，领取老党员生活补助 9 人；优抚复退军人 7 人、带病复员军人 1 人、双残军人 2 人、参战参试人员 4 人、烈士子女 5 人、60 周岁以上退役战士 42 人，领取孤儿最低生活保障金 11 人，资金由民政局统一发放；实施大病救助 23 人，临时救助 11 人。

信访工作　2015 年，信访维稳工作继续推行“开门接访”、“主动约访”、“定期下访”等有效工作法，以满足群众合理诉求为突破口，积极稳妥处理协调各类信访疑难问题。

先后处理协调各类信访问题 2 起，息诉罢访省批信访案件 1 起。

党建工作　2014 年，按照县委统一安排，本乡党的群众路线教育实践活动从 3 月份开始，历时近 8 个月结束，乡党委下设 30 个党支部，共有党员 452 名。活动开展后，乡党委在县委第十二督导组精心指导下，先后征集到意见建议 765 条，其中涉及四风方面问题 183 条，乡领导班子成员领题调研 39 次。乡基层党组织组织党员集中学习 86 次，参学总学时 2337 小时，党员干部登台讲学 37 次。另外，还组织参学党员开展互动式交流研讨 54 次，交流学习成果 54 篇，观看教育警示影片 11 部，书写心得体会 162 篇，较好地解决了领导班子和党员领导干部在“四风”方面存在的突出问题。乡机关及各事业单位健全了上下班、请销假、值班、财务等管理制度，提高了工作效率，密切了党群、干群关系。

2015 年，横涧乡作为繁峙县第一个农村党支部诞生地，其组织资源丰厚，组织优势突出。结合革命老区和贫困山区的实际，先后开展基层组织服务活动、党的群众路线教育实践活动、学习讨论落实活动等等，精心筹划活动，周密部署工作，累计投入资金 125 万元，新建和改扩建村级组织活动场所 22 个，建立党员干部现代远程教育网站 6 个。

2016 年，围绕“两学一做”中基层党建 7 项重点任务，重点在党费收缴方面做了大量工作。同时，对十八届六中全会、省第十一次党代会、市第四次党代会和县第十三次党代会精神进行了认真学习和宣传，要求全体党员认真撰写心得体会和笔记。

此外，本乡紧抓“平型关”这个品牌，不断扩大宣传力度。6 月 25 日，协助国体总局等有关单位，在平型关村成功举办了 2016 年“寻找美丽中华”全国旅游城市定向系列赛（繁峙站）竞赛活动，进一步扩大了平型

2016 年“寻找美丽中华”全国旅游城市定向系列赛第二站比赛　郭喜春提供

关的知名度，提高了平型关村农家乐旅游接待能力。

人民武装　在征兵工作中，乡人武部严格执行规定，严把“体检关、年龄关、学历关、走访关、政审关”，加强对应征青年家长的宣传教育工作，确保了廉洁征兵工作落实。2016年度，乡人武部共为部队输送了8名高素质兵员，其中政治条件兵2名，普通兵6名，圆满完成了上级交予的征兵任务。

（郭喜春）

神堂堡乡

【简述】　总面积421平方千米。2002年，乡镇机构改革将原庄旺乡和神堂堡乡合并为神堂堡乡，辖48个行政村，5个自然村。

2014、2015年度全县岗位责任制考核被评为优秀等级。108国道神堂堡段升级改造工程竣工通车；建成杨树湾等6个省级“一村一品”示范村和神堂堡、青羊口两个新农村示范村；以苹果、核桃为主的干鲜果发展到413.33余公顷，优质山羊饲养量达到4万余只，规模生铁企业达到7家，旭泰尾矿库达到国家二级标准。神堂堡乡先后被忻州市授予“2013—2014年度文明乡镇”、“2015年度卫生单位”，连续实现“无毒乡”目标，乡党委书记乔哲被国家禁毒委授予“2015年度全国境内禁种铲毒先进个人”。

项目建设　2014年，全乡栽植油松40公顷，按照“1+5”模式在神堂堡、庄旺、青羊口、洞沟门等村培养了1万只羊，培养养羊户200户，新建标准化小区1个，推行舍饲养殖，保护了1万公顷山坡植被。

青羊口村扩大二代红富士苹果栽植面积13.33公顷，成活率95%以上；茨沟营、杨树湾、中砚台等村补栽苹果树苗1公顷，乡政府引进并推广了无公害绿色环保套袋苹果技术；洞沟门村栽植核桃树40公顷，杨树湾村引进盆栽苹果，已育苗3000株。全乡苹果种植面积达218公顷，核桃树发展到310公顷。

本乡大型铁矿企业已有8家，2014年，投资2亿元的同和磁选厂30万吨铁精粉建设项目已经建成投产，投资2814万元的华德矿业有限责任公司矿山建设工程、投资2315万元的山西旭泰矿业开发有限公司矿山建设工程和投资2039万元的宏达铁矿有限责任公司矿山建设工程也全部完成。这些项目解决了1300余人的就业问题。

本年初，乡党委派专人将各村名来历、历史传说、风俗习惯整理成册，并整合各村优美风景，以茨沟营村的首批中国传统村落和美丽乡村为契机，重点推进以茨沟营村为中心，辐射韩庄长城、杨树湾、青羊口苹果园区、莲花崖生态山水大型旅游区，形成一条集生态、景观、经济、人文价值为一体的综合性沟域经济模式。

2014年，投入近1100万元不断完善乡村基础设施建设。一是投入180万元引水3.6千米，提高钟耳寺村、韩庄、吐兰台3个村的旱地灌溉能力，提升了农业旱涝保收稳产高产的能力，并解决神堂堡、文溪、楼房底、吐楼村人畜饮水困难。二是投入300多万元完成神堂堡到庄旺16千米资源路的修缮工程，完成2.2千米的新农村园区路、刘庄村2400平方米街巷和钟耳寺村1万平米街巷的硬化，切实改善群众交通出行条件。三是投入240万元在神堂堡、红崖、钟耳寺、腰庄、麻子山、黄台村修筑防洪坝950米。四是投入300万元在茨沟营村新建7座蓄水池，引水5千米，发展水地6.67公顷，在西沟新修一条6千米水泥路，硬化新修路3千米，为发展旅游项目打下扎实的基础。五是投入120万元在红崖村拓宽街道200米，新修防护栏140米，防渗水渠1千米，防洪坝400米，长廊10米，新建牌楼1座，照壁1座，增加太阳能路灯8个，LED屏1个，监控1套（6头），并对学校的供暖进行了改造。

2015年，按照“农户+合作社”的模式增加羊1万只，培育养殖大户200户，新建标准化羊舍1座，改良黄牛品种540头，并推行舍饲养殖，保护了1万公顷荒山植被。本乡扩大优质二代红富士苹果栽培面积18公顷，盆栽苹果3000株，种植优良品种核桃10公顷。工矿业快速发展。投资2亿元的同和磁选厂30万吨铁精粉建设项目、投资2814万元的华德矿业有限责任公司矿山建设工程、投资2315万元的山西旭泰矿业开发有限公司矿山建设工程和投资2039万元的宏达铁矿有限责任公司矿山建设工程全部完成。

2015年，完成重点项目5个，累计完成投资3.1886亿元。同和磁选有限公司矿山基建工程已投资4400万元；文溪磁选厂矿山改建工程完成1310万元；瑞郎燃气有限公司LNG加气站建设主体工程竣工；黄台村地质灾害整体移民搬迁项目完成68%。常坪村投资150万元新修资源水泥路2.1千米。全乡广播电视卫星直播户户通工程达到全覆盖。农村低收入农户民用煤货币化工作全部完成。

2016年，总投资2亿元的万亩干鲜果园区建设项目，造地100公顷，园区道路10千米，渠系配套10千米，栽植苹果树66.67公顷，换代红富士苹果二代66.67公顷，建设标准化园区200公顷。总投资10330万元的108国道改扩建工程，配合完成神堂堡境内0.8千米隧道以及桥梁和路面建设任务，本乡境内完成工程建设投资1亿元，完成征迁项目330万元。投资1000万元的茨沟营美丽乡村建设项目，完成河道改造、街面铺设石板、水源保护、应关城、奶奶庙等文物修缮工程。投资2636万元的中砚台村35千伏变电站扩建及小屯–神堂堡二电源线路工程项目；将2#主变由8兆伏安更换为20兆伏安。本期10千伏扩建分段间隔，更换2#主变进线间隔断路器1台，更换2#电容器；小屯110千伏变电站扩建35千伏神堂堡Ⅱ回出线间隔；新建小屯至神堂堡35千伏单回线路全长21.3千米，铁塔75基。

社会事业 2014年，共发放医疗救助金5.7万元，各类优抚补助金20万元，发放低保金102.3万元，五保户供养补助款25万元。

参加城乡居民医疗保险有4650人，参保率达到96%；参加新型农村社会养老保险约3330人，需续保3254人，续保率达98%。

全乡户籍人口出生共53人，落实“四术”措施92例，落实免费孕前优生健康检查38对，投入慰问金3万多元。

2016年，新增低保79人，五保户118人，医疗救助32人，临时救助17人。此外，通过乡工作人员的多次调查走访，配合县老龄委统计出了本乡失能老人和半失能老人的情况和数量，并给予了具体的救助方案。

安全工作 2014年，共检查各类企业450家次，在消防安全、燃气、食品安全、道路交通、用电安全等方面共排查出大小安全隐患462条，年底整改完毕。

2015年，共检查各类企业250家次，在消防、燃气、食品、道路交通、用电等方面共排查出大小安全隐患317条，整改完毕。

党建工作 2014年，先后组织党员干部集中学习130余次，领导中心组学习30余次，全乡干部职工撰写心得体会65篇，领导班子成员领题调研课题13个，撰写调研报告15篇。制定整改措施并坚持立行立改。乡领导班子“四风”问题13条，已全部整改完毕，班子成员个人的问题清单完成110项，完成率95%。

乡党委坚持实施“领导带头学”制度，坚持中心组学习制度。已举办专题培训班10期，受训人员达180多人次。全乡已发展9名新党员，10名预备党员按期转正。

本年，全乡共收到信访举报信件9件，立案6件，处分党员干部6人。

2015年，以开展“学习讨论落实活动”为契机，乡党委落实为民办实事项目6项，各村为民办实事项目累计18项，乡领导上党课7次，每周一晚集中学习，组织专题辅导4场，组织观看专题片6场。同时举办全乡党支部书记、乡村便民服务代办员和综治业务培训活动。

本年，投资15万元，整合乡直部门便民窗口，实现资源共享，达到群众办事“一站式办理”。便民服务中心开通以来，其受理群众服务事项80多件，办结率为100%，开展民意恳谈20次，收集民情民意30多条。

2016年，完成全乡36个支部和48个村委换届选举工作，选优配强了村级“两委”班子成员。

城乡环境整治　2014年，累计清运垃圾20多吨，农村生产生活环境得到了明显的改善。设立1个治超执勤点，组建乡治超队，对旭泰选厂、宏达选厂、鑫东选厂等企业的出入车辆超载情况进行监控巡查。

2015年，韩庄村投资200万元，完成环境整治、美化、净化等基础设施工程；茨沟营村投资150万元，为美丽乡村建设做好基础工作；神堂堡村清理违建2100平方米，投资40万元完成村道路两侧建设绿化带约1800平方米；钟耳寺村投资35万元完成村内美化、亮化、绿化等基础设施工程，对村主干道两侧乱堆、乱放、卫生死角进行清理；杨树湾、大寨口、中砚台、常坪等村基础设施也逐步完善。

2015年，年累计清运垃圾2100吨，农村生产生活环境得到明显改善。

信访维稳　2014年，本乡共接待来信来访案件15件，办结率100%。成功化解了信访维稳积案5件。108国道升级改造项目涉及征地拆迁，乡党委、政府全天候配合工程做协调服务，调处矛盾纠纷83起，及时化解群体性事件11起，达到全乡“无群体性上访闹事、无进京赴省上访、无重特大刑事案件、无涉农恶性案件”发生的目标。

2015年，本乡共接待来信来访案件9件，办结率达100%。成功化解了信访维稳积案3件。108国道升级改造项目涉及征地拆迁遗留问题，调处矛盾纠纷15起，及时化解群体性事件2起，平安建设成绩显著，受到上级领导和各部门的好评。

2016年，受理群众服务事项80多件，办结率为100%，开展民意恳谈20次，收集民情民意30多条。对108国道工程涉及征迁、炮损的矛盾纠纷进行了积极协调，圆满化解了矛盾，无一例群访上访案件发生。

禁毒防火　2014–2015年，乡党委始终将禁毒防火工作放在重要位置进行研究部署，制定方案，并与各村、各企业签订责任状，建立“渎职摘帽”制度，安排包村干部下乡驻村，全乡在重要地段设立8个关卡，成立机动巡查组，各村成立巡查小分队，层层把关，加强防护，实现了全乡重点部位的无缝隙监管。

扶贫工作　2015年，贯彻落实各级扶贫

工作会议精神，树立“大扶贫”理念，健全扶贫机制，强化扶贫责任，推进产业扶贫、易地移民搬迁扶贫、教育扶贫、危房改造工程扶贫、基础设施改善工程扶贫等多项扶贫开发项目。本年，本乡实施扶贫开发项目共7项14个村，总投资472万元。

2016年，本乡23个村整村脱贫，共265户634人，乡村禁毒、防火、修路、修水全部吸收贫困人口，交通督导员、护林员、全部从贫困户中选用，共带动16户61人脱贫，铁矿业劳务用工选用贫困人口8人，带动8户28人脱贫。发展生产和培育农业生产经营主体带动脱贫60户160人。教育脱贫16户59人。落实“雨露计划”，为18名在校学生解决了学费和生活费。由国家体育总局牵线搭桥，积极与“天津纯公益”联系，于5月28日为神堂堡小学和杨树湾小学捐赠了体育器材，为60名学生捐赠了运动鞋。本年，为神堂堡村1户五保户联系太原爱尔眼科医院免费进行白内障手术，为其节省手术费用3000余元；乡卫生院积极配合县合医办对4人办理大额门诊救助，每人补助2880元。易地移民搬迁共涉及25个村150户283人，其中建档立卡贫困户92户188人。

防洪防汛　2016年7月19日和8月12日，本乡遭受两次特大暴雨的袭击，引发山洪暴发，洪水泛滥成灾。是20年来最大洪灾，日降雨量超过200毫米以上，造成全乡48个村不同程度受灾，20个村电力中断，12个村通讯中断，6个村饮水困难，413间房屋损坏，11.7公顷地被淹，98只羊被淹死、丢失，6.67公顷果园进水，320棵树木被冲走，乡村公路4千米、砂石路8千米、8座桥、U型渠2.1千米被毁。灾情发生后，民政局紧急下放8万元救灾款。乡干部进村入户、排查灾情，连续三天初步修复了通往30多个村子的路桥，及其他的水毁设施，恢复了交通、通讯、照明等；随后投资230万元帮助受灾群众恢复灾后生产工作，共计恢复通村大小桥梁、涵洞28处，清理落石、河道、路基、土方5万余方，硬化道路1万平方米，修复护村坝、护地坝、护路坝3千米。

（张丙午）

柏家庄乡

【简述】　柏家庄乡有行政村18个，支部21个，行政面积114.3平方公里，耕地3090公顷。2016年末总人口9973人。

全乡分为南平川、中丘陵、北山区三大自然地形区，是个传统的农业乡。主要农作物有：玉米、黄芪、豌豆、胡麻、莜麦等；主要养殖业有：猪、牛、羊、驴、骡、鸡等。

项目建设　2014年，项目建设6个。兴生铁矿有限责任公司矿山基建工程项目，总投资1022万元；众鑫源种养专业合作社肉羊肉牛养殖项目，总投资610万元；旺鑫养殖专业合作社养羊项目，总投资500万元；科霖农牧专业合作社养羊养牛项目，总投资500万元；

茂林壮农牧专业合作社肉羊养殖项目，总投资200万元；丰盛种植专业合作社养牛项目，总投资100万元。

2015年，项目建设15个。兴生铁矿有限责任公司基建工程项目，总投资1152万元；兴腾农牧专业合作社养猪项目，投资520万元；四红种养专业合作社养驴种地项目，投资500万元；满山红农林牧专业合作社金花葵种植和养羊养牛项目，投资1200万元；金鼎矿产品有限责任公司矿山基建项目，投资1600万元；西涧岔村填沟造地项目，投资165万元，在西涧岔村北后沟填沟造地33.33公顷；北辛庄村以工代赈农田水利项目，投资138.8万元，在北辛庄村东河滩整理土地20公顷，新建护地坝50米；小南川村整村推进养牛项目，投资50万元；新乐庄村整村推进打井管灌项目，投资80万元，在新乐庄村南新打机井2眼，埋管灌8千米，新增水浇地40公顷；众鑫源种养专业合作社养牛种地和黄芪种植项目，投资1000万元；科霖农牧专业合作社养牛种地项目，投资150万元；丰盛种植专业合作社养羊种地项目，投资100万元；富国种养专业合作社黄芪种植项目，投资100万元，种植黄芪33.33公顷；羊圈村整村推进养羊项目，投资35万元；北辛庄村整村推进养猪项目，投资35万元。

2016年，全年项目建设11个。柏家庄、北辛庄、安乐庄3村土地整理项目，投资1350万元，已开工；金鼎矿产品有限公司技改项目，已经完成投资930万元；金英种植专业合作社小杂粮种植项目、满山红种植专业合作社养羊和中药材种植项目、茂林壮专业合作社养羊项目、万恒种植有限公司黄芪种植和小杂粮种植项目、繁峙县四红种植专业合作社农业经济开发建设项目、科霖农牧合作社种养项目、万亩玉米丰产方地膜覆盖项目、总投资60万元的安乐庄新农村建设项目圆满完成；投资105万元的北辛庄村以工代赈项目顺利实施。

农业 2014年，全乡农作物播种面积达到2549.87公顷，其中玉米、杂粮、薯类种植面积分别为633.34公顷、174.93公顷、141.6公顷。粮食产量达到3536.18吨；油料总产量78吨。实施玉米丰产方项目，在安乐庄等5村完成333.33公顷玉米地膜覆盖；新打机井1眼，埋滴灌46.67公顷。

全乡牛、驴、羊、猪、家禽饲养量分别为292头、435头、17126只、3924头、406只。

2015年，全乡农作物播种面积达到2553.4公顷，其中玉米、杂粮、薯类种植面积分别为612.67公顷、1807公顷、133.73公顷。粮食产量达到4194.2吨，比去年增长18.6%；油料总产量118.7吨，比去年增长52.2%。

全乡牛、驴、羊、猪、家禽饲养量分别为350头、404头、14426只、4325头、4196只。农牧专业合作社32个。

2016年，全乡农作物播种面积达到2547.37公顷，其中玉米、杂粮、薯类种植面积分别为612.67公顷、1801.03公顷、133.66公顷，粮食直补款发放2774680.5元。粮食产量达到5862吨，比去年增长39.8%；油料总产量324.2吨，比去年增长73.1%。新打灌溉机井5眼；新修田间路3千米；整理耕地400公顷；新增耕地10公顷。

全乡牛、驴、羊、猪、家禽饲养量分别为524头、350头、9302只、4470头、1832只。农牧专业合作社49个，比去年新增17个，规模养殖户有3户。

人居环境 2014年，农村危房改造45户；通村路铺油4千米；北辛庄村街巷铺油1.5千米。2015年，农村危房改造15户。

2016年，农村危房改造139户；村级主干路升级改造1.75千米；新修文化广场1座；新修村排洪、排污管道0.9千米；新修幼儿园1座；扩建村级卫生室3座。

社会治理 2014年，共化解各类矛盾23件，全年一般刑事案件4起、治安案件8起，发案率低于全县平均水平。对所辖18个行政村22个网格内3777户居民的家庭人口、年龄结构、住房情况、收入水平、受教育情况、家庭财产、存在困难和需求进行了采集录入，社会服务管理平台共收到网格长上报事项 298 件，全部及时处理并结案。共安装三类视频探头 32 个。

全乡 18 个行政村 16 个达到了平安村，创建率达 89%。

2015 年，全年共排查和受理各类矛盾纠纷 296 起，没有出现重大安全生产事故和重大群体性事件。

2016 年，出台了《柏家庄乡矛盾纠纷和不稳定因素大排查工作方案》，将矛盾纠纷和不稳定因素大排查任务细化分解到全乡每个村、每一位干部，在全乡开展矛盾纠纷、不稳定因素大排查活动，共排查出各类矛盾纠纷、不稳定因素 147 条，调处成功 135 条，调处成功率达 92%。

开展乡科级干部全年无节假日大接访活动，变被动接访为主动下访，结合扶贫攻坚，包村领导带领包村干部每月不定期对各自所包村进行走访调研，发现矛盾及时化解。共排查出比较突出的矛盾纠纷 8 件，已化解 7 件，1 件正在调处中。截至年底，省交办的信访案件 1 件，市交办的 1 件均已化解，县交办的 2 件，1 件已化解，1 件正在调处。

民主建设　2014 年，严格按照法定程序，圆满完成 18 个村村“两委”的换届工作。

2016 年，严格按照法定程序，经过团体、政党推荐等方式选举产生乡党代表 55 人，乡人大代表 45 人，选举产生党委委员 9 名，纪委委员 5 名，党委书记 1 名，党委副书记 2 名，人大主席 1 名，乡长 1 名，副乡长 2 名，纪委书记 1 名，纪委副书记 1 名，圆满完成了中共柏家庄乡第十一届委员会、纪律检查委员会、柏家庄乡第十七届政府班子的换届选举工作。

全年共发展党员 5 名，培养入党积极分子 16 名。整顿软弱涣散党支部 2 个。规范了党员党费收缴工作，建立了党费按月收缴台账，全年交纳党费 13244 元，清欠近两年党费 2090 元。

纪律检查　2014 年，乡纪委共查办党员干部违纪案件 7 件，给予党纪处分 7 人，其中给予严重警告 2 人，警告 5 人。

2015 年，共查办党员干部违纪案件 5 件，给予严重警告 2 人。

2016 年，乡纪委共查办党员干部违纪案件 5 件，给予党纪处分 5 人，其中给予留党察看一年 1 人，警告 4 人，谈话函询 36 人，诫勉谈话 6 人次，有 17 名干部主动向组织说明问题，主动上缴违规报销款共计 11189.5 元。

社会保障　2016 年，全乡全年共发放老党员生活补助金 10.15 万元、优抚金 17.03 万元；发放农村最低生活保障金 208.4 万元；发放五保户最低生活保障金 40.2 万元；发放孤儿最低生活保障金 9 万元；大病救助 46 人次 10.37 万元；临时救助 37 人次 8.1 万元。

城乡居民社会养老保险参保人数 5798 人，参保率 58.1%；新型农村合作医疗保险参保人数 9933 人，参保率 99.6%。

扶贫开发　2016 年，组织开展精准扶贫建档立卡“再回头看”工作，准确识别贫困户 1365 户，贫困人口 3540 人。制定《柏家庄乡贫困村退出实施方案》及《柏家庄乡贫困户退出实施方案》，全年贫困退出 3 村 189 户 567 人。　　（韩春亮）

金山铺乡

【简述】　金山铺乡总面积 162.9 平方千米。森林面积 808.99 公顷，森林覆盖率 6.23%，林木绿化率 6.23%。林地总面积 4515.52 公顷。辖 30 个村民委员会。

2014 年年末，辖区总人口 1.94 万人，其中农业人口 1.90 万人，非农业人口 387 人。2016 年末，辖区总人口 1.86 万人，其中农业人口 1.83 万人，非农业人口 387 人。

经济概况　全乡农业耕地面积 4800 公顷，人均 0.76 公顷。水浇地面积 1866.67 公顷，约占总耕地面积的 39%，人均水浇地 0.1 公顷。农产品以玉米、小杂粮、油料为主。2014 年末共有农业类合作社 25 个。

2014 年，财政总收入 1.16 亿元，农民人均收入 3500 元。

2015 年，新开工建设项目 4 个，其中瑞郎燃气有限公司 LNG 天然气加气站项目、中虎峪村肉羊养殖建设项目、中虎峪村的国家农业综合开发高标准农田建设项目已完工，分别完成投资 1500 万元、500 万元、302 万元；山西恒芪农业开发有限公司肉羊养殖产业化示范项目，本年仅完成投资 200 万元，严重影响了全乡的固定资产投资进程。

裕丰畜牧有限公司投资 395 万元引进法系纯种大白母猪 800 头、长白公猪 50 头；金瑞缘矿业有限公司完成投资 1640 万元，进行尾矿库加高加固、新修简易公路 1.2 千米、厂区绿化、更新矿山机械设备 36 件（套）、安装井下“六大系统”、新建职工生活中心 400 平方米、完成井巷工程 4 千米等工程建设。

2015 年，全乡共完成投资 300 万元，新打机井 5 眼，铺设更换管道 15 千米；投资 300 万元，维修 U 型渠 30 千米；投资 600 万元，完成“连片开发”和中低产田改造 133.33 公顷，全乡高效农业建设步伐持续推进。特别是在东地、牛叫河二村新打机井 3 眼，铺设管道 5.5 千米，实现旱地改造 40 公顷。

2016 年，粮食产量达到 5336 吨，油料 1.6 吨，天然蜂蜜产量 20 吨。畜牧业以猪、牛、羊为主，共有各类养殖场 15 座，到本年末全乡奶牛存栏量达到 2000 头、能繁母牛 1300 头、猪存栏量达到 1.5 万头、羊存栏量达到 1.7 万只。本年，农民人均可支配收入 6940 元。

社会发展　2014 年，有乡文化站 1 处，村级文化活动中心 30 处，各类文化专业户 45 户，各类图书室 30 个，藏书 15 余万册。

全乡共有学校 13 所，全部为小学，在校学生 740 余人，教师 83 人，适龄儿童入学率 92%，小升初升学率 100%。

各类医疗卫生机构 30 所，其中乡卫生院 1 所，农村卫生所（室）、在办诊疗所 29 所，医护人员 76 名，其中医师 9 人，执业助理医师 26 人，注册护士 41 人；拥有病床 47 张。新型农村合作医疗参保人数 1.89 万人，参保率 99%。

2014—2016 年，有体育场地 13 处，总面积约 2600 平方米。有 10 个村建设了文体健身广场，总面积约 1970 平方米。

2014—2016 年，全乡有线电视入户率达 70%，个人安装的数字化接受设备入户率达 25%。

2014 年，农村最低生活保障 904 户 904 人，支出 118.18 万元，比上年增长 48%；农村五保分散供养 165 人，共支出 21.45 万元；农村医疗救助 38 人次，共支出 10.4 万元，比上年增长 93%。国家抚恤、补助各类优抚对象 74 人，抚恤事业费支出 20.4 万元，比上年增长 7%。

2015 年，全年共化解省交办案件 1 例，市交办案件 1 例，办结网上信访案件 3 例，乡纪委自查案件 7 例，查处党员干部 7 人，其中有 3 人被开除党籍。农村土地承包经营权确权登记颁证工作全面开展，全乡按照先易后难、分批实施、稳步推进的工作方法，根据实际情况确定2015年度开展土地确权登记颁证工作，有20个行政村，涉及居民6718户、耕地1489.13公顷、退耕还林地493.73公顷，各村的土地合同、农户信息和土地承包情况统计、退耕还林情况等收集和统计工作全部完成。居民房屋基地确权工作全面完成。积极推动基层社会服务网格化管理体系正常、规范运行，健全和完善基层社会服务管理体系12项工作制度和“六联”工作机制，全乡30个行政村中，除9个无人村以外，其余21村的网格长和网格员全部落实到位，乡级矛盾纠纷调解中心建设工作基本完成。成立了由9人组成的矛盾纠纷排查调处领导组，与此同时还加强了村级矛盾调解室的建设。7月，全乡范围内开展矛盾纠纷大排查大调处活动，截至10月底共调处矛盾纠纷223起。

2015年，全乡共完成投资100万元，解决人畜饮水问题。全面实施扶贫移民工程，安置贫困人员133人。全面完成“爱心煤”补助和“放心盐”发放工作，共发放补助213万元、食盐115848袋。全乡共完成危房改造49户。全面完成农村养老保险、医疗保险征缴任务。

成功引进裕丰畜牧有限公司万头生猪养殖场建设、恒芪农业综合开发公司标准化养殖场建设两个省级重点项目，再加上已成型的辉煌有限公司、银河畜牧有限公司、农业生态园区等续建、扩建项目的实施，带动了全乡的牛羊养殖产业，为把本乡打造成全县的畜牧养殖大乡奠定了坚实的基础。在“十二五”期间，全乡共实施各类产业项目58个，其中涉及养殖产业的有28个。除了上述的5个省市重点养殖项目以外，到2015年底，全乡共发展存栏1000只（头）以上的大型养殖场1个，500只（头）以上的养殖场3个，300—500只（头）的养殖合作社有20个，100—300只（头）的小型养殖户有50多家；全乡的奶牛存栏量达到3000头，肉牛、黄牛存栏量（包括散养量）达3500头，能繁母羊的存栏量达1.5万只，生猪存栏量达7000头，均较2010年末有了大幅增长。

投资130万元，实施乡邮政所、汽车站建设项目；投资530万元，新建休闲广场和文化大院6个；投资80万元，进行108国道、北干线周围，以及各村的环境卫生整治工作，新建垃圾池75个，为各村配备垃圾清运车，落实专职保洁人员64人；277户困难户实施危房改造工程；全面完成农村街巷硬化全覆盖任务；完成广播电视全覆盖任务，安装接收机1530余台（套）；实施“村村亮”工程，为各行政村安装太阳能路灯334盏；建设农家书屋21个，发放各类书籍3000余套，投资54万元进行村级文化室的建设和器材配套；完成精准扶贫建档立卡工作，初步确定贫困村16个、贫困户2086户、贫困人口5825人；农村养老保险、医疗合作工作进展顺利，参加人口分别为8600人、16400人；农村最低生活保障人数1044人，支出83.47万元；农村五保分散供养164人，共支出46.41万元；农村医疗救助53人次，共支出8.5万元。国家抚恤、补助各类优抚对象194人，抚恤事业费支出19.5万元。

社会综合治理 2015年，成立乡、村信访接待工作组，制定完善《信访工作实施意见》《信访接待工作制度》《包村乡干部定期下访制度》《乡主要领导定期接访制度》。集中多方力量成功化解了下狼涧村因群殴事件形成的信访案件，逐步妥善解决了石河、牛叫河、金山铺3村华茂占地遗留问题，顺利完成了王成高速路、华能风电、华茂二期工程、恒芪养羊场建设等工程的征占地任务。严厉查处涉嫌违纪的党员干部，“十二五”期间，共处理违纪党员干部25人，重处分7人。

党建工作　2015年，贯彻落实“五严禁、九不准”、党的群众路线教育实践、落实“两个责任”、践行“三严三实”等活动，制定完善《乡党委会议制度》《乡干部学习制度》《机关工作人员业绩奖惩考勤制度》《乡领导带头值班制度》《请销假制度》、《领导干部接访制度》《乡干部包村制度》《责任追究制度》《责任分工方案》《健全监督检查机制》《信息收集、分析研究》等制度。

（王淑颖）

东山乡

【简述】　东山乡全乡行政区划面积276平方公里。按地理特征全乡分为南山区和北平川两大区域。辖47个行政村，9358户，总人口27107人，劳力12120人，全乡共有党支部48个（其中农村支部45个），党员672名。全乡耕地面积3925.8公顷（其中水浇地1599.6公顷）。

2014年全乡大牲畜2162头，羊存栏21694只，猪存栏6875头。粮食总产量59877吨。油料总产量2881吨。农民人均纯收入6494元。

东山乡矿山旅游资源丰富。已经开采的有金、银、铜、铁、钼、锌、石英等，其中：钼矿资源全县独有，储量大。全乡人文景观甚多。有建于北宋的岩山寺，毛主席路居伯强纪念馆等。

脱贫攻坚　2014年，全乡共计脱贫152户450人，完成了年度脱贫任务。一是通过政策引导，大力发展贫困村农村专业合作社、种养大户等新型农业生产经营主体，引导贫困户发展特色种植业、养殖业和农副产品加工业，实现产业脱贫8户51人；二是对贫困户考入二本B类以上大学和中职、中技、高职教育学院的学生，通过实现财政资助全覆盖，对高中生实行学杂费全免全覆盖，实现教育脱贫57人；三是将符合条件的贫困家庭纳入低保范围，做到应保尽保，对纳入低保范围、但仍然贫困的，加大临时救助和帮扶力度，实现兜底脱贫16户34人；四是通过农业生产经营主体带动、领军人物牵引、转移就业和劳务输出、慈善机构救助等方式，实现脱贫110户308人。

2015年，东山乡共计脱贫149户1253人，完成了年度脱贫任务。实现产业脱贫198户605人；实现教育脱贫61人；实现兜底脱贫18户35人；通过农业生产经营主体带动、领军人物牵引、转移就业和劳务输出、慈善机构救助等方式，实现脱贫182户552人。

2016年，共计脱贫171户515人，圆满完成了年度脱贫任务。实现产业脱贫16户51人；实现教育脱贫54人；实现兜底脱贫27户66人；通过农业生产经营主体带动、领军人物牵引、转移就业和劳务输出、慈善机构救助等方式，实现脱贫105户328人。生态脱贫105户328人。

惠民政策落实　2014年，东山乡新农合医保基本做到了全覆盖，农村养老保险参保率达到95%。完成危房改造60户，全年投资51万元，全乡58%的村通过了乡村清洁工程达标检查。在民生方面，本乡严把低保、五保、优抚、孤儿、现役军人、残疾人的补助审批管理工作，按照“应补尽补、超补退补、死亡退补”的工作原则，坚持动态管理。全年累计发放各类补助资金489万元。救助大病患者69人，救助困难群众146人，配合上级部门治疗白内障患者13名。为村民发放冬季用煤补贴192.464万元，清洁员工资37.9万元，发放粮食直补款330.393万元，退耕还林款77万元，发放食盐68.15吨，地膜1.4万卷。

2015年，完成危房改造20户，全年投资49万元，全乡22%的村通过了乡村清洁工程达标检查。全年累计发放各类补助资金475万元。救助大病患者87人，救助困难群众148人，配合上级部门治疗白内障患者11名。本年为村民发放冬季用煤补贴193.34万元，清洁员工资37.9万元，发放粮食直补款330.393万元，退耕还林款77万元，发放食盐68.15吨，地膜1.4万卷。

2016年，完成抗震房改造100户，全年投资51万元，全乡58%的村通过了乡村清洁工程达标检查。累计发放各类补助资金486万元。救助大病患者81人，救助困难群众146人，配合上级部门治疗白内障患者13名。本年为村民发放冬季用煤补贴192.464万元，清洁员工资37.9万元，发放粮食直补款330.393万元，退耕还林款77万元，发放食盐68.15吨，地膜1.4万卷。

计生工作　2014年东山乡升级改造各村计生服务室使之全部达到了省级标准，联兴村计生服务室达到了国家级标准，本乡代表繁峙县接受了省卫计委优质服务县的检查验收工作。举办大型业务培训3次，参加培训人员达264人次。组织115对孕妇进行了孕前健康检查。

2015年，联兴村计生服务室达到了国家级标准，举办大型业务培训3次，参加培训人员达268人次。组织孕前村民112对进行了孕前健康检查。

2016年，举办大型业务培训3次，参加培训人员达260人次，极大地提高了计生工作人员的业务能力与服务水平。组织103对孕妇进行了孕前健康检查，连续3年超额完成了上级下达的检查任务。

项目建设　2014年，省重点项目1个：后峪铜钼矿采选加工项目。总投资50亿元，完成投资25亿元，本年完成投资10亿元（企业自筹）。现已完成《储量核实报告》《矿产资源开发利用方案》的评审备案工作，3月完成《环境影响评价报告》《安全预评价报告》的评审备案工作，正在办理采矿许可证并完成项目核准工作。尾矿库建设已基本完成，职工公寓、食堂、浴室已建成，即将投入使用；完成了3千米的原矿输送隧道掘进工程，项目生产主厂房地下基础工程，正在进行设备安装。

市重点项目1个：伯强红色景区毛主席路居地开发项目。2013年开工建设完成投资3000万元，完成了立项和规划手续，环评在进一步办理中；2014年完成投资2000万元。

县重点项目5个：1. 天岩规模化户型能繁母羊养殖项目，该规模化户型能繁母羊养殖基地采取“公司+合作社+农户”的模式。程琳铁选有限公司无偿出资为农户建设高标准养殖基地，村委会成立合作社对羊采购、发放、饲养、配精、防疫、销售等过程进行统一管理，农户以土地流转形式出让土地使用权供基地使用。

项目总占地面积133.33公顷，66.67公顷为养殖基地，66.67公顷为草地和饲料区，计划建设期周期2年，分三期工程进行。全村农户共计530户，全部参加养殖，养殖规模为3.6万只能繁母羊，年可向社会提供小母羊1.8万只，后备羊选育8000只，育肥羊

2.6万只。

项目总投资2.2亿元，6月8日开工，一期工程已于10月底完工。先期占地13.33公顷，主要建设内容为：修建一条1.7千米长的通往养殖基地的水泥路和一条长400米、宽14米的基地南门绿化带，148栋能够容纳50只能繁母羊的高标准圈舍。

2. 中庄寨等6村基本农田整理项目，总投资3035万元，已完成审报和设计规划并评审通过，等待资金下达后开工实施。

3. 太平沟天然山泉水项目，总投资2000万元，已办理立项、土地、环评和规划等前期手续。

4. 正沟山泉水建设项目，总投资2000万元，已办理立项、土地、环评和规划等前期手续。

5. 伯强红色景区造林绿化项目，总投资525万元，进行人工造林，已完成全年投资计划。

乡重点项目8个：1. 易地扶贫搬迁项目，总投资7280万元，2013年完成投资5240万元，2014年完成剩余投资的2040万元。主体已全部完工，正在完善配套设施建设，可完成全乡3000人的移民任务。

2. 东山乡液化天然气加气站项目，总投资1500万元，新建液化天然气加气站一座，日加气能力30000立方米，2014年完成前期规划手续。

3. 中庄寨肉猪养殖项目，总投资800万元，2013年完成投资560万元，2014年完成剩余投资的240万元（自筹资金），建圈7000平方米，养殖母猪180头，仔猪1200头。

4. 苏家口村育肥猪代养项目，总投资700万元，2013年完成投资280万元，2014年完成剩余投资的420万元（自筹资金），已养殖母猪300头，年出栏仔猪5400头。

5. 联兴村农产品加工项目，总投资500万元，2013年完成投资250万元，2014年完成剩余投资250万元，建设1400立方米恒温库一座，300平方米办公区及其配套设施，已完工运行。

6. 中庄寨肉羊养殖项目，总投资500万元，2013年完成投资200万元，2014年完成剩余投资的300万元（自筹资金），荒滩17亩已建起围墙，盖办公室3间，建圈400平方米，养殖母羊1000只，小羊300只。

7. 山会肉羊养殖项目，总投资500万元，2013年完成150万元，2014年完成剩余的350万元（自筹资金），已建圈2000平方米，养殖母羊500只。

8. 东山底肉羊养殖项目，总投资300万元，2014年计完成投资300万元（自筹资金），现已建圈1000平方米，养殖母羊300只。

2015年，市重点项目1个：伯强红色景区毛主席路居地开发项目。2014年完成投资2000万元，主要建设毛主席雕像广场、旅游服务设施、道路农家乐绿化等，年底全部完工。已建成吃住一体4家农家乐，并开始营业。

县重点项目9个：1. 天岩规模化户型能繁母羊养殖项目，上半年完善项目配套设施，通过银行扶贫助贷，先期已有20户养殖户，购买了1000多只羊进驻圈区养殖。

2. 中庄寨等6村基本农田整理项目，现已下达县财政，由于与其他涉农项目有冲突，正在核实。项目核实后进行启动招标，等待资金下达后开工实施。

3. 岭底天然山泉水项目，总投资2000万元，已办理立项、土地、环评和规划等前期手续。

4. 正沟山泉水建设项目，本年厂房和道路建设已完工70%。

5. 岩山寺环境保护建设项目，岩山寺国家重点保护单位，年久失修，环境亟待改善。项目总投资590万元，本年年底完工。

6. 矿山基建项目，项目由南峪口铁矿有限公司投资建设，为扩大生产规模，计划总投资3185万元，本年完成投资960万元。

7. 矿山改建项目，项目由中兴矿业有限公司投资，计划总投资5000万元，已完成60%。

8. 5万只蛋鸡养殖项目，项目由繁峙县岩山林牧开发有限公司投资，投资500万元，已完成全部投资。

9. 繁峙县滹源通用航空工业园区，计划投资1.6亿元，项目正处在招商引资阶段。

2016年，固定资产投资任务8.08亿元，目前完成9亿多元，超额完成任务；全乡共计划实施13个重点工程项目，完成9个。项目具体实施情况如下：

1. 太平沟台峰泉水厂改扩建项目，计划总投资7323万元，新建厂房2800平方米，新上泉水生产线一条，完成投资。

2. 省级土地整理项目，计划投资2108万元，在中庄寨、南峪口、李庄、苏家口、东位庄、西位庄6村实施农田整理项目，计划整理耕地856公顷，新打机井15眼，修渠13千米，修田间路5千米，植树1200株，新增耕地32.6公顷，新增水浇地216.67公顷，改善水浇地96.67公顷。

3. 娘娘山农林生态园项目，计划投资13.84亿元，开展苗木繁育、荒山造林、中药材种植加工、道路建设等工程，已完成1亿元，占计划投资6.9%。

4. 东位庄、西位庄苗木培育建设项目，计划投资2310万元，培育苗木20公顷，已全部完成。

5. 冻冷沟村肉牛养殖项目，计划投资1023万元，新建2500平方米圈舍，养牛500头，已全部完成。

6. 南峪口铁矿70万吨铁精粉技改项目，计划投资2.4亿元，新建选矿车间、安装选矿设施，已完成投资3500万元，占计划投资14.6%。

7. 东山底村地质灾害治理生态恢复工程项目，计划投资8812万元，开展地形地貌景观恢复工程，已完成投资5029万元，占计划投资57%。

8. 杨林村投资5987万元的易地扶贫搬迁项目，新建移民房300套，配套相关设施，安置移民750人，已完成。

9. 灵岩山景区建设项目：建设地点天岩村，总投资5亿元，已完成投资0.5亿元，主要建设内容新建岩山寺北大殿、建设灵岩山景区2000平方米停车场和5千米道路建设。

安全生产 2014年，本乡将辖区内的536家安全生产监督管理单位全部纳入网格监管平台，编制完成全乡安全责任清单。与各村及24家企业签订了《安全生产目标责任书》，层层分解落实安全生产目标任务。坚持每月召开一次安全生产工作例会，每周定期向县政府办和安委办汇报工作情况。组织多轮安全生产大检查及“回头看”活动，每逢重大节日前夕或生产旺季，都要组织人员深入各村、各单位进行拉网式安全检查。全年共检查各类企业458个次，发现隐患28起，整改28起。全年全乡未发生一起安全生产事故。

2015年，全年共检查各类企业548个次，发现隐患31起，整改31起。全年未发生一起安全生产事故。

2016年，全年共检查各类企业458个次，发现隐患37起，整改37起。全年未发生一起安全生产事故。

社会综治　2014年开展了包村干部驻村入户工作，调解各类纠纷46件，有效缓和了社会矛盾；对各村进行人员大摸排，登记各类重点人员共计108名，并派专人对其进行有效监管，全乡全年未形成一例非访事件；以社管中心“三大信息平台”为依托，大力推进农村社会治理网格化，各网格长全年共计为村民处理各类事项3127件。

2015年，调解各类纠纷49件，对各村进行了人员大摸排，登记各类重点人员共计114名，各网格长全年共计为村民处理各类事项3427件。

2016年，调解各类纠纷52件，各网格长全年共计为村民处理各类事项3127件。

（李林茂）

集义庄乡

【简述】　集义庄乡总面积为75.99平方公里，耕地面积2439.93公顷，其中水浇地1025公顷。全乡辖21个行政村，4个自然村。2014年全乡共5954户15655人，其中，劳动力6724人，占43%。2015年，共5922户15590人。

党建　2014年，多次开展集中学习，并安排21个行政村两委主干到县委党校参加“领头雁”培训班学习，同时创新学习方法，不断提升队伍的战斗力和服务能力，促进社会和谐、服务人民群众、加强基层组织建设。果园村的设施农业园区建设是本乡服务型党支部建设的楷模，也是全县的典范。同时，采取开展党委中心组集中学习和个人自学相结合的方式，全年共集中学习4次，126人参加。

全年，培养入党积极分子17人，发展新党员10人，其中村级致富能手8人，大学生村干部2人。

2015年，聘请党校讲师、科技致富带头人、优秀农村党支部书记专题授课8次，共计培训党员群众900余人次。

完成各村农民健身场地和“农家书屋”的建设。培养入党积极分子34名，发展党员9名，优化了党员队伍结构。整顿软弱涣散党组织2个。根据考核评定，确定五星级党组织2个，四星级党组织3个。

全乡建立了以党委为龙头，以机关部门、村、学校等23个基层党支部，417名党员为服务承载体的服务网络（确保每个支部有一名党员服务联系人，每个支部有1名干部负责服务站点的工作，进入服务中心的每一件事都有一名乡干部牵头承办）。成立了高标准的乡党务政务综合便民服务中心，成立了22个党员综合服务站点。

制定并公开了《首问责任制》《限时办结制》《“一站式”服务制》《领导坐岗制》等服务制度，为群众提供“零距离”、“全方位”和“一站式”服务。进一步转变服务功能，提升服务水平。积极开展“党员干部结对帮扶群众”主题活动，结对帮扶群众467户，办理解决问题618件。

2016年5月30—31日，召开了乡党代会和人代会，圆满完成了党委、政府换届任务。换届后，集义庄乡新一届党政班子成员由原

集义庄乡第十七届人大会现场　侯晓河提供

来的9人增加至11人，平均年龄由原来的45岁降至41岁，学历最低为大专毕业。

完成21个村农民健身场地和“农家书屋”的建设。整顿软弱涣散党组织2个。

纪律检查 2014年，全年查办群众上访案件5起，处理违纪人员6人。同时，进一步严格发挥乡纪委监察职能，按照中央八项规定和纠正“四风”要求，坚决杜绝了请客吃饭、发放福利的违规行为。

农廉网建设 2014年，严格按照《村务公开目录》和《党务公开目录》，将强农惠农政策，农民群众关注的热点、焦点问题和农村重大事项、村集体收益分配等决策程序、办事过程、办事结果、监督方式及时向群众公开。全年更新内容201条，百姓能够在互联网看到所需的内容，方便了群众，也接受了监督。

设施农业 2014年，由新发地生态农业科技发展有限公司对果园青园合作社一期工程的80公顷日光温室进行整合，形成了龙头企业引领的“公司+农户”的经营模式，走出一条新型的发展之路，给本乡的设施农业发展壮大，企业的做大做强，农民增收致富，开辟了一条新型发展道路。

综合治理 2014年，继续贯彻“打防结合、预防为主、干群结合、依靠群众”的综治工作方针，用3个月时间进行了数量摸底和微机录入，建立了21个行政村28个综治网络平台，对21个村庄划分为76个楼院，实施网格化管理，强化了社会治安综合治理整体防范网格体系建设，全年矛盾纠纷的排查和化解工作共计6起，把各种矛盾解决在“自家门口”。同时，综治部门深入开展严打整治行动2次，强化了对邪恶势力的打击力度，针对乡村的宗教活动进行了为期2个月的入户摸底登记，实行聚会点申报制度，档案管理清楚明晰，发放宣传资料1000余份。

公安派出所全年夜间巡逻40余次，部分存在偷盗现象的村，还安插了协查员，全年定期不定期累计出动巡逻100人次，并要求村里实行“户联户”办法，发现村里可疑人物，立即上报，有效防止了犯罪活动。

2015年，根据有关文件要求并结合实际制定了社会治安综合治理目标责任书，对平安建设责任重点明确，并与各村签订了责任书，明确各自责任，确保各项工作落到实处。进一步加强基层组织建设，对综治干部进行配备，由乡党委副书记任社会治安综合治理办公室主任，配备专职干部1名，成立矛盾纠纷调处领导小组，健全了各村综治、治保、调解、群防群治、治安联防队等。按照县综治办严格规范化、标准化建设要求，共成立村级综治机构21个，村级矛调室21个，治保会21个，巡逻队21个；创建平安家庭4800余户；创建平安单位4个；创建平安校园4个。

安全生产 2014年，成立相关专项整治领导组，制定了安全生产专项整治方案，强化安全生产监管责任，加大安全生产检查监管力度，乡、村两级监管责任人24小时监管到位，加强安全生产督办工作。同时，配合县安委办、国土等部门进行打击金属非金属矿山、尾矿库、非法生产经营单位和违章作业企业，全年共计出动人员21组次，71人次；自查自纠方面，全年累计出动人员30组次，110人次，综合治理了本乡的各类安全生产工作，实现了全年安全生产零事故的工作目标。

项目建设 2015年，固定资产投资任务2.32亿元，完成1.9085亿元，完成率82.26%。其中投资2.6亿元的农业科技开发生态观光旅游项目已完成投资1.4013亿元，投资 0.9199 亿元的兴旺庄村民俗文化大院建设项目完成投资 0.3064 亿元，投资 0.32 亿元的白石头村民俗文化大院建设项目完成投资 0.2008 亿元。

重点项目 3 个，总投资 3452 万元，当年完成投资 2174 万元。其中：县宏基矿业有限公司实施的矿山基建工程，投资 2145 万元，已完工；由县国土局在集义庄、白石头、果园 3 村实施的基本农田整理项目，总投资 807 万元，共平整土地 128.1 公顷，新增耕地 2.4 公顷，架高压线路 2 千米，新打机井 3 眼，埋设管道 2 万米；由乡规划实施的净林养殖园区建设项目，总投资 500 万元，项目新建标准化羊舍 4765 平方米，运动场 3402 平方米，饲养羊 3000 只，种草 66.67 公顷。

2016 年重点项目完成投资 2.218 亿元。其中：万亩富硒小杂粮种植与示范项目共投资 1340 万元，种植谷子 400 公顷、藜麦 200 公顷、杂豆 66.67 公顷，全部丰收；宏基矿业技改工程项目投资约 19240 万元，扩建一座年生产能力为 30 万吨铁精粉的技改项目，全部完成；LNG 加气站项目，此项目由山西锦邦能源科技有限公司建设，厂址位于集义庄村，共计投资 1600 万元，已完工；土地增减挂钩项目：主要是 2012 年度城乡建设增减挂钩项目，涉及净林、下双井、常胜、石塔沟、宏旺 5 村，通过折旧区、土地复垦、水利灌溉，为县新增用地指标约 15.33 余公顷，全部完工。

社会保障　2016 年，居民养老保险参合 9527 人（其中缴费人员 5948 人），参保率达 60%，对符合条件的 2217 人做到了按时足额发放。同时，为杜绝冒领、套取，对全乡 60 周岁以上老人进行了照相核实。

为低保户 878 户 879 人、五保户 146 人、民政优抚人员 93 人、财政优抚人员 15 人、老党员 5 人、孤儿 4 人，按时发放补助资金；对 67 人进行了大病医疗救助、62 人进行临时救助；与县扶贫办、太原爱尔眼科医院对接免费实施白内障手术，28 位患者重见光明。

人居环境　2015 年，成立了集义庄乡改善农村人居环境工作领导小组，制订了《集义庄乡改善农村人居环境 2015 年行动计划》《集义庄乡改善农村人居环境工作制度》。高定位，细谋划，结合实际，制定了“改善农村环境，打造美丽乡村”的整体思路。累计投资 60 万元，各村新建垃圾池 90 座，新配垃圾桶 58 个，6 辆垃圾清运车全勤出动，集中大清理生活垃圾和废弃物 5 次，清运处理垃圾 0.36 万吨，清理顽固垃圾堆、垃圾死角 79 处，同时，严格要求 62 名保洁员坚守岗位，制定责任区三包制度，为全乡群众提供了一个干净、整洁、舒适的生产生活环境。

在 2014 年北坡生态林绿化的基础上，2015 年新增绿化经济防护林 266.67 公顷。全乡实施危房改造 43 户。

2016 年，新建垃圾池 5 个、新添垃圾桶 26 个、新增保洁员 3 名、清运垃圾 300 吨，维修残垣断壁 100 多米，粉刷墙体 1 万多平方米，全乡环境卫生得到了极大改善。

“三资”管理　2015 年，全面开展农村集体“三资”管理专项清理整治工作，共发现“三资”管理制度不落实的问题 13 起，违规处置集体资源问题 4 起，全部完成整改。全乡 21 个行政村农村集体“三资”专项整治清理全面完成，这次专项清理整治工作摸清了农村“三资”家底，明晰产权归属，为下一步的农村产权制度改革奠定了基础。

信访维稳　2015 年，大力宣传贯彻《信

2015年司法调解现场办公　侯晓河提供

访条例》，变被动接访为主动下访，有针对地进行疏导沟通，使其打开心结。大宋峪村老上访户孟××，经过有关人员多方协调，多次见面约谈，了解他的思想动态和实际困难，做了大量耐心细致的思想疏导和协调协助工作，孟××本人思想开始转变，态度趋于缓和，最终孟××本人同意了乡党委、政府出具的答复意见书并写了息诉保证书。

文化事业　2016年，各村文化站全面开放，部分配备了投影机、电视、电脑等设施，解决了村民看书难、学习难的问题。新成立了21个文化宣传队伍，配备了锣鼓、衣物等，积极开展各类文化宣传活动，在全县大杏节“三民”表演活动中，取得较好的成绩。

计生服务　2016年，乡计生服务站为5对青年进行了婚前体检、为50名新生儿办理了上户手续、为4户家庭办理了独生子女证、为2户流动人口办理了婚育证明、办理3个生育服务证、开展了11场次计生宣传服务、发放1500余份宣传资料。　（侯晓河）

下茹越乡

【简述】　下茹越乡辖17个行政村，总户数4746户，12374人，总面积99平方公里。总耕地面积2384.87公顷，林地面积1066公顷，是一个农、林、牧、企全面发展，个体、工商、运输等行业发展较快的三类乡镇。

项目建设　2014年，全乡12个重点项目共完成投资4025万元，其亮点集中体现在特色种植业和养殖业的发展上。西沟经济林新增种植面积146.67公顷，累计种植面积220公顷；养殖业上积极推进企业转型发展，大力发展畜牧产业，全乡共建设以玉凯养殖专业合作社为主的肉牛养殖开发项目1个，棚圈面积2100平方米，发展存栏肉牛400余头，总投资1060万元；共建设以年年增农牧专业合作社为主的规模肉羊养殖业4个，完成投资均在500万元以上，并全部实现标准化建设。全乡共存栏羊2万余只，牛1000余头。

2015年，下茹越乡参与建设项目6个，其中开工项目5个，开工项目中全部完工项目4个，在建项目1个。4个完工项目当年共完成投资8520万元，分别为：北部浅山区荒山绿化项目（800万元）；泰吉小杂粮有限公司粮油加工项目（1000万元）；顺祥农牧发展有限公司饲草及精饲料加工项目（500万元）；亿豪佳居装饰建材有限公司新型装饰建材加工项目（6220万元）。

2016年，恒盛鑫粮食收购加工项目总投资2.33亿元，已全部完工，投入生产运营。大沟生源养殖项目计划总投资500万元，发展标准化规模肉羊养殖700余只，建设棚圈1500平方米，办公厂房400平方米，种草110亩，购置各类机械设备12台套，已完成。瓦磁地村农村人居环境改善项目总投资620万元。已投资472万元，完成所有街巷铺设上下水管道25千米。完成太阳能路灯安装、大理石路沿改造、多功能文化活动中心建设工程。瑞川锦丰旅游开发有限公司三寨沟乡村生态文化旅游开发建设项目已完成立项审批。

“三农”工作　2014年，全乡实现播种面积达2133.33公顷，其中玉米播种800公顷，小杂粮播种733.33公顷，其他油料、蔬菜播种60公顷。占到全乡耕地总面积2333.33公顷的91%。

农业生产服务方面。发放贷款300万元，涉及9村80户农户，主要用于籽种、肥料、农机具的购买，发放地膜4047卷，涉及耕地600余公顷，起用新旧机井25眼全力抗旱救灾。

清产核资工作。全年清查全乡农村资产总计745.97万元；资源方面：农用地总面积4106.6公顷，其中耕地2364.2公顷，林地1112公顷，荒地5344.07公顷，集体建设用地1297.6公顷。

农村低保工作。年初全乡共核准低保户1023户，其中清退不符合条件的农村低保户147户，新增办理符合条件的农村低保户80户，做到应保尽保。

2015年，全乡对左家尧、晋王殿两村实施了扶贫移民整体搬迁工程，涉及80户196人；六郎寨养殖扶贫项目已修建圈舍1000平方米；下寨村实施整村推进扶贫项目，总投资50万元的截潜流人畜饮水改善工程蓄水池建设和铺设管道完工；精准扶贫建档立卡“回头看”工作正在深入开展，核定贫困户户数1411户3882人。

扶贫开发。2015年，下茹越乡农民人均纯收入6100元，贫困户人均纯收入2700元；建档立卡“回头看”后贫困人口1305户3554人，2014年和2015年共脱贫272户740人，2016年全乡实际退出贫困户513户1371人。

土地确权工作。在2014年先行小坨试点的基础上2015年全面铺开，本年对11个村、2652户、6812人、1398.27公顷土地进行了确权，经过工作人员实地勘测和土地所有权本人四至确认，已完成全部土地确权工作，17村的宅基地确权发证工作全部完成。

2016年，西沟以仁用杏为主的万亩经济林产业已实施466.67公顷种植，本年又新实施左家尧33.33公顷、赵家峪73.33公顷的仁用杏种植，带动64户163个贫困人口稳定脱贫；以苏孟庄为主的800公顷中药材种植已备案立项开始施工；三寨沟乡村生态文化旅游业已立项；乔家窑2.8亿3.3万千瓦风电项目土地手续申办中。平川一带以粮食收储加工为主的农副产品加工规模化企业已发展3家，恒盛鑫粮食收购有限公司实施订单农业收购部分村杂粮，新组建的农悦粮食贸易有限公司为全乡玉米种植户提供种子发展玉米订单收购，顺祥农牧专业合作社计划吸纳下茹越村20户有养殖意愿贫困户发展优质养殖，县乡注入扶贫资金给合作社。瓦磁地部分户发展藜麦特色种植，东沟、大王岭本年发展3公顷中药材种植。

全乡2013户群众享受不同种类的粮食补贴15.14万元。同时对建档立卡精准扶贫户种植的杂粮、薯类再进行补贴，共808户，杂粮面积319.25公顷、薯类45.9公顷，按照每亩再补助25元、50元的标准全部发放到农户。全乡4575户农户，享受到230元/户的“爱心煤”补贴。为全乡在册人口发放补贴食盐每人6袋。

农业普查工作。利用农村确权登记工作成果，做好各村户数、农业合作社户数、农业人口、农业用地、山场林地等基础数据的摸底采集工作。根据各村普查对象居住状况，按照两区划分原则，将全乡划分17个普查区、38个普查小区。选聘普查指导员17名，普查员38名，确保“两员”队伍素质能满足普查工作需要，圆满完成普查任务。

城乡人居环境　2015年，创建省级卫生乡镇，成立了工作领导组织机构，研究制定了创建方案、年度计划及创建规划，并建立起长效管理机制；组织村及驻地单位集中开展形式多样、内容丰富的卫生创建活动13次；设立意见箱广泛接受群众建议，畅通与群众的沟通渠道；多措并举健康宣传教育落实到位，乡、村共出版健康教育宣传栏107期，发放宣传资料2500余份，设置墙体固定宣传标语40条；室内公共场所、工作场所开展了以禁烟、控烟及食品卫生安全为主的宣传活动；环境卫生明显改善。乡、村共出动人员950人次，车辆219辆次，动用大型机械5台，以国道及平川4村外围为重点进行集中清理整治，共清理各种“四堆”435处，清理垃圾8700吨，回填土方1830立方米，清理福连坊河道2条1000余平方米，维修断壁残垣22处570平方米，粉刷沿国道平川4村区域两侧墙面9600平方米。

安全生产和社会治理　2014年，乡党委以全民综合服务信息建设为平台，加大为民办实事的力度。领导干部率先垂范，和全乡干部一道共深入全乡17个行政村2690个农户家中访民情、解民忧，梳理出困难和问题485个，解决308个，总解决率达到63.5%。

全乡共集中开展安全生产大检查4次，乡领导亲自带队日常检查30场（次），及时排除安全隐患35起，现场整改25起、限期整改10起。全乡共书写护林防火标语45条，沿途栽插红旗42面，以户散发传单3000余份。

全年共进行大排查13次，对出现的23起信访事件成功化解19起，4起历史缠访案件也正在化解中。

2015年，集中组织大排查12次。排查发现各种矛盾和不稳定因素110起，已解决102起。将全乡17家基层站所集中统一实行一站式网上办公，限期办结，接受社会和上级纪检部全程监督，有效地提高了部门工作人员办事效率和勤政廉政。2015年累计为民办结事项2443件。

全年共集中开展安全生产综合检查5次和专项检查15次，消除安全隐患863起。全年共出动防火300人次，动用各种车辆40余辆，发放张贴各种宣传资料、标语等1000余份。

2015年，全年解决信访案件42起。

2016年，切实加强矛盾纠纷排查调处，共排查调解处理矛盾纠纷89件，已成功调解89件，调解成功率达100%，提供法律援助咨询50件。加强特殊人群管控，落实8名社区矫正人员帮教，12名刑满释放人员安置帮教，34名特殊人员稳控责任。全乡共开展安全检查20余次，下发整改通知书43份。

干部队伍建设　2014年，按照“两推一选”和先村党支部后村委的换届要求，采取先易后难的办法，在充分调研的基础上，严格依照相关法律程序分三批进行全乡村党支部换届工作，14个村的党支部换届已全部结束；村委会换届工作也圆满完成，经过12月11日到13日集中正式投票选举，共产生第十届全乡各村党支部委员56人，村委委员65人，其中妇女当选8人，大学生村干部当选8人（交叉任职2人）；产生两委主干25人，其中连选连任13人，新当选12人，大学生两委主干当选2人（村委主任）。

全乡群众路线教育实践活动从3月初开始，历时7个多月时间，参加教育实践活动的17个党支部、406名党员，新建立了党员领导干部“人人讲党课”制度、廉政建设制度、民主生活制度、接待群众来访制度、领导干部入村、入户、入企开展调研走访制度等5项制度。

2016年，党委中心组结合“两学一做”学习教育活动，共开展集中学习10余次，每人撰写了4000字的学习笔记。乡属各支部制作学习教育活动专栏14块，宣传条幅8条，印发各类学习宣传资料300余份，党员撰写各类心得体会80多篇，人均抄写学习笔记3000字以上，组织理论考试2次。加强村级党组织建设，在下茹越、瓦磁地、下寨、等9个村开展村级组织活动场所规范化建设工程，制定出台《下茹越乡党员管理实施细则》。加强农村带头人队伍建设，按照《繁峙县2016年度“领头雁”培训实施方案》要求，培训“两委”干部100余人次。

纪律检查　2014年，上半年给予2名党员干部党内严重警告处分。

2015年全年查办案件8件，其中查否2件，阅处（非党）1件，给予行政警告处分4人，党内严重警告1人。

2016年乡纪委查办违纪案件4件，给予党内警告处分3人，开除党籍处分1人。先后约谈提醒乡村干部19人。

宣传工作　2014年，在人口200人以上的14个村建起了文化活动室，进村搞声乐、广场舞培训六期，共180人次参加。重点建设一支乡业余文艺队伍，参加县里举办的“三民”比赛，并获得奖励。全乡农家书屋已实现全覆盖，并全部投入使用，抓好农家书屋的管理使用，解决了群众读书难的问题，使之真正服务于民。在福连坊、瓦磁地、下茹越建起了3支秧歌队，在大沟、下茹越、下寨建起了3支威风锣鼓队，积极参加县里举办的群众文艺比赛。（郭青桃）

光裕堡乡

【简述】　光裕堡乡面积106平方公里，人口1.2万。辖15个村委会。农业以种植玉米、谷子、小杂粮为主。

项目建设　光裕堡乡大李牛引水工程始于1958年，是一个跨世纪工程。因为施工难度大和其他各种原因，三起三落，第四次于2012年将输水洞贯通，2013年在上峨河做了截潜流工程，并且开始铺设主管道，2014年全部铺设完毕，全长13千米，减速池八个，投资3300万元。2015年由主管道向田间铺设分支管道，输水管道300千米，检修池及全套设备100多个。投资4000多万元。该工程灌溉面积涉及光裕堡乡、杏园乡共4万多亩。

繁峙县富云牧业有限公司100万只蛋鸡生态养殖园区，位于光裕堡乡大李牛村。该园区建设总投资2.3亿元，现完成三期建设，建成了集蛋鸡工厂流水式标准化饲养、饲料有机标准化加工，蛋鸡生产设备机械化加工、鸡粪无害有机化处理为一体的现代工厂标准化100万只蛋鸡生态养殖园区。该公司自己设计加工蛋鸡生产设备机械如立式鸡笼、自动喂料、清粪、捡蛋系统、鸡舍自动化环境控制系统等10余套。2016年蛋鸡总规模达80万只，日产鸡蛋20吨，全年生产总值突破亿元大关。产品远销北京、山东、河北等省、市。

基层组织建设　2014年，全面推行“行政权力运行”清权确权工作，查处党员干部违纪案件4件，给予党纪处分4人。坚持六个“贯穿始终”，顺利、平稳、有序地开展全乡15个村“两委”的换届选举工作。

2015年，发放征求意见表156份，共梳理存在问题17条，制定整治整改措施22条，解决民生问题4件；落实“两个责任”强化担当，增强了党员干部的责任感和自律性；保持“三个高压态势”，坚决惩治腐败，截至12月底，查处党员干部违纪案件2件，给予党纪处分2人。

2016年，开展学习十八届六中全会精神及省十一次党代会精神。积极发展年轻优秀党员，共发展预备党员9名。

产业结构调整 2014年，全乡种植玉米1333.33公顷，其中种植地膜覆盖玉米1000公顷（水地覆盖933.33公顷，旱地试验覆盖66.67公顷），克服后期雨水少的劣势，取得较好收成。改造了0.53公顷春秋大棚试种了香瓜，小杂粮引进了张杂10号谷子，脱毒马铃薯、豆类等新品种，万亩小杂粮总收入达到4800万元。另外，通过领头雁培训，全乡合作社由去年的28家增加到38家，农业综合开发全乡新增水浇地133.33公顷，为农业增收创建了条件。

2015年，马铃薯、张杂谷、豆类三大特色农业种植面积达到1000公顷。全乡羊饲养量达到1.5万只，蛋鸡存栏50万只，猪存栏1.1万头，牛存栏990头。富云牧业生态养殖园区，已入驻企业5家，其中肉猪养殖企业1家，规模达到年出栏育肥猪1万头；肉羊养殖企业1家，养殖规模达到年出栏育肥羊2000只；肉牛养殖企业1家，年出栏育肥牛300头，园内可提供300多个就业岗位。增加了育苗面积2公顷。

2016年，试种植富硒谷13.33公顷，每亩提高收入500元左右。梁家庄村实施膜下滴管种植玉米106.67公顷，亩产由原来的1000斤提高到1800斤。

生态建设 2014年，全乡增加育苗7公顷，新增加山地苗圃33.33公顷，大木瓜村投资10万元栽植油松900余棵绿化了通村道路，同时还栽植果树、白水杏3.33公顷。

社会事业 2014年，成立信访工作领导组，设立信访接待中心和矛盾调解中心，对重点信访案件认真落实“四包一”工作机制。化解社会矛盾，防范打击并重，创建了平安乡村11个。

梨峪村投资30万元，截潜一处，建蓄水池两个，埋管2千多米，改善了人畜饮水。大木瓜村投资10万元，新建了四间老年活动中心。华岩村投资10万元，建起了老年日间照料中心。大木瓜村投资40万元，加宽了通村道路3.5千米。华岩村投资5万元，修筑防洪坝两处并整修了大街。光裕堡村投资8万元，改造了14个春秋大棚。富家庄、梁家庄、华岩、淤地四村投资6万元，更换变台3个，修水泵6台，更换电缆1千余米。各村维修通村路20多千米。35户危房改造的安居工程全面完成。

2016年，全乡共增加55个低保户，积极巩固了新农村养老保险的参保率。

全乡各村开展舞蹈培训，共举办6期，培训180人次；在乡文化站开设图书室；参加县“大杏奖”三民文艺大赛，取得较好成绩。省人防办扶贫工作队，“六一”儿童节为全乡学生购买体育文化用品，“七一”建党节慰问老党员100名。经省人防办扶贫工作队、第一书记工作组积极协调，太原爱尔眼科医院全力支持，对本乡11个行政村的群众进行了白内障的排查。本乡约有60名患者进行了免费白内障手术。山西黄河电视台大型公益节目“温暖结对子，牵手共成长”活动中，光裕堡村小学与太原市公园路小学、大木瓜村小学与太原市享堂西街小学结成校际对子，胡嘉玉等29名学生与太原市王女士等28户家庭结成个人对子，并签订了结对协议。“营养扶贫”公益行动共计为全乡502名0—7岁儿童分别送上价值320元的营养奶粉，总价值达到12.05万元。

劳务输出　以培训新型农民为重点，通过邀请专家和技术人员共举办培训8次，培训人员1300多人（次），发放资料1000余份，外输和内转劳动力800余人（次），人均年增收1.2万元。

民生事业　2015年，华岩村投资70万元新建了老年活动中心，梨峪村建成老年日间照料中心。完成了5.8千米光裕堡村至富云牧业养殖园区的生产路。投资200万元硬化了华岩至梨峪6千米通村水泥路。大木瓜、华岩、梨峪三村主街道铺油1.5万平方米。大木瓜村3千米通村路全部铺油。大木瓜村、小李牛村改河造地53.33公顷。华岩村修U型渠5.2千米。光裕堡村利用60万元一把手扶贫资金平整了土地，并打井一眼。富云牧业养殖园区投资150万元，建成了牌楼、生态休闲广场。梁庄、富庄两村建起四个照壁，大木瓜村重修了过街阁楼。华岩村投资15万元，建蓄水池一个，埋管1千多米。投资20万元新建了两座畜禽无害化处理池。30户危房改造已完成并通过了验收。

换届工作　2016年5月30日至31日分别召开了中共光裕堡乡第十次代表大会和光裕堡乡第十七届人民代表大会。选举产生了中共光裕堡乡第十次委员会委员10名和光裕堡乡纪律检查委员会委员5名，选举产生了乡人大主席1名、乡长1名、副乡长4名。

精准扶贫　2016年，光裕堡乡党委、政府先后召开各类脱贫攻坚会议40余次。乡政府根据县级精神制定了《光裕堡乡2016年贫困退出审核验收实施方案》。全乡有六个驻村工作队，分别为1个省级、2个市级、3个县级工作队。省人防办帮扶小李牛、光裕堡、华岩、大木瓜4个村，市委办公厅帮扶大李牛村，市委接待办帮扶麻峪口村，县广播电视台帮扶梨峪村，县食品药品监督管理局帮扶梁庄村，中石油公司帮扶富家庄村。共有10名第一书记，其中省直单位4人，市直单位2人，县直单位4人。

梨峪村驻村工作队帮扶资金4万元，完善了户户通设备；帮扶资金3万元，为村里安装了监控设备，保障村民人身财产安全；帮扶资金100万元铺设水泥路4.2千米。第一书记雷智斐帮扶资金30万元铺设柏油路；拓宽通村路路肩1.6米，全长4.2千米；11万元解决了村庄的人畜饮水问题。华岩村第一书记张连玉帮扶资金100万正在建设高标准化的农田。小木瓜村第一书记李保东争取资金平田整地4.67公顷。光裕堡村驻村工作队李立帮扶资金210万，平整了田地26.67公顷，打机井1眼，引进光伏发电项目在准备阶段。麻峪口驻村工作队闫兆瑞争取项目为村里埋了1.5千米饮水管道。大李牛驻村工作队郭舜良争取资金铺设水泥路，铺设水泥U型渠5千米。大木瓜村驻村工作队王志祥帮扶资金40万对村内的浸水路和宽坪桥进行了改造，排水管600米，U型渠350米，1万元对宽坪沟截流工程进行清淤。梁家庄驻村工作队县食药局申报项目打两眼机井，第一书记李保东落实了106.67公顷的膜下滴管工程。小李牛村驻村工作队裴楠帮扶资金40万维修了生产路。（张莉卿）

杏园乡

【简述】　2016年，杏园乡下辖18个行政村。

重点工程　2014年，全乡实施重点项目15项：1.在古家庄、小砂村、杏园、南关4

村实施县城南外环路及西外环南延伸道路工程，完成投资8000万元。2. 在南关村实施滨河东延伸工程，完成投资13580万元。3. 在南关村实施繁峙县民心家园经济适用住房建设工程，完成投资6000万元。4. 实施繁峙县滨景苑廉租住房建设工程，完成投资2000万元。5. 完成县城东循环路续建工程2000万元。6. 实施滨河东区集中供暖项目，完成投资1700万元。7. 实施杏园乡初级中学学生宿舍、餐厅及附属幼儿园建设项目，完成投资714万元。8. 实施中医院建设项目，完成投资3000万元。9. 实施能繁母猪代养项目，完成投资500万元。10. 实施土地占补平衡项目，完成投资566万元。11. 实施土地整理项目已完成。12. 实施小砂村填沟造地项目已完成。13. 实施万亩玉米高产示范片建设项目已完成投资510万元。14. 实施易地扶贫搬迁项目，已完成投资12500万元。15. 实施南关热源厂项目，已完成征地及基础设施，完成投资1700万元。

2015年，重点项目11项，其中土地整理项目1项，投资675万元，在姚家庄村平整土地73.33公顷，打机井3眼及配套设施。扩大养殖规模及牧草加工项目4项，继续在天成村、大砂村扩大肉牛及肉羊养殖，在南关村新建肉牛养殖及饲料加工场一座。在南关村投资3600万元新建变电站一座。继续完成中医院配套工程、化肥厂棚户区改造工程、移民房建设工程、供暖公司二期工程及东城中学新区建设项目。

2016年，全乡共立项目14项，总投资10.8975亿元，截至12月合计完成8.3亿元。其中县级重点项目滨河公园东延伸绿化工程2.5亿元、易地扶贫搬迁项目（三期）2981万元；其他项目有：正觉禅院改扩建项目、黑山沟华宇农村牧业有限公司改扩建项目、古家庄景泉绿色农庄项目、化肥厂棚户区改造项目、鸿福源种养合作社生态种植、养殖园区项目、宏森源种植有限公司绿化苗木种植基地项目、优特日光种植专业合作社南关种植园区、强盛商砼有限公司扩建项目、华胜商砼有限公司扩建项目、杜永鑫农场改扩建项目、艳佳畜禽养殖专业合作社。

惠民工程　2014年，坚持以人为本、全心全意为民办实事。实施危房改造135户。小砂村投资40万元新建健身公园1座。全乡19个村实施清洁工程，改善村容村貌。发放爱心煤8170吨。

为农户购进补贴铡草机、拖拉机、播种机等农机具80台，推广农机具120台。落实农机补贴15万元。兑现粮食直补款330万元，良种补贴37万元。

完成6个村的农村亮化工程，安装太阳能路灯164盏。投资10万元建设一座垃圾填埋场，投资36万元完成全乡18个村庄垃圾池建设，粉刷街道1.6万平方米，清运垃圾1530吨，配备专门清运车辆19台，建立114人的农村保洁队。

2015年，乡成立了环境综合整治工作小组，由党政“一把手”任组长，分管副职领导任副组长，并成立了卫生保洁队，负责城乡接合处和主要街道的日常垃圾清理工作，坚持做到垃圾日产日清，全天候保洁。各村设置了垃圾收集房（池），配备垃圾运输车辆，并根据实际，寻找合适的位置，各建一个固定的垃圾填埋场。

2016年，投资126.1万元，完成危房改造97户，投资150万元，完成抗震房建设50户。

杏园乡移民搬迁工程2013年7月开始施工建设。项目共建30栋1420套住宅，预计容纳5100多人，总建筑面积134543.07平方米，项目总投资预计为23616.99万元，本年完成投资2.2亿元。附属设施包括商业网点、幼儿园、超市、老年活动中心等。已完成移民户772户，“十三五”涉及人口618人。“十二五”期间移民户购楼统一直补到农户补助为每人5200元，“十三五”期间易地扶贫搬迁个人建房补助为精准扶贫户的人均补助2.5万元，随迁人口人均1.2万元。

党建、党风廉政建设　2014年，在全乡各基层党组织和广大党员中大力开展反“四风”活动。组织召开党代表、人大代表、政协委员、党外人士、群众代表、服务对象代表座谈会8次。基层党组织组织党员干部集体学习74次。党员干部登台讲学46次。观看影视教育片11部。组织党员干部到红色教育基地等进行现场教育1次。在专题民主生活会上提出批评意见256条，达到了“红红脸、出出汗、排排毒”的目的。落实中央八项规定，解决“四风”方面：突出问题15个。在群众路线教育实践活动第三阶段，领导班子整改9条，班子成员个人问题清单整改完成65项。

乡干部分成4个指导组，分别进驻18个村委会，对各村的党员、村组干部、群众代表深入走访调查和座谈，全面听取各方意见，制定科学的农村支部换届方案。

2015年，着力解决发生在群众身边的腐败问题，坚决纠正损害群众利益的不正之风，共查处违纪党员干部2人次，给予了党内处分。督促乡村干部主动上缴县纪委廉政专户违规资金14650元。

“三农”工作　2014年，粮食播种面积3733.33公顷，总产量达2.7万吨。主要从几个方面抓起：投资510万元，实施了18个行政村发展高产玉米种植，本年全乡玉米产值达5136万元，仅玉米一项人均收入达2500元。按照“公司+基地+农户”的经营模式，实现“小杂粮”种植433.87公顷。全乡共发放良种补贴37万元，涉及 18个村庄的4246户村民。加大玉米保险推广力度，确保农民灾情来了有保障，全乡共投保玉米保险2057.67公顷，占玉米种植面积的64%。

全乡473.33公顷退耕地，实施了锄草、补植补栽。绿化造林33.33公顷，同时新栽植仁用杏面积20公顷。

全乡人畜吃水工程大砂村打井一眼，公主维修管道600米，维修水池4座，新打灌溉井4眼。农田基本建设、平整土地，铁家会村100公顷，总投资598万元。本年开春，水利站及时发动各村有关人员对全乡灌溉水利工程做了全部的排查，全乡渠道清淤6.3千米，维修机电井4台、更换水泵2台，春浇灌溉面积达到700公顷，夏浇面积达到400公顷，全年灌溉亩次1100公顷。

新增规模养殖户17户，并积极引导专业合作社合理运作。加强防疫网络管理，建立各项规章制度，本年防疫工作成效良好。牛存栏达971头，羊存栏达16661只，猪存栏达11287头，鸡存栏达10万多只。

2015年，全乡粮食播种面积3733.33公顷，其中按照“公司+基地+农户”的经营模式，“小杂粮”种植面积达到663.87公顷。同时，加大杂粮良种补贴力度，涉及15个村、2711户村民，共发放良种补贴94631元。另外，积极推广玉米保险，全乡共为玉米投保1166.35公顷，占玉米种植面积的39%。

引导瓜果、蔬菜种植向集约化、组织化、规模化集聚发展，形成了以南关村、古家庄村为代表的瓜果、蔬菜集中种植示范园区。仅南关村就有蔬菜大棚120余座。

2015年，全乡有可浇灌溉耕地面积

733.33 公顷（其中，自流灌溉面积 200 公顷，机电井灌溉面积 533.33 公顷）。本年，姚家庄打井 2 眼，铺设管道 400 米，配套工程已完工，投资 52 万元；杏园村打井 1 眼，铺设管道 2300 米，投资 36.7 万元，此两项工程可新增水浇地 33.33 公顷。

结合县水利局安排，对泽萌泉截潜引水工程，天成引水工程，公主引水工程，岗里村打井配套工程，黄庄村打井配套工程进行了测量，并完成了初步设计已上报县市待批复。

新建公主村至姚家庄生产路，全长 5.752 千米，宽 7.5 米，投资 135 万元，于 6 月中旬完工；新建黄家庄村至姚家庄村生产路，全长 5.25 千米，宽 4 米，投资 135 万元，扎实抓好河道治理防汛工程。姚家庄村建设浆砌石防洪堤坝 2 处，共计 420 米，完成扶贫投资 40 万元；大峪村修防洪沙坝 1 处，140 米，河道清淤 200 米，保证安全度汛。

全乡有养殖合作社 8 个，共养牛 1180 头、养羊 13970 只、养猪 6950 头、养鸡 13 万只。

2016 年，新建古家庄泵站一座，总投资 146 万元，解决 400 公顷耕地用水问题，新建 U 型防渗渠 10 千米，投资 50 万元，收益耕地 133.33 公顷；大砂村新建防洪渠 120 米，投资 10 万元，新建护坝一个，有效保护耕地 33.33 公顷，完成岗里村人畜饮水工程水池（8000 方）1 座，管道 1.2 千米，总投资 27 万元，受益人口 673 人，牲畜 153 头；岗里村节水灌溉打井 1 眼，铺设管道 0.8 千米，受益耕地 18.67 公顷。姚家庄投资 40 万元新建护村坝 420 米；打深水井 1 眼。泽萌泉村打井 11 眼。杏园村打井 1 眼。铁家会打井 4 眼，投资 98 万元。完成杜永鑫农场土地整改 33.33 公顷，投资 210 万元。

民生工作 2014 年，截至 9 月底，共出生婴儿 200 人，其中计划内 173 人，计划生育率达 86.5%，比去年同期提高 1.5 个百分点，出生率 9.9‰，自然增长率 4.1‰。

落实“五保户 1548 人，兑现“五保”资金 246400 元；落实农村低保 1869 户，兑现农村低保金 2653677 元；落实农村医疗救助 699 户；落实孤儿救助 21 人，救助款 151200 元。

2014 年，乡人武部为人民解放军输送合格新兵 6 名。完成军分区阵地检查验收工作，受到上级领导的好评。

2015 年，在南关村新建东城新区中学，已开始运行。上半年全乡共出生 95 人，其中女 52 人；累计上户 81 人，其中女 40 人，计划内 80 人，计划外 1 人；开展孕前体检任务 90 对，完成全年任务的 84%；独生子女证办理 2 证；当年申报上年符合奖励扶助条件的有 47 人，其中享受国家奖扶政策 11 人。同时，顺利完成了计生协会宣传、帮扶、培训等任务，并积极准备省计生协会对本乡评优验收工作。

对全乡 323 公顷退耕地，实施了锄草、补植补栽，发放退耕还林补助款 43.6 万元。

安全生产 2015 年，根据防汛严峻形势，全乡建立防汛抢险队 15 个，队员 380 人，严格执行 24 小时值班制度，随时排查安全隐患，按时上报，确保全乡安全度过汛期。

2016 年，南关村创建全县食品安全试点村，全乡 18 个行政村配备食品安全监督员。乡食安办坚持对辖区食品安全进行巡查监督，2014—2016 年期间无一起食品安全事故发生。

信访维稳 2015 年，全乡共排摸重大矛盾纠纷和不稳定因素 1 件，及时调处 1 件；乡村两级共受理各类民间纠纷 30 件，调解

30件，成功10件。共接待群众来信来访10件（其中重复9件）。

2016年，先后开展10多次重访专项整治活动及信访维稳矛盾大排查大整治活动，排查出矛盾100多件，其中排查出信访老问题32件，均按照“属地管理、归口办理”的原则，由乡信访维稳领导组牵头，会同有关单位进行梳理分类，因人因事制宜，制定有关切实可行的操作方案（杏园乡信访案件三级化解方案），办结率达98%。

精准扶贫　2016年，杏园乡“十二五”建档立卡贫困户涉及18个村1191户2892人，脱贫307户634人。“十三五”初贫困户889户2271人。岗里村、黑山沟村两村整村脱贫。圆满完成省第三方评估组对大砂村、国家第三方评估组对大峪村的脱贫攻坚评估工作。

黑山沟村投资15万元，建立分散养殖项目，涉及27户79人。杜永鑫农场投资220万元涉及公主、牛家窑、天成、铁家会、姚家庄5个村，65户183人的脱贫养殖项目。岗里村投资60万元涉及44户123人的分组养殖项目。完成富硒杂粮基地建设项目，共投资8.6万元，涉及泽萌泉、黄家庄、大峪3村55户161人。完成特色小杂粮、薯类补贴15村728户1920人。第一书记精准扶贫涉及7村共21万元产业帮扶项目。投资120万元涉及黄家庄、大砂村40户114人光伏帮扶项目。

争取扶贫办资金100万元，小砂村、古家庄村各50万元完善两村基础设施。

土地确权　2016年底，杏园乡土地确权工作，北家岭、黑山沟两村全部完成，永胜村缺少原承包户减少证明材料外全部完成。大峪村、鳌子头、完成调查工作、等待公示和完成资料。姚家庄、杏园村完成调查，整理资料。南关、天成、公主、小砂、古家庄、铁家会完成调查，正在进行核实工作。大砂村正在外业实测指界。牛家窑村完成外业测量指界。岗里、黄家庄制定工作方案，收集信息阶段，泽萌泉等待实测指界。

（姚付春　聂永胜）

岩头乡

【简述】　岩头乡位于县西南端，距离县城30千米，北与杏园、光裕堡、东山三乡相接，东南邻五台，西界代县，国土总面积315平方千米。2016年底，总户数4711户、10979人。省道繁五公路南北贯通。辖56个村委会。农业以种植、玉米、杂粮、马铃薯为主，畜牧业以养羊、养牛为主，乡镇企业主要是铁矿采选业。

项目建设　2014年，由地方自筹和上级配套总投资700万元，实施省道213木格段1.2千米改线工程。繁峙县矿产品有限责任公司投资1亿元在庄子、化桥、大明烟、大草坪4村实施矿区植被恢复及生态旅游项目。宝山公司投资9000万元实施对滚破碎技改项目，宝塔公司和中联公司分别投资500万元和700万元实施压滤干排项目，在提高经济效益的同时降低选矿排尾对环境造成的污染。

2015年，华能2.6亿元风电项目在本乡茶辛庄等村建成基站并投入生产。县水利部门投资2835万元实施木格至元山段峨河治理工程。总投资800万元的矿泉水厂建设项目在马家峪村顺利实施。

2016年，法雷寺、西来寺寺庙建设工程项目，狮子窝大护国文殊寺和澡浴池寺寺庙旅游建设项目，山西省五台山旭日东升旅游开发公司岩头乡旅游景点附属设施建设项目相继开工，中兴、宝山矿业有限公司年产50万吨铁精粉技改项目，兴岳、鑫秀矿业公司年产20万吨铁精粉技改项目顺利实施，郎瑞天然气有限公司LNG加气站建设项目，部队进台口建设项目和中央彩票公益金吉祥寺至土岭村资源路建设项目建成并投入使用。水峪村完成66.67公顷河滩造地工程，人均增加水地面积0.02公顷，全年固定总投资达到8.01亿元。

三农工作　2014年持续干旱，采取积极为种植户提供小额贷款，千方百计引水灌溉等措施，确保全乡玉米115.16公顷、杂粮404.69公顷、马铃薯101.76公顷和油料作物20公顷的及时播种和收成稳定。依托自然生态优势，转变和调整发展思路，积极鼓励和引导农民广泛从事台蘑、中药材、金莲花、黄花菜等特色种植，多渠道促进农民增收，仅台蘑加工销售一项，人均增收7000多元。

2015年，全乡畜牧养殖、沙棘采摘和乡村旅游迅速发展，成为富民增收主导产业，羊由2014年的5000只（存栏）发展到1.3万只，牛以2014年的750头（存栏）发展到1350头，其中100只以上的能繁母羊养殖户达到60户，存栏基础母牛10头以上的养殖户达到62户，土鸡养殖达到2万只以上，肉鸡及鸡蛋市场特别看好，供不应求。全乡从事沙棘采摘的劳力达到1100多名，劳力人均收入8000元以上，乡村旅游有一定的发展，从业人数达到72人。

2016年，全乡以铁精矿粉为主的工矿业，以牛羊为主的畜牧业和以台蘑、沙棘为主的林下采集业及乡村旅游业四大主导产业进一步发展，工业总产值达到20.4亿元，其中宝山矿业有限公司年综合生产能力达到120万吨，年产值5亿多元。全乡共养殖大畜4000头，羊3万只，台蘑采集量达到2万斤左右，沙棘采摘量达到100万斤以上，乡村旅游从业人员达到150多名。

扶贫开发　全乡建档立卡贫困人口1377户3316人，2015年前年脱贫580户1319人，2016年脱贫205户509人。2016年整村搬迁9村67户159人（贫困户23户36人）。2016年全乡成立台景、富岩、志康、鑫飞洋4个扶贫攻坚造林合作社和茶铺、兴胜、麻黄沟、油房、大保等五个种养加贫困户合作社，以“合作社+基地+贫困户”的扶贫发展模式普遍推开，其中麻黄沟村实施扶贫养羊300只，大保实施扶贫种植中药材13.33公顷，为全乡产业扶贫树立典型。

2016年实施临时求助49人、医疗救助50人、教育帮扶67人、新增贫困户低保94人、920户贫困农户享受薯类、小杂粮的优惠种粮补贴，同时完成693.33公顷退耕还林项目的规划设计。

环境整治及基础设施建设　2014年，实施繁五线安头至木格段路面改造扫尾工程，完成繁五沿线各矿山路口硬化工程3万多平方米，雇佣清扫人员20名，专门负责矿山路口的清洁，解决群众反映强烈的矿山道路污染问题，同时建立乡村清洁工程长效机制，为各村配备垃圾清运设备和卫生清洁人员。

南么村实施渣山治理工程，元山村实施土地复垦工程，岩头村新修护村坝2条共长800米，建桥一座，上峨河、土岭、兵马会等村实施人畜饮水续建工程，全乡人居环境和基础设施不断改进。

2015年，新建垃圾池4座，并集中整修残垣断壁5000多平方米，粉刷美化墙体立面3000多平方米。

2016年，集中开展清理农村“四堆”，整治农村“四乱”，增设垃圾池10座，铺设排污管道2千多米，繁五沿线11村率先实现亮化、硬化、美化、净化，岩头村成功申报繁峙县美丽宜居示范村。

生态建设和保护 2014年，以大明烟矿山治理、矿区植被恢复为引领，利用丰富的四荒资源植树种草333.33公顷，加强生态建设。

2015年，繁五公路沿线11村与五台山国有林管理局实施合作造林工程，逐步实现公路沿线及峨河流域两侧全部绿化。改变过去以云杉、落叶松等单一树种为主的发展模式，鼓励农户发展干鲜果经济林，分别在元山、木格等村试种核桃树20公顷，苹果树13.33公顷。

2016年，按照上级要求，深入开展“铁腕治污”专项行动，严肃查处群众反映强烈的环境污染问题，重点开展原料堆场、秸秆焚烧、道路扬尘、尾矿库污染等专项整治。

安全生产和社会治理 对全乡范围内所有尾矿库、河道、主要公路段、地质灾害易发点、农村危房和学校、九小场所等全面进行隐患排查。三年共处置河道隐患14处、地质灾害隐患3处、道路隐患5处、实施危房改造46户。

3年中，共化解后沟村、大西沟村、刘家坪村村企矛盾3起，兴胜村林地纠纷1起，成功稳控“两参”人员2名，稳控泛亚易珠宝涉骗人员4名，未发生过越级上访事件。2015、2016年连续被县委授予“平安乡镇”。

社会事业 2014年，全乡有小学（寄宿制）2所，初中1所。新建的岩头中心卫生院大楼投入使用，14个村级卫生室医疗卫生条件全面提升。全乡56个村8795名村民参加新型合作医疗，参保率达到99.76%。全乡有文化站1所，22个村建立农家书屋，藏书2.31万册。有国家、省、市级重点文物保护单位11处，自然景观8处。

社会保障和劳务输出 2016年，农村最低生活保障731人，五保供养114人，优抚51人，参加农村养老保险人数6500人，参保率达到87%。

参与造林、绣娘、家政、驾照等培训人员300多人次，多数进行自主创业，驻地企业吸纳劳动力400多名，共转移劳动力800多名。

基层组织建设 2014年12月，全乡26个农村支部和56个村委会圆满完成村“两委换届”，2016年5月，召开中共岩头乡第十一次代表大会和岩头乡第十七届人民代表大会，选举产生中共岩头乡第十一届委员会委员10名和岩头乡纪律检查委员会委员5名，选举产生乡人大主席1名，乡长1名，副乡长4名。

3年中，共集中整顿软弱涣散组织3个，发展农村党员21名，立案查处违纪党员5名。（杨玉春）

居民办事处

【简述】 居民办事处成立于2010年3月，位于向阳南路41号。下辖西石龙社区、东石龙社区、府新社区、老城社区、跃进社区、建设街社区、城南社区、东泰社区8个居民委员会，现有7个职能股室，1个社区图书室。辖区内共有154个小区、18773户居民，常住人口41087人，流动人口10022人；共管理网格30个（县城内共设置52个网格）；安全监管门店1468个，其中大型门店110个。居民办事处东石龙社区居委会紧邻北城街村委会，采取与北城街村委会“共住、共建、共享”的办法，在原北城街休闲健身广场、文化活动中心的基础上，通过改善基础设施，有了崭新的社区“双拥文化广场”，为居民休闲、健身、学习提供了场所，丰富了社区群众的文娱活动。双拥文化广场充分发挥社区历史文化底蕴深厚和民间艺术人才众多的优势，积极开展文化拥军活动。居民办事处东石龙社区分别于7月5日、7月22日和7月30日慰问了看守所武警中队的全体指战员，在驻岩头部队地举办了军民“双拥”共建文艺演出活动并到县武警中队进行现场书画慰问。这些活动以“军民鱼水情”为主题，体现了“军爱民，民拥军，军民团结一家亲”的美好情怀。

2014年，居民办事处依靠社会力量，特别是知名人士、法律人士成功协调化解矛盾纠纷130余起，受理群众诉求案件18件，其中，息诉罢访16件，移交法院和住建局各1件。

2015年，居民办事处经过多方咨询、精心筹划，举办了“居民早知道”大型宣传活动。此次宣传活动持续时间长、覆盖范围广，活动从6月份一直持续到11月底，除在府东广场和祥龙广场集中展出外，还在30多个规模较大的居民小区轮回展出。

居民办事处自2010年成立后，业务量逐年增加，原有的办公场所已不能适应单位发展的需求，无法为居民提供更好的服务。2016年3月18日，居民办事处搬入了向阳南路原民政局办公楼，办公条件大为改善。

按照县委、县政府对精准扶贫工作的安排和部署，居民办事处先后召开班子成员、全体驻村工作队队员等各类会议10余次，对集义庄乡上永兴村、神堂堡乡韩庄村和神堂堡乡吐兰台3个村的125户371人进行了帮扶。在2016年度县委扶贫攻坚表彰大会上，居民办事处获得“优秀驻村帮扶工作队”荣誉。（李永峰）

附　　录

2014—2016 年繁峙县社会经济基本情况表

表 13

项目 ＼ 数量 ＼ 年份	2014	2015	2016
一、人口、劳动力及其他			
乡镇个数（个）	13	13	13
居民办事处（个）	1	1	1
村民委员会个数（个）	403	403	403
年末总人口（人）	273124	274155	275299
其中：男（人）	144917	142632	142592
女（人）	128207	131523	132707
其中：城镇人口（人）	114301	118379	122369
乡村人口（人）	158823	155776	152930
年末总户数（公安）（户）	115300	113889	115261
年末单位从业人数（人）	14297	13943	15335
其中：第二产业（人）	3328	3159	4631
第三产业（人）	10915	10750	10673
乡村从业人员数（人）	93748	96226	96430
其中：农林牧渔业（人）	68319	72377	70986
城镇登记失业率（%）	3.5	3.8	3.8
行政区域土地面积（平方公里）	2367	2367	2367
二、综合经济			
（一）地区生产总值（万元）	531822	513188	535618
第一产业增加值（万元）	44717	44741	47820
第二产业增加值（万元）	327305	301889	307574
其中：工业（万元）	292603	268128	269121

续表

数量 年份 项目	2014	2015	2016
第三产业增加值（万元）	159800	166558	180224
（二）财政、金融、保险			
财政总收入（万元）	101109	40782	40769
公共财政预算收入（万元）	43559	20158	21380
税收收入（万元）	84919	11947	11751
财政支出（万元）	157658	155062	172929
其中：农林水事务支出（万元）	24903	26980	27329
科学事业费支出（万元）	1250	1192	1573
教育事业费支出（万元）	39317	38670	39358
年末金融机构各项存款余额（万元）	912615	914111	1107440
其中：城乡居民储蓄存款余额（万元）	729507	778113	922007
年末金融机构各项贷款余额（万元）	325166	312063	404013
三、农业			
(一)、生产条件			
农业机械总动力（万千瓦特）	21.51	22.28	16.92
化肥使用量（吨）	8119	8122.7	8122.7
农药使用量（吨）	44	44.5	44.5
地膜使用量（吨）	378	390	390
农村用电量（万千瓦时）	5672	5955	7348.8
（二）农作物总播种面积（公顷）	38054	37912	37820.2
粮食作物播种面积（公顷）	35389	35498	34884.5
其中：稻　谷（公顷）	0	0	0
玉　米（公顷）	19352	19344	18970.7
大　豆（公顷）	3507	3089	3629
油料作物播种面积（公顷）	2103.5	1897.7	2280
糖料作物播种面积（公顷）	0	0	0
蔬菜作物播种面积	292.3	480.7	458.7
粮食总产量（吨）	79971	73733	81330
其中：稻　谷（吨）	0	0	0
玉　米（吨）	61112	58110	65164.4
大　豆（吨）	2843	1853	3266

续表

数量 项目 年份	2014	2015	2016
油料产量（吨）	2125.6	1508.2	1744
糖料产量（吨）	0	0	0
水果产量（吨）	1681	1602.6	1570
肉类总产量（吨）	13965	14329.3	15017.3
奶类产量（吨）	9246	9246	9246
蔬菜产量（吨）	13812	21685.4	19921.3
水产品产量（吨）	210	210	220
四、规模以上工业			
工业企业数（个）	51	56	51
工业总产值（现价）（万元）	1266373	1120929	1016360.9
内资企业（万元）	1266373	1120929	1016360.9
港、澳、台商投资企业（万元）	0	0	0
外商投资企业（万元）	0	0	0
从业人员年平均数（人）	9406	8615	6771
流动资产合计（万元）	419353	326314	296544.9
产品销售收入（主营业务收入）	788513	598660	683698.7
其中：产品销售税金及附加（主营业务税金及附加）（万元）	13212	6335	7442
本年应交增值税（万元）	34679	21518	19673.9
利润总额（万元）	39594	6133.1	25891.9
五、交通运输和邮电通讯			
境内公路里程（公里）	1636	1636	1636
境内铁路里程（公里）	80	80	80
民用汽车拥有量（辆）	17365	18735	20499
邮电业务总量（万元）	15775	14882.7	16758.6
固定电话用户（万户）	0.85	1.18	–
年末移动电话用户数（万户）	22.68	24.32	21.94
互联网用户（万户）	2.65	3.0	3.0
六、贸易			
限额以上批发零售贸易业商品销售总额（万元）	50791.6	48793.9	51639
社会消费品零售总额（亿元）	11.1	17.6	19.0

续表

项目＼数量＼年份	2014	2015	2016
七、全社会固定资产投资（万元）	747156	878647	928506
其中：城镇投资（万元）	747156	878647	928506
其中：房地产投资（万元）	62390	37553	14873
本年新增固定资产（万元）	571838	627058	763622
八、文教和卫生			
中学数（所）	17	16	11
小学数（所）	125	125	116
中学专任教师数（人）	1053	1059	1022
小学专任教师数（人）	1443	1554	1602
中学在校学生数（人）	14617	14048	13374
小学在校学生数（人）	21388	22043	22381
医院、卫生院数（所）	17	17	17
医院、卫生院床位数（床）	1054	1135	1020
医院、卫生院技术人员数（人）	842	824	806
其中：医生（人）	546	551	551
九、人民生活			
城镇在岗职工年平均人数（人）	14527	13495	10695
城镇在岗职工工资总额（万元）	46523.6	50624.8	44961
城镇常住居民人均可支配收入（元）	22967	24873	26664
农村常住居民人均可支配收入（元）	6012	6474	6940
社会福利院数（个）	6	5	5
社会福利院床位数（床）	243	213	213
参加基本养老保险的职工数（人）	15930	15892	18744
参加城镇基本医疗保险的职工数（人）	32084	33680	38997
城镇居民最低生活保障人数（人）	4949	4687	4128
十、社会治安			
交通事故件数（件）	24	44	52
刑事案件立案数（件）	632	607	904
犯罪人数（人）	408	172	993
治安案件发案数（件）	982	632	737

2014—2016年繁峙县社会经济基本情况表

表14

项　　目	2014年	2015年	2016年
农林牧渔业总产值（万元）	79958.6	83154.5	89726.6
农业产值	26980.4	22683.9	22526.5
林业产值	6286.7	9808	11669.4
牧业产值	43730.5	47322.1	51992.3
渔业产值	391	450.5	452.5
农林牧渔服务业产值	2570	2890	3086
猪出栏数（头）	107282	115435	121208
羊出栏数（只）	176790	194485	204208
肉类总产量（吨）	13965	14329.3	15017.3
禽蛋产量（吨）	4512	4970	5358
牛奶产量（吨）	9246	9246	9246
农村常住居民人均可支配收入（元）	6012	6474	6940

2014—2016年繁峙县各乡镇村民委员会统计表

表15　　　　单位：个

年度 乡镇	2014	2015	2016
合　计	403	403	403
繁城镇	35	35	35
砂河镇	43	43	43
大营镇	29	29	29
下茹越乡	17	17	17
杏园乡	19	19	19
光裕堡乡	15	15	15
集义庄乡	21	21	21
东山乡	47	47	47
金山铺乡	30	30	30
柏家庄乡	18	18	18
横涧乡	25	25	25
神堂堡乡	48	48	48
岩头乡	56	56	56

说明：其中含杏园乡兴杏街类似村委会　　　　（县统计局）

主要名词解释

一村一品 指在一定区域范围内，以村为基本单位，按照国内外市场需求，充分发挥本地资源优势，通过大力推进规模化、标准化、品牌化和市场化建设，使一个村（或几个村）拥有一个（或几个）市场潜力大、区域特色明显、附加值高的主导产品和产业。

三农 指农村、农业和农民。

五城联创 争创国家卫生城市、省级环保模范城市、省级园林城市、省级文明城市，省级智慧城市的活动。

两不愁、三保障 指不愁吃、不愁穿，义务教育有保障、基本医疗有保障、住房安全有保障。

六项专项整治 1、进一步加大查办案件工作力度，严厉惩处腐败分子和整治消极腐败现象；严肃查办发生在领导机关和领导干部中滥用职权、贪污贿赂、腐化堕落、失职渎职案件；深入开展商业贿赂专项治理，严肃查办商业贿赂案件；严肃查办严重侵害群众利益案件、群体性事件和重大责任事故背后的腐败案件；严肃查办工程建设、房地产开发、土地管理和矿产资源开发等腐败现象易发多发领域的案件；严肃查办严重违反政治纪律和组织人事纪律的案件，为黑恶势力充当“保护伞”的案件。2、认真落实并抓紧完善党员领导干部报告个人有关事项制度，把住房、投资、配偶子女从业等情况列入报告内容。加强对配偶子女均已移居国（境）外的公职人员管理。3、坚持勤俭节约，反对铺张浪费，整治奢靡之风。严格执行中央有关文件精神，继续治理公款出国（境）旅游、公务用车、公务接待、楼堂馆所建设等方面的问题，对违反规定的，必须严肃处理。4、深入开展工程建设领域突出问题和“小金库”等专项治理工作。 5、积极推进党务公开特别是基层党务公开工作，落实党员的知情权、参与权、选举权、监督权。6、拓宽群众参与反腐倡廉工作渠道，加强反腐倡廉舆情网络信息的收集、研判和处置，积极回应社会关切。

“1661”发展战略 “1个统揽”，即以全面脱贫统揽全市经济社会发展全局，这是由忻州市脱贫攻坚任务重的基本市情决定的，是习近平总书记在中央扶贫开发工作会议上提出的明确要求；“6大抓手”，即以创新引领、统筹互动、改革开放、生态优先、民生为本、环境优化为抓手，这是贯彻落实中央“五大发展”理念和省委“六大发展”部署的思想指导和行动纲领；“6大重点”，即全力推进脱贫增收、工业强基、文旅带动、三区联动、五城联创、美丽忻州建设，这是忻州市补齐短板、抓好关键的着力点；“1个目标”，即确保到2020年忻州市与全省同步建成全面小康社会，这是忻州市“十三五”全部工作的出发点和落脚点。

“3581”发展战略 是在科学发展观指导下，结合忻州市情、适应发展要求、代表人民愿望、着眼“十二五”大发展提出来的。其中，“35”就是要坚持“三五”工作总要求，扭住“五个发展”是战略方向，走好“五条路子”、打好“五个攻坚战”是战略措施。“8”就是要振兴煤炭、电力、新型材料、新型煤化工、装备制造、绿色农牧产品加工、旅游文化服务、现代物流八大产业，这是战略重点。“1”就是要在“十二五”末实现主要经济指标翻一番以上，把忻州初步建设成为富裕文明、开放和谐、充满活力的新型工业旅游城市，这是一个经济社会全面进步的战略目标。

两个责任　党的十八届中央委员会第三次全体会议提出，落实党风廉政建设责任制，党委负主体责任，纪委负监督责任，制定实施切实可行的责任追究制度。

“三公”经费　一般指三公消费。三公消费，指政府部门人员因公出国（境）经费、公务车购置及运行费、公务招待费产生的消费。

“四个一”的“保姆”式帮扶方式　指对全县所有的项目都倒排工期，项目主管部门和项目负责单位向社会作出承诺，做到了“一个项目、一位领导、一套班子、一抓到底”的项目推进机制，从洽谈、落地、建设、投产各个环节对项目进行全程跟踪，为项目建设快速推进提供优质高效服务，不断引深项目建设攻坚战，在项目建设方面取得新的重大突破

“三矿、四基、一区、两大板块”的新型工业格局　即“三矿”：铁矿、金矿、铜钼矿；“四基”：山西有色金属（金、钼）采选生产加工基地、华北地区冶金铸造基地、忻州装备制造业基地、面向京津冀的清洁能源生产基地；“一区”：砂河产业集聚区；“两大板块”：清洁能源生产、冶金铸造装备制造。

四基四园一区　即高效设施农业示范基地、生态畜牧业养殖加工基地、特色干鲜果产业基地、有机小杂粮生产基地、金山铺规模健康养殖园区、后河肉牛养殖园区、光裕堡蛋鸡养殖园区、集义庄万亩高效设施农业园区、繁城农副成品精深加工产业集聚区；

六大优质产业　即优质玉米产业、优质小杂粮产业、特色瓜菜产业、优质油料产业、优质果品产业和优质中药材产业。

“五个一”工作机制　即一个项目、一位领导、一套班子、一个方案、一抓到底的工作机制

三去一降一补　是习近平总书记根据供给侧结构性改革提出的。供给侧改革主要涉及产能过剩、楼市库存大、债务高企这三个方面，为解决好这一问题，就要推行“三去一降一补”的政策，即去产能、去库存、去杠杆、降成本、补短板五大任务。

六大员　指社情民意的“信息员”、政策法律的“宣讲员”、重点人群的“协管员”、矛盾纠纷的“调解员”、联系群众的“服务员”、平安创建的“督导员”，系省委政法委组织的“一村（社区）一警”活动中对参与干警提出的职责要求。

天平工程　是“国家司法审判信息系统工程”的简称，是最高人民法院向国家发展和改革委员会申报、全国各级人民法院协同建设的电子政务工程。主要内容包括制定规范化标准，开发应用软件，完善网络和存储环境，提供庭审支持、门户监管、系统安全等保障措施，建设全国统一的司法数据库等。

大执行威慑机制　是指人民法院通过与银行、民航、铁路、工商及其他机构的信息共享，以限制被执行人高消费、增加被执行人责任、提高被执行人强制执行成本等为途径，增强强制执行对债务人的威慑力，促使其自动履行债务，使绝大多数生效裁判通过债务人主动履行而不是强制执行实现，以提高生效裁判履行率，节省司法资源，维护司法权威和社会稳定，最终在全社会解决执行难的法律机制。

四个全面　即全面建成小康社会、全面深化改革、全面推进依法治国、全面从严治党。“四个全面”的提出，更完整地展现出新一届中央领导集体治国理政总体框架，使当前和今后一个时期，党和国家各

项工作关键环节、重点领域、主攻方向更加清晰，内在逻辑更加严密，这对推动改革开放和社会主义现代化建设迈上新台阶提供了强力保障。

六权治本　就是要依法确定权力、科学配置权力、制度约束权力、阳光行使权力、合力监督权力、严惩滥用权力。是以王儒林同志为书记的新一届省委领导班子制定的解决山西突出问题的重大举措，具有很强的科学性、系统性和针对性。

六大发展　就是要廉洁发展、转型发展、创新发展、绿色发展、安全发展、统筹发展，是新形势下山西省实现富民强省目标的新要求。

“三严三实”专题教育　2014 年 3 月 9 日，习近平总书记在中华人民共和国第十二届全国人民代表大会第二次会议安徽代表团参加审议时，关于推进作风建设的讲话中，提到“既严以修身、严以用权、严以律己；又谋事要实、创业要实、做人要实”的重要论述，称为“三严三实”讲话。2015 年 4 月 10 日，中共中央办公厅印发《关于在县处级以上领导干部中开展“三严三实”专题教育方案》，对 2015 年在县处级以上领导干部中开展“三严三实”专题教育作出安排。

“六难三案”问题　即“门难进、脸难看、事难办”问题、“立案难、诉讼难、执行难”问题和“人情案、关系案、金钱案”问题，是过去“四风”问题在全国法院工作中的集中表现，严重背离党的群众路线，伤害群众感情。近年来，全国法院坚持自曝家丑、自我净化，通过持续大力整治和相关工作机制建设，这些问题已经得到有效破解。

利剑工程　省高院在反腐倡廉工作中实施的一项岗位权利风险体系建设。

“五个发展”理念　即创新，协调、绿色、开放、共享的发展理念，2015 年 10 月 26 日至 29 日在北京举行的中国共产党第十八届中央委员会第五次全体会议强调，实现“十三五”时期发展目标，破解发展难题，厚植发展优势，必须牢固树立并切实贯彻创新、协调、绿色、开放、共享的发展理念。

“两学一做”学习教育　具体指的是“(1) 学习共产党党章党规，(2) 学习贯彻习近平总书记系列重要讲话精神，(3) 做合格党员”。2016 年 2 月，中共中央办公厅印发了《关于在全体党员中开展“学党章党规、学系列讲话，做合格党员”学习教育方案》，并发出通知，要求各地区各部门认真贯彻执行。开展“两学一做”学习教育，是面向全体党员深化党内教育的重要实践，是推动党内教育从“关键少数”向广大党员拓展、从集中性教育向经常性教育延伸的重要举措。

“雷霆”行动　省高院为促进涉民生执行案件及涉金融执行案件的有效执行而在全省统一部署的集中执行行动，主要内容为集中清理一批执行积案，集中兑付一批涉及人民群众生存生活的案件执行款，集中执结一批涉金融案件，集中惩治一批拒不执行人民法院生效裁判及其他抗拒人民法院执行的行为。

失信被执行人名单制度　人民法院依照法定程序，将具有履行能力而不履行生效法律文书确定的义务，并具有转移财产规避执行等 6 种情形的被执行人列入失信名单，通过向社会公布、向相关单位通报其个人信息和拒不履行的情况等方式，对其进行信用惩戒，促使其主动履行义务的一项制度。

法官员额制　就是通过严格考试考核，选拔优秀的法官进入员额，并为他们配备法官助理、书记员等审判辅助人员，按照新的司法责任制办理案件的一项制度。制度实施后，只有经遴选进入员额的法官（亦称“入额法官”）才具备审判资格。目前，繁峙法院首批入额法官为 17 名，占全院政法编制总数的 30%。

小额速裁程序　对法律关系简单、事实清楚、争议金额较小的民事案件实行快审快结的审判方式，实行一审终审。

联合信用惩戒　按照国务院印发的《关于建立完善守信联合激励和失信联合惩戒制度加快推进社会诚信建设的指导意见》，通过制定对失信被执行人限制乘坐飞机、高铁等高消费，限制贷款、注册办企业、参加招投标、政府采购等措施，形成了多部门、多行业、多领域、多手段的联合惩戒网络，不履行法定义务的被执行人一旦被纳入失信人员名单（俗称“黑名单”），将会处处受到限制。

审判权运行机制改革　党的十八届三中全会提出要改革审判委员会制度，完善主审法官、合议庭办案责任制，让审理者裁判、由裁判者负责。审判权运行机制改革的重点是，合理界定审判权与审判管理权、审判监督权的关系，健全完善审判委员会制度，规范上下级法院审级监督关系，实现审判。